北京农村年鉴

2009

中国农业出版社

北京农村年鉴

2009

2008年6月21日，中共中央政治局委员、中共北京市委书记刘淇到大兴区杉友兰业公司考察花卉设施产业。

2008年7月24日，中共中央政治局委员、中共北京市委书记刘淇，中共北京市委副书记、市长郭金龙视察奥运气象服务工作。

2008 年 4 月 14 日，北京市人大常委会主任杜德印视察北京北运河水系。

2008年7月24日，北京市政协主席阳安江到密云县古北口村调研。

2008年7月28日，中共北京市委常委牛有成、副市长程红到顺义区北京顺鑫农业股份有限公司创新食品分公司视察奥运食品供应情况。

2008年6月27日，中共北京市委农村工作委员会书记杨德宏、北京市农村工作委员会主任王孝东在房山区辛庄户村检查郊区村庄环境治理工作。

2008年4月19日，北京市农村工作委员会主任王孝东调研通州吉鼎立达观光园。

2008年8月8日，在周口店北京猿人遗址进行北京奥运会火炬传递。

2008年7月26日，张家口与北京市农委签订供菜合同。

张家口市蔬菜运送车源源不断开往奥运村。

奥运蔬菜加工厂。

开展奥运现场应急气象服务。

北京市农业局北京奥运会残奥会保障工作总结表彰大会召开。

怀柔区八宝堂村太阳能路灯建设完工。

大兴区黎明村村级公路水平提高。

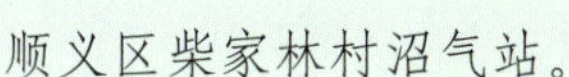

顺义区柴家林村沼气站。

平谷区北辛庄村吊炕。

2008年3月19日，北京市乡村公路养护管理人员培训班开班。

2008年8月28日，北京市“三起来工程”规划调研培训班开班。

大兴区礼贤镇连栋温室。

华都峪口禽蛋业有限公司成为最具实力的现代化蛋种鸡繁育基地。

怀柔区凤山百果园。

门头沟区樱桃沟村精品樱桃园。

2008年8月25日，第十六届北京种子交易会在丰台区成功举办。

密云县汤河村紫海香堤艺术庄园。

北京德清源农业科技股份有限公司实现循环农业发展。

北京顺鑫农业股份有限公司精选原品系列。

三元奶业成为独具特色的质量安全控制的典范。

房山区立教村种粮大户范学连被农业部授予“全国种粮大户”称号。

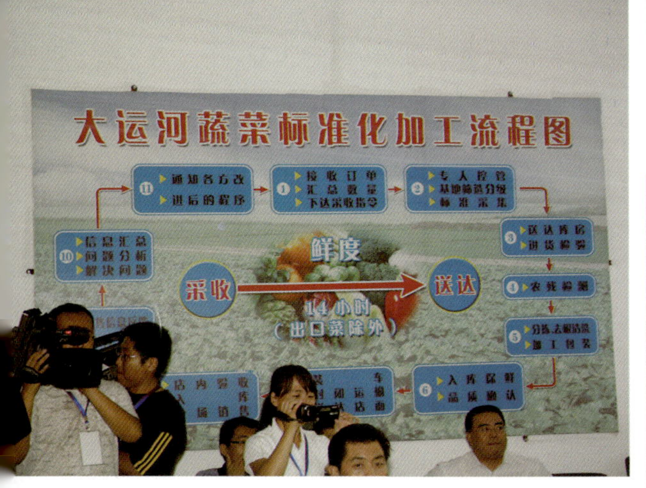

通州区大运河蔬菜标准化加工流程图。

新发地蔬菜批发市场严把蔬菜肉食品质量关。

怀柔区全力打造汽车城。

通州区小务村村办30家企业吸纳全村80%劳动力。

大兴区乡镇企业生产的丰收牌葡萄酒获国家名牌称号(图为发酵车间)。

怀柔区慕田峪村手工生产工艺产品。

旗舰食品有限公司（乡镇企业）举办农村“4050”人员草编培训班。

大兴区榆树庄构件厂规模生产水泥产品。

2008年9月26日，收获金秋乡村游暨第三届“凤凰乡村游，体验新农村”活动在怀柔区启动。

密云县穆家峪镇北京九松山乡村俱乐部。

海淀区上庄镇翠湖旅游农业观光采摘园。

2008年9月27日，顺义区第六届农业博览会暨第四届旅游文化节开幕。

大兴区庞各庄镇瓜香大道。

延庆县千家店镇古家山寨百里画廊夜景。

延庆县千家店镇沟域经济百里画廊——向日葵景区。

平谷区万亩桃花海观赏园。

门头沟区雁翅镇太子墓村太子苹果基地。

昌平区北流村苹果园。

昌平区黑山寨村栗树林。

密云县山区流域治理水土保持工程。

密云县北庄镇山区流域湿地治理。

2008年7月1日，北京市山区农民实用技术培训班开班。

房山区北石门村新建险户搬迁楼。

2008年5月8日，北京市新一轮山区农民搬迁工程启动会议召开。

2008年3月25日，房山区百村帮扶工程动员会召开。

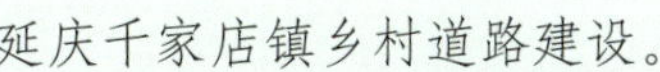

延庆千家店镇乡村道路建设。

怀柔区官地村民俗旅游户。

平谷区挂甲峪村山村美景。

怀柔区东帽湾村村貌。

2008年8月21日，北京市民委主任申建军到密云县北穆家峪回族村考察、指导。

2008年11月19日，北京市教委主任刘利民在北京市昌平区长陵中学为全市郊区农村学校发送生活用车。

2008年3月10日，北京市人力资源与社会保障局局长张欣庆在新农保养老金首发仪式上为农民发养老金。

2008年3月11日，北京市人力资源与社会保障局副局长孙彦在新农保宣传月为海淀区居民发放宣传册。

2008年10月22日，北京市人口和计生委主任邓行舟到密云县河南寨镇套里村与农户亲切交谈。

2008年5月19日，北京市人口计生委在13个涉农区县启动“农村长效节育户籍已婚育龄妇女免费健康体检项目”并列入“北京市社会主义新农村建设”项目中。

2008年6月27日，北京市郊区村庄环境整治工作现场会召开。

2008年5月15日，农业政策性保险工作会议召开。

2008年12月5日，京郊第一家农民土地专业合作社——平谷区北京百合兴盛土地专业合作社颁照仪式。

2008年9月26日，昌平区召开农村集体经济产权制度改革工作会议。

2008年9月28日，南水北调京石段应急供水工程正式向北京供水。

丰台区南苑乡大红门乐队。

密云县古北口村村民体育活动场地。

大兴区半壁店村秧歌队击鼓庆祝。

2008年10月16日，房山区举行“信息连你我、富裕新农民——百万话费惠百姓活动”启动仪式。

2008年4月30日，在蟹岛举办“艺人下乡传手艺，农民在家学技能”成果展。

2008年11月19日，昌平区长陵中学学生喜迎生活用车。

2008年9月26日，怀柔区九渡河村村民喜扎灯笼，迎接金秋旅游节。

2008年10月28日，中央电视台“同一首歌”在平谷区挂甲峪村演出。

2008年6月7日，怀柔区大型歌舞剧《吉祥汤河》上演。

2008年1月17日，北京市大兴区第18届农民艺术节开幕。

2008年12月26日，北京市第19届农民艺术节开幕。

延庆县东关村巧娘迎奥运。

延庆县井庄镇青年表演小品《买房》。

延庆县广积屯村村民观看节目表演。

翠林花海映农居　房山区河口村

绿色、环保、生态的乡村环境建设，使河口村被评为“京郊环境建设先进村”、“魅力新农村”、“可再生能源综合利用示范村”，并荣获“首都绿色村庄”称号。

国际文化汇山乡　怀柔区慕田峪村

近半数农户实现了“城区有楼房、村内有住房”。三分之一的农民家里有了自用汽车。9个国家（地区）的22户外籍友人在慕田峪村“安家落户”，慕田峪村成了“国际文化村”。

灵山古道新驿站　门头沟区洪水口村

村西沟是游览灵山的一条新路径。从事旅游服务业的农民有54户，成为了名副其实的旅游专业村。

京城东南“新簋街”　朝阳区吕家营村

此村位于城乡结合部。以打造城市化新农村为目标，加大环境基础设施建设，大力发展第三产业，培育主导特色品牌产业，形成餐饮文化和古典家具文化两大特色品牌产业。人均劳动所得22 684.7元，成为名副其实的富裕村。

品枣赏莲生态游　昌平区酸枣岭村

良好的自然环境使旅游业成为这个村的支柱产业。不少户人盖起了农家院，靠着民俗游发了家。2008年全村人均劳动所得11 155元。村中开办了水果采摘园18个，5个垂钓园，还修建了3个荷花池，使得村中的自然环境与人文景观相映成趣。

一锅豆腐百里香　延庆县柳沟村

柳沟村伴承着一种古老的饮食文化——盆锅，创出了“凤凰城——火盆锅——农家三色豆腐宴”的独特品牌。如今，有68户乡村旅游接待户。全村全年经济总收入达1 506万元。

翠屏环抱凤来仪　海淀区车耳营村

全村现有固定住户150户，500人左右，其中40户为民俗旅游接待户，可同时容纳500多人食宿。该村以种植果树为主，绿色植被覆盖率达到95%以上，享有“京都绿肺、大自然空调”之称。

翠山环抱新居美　平谷区玻璃台村

这个山村已成为新农村应用清洁能源的一个典型。全村依靠民俗旅游接待致富。玻璃台村是因山上盛产玻璃树（学名辽东桠）而得名。玻璃叶含有丰富的氨基酸和多种对人体有益的物质。

山青水秀古城新　密云县石塘路村

全村农业种植不使用任何农药和化肥，达到完全的天然环保，成为市级“文明生态村”。村里有112家民俗户，成立了民俗旅游协会，建起了精品采摘园，专供游客采摘品尝太空蔬菜和野菜。

龙盘虎踞千年关　密云县古北口村

此村将清康熙出关时的一条古御道整修一新，成为了新的景点。全村有60多家市级民俗接待户。该村满族人居多，建起了“满族风情园”，还恢复了明清时的传统小吃。

《北京农村年鉴》编辑委员会

《北京农村年鉴》编辑部

凡　　例

一、《北京农村年鉴》是集中反映北京郊区经济和社会发展情况的大型资料性工具书和史料文献。在中共北京市委农村工作委员会和北京市农村工作委员会的领导下，由北京市农村经济研究中心主持编纂。

二、《北京农村年鉴》在马列主义、毛泽东思想、邓小平理论和“三个代表”重要思想的指导下，贯彻科学发展观以丰富、翔实的资料和客观、真实的记述，使社会各方面增进对北京郊区农村的认识与了解，促进北京地区各行业和国内外与京郊农村的合作、交流，也为地方史志的编写积累珍贵的历史资料。

三、依据年鉴编纂惯例，当年出版的《北京农村年鉴》，标为本个年度，而反映上个年度的情况。为增强年鉴的时效性，对本年度年初中共中央和中共北京市委发布的指导农业和农村工作的重要文件，也予以收入。

四、《北京农村年鉴》基本写作形式为条目体，并选载适量文章，辅以图片、图表，使读者对北京郊区情况有一完整了解。

五、《北京农村年鉴》所设栏目与类目基本固定，而依据年度变化情况作适当调整。

六、《北京农村年鉴》稿件，由市委农工委、市农委各职能部门，市农业系统各单位，各郊区县，和邀请各有关部门，确定专人撰写，均经各该部门主管领导审阅。有关数据采用国家和市统计部门发布的权威数字；未列入国家和市统计范围的，采用业务部门经过核实、可以发布的数字。

目　录

特　载

文献选载

领导视察

综　述

郊区城乡一体化进程

奥运保障

社会主义新农村建设

都市型现代农业

郊区二、三产业

农村金融

农产品流通

郊区城镇建设

农村环境与基础设施

山区建设

科技进步

农民生活与农村社会保障

农村改革与管理

农村社会事业

农村法制建设

农村社会稳定工作

领导班子建设与基层组织建设

区域合作

区县农情

市农业系统行政、事业单位

社会团体

北京市社会主义新农村建设先进集体、先进个人

大 事 记

统计资料

特　　载

中共中央关于推进农村改革发展若干重大问题的决定

（2008 年 10 月 12 日中国共产党第十七届中央委员会第三次全体会议通过）

中国共产党第十七届中央委员会第三次全体会议全面分析了形势和任务，认为在改革开放三十周年之际，系统回顾总结我国农村改革发展的光辉历程和宝贵经验，进一步统一全党全社会认识，加快推进社会主义新农村建设，大力推动城乡统筹发展，对于全面贯彻党的十七大精神，深入贯彻落实科学发展观，夺取全面建设小康社会新胜利、开创中国特色社会主义事业新局面，具有重大而深远的意义。全会研究了新形势下推进农村改革发展的若干重大问题，作出如下决定。

一、新形势下推进农村改革发展的重大意义

农业、农村、农民问题关系党和国家事业发展全局。在革命、建设、改革各个历史时期，我们党坚持把马克思主义基本原理同我国具体实际相结合，始终高度重视、认真对待、着力解决农业、农村、农民问题，成功开辟了新民主主义革命胜利道路和社会主义事业发展道路。

一九七八年，党的十一届三中全会作出把党和国家工作中心转移到经济建设上来、实行改革开放的历史性决策。我们党全面把握国内外发展大局，尊重农民首创精神，率先在农村发起改革，并以磅礴之势推向全国，领导人民谱写了改革发展的壮丽史诗。在波澜壮阔的改革开放进程中，我们党坚持以马克思列宁主义、毛泽东思想、邓小平理论和“三个代表”重要思想为指导，深入贯彻落实科学发展观，解放思想、实事求是、与时俱进，不断推进农村改革发展，使我国农村发生了翻天覆地的巨大变化。废除人民公社，确立以家庭承包经营为基础、统分结合的双层经营体制，全面放开农产品市场，取消农业税，对农民实行直接补贴，初步形成了适合我国国情和社会生产力发展要求的农村经济体制；粮食生产不断跃上新台阶，农产品供应日益丰富，农民收入大幅增加，扶贫开发成效显著，依靠自己力量稳定解决了十三亿人口吃饭问题；乡镇企业异军突起，小城镇蓬勃发展，农村市场兴旺繁荣，农村劳动力大规模转移就业，亿万农民工成为产业工人重要组成部分，中国特色工业化、城镇化、农业现代化加快推进，切实巩固了新时期工农联盟；农村社会主义民主政治建设和精神文明建设不断加强，社会事业加速发展，显著提高了广大农民思想道德素质、科学文化素质和健康素质；农村党的建设不断加强，以村党组织为核心的村级组织配套建设全面推进，有效夯实了党在农村的执政基础。农村改革发展的伟大实践，极大调动了亿万农民积极性，极大解放和发展了农村社会生产力，极大改善了广大农民物质文化生活。更为重要的是，农村改革发展的伟大实践，为建立和完善我国社会主义初级阶段基本经济制度和社会主义市场经济体制进行了创造性探索，为实现人民生活从温饱不足到总体小康的历史性跨越、推进社会主义现代化作出了巨大贡献，为战胜各种困难和风险、保持社会大局稳定奠定了坚实基础，为成功开辟中国特色社会主义道路、形成中国特色社会主义理论体系积累了宝贵经验。

实践充分证明，只有坚持把解决好农业、农村、农民问题作为全党工作重中之重，坚持农业基础地位，坚持社会主义市场经济改革方向，坚持走中国特色农业现代化道路，坚持保障农民物质利益和民主权利，才能不断解放和发展农村社会生产力，推动农村经济社会全面发展。

当前，国际形势继续发生深刻变化，我国改革发展进入关键阶段。我们要抓住和用好重要战略机遇期，胜利实现全面建设小康社会的宏伟目标，加快推进社会主义现代化，就要更加自觉地把继续解放思想

落实到坚持改革开放、推动科学发展、促进社会和谐上来，毫不动摇地推进农村改革发展。继续解放思想，必须结合农村改革发展这个伟大实践，大胆探索、勇于开拓，以新的理念和思路破解农村发展难题，为推动党的理论创新、实践创新提供不竭源泉。坚持改革开放，必须把握农村改革这个重点，在统筹城乡改革上取得重大突破，给农村发展注入新的动力，为整个经济社会发展增添新的活力。推动科学发展，必须加强农业发展这个基础，确保国家粮食安全和主要农产品有效供给，促进农业增产、农民增收、农村繁荣，为经济社会全面协调可持续发展提供有力支撑。促进社会和谐，必须抓住农村稳定这个大局，完善农村社会管理，促进社会公平正义，保证农民安居乐业，为实现国家长治久安打下坚实基础。

我国农村正在发生新的变革，我国农业参与国际合作和竞争正面临新的局面，推进农村改革发展具备许多有利条件，也面对不少困难和挑战，特别是城乡二元结构造成的深层次矛盾突出。农村经济体制尚不完善，农业生产经营组织化程度低，农产品市场体系、农业社会化服务体系、国家农业支持保护体系不健全，构建城乡经济社会发展一体化体制机制要求紧迫；农业发展方式依然粗放，农业基础设施和技术装备落后，耕地大量减少，人口资源环境约束增强，气候变化影响加剧，自然灾害频发，国际粮食供求矛盾突出，保障国家粮食安全和主要农产品供求平衡压力增大；农村社会事业和公共服务水平较低，区域发展和城乡居民收入差距扩大，改变农村落后面貌任务艰巨；农村社会利益格局深刻变化，一些地方农村基层组织软弱涣散，加强农村民主法制建设、基层组织建设、社会管理任务繁重。总之，农业基础仍然薄弱，最需要加强；农村发展仍然滞后，最需要扶持；农民增收仍然困难，最需要加快。我们必须居安思危、加倍努力，不断巩固和发展农村好形势。

全党必须深刻认识到，农业是安天下、稳民心的战略产业，没有农业现代化就没有国家现代化，没有农村繁荣稳定就没有全国繁荣稳定，没有农民全面小康就没有全国人民全面小康。我国总体上已进入以工促农、以城带乡的发展阶段，进入加快改造传统农业、走中国特色农业现代化道路的关键时刻，进入着力破除城乡二元结构、形成城乡经济社会发展一体化新格局的重要时期。我们要牢牢把握我国社会主义初级阶段的基本国情和当前发展的阶段性特征，适应农村改革发展新形势，顺应亿万农民过上美好生活新期待，抓住时机、乘势而上，努力开辟中国特色农业现代化的广阔道路，奋力开创社会主义新农村建设的崭新局面。

二、推进农村改革发展的指导思想、目标任务、重大原则

新形势下推进农村改革发展，要全面贯彻党的十七大精神，高举中国特色社会主义伟大旗帜，以邓小平理论和“三个代表”重要思想为指导，深入贯彻落实科学发展观，把建设社会主义新农村作为战略任务，把走中国特色农业现代化道路作为基本方向，把加快形成城乡经济社会发展一体化新格局作为根本要求，坚持工业反哺农业、城市支持农村和多予少取放活方针，创新体制机制，加强农业基础，增加农民收入，保障农民权益，促进农村和谐，充分调动广大农民的积极性、主动性、创造性，推动农村经济社会又好又快发展。

根据党的十七大提出的实现全面建设小康社会奋斗目标的新要求和建设生产发展、生活宽裕、乡风文明、村容整洁、管理民主的社会主义新农村要求，到二〇二〇年，农村改革发展基本目标任务是：农村经济体制更加健全，城乡经济社会发展一体化体制机制基本建立；现代农业建设取得显著进展，农业综合生产能力明显提高，国家粮食安全和主要农产品供给得到有效保障；农民人均纯收入比二〇〇八年翻一番，消费水平大幅提升，绝对贫困现象基本消除；农村基层组织建设进一步加强，村民自治制度更加完善，农民民主权利得到切实保障；城乡基本公共服务均等化明显推进，农村文化进一步繁荣，农民基本文化权益得到更好落实，农村人人享有接受良好教育的机会，农村基本生活保障、基本医疗卫生制度更加健全，农村社会管理体系进一步完善；资源节约型、环境友好型农业生产体系基本形成，农村人居和生态环境明显改善，可持续发展能力不断增强。

实现上述目标任务，要遵循以下重大原则。

——必须巩固和加强农业基础地位，始终把解决好十几亿人口吃饭问题作为治国安邦的头等大事。坚持立足国内实现粮食基本自给方针，加大国家对农业支持保护力度，深入实施科教兴农战略，加快现代农业建设，实现农业全面稳定发展，为推动经济发展、促进社会和谐、维护国家安全奠定坚实基础。

——必须切实保障农民权益，始终把实现好、维护好、发展好广大农民根本利益作为农村一切工作的出发点和落脚点。坚持以人为本，尊重农民意愿，着力解决农民最关心最直接最现实的利益问题，保障农民政治、经济、文化、社会权益，提高农民综合素质，促进农民全面发展，充分发挥农民主体作用和首创精神，紧紧依靠亿万农民建设社会主义新农村。

——必须不断解放和发展农村社会生产力，始终把改革创新作为农村发展的根本动力。坚持不懈推进农村改革和制度创新，提高改革决策的科学性，增强改革措施的协调性，充分发挥市场在资源配置中的基础性作用，加强和改善国家对农业农村发展的调控和引导，健全符合社会主义市场经济要求的农村经济体制，调整不适应农村社会生产力发展要求的生产关系和上层建筑，使农村经济社会发展充满活力。

——必须统筹城乡经济社会发展，始终把着力构建新型工农、城乡关系作为加快推进现代化的重大战略。统筹工业化、城镇化、农业现代化建设，加快建

立健全以工促农、以城带乡长效机制，调整国民收入分配格局，巩固和完善强农惠农政策，把国家基础设施建设和社会事业发展重点放在农村，推进城乡基本公共服务均等化，实现城乡、区域协调发展，使广大农民平等参与现代化进程、共享改革发展成果。

——必须坚持党管农村工作，始终把加强和改善党对农村工作的领导作为推进农村改革发展的政治保证。坚持一切从实际出发，坚持党在农村的基本政策，加强农村基层组织和基层政权建设，完善党管农村工作体制机制和方式方法，保持党同农民群众的血肉联系，巩固党在农村的执政基础，形成推进农村改革发展强大合力。

三、大力推进改革创新，加强农村制度建设

实现农村发展战略目标，推进中国特色农业现代化，必须按照统筹城乡发展要求，抓紧在农村体制改革关键环节上取得突破，进一步放开搞活农村经济，优化农村发展外部环境，强化农村发展制度保障。

（一）稳定和完善农村基本经营制度。以家庭承包经营为基础、统分结合的双层经营体制，是适应社会主义市场经济体制、符合农业生产特点的农村基本经营制度，是党的农村政策的基石，必须毫不动摇地坚持。赋予农民更加充分而有保障的土地承包经营权，现有土地承包关系要保持稳定并长久不变。推进农业经营体制机制创新，加快农业经营方式转变。家庭经营要向采用先进科技和生产手段的方向转变，增加技术、资本等生产要素投入，着力提高集约化水平；统一经营要向发展农户联合与合作，形成多元化、多层次、多形式经营服务体系的方向转变，发展集体经济、增强集体组织服务功能，培育农民新型合作组织，发展各种农业社会化服务组织，鼓励龙头企业与农民建立紧密型利益联结机制，着力提高组织化程度。按照服务农民、进退自由、权利平等、管理民主的要求，扶持农民专业合作社加快发展，使之成为引领农民参与国内外市场竞争的现代农业经营组织。全面推进集体林权制度改革，扩大国有林场和重点国有林区林权制度改革试点。推进国有农场体制改革。稳定和完善草原承包经营制度。

（二）健全严格规范的农村土地管理制度。土地制度是农村的基础制度。按照产权明晰、用途管制、节约集约、严格管理的原则，进一步完善农村土地管理制度。坚持最严格的耕地保护制度，层层落实责任，坚决守住十八亿亩耕地红线。划定永久基本农田，建立保护补偿机制，确保基本农田总量不减少、用途不改变、质量有提高。继续推进土地整理复垦开发，耕地实行先补后占，不得跨省区市进行占补平衡。搞好农村土地确权、登记、颁证工作。完善土地承包经营权权能，依法保障农民对承包土地的占有、使用、收益等权利。加强土地承包经营权流转管理和服务，建立健全土地承包经营权流转市场，按照依法自愿有偿原则，允许农民以转包、出租、互换、转让、股份合作等形式流转土地承包经营权，发展多种形式的适度规模经营。有条件的地方可以发展专业大户、家庭农场、农民专业合作社等规模经营主体。土地承包经营权流转，不得改变土地集体所有性质，不得改变土地用途，不得损害农民土地承包权益。实行最严格的节约用地制度，从严控制城乡建设用地总规模。完善农村宅基地制度，严格宅基地管理，依法保障农户宅基地用益物权。农村宅基地和村庄整理所节约的土地，首先要复垦为耕地，调剂为建设用地的必须符合土地利用规划、纳入年度建设用地计划，并优先满足集体建设用地。改革征地制度，严格界定公益性和经营性建设用地，逐步缩小征地范围，完善征地补偿机制。依法征收农村集体土地，按照同地同价原则及时足额给农村集体组织和农民合理补偿，解决好被征地农民就业、住房、社会保障。在土地利用规划确定的城镇建设用地范围外，经批准占用农村集体土地建设非公益性项目，允许农民依法通过多种方式参与开发经营并保障农民合法权益。逐步建立城乡统一的建设用地市场，对依法取得的农村集体经营性建设用地，必须通过统一有形的土地市场、以公开规范的方式转让土地使用权，在符合规划的前提下与国有土地享有平等权益。抓紧完善相关法律法规和配套政策，规范推进农村土地管理制度改革。

（三）完善农业支持保护制度。健全农业投入保障制度，调整财政支出、固定资产投资、信贷投放结构，保证各级财政对农业投入增长幅度高于经常性收入增长幅度，大幅度增加国家对农村基础设施建设和社会事业发展的投入，大幅度提高政府土地出让收益、耕地占用税新增收入用于农业的比例，大幅度增加对中西部地区农村公益性建设项目的投入。国家在中西部地区安排的病险水库除险加固、生态建设等公益性建设项目，逐步取消县及县以下资金配套。拓宽农业投入来源渠道，整合投资项目，加强投资监管，提高资金使用效益。健全农业补贴制度，扩大范围，提高标准，完善办法，特别要支持增粮增收，逐年较大幅度增加农民种粮补贴。完善与农业生产资料价格上涨挂钩的农资综合补贴动态调整机制。健全农产品价格保护制度，完善农产品市场调控体系，稳步提高粮食最低收购价，改善其他主要农产品价格保护办法，充实主要农产品储备，优化农产品进出口和吞吐调节机制，保持农产品价格合理水平。完善粮食等主要农产品价格形成机制，理顺比价关系，充分发挥市场价格对增产增收的促进作用。健全农业生态环境补偿制度，形成有利于保护耕地、水域、森林、草原、湿地等自然资源和农业物种资源的激励机制。

（四）建立现代农村金融制度。农村金融是现代农村经济的核心。创新农村金融体制，放宽农村金融准入政策，加快建立商业性金融、合作性金融、政策性金融相结合，资本充足、功能健全、服务完善、运行安全的农村金融体系。加大对农村金融政策支持力

度，拓宽融资渠道，综合运用财税杠杆和货币政策工具，定向实行税收减免和费用补贴，引导更多信贷资金和社会资金投向农村。各类金融机构都要积极支持农村改革发展。坚持农业银行为农服务的方向，强化职能、落实责任，稳定和发展农村服务网络。拓展农业发展银行支农领域，加大政策性金融对农业开发和农村基础设施建设中长期信贷支持。扩大邮政储蓄银行涉农业务范围。县域内银行业金融机构新吸收的存款，主要用于当地发放贷款。改善农村信用社法人治理结构，保持县（市）社法人地位稳定，发挥为农民服务主力军作用。规范发展多种形式的新型农村金融机构和以服务农村为主的地区性中小银行。加强监管，大力发展小额信贷，鼓励发展适合农村特点和需要的各种微型金融服务。允许农村小型金融组织从金融机构融入资金。允许有条件的农民专业合作社开展信用合作。规范和引导民间借贷健康发展。加快农村信用体系建设。建立政府扶持、多方参与、市场运作的农村信贷担保机制。扩大农村有效担保物范围。发展农村保险事业，健全政策性农业保险制度，加快建立农业再保险和巨灾风险分散机制。加强农产品期货市场建设。

（五）建立促进城乡经济社会发展一体化制度。尽快在城乡规划、产业布局、基础设施建设、公共服务一体化等方面取得突破，促进公共资源在城乡之间均衡配置、生产要素在城乡之间自由流动，推动城乡经济社会发展融合。统筹土地利用和城乡规划，合理安排市县域城镇建设、农田保护、产业聚集、村落分布、生态涵养等空间布局。统筹城乡产业发展，优化农村产业结构，发展农村服务业和乡镇企业，引导城市资金、技术、人才、管理等生产要素向农村流动。统筹城乡基础设施建设和公共服务，全面提高财政保障农村公共事业水平，逐步建立城乡统一的公共服务制度。统筹城乡劳动就业，加快建立城乡统一的人力资源市场，引导农民有序外出就业，鼓励农民就近转移就业，扶持农民工返乡创业。加强农民工权益保护，逐步实现农民工劳动报酬、子女就学、公共卫生、住房租购等与城镇居民享有同等待遇，改善农民工劳动条件，保障生产安全，扩大农民工工伤、医疗、养老保险覆盖面，尽快制定和实施农民工养老保险关系转移接续办法。统筹城乡社会管理，推进户籍制度改革，放宽中小城市落户条件，使在城镇稳定就业和居住的农民有序转变为城镇居民。推动流动人口服务和管理体制创新。扩大县域发展自主权，增加对县的一般性转移支付、促进财力与事权相匹配，增强县域经济活力和实力。推进省直接管理县（市）财政体制改革，优先将农业大县纳入改革范围。有条件的地方可依法探索省直接管理县（市）的体制。坚持走中国特色城镇化道路，发挥好大中城市对农村的辐射带动作用，依法赋予经济发展快、人口吸纳能力强的小城镇相应行政管理权限，促进大中小城市和小城镇协调发展，形成城镇化和新农村建设互促共进机制。积极推进统筹城乡综合配套改革试验。

（六）健全农村民主管理制度。坚持党的领导、人民当家作主、依法治国有机统一，发展农村基层民主，以扩大有序参与、推进信息公开、健全议事协商、强化权力监督为重点，加强基层政权建设，扩大村民自治范围，保障农民享有更多更切实的民主权利。逐步实行城乡按相同人口比例选举人大代表，扩大农民在县乡人大代表中的比例，密切人大代表同农民的联系。继续推进农村综合改革，二〇一二年基本完成乡镇机构改革任务，着力增强乡镇政府社会管理和公共服务职能。完善与农民政治参与积极性不断提高相适应的乡镇治理机制，实行政务公开，依法保障农民知情权、参与权、表达权、监督权。健全村党组织领导的充满活力的村民自治机制，深入开展以直接选举、公正有序为基本要求的民主选举实践，以村民会议、村民代表会议、村民议事为主要形式的民主决策实践，以自我教育、自我管理、自我服务为主要目的的民主管理实践，以村务公开、财务监督、群众评议为主要内容的民主监督实践，推进村民自治制度化、规范化、程序化。加强农村法制建设，完善涉农法律法规，增强依法行政能力，强化涉农执法监督和司法保护。加强农村法制宣传教育，搞好法律服务，提高农民法律意识，推进农村依法治理。培育农村服务性、公益性、互助性社会组织，完善社会自治功能。采取多种措施增强基层财力，逐步解决一些行政村运转困难问题，积极稳妥化解乡村债务。继续做好农民负担监督管理工作，完善村民一事一议筹资筹劳办法，健全农村公益事业建设机制。

四、积极发展现代农业，提高农业综合生产能力

发展现代农业，必须按照高产、优质、高效、生态、安全的要求，加快转变农业发展方式，推进农业科技进步和创新，加强农业物质技术装备，健全农业产业体系，提高土地产出率、资源利用率、劳动生产率，增强农业抗风险能力、国际竞争能力、可持续发展能力。要明确目标、制定规划、加大投入，集中力量办好关系全局、影响长远的大事。

（一）确保国家粮食安全。粮食安全任何时候都不能放松，必须长抓不懈。加快构建供给稳定、储备充足、调控有力、运转高效的粮食安全保障体系。把发展粮食生产放在现代农业建设的首位，稳定播种面积，优化品种结构，提高单产水平，不断增强综合生产能力。各地区都要明确和落实粮食发展目标，强化扶持政策，落实储备任务，分担国家粮食安全责任。抓紧实施粮食战略工程，推进国家粮食核心产区和后备产区建设，加快落实全国新增千亿斤粮食生产能力建设规划，以县为单位集中投入、整体开发，今年起组织实施。支持粮食生产的政策措施向主产区倾斜，建立主产区利益补偿制度，加大对产粮大县财政奖励和粮食产业建设项目扶持力度，加快实现粮食增产、

农民增收、财力增强相协调，充分调动农民种粮、地方抓粮的积极性。完善粮食风险基金政策，逐步取消主产区资金配套。产销平衡区和主销区要加强产粮大县建设，确保区域内粮田面积不减少、粮食自给水平不下降。坚持放开市场，积极搞活流通，完善产销衔接。提高全社会节粮意识，强化从生产到消费全过程节粮措施。加强粮食领域国际交流合作，为改善全球粮食供给作出贡献。

（二）推进农业结构战略性调整。以市场需求为导向、科技创新为手段、质量效益为目标，构建现代农业产业体系。搞好产业布局规划，科学确定区域农业发展重点，形成优势突出和特色鲜明的产业带，引导加工、流通、储运设施建设向优势产区聚集。采取有力措施支持发展油料生产，提高食用植物油自给水平。鼓励和支持优势产区集中发展棉花、糖料、马铃薯等大宗产品，推进蔬菜、水果、茶叶、花卉等园艺产品集约化、设施化生产，因地制宜发展特色产业和乡村旅游业。加快发展畜牧业，支持规模化饲养，加强品种改良和疫病防控。推进水产健康养殖，扶持和壮大远洋渔业。发展林业产业，繁荣山区经济。发展农业产业化经营，促进农产品加工业结构升级，扶持壮大龙头企业，培育知名品牌。强化主要农产品生产大县财政奖励政策，完善农产品加工业发展税收支持政策。加强农业标准化和农产品质量安全工作，严格产地环境、投入品使用、生产过程、产品质量全程监控，切实落实农产品生产、收购、储运、加工、销售各环节的质量安全监管责任，杜绝不合格产品进入市场。支持发展绿色食品和有机食品，加大农产品注册商标和地理标志保护力度。加强海峡两岸农业合作。

（三）加快农业科技创新。农业发展的根本出路在科技进步。顺应世界科技发展潮流，着眼于建设现代农业，大力推进农业科技自主创新，加强原始创新、集成创新和引进消化吸收再创新，不断促进农业技术集成化、劳动过程机械化、生产经营信息化。加大农业科技投入，建立农业科技创新基金，支持农业基础性、前沿性科学研究，力争在关键领域和核心技术上实现重大突破。加强农业技术研发和集成，重点支持生物技术、良种培育、丰产栽培、农业节水、疫病防控、防灾减灾等领域科技创新，实施转基因生物新品种培育科技重大专项，尽快获得一批具有重要应用价值的优良品种。适应农业规模化、精准化、设施化等要求，加快开发多功能、智能化、经济型农业装备设施，重点在田间作业、设施栽培、健康养殖、精深加工、储运保鲜等环节取得新进展。推进农业信息服务技术发展，重点开发信息采集、精准作业和管理信息、农村远程数字化和可视化、气象预测预报和灾害预警等技术。深化科技体制改革，加快农业科技创新体系和现代农业产业技术体系建设，加强对公益性农业科研机构和农业院校的支持。依托重大农业科研项目、重点学科、科研基地，加强农业科技创新团队建设，培育农业科技高层次人才特别是领军人才。稳定和壮大农业科技人才队伍，加强农业技术推广普及，开展农民技术培训。加快农业科技成果转化，促进产学研、农科教结合，支持高等学校、科研院所同农民专业合作社、龙头企业、农户开展多种形式技术合作。继续办好国家农业高新技术产业示范区。发挥国有农场运用先进技术和建设现代农业的示范作用。

（四）加强农业基础设施建设。以农田水利为重点的农业基础设施是现代农业的重要物质条件。大规模实施土地整治，搞好规划、统筹安排、连片推进，加快中低产田改造，鼓励农民开展土壤改良，推广测土配方施肥和保护性耕作，提高耕地质量，大幅度增加高产稳产农田比重。搞好水利基础设施建设，加强大江大河大湖治理，集中建成一批大中型水利骨干工程，加快大中型灌区、排灌泵站配套改造、水源工程建设，力争二〇二〇年基本完成大型灌区续建配套和节水改造任务。加快病险水库除险加固，确保二〇一〇年底完成大中型和重点小型水库除险加固任务。创新投资机制，采取以奖代补等形式，鼓励和支持农民广泛开展小型农田水利设施、小流域综合治理等项目建设。推广节水灌溉，搞好旱作农业示范工程。支持农用工业发展，加快推进农业机械化。按照现代化水平高、覆盖范围广的要求，加强良种繁育体系和农产品批发市场网络建设，加快建设现代粮食物流体系和鲜活农产品冷链物流系统。

（五）建立新型农业社会化服务体系。建设覆盖全程、综合配套、便捷高效的社会化服务体系，是发展现代农业的必然要求。加快构建以公共服务机构为依托、合作经济组织为基础、龙头企业为骨干、其他社会力量为补充，公益性服务和经营性服务相结合、专项服务和综合服务相协调的新型农业社会化服务体系。加强农业公共服务能力建设，创新管理体制，提高人员素质，力争三年内在全国普遍健全乡镇或区域性农业技术推广、动植物疫病防控、农产品质量监管等公共服务机构，逐步建立村级服务站点。支持供销合作社、农民专业合作社、专业服务公司、专业技术协会、农民经纪人、龙头企业等提供多种形式的生产经营服务。开拓农村市场，推进农村流通现代化。健全农产品市场体系，完善农业信息收集和发布制度，发展农产品现代流通方式，减免运销环节收费，长期实行绿色通道政策，加快形成流通成本低、运行效率高的农产品营销网络。保障农用生产资料供应，整顿和规范农村市场秩序，严厉惩治坑农害农行为。

（六）促进农业可持续发展。按照建设生态文明的要求，发展节约型农业、循环农业、生态农业，加强生态环境保护。继续推进林业重点工程建设，延长天然林保护工程实施期限，完善政策、巩固退耕还林成果，开展植树造林，提高森林覆盖率。实施草原建设和保护工程，推进退牧还草，发展灌溉草场，恢复草原生态植被。强化水资源保护。加强水生生物资源养护，加大增殖放流力度。推进重点流域和区域水土流失综合防治，加快荒漠化石漠化治理，加强自然保护区建设。保护珍稀物种和种质资源，防范外来动植物疫病和有害物种入侵。多渠道筹集森林、草原、水土保持等生态效益补偿资金，逐步提高补偿标准。积极培育以非粮油作物为原料的生物质产业，推进农林副产品和废弃物能源化、资源化利用。推广节能减排技术，加强农村工业、生活污染和农业面源污染防治。

（七）扩大农业对外开放。坚持“引进来”和“走出去”相结合，提高统筹利用国际国内两个市场、两种资源能力，拓展农业对外开放广度和深度。按照鼓励出口劳动密集型和技术密集型产品、适度进口结构性短缺产品的原则，完善农产品进出口战略规划和调控机制，加强国际市场研究和信息服务。强化农产品进出口检验检疫和监管，提高出口优势产品附加值和质量安全水平。引导外商投资发展现代农业。健全符合世界贸易组织规则的外商经营农产品和农业生产资料准入制度，建立外资并购境内涉农企业安全审查机制。统筹开展对外农业合作，培育农业跨国经营企业，逐步建立农产品国际产销加工储运体系。积极参与国际农产品贸易规则和标准制定，促进形成公平合理的贸易秩序。

五、加快发展农村公共事业，促进农村社会全面进步

建设社会主义新农村，形成城乡经济社会发展一体化新格局，必须扩大公共财政覆盖农村范围，发展农村公共事业，使广大农民学有所教、劳有所得、病有所医、老有所养、住有所居。

（一）繁荣发展农村文化。社会主义文化建设是社会主义新农村建设的重要内容和重要保证。坚持用社会主义先进文化占领农村阵地，满足农民日益增长的精神文化需求，提高农民思想道德素质。扎实开展社会主义核心价值体系建设，坚持用中国特色社会主义理论体系武装农村党员、教育农民群众，引导农民牢固树立爱国主义、集体主义、社会主义思想。推进广播电视村村通、文化信息资源共享、乡镇综合文化站和村文化室建设、农村电影放映、农家书屋等重点文化惠民工程，建立稳定的农村文化投入保障机制，尽快形成完备的农村公共文化服务体系。扶持农村题材文化产品创作生产，开展农民乐于参与、便于参与的文化活动，建立文化科技卫生“三下乡”长效机制，支持农民兴办演出团体和其他文化团体，引导城市文化机构到农村拓展服务。重视丰富农民工文化生活，帮助他们提高素质。广泛开展文明村镇、文明集市、文明户、志愿服务等群众性精神文明创建活动，倡导农民崇尚科学、诚信守法、抵制迷信、移风易俗，遵守公民基本道德规范，养成健康文明生活方式，形成男女平等、尊老爱幼、邻里和睦、勤劳致富、扶贫济困的社会风尚。加强农村文物、非物质文化遗产、历史文化名镇名村保护。发展农村体育事业，开展农民健身活动。

（二）大力办好农村教育事业。发展农村教育，促进教育公平，提高农民科学文化素质，培育有文化、懂技术、会经营的新型农民。巩固农村义务教育普及成果，提高义务教育质量，完善义务教育免费政策和经费保障机制，保障经济困难家庭儿童、留守儿童特别是女童平等就学、完成学业，改善农村学生营养状况，促进城乡义务教育均衡发展。加快普及农村高中阶段教育，重点加快发展农村中等职业教育并逐步实行免费。健全县域职业教育培训网络，加强农民技能培训，广泛培养农村实用人才。大力扶持贫困地区、民族地区农村教育。增强高校为农输送人才和服务能力，办好涉农学科专业，鼓励人才到农村第一线工作，对到农村履行服务期的毕业生代偿学费和助学贷款，在研究生招录和教师选聘时优先。保障和改善农村教师工资待遇和工作条件，健全农村教师培养培训制度，提高教师素质。健全城乡教师交流机制，继续选派城市教师下乡支教。发展农村学前教育、特殊教育、继续教育。加强远程教育，及时把优质教育资源送到农村。

（三）促进农村医疗卫生事业发展。基本医疗卫生服务关系广大农民幸福安康，必须尽快惠及全体农民。巩固和发展新型农村合作医疗制度，提高筹资标准和财政补助水平，坚持大病住院保障为主、兼顾门诊医疗保障。完善农村医疗救助制度。坚持政府主导，整合城乡卫生资源，建立健全农村三级医疗卫生服务网络，重点办好县级医院并在每个乡镇办好一所卫生院，支持村卫生室建设，向农民提供安全价廉的基本医疗服务。加强农村卫生人才队伍建设，定向免费培养培训农村卫生人才，妥善解决乡村医生补贴，完善城市医师支援农村制度。坚持预防为主，扩大农村免费公共卫生服务和免费免疫范围，加大地方病、传染病及人畜共患病防治力度。加强农村药品配送和监管。积极发展中医药和民族医药服务。广泛开展爱国卫生运动，重视健康教育。加强农村妇幼保健，逐步推行住院分娩补助政策。坚持计划生育的基本国策，推进优生优育，稳定农村低生育水平，完善和落实计划生育奖励扶助制度，有效治理出生人口性别比偏高问题。

（四）健全农村社会保障体系。贯彻广覆盖、保基本、多层次、可持续原则，加快健全农村社会保障体系。按照个人缴费、集体补助、政府补贴相结合的要求，建立新型农村社会养老保险制度。创造条件探索城乡养老保险制度有效衔接办法。做好被征地农民社会保障，做到先保后征，使被征地农民基本生活长期有保障。完善农村最低生活保障制度，加大中央和省级财政补助力度，做到应保尽保，不断提高保障标准和补助水平。全面落实农村五保供养政策，确保供养水平达到当地村民平均生活水平。完善农村受灾群众救助制度。落实好军烈属和伤残病退伍军人等优抚政策。发展以扶老、助残、救孤、济困、赈灾为重点的社会福利和慈善事业。发展农村老龄服务。加强农

村残疾预防和残疾人康复工作，促进农村残疾人事业发展。

（五）加强农村基础设施和环境建设。 把农村建设成为广大农民的美好家园，必须切实改善农民生产生活条件。科学制定乡镇村庄建设规划。加快农村饮水安全工程建设，五年内解决农村饮水安全问题。加强农村公路建设，确保"十一五"期末基本实现乡镇通油（水泥）路，进而普遍实现行政村通油（水泥）路，逐步形成城乡公交资源相互衔接、方便快捷的客运网络。推进农村能源建设，扩大电网供电人口覆盖率，推广沼气、秸秆利用、小水电、风能、太阳能等可再生能源技术，形成清洁、经济的农村能源体系。实施农村清洁工程，加快改水、改厨、改厕、改圈，开展垃圾集中处理，不断改善农村卫生条件和人居环境。推进广电网、电信网、互联网"三网融合"，积极发挥信息化为农服务作用。发展农村邮政服务。健全农村公共设施维护机制，提高综合利用效能。

（六）推进农村扶贫开发。 搞好新阶段扶贫开发，对确保全体人民共享改革发展成果具有重大意义，必须作为长期历史任务持之以恒抓紧抓好。完善国家扶贫战略和政策体系，坚持开发式扶贫方针，实现农村最低生活保障制度和扶贫开发政策有效衔接。实行新的扶贫标准，对农村低收入人口全面实施扶贫政策，把尽快稳定解决扶贫对象温饱并实现脱贫致富作为新阶段扶贫开发的首要任务。重点提高农村贫困人口自我发展能力，对没有劳动力或劳动能力丧失的贫困人口实行社会救助。加大对革命老区、民族地区、边疆地区、贫困地区发展扶持力度。继续开展党政机关定点扶贫和东西扶贫协作，充分发挥企业、学校、科研院所、军队和社会各界在扶贫开发中的积极作用。加强反贫困领域国际交流合作。

（七）加强农村防灾减灾能力建设。 我国农村自然灾害多、受灾地域广、防灾抗灾力量弱，必须切实加强农村防灾减灾工作。加强灾害性天气、地质灾害、地震监测预警，提高监测水平，完善处置预案，加强专业力量建设，提高应急救援能力，宣传普及防灾减灾知识，提高灾害处置能力和农民避灾自救能力。加强防洪排涝抗旱设施和监测预警能力建设，加快农村危房改造，提高农村道路、供电、供水、通信设施抗灾保障能力，提高农村学校、医院等公共设施建筑质量，落实安全标准和责任。全力做好汶川地震灾区农村恢复重建工作，加大投入，对口支援，发动群众，加快受灾农户住房重建，搞好农业生产设施重建，尽早恢复农业生产和农村经济。采取综合措施，促进灾区生态环境尽快修复并不断改善。

（八）强化农村社会管理。 坚持服务农民、依靠农民，完善农村社会管理体制机制，加强农村社区建设，保持农村社会和谐稳定。健全党和政府主导的维护农民权益机制，拓宽农村社情民意表达渠道，做好农村信访工作，加强人民调解，及时排查化解矛盾纠纷。农村广大干部要进村入户做好下访工作，切实把矛盾和问题解决在基层、化解在萌芽状态。深入开展平安创建活动，加强农村政法工作，推进农村警务建设，实行群防群治，搞好社会治安综合治理。建立健全农村应急管理体制，提高危机处置能力。巩固和发展平等团结互助和谐的社会主义民族关系。全面贯彻党的宗教工作基本方针，依法管理宗教事务。反对和制止利用宗教、宗族势力干预农村公共事务，坚决取缔邪教组织，严厉打击黑恶势力。

六、加强和改善党的领导，为推进农村改革发展提供坚强政治保证

推进农村改革发展，关键在党。要把党的执政能力建设和先进性建设作为主线，以改革创新精神全面推进农村党的建设，认真开展深入学习实践科学发展观活动，增强各级党组织的创造力、凝聚力、战斗力，不断提高党领导农村工作水平。

（一）完善党领导农村工作体制机制。 强化党委统一领导、党政齐抓共管、农村工作综合部门组织协调、有关部门各负其责的农村工作领导体制和工作机制。各级党委和政府要坚持把农村工作摆上重要议事日程，在政策制定、工作部署、财力投放、干部配备上切实体现全党工作重中之重的战略思想，加强对农村改革发展理论和实践问题的调查研究，坚持因地制宜、分类指导，创造性地开展工作。党委和政府主要领导要亲自抓农村工作，省市县党委要有负责同志分管农村工作，县（市）党委要把工作重心和主要精力放在农村工作上。加强党委农村工作综合部门建设，建立职能明确、权责一致、运转协调的农业行政管理体制。注重选好配强县乡党政领导班子特别是主要负责人。坚持和完善"米袋子"省长负责制、"菜篮子"市长负责制。完善体现科学发展观和正确政绩观要求的干部考核评价体系，把粮食生产、农民增收、耕地保护、环境治理、和谐稳定作为考核地方特别是县（市）领导班子绩效的重要内容。支持人大、政协履行职能，发挥民主党派、人民团体和社会组织积极作用，共同推进农村改革发展。

（二）加强农村基层组织建设。 党的农村基层组织是党在农村工作的基础。以领导班子建设为重点、健全党组织为保证、三级联创活动为载体，把党组织建设成为推动科学发展、带领农民致富、密切联系群众、维护农村稳定的坚强领导核心。改革和完善农村基层组织领导班子选举办法，抓好以村党组织为核心的村级组织配套建设，领导和支持村委会、集体经济组织、共青团、妇代会、民兵等组织和乡镇企业工会组织依照法律法规和章程开展工作。创新农村党的基层组织设置形式，推广在农村社区、农民专业合作社、专业协会和产业链上建立党组织的做法。加强农民工中党的工作。健全城乡党的基层组织互帮互助机制，构建城乡统筹的基层党建新格局。抓紧村级组织活动场所建设，两年内覆盖全部行政村。

（三）加强农村基层干部队伍建设。 建设一支守

信念、讲奉献、有本领、重品行的农村基层干部队伍，对做好农村工作至关重要。着力拓宽农村基层干部来源，提高他们的素质，解除他们的后顾之忧，调动他们的工作积极性。注重从农村致富能手、退伍军人、外出务工返乡农民中选拔村干部。引导高校毕业生到村任职，实施一村一名大学生计划。鼓励党政机关和企事业单位优秀年轻干部到村帮助工作。加大从优秀村干部中考录乡镇公务员和选任乡镇领导干部力度。探索村党组织书记跨村任职。通过财政转移支付和党费补助等途径，形成农村基层组织建设、村干部报酬和养老保险、党员干部培训资金保障机制。整合培训资源，广泛培训农村基层干部，增强他们带领农民建设社会主义新农村的本领。扎实推进农村党员干部现代远程教育，两年内实现全国乡村网络基本覆盖。

（四）加强农村党员队伍建设。巩固和发展先进性教育活动成果，做好发展党员工作，改进党员教育管理，增强党员意识，建设高素质农村党员队伍。扩大党内基层民主，尊重党员主体地位，保证党员按照党章规定履行义务、行使权利。组织农村党员学习党的理论和路线方针政策、法律法规、实用技术。广泛开展党员设岗定责、依岗承诺、创先争优等活动。关心爱护党员，建立健全党内激励、关怀、帮扶机制，增强党组织的亲和力。加强和改进流动党员管理，建立健全城乡一体党员动态管理机制。加大在优秀青年农民中发展党员力度。探索发展党员新机制，不断提高发展党员质量。

（五）加强农村党风廉政建设。大力发扬党的优良传统和作风，密切党群干群关系，是做好农村改革发展工作的重要保证。坚持教育、制度、监督、改革、纠风、惩治相结合，推进农村惩治和预防腐败体系建设。以树立理想信念和加强思想道德建设为基础，深入开展反腐倡廉教育，弘扬求真务实、公道正派、艰苦奋斗的作风，筑牢党员、干部服务群众、廉洁自律的思想基础。以规范和制约权力运行为核心，全面推进政务公开、村务公开、党务公开，健全农村集体资金、资产、资源管理制度，做到用制度管权、管事、管人。以维护农民权益为重点，围绕党的农村政策落实情况加强监督检查，切实纠正损害农民利益的突出问题，严肃查处涉农违纪违法案件。广大党员、干部要坚持权为民所用、情为民所系、利为民所谋，关心群众疾苦，倾听群众呼声，集中群众智慧，讲实话、办实事、求实效，坚决反对形式主义、官僚主义，努力创造实实在在的业绩。

实现全面建设小康社会的宏伟目标，最艰巨最繁重的任务在农村，最广泛最深厚的基础也在农村。全党同志要紧密团结在以胡锦涛同志为总书记的党中央周围，锐意改革，加快发展，在推进中国特色社会主义伟大事业进程中努力开创农村工作新局面！

中共中央　国务院关于2009年促进农业稳定发展农民持续增收的若干意见

（2008年12月31日）

党的十七届三中全会从中国特色社会主义事业总体布局和全面建设小康社会战略全局出发，描绘了我国农村全面小康建设的宏伟蓝图，制定了新形势下推进农村改革发展的行动纲领。各地区各部门要认真学习、深刻领会全会精神，坚定不移推进社会主义新农村建设，坚定不移走中国特色农业现代化道路，坚定不移加快形成城乡经济社会发展一体化新格局，切实把《中共中央关于推进农村改革发展若干重大问题的决定》提出的大政方针落到实处。

2008年，各地区各部门认真贯彻中央决策部署，战胜了重大自然灾害，克服了多种困难风险，农业农村继续保持良好发展局面。农业生产再获丰收，粮食总产再创新高，农民收入较快增长，农村公共事业加速发展，农村党群干群关系继续改善。农业农村的好形势，为党和国家成功办好大事、妥善应对难事奠定了坚实基础，为保持经济平稳较快发展、维护社会和谐稳定作出了重大贡献。

当前，国际金融危机持续蔓延、世界经济增长明显减速，对我国经济的负面影响日益加深，对农业农村发展的冲击不断显现。2009年可能是新世纪以来我国经济发展最为困难的一年，也是巩固发展农业农村好形势极为艰巨的一年。在农业连续5年增产的高基数上，保持粮食稳定发展的任务更加繁重；在国内外资源性产品价格普遍下行的态势中，保持农产品价格合理水平的难度更加凸显；在全社会高度关注食品质量安全的氛围里，保持农产品质量进一步提升和规避经营风险的要求更加迫切；在当前农民工就业形势严峻的情况下，保持农民收入较快增长的制约更加突出。必须切实增强危机意识，充分估计困难，紧紧抓住机遇，果断采取措施，坚决防止粮食生产滑坡，坚决防止农民收入徘徊，确保农业稳定发展，确保农村社会安定。

做好2009年农业农村工作，具有特殊重要的意义。扩大国内需求，最大潜力在农村；实现经济平稳较快发展，基础支撑在农业；保障和改善民生，重点难点在农民。2009年农业农村工作的总体要求是：

全面贯彻党的十七大、十七届三中全会和中央经济工作会议精神，高举中国特色社会主义伟大旗帜，以邓小平理论和“三个代表”重要思想为指导，深入贯彻落实科学发展观，把保持农业农村经济平稳较快发展作为首要任务，围绕稳粮、增收、强基础、重民生，进一步强化惠农政策，增强科技支撑，加大投入力度，优化产业结构，推进改革创新，千方百计保证国家粮食安全和主要农产品有效供给，千方百计促进农民收入持续增长，为经济社会又好又快发展继续提供有力保障。

一、加大对农业的支持保护力度

1. *进一步增加农业农村投入。*扩大内需、实施积极财政政策，要把“三农”作为投入重点。大幅度增加国家对农村基础设施建设和社会事业发展的投入，提高预算内固定资产投资用于农业农村的比重，新增国债使用向“三农”倾斜。大幅度提高政府土地出让收益、耕地占用税新增收入用于农业的比例，耕地占用税税率提高后新增收入全部用于农业，土地出让收入重点支持农业土地开发和农村基础设施建设。大幅度增加对中西部地区农村公益性建设项目的投入，2009 年起国家在中西部地区安排的病险水库除险加固、生态建设、农村饮水安全、大中型灌区配套改造等公益性建设项目，取消县及县以下资金配套。城市维护建设税新增部分主要用于乡村建设规划、农村基础设施建设和维护。有条件的地方可成立政策性农业投资公司和农业产业发展基金。

2. *较大幅度增加农业补贴。*2009 年要在上年较大幅度增加补贴的基础上，进一步增加补贴资金。增加对种粮农民直接补贴。加大良种补贴力度，提高补贴标准，实现水稻、小麦、玉米、棉花全覆盖，扩大油菜和大豆良种补贴范围。大规模增加农机具购置补贴，将先进适用、技术成熟、安全可靠、节能环保、服务到位的农机具纳入补贴目录，补贴范围覆盖全国所有农牧业县（场），带动农机普及应用和农机工业发展。加大农资综合补贴力度，完善补贴动态调整机制，加强农业生产成本收益监测，根据农资价格上涨幅度和农作物实际播种面积，及时增加补贴。按照目标清晰、简便高效、有利于鼓励粮食生产的要求，完善农业补贴办法。根据新增农业补贴的实际情况，逐步加大对专业大户、家庭农场种粮补贴力度。

3. *保持农产品价格合理水平。*密切跟踪国内外农产品市场变化，适时加强政府调控，灵活运用多种手段，努力避免农产品价格下行，防止谷贱伤农，保障农业经营收入稳定增长。2009 年继续提高粮食最低收购价。扩大国家粮食、棉花、食用植物油、猪肉储备，2009 年地方粮油储备要按规定规模全部落实到位，适时启动主要农产品临时收储，鼓励企业增加商业收储。加强“北粮南运”、新疆棉花外运协调，继续实行相关运费补贴和减免政策，支持销区企业到产区采购。把握好主要农产品进出口时机和节奏，支持优势农产品出口，防止部分品种过度进口冲击国内市场。

4. *增强农村金融服务能力。*抓紧制定鼓励县域内银行业金融机构新吸收的存款主要用于当地发放贷款的实施办法，建立独立考核机制。在加强监管、防范风险的前提下，加快发展多种形式新型农村金融组织和以服务农村为主的地区性中小银行。鼓励和支持金融机构创新农村金融产品和金融服务，大力发展小额信贷和微型金融服务，农村微小型金融组织可通过多种方式从金融机构融入资金。积极扩大农村消费信贷市场。依法开展权属清晰、风险可控的大型农用生产设备、林权、四荒地使用权等抵押贷款和应收账款、仓单、可转让股权、专利权、商标专用权等权利质押贷款。抓紧出台对涉农贷款定向实行税收减免和费用补贴、政策性金融对农业中长期信贷支持、农民专业合作社开展信用合作试点的具体办法。放宽金融机构对涉农贷款的呆账核销条件。加快发展政策性农业保险，扩大试点范围、增加险种，加大中央财政对中西部地区保费补贴力度，加快建立农业再保险体系和财政支持的巨灾风险分散机制，鼓励在农村发展互助合作保险和商业保险业务。探索建立农村信贷与农业保险相结合的银保互动机制。

二、稳定发展农业生产

5. *加大力度扶持粮食生产。*稳定粮食播种面积，优化品种结构，提高单产水平，不断增强综合生产能力。建立健全粮食主产区利益补偿制度，根据主产区对国家粮食安全的贡献，增加一般性转移支付和产粮大县奖励补助等资金，优先安排农业基础设施建设投资和农业综合开发等资金，扶持粮食产业和龙头企业发展，引导产销区建立利益衔接机制，促进主产区经济社会加快发展，确保主产区得到合理利益补偿，确保种粮农民得到合理经济收益。加快取消主产区粮食风险基金资金配套。推进全国新增千亿斤粮食生产能力建设，以主产区重点县（场）为单位，集中投入、整体开发。进一步强化“米袋子”省长负责制，各地区都要承担本地耕地和水资源保护、粮食产销和市场调控责任，逐级建立有效的粮食安全监督检查和绩效考核机制。结合振兴东北地区等老工业基地，加快推进现代农业建设。发挥国有农场在建设现代农业、保障国家粮食安全等方面的积极作用。

6. *支持优势产区集中发展油料等经济作物生产。*加快实施新一轮优势农产品区域布局规划。落实国家扶持油料生产的各项政策措施，加强东北和内蒙古优质大豆、长江流域“双低”油菜生产基地建设。尽快制定实施全国木本油料产业发展规划，重点支持适宜地区发展油茶等木本油料产业，加快培育推广高产优良品种。稳定发展棉花生产，启动长江流域、黄淮海地区棉花生产基地建设。支持优势产区发展糖料、马铃薯、天然橡胶等作物，积极推进蔬菜、水果、茶叶、花卉等园艺产品设施化生产。

7. *加快发展畜牧水产规模化标准化健康养殖*。采取市场预警、储备调节、增加险种、期货交易等措施，稳定发展生猪产业。继续落实生猪良种补贴和能繁母猪补贴政策，扩大生猪调出大县奖励政策实施范围。继续落实奶牛良种补贴、优质后备奶牛饲养补贴等政策，实施奶牛生产大县财政奖励政策，着力扶持企业建设标准化奶站，确保奶源质量。增加畜禽标准化规模养殖场（小区）项目投资，加大信贷支持力度，落实养殖场用地等政策。加大畜禽水产良种工程实施力度，充实动物防疫体系建设内容，加快推进动物标识及疫病可追溯体系建设，落实村级防疫员补助经费。扩大水产健康养殖示范区（场）建设，继续实行休渔、禁渔制度，强化增殖放流等水生生物资源养护措施。扩大渔港、渔船航标、渔船安全设施等建设规模，扶持和壮大远洋渔业。

8. *严格农产品质量安全全程监控*。抓紧出台食品安全法，制定和完善农产品质量安全法配套规章制度，健全部门分工合作的监管工作机制，进一步探索更有效的食品安全监管体制，实行严格的食品质量安全追溯制度、召回制度、市场准入和退出制度。加快农产品质量安全检验检测体系建设，完善农产品质量安全标准，加强检验检测机构资质认证。扩大农产品和食品例行监测范围，逐步清理并降低强制性检验检疫费用。健全饲料安全监管体系，促进饲料产业健康发展。强化企业质量安全责任，对上市产品实行批批自检。建立农产品和食品生产经营质量安全征信体系。开展专项整治，坚决制止违法使用农药、兽（渔）药行为。加快农业标准化示范区建设，推动龙头企业、农民专业合作社、专业大户等率先实行标准化生产，支持建设绿色和有机农产品生产基地。

9. *加强农产品进出口调控*。健全高效灵活的农产品进出口调控机制，协调内外贸易，密切政府、协会、企业之间的沟通磋商。扩大农产品出口信用保险承保范围，探索出口信用保险与农业保险、出口信贷相结合的风险防范机制。对劳动密集型和技术密集型农产品出口实行优惠信贷政策。培育农业跨国经营企业。按照世界贸易组织规则，健全外商经营农产品和农资准入制度，明确外资并购境内涉农企业安全审查范围和程序，建立联席会议制度。

三、强化现代农业物质支撑和服务体系

10. *加快农业科技创新步伐*。加大农业科技投入，多渠道筹集资金，建立农业科技创新基金，重点支持关键领域、重要产品、核心技术的科学研究。加快推进转基因生物新品种培育科技重大专项，整合科研资源，加大研发力度，尽快培育一批抗病虫、抗逆、高产、优质、高效的转基因新品种，并促进产业化。实施主要农作物强杂交优势技术研发重大项目。强化农业知识产权保护。支持龙头企业承担国家科技计划项目。加强和完善现代农业产业技术体系。深入推进粮棉油高产创建活动，支持科技人员和大学毕业生到农技推广一线工作。开展农业科技培训，培养新型农民。采取委托、招标等形式，引导农民专业技术协会等社会力量承担公益性农技推广服务项目。

11. *加快高标准农田建设*。大力推进土地整治，搞好规划，统筹安排土地整理复垦开发、农业综合开发等各类建设资金，集中连片推进农村土地整治，实行田、水、路、林综合治理，大规模开展中低产田改造，提高高标准农田比重。继续推进“沃土工程”，扩大测土配方施肥实施范围。开展鼓励农民增施有机肥、种植绿肥、秸秆还田奖补试点。大力开展保护性耕作，加快实施旱作农业示范工程。

12. *加强水利基础设施建设*。加强大江大河和重点中小河流治理，建成一批大中型水利骨干工程。加快大中型和重点小型病险水库除险加固进度，确保工程建设质量。增加投资规模，重点加快大型灌区续建配套和节水改造。扩大大型排灌泵站更新改造规模和范围，启动西北沿黄高扬程提水灌溉泵站、东北涝区排水泵站等更新改造建设。继续加大农业综合开发中型灌区骨干工程节水改造力度。增加中央和省级财政小型农田水利工程建设补助专项资金，依据规划整合投资，推进大中型灌区田间工程和小型灌区节水改造，推广高效节水灌溉技术，因地制宜修建小微型抗旱水源工程，发展牧区水利。加强重要水源工程及配套灌区建设。推进水利工程管理和农村水利体制改革，探索农业灌溉工程运行管理财政补贴机制，启动减轻农业用水负担综合改革试点。

13. *加快推进农业机械化*。启动农业机械化推进工程，重点加强示范基地、机耕道建设，提高农机推广服务和安全监理能力。普及主要粮油作物播种、收获等环节机械化，加快研发适合丘陵山区使用的轻便农业机械和适合大面积作业的大型农业机械。支持农机工业技术改造，提高农机产品适用性和耐用性，切实加强售后服务。实行重点环节农机作业补贴试点。对农机大户、种粮大户和农机服务组织购置大中型农机具，给予信贷支持。完善农用燃油供应保障机制，建立高能耗农业机械更新报废经济补偿制度。

14. *推进生态重点工程建设*。巩固退耕还林成果，继续推进京津风沙源治理等重点工程，增加天然林保护投资，抓紧研究延长天然林保护工程实施期限有关政策，完善三北防护林工程投入和建设机制。建设现代林业，发展山区林特产品、生态旅游业和碳汇林业。扩大退牧还草工程实施范围，加强人工饲草地和灌溉草场建设。加强森林草原火灾监测预警体系和防火基础设施建设。加快重点区域荒漠化和小流域综合治理，启动坡耕地水土流失综合整治工程，加强山洪和泥石流等地质灾害防治。提高中央财政森林生态效益补偿标准，启动草原、湿地、水土保持等生态效

益补偿试点。安排专门资金，实行以奖促治，支持农业农村污染治理。

15. *加强农产品市场体系建设*。加大力度支持重点产区和集散地农产品批发市场、集贸市场等流通基础设施建设。推进大型粮食物流节点、农产品冷链系统和生鲜农产品配送中心建设。落实停止收取个体工商户管理费和集贸市场管理费政策。支持大型连锁超市和农产品流通企业开展农超对接，建设农产品直接采购基地。发挥农村经纪人作用。长期实行并逐步完善鲜活农产品运销绿色通道政策，推进在全国范围内免收整车合法装载鲜活农产品的车辆通行费。

16. *推进基层农业公共服务机构建设*。按照3年内在全国普遍健全乡镇或区域性农业技术推广、动植物疫病防控、农产品质量监管等公共服务机构的要求，尽快明确职责、健全队伍、完善机制、保障经费，切实增强服务能力。创新管理体制和运行机制，采取公开招聘、竞聘上岗等方式择优聘用专业技术人员。改革考评、分配制度，将服务人员收入与岗位职责、工作业绩挂钩。农业公共服务机构履行职责所需经费纳入地方各级财政预算。逐步推进村级服务站点建设试点。

四、稳定完善农村基本经营制度

17. *稳定农村土地承包关系*。抓紧修订、完善相关法律法规和政策，赋予农民更加充分而有保障的土地承包经营权，现有土地承包关系保持稳定并长久不变。强化对土地承包经营权的物权保护，做好集体土地所有权确权登记颁证工作，将权属落实到法定行使所有权的集体组织；稳步开展土地承包经营权登记试点，把承包地块的面积、空间位置和权属证书落实到农户，严禁借机调整土地承包关系，坚决禁止和纠正违法收回农民承包土地的行为。加快落实草原承包经营制度。

18. *建立健全土地承包经营权流转市场*。土地承包经营权流转，不得改变土地集体所有性质，不得改变土地用途，不得损害农民土地承包权益。坚持依法自愿有偿原则，尊重农民的土地流转主体地位，任何组织和个人不得强迫流转，也不能妨碍自主流转。按照完善管理、加强服务的要求，规范土地承包经营权流转。鼓励有条件的地方发展流转服务组织，为流转双方提供信息沟通、法规咨询、价格评估、合同签订、纠纷调处等服务。

19. *实行最严格的耕地保护制度和最严格的节约用地制度*。基本农田必须落实到地块、标注在土地承包经营权登记证书上，并设立统一的永久基本农田保护标志，严禁地方擅自调整规划改变基本农田区位。严格地方政府耕地保护责任目标考核，实行耕地和基本农田保护领导干部离任审计制度。尽快出台基本农田保护补偿具体办法。从严控制城乡建设用地总规模，从规划、标准、市场配置、评价考核等方面全面建立和落实节约用地制度。抓紧编制乡镇土地利用规划和乡村建设规划，科学合理安排村庄建设用地和宅基地，根据区域资源条件修订宅基地使用标准。农村宅基地和村庄整理所节约的土地，首先要复垦为耕地，用作折抵建设占用耕地补偿指标必须依法进行，必须符合土地利用总体规划，纳入土地计划管理。农村土地管理制度改革要在完善相关法律法规、出台具体配套政策后，规范有序地推进。

20. *全面推进集体林权制度改革*。用5年左右时间基本完成明晰产权、承包到户的集体林权制度改革任务。集体林地经营权和林木所有权已经落实到户的地方，要尽快建立健全产权交易平台，加快林地、林木流转制度建设，完善林木采伐管理制度。尚未落实到户的地方，要在加强宣传、做好培训和搞好勘界发证基础上，加快集体林权制度改革步伐。加大财政对集体林权制度改革的支持力度，开展政策性森林保险试点。引导森林资源资产评估、森林经营方案编制等中介服务健康发展。进一步扩大国有林场和重点国有林区林权制度改革试点。

21. *扶持农民专业合作社和龙头企业发展*。加快发展农民专业合作社，开展示范社建设行动。加强合作社人员培训，各级财政给予经费支持。将合作社纳入税务登记系统，免收税务登记工本费。尽快制定金融支持合作社、有条件的合作社承担国家涉农项目的具体办法。扶持农业产业化经营，鼓励发展农产品加工，让农民更多分享加工流通增值收益。中央和地方财政增加农业产业化专项资金规模，重点支持对农户带动力强的龙头企业开展技术研发、基地建设、质量检测。鼓励龙头企业在财政支持下参与担保体系建设。采取有效措施帮助龙头企业解决贷款难问题。

五、推进城乡经济社会发展一体化

22. *加快农村社会事业发展*。建立稳定的农村文化投入保障机制，尽快形成完备的农村公共文化服务体系。推进广播电视村村通、文化信息资源共享、乡镇综合文化站和村文化室建设、农村电影放映、农家书屋等重点文化惠民工程。巩固农村义务教育普及成果，提高农村学校公用经费和家庭经济困难寄宿生补助标准，改善农村教师待遇，推进农村中小学校舍安全排查、加固和改造。加快发展农村中等职业教育，2009年起对中等职业学校农村家庭经济困难学生和涉农专业学生实行免费。国家新增助学金要向农村生源学生倾斜。巩固发展新型农村合作医疗，坚持大病住院保障为主、兼顾门诊医疗保障，开展门诊统筹试点，有条件的地方可提高财政补助标准和水平。进一步增加投入，加强县、乡、村医疗卫生公共服务体系建设。抓紧制定指导性意见，建立个人缴费、集体补助、政府补贴的新型农村社会养老保险制度。加大中央和省级财政对农村最低生活保障补助力度，提高农村低保标准和补助水平。加快研究解决农垦职工社会保障问题。

23. *加快农村基础设施建设*。调整农村饮水安全工程建设规划，加大投资和建设力度，把农村学校、国有农（林）场纳入建设范围。扩大电网供电人口覆盖率，加快推进城乡同网同价。加大农村水电建设投入，扩大小水电代燃料建设规模。加快农村公路建设，2010年底基本实现全国乡镇和东中部地区具备条件的建制村通油（水泥）路，西部地区具备条件的建制村通公路，加大中央财政对中西部地区农村公路建设投资力度，建立农村客运政策性补贴制度。增加农村沼气工程建设投资，扩大秸秆固化气化试点示范。发展农村信息化。加快国有林区、垦区棚户区改造，实施游牧民定居工程，扩大农村危房改造试点。

24. *积极扩大农村劳动力就业*。对当前农民工就业困难和工资下降等问题，各地区和有关部门要高度重视，采取有力措施，最大限度安置好农民工，努力增加农民的务工收入。引导企业履行社会责任，支持企业多留用农民工，督促企业及时足额发放工资，妥善解决劳资纠纷。对生产经营遇到暂时困难的企业，引导其采取灵活用工、弹性工时、在岗培训等多种措施稳定就业岗位。城乡基础设施建设和新增公益性就业岗位，要尽量多使用农民工。采取以工代赈等方式引导农民参与农业农村基础设施建设。输出地、输入地政府和企业都要加大投入，大规模开展针对性、实用性强的农民工技能培训。有条件的地方可将失去工作的农民工纳入相关就业政策支持范围。落实农民工返乡创业扶持政策，在贷款发放、税费减免、工商登记、信息咨询等方面提供支持。保障返乡农民工的合法土地承包权益，对生活无着的返乡农民工要提供临时救助或纳入农村低保。同时，充分挖掘农业内部就业潜力，拓展农村非农就业空间，鼓励农民就近就地创业。抓紧制定适合农民工特点的养老保险办法，解决养老保险关系跨社保统筹地区转移接续问题。建立农民工统计监测制度。

25. *推进农村综合改革*。按照着力增强社会管理和公共服务职能、到2012年基本完成改革任务的要求，继续推进乡镇机构改革。推进“乡财县管”改革，加强县乡财政对涉农资金的监管。力争用3年左右时间，逐步建立资金稳定、管理规范、保障有力的村级组织运转经费保障机制。总结试点经验，完善相关政策，扩大农村公益事业一事一议财政奖补试点范围，中央和试点地区省级财政要增加试点投入。积极稳妥化解乡村债务，2010年基本完成全国农村义务教育债务化解，继续选择与农民利益直接相关的农村公益事业建设形成的乡村债务进行化解试点。

26. *增强县域经济发展活力*。调整财政收入分配格局，增加对县乡财政的一般性转移支付，逐步提高县级财政在省以下财力分配中的比重，探索建立县乡财政基本财力保障制度。推进省直接管理县（市）财政体制改革，将粮食、油料、棉花和生猪生产大县全部纳入改革范围。稳步推进扩权强县改革试点，鼓励有条件的省份率先减少行政层次，依法探索省直接管理县（市）的体制。依法赋予经济发展快、人口吸纳能力强的小城镇在投资审批、工商管理、社会治安等方面的行政管理权限。支持发展乡镇企业，加大技术改造投入，促进产业集聚和升级。

27. *积极开拓农村市场*。支持流通企业与生产企业合作建立区域性农村商品采购联盟，用现代流通方式建设和改造农村日用消费品流通网络，扩大“农家店”覆盖范围，重点提高配送率和统一结算率，改善农村消费环境。鼓励设计开发适合农村特点的生活消费品和建筑材料。2009年在全国范围实施“家电下乡”，对农民购买彩电、电冰箱、手机、洗衣机等指定家电品种，国家按产品销售价格一定比例给予直接补贴，并根据需要增加新的补贴品种。保证下乡家电质量，搞好售后服务。加强农资产销调控，扶持化肥生产，增加淡季储备，保障市场供应。支持供销合作社、邮政、商贸企业和农民专业合作社等加快发展农资连锁经营，推行农资信用销售。鼓励有条件的地方改造建设农村综合服务中心。加强农村市场监管，严厉查处坑农害农行为。

28. *完善国家扶贫战略和政策体系*。坚持开发式扶贫方针，制定农村最低生活保障制度与扶贫开发有效衔接办法。实行新的扶贫标准，对农村没有解决温饱的贫困人口、低收入人口全面实施扶贫政策，尽快稳定解决温饱并实现脱贫致富，重点提高农村贫困人口的自我发展能力。继续增加扶贫资金投入，加大整村推进力度，提高劳动力转移培训质量，提升产业化扶贫水平。优先支持革命老区、民族地区、边疆地区扶贫开发，积极稳妥实行移民扶贫，对特殊类型贫困地区进行综合治理。充分发挥行业扶贫作用，继续动员社会各界参与扶贫事业，积极开展反贫困领域国际交流合作。

各级党委和政府要坚持把解决好农业、农村、农民问题作为全党工作和政府全部工作的重中之重，切实加强和改善党对农村工作的领导，确保把党的各项农村政策落到实处。扎实开展农村基层深入学习实践科学发展观活动，按照科学发展观和正确政绩观要求，把粮食生产、农民增收、耕地保护、环境治理、和谐稳定作为考核地方特别是县（市）领导班子绩效的重要内容，尽快制定指标，严格监督检查。抓好以村党组织为核心的村级组织配套建设，深化农村党的建设三级联创活动，创新农村党组织设置方式，扩大党在农村的组织覆盖和工作覆盖。建立健全城乡一体党员动态管理机制，加强农民工党员教育管理。广泛开展创先争优活动。完善党员设岗定责、依岗承诺等活动载体。加强农村党风廉政建设，抓好党的农村政策贯彻落实情况的监督检查，认真解决损害农民利益的突出问题。完善村党组织两推一选、村委会直选的制度和办法，着力拓宽农村干部来源，稳步推进高校毕业生到村任职工作，实施一村一名大学生计划，完善长效机制和政策措施。创新培养选拔机制，选优配强村党组织书记。按照定职责目标和工作有合理待遇、干好有发展前途、退岗有一定保障的要求，以不低于当地农村劳动力平均收入水平确定村干部基本报酬，并根据实际情况建立业绩考核奖励制度，逐步解决好村干部养老保障问题，加大从优秀村干部中选任乡镇领导干部、考录乡镇公务员、招聘乡镇事业编制人员的力度。积极推进农村党员干部现代远程教育和村级组织活动场所建设。加强农村民主法制建设和精神文明建设，深入推进政务公开、村务公开和党务公开。高度重视农村社会稳定工作，妥善解决农村征地、环境污染、移民搬迁、集体资产处置等引发的突出矛盾和问题，做好农村信访工作，搞好农村社会治安综合治理，推进农村警务建设，反对和制止利用宗教、宗族势力干预农村公共事务，严密防范境外敌对势力对农村的渗透，保持农村社会和谐稳定。

做好2009年农业农村工作意义十分重大。我们要紧密团结在以胡锦涛同志为总书记的党中央周围，开拓进取，扎实工作，迎难而上，奋力开创农村改革发展新局面！

中共北京市委书记刘淇在2009年2月12日北京市农村工作会议上的讲话

这次会议的主要任务是，深入学习贯彻党的十七届三中全会、中央农村工作会议和市委十届五次全会精神，总结去年的农村工作，部署今年的任务。刚才，占义同志作了工作报告，希望同志们认真贯彻落实。五位同志的发言，听了很受启发。这次会议还表彰了在郊区农村工作中做出突出贡献的先进集体和个人，在这里，我代表市委市政府向大家表示热烈的祝贺。

2008年是北京奥运之年。郊区的广大干部群众积极参与奥运、奉献奥运，圆满完成了奥运服务保障任务，确保了奥运农产品供给，确保了鲜活农产品市场供应，确保了无重大动植物疫情，确保了郊区农村干净、整洁、文明、和谐的良好环境，为举办一届有特色高水平奥运会、残奥会作出了重要贡献。与此同时，统筹推动“三农”工作，农村经济稳步发展，新农村建设扎实推进，农村改革继续深化，农村社会和谐稳定，农民收入水平有了进一步提高，人均纯收入突破万元。在充分肯定去年工作的同时，我们也必须清醒地看到，解决好郊区“三农”问题仍然是一项长期艰巨的任务，必须进一步增强解决郊区“三农”问题的责任感和紧迫感。关于今年的农村工作，市委十届五次全会已经作了部署，刚才，占义同志在报告中对今年的工作作了具体安排。下面，我再讲几点意见。

一、认真学习、深刻领会、全面贯彻落实好十七届三中全会精神

党的十七届三中全会通过的《决定》，科学分析了农村工作面临的形势和任务，全面总结了农村改革30年的历史经验，系统阐述了党的十七大提出的走中国特色农业道路的要求，明确了新形势下推进农村改革发展的指导思想、目标任务、重大原则和战略举措，是指导当前和今后一个时期农村改革发展的纲领性文件。搞好郊区“三农”工作，必须认真学习领会党的十七届三中全会精神。

一是要准确把握新的历史起点的新要求，进一步提高对郊区农村改革发展极端重要性的认识。以成功举办北京奥运会、残奥会为标志，首都的发展迈上了一个新的历史起点。去年全市经济总量已经超过1万亿元大关，人均GDP超过了9 000美元大关。市委按照科学发展观的要求，在总结奥运经验的基础上提出了建设“人文北京、科技北京、绿色北京”的任务。实现这个战略任务，最艰巨最繁重的任务在农村，最广泛最深厚的基础也在农村，迫切需要郊区农村在改革与发展上取得新的突破，以农村改革与发展的实绩，推动“人文北京、科技北京、绿色北京”建设。

二是要准确把握新形势下郊区农民群众的新期盼，进一步增强加快郊区农村改革与发展的紧迫性。由于多种原因，郊区农村仍然相对落后，城乡差距仍然很大，郊区农民群众迫切需要解决城乡二元体制带来的矛盾，迫切需要提高农村社会事业和公共服务水平。贯彻落实科学发展观，必须把加快解决郊区农民的问题作为一项十分重要的战略任务，摆在更加突出的位置，全社会动员，全力推动郊区农村的改革与发展，尽快解决好农民的问题，让广大农民群众共享改革与发展的成果。市委在十届五次全会上已经明确了推动城乡一体化的战略任务，并且明确了以城乡结合部为推动工作的切入点。要加大工作力度，尽快取得阶段性成果。

三是要准确把握现阶段首都发展的新特征，进一步明确郊区农村改革与发展的新任务。当前，我们正处于新的发展阶段，顺应经济增长优质化、城乡发展一体化、建设管理集约化、城市发展国际化、公共服务均等化的趋势，必须切实加强郊区农村的改革与发展，把它作为首都发展的重要战略新区，从全局上统

筹谋划、从战略上全面部署，从工作上全力推动。

二、大力发展郊区农村经济

应对国际金融危机的影响，首都也不可能置身事外。改革开放30年的一条重要经验就是牢牢把握以经济建设为中心，坚持发展是硬道理，在发展中解决各种难题。贯彻落实十七届三中全会精神，解决郊区“三农”问题，首要的就是坚持发展这个科学发展观的第一要义。抓好发展，必须要有强烈的发展意识。不论是平原地区、城乡结合部地区，还是生态涵养发展区，都要牢牢抓住发展这个中心环节不放。在发展上想办法、做文章、下功夫。抓好发展必须求真务实，“不干，半点马列主义也没有”。真抓实干就必须把发展的任务落实到具体的产业、行业、具体的项目上，靠创造一个又一个符合郊区实际的项目来落实发展的任务。当前，各区县都要抓住区县财政改革的机遇，统筹安排好财政资金，下大力量优化发展环境，抓好发展，创造性地完成保增长、保民生、保稳定的任务。

推动郊区经济的发展仍然要强调转变发展方式。要充分发挥首都的科技智力优势，提高农村经济的科技水平、技术含量，提高劳动生产率。农村经济，不论是一产二产还是三产，都应当充分利用科技的力量，依靠科技发展都市型现代农业，开发农业的生产、生态、生活、示范等多样性功能，拉长产业链条，把农村的产业资源与城市的生产要素更好地连接起来，在服务首都的同时富裕农民。要以食品安全体系建设为战略任务，依靠科技，发展流通，健全监管，制定标准，大幅度提高首都农业在安全食品中的市场份额，既增产，又增收。要依靠科技加大对农村二、三产业的改造力度，推动企业的技术进步。最近市科委正在研究制定“科技北京行动计划”，各区县都要积极参与，推动科技支农、下乡，发挥科技第一生产力的作用，促进农村产业发展，实现农民增收。

推动郊区农村发展必须进一步深化农村改革。十七届三中全会对农村改革提出了许多重要任务，我们要认真贯彻落实。抓好农村改革，首要的是抓好现有农村基本政策的贯彻落实。特别是农村土地承包的制度，目前仍然没有完全落实到位。前一段在北坞村调查时就发现了这个问题。这样的重大政策没有落实好，其他的改革就更加难以推进。各区县都要高度重视，抓紧解决好这个问题，把土地确权到农民，为进一步推动改革奠定基础，在抓好落实的基础上推动新的改革。要积极探索农民宅基地使用制度的改革，通过农民上楼，集约使用宅基地资源，解决农村发展建设用地问题。这方面有很大的潜力，当然也有不少难题，要总结经验，积极试点。把这项工作搞好了，既可以保护好耕地，又可以提高农民群众的生活品质，还可以极大地提高土地资源的使用效率。

三、进一步加大对郊区农村的投入

当前，我们已经进入了工业反哺农业，城市支援农村的阶段。这是中央作出的一个重要判断，也是首都的实际状况。近年来，市委市政府逐步加大了对郊区农村的投入力度。去年市级财政对郊区的投入已经达到170多亿元，固定资产投资中郊区与城区的比例已经达到51.4∶48.6，连续四年对郊区的投资超过50％。今年要继续加大对郊区农村的投入力度。一是加快农村基础设施建设。重点抓好农村基础设施建设“五项工程”和“三起来”工程。解决好农村道路、饮水安全、垃圾处理、污水处理和改厕问题，积极推广沼气、太阳能等新能源，鼓励农村实行节能抗震住宅建设和既有住房保温改造。要通过这些工作改善农民群众的基本生活条件。二是建立城乡一体的社会保障制度。要创新社会保障制度，通过建设城乡一体的社会保障制度，解决城乡二元体制问题，为农民群众解决基本社会保障问题，使广大农民群众享受到改革与发展的成果。三是推进郊区农村社会事业全面发展。要继续加强郊区农村基本公共服务体系建设，特别是卫生、教育、文化等设施的建设，努力使农民群众能够享受到更好的公共卫生、教育、文化服务，缩小在公共服务方面的城乡差距。四是要进一步推动政府转变职能。各级政府都要认真履行好社会管理和公共服务的职责，增强工作的主动性，提高服务意识，提高办事效率，增强工作的协调和配合，注重资源、政策、工作上的融合、整合，把财政资金使用好，为基层，为农民服务好。今年要结合政府机构改革，结合开展学习实践科学发展观活动和作风建设年活动，进一步推动这项工作。

四、充分发挥农民的主体作用

农村发展的主体是农民。充分发挥农民的主体作用是解决“三农”问题的一条基本原则。发挥农民的主体作用，一是要维护好农民的权益，特别是要保护好农民在集体土地、集体资产方面的经济权益。同时要通过落实村务公开制度，发挥村民自治的作用，维护农民的民主权益。通过加强公共服务体系的建设，加强农村精神文明建设，发展农村文化事业，维护好农民群众的文化权益。二是要调动农民的发展积极性。解决郊区“三农”问题，根本的是调动起农民的发展积极性。要引导农民根据区域功能定位的要求，从本地区的实际出发，发展有特色、有优势的产业，包括中小企业。在这方面，各级政府要积极优化环境，主动帮助农民群众把事情办成、办好，让符合首都功能，符合农民需要的企业能够发展起来。三是加强对农民的教育培训。提高农民的收入，解决农民的就业问题，既要搞好对农村劳动力转移的服务，推动农民进入市场，积极自主创业，靠劳动来增加收入；又要加强教育培训，增强农村劳动力的市场竞争力。要针对农民的需要，发挥远程教育网络的作用，开展城乡对口培训。这项工作各区县党委、政府要承担起责任，各相应委办局要大力支持，通过整合各类教育资源，集成各方面的政策，改进教育教学方法，提高培训的实效。要优先将有转移就业意愿的劳动力纳入培训范围，将城镇就业困难人员促进就业的政策扩展到农村低收入就业困难人员，做好资金、技术、智力、信息等多方面的支持工作，切实加大教育培训的力度。

五、进一步加强对农村工作的领导

推动郊区农村的改革与发展，关键在于加强领导。今年，要紧紧围绕着建设“人文北京、科技北京、绿色北京”的任务，围绕着迎接新中国成立60周年，围绕着推进城乡一体化，统筹推动郊区农村党的工作。

一是加强对农村工作的领导。按照十七届三中全会和市委关于率先形成城乡经济社会发展一体化新格局的要求，各级党组织都要站在全局和战略的高度，认真履行推动农村发展的职责。要不断加大工作力度，健全“部门联动、政策集成”的农村工作领导体制和工作机制，各相关区县要继续巩固和完善结对发展的机制，争取能见到更大的成效。郊区各区县特别是党政一把手要真正承担起领导责任，要指派专人负责统筹协调农村工作，抓好本区县城乡协调发展，把更多的财力、物力、人力投入到农村发展之中，加快农村的发展与改革，推进城乡一体化进程。各相关部门要按照城乡统筹的要求，在规划、建设、投资、发展与管理等各个方面，不断加大对农村的支持力度。总之，要动员各方面的力量，形成工作合力，为推进郊区农村改革发展提供有力的组织保障。按照中央和市委的要求，今年下半年要在郊区开展学习实践科学发展观活动。各区县都要做好相应的准备，统筹推动学习实践活动和郊区的各项工作。

二是加强农村基层组织建设。在新的形势下，郊区农村基层党组织的责任很大，任务很艰巨，工作也很复杂。要以改革创新精神推动农村基层党组织建设，在推动城乡一体化的进程中，发挥领导核心作用，组织动员广大农民群众，共同建设美好家园。要深入开展创先争优和“三级联创”活动，创新农村基层党组织设置方式，选好配强乡村党组织领导班子，不断增强农村基层党组织的凝聚力、战斗力和创造力，带领广大农民群众共同推进农村改革与发展。要加强对农村党员的教育管理，加强对党员的培训，提高党员素质。建立党员党性定期分析制度，落实党员的岗位职责，建立起党员联系和服务群众的制度，发挥好党员在新农村建设中的先锋模范作用。要真正重视基层干部，真情关怀基层干部，真心爱护基层干部，倾听他们的心声，体谅他们的难处，想方设法帮助他们解决工作生活上的困难，为他们开展工作创造良好条件。要认真研究、逐步健全村干部报酬待遇和社会保障制度，增强农村基层干部队伍活力。要继续做好选派区县、乡镇年轻干部和大学生到农村任职的工作，既要关心他们的工作生活，又要给他们交任务、压担子，发挥他们的作用，使这些年轻同志能够尽快适应农村工作的需要，尽快锻炼成才。同时，要加强农村基层党风廉政建设，深入开展针对农村基层干部队伍的反腐倡廉教育，以好的作风进一步密切党群干群关系，推动郊区农村的改革与发展。

三是着力提高农村社会管理水平。今年是新中国成立60周年。确保郊区农村社会和谐稳定的任务更加繁重。要不断完善基层民主选举、民主决策、民主管理、民主监督制度，健全农村集体资金、资产、资源的使用管理制度，加大对强农惠农政策落实情况和各级财政支农专项资金的监督检查力度。要加强农村矛盾纠纷排查化解工作，切实完善利益诉求和矛盾调处机制，做好信访工作，加强人民调解，切实把矛盾解决在基层、化解在萌芽状态，特别是要积极预防和有效处置群体性事件。要加强农村社会治安综合治理，深入开展基层平安创建活动，完善农村治安防控体系，搞好群防群治。要加强农村社区管理和服务，搭建农村社区综合服务平台，创新管理模式和管理机制，进一步发育社区服务，更好地发挥社区在社会建设中的基础作用。与此同时，要结合新农村建设的任务，搞好农村地区的环境整治工作，营造干净、整洁、文明、靓丽的环境氛围。

最后，再强调一下安全问题。2月9日晚上中央电视台新址配楼发生了严重火灾。10日市委召开了安全工作会议，部署了落实安全检查的各项工作。希望各区县、乡镇、村认真抓好落实。首都的安全，责任重于泰山。任何时候都不能放松确保安全这根弦。按照科学发展观的要求，推进郊区农村的改革与发展，要把“安全发展”作为一项重要原则，牢固树立安全意识，落实安全责任，强化安全措施，严格安全问责，杜绝安全隐患，建立健全安全保证长效机制，确保郊区各方面工作的安全。

同志们，做好今年郊区农村工作，任务繁重，责任重大。让我们紧密团结在以胡锦涛同志为总书记的党中央周围，高举中国特色社会主义伟大旗帜，深入贯彻落实科学发展观，振奋精神，锐意进取，扎实工作，努力开创郊区农村工作新局面，以优异成绩迎接新中国成立60周年！

北京市副市长夏占义在 2009 年 2 月 12 日北京市农村工作会议上的工作报告

这次会议的主要任务是，全面贯彻落实党的十七届三中全会、中央农村工作会议及市委十届五次全会、市十三届人大二次会议精神，总结 2008 年农业农村工作，分析当前形势，部署 2009 年任务。会上，刘淇、金龙同志都将作重要讲话。下面，我讲四点意见：

一、2008 年“三农”工作回顾

在市委、市政府坚强领导下，全市上下深入贯彻落实科学发展观，紧紧围绕“办好一件大事、营造良好局面”，深化城乡统筹，强化惠农政策，农业农村基础建设进一步加强，农民收入持续较快增长，农村社会和谐安定，为实现“新北京，新奥运”做出了重要贡献。

成功出色完成奥运服务保障工作。实现了“四个确保”：确保了奥运核心区农产品有效供给，确保了全市鲜活农产品市场稳定供应，确保了重大动植物疫情“零发生”，确保了农村生态、文明、和谐的环境。都市型现代农业完美亮相，无公害、绿色、有机农产品认证 2 951 个，标准化生产基地稳步发展，农产品加工龙头企业应急保障能力显著提升，市场流通渠道不断拓宽，外埠合作深入开展，奥运鲜活农产品实现了“供应零中断、运行零投诉、安全零事故”。

农村经济实现又好又快发展。都市型现代农业产业体系、科技支撑体系、社会服务体系进一步完善。粮食播种面积、总产量大幅度提高，规模化设施农业新增 3.6 万亩，“221 信息平台”建设取得重大进展，农业科技加快发展。农村二、三产业加快步入内涵式发展轨道，乡镇企业稳步发展，农民就业产业基地扎实推进，初步形成一批镇域主导特色产业。乡村旅游业保持快速增长态势，新型业态初显端倪，成为市场需求大、促进农民增收见效快的重要产业。沟域经济稳步推进，山区特色种植、绿色养殖、民俗旅游三大主导产业进一步发展。

农民收入持续快速稳定增长。全市农民收入历史性地实现“双突破”，人均纯收入突破万元，达到 10 747元，实际增长 6.5%；年增加额突破千元，达到历史最高水平。农村劳动力非农就业比重达到 80.3%，农民工资性收入继续保持主体地位；农村改革效果显著，财产性收入呈现加速增长势头；强农惠农政策效应突出，转移性收入实现高速增长。农户收入差距逐渐缩小，共同富裕的发展格局正在形成，高低收入农户的收入比由上年的 5.17∶1 降为 4.85∶1，9 年来首次降到 5 倍以内。

农村基础建设扎实推进。坚持规划先行，编制了 400 个村庄建设规划，完成了新农村“五项基础设施”建设、农村信息化建设、村镇集约化治污、供水、新农村环境保护等一批专项规划。加快基础设施建设步伐，完成了 200 个村的“五项工程”建设，实现了“区区通高速”、行政村“村村通公交”，基本实现了行政村“光纤网络村村通”，提前两年完成农民安全饮水工程，“农村亮起来、农民暖起来、农业资源循环起来”工程取得新进展。生态建设进一步加强，完成小流域综合治理 415 平方公里、废弃矿山植被恢复 1 100 公顷，5 000 多农民搬出泥石流易发区、生存条件恶劣地区。新创建了一批环境优美乡镇和生态文明村，密云、延庆两县成功创建国家生态县。建成 19 个郊野公园。

农村社会事业全面进步。新型农民培养工作进一步加强，10.5 万名农村劳动力实现转移就业。义务教育“两免一补”政策不断完善，农村办学条件继续改善。新型农村合作医疗农民参合率达到 92.9%，人均筹资水平达到 320 元。养老保障制度实现城乡一体化，农民参保率达到 84%，近 42 万农村老年人享受福利养老补贴。农村低保、五保供养、计划生育家庭奖励扶助金进一步提高。农村文化室、数字影厅、益民书屋建设迈出新步伐。所有行政村配置了全民健身设施。广播电视村村通工程扎实推进。郊区文物保护修缮工作进一步加强。

农村改革不断深化。农村经济管理体制改革成效显著，土地确权和流转工作进一步推进，农民专业合作社达到 2 136 个，新增乡村集体经济产权制度改革单位 163 个，累计达到 466 个。农村金融改革取得重大突破，初步搭建起由“农业贷款、农业投资、农业担保、农业投资基金、农村信用建设、农业保险、农村金融综合改革试验区”等“七农”构成的现代农村金融服务平台，农村金融服务能力全面提升。乡镇机构改革试点工作、征地多元化补偿试点工作顺利开展。乡村义务教育债务完成核查工作。

农村基层组织建设进一步加强。“三级联创”活动深入开展，农村人才队伍建设加快推进，大学生“村官”选聘工作、农村党员干部现代远程教育工程顺利开展，基层党风廉政建设、精神文明建设和民主法制建设扎实推进。乡村治理机制逐步完善，“八步工作法”、“四议一审”等民主管理方法进一步推广。社会治安综合治理、矛盾纠纷排查、安全生产等工作进一步加强。

过去的一年，新农村建设的领导体制和工作机制进一步完善，工作思路进一步明确，以工促农、以城带乡的长效机制不断完善，强农惠农的政策体系不断健全，城乡统筹继续走在全国前列，城乡一体化发展的态势已经显现。新农村建设从试点阶段转入全面推进阶段，农业发生了功能性变化，农民发生了观念性变化，农村发生了由表及里的变化，农业农村发展呈现难得的良好局面。

这些成绩的取得，是深入贯彻落实科学发展观的结果，是市委、市政府正确领导的结果，是广大干部群众共同奋斗的结果，也是社会各界大力支持的结果。在此，我代表市委、市政府，向农村广大干部群众，向所有关心支持“三农”发展的同志们、朋友们，表示崇高的敬意和衷心的感谢！

二、把握当前形势，坚定发展信心

2009年，是全面贯彻落实党的十七届三中全会精神、率先形成城乡经济社会发展一体化新格局的第一年。当前，国际金融危机持续蔓延，对我市农业农村发展的负面影响日益加深，农村工作实现“保增长、保民生、保稳定”的难度明显加大。今年可能是近年来农业农村经济发展不确定因素最多的一年，是“三农”工作面临挑战最大的一年，是农民持续增收形势最为严峻的一年。第一，促进农村劳动力转移就业增收的压力加大。受经济增长速度的影响，农民转移就业机会难有大幅度增加，局部地区甚至可能减少；农民工资水平难以增加甚至会下降，保持农民工资性收入增长的制约更加突出。第二，保持农产品价格合理水平的压力加大。农产品出口受阻不仅影响加工业发展，而且出口农产品转内销，导致国内市场价格全面下行；农产品质量安全越来越受到广泛关注，气候条件不容乐观，农业经营风险不断提高；农资价格回落滞后，农业生产成本居高不下，依靠市场价格来调动农民积极性和增加经营性收入受到了严重制约。第三，推进公共服务均等化的压力加大。宏观经济增长速度放缓，财政增收与支出压力加大，提高社会保障能力、提高农村教育文化卫生等基本公共服务水平的难度加大。第四，维护农村和谐稳定的压力加大。伴随工业化城市化快速推进，各种利益群体之间冲突加剧，保障农民合法权益的要求更加迫切，确保农村和谐发展的任务更加艰巨。

在正视困难和挑战的同时，我们也要看到加快农业农村发展、促进农民持续增收的有利条件和积极因素。市委、市政府高度重视“三农”工作，确立了率先形成城乡经济社会发展一体化新格局的方向，把生态涵养发展区和新农村建设列入扩大内需、促进经济发展的重点支持范围，为增加“三农”投入、加快“三农”发展提供了重要契机。一是加强农业基础设施建设，大力发展设施农业，推进规模化养殖业发展，加快花卉、果品产业发展，积极推进农业产业化、标准化、现代化，能够进一步挖掘农业内部增收潜力。二是加快推进新农村基础设施、公共服务设施和重点生态项目工程建设，建立健全新农村建设项目农民参与机制，加强农民就业产业基地建设，强化农民转移就业和自主创业的培训和服务，能够进一步增加农民劳务收入和工资性收入。三是全面推进乡村集体经济产权制度改革，积极引导农户土地承包经营权流转，扩大和完善对农民的各项直接补贴政策，建立城乡一体的社会保障制度，促进城乡公共服务均等化，能够进一步增加农民转移性收入和财产性收入。四是推进城乡结合部地区创新发展，加大低收入农户帮扶力度，能够进一步促进区域协调发展，提高农民的整体收入水平。特别是经历七年奥运筹办和成功举办的洗礼，锻炼造就了一支综合素质高、能征善战的农村工作干部队伍，为我们战胜各种困难和风险，促进农业农村发展和农民增收提供了坚强保障。

保持农村经济社会健康发展、促进农民持续较快增收，既是经济问题、也是社会问题、更是政治问题。正视挑战、坚定信心、把握机遇，要求我们必须进一步解放思想、与时俱进，迎难而上、开拓进取，化危为机、变压力为动力，切实把思想和行动统一到贯彻落实党的十七届三中全会和市委十届五次全会精神上来，深入学习实践科学发展观，落实“人文北京、绿色北京、科技北京”的目标要求，率先形成城乡经济社会发展一体化新格局；切实把智慧和力量凝聚到加快推进农村改革、促进农民持续增收上来，不断深化农村各项改革，创新体制机制，强化经济发展、农民增收的内在动力与活力；切实把积极性、主动性和创造性集中到落实区县功能定位、实现创新发展上来，明确发展方向，把握发展规律，深化发展思路，拓宽发展途径，转变发展方式，采取有效举措，加强组织推进，不断开创“三农”发展新局面。

三、2009年“三农”工作部署

2009年全市农村工作总体要求是：全面贯彻落实党的十七大、十七届三中全会、中央农村工作会和市委十届五次全会精神，深入贯彻落实科学发展观，按照建设“人文北京、科技北京、绿色北京”的发展思路和率先形成城乡经济社会发展一体化新格局的根本要求，围绕抓改革、强基础、重民生、促增收，创新农业农村经济发展方式、发展途径和发展机制，强化农业农村基础建设和公共服务，千方百计促进农民收入持续较快增长。2009年，实现农民人均纯收入实际增长6%以上，低收入农户人均纯收入同比增长10%以上。

为了做好今年工作，市委、市政府已经讨论通过了《关于加快农村改革，促进农民增收的若干意见》，以“加快农村改革、促进农民增收”为主题，明确了“抓改革、强基础、重民生、促增收”的工作思路，作出了“六个创新、一个加强”的任务部署，既是具体贯彻落实市委十届五次全会精神的体现，也是近年来市委、市政府关于“三农”工作一系列政策措施的延续；既有针对性、指导性强的年度工作要求，又有含金量高、操作性强的政策举措。各区县、各部门要紧密结合实际，认真落实文件部署，抓住关键环节，突出重点领域，全面做好今年的工作。这里，再强调几点：

（一）转变发展方式，繁荣农村经济，夯实农民增收的产业基础　促进农民持续增收，必须坚持把产业发展作为首要任务，加快发展农村实体经济，强化农民增收的物质基础，实现可持续发展。要转变发展方式，充分发挥首都优势，落实区域功能定位，推动城乡产业一体化，实现科学发展。

转化奥运成果，打造首都品牌，建立农产品质量安全体系。奥运农产品供应保障工作取得的一项重要成果，就是形成了以质量安全为核心的制度体系和工作机制。转化好这一成果，努力打造首都农产品质量安全品牌，对于加快发展都市型现代农业，提高本市农产品在高端市场的占有率和控制力，意义十分重大。要加强统筹协调，在农业投入品、生产、加工、配送、销售等各个环节，实施全程质量安全监控，形成完整的农产品质量安全体系。在生产环节，以推进农业标准化为抓手，严格监测产地环境，规范饲料、农药兽药、化肥等投入品管理，支持生产基地、龙头企业、农民专业合作社、专业大户等率先实行标准化生产，积极开展绿色、有机和无公害农产品认证，开发高端高效产品，培育名优品牌。在加工环节，以强化企业质量安全责任为核心，健全内部质量控制体系，上市食品要批批严格自检，杜绝不合格食品进入市场；市属涉农国有企业要发挥带动作用，与农民专业合作社、农户建立更加紧密的利益关系，保持并提升在食品安全上的良好声誉，进一步做大做强。要通过龙头企业带动、基地建设、区域合作等各种途径，提升外埠进京农产品的质量安全水平。在市场营销环节，实行严格的安全质量追溯制度、召回制度、市场准入和退出制度，把全市大中型商场超市、大型农副产品批发市场全部纳入首都食品安全监控系统和商品质量监控系统。要大力发展会展农业，认真办好第七届全国花卉博览会和第十七届北京（丰台）种子交易大会，积极推进第七届世界草莓大会筹办工作。

加快发展设施农业。设施农业是拓展农业发展空间、扩大农业产出规模、增加农民收入的重要途径，要继续实施《北京市人民政府关于促进设施农业发展的意见》，坚定不移地抓紧抓好，确保年内新增设施农业4万亩。畜牧业在农民增收中具有不可替代的重要作用，要因地制宜，完善规划布局，明确产业重点，加大政策扶持力度，推进奶牛散户入区、肉禽家庭牧场、生态养猪、畜禽良种、大型养鸡项目等建设，提高养殖业规模化、标准化、产业化水平。要围绕设施农业发展，加快现代农业产业技术体系建设，开办农民田间学校200所，培养种养能手、科技示范户、乡土专家5 000人，充分发挥农村科技协调员作用，加大农业技术推广力度。要编制现代农业基础设施建设规划，年内完成2万公顷现代农业基础设施示范工程建设，增强农业可持续发展能力。

大力发展非农产业。工资性收入占农民人均纯收入的59.1%，创新非农产业发展途径、拓展发展空间、增加农民转移就业创业，是促进农民收入持续较快增长的关键之举。当前要突出两个重点：一是加强农民就业产业基地建设，发展镇域经济。加大协调力度，简化审批程序、减免相关费用，尽快完善农民就业产业基地相关规划、土地手续。创新农民就业产业基地带动经济薄弱村发展的机制，鼓励各村积极盘活存量集体建设用地，在符合土地利用总体规划和乡村建设规划的前提下，通过出租、联营、入股、土地置换整理等方式实现产业集中集约、规模化发展。加强政策引导，加大招商力度，吸引规模产业项目落户。二是推动乡村旅游业上规模、上水平。我市乡村旅游业发展潜力很大，要把乡村旅游纳入首都旅游发展全局，明确发展方向，统筹规划布局，探索新型业态，促进产业升级。加快基础设施建设，启动“一环、十一放射”山区旅游路网建设。实施“乡村旅游改造提升工程”，制定本市休闲度假示范区评定标准，打造一批乡村旅游产业带和休闲度假示范区。加强品牌建设，形成一批基础设施完善、环境优美、特色突出、接待能力强、卫生条件好的专业村。加强对农户营销宣传、金融支持、技能培训等方面的指导和服务，提升民俗旅游户的经营能力和水平。

强化农民技能培训和就业服务。要加大投入，大规模开展针对性、实用性强的农村劳动力技能培训，提高就业竞争能力。要加强就业服务，建立城乡一体的就业失业管理制度，在岗位补贴、社会保险补贴、职业技能和创业培训补贴等方面实现城乡同等待遇，建立完善镇村农民就业服务机构，促进6万名农村劳动力转移就业。要依法加大劳动执法力度，稳步提高工资待遇，切实提高劳动保障水平。

（二）深化农村改革，增强发展动力，健全农民增收的制度保障　促进农民持续增收，必须坚持“多予少取放活”的方针，重点要在“放活”上多下功夫、多做文章，加快推进农村各项改革，增强促进农民增收的内在动力与活力。

深化农村土地制度改革。以家庭承包经营为基础、统分结合的双层经营体制是党的农村政策的基石，必须不折不扣地贯彻落实。要进一步落实农户土地承包经营权，加强督促检查，对存在问题要进行限期整改，依法保护土地所有者权益，强化对土地承包经营权的物权保护。要按照依法、自愿、有偿原则，制定专门政策，促进农户土地承包经营权流转，年内完成市和区县两级农地流转信息平台建设。要尽快启动现状集体建设用地和宅基地确权发证工作，继续开展征地多元化补偿安置试点工作。尽快出台基本农田保护补偿具体办法。抓好集体林权制度改革。

全面推进乡村集体经济产权制度改革。目前，改革的方向已经明确、政策已经制定、实践已有经验，关键是要解决各级干部思想认识问题，切实加大改革的力度，加快改革的进度。今年，近郊区要全面推进农村集体经济产权制度改革；远郊区县各乡镇都要积极开展试点工作，重点推进新城规划区、小城镇和群众积极性较高地区的改革。各郊区县政府要将推进乡村集体经济产权制度改革列为折子工程，建立改革台账和月报制度，成立专门工作指导组，深入乡村具体指导，逐个推进。

规范发展农民专业合作社。农民专业合作社是组织农民发展生产、进入市场、增收致富的有效组织形式，要加强规范、加快发展。要健全法制保障，加快制定本市实施农民专业合作社法的具体办法。要加强示范社建设，鼓励农民专业合作社开展市场营销、农产品深加工和资金合作，提高创新发展能力，支持农民专业合作社更新购置绿标车，培育一批经营规模大、带动能力强、质量安全优、民主管理好的示范社。

深入推进农村金融体制改革。建立现代农村金融体系，是加大“三农”投入、搞活农村经济的关键。要继续完善农村金融服务平台，扩大农村金融市场准入，健全政策性农业投资公司运行机制，组建专业化农业担保公司和农业产业投资基金，放宽村镇银行试点范围，加快发展小额贷款公司、农村资金互助社等新型农村金融组织，启动大兴区农村金融综合改革试验区建设，加快建立农业再保险机制和巨灾风险分散机制，稳步扩大政策性农业保险覆盖面。要研究制定专门政策，引导和鼓励金融机构创新金融产品，扩大涉农贷款规模。

加大公共财政投入力度。在落实有关完善市与区县分税制财政管理体制方案过程中，要认真落实涉农支出事项和支出责任，确保原有行之有效的政策不改变、给农民的实惠不减少、支农投入的力度不削弱。加大新农村建设以奖代补力度并完善机制。要重点围绕促进粮食生产、畜禽养殖、农机购置、“家电下乡”和“现代农业装备进农家”，扩大和完善对农民的直接补贴政策。要发挥公共财政导向作用，吸引更多的金融资本、社会资金投向农村。

完善社会力量参与机制。城区与郊区之间、城市产业与农村产业之间要进行更加紧密的合作，通过结对子，实现资源互惠、优势互补、协调发展。采取政策支持、舆论宣传、荣誉激励等多种形式，推动中央驻京单位、驻京部队和全市各级政府、企事业单位参与新农村建设，引导社会力量开展结对帮扶、捐资捐助和智力支持，营造强农惠农的浓厚社会氛围。

（三）创新发展途径，加快双轮驱动，拓宽农民增收的多种渠道　减少农民、富裕农民，是实现农民增收的重要途径。要抓住扩大内需的历史性机遇，加快城镇化和新农村建设步伐，创新建设与管理模式，推进基本公共服务均等化，拓展农民增收空间。

推进城乡结合部地区创新发展。要坚持以实现城乡一体化为目标，以解决农民问题、保障农民利益为根本，切实抓好绿隔地区城乡结合部综合配套改革。健全领导指挥体制，加强工作整合，创新绿隔政策，进一步加大政府公共投入力度，充分发挥农民主体作用，统筹解决绿化隔离地区的基础设施建设、绿化产业发展和农民住房、增收、社保以及社会管理体制等问题，努力为这一地区群众创造更好的生产生活环境，使城乡结合部地区成为建设城乡一体化制度的示范区。切实抓好北坞村改革试点，鼓励区县结合本地实际积极开展改革试验。今年再建成 10 个郊野公园，对城乡结合部一般生态林和绿地，逐步实行城乡统一的绿地养护费标准，并实行动态管理。

推进小城镇建设，使之成为集聚农村产业、吸纳农民就业的主要载体。要把产业培育作为发展小城镇的根本，加快重大产业项目引进和落地，培育镇域特色主导产业，提高小城镇可持续发展能力和整体竞争力。要加快镇域规划的编制和批复工作，加快控制性详细规划的修编工作，启动土地利用规划的编制工作。要加快小城镇基础设施和公共服务设施建设，提高设施的综合配套和利用率。要积极开展小城镇土地综合开发利用整理试点，推进小城镇建设与旧村改造相结合、促进农民宅基地利用与改善农民居住条件相结合、盘活农村存量建设用地与发展农村产业相结合的节约集约利用土地工作。要依法赋予经济发展快、人口吸纳能力强的乡镇在投资审批、工商管理、社会治安等方面的行政管理权限。

推进新农村基础建设，增加农民劳务收入。在当前农民就业形势严峻的情况下，对新农村基础设施和生态建设项目，必须把当地农民参与建设作为一项硬任务、硬指标，切实增加农民劳务收入。年内编制完成村庄建设规划 1 413 个，完成乡村道路大修 400 公里，按照“两年完成”的要求尽快落实新农村“五项基础设施”建设的年度任务，尽早启动实施，同步推进绿化美化和农村数字家园建设，继续实施“农村亮起来、农民暖起来、农业资源循环起来”工程。要加大北运河流域水系综合治理力度，推进山区低效生态公益林改造示范工程，实施废弃矿山生态修复 2.3 万亩、小流域综合治理 575 平方公里，搬迁山区泥石流易发区及生存条件恶劣地区农民 5 000 人。

加快解决民生问题。改善民生，是扩大内需的重要举措，也是政府新增投资安排的优先领域。要加快推进城乡基本公共服务均等化，确保农民群众早受益，拉动内需早见效。一是要建立城乡一体的社会保障制度。认真落实本市城乡居民养老保险办法，确保本市农民参保率提高到 90%以上，鼓励已稳定就业的本市农村劳动力加入城镇职工社会保险。完善新型农村合作医疗制度，人均筹资水平达到 420 元，门诊医药费和住院医药费平均实际报销比例分别达到 30%和 50%以上，确保参合率稳定在 90%以上。二是大力发展农村社会事业。推进城乡教育均衡发展，大力发展农村义务教育，加快发展农村中等职业教育，对中等职业学校农村家庭经济困难学生和涉农专业学生实行免费。扶持 5 500 户特困家庭、1 000 户优抚家庭翻建维修住房，减免农民基本丧葬费用。资助6 000户困难独生子女家庭发展生产。加快行政村邮站建设，实现村村通邮。基本完成乡镇综合文化站和行政村文化活动室建设。建成1 500个农村法律服务室、1 020个“农家书屋”，推进残疾人温馨家园、农村社区服务站建设。

（四）建立帮扶制度，促进低收入农户增收，推动共同富裕 做好低收入农户增收工作，是确保全市农民持续增收的关键，也是落实科学发展观、构建和谐社会的重要举措。市委十届五次全会明确提出，到2015年，占农户总数20%的相对低收入户人均纯收入翻一番。实现这个目标，低收入户人均纯收入每年需要增长10.41%。今年提出的目标是10%以上，这个数据是根据今年的特殊情况确定的，是留有余地的，也是必须实现的。对此大家要有清醒的认识，要按照市委、市政府意见的要求，制定低收入农户“共同致富行动计划”，明确思路，突出重点，实行倾斜政策，加大工作力度，通过发展都市型现代农业增收一批、促进劳动力转移就业增收一批、提高社会保障水平增收一批、社会帮扶增收一批，千方百计加快低收入农户增收步伐。特别需要指出的是，要高度重视生态涵养发展区和产业转型地区的低收入农户增收问题，实施政策倾斜、重点帮扶。对于产业转型地区发展替代产业，关闭矿山腾退出的农村集体土地，要作为农村集体建设用地，由当地农村集体经济组织开发利用，发展符合生态环境要求的新型产业，安置农民就业，促进农民增收。

四、切实加强领导，不断提高工作水平

面对今年宏观经济的特殊形势，面对加快农村改革、促进农民增收的艰巨任务，关键在于加强组织领导，狠抓工作落实。要进一步加强和改善党对农村工作的领导，充分发挥党的政治优势和组织优势，不断提高推动农村科学发展的水平。

加强组织领导。各级党委和政府要站在全局战略的高度，深刻领会中央精神和市委市政府的决策部署，努力推动“三农”工作取得新进展。要完善领导体制和工作机制，坚持把农村工作摆上重要议事日程，紧密结合郊区农村深入学习实践科学发展观活动，在农村领导班子建设、农村党员教育管理、政策制定、工作部署、财力投放上切实体现全党工作重中之重的战略思想。当前，要紧紧围绕保增长、保民生、保稳定，切实把抓改革、促增收放在更加突出的位置，想大事、谋大事、办大事，努力在农村制度建设上取得新突破，在农村经济社会发展上取得新进展，在农民持续较快增收上取得新成效。要进一步转变政府职能，打破城乡分割的二元体制和政策，在关键环节、重点领域取得重大进展，为农村长远发展、农民持续增收奠定基础。要进一步转变工作作风，牢固树立为基层服务意识，深入基层、深入农村、深入实际，强化规划、计划、政策、标准、督查、指导、服务，针对重点难点问题，加强部门联动、政策集成，组织专门工作组，逐一研究、落实，加快政策实施和项目落地。要进一步转变工作方式，充分尊重群众的首创精神，调动和发挥区县及农村基层干部群众的积极性、主动性、创造性，建立激励机制，设立奖励资金，鼓励创新、鼓励试验，形成良好的工作格局。

加强农村基层党组织建设。紧紧围绕强化农民的主体地位，发展农民的物质利益、保障农民的民主权利，深化农村党的建设“三级联创”活动，推进农村经济制度、经济组织和基层党建工作“两个创新”。加强农村基层干部队伍和党员队伍建设。加大农村实用人才开发培养力度。深入推进农村党风廉政建设，加强对农村改革发展重大决策部署和强农惠农政策贯彻落实情况的监督检查，认真纠正和切实解决损害农民利益的突出问题。

加强农村社会管理。今年是新中国成立60周年，维护农村和谐稳定责任重大。要加强农村精神文明和民主法制建设，深入推进政务公开、村务公开和党务公开。加强农村社会稳定工作，妥善解决农村内部矛盾纠纷，搞好社会治安综合治理，推进农村警务建设，开展平安创建活动，搞好群防群治，依法打击各种违法犯罪活动。要加强农村应急管理能力建设，强化风险意识、忧患意识、责任意识，以严谨的工作态度和工作精神，认真做好食品安全、动植物疫病防控、森林防火、防汛、防灾减灾、农村消防、安全生产等各项工作，完善突发事件应急机制，提高农村公共安全事件应急处置水平。

同志们，做好今年的农村工作，任务艰巨，意义重大。让我们紧密团结在以胡锦涛同志为总书记的党中央周围，在市委市政府的坚强领导下，深入贯彻落实科学发展观，开拓进取，扎实工作，奋力开创“三农”工作新局面，以优异成绩迎接新中国成立60周年！

文 献 选 载

中共北京市委关于率先形成城乡经济社会发展一体化新格局的意见

（2008年12月25日）

为深入贯彻《中共中央关于推进农村改革发展若干重大问题的决定》，加快北京农村改革发展步伐，率先形成城乡经济社会发展一体化新格局，提出如下意见。

一、率先形成城乡经济社会发展一体化新格局是新形势下推进首都改革开放和现代化建设的必然要求

农业、农村、农民问题关系全市改革发展稳定大局。没有农村的现代化就没有首都的现代化。以成功举办2008年奥运会、残奥会为标志，北京已经进入从中等发达城市向发达城市迈进的新阶段，必须进一步加快农村改革发展，着力破除城乡二元结构，率先形成城乡经济社会发展一体化新格局。这是新形势下贯彻落实科学发展观的重大举措，是建设繁荣、文明、和谐、宜居的首善之区，努力使首都各项工作走在全国前列的必然要求。

站在新的更高的历史起点上审视农村改革发展，我们面临着难得的历史机遇。改革开放三十年，北京农村面貌发生了翻天覆地的变化，实现了从温饱不足向全面小康的历史性转变；首都经济实力迅速壮大，为工业反哺农业、城市支持农村提供了雄厚的物质基础；北京作为全国政治文化中心，拥有着得天独厚的科技智力优势；党的十六大以来全市在统筹城乡发展体制机制上的一系列积极探索，已经取得阶段性成果；按照科学发展观的要求，市委进一步明确了建设"人文北京、科技北京、绿色北京"的发展思路，为全市各项工作指明了方向。这些都为率先形成城乡经济社会发展一体化新格局，打下了坚实基础、开辟了广阔空间。

当然也要清醒地看到，随着工业化、信息化、城镇化、市场化、国际化的深入发展，首都农村改革发展面临着许多新情况、新问题、新挑战。城乡二元结构造成的深层次矛盾依然突出，城乡社会事业和公共服务水平差距依然较大，农民持续增收困难依然较多，城乡居民收入差距持续扩大，人口资源环境的矛盾日益显现，加强农村民主法制建设、基层组织建设和社会管理任务繁重。解决好这些矛盾和问题，必须进一步解放思想，加大改革创新力度，努力在统筹城乡发展、率先形成城乡经济社会发展一体化新格局方面取得重大突破。

二、推进北京农村改革发展的指导思想、目标任务、重大原则

在新的历史起点上推进北京农村改革发展，要全面贯彻落实党的十七大和十七届三中全会精神，高举中国特色社会主义伟大旗帜，以邓小平理论和"三个代表"重要思想为指导，深入贯彻落实科学发展观，把率先形成城乡经济社会发展一体化新格局作为推动首都经济社会发展的根本要求，加快体制机制创新，统筹推进城乡基础设施和公共服务均等化，着力发展都市型现代农业和适合北京农村特点的各类产业，大幅度增加农民收入，切实保障农民权益，充分发挥农民主体作用和首创精神，推动农村经济社会又好又快发展，促进"人文北京、科技北京、绿色北京"建设。

农村是首都可持续发展的战略腹地，是建设"人文北京、科技北京、绿色北京"的资源支撑区，是破除二元结构、推动体制机制创新的先行示范区。率先形成城乡经济社会发展一体化新格局，就是要按照科学发展观要求，着眼于建设"人文北京、科技北京、绿色北京"全局，充分发挥城市在资金、人才、技术、信息等方面的优势，充分挖掘农村地区在生态环境、发展空间等方面的巨大潜力，加大城乡统筹力度，在全国率先建立起以工促农、以城带乡长效机制，率先在统筹城乡规划、产业布局、基础设施建

设、公共服务一体化等方面取得突破，率先构建起新型的工农、城乡关系，促进公共资源在城乡之间均衡配置，促进生产要素在城乡之间自由流动，促进城乡经济社会发展融合互动、优势互补、互利共赢。

围绕率先形成城乡经济社会发展一体化新格局这一根本要求，到2020年，北京农村改革发展的基本目标任务是：建立完善城乡一体的社会保障体系，城乡社会保障制度实现并轨，农村社会保障水平大幅度提高；实现城乡教育、文化、卫生等基本公共服务均等化，农村基础设施和社会事业取得长足进步；都市型现代农业体系日臻成熟，环境友好型实体经济全面发展，农村经济实力显著增强，农民人均纯收入比2008年翻一番，占农户总数20%的相对低收入户人均纯收入到2015年翻一番；生态质量和人居环境显著改善，生态服务功能显著增强，农村基层组织建设、民主法制建设切实得到加强，农村和谐社会建设取得显著成效。

实现上述目标任务必须遵循以下重大原则：必须始终坚持城乡统筹战略，各项政策进一步向农村倾斜，不断加大对农村地区各项事业发展的投入；必须始终坚持巩固和加强农业基础地位，充分开发都市型现代农业多种功能，着力发展适合区县功能定位要求的各类产业，繁荣农村经济；必须始终坚持分类指导，因地制宜，鼓励试点试验，协调推进城镇化和新农村建设；必须始终坚持以人为本，切实保障农民的物质利益和民主权利，充分发挥农民主体作用和首创精神；必须始终坚持党管农村工作，加强和改善党的领导，扎实推进农村改革发展。

三、大力推进体制机制创新，加强农村制度建设

立足于调整农村生产关系、解放和发展生产力，紧紧围绕体制机制创新这个重点，加强城乡统筹的制度建设，充分发挥市场在资源配置中的基础性作用，在重要领域、关键环节取得重大突破。形成加强农业支持保护、激发农村动力活力、强化农民主体地位的制度保障体系。

（一）进一步稳定和完善农村基本经营制度 坚持和完善以家庭承包经营为基础、统分结合的双层经营体制，现有土地承包关系要保持稳定并长久不变。家庭经营要向采用先进科技和生产手段的方向转变，提高集约化水平；统一经营要向发展农户联合与合作，形成多元化、多层次、多形式经营服务体系的方向转变。按照依法自愿有偿原则，鼓励农民以转包、出租、互换、转让、股份合作等形式流转土地承包经营权，培育各类中介服务组织，2009年在区县普遍建立农户土地承包经营权流转信息平台，尽快研究制定促进农户土地承包经营权流转的支持政策。鼓励发展专业大户、家庭农场、农民专业合作社等规模经营主体，开展多种形式的适度规模经营，培育都市型现代农业主导产业，发展设施农业，推进“菜篮子”工程建设。土地承包经营权流转，不得改变土地集体所有性质，不得改变土地用途，不得损害农民土地承包权益。制定《北京市实施〈农民专业合作社法〉办法》，建立农民专业合作社专项扶持资金，在加工销售、用地用电、金融服务、税收优惠、技术装备、人才培养引进、基础设施建设等方面，采取切实措施，扶持农民专业合作社加快发展。明确相关机构和人员，加强对农民专业合作社的指导服务。着力提高农民专业合作社的集聚要素能力、带动农户能力和改革创新能力，使之成为引领农民参与国内外市场竞争的现代农业经营组织。按照“资产变股权、农民当股东”的思路，全面推进农村集体经济产权制度改革，盘活存量资产，转变经营方式，激发集体经济内在动力，建立与市场经济接轨的产权清晰、权责明确、政企分开、管理科学的新型经济组织。全面推进集体林权制度改革，确保林地承包经营权的长期性和稳定性。

（二）健全严格规范的农村土地管理制度 坚持最严格的耕地保护制度。划定永久基本农田，建立耕地保护责任考核动态监测和预警制度。建立基本农田保护补偿机制，部分新增建设用地有偿使用费和15%的土地出让金专项用于基本农田建设和耕地保护。进一步加大资金、政策扶持力度，大力推进土地开发整理工作，完善耕地先补后占机制。完善农村土地登记制度，加快制定现状集体建设用地和宅基地确权发证管理办法，依法保障农户宅基地用益物权。改革征地制度，严格界定公益性和经营性建设用地，逐步缩小征地范围，完善征地补偿机制，及时足额给付农村集体经济组织和农民合理补偿，妥善解决好被征地农民的就业、住房和社会保障等问题。加快实施留地安置、实物补偿、合作分成、土地入股等多元化征地补偿办法。在北京城市总体规划和土地利用规划确定的城镇建设用地范围外，经批准占用农村集体土地建设非公益性项目，允许农民依法通过多种方式参与开发经营并保障农民合法权益。加快建立城乡统一的建设用地市场，制定农村集体建设用地使用权划拨、出让、转让、出租、抵押等管理办法，保障符合规划的农村集体建设土地与国有土地享有平等权益。开展村庄综合整理试点，盘活存量，拓展发展空间。

（三）完善农业支持保护制度 健全农业投入保障制度，完善市、区县财政体制，加大财政转移支付力度，调整财政支出、固定资产投资、信贷投放结构，保证各级财政对农业投入增长幅度高于经常性收入增长幅度，大幅度增加政府对农村基础设施建设和社会事业发展的投入，大幅度提高政府土地出让收益、耕地占用税新增收入用于农业的比例，大幅度增加对生态涵养区农村公益性建设项目的投入。重点加强对生态涵养发展区、产业转型地区等薄弱地区的建设投入。健全农业补贴制度，继续加大对农民的直接补贴，增加粮食直补、良种补贴、农机具购置补贴和农资综合补贴。健全生态环境补偿制度，提高生态作

物补贴标准，扩大补贴范围，建立健全适合北京特点的主要农作物补贴制度。健全村级公益事业专项补助和村干部薪酬补助制度。落实农产品价格保护制度，建立主要农副产品储备制度，提高城市应急保障能力，合理调节本市农产品价格水平。

（四）建立现代农村金融制度 放宽农村金融准入政策，加快建立商业性金融、合作性金融、政策性金融相结合，资本充足、功能健全、服务完善、运行安全的农村金融体系。加大对农村金融政策支持力度，尽快组建北京市农业投资公司、农业担保公司和农业发展基金，实行农村小额贷款费用定向补贴政策，拓宽融资渠道，引导更多信贷资金和社会资金投向农村。各类金融机构都要积极支持农村改革发展，强化职能、落实责任，增加涉农贷款规模，开发符合农民和农村企业需求的金融产品，改善农村金融服务，鼓励各类金融机构增设农村营业网点。坚持农业银行为农服务的方向，拓展农业发展银行支农领域，扩大邮政储蓄银行涉农贷款业务范围，发挥农村商业银行为农民服务主力军作用。建立支农贷款风险补偿机制，积极引导郊区地域内银行业金融机构新吸收的存款，主要用于当地发放贷款。积极支持农村金融综合改革试验，积极支持开展村镇银行和农村资金互助社试点。鼓励社会资本到农村设立小额贷款公司，允许农村小型金融组织从金融机构融入资金；通过政府注入部分资本金等方式，鼓励有条件的农民专业合作社开展信用合作。推进“三信”工程建设，加快构建农村信用体系。建立政府扶持、多方参与、市场运作的农村信贷担保机制，鼓励社会担保机构积极拓展农村担保业务；发展不需要抵押担保的农户小额信用贷款；扩大农村有效担保物范围，探索创新保单抵押、农户互保等多种形式的担保方式。发展农村保险事业，完善政策性农业保险制度，扩大覆盖范围，加快建立农业再保险机制，合理分散农业巨灾风险。积极探索建立农产品期货市场、农村集体建设用地流转市场和农村土地承包经营权流转市场等。

（五）健全农村民主管理制度 坚持党的领导、人民当家作主、依法治国有机统一，以扩大有序参与、推进信息公开、健全议事协商、强化权力监督为重点，发展农村基层民主，加强基层政权建设，保障农民有更多更切实的民主权利。逐步实行城乡按相同人口比例选举人大代表，扩大农民在区县、乡镇人大代表中的比例。继续推进农村综合改革，2012 年基本完成乡镇机构改革任务，着力增强乡镇政府社会管理和公共服务职能。坚持“两推一选”，扩大参加选举范围，深化民主选举、民主决策、民主管理、民主监督，推进村民自治制度化、规范化、程序化。培育农村服务性、公益性、互助性社会组织，完善社会自治功能。加强农村法制建设，完善涉农法律法规，增强依法行政能力，提高农民法律意识，推进农村依法治理。

（六）建立低收入农户增收帮扶制度 低收入农户增收是农民致富的薄弱环节和关键。各级党委、政府要把促进低收入农户增收工作列入重要议事日程，建立工作机制，明确范围并实行动态管理，制定计划，落实责任，常抓不懈。要以促进低收入农户就业和创业为重点，制定专门政策，加大培训力度，提高就业技能，扶持低收入农户开展设施农业、民俗旅游、特色手工业等家庭经营项目。从 2009 年开始，山区无劳动能力的低保人群，全部享受城市低保标准；农村就业困难人员享受城镇就业困难人员就业促进政策。政府购买的公益性就业岗位、乡镇企业新增就业岗位，要优先安排低收入农民就业。建立低收入农户就业援助制度，从交通、住宿、社保等方面，降低就业成本，帮助其实现就业。政府对农民的各类直接补贴项目，要向低收入农民倾斜。组织社会力量对低收入农户结对帮扶。对集中带动低收入农户增收的村、企业或农民专业合作组织，要给予政策支持。

四、着力发展适合北京农村特点的各类产业，繁荣农村经济

立足于构建城乡一体化的经济体系，紧紧围绕发展这个第一要务，充分发挥农村空间广阔、资源丰富、生态良好的优势，按照新城、小城镇和乡村的不同特点，区分城乡结合部、平原、山区的功能定位，大力发展都市型现代农业和适合农村的各类产业。实现城乡产业统筹布局、合理分工、优势互补、联动发展。

（一）大力发展都市型现代农业 按照为首都提供宜居环境、提高城市农副产品供应能力、推动农民增收致富的目标，大力发展都市型现代农业。要不断提升都市型现代农业产业布局规划，推进农业结构战略性调整，提高专业化、规模化、集约化水平。要建立都市型现代农业发展奖励资金，培育走廊经济、流域经济、园区经济，探索都市型现代农业产业体系和新型业态。以发展籽种农业、精品农业、休闲农业和创新农业为重点，深度开发农业的生产、生态、生活、示范等多种功能。要加强“菜篮子”工程建设，提高城市农副产品供应水平和应急服务保障能力。进一步提高农业综合生产能力和现代化水平，尽快启动编制农业基础设施建设规划，2009 年启动实施。加快实施土地整治，推广测土配方施肥和保护性耕作，减少农业污染，提高耕地质量。加强以节水为中心的农村水利基本建设。全面实施节水灌溉，实行用水限额管理和节水奖励制度，加快郊区河道治理，提高拦蓄雨洪和再生水资源利用的能力。创新投资机制，实行以奖代补，鼓励农民建设小型农田水利设施。规划建设一批精准农业设施项目，推进生产技术升级换代。到 2012 年，全市设施农业种植面积达到 35 万亩。

（二）加快农业三大体系建设 强化农业科技支撑体系。充分利用首都科技资源，加强原始创新、集成创新和引进消化吸收再创新，不断促进农业技术集

成化、劳动过程机械化、生产经营信息化。重点支持生物技术、良种培育、丰产栽培、农业节水、疫病防控、防灾减灾、节能减排等领域不断取得新成果。加强公益性农业技术推广服务体系建设，积极支持和引导农业科研院所、高等院校与农民专业合作组织、龙头企业、农户开展多种形式的科技合作，促进产学研、农科教有机结合及农业科技成果转化。继续实施农村科技入户和农村科技协调员制度，提高农民素质和科学种田水平。整合农业生产销售、农田水利、农事气象、农业科技、农村经济等涉农信息资源，提高农业生产经营的信息化水平。农产品质量安全体系建设要加大投入，理顺体制，优化队伍，改良装备，形成长效机制与应急反应相结合的新格局。全面加强农产品生产、收购、储运、加工、销售各环节的质量安全监管。全面推进农业标准化生产，强化农产品质量安全认证，大力发展无公害、绿色、有机农产品。建立农业投入品安全评估制度，推广安全新型农药、新型兽药及饲料、新型生物肥及器械。全面实施农产品质量安全追溯制度和农业生产巡回监测制度，建设区县级监测站和乡镇级检测点，形成全面覆盖的监测网络。完善动植物疫病防控体系。完善新型农业社会化服务体系。结合乡镇事业单位改革，加快构建以公共服务机构为依托，其他社会力量为补充，公益性服务和经营性服务相结合、专项服务和综合服务相协调的新型农业社会化服务体系。2010 年在全市普遍建立健全乡镇或区域性农业技术推广、动植物疫病防控、农产品质量监管等公共服务机构，逐步建立村级服务站点。支持农民专业合作社、供销合作社、专业服务公司、专业技术协会、农民经纪人等提供多种形式的生产经营服务。加强市场流通体系建设，建立与首都多元化消费需求相适应的农产品物流体系，改造提升大中型农产品批发市场，加强仓储、流通、信息等基础设施建设，改善农民进城销售农产品的市场环境，组织、引导、支持农民与市场对接。加强与外埠农业产销合作，保证首都市场供应。

（三）积极发展非农产业 要按照区域功能定位的要求，统筹规划城乡产业发展。市、区县产业开发区要完善产业布局，落实发展规划，加快基础设施建设，积极引进和发展适合自身特点的先进制造业、高新技术产业、生产性服务业和文化创意等低碳高端产业，努力培育特色产业集群、特色经济带，推动产业结构优化升级，走新型工业化发展道路。加强农民就业产业基地建设，鼓励二、三产业集中发展，吸纳本地农村劳动力转移就业，促进农民增收致富。鼓励城区实体经济向郊区转移，鼓励中关村、亦庄等高端产业区带动郊区产业发展。大力发展和提升农产品加工业。培育引进农产品加工龙头骨干企业、创新型研发机构、销售展示中心和企业总部。积极发展具有北京特色、文化品味、历史传统的农村手工业，推动第一产业向二、三产业延伸。大力发展乡村旅游业，把乡村旅游纳入首都旅游发展全局，统一规划、统筹推进。出台乡村旅游产业扶持政策，鼓励农民自主创业，走规模化、规范化、特色化的发展路子，促进乡村旅游向质量效益型转变。加快主题性乡村旅游目的地建设，对基础条件较好、资源独特、有发展潜力的区域进行整体规划、资源整合、机制创新，建设乡村旅游带、观光休闲产业区。加快农村地区商业、物流、金融等现代服务业的发展。

（四）大力加强农村生态文明建设 生态文明建设是首都实现可持续发展的必由之路；加强农村生态文明建设，是建设“绿色北京”的必然要求和重要体现。高度重视生态环境服务价值，加大公共财政对生态涵养发展区的转移支付力度，完善生态补偿机制。坚持走符合生态文明要求的产业发展道路，积极探索通过市场机制发展生态服务产业。加快推进城市第一、二道绿化隔离带、城市郊野公园、万亩滨河森林公园建设；加强平原地区绿色通道建设，在高速公路、快速路、轨道交通以及重要河道的两侧加强生态景观建设；加强乡镇中心区、村庄的绿化美化，改造提升农田林网，提高平原防风固沙能力和林木覆盖率。到 2015 年基本完成宜林荒山绿化、废弃矿山综合治理、低效生态公益林改造等山区重点生态建设工程，显著增强山区生态屏障功能和碳汇能力。加快完成小流域综合治理、重要地表水源区综合治理、重点河道生态整治和重点湿地保护等工程，加强跨区域河流污染治理合作，提高水源涵养能力，改善城乡河湖水系环境质量。加强水源地保护，加大对水源保护区的转移支付力度。以生态服务价值为依据，结合林权制度改革，逐步实施生态林效益补偿。加快生态涵养发展区产业结构调整，坚决调整退出资源采掘和环境污染型产业，按照区域特点挖掘产业发展潜力，发展环境友好型产业，推动符合功能定位的重大项目落户。大力发展以生态农业、特色林果业和生态旅游业为主体的山区沟域经济。研究探索浅山区的开发利用，在保护生态环境的前提下，有序发展低碳高端产业。加快推进地质灾害区、生活条件恶劣地区农户搬迁，改善山区群众生产生活条件。

五、构建现代城镇体系，实施城镇化与新农村建设“双轮驱动”

立足于建设国际化大都市的目标，紧紧围绕破解首都人口资源环境的突出矛盾，进一步落实北京城市总体规划和区县功能定位，构建现代城镇体系。加强统筹规划和分类指导，协调推进中心城区、新城和小城镇发展，加快农村基础设施建设。

（一）推进郊区城镇化进程 11 个新城主要承担疏解中心城区功能、产业，转移城市和农村人口，带动区域发展的任务。要加强对新城产业布局的规划和引导，提升郊区的产业支撑能力。按照相对独立、功能完善、环境优美、交通便捷、公共服务设施发达的新城标准，加大建设力度，切实发挥新城在辐射城乡，推进城乡一体化发展中的重要作用。乡镇主要承担转移农村人口、集聚农村产业的功能。要按照“双轮驱动、镇村统筹、突出重点、梯次推进、协调发展”的要求，完善城乡规划体系，使村镇布局调整符合城乡规划，推进规划实施。要充分发挥乡镇特别是重点镇在郊区城镇化中的“节点”作用，加大公共财政对乡镇基础设施和公共服务设施的投入，提高设施的综合配套和利用率。完善产业发展配套设施，培育镇域主导产业。创新镇村规划建设管理模式，积极探索小城镇建设与旧村改造相结合，促进农民宅基地利用与改善农民居住条件相结合，盘活农村存量建设用地与发展农村产业相结合的节约集约利用土地的政策。依法赋予经济发展快、人口吸纳能力强的乡镇相应行政管理权限。

（二）加快城乡结合部地区改革发展步伐 城乡结合部是发展活力最强、人口资源环境矛盾最突出、城乡一体化要求最迫切的地区。要积极推进城乡结合部综合配套改革试验，鼓励和支持区县结合自身特点，大胆探索，先行示范，在绿化隔离带建设、土地使用制度、农民整建制转居、劳动就业、社会保障、管理体制等重点领域取得重大突破。要鼓励创新，认真总结来自基层的创造，不断加以完善推广。如农民房屋租赁组织化经营模式、村集体参与或自主开发建设的旧村改造模式、整建制转居模式、征地实物补偿模式、征地留地安置模式等，创出发展新路。要积极研究完善绿化隔离地区的有关政策和规划，发展绿色产业，适度扩大农民就业增收空间。要进一步加快城乡结合部管理体制改革，扩大公共产品提供范围，加快集体资产的改制步伐。探索财政资金与金融资金捆绑机制，加快基础设施建设速度。加快城乡社会保障制度的全覆盖和不同制度之间的有效衔接，实现基本公共服务均等化。鼓励乡村集体经济组织通过盘活存量、多渠道融资，发展有特色、高效益、多样化的产业，带动农民就业增收，协调人口、资源、环境，加速城市化进程。

（三）统筹城乡基础设施建设 大力加强农村地区基础设施建设，综合运用财政资金和信贷资金，建设便捷、通达的农村路网体系，公交系统和电力通讯设施。加快推进城乡区域性重大基础设施建设，2020年全市主干路网、电力、供排水、消防、通信等骨干基础设施网络要实现城乡全覆盖，2015年实现大部分区县通轨道交通。大力推进山区交通联络线和旅游环线建设，三年内实现从京西南到京东北的全线贯通。加速推进新农村“五项基础设施”建设工程和“农村亮起来、农民暖起来、农业资源循环起来”工程。实现农村地区垃圾集中收集、运输，提高垃圾无害化处理率。大幅度提高农村污水处理能力，两年内解决城乡结合部地区污水处理问题。实现镇中心区集中供热和集中供水，及时改造老化的供水管网，确保城乡居民饮水安全。加强清洁能源、可再生能源和节能产品的推广和使用，逐步实现城乡居民全部使用清洁能源；推动农村住宅、公共建筑的节能改造，对建设适合农民需求的环保、节能、安全的新民居给予政策支持。加强农村公共服务信息系统建设，大力提高农村信息化水平。积极推进城市公共设施运行管护机制向农村延伸，逐步建立权责明确的管护经费筹集机制，以及基础设施建设的投资机制，建立队伍专业化、技术标准化、运行规范化的运营和监管指导机制。

六、完善社会保障，推进城乡基本公共服务均等化

立足于全市城乡居民共享改革发展成果，紧紧围绕建立城乡统一的保障制度，加大对农村教育、医疗、社会保障等最薄弱、最迫切领域的投入力度，加快城乡制度接轨步伐，使广大农民学有所教、劳有所得、病有所医、老有所养、住有所居。

（一）促进城乡教育均衡发展 大力发展农村教育，促进教育公平，提高农民科学文化素质，培育有文化、懂技术、会经营的新型农民。大力加强基础教育普及工作，逐步实现九年义务教育向学前和高中教育延伸，改善特殊学校、民族学校办学条件；加快中小学招生和录取制度改革，取消城乡重点学校的称号和评定。大力加强农村教师队伍建设，每年定量选派师范类研究生和本科毕业生到农村中小学任教，定期对现有农村教师进行业务培训，进一步提高农村教师收入水平。健全城乡教师交流机制，继续选派城市教师下乡支教。大力改善农村办学条件，因地制宜地开展农村地区教育资源整合，整体提升山区中小学教育质量和办学水平。大力改善进城务工人员子女教育条件。加强农村职业教育和成人教育，加快发展农村中等职业教育并逐步实行免费。加强农民技能培训，采取“定向招生、定向培养、定向就业”的方式，为农村培养所需专业人才。

（二）推进城乡医疗卫生事业发展 深化城乡医疗卫生服务和保障制度改革，建立城乡一体化的公共卫生、基本医疗和药品供应服务保障体系。进一步完善新型农村合作医疗制度，提高筹资补助水平，实现“人人享有基本医疗卫生服务”，缩小城乡基本医疗保障差距。大力加强农村卫生人才队伍建设，定期派乡村医生到区级以上医院进行免费培训，完善城市医务人员支援农村的制度，通过返聘、弹性退休制度等方式鼓励城市有丰富工作经验和较高医疗水平的医生到农村工作。大力加强城乡医疗卫生设施规划建设和均衡配置，鼓励城乡医院开展对口协作支援，积极引导市区优质的医疗卫生资源向新城、郊区布局。重点加强新城区域医疗中心、乡镇卫生服务中心（卫生院）、村卫生室建设，到2010年基本建立农村三级医疗卫生服务网络。完善政府购买乡村医务人员提供村级基本医疗和公共卫生服务的机制，提高乡村医务人员业务水平和待遇。加快建立城乡一体化的医疗救助、妇幼保健、计划生育补助政策，重点做好农业人口和农民工计划生育工作。扩大农村免费公共卫生服务范

围，加强地方病、流行病的免费筛查，对农村常住人口全部实行免费计划免疫。

（三）加快社会保障体系的城乡衔接 加快整合城镇和农村各项社会保险制度，建立城乡全部覆盖、有效衔接、机制灵活的一体化社会保障体系。逐步缩小城乡间保障水平的差距，将已稳定非农就业的本市农村劳动力纳入城镇职工社会保险体系。统筹城乡劳动就业，加快建立统一规范的人力资源市场，完善农村就业服务网络，加强农村劳动力转移就业培训，统一城乡就业促进政策，形成城乡劳动者平等就业制度。建立城乡统一的就业管理服务制度，统一城乡劳动者失业保险缴费、失业保险待遇标准，对录用农村就业困难人员和城镇失业人员的企业均给予岗位和社保补贴。加强社会救助，完善农村社会低保救助机制，提高农村五保供养水平，建立起以最低生活保障为基础，医疗、教育、住房等专项救助相配套，应急救助、社会救助为补充的综合性、多层次的社会救助体系，确保困难家庭的基本生活。发展以扶老、助残、救孤、济困、赈灾为重点的社会福利和慈善事业。加强农村残疾预防和残疾人康复工作，促进农村残疾人事业发展。做好农民工就业服务工作，为农民工提供免费的职业介绍、职业指导、职业培训服务，不断提高服务的针对性、有效性、实用性。逐步扩大农民工工伤保险、医疗保险覆盖范围。

（四）繁荣发展农村文化 发挥首都文化中心优势，建立城乡统筹的文化事业发展体制，使城市丰富的文化资源、要素和服务加快向农村地区延伸，满足农民日益增长的精神文化需求。建立起稳定的农村文化投入保障机制，实现城乡一体化的公共文化设施运行管护机制。2009 年，乡镇综合文化站和行政村文化活动室建设基本完成，实现每个乡镇所在地、每个行政村均有一个综合性的文化体育活动场所。支持兴办农民表演团体，丰富农民文化生活。提高农村广播电视收听收视质量，丰富节目内容。加强农村文物、非物质文化遗产、历史文化名镇和古村落的保护，合理利用，适度发展旅游等产业。广泛开展文明村镇、文明户、志愿服务等多种形式的群众性精神文明创建活动，加强农村公民思想道德教育、生态文明教育，倡导健康文明生活方式，促进农民整体素质的提高，推进农村精神文明建设。

（五）完善社会管理 统筹城乡社会管理，加快推进乡镇机构改革和农村社区建设。根据城乡结合部、远郊区镇村等不同地区人口结构和规模，建立起适合和谐社区、和谐村镇建设要求的新型社会管理体系。鼓励有条件的地区加快农转非步伐，积极探索建立城乡统一的户口登记制度。加快农村地区新建居民区居委会组建工作，到 2020 年，城乡结合部、新城周边以及乡镇中心区的农村地区全部实现城市社区管理。拓宽农村社情民意表达渠道，做好农村信访工作，继续实行重点矛盾领导包案制度，及时化解农村社会矛盾。深入开展农村普法教育，增强基层干部群众的法制观念。完善城乡一体化的法律援助、警务、消防、生产安全、交通安全、防灾减灾、应急管理等体系建设，提高农村社会治安综合治理和危机处置能力。巩固和发展平等团结、互助和谐的社会主义民族关系。全面贯彻党的宗教工作基本方针，依法管理宗教事务。反对和制止利用宗教、宗族势力干预农村公共事务，坚决取缔邪教组织，严厉打击黑恶势力。

七、加强和改善党的领导，为推进农村改革发展提供坚强政治保证

立足于加强和改善党对农村工作的领导，切实把农村党建工作摆在突出位置，坚持以改革创新精神全面推进农村党的建设，提高党的执政能力，巩固执政基础。认真开展深入学习实践科学发展观活动，继承奥运财富，巩固奥运成果，发扬奥运精神，增强各级党组织的创造力、凝聚力、战斗力，不断提高党领导农村工作水平。

（一）完善党领导农村工作体制机制 强化党委统一领导、党政齐抓共管、农村工作综合部门组织协调、有关部门各负其责的农村工作领导体制和工作机制。各级党委和政府要坚持把农村工作摆上重要议事日程，在政策制定、工作部署、财力投放、干部配备上切实体现全党工作重中之重的战略思想，坚持因地制宜、分类指导，创造性地开展工作。郊区县党委和政府的主要领导要亲自抓农村工作，坚持把工作重心和主要精力放在农村工作上。中心城区党委和政府要高度关注农村改革与发展，充分利用各自的优势和条件，采取多种方式，积极支持农村地区各项事业的发展。加强党委农村工作综合部门建设，建立职能明确、权责一致、运转协调的农业管理体制。农村工作综合部门要充分发挥综合协调、政策研究、改革推进、督查考核的职能和作用。党政各有关部门要进一步转变职能，强化城乡统筹意识，明确领导职责和部门分工，加强沟通协调和服务，切实加大对农村改革发展的支持力度。完善体现科学发展观和正确政绩观要求的干部考核评价体系，把农民增收特别是低收入农户增收、耕地保护、环境治理、和谐稳定作为考核各郊区县、乡镇领导班子绩效的重要内容。支持人大、政协履行职能，强化民主监督，发挥民主党派、人民团体和社会组织积极作用，广泛动员和引导社会各方面力量共同推进农村改革发展，加快城乡一体化进程。

（二）加强农村基层组织建设 深化农村党的建设“三级联创”活动，发挥好区县委的指导作用、乡镇党委的关键作用和村党组织的基础作用，促使农村基层组织建设与社会主义新农村建设整体推进、相互融入、共同提高。深入推进农村经济制度、经济组织和基层党建工作“两个创新”，创新农村党的组织设置形式，推广在农村社区、农民专业合作社、专业协会和产业链上建立党组织的做法，实现党组织的工作与促进农村经济社会发展、实现农民群众根本利益的

有机结合。抓好以村党组织为核心的村级配套建设，领导和支持村委会、集体经济组织、共青团、妇代会、民兵等组织和乡镇企业工会组织依照法律法规和章程开展工作，进一步完善基层党组织领导下的村民自治机制。健全城乡党的基层组织互帮互助机制，加强农民工中党的工作，构建城乡统筹的基层党建工作新格局。

（三）加强农村基层干部队伍建设 建设一支守信念、讲奉献、有本领、重品行的农村基层干部队伍，对做好农村工作至关重要。着力拓宽农村基层干部来源，注重从农村致富能手、退伍军人、外出务工返乡农民中选拔村干部，继续推广完善党政机关和企事业单位优秀年轻干部到村任职、村党组织书记跨村任职、村干部异村任职等办法，积极探索面向社会公开选拔村党组织书记。加强村干部后备队伍建设，建立后备干部动态管理和任用机制。完善高校毕业生到村任职制度，常年保持每村至少2名大学生“村官”的规模，支持到村任职高校毕业生通过法律程序进入村“两委”班子，发挥好他们的积极作用。加大从优秀村干部中考录公务员和选任乡镇领导干部力度。加大财政转移支付和党费补助力度，逐步建立农村基层组织建设、村干部报酬、养老保险、党员干部培训资金等保障机制。完善培训体系，整合培训资源，扎实推进农村党员干部现代远程教育，2009年实现全市乡村网络基本覆盖。建立完善村干部任期承诺制、述职述廉、民主评议、诫勉谈话、考核评价和经济责任审计等制度，引导帮助他们牢固树立科学发展观和正确政绩观。

（四）加强农村党员队伍建设 巩固和发展先进性教育活动成果，做好党员服务、教育、管理和发展工作，保持和发展农村党员队伍先进性。扩大党内基层民主，完善重大决策征求党员意见、党务公开、党员意见征集反馈等制度，保证党员按照党章规定履行义务、行使权利。关心爱护党员，健全党员就业创业帮扶、困难党员救助等党内激励、关怀、帮扶机制，增强党组织亲和力。改进农村党员教育管理，增强党员意识。组织农村党员学习党的路线方针政策、法律法规、实用技术，广泛开展党员设岗定责、依岗承诺、创先争优等活动。加强和改进流动党员管理，建立健全城乡一体党员动态管理机制。探索发展党员新机制，加强在优秀青年农民、村委会成员、农村致富能手中发展党员工作，不断改善农村党员队伍结构，建设一支高素质的农村党员队伍。

（五）加强农村人才队伍建设 坚持党管人才原则，做好开发、培养、使用和激励工作，建设一支数量充足、质量较高的农村人才队伍。加大农村实用人才开发培养力度，大规模开展适用技术、职业技能和创业培训。加强农村人才综合开发，进一步加大选派机关干部、专业技术人员到农村帮助工作，鼓励和引导外出流动党员、退休干部职工、专业技术人员回原籍村发挥作用。

（六）加强农村党风廉政建设 认真贯彻落实中央关于建立健全惩治和预防腐败体系的工作规划，坚持教育、制度、监督、改革、纠风、惩处相结合，积极推进农村基层惩治和预防腐败体系建设。深入开展理想信念和宗旨教育、科学发展观和社会主义荣辱观教育、国家法律法规和党风党纪教育，引导农村党员、干部树立求真务实、公道正派、艰苦奋斗的作风，筑牢党员干部联系群众、服务群众、廉洁自律的思想基础。加强农村党风廉政基本制度体系建设，规范和制约权力运行，逐步建立起用制度管权、管事、管人的长效机制，全面推进政务、村务、党务公开，发展农村基层民主，加强农村集体资源、资产、资金管理，改革创新农村集体经济发展和管理模式。以维护和发展农民权益为重点，加强对党的农村政策措施落实情况的监督检查，切实纠正和查处损害农民利益的突出问题，严肃查处涉农违纪违法案件。要把农村基层党风廉政建设列入各级党委、政府的重要议事日程，健全工作协调机制，严格执行党风廉政建设责任制，保证各项工作任务落到实处。

推进农村改革发展，率先形成城乡经济社会发展一体化新格局，任务繁重、意义重大。我们要紧密团结在以胡锦涛同志为总书记的党中央周围，高举中国特色社会主义伟大旗帜，以邓小平理论和“三个代表”重要思想为指导，深入贯彻落实科学发展观，继续解放思想，坚持改革开放，推动科学发展，促进社会和谐，扎实推进社会主义新农村建设，为建设“人文北京、科技北京、绿色北京”不断作出新贡献！

中共北京市委　北京市人民政府
关于加快农村改革促进农民增收的若干意见

（2009年2月20日）

2009年，是全面贯彻落实党的十七届三中全会精神、率先形成城乡经济社会发展一体化新格局的第一年。努力化解和消除国际金融危机对农业农村发展带来的负面影响，巩固发展我市农业农村的好形势，要把加快农村改革、促进农民增收作为“三农”工作的主题，确保农村经济社会又好又快发展。

全市农村工作总体要求是：全面贯彻落实党的十七大、十七届三中全会、中央农村工作会及市委十届五次全会精神，深入贯彻落实科学发展观，按照建设“人文北京、科技北京、绿色北京”的发展思路和率先形成城乡经济社会发展一体化新格局的根本要求，围绕抓改革、强基础、重民生、促增收，创新农业农村经济发展方式、发展途径和发展机制，强化农业农村基础建设和公共服务，千方百计促进农民收入持续较快增长。2009年，实现农民人均纯收入实际增长6%以上，低收入农户人均纯收入同比增长10%以上。

一、创新农村经济体制，增强农民增收的内在动力与活力

“多予少取放活”，是促进农民持续增收的政策核心，重点要在“放活”上多下功夫、多做文章，增加农民财产性收入和转移性收入。把加快推进农村经济体制改革和各项改革，作为农村发展、农民增收的重要手段和途径。不断加大“三农”投入力度，让更多的农民直接受益。

（一）深化农村土地制度改革 认真落实党在农村的基本政策，年内开展农户土地承包经营权落实情况检查工作，对存在的问题限期进行整改，依法保护土地所有者权益，强化对土地承包经营权的物权保护。制定促进农户土地承包经营权流转的政策意见，完成市和区县两级农地流转信息平台建设，建立健全流转合同签订、登记、备案制度，建立土地流转补助制度，增加农民的土地流转收益。年内启动现状集体建设用地和宅基地确权发证工作，促进农村产业发展，保障农户宅基地用益物权。继续开展征地多元化补偿安置试点工作，妥善解决好被征地农民的就业、住房和社会保障等问题。尽快出台基本农田保护补偿具体办法。抓好集体林权制度改革，确保农民林权收益。

（二）全面推进乡村集体经济产权制度改革 坚持“资产变股权、农民当股东”的改革方向，探索集体经济多种实现形式，增加农民财产性收入。2009年，近郊区要全面推进农村集体经济产权制度改革；远郊区县各乡镇都要积极开展试点工作，重点推进新城规划区、小城镇和群众积极性较高地区的改革。各郊区县政府要将推进乡村集体经济产权制度改革作为一项重点工作，设立专门工作指导组，深入乡村具体指导，逐个推进，建立改革台账和月报制度。建立就业导向型的集体福利制度，实行集体福利分配与农民就业脱钩的办法，促进农民转移就业、自谋职业与自主创业。研究制定规范农村集体经济合同的措施和办法，强化集体资产管理，创新集体经济管理机制。

（三）规范发展农民专业合作社 加快制定《北京市实施〈中华人民共和国农民专业合作社法〉办法》，加强合作社行业自律，推进农民专业合作社依法、规范发展。将合作社纳入税务登记系统，免收税务登记工本费。以产品营销为重点，支持农民专业合作社更新购置绿标车，培育一批经营规模大、带动能力强、质量安全优、民主管理好的示范社。鼓励农民专业合作社开展市场营销、农产品深加工和资金合作，提高创新发展能力。

（四）深入推进农村金融体制改革 抓紧制定促进首都农村金融体系建设支持现代农村经济发展的相关意见，改善农民就业创业环境，增加农民收入。健全政策性农业投资公司运行机制，组建专业化农业担保公司和农业产业投资基金。扩大村镇银行试点范围。在加强监管、防范风险的前提下，加快发展小额贷款公司、农村资金互助社等新型农村金融组织。启动大兴区农村金融综合改革试验区建设。研究制定涉农贷款定向税收减免或费用补贴政策，引导和鼓励金融机构扩大涉农贷款规模。鼓励和支持各类金融机构创新农村金融产品和服务方式，大力发展小额信贷和微型金融服务，促进信贷结构优化调整。进一步完善政策性农业保险制度，加快建立农业再保险机制和巨灾风险分散机制，稳步扩大政策性农业保险覆盖面。鼓励银行、保险、担保、小额贷款等金融机构开展业务合作，开发符合郊区特点的农村信贷保险、担保联动金融产品。

（五）加大公共财政投入力度 大幅度增加各级财政对农村基础设施建设和社会事业发展的投入，提高各郊区县预算内固定资产投资用于农业农村的比重。大幅度提高政府土地出让收益、耕地占用税新增收入用于农业的比例，耕地占用税税率提高后新增收入全部用于农业，土地出让收入重点支持农业土地开发、农田水利和农村基础设施建设。大幅度增加对生态涵养发展区、产业转型地区、水源保护区的投入。在落实有关完善市与区县分税制财政管理体制方案过程中，要认真落实涉农支出事项和支出责任，确保原有行之有效的政策不改变、给农民的实惠不减少、支农投入的力度不削弱。城市维护建设税新增部分主要用于乡村建设规划、农村基础设施建设和维护。加大新农村建设以奖代补力度并完善机制。创新财政投入与金融资本联动机制，发挥公共财政导向作用，提高财政资金使用效率。

（六）扩大和完善对农民的直接补贴政策 提高粮食直补、良种补贴、农资综合补贴和生态作物补贴标准，扩大补贴范围，完善补贴办法。大规模增加农机具购置补贴，将先进适用、技术成熟、安全可靠、节能环保、服务到位的农机具纳入补贴目录。继续落实生猪良种补贴、能繁母猪补贴、奶牛良种补贴、优质后备奶牛饲养补贴等政策。落实村级防疫员补助经费。实施“家电下乡”和“现代农业装备进农家”工程，农民购买家电产品和淘汰更新农用车按相关政策给予补贴，扩大农村内需。完善农用燃油供应保障机制，建立高能耗农业机械更新报废经济补偿制度。长期实行并逐步完善鲜活农产品运销绿色通道政策。

二、创新都市型现代农业发展方式，增加农民经营性收入

都市型现代农业是农民收入的重要来源，是纯农

户增收的主要渠道，要着力构建农业产业体系、科技支撑体系、市场服务体系，提高农民组织化程度，增加农业产出、延长产业链、提高产品附加值，增加农民经营性收入。

（一）加快发展设施农业 设施农业是拓展农业发展空间、扩大农业产出规模、增加农民收入的重要途径，必须坚定不移地抓紧抓好。要注重开发生产、生态、生活、示范功能，发展籽种农业、循环农业、休闲农业和科技农业。继续实施《北京市人民政府关于促进设施农业发展的意见》，重点支持设施农业和“菜篮子”工程建设，2009年新增设施农业约2 667公顷（4万亩）。落实规划布局，继续实施两区两带规模化设施农业推进工程、多群落特色产业推进工程、基础设施配套建设工程、配套服务体系推进工程。提高设施农业现代装备配套水平，加强节水农业建设，推进设施农业园区化管理。创新设施农业经营方式和营销方式，促进农民就业。继续深化京承高速都市型现代农业走廊建设。加大政策扶持力度，推进奶牛散户入区、肉禽家庭牧场、生态养猪、畜禽良种、大型养鸡项目等建设，提高养殖业规模化、标准化、产业化水平。扩大农民田间学校范围和规模，充分发挥种养能手、科技示范户、乡土专家和农村科技协调员作用。扎实推进农业技术推广、试验示范、政府购买科技服务、重大科技领域的研究与示范等各项工作。加强统筹协调，办好第七届全国花卉博览会及第十七届北京（丰台）种子交易大会，推进第七届世界草莓大会筹办工作。

（二）大力发展农产品加工业 延长农业产业链，提高附加值，让农民更多地分享加工环节的利润。完善农产品加工业政策体系，培育引进农产品加工龙头骨干企业、创新型研发机构、销售展示中心和企业总部。开展第三批北京市农产品加工龙头企业评定工作。支持带动农户能力较强的龙头企业开展技术研发、品牌建设、信贷融资、向外拓展，引导龙头企业与农民专业合作社、农户结成更紧密的利益共同体，增加农民收入。进一步发挥市属涉农国有企业的作用，建立涉农考核评价制度，强化对京郊农业提质增效、农民增收致富的带动能力。

（三）加强农产品市场体系建设 搞活农产品流通，强化组织农民进市场的政策措施，增强农产品的市场竞争能力，实现产品卖得出、收入有增长、农民得实惠。完善农产品流通体系，加快现有农产品批发市场改造升级、完善功能。加强仓储流通设施建设，支持鲜活农产品冷链物流系统建设改造。推动城镇社区、批发市场、超市与郊区农产品生产基地、农民专业合作社、农户对接。鼓励发展电子商务，创新农产品营销配送模式。提高农村零售连锁便民店、农业生产资料连锁超市、农村集贸市场的覆盖面。建设农村经纪人队伍。

（四）打造首都农产品质量安全品牌 转化奥运成果，抓住发展机遇，以高端高效安全为核心，全面推进农业标准化生产，培育名优品牌，提高本市农产品在高端市场的占有率。加强统筹协调，在农业投入品、生产、加工、配送、零售等各个环节，实施全程质量安全监控，形成完整的农产品质量安全体系。通过龙头企业带动、基地建设、区域合作等各种途径，提升外埠进京农产品的质量安全水平。强化企业质量安全责任，对上市产品实行批批自检。进一步完善安全质量追溯制度、召回制度、市场准入和退出制度，把全市大中型商场超市、大型农副产品批发市场全部纳入首都食品安全监控系统和商品质量监控系统。加强动植物疫病防控体系建设。

（五）增强农业可持续发展能力 加强现代农业基础设施建设，提高农业综合生产能力，实现农业可持续发展。稳定粮食播种面积，开展高产创建活动，提高单产。编制农业基础设施建设规划并启动实施，年内完成2万公顷（30万亩）现代农业基础设施示范工程建设。推进农田培肥工程，实施有机肥、配方专用肥补贴，全面推进测土配方施肥；推进农田水利设施改善工程，加强水利基础设施建设，推广高效节水灌溉技术；推进田园清洁工程，加大农作物生物防治、物理防治和农药高效精准施用技术推广力度，有效防控面源污染，加快养殖业粪污治理，促进农业废弃物循环利用；推进农业减灾工程，推广防雹网、防鸟网等设施技术，提高农业抗灾避灾能力；推进田园景观建设工程，实施土地开发整理、田间道路修复、林网修补和配置、农田整洁和景观提升。继续完善“221信息平台”建设，扩大应用范围。

三、创新非农产业发展途径，增加农民工资性收入

加快发展农村二、三产业，促进农民就业，增加农民工资性收入。进一步优化经济发展环境，创新发展途径，不断壮大实体经济，促进农民转移就业和自主创业。

（一）加强农民就业产业基地建设 加快办理农民就业产业基地相关规划、土地手续，简化审批程序、减免相关费用、建立绿色通道，加强办证服务。加大投入，对农民就业产业基地标准化厂房和基础设施建设项目给予扶持。进一步探索农民就业产业基地带动经济薄弱村发展的机制，鼓励各村积极盘活存量集体建设用地，在符合土地利用总体规划和乡村建设规划的前提下，依法通过出租、联营、入股、土地置换整理等方式实现产业集中集约、规模化发展，鼓励村集体、农民专业合作社、农户入股参与基地建设，鼓励吸纳当地农村劳动力就业。加强政策引导，加大招商力度，吸引规模产业项目落户。

（二）加快乡村旅游业发展 适应乡村旅游市场需求大、促进农民增收见效快的特点，把乡村旅游纳入首都旅游发展全局，统一规划、统筹推进、和谐发展。加快民俗旅游区基础设施建设，启动“一环、十一放射”山区旅游路网建设。积极拓展民俗旅游业发

展空间，吸引金融资本、社会资金参与民俗旅游业发展。实施“乡村旅游改造提升工程”，制定本市休闲度假示范区评定标准，重点打造一批乡村旅游产业带和休闲度假示范区。加快农业主题园区建设。指导区县建设和宣传“一沟一品”、“一村一品”项目品牌，重点建设一批基础设施完善、环境优美、接待能力强、卫生条件好的专业村。加强对农村民俗旅游户的发展空间、营销宣传、金融支持、技能培训等方面的指导和服务，提升民俗旅游户的经营能力和水平。开展第四批北京市观光农业示范园评定工作。

（三）加强农民技能培训和就业服务 积极应对劳动就业竞争加剧的形势，进一步加大农村劳动力就业培训力度，提高农民就业竞争能力。政府和企业要加大投入，大规模开展针对性、实用性强的农村劳动力技能培训。市属高等职业院校要设定一定数量的自主招生名额，为农村定向培养人才。建立城乡一体的就业失业管理制度，在岗位补贴、社会保险补贴、职业技能和创业培训补贴等方面实现城乡同等待遇。建立完善镇村农民就业服务机构，充实村级农民就业协调员队伍，促进6万名农村劳动力转移就业。鼓励农民自主创业，落实减免行政事业性收费和小额担保贷款政策，支持农民进入小城镇创业、定居。落实本市促进中小企业发展的各项政策举措，简化审批程序，建立绿色通道，加快项目落地，大力发展实体经济。对带动当地农民特别是农村就业困难人员就业的创业者，择优给予奖励。

四、创新城镇化与新农村建设模式，拓宽农民就业渠道

加强城乡建设，是促进农民增收的重要途径。要抓住扩大内需的历史性机遇，加快推进城镇化和新农村建设，创新管理模式，构建城镇化与新农村建设互促共进机制，拓展农民增收渠道。

（一）推进城乡结合部地区创新发展 认真贯彻落实党的十七届三中全会及市委十届五次全会精神，以实现城乡一体化为目标，以解决农民问题、保障农民利益为根本，切实抓好绿化隔离地区城乡结合部综合配套改革。健全领导指挥体制，加强工作整合，创新绿化隔离地区政策，进一步加大政府公共投入力度，充分发挥农民主体作用，统筹解决绿化隔离地区的基础设施建设、绿化产业发展和农民住房、增收、社保以及社会管理体制等问题，努力为这一地区群众创造更好的工作生活环境，使城乡结合部地区成为建设城乡一体化制度的示范区。切实抓好海淀区四季青镇北坞村和朝阳区崔各庄乡大望京村改革试点，鼓励区县结合本地实际积极开展改革试验。继续推进郊野公园建设，提高绿化建设、管护补助标准；对城乡结合部一般生态林和绿地，逐步实行城乡统一的绿地养护费标准，并实行动态管理。

（二）推进小城镇建设 坚持把小城镇作为集聚产业、扩大内需、农民就业创业的重要载体，切实加大投入和工作力度。进一步完善小城镇规划布局，细化小城镇功能定位和发展方向，完成小城镇镇域规划和土地利用规划，加快控制性详细规划的修编工作。编制小城镇经济社会发展规划，有序推进小城镇建设。加快推进小城镇交通联络、垃圾治理、集中供水、污水处理、公共活动场所等基础设施和公共服务设施建设，提高设施的综合配套和利用率。完善产业发展配套设施，推动农村二、三产业向小城镇聚集，培育镇域主导产业。确定小城镇土地综合开发利用整理试点并启动实施。创新镇村规划建设管理模式，推进小城镇建设与旧村改造相结合、促进农民宅基地利用与改善农民居住条件相结合、盘活农村存量建设用地与发展农村产业相结合的节约集约利用土地工作。启动农村集体建设用地流转市场建设。依法赋予经济发展快、人口吸纳能力强的乡镇在投资审批、工商管理、社会治安等方面的行政管理权限。

（三）加快推进新农村基础建设 创新现有新农村建设项目招投标制度，下放审批权限，建立健全农民参与机制，凡是当地农民能干的，应当让农民去干，把当地农民的参与程度作为项目审批的重要标准，切实增加农民劳务收入。完善农村路网体系，推进公交城乡一体化建设，推进公路交通标志、旧桥加固改造，建成一批客运站和候车亭。加快编制村庄建设规划。加快推进新农村“五项基础设施”建设，同步推进绿化美化和“农村数字家园”建设。继续实施“农村亮起来、农民暖起来、农业资源循环起来”工程，积极推广户用沼气、太阳能等新能源示范项目，开展垃圾分类及循环利用建设，继续实施农村节能抗震住宅建设、既有住房保温改造项目。完善补贴与鼓励政策，重点研究解决农村冬季取暖问题。加大北运河流域水系综合治理力度。完成山区低效生态公益林改造规划编制工作，明确建设标准和政策，启动示范工程；实施水源保护林可持续经营项目、营造景观林项目和废弃矿山生态修复工程。继续开展小流域综合治理和山区搬迁工作。深入开展生态区县、环境优美乡镇、生态村三级联创活动。

五、创新农村公共服务供给机制，加快解决民生问题

加快推进城乡基本公共服务均等化，稳步提高农民保障标准，减轻农民生活负担，增强农民消费信心和消费能力。

（一）建立城乡一体的社会保障制度 认真落实《北京市人民政府关于印发北京市城乡居民养老保险办法的通知》，加大工作力度，确保本市农民参保率提高到90%以上。鼓励已稳定就业的本市农村劳动力加入城镇职工社会保险。完善新型农村合作医疗制度，实现“特殊病种”门诊补偿范围、乡镇卫生院“零起付”、住院补偿“封顶线”、“出院即报和随诊随报”等“四统一”。提高新型农村合作医疗门诊医药费和住院医药费报销比例，确保参合率稳定在90%

以上。提高农村最低生活保障标准、农村五保供养和各类优抚补助水平。实行农村低保对象分类救助，健全医疗救助政策，使各项社会救助政策惠及城乡低收入家庭。

（二）大力发展农村社会事业 落实城乡免费义务教育的各项政策，加大对困难家庭学生教育资助力度，提高特殊教育学校学生人均公用经费标准；支持农村小学标准化建设和中小学教师集体宿舍修缮改造，加快农村幼儿园建设。加快发展农村中等职业教育，2009年起对中等职业学校农村家庭经济困难学生和涉农专业学生实行免费。开展农村义务教育债务化解工作。落实远郊区县区域医疗中心建设计划，强化乡镇卫生院服务功能，规划建设一批村级卫生室和健康工作室。为部分特困家庭、优抚家庭翻建维修住房，减免农民基本丧葬费用。资助困难独生子女家庭发展生产。加快行政村邮站建设，实现村村通邮。基本完成乡镇综合文化站和行政村文化活动室建设，实现每个乡镇所在地、每个行政村均有一个综合性的文化体育活动场所。实施数字电影放映工程、“周末场演出计划”。建成一批农村法律服务室、“农家书屋”、残疾人温馨家园、农村社区服务站。加强农村文物保护工作，积极申报非物质文化遗产生态保护区。

六、创新帮扶制度，全力促进低收入农户增收致富

做好低收入农户增收工作，是确保全市农民持续增收的关键。要实行倾斜政策，建立长效机制，通过发展都市型现代农业增收一批、促进劳动力转移就业增收一批、提高社会保障水平增收一批、社会帮扶增收一批，千方百计加快低收入农户增收步伐。

（一）建立低收入农户帮扶工作机制 各部门、各区县要高度重视低收入农户增收工作，制定低收入农户“共同致富行动计划”，出台帮扶政策，创新工作举措。各区县党委、政府要将促进低收入农户增收作为重要工作任务，明确牵头单位，深入调研，摸清底数，编制促进低收入农户增收帮扶工作规划和年度计划，搭建平台、明确目标、落实责任。市级各部门都要积极主动地帮助低收入农户增收致富，提供资金、技术、智力、信息等多方面的支持。建立健全低收入农户登记监测办法，建立详细台账，实行动态管理。对帮扶工作成绩突出的单位和个人，给予表彰或奖励。

（二）加大低收入农户产业支持力度 坚持开发式扶贫方针，提高低收入农户自我发展能力。继续实施“百村万户一户一棚”设施农业推进工程，重点帮助低收入村发展设施农业。大力发展沟域经济，设立市与区县两级山区发展专项资金，加大对沟域经济扶持力度；抓好示范沟域建设；引导山区生态建设、产业发展和基础建设等项目向重点沟域集中；探索整合沟域内建设用地，盘活用好存量建设用地。积极推动产业转型地区发展替代产业，关闭矿山腾退出的农村集体土地，要作为农村集体建设用地，由当地农村集体经济组织开发利用，发展符合生态环境要求的新兴产业，安置农民就业，促进农民增收。继续实施低收入村“十百千产业致富工程”。扶持搬迁新建村后续产业发展。继续扶持少数民族乡村特色产业发展。

（三）促进低收入农户劳动力转移就业 加大就业技能培训力度，优先将低收入农户劳动力纳入培训范围。新开发的农村公益性岗位，优先安排符合条件的低收入农户劳动力。政府投资的建设项目，优先使用当地低收入农户劳动力。鼓励低收入农户外出就业，从交通、住宿、社保等方面给予补贴。低收入农户使用小额信贷的，给予贴息支持。落实山区与城市统一的就业困难人员就业促进政策。对集中带动低收入农户增收的村、企业和农民专业合作组织，要给予政策支持。

（四）提高低收入农户保障水平 山区无劳动能力的低保人群，全部享受城市低保标准。对低收入农户参加新型农村合作医疗、养老保险、政策性农业保险的个人缴费部分，由区县给予一定比例补贴。研究探索山区林果生态补贴制度。加大对低收入农户子女教育补助力度。

（五）加大社会帮扶力度 深化城区与郊区县帮扶合作机制，加快低收入农户相对集中地区的扶贫开发。组织动员各级党政机关、企业、社区、学校、科研院所、军队以及志愿者等社会力量，与低收入农户比较集中的乡村进行结对帮扶，或直接帮扶低收入农户。

七、加强党对农村工作的领导

各级党委和政府要坚持把解决好“三农”问题作为全部工作的重中之重，完善领导体制和工作机制。坚持把农村工作摆上重要议事日程，在农村领导班子建设、农村党员教育管理、政策制定、工作部署、财力投放上切实体现全党工作重中之重的战略思想。当前，要紧紧围绕保增长、保民生、保稳定，切实把促进农民增收放在更加突出的位置，抓紧抓好。要紧密结合郊区农村深入学习实践科学发展观活动，按照科学发展观和正确政绩观要求，把农民增收特别是低收入农户增收、耕地保护、环境治理、和谐稳定作为考核各郊区县、乡镇领导班子绩效的重要内容，尽快制定标准。

市各有关部门要深入学习、深刻领会党的十七届三中全会及市委十届五次全会精神，真正把思想统一到率先形成城乡经济社会发展一体化新格局上来，统一到保增长、保民生、保稳定上来。要进一步转变政府职能，打破城乡分割的二元体制和政策，在关键环节、重点领域取得突破性进展，为农村长远发展、农民持续增收奠定基础；要进一步转变工作作风，牢固树立为基层服务意识，深入基层、深入农村、深入实际，针对重点难点问题，加强部门联动、政策集成，组织专门工作组，逐一研究、落实，加快政

策实施和项目落地；要进一步转变工作方式，充分尊重群众的首创精神，调动和发挥区县及农村基层干部群众的积极性、主动性、创造性，建立激励机制，设立奖励资金，鼓励创新、鼓励试验，形成良好的工作格局。

深化农村党的建设“三级联创”活动，推进农村经济制度、经济组织和基层党建工作“两个创新”，大力培育和发展农村各类合作经济组织，带动农村经济结构调整，带动农民增收致富。加强农村基层干部队伍和党员队伍建设，选配好农村领导班子和农民致富带头人，充分发挥党员的先锋模范作用。加大财政转移支付和党费补助力度，逐步建立农村基层组织建设、村干部报酬、养老保险、党员干部培训资金等保障机制。加大农村实用人才开发培养力度，进一步扩大规模、提高素质、发挥作用。深入推进农村党风廉政建设，加强对农村改革发展重大决策部署和强农惠农政策贯彻落实情况的监督检查，认真纠正和切实解决损害农民利益的突出问题。加强农村精神文明和民主法制建设，深入推进政务公开、村务公开和党务公开。加强农村社会稳定工作，妥善解决农村内部矛盾纠纷，搞好社会治安综合治理，推进农村警务建设，反对和制止利用宗教、宗族势力干预农村公共事务，严密防范境外敌对组织对农村的渗透，保持农村社会和谐稳定。

做好2009年农业农村工作意义十分重大。我们要紧密团结在以胡锦涛同志为总书记的党中央周围，深入贯彻落实科学发展观，开拓进取，扎实工作，迎难而上，奋力开创农村改革发展新局面！

北京市人民政府关于促进设施农业发展的意见

（2008年6月28日）

各区、县人民政府，市政府各委、办、局，各市属机构：

设施农业是通过综合应用现代工程技术、生物技术和信息技术，按照动植物生长发育的要求控制生产环境，从而提高农产品产量和质量的现代农业。发展设施农业可以有效提高农业水利化、机械化和信息化水平，提高土地产出率、资源利用率和农业劳动生产率，提高农业素质、效益和竞争力，对保障农产品供给、增加农民收入、促进可持续发展具有重要作用。为充分发挥设施农业在推进本市都市型现代农业建设中的作用，加快“菜篮子”工程建设，现就促进设施农业发展提出如下意见：

一、发展思路、基本原则和建设目标

（一）发展思路 深入贯彻落实科学发展观，以市场需求为导向，以“两区两带多群落”为重点，结合“菜篮子”工程建设，发挥政策引导作用，强化生产标准，优化设施结构，完善配套技术，提高装备水平，充分挖潜，扩大规模，积极引导设施农业加快发展，增强抵御自然和市场风险的能力，促进农业生产稳定发展、效益稳步提高。

（二）基本原则

1. *政策引导，规划先行。*按照农业发展布局、区域功能定位，制定发展设施农业相关政策。

2. *市场导向，农民主体。*发展设施农业以市场需求为导向，因地制宜，突出农民生产经营和市场主体地位，充分调动农民的积极性。

3. *分级负责，积极推进。*市有关部门要按照“部门联动、政策集成、资金聚焦、资源整合”的工作机制，重点在规划、土地、基础设施配套和技术、市场服务等方面加大对设施农业的扶持力度。各相关区县政府是设施农业的组织实施主体，对本地区设施农业的发展负主责。

（三）建设目标 全市设施农业建设以日光温室和大棚为主体。2008—2012年全市每年新建设施农业面积约2 666.67公顷（4万亩）左右，到2012年，全市设施农业面积达到约23 333.33公顷（35万亩）。在积极扩大设施农业面积的同时，进一步完善电、水、沟、路、渠等设施农业综合配套体系和服务体系，全市设施农业规模水平上新台阶，建成一批区域化、规模化、标准化的设施农业生产基地。

二、规划布局和建设工程

（一）规划布局 根据本市都市型现代农业发展规划，结合各区县区域特点和优势，全市设施农业以“两区两带多群落”空间格局发展建设，实现区域特色设施农业和其他类型产业循环联动发展。

“两区”：一是指包括大兴区和房山区的南部设施生产区，该区域以重点发展经济型设施农业为主，扩大设施农业面积，到2012年，该区域设施农业面积力争达到约10 666.67公顷（16万亩）。二是指包括顺义区和通州区的东北部设施生产区，该区域重点以提高设施农业标准，规范园区建设为主，提高集约化生产水平，到2012年，该区域设施农业面积力争达到约8 666.67公顷（13万亩）。

“两带”：一是指横贯昌平、密云、怀柔、平谷4个区县的山前特色设施产业带，根据该区域的自然生产条件和产业基础，重点发展高档日光温室，以生产花卉、果品、绿色有机蔬菜为主，同时大力开发设施农业的观光休闲功能。二是指包括延庆、怀柔、密云3个区县的山区设施蔬菜产业带，重点以生产8、9月份淡季冷凉蔬菜为主，发展大棚生产。“两带”涉及延庆、昌平、密云、怀柔、平谷在内的5个区县，到2012年，设施农业面积力争达到约2 666.67公顷（4万亩）。

“多群落”：是指分布于各区县的设施农业生产园区、生产基地。通过改善配套设施，集成设施生产管理技术、装备，发挥设施群落的科教展示、观光休闲功能，带动全市设施农业整体水平的提高。到2012年，设施群落面积力争达到约1 333.33公顷（2万亩）。

（二）实施五项推进工程

1. 实施“百村万户一户一棚援助型设施农业推进工程”。按照自主申报、区县审定程序，全市每年确定100个有发展设施农业积极性和资源条件的村，市级安排专项资金，按照设施农业建设标准和要求，采取政府提供大棚、日光温室、果树棚架等生产设施和技术培训服务的方式，帮助农户发展设施生产，培育主导产业，增加家庭收入。

2. 实施“两区两带规模化设施农业推进工程”。在“两区”，沿主要干线公路，建设成方连片的设施农业生产带。在“两带”，市级财政资金重点扶持建设一定规模的设施农业产业区、产业带。

3. 实施“多群落特色产业推进工程”。按照高端、高效、高辐射的产业发展方向，结合本地区区域优势及生产要素特点，鼓励“以点带面”创新设施农业发展的模式。在设施花卉方面，根据“两带四园”花卉产业发展规划，增加种球和鲜切花日光温室生产面积。在设施果品方面，根据“八带千园”果品产业发展规划，突出“京果、精品”，大力发展设施果品，推广棚架生产。根据发展的需要，对老旧设施进行更新改造，适应产业的升级发展。扶持由土木结构日光温室改建为砖钢结构日光温室、由竹木结构大棚改建为钢架结构大棚，鼓励建设智能化连栋日光温室。鼓励设施农业主题公园建设，鼓励利用设施发展籽种农业，提高产业附加值。

4. 实施“基础设施配套建设工程”。科学规划设施农业园区建设，完善提升园区水、电、路等基础设施建设。推广精准灌溉，将节水设施建设、节水管理和田间水土保持措施相结合，建设节水科技园区。根据设施农业发展的需求，加大研究和推广应用符合设施农业生产要求的园艺机械，减轻农民劳动强度，提高劳动效率和生产效益。建设发展设施农业需要的加工、贮存设施。

5. 实施“配套服务体系推进工程”。围绕设施农业发展，综合考虑产前、产中、产后配套服务体系建设。加强“科技人员直接到户，良种良法直接到田，技术要领直接到人”新技术培训示范，加强“民办、民管、民受益”的农民专业合作经济组织建设，加强土地合理流转长效机制建立和推进工作。

三、政策措施

（一）百村万户一户一棚援助型设施农业，设施主体建设资金由市级财政资金给予80%资金扶持，日光温室每亩最低扶持标准为4万元、大棚每亩最低扶持标准为1.5万元，扶持设施类型以砖钢结构日光温室及钢架大棚为主。

（二）“两区两带多群落”规划区以内，市级财政资金对新建符合要求的日光温室，每亩扶持1万元到2万元；对新建符合要求的钢架大棚，每亩扶持4 000元到6 000元；对新建符合要求的现代智能化日光温室，每平方米以奖代补的方式扶持200元；对新建符合要求的果树棚架和果树防雹、防鸟网等设施给予一定的奖励扶持。

对“两区两带多群落”规划以外，因地制宜发展设施农业的，按照分级负责的原则，由各区县制订相关扶持标准和政策。

（三）扶持设施农业配套基础建设 对设施农业节水灌溉、用地整理、园区水电路配套基础设施建设、设施农业育苗厂建设、产后农产品储藏运销设施建设、设施农业专用配套小型农机具补贴等，由有关部门按相关扶持政策给予扶持。

（四）扶持农技推广员、协调员与农产品经纪人队伍建设 采取政府购买服务的方式，在全市选聘1 000名农技推广员、协调员与农产品经纪人开展推广服务和营销扶持。制定农技推广员、协调员、农产品经纪人聘用和奖励办法。5年内向国内外派出1 000名设施农业研修生，为设施农业发展培养骨干人才。

（五）鼓励加快土地承包经营权流转，促进设施农业规模化发展 对按照依法、自愿、有偿原则进行土地流转，有效促进设施农业规模化发展的区县给予奖励。

（六）扶持农民专业合作组织建设 对围绕区域主导产业建设、服务于设施农业产业化经营环节、带动和服务能力较强的农民专业合作组织，在产后流通服务建设、生产技术推广、成员教育培训和改善基础设施建设等环节给予扶持。

（七）加强设施农业投融资服务体系建设 根据市委、市政府《关于促进首都金融业发展的意见》（京发［2008］8号），加快有关政策性农业投资公司、农业专业化担保公司、政策性农业保险机构、村镇银行、小额贷款公司、农村资金互助会等建设，为设施农业发展提供更好条件。

（八）培育和扶持农业产业化龙头企业，增强促进设施农业发展能力 对促进设施农业发展、带动农民增收作用较强的国家级及市级农业产业化龙头企业，优先享受农业产业化的相关扶持政策。

北京市人民政府办公厅转发市农委关于实施新一轮山区泥石流易发区及生存条件恶劣地区农民搬迁工程意见的通知

（2008年1月26日）

各区、县人民政府，市政府各委、办、局，各市属机构：

市农委《关于实施新一轮山区泥石流易发区及生存条件恶劣地区农民搬迁工程的意见》已经市政府同意，现转发给你们，请结合实际认真贯彻落实。

关于实施新一轮山区泥石流易发区及生存条件恶劣地区农民搬迁工程的意见

为加快本市山区小康社会建设步伐，保护人民生命财产安全，解决本市山区及生存条件恶劣地区农民生产生活面临的困难和危险，改善落后地区人民群众生产生活条件，全面推进社会主义新农村建设，特制定本意见。

一、搬迁范围和时限

搬迁范围为本市山区泥石流易发区和生存条件恶劣的地区，涉及7个山区区县59个乡镇、283个行政村，共8 557户、20 972人，利用5年（2008—2012年）时间完成搬迁任务。

二、指导思想和工作原则

（一）指导思想 认真贯彻落实科学发展观，按照《北京城市总体规划（2004—2020年）》要求，以改善民生为重点，坚持以人为本，科学规划，统筹安排，政策引导，扎实推进，有效解决关系山区人民生命财产安全和搬迁农民的生计问题。

（二）工作原则 坚持依法自愿、公开公正的原则。山区发展及农民搬迁是实现人口、资源、环境协调发展战略的重要组成部分，不但涉及农民建房、就业、子女入学等切身利益，还涉及农村集体资产处置、土地和林业承包经营权流转等问题，具有长期性和复杂性。要充分尊重农民意愿，依法依规，做到政策公开透明，做好宣传动员，杜绝强制搬迁现象发生，维护首都社会稳定。

坚持政策引导、分级负责的原则。市政府制定工作指导意见和搬迁政策，区县政府作为工作主体，负责对本地区搬迁工程的组织实施。

坚持因地制宜、形式多样的原则。以整体搬迁或部分迁建为主，可结合原有土地承包关系就近安置，同时鼓励结合区县功能定位，积极引导人口外迁并向新城和小城镇转移；对采取自由搬迁方式的，重点支持投靠子女或有稳定收入并已在城镇购房的人群，同时鼓励创新搬迁形式。

坚持富裕农民、改善生态的原则。把农民能够“安居乐业”作为搬迁工作的核心，充分考虑搬迁农民生计问题，做好搬迁农民就业技能培训，引导发展致富产业，努力实现“搬得出、稳得住、能致富”的目标。搬迁工程要与生态环境建设相结合，做好对迁出地土地复垦、水土保持和绿化美化等生态修复和建设工作。

坚持规划统筹、政策集成的原则。根据《北京城市总体规划（2004—2020年）》、《北京市山区协调发展总体规划（2006—2020年）》、各山区区县新城规划及全市村庄体系规划等，合理安排村庄规划布局和搬迁时序。新建村庄要进行地质灾害和水资源环境评价，确保安全。区县各部门要加强协作，整合资金，集成新农村建设的各项政策。

三、政策措施

（一）设立搬迁帮扶资金 市和区县政府分别设立搬迁扶持资金并列入同级财政预算。2008年补助标准，市级按每人1.3万元补助到各区县，作为对农民搬迁的直接补贴；区县政府根据本地区实际情况制定配套资金政策。2008年以后，将根据物价指数变动等因素，在每人1.3万元基础上逐年进行调整。

（二）加强搬迁村迁入地基础设施建设 市级按每搬迁户3万元标准补助到各区县，区县政府根据实际情况统筹安排。补助资金重点用于集中新建村占地与农民密切相关的生产、生活基础设施建设。

（三）扶持搬迁村产业发展 从2008年开始，连续8年由市财政每年安排资金扶持搬迁村产业发展，并加强对搬迁农民就业技能培训，引导搬迁农民发展符合山区资源优势的特色种养业、乡村旅游业和家庭手工业等。提高搬迁农民组织化程度，通过龙头企业带动实现与市场对接。

（四）采取有效措施切实消除安全隐患 对受资源等因素限制、搬迁条件尚不成熟的地区，由区县政府负责采取工程除险等措施，完善避险机制，切实消除安全隐患，保障这部分农民的生命财产安全。

四、组织领导

（一）市政府统一领导，部门明确职责 山区泥石流易发区及居住条件恶劣地区农民搬迁工作由市政府统一领导，建立由市农委负责，市发展改革委、市规划委、市建委、市政府法制办、市财政局、市国土局、市水务局、市园林绿化局等部门共同参与的山区搬迁市级联席会议制度，负责审核各区县年度搬迁实施方案，及时下达年度计划并拨付补助资金，加强指导、监督和检查，及时研究解决搬迁中出现的普遍性问题。

市农委负责研究搬迁村集体资产处置问题；市发展改革委负责结合京津风沙源治理、巩固退耕还林成果工程，安排资金重点支持较大规模搬迁村迁入地公共基础设施建设；市规划委、市国土局负责研究搬迁村占地和宅基地置换等问题，简化手续，加快办理；市建委负责依据有关政策规定并结合社会主义新农村建设要求，对按要求使用新型节能环保材料建新房的农民给予适当补贴；市园林绿化局负责研究搬迁地区林权处置问题。

（二）明确区县政府工作任务 各区县政府负责本地区搬迁工程的组织实施。要建立相应工作机制，研究制定本地区搬迁工作五年规划、年度计划以及相关配套政策、实施细则等，做到责任明确、任务落实、政策配套、资金到位，采取有力措施，积极稳妥推进搬迁工作顺利开展。

切实做好搬迁村迁入地的规划和工程建设各项前期准备工作。包括确定搬迁范围、搬迁对象、搬迁方式、补助资金、建设内容、建设标准、产业项目和农民培训计划等。

围绕农民搬迁和安置工作，研究制定本地区实施方案。包括配套政策、实施细则和工作措施等，认真落实财政资金扶持政策，依法妥善处理搬迁涉及的宅基地、户籍、子女入学、承包地流转、林权及集体资产处置等方面的问题。加强宣传，尊重农民意愿，充分调动农民积极性。因地制宜，稳妥有序推进搬迁工程各项工作。

规范程序，严格管理。各区县政府于每年7月底前上报下一年度搬迁工程年度计划，经市级联席会议审核后，于每年10月份正式下达任务。搬迁工程年度计划一经确定，不得擅自变更。对确需进行调整的，须报市农委提交市级联系会议审批。搬迁工作要严格按照农民申请、实地勘查、公示复核、签订合同等程序管理，逐户建立搬迁农户档案。要加强对搬迁工作的检查监督，避免出现反复。要设立搬迁资金专项账户，实行严格管理，确保专款专用。对虚报、截留、挪用搬迁资金的行为，一经发现，将依法严肃查处。

（三）建立通报和奖励制度 各区县政府要按照搬迁工程年度计划，每季度向市农委（山区搬迁市级联系会议）书面报送以下工作情况：一是计划执行情况，包括资金落实、工程进度等；二是农民搬迁安置情况，包括政策落实、农民满意度等；三是迁出地生态建设和迁入地产业发展情况。市农委负责汇总并按季度通报情况，发现问题及时研究解决。市政府将对搬迁工作组织开展顺利、群众满意度高的区县、乡镇政府及村委会给予年度奖励和扶持。

中共北京市委农村工作委员会　北京市农村工作委员会关于2008年市委农工委市农委机关和系统单位反腐倡廉建设工作的意见

（2008年3月17日）

今年是全面贯彻落实党的十七大精神的第一年，也是北京奥运之年，将迎来改革开放30周年。按照中央纪委十七届二次全会和市委十届三次全会、市纪委十届三次全会的部署，市委农工委市农委机关和系统各单位反腐倡廉建设的总体要求是：认真学习贯彻党的十七大精神和胡锦涛同志在中央纪委十七届二次全会上的重要讲话，全面贯彻落实科学发展观，紧紧围绕办好一届有特色、高水平奥运会首都工作大局和统筹发展、形成城乡经济社会发展一体化的新农村建设布局，以密切党群关系和完善惩治预防腐败体系建设为重点，着力加强作风建设和反腐倡廉建设，为决胜奥运、推进城乡一体化提供坚强保证。

一、围绕大局，履行职责，全力做好奥运会各项服务保障工作

贯彻落实党的十七大精神，成功举办一届有特色、高水平的奥运会是今年首都工作的重中之重。服从服务于奥运，着力培育新型产业、培育新型农民、增加农民收入，繁荣发展农村经济，关注民生、改善生产生活条件，维护农民的切身利益和合法权益，营

造农村社会更加祥和的局面，是今年新农村建设的突出任务。各单位要围绕工作大局，认真履行职责，全力做好奥运会各项服务保障工作。

1. 要按照武装头脑、指导实践、推动工作的要求，坚持不懈地组织广大党员干部深入贯彻、准确把握党的十七大和市委十届三次全会精神、中央和市农村工作会议精神、中央纪委十七届二次和市纪委十届三次全会精神，切实把党员干部的思想和行动统一到十七大精神上来，统一到营造良好局面、办好奥运会这件大事上来，统一到中央和市委推进社会主义新农村建设重大决策和部署上来，统一到中央和市委加强反腐倡廉建设新部署新要求上来。把人心和力量凝聚到全力实现目标任务上来，创造一流业绩，做好一流服务，在各项工作中起带头作表率。

2. 要结合实际，深入开展学习实践科学发展观活动，进一步增强营造良好的奥运生态、人文、社会环境和服务奥运、服务“三农”的责任意识，以最好的精神状态，最高的工作标准，着力抓好村庄环境整治、民俗旅游服务、食品安全供应、农村基层社会矛盾化解、农村社会主义文化建设等奥运工作有机组成部分的统筹推进和落实。

3. 继续开展“迎奥运、讲文明、树新风”活动，大力营造服务、参与、奉献奥运的浓厚氛围。

4. 严格执行《北京市关于严明纪律确保第 29 届奥运会顺利举办的通知》，自觉遵守和维护党的纪律特别是政治纪律，着力解决影响和制约推动科学发展、促进社会和谐的思想、工作、作风和精神状态等方面存在的突出问题。切实增强广大党员干部贯彻落实党的理论和路线方针政策的自觉性和坚定性，在奥运决胜之年的关键时期，始终同党中央保持高度一致，确保政令畅通，确保好事办实、实事办好，实现“五无”目标，确保奥运决战决胜。

二、加强教育，注重预防，切实增强拒腐防变能力

1. 围绕树立正确的权力观，以学习实践中国特色社会主义理论体系、社会主义核心价值体系和党章为主要内容，深入开展“讲党性、重品行、作表率”为主题的理想信念、党风党纪、廉洁从政、艰苦奋斗教育活动，夯实防止权力滥用和抵制各种不良诱惑的思想政治道德基础。继续结合部门和岗位特点，注重发挥身边先进典型的示范作用，应用反面案例开展警示教育，增强教育的说服力和感染力，探索建立反腐倡廉教育长效机制，提高教育的针对性和有效性。

2. 要按照市委关于加强领导干部作风建设的要求，大力弘扬为民、务实、清廉之风，认真落实“八个坚持、八个反对”，大力倡导八个方面的良好风气。认真执行联系和服务群众制度，切实贯彻有关制止奢侈浪费、公款出国（境）旅游等项规定，防止发生违规违纪行为。

3. 深入开展廉政文化建设，努力营造崇尚廉洁的社会氛围。要把廉政文化建设纳入单位精神文明建设总体部署，与机关文化、企业文化、校园文化建设相结合，研究制定本单位推进廉政文化建设的工作意见。

4. 深入贯彻落实《关于严格禁止利用职务上的便利谋取不正当利益的若干规定》，防止谋取不正当利益行为的发生。重点落实好中央纪委和市纪委在领导干部廉洁从政方面的五项新要求：一是深入治理领导干部违反规定收送现金、有价证券、支付凭证和收受干股，以及以赌博和交易等形式收受财物、利用婚丧嫁娶等事宜收钱敛财等问题。二是贯彻执行党政领导干部证券投资行为的有关规定，严禁党员干部利用职务上的便利获取内幕信息进行股票交易。三是清理纠正领导干部在住房上以权谋私的问题，严禁领导干部超标准建房、多占住房、违规购买经济适用房，坚决处理领导干部违规违法收受房屋问题。四是查处和纠正领导干部放任、纵容配偶、子女和身边工作人员利用其职权和职务影响经商办企业等问题。五是治理领导干部违规插手招标投标、土地出让、产权交易、政府采购等市场交易活动谋取私利的问题。要集中开展好对照党员领导干部廉洁从政准则的回查活动，认真解决存在问题。认真落实中央纪委重申并提出的廉洁从业“七个不得”。

三、推进改革，注重治本，不断深化源头防治制度建设

1. 要结合实际，继续以推进体制改革和制度创新为重点，制约和监督权力为核心，着力抓好《北京市建立健全惩治和预防腐败体系 2008—2012 年工作规划的实施办法》的组织实施和贯彻落实工作，扎实推进惩防体系建设。

2. 要从本单位的职能职责、权力运行和人财物重要管理事项及岗位人员的实际出发，积极学习借鉴崇文区廉政风险防范管理工作经验，在认真组织查找思想道德、制度机制、岗位职责等方面的廉政风险点的基础上，探索建立事前风险评估预警和防范、事中程序化和公开透明运作、事后绩效评估和责任追究制度机制。围绕支农政策资金项目管理与运作事项抓好廉政风险防范管理试点工作。要以建立长效机制为重点，巩固商业贿赂治理工作成果。

3. 以完善和落实支农资金项目的运作与管理制度，规范项目申报、审定程序为重点，推进项目实施与资金使用的跟踪监管机制创新。以健全和落实行政执法责任制及相应配套制度为重点，进一步转变职能，规范行为，提高效率，全面推进依法行政。建立行政效能巡查考核工作制度，加大行政效能监察工作力度。

4. 深化政务公开，贯彻执行《政府信息公开条例》，落实重大事项公开工作程序。推进办事制度公开，拓展和规范办事公开工作领域。继续抓好政风行风热线工作，完善平台建设，促进政风行风建设。院校要提高公开的制度化、规范化水平，进一步健全科学民主决策机制，加强对财务、基建、采购、科研经

费、所办企业的管理和监督工作。

四、严明纪律，加强监督，确保反腐倡廉任务落实

1. 要坚持把维护党的政治纪律放在首位。督促各级领导和广大党员干部坚定不移地全面贯彻落实中央的战略决策和市委市政府的各项工作部署，坚决做到胡锦涛总书记在中央纪委十七届二次全会讲话中提出的六个“决不允许”，严肃查处违反党的政治纪律行为。

2. 要加大对保障改善民生决策部署和强农惠农政策执行情况监督检查力度，重点解决环境治理、节能减排、食品安全、安全生产、土地承包征占、收益分配、民主管理等方面群众最关注、反映最强烈的问题，继续开展减轻农民负担、土地承包征占执法检查、专项审计和村级公益事业专项补助资金使用情况专项检查，着力纠正损害群众利益的不正之风。

3. 围绕党员干部特别是领导干部的工作作风、工作效率加强监督检查。对在奥运服务保障和“三农”工作中玩忽职守、推诿懈怠、有令不行、有禁不止，造成恶劣影响和严重后果的，要严肃追究责任，严肃查办领导干部作风不正、严重违反廉洁自律规定的案件，严肃查办基层组织和党员干部侵害群众利益破坏民生的案件。

4. 加强对贯彻民主集中制原则和执行“三重一大”制度情况的监督检查。认真执行党内监督各项制度，严格执行议事规则、重要情况通报和报告、领导干部报告个人有关事项、述职述廉、诫勉谈话等制度，提高民主生活会质量。要开展对《党内监督条例》实施情况的专项自查自纠和检查工作。要加强信访处理工作，认真做好社会矛盾纠纷排查调处化解工作。高度重视群众来信来访和各种意见、建议，积极预防和妥善处置群体性突发事件，严肃处理引发群体性事件背后的腐败问题。

五、明确责任，健全机制，切实加强反腐倡廉建设组织领导

1. 各单位党政领导班子要按照完善总体部署、加强工作指导、狠抓工作落实的要求，认真贯彻执行党风廉政建设责任制，坚持和完善反腐败领导体制和工作机制，认真履行“一岗双责”，切实担负起全面领导反腐倡廉建设的政治责任。主要负责人要履行第一责任人的政治职责，做到重要工作亲自部署、重大问题亲自过问、重点环节亲自协调、重要案件亲自督办；班子其他成员要切实抓好自己职责范围内的反腐倡廉建设。

2. 要紧紧围绕市委市政府关于加强农村基层党风廉政建设的实施意见和电视电话会议精神，按照牵头任务分工，切实加强农村基层党风廉政建设。深入推进村务公开，促进农村基层民主管理规范化。强化对农村集体资金、资产、资源的监管，推进农村综合改革和党风廉政建设的制度体系建设。

3. 要加强对纪检监察部门的领导，为纪检监察部门履行职责创造有利条件。纪检监察部门要按照“政治坚强、公正廉洁、纪律严明、业务精通、作风优良”的要求，加强干部思想政治、作风能力建设，努力探索新形势下反腐倡廉建设的特点和规律，努力实现思想观念和思想方法、工作思路和工作方法、人员素质和工作作风与时俱进，切实履行党章和行政监察法赋予的职责，加强和改进纪律检查和行政监察工作。按照市委关于建立健全纪委组织协调工作机制的要求，切实履行好组织协调职责，协助党委抓好反腐倡廉工作，要认真开展执法、廉政和效能监察。

中共北京市委农村工作委员会
北京市农村工作委员会
关于做好奥运会、残奥会期间有关工作的通知

（2008年7月22日）

两委领导及各处室：

奥运临近，两委要紧紧围绕平安奥运大局，以服务举办一届有特色、高水平的奥运会、残奥会为出发点，全力做好市委、市政府部署的各项任务和本职工作。为确保两委各项工作的顺利运行，现就奥运会、残奥会期间有关工作通知如下：

一、加强安全保卫工作

严格按照市委市政府机关保卫处《关于加强奥运会期间安全保卫工作的通知》（保字［2008］19号）（见附件）的要求，落实好各项安全保卫工作。各相关处室要按照职责分工，逐项落实。

要切实加强值班工作。在7月20日～9月20日，防汛带班领导和值班人员要按照《关于做好防汛期间委领导带班和机关干部值班工作的通知》（京农发［2008］13号）要求，做好汛期带班和值班工作，同时负责当日奥运安全值班工作。值班人员要坚守岗位，认真做好值班记录，接到重大灾情，疫情，安全事故及突发事件报告后，立即报告当天带班领导和办公室主任。带班领导要严格执行在岗带班制度，带班

期间不得外出参加活动，对本地区、本系统、本单位发生的重大事件要会同主管委领导迅速处理。两委领导及全体机关干部要确保24小时通讯畅通。

二、做好信息报送工作

（一）常规信息 增强大局意识、服务意识，围绕奥运信息服务工作，重点报送以下信息：①“平安奥运”和“城市运行”信息；②抗震救灾对口支援信息；③维护社会和谐稳定方面信息；④以为民办实事、实现“五无”目标为重点的民生信息；⑤“保持首都经济又好又快发展”的经济发展方面的信息。此类信息由综合处统一负责采集并向市委、市政府办公厅信息处报送。

（二）生活必需品市场供给和价格监测信息 按照市政府总值班室的通知要求，7月19日至9月20日每天下午17时前，通过政府专网（NOTES网邮件地址：市应急指挥中心），向市政府总值班室报送奥运期间生活必需品市场供给和价格监测情况，所报情况要有定性、定量分析，尽量采用图形、表格进行综合和分析研判。此类信息由经济发展处和综合处负责报送。

（三）北京市鲜活农产品运输供应动态情况 按照《市政府关于2008年奥运会残奥会期间鲜活农产品运输供应有关工作的通知》（京政发［2008］33号）要求，以《北京市鲜活农产品运输供应动态情况》的形式，每天及时向市委、市政府领导及相关部门报送本市主要农产品批发市场、社区菜市场鲜活农产品价格情况的动态分析，汇总各相关部门协调鲜活农产品运送等有关情况。此类信息由经济发展处负责。

（四）奥运期间安保情况信息 按照北京市平安奥运行动指挥协调领导小组办公室的通知要求，7月20日至9月30日期间，实行“零”报告制度。每天17时前，通过政府专网（NOTES网邮件地址：首都综治办），向市“平安奥运行动”指挥协调领导小组办公室例行报告奥运安保工作情况，有关敏感、紧急的情况信息要随时报告，无突出情况报平安。及时下载市“平安奥运行动”指挥协调领导小组办公室编发的《奥运安保战时快报》，并按照要求印送有关领导和单位。此类信息由社会管理处负责报送。

三、做好与奥运直接相关的各项具体工作

（一）按照《市政府关于2008年奥运会残奥会期间鲜活农产品运输供应有关工作的通知》（京政发［2008］33号）要求，做好北京市鲜活农产品运输供应协调小组办公室的日常工作。

（二）按照市政府奥运餐饮服务执行组的工作部署，做好奥运餐饮服务有关工作。

（三）按照市委、市政府及奥组委等有关部门统一安排部署，做好奥运驾驶员志愿者，社区平安奥运志愿者，奥运期间涉外宣传接待，奥运会、残奥会开、闭幕式广西代表团接待等项工作。

四、其他工作

奥运会、残奥会期间，遇到其他突发事件，按照市农委应急工作领导小组的工作分工，由相关责任领导和处室做好应急处理工作；社会管理处等相关处室要以特殊时期的高度政治敏感性，全力做好涉及两委的信访和维护稳定工作。两委办公室全力履行好综合协调和后勤服务保障职责，确保两委工作高效运转。各处室要顾全大局、通力配合，在完成好直接服务奥运工作的基础上统筹安排好本职工作。

附件 1. 市农委应急工作领导小组名单（略）
2. 市委农工委、市农委“平安奥运行动”指挥协调领导小组组成人员名单（略）
3. 市农委奥运会、残奥会期间农产品运输保障工作小组名单（略）
4. 市农委汛期委领导带班表（兼奥运安全带班表）（略）
5. 奥运会、残奥会期间两委后勤保障工作安排（略）
6. 市委市政府机关保卫处关于加强奥运会期间安全保卫工作的通知（略）

北京市农村工作委员会
关于印发2008年市级扶持发展农村产业指南的函

（2008年1月15日）

郊区各区县人民政府：

为进一步突出市级农村产业政策的基础性、方向性、创新性导向，更好地指导各区县和有关方面做好政府支农扶持项目的前期工作，充分调动生产建设主体的积极性，切实加强农村产业项目管理，北京市农村工作委员会根据有关规划布局和支农政策，编制了《2008年市级扶持发展农村产业指南》，现印发给你们，请参考《指南》中提出的要求，结合本单位实际，做好2008年的农村产业发展工作。

2008年市级扶持发展农村产业指南

前　言

为进一步突出市级农村产业政策的基础性、方向性、创新性导向，更好地指导各区县和有关方面做好

政府支农扶持项目的前期工作，充分调动生产建设主体的积极性，切实加强农村产业项目管理，北京市农村工作委员会根据有关规划布局和支农政策，特编制《2008年市级扶持发展农村产业指南》。

本指南可通过北京市农村工作委员会门户网站（http：//www.bjnw.gov.cn/）查询。

第一部分 2008年农村产业发展概要

一、指导思想

按照社会主义新农村建设“生产发展”的总体要求，以科学发展观为指导，落实城乡统筹，坚持“多予少取放活”基本方针，继续推动部门联动、政策集成、聚焦放大、鼓励创新的政策运行机制，通过科学规划和加强引导，着力解决农村产业发展的重点、难点、关键点，调动各方建设都市型现代农业和农村二、三产业的主动性和创造性，转变经济发展方式，打造优势产业，培养优秀农民，建设优良生态，创造优美景观，生产优质产品，促进郊区乡村经济又好又快发展，实现农民收入不断增长。

二、扶持原则

坚持又好又快、突出农民增收原则。扶持的产业，要集中体现有利于带动农民就业，促进农民增收。发展的产业在发展速度和质量上要符合又好又快的发展要求。着力培育符合北京农村特征的经济增长点，促进郊区生产力的发展。

坚持分级负责、突出重点原则。市级重点扶持具有方向性、基础性、创新性的高效产业点、特色产业带和优势产业区。具备带动辐射力强、示范性强、集约化程度高、影响力大的项目。各区县要根据自身情况，结合区域功能定位，确定自身扶持发展重点，制定区域扶持政策，实行分级负责发展农村产业。

坚持以奖代补、调动主体原则。明确先干后奖、以奖代补的扶持方式，鼓励建设主体自主创业、自主创收、自主创新，进一步激活和调动各方面发展农村生产力的积极性。扶持资金重点用于解决农民和企业生产经营过程中，想干却自身难以解决的关键环节，努力通过加强公共服务和产业基础建设，改善农民的生产经营条件。

坚持部门联动、政策集成原则。通过选项搭台、资金聚焦，发挥各部门优势，集成各方面政策。调动、整合政府各部门和社会各方面资源，形成农村产业发展联动机制，放大资金效益。政府财政资金要同金融资金相结合发展农村产业。

坚持科学规划、优化布局原则。按照区县功能定位和农业等相关产业布局的意见要求，发展农村产业。对不符合全市农村产业发展布局规划要求的产业项目，不予以支持。

坚持环境友好、循环发展的原则。把节约资源、保护生态环境贯彻到农村产业发展的各个环节，大力发展循环经济。鼓励探索农村产业生产创新、经营创新的各种有效形式，提高经济、社会、生态效益。

三、扶持重点

按“点、带、区”郊区经济发展新模式，通过扶持发展，在空间布局上，形成一批高效、高端、高辐射产业示范点；形成一批具有明显优势的特色优势产业带；形成一批规模集聚、增收明显、方向明确的产业区。

产业点建设：扶持发展具有创新性和融合性的乡村经济发展典型，能够突出反映首都农村产业的高附加经济效益、高科技生产水平、高辐射带动能力，具有较强的引领、示范作用的高效、高端、高辐射产业集聚点。

产业带建设：就是产业经济带，主要指沿主要干道或地理沟壑形成的具备一定规模的条状区域优势产业群带。重点建设都市型现代农业走廊、乡村旅游休闲观光带等优势产业带。

产业区建设：就是产业集聚区，主要指一定的区域内通过整合资源要素，吸附集聚相关产业而形成的块状区域产业集群。重点建设较大规模的农产品加工区、园艺设施农业生产区等。

第二部分 2008年农村产业扶持发展重点

一、产业点建设

鼓励创新农村产业亮点，探索发展产业的新途径、新经验。产业点指产业发展上有创意、有创新、有创造，具有较强引领示范、带动作用的产业项目，具有高端、高效、高辐射特征。

1. 扶持一村一品建设。促进农村产业政策在村一级进行集成。鼓励村或相邻区域以市场需求为导向，发挥资源和区域优势，通过产品开发、品质提升、打造品牌，发展“特色明显、产业突出、带动力强、效益优化”的农村一、二、三产业，培育壮大区域主导产业，把比较优势转变为产业优势，把产业优势转变为经济优势，实现“创一品、兴一业、富一方”的目标。

对符合产业布局规划，具有较强地域性生产特征，形成一村一品主导产业，促进当地生产力发展作用突出，带动当地劳动力就业和对农民收入贡献较大，市场竞争力较强的区域优势产业，采取先干后奖、定额奖励方式予以扶持。扶持资金重点用于提升产业基础设施水平和改善生产能力。

2. 扶持农村二、三产业集约式发展。鼓励转变发展方式，支持乡镇企业通过重组引进、盘活闲置资产、企业扩规技术改造等途径，实现节能降耗，提高工业用地产出率和经营效益，吸纳农村劳动力就业。

对企业盘活闲置资产，引进环境友好、节能减排项目，新增本市农村劳动力就业，新建重组引进项目固定资产投资在1 000万元以上，采取先干后奖、定额奖励方式，按当年实际到位金额的一定比例给予扶持，扶持资金优先用于贷款贴息。

对企业加快技术改造，扩大生产能力，提升产业水平，增加本市农村劳动力就业，新增固定资产投资

2 000万元以上，采取先干后奖、定额奖励方式，按当年实际到位金额的一定比例给予扶持，扶持资金优先用于贷款贴息。

3. 扶持农业产业化龙头企业发展。推进农业产业化经营，对产品加工增值优势明显，市场竞争力强，辐射带动农户作用明显，与农户利益联系紧密的农业产业化龙头企业，在设施设备更新改造、扩大加工生产规模、品种的改良更新以及技术革新、推广应用等环节，采取先干后奖、定额奖励方式，按照当年实际投入资金的一定比例予以扶持，扶持资金优先用于贷款贴息。

4. 扶持高效农业示范点建设。鼓励种植、养殖等生产单位以循环经济理念，大力采用现代科学技术，应用和推广节地、节水、节能的农业技术和经营管理制度，发展优势种业、特色名品花卉等高效农业，对具备一定生产经营规模，产品优质，经营方式创新，单位土地面积产出效益全市领先的项目点，采取先干后奖，以奖代补方式，给予奖励扶持。奖励资金主要用于新技术、新设施和基础设施的投入。

二、优势产业区建设

依据产业规划布局和区域功能定位要求，鼓励以某项主导产业为主，在一定的区域内通过提升综合生产能力和产业集聚能力，促进产业的专业化、规模化和区域化发展，形成较强的自我发展能力和产业优势。

5. 扶持园艺设施农业发展区建设。围绕推进设施农业的规模化水平，鼓励重点建设区按照区域化、集约化、资源化的要求，沿主要公路和干线公路两侧符合农业产业布局要求，集中连片建设区域规模300亩以上的设施群。建设类型主要以钢架大棚、外砖内土型日光温室为主。

依据市农业部门、市发展改革委、市科委、市水务局等部门制定的《关于发展设施农业的意见》，对符合条件的设施农业建设项目，按平台建设的要求结合自身职能给予支持。对不符合市级扶持范围内的设施农业建设，由本区县参照市级政策自行扶持发展。市级农业扶持资金采取以奖代补、定额奖励方式，主要用于设施生产产前、产后服务，节水投入和实用技术的应用推广。

6. 扶持精准农业循环农业示范区建设。围绕建设都市型现代农业总体方向，鼓励发展精准农业。运用现代技术和理念，结合北京资源环境发展的要求，发挥北京的技术和资金优势，在生产上大力应用精准农业相关技术。对应用面积较大，采用精准农业核心技术较多，提质增效明显，示范作用较强的项目，给予一定的奖励。

按照循环经济的要求，对采用推广普及循环农业的相关技术，实现林菌间作、果草畜一体化等生产经营方式转变，促进减量化、再循环、资源化发展，提升区域农产品质量和区域生态环境，处于全市先进的区域和项目，给予以奖代补或者定额的补贴。

7. 扶持绿色养殖生产区建设。引导远郊平原农业发展圈、山区生态涵养农业发展圈适度发展节粮型草食家畜养殖和饲料转化率较高的家禽养殖。通过改良畜禽品种、优化生产技术、治理畜禽粪污、强化卫生防疫等措施，扶持养殖户进行绿色高效养殖，增加农民收入。

对布局合理，适度规模，相对集中，能够形成特色明显的养殖产业群，具有粪污收集处理设施和配套完善的卫生防疫系统的养殖场，每个标准化畜禽舍建设给予定额奖励。扶持资金主要用于规模养殖场公共防疫、基础设施投入、服务体系建设等环节。

8. 扶持农民二、三产业就业基地和农产品加工区建设。鼓励农民就业产业基地和农产品加工区优化发展环境，创新经营模式，提升基地产业带动能力。对符合“基础实、功能优、服务强、环境美、管理好”条件，符合总规、控规要求，土地利用规划手续完备，经市有关部门认定的市级农民就业产业基地和带动本地农民就业特别是“4050”人员就业显著的镇村工业企业、农产品加工区，采取先干后奖、以奖代补方式，给予奖励性扶持。奖励资金主要用于改善基础设施建设，补助基地完善规划费用等方面。

三、特色产业带建设

依据北京市都市型现代农业布局规划确定的产业带，重点在优质化、标准化、产业化、品牌化、服务社会化“五化”上下功夫，推动优势农产品产业带建设纵深发展。

9. 扶持都市型现代农业走廊建设。鼓励区县依据自身产业布局特点和主要路网环境，建设集生产、生活、生态、展示功能相互融合统一的现代农业走廊。对区县选择主要交通干道周边进行农业产业规划、建设，利用道路两边“三荒”土地（荒山、荒地、荒滩），发展景观农业、休闲观光农业、设施农业、生态养殖业等，对实现土地利用集约高效，生态景观效益明显改善，产业提升效果显著的农业生态走廊或现代农业走廊，给予奖励。

参照《都市型现代农业走廊建设标准》，采取先干后奖、以奖代补方式，经市有关部门和专家检查验收后，以区县为主体给予奖励。

10. 扶持特色乡村旅游带建设。引导农业观光园、乡村旅游向集群化、主题化发展，提升产业水平。

鼓励打造精品主题农业观光园。选择一批区位条件较好、农业观光采摘园相对集中、与民俗旅游村等其他旅游资源匹配较好的农业观光园区，进行统一标志、统一培训、统一宣传，提升文化内涵。采取先干后奖、以奖代补方式，根据园区规模和总体发展水平，给予一定扶持。扶持资金主要用于园区内公共服务设施建设、乡村旅游产品开发，以及为形成品牌优势而进行的市场促销宣传等。

鼓励打造特色乡村旅游带。环绕主要干道和沟域，通过资源整合和整体包装，将民俗旅游村、观光农业园与景区（景点）等串联起来，形成特色明显、资源互补、利益联结紧密、满足游客多元化需求的集群式乡村旅游目的地。采取先干后奖、以奖代补方式，经认评验收后，对每条乡村旅游带给予定额奖励。重点支持乡村旅游带的基础设施建设、整体形象打造和品牌推广。

11. 扶助山区沟域产业带建设。通过实施“十百千”、流域综合治理等工程，鼓励山区县发展山区生态沟域特色产业经济。继续按照已经搭建的山区小流域综合治理工程工作平台机制，整合相关部门政策资源，集中在小流域有序推进水土保持、土地整理、绿化造林、基础设施建设和生态农业产业发展等工程。对生态、经济和社会综合效益突出的流域治理工程，以及形成产业特色鲜明、资源环境友好、经济效益明显的新型山区生态经济群带建设，予以奖励和扶持。

四、产业支撑服务体系建设

实现“点、带、区”产业集群发展，要深入实施“221行动计划”，大力扶持农村产业科技支撑体系、组织体系、信息金融服务体系、流通体系建设。

12. 扶持农村产业科技支撑体系建设。扶持建立具有符合产业发展要求的技术创新体系和技术服务体系。通过政府购买科技服务、试验示范、科技入户、科技推广等方式，扶助实施一批农村科技项目。2008年，重点围绕点、带、区产业建设，安排资金鼓励优势主导产业关键技术、观光休闲产业技术、设施农业配套技术、循环经济相关技术的研究与示范推广，加强新品种、新装备的引进，大力实施“彩虹工程”和农村劳动力转移就业培训工程，推进产业科技支撑能力。

13. 扶持农村产业组织体系建设。市级重点扶持发展一批示范性较强的农民专业合作社和协会。对围绕区域主导产业建设、服务于农业产业化经营环节组建的合作社和协会，经有关部门注册，运行机制合理，带动农户较多和服务能力较强的农民专业合作组织和协会，采取先干后奖、定额补助方式，在产后流通服务建设、生产技术推广和成员教育培训、改善基础设施建设等环节给予扶持。帮助农民专业合作经济组织解决生产经营、市场营销及技术信息服务中的突出问题，提高经营管理水平，推进标准化生产、专业化服务、产业化经营，不断增强农民合作组织服务功能和自我发展能力。

14. 扶持农村产业金融信息服务体系建设。建立涉农产业融资绿色通道建设。完善政策性农业保险制度，财政资金对投保农户予以保费补贴，提高农民抗御风险能力。深化“银农合作”，引导金融资本投入农村产业，放大产业资金投入总量。通过设立农业发展合作暨担保资金，按照“政策性资金、法人化管理、市场化运作”的模式，以资金托管方式，通过有资质的担保公司对有贷款需求的涉农企业和农民专业合作社，提供贷款担保。担保资金获得银行贷款主要用于设施农业、精品农业、籽种产业、观光休闲农业等都市型现代农业项目和农业主导产业项目，以及农产品加工、农民就业产业基地、农产品物流等二、三产业项目。

扶持农村产业配套信息通道建设。深入落实推进“221行动计划”，鼓励农产品加工企业、标准化生产基地、各类行业协会、农民专业合作组织、农产品配送中心及各类农产品销售网点积极参与信息平台建设。对涉农信息服务技术推广和硬件建设，培育信息技术服务队伍，采取先干后奖方式，给予定额补助。

15. 扶持市场体系建设和名优品牌建设。拓展现代物流配送，连锁经营，农产品交易市场建设取得一定成效，给予一年的流动资金贷款担保。

开展产品形象设计工作，对带动区域产业发展作用明显，形成市场影响力的包装设计，给予一定的奖励。对获得中国名牌、中国驰名商标的农产品生产企业和乡镇企业，奖励50万元；对获得北京市名牌产品、北京市著名商标的农产品生产企业和乡镇企业，奖励20万元；对当年获得农业部全国乡镇企业创名牌重点企业、北京市乡镇企业创名牌重点企业的单位，给予一次性奖励。

鼓励通过质量抢占市场，对获得绿色食品认证，奖励认证费用的50%；对获得有机食品认证，奖励认证费用的100%；按照全国食品安全监督管理工作“12个100%”的要求，全面加强农产品的安全生产和管理，提升区域农产品质量安全水平的优秀区县，采取先干后奖、定额奖励方式，给予扶持。

第三部分　项目申报要求和管理

2008年，市级支农产业资金扶持的各类项目，不向各区县下达任务和指标，由各区县和建设主体按照扶持发展方向自主申报。申请市级支农产业资金扶持的项目，应按照农村产业政策、标准及有关工作方案的要求，做好项目申报工作。

一、项目组织

1. 市农委负责会同市相关部门（指市农业局、市园林绿化局、市乡镇企业局、市观光农业协会等部门。下同），按照支农资金和新农村建设产业发展的要求制定政策，编制年度《农村产业发展指南》。市相关主管部门根据《指南》提出具体扶持条件和标准。农村产业项目实行统筹安排，分工实施，分级负责的管理体制。市发改、市财政、市科委、市水务、市农业、金融等相关部门按照农村产业发展政策，通过各自渠道给予扶持。平台项目继续实行部门联动，政策整合的机制。

2. 区县相关主管部门根据扶持发展产业指南，根据本区域发展实际，按年度发展重点项目，对照产业发展指南，组织编制《项目计划书》。市农委组织市相关主管部门对区县提出的《项目计划书》进行初审，统筹研究，初步确定市级重点扶持项目，作为影子项目。

3. 市农委组织市相关主管部门根据《指南》提出具体扶持条件和标准，结合影子项目情况，预算安排各部分资金，会同市有关部门初步确定市级拟扶持项目的扶持资金额度。

4. 区县相关部门根据市级初步确定的影子项目，以书面、网络两种方式上报《项目申报书》。《项目申报书》主要包括以下内容：

(1) 项目申报单位和项目的基本情况；

(2) 项目的背景分析、需求分析、条件分析、方案设计、实施后的社会经济评价和效果评价；

(3) 项目的资金筹措、投资概算；

(4) 项目单位、区县相关行政主管部门、市农委系统相关部门意见；

(5) 有关文件规定的其他材料。

5. 项目单位填写《项目申报书》，经区县相关行政主管部门核实后，报市相关部门评审。

6. 市相关主管部门和专家委员会进行项目可行性和效果论证评估，提出具体意见。审核同意后的项目，由市相关部门指导组织区县有关部门通过市农委项目申报系统进行网上项目申报。

7. 对扶助性项目，市农委对项目审核后，核定扶持意见，提交主管主任和主要领导批准后，行文市财政拨付扶持资金；对奖励性项目，市农委组织相关主管部门对项目建设情况进行中期、后期的检查，按建设进度提出奖励资金的意见，提交主管主任和主要领导批准后，行文市财政拨付扶持资金。

二、相关要求

1. 市相关主管部门对项目执行和资金使用进行日常的监督和管理，并按要求向市农委报送《项目执行情况报告》。项目执行过程中，市农委对项目执行情况进行抽查。

2. 对项目执行中管理不善、执行不力，验收未通过的项目，要对项目单位予以通报批评，两年内不得申报新的项目。凡违反资金使用规定的单位，一经查出将立即停止拨款甚至追回已经拨付资金，执行过程中因人为因素造成重大损失和恶劣社会影响的项目，要追究当事人的行政和法律责任。

北京市农村工作委员会　北京市信息化工作办公室关于印发北京市农村信息化2008—2010年实施规划的函

(2008年2月18日)

郊区各区县人民政府，市各有关单位：

根据2007年市政府折子工程第102项“加强农村综合信息服务体系建设”和有关工作要求，为加快推进后奥运时期农村信息化的健康发展，现将《北京市农村信息化2008—2010年实施规划》印发施行，望对实施过程中的情况和问题即时反馈。

附件：

北京市农村信息化2008—2010年实施规划

农村信息化是首都信息化的重要组成部分，是首都社会主义新农村建设的重要内容。为更好地统筹协调、整合资源，有效推进农村信息化发展，根据国家和本市有关信息化的法律法规与发展战略，制订本实施规划。

一、发展现状

近年来，本市实施了推进郊区信息化专项工程“燎原行动计划”、北京现代农业“221行动计划”信息平台建设和农村综合信息服务体系建设等重点专项工程，农村信息化工作逐步加强，农村信息化建设和应用不断推进。

农村信息化基础设施建设有效推进。郊区农村基本实现了广播电视、电话村村通。北京市政务专网已覆盖郊区县所有乡镇，平谷、密云、房山、顺义、大兴、怀柔、通州等区县全部实现光纤网络“村村通”，其中平谷、密云、房山、大兴、怀柔等区县还开展了无线网络入户试点建设与应用。农民信息终端拥有率逐年提高。农村“数字家园”、农业远程教育卫星接收站、爱农信息驿站和农村数字影院等农村基层信息服务站点建设稳步推进。

农村综合信息服务体系建设逐步加强，农村信息化应用走向深入。市级相关涉农工作部门各司其职，每天采集发布大量的农村政策、农业生产、农产品市场行情、农业科技、农事气象信息。北京移动农网、北京农村管理信息系统、北京农产品市场信息服务系统、北京农业科技信息服务系统、北京农村供水信息管理系统、北京郊区投资平台、北京乡村旅游网、12316“‘三农’服务热线”和农业资源管理决策等应用系统得到广泛应用，平谷大桃网、大兴西瓜网和部分民俗旅游专业户实现了网上预订产品、住宿、餐饮等业务。

但由于多方面的原因，本市农村信息化在发展过程中，也存在着不足和问题。一是农村信息服务场所缺乏，农村信息设施使用资费偏高，农民获取信息的能力较低；二是农村信息化的综合服务水平不高，针对性、时效性不强，符合农事规律、满足农民个性化需求的信息供给不足；三是农村信息化政策缺乏集成，合力尚未形成。

二、指导思想、建设原则和规划目标

(一) 指导思想　全面贯彻落实科学发展观，坚

持统筹城乡发展、“工业反哺农业，城市支持农村”和“多予少取放活”的方针，将信息网络建设作为农村基础设施建设的重要组成部分，将信息服务作为农村公共服务的重要内容，将资源整合和统筹协调作为农村信息化工作的基本要求，有效提升首都社会主义新农村建设的信息化水平。

（二）建设原则 在全面贯彻落实首都信息化“统筹规划、资源共享、务求实效、保障安全”原则的基础上，农村信息化还应当突出坚持以下建设原则：

1. 坚持城乡统筹、综合协调的原则。按照中央和市委、市政府确定的统筹城乡发展、建设社会主义新农村的方针政策，加强规划指导，组织协调，统筹安排，突出重点，协调推进农村信息化建设。

2. 坚持因地制宜、分类指导的原则。农村信息化建设必须结合全市村庄体系规划和村庄建设规划进行。对规划重点镇和长久保留的行政村可以适当提高建设标准，以满足人口集聚和城镇化发展的需要；对城镇化整理型村庄的信息化建设需做好与城镇建设相关标准的衔接，着眼于城乡联动发展；对迁建型村庄需结合迁建时序和路径，发挥信息基础设施建设对迁村并点的引导作用，满足农村基本信息服务设施需求。

3. 坚持政府支持、社会参与的原则。在政府部门对农村信息化实行政策支持的基础上，广泛吸引社会力量，充分发挥企业、个人等各方面积极性，采用联合共建等多种形式，形成多元化的投资体制和经营模式，促进农村信息化进程。

4. 坚持整合资源、加强应用的原则。按照统筹协调、突出特点、分工合作、共建共享的要求，统一规划农村信息资源建设和应用，通过整合，促进信息资源在交换中增量，在共享中增值。农村信息化要坚持适合农村、服务农民、改善民生的工作方向；农村信息系统和产品应做到操作简单、使用方便、稳定可靠，让农民“用得起、用得上、用得住、用得好”。

（三）规划目标 以完善农村信息设施建设为基础，以提高农民信息获取能力为目标，以农村信息资源有序建设和整合共享为重点，到2010年实现以下基本目标：

1. 基本实现宽带网络进村入户。以光纤网络为主体，结合其他宽带接入方式，实现行政村宽带网络基本覆盖。采用有线、无线等各种接入技术，应用电视机、计算机、农信机、广播、固定电话、移动电话等各种接收终端，实现网络和信息入户。

2. 农村综合信息服务体系进一步完善。社会保障、劳动就业、医疗卫生、文化科技、教育培训等电子政务和公共服务的信息系统延伸到农村应用；农业生产、农田水利、农事气象、农业科技、农村经济等涉农信息资源得到进一步整合与共享；农业生产资料、农产品供销、乡村旅游等农村电子商务应用进一步加强；农村数字家园、文化服务站点、爱农信息驿站等信息服务场所和手段进一步整合应用。

3. 农民信息能力有较大提高。农民信息化知识进一步普及，农民信息技能普遍提高，农民信息终端（计算机、手机等）拥有率大幅度提高。信息在农民生产生活中发挥影响和作用的程度显著提高。

三、主要任务

围绕“生产发展、生活宽裕、乡风文明、村容整洁、管理民主”的社会主义新农村建设总要求，2008—2010年期间，本市农村信息化建设的主要任务是：

（一）以农村信息基础设施建设提升农村公共信息服务 推进农村信息基础设施一体化建设。将农村乡镇、村的光纤网络、信息平台、计算机室等信息设施和服务场所，与农村道路、电力、供水等基础设施同等对待，列入新农村基本建设计划。

1. 农村信息网络建设。加强政务专网应用，完善乡镇政府及行政村办公局域网建设。推广“政企合作、多网合一”的农村信息网络建设模式，推进宽带网络“村村通”建设，基本实现远郊区县行政村宽带网络接入。

2. 农村“数字家园”建设。结合市和郊区各区县新农村建设试点村、基础设施整体推进村等新农村建设的年度工作部署，同步安排农村“数字家园”建设，并按照“五个一”（即组织一批信息资源、接通一条宽带网络、建设一个村级信息服务点、建立一个网站、制订一套信息化工作机制）的基本要求组织实施。

3. 农村综合信息服务的加强和整合。在不断普及和加强农村党员干部现代远程教育、农村文化信息共享工程、“爱农信息驿站”等应用系统建设的基础上，以行政村为单位对农村“数字家园”和上述信息服务资源进行综合统筹，一体建设。通过加强建设增加农村公共信息服务站点的数量，通过整合应用提升农村公共信息服务的质量。

（二）以信息技术促进都市型现代农业和农村经济发展 利用信息技术改造提升传统农业，加强“3S”技术（地理信息系统GIS、全球定位系统GPS和遥感RS）和智能装备技术等在农业生产领域的应用。

1. 农业“三网”统筹建设。结合国家“金农工程”的实施，深入推进“221行动计划”，推动农业“三网”综合应用，促进郊区各区县农业资源管理决策信息系统、农村管理信息系统和农业信息服务公共网站的统筹建设。加强“3S”技术和智能装备技术应用，整合农村人口、劳动力、农业资源、农田土壤、农业环境、农田水利、设施农业、养殖业等相关数据，构建精准农业技术平台，实现全市基本农情监测、基础信息查询和统计，及时准确地提供农业布局优化调整、重大动植物疫情应急处理的决策支持。

2. 北京移动农网应用。进一步提高农村无线信号覆盖率和农村在业劳动力手机拥有率，推进北京移动农网建设，按照“有线信息网络＋信息机（农信机）＋无线移动终端设备”的应用模式，推动政府各级部门和相关业务单位应用移动农网，开展面向农业、农村和农民的移动信息服务。

3. “12316”农业呼叫系统应用。完善农业在线咨询“12316”农业呼叫系统，整合各类涉农信息、业务服务和行政许可事项等资源，实现农业科技咨询、农产品市场行情、农业和农村突发事件的及时处置。

（三）以信息化促进农村和谐社会建设 根据统筹城乡经济社会发展的总体要求，通过信息化促进农民技能培训和转移就业、农村医疗卫生、农民社会保障、农村党员政治理论学习和农村干部群众精神文化生活等方面的事业发展。

1. 农村党员干部现代远程教育系统建设。充分整合各系统、各部门现有的基础设施、站点场所和信息传输网络，构建市级农村党员干部现代远程教育前端播出平台，突出加强市级远程教育课件制作和村级远程教育接收功能建设，提升本市农村党员干部现代远程教育系统的建设水平和应用效果。

2. 农村文化信息共享工程建设。到2010年底实现共享工程基层服务点基本覆盖本市全部行政村的目标；加强共享工程资源建设，为农村提供积极向上、内容多样的文化信息资源，丰富农民文化生活。

3. 城乡一体化的劳动保障信息服务。将劳动保障信息系统延伸到乡镇劳动保障事务所，连通市、区县、乡镇各级劳动力市场，将城镇用工信息与农村人力资源信息进行匹配，促进农村富余劳动力向非农产业转移。

4. 农村医疗卫生信息服务。建立完善农民健康档案、农村合作医疗等方面的信息化管理系统，实现农村卫生管理工作的一体化、智能化和网络化。加强疫情和突发公共卫生事件监测系统建设，完善各类卫生信息资源库，加大向农村地区提供公益性卫生信息服务的力度。

5. 农村管理信息化应用。以农村管理信息系统为基础，完善村级基础信息采集和更新，加强乡镇、区县和市级各部门对农村基层基础信息资源的共享交换与分析利用，通过计算机、触摸屏、广播、公告栏等多种形式，推进村务公开、民主管理信息化。

四、保障措施

（一）加强农村信息化的统筹协调 建立全市性的农村信息化部门联席会议制度。由市信息办、市农委（新农办）、市发改委、市科委、市财政局牵头，市级相关各部门参加，定期召开联席会议，统筹协调全市农村信息化建设工作。认真贯彻落实《北京市信息化促进条例》，加强农村信息化建设项目的统筹规划和综合协调，各部门分工合作，形成本市农村信息化建设的政策集成、部门联动、资金聚焦、资源整合的工作机制。

郊区各区县要参照上述市级农村信息化的工作机制，紧密结合自身特点和实际需要，进一步加强农村信息化工作的统筹协调。根据本区县信息化总体规划，建立健全部门协调、上下联动的农村信息化的组织体制和工作机制。

（二）加强农村信息化的科技攻关 统一规划、统筹开展农村信息化基础性、实用性应用技术的攻关开发，依托首都地区的科技和资源优势，增强郊区农村信息化发展的自主创新和自我发展能力。

（三）加强农村信息化的标准体系建设 建立健全农村基层信息采集分类与代码标准、农村基层信息资源共享技术标准与规则、农业生产行业信息标准、农产品商品信息标准、绿色农产品信息标准等标准体系，推动农村信息化标准体系的应用，实现信息资源的统一交换和共享。

（四）加强农村信息化队伍建设和应用培训 郊区各区县要结合基层实际，创新管理方式和工作机制，加强乡镇和村级信息员队伍建设。同时，利用农村“数字家园”等综合信息服务场所，面向农民、农村党员干部、农业专业合作组织等个人和组织，开展信息技能和信息化知识培训，提高农村基层各类人员的信息能力。

（五）加强农村信息化综合考核评估 建立农村信息化专家咨询组，研究制订农村信息化评估指标体系，开展农村信息化绩效考核工作，每年对区县、乡镇、行政村的信息化实施效果进行综合评估，促进农村信息化深入应用。

（六）加大农村信息化的资金投入 市、区县、乡镇各级政府要加大对农村信息化的资金投入，鼓励、吸引社会和企业参与农村信息化建设，形成政府、社会共同投资农村信息化的发展机制。

北京市农村工作委员会
关于印发2008年北京市农村产业发展
扶持条件和扶持标准的函

（2008年2月18日）

郊区各区县人民政府：

为深入贯彻落实中央一号文件精神和北京市农村工作会议要求，根据《2008年市级扶持发展农村产业指南》确定的有关扶持原则和扶持重点，加快推进新农村产业发展，现将《2008年北京市农村产业发展扶持条件和扶持标准》印发给你们，请参考相关条件和标准，结合本单位实际，做好2008年的农村产业发展工作。

2008年北京市农村产业发展扶持条件和扶持标准

根据《2008年市级扶持发展农村产业指南》确定的有关扶持原则和扶持重点，为确保农村产业项目顺利进行，现提出2008年农村产业发展的扶持条件和扶持标准。

一、产业点建设

1. 一村一品建设。

扶持条件：

(1) 根据区域资源禀赋条件，培育壮大优势特色主导产业。主导产业经济总量占到区域经济总量的60%以上，或主导产业新增经济年产值占到区域新增经济总产值的50%以上。

(2) 主导产业从业人员占当地劳动力的比例达到50%以上，农民人均收入60%来自该产业，农民从事该产业的收入逐年递增。

(3) 主导产业为资源节约型、环境友好型农村产业，产业发展稳定，市场效益较高，竞争力较强。第一产业发展符合都市型现代农业发展的要求和方向；第二、三产业一村一品符合区域经济功能定位和农村经济发展规划要求。

(4) 主导产业发展在经营组织上，实行产业化经营。产业发展依托农民专业合作经济组织或产业化龙头企业带动，农民有生产经营积极性，执行统一的生产加工技术规程，产品有相关的质量安全认证和品牌，鼓励产业间融合发展。

(5) 当地重视特色产业发展，村级有技术服务能力，村级财务管理规范，积极推行现代企业管理制度。

(6) 形成的主导产业在一定区域范围内有明显的示范带动作用，在产业发展上具有创新。

扶持标准：采取先干后奖、定额奖励方式，择优给予扶持。

扶持环节：奖励资金用于提升产业基础设施水平和改善生产能力，扩大生产规模，加强产品营销宣传，推进产销体系建设。

2. 二、三产业集约式发展。

扶持条件：

(1) 在乡镇（村）地域内注册并纳税的企业，通过节能减排、节本增效等措施，积极发展资源集约、环境友好型二、三产业。

(2) 企业通过盘活闲置资产，完成重组引进项目固定资产投资2 000万元以上，或完成技术改造项目固定资产投资1 000万元以上。

(3) 企业通过重组引进或技术改造，新增本地从业人员100人以上；企业内本市农村劳动力占企业就业人数的60%以上；职工纯收入每年递增10%以上。

(4) 2007年以来与首都高校、科研院所签订合作协议，已经取得一定成效的科技合作项目。

(5) 通过技术改造，可以提高产品的科技附加值，科技贡献率提高20%以上，能提升产品品质，形成新的产品品牌。

(6) 优先支持与“三农”联系紧密的重组引进和技术改造项目。

扶持标准：采取先干后奖、定额奖励方式，择优给予扶持。

扶持环节：扶持资金用于技术改进、工艺改进、新产品开发、贷款贴息等。

3. 农业产业化龙头企业发展。

扶持条件：

(1) 扶持企业应是全国农产品加工示范企业、技术创新机构、出口示范企业；或国家和北京市农业产业化重点龙头企业；或具有中国名牌产品、中国驰名商标、中华老字号、奥运食品等产品称号的企业。

(2) 带动农民增收能力强，与农民形成紧密的利益联结机制，对农民增收具有较大的推动作用；和农民有订单生产形式，具有比较稳定的价格收购机制；通过种苗、技术服务、培训等带动农民生产，部分生产环节以农民为主体，让利于农民，使农民获得稳定的利益回报，企业和农民形成利益共同体。

(3) 企业成长性较好，市场竞争力强，发展前景广阔；主要产品的技术含量在同行业中居领先水平，或占有较大市场份额；能够带动和引领初级生产的结构调整优化和升级换代，加快现代化生产。

(4) 企业新增用工以本市农村劳动力为主。本市劳动力占全部用工的比例在50%以上或者辐射带动当地农民100户以上。

扶持标准：采取先干后奖、定额奖励方式，择优给予扶持。

扶持环节：扶持资金优先用于贷款贴息等。

4. 高效农业示范点建设。

扶持条件：

(1) 种植业生产规模在100亩以上；种禽单体规模在10栋以上，种猪基础母猪存栏在300头以上，种奶牛存栏在300头以上，水产养殖面积50亩以上。优先扶持种禽、种猪、种奶牛、高效种植优势区域，加快形成规模特色高效产业带。

(2) 单位（体）面积产出效益高，在本市同行业中单位（体）面积产出效益排名领先。效益要高于同类项目的50%以上。种植业亩均收益在10万元以上，养殖单体效益在20万元以上。

(3) 以循环经济发展理念为指导，符合“生态优良、环境优美、产业优势、产品优质”发展方向，体现都市农业的“生产、生活、生态、示范”多种功能，生产经营方式创新。大力应用和推广节地、节水、节能、节肥的农业技术和经营管理制度。

(4) 可推广性强，具有示范和辐射带动作用，能带动农民就业和农民增收。

扶持标准：采取先干后奖，以奖代补方式，择优给予扶持。

扶持环节：奖励资金主要用于新技术、新设施和基础设施的投入。

二、优势产业区建设

5. 园艺设施农业发展区建设。

扶持条件：

(1) 区县有鼓励新建设施农业发展政策和统一规划。

(2) 单位区域规模面积在300亩以上。集约化程度较高的地块，择优以项目的形式予以重点扶持。

(3) 符合农业产业布局，在主干路两侧的地块优先扶持。

(4) 以企业和农户为投资与生产经营主体，符合农民意愿，具有较好的经营机制。

(5) 营销能力相对较好。要求设施农业生产的产品质量好、效益高、市场竞争力强，能够满足市场多元化的需求，能直接为农户带来较高的经济收入。

(6) 能充分体现资源节约型农业和循环经济的理念，要求新建设施全部配套微灌节水设施，鼓励对已有设施配备微灌节水设施和加工贮藏保鲜设施。

(7) 生产环境达到无公害农产品生产标准，具有发展设施农业的生产基础，技术、人员、基础条件相对较好。

扶持标准：采取先干后奖、以奖代补方式。对于符合以上条件的新建日光温室，每亩给予6 000元补贴，新建的钢架大棚，每亩给予4 000元补贴。

扶持环节：重点扶持能够形成一定规模的产业群带。扶持资金主要用于设施生产产前、产后服务，育苗场建设投入、贮藏加工保鲜设施投入、节水投入和实用技术的应用推广。

6. 精准农业循环农业示范区建设。

扶持条件：

(1) 实现水资源、肥料、农药等农业资源的有效节约利用。肥料利用率提高10%以上，农业用水量减少40%以上，节省农药10%以上。

(2) 具有一定生产规模，在集中连片1 000亩以上生产区，推广精准灌溉、精准施肥、精准施药技术。

(3) 在一定区域范围内，精准农业的五项已成熟应用的核心技术（即精准施肥技术、精准灌溉控制技术、精准施药技术、精准监测技术、套餐式决策管理等集成技术），至少有三项技术得到应用。

(4) 通过实施精准农业技术，明显降低生产成本，提升产品品质，促进农业增效、农民致富。

(5) 通过精准技术实施，增加农业科技含量，显著提高农业的数字化、现代化管理水平，彰显科技对都市农业的支撑作用。

(6) 循环农业生产要科学合理利用农业生产废弃物，达到资源化，减量化，再循环生产。

(7) 利用山区资源优势，引导农户利用果林和山林发展肉羊、柴蛋鸡等养殖；带动果树、牧草种植，实现种养联动和双赢。

(8) 循环农业生产区域要相对集中，在一定区域内生产规模在1 000亩以上的生产区。

(9) 通过循环农业的实施，可以充分利用农业资源，节约农业利用空间，提高土地利用率，提高单位面积的经济效益，改善产品品质，提高农民收入，使农民纯收入增加2 000元/年。

(10) 具有探索性和创新性，对全市现代农业发展具有推动作用，有显著的示范带动作用。

(11) 可辐射带动周边农民增收致富。在一定区域范围内有较好的示范推动作用，能大面积推广，能促进北京高端农业快速发展。

扶持标准：对处于全市先进的区域和项目，给予以奖代补或者定额奖励。

扶持环节：扶持资金主要用于高新科技应用推广、新技术引进和基础设施完善。

7. 绿色养殖生产区建设。

扶持条件：

(1) 符合北京市农业产业布局要求，能够形成特色明显的养殖产业群。

(2) 适度规模，相对集中，禽类单体规模在10栋以上，出栏5万只以上。生猪存栏在1 000头以上，奶牛存栏在200头以上的养殖区，水产养殖100亩以上（流水养殖2万平方米以上）。

(3) 具有粪污收集处理设施和配套完善的卫生防疫系统。

(4) 有龙头企业或农民合作组织带动，建立较完善的产前、产中和产后服务体系。

(5) 经济效益较高，带动农民增收比较明显，户均纯收入在3万元以上。

扶持标准：采取定额奖励办法，对符合以上条件的标准化畜禽舍建设择优给予定额奖励，每栋给予2万元奖励。规模猪场、规模奶牛场以及获得农业部水产健康养殖示范区标牌的，择优给予定额奖励。

扶持环节：扶持资金主要用于规模养殖场公共防疫、基础设施投入、服务体系建设等环节。

8. 农民二、三产业就业基地和农产品加工区建设。

扶持条件：

Ⅰ. 农民二、三产业就业基地。

(1) 基地应符合城市总体规划、所在区县的功能定位、控制性详细规划和土地利用规划，审批手续齐全规范。

(2) 基地的基础配套设施完善，达到“六通一平”标准，服务功能相对齐全，能满足入区企业的需要。单位面积的投资强度较大，每亩不低于200

万元。

(3) 主导产业突出。围绕基地主导产业和延伸产业链引进项目，产业特色明显，主导产业产值占基地总产值比重应达到60%以上。

(4) 资源集约利用，环境友好。入区企业符合节能减排的要求。优先引进与"三农"联系紧密的项目入驻。

(5) 对本市农民就业增收的带动能力较强。基地吸纳本地农民就业不低于200人，本市农村劳动力占基地职工人数60%以上，其中"4050"人员占20%以上。

Ⅱ.农产品加工区。

(1) 农产品加工区为经农业部批复的农产品加工基地，符合城市总体规划、控制性详细规划和土地利用规划。

(2) 农产品加工业成为区域内的主导产业，农产品加工企业的产值增加值应占区域产值增加值总和的60%以上。

(3) 入驻的企业辐射带动农户的作用明显，与农户利益联系紧密，能有效带动农民增收、带动农民就业和带动农业产业结构调整。

(4) 区域内生产企业具有较强的市场竞争力，经营相对稳定，有较好的市场信誉。产品的质量好，附加值高，有一定的品牌优势。

(5) 具备较强的技术优势，新产品开发能力强。加工增值率较高，对农产品的加工增值优势明显，获得相关资质证明的农产品加工区域。

扶持标准：对于符合以上条件的加工区，择优给予定额扶持。

扶持环节：扶持资金主要用于基地规划的完善，标准化厂房建设、设施设备更新改造、贴息贷款等方面。

三、特色产业带建设

9.都市型现代农业走廊建设。

扶持条件：

(1) 2008年都市型现代农业走廊建设，市级扶持仍以京承路走廊为重点，其他走廊以区县为建设主体，建设效果明显的择优给以扶持。

(2) 都市型现代农业走廊建设长度在10公里以上；走廊建设要因地制宜，道路两侧具有一定的产业基础。

(3) 走廊整体建设效果明显，生态景观建设可视性强，距离主干路两侧500米范围内环境得到明显整治和改善；景观建设充分体现生态服务价值，具有现代农业景观效果；对全市都市农业走廊建设有示范引领带动作用。

(4) 在走廊两侧1公里范围内以一产或以一产为主体延伸的产业项目符合北京都市型现代农业发展和走廊建设标准要求，发展产业特色鲜明，主题突出，带动周边优势产业发展效果明显。产业发展对当地农民增收致富有较强带动能力，达到资源节约和环境友好的循环发展要求。

(5) 在走廊建设创新与组织管理方面，应有整体建设方案和规划图，走廊规划应用新理念，有创意，设计科学合理；有主管区（县）领导具体负责，工作精心组织，主体作用发挥明显；走廊建设工作机制、组织方式、建设形式创新，具有示范带动作用。

扶持标准：采取先干后奖、以奖代补方式，经市有关部门和专家检查验收打分后，以区县为主体给予奖励。

扶持环节：主要用于走廊两侧环境美化、绿化、主导产业发展、节点建设等。

10.特色乡村旅游带建设。

Ⅰ.扶持乡村旅游带建设。

扶持条件：

(1) 乡村旅游带应环绕著名景区、景点，或沿交通干线，或依托主要沟域，具有便利的对外交通条件和较为成熟的客源市场。乡村旅游带的规模较大，长度原则上不低于8公里。

(2) 乡村旅游带的基础设施较为完善，绿化美化好。在乡村旅游带内，民俗旅游村和观光农业园的特色明显，互补性强，分布相对集中，联接紧密，整体效果好，民俗旅游村和观光农业园的数量之和不少于10个。

(3) 乡村旅游带有整体的规划设计和实施方案，具有统一的外部形象标识、各具特色的构成元素和紧密的联接体系，基本做到了"景不断线，点不断链"，其建设已取得明显的进展。

(4) 当地干部群众发展乡村旅游的愿望强烈，以乡镇、村集体和农民为投资主体，积极参与旅游带建设。在乡村旅游带内，直接参与乡村旅游和观光农业开发的农户不低于300户，年户均纯收入不低于5万元。

(5) 市场认知度高。在北京甚至华北地区，具有较高的知名度，游客较多，市场竞争力强。通过市场化运作，在旅游带内部建立起资源整合机制，在乡村民俗旅游村、观光农业园与景区、景点之间形成良性互动关系，延长游客的逗留时间。乡村旅游商品开发成效显著，乡村旅游商品的销售额在乡村旅游收入中所占比例不低于5%。

扶持标准：对符合上述条件的乡村旅游带择优进行支持。根据规模大小、进展状况、接待游客人次等，分等级给予定额奖励。

扶持环节：采取先干后奖的方式进行扶持。扶持资金主要用于对乡村旅游带进行整体包装和促销，包括统一规范标志标识，打造景观特色的环境建设，对跨行政区域的乡村旅游资源进行开发，交通指示牌与区域内解说系统建设，区域内附属道路建设，区域内乡村民俗旅游村与观光农业园区的整体包装等。

Ⅱ. 扶持打造精品主题农业公园。

扶持条件：

(1) 主题性农业公园应与都市型农业发展紧密结合，按照循环经济的理念来建设，有助于开发农业的生活、生态功能，在全市具有示范、推广价值。

(2) 园区应符合区域功能定位和土地利用规划、产业发展规划、基本农田保护制度，与其他旅游资源耦合性好。园区规模较大，单个农业公园占地面积不低于300亩；几个农业观光园连片形成的农业公园，面积不低于3平方公里。

(3) 园区主题鲜明，特色突出，文化内涵较为丰富，具有一定的科普、教育功能。园区内接待、休闲、生产等功能区布局合理，种植（养殖）结构错落有致，观光、休闲、服务设施较为完善，内容丰富，能为游客提供较为规范的服务，近两年游客投诉率在2%以下。

(4) 市场认知度高。在首都市民乃至华北地区，具有一定的知名度，游客较多，市场竞争力强。

(5) 以村集体或农民为投资主体，经营机制好，园区就业人员中郊区农民占80%以上，对促进农民就业增收作用明显。对于单个主题农业公园，吸纳当地农民就业原则上不低于80人；对于几个农业观光园连片形成的农业公园，吸纳当地农民就业不低于200人。

(6) 鼓励创新，重点支持近期新发展、水平高的观光农业园和有特色的项目。

扶持标准：对符合上述条件的主题农业公园择优进行扶持。重点支持特色突出、规模较大、连片发展的主题性农业公园。

扶持环节：采取以奖代补的方式进行支持。扶持资金主要用于园区内的道路硬化、小型休闲设施、停车场等公共服务设施建设，为形成品牌优势而进行的市场促销宣传。

Ⅲ. 扶持乡村旅游商品开发。

乡村旅游商品开发具有投资少、见效快、对农民就业带动作用强等特点。在条件适宜的地方，尤其是山区，可以重点培育，发展成村级主导产业，形成一村一品。

扶持条件：

(1) 当地具有资源或人才优势，具有乡村旅游商品开发的传统。或者通过乡村手工艺品的培训，农民参与人数较多，未来发展潜力较大。

(2) 产品以当地资源为基础，具有浓郁的地方特色，体现郊区乡土文化。产品设计新颖、美观、大方，有纪念意义，便携性强，对游客具有一定的吸引力。产品有品牌，生产销售机制灵活，市场开拓能力强。

(3) 能实现产业化，通过以厂带户等多种形式，与农户建立较紧密的合作关系，形成以乡村旅游商品生产企业为龙头的产业化链条。

(4) 对促进农民增收作用明显。单个村庄能带动当地农民就业50人以上，联村开发能带动当地农民就业100人以上；就业农民年收入达到2万元以上。

扶持标准：对符合上述条件的从事乡村旅游商品开发的单位，择优进行扶持。

扶持环节：采取以奖代补的方式进行支持。支持资金主要用于形成产业化，包括完善基础设施建设，对农民进行培训，品牌培育，市场开拓等。

四、产业支撑服务体系建设

11. 市场体系建设和名优品牌建设。

Ⅰ. 市场体系建设。

扶持条件：

(1) 农产品交易市场符合区域发展规划，具有一定的规模和较好的加工保鲜等基础设施，具备区域集散功能。初级农产品交易量占市场交易量70%以上，年交易额在5 000万元以上。配备食品卫生、安全检验及信息网络设备设施。

(2) 建立城乡便捷的现代物流配送通道，配送网络联结本市农户在100户以上或带动基地在1 000亩以上。

(3) 市场与农户或农民专业合作组织具有稳定的产销合作机制，通过采取最低保护价格收购农产品、设立专营直销区等模式，解决农民产后销售问题，帮助农民进入市场。

(4) 交易市场安排当地劳动力就业在100人以上。

扶持标准：采取先干后奖、定额奖励方式，择优给予扶持。扶持资金主要用于农产品专营直销区建设、配送网络建设等。

Ⅱ. 产品形象包装设计奖励。

扶持条件：

(1) 以区县为单位进行包装设计，对全区农产品进行包装设计，设计有创新，在全市有示范作用；或在全市范围内评选的优秀产品包装设计。

(2) 积极投入，制订中长期产品开发和形象设计规划，加快传统产业升级换代产品、特色农产品以及新品、名品的形象包装设计。

(3) 通过产品形象包装设计，促进市场开拓，提高产业知名度和品牌竞争力，产品市场销售力明显增强，新增销售收入10%以上。

(4) 形象包装设计具有新创意和品牌效应，体现循环经济和生态文明新理念，能够提升、塑造和传播形象。

扶持标准：采取先干后奖、定额奖励方式，择优给予扶持。

Ⅲ. 名优品牌建设奖励。

扶持条件：

(1) 年度内获得中国驰名商标、中国名牌、中国名牌农产品的农产品生产、加工企业和乡镇企业；年度内获得北京市名牌产品、北京市著名商标的农产品生产、加工企业和乡镇企业。

（2）鼓励通过质量抢占市场，获得绿色食品认证、有机食品认证的单位。

扶持标准：采取先干后奖、定额奖励方式，给予扶持。对获得中国驰名商标的企业每个奖励50万元；获得中国名牌农产品、中国名牌的企业每个奖励20万元；获得北京市名牌产品、北京市著名商标的企业奖励10万元；获得绿色食品认证的企业，奖励认证费用的50%；对获得有机认证企业，奖励认证费用的100%。

扶持环节：主要用于品牌培育，产品优化，认证费用等方面。

北京市农村工作委员会　北京市信息化工作办公室关于建设北京市农村管理纵向业务系统的通知

（2008年4月14日）

各郊区（县）农委及经管站，各郊区（县）信息办（信息中心）：

北京市农村管理纵向业务系统是利用政务外网建设的以市数据处理中心为核心，通过14个区县数据处理分中心连通194个乡镇数据处理站组成的三级纵向系统。为保证系统建设工作的顺利进行，现将有关工作通知如下：

一、各郊区县农委、经管站要配合完成以下工作

（一）各郊区县农委或经管站要按照系统建设的要求，于2008年4月25日前向所在区县信息办（信息中心）提出区县数据处理分中心和乡镇数据处理站的政务外网IP地址申请（申请数量不能低于附件1要求），包括新增的网络设备和原有在172网段上的设备需要申请10网段的IP地址，视频会议终端申请专用的IP地址。取得IP地址后报市经管站备案（格式参照附件3）。

（二）延庆、平谷、怀柔、昌平的区县和乡镇经管站数据处理中心（站）的服务器旁需具备直拨电话线路，并将电话号码报市经管站。

（三）各郊区县农委、经管站要组织、安排区县、乡镇两级相关工作人员参与和配合纵向系统项目的建设工作：一是做好新增网络设备的验收工作，认真清点设备数量，做好各项设备、资料的登记、接收、保管工作；二是做好施工前的准备工作，提供水、电、网络等基础工作环境，为建设单位进场、施工提供便利；三是配合中科软公司进行设备安装和调试，配合区县信息办（信息中心）进行网络连通测试。

（四）系统建设调试必须于2008年5月25日前完成。

（五）各郊区县、乡镇经管站应安排工作人员，参加建设单位组织的纵向系统管理、维护培训，认真学习、掌握系统维护必备的相关知识。按照系统维护要求，认真执行相关规定和流程，确保新建系统长期稳定运行。

二、各郊区县信息办（信息中心）配合完成以下工作

（一）各郊区县信息办（信息中心）应根据农委的申请为本区县和乡镇经管站分配区县政务外网10网段的IP地址，各乡镇经管站需经由区县经管站访问市级政务外网。在区县经管站与市级政务外网连接时，将所辖区域内经管站的IP地址转换成市农委纵向网络地址，路由指向市级政务外网的区县汇聚设备（CISCO6006），并配合系统集成单位完成连通测试工作，配合市经管站做好业务系统连通的测试工作。

（二）各郊区县信息办（信息中心）应根据《关于加强北京市政务外网IP地址使用管理的通知》（京信息办函［2007］13号）的要求，结合本区县网络情况和区县经管站的实际需要，为本区县经管站分配4个或8个连续的视频会议IP地址，并报市信息办备案，备案格式见附件3。

（三）各区县信息办（信息中心）应确保区县经管站的政务外网接入带宽不小于10Mbps。

三、加强组织领导和协调

为保障项目建设如期、顺利开展，达到预定建设目标，各郊区县相关单位要高度重视，认真负责，密切配合。

市农委负责农村管理信息纵向系统的组织领导，具体工作由市经管站承担。市经管站与中标企业——中科软科技有限公司签署合同。市经管站负责总体协调，中科软科技有限公司负责为市数据处理中心、区县数据处理分中心、乡镇数据处理站配备安全网关、VPN网关、路由器、综合网管平台等软硬件，并负责安装调试。

市信息办负责该系统政务外网接入的指导和协调工作。市政务网络管理中心负责市级政务外网接入的具体组织工作。

附件：1. IP地址分配表（略）

2. 各区县经管站联系人名单（略）

3. 政务外网网络地址备案表（略）

北京市农村工作委员会关于印发《百村万户一户一棚援助型设施农业工程实施办法》的函

（2008年7月28日）

远郊各区县人民政府：

根据《北京市人民政府关于促进设施农业发展的意见》（京政发［2008］30号）的精神，为促进我市低收入村经济发展，提高设施农业发展水平，增加农民收入，在10个远郊区县实施低收入村“百村万户一户一棚援助型设施农业工程”。现将《百村万户一户一棚援助型设施农业工程实施办法》予以印发。

百村万户一户一棚援助型设施农业工程实施办法

“百村万户一户一棚援助型设施农业工程”（以下称“百村万户工程”），是指在十个远郊区县，从2008年开始，利用3～5年时间，根据设施农业发展布局，每年有条件的选择一批适合发展设施农业的低收入村，通过政府提供资金建设日光温室、大棚等农业生产设施，实现农户“一户一棚”，帮助低收入村农户发展设施生产，促进农民增收。为促进该项工程的有效、有序、有利开展，特制定本实施办法。

一、实施条件

（一）主体具有发展的积极性 发展设施农业要广泛征求农民的意愿，充分调动农民和基层组织从事设施农业生产的积极性。通过依法规范土地流转、筹措资金、加强技术指导和技能培训、建设专业市场、积极发挥民主作用等措施，营造发展设施农业的良好环境。

（二）具有发展的基础条件 村庄和地块选择要符合我市设施农业发展的规划和农业产业布局的要求，并充分考虑当地的产业基础和生产习惯。用于设施农业生产的土地要具备一定的水、电、路等基本的发展条件。

（三）具备收入相对较低的基础 要把产业发展和农民增收作为低收入村发展设施农业的最终目标。低收入村是指本村的农民年人均纯收入在各区县农民平均收入线以下的村。本村农民和村集体要对发展设施农业具有较高的积极性，并具备一定数量适宜从事设施农业生产的本地劳动力。

二、审定办法

“百村万户工程”的实施以村为单位，以区县作为实施“百村万户工程”的责任主体，由本区县的农业主管部门选择和确定实施“百村万户工程”的低收入村，并将确定的低收入村报市农委备案。

每个区县每年确定村的数量不超过10个。

三、扶持内容和标准

“百村万户工程”设施农业发展，建设类型应结合当地实际条件和产业特征，符合农民需求，以温室和大棚为主。建设的温室和大棚要根据本村的产业发展，因地制宜进行农业生产。

大棚和温室建设应达到国家及我市相关建设标准。对于按市级相关标准建设的设施，日光温室每亩扶持4万元，大棚每亩扶持1.5万元，智能联动温室每平方米扶持200元。市级资金主要用于扶持设施主体建设。

四、相关要求

各区县是“百村万户工程”的责任主体，应成立以主管区县长为组长的“百村万户工程”领导小组，要因地制宜、科学合理地制定设施农业详细规划和具体实施意见。对设施农业建设过程中涉及的土地流转、产权归属、占地补偿、生产经营模式等进行规范和明确。

要严格按照有关规定和标准使用和管理设施农业“百村万户工程”专项资金，不得挪用和扣留。

建设的温室与大棚必须用于农业生产，不得作为其他用途。市相关部门将成立设施农业“百村万户工程”督查组，对各区县实施情况进行督促和检查。

北京市农村工作委员会　北京市信息化工作办公室关于印发《2008年度“221信息平台”工作安排》的函

（2008年8月11日）

郊区各区县人民政府，市相关单位：

为贯彻落实《北京市农村信息化2008—2010年实施规划》（京政农函［2008］7号）、《2008年北京市农村信息化工作重点与分工》（京信息办发［2008］34号）等文件精神，进一步深化北京现代农业“221行动计划”信息平台（以下简称“221信息平台”）建设，现将《2008年度“221信息平台”工作安排》印发你们，请认真组织落实。实施过程中的相关情况请及时反馈。

特此致函。

2008年度“221信息平台”工作安排

为贯彻落实《北京市农村信息化2008—2010年实施规划》（京政农函［2008］7号）、《2008年北京市农村信息化工作重点与分工》（京信息办发［2008］34号）等文件精神，进一步深化北京现代农业“221行动计划”，近期，我们对北京都市型现代农业信息平台（以下简称“221信息平台”）建设进行了多次专门研究，现将“221信息平台”的有关工作安排如下。

一、功能定位

2006年11月1日，市政府发布了《北京市“十一五”时期新农村建设发展规划》，该规划将“221行动计划”（摸清农业资源和市场需求两张底牌，搞好资金和科技两个支撑，建设一个综合信息平台的简称）作为我市“十一五”时期新农村建设的重点。其中，信息平台是“221行动计划”的客观展现和重要运行方式，两张底牌和两个支撑都要落实到一个信息平台上。

因此，从功能定位的角度看，“221信息平台”不是某一个部门的信息平台，而是相关委办局共建共享的信息平台，是市政府的“三农”综合平台。

二、建设目标

从2003年提出“221行动计划”到现在，“221信息平台”经历了从产销信息平台到农业“三网”统筹建设的发展阶段。2008年的“221信息平台”建设，从内涵和目标上又有新的拓展和加强。要在整合“资源底牌”、“市场底牌”、“资金支撑”、“科技支撑”等各方面信息的基础上，面向政府管理部门和基层生产基地、龙头企业、合作组织和农民，搭建一个全市范围的可查询、可分析、可决策的综合信息平台。

初步提出的建设目标包括四个方面：

（一）提供一个都市型现代农业发展状况的信息支持平台。能够生动客观地反映都市型现代农业的现状和发展变化。

（二）提供一个面向农业宏观管理与决策的服务平台，服务于农业产业的科学规划与布局。管理部门利用该平台，依据资源底牌，通过适宜性分析等多种手段引领产业调整。重点包括：绿色、有机、无公害生产适宜地区和禁区的划分；特色、唯一性产品布局调整；主导产业的布局展示和合理性评价等内容。

（三）提供一个先进实用技术、名特优新产品的推广平台。

（四）提供一个农业市场信息交流的平台，引导促进农产品、农资、劳动力和资金的合理有序流通，繁荣农业市场。

通过以上目标的实现，为农业管理提供服务平台，提高农业生产效率和效益等，以满足更广泛、更深入、更有效地服务于农业管理、农业生产、农村经济的发展和环境保护的需求，提高北京都市型现代农业的整体水平和整体形象，推进农业的可持续发展。

三、建设原则

（一）总体规划、统一协调的原则　按照总体规划、统一协调、部门协作、突出重点、分工负责、分步实施的指导思想实施项目。“221信息平台”是为北京市农业及其相关部门提供管理与决策服务的信息平台。其建设是全市政府信息化的重要组成部分，它要与政府其他部门的信息系统实现信息资源的共享，实现与北京市和国务院有关主管部门信息的接口，同时也要实现农业信息服务的社会化。

（二）先进性和实用性原则　平台建设首先要考虑实用性和成熟性，能够让各级政府管理部门和主要生产经营者用得起来，做到易用、实用、可靠；在满足全局性与整体性功能要求的同时，根据未来技术发展和需求的变化，采用先进的技术、方法、软件、硬件和网络平台，确保项目的先进性，使系统能够可持续发展。

（三）统一标准和规范性原则　项目实施要严格按照国家、地方和行业的有关标准与规范，如空间数据分层与编码、数据质量与元数据标准、公文标准等，并适当考虑与国际接轨。在没有标准与规范的情况下，要参照国家、地方和行业的相关标准与规范，制订相应的标准与规范。系统的分析、设计、实现和测试要严格按照软件工程标准和规范，并尽可能采用开放技术和国际主流产品，以确保系统符合国际上各种开放标准。

（四）专业性和经济实效原则 项目实施要“以人为本”，充分考虑北京市农业及其相关部门对农业生产过程管理、农业宏观决策管理和农业企业管理等各项工作的业务流程和习惯做法进行设计开发，使开发的各个功能模块尽最大努力满足实际需求，贴近用户使用习惯，使开发系统既功能强大，又界面友好美观、操作简单、使用方便。同时，尽可能利用现有的资源（软件、硬件、数据和人员），加强系统集成，尽可能用最少的投入带来最大的效果，在规定的时间内高质量高效率实现项目的总体与阶段性目标。

（五）资源整合、共建共享的原则 按照信息资源在交换中增量、在共享中增值的要求，大力加强信息资源的交换共享。市级涉农各单位将按照促进业务工作的模式，坚持适合农村、服务农民、改善民生的工作方向，统一建设“221信息平台”，共同运行维护“221信息平台”，确保“221信息平台”的高水平建设和高质量运行维护。

四、建设内容

“221信息平台”的建设内容，从总体上说包括农业公共信息服务系统建设、农村管理信息系统建设、农业资源管理决策系统建设等。经过前几年的努力，前两个部分已初具基础。今年及今后一段时间主要是加强市级农业资源管理决策系统建设，包括资源整合和功能开发两大部分。

（一）资源整合 “221信息平台”的资源整合包括资源底牌、市场底牌、科技支撑、资金支撑四个方面。

资源底牌所需要的数据和其他相关成果，归纳为以下9个大类：①基础地形数据；②遥感影像数据；③综合基础数据；④种植业生产与布局数据；⑤养殖业生产与布局数据；⑥林业生产与布局数据；⑦产业化综合信息数据；⑧规划成果；⑨布局模型数据。

市场底牌所需要的数据和相关资料，包括：生产信息（企业及产品信息、名特优新产品推介信息）、市场行情（各市场行情、各区县行情、其他省市行情、农产品批发行情、菜篮子行情）、农业招商引资政策（各区县招商引资的优惠政策，相关文件）等。

科技支撑所需要的数据和相关资料，包括：科技推广情况（过去3年内，种植业、养殖业、林业的每个新品种、每项新技术推广的范围，数量等信息）、科技示范园区、科技示范户情况（科技示范户的位置，科技示范园区的位置，科技示范园区和科技示范户的示范内容、面积等信息）、科技培训、田间学校情况（科技培训、田间学校的时间、地点、培训内容、参加人数等信息）、科技推广平台（网上培训课件、网上专家系统）的有关信息。

资金支撑所需要的数据和相关资料，包括：资金政策（与政府投资相关的国家级17部委和相关市级部门的农业投资政策文件）、政府投资项目管理信息（拨付到市级、各区县的农业项目资金信息，包括来源、拨付情况，建设内容等基本信息）、农业保险情况（以村为单位的，各险种的入保户数，占总户数的比例；各险种的赔付户数，金额等情况；各险种介绍资料）等。

上述数据由市属相关委办局和郊区各区县作为共建共享成员单位提供。

（二）功能开发 主要是实现四大功能：一是通过信息平台，客观生动地展现北京都市型现代农业的特点和特色；二是通过农业生产布局现状和适宜性评价等多种形式的决策模型和功能系统，辅助支持北京市农业产业发展决策，科学规划农业产业布局；三是对先进实用技术和名特优新产品进行传播推介；四是促进市场信息发布和农产品流通。

五、组织实施

（一）关于组织领导 成立以市农委主任王孝东同志为组长的领导小组，市科委、市规划委、市信息办、市财政局、市国土局、市商务局、市农业局、市园林绿化局、市地勘局、市水务局、市气象局、市统计局、市农研中心、市农科院等单位主管领导为领导小组成员，统筹协调和组织领导本次“221行动计划”信息平台建设工作。

同时，成立以市农委经济发展处、市农科院农业信息技术研究中心、市农委（城乡）信息中心牵头组成的工作小组。相关委办局指定的工作机构和13个郊区县农委为工作小组成员，具体组织开展“221行动计划”信息平台的开发建设工作。

市农委（城乡）信息中心是主承单位；市农科院农业信息技术研究中心负责方案设计、功能开发和技术支持；开发完成之后，部署在市政务外网运行。

（二）关于市级平台与区县平台的关系 本次“221信息平台”建设的重点是基础数据摸查。摸查得到的基础数据不仅是全市“221行动计划”信息平台建设的需要，同时，各区县的基础数据也完全可以用于本区县的“221行动计划”信息平台的开发建设或更新使用。因此，凡是还没有开展农业资源管理决策信息系统建设的区县，可以以市级平台为依托建设区县子平台；已经建设了区县平台的，将通过数据接口与市级平台实现共享与同步更新。

（三）关于时间安排 按照“总体设计，分步实施”的工作思路，2008年的主要工作任务是，完成

"221 信息平台"的总体方案设计，以资源底牌为重点，进行功能开发，完成总体框架建设，并就部分专题形成阶段性工作成果，以后再逐步充实内容，完善提高。

附："221 信息平台"领导小组和工作小组名单（略）

北京市农村工作委员会
关于转发农民专业合作社有关税收政策的函

（2008 年 8 月 13 日）

郊区各区县人民政府：

日前，农民专业合作社有关税收政策已由财政部、国家税务总局正式印发，自 2008 年 7 月 1 日起执行。现将《农业部办公厅关于转发〈财政部　国家税务总局关于农民专业合作社有关税收政策的通知〉的通知》转发给你们。请各区县采取多种方式，深入宣传贯彻。积极组织协调各相关职能部门依法履行职责，加强沟通与配合，认真做好各项衔接工作，切实把农民专业合作社税收优惠政策落实到位。并请通过乡镇人民政府尽快将此项税收优惠政策转发到各村和辖区内的农民专业合作社。

农业部办公厅关于转发
《财政部　国家税务总局关于农民专业合作社
有关税收政策的通知》的通知

（2008 年 7 月 14 日）

各省、自治区、直辖市农业（农林、农牧）厅（局、委、办），计划单列市农业局（委），新疆生产建设兵团农业局：

日前，农民专业合作社有关税收政策已由财政部、国家税务总局正式印发，自 2008 年 7 月 1 日起执行，现予转发。请依法履行职责，加强与有关部门的协调沟通，做好有关衔接工作，推动农民专业合作社税收优惠政策落实到位。要及时掌握农民专业合作社税收政策执行过程中出现的新情况、新问题，并及时向我部和有关部门反馈。

财政部　国家税务总局
关于农民专业合作社有关税收政策的通知

（2008 年 6 月 24 日）

各省、自治区、直辖市、计划单列市财政厅（局）、国家税务局、地方税务局，新疆生产建设兵团财务局：

经国务院批准，现将农民专业合作社有关税收政策通知如下：

一、对农民专业合作社销售本社成员生产的农业产品，视同农业生产者销售自产农业产品免征增值税。

二、增值税一般纳税人从农民专业合作社购进的免税农业产品，可按 13%的扣除率计算抵扣增值税进项税额。

三、对农民专业合作社向本社成员销售的农膜、种子、种苗、化肥、农药、农机，免征增值税。

四、对农民专业合作社与本社成员签订的农业产品和农业生产资料购销合同，免征印花税。

本通知所称农民专业合作社，是指依照《中华人民共和国农民专业合作社法》规定设立和登记的农民专业合作社。

本通知自 2008 年 7 月 1 日起执行。

北京市农村工作委员会 北京市农业局 北京市财政局 关于促进奶业规模化发展若干政策的意见

（2008年11月3日）

郊区各区县人民政府：

为促进我市奶业规模化、标准化、产业化发展，进一步提高全市奶业的整体素质和效益，加快推进都市型现代农业发展，提出如下扶持政策：

一、鼓励规模化养殖小区吸纳散户养殖奶牛入驻

鼓励现有的规模化养殖小区通过收购、代养、托管、入股等方式，接纳散养户和其他养殖户奶牛，扩大养殖能力，提高产品品质。对经检测牛奶质量合格的规模化养殖小区，市、区（县）两级财政按照接纳一头奶牛给予200元的标准进行补贴，补贴资金主要用于小区设备更新及新增管护服务费用等。

二、鼓励规模化养殖小区及奶站的改造升级建设

鼓励现有的规模化奶牛养殖小区和奶站进行改扩建，更新奶罐设施、挤奶平台、冷藏运输车等。对经检测牛奶质量合格的规模化奶牛养殖小区和奶站市，区（县）两级财政按照实际投资总额给予定额补贴。

三、项目的组织及申报、审批

区（县）农委、区（县）畜牧主管部门、区（县）财政局对申请政策扶持的规模化养殖小区及奶站具体情况进行组织、审核，并联合上报市农委、市农业局。市农委、市农业局联合签署意见后行函市财政局，市财政局安排拨付市级补贴资金，区（县）财政根据市级补贴标准及要求安排拨付配套资金。

北京市社会主义新农村建设领导小组关于印发北京市新农村“五项基础设施”建设规划（2009—2012年）的通知

（2008年9月28日）

郊区各区县委、政府，市新农村建设领导小组各成员单位：

为了科学有序安排本市新农村“五项基础设施”建设，全面提高郊区农村居民的生产生活条件，市农委、市发展改革委、市财政局、市规划委、市交通委（市路政局）、市市政管委、市水务局、市爱卫会等相关部门共同编制了《北京市新农村“五项基础设施”建设规划（2009—2012年）》，经市社会主义新农村建设领导小组会议和市政府常务会议讨论通过，现印发给你们。请提前制定年度计划，明确具体任务，共同做好规划的落实工作。

附件1　北京市新农村“五项基础设施”建设规划（2009—2012年）

附件2　北京市新农村“五项基础设施”工程建设参照标准（试行）（略）

附件1　北京市新农村“五项基础设施”建设规划（2009—2012年）

序　言

农村基础设施是为农村发展和居民生活提供基本条件的公共设施，包括公用事业、公共工程、农村环境和交通设施等，是农村赖以生存和发展的基础，在新农村建设中处于重要的先导地位。加强农村基础设施建设是统筹城乡经济社会发展的重要切入点，对于加快农村城市化进程，推动首都城乡经济社会发展一体化新格局的形成，构建社会主义和谐社会具有重要的意义。为强化首都功能，使发展成果惠及郊区广大

农民，特编制《北京市新农村“五项基础设施”建设规划（2009—2012年）》。

本规划所说“五项基础设施”建设，是专指郊区范围内村庄的街坊路、安全饮水、污水处理、厕所改造和垃圾处理五方面的建设。

本规划是对全市郊区“十一五”规划中五项基础设施建设工作的具体部署，是本市各级政府及其有关部门履行社会公共服务职能的重要依据，是对《北京城市总体规划（2004—2020年）》、《北京市“十一五”时期基础设施建设发展规划》、《北京市“十一五”时期新农村建设发展规划》、《北京市“十一五”时期农村改厕规划》、《北京市“十一五”时期环卫专业规划》等规划的具体落实。

本规划规划年限为2009—2012年（本届政府任期内）。

本规划规划范围为13个郊区区县的村庄。

本规划编制数据来源：《2007年北京市统计局的统计年鉴》、《北京市村庄体系规划》（2006—2020）、10个远郊区县编制的村庄体系规划（2006—2020）、2006年79个市级试点村统计数据、2007年120个基础设施建设整体推进村统计数据、调查组随机抽取的200个村庄样本数据。

本规划依据：《北京城市总体规划（2004—2020年）》、《北京市“十一五”时期基础设施建设发展规划》、《北京市“十一五”时期新农村建设发展规划》、《北京市“十一五”时期园林绿化发展规划》、《北京市“十一五”时期农村改厕规划》、《北京市“十一五”时期环卫专业规划》、《北京市山区“十一五”发展规划》、《北京市山区协调发展规划》。

截至2006年底，北京市共有183个乡镇（其中41个乡，142个镇），3 957个行政村，常住户143.6万户，常住人口501.6万人，其中户籍住户117.5万户，户籍人口292.2万人。

依据10个远郊区县编制的“村庄体系规划（2006—2020）”，10个远郊区县共有3 647个行政村，其中重点村2 075个，63万户，164.4万人，一般村1 572个，36.7万户，89.3万人。

根据统计局统计资料，近郊3个区共有32个乡镇，310个行政村，18万户，38.5万人。

北京市远郊区县村庄类型统计表

单位：个

类型＼区县	平谷	房山	怀柔	门头沟	密云	顺义	延庆	大兴	通州	昌平	合计
重点村	177	238	217	114	235	264	254	250	176	150	2 075
一般村	96	224	67	63	103	162	122	277	304	154	1 572
合计	273	462	284	177	338	426	376	527	480	304	3 647

据调查统计，目前郊区楼房村庄159个，其中近郊区有6个，远郊区县153个，这些村庄基础设施已基本完善，在未来四年建设中暂不安排这些村庄。

据此，本规划需要建设的远郊区县重点村有1 709个，总户数为43.4万户，总人口为113万人；一般村1 423个，32.05万户，78.6万人。

三个近郊区还有267个村需要建设，这些村有14.54万户，28.3万人。

北京市村庄基础数据一览表

内容			村数（个）	户数（万户）	人口数（万人）
13区县			3 957	117.7	292.2
10个远郊区县	总数		3 647	99.7	253.7
	重点村	总数	2 075	63	164.4
		整体推进改造	362	19.5	51.2
		楼房村	4	0.1	0.2
		未改造	1 709	43.4	113
	一般村	总数	1 572	36.7	89.3
		楼房村	149	4.65	10.7
		未改造	1 423	32.05	78.6
3个近郊区县（朝海丰）	总数		310	18	38.5
	整体推进改造		37	3.05	9.3
	楼房村		6	0.41	0.9
	未改造		267	14.54	28.3

一、规划背景

近年来，在市委、市政府的正确领导下，通过市相关部门及郊区广大干部群众的共同努力，郊区村庄基础设施建设取得了较好的发展。特别是党的十六届五中全会提出社会主义新农村建设以来，市各部门落实城乡统筹方略，按照市委、市政府的要求和部署，加大了对村庄基础设施建设的投入力度。从2006年抓新农村试点村建设开始探索到2008年，全市共投入26亿元，对79个试点村和320个整体推进村实施了村庄五项基础设施建设。平均每个村庄投入651万元。各区县、乡镇政府也安排了一定资金投入村庄建设。农村基础设施建设力度的加大，有力地改善了农村的生产生活条件，优化了发展环境，带动了产业发展，促进了农民增收，培育了新型农民，加快了城乡一体化进程。农民对近几年村庄建设予以高度评价，同时也强烈呼吁各级政府继续加大建设力度，早日实现公共服务均等化。如按照前三年村庄“五项基础设施”建设速度，全面完成剩余村庄的建设，需10年以上时间。根据农民呼声和财力的增长情况，农村基础设施建设应当提速，为此我们编制本规划，利用四年时间，实现本市村庄“五项基础设施”建设全覆盖。

（一）现状

1. *街坊路硬化*。2006年以前北京市乡村公路实现了“村村通”，但只是通到了村口，村内街坊路市政府没有专门资金给予支持建设，一些村庄街坊路虽然也进行了硬化，但多是村集体利用集体积累进行建设的，因此存在标准低、质量差的问题。2006年进行新农村建设以后，市政府重点支持了市级试点村、整体推进村路面硬化，由市交通委、市发展改革委各补助三分之一的资金，实施了399个村庄、1 644万平方米街坊路硬化，农村地区的出行条件开始得到改善。具体调查统计情况如下：

硬化率。全市村庄街道面积硬化率85.4%，其中主要街道92.4%，次要街道78.46%。“重点村”主要街道面积的硬化率为93.8%，次要街道面积的硬化率为79.92%。“一般村”主要街道面积的硬化率为91%，次要街道面积的硬化率为77%。

硬化时间。村庄路面硬化时间在两年以内的占37.5%，3～5年的占34.0%，6～10年的占17.6%，10年以上的占10.9%。

路面结构。主要街道的路面结构为沥青混凝土面层的占32.5%，水泥混凝土面层的占67.5%；次要街道以水泥混凝土面层为主，占78.4%，沥青混凝土面层的占18%，其他类型的占3.6%。

2. *安全饮水*。北京市村庄供水发展经历了三个阶段：1949—1985年为群众改水阶段，1986—2004为自来水普及阶段，2005年至今，为实施安全饮水工程建设阶段。经过四年的努力解决了199万农民的饮水不安全问题。至此《北京市农民安全饮水“十一五”规划》将提前两年完成。

3. *污水处理*。截止到2007年底，全市已有48个乡镇和481个行政村建有污水处理设施，其中包括80个重要地表水源地和52个小流域治理村。全市村镇污水设计处理能力达到26.5万立方米/天，污水处理率为27%（包括户厕改造），其中村级处理率达到12%，其中重要水源保护区村镇污水处理率达到34%。

4. *厕所改造*。群众性较大规模的农村户厕改造开始于1991年。1991—1995年期间完成17.68万户双瓮漏斗式和双格化粪池式户厕改造，1996—2000年完成14.49万户三格化粪池式户厕改造。2001年起全面实施户厕改造，每年改厕近5万户，“十一五”期间每年改厕近10万户，截至2007年农村改厕78.66万座，卫生厕所普及率为66.94%，其中三格化粪池式厕所改造42.46万座。

农村无害化公厕的改造建设起步较晚，2005年开始改造试点，当年完成了101座农村公厕，截至2007年已改造1 498座公厕，占农村总公厕的14.6%。

2007年底郊区农村户厕改造统计表

区/县	2007年底统计局统计农村总户数（万户）	累计卫生厕所户数（万户）	卫生厕所普及率（%）	无害化厕所普及率（%）	累计卫生厕所类型（万户）					
					三格化粪池式	三联沼气池式	完整下水道式水冲式	双瓮漏斗式	双坑交替式	其他类型
朝阳区	7.1	3.05	42.96	23.24	0.47	0	1.18	0	0	1.4
海淀区	4.8	0.33	6.88	6.88	0.33	0	0	0	0	0
丰台区	5.8	5.26	90.69	73.28	1.08	0	3.17	0	0	1.01
通州区	14.7	8.193	56.73	35.53	2.253	0.07	2.7	0.2	0	2.97
顺义区	12.8	12.2	95.31	79.38	3.66	0.01	0.98	0	5.51	2.04
大兴区	10.7	6.93	64.77	64.77	3.92	0.078	2.91	0.026	0	0
昌平区	9.0	5.9	65.56	65.56	5.3	0	0.6	0	0	0
房山区	15.6	6.43	41.22	41.22	5.32	0.09	0.49	0.53	0	0
门头沟区	3.1	1.7	54.84	44.19	0.91	0	0.45	0.01	0	0.33
平谷区	8.0	4.99	62.4	62.4	3.34	0.053	1.58	0.019	0	0
怀柔区	7.3	6.7	94.78	43.29	3.16	0	0	0	0	3.54
密云县	11.4	11.08	97.19	90.7	10.34	0	0	0	0	0.74
延庆县	7.2	5.89	81.81	49.03	2.38	0	0.3	0.85	0	2.36
合计	117.5	78.66	66.94	54.7	42.46	0.3	14.36	1.64	5.51	14.39

5. 垃圾处理。2001年以来，垃圾处理基础设施建设从城乡结合部地区开始启动，逐步将管理范围向郊区农村地区延伸。2002年提出垃圾无害化处理和密闭化管理。截至到2008年底农村垃圾密闭化管理基本实现全覆盖。

据调查统计，北京10个远郊区农村垃圾日产量约为3 642.8吨，3个近郊区农村垃圾日产量约为448吨。

调查统计显示：94.7%的村庄已有垃圾收集设施；48.4%村庄的垃圾部分或全部转运到区县垃圾场集中处理，41.1%村庄的垃圾部分或全部为村镇简易填埋，1.6%村庄的垃圾集中焚烧，8.4%村庄的部分或全部为随意堆放；有85.6%的村庄配有垃圾收集车。其中，28.4%的村庄同时拥有机动和人力垃圾车，28.9%的村庄只有机动垃圾车，25.3%的村庄只有人力垃圾车，17.4%的村庄无垃圾车；95.8%的村庄有专职保洁员或兼职保洁员。目前，村级保洁员队伍没有编制，村级保洁主要由以下途径：①村庄聘请本村富余人员；②聘请专业队伍；③环卫中心负责方式。

垃圾收集处理现状表（对190个村抽样调查结果）

序号	内容	村庄数量（个）	占抽样数百分比（%）
1	收集垃圾设施	180	94.7
2	垃圾分类	38	20.0
3	集中处理	92	48.4
4	简易填埋	78	41.1
5	集中焚烧	3	1.6
6	随意堆放	16	8.4
7	机动和人力车均有	54	28.4
8	机动车	55	28.9
9	人力车	48	25.3
10	无垃圾车	33	17.4
11	保洁员	182	95.8

（二）目前存在的主要问题

1. 一些村庄街坊路还未硬化，有些已硬化路面破损严重。有10%的村庄主要街道、20%的村庄次要街道没有硬化；硬化过的路面，有64%的主要街道、49.8%次要街道路面有破损。

2. 一些村庄街坊路硬化后缺少绿化。还有70%的村庄街坊路没有实现绿化。

3. 村庄饮水管网老化问题严重。运行10年以上且老化的管网达8 000公里，存在压力不足、“跑冒滴漏”的现象。同时尚有50万农户没有安装水表。

4. 污水处理设施总量不足。目前，只有480个村建有污水处理设施，占应建村庄的38%。

5. 无害化户厕、村公厕改造任务还很重。目前还有40.2万户户厕和85.4%的公厕需要改造。

6. 部分农村垃圾销纳问题严重。目前正规垃圾填埋场建设还相对滞后，现有垃圾填埋场存在运输距离远、成本高的问题。

7. 长效管理滞后。由于管理机制还不完善，费用问题还没有解决，造成一些设施建好后没有充分发挥应有的作用。

（三）机遇与优势

1. 党中央国务院和北京市委、市政府对新农村建设的方针政策，为我们开展新农村基础设施建设指明了方向。近几年的中央一号文件均提出要加强农村基础设施建设，改善农村的生产生活条件。2006年中央一号文件提出加强乡村基础设施建设，重点解决农民饮水安全、改厕、行路等农民最关心、最直接、最现实的问题。2006年北京市委3号文件提出了《关于加快村庄基础设施和公共服务设施建设的意见》，提出加快村庄基础设施建设的目标和任务，并提出“抓好村庄基础设施建设，从解决农民要求最急迫、受益最直接的问题入手，重点抓好道路、饮水、垃圾、污水和粪便处理等五项建设任务”。党中央国务院和市委、市政府对新农村建设的方针政策，为我们开展新农村基础设施建设指明了方向，我们要积极努力共同推进。

2. 近几年北京市新农村建设的实践，为加速推进村庄基础设施提供了丰富的经验。近三年，我们在新农村建设中抓了一大批试点。通过试点，我们得到多方面的启示：推进新农村建设必须加强组织领导，强化综合协调，加大统筹；必须规划先行，有序推进；必须着眼于体制机制创新，强化部门联动和政策支撑；必须尊重农民意愿，调动农民主体；必须建管并重，提高政府投资的效率。这些启示是我们进一步推动新农村基础建设的宝贵财富，为加速推进村庄基础设施建设提供了丰富的实践经验。

3. 财政收入逐年增加，为村庄基础设施建设提供了资金基础和保障。近年来，随着北京的深化改革与发展，经济建设增幅很大，特别是地方财政收入连年大幅度增长，2007年全市地方财政收入达到1 492.6亿元，比2006年增长33.6%；用于农村建设的资金达到130多亿元，比2006年的111.8亿元增加18.2亿元。2008年奥运会之后，随着市财力的更快增长，市政府用于郊区的投入将会有明显的增加，力度进一步加大，郊区农村基础设施将迎来一个建设的大好时期。

二、指导思想、建设原则和目标

（一）指导思想 以邓小平理论和“三个代表”重要思想为指导，以科学发展观为统领，按照首都建设资源节约型和环境友好型社会的发展战略，紧紧围绕社会主义新农村建设的总体要求，坚持城乡统筹，坚持可持续发展，坚持部门联动、政策集成，强化政府职能，强化体制机制创新，强化规划引导作用，强化农民主体地位。以改善农村生产生活条件，优化农村发展环境，提升农村现代化水平，促进城乡经济社会发展一体化格局的形成为目标，科学有序推进村庄基础设施建设和公共服务设施建设。提高郊区文明程度，为建设社会主义和谐社会首善之区提供基础条件和物质保障。

（二）建设原则

1. 统筹城乡、协调发展。按照公共服务均等化的要求，进一步调整公共财政的投向和结构，与区域功能定位相结合，充分考虑城市化进程、人口变动、区域发展现状等因素，统筹确立村庄建设的重点和公共财政向农村的倾斜政策，促进区域协调发展，城乡协调发展，逐步使村庄基础设施水平与全市城市化进程相协调。

2. 规划先行、分类推进。发挥规划的引导作用，进行建设的村庄必须先行编制村庄规划，并按规划安排建设项目，推进中坚持“先重点、后一般，先地下、后地上，缺什么、补什么”的方针，广泛运用新技术、新材料、新工艺、新模式，针对不同村庄、不同特点、不同建设需求，有计划分类指导，按标准分类推进，并实现集约、节约、环保、安全、高质量的建设。

3. 部门联动、政策集成。市、区两级政府要建立高效运行机制，搭建工作平台，明确部门职责，加强协调配合，形成政策合力，通过选项聚焦，将分散的资金集成使用，努力实现资源整合、成果共享，形成共同推进新农村基础设施配套建设的工作格局。

4. 尊重主体，分级负责。尊重农民主体地位，在村庄建设中，从规划设计、建设项目确定、工程建设、工程监督、建后管护等，通过村规民约等制度设计，让农民全过程参与，在参与中增加收入、享受建设成果，同时培养责任意识。区县政府作为村庄建设的工作主体，要按照全市总体要求，加大辖区内统筹协调力度，认真履行分类指导、组织实施职责。市相关部门要精简审批环节，围绕规划把关、建设标准制定、检查评估验收等重点环节，做好服务工作。

5. 建管同步、机制创新。村庄基础设施建设必须突出实效，建管同步，着眼于长效机制建设，紧扣管理环节，以利益为纽带，创新体制机制。工程建成后，及时进行产权移交，明确管理主体，确立管护责任，健全管理制度，实现政府投资效益最大化，促进可持续发展。

6. 培育产业、富裕农民。村庄基础设施建设既要解决好农村环境改善问题，改善农民的生活条件，又要营造好农村创业条件，优化经济发展环境。要因村制宜，根据城镇、丘陵山区、生态涵养区、平原等不同区域的村庄特色和资源特点，开展基础设施建设。要与发展农家乐、农村休闲观光旅游、一村一品特色产业、农民庭院经济紧密结合，拓宽农民增收和村集体经济发展有效途径，实现农村基础设施建设促进经济发展、经济发展促进村庄基础设施建设的良性互动。

（三）建设目标

1. 总体目标。提升郊区基础设施服务功能，为郊区农民提供便捷、安全、高效、全覆盖的公共服务。实现农村基础设施均衡发展。逐年增加财政对农村基础设施建设的投入和支持力度。到2012年，基本实现农村基础设施和公共服务设施水平与城市相适应。基础设施运行效率显著提高。建立起以需求为导向，与经济社会发展水平相协调的农村基础设施服务管理体制、运行机制及模式。在基础设施建设中引入市场竞争和激励机制，提高设施的运行效率和服务水平。

2. 具体目标。街坊路。到2012年，村庄未硬化街坊路要基本实现硬化，破损严重的路面进行大修，局部破损路面进行修复。完成硬化的街坊路两侧要基本实现绿化。

安全饮水。10年以上老化管网全面进行改造，推行一户一表工程，向计量化、节约化目标迈进，实现节约用水。继续完成市爱卫会和市财政局联合下发的“十一五”期间农村改水工作计划中规定的工作。

污水处理。到2012年底重要地表水源保护地村庄、民俗旅游村庄建成污水处理系统，其他地区村庄依据需要建设排水边沟，污水量大的村庄将污水集中后采用简易处理方式进行处理。

厕所改造。未进行改造的户厕实现全面无害化改造。对已经进行过改造，但未采用三格化粪池式、未达到无害化标准的户厕，采用三格化粪池式进行升级改造，使其达到无害化的要求，最终实现农村无害化户厕改造率达到95%以上。

到2012年规划重点村和民俗旅游村庄实现村村建有无害化卫生公厕。

垃圾处理。到2012年实现郊区农村垃圾分类设施基本覆盖。以乡镇为单元建立可回收利用垃圾分类包装设施及资源化利用设施，较好实现垃圾的资源化利用。

在边远山区垃圾运出成本比较高且困难的乡村，建立符合环保要求的小型垃圾无害化处理设施，实现减量化，减少填埋量和运输成本。四年内将48个边远山区乡镇建设完成。

长效管护机制。以村庄或乡镇为单元建立起专兼职结合的管护队伍，出台管护标准，制定管护制度，建立资金保障，健全监管体系，实现长效管理。

三、建设任务

（一）街坊路建设

1. 街坊路路面。完成未硬化街坊路面积2 600万平方米，其中重点村庄的硬化面积2 106万平方米，远郊一般村及近郊村的硬化面积494万平方米。大面积破损路面1 000万平方米，规划四年内全面进行大修。其中重点村庄730万平方米，远郊一般村及近郊村270万平方米。因局部小面积破损需要修补维护的2 334万平方米，其中重点村庄的修补面积1 727万平方米，远郊一般村及近郊村的修补面积607万平方米。

北京市村庄街坊路建设总任务计划表

单位：万平方米

建设任务 / 建设内容	重点村			远郊一般村及近郊村			合计
	主要街道	次要街道	小计	主要街道	次要街道	小计	
未硬化路面面积	1 249	857	2 106	293	201	494	2 600
需要大修路面	438	292	730	162	108	270	1 000
局部破损需要修补路面面积	1 024	703	1 727	360	247	607	2 334
合计	2 711	1 852	4 563	815	556	1 371	5 934

北京市村庄街坊路建设年度任务计划表

单位：万平方米

任务及投资 / 建设时间			2009	2010	2011	2012	合计
未硬化街道路面	重点村	主要街道	250	320	350	329	1 249
		次要街道	150	160	290	257	857
	远郊一般村及近郊村	主要街道	20	20	100	153	293
		次要街道	41	48	52	60	201
需要大修路面	重点村	主要街道	100	100	100	138	438
		次要街道	20	20	110	142	292
	远郊一般村及近郊村	主要街道	20	20	20	102	162
		次要街道	20	20	30	38	108
局部破损需要修补的路面	重点村	主要街道	300	280	224	220	1 024
		次要街道	205	320	93	85	703
	远郊一般村及近郊村	主要街道	20	20	100	220	360
		次要街道	20	20	133	74	247
总计			1 166	1 348	1 602	1 818	5 934

2. 街坊路两侧绿化。完成剩余70%未绿化村庄街坊路的绿化任务，绿化面积2 493万平方米。

（二）安全饮水

进行老化管网改造8 000公里，解决压力不足、"跑冒滴漏"等问题；50万户安装节水水表，向计量化、节约化方向迈进。

北京市村庄安全饮水建设任务年度计划表

建设时间	老化管网改造	一户一表节水工程
2009年	完成1 600公里的老化管道改造	一户一表节水改造10万户
2010年	完成1 840公里的老化管道改造	一户一表节水改造11.5万户
2011年	完成2 160公里的老化管道改造	一户一表节水改造13.5万户
2012年	完成2 400公里的老化管道改造	一户一表节水改造15万户
合计	8 000公里	50万户

（三）污水处理

1. 地表水源保护地村庄、市级民俗旅游村庄污水处理系统建设情况。截止到2008年底，重要地表水源保护地村庄需要做污水处理的村庄有266个，其中重点村庄196个，一般村庄70个。市级民俗旅游村庄（扣除同时是水源保护地村庄个数）需要做污水处理的共130个，均为重点村庄。北京市重要地表水源保护地村庄污水处理情况和北京市市级民俗旅游村污水处理情况详见以下列表：

北京市重要地表水源地村庄污水处理系统建设情况统计表

区县	村庄总数（个）			已建污水处理设施村庄（个）			未建污水处理设施村庄（个）		
	重点村	一般村	小计	重点村	一般村	小计	重点村	一般村	小计
延庆	62	11	73	5	1	6	57	10	67
怀柔	64	20	84	18	9	27	46	11	57
密云	84	50	134	11	18	29	73	32	105
房山	24	18	42	4	1	5	20	17	37
合计	234	99	333	38	29	67	196	70	266

北京市级民俗旅游村污水处理系统建设情况统计表

区县	民俗旅游村总数（个）	在水源保护地的民俗旅游村庄（个）	不在水源保护地的民俗旅游村庄（个）		
			数量	已建污水处理设施	未建污水处理设施
朝阳	1	0	1	1	0
海淀	1	0	1	1	0
丰台	2	0	2	0	2
延庆	20	4	16	3	13
昌平	20	0	20	3	17
平谷	21	0	21	6	15
顺义	4	0	4	0	4

（续）

区县	民俗旅游村总数（个）	在水源保护地的民俗旅游村庄（个）	不在水源保护地的民俗旅游村庄（个）		
			数量	已建污水处理设施	未建污水处理设施
怀柔	22	3	19	5	14
密云	18	8	10	3	7
房山	22	9	13	4	9
门头沟	12	0	12	3	9
通州	2	0	2	0	2
大兴	9	0	9	1	8
总计	154	24	130	30	100

2009—2012年重点完成366个重要水源保护地重点建设村庄和民俗旅游村庄污水处理工程建设。

2. *地表水源保护地村庄、市级民俗旅游村庄污水处理系统建设年度任务分配*。为加快水源保护地及民俗旅游村庄污水处理设施建设力度，计划两年内将这些村庄的污水处理设施建设完成。

污水处理村庄年度分配

年度分配	2009年	2010年
村庄数量（个）	178	188

（四）厕所改造

1. *户厕改造*。2009—2010年完成18.65万户的农村户厕改造任务，2011—2012年完成21.55万户（双瓮漏斗式、双坑交替式等）户厕升级改造任务。到2012年北京市农村户厕改造全面完成，并实现“农村无害化厕所（户厕）普及”的目标。

户厕改造年度分配计划表

建设时间	户厕改造（万户）	建设村庄数量（个）
2009年	8.65	291
2010年	10	337
2011年	10	337
2012年	11.55	389
合计	40.2	1 354

2. *无害化公厕改造*。北京市现有1 709个规划重点村、154个民俗旅游村庄和267个近郊区村庄待建无害化公厕，其中154个民俗旅游村庄中有86个村庄是规划重点村，因此，2009—2012年规划期内将有1 623个规划重点村、154个民俗旅游村庄建设和267个近郊区村庄建设公厕，按照规划重点村建2座，民俗旅游村和近郊区村庄建3座的标准，需要建设4 509个公厕。

农村公厕改造年度建设任务计划表

建设时间	重点村		民俗旅游村		近郊区村庄		合计	
	村数	公厕数	村数	公厕数	村数	公厕数	村数	公厕数
2009年	325	650	30	90	50	150	425	890
2010年	373	746	35	105	60	180	483	1 031
2011年	438	876	40	120	70	210	562	1 206
2012年	487	974	49	147	87	261	574	1 382
总计	1 623	3 246	154	462	267	801	2 044	4 509

近郊区由于外来人口比较集中，考虑建设二类标准公厕。

远郊区县规划一般村在规划期内根据村庄发展需要，按照三类公厕标准酌情考虑公厕建设，具体建设村庄数量在年度计划中进行调整。

（五）垃圾处理

1. *垃圾分类设施及资源化利用设施建设*。四年郊区农村垃圾分类设施实现基本覆盖。每镇购置3～5辆分类垃圾运输车，四年在全市183个乡镇基本配齐。在平原135个乡镇，每个乡镇建一个垃圾资源再利用生产场，每乡镇建2～3个分类垃圾储存场所及集中打包设备。

2. *小型垃圾无害化处理设施建设*。在48个边远山区乡镇，每个乡镇建设3～4座垃圾无害化处理基地，每个基地配备6～8台高科技无害化垃圾处理设备，同时安排建设专门处理场所，用于垃圾处理设备安装工作。

（六）长效机制建立

加强资金投入，配备专兼职人员，完善全市村庄街坊路35 613公里的管护，确保已建成496个村庄和未建成396个村庄的安全饮水和污水处理设施的正常运转和维护，规范垃圾收集、运输和处理，确保垃圾处理设施的有效使用。

四、投资标准与概算

按照《北京市新农村主要基础设施工程建设参照标准》（试行），并根据近几年新农村建设的实际投入，对2009—2012年村庄五项基础设施建设投资额做出初步概算。

（一）街坊路

1. *街坊路路面*。未硬化路面硬化投资。重点村主要街道的路面硬化投资按105元/平方米的标准计算，次要街道的路面硬化投资按90元/平方米的标准计算，建设投资为208 275万元。一般村主要街道的路面硬化投资按90元/平方米的标准计算，次要街道的路面硬化投资按75元/平方米的标准计算，建设投资为41 445万元。

大面积破损路面大修费用。按照《北京市乡村公路管理养护体制改革的实施意见》（京政办发［2006］

77号）规定，大修工程费“村道每公里40万元”，折合主要街道80元/平方米，次要街道按65元/平方米的标准计算，总投资为54 020万元。一般村庄均按65元/平方米的标准计算，总投资为17 550万元。

局部破损维修费用。路面维修投资按65元/平方米的标准计算，总投资为151 710万元。

街坊路建设投资年度计划表

单位：万平方米，万元

任务及投资 \ 建设时间				2009	2010	2011	2012	合计
未硬化街道路面	重点村	主要街道	面积	250	320	350	329	1 249
			投资	26 250	33 600	36 750	34 545	131 145
		次要街道	面积	150	160	290	257	857
			投资	13 500	14 400	26 100	23 130	77 130
	远郊一般村及近郊村	主要街道	面积	20	20	100	153	293
			投资	1 800	1 800	9 000	13 770	26 370
		次要街道	面积	41	48	52	60	201
			投资	3 075	3 600	3 900	4 500	15 075
需要大修路面	重点村	主要街道	面积	100	100	100	138	438
			投资	8 000	8 000	8 000	11 040	35 040
		次要街道	面积	20	20	110	142	292
			投资	1 300	1 300	7 150	9 230	18 980
	远郊一般村及近郊村	主要街道	面积	20	20	20	102	162
			投资	1 300	1 300	1 300	6 630	10 530
		次要街道	面积	20	20	30	38	108
			投资	1 300	1 300	1 950	2 470	7 020
局部破损需要修补的路面	重点村	主要街道	面积	300	280	224	220	1 024
			投资	19 500	18 200	14 560	14 300	66 560
		次要街道	面积	205	320	93	85	703
			投资	13 325	20 800	6 045	5 525	45 695
	远郊一般村及近郊村	主要街道	面积	20	20	100	220	360
			投资	1 300	1 300	6 500	14 300	23 400
		次要街道	面积	20	20	133	74	247
			投资	1 300	1 300	8 645	4 810	16 055
资金总计				91 950	106 900	129 900	144 250	473 000

2. 街坊路两侧绿化。按照每平方米20元计算，绿化面积2 493万平方米，总投资49 860万元。

街坊路两侧绿化面积及投资年度分配表

年度	2009年	2010年	2011年	2012年	合计
绿化面积（万平方米）	450	570	670	803	2 493

（续）

年度	2009年	2010年	2011年	2012年	合计
投资额（万元）	9 000	11 400	13 400	16 060	49 860

注：此年度分配任务是按照街坊路建设任务年度分配比例安排的。

（二）安全饮水

1. 节水改造工程。完成一户一表改造，水表、材料费及人工费2 000元/户。

2. 老化管网改造。按平均每米240元计算。

安全饮水投资年度计划

单位：万元

年度 \ 项目	节水改造工程	管网改造工程	合计
2009年	20 000	38 400	58 400
2010年	23 000	44 160	67 160
2011年	27 000	51 840	78 840
2012年	30 000	57 600	87 600
合计	100 000	192 000	292 000

（三）污水处理 重要地表水源地村庄及民俗旅游村。

收集管道。地表水源地村庄及民俗旅游村庄污水收集，主要采用UPVC、钢筋混凝土管道、涵管暗沟等方式。

处理方式。针对每个村庄具体情况，可采用膜式、活性污泥式、湿地式等方式进行无害化处理。

投资标准。参照近两年郊区村庄已建成的污水处理工程投资，平均每村投资450万元。

远郊区县污水处理重要地表水源地及民俗旅游村庄污水投资年度计划

年度分配	2009年	2010年	合计
村庄数量（个）	178	188	366
投资额（万元）	80 100	84 600	164 700

（四）厕所改造

1. 户厕改造投资。根据北京市爱国卫生运动委员会提供的资料和调研统计，农村无害化户厕单位改造成本约为1 700元/户，建设投资为68 340万元。它包含三格化粪池、便器、冲洗装置及过粪管的材料购置、施工和安装费用。地面以上建筑物部分由各农户自行解决。

户厕建设投资年度计划

建设时间	户数（万户）	户厕改造投资（万元）
2009年	8.65	14 705

（续）

建设时间	户数（万户）	户厕改造投资（万元）
2010 年	10	17 000
2011 年	10	17 000
2012 年	11.55	19 635
合　计	40.2	68 340

2. 公厕建设投资。

（1）远郊区县规划重点村庄和民俗旅游村庄。

重点村：重点村庄农村无害化公厕单位建设成本平均为 12 万元/座，建设投资为 38 952 万元，包括三格化粪池、便器、冲洗装置及过粪管的材料购置、施工和安装费用，地面以上建筑物部分的建设和装修费用，公厕配备必要的洗手盆、面镜等公共设施费用。

民俗旅游村庄：民俗旅游村无害化公厕单位建设成本约为 20 万元/座，建设投资为 9 240 万元。

（2）近郊区村庄。由于近郊城乡结合部地区，外来人口比较多，需要建设北京市二类达标公厕，其单座建设成本约为 20 万元/座，建设投资为 16 020 万元，包括三格化粪池、便器、冲洗装置及过粪管的材料购置、施工和安装费用，地面以上建筑物部分的建设和装修费用，公厕配备必要的洗手盆、面镜等公共设施费用。

远郊区县重点村、民俗旅游村、近郊区村庄公厕建设投资年度计划

建设时间	重点村			民俗旅游村			近郊区村庄			公厕改造投资（万元）
	村数（个）	公厕数（座）	投资（万元）	村数（个）	公厕数（座）	投资（万元）	村数（个）	公厕数（座）	投资（万元）	
2009	325	650	7 800	30	90	1 800	50	150	3 000	12 600
2010	373	746	8 952	35	105	2 100	60	180	3 600	14 652
2011	438	876	10 512	40	120	2 400	70	210	4 200	17 112
2012	487	974	11 688	49	147	2 940	87	261	5 220	19 848
总计	1 623	3 246	38 952	154	462	9 240	267	801	16 020	64 212

3. 厕所改造总投资。

厕所改造总投资

建设时间	户厕		公厕			合计（万元）
	户数（万户）	户厕改造投资（万元）	村数（个）	公厕数（座）	公厕改造投资（万元）	
2009 年	8.65	14 705	425	890	12 600	27 305
2010 年	10	17 000	483	1 031	14 652	31 652
2011 年	10	17 000	562	1 206	17 112	34 112
2012 年	11.55	19 635	574	1 382	19 848	39 483
总　计	40.2	68 340	2 044	4 509	64 212	132 552

（五）垃圾处理

1. 给所有村配备源头分类所需的垃圾桶，按每户补助 60 元计算，平均投资 38.6 万元/乡镇。

2. 分类垃圾收集运输车平均投资 80 万元/乡镇。

3. 垃圾资源再利用设备及厂房建设平均投资 150 万元/乡镇。

4. 分类垃圾储存场所及集中打包设备平均投资 100 万元/乡镇。

5. 一个边远乡镇购置高科技小型垃圾处理机平均投资 350 万元，厂房平均投资 35 万元。

以上五项四年总投资 75 882 万元，具体安排如下：

垃圾处理设施建设年度计划

单位：个

序号	建设内容	年度计划建设乡镇数				合计
		2009 年	2010 年	2011 年	2012 年	
1	垃圾源头分类桶和袋	37	42	49	55	183
2	垃圾收集运输车	37	42	49	55	183
3	垃圾资源再利用设备及厂房	27	31	36	41	135
4	分类垃圾储存场所	27	31	36	41	135
5	高科技小型垃圾处理机	10	11	13	14	48
6	高科技小型垃圾处理机厂房	10	11	13	14	48

垃圾处理设施建设投资年度计划

单位：万元

序号	投资内容	投资额				合计
		2009 年	2010 年	2011 年	2012 年	
1	垃圾源头分类桶	1 412	1 624	1 907	2 119	7 062
2	垃圾收集运输车	2 928	3 367	3 953	4 392	14 640

（续）

序号	投资内容	投资额				合计
		2009年	2010年	2011年	2012年	
3	垃圾资源再利用设备及厂房	4 440	5 106	5 994	6 660	22 200
4	分类垃圾储存场所	2 700	3 105	3 645	4 050	13 500
5	高科技小型垃圾处理机	3 360	3 864	4 536	5 040	16 800
6	高科技小型垃圾处理机厂房	336	386	454	504	1 680
总　计		15 176	17 452	20 489	22 765	75 882

（六）长效管护资金

1. 街坊路。

（1）全市村庄街道维护费用：14 957万元。费用计算标准：全市村庄街道35 613公里，村级公路管理人员标准是每3公里一个人，每公里每年3 500元。村庄街道过路车辆相对较少，维护费用可低于这个标准，初步按每5公里一个管理人员，每公里每年3 000元标准进行计算，管理人员工资仍按每人每月500元计算，因此每年需要费用14 957万元。

（2）街坊路两侧绿化维护费用。根据相关标准，修剪、浇水、补苗等费用，按每平方米每年3元计算。保洁员可兼管绿化工作，人工费不再计算。

街坊路两侧绿化维护费用年度计算表

年度	2009年	2010年	2011年	2012年	合计
绿化面积（万平方米）	450	1 020	1 690	2 493	—
维护费用（万元）	1 350	3 060	5 070	7 479	16 959

2. 安全饮水和污水处理。饮水和污水处理运转维护费用按每村8万元计算，因此四年内做污水的366个村和已经完成污水处理建设496个村维护运转总费用19 968万元。

每年费用计划表

年度	2009年	2010年	2011年	2012年	合计
2009—2012每年需要运转费村庄数量（个）	496	576（496+80）	662（576+86）	762（662+100）	—
投资（万元）	3 968	4 608	5 296	6 096	19 968

费用计算标准：目前各村已经配备了管水员，村庄的饮水和污水管理可均由这些人员承担，不再考虑管理人员问题。

污水的运转费用是目前反映比较大的问题，主要是电费、药剂费和设备维护维修费用。由于目前村庄大小不同、污水处理方式不同以及维护水平不同，各村庄所发生的费用也不同。从目前调查看，污水处理运转维护费用一年在5万～10万元之间，因此我们可取每村8万元计算。

四年内需要做污水的366个村和已经完成污水处理建设的496个村（2007年以前建设完成的481个村庄，2008年在建15个村庄），总维护费用19 968万元。

3. 厕所改造。厕所改造中户厕管理维修由村民自己负担，公厕管理维护由保洁员负责，这里不再单独计算费用。

4. 垃圾保洁运输管理费用。

——配备保洁员费用。全市需要配备保洁员11 372人，年费用7 391.8万元。

费用计算标准：根据调查统计，平均250人配备1名保洁员。保洁员补助为500元/人·月。2007年底郊区农业户籍人口284.3万人，需要保洁员11 372人。年费用为：11 372人×500元/人·月×12＝7 391.8万元/年。

——设备维护费用。每年需要费用：2 843万元。

费用计算标准：按10元/人·年的设备维护标准，郊区284.3万人的维护费用为2 843万元。

——村庄垃圾运输费用。每年费用7 465.7万元。

费用计算标准：运距按平均往返30公里/辆计算，运费约为40～60元/吨。郊区日产垃圾4 090.8吨，因此年运输费用为：4 090.8吨/天×365天/年×50元/吨＝7 465.7万元/年。以上三项垃圾保洁年总费用为：17 700.5万元。

基础设施长效管理维护费用表

单位：万元

序号	建设内容	2009年	2010年	2011年	2012年	合计
1	街坊路路面	14 957	14 957	14 957	14 957	59 828
	街坊路两侧绿化维护	1 350	3 060	5 070	7 479	16 959
2	安全饮水和污水处理	3 968	4 608	5 296	6 096	19 968
3	垃圾处理	17 700	17 700	17 700	17 700	70 800
总计资金		37 975	40 325	43 023	46 232	167 555

长效管理维护总费用167 555万元，平均每年41 888.75万元。

（七）四年总投资计划

五项基础设施四年投资年度计划汇总表

单位：万元

序号	建设内容	2009年	2010年	2011年	2012年	合计
1	街坊路路面	91 950	106 900	129 900	144 250	473 000
	街坊路两侧绿化	9 000	11 400	13 400	16 060	49 860
2	安全饮水	58 400	67 160	78 840	87 600	292 000
3	污水处理	80 100	84 600	—	—	164 700
4	厕所改造	27 305	31 652	34 112	39 483	132 552
5	垃圾处理	15 176	17 452	20 489	22 765	75 882
总计		281 931	319 164	276 741	310 158	1 187 994
管理维护费用		37 975	40 325	43 023	46 232	167 555
总计资金		319 906	359 489	319 764	356 390	1 355 549

注：此表仅作参考，具体任务和投资以年度具体实施项目为准。

五、2009年计划任务与投资安排

（一）任务

1. 街坊路。

街坊路路面。完成未硬化道路面积461万平方米，投资44 625万元；大修路面工程160万平方米，计划投资11 900万元；局部修补路面工程545万平方米，计划投资35 425万元。总投资为91 950万元。

街坊路两侧绿化。完成450万平方米，投资9 000万元。

2. 安全饮水。老化管网改造工程1 600公里，投资38 400万元；节水工程改造工程10万户，投资20 000万元；总投资为58 400万元。

3. 污水处理。重点安排地表水源保护村及市级民俗旅游村庄178个，投资80 100万元；2009年有496个村庄的污水设施运转费，投资3 968万元，共投资39 968万元。

4. 厕所改造。完成农村户厕改造工程8.65万户，投资14 705万元。

公厕改造工程300座，其中在重点村庄325个，建设650座，投资7 800万元；民俗旅游村30个，建设90座，投资1 800万元，近郊村庄50个，建设150座，投资3 000万元。总投资为12 600万元。

5. 垃圾处理。在37个乡镇进行垃圾分类设施及垃圾收集运输车建设，投资4 340万元；在27个乡镇进行资源化利用设施建设，投资7 140万元；在10个乡镇进行小型垃圾无害化处理设施建设，投资3 696万元。总投资为15 176万元。

（二）投资

2009年五项基础设施建设投资计划表

序号	分项	建设任务			工程量	投资（万元）
1	街坊路	未硬化街道建设	重点村	主要街道	250万平方米	26 350
				次要街道	150万平方米	13 500
			远郊一般村及近郊村	主要街道	20万平方米	1 800
				次要街道	41万平方米	3 075
		大修路面	重点村	主要街道	100万平方米	8 000
				次要街道	20万平方米	1 300
			远郊一般村及近郊村	主要街道	20万平方米	1 300
				次要街道	20万平方米	1 300
		局部破损道路维修	重点村	主要街道	300万平方米	19 500
				次要街道	205万平方米	13 325
			远郊一般村及近郊村	主要街道	20万平方米	1 300
				次要街道	20万平方米	1 300
		街坊路两侧绿化			450万平方米	9 000
2	安全饮水	老化管网改造			16 00公里	38 400
		节水工程改造			10万户	20 000
3	污水处理	水源地、民俗旅游村			178个	80 100
4	厕所改造	户厕			8.65万户	14 705
		公厕	重点村庄		650座	7 800
			旅游村		90座	1 800
			近郊村庄		150座	3 000
5	垃圾处理	垃圾分类设施及垃圾收集运输车			37个乡镇	4 340
		资源化利用设施			27个乡镇	7 140
		小型垃圾无害化处理设施			10个乡镇	3 696
6	合计					281 931
7	管理维护费用					37 975
资金总计						319 906

六、保障措施

要全面完成好村庄基础设施建设四年规划目标和任务，必须在落实好市委、市政府新农村建设各项政策的同时，采取以下行之有效的保障措施。

（一）完善工作平台，加大资源整合 市区两级要继续坚持和完善村庄五项基础设施建设工作平台和部门联动机制。市新农村建设办公室负责统筹协调全市村庄基础设施建设。市发展改革委、市农委、市财政局、市规划委、市交通委（市路政局）、市市政管委、市水务局、市爱卫会等市相关部门要相互配合，建设信息沟通工作会商制度，完善工作程序，建立"部门联动、政策集成、资源整合、资金聚焦"的高效运行机制，按照职责分工，分别履行各自职责，共同推进五项基础设施建设工程。

区县政府是村庄五项基础设施建设工作主体，在本区县履行统筹整合职责，全面落实本规划要求和市级工作部署。区县新农村建设办公室对本区县村庄基础设施建设履行组织协调责任，根据本规划要求和市级工作部署，结合实际，在村庄规划基础上编制村庄基础设施建设规划，因地制宜，做好选定建设村庄、组织项目申报、开展项目实施、进行具体督导等工作，确保各项建设工程按期、保质、保量完成。

（二）编制实施计划，统筹有序推进 按照分类指导、梯次推进、集约节约和"缺什么、补什么"的原则，编制实施计划。在计划安排上，做到重点村和一般村建设统筹兼顾，充分考虑各乡镇已有的建设基础，杜绝分配上的平均主义。体现串点成线、连线成片，相对集中。重点村梯次推进，按照20％（2009年）、23％（2010年）、27％（2011年）、30％（2012年）比例安排建设，一般村和近郊区村庄按照每年25％的数量安排建设。在项目建设实施上，重点村严格按照市相关部门制定的标准进行建设，一般村可根据村庄实际情况，在确保改善村庄基本生产生活条件的前提下可酌情降低建设标准。并按照"先规划、后建设，先重点、后一般，先地下、后地上"的要求，统筹协调，科学组织实施，杜绝"拉锁工程"、"半截子工程"，减少浪费。

在推进中要注重统筹与其他涉及农村建设的专项规划如生态建设规划、环境保护规划、绿化规划等相衔接，已经开始实施的规划如农村改厕规划要由各相关部门继续实施。

（三）改进投资体制，加强资金保障 按照规划预算和事权与财权相统一的原则，市、区（县）要将新农村"五项基础设施"建设资金全部纳入公共财政保障范围。市级扶持资金，按照新农村"五项基础设施"建设项目年度实际投资额的2/3比例进行转移支付，不足部分由区县财政负担。

要充分发挥财政资金的引导作用，积极引导和动员社会力量参与村庄基础设施建设，对参与力度大、成效显著的单位和个人要给予表彰和奖励。

（四）强化监督管理，提升建设水平 对村庄五项基础设施建设实施严格有效的监督管理。市各行业主管部门制定并发布分类建设管理标准，进行分类监管，编制考核评估办法，建立考核奖励机制，确保五项基础设施的建设质量，提升建设水平，使之成为农民的满意工程。

（五）建立长效机制，提高运行效率 村庄基础设施建设后，为使农民长期受益，使财政资金发挥长期效能，必须建管同步，及时探索建立长效管理机制。市、区（县）、乡（镇）相关部门要按照城乡统筹原则，将公共服务职能延伸到村。明确产权归属和管理主体，落实管护责任。通过村规民约、村务公开等制度设计，让农民参与，充分发挥农民主体作用。探索建立部分基础设施使用收费制度。

北京市社会主义新农村建设领导小组综合办公室关于确定北京市2008年社会主义新农村基础设施建设整体推进村的函

（2008年2月13日）

郊区各区县委、政府，市各有关单位：

按照市委市政府的总体部署，2008年继续推进农村基础设施建设在"村级集成"。通过搭建平台的方式，选择200个规划保留村庄，整体推进农村道路、饮水、垃圾、污水、厕所等"五项工程"建设。经明示条件、组织申报、严格审核，市新农办、市发改委、市规划委、市市政管委、市交通委、市水务局、市爱卫会等部门共同确定了本市2008年社会主义新农村基础设施建设整体推进村（简称整体推进村）。现将有关事项函告如下：

一、依托村庄规划，科学有序推进

整体推进村建设，要以村庄规划为依据，做好各项工程的设计，科学合理安排建设任务，要按照市相关部门制定的农村基础设施建设适用标准，有序推进各项工程的建设，确保安全施工。坚持建管并重，同步建立长效运行管护机制，保证已建设施正常运行。

二、坚持部门联动，统筹整体建设

整体推进村建设的组织实施，要坚持部门联动的原则。市各有关部门应结合各自工作，对市委、市政府确定的整体推进村给予优先支持、帮扶和指导。公共服务设施建设要优先在整体推进村安排，“三起来”工程要优先在整体推进村实施，产业发展项目和新型农民培养要优先在整体推进村考虑，努力促进村庄的经济社会全面协调发展。区县政府及其相关部门要加强统筹，共同组织管理好整体推进村的建设和发展。

三、加强宣传发动，引导各方参与

各级党委、政府要通过广泛的宣传发动，充分调动广大农民群众积极性，充分发挥农民群众的主体作用，让农民自发、主动、积极地参与到建设自己美好家园的各项活动中。各区县要积极鼓励和吸引社会力量，采取灵活多样的方式，广泛参与整体推进村的建设与发展。

四、明确责任分工，确保建设实效

各级党政部门在整体推进村建设中，要明确各自的职责和任务。区县是整体推进村建设的主要领导者，在建设中承担主要责任；乡镇是整体推进村建设的直接组织者，承担重要责任；市各有关部门应按照有关规定共同对整体推进村的各项建设及时进行指导、监督和考核。各区县要及时向市相关主管部门上报建设任务和工程进度，反映建设中遇到的各种困难和问题，确保各项工程建设顺利实施，取得实实在在的成效。

附件：北京市2008年社会主义新农村基础设施建设整体推进村名单（200个）

附件　北京市2008年社会主义新农村基础设施建设整体推进村名单（200个）

朝阳区（8个）

崔各庄乡奶东村、崔各庄乡黑桥村、管庄乡重兴寺村、金盏乡东窑村、金盏乡西村、孙河乡李县坟村、孙河乡下辛堡村、黑庄户乡定辛庄村

海淀区（6个）

西北旺镇东玉河村、苏家坨镇柳林村、苏家坨镇徐各庄村、上庄镇双塔村、上庄镇西辛力屯村、上庄镇东马坊村

丰台区（5个）

王佐镇庄户中心村、王佐镇怪村中心村、长辛店镇李家峪村、长辛店镇赵辛店村、王佐镇西王佐村

门头沟区（11个）

斋堂镇军响村、斋堂镇东胡林村、斋堂镇西斋堂村、斋堂镇马栏村、斋堂镇火村、妙峰山镇上苇甸村、妙峰山镇斜河涧村、军庄镇孟悟村、潭柘寺镇桑峪村、王平镇西马各庄村、清水镇下清水村

房山区（23个）

长阳镇高岭村、窦店镇袁庄村、良乡镇侯庄村、良乡镇张谢村、青龙湖镇常乐寺村、周口店镇娄子水村、周口店镇大韩继村、琉璃河镇南洛村、琉璃河镇西南吕村、韩村河镇赵各庄村、长沟镇双磨村、石楼镇吉羊村、大石窝镇南尚乐村、大石窝镇广润庄村、张坊镇张坊村、河北镇黄土坡村、佛子庄乡东班各庄村、霞云岭乡堂上村、霞云岭乡上石堡村、大安山乡大安山村、史家营乡柳林水村、南窖乡南窖村、蒲洼乡宝水村

通州区（23个）

台湖镇口子村、台湖镇新河村、马驹桥镇神驹村、马驹桥镇东田阳村、永乐店镇半截河村、永乐店镇老槐庄村、永乐店镇后营村、于家务乡果村、于家务乡小海子村、宋庄镇北寺村、宋庄镇西赵村、张家湾镇北大化村、张家湾镇东永和屯村、张家湾镇西永屯村、潞城镇小豆各庄村、潞城镇贾后疃村、潞城镇大豆各庄村、西集镇耿楼村、西集镇和合站村、西集镇沙古堆村、漷县镇东鲁村、漷县镇徐官屯村、漷县镇吴营村

顺义区（23个）

高丽营镇南郎中村、高丽营镇唐自头村、李桥镇临清村、李桥镇南庄头村、南彩镇前郝家疃村、南彩镇桥头村、马坡镇良正卷村、马坡镇马卷村、杨镇于庄村、杨镇汉石桥村、李遂镇李庄村、李遂镇赵庄村、北务镇小珠宝村、龙湾屯镇南坞村、赵全营镇西水泉村、赵全营镇东降州营村、张镇侯庄村、大孙各庄镇大崔各庄村、大孙各庄镇薛家庄村、北小营镇东府村、北小营镇西府村、北石槽镇寺上村、木林镇东沿头村

大兴区（23个）

青云店镇垡上营村、青云店镇西杭子村、青云店镇高庄村、长子营镇李家务村、长子营镇朱庄村、长子营镇赤鲁村、采育镇张各庄村、采育镇大黑垡村、采育镇前后甫村、魏善庄镇王各庄村、魏善庄镇大狼垡村、魏善庄镇查家马房村、礼贤镇紫各庄村、礼贤镇龙头村、礼贤镇西里河村、安定镇东白塔村、安定镇前后安定村、庞各庄镇北顿垡村、庞各庄镇定福庄村、北臧村镇赵家场村、北臧村镇西大营村、榆垡镇履磕村、榆垡镇东西胡林村

昌平区（15个）

沙河镇辛力屯村、阳坊镇四家庄村、小汤山镇土沟村、小汤山镇西官庄村、崔村镇棉山村、马池口镇横桥村、马池口镇白浮村、长陵镇北庄村、长陵镇庆陵村、十三陵镇康陵园村、十三陵镇仙人洞村、百善镇下东廓村、南口镇后洼村、兴寿镇西新城村、流村镇漆园村

平谷区（15个）

大兴庄镇东石桥村、大华山镇小峪子村、大华山镇大峪子村、镇罗营镇桃园村、峪口镇西樊各庄村、峪口镇北杨桥村、刘家店镇寅洞村、王辛庄镇放光村、王辛庄镇井峪村、马昌营镇后芮营村、东高村镇南张岱村、南独乐河镇新立村、金海湖镇海子村、金海湖镇祖务村、黄松峪乡塔洼村

怀柔区（18个）

怀柔镇西三村、北房镇韦里村、杨宋镇张各庄村、庙城镇赵各庄村、渤海镇六渡河村、渤海镇四渡河村、怀北镇大水峪村、桥梓镇凯甲庄村、桥梓镇红林村、琉璃庙镇碾子湾村、琉璃庙镇崎峰茶村、九渡河镇黄花城村、九渡河镇石湖峪村、九渡河镇黄坎村、九渡河镇撞道口村、喇叭沟门满族乡孙栅子村、喇叭沟门满族乡中榆树店村、怀北镇龙各庄村

密云县（15个）

穆家峪镇羊山村、穆家峪镇后栗园村、太师屯镇南台村、太师屯镇桑园村、北庄镇朱家湾村、北庄镇北庄村、北庄镇暖泉会村、北庄镇东庄村、北庄镇苇子峪村、西田各庄镇河北庄村、西田各庄镇白道峪村、溪翁庄镇走马庄村、溪翁庄镇

北京市社会主义新农村建设领导小组综合办公室关于2008年北京市新农村建设“亮起来、暖起来、循环起来”工程建设的指导意见

（2008年5月6日）

为深入贯彻落实科学发展观，坚持城乡统筹发展方略，促进我市社会主义新农村建设又好又快地开展，按照市社会主义新农村建设总体部署，在总结经验的基础上，2008年将继续实施以“让农村亮起来、让农民暖起来、让农业资源循环起来”为主要内容的“三起来”工程建设。2008年“三起来”工程将进一步调动基层和农民主体积极性，扩展建设内容，完善管理模式，改革补贴方法，鼓励自主创新，扩大工程成果。为使“三起来”工程正常有序进行，特提出以下指导意见：

一、指导思想

以科学发展观为指导，从解决农民最关心、最直接、最现实的问题出发，坚持以人为本、可持续发展理念，坚持发展循环经济、创建节约型新农村的思路，深化“三起来”工程内涵，充分发挥基层和农民主体建设社会主义新农村的积极性，继续采取“部门联动、政策集成、资金聚焦、资源整合”的工作机制，进一步改善农村基础设施条件，切实提高农民生活质量，逐步实现京郊农村新能源、新环境、新生活，加快推进我市社会主义新农村建设。

二、基本原则

（一）明确责任主体，实行分级负责　“三起来”工程建设，市新农村建设办公室是政策主体，区县是组织主体，乡（镇）村、企业和农民是实施主体。市新农村建设办公室负责制定工程建设标准和奖励补贴标准，负责确定工程条件和奖励资金发放，负责组织工程检查验收；区县新农村建设办公室负责工程项目的申报，负责组织确定项目施工单位，负责监督工程进展，负责工程质量和安全，负责本地区工程的评估和检查，负责本区县综合管护机制的建设；乡镇政府和村委会负责组织当地农民参与工程建设，为施工单位提供便利条件，确保工程进度和工程顺利开展，并负责具体管护机制的落实。

（二）搭建工作平台，开展部门联动　继续坚持“部门联动、政策集成、资金聚焦、资源整合”的工作机制，搭建“三起来”工作平台，将市新农村建设专项资金与市发改委、市建委、市科委、市水务局、市环保局等部门资金聚焦在一起，整合部门资源，开展分工合作，减少重复投资，提高政策资金引导效率和工作效率。

（三）改革补贴方式，调动主体积极性　2008年“三起来”工程主要采取“先干后奖、以奖代补、不干不奖，多干多奖”的补贴方式。并对奖励补贴方式采取以下改革：一是对于公共产品建设项目、准公共产品建设项目和非公共产品建设项目采取不同的奖励补贴标准。公共产品建设项目按投资的80%补贴，准公共产品建设项目按70%补贴，非公共产品建设项目按60%补贴。新推进工程在以上三类基础上提高10%。二是制定“预期指导计划”，不下达分区县指标。各项建设计划资金可以在区县和项目间调剂。既市确定工程资金总计划和工程建设“预期指导计划”，区县根据本地区需求和资金能力申报初步项目计划，得到确认后实施计划，市可根据区县申报和具体实施情况，按照资金总体计划调整工程“预期指导计划”（包括区县间和项目间的工程量及资金的调整）。三是采取灵活的补贴方式。根据项目性质采取以奖代补、分阶段补贴、一次性奖励等方式。并鼓励创新、鼓励成片连线发展，对投入大、组织好、效果明显的区县给予工作性奖励。

三、工程项目

（一）整体推进项目

1. 继续实施太阳能路灯安装工程；

2. 继续实施大中型生物质气化站和沼气站建设工程；

3. 继续实施粪污治理工程；

4. 继续实施雨洪利用工程；

（二）试验示范项目

5. 太阳能公共浴室示范工程；

6. 整村推进户用沼气示范工程；

7. 农舍改造增温节能示范工程。

四、建设内容及标准

（一）“亮起来”工程

太阳能路灯安装工程。

建设内容：初步计划安装太阳能路灯不超过3万盏，解决400个村及部分乡村旅游道路照明问题。其中安装村内太阳能路灯2.8万盏，乡村旅游道路安装太阳能路灯2 000盏。太阳能路灯重点安装在没有安装路灯的村庄和开展乡村旅游的村庄。

奖励方式：采取以奖代补方式。即工程完工验收合格后，按照全市招标平均价格80%给予奖励。工程招标签订施工合同后拨付80%，工程验收合格后拨付其余20%。

奖励标准：

①乡村和线路必须完成道路硬化。

②乡村和线路目前没有安装照明路灯。

③工程符合《太阳能光伏室外照明装置地方标准》。

④工程集中，成片连线，能够体现整体效果。

⑤乡村具有一定的产业基础和经济实力。

⑥必须建立长效管护机制。

组织方式：

①区县新农办2007年12月下旬上报工程计划（安装数量和地点）。

②区县新农办2008年初按规定组织招标施工单位。

③市新农村建设办公室5月上旬根据工程施工合同签署情况，下拨第一批奖励资金。

④市新农村建设办公室9月上旬根据工程验收完工情况，下拨第二笔奖励资金。

⑤未完成工程不予奖励。

⑥由区县组织验收，市里抽验。

验收标准（条件）：工程申报材料、工程招标文件、工程监理文件、工程总结等。

责任单位：市农委、市财政局

（二）“暖起来”工程

1. 太阳能公共浴室示范工程。

建设内容：初步计划建设不超过50处太阳能与新型建筑保温材料和地源热泵等新技术结合使用的农村公共浴室，解决1.3万农民的四季洗浴问题，同时洗澡污水集中处理，实现水资源循环利用。

奖励方式：采取以奖代补方式。工程完工验收合格后，对于200～400户的农村，每个浴室奖励30万元，对于400户以上的农村，每个浴室奖励35万元。实施分阶段拨付，工程启动后拨付80%，工程验收合格后拨付其余20%。

奖励标准：

①对于200～400户的农村，浴室建筑面积200平方米以上，采用太阳能热水系统，平均日产热水能力3吨以上，采用新型建筑保温材料和供暖措施等，保证冬季供暖要求及正常使用，解决农民四季洗浴问题。

②对于400户以上的农村，浴室建筑面积300平方米以上，采用太阳能热水系统，平均日产热水能力5吨以上，采用新型建筑保温材料等，保证冬季供暖要求及正常使用，解决农民四季洗浴问题。

③符合村域规划条件。

④村民代表大会同意，有一定经济基础。

⑤按照批准的建设图纸施工，并得到有关部门的合格验收。

⑥有公共浴室管理办法，保证设备日常维护。

组织方式：

①区县2007年12月中旬上报工程申报计划。

②有关部门2008年1月份开始组织审定项目。

③区县2008年初按规定选定施工单位。

④市新农村建设办公室5月根据工程合同签署情况，下拨第一批奖励资金。

⑤市新农村建设办公室9月根据工程验收完工情况，下拨第二笔奖励资金。

⑥未完成工程不予奖励。

⑦由区县组织验收，市里抽验。

验收标准（条件）：工程申报材料、工程审定材料、村民代表大会材料、工程合同文件、工程总结等。

责任单位：市农业局

2. 农舍改造增温节能工程。

建设内容：初步计划对1 500户的农村既有住房进行墙体保温改造，对2 000户新建农民住房开展节能示范建设，重点解决农村冬季室内温度低、燃煤量高的问题。

奖励方式：采取以奖代补方式。工程完工验收合格后，每户住宅（建筑面积约80～100平方米）墙体保温改造奖励补贴8 500～11 000元。实施分阶段拨付，工程签订协议后拨付80%，工程验收合格后拨付其余20%。新建住房每户奖励2万元，按照市建委《北京市农民住宅建筑节能墙改示范项目管理办法》（京建材［2006］1186号）文件执行。

奖励标准：

①住宅应满足村庄规划要求。

②墙体改造房屋应为常年有人居住房屋，闲置或不住人房屋不予以补贴。

③墙体改造房屋应在10年内无翻建计划，原则上1990年以前建筑房屋不予以补贴。

④农户自愿报名参加并签订协议，墙体改造房基本满足《民用建筑节能设计标准（采暖居住建筑部分）》（编号DBJ/01—602—97）中围护结构保温作法

要求，同时可参考北京地方工程技术标准外墙内外保温施工工艺规程。新建住房应满足市建委《北京市农民住宅建筑节能墙改示范项目管理办法》（京建材［2006］1186号）文件要求。

⑤以本地农民组建的施工队伍为主。

⑥鼓励各区县引导更多农民参与实施墙体保温改造，鼓励农民自筹部分资金达到更高的节能保温改造标准。

组织方式：

①新建住房由建委具体组织建设。

②既有住房墙体保温改造由市建委负责、区县新农办组织、区县建委协助。

③市新农村建设办公室5月根据工程签订协议情况，下拨第一批既有住房奖励资金。

④由区县组织验收，市里抽验。

⑤市新农村建设办公室9月根据工程完成情况，下拨既有住房第二批奖励资金。

验收标准（条件）：房屋改造（新建）申请、改造（新建）协议、工程验收确认书等。

责任单位：市建委

（三）“循环起来”工程

1. 雨洪利用建设工程。

建设内容：初步计划建设雨洪利用工程150处。通过工程建设，实现新增蓄水能力950万立方米，增加环境用水和农业生产灌溉用水，达到改善环境、节约用水和水资源循环利用的目的。

奖励方式：采取以奖代补方式。工程完工验收合格后，每立方米补助10元（按总投资的70%补助）。

奖励标准：

①利用原有坑塘、废旧沙坑、老河湾、低洼地等，有适合的工程建设条件。

②与村内道路硬化、排水相结合，优先考虑“五项工程”整体推进村，提高工程效果。

③已实现垃圾集中清运处理。

④村庄干净整洁，有良好的生态和卫生环境。

⑤单体工程在5万立方米以上。

⑥工程产权责任主体明确、管护机制完善。

⑦雨季前保证完工，确保工程质量。

组织方式：

①区县2007年10月中旬组织专家评审项目。

②有关部门2008年1月份开始组织审定项目。

③冬修水利期间完成土方工程。

④2008年6月1日前完成全部工程，截污蓄清、改善周边环境。

⑤由区县组织验收，市里抽验。

⑥市新农村建设办公室6月根据工程验收完工情况，下拨奖励资金。

验收标准（条件）：工程设计报告、工程施工报告、工程质量监督（监理）报告、工程总结报告、区县财务决算报告、工程产权移交情况、工程管理机制等。

责任单位：市水务局

2. 生物质气化集中供气村建设工程。

建设内容：初步计划新建30个生物质集中供气村，有效利用生物质资源，为8 000农户提供可再生能源，解决农民炊事用能问题。

奖励方式：采取以奖代补方式。工程完工验收合格后，生物质气化集中供气以每个村200个供气单元能力为基础，每个供气单元奖励标准为6 000元，供气能力超过200个单元的部分，按照每供气单元4 000元标准奖励。计划建成后总日供气能力不低于8 000户。实施分阶段拨付，工程招标签订施工合同后拨付80%，工程验收合格后拨付其余20%。

奖励标准：

①生物质气化工程的建设要依据农业部认定的《生物质气化集中供气站建设标准》NYJ/T09—2005等相关行业标准执行，设计用户应保留余量，每小时设计生物质燃气的供应量应大于200立方米。

②气化工程产生的废水须集中收集处理，不产生二次污染。

③建成的生物质气化站应包括：生物质原料场、气化站、气化机组、除油干燥系统和配套输气设备、消防和污水收集处理设备、以及户内用燃卡表和燃气灶具、厂区围墙、道路硬化、计量设备、配电设施等完整系统。

④主要技术经济指标：生物质的气化率大于75%；燃气热值大于5 000千焦/立方米；焦油灰分含量小于20毫克/立方米；气化机组的使用寿命大于15年，储气柜的使用寿命大于20年，管网的使用寿命大于50年。

⑤户用燃气具、炊具必须符合国家关于燃气具、炊具的国家标准并经过有关质量部门检测。

⑥站内必须要有专业技术人员管护，建立完整安全运行和管护机制。

组织方式：

①各区县2007年12月中旬申报工程项目。

②市有关部门2008年1月份组织专家进行项目评定，确定项目。

③区县2008年3月按规定组织确定施工单位。

④市新农村建设办公室5月根据工程施工合同签署情况，下拨第一批奖励资金。

⑤由区县组织验收，市里抽验。

⑥市新农村建设办公室9月根据工程验收完工情况，下拨第二笔奖励资金。

⑦未完成工程不予奖励。

验收标准（条件）：工程申报材料、村民代表大会同意材料、工程合同文件、工程初步设计方案、工程验收文件、工程自验收总结等。

责任单位：市农业局

3. 沼气集中供气村建设工程。

建设内容：初步计划新建16个沼气集中供气村，

有效解决规模养殖污染，为5 000农户提供可再生能源，同时利用周边农地实现沼气副产品综合利用，发展循环农业。

奖励方式：采取以奖代补方式。工程完工验收合格后，沼气集中供气以每个村供气能力达到200立方米池容为基础，每立方米奖励标准为8 000元。超过200立方米的池容部分，按照每立方米5 000元标准奖励。计划建成后总供气能力不低于5 000户。奖励补贴资金实施分阶段拨付，工程招标签订施工合同后拨付80%，工程验收合格后拨付其余20%。

奖励标准：

①沼气工程要严格执行中华人民共和国农业沼气行业标准，主要包括：《规模化畜禽养殖场沼气工程设计规范》（NY/T1222—2006）和《规模化畜禽养殖场沼气工程运行、维护及安全技术规程》（NY/T1221—2006）、《设计施工、家用沼气灶》（GB3606—2001）《沼气压力表》（NY/T858—2004）、《户用沼气脱硫器》（NY/T859—2004）等相关标准开展设计与施工。

②工艺应保证冬季低温条件下的正常运行，建议采用中温发酵工艺和干式储气设备。养殖污水应通过排水沟自流到集水池，集水池前设置两道格栅，以清除污水中较大的杂物，集水池容积10立方米，可贮存一次的进水量，集水池内设一潜污泵，定时定量地输送到沼气池。

③沼气站应很好的与周边农地结合，以便利用大型沼气集中供气工程和生物质气化集中供气工程产生的副产品发展循环农业。

④建成的沼气站应包括：沼气池、集水池、沉淀池、滤池、贮存池、操作间、配电室、办公室、锅炉房、厂区围墙、道路硬化、入户的管道埋设等土建工程，以及贮气柜、污水泵、循环泵、脱硫塔、消防安全设备、自动化控制系统、配电设施、户用燃气设备等完整的系统。

⑤主要技术经济指标：沼气日产气率不低于1立方米/天，燃气热值大于20 000千焦/立方米；沼气系统设备使用寿命大于15年，储气柜的使用寿命大于20年，管网的使用寿命大于50年。

⑥户用燃气具、炊具必须符合国家关于燃气具、炊具的国家标准，应选用农业部招标企业产品，并经过有关部门质量检测。

⑦站内必须要有专业技术人员管护，建立完整安全运行和管护机制。

组织方式：

①各区县2007年12月中旬申报工程项目。

②市有关部门2008年1月份组织专家进行项目评定，确定项目。

③区县2008年3月按规定组织确定施工单位。

④市新农村建设办公室5月根据工程施工合同签署情况，下拨第一批奖励资金。

⑤由区县组织验收，市里抽验。

⑥市新农村建设办公室9月根据工程验收完工情况，下拨第二笔奖励资金。

⑦未完成工程不予奖励。

验收标准（条件）：工程申报材料、村民代表大会同意材料、工程合同文件、工程初步设计方案、工程验收文件、工程自验收总结等。

4. 大中型规模养殖场粪污治理工程。

建设内容：初步计划新建规模养殖场粪污治理不超过120处。按照“减量化、生态化、无害化、资源化”的治理方针，采用先进、有效的技术，使养殖场产生的固体粪便加工成肥料，用于种植业生产，污水经过治理，作为肥水用于农田灌溉。

奖励方式：采取以奖代补方式。工程完工验收合格后，存栏低于1 000头猪场治理，每个猪场奖励补贴资金10万元；1 000至3 000头猪场治理，每场奖励补贴资金30万元；3 000头以上的猪场治理，每场奖励补贴资金60万元；存栏6 000头以上猪场，建立固体肥有机肥加工的每个猪场奖励补贴资金80万元。牛、禽养殖场的治理，按存栏折合成猪单位参照猪场奖励标准补贴资金。

奖励标准：

①实现资源化利用零排放，不能做到零排放的，要求达到国家标准GB18596—××××《畜禽养殖业污染物排放标准》、HJ/T81—××××《畜禽养殖业污染防治技术规范》、DB11307—××××《北京市水污染物排放标准》等标准。

②规模养殖场必须将水冲粪改为干清粪生产工艺，节约用水达到50%以上，降低污水中COD含量达到70%以上。

③粪和尿水的集中收集，尿水通过密闭式管道流入调节池；固体粪便经堆积发酵，形成有机肥还田。

④养殖场周边干净整洁。

组织方式：

①各区县2007年12月中旬申报工程项目。

②市有关部门2008年1月份组织专家进行项目评定，确定工程项目。

③各区县自行组织项目施工，工程完工后向有关部门申报检查验收。

④市组织有关部门每季度进行一次施工进度检查，项目完工后区县组织验收，市里进行抽验。

⑤市新农村建设办公室根据工程进度，6月对完成工程量50%以上的规模养殖场，下拨第一批奖励资金。9月市新农村建设办公室根据工程验收完工情况，下拨第二笔奖励资金。

⑥未完成工程不予奖励。

验收标准（条件）：工程申报材料、工程完工验收报告、工程总结等。

责任单位：市农业局

5. 整村推进户用沼气示范工程。

建设内容：初步计划新建20个整村推进户用沼气综合利用示范工程。利用农村生产生活废弃物进行发酵处理产生沼气，解决 2 000 户农民炊事用能问题，并与农村环境建设相结合，达到综合治理的目的。

奖励方式：采取以奖代补方式。工程完工验收合格后，每户奖励 1 900 元，主要用于国家标准检验合格的商品化沼气池和配套灶具的补贴。

奖励标准：

①村庄干净整洁，整体环境良好。

②村内户用沼气池的普及率 60%以上。

③采用国家标准池型并经检验合格的商品化沼气池，规格 8～10 立方米，单位设计产气率在 0.15 以上，冬季应采取必要的保温措施，可以常年使用。

④产生的沼渣、沼液等产品要充分利用，实现与农业生产的结合。

⑤有健全的管理机制。

组织方式：

①各区县 2007 年 12 月中旬申报工程项目。

②市有关部门 2008 年 1 月份组织专家进行项目评定，确定项目。

③区县按规定组织施工。

④市组织有关部门检查验收。

⑤市新农村建设办公室 6 月、9 月根据工程验收完工情况分别下拨一批奖励资金。

验收标准（条件）：工程申报材料、工程批复文件、工程总结等。

责任单位：市农业局

以上安排未尽事项由市新农村建设综合办公室负责解释。

北京市社会主义新农村建设领导小组综合办公室关于北京市农村村级社会公共服务中心建设意见

（2008 年 8 月 12 日）

郊区各区县委、政府：

为深入贯彻党的十七大精神，加快农村公共服务均等化进程，有效解决当前村级公共服务设施建设一定程度存在的投资分散、资源浪费、农村公共服务载体部分缺失、服务不完善、公共产品不充分等问题，扎实推进社会主义新农村建设，全面改善和提高农村居民的物质和精神生活质量，现就农村村级社会公共服务中心建设提出如下意见：

一、指导思想

以满足农村居民基本公共服务需求为目标，以增加公共产品有效供给，提高农民综合素质和生活质量、弘扬先进文化、普及科技知识为重点，以功能完备、为村民提供方便、快捷、有效公共服务为标准，坚持政府主导、城乡统筹、科学规划、整合资源、社会共建、建管并重，把村级社会公共服务中心建设成为提供公共服务的有效平台和村民共有共享的公共乐园。

二、功能定位

立足于最大限度地满足村民在民生方面的基本公共服务需求。具体功能应包括村级组织管理服务、党员及村民活动、教育培训、科技传播、公共安全、文体娱乐、计生管理服务、医疗卫生、康复服务、法律咨询、就业管理服务、邮件接转、流动人口和出租房屋管理等功能。

三、基本原则

（一）政府主导、社会参与 坚持政府投入为主体，鼓励社会捐助，吸纳社会力量共同建设。坚持尊重农民群众意愿，组织引导农民群众广泛参与。

（二）规划先行、分类推进 坚持规划先行，合理布局，科学确定建设标准，在区县村庄体系规划的整体框架内，因地制宜、分类推进。

（三）资源整合、资金聚焦 统筹政府及社会各类资金投入，按照规划步骤有序推进，提高资金使用效率。按照“多室合一、功能叠加、兼容并用”要求，坚持资源整合，共建共享，集约发展。

（四）突出服务、建管同步 突出村级社会公共服务中心服务功能，着眼于长效机制建设，建管同步，持续发展。紧扣农民所需、所盼、所想，在富民、便民、育民、乐民、助民方面发挥最大服务效应。

四、建设内容

村级社会公共服务中心应包括以下用房：

（一）村级组织管理服务用房 功能包括：村两委办公、档案管理、村民议事、党员活动、计划生育管理与服务、公共安全、就业管理服务、流动人口和出租房屋管理等；

（二）村民综合服务用房 功能包括：教育培训、科技传播、文体娱乐、医疗卫生、老年福利服务、残疾人康复服务、法律咨询、邮件接转等。

五、工作要求

村级社会公共服务中心建设一定要从实际出发，因地制宜，坚持集约、节约、缺什么补什么的方针，有计划、有步骤地实施，避免“一刀切”。

（一）市级搭建工作平台，实现资源整合 在市新农村建设领导小组综合办公室统一领导下，搭建工作平台，建立部门协调联动机制。研究制定支持村级社会公共服务中心建设的相关政策，编制村级公共服务设施建设规划，明确建设相关标准，确定支持项目及资金安排计划。

市级相关部门建立村级社会公共服务中心项目联审制度，对区县建设项目实施联审，项目确定后，以村为单元集成市级各部门支持新农村公共服务事业发展专项资金予以支持。

市级相关部门会同市财政局制定具体的配置内容和标准，并按照政府采购的相关规定，实行政府采购。对建成后的项目实施检查，对中心运行给予业务上的指导，将服务职能向村级延伸。

（二）区县政府统筹，有序推进村级社会公共服务中心建设 区县政府是村级社会公共服务中心建设的实施主体，在本区县内履行统筹整合职责。各区县政府要成立村级社会公共服务中心建设协调小组，负责中心建设的组织协调工作。根据市级要求，结合实际，在村庄规划基础上，因地制宜，做好选定建设村庄、组织项目申报、落实配套建设资金、开展项目实施、进行具体督导等工作，确保专项建设工程按期、安全、保质保量完成。

中心建设资金以政府投入为主，同时，各区县可在公开自愿的基础上组织社会资金参与。

各区县应充分利用好市级支持新农村公共服务事业发展专项资金，保障中心建设资金的落实，严格按照资金用途开支，确保专款专用；社会资金参与建设的，要积极做好资金使用监督，提高资金使用效益。

镇、村可以根据自身实际，通过社会捐资等办法，多方筹措资金，结合自身实际适当提高配置标准。

六、建立长效管护机制

村级社会公共服务中心建成之后，产权归村集体所有，区县、乡镇党委、政府要加强监管，任何单位和个人不得以任何名义侵占。

市相关部门要根据农民需求，开展内容丰富、形式多样的活动。部门之间应加强协调与合作，围绕服务加强运行管理长效机制建设、公共服务志愿者队伍建设，开发服务项目，探索多种服务形式。

各区县要制定相关政策，制度上墙，切实加强管理，进一步加强和市相关部门联系，建立长效管护机制。

村两委负责中心的日常维护、使用、保养等运行管理事务，维护费用由村集体负责。对集体经济薄弱村，各级政府可以给予经费支持。

中心管护尊重村民意愿，增进村民的主人翁责任感，管护队伍以村民为主体，专职兼职结合，明确管护职责，责任到人。

北京市社会主义新农村建设领导小组综合办公室关于推进山区沟域经济发展试点工作的指导意见

（2008年8月20日）

七个山区县人民政府：

为落实北京生态涵养发展区功能定位，探索山区发展的有效模式，引导农民走出一条有利于生态和农民增收、发挥山区优势、参与市场竞争、实现可持续发展的循环经济道路，市新农办决定在七个山区区县具备条件的乡镇，开展山区沟域经济发展试点工作，现提出以下指导意见：

一、试点工作的主要内容

以山区沟域为试点单元，以其范围内的自然景观、文化历史遗迹和产业资源为基础，以特色农业旅游观光、民俗文化、科普教育、养生休闲、健身娱乐等为内容，通过对沟域内部的环境、景观、村庄、产业统一规划，建成内容多样、形式不同、产业融合、特色鲜明的具有一定规模的沟域产业带，实现以点带面、多点成线、产业互动，促进区域经济发展，形成聚集规模，带动农民增收。试点沟域实现循环经济健康、快速发展，农民人均纯收入达到或超过所在地区农民的平均水平。

二、试点工作的指导思想、原则及推进方式

（一）试点工作遵循的指导思想 全面贯彻党的十七大精神，按照科学发展观和生态涵养发展区功能定位的要求，以沟域为单元，以生态良好、生产发展、生活富裕为目标，以发展生态友好型产业为方向，采取“统一规划、政府扶持、集体搭台、农民主体、社会参与”的运作模式，充分发挥农村经济合作组织的作用，先易后难，循序渐进，创新机制，形式多样，推进山区特色产业以点带面、集中连片成带发展。

（二）试点工作遵循的原则

1. 坚持生态环境优先、可持续发展的原则。试点沟域内的各项工程都必须服从、服务于生态环境保护和改善，在科学确定生态承载力的前提下，培育发

展山区特色种植业、绿色养殖业、休闲旅游业以及农副产品加工业和山区新型服务业等环境友好型产业，以良好的山区生态环境为支撑，促进山区水土资源的可持续发展、生态环境的可持续维护和经济社会的可持续发展。

2. 坚持发挥优势、突出特色的原则。要充分发挥试点沟域自然景观、历史文化、产业空间等优势，以资源为基础，以市场为导向，以创建新品牌为着力点，确定沟域产业的特色发展方向。

3. 坚持以农民为主体，富裕农民的原则。农民作为沟域产业的投资、建设和受益主体，试点沟域内的各项工程，农民能干的要优先由农民干；社会力量参与的，也要把吸纳农民就业作为重要条件。

4. 坚持规划先行、依法推进的原则。试点工作要以科学规划为先导，统筹安排，先规划、后建设。沟域内的各项建设项目要符合土地利用总体规划和城市总体规划，依法有序进行。

（三）试点的推进方式 试点工作在区县和市两个层面进行，实行分级推进：

1. 区县级沟域试点。由区县在充分调研、摸清沟域基本情况和农民意愿的基础上，确定本区县的试点沟域。

2. 市级沟域试点。市新农办从区县沟域试点中逐年择优认定若干特色突出、条件成熟、带动性强、影响力大的沟域作为市级沟域试点。

三、试点应具备的条件及申报和审定

（一）山区沟域特色产业试点应符合的基本条件

1. 有一定的资源基础。试点沟域内的交通、通讯、水利、电力等配套设施有一定基础；具备进一步开发的条件；有能够发展成为具有较强带动力的产业点的资源，如农业特色资源、绿色产业资源、历史文化遗迹、地理自然奇观、古村落等；特色种植业、绿色养殖业或休闲旅游业已经初步形成有一定规模和知名度的特色产业点，如景区、民俗旅游村、农业观光园、林果采摘园等。

2. 有一定的规划基础。沟域发展思路比较明确，初步的发展规划对沟域内的资源进行了合理配置，对产业结构进行了科学调整和布局，能够较为充分地发挥资源优势，形成沟域的特色产业发展格局。

3. 有较好的前景。在沟域内部具备一定的特色旅游资源和产业资源的基础上，深度开发农业的生态、生活和示范功能，能够成为农游结合、产业互动、具有聚集优势的山区特色产业沟。

4. 沟域所在乡镇和村的积极性较高。沟域内农民有较强的发展特色产业的愿望，所在行政村基层组织团结，干群关系融洽，有较强的凝聚力、战斗力，能够组织带领村民投资投劳试点沟域特色产业。

（二）市级试点的确定和申报程序

1. 沟域所在乡镇在充分征求农民意见的基础上，确定试点沟域地点和范围，聘请组织专家编写试点沟域的综合发展规划，向区县政府提出申请；

2. 区县农委牵头组织专家和本区县相关部门，对乡镇沟域试点进行论证，形成可行性研究报告，向市新农办提交试点的申请。

3. 市新农办会同市相关部门研究审定后，择优纳入市级试点计划。

四、试点的运作模式

沟域试点应坚持“统一规划、政府扶持、集体搭台、农民主体和社会参与”的模式进行运作。

统一规划就是试点所在乡镇要认真组织编制试点沟域特色产业发展的规划和年度实施计划，确定工作时序。

政府扶持就是政府资金主要起基础性、导向性作用，投资一家一户需要而干不了的公共基础设施，扶持农民能干而有困难的符合方向的产业项目。

集体搭台就是村集体要对农民参与沟域产业发展进行组织；有条件的集体要投入资金，启动引导试点沟域特色产业发展。

农民主体就是发挥农民建设者和投资受益主体作用，使农民积极参与试点沟域建设，从中得到实惠。

社会参与就是沟域的建设要面向社会，吸引社会上的资本、技术、信息等资源进入试点沟域，参与沟域的人居生态环境和产业项目建设。

五、政策措施

（一）搭建政府资金扶持平台 市和区县按照“统一规划、部门联动、政策集成、资金聚焦”的工作机制，引导相关部门将目前在山区实施的农业综合开发、都市型现代农业、京津风沙源治理、小流域综合治理、主干沟域环境整治工程、生态修复、山区搬迁、旧村改造、村庄基础设施建设、公路“村村通”等项政策，向列入山区沟域产业发展年度计划的试点地区集中，提高资金使用效果，加快试点沟域的打造步伐。

（二）建立专项扶持资金 市新农办建立市级山区沟域试点产业发展专项扶持资金，对参加试点的沟域，连续三年给予扶持，扶持资金主要用于扶持以下环节：沟域整体规划的编制、重点产业项目的补贴和奖励、村庄环境整治、民俗户住房改造、农民技术培训等；试点沟域所在区县和乡镇财政也应拿出专门资金，扶持沟域产业发展。

（三）盘活用好农村集体建设用地 各区县政府应在符合土地利用总体规划的基础上，盘活建设用地存量，以节约集约用地为核心，在市级部门的指导下，在试点沟域内，依法有序开展农村集体建设用地流转工作，提高土地资源利用效率和利用水平，妥善解决好产业发展的用地问题。

（四）鼓励和吸引社会力量参与沟域建设 创新

机制，动员、鼓励社会团体、科研院校、驻京部队、企事业单位和民营企业等社会的力量，采取多种形式参与沟域产业发展；市和区县政府要广泛宣传，制定政策措施，奖励参与山区沟域的个人和单位。

（五）创新机制，鼓励多元化投入 积极推进试点沟域农村集体产权制度改革，给予山区农民更大的自主经营权，鼓励山区农民通过土地承包权和林权流转，为扩大山区特色产业规模和结构调整创造条件，通过地权、林权入股的方式吸引社会资金进入沟域经济建设范畴，积极摸索建立能够吸纳社会和农民多元投资、调动多方面积极性的新体制、新机制。

北京市社会主义新农村建设领导小组综合办公室 北京市规划委员会 关于进一步加强北京市新农村建设村庄规划编制组织管理的通知

（2008年12月2日）

郊区各区县新农村建设领导小组：

为贯彻落实十七届三中全会精神，进一步加快社会主义新农村建设，市新农办、市规划委共同制定了《北京市重点村村庄规划编制工作方法及成果要求》以及《北京市一般村村庄规划编制工作方法及成果要求》，对全市的村庄规划编制提出了有关意见。现就落实村庄规划组织编制，提高村庄规划编制质量，提出如下要求：

一、充分认识编制村庄规划的重要意义

近年来，各区县、各乡镇积极贯彻城乡统筹发展战略，村庄规划从零起步、从无到有，积累了较为丰富的经验，探索出一条符合农村实情的规划发展之路，为科学指导新农村基础设施和公共服务设施建设、促进农村经济社会健康有序发展发挥了重要的作用。党的十七届三中全会明确提出要建立促进城乡经济社会发展一体化制度，推动城乡经济社会发展一体化，首先要统筹城乡规划，坚持规划先行，只有这样才能促进社会主义新农村建设又好又快发展。各级党委、政府必须深刻认识到首都在成功举办奥运会、残奥会后，已进入一个新的发展阶段，进入形成城乡经济社会发展一体化新格局的关键时期，我们必须认真贯彻落实《中共中央关于推进农村改革发展若干重大问题的决定》，从贯彻落实科学发展观的高度，充分认识科学编制村庄规划工作的重要性和紧迫性。按照市委、市政府的总体部署，结合区县功能定位，准确把握农村当前发展的阶段性特征和区域性特点，抓住机遇，开拓创新，切实做好村庄规划的编制工作。

二、明确村庄规划编制的总体要求和目标任务

村庄规划编制要以科学发展观为统领，以促进社会主义新农村建设为根本要求，按照建设“人文北京、科技北京、绿色北京”的理念，坚持城乡统筹、以人为本、突出特色的方针，对重点村、一般村的规划编制进行分类指导，全面加快村庄规划编制步伐，不断提高规划编制水平，强化对规划实施监督，充分发挥村庄规划在引导和促进公共资源在城乡之间均衡配置，促进农村经济社会发展、改善人居环境、保护地域传统文化和自然生态等方面的重要作用。

按照我市社会主义新农村建设的总体要求，到2010年，村庄规划编制的目标任务是：以全市各级各类城乡规划相衔接为基本要求，完成全市所有未编制村庄的规划编制任务，基本实现村庄规划的全覆盖。

三、进一步加强村庄规划编制的组织管理工作

完成确定的目标任务，必须加强和规范村庄规划编制、审批、实施和监督工作，抓好各个环节的衔接，理顺各个部门的职责。

1. 进一步明确职责。各级政府和相关部门要切实加强村庄规划的领导，各负其责，协调配合。

市新农办和市规划委共同负责全市村庄规划工作的组织安排和统筹协调，根据总体目标提出全市村庄规划编制计划，向各区县下达年度村庄规划编制任务。

区县政府负责本辖区内村庄规划的组织编制及审查审批工作。根据下达的各区县村庄规划编制任务，制定本辖区村庄规划编制组织实施方案。通过区县政府审批后的村庄规划按照统一的成果要求及时报市新农办和市规划委备案。

乡镇政府负责本辖区内村庄规划的组织编制、初步审查及规划实施工作。根据下达的各乡镇村庄规划编制计划，制定本辖区村庄规划编制组织实施方案。

按照统一的要求及时将村庄规划成果上报区县政府审查审批。

区县新农办和规划分局负责协助区县政府做好本辖区内村庄规划的组织编制、成果审查及规划实施的监督检查工作。区县发改、财政、国土、市政、建设、交通、水务、农业、绿化、环保、卫生、文化、文物、消防等有关行政主管部门应当按照各自职责参与村庄规划的审查、监督工作。

2. 遵守规划编制要求。村庄规划编制应当符合全市总体规划、新城规划、乡镇域总体规划、区县村庄体系规划以及其他相关专项规划的要求。

重点村、一般村村庄规划编制要按照《北京市重点村村庄规划编制工作方法及成果要求》、《北京市一般村村庄规划编制工作方法及成果要求》（附件1、2）进行编制。

承担编制重点村村庄规划的设计单位，须具有相应的规划编制资质。承担编制一般村村庄规划的设计单位除具有规划编制资质外，具有独立法人、具有规划专业技术人员的大专院校、科研和设计单位如果具备相应水平也可编制。

在规划编制过程中，要充分听取村民的意见，编制成果要在村内通过简单明了的形式进行公示，并经村民代表会议或村民大会讨论通过。

根据经济社会发展要求，需要对村庄规划进行调整的，应当先取得村民代表会议或村民大会的同意，再由乡镇政府组织规划设计单位进行修改和调整，重新报区县政府批准，并报市新农办和市规划委备案。

鼓励有条件、有基础、有能力的区县、乡镇在保质保量完成当年下达编制任务的基础上，可超额或提前完成剩余村庄规划的编制工作。

3. 切实加强组织管理。在新农村建设中，村庄的各项建设应当按照已批准的村庄规划进行，不得违反国家有关的法律法规和规章。

村庄规划的实施要以农民为主体，突出重点，循序推进。在实施过程中，区县政府负责指导和监督，乡镇政府负责具体的组织实施并承担直接责任。

区县新农办、规划分局协助区县政府对本辖区内村庄规划的落实情况进行检查考核，并将检查考核情况报告市新农办和市规划委。

市新农办和市规划委适时组织相关部门和专家对村庄规划实施情况进行考核评估。市、区县相关部门要适时对村庄规划的落实情况进行检查和督导，对发现的问题要及时予以纠正。

4. 确保规划编制资金有效落实。村庄规划补助资金采取转移支付的方式直接拨付区县财政，由区县政府根据当年村庄规划编制任务以及村庄人口、占地规模统筹安排。村庄规划编制资金属专项资金，各区县要加强资金监管和有效使用，确保资金足额拨付乡镇，保证资金使用效果。

新农村规划工作是一项长期的历史任务，村庄规划编制和编制工作的组织管理也是一个逐步完善的过程，需要不断适应新的形势要求。各区县、各部门、各编制单位要紧紧围绕十七届三中全会提出加快形成城乡经济社会发展一体化新格局的要求，积极探索，勇于创新，不断改进和完善村庄规划编制工作。

附件：1. 北京市重点村村庄规划编制工作方法及成果要求（暂行）
2. 北京市一般村村庄规划编制工作方法及成果要求（暂行）
3. 近期改造、新建项目及造价估算表（略）
4. 现状情况调查表（略）
5. 村庄规划用地分类和图层设置要求（略）

附件1　北京市重点村村庄规划编制工作方法及成果要求（暂行）

第一章　目的和指导思想

一、目的

为了贯彻落实十七届三中全会精神，学习实践科学发展观，落实市委市政府关于加快北京市新农村规划建设的精神，有效指导重点村的村庄规划编制工作，提高工作效率和规范规划成果，特制定《北京市重点村村庄规划编制工作方法及成果要求》（以下简称《重点村要求》）。

二、指导思想

1. 贯彻落实十七届三中全会精神和国务院关于《北京城市总体规划（2004—2020年）》批复精神。

2. 坚持建设资源节约型和生态友好型社会的原则，保障构建和谐社会总体目标的实现。

3. 正确处理好新农村建设与工业化、城市化、城镇化快速发展之间的关系，合理把握新农村建设时代发展的特征和规律。

4. 坚持与北京发展实际相结合，注重实效，量力而行，突出乡村特色、地方特色和民族特色。

5. 正确处理好新农村建设中农民的主体地位与政府服务引导作用的关系。

6. 结合各区县实际情况，有计划、有步骤、分阶段进行。

7. 主要指导文件。

《中共中央关于推进农村改革发展若干重大问题的决定》

《中共中央国务院关于推进社会主义新农村建设的若干意见》

《中国共产党第十六届中央委员会第五次全体会议公报》

《中华人民共和国国民经济和社会发展第十一个五年规划》

《建设部关于村庄整治工作的指导意见》

《北京市国民经济和社会发展第十一个五年规划》

三、适用范围及编制单位

1. 由区县村庄体系规划确定长期保留的村庄为北京市重点村。重点村的村庄规划，须依照《重点村要求》进行规划编制工作，并完成相应的规划成果。

2. 编制重点村村庄规划的设计单位须具有相应的规划编制资质。

第二章　规划依据和原则

一、规划依据

重点村村庄规划的编制应以下列有关规划法律、法规和正式规划文件作为规划编制的依据：

1. 《中华人民共和国城乡规划法》（2008 年 1 月 1 日）

2. 《村庄和集镇规划建设管理条例》（1993 年 11 月 1 日）

3. 《村镇规划编制办法》（2000 年 2 月 14 日）

4. 《村庄整治技术规范》（GB50445—2008）

5. 《北京城市总体规划（2004—2020 年）》

6. 《北京市限建区规划（2006—2020 年）》

7. 《北京市山区协调发展总体规划（2006—2020 年）》（适用部分区县）

8. 《北京市新农村“五项基础设施”建设规划（2009—2012 年）》

9. 《北京市东部及西部发展带协调规划（2005—2020 年）》

10. 《新城规划（2005—2020 年）》

11. 《北京市村庄体系规划》

12. 《区县村庄体系规划》

13. 《乡镇域总体规划》

14. 《乡（镇）土地利用总体规划》

二、规划原则

1. 统筹城乡发展，与城乡规划近远期发展相协调，避免投资浪费。

2. 尊重农民意愿，充分体现农民在村庄规划中的主体地位，保障农民的切身利益。

3. 严格保护耕地和基本农田，盘活存量建设用地，节约集约利用土地，保护生态环境。规划建设充分体现“节地、节能、节水、节材”的原则。

4. 因地制宜，量力而行，在统一规划的指导下稳步推进村庄各项建设。

第三章　规划主要内容

村庄规划应主要包括村庄现状调研、村庄发展定位、村庄建设规划、近期建设项目安排、规划实施建议等五个方面的内容。

一、现状调查与分析（可根据村庄具体情况参考选用）

对村庄自然环境、限制性因素、社会经济人口、建设用地、农用地、基础设施、公共服务设施、住房和宅基地、历史文化等方面进行现状调查分析，为村庄规划提供基础资料。

1. 自然环境。周围关系，气候、水文、土壤、地形地貌、地质等自然条件。

2. 限制性因素。应在区县村庄体系规划的基础上对村域范围的限制性因素进行细化分析，确定崩塌、滑坡、泥石流、采空区、地裂缝等风险性限制因素影响区，水源保护、湿地保护、风景名胜区、森林公园、耕地和基本农田等资源性限建因素影响区。对划定的限制性因素影响区内要严格遵守相关的防护规定，对上位规划确定的区域性基础设施应细化落实。

3. 社会经济发展。产业发展，人均年收入，收入构成，村集体企业，出租土地厂房，村民福利（对儿童、老人、五保户的特殊照顾等措施）。

4. 人口与劳动力。人口数量和结构（户籍人口、外来人口，农业人口和非农业人口等）、年龄构成、素质构成、人口变化情况等，劳动力、就业安置情况。

5. 用地及房屋。村域土地使用现状（包括村庄建设用地和各种农用地），村庄建设土地使用现状，闲置地情况，房屋建筑质量（建筑年代）、建筑高度，空置房屋情况等。

6. 道路市政。现状道路情况，机动车、农用车普及情况，停车管理，路灯设施，公交站点布置，饮用水达标，污水和雨水的收集处理，供电，电信，网络，有线电视，采暖方式，燃料来源，垃圾收集处理。

7. 公共服务配套。商业服务设施，文化站，阅览室，医疗室，中小学、幼儿园，敬老院，公共活动场所，公园，健身场地，公共厕所，公共浴室等。

8. 历史文化分析。村庄历史沿革、发展演变过程、现状村庄整体格局、街巷肌理、院落格局、历史文化价值较高的建筑物和构筑物、古树名木、非物质文化遗产等。

9. 其他。村民住房形式和施工方式、室内装修、家电设备、建设成本，村风民俗，民主管理公共事务，村民合作组织等。

10. 相关规划情况：乡镇域规划，村庄体系规划，村庄发展规划设想，有关的专项规划，历史上进行过的村庄改造项目等。

二、村庄发展定位

结合村庄现状条件和上位规划对村庄的要求，对村庄发展面临的优势、劣势、机遇和挑战进行分析，确定村庄发展定位。

三、村庄建设规划

村庄建设规划主要包括村域和村庄土地使用规划、产业发展规划、公共服务设施规划、交通市政基础设施规划、村庄风貌控制和防灾减灾规划六个部分。

1. 村域和村庄土地使用规划。主要包括村域范围的土地使用规划、空间发展布局、对外交通和自然生态环境保护等；村庄范围的土地使用规划，居住、产业、公共设施用地布局等。

规划应本着节约集约利用的原则，优先利用存量土地，保障基本农田总量。

2. 产业发展规划。对村庄产业发展方向、目标提出近远期的发展策略以及具体落实措施，并与空间布局进行有效的衔接。

村庄产业发展研究应结合上位规划对村庄的发展要求、村庄自身资源条件、面临的发展机遇和村民素质能力进行综合分析。

3. 公共服务设施规划。主要包括基础教育设施、商业服务设施、文化体育设施、卫生设施、环境整治和绿化美化等方面。

（1）基础教育设施规划。村庄基础教育设施包括中小学和幼儿园。

教育设施的配置应在镇域范围内统筹考虑。幼儿园的配置应依据村庄人口规模、年龄结构和周边村庄的教育配置情况进行综合分析，适当条件下可新增。

（2）商业服务设施规划。村庄商业服务设施主要包括小型连锁超市、便利店、集贸市场等为农民提供日常生活必需的商品和多种生活服务的设施。

商业设施应根据村庄需求进行配置，经济条件较差的村庄应保障至少有一处小便利店。集贸市场应视村域面积大小、人口分布情况，可几个村庄或一个乡镇设置一处，满足日用品和农产品交易需要。

（3）文化体育设施规划。村庄文化设施主要包括村文化站、图书室、阅览室、老年活动中心、青少年活动中心等。体育设施主要包括乒乓球、羽毛球、篮球等设施和健身广场内设置的健身器材等。

村庄文化体育设施规划应根据村庄规模、村民习惯和喜好等情况进行合理配置。对于村庄较小的，可将多种文化设施合并，设置为村民综合活动中心。

（4）卫生设施规划。村庄卫生设施主要指卫生室（站、所）和健康工作室（非医疗机构）。

按一村一室的要求，以农村居民步行 30 分钟（距离约 2 公里）为村级基本医疗服务普及标准，公共卫生覆盖标准以行政村为单位，合理设置村级卫生机构。未设置村级卫生机构的行政村应设立健康工作室。村级卫生机构建设，要以充分利用现有村级公共设施资源和人员配备到位为前提。同时做到统筹规划、共建共享，避免重复建设。

（5）环境整治和绿化美化。环境整治及绿化美化包括闲置房屋、土地整治，景观环境整治，公共活动场地整治以及公共服务设施整治、村庄绿化等内容。

环境整治及村庄绿化美化应注重村庄特色。村庄绿化应结合庭院绿化、道路绿化、集中公共绿地形成点线面结合的绿化系统格局。

4. 交通市政基础设施规划。主要包括道路交通、供水、排水、厕所改造、垃圾处理、新能源利用等。

（1）道路交通规划。道路交通规划应主要包括村域和村庄道路系统、道路宽度，停车场、公交车站、路灯等设施。

村域内道路要考虑对外交通的需求，确定路网等级及红线宽度；村庄道路应尽可能遵循原有的村庄道路网格局，打通必要的消防通道，划分出车行道路和步行道路即可，不必严格按照其红线宽度进行整治；根据村民机动车拥有量、生活习惯及外来人口（如旅游人口）数量，合理确定村庄停车场的位置和规模。

（2）供水规划。村庄供水规划包括确定水源地和水厂位置、预测用水量、进行供水管网布置等。

应考虑水量、水质、水压等影响村庄供水的相关因素，保障村庄供水需求；分析上位规划是否有城镇管网扩户或联村供水的要求，并考虑其可行性，尽可能节约集约利用资源。

（3）排水规划。村庄排水规划包括雨水排除规划和污水排除规划。

雨水排除规划应结合村庄地形地貌，合理设置排水管道或暗沟，确定管道或暗沟走向；污水排除规划应确定排污管道走向，估算村庄污水量并确定污水处理设施的形式和处理能力；分析上位规划是否有城镇管网扩户或联村处理的要求，并考虑其可行性，尽可能节约集约利用资源。可能的条件下应考虑村庄雨洪利用。

（4）厕所改造。厕所改造包括户厕改造和公厕改造。

北京地区农村户厕改造宜使用三格化粪池式厕所，也可建水冲式厕所直接接入污水管道。

普通村庄的公厕建设应符合《农村地区公厕、户厕建设基本标准》，每座建筑面积为 30～70 平方米；民俗旅游村按城市标准建设，应符合北京市《公共厕所建设标准》（DB11/T190—2003），每座公厕建筑面积 70～80 平方米。

（5）垃圾处理。垃圾处理规划应包括估算村庄垃圾量，确定密闭式垃圾房/（箱）的数量、位置及规模等。

村庄垃圾收集处理应采用“村收集、镇运输、区县处理”的管理模式。根据村庄规模设立垃圾池和垃圾中转房。建立村庄保洁员队伍，负责垃圾清运、道路清扫、设施维护等工作。

（6）新能源利用。应根据村庄特点考虑新能源利用。

采用沼气和秸秆气化等新能源形式的村庄，应对当地资源量和村庄能源需求负荷进行调查和估算，结合村庄的基础条件制定相应的能源供应方案，如涉及管网供应的，规划应包括管道及相关设施的规划。太阳能路灯和太阳能热水器的运用应考虑其形式同村庄传统风貌相协调。

5. 村庄风貌控制。在村庄风貌控制上，规划应结合村庄地域、气候、民族、习俗和传统等特点提出对村庄整体环境、道路网格局、院落布置、建筑高度、建筑色彩、建筑风格、绿化美化等方面的控制要求。

6. 防灾减灾规划。针对可能出现的灾害提出可行的安全防范措施。

(1) 防洪规划。村庄防洪规划包括确定村庄防洪标准、河道治理标准、河道宽度、防护绿带宽度、河道断面形式等。

(2) 消防规划。村庄消防规划包括消防供水、消防通道、消防通信等方面。

不能满足消防水压要求的村庄应设立消防水池。

(3) 防震规划。应确定村庄的防震等级，并结合防震等级对村庄危房进行改造。要严格执行《中华人民共和国防震减灾法》和国家建设部令《城市抗震防灾规划管理规定》，对于地震灾害实行预防为主、防御与救助相结合的方针，提高抵御地震灾害的能力。

(4) 崩塌、滑坡、泥石流、采空区、人防等防护规划。对存在崩塌、滑坡、泥石流、采空区等灾害的村庄应对存在安全隐患的农户予以搬迁，确保村民安全。村庄规划还应加强人防等方面的内容。

四、近期建设项目规划

近期建设项目应主要安排在产业发展、基础设施建设、公共服务设施建设等方面。

五、规划实施建议

针对村庄自身情况提出规划实施的具体建议。

第四章 规划编制要点

在规划的编制过程中应注意现状调查分析、编制的沟通和协调、产业发展研究、近期建设项目安排和成果公示等方面的问题。

一、现状调查与分析

现状调查与分析是村庄规划的基础工作和重要环节，该阶段的工作将直接影响到最后的规划成果质量，应深入基层，与当地村民充分交流，切实掌握一手资料，科学做好调查、分析和统计工作。

1. 现状调查方式。充分调查了解村庄的基本情况，必须进行现场踏勘，同时可采取专题座谈、入户访谈、发放问卷等具体调查方式，应与村庄规划的内容密切结合。

2. 问题分析。以问题为导向，分析农村亟需解决的问题，注意结合当地的经济社会现实情况，重点放在产业发展、配套公共服务设施和市政基础设施、用地布局等方面。

3. 规划构想。通过现状调查与问题分析，提出解决问题的规划构想，与当地干部群众和有关政府部门充分交换意见，听取各方意见并修改完善。

二、规划编制的沟通和协调

在规划编制过程中，充分尊重农民意愿，虚心学习和吸取当地干部、群众关于经济发展、村庄建设等方面的有益做法和经验，尊重当地风俗习惯。应按照有关工作计划，分阶段向村、镇、区各级政府进行汇报、听取意见，并由区政府有关主管部门组织与其他相关专业部门进行沟通与协调。编制单位应综合各方意见后修改完善。

三、产业发展研究

村庄规划应因地制宜，分析村庄发展的现实条件，预测村庄宜农产业发展前景。确定村庄发展的主导产业和辅助产业，推进“一村一品”。

对一些不适宜发展的产业，提出限制要求。对规划实施提出多种比较方案，包括明确资金投入方向、重点和时序等。

四、近期建设项目规划

为指导村庄解决当前面临的急迫问题，在充分调研和尊重农民意愿的基础上编制近期建设项目规划。

1. 优先解决农村亟需改善的问题，区分轻重缓急，突出建设重点。

2. 重点加强基础设施建设，完善公共服务设施配套。

3. 避免形象工程，防止大拆大建。

4. 考虑近远期建设相结合，避免与今后城市建设矛盾而造成的浪费。

5. 应是近期能够完成的项目。

6. 近期建设项目规划应落实各项建设用地、市政管线布局，配合必要的图纸，以表格汇总量化结果并估算投资，其中重点项目之外的投资（如产业项目、大型交通市政设施等）可以单列并分类标识，区分政府主导投入与市场引资投入的项目。

五、成果公示

规划方案完成后，规划编制单位应以简单明了的表达方式将村庄规划向村民进行公示。建议以展板形式，内容应通俗易懂，便于村民理解。村庄规划成果应根据大多数村民的合理意见进行修改完善，经村民代表大会通过的成果上报时需附有加盖村集体公章的书面意见。

第五章 规划成果的要求

规划成果应包括规划说明、规划图纸和规划附件。为便于全市域村庄规划的综合汇总和村庄对规划成果的使用，规划成果的格式应满足相应的要求。

一、规划说明

规划说明应包括规划背景、现状分析、规划定位、村庄建设规划、近期建设项目安排、规划实施建议等。应采用文字说明结合现状照片和规划图纸的形式，尽可能做到图文并茂。

二、规划图纸

规划图纸分为规定性图纸和建议性图纸。规定性图纸为村庄规划必须包括的图纸，建议性图纸为结合村庄自身情况或特点增加的图纸。

1. 规定性图纸。

(1) 区位图

(2) 限制性因素分析图

（3）村域土地使用现状图（1∶10 000）

（4）村庄土地使用现状图（1∶2 000）

（5）村域发展规划图（结合产业发展布局）（1∶10 000）

（6）村庄土地使用规划图（1∶2 000）

（7）村域道路交通规划图（可结合村庄道路交通规划图）

（8）村庄公共服务设施规划图（主要包括办公、商业、文化、医疗、教育等设施）

（9）村庄市政设施规划图（主要包括供水、排水、厕所、垃圾、电力、电信等设施）

（10）村庄绿化系统规划图

（11）村庄防灾减灾规划图

2. 建议性图纸。

（1）航空影像图

（2）相关上位规划图（如乡镇域总体规划、区县村庄体系规划图则）

（3）近期建设项目分布示意图

（4）村庄总平面布置示意图

（5）其他

三、规划附件

1. 用地平衡表。包括村庄现状用地平衡表、村庄规划用地平衡表、村域现状用地平衡表、村域规划用地平衡表。

2. 近期改造、新建项目及造价估算表（详见附件3）

3. 现状情况调查表（详见附件4）

4. 现状调查问卷：设计单位入户调查时发放的调查问卷。

四、成果提交要求

1. 向市规划委和市新农办提供备案纸质A3成果文件2套，电子文件1份。

2. 电子文件格式。

（1）规划说明：doc格式。

（2）规划图纸：dwg格式和jpg格式图纸各1套。（部分分析图可不要dwg格式，jpg格式精度不小于4 200×2 970）。

（3）规划附件：doc格式。

（4）汇报文稿：ppt格式。

（5）现状照片：现状调研的各类现状照片，须提供jpg格式（精度不小于1 600×1 200）。

注：须向村委会提供相关最终规划成果。

附件2　北京市一般村村庄规划编制工作方法及成果要求（暂行）

第一章　目的和指导思想

一、目的

为了贯彻落实十七届三中全会精神，学习实践科学发展观，落实市委市政府关于加快北京市新农村规划建设的精神，有效指导一般村村庄规划编制工作，提高工作效率和规范规划成果，特制定《北京市一般村村庄规划编制工作方法及成果要求》（以下简称《一般村要求》）。

二、指导思想

1. 贯彻落实十七届三中全会和国务院对《北京城市总体规划（2004—2020年）》的批复精神。

2. 按照构建和谐社会和建设节约型社会的要求，加快改善农村最基本的生产生活条件和人居环境，促进农村经济社会全面进步。

3. 坚持村庄发展与所处的社会发展阶段相结合，处理好村庄改造整治和项目建设的关系，重点进行村庄整治和改善环境。

三、适用范围及编制单位

1. 由区县村庄体系规划确定迁建型和城镇化整理型村庄以及近郊区村庄为北京市一般村。一般村的村庄规划，需依照《一般村要求》进行规划编制工作，并完成相应的规划成果。

2. 编制一般村村庄规划的设计单位除具有规划编制资质的设计单位外，具有独立法人、具有规划专业技术人员的大专院校、科研和设计单位如果具备相应的水平也可编制一般村村庄规划。

第二章　规划依据和原则

一、规划依据

1.《中华人民共和国城乡规划法》（2008年1月1日）

2.《村庄和集镇规划建设管理条例》（1993年11月1日）

3.《村镇规划编制办法》（2000年2月14日）

4.《村庄整治技术规范》（GB50445—2008）

5.《北京城市总体规划（2004—2020年）》

6.《北京市限建区规划（2006—2020年）》

7.《北京市山区协调发展总体规划（2006—2020年）》（适用部分区县）

8.《北京市新农村“五项基础设施”建设规划（2009—2012年）》

9.《北京市东部及西部发展带协调规划（2005—2020年）》

10.《新城规划（2005—2020年）》

11.《北京市村庄体系规划》

12.《区县村庄体系规划》

13.《乡镇域总体规划》

14.《乡（镇）土地利用总体规划》

二、规划原则

1. 统筹城乡发展，与城乡规划近远期相协调。

2. 尊重农民意愿，充分体现农村在村庄规划中的主体作用，保障农民的切身利益。

3. 准确把握村庄类型，因地制宜，分类指导，稳步推进。

第三章　规划主要内容

一般村村庄规划应主要包括现状调查分析、村庄建设规划、规划实施建议等三个方面的内容。

一、现状调查分析

1. 自然环境。周围关系，气候、水文、土壤、地形地貌、地质等自然条件。

2. 限制性因素。对村域内的限制性因素进行细化分析。重点分析滑坡、泥石流、采空区、地裂缝等风险性限制因素。

3. 人口与社会经济。人口数量、人口构成、外来人口、人口变化情况、劳动力、就业安置，产业发展，人均收入，收入构成，村集体企业，村民福利等。

4. 用地及房屋。村域土地使用现状，村庄土地使用现状，闲置地情况，房屋建筑质量、建筑高度，空置房屋情况等。

5. 道路市政。道路、停车、供水、雨水、污水、电力、电信、网络、有线电视、采暖、燃料、垃圾收集处理等。

6. 公共服务配套。商业、文化、医疗、教育、养老、公共活动场所、公园、健身场地、公共浴室等。

7. 相关规划情况。乡镇域规划，村庄体系规划，村庄发展规划设想，有关的专项规划，历史上进行过的村庄改造项目等。

二、村庄建设规划

1. 土地使用规划。考虑村域内产业发展空间布局和自然生态环境保护，重点解决村庄现状用地布局中存在的突出问题等。对流动人口较多的村庄和空心化严重的村庄应根据自身情况在用地布局中给予适当考虑。应尽可能利用村庄现有建设用地和闲置地，节约集约利用土地。

2. 交通市政基础设施规划。

(1) 道路交通规划。包括村庄道路系统、道路宽度、停车设施、路灯设施、公交车站布置等。

(2) 供水规划。确定水源地和水厂位置、预测供水量、进行供水管网布置等。应确保村庄水量、水质、水压等条件达到村庄供水相关要求，保障村庄饮用水安全。

(3) 排水规划。雨水排除规划应结合村庄地形地貌合理设置。污水排除规划应确定排污管道走向，确定污水处理设施的位置、形式和处理规模。

(4) 厕所改造。对现状户厕和公厕进行改造或修缮，达到无害化厕所标准。现状无公厕的村庄可视村庄具体条件决定是否新增。

(5) 垃圾处理。应采用“村收集、镇运输、区县处理”的管理模式。根据村庄规模设立密闭式垃圾箱(筒) 和垃圾中转站。建立村庄保洁员队伍，负责垃圾清运、道路清扫、设施维护等工作。

(6) 新能源利用。应根据村庄特色考虑新能源利用。新能源形式应根据村庄整治年限考虑投入产出情况等进行设置。

3. 公共服务设施规划。主要包括商业设施、文化站、阅览室、卫生室、健身场地、公共环境等。其规划应根据村庄人口、经济条件及整治年限考虑其投入产出情况进行配置。应尽可能利用现状建筑和场所进行设置。

4. 村庄风貌控制。规划应结合村庄地域、气候、民族、习俗和传统等特点提出对村庄整体环境、道路网格局、院落布置、建筑高度、建筑色彩、建筑风格、绿化美化等方面的控制要求。

5. 产业发展规划。重点对近期村庄产业进行研究，提出产业发展的目标、策略及空间布局形式等。

6. 防灾减灾规划。

(1) 崩塌、滑坡、泥石流、采空区等防护规划。对存在崩塌、滑坡、泥石流等自然灾害的村庄，或存在采空区（如门头沟、房山部分村庄)、地道挖空区（如平谷部分村庄）等人为灾害的村庄应进行灾害影响调查，对存在安全隐患的农户进行避险改造或搬迁，确保村民安全。

(2) 防洪、消防和防震。一般村村庄防洪主要是对河道进行清理整治，在防洪水位线以下不新增建设量（必要的水利设施除外)；消防规划主要是满足消防供水要求，打通主要消防通道等；防震主要是对村庄危房进行改造，提高其抗震能力。

三、规划实施建议

针对村庄自身情况提出规划实施的具体建议。

第四章　规划编制要点

在规划编制过程中应注意现状调查分析、编制的沟通和协调、近期建设项目的安排和成果公示等方面的问题。

一、现状调查与分析

现状调查与分析是村庄规划的基础工作和重要环节，该阶段的工作将直接影响到最后的规划成果质量，应深入基层现场踏勘，与当地村民充分交流，可采取专题座谈、入户访谈、发放问卷等具体调查方式，切实掌握一手资料，科学做好调查、分析和统计工作。

二、编制的沟通与协调

在规划编制过程中，充分尊重农民意愿，虚心学习和吸取当地干部、群众关于经济发展、村庄建设等方面的有益做法和经验，尊重当地风俗习惯。应按照有关工作计划，分阶段向村、镇、区各级政府进行汇报、听取意见，并由区政府有关主管部门组织与其他相关专业部门进行沟通与协调。编制单位应综合各方意见后修改完善。

三、分类指导

1. 位于城镇建设区范围内的一般村。该类村庄规划应充分考虑村庄近期建设同远期城镇发展在用地布局、配套设施、产业发展等多方面的关系。尽量依托现有设施进行改造，避免同远期城镇建设相矛盾。

对纳入近期城镇化改造的村庄应结合城镇规划一并考虑。

2. 位于灾害易发区的一般村。该类村庄规划应针对不同影响安全的因素，提出不同的改造措施，满足最基本的生活需求，并提出村庄搬迁改造的建议。

3. 其他一般村。该类村庄规划应强化村庄在安全饮水、污水排放、厕所改造、垃圾处理、道路交通、绿化美化等方面的考虑，保障村民生活所需的基本生活设施。在其他设施的配置上，可依据村庄改造的年限（合理预测），考虑其投入产出比等情况进行合理配置。

4. 对于地理位置相邻，社会、经济及自然条件关联程度较高的村庄，可根据实际情况由乡镇政府组织同步编制村庄规划，并同时报批。

四、成果公示

规划方案完成后，规划编制单位应以简单明了的表达方式将村庄规划向村民进行公示。建议以展板形式，内容应通俗易懂，便于村民理解。村庄规划成果应根据大多数村民的合理意见进行修改完善，经村民代表大会通过的成果上报时需附有加盖村集体公章的书面意见。

第五章　规划成果的要求

规划成果应包括规划说明、规划图纸和规划附件。为便于全市域村庄规划的综合汇总和村庄对规划成果的使用，规划成果的格式应满足相应的要求。

一、规划说明

规划说明应包括规划背景、现状分析、规划定位、村庄规划、近期建设项目安排、规划实施建议等方面。应采用文字说明结合现状照片和规划图纸的形式，尽可能做到图文并茂。

二、规划图纸

规划图纸分为规定性图纸和建议性图纸。规定性图纸为村庄规划必须包括的图纸，建议性图纸为结合村庄自身情况或特点增加的图纸。

1. 规定性图纸。

（1）村庄土地使用现状图（1∶2 000）

（2）村庄土地使用规划图（1∶2 000）

（3）村庄道路交通规划图

（4）村庄市政基础设施规划图

（5）村庄公共服务设施规划图

2. 建议性图纸。

（1）限制性因素分析图（限存在安全隐患的村庄）

（2）村庄总平面布局图

（3）其他

三、规划附件

1. 用地平衡表。包括村庄现状用地平衡表、村庄规划用地平衡表、村域现状用地平衡表、村域规划用地平衡表。

2. 近期改造、新建项目及造价估算表。

3. 现状情况调查表。

4. 现状调查问卷。设计单位入户调查时发放的调查问卷。

四、成果提交要求

1. 向市规划委和市新农办提供备案纸质 A3 成果文件 2 套，电子文件 1 份。

2. 电子文件的格式。

（1）规划说明：doc 格式。

（2）规划图纸：dwg 格式和 jpg 格式图纸各 1 套。（部分分析图可不要 dwg 格式，jpg 格式精度不小于 4 200×2 970）。

（3）规划附件：doc 格式。

（4）汇报文稿：ppt 格式。

（5）现状照片：现状调研的各类现状照片，须提供 jpg 格式（精度不小于 1 600×1 200）。

注：须向村委会提供相关最终规划成果。

领 导 视 察

中共北京市委书记刘淇到郊区视察

6月21日刘淇到大兴区调研时强调
发动群众全力推进设施农业建设

6月21日，市委书记刘淇到大兴区调研时强调，要按照中央要求，坚持“两手抓”，在做好奥运筹办工作的同时，集中财力，发动群众，全力推进现代设施农业建设，保持首都经济社会又好又快的发展势头。

大兴区大礼路都市型现代农业观光产业带全长18公里，涉及礼贤、榆垡两镇的2 938户农民。刘淇乘车察看了这片观光带后，又走进礼贤镇后杨各庄村100公顷设施农业基地，察看了大棚培育以及滴灌、嫁接栽培等技术的应用情况。在与农民交谈过程中，他详细了解了设施农业的投入产出情况，并关切地询问在发展设施农业过程中遇到的困难。听说发展设施农业增加了农民收入、实现了大批农民就业后，刘淇高兴地说：“财政资金就要往这样的产业投入。”

大兴区农业新品种、新技术示范基地是北京庞安路西瓜专业合作社农产品展示和销售中心。近年来，合作社与北京市农林科学院合作，积极引进各种新品种西瓜，成为本市优质特色西瓜新品种定点展示基地。在农业新品种、新技术示范基地，刘淇了解了设施农业观光产业带规模化发展情况。他还走进塑料大棚，察看了各类创新农产品的生产情况。

随后，刘淇参观了中国西瓜博物馆，了解了奥运农产品供应基地食品安全、物流配送、检验检疫等情况。

座谈会上，市有关部门负责人汇报了全市设施农业发展和农产品安全生产情况，大兴区负责人汇报了该区设施农业发展情况以及奥运农产品基地建设、生产供应、食品安全工作。

刘淇在讲话中对有关部门的工作给予了充分肯定。他说，当前，大兴区及全市设施农业发展形势喜人，效果明显，符合首都都市型现代农业的发展方向。

刘淇强调，今天离奥运会开幕只有48天了，奥运筹办工作到了最关键的阶段。我们要按照中央要求，认真落实市委十届四次全会精神，把办好奥运会作为全市工作的重中之重，坚持“两手抓”，确保首都经济社会又好又快的发展势头，全力完成好支援抗震救灾的任务，全市动员，全力以赴，确保举办一届有特色、高水平的奥运会、残奥会。

刘淇指出，无论是否有奥运场馆，全市各个区县都要全力以赴做好奥运筹办工作。要加强平安奥运建设，把平安奥运作为奥运筹办工作第一位的、最根本的工作，全力推进城乡平安奥运。要搞好环境建设，把奥运城乡环境建设好。要做好食品安全工作，做到无漏洞、广覆盖，通过筹办奥运、惠及百姓，把首都食品安全工作提高到一个新水平。要广泛宣传，教育和引导广大市民当好东道主，办好奥运会。

刘淇强调，要集中财力，发动群众，全力推进现代设施农业建设。设施农业的发展符合首都都市型现代农业的发展方向。全市上下要统一认识，动员社会各方面力量，大力发展现代设施农业，提高单位土地产出率，使农民增收。要在鼓励农民自力更生的同时，制定优惠政策，加大财政投入。要通过发展现代设施农业，推进农业科技发展和合作经济组织建设，不断提高农民素质。

7月12日刘淇到丰台区调研农产品流通和市场供应工作时强调 确保农产品“绿色通道”畅通无阻实现“三个满意”

7月12日，市委书记刘淇来到丰台区新发地农产品批发市场，就农产品流通和市场供应工作进行调查研究。他强调，要正确处理好满足奥运会特殊需求和保障群众日常生活之间的关系，采取切实有效的措施，确保农产品“绿色通道”畅通无阻，搞好农产品流通，保障市场供应，稳定市场价格，做到让人民群众满意。市委副书记、市长郭金龙一同调研。

新发地农产品批发市场是北京市交易规模最大的农产品专业批发市场，高峰期日吞吐蔬菜近1 000万千克，蔬菜、果品两大项的供应量占全市总需求量的70%以上。批发市场蔬菜交易区里，蔬菜品种齐全，货源充足。刘淇、郭金龙来到蔬菜批发摊位前，与商户们亲切交谈。每到一处，刘淇总要详细询问商户们运输蔬菜的车辆进京是否方便、蔬菜价格怎么样、在贩运蔬菜过程中遇到哪些困难……听说部分运菜车辆怕交通管理进京不畅时，刘淇说：“保证群众吃菜是最要紧的大事，我们将尽快采取措施，解决这些问题。”

随后的座谈会上，市领导听取了全市农产品市场供应和价格波动情况的汇报。市委、市政府认真落实国务院领导批示精神，积极研究农产品市场供应情况，各有关部门迅速行动，及时采取了多项有力措施，取得了明显成效。从近期市场运行情况来看，全市农产品市场供应充足、价格稳定。

郭金龙在讲话中指出，随着奥运会的日益临近，受多种因素的综合影响，保障农产品市场供应的任务很重。我们一定要高度重视，采取有力的措施，继续做好稳定农产品市场供应各项工作。要按照全市统一部署，切实加强领导，认真履行职责，密切协调配合，把各项措施落到实处。要认真落实农产品价格每日动态监测分析制度，加强市场监管，保证价格稳定。在做好农产品供应工作的同时，还要认真做好其他生活必需品的市场供应和价格调控工作。保障奥运会的各项管理措施全面实施后，可能带来一些影响群众正常生活的新情况、新问题。各部门、各区县要未雨绸缪，积极应对，把各种不利影响降低到最低。要严格落实各项管理措施，确保执行不放松、不走样；要深入分析即将实施的各项管理措施可能给群众生活带来的影响，把问题考虑在前，把应对措施准备在前；要以更加认真负责的态度，切实履行职责，全面做好服务奥运、服务群众生产生活的各项工作，全力以赴保障城市安全高效运行。

刘淇在讲话中指出，要从成功举办奥运会的高度，充分认识做好农产品市场供应、稳定市场价格的重要意义。保障农产品市场供应是做好奥运筹办工作的重要条件，做好近期及奥运期间首都农产品市场供应、稳定市场价格，不仅是践行绿色奥运、科技奥运、人文奥运三大理念的必然要求，也是实现“三个满意”的应有之义。创造祥和的社会环境，是实现人文奥运理念的本质内涵。我们要通过扎实有效的工作，满足农产品市场供应，稳定市场价格，让人民群众安居乐业，在参与奥运、奉献奥运的同时，享受奥运会带来的快乐。要正确处理好满足奥运会特殊需求与保障群众日常生活的关系，不仅要做到让国际社会满意、让各国运动员满意，还要做到让人民群众满意。

刘淇强调，要千方百计搞活农产品流通，保障市场供应，稳定市场价格。要有忧患意识，提高警惕，防止极端天气可能对农产品市场供应造成的影响，未雨绸缪，做好应急预案。要加强与农产品主产区的沟通和协调，稳定货源，同时组织好本地农产品的生产，搞好农产品储备，保证市场供应。要对现行政策进行适当调整，特别是尽快解决农产品运输车辆的通行问题，为农产品进京开辟“绿色通道”。要加大宣传力度，及时传递政府信息，让全社会全面、准确地了解我们的政策。要在抓好农产品货源的同时，严格执行食品安全标准，做好食品安全工作。要严格落实责任制，各有关部门要各司其职，确保农产品市场供应充足、价格稳定，为成功举办一届有特色、高水平的奥运会、残奥会奠定坚实的基础。

10月13日刘淇到昌平区调研时强调 坚持科学发展让科技渗透到首都发展的各个领域

10月13日，市委书记刘淇到昌平区调研时强调，要坚持科学发展，让科技渗透到首都经济社会发展的各个领域，努力建设人文北京、科技北京、绿色北京。

刘淇首先来到北京生命科学研究所，了解了该所的科研团队建设、科研成果以及生命科学前沿科研情况。他关切地询问正在实验室工作的科研人员生活上有什么困难、北京的科研学术环境如何，并叮嘱有关负责人要解决好这些科研人员的工作和生活问题，让他们没有后顾之忧，全身心投入科研工作。

在北汽福田汽车有限公司，刘淇察看了新能源汽车的样车展示、汽车核心技术试验及排放和机械性能等测试情况。他说，要大力支持企业自主创新，对于企业自主研发的新产品，要积极落实政府采购。

刘淇还来到中信国安盟固利动力科技有限公司和北京神雾热能技术有限公司，察看了节能环保高新科技产品的研发生产情况。他说，节能环保高新科技产品的市场潜力很大，要积极研发节能环保高新科技产品，以科技推动“绿色北京”的建设。

在听取了市科委和昌平区的工作汇报后，刘淇充分肯定了市科委、昌平区和各有关企业在促进科技创新、推动经济社会全面发展方面作出的成绩。他说，我们要认真贯彻落实党的十七届三中全会精神，深入学习实践科学发展观，积极推动科技创新，统筹区域协调发展，促进城乡一体化，大力推进“科技北京”、“绿色北京”建设。

刘淇指出，北京在成功举办奥运会后，面临着新的发展起点。奥运会成功的关键在于落实了“绿色奥运、科技奥运、人文奥运”三大理念。奥运会后，我们要把三大理念渗透到首都经济社会发展的各个领域，以建设“科技北京”推动首都科技创新发展；以建设“绿色北京”促进首都节能环保工作。科技是第一生产力，科技创新决定着其他各项事业的发展。在奥运会举办过程中，弘扬中华文化有赖于科技；在经济社会发展中，改善民生也有赖于科技。因此，在后奥运时期，我们要紧紧抓住科技事业的发展，把科技渗透到首都各项建设事业中，这是符合整个国家科学发展要求的，也是总结奥运经验和延伸奥运成果的体现。在科技发展中，体制创新是关键，要鼓励科技单位进行自主创新，不断研究体制机制创新课题。要广泛吸引人才、吸引总部，促进科技事业的发展。

刘淇强调，当前首要的政治任务是贯彻落实党的十七届三中全会精神。京郊农村要大力发展都市型农业，加强农村基础设施建设，促进农民增收，搞好规划建设，调整产业结构，推进城乡一体化，努力实现城乡协调发展，加快社会主义新农村建设步伐。

10月16日刘淇到平谷区调研时强调
深入贯彻落实三中全会精神实现京郊农村新发展

党的十七届三中全会刚刚闭幕不久，10月16日，市委书记刘淇就深入平谷区的农村和农业龙头企业进行调查研究。他强调，要深入贯彻落实党的十七届三中全会精神，深入学习实践科学发展观，加快推进农村改革，实现京郊农村新的发展。

刘淇调研的第一站是位于平谷区峪口镇的华都峪口禽业公司。这家拥有2 600名员工的企业，是集蛋种鸡生产、饲料加工、中式食品加工为一体的跨行业、跨地区经营的农业产业化国家重点龙头企业，是目前亚洲规模最大的现代化蛋种鸡繁育基地。在公司展览室里，刘淇一边看着图片和实物展览，一边听取企业负责人介绍他们利用高科技进行蛋鸡育种以及公司的发展情况。听说公司采取农民入股的方式、带动3万多户农民致富后，刘淇连连点头。他说：“让农民当企业的股东，这种形式很好，符合党的十七届三中全会精神。”在公司孵化车间，刘淇察看了蛋鸡孵化、检验检疫、包装运输等流程，并详细询问企业的科研情况。听说公司拥有自主知识产权的“京红”、“京粉”蛋鸡新品种的自主品牌后，刘淇非常高兴。他叮嘱企业负责人要进一步加强科技研发力度，提升产品的科技含量和市场竞争力，带动更多的农民致富。

平谷区大华山镇挂甲峪村是京城有名的民俗旅游村。2004年和2005年，刘淇书记曾两次到这里调研。近年来，该村开始土地流转，实施股份制经营，集体经济得到了很大发展，村民收入大幅增长。刘淇走进村民马继业家中，察看了民俗旅游接待和新民居建设情况。因为地处山区，生态环境好，挂甲峪村被人们誉为“北京的生态型大寨、京东的大绿谷、天然的大氧吧、休闲的好去处，住在这里换新（心）洗肺又清脑，是生命加油站、人体大修厂”，村里的民俗旅游格外红火。今年1—10月，马继业一家的旅游收入达6.6万元，人均收入2.2万元。在马继业家的院子里，刘淇与大伙儿亲切攀谈起来。村支书张朝起汇报说，1987年，村里欠外债30万元；现在，村集体资产达1.5亿元，农民年人均纯收入近2万元，“是党的社会主义新农村政策让我们农村焕发了生机和活力，是市委、市政府领导得好。我的体会是：只有改革创新，农村才有出路。”刘淇说，挂甲峪村的发展，是北京农村的一个榜样。农村要发展，关键要有个好支部。有了党的好政策，有了一个好支部，再有一个好的发展思路，京郊农村大有可为。

从挂甲峪村出来，刘淇又赶往平谷区镇罗营镇玻璃台村。2004年4月，刘淇书记七进深山访农家时曾来过这里。经过4年的发展，这里发生了巨大的变化——昔日破旧的平房不见了，取而代之的是一排排崭新的二层别墅式楼房；村民发展旅游实现年人均收入近万元，一举摘掉了全市低收入村的帽子。站在玻璃台村的高处，刘淇一边察看村容村貌，一边详细询问村里的土地流转和集体经济发展情况。在村民王小革家中，刘淇重点了解了他们家发展民俗旅游增收致富的情况。王小革告诉刘淇："自打4年前您来我们家后，我们就按照您的建议发展民俗旅游。去年，我们家纯收入12万元，今年1—10月超过了15万元，日子越过越红火。"刘淇说："是党的政策好，应该感谢党的好政策。"

刘淇指出，党的十七届三中全会刚刚闭幕，党中央对当前和今后一个时期推进农村改革发展做出了全面部署。平谷区山清水秀，生态环境好，具有天然的区位优势。要按照党的十七届三中全会要求，结合正在开展的深入学习实践科学发展观活动，大力推进农村改革创新，积极发展现代农业，加快发展农村公共事业，实现城乡统筹发展。要进一步加大支农惠农力度，保护好生态环境，充分调动广大农民的积极性，全力推进农民增收，努力实现京郊农村可持续发展。

10月18日刘淇到朝阳区调查研究时强调 认真贯彻三中全会精神加快城乡一体化步伐

10月18日，市委书记刘淇到朝阳区调查研究时强调，要认真贯彻落实党的十七届三中全会精神，坚持科学发展观，紧密结合首都实际，加快城乡一体化步伐，努力实现经济社会全面、协调、可持续发展。

刘淇等市领导首先来到崔各庄乡，察看了一号地国际艺术园。以前，这里是污染环境的乡镇企业所在地。2006年以来，崔各庄乡按照"土地加艺术"、建设社会主义新农村的思路，把污染企业所在地改造成了文化创意产业聚集区。如今，艺术园不但成为文化创意产业区之一，还安置了本地劳动力170人，使集体租金收益每年增加250万元，以文化带动了农民增收。

随后，刘淇等市领导来到了毗邻艺术园的何各庄村易·阴阳社区活动中心。该中心的建设，赋予了"瓦片经济"新内涵。该村在农民自愿、确保农民住宅所有权的基础上，与其签订为期十年的房屋托管协议。再由乡、村、社会投资方三家组成运营公司，在不破坏房屋原有结构条件下，根据不同院落的特点进行特色装修、出租。协议期满后，公司将改造后的院落无偿归还农户。这样，农户不仅免去了寻租之苦，每年还能获得7万至9万元不等的高额租金。目前，第一批8个试点院落已被一抢而空，实现了"农民增收、政府调整产业结构、投资企业发展"三方得利。实实在在的效益，使全村88%的农户产生了签订托管协议的强烈意愿。刘淇说，对老院落逐个进行现代化改造，不但没有破坏房屋原有结构，还充分体现了老北京的独特风貌，在提升环境质量的同时，促进了农民增收，是个不错的办法，要进一步打开思路，大胆创新，不断探索，力争取得更大的成绩。

最后，刘淇等市领导还来到王四营乡古塔公园和南磨房乡一站式服务中心，分别察看了绿化隔离区建设和农村劳动力安置情况、农村地区社会保障、信访服务和数字精细化管理工作，听取了朝阳区和市委农工委的工作汇报。

刘淇在讲话中说，朝阳区深入贯彻落实科学发展观，提出了"走农村城市化的道路，不是简单地把农村变为城市，使得城乡同一化、同质化，而是深化和推进城乡统筹，实现城乡在生态、环境、产业和发展上的共享，成为互惠互补的统一体"的新思路，在加快经济发展、促进农民增收、推动产业升级、加强城市管理等方面取得了很好的成绩。

刘淇指出，当前，全市正在开展深入学习实践科学发展观活动，这对于首都在奥运后进一步实现可持续发展，让人民共享发展成果具有关键意义。各区县、各部门要切实搞好学习实践活动，深入理解和全面把握科学发展观的科学内涵、精神实质、根本要求，认识上要有新提高，发展思路上要有新举措。

刘淇强调，深入学习实践科学发展观，要与学习贯彻三中全会精神和总结奥运经验结合起来。党的十七届三中全会是在"农业、农村、农民"问题上落实科学发展观，三大理念也是落实科学发展观的具体表现。要努力把奥运三大理念转化为建设"人文北京、科技北京、绿色北京"、实现科学发展的强大动力。深入学习实践科学发展观，要认真查找影响和制约首都下一步可持续发展的突出问题，广泛听取各方意见，认真调查研究，在解决突出问题上有新突破。要认真研究农村集体建设用地流转、农村宅基地置换、农民转居政策等问题，努力加快城乡一体化步伐；认真研究人口问题，探索"以房管人、以业控人、以业养人"的新路子，引导北京城市人口有序增长，努力实现人口、资源、环境相协调；认真研究产业发展问题，吸取美国金融危机教训，大力发展实体经济，杜绝泡沫经济；认真研究城市发展中诸如古都风貌保护等难题，改变依靠房地产开发改造旧城区的方法，让人民群众得到实惠。要从实际出发，大胆创新，深化改革，为实现首都经济社会全面、协调、可持续发展做出新的贡献。

11月1日刘淇到海淀区调研时强调
树立机遇意识坚持科学发展建设“绿色北京”

11月1日，市委书记刘淇深入海淀区高新技术企业，围绕建设“绿色北京”主题进行调查研究。他强调，要深入贯彻落实科学发展观，把当前的国际经济形势作为我们调整产业结构、促进发展的机遇，坚持科学发展，建设“绿色北京”，实现可持续发展。市委副书记王安顺一同调研。

刘淇等市领导先后考察了北京科净源科技股份有限公司、北京嘉博文科技有限公司和用友软件股份有限公司。这3家企业都是中关村高科技园区企业，是本市发展循环经济、实现自主创新的企业典型。他们利用具有自主知识产权的高新技术，在节能减排、资源循环利用、生态环境保护等方面取得了突出成绩。

北京科净源科技股份有限公司是专门从事环境污染防治及综合利用、环境生态保护和水资源综合治理等业务的高科技企业。该公司是物理法水处理等多项技术的创立者，成功完成了国家体育场等多项国家重点建设项目的水处理工程，在业内享有“水医生”美誉。刘淇了解了该公司的节能减排技术后，认为该公司的技术成果对北京建设节水型城市具有重要作用，有着广阔的发展前景。

北京嘉博文科技有限公司是一家利用微生物技术发展循环经济、致力于城市餐厨垃圾资源化、无害化处理，实现资源循环利用的生物环保和生物农业高新技术企业。该公司拥有的先进技术不仅彻底解决了城市餐厨垃圾处理的出路问题，而且实现了资源的循环利用，拓展了北京都市型农业的绿色发展之路。刘淇来到这家公司位于上地的生产车间，称赞他们是发展循环经济的典型。

在用友软件股份有限公司，刘淇重点察看了公司建设低能耗、零排放、无污染、节能环保的软件园区情况。用友软件股份有限公司坚持科技创新，注重自主研发，20年内共取得207项软件著作权，所有产品均具有自主知识产权，年销售收入近20亿元。在了解了公司的自主研发、服务、销售等工作后，刘淇说：“你们的发展符合科学发展观，是实现又好又快发展的企业模范。”

在随后的座谈会上，海淀区负责人汇报了该区深入落实科学发展观，依托科技优势、发展“绿色经济”的情况。

刘淇在讲话中充分肯定了海淀区在深入贯彻落实科学发展观方面所取得的成绩。他说，当前，全市上下都在开展深入学习实践科学发展观活动。深入学习实践科学发展观的关键，是在提高认识的基础上，从北京的实际出发，着力解决制约发展的突出问题，坚持科学发展，建设“人文北京、科技北京、绿色北京”。“人文”是实现科学发展的目的，“科技”是实现科学发展的动力，“绿色”是实现科学发展的保证。要通过“人文北京、科技北京、绿色北京”建设，把学习实践科学发展观活动不断引向深入。

刘淇强调，要把当前的国际经济形势作为我们调整产业结构、实现可持续发展的机遇，瞄准环境保护和基础设施建设，加大投资力度，大力发展循环经济和公共交通，围绕高端产业、适应首都经济特点的实体经济调整产业结构。各级政府要树立机遇意识，依托科技优势，大力发展“绿色经济”，实现可持续发展。要充分发挥政府的主导作用，整合现有资源，科学制定政策，努力搞好服务，优化发展环境，推动科技进步，推动产业发展，建设“绿色北京”。

11月5日刘淇到丰台区、海淀区调研时强调
推动城乡一体化实现城乡结合部可持续发展

11月5日，市委书记刘淇先后到丰台区、海淀区城乡结合部地区进行调查研究。他强调，要认真贯彻落实党的十七届三中全会精神，深入学习实践科学发展观，解放思想，开拓创新，解决好农村土地、农民住房问题，实现城乡结合部可持续发展，推动城乡一体化。

刘淇调研的第一站是丰台区南苑乡新宫村翠海明苑小区。这是2003年动工的丰台区绿化隔离带村民回迁项目之一。在小区售楼处，刘淇一边观看沙盘，一边了解小区回迁房的安置和农民住房分配情况、新宫村房产开发的历史和遗留问题。他还走进小区，实地察看了小区的建设和环境。

海淀区四季青镇西山村溪山嘉园小区是刘淇调研的第二站。这里也是绿化隔离带村民回迁项目之一，目前已搬迁村民1 846人。搬迁农民主要从事本地区的绿化养护、物业管理、卫生保洁、观光农业等。在考察了小区回迁住房的安置工作后，刘淇又走进居民曲宝林家中，了解回迁村民的生产和生

活情况。

西山采摘观光园占地10.67公顷，原为海淀区四季青镇西山村村民的菜地和农田。本市出台绿化隔离带政策后，这里转为绿化用地。刘淇走进采摘园，察看了花卉蔬菜大棚，询问了西山村村民的就业保障情况。

座谈会上，市有关部门负责人介绍了本市绿化隔离带农民回迁房建设、安置情况以及目前存在的问题。

刘淇充分肯定了本市绿化隔离带建设所取得的成就。他指出，绿化隔离带在首都实现可持续发展中具有重要地位，城乡结合部是北京实现城乡协调发展的重要地域。全市各有关部门和区县要提高认识，加大力度，把城乡结合部建设作为一项“工程”来抓，努力提升城乡结合部的管理水平，使城乡结合部的发展迈上新台阶。要认真贯彻落实党的十七届三中全会精神，以开展深入学习实践科学发展观活动为契机，按照科学发展观要求，把处理好城乡结合部人口、资源、环境之间的关系作为在学习实践活动中需要破解的难题，推动城乡结合部的可持续发展。

刘淇强调，要解放思想，开拓创新，不断探索新形势下北京城乡结合部发展的新思路。要努力破解城乡结合部土地规划、使用的难题，采取灵活多样的形式，解决好绿化隔离带地区居民的住房安置，充分利用腾出的土地发展产业，建设绿色工程。

刘淇要求，要研究和借鉴兄弟省市和本市有关区县的好经验和好做法，解决城乡结合部农民安置、产业升级问题。要切实把富裕农民放在首位，让农民在区域发展中得到实惠。要把城乡结合部地区的基础设施建设纳入公共财政体系。要采取更加具有针对性的措施，具体分析，分区对待，逐步解决不同区县绿化隔离带地区建设中出现的不同问题。

11月18日刘淇到北京市农林科学院调研时强调 落实科学发展观为发展都市型现代农业做出新贡献

11月18日，市委书记刘淇到北京市农林科学院调研时强调，要深入贯彻落实党的十七届三中全会精神，以科学发展观为指导，充分发挥北京市农林科学院科研优势，促进农业科技成果的推广和规模化，为首都发展都市型现代农业做出新的贡献。市委副书记王安顺一同调研。

北京市农林科学院成立于1958年，现已发展成为一所学科齐全、特色明显、人才结构合理、自主创新能力和服务首都“三农”能力显著提升的综合性农业科研机构。在精准农业、蔬菜育种、林果和粮食作物育种等方面，该院的科研达到国内领先或国际先进水平。近年来，该院坚持把科技创新与服务工作紧密联系北京农业发展和郊区经济建设，为本市农业生产和经济发展做出了重要贡献。

刘淇等市领导首先来到北京市农林科学院林果研究所草莓示范基地，察看了基地立体栽培和无土栽培草莓的新技术。刘淇勉励工作人员再接再厉，培育更多拥有自主知识产权的农作物新品种。在北京市农林科学院植物保护环境保护研究所的生防微生物研究室里，刘淇详细了解了创建生物防治技术新体系、构建农产品安全生产投入品研发平台的情况。他还走进北京市农林科学院国家农业信息工程技术研究中心，察看了都市型农业精准科学设备的演示及应用。通过多媒体设备，刘淇还了解了都市型现代农业走廊建设、食品安全追溯系统、土壤重金属速测仪的运行情况。

座谈会上，北京市农林科学院负责人汇报了该院大力发展科技农业、推动都市型现代农业发展的工作。市领导与有关方面专家进行了座谈。

刘淇在讲话中对北京市农林科学院建院50周年表示祝贺，对该院所取得的成绩表示充分肯定。他说，北京市农林科学院成立50年来，立足农业高技术领域，注重农业科技成果转化，全面介入北京农业现代化的各个领域，为北京都市型现代农业的发展提供了强有力的科技支撑。

刘淇强调，解决好农业、农村、农民问题，是全党工作的重中之重，是北京市贯彻落实党的十七届三中全会精神，深入学习实践科学发展观，建设人文北京、科技北京、绿色北京要着力解决的问题。要依靠科技支持农业发展，支持农民增收。

刘淇要求，北京市农林科学院要以开展深入学习实践科学发展观活动为契机，深入贯彻落实党的十七届三中全会精神，为推动首都农业现代化做出新的贡献。要在提升北京的农业现代化水平上下功夫，加大杂交小麦、耐旱玉米等籽种产业推广力度，在设施农业中普及高科技，推进京郊农业实现规模化经营。要发挥自身科研优势，走“高端、高效、高辐射”之路，带动北京乃至全国的农民增收。要不断创新体制机制，大力培育人才，加强国际交流与合作。政府部门要大力支持农业科研院所发展，使他们在服务“三农”、服务社会主义新农村建设中发挥更大的作用。

北京市市长郭金龙到郊区视察

4月24日郭金龙在平谷区调研时强调 发挥生态涵养区优势 加快推进新农村建设

4月24日，市委副书记、市长郭金龙来到平谷区就社会主义新农村建设和都市型农业发展进行调研。他强调，要充分利用生态涵养区优势，积极发挥农民主体作用，找准区域功能定位，不断创新发展思路，加快推进社会主义新农村建设。

在夏各庄镇纪太务村温室桃基地，郭金龙和市委常委牛有成、副市长赵凤桐察看了桃园生产经营情况。温室桃园果树的枝头挂满果实，露天桃园的果树初吐嫩芽。在露天桃园，果树两旁挖着浅浅的沟槽，树下覆盖着防水薄膜，这是农民自创的节水沟灌新技术。当得知这种技术可以让果园节水70%以上时，郭金龙高兴地说，沟灌技术操作简便、成本低廉，应进一步分析研究，待条件成熟后可因地制宜地进行推广。

随后，郭金龙一行来到大华山镇挂甲峪村，察看了乡村公路建设、旧村改造以及民俗旅游发展的情况。青山环抱的挂甲峪村，每年吸引着大量游客。在民俗户李晓玲家中，郭金龙与女主人聊起了家常，当听说她家仅靠民俗接待一年就有3万多元的收入后，他勉励大家要切实保护生态环境，不断提高接待服务水平，走可持续发展的山区致富路。

在听取了平谷区负责人关于平谷区经济社会发展情况的汇报后，郭金龙肯定了平谷区在生态涵养、产业结构调整、农民增收等方面所取得的成绩。他说，在市委、市政府的领导下，平谷区做了大量扎实而富有成效的工作，经济快速发展，社会安定和谐，生态不断改善，农民逐年增收，为首都经济社会发展做出了积极贡献。

郭金龙指出，平谷区要深入贯彻落实科学发展观，按照北京城市总体规划和区县功能定位的要求，找准在环渤海经济圈中的位置，继续发挥生态涵养区优势，不断调整产业结构，大力促进旅游产业发展。要切实发挥农民在建设社会主义新农村中的主体作用，通过发展旅游产业不断提高农民的文明程度，培育有文化、懂技术、会经营的新型现代农民，把工作重心放在农民增收上，不断推进社会主义新农村建设；要高度重视生态环境保护工作，积极研究推广垃圾处理新技术、新方式，保护好生态涵养区宝贵的土地和水资源；要进一步抓住高速路网建成后的机遇，积极创新发展思路，扎实开展各项工作，努力实现经济社会又好又快发展。

5月2日郭金龙在门头沟区调研时强调 探索生态涵养区建设发展新路子

5月2—3日，市委副书记、市长郭金龙到门头沟区调查研究。他强调，要深入贯彻落实科学发展观，进一步落实区域功能定位，加快生态涵养区建设步伐，努力探索社会主义新农村建设的新路子。

在两天的调研时间里，郭金龙和副市长赵凤桐到工地、上矿区、访农家、进果园。站在正在治理的永定河大沙坑上，郭金龙仔细察看了这里的生态修复情况。由于几十年采挖砂石形成的大沙坑深达42米，2007年起，门头沟区投资1亿余元，采用生态袋、营养容器、防寒涂层等6种技术对其进行生态修复。工程完工后，大沙坑将成为市民休闲的郊野公园，同时也将有助于改善北京的大气环境质量。在采空棚户区，郭金龙仔细听取了改造工程汇报，察看了正在建设中的廉租房，嘱咐门头沟区领导一定要注意廉租房工程质量，让人民群众切身感受到党和政府的温暖。随后，他还察看了妙峰山化工厂生态治理、樱桃沟乡村建设和旧村改造、樱桃园种植、岭角村小流域治理情况，并走访了樱桃种植户田玉强家，了解他家的生产生活情况。

郭金龙在座谈中说，多年来，门头沟区为北京市的发展，特别是在能源建设方面作出了巨大贡献。面对产业结构调整和落实区域功能定位的新形势，发展思路清晰，结合区情走出了一条开拓性的发展道路，在许多方面取得了实效，得到了广大人民群众的理解和支持。

郭金龙指出，门头沟区要把生态涵养与产业结构调整结合起来，注重培育农村主业，寻找符合新农村建设要求的“靠山吃山”增收新途径，努力实现一村一品、特色产业富民。要扶持、壮大旅游合作社等新型组织，加强农村人才培养，挖掘区域文化内涵，以乡村建设和旧村改造促进民俗旅游等产业发展。

郭金龙要求，要进一步统一思想认识，充分调动各方积极性，努力实现生态涵养和经济发展的良性互动。要密切门头沟区与驻区京煤集团的关系，区、矿统筹，合理配置资源，发掘资源潜力，用好用足采空棚户区改造的金融政策，加大改造力度，加快改造进程。在生态涵养区的发展上，要研究探索财政扶持的方式，进一步加快生态涵养区建设，增强工作的积极性，为建设社会主义新农村探索新的路子。

11月26日郭金龙到朝阳丰台调研时强调 把城乡结合部建成城乡统筹一体化发展的示范区

11月26日，市委副书记、市长郭金龙到朝阳区、丰台区，就推进城乡结合部环境整治和绿化隔离地区建设调查研究。他强调，要深入贯彻党的十七届三中全会精神，把加快城乡结合部发展作为开展深入学习实践科学发展观活动中需要解决的突出问题加以解决，调集各种要素，把城乡结合部建成实现城乡统筹、城乡一体化发展的示范区。

在朝阳区，郭金龙和副市长赵凤桐察看了古塔公园和吕家营餐饮街的环境建设情况。古塔公园是本市首批15个郊野公园之一，它的建设直接满足了周边地区群众的文化、体育、休闲活动需求，实现了绿化美化环境、休闲娱乐带动产业发展的目的。吕家营村借奥运契机，加大整治力度，村民的生活环境得到了极大改善。市领导还来到丰台区，察看了白盆窑村和郭公庄村的环境建设情况。经过几年的建设，白盆窑村在2006年被评为市文明生态村；郭公庄村则聚集了以花卉产业华名园、泰丰花木场、绿化队为主要代表的23家企事业单位。市领导还听取了相关部门关于全市城乡结合部环境整治、绿化隔离地区建设情况的汇报。

郭金龙在讲话中说，要充分认识加快推进城乡结合部建设与管理的重大意义。加强城乡结合部的建设和管理，是贯彻三中全会精神、落实城市总体规划、改善城市生态环境、加快城乡统筹、促进首都可持续发展的重要举措，是首都现代化建设中的一项重大战略任务。城乡结合部是绿化隔离带建设的重点地区，是社会主义新农村建设的重要部位，对于统筹城乡发展、形成城乡经济社会一体化发展新格局，对于维护首都安全稳定、建设和谐社会首善之区具有重大战略意义。

郭金龙指出，城乡结合部在地理位置上与绿化隔离地区重合，绿化隔离带是其最大的优势资源。要继续着力抓好绿化隔离地区建设，转变思维方式，创新发展思路，发挥资源优势，促进结构调整，狠抓产业形成，提升发展水平。要始终把保护农民利益放在首位，切实解决关系农民利益问题，让建设与发展的成果惠及农民。要巩固发展绿化成果，协调推进绿色产业发展。要坚持实事求是，加强个案研究、妥善解决突出矛盾。要在落实和完善各项政策的同时，加大改革创新力度，下更大力气，建设、管理好城乡结合部和绿化隔离带。

郭金龙要求，城市建设、服务与管理要向城乡结合部延伸，把城乡结合部建设与社会主义新农村建设紧密结合，全盘考虑，突出重点，加快推进。要认真研究、规划产业发展问题，处理好人口、资源、环境之间的关系，加快产业结构调整，积极发展绿色产业和符合首都经济发展方向的二、三产业，不断改善农民的生产生活条件。要广泛调动各方积极性，加快城乡结合部的城市化进程，以崭新的城乡面貌迎接新中国成立60周年。

北京市人大常委会主任杜德印到郊区视察

7月1日杜德印到顺义区，就都市型现代农业发展情况进行调研

杜德印和市人大常委会副主任赵凤山来到赵全营镇北郎中花卉中心，察看了为“鸟巢”、“水立方”、顺义奥林匹克水上公园等奥运竞赛场馆供应的各种特色花卉。在顺鑫农业创新食品分公司，看着全部采用日本技术的生鲜产品生产线，杜德印高兴地说，要充分利用高科技、现代化技术，培育安全、可靠的生鲜产品配送体系，为广大市民提供营养、卫生的食品。

随后，杜德印一行来到第七届中国花卉博览会主场馆，详细了解了博览会主场馆的规划、建设情况，他叮嘱顺义区有关负责同志，要抓住第七届中国花卉博览会契机，进一步促进花卉产业发展。杜德印还察

看了燕京啤酒集团有限公司的啤酒生产线，听取了顺义区有关都市型农业发展的情况。

杜德印在讲话中肯定了顺义区在发展都市型现代农业中所取得的成绩。他指出，要不断提高对“三农”工作重要性的认识，认清“三农”工作在全市工作大局中的重要地位，进一步加强生态涵养发展区建设，走产业发展与生态涵养协调发展的路子，通过大力发展都市型现代农业，繁荣农村经济，促进农民增收。

杜德印指出，要紧紧抓住北京现代农业发展已有的扎实基础和宝贵市场，在继续发展观光休闲农业产业的同时，发挥首都的人才、智力资源，积极转变发展方式，不断优化产业结构，切实提高本市农业现代化、科学化水平。要坚决贯彻落实中央对“三农”工作采取的“多予少取放活”的政策，在坚持多予、少取的基础上，认真研究放活的问题，把多予、少取与放活有机结合起来，进一步深化农村各项改革，激发经济社会发展活力，为实现首都农业与农村的现代化，提供强大动力和体制保障。

10月27日，杜德印与市人大常委会其他领导到大兴区就各级人大及其常委会如何贯彻落实科学发展观开展调研

在座谈会上，大兴区委、区人大常委会汇报了开展学习实践科学发展观活动以及大兴区经济社会发展情况。作为北京市第一批深入学习实践科学发展观试点单位，大兴区认真对照科学发展观的要求，积极查找不适应、不符合科学发展观的思想观念、工作方式，力争全面提升大兴区工作水平。

杜德印在讲话中说，近年来，大兴区以科学发展观为统领，按照区县功能定位和市委、市政府部署，实现了区域经济社会又好又快发展。他指出，各级人大常委会贯彻落实科学发展观，一定要按照中央和市委要求，主动与自身工作有机结合起来，通过围绕区域发展重点，组织、服务好代表调研视察活动，积极探索体制机制创新，依法保障代表履行职责，进一步推动首都民主法制发展，全力为建设人文北京、科技北京、绿色北京提供民主法制保证。

11月1日杜德印到朝阳区调研

11月1日，市人大常委会领导到朝阳区就如何开展深入学习实践科学发展观活动继续开展调研。市人大常委会主任杜德印参加调研并讲话。

在座谈会上，朝阳区人大常委会汇报了开展学习实践科学发展观活动以及如何做好朝阳区人大工作的情况。作为北京市第一批深入学习实践科学发展观试点单位，朝阳区以优化发展思路，统筹改善民生，完善体制机制，提高执政能力为学习实践科学发展观活动的主题，坚持统筹推进农村城市化、城市现代化、区域国际化，积极探索符合科学发展观的体制机制，力争全面提升朝阳区发展的质量与水平。朝阳区人大常委会坚持以科学发展观为统领，进一步深化监督、强化代表工作和加强常委会自身建设，不断提高工作的质量与实效。

杜德印在讲话中指出，明年年初召开的市十三届人大二次会议将围绕深入贯彻落实科学发展观，建设人文北京、科技北京、绿色北京做出部署和安排。人大及其常委会作为执行党的意志的国家权力机关，必须认真贯彻落实科学发展观，通过依法有效行使职权，进一步推进首都科学发展。

杜德印指出，要通过学习实践科学发展观活动，进一步坚持正确的政治方向，不断坚持和完善党的领导、人民当家作主、依法治国三者的有机统一，把科学发展观的科学理论、重要指导方针和重大战略思想全面贯彻落实到人大各项工作中去；要使市人大常委会组成人员、市人大代表以及市人大常委会机关干部的世界观、价值观和方法论真正符合科学发展观要求，充分认清人民代表大会制度的优越性，进一步加强做好人大各项工作的责任感、使命感和紧迫感，以积极有为的精神状态切实负起应尽的责任；要以依法有效为目标，积极转变工作方式，探索创新体制机制，抓准关系首都经济社会发展大局和群众切身利益、社会普遍关注的重大问题，做“该做、能做、有用、有效”的事，使人大各项工作更具针对性与建设性。

杜德印要求，要不断提高人民代表大会和常委会会议质量。各级人大代表要在人民代表大会制度框架内，充分发挥作用，不断密切与人民群众的联系；各级人大常委会机关要积极转变工作方式，不断提高代表服务保障水平。

北京市政协主席阳安江到郊区视察

7月27日阳安江与市政协其他领导到密云县古北口镇，就新农村建设和城乡统筹协调发展情况进行了调研

在古北口镇，市政协领导考察了当地的民俗旅游发展情况，并走进农家小院，与经营家庭旅馆的当地村民亲切交谈。阳安江一行还来到镇里的教师公寓，察看了中小学教师的居住和生活情况。

在听取了古北口镇和密云县负责人的情况汇报后，阳安江说，密云县在新农村建设中明确了“高标准、低成本、能承受、可推广”的原则，因地制宜，因势利导，新农村建设取得了阶段性成果，得到了农民的欢迎和拥护；主导产业特色突出，把保护水源与促进发展充分结合起来，大力发展生态经济，为北京的水源涵养和生态保护工作做出了重大贡献；生态文明建设成果显著，通过大力推动文、教、卫等社会事业的发展，进一步提高了农民素质，村容村貌和农民精神面貌都得到了很大改善。奥运会召开在即，密云县要进一步贯彻中央指示精神，按照市委、市政府的要求做好各项保障工作，上下总动员，为举办一届有特色、高水平的奥运会做出积极贡献。

阳安江说，密云县委一直高度重视人民政协工作，大力支持县政协履行政治协商、民主监督、参政议政职能。希望密云县政协更加充分地发挥自身作用，围绕新农村建设和促进城乡统筹协调发展积极建言，进一步推动密云县经济社会实现又好又快发展。

摘自《北京日报》

综　述

2008年北京郊区经济社会发展综述

中共北京市委农工委研究室

2008年，世界瞩目的奥运会、残奥会在北京成功举办，北京郊区上下，以及系统内单位在市委、市政府坚强领导下，深入贯彻落实科学发展观，紧紧围绕“办好一件大事、营造良好局面”，深化城乡统筹，强化惠农政策，着力推进城乡一体化，农业农村基础建设进一步加强，农民收入持续较快增长，农村社会和谐安定，为实现“新北京，新奥运”做出了贡献。

一、圆满完成奥运服务保障工作

2008年的奥运会、残奥会给北京农业提供了难得的展示平台和发展机遇。奥运会举办时间为8月8—24日，残奥会举办时间是9月6—17日，保障时期为2008年5—9月，期间约150天。保障对象包括来自202个国家和地区的27万注册人员和700万人次观众。核心保障期共为64天，每天约40万人。奥运农产品每天约需保障蔬菜类400吨、果品类250吨、肉类240吨、蛋类60吨、奶类40万升。市农委、市商务局与奥运餐饮服务协调小组审核确定了本市一批特色水果瓜菜类供应基地和畜禽养殖类产品生产基地，为两会提供了猪肉、肉鸡、肉鸭、鸡蛋、虹鳟鱼、蔬菜、西瓜、果品等多种多样的农副产品。

市委、市政府领导高度重视奥运农副产品供应保障工作，为确保奥运食品安全、确保奥运产品供应，市书记刘淇多次到郊区县调研奥运食品安全情况。仅在大兴区就先后察看了礼贤镇后杨各庄村设施农业基地、庞安路农业新品种新技术示范基地和奥运农产品生产配送、检验检疫情况。听取了奥运农产品供应基地建设、生产供应、食品安全情况汇报。要求郊区县要做好奥运食品安全保障，做到无漏洞、广覆盖，确保每个环节不能出现疏漏，同时借助筹办奥运契机，严格对市场的检查管理，提高全市食品安全的供应水平和档次，惠及广大人民群众。农业部部长孙政才、市委常委牛有成、副市长程红等领导同志分别到昌平区、延庆县、顺义区、通州区等区县调研或检查奥运农产品生产和基地建设，以及奥运蔬菜切配供应工作。分别实地察看了绿富隆公司蔬菜基地蔬菜生长情况；视察了永宁镇孔化营村和大榆树镇杨户庄村的蔬菜长势和生产包装情况；实地考察了北京顺鑫农业股份有限公司创新食品分公司和北京京东大运河农产品配送中心蔬菜加工现场等。

在供应奥运农产品过程中，鲜活农产品实现了“供应零中断、运行零投诉、安全零事故”。全年实现了“四个确保”：确保了奥运核心区农产品有效供给，确保了全市鲜活农产品市场稳定供应，确保了重大动植物疫情“零发生”，确保了农村生态、文明、和谐的环境。奥运举办期间，以“确保供应、确保安全”为工作目标，认真研究制定并落实《奥运农产品供应保障工作方案》和《奥运蔬菜供应保障实施意见》，保证了奥运农产品供应保障工作“供应零中断、运行零投诉、安全零事故”，实现了品种和数量的100%供应。

从5月1日媒体中心开始供餐，到9月20日残奥村闭村，累计供应奥运核心区鲜活农产品2 179吨。21家京内奥运农产品专供企业累计供应农产品1 172吨，107个品种，252个品项，占农产品供应总量的53.8%，超过了原计划30%的供应比例，京内企业占据农产品供应主导地位的目标。充分发挥市政府奥运会残奥会期间鲜活农产品运输供应协调小组办公室职能作用，认真组织，积极协调，高密度办理农产品货运通行证，解决农产品运输问题。研究起草了《市政府关于做好2008年奥运会残奥会期间鲜活农产品运输供应有关工作的通知》、《市政府办公厅关于做好奥运会残奥会期间鲜果运销工作的通知》等；受理22个单位的货运车辆通行证申请7 694张，初审同意上报联合窗口通行证申请5 298张，联合窗口审批核发通行证4 602张；报送《鲜活农产品运输供应动态情况》82期，有关信息320余条；协调解决了郊区县部分农产品滞销等问题。

全面完成农村迎奥运环境整治任务。组织了10期环境整治培训班，直接培训基层干部1 800余人。

开展了两次大规模的环境整治检查，抽查村庄近1 000个。组织召开了村庄环境整治现场会。开展了“喜迎奥运会，决战30天”环境整治活动。通过宣传动员，典型示范、督促检查、加大投入等举措，巩固了2006、2007年环境整治成果，完成了剩余20%的村庄环境的整治任务，奥运举办前郊区3 900多个村庄基本达到“干净、整洁、路畅、村绿、建制”的标准。

加强奥运文化宣传工作。在郊区组织开展了“激情迎奥运、乡村大舞台”系列文化活动，以乡村、社区为单位，以文化广场、文化馆（站）、文化大院为阵地，以农民自娱自乐的形式，普及宣传奥运精神和奥运知识。围绕“建设美丽乡村、弘扬奥运精神、共享美好生活”的主题，历时近5个月，分推荐选拔、宣传展示、综合评选、总结表彰等阶段开展了“2008年度‘北京最美的乡村’”宣传评选活动，吸引了数百万人次市民参与评选，从31个候选村中评选出2008年度“北京最美的乡村”及提名。以“美丽乡村迎奥运，美好生活向文明”为主题，会同市委宣传部、市文化局联合举办了北京市第十八届农民艺术节。开展了以“迎奥运、讲文明、树新风”为主题的系列实践活动。

郊区奥运服务保障工作得到了各方面肯定。市农委（北京市鲜活农产品运输供应协调小组办公室）荣获中共中央、国务院授予的北京奥运会残奥会先进集体；市农委奥运农产品保障领导小组荣获中共中央、国务院授予的北京奥运会残奥会先进集体；市农委荣获市委、市政府和奥组委共同授予的先进集体称号，荣获奥运政务信息安全保障先进单位，荣获2008年度北京市同“法轮功”及其他邪教组织斗争暨奥运安保先进集体，荣获北京市奥运会、残奥会信访工作先进集体；参加奥运国内贵宾接待工作得到好评，周洪生、王东等同志被奥组委、残奥委等单位共同授予的先进个人称号。在奥运城市保障运行组40多个部门评选先进的无记名投票中，市农委取得了并列第一的好成绩。

二、大力推进城乡一体化政策支农力度大

1. *深入开展调查研究工作*。2008年，市委常委会确定重点调研课题的第一个：《推进首都城乡经济社会发展一体研究》，由市委农工委、市农委负责。年内，具体组织全市21个部门、14个涉农区县，以及相关专家学者开展了深入调研。调研总结了北京市城乡一体化方面的现状，找准了存在的问题及原因，提出了今后一个时期推进城乡一体的指导思想、工作目标和具体措施。调研报告按期提交市委，有关成果已转化到市委《关于率先形成城乡一体化新格局的意见》中。同时，完成了促进低收入农户增收的调研、村级集体经济改革发展思路的调研、发展都市型现代农业的调研，同时围绕村党组织书记激励保障问题进行调研，农村宅基地集约利用有关问题、郊区农村重信重访问题、京郊发展设施农业、农村金融制度建设进行了调研和专题研究，围绕农户土地承包经营权流转问题、推动北京农业区域合作工作、促进山区农民增收、加快山区沟域经济发展进行了深入调研。总结了朝阳区何各庄村物业经济新模式、观光农业协会协助政府发挥职能的经验，就农产品市场开拓，以及外地新农村建设的一些经验开展了调研等。

2. *市委十届五次全会通过《关于率先形成城乡经济社会发展一体化新格局意见》*。党的十七届三中全会召开后，市委成立了由李士祥、牛有成、赵凤桐同志为组长的文件起草小组。文件起草组开展了制度建设、产业发展、基础设施、公共服务、农村金融、社会建设等6个方面的专题研究。在专题研究的基础上，分四个小组起草了《意见》初稿。对此初稿在征求了有关单位、部门、专家学者及党外人士意见的基础上，刘淇同志亲自主持召开全市所有区县委书记专题会议征求意见，18个区县委书记都作了发言。对征求意见过程中提出的230余条具体的修改意见和建议，起草组逐条进行了修改和吸收。市政府常务会、市委常委会对《意见》（征求意见稿）也进行了讨论，起草组根据讨论意见作了进一步修改完善。市委十届五次全会上牛有成常委对《意见》（审议稿）作了说明，大会审议通过《意见》。此《意见》的出台对全市的推进城乡一体化工作是个里程碑，为首都北京在全国率先实现城乡一体化奠定了坚实的政策基础。市有关部门和区县根据《意见》制定了一系列具体的配套政策措施，为率先实现城乡一体化提供了政策保障。

3. *多项政策支农*。为巩固和提高农业在首都经济发展中的基础地位，调动农民发展生产的积极性，加快农民增收步伐，增加农产品有效供给。年内，全市支农政策安排资金达到13.82亿元，其中在国务院农业和粮食生产电视电话会议后，新增农业和粮食生产投入4.88亿元，而2.396亿元则通过粮食直补、生态补贴、农机补贴、农业保险等政策直接补贴到郊区农民手中。支农政策分别有：一是加大粮食直接补贴力度。全年粮食直补资金达到2.7亿元。2008年，小麦和玉米农资综合补贴标准统一调整为40元/亩，比上年增加22元/亩。小麦种植补贴50元/亩、良种补贴20元/亩；玉米种植补贴20元/亩、良种补贴12元/亩。种植小麦、玉米两茬作物的农户每亩粮食补贴达到182元/亩。二是实施生态补贴政策。对本市农户种植小麦、牧草实行生态补贴政策。小麦补贴标准为40元/亩、牧草补贴标准为35元/亩。三是增加防汛抗旱资金和农业基础设施建设投入。安排资金1.088亿元，加大农村雨洪水利用工程和再生水灌区田间配套工程建设力度。加大农机具补贴政策的实施。对农户和农机专业服务组织购置农机具，按照政府采购价格的50%给予补贴。提高综合开发中低产田改造补贴额度，每亩由630元调高到1 449元。四是推进“菜篮子”工程建设投入。安排资金8 000万

元，对新建符合“菜篮子”设施蔬菜基地标准的规模设施群、设施产业带，提高扶持标准，日光温室由每亩6 000元调高到1 0000元、钢架大棚由每亩4 000元提高到5 000元。对新建符合布局和规模的标准化畜禽舍，每栋以奖代补由2万元提高到3万元。对40万支良种猪精液给予补贴，通过良种精液补贴促使良种猪人工授精普及率达到50%。五是加强农产品质量建设和市场开拓。对施用有机肥按照250元/吨的标准给予补贴，提高1.33万公顷耕地质量；扶持农产品市场体系建设和名优品牌建设，鼓励绿色、有机食品认证，拓展现代物流，鼓励生物农药、有机肥料等投入品连锁经营等等。

三、农村经济实现又好又快发展

2008年，都市型现代农业完美亮相，无公害、绿色、有机农产品认证2 951个，标准化生产基地稳步发展，农产品加工龙头企业应急保障能力显著提升，市场流通渠道不断拓宽，外埠合作深入开展，乡镇企业稳步发展。

1. *都市型现代农业加快发展*。会同市相关部门研究提出加强本市农业和粮食生产的十条政策措施，安排资金13.82亿元，新增农业和粮食生产投入4.88亿元，全年粮食播种面积达到22.64万公顷，同比增长14.6%；平均亩产369.52千克，同比增长7.3%；粮食总产为125 450.9万千克，同比增长23%。制定并以市政府名义印发《关于促进设施农业发展的意见》（京政发［2008］30号），提出了“两区两带多群落”空间规划布局和“百村万户一户一棚援助型设施农业工程”等工程，研究出台了《“百村万户一户一棚援助型设施农业工程”实施办法》。各项政策有效推动设施农业发展，截至12月20日，新发展设施面积0.26万公顷，初步形成了大兴庞安路等9条设施农业重点产业带；初步形成了通州于家务东升方圆设施产业群等13个设施农业产业群；初步形成了房山良乡后石羊村等27个重点低收入村设施农业点。京承路都市型现代农业走廊建设取得实质进展，京承路两侧11个以设施农业为主的产业节点基本完工，新建日光温室、钢架大棚总计约326.7公顷，部分已经投入生产。玉米迷宫、京印特色景观带、紫海香草艺术庄园等一批农业走廊景观建设和农业观光项目逐步完善。制定了《关于促进奶业规模化发展若干政策的意见》，奶业规模化、标准化、产业化水平进一步提高。

2. *乡镇企业稳步发展*。全年完成总收入3 234.5亿元，同比增长9%；完成增加值585.5亿元，同比增长4.7%；实现利润总额175亿元，同比增长6.4%；完成工业增加值307.8亿元，同比增长7%；完成出口产品交货值146亿元，同比下降7%。农产品加工业快速发展，预计到年底，农产品加工企业达到539家，同比增长6.7%；从业人员8.7万人，同比增长8.6%；拥有资产总额327.5亿元，同比增长17.0%；固定资产净值121.4亿元，同比增长16.3%。农民就业产业基地辐射作用明显；农民自主创业逐步深化；“一村一品”、“彩虹工程”得到进一步推进；银企合作得到进一步加强，目前共有319家乡镇企业获得16.67亿元银行贷款。

3. *乡村旅游发展水平进一步提高*。郊区321个村开展乡村旅游接待工作，乡村民俗旅游户发展到13 570户，实际经营的农业观光园达到1 302个，民俗旅游成为城市居民出游的重要选择。乡村民俗旅游业由最初的自发式发展，向有管理的规范式发展转变；由单纯的“农家乐”，向多类型、广分布、综合性的“乡村游”转变；由粗放的外延式发展，向内涵式提高转变。

4. *农民收入持续快速稳定增长*。全市农民收入历史性地实现“双突破”，人均纯收入突破万元，达到10 747元，实际增长6.5%；年增加额突破千元，达到历史最高水平。农村劳动力非农就业比重达到80.3%，农民工资性收入继续保持主体地位；农村改革效果显著，财产性收入呈现加速增长势头；强农惠农政策效应突出，转移性收入实现高速增长。农户收入差距逐渐缩小，共同富裕的发展格局正在形成，高低收入农户的收入比由上年的5.17∶1降为4.85∶1，9年来首次降到5倍以内。

四、山区发展明显加快

1. *生态工程扎实推进*。小流域综合治理稳步推进。2008年共对26条小流域进行综合治理，累计完成治理327条小流域4 543平方公里，其中，76条小流域1 017平方公里已经达到清洁小流域治理标准。山区绿化工程扎实推进。山区林木绿化率和森林覆盖率逐步提高，2008年林木覆盖率达到70.5%。废弃矿山生态修复等工程进展顺利。全年完成1 100公顷的废弃矿山植被恢复工作任务，累计已经完成2 500公顷的治理任务。

2. *生态友好型产业稳步发展*。围绕特色种植、绿色养殖和乡村旅游业等生态友好型产业进行扶持，重点抓好“十百千”产业致富工程、矿山关闭替代产业工程、小流域治理生态产业发展工程、整村搬迁后续产业发展等项目。全年扶持94个山区村发展绿色产业项目，其中特色种植项目65个；观光园区5个；绿色养殖业项目15个；民俗旅游项目9个，共涉及农民24 387户，63 771人。对31个搬迁村的31个致富产业项目给予扶持。对27个矿山关闭替代产业项目进行扶持，共涉及16个乡镇、27个村、6 659户、15 975人，安排劳动力就业3 500人。提出了少数民族乡村扶持意见和扶持办法，对1个民族乡、39个民族村的40个产业项目进行扶持，其中养殖业25个、种植业10个，民俗旅游业1个，工业贴息项目1个。委托农学院对少数民族农民进行产业知识培训。选择门头沟区妙峰山镇、房山区蒲洼乡和密云县古北口镇等三个山区乡镇的三条沟域开展沟域经济试点工作。初步预计 2008 年山区农民人均纯收入超过 9 000 元。

3. 山区农民生产生活条件继续改善。启动了山区新一轮搬迁工程。落实当年搬迁任务 2 173 户5 165 人，农民全部签订了搬迁合同，补助资金全部到位。整村集中新建比例有所增加，达到 88%，截至目前新建村主体工程完工率达到 71%，年底新房入住率可达 58%。

五、农村基础建设扎实推进

1. 新农村“五项基础设施”工程建设稳步推进。与相关部门搭建农村基础设施建设平台，共同推进年度 200 个整体推进村的基础设施建设任务。硬化农村街坊路 300 万平方米、改造供水管网 1.3 万公里，改造农村户厕 10 万座、建设公厕 350 座。为了避免项目评审过程中资料不全、数据不实、反复修改等问题，与相关部门共同对街坊路硬化项目、污水处理项目等进行了前期的现场核查；联合制定农村地区户厕改造、公厕建设标准，使农村厕所建设改造有据可依。组织编制了《北京市新农村“五项基础设施”建设规划（2009—2012 年）》，全市 3 957 个行政村（2006 年普查数）中，除先期建设的以外，全部纳入了规划范围。

2. “三起来”工程建设。下发了《关于 2008 年北京市新农村建设“亮起来、暖起来、循环起来”工程建设的指导意见》。拓展“三起来”内容，将农民节能住宅建设和既有住房节能改造纳入“暖起来”工程。与市建委共同研究制定了《2008 年北京市开展既有农民住宅节能保温改造示范项目实施办法》和《关于 2008 年北京市开展既有农民住宅节能保温改造示范项目实施办法的补充规定》。一年来，指导区县安装太阳能路灯 5.1 万盏，建设“两气”工程 50 处，完成户用沼气池建设 2 000 户，新建农民节能住宅 2 053户，实施既有住房节能改造 1 947 户，1 947 户农户已经基本完成墙体保温改造。农村太阳能公共浴室工程完成 50 个。组织区县启动编制《“三起来”工程建设规划（2009—2012）》，确保“三起来”工程有序推进。

3. 继续推进小城镇建设。组织指导小城镇开展镇域规划修编，目前，37 个小城镇的规划修编已经全部完成。组织开展申报全国历史文化名镇工作，密云县古北口镇被命名为第四批全国历史文化名镇。组织开展申报全国小城镇发展改革试点镇工作，大兴区采育镇、通州区宋庄镇等 6 个镇被国家发改委确定为第二批全国小城镇发展改革试点镇。组织开办乡镇规划管理培训班，全市 183 个乡镇主管乡镇长和区县主管部门参加了小城镇规划管理培训班，通过专题讲授，进一步提高了基层干部对规划的认识。研究探索“集约节约利用集体土地的发展模式”，组织积极性较高的小城镇开展宅基地整理规划方案的编制工作，目前平谷马坊、大兴采育、通州宋庄、门头沟潭柘寺等四个镇已经完成规划方案的编制。开展小城镇规划布局调整，目前已征求市相关部门意见和相关区县意见。

4. 旧村改造试点村建设深入推进。会同市相关部门，加快研究解决 11 个旧村改造试点村在改造过程中出现的问题。目前，市财政局同意对试点村给予资金补助，重点支持试点村基础设施建设；市规划委下放了村庄规划审批权限，由区县政府对试点村的村庄规划进行批复。

5. 完成 80 个试点村综合评估工作。通过现场查看、入户访谈、召开座谈会、电话询问、问卷调查等多种形式，对 2006 年 80 个新农村建设试点村进行了综合评估。将评估中发现的问题反馈区县和相关处室，作为落实科学发展观的整改内容抓紧解决。

6. 生态创建活动取得明显成效。通过区县申报、专题培训、专家验收、社会公示等，10 个乡镇、159 个村分别被命名为北京郊区环境优美乡镇和文明生态村；密云、延庆通过了国家环境保护部的验收，被命名为国家生态县，并在全市山区工作会上正式命名授牌。联合下发了《关于对密云县、延庆县创建成为国家生态县进行奖励的决定》，对密云、延庆分别给予 2 000 万元的资金奖励。联合制发了《关于开展生态示范创建工作进一步推进全市生态环境建设的指导意见》（京新农办函［2008］9 号），明确了生态建设体系、创建标准及创建程序，提出对获得国家级生态区县命名的给予 2 000 万元一次性资金补贴，并将“环境优美乡镇”、“生态村”创建资金纳入财政转移支付体制等。

六、农村社会事业加快发展

1. 农业科技工作成效明显。围绕精准农业、循环农业、设施蔬菜、观光主题公园、京承走廊、富营养化水体生态修复等重点领域，启动了一批科技农业项目。围绕园艺作物连作障碍、大桃产业提升等 5 项影响产业发展关键问题，通过政府购买科技服务方式，集成首都优势科技资源，开展协作攻关。加强农业科技入户工作，通过实施 10 项市级科技入户和 5 项重大推广项目，组织了 101 名专家教授、452 名技术指导员，在 1 876 个村的 5 370 个科技示范户、320 个各类园区与基地推介主导品种 276 个，主推技术 105 项，主推品种入户率 97.7%，主推技术入户率 98.1%，入户指导 2.21 万人次，发放物化补贴 680 余万元，户（场）均增收 1.27 万元左右，辐射带动周边农户近 1.53 万户，辐射面积 17.764 万公顷。组织有关部门开展新品种、新技术的综合配套集成示范推广工作，2008 年共筛选了“优质百合种球繁育与切花生产技术试验示范”、“北京鸭健康养殖新模式示范与推广”等 80 余项农业科技试验示范和示范推广项目。

2. 新型农民培养工作进一步加强。协调配合市有关部门重点开展了农村劳动力转移就业培训、农村

"4050"人员培训、农民自主创业培训、一产专业农民培训等方面工作，受训农村劳动力实用技能得到了有效提升。其中，转移就业培训约9.7万人，"4050"人员培训2万余人，农民自主创业培训3 200余人，一产专业农民培训2.6万余人，全部提前完成全年计划任务。

3. *农村实用人才工作不断加强*。按照"1521培养计划"，指导区县采取专家授课、示范实训基地培训、田间学校等多种形式，加强农村实用人才培训，全年共培训1.5万多人次。研发了北京市农村实用人才信息管理系统，建立了北京市农村实用人才网。开展了首批"北京市有突出贡献的农村实用人才"评比表彰工作。组织17名优秀农村实用人才和工作人员赴欧洲进行了境外培训，了解和学习发达国家专业合作组织和农业产业化方面的先进经验和运营模式。积极配合农业部在韩村河基地举办了3期全国优秀农村人才培训班。

4. *农村信息化建设深入推进*。200个农村"数字家园"建设稳步推进。与市信息办共同编制《农村基础信息数据元分类与编码规范》北京市推荐性地方标准（送审稿），确定5大类、52小类、477个基础数据元。北京移动农网共向26万农户发送实用短信1 000万条以上；北京现代农业信息网等主要为农服务网站年点击量超过2 000万人次。市农委信息中心被农业部评为2008年度全国农业网站信息联播最佳组织奖。

5. *农村公共服务体系建设工作取得新进展*。印发了《北京市农村村级社会公共服务中心建设意见》。启动了农村村级公共服务设施管护长效机制调研、《北京市村级公共服务设施建设规划（2009—2012年）》编制等工作。配合市相关部门制定和完善《完善新型农村社会养老保险制度有关问题的意见》、《北京市农村五保供养制度实施细则》、《关于加快学前教育改革与发展的意见》、《关于深入贯彻落实科学发展观统筹解决人口问题的决定》等农村社会事业发展相关政策。会同市相关部门召开了"市社会主义新农村建设档案工作经验交流会"、"2008年北京市村邮站建设推进工作电视电话会"。积极协调市财政，为村邮站建设提供了资金保障，在200个整体推进村进行村邮站建设试点。

七、深化改革农村发展活力不断增强

1. *积极推进金融制度建设*。起草了《关于引导和鼓励金融机构支持社会主义新农村建设的意见》。采用抽样调查的方式，对北京市农户及农村企业的贷款需求、农村金融机构总体供给状况等方面进行了深入调查研究，摸清了我市农村金融现状。组织开展了第三届"凤凰乡村游、体验新农村"活动。与相关单位和部门共同研究搭建农业投融资平台，北京市农业投资有限公司已经正式挂牌成立，根据农业投资平台搭建方案，将由农投公司投资设立北京市农业担保公司及北京市农业产业投资基金，最终形成由政策性农业投资公司、专业化农业担保公司和农业产业投资基金三个机构共同组成的农业投融资平台。政策性农业保险快速发展，全年共收取保费2.495亿元，超额完成年初计划（1.7亿元）的46.79%，总保险金额63.3亿元，参保农户16.4万户，三家保险公司简单赔付支出19 108.5万元，总计赔付农户78 882户。

2. *加快推进集体经济产权制度改革*。全年新完成产权制度改革单位为163个，累计完成产权制度改革的单位总数达到466个；全市有30多万农民成为股东，全市乡村集体经济总量达到2 200多亿元。组织编印了《北京市乡村集体经济产权制度改革工作操作指南》。举办了五期全市乡村集体经济产权制度改革培训班，培训农村基层干部530人。组织区县、乡镇经管干部，对2007年底之前完成产权制度改革、已经正常运营一年以上的177个新型集体经济组织进行了全面检查，并采用信息化监测数据库的形式，对完成改制工作的单位经营管理情况进行跟踪调查。每月上报汇总各区县集体经济产权制度改革月报表，按照各区县上报的改制计划，对改制单位工作进度按月进行督察。开展了农村集体经济合同清理工作。

3. *规范化建设农民专业合作组织*。全市正式登记注册的农民专业合作社达到2 136个，已经覆盖到种植、养殖及农产品销售、加工等多个领域。完成了100个示范合作社的建设。积极协调各相关部门，完成了合作社地方立法的前期调研工作，组织起草了《北京市实施〈中华人民共和国农民专业合作社法〉办法》（试拟稿）。积极协调工商部门，加强农民专业合作社登记管理工作。加大培训力度，编印了5 000多册《北京市农民专业合作社实用手册》，下发到各区县主管部门、乡镇和农民专业合作社。举办了贯彻《农民专业合作社财务会计制度（试行）》师资班和"全市农民专业合作组织示范项目负责人暨辅导员培训班"。

4. *农村土地家庭承包经营制度进一步完善*。继续加强农村土地家庭承包经营后续完善工作。重点开展了农户土地承包经营权流转和土地经营情况的调查，目前全市农村确权土地31.78万公顷，确权土地流转面积达到14.53万公顷，已占到确权总面积的45.7%。从土地经营方式上看，以农户家庭承包经营为主，占55%，大户承包占17.4%，村集体经营占10.7%，外部个人、企业经营占15.4%，其他经营形式7.1万亩，占1.5%。起草了《关于推进我市农户土地承包经营权流转的意见》（讨论稿）。

5. *农村综合改革稳步推进*。重点开展了乡村义务教育债务清理工作，目前各区县自查清理工作和市级核实认定工作已经完成，正在组织区县进行确认。起草了《关于开展本市清理化解农村义务教育"普九"债务试点工作的实施意见》（征求意见稿）。会同市编办开展调研，组织6个试点区县研究制定乡镇机构改革试点方案，目前，大部分试点区县已提出了改革的初步方案，正在与试点乡镇进行修改完善。开展农民负担春秋两季监督检查工作，重点对财政转移支资金拨付、使用、修建道路无偿占用农村集体土地、新农村建设举债及村集体承担居民区管理费用进行了检查，并提出了整改意见。加强规范村级范围内村民一事一议筹资筹劳的管理，制定出台了《北京市村民一事一议筹资筹劳管理办法》。会同市财政局进一步完善了村级经费的补贴制度，根据各区县的实际，调整补贴标准，确保了基层组织的正常运转。

八、基层组织建设进一步加强

1. *农村党建工作进一步加强*。会同市有关部门对13个郊区县2007年开展"三级联创"活动的工作情况进行了检查考评。组织召开了全市农村党的建设"三级联创"工作会议。与市委党史研究室合作编写了《村官说村史——京郊农村改革开放历史变迁》。组织开展了村干部关爱激励保障机制问题研究。与有关部门共同起草了《关于进一步健全完善村干部待遇保障机制的意见》。

2. *农村基层民主政治建设进一步加强*。会同市有关部门起草了《北京市村务公开和民主管理工作规程(试行)》，规范村级民主建设。继续开展北京市村务公开和民主管理示范单位创建活动。新增加达标示范单位10%，郊区35%的乡镇、村已达到示范单位要求。

3. *农村法制宣传教育进一步加强*。协调配合市有关部门组织开展对农村的法制专项宣传教育活动。会同市司法局向农村干部和农民赠送了《农村干部法律知识手册》40万册和《农民常用法律知识100问》120万册。参与了《关于开展全市乡（镇）、村级干部国土资源法律知识宣传教育培训活动的通知》（京国土人［2008］111号）研究起草工作，积极配合全市开展"乡（镇）、村级干部国土资源法律知识宣传教育培训活动"。

4. *农村维稳工作进一步加强*。继续开展"农村平安创建活动试点"工作，健全治安防控工作机制和工作体系，积极探索农村平安建设新模式。组织召开了全市郊区农村信访工作会议。积极开展矛盾纠纷排查化解工作，推广郊区化解矛盾的典型经验，使一大批矛盾纠纷得到了有效化解和控制。积极参与区县领导大接访活动。认真做好信访答复和数据报送。1—11月，远郊10区县到市以上集体访共170批2175人次，与2007年同期278批6 587人次相比，批次下降38.8%，人次下降67%。

过去的一年，新农村建设的领导体制和工作机制进一步完善，工作思路进一步明确，以工促农、以城带乡的长效机制不断完善，强农惠农的政策体系不断健全，城乡统筹继续走在全国前列，城乡一体化发展的态势已经显现。新农村建设从试点阶段转入全面推进阶段，农业发生了功能性变化，农民发生了观念性变化，农村发生了由表及里的变化，农业农村发展呈现难得的良好局面。

（王修达　王　东）

郊区城乡一体化进程

概　述

城乡经济社会发展一体化（以下简称城乡一体化），是把城市与乡村、二、三产业与农业、城镇居民与农村居民作为一个整体统筹安排，实现城乡发展规划、产业布局、基础设施、公共服务、劳动就业和社会管理等方面的一体化。城乡一体化战略的提出，对于通过体制改革和政策调整，破除长期形成的二元体制，缩小城乡之间的发展差距，逐步形成城乡基础设施共建共享、产业发展互动互促、城乡社会管理统筹和城乡基本公共服务均等化的局面，具有非常重要的意义。城乡一体化不是城乡"一样化"或"平均化"，它不仅强调缩小城乡发展水平上的差异，也强调城乡都有自身的特点，以及适合各自特点的平等发展机会。2008 年，城乡一体化取得了重要进展。

【郊区城乡经济社会发展一体化现状】 市委市政府高度重视"三农"工作。党的十六大提出城乡统筹发展，特别是党的十七大提出"建立以工促农、以城带乡长效机制，形成城乡经济社会发展一体化新格局"以来，市委市政府全面落实科学发展观，按照在城乡经济社会一体化发展上走在全国前列的目标，大力推进新农村建设及其他各项建设，初步形成了城乡一体的新局面。

1. *城乡统筹的氛围日益浓厚。*市委、市政府坚持把"三农"工作作为重中之重，主要领导同志经常到农村调研，市委常委会、市政府常务会经常听取"三农"工作的汇报并研究解决其中的重要问题。在市委市政府高度重视下，市各部门积极将职能向农村延伸，全市上下形成了统筹城乡发展的浓厚氛围，城乡一体的意识越来越深入人心，以新农村建设折子工程为载体的工作制度和以加大公共财政投入为主要内容的支农惠农政策体系逐步建立和完善。2007 年市财政对"三农"投入是 2002 年的 5.2 倍，市政府固定资产投资郊区与城区的比例从 2∶8 调整为 51∶49。

2. *农村经济和农民收入水平不断提高。*以发展都市型现代农业为主线，取消了农业税、农林特产税，对农业生产实行直接补贴，农业综合生产能力不断提高的同时，生态功能日益彰显，生活功能深度拓展。农村二、三产业增长方式有了较大转变，农产品加工业、特色手工业、都市型工业取得长足发展，乡村旅游等新兴产业成为农村经济新亮点，城乡产业融合的程度越来越高。多渠道促进农村劳动力向二、三产业转移，政府购买了农村林务员等多种公益性就业岗位，帮助 6 万多农民实现稳定就业。多数农村劳动力已实现非农就业，工资性收入和财产性收入成为拉动农民增收的主要因素。2007 年农民人均纯收入达到9 559元，五年来年均实际增长 9.1%。

3. *乡村基础设施明显改善。*修编了城市总体规划，按城乡一体的思路确定了各区域的功能定位，基本实现了规划的市域全覆盖。城乡空间结构调整有序推进，中心城功能日益完善，高端产业功能区带动辐射效应不断增强，郊区一批新城、重点小城镇和中心村的基础框架基本建立，分类指导、统筹协调、特色发展的格局正在形成。加强城乡交通，一批高速公路和轻轨相继建成通车。天然气供应延伸到部分新城和沿线中心镇，农村能源结构发生深刻变化。加强农村基础设施建设，实现了行政村"村村通油路"和广播电视村村通，全市农民到 2008 年底将全部实现安全饮水。加大投入力度，3 年来共实施了 400 个村的基础设施整体推进工程。加强绿化隔离带建设和"城中村"改造，实施了"农村亮起来、农民暖起来、农业资源循环起来"工程，初步建成了"村收集、镇运输、区处理"的垃圾治理体系，城乡环境明显改善。

4. *公共服务加快向农村覆盖。*全面落实义务教育"两免一补"政策，调整农村中小学布局，建立城乡学校对口帮扶机制；2007 年市政府固定资产投资用于农村基础教育的比例达到 61.2%，农村办学条件明显改善。强化基层农村和社区医疗卫生服务，已建成达标社区卫生服务机构 2 304 个，基本实现了社区卫生服务网络的城乡覆盖。2007 年新型农村合作医疗参合率达到 88.9%，超过"十一五"规划目标 3.9 个百分点。农村文体等设施不断完善，村级组织活动场所已达到 100%，62.4%的行政村有图书室（文化站）。完善被征地农民的社会保障政策，实施农村最低生活保障，出台了本市城乡无保障老年居民养老保障办法，加快农村新型养老制度建设，新农保参保率达到 80.6%，在全国率先实现了养老保障制度全覆盖。

5. *城乡管理体制稳步改革*。改革了户籍管理制度，新生儿、在校生以及在城镇有稳定工作的农村户籍人员，可以自由登记为非农业户籍。开展了整建制农转居试点。适应城乡一体化需要，在城乡结合部地区首创了地区办事处模式。乡镇行政管理体制改革试点工作稳步推进。招聘大学生担任村党支部书记助理和村委会主任助理，改善了农村干部结构。对村级公益事业进行专项补助。按照“资产变股权、农民当股东”的方向，以城乡结合部和新城周边为重点，推进乡村集体经济产权制度改革，目前已有300多个村完成了改革，为农民融入城市创造了必要条件。

尽管近年来北京市城乡一体化步伐加快，但由于多方面的原因，一体化的道路还很长。主要表现在以下几个方面。

1. *城乡经济发展水平差距很大*。城乡经济布局还不够合理，城市经济对农村经济的辐射和带动作用需要进一步加强。都市型现代农业的综合生产能力需要进一步提高，生态、生活功能需要继续强化。协调推进生态涵养区生态建设与经济社会发展的问题仍需探索。农村非农就业空间仍较狭窄，仍有大量富余劳动力需要从农业转移出来。尽管农民人均纯收入增长较快，但城乡居民收入的相对差距没有缩小，绝对差距还有扩大的趋势。

2. *农村城市化水平相对滞后*。郊区城镇人口和产业聚集程度低，公共设施建设标准低，设施利用率低，城镇化水平滞后于农村二、三产业发育程度。城镇管理机制还不健全，设施运转缺乏长效管护机制、区域发展统筹协调不足，城镇化的质量还比较低。仍有相当一部分村庄的规划没有完成，部分行政村村内主干路未硬化，多数村庄主干路硬化不达标。郊区的污水处理率、生活垃圾无害化处理率只达到47%、76.5%。农村生产、生活条件仍亟待改善。

3. *农村社会事业和公共服务水平较低*。农村中小学教学条件和教育质量比城市中小学还存在较大差距。农村医疗卫生条件有待改善，农村新型合作医疗的筹资水平和报销比例有待提高，农民看病难、看病贵的问题还没有彻底解决。农村社会养老保险的覆盖率仍需提高，保障水平也还比较低，养老仍是广大农民迫切希望解决的重大问题。农村文化生活还不丰富，广大农民参加精神文明建设的载体有限，培养新型农民的任务很重。

（*摘自《关于推进城乡经济社会发展一体化的调研报告》*）

【发布《中共北京市委关于率先形成经济社会发展一体化新格局的意见》】 贯彻落实党的十七届三中全会精神，市委十届五次全会审议通过了《中共北京市委关于率先形成城乡经济社会发展一体化新格局的意见》（以下简称《意见》）。文件的起草，是在市委常委会的直接领导下进行的。主要有三个阶段：

一是调查研究阶段。年初市委常委会把《推进首都城乡经济社会发展一体化》确定为全市第一项重点调研课题，市委农工委、市农委组织全市21个部门、14个涉农区县开展了深入调研，形成1个总报告、24个分报告，为起草文件奠定了良好基础。刘淇同志、郭金龙同志带头多次进行实地调研。市委组织举办了农村改革座谈会、纪念农村改革开放三十年理论研讨会，广泛听取各方面意见和建议。

二是起草完善阶段。党的十七届三中全会召开后，市委成立了由李士祥、牛有成、赵凤桐同志为组长的文件起草小组。《意见》形成之前，市委及时部署市各部门研究提出了贯彻中央《决定》精神的相关政策意见；同时，文件起草组开展了制度建设、产业发展、基础设施、公共服务、农村金融、社会建设等6个方面的专题研究。《意见》初稿形成后，市委将《意见》（征求意见稿）下发至市四大部门，全市18个区县、市级51个部门和单位，不再担任领导职务的市级老同志和农口老干部等，广泛征求意见。12月5日，刘淇同志亲自主持召开区县委书记专题会议征求意见，18个区县委书记都作了发言。12月15日，市委还组织民主党派、党外人士专门就《意见》（征求意见稿）进行了座谈讨论。大家普遍反映，《意见》（征求意见稿）全面贯彻了中央《决定》精神，符合北京实际，提出了率先形成城乡经济社会发展一体化新格局的重大举措和工作部署，有很多创新和亮点；同时也提出了230余条具体的修改意见和建议。对各方面反馈的意见和建议，文件起草组逐条进行了研究吸收。

三是决策研究阶段。12月16日、19日市政府常务会、市委常委会对《意见》（征求意见稿）进行了讨论，根据市政府常务会、市委常委会的讨论意见作了进一步修改完善。市委十届五次全会上牛有成常委对《意见》（审议稿）作了说明，大会审议通过《意见》。

12月30日发布《中共北京市委关于率先形成城乡经济社会发展一体化新格局的意见》。《意见》共分三大板块、七个部分：第一板块是总论部分，包括第一、第二部分，阐述了新形势下推进北京农村改革发展的重大意义、指导思想、目标任务、重大原则。第二板块是政策措施，包括第三、第四、第五、第六部分，阐述了推进农村改革发展的重大举措和工作部署。第三板块是政治保证，即第七部分，阐述了加强和改善党对农村工作的领导，为农村改革发展提供坚强政治保证。《意见》体现了“全面、具体、特色、亮点”的要求，即中央精神要全面贯彻、政策措施要具体有效、结合实际要有北京特色、推动工作要有重点亮点。

（*聂观涛　赵家如*）

奥运保障

概述

举办一届有特色、高水平的奥运会是中华民族的百年梦想。2008年，按照市委、市政府部署，市农口各单位认真负责，为保障奥运顺利进行做出了实实在在的努力，贡献了自己的力量。

【奥运核心区农产品供应】 以“确保供应、确保安全”为工作目标，认真研究制定并落实《奥运农产品供应保障工作方案》和《奥运蔬菜供应保障实施意见》，保证了奥运农产品供应保障工作“供应零中断、运行零投诉、安全零事故”，实现了品种和数量的双百分百供应。从5月1日媒体中心开始供餐，到9月20日残奥村闭村，累计供应鲜活农产品2 179吨。其中，21家京内奥运农产品专供企业累计供应农产品1 172吨，107个品种，252个品项，占农产品供应总量的53.8%，超过了原计划30%的供应比例，完成了京内企业占据农产品供应主导地位的目标。

【奥运期间本市鲜活农产品运输供应】 作为市政府奥运会残奥会期间鲜活农产品运输供应协调小组办公室，认真组织，积极协调，抓紧办理农产品货运通行证，解决农产品运输问题；及时上报鲜活农产品运输供应动态情况，为市政府制定相关政策提供依据；实地调查，协助解决突发鲜活农产品运输问题。研究起草了《市政府关于做好2008年奥运会残奥会期间鲜活农产品运输供应有关工作的通知》、《市政府办公厅关于做好奥运会残奥会期间鲜果运销工作的通知》等；受理22个单位的货运车辆通行证申请7 694张，初审同意上报联合窗口通行证申请5 298张，联合窗口审批核发通行证4 602张；报送《鲜活农产品运输供应动态情况》82期，有关信息320余条；协调解决二商集团食品专用运输车辆用证问题、密云县东邵渠镇石峨村李子滞销问题等，保证了奥运会残奥会期间全市农产品运输供应的总体平稳。

（赵　雯）

【实施“保质量、保安全、助奥运——农产品质量安全保障行动”】 一是于2月29日，配合农业部在北京会议中心举行“保质量、保安全、助奥运——农产品质量安全保障行动”（简称“助奥行动”）启动仪式。二是按照《合作备忘录》的要求，完成了“助奥行动”信息平台建设，并在农业部的统一组织领导和13个主要供京农产品生产省（自治区、直辖市）的配合下，完成了1 700多个参与“助奥运行动”的农产品生产基地及相关企业登记备案。三是召开了专题协调会议，配合市工商局制定“保质量、保安全、助奥运——助奥省（自治区、直辖市）农产品进入北京市场工作保障方案”，进一步明确了完善市场准入的具体措施。

【强化五项重要措施，圆满完成供奥农产品保障工作】 一是组建奥运农产品质量安全监管工作团队，建立集中办公和每周例会制度；二是抽调市、区（县）两级141名监管员分别进驻17家奥运农产品专供企业和51家货源生产基地，实施驻点监管，建立进出货审核和质量安全的“零报告”制度。三是对所有供奥农产品企业或基地建立全程质量追溯，实施产品批批检测。四是开展农业投入品专项整治，加强农业投入品监管。五是集中力量，实施信息统计分析、供应风险排查与应急采购并重，确保奥运蔬菜供应。实现了奥运农产品质量安全和数量供应的双重保障。从5月1日到9月28日，累计供餐190万人次，共供应鲜活农产品2 179吨，超额完成了农产品奥运供应任务，并实现了3个“100%”供应：一是确保供奥农产品质量安全合格率100%。二是实现奥运鲜切蔬菜品项和数量的双100%供应。三是鲜切蔬菜、果品、鸡肉、猪肉、肉鸭和鸡蛋6类农产品100%由京内农产品加工配送企业供应。

（张立新）

【围绕奥运农业投入品，加强执法监督】 2008年年内，深入开展奥运农业投入品专项整治行动，针对各类农业投入品的特点，以供奥基地及周边地区为监管重点区域，以禁用限用农业投入品为监管重点内容，以销售和使用环节为监管重点环节，加大了监管的频度和力度。在2008年5月至9月底奥运会的筹办和召开期间，全市共计出动奥运投入品监管执法人员10 342人次，组织执法次数2 305次，检查投入品生产经营和使用单位7 176个次，整治投入品市场389个次，抽检农业投入品数量3 150份，举办宣传活动46次，印发宣传材料2.328 8万份。

（陆　洪）

【签订目标责任书，将奥运安保工作的任务层层落实到基层各单位】 按照全市2008年“奥运”之年的工作部署，“两委”主要领导年初与刘淇书记、郭金龙市长、王安顺副书记签订了“维护首都安全稳定，实现平安奥运目标”责任书。按照首都综治办的要求，年初市委农工委、市农委成立了“平安奥运行动”领导小组，将奥运安保的任务逐一分解，市委农工委、市农委党政“一把手”分别与系统所属8个直属单位党政“一把手”签订了农委系统“维护首都安全稳定，实现平安奥运目标”责任书。同时指导所属单位与所属二级单位层层签订责任书140份，将奥运安保各项任务层层落实到各基层单位。

【农委系统全面落实奥运安保各项措施并组织检查】 按照全市“平安奥运行动”领导小组要求，成立农委系统“平安奥运行动”领导小组办公室，办公室设在社会管理处。要求系统各单位都要按照市里要求成立本单位“平安奥运行动”领导小组，并明确具体联络员。制定下发了《市农委系统2008年奥运会筹办期间维护稳定工作方案》（京农发［2008］10号）和《市农委系统落实“平安奥运行动”工作规则和具体措施》（京农发［2008］11号）。要求所属单位都要紧紧围绕奥运安保制定本单位的工作方案和具体工作措施，并按照“平安奥运行动”的各项要求周密部署，精心组织。

一是完善处置机制。完善各项事故应急处置工作预案，根据事件的性质、起因，现场的规模、危害等因素，制定针对性处置方案和办法，从组织领导、力量配置、现场处置、工作措施等方面逐一明确、完善，并适时进行演练，确保一旦发生事件，能够及时、有效、稳妥处置，有效控制局势，尽快平息事态。

二是建立工作例会制度和信息报送制度。按照市“平安奥运行动”领导小组的要求，建立了本系统“平安奥运行动”例会制度、信息报送制度和联络员制度，有效地保证集中人力、集中时间、集中精力确保“平安奥运”目标的实现。在2008年上半年每半个月召开一次工作例会，传达市“平安奥运行动”工作要求和动态，研究本系统当前主要工作。在奥运会期间进一步加强值班和信息报送，要求系统各单位实行“零报告”制度，有情况及时上报，无特殊情况报平安。

三是落实奥运安保督查机制。在农委系统内部，积极开展奥运安保演练。具体工作中利用听取汇报、现场查看、组织抽查等手段对所属单位奥运安保准备情况进行检查，从预案制定、组织实施、制度落实、应急措施逐一进行检查，进一步完善相关预案。在平时督查的基础上，市委农工委书记杨德宏同志在“五一”节前和奥运开幕前还分别带队对农委系统各单位奥运安保各项措施的落实情况进行了检查。从5月开始，市委农工委书记和主管领导分别带队对所属单位奥运安保准备情况进行检查，从而促进了系统各单位“平安奥运行动”的深入开展。特别是在7月20日以后，深入基层逐个逐项排查，要求各单位对发现的隐患、漏洞，及时消除、堵塞漏洞。对存在的问题和不足，及时限期整改并积极帮助解决。把可能出现的不安定因素化解在基层，把矛盾和隐患消除在萌芽状态。

【深入开展系统反邪教工作】 以农委系统“平安奥运行动”为目标，全面落实“四个零指标”，即：不发生“法轮功”顽固分子到天安门广场、涉奥等重点地区闹事活动；不发生规模性非法聚集事件和恶性极端事件；不发生重点地区、繁华地带、高层建筑、立交桥、奥运场馆周边等的书写、喷涂、悬挂“法轮功”反动标语及大面积反宣品案件；不发生“法轮功”插播广播电视活动。对农委系统原“法轮功”练习者和刑释解教人员进一步加强管理，在对原练习人员进行逐人见面、调查摸底的基础上，对不稳定人员采取有效措施实施有效管控，做到24小时不脱离视线，做到防患于未然，确保了农委系统的安全和稳定。

【开展系统流动人口和出租房屋调查工作】 按照市流管办的统一要求，对农委系统各单位内流动人口和出租房屋情况进行认真汇总，在前期对流动人口和出租房屋调查摸底的基础上，加强对系统各单位流动人口实施动态管理。对流动人口实施有效管控，做到了底数清、情况明。完成了对农委系统流动人口和出租房屋登记分类管理、建档造册，并实行动态管理，做到了“人来登记，人走核销”。截至2008年7月底，农委系统各单位注册登记的流动人口共计5 825人，涉及系统内出租房屋1 734间17 305平方米、4 116人。要求所属单位将基础数据分别向属地流管办进行了报告，并要求系统各单位对所属流动人口加强动态管理，进行实时监测，认真落实市流管办对流动人口的各项管控措施。

【加强对农委系统各单位危险品、危险源的管理】 建立完善农委系统危险品管理规定。如：2008年6月17—19日，市农科院将历年存储、总量达7吨的废旧农药、化学试剂和相关实验室有害废弃物一同交由环保部门指定的公司进行集中销毁，消除了重大安全隐患。市农业局属单位中有11家有实验室，其中有6家重点实验室安装有电视监控，达到24小时全天候监控。水产技术推广站和兽药饲料监察所的电视监控报警还与当地公安机关相联网。农业局还对全市范围内的兽医微生物实验室进一步加强监管，确保不发生生物恐怖事件。对全市28家实验室设立单位、48个实验室采取了七项措施、建立了四项制度，逐级签订了责任书，并多次开展专项检查，对115种菌毒种进行了登记备案，其中中国兽医实验所病菌实验室派驻了武警执勤。所有这些措施的实施都有效保证了农委系统奥运期间的安全。

【完成奥运植保保障任务】 一是成功阻截、防控草地螟。奥运会期间组织相关部门和单位，紧急调运、安装频振式杀虫灯 8 600 盏，安装高空诱捕探照灯 300 台，有效控制了草地螟成虫向奥运场馆的迁飞；二是实现了农区灭鼠全覆盖。农区鼠情监测点由 150 个增加到 360 个，每月监测 1 次，全年农田灭鼠达 343.4 万亩次，规模养殖场灭鼠覆盖达 3 500 家，农田平均灭鼠效果达到 94.2%，同比提高 2 个百分点；三是确保了蝗虫疫情零发生。全面加强了蝗虫监测、应急物资准备、应急队伍建设等工作，及时开展了全市蝗虫防控应急演习和动员，加大与周边省市联防联控组织和协调工作力度等；四是重大植物疫情阻截带建设稳步推进。组织制定了建设实施方案，开展了风险评估，完成全市外来生物进入高风险地段实地勘查，完成 50 个疫情监测点选址工作等；五是加大豚草防治防范力度。全年灭除面积近 10 万亩次；六是保质保量完成农药登记管理年工作任务。提前完成了农业部布置的农药生产企业标签变更工作，先后组织两次对农药生产经营单位、农贸市场、蔬菜生产基地检查和抽查活动，坚决杜绝违禁农药的生产、经营和使用。

（喻绍春）

【开展北京市奥运期间突发重大动物疫情事件风险评估与应对工作】 2008 年年内，根据北京市突发公共事件应急委员会的统一部署，市重大动物疫情应急指挥部办公室（市农业局）组织农业部兽医局、北京农学院、中国卫生与流行病学中心、中国农业大学和北京农林科学院有关专家以及市农业局属相关单位和处室有关人员开展了第 29 届奥运会和第 13 届残奥会期间突发重大动物疫情事件风险评估工作。经资料的收集、现状的分析、专家会商，在确定风险源的基础上，利用层次分析法、风险指数计算公式及风险识别与评估矩阵分析等科学分析方法，对各风险源进行了风险识别与评估。确定了奥运期间北京市突发重大动物疫情事件的三大类共 27 种（个）风险源的风险等级，并根据各风险的成因，提出了有针对性的降低和应对风险的措施和建议，并逐步落实。

（李珊珊）

【奥运比赛马匹检疫和赛场监管】 市区两级派出检疫监督人员，完成了历时 120 天的奥运比赛马匹检疫和赛场监管任务。对北京、上海、广东三地的 81 匹奥运比赛用马实施了赛前检疫监管。累积实施消毒 25 万平方米，临床检查 1 500 匹次。

（张佳艳）

【做好奥运生物反恐工作，加大动物病原微生物实验室管理力度】 实施三级责任追究、生物安全公示、生物安全自查月报、生物安全警示四项制度，严格实验活动审批、菌（毒）种保藏、实验活动信息备案、实验活动监督检查等七项措施，18 个区县、28 个实验室设立单位，签订责任书 94 份、承诺书 28 份。实施监督检查 62 次、现场检查实验室 99 个次，提出整改意见 56 条，奥运期间，对于重点单位增派武警警卫，确保了奥运期间，无动物病原泄露事件发生。

（李珊珊）

【奥运颁奖和礼仪用花工作】 2008 年，北京花卉协会配合市园林绿化局，圆满完成奥运颁奖用花、奥运村花店用花的制作、配送和奥运主新闻中心花艺表演。承担了奥运会及残奥会颁奖用花、奥运村花店建设、奥运主新闻中心插花花艺表演等工作，花协领导和局领导高度重视，精心安排，先后组建了北京奥运花卉配送中心和颁奖用花设计专家组，按照北京奥组委招募志愿者的条件，招募了一批奥运礼仪用花志愿者，成立了奥运礼仪用花制作志愿者队伍，全力配合完成奥运礼仪用花的各项工作。

1. *奥运会及残奥会颁奖用花工作*。2008 年上半年主要完善奥运颁奖用花配送中心的各项建设工作，在确定奥运会颁奖用花方案的基础上，2008 年 4 月设计出残奥会的颁奖用花方案，并获得奥组委批准。组织制订了颁奖用花质量标准、花卉配送流程、安全保卫规定等相关技术要求。按照奥运会颁奖用花主花材及主要配材的要求，组织专家到云南、四川、广州等地考察花材生产基地，与相关企业签订了供货合同。并要求供应商每 10 天传送花材生产情况的图片及数据资料，做到了异地监控花材的生产情况。在此基础上组织完成了在国家体育场举办的“好运北京”测试赛——中国田径公开赛的 242 束颁奖用花的制作与配送任务，达到了实战演练的效果。

为保证顺利完成颁奖用花的配送工作，购置了 15 辆保鲜配送车辆，一辆配送车辆安排一名专职司机与一名配送人员。同时还制定了《奥运颁奖用花配送的应急预案》。

为在人力上保证奥运花卉的配送工作，积极组织开展志愿者培训等相关工作。先后组织 120 多名志愿者进行了 10 多次专业技术培训，就花束的制作流程、鲜花保鲜措施、运输配送等环节进行培训和演练。

在奥运花卉制作、配送过程中，建立健全了各项安全保卫规章制度和安全应急预案，积极配合上级安全保卫部门、交通部门进行消防、安全、交通等技能培训和实战演习，提高了员工的安全防范意识，确保安全、高效地完成奥运颁奖用花的制作配送任务。

在奥运会期间（8 月 9—24 日），奥运花卉配送中心完成了奥运颁奖花束“红红火火”2 436 束制作，300 余次的配送任务，配送场馆 31 个。残奥会期间（9 月 6—17 日）完成了颁奖花束“红红火火”2 390 束制作配送任务。

按照奥组委要求，颁奖花束需提前 4 个小时送达竞赛场馆，每天最早配送时间为 6：30，最晚时间为 19：00。奥运花卉配送中心的全体工作人员克服一切困难，加班加点，准确无误的完成了配送任务。此外，奥运花卉配送中心还负责青岛、香港两赛区的颁奖花束制作培训工作。并于奥运期间向青岛奥帆赛区发送了 2 批共 10 000 支花材。

2. 奥运村、残奥村国际区花店工作。为在奥运会、残奥会期间更好的为各国运动员和官员提供用花服务，组建了奥运村花店，在全市15个单位插花界选拔、抽调35名花艺师组成工作团队。自7月20日奥运村花店试运行起，奥运村花店共接待来自60多个国家的官员和运动员。制作完成花束1 206个、插花62个、瓶插225个，销售绿植20盆，礼品包装33件。为奥运村内运动员制作生日花束780束。营业额36.3万元。

8月30日残奥村花店开业，共接待来自30多个国家的官员和运动员。制作完成花束689个、插花78个，销售绿植5盆、工艺品13件，礼品包装16件。为残奥村内运动员制作生日花束376束。营业额14.2万元。

奥运村、残奥村国际区花店在奥运会、残奥会期间，圆满完成了运行和服务工作，得到有关领导的充分肯定，并得到来店购花的外国官员和运动员的好评，被奥运村、残奥村运行团队评选为“商业文化街五好网点”。

3. 主新闻中心插花表演。为表现中国的花文化和中国插花艺术，活跃主新闻中心的现场气氛，经奥祖委批准，花协邀请了来自全国各地，包括港、澳、台地区的22位插花大师在主新闻中心的现场进行插花表演，从8月7日到残奥会闭幕，共进行了15场表演，同时配有翻译向外国记者进行讲解及答疑。在现场展示中国传统插花和现代插花的同时还与观看的媒体记者进行互动，现场教授中国插花技法，既体现人文奥运，也展示中国花卉文化。插花表演得到了各国新闻媒体及北京奥组委的一致好评。

【市花卉协会积极为花农和花卉企业服务】

1. 为促进花卉产业发展，花协积极牵线搭桥，促使花卉企业有更大的发展空间，如帮助丰台花乡花木集团在顺义杨镇建设温室大棚12 000平方米，北京靓馨花卉有限公司在顺义北郎中建设培育蝴蝶兰的温室5 000平方米，同时协助通州漷县制订花卉产业发展规划等。

2. 积极推广通州吉鼎立达科技公司节能型温室。经过广泛宣传和做工作北京农学院建节能型温室600平方米，延庆四海镇建2个连栋温室1 000平方米、北京市农林科学院生物中心在顺义北郎中建3 000平方米。这些新建温室节省能源，节省开支有利于花卉企业的发展。

3. 花协组织编写并印制了《京郊花卉植物种养指南》一书，对京郊农村绿化美化提供技术和植物品种的指导并免费发到农民手中，受到广大村民的欢迎。

（市园林绿化局　黄桂林）

【市农科院为北京奥运会残奥会成功举办提供科技支撑】　为保障奥运蔬菜食品安全，市农林科学院从2003年开始在延庆建立了奥运蔬菜资源圃，从世界各地引进并筛选出蔬菜名优品种77个，建立了与之配套的反季节蔬菜栽培技术体系和一批奥运蔬菜生产示范基地；推广的8个示范基地，其中6个入选为奥运蔬菜生产供应基地，有40余品种列入奥运会蔬菜采购清单。同时，市农林科学院组织专家和技术人员制定出了50多种蔬菜鲜切加工工艺流程，帮助3个鲜切菜加工企业建立品质控制体系，并全程技术指导。这些工作有力地保障了北京奥运会、残奥会的成功举办，受到市委、市政府的大力表彰。

（张爱武）

【保障奥运信息安全】　根据上级统一部署，实施双人双岗双责综合值班制度，印发了《关于奥运会残奥会期间加强综合值班的通知》。奥运会、残奥会期间，各部门各岗位进入高度戒备状态，各项工作以确保安全稳定为核心。对直接负责的网络和网站，在执行每半小时进行一次全面监测的同时，采取两套技术手段，委托两家专业公司，进行24小时不间断跟踪监测，一旦出现网络与网站安全故障，确保第一时间发现、第一时间反映、第一时间处置、第一时间恢复。与此同时，负责市农委系统各单位信息网络和信息网站的安全运行的管理与监督，每天午夜0：30之前汇总各方面情况，向市信息办报送安全日报。由于制度严密、措施得当，奥运会、残奥会期间未出现网络安全故障，运行平稳。

（马俊强）

【获得奥运表彰】　市重大动物疫情应急指挥部办公室、市植保站被评为“北京奥运会、残奥会北京市先进集体”。市农业局副局长吴宝新、市农业局动物防疫应急工作处处长姚杰章被评为“北京奥运会、残奥会国家级先进个人”。市农委经济发展处荣获北京市委、市政府、北京奥组委授予的北京奥运会残奥会先进集体；市农委（北京鲜活农产品运输供应协调小组办公室）、市农委奥运农产品保障领导小组荣获中共中央、国务院授予的北京奥运会残奥会先进集体。

（黄生斌）

社会主义新农村建设

概　述

2008年，在市委、市政府坚强领导下，全市上下深入贯彻落实科学发展观，深化城乡统筹，强化惠农政策，农业农村基础设施建设持续加强，农民收入较快增长，农村社会和谐稳定，为实现“新北京，新奥运”做出了重要贡献。

综合投入

【总体情况】　2008年市本级支农三类支出687 370.98万元，比上年同期增加93 584.76万元，增长15.76%。其中：农业支出231 442.59万元，比上年同期增加31 694.41万元，增长15.87%；林业支出149 555.82万元，比上年同期增加34 022.28万元，增长29.45%；水利支出99 277.79万元，比上年同期增加9 378.01万元，增长10.43%：南水北调支出1 981.78万元，比上年同期增加880.25万元，增长79.91%；农业综合开发支出82 733万元，比上年同期增加16 854万元，增长25.58%；其他农林水支出122 379.99万元，与2007年持平。

【加大支持力度，推进新农村建设】　2008年，市财政共安排支持“三农”资金171.2亿元，增长31.1%，为加快新农村建设步伐提供了有力保障。

一、支持发展都市型现代农业，繁荣农村经济

坚持促进农业现代化、服务首都、富裕农民的方针，按照北京市《关于促进设施农业发展的意见》的要求，支持建设都市型现代农业产业体系。2008年，市财政安排资金6亿元，积极发展设施农业，推进“两区两带规模化设施农业”、“多群落特色产业”等工程，努力实现2008—2012年每年新建设施农业4万亩的目标。

通过加大投入，提高农业机械化水平，应用农业先进科技成果，着力打造都市型现代农业走廊；安排有机肥补贴，全面支持实施测土配方施肥，发展有机生产；支持推行农业标准化生产，促进农村商品流通市场发展，通过提升品牌、增加销量，提高农产品的价格和经济效益。通过对郊区发展农产品加工业、都市型工业企业、休闲旅游业、商业服务业以及农民自主创业进行扶持，大力发展具有农村特色的二、三产业。

2008年市财政安排农业政策性保险资金1.17亿元，加快建立完善政策性农业保险体系，提高农业再生产能力。支持成立北京市信用再担保公司开展涉农业务，推动解决农业发展融资难等问题。2008年投入6 800万元，用于为农民贷款提供担保、抵押、贴息支持推进“银农合作”，努力消除制约农村发展、农民致富的贷款难问题。

二、支持农村基础建设，改善农村生产生活条件

2008年，市财政安排4.4亿元支持实施“三起来”工程，进一步改善农村居民的生活条件，提高节能环保意识。安排资金1.57亿元，支持实施新农村建设规划，主要用于200个基础设施建设整体推进村规划、300平方公里村庄建设用地地形测绘等项目。投入资金25.8亿元，用于发展新城道路建设，加强农村道路投入，解决农民出行难问题。投入资金5 560万元实施抗旱水源工程，主要用于农业灌溉井和农民生活饮水井建设。搞好村庄环境整治，对农村垃圾进行清理，拆除私拉乱建建筑物保持街面整洁。安排1.5亿元水源地专项保护资金，用于农田节水、污水治理等项目。投入资金近7 597万元，主要用于农村河道治理、坡岸绿化、污水处理等项目，支持乡村水环境改善。安排资金1.2亿元用于雨洪利用工程，其中郊区150处。2008年安排专项资金1.1亿元，搞好山区小流域综合治理。安排补助资金1.7亿元，继续推进“五河十路”、五环路绿化建设。支持郊野公园环线建设，构建完善的城市绿化格局。安排山区生态林补偿资金1.7亿元，切实维护山区农民的利益。

三、积极支持农村社会事业发展，推进城乡公共服务均等化

积极发展农村教育事业，进一步推进义务教育均衡发展战略。统筹城乡教育资源，市级新增教育经费用于区县以下投入比例达到70%，教育费附加中60%以上经费投向远郊区县，为发展农村教育事业提供财力保障。投入17.6亿元，用于校舍修缮及农村中小学办学条件达标等，不断提高农村基础教育水平。安排经费2亿元，支持城镇优秀教师和大学生支教、农村中小学教师培训等软环境建设工作，推动城乡教师及教学水平全面提升等。加大对农村学生的资助力度，对山区学生、城乡低保家庭学生做到“三免两补”：即免杂费、免教科书费、免寄宿生住宿费，发放学习补助（每人每年300元）和寄宿生生活补助（每人每年1 000元），提高义务教育免费程度。

加大农村公共文化服务体系建设。不断加大对农村文化建设方面的投入力度，全年市本级投入农村文化经费超过1.5亿元。稳步推进农村文化服务体系建设，升级改造乡镇综合文化站（中心）、行政村和社区文化室，重点支持广播电视“村村通”、“文化信息资源共享工程”、“流动舞台车配送工程”等重点项目，将北京市已开展四年、颇有成效的“读书益民”工程与2008年中央推行的“农家书屋”工程合并实施，将完成200个农家书屋建设，继续为社会最基层尤其是广大农民群众、中小学生、来京务工人员服务。积极探索创新文艺服务方式，采取“以奖代补”等方式，大力推广“农村电影放映工程”、“周末场演出计划”等，使文化服务真正扎根乡村。

进一步健全完善计划生育利益导向机制。一是将北京市农村部分计划生育家庭奖励扶助金标准由原每人每年630元提高到每人每年1 200元；二是将北京市村级计生专干的补贴标准由原来的每人每年一次性补贴500元增为每人每年4 000元。三是继续推行农村计划生育家庭“三结合”贴息贷款工作，落实好贴息资金1 400万元，为稳定农村低生育水平创造良好的外部环境。

加大对农村卫生医疗机构建设的支持力度，投入1.5亿元用于设备购置及修缮，改善农村医疗卫生条件。健全和完善农民养老保险、农村低保、农村合作医疗和医疗救助为一体的农村社会保障体系，解除农民的后顾之忧。完善农村社会养老保险制度，基础养老金的水平为280元/人月，所需资金由市区县两级财政统筹，建立城乡养老保险的衔接机制，建立城乡无保障老年居民养老保障制度，按照每人每月200元的标准发放。完善农村居民最低生活保障制度，具有本市农业户口、上年家庭年人均收入低于户籍所在区县当年农村居民最低生活保障标准的农村居民，均纳入当地农村居民最低生活保障范围。完善新型农村合作医疗制度，2008年市区乡镇三级投入7.54亿元，支持全市新型农村合作医疗的筹资水平达到320元/人·年，市财政对本市生态涵养区、城市发展新区、城市功能拓展区的人均补助标准已分别增加到人均135元、105元、60元。建立农村居民医疗救助制度，资助农村低保对象参加合作医疗，在救助标准上予以照顾，个人负担仍有困难的从临时救助中予以帮助。建立乡村医生养老保险制度，促进乡村医生从业管理，保证基本待遇，维护乡村医生合法权益和队伍稳定，努力实现广大农村居民人人享有基本卫生保健服务的目标。

四、完善补贴制度，提高农民收入水平

完善“粮食直补”政策，提高补助规模，扩大补助范围，补贴标准大幅高于全国平均水平。2008年安排粮食直补资金2.89亿元，通过银行“一卡通”的形式直接发放到农民的账户上。北京市每年制定小麦最低收购保护价政策，最大限度地保护种粮农民的种粮收益。2008年上半年两次上调了农资综合直补标准，调整后北京市小麦、玉米的农资综合直补标准分别比上年增加了27元/亩，增长150%。建立和推广山区生态林补偿机制，设立护林员、管水员、管路员等，通过政府购买服务的方式，在保护生态的同时创造更多的就业机会，逐步提高农民的可支配收入。加大农民培训力度，2008年市财政安排资金3 200万元，以促进农民充分就业和增收致富为出发点和落脚点，开展农民培训，提高劳动力生产技能、培养农村实用人才，建设新型农民培训平台。

五、支持推进农村综合改革

2008年，北京市继续加大改革力度，通过深化农村综合改革，进一步巩固农村税费改革成果、防止农民负担反弹，扎实推进社会主义新农村建设。包括开展乡镇机构改革试点、积极稳妥探索开展乡村债务化解工作、完善村级经费投入保障机制、加快防止农村公益事业、积极推进村级民主议事制度建设。

1. *完善税费农村改革转移支付制度*。农村组织正常运转补助按照村固定干部每人5 000元、办公经费每人1 500元标准核定；农业税减免补助按照远郊区县2003年农业税的实际征收数核定。2008年市财政拨付农村税费改革专项转移支付资金1.25亿元。

2. *完善村级基层公益事业专项补助制度*。农村基层公益事业补助按经济发达程度分档补助，对集体经济薄弱村每年补助15万元；其他一般行政村每村补助8万元。2006年至2008年村级基层公益事业专项补助达到14.9亿元。

3. *支持大学生任“村官”*。不断加大引导和鼓励高校毕业生到农村基层从事工作的力度，2003年至今，市财政已累计投入专项资金1.9亿元，支持开展招聘高校毕业生担任“村官”工作，并不断完善管理机制，为北京市农村地区输送了大量高素质人才，巩固和加强了基层政权建设。

（市财政局　张建龙）

新农村基础设施建设

【村庄规划编制情况】 2008年，本市安排村庄规划编制资金8 600万元，计划编制村庄规划350个，截止12月底，13个郊区县编制村庄规划400个，累计编制村庄规划1 100个。

【部署2009—2010年村庄规划编制任务】 市新农办、市规划委联合制定下发《关于进一步加快新农村村庄规划组织管理的通知》（京新农办发［2008］8号），提出到2010年，基本实现村庄规划的全覆盖。

同时分别制定重点村、一般村村庄规划编制方法和成果要求，对村庄规划编制进行分类指导。

【乡镇规划编制情况】 全市183个乡镇有68个乡镇纳入中心城市、新城或城市组团规划范围，需要编制乡镇总体规划的115个，截止12月底，有70个乡镇总体规划已经通过市规划委审查，15个正在审查之中，另有30个正在编制。

【确定200个北京市新农村建设整体推进村】 通过搭建平台的方式，选择200个规划保留村庄，整体推进农村道路、饮水、垃圾、污水、厕所等“五项基础设施”建设。经明示条件、组织申报、严格审核，市农委、市发改委、市规划委、市市政管委、市交通委、市水务局、市爱卫会等部门共同确定了200个整体推进村名单，市新农办下发了《关于确定北京市2008年社会主义新农村基础设施建设整体推进村的函》(京新农办函［2008］2号)。

【200个整体推进村“五项基础设施”建设工程推进】 2008年，200个整体推进村计划硬化街坊路818万平方米，实施污水处理设施建设33个村（包含昌平区自筹资金安排的15个村污水管网建设），改造农村户厕2.52万座，建设农村公厕387座。截止12月底，完成街坊路硬化300万平方米、铺设污水管网650公里、改造农村户厕2.4万座、建设公厕170座。

【发布北京市新农村“五项基础设施”建设规划】 《北京市新农村“五项基础设施”建设规划(2009—2012年)》分别于7月2日，9月10日通过了市新农村建设领导小组全体会议和市政府常务会议，以市新农村建设领导小组的名义下发。规划未来四年，全市计划硬化街坊路5 934万平方米，街坊路两侧进行绿化，绿化面积2 493万平方米，改造老化管网8 000公里，安装水表50万个，在366个村庄实施污水处理工程，为183个乡镇配置农户源头分类容器，为144个乡镇购置垃圾分类收集运输车，在48个边远山区乡镇建设小型垃圾处理设施，在135个平原乡镇建设垃圾资源再利用处理设施；改造户厕40.2万座，建设公厕4 509座。

【对2006年本市80个新农村建设试点村进行综合评估】 根据《社会主义新农村建设试点村管理办法》的要求，5月18—28日，市新农办组织市农委相关处室，聘请熟悉农村工作的专家共同组成评估组，通过现场查看、入户访谈、召开座谈会、电话询问、问卷调查等多种形式，对2006年80个新农村建设试点村进行了综合评估。将评估发现的问题反馈各区县，将其作为落实科学发展观的整改措施，认真研究解决。

【举办120个整体推进村培训班】 12月18—28日，市新农办分两期举办了北京市新农村建设整体推进村培训班。通过专题讲座、典型交流与分组讨论等多种形式对2007年确定的120个整体推进村的村党支部书记、村主任以及村官共400人进行了系统培训。在专题讲座方面邀请了国务院发展研究中心、北京工业大学、市国土局、市农业局、市经管站等部门的专家围绕十七届三中全会精神解读、都市型现代农业发展、乡村创意产业发展与农村特色保护、村庄安全与防灾、农村社区合作组织建设以及农村土地管理等方面进行了专题授课。在典型交流方面邀请了部分新农村建设试点村的党支部书记就村级产业发展、长效机制建设以及民主管理等方面进行了典型发言。市新农办副主任高华同志做了开班动员。

【“三起来”工程建设进展情况】 2008年，本市进一步丰富“三起来”工程内容，将农民节能住宅建设和既有住房节能改造纳入“暖起来”工程。截止12月底，安装太阳能路灯5.1万盏，建设太阳能公共浴室235座，建设“两气”工程50处，完成户用沼气池建设2 000户，新建农民节能住宅2 053户，实施既有住房节能改造1 947户，建设雨洪利用工程150处，建设粪污治理工程120处。

（赵亚男）

新农村绿化建设

【农村生态环境建设取得新进展】 郊区绿化造林是新农村环境建设不可或缺的重要组成部分，是新农村基础设施建设的重要内容。2008年，全市共实施造林绿化重点工程15项，郊区新增造林绿化面积9 466.7公顷，栽植各类苗木3 850万株。其中，重点完成了“三北”防护林建设工程866.7公顷，太行山绿化400公顷，京津风沙源治理工程3 167公顷，城市绿化隔离地区绿化66.7公顷，第二道绿化隔离地区绿化3 333公顷，废弃矿山修复工程完成核心区修复800公顷，京津高速、京平高速等5条重点绿色通道绿化150公里1 400公顷。继续推进城市绿化隔离地区郊野公园环建设，首批建设的15个郊野公园已于2008年“五一”，免费对外开放，19个新建郊野公园已完成主体绿化工程。北京市结合新农村绿化，大力开展城乡生态环境建设，截至目前，全市林地面积已达到107万公顷，郊区涌现出首都绿化美化花园式单位4 559个、首都绿化美化园林小城镇56个、首都绿色村庄180个。昔日的农村正在呈现出“村在林中、路在绿中、房在园中、人在景中”的郊野田园型绿化景观，农村环境面貌得到进一步改善。

【农村村庄绿化美化取得新成效】 2008年，全市对市政府确定的200个新农村基础设施建设整体推进村，按照“六化四中”的总体目标（村庄周围森林化、村内道路林荫化、村民庭院花果化、集中绿地人性化、河渠公路风景化、基本农田林网化，实现“村在林中、路在绿中、房在园中、人在景中”）和“普遍发动、重点推动、典型带动”的要求，结合村庄环境综合整治，大力开展了村民庭院绿化、街道道路绿化、整体环境绿化、旅游景点绿化、河渠水系绿化和村内集中绿地建设、环村林带建设，共完成绿化面积823.1万平方米，新增绿化面积795.2万平方米，栽植乔木113.9万株，花灌木262.9万株，草坪57.5万平方米。其中已实施村民庭院绿化14 078个，道路绿化654条、长36.3万延长米，村内集中公共绿地建设230个，河渠绿化86条，环村林带绿化89处，大环境片林绿化80处，民俗旅游景点绿化142处。通过开展新农村村庄绿化美化建设，农民的居住环境得到进一步改善，村容村貌焕然一新，初步实现了“以绿净村、以绿美村、以绿兴村、以绿富村”的目标，受到京郊广大农民的欢迎。

【农村兴绿富民产业取得新突破】 2008年，全市绿化林业系统认真贯彻落实刘淇书记关于“要积极探索生态友好型产业发展之路”的指示，继续加大对绿色产业的政策支持力度，提升绿色产业的体制创新水平和提质增效速度，继续稳固新农村建设的绿色产业基础。绿色产业已占郊区一产的1/3，从业人数达100多万人，成为郊区经济新的增长点、山区经济的重要支柱、农民就业增收的重要渠道。

（市园林绿化局　黄桂林）

新农村建设折子工程

2008年新农村建设折子工程共六大类130项，涉及55个市有关单位和13个郊区县，经各单位精心组织，狠抓落实，年初市委、市政府确定的折子工程建设任务已经全部完成。

【建设“人文新农村”，推动农村社会和谐】

1. 推进文教事业进步。市文化局以推动首都文化大发展大繁荣为目标，不断完善公共文化服务体系，丰富人民群众的文化生活。全市已经建成社区（村）级文化站6 004个，其中，社区文化室2 310个，农村文化室3 694个，社区（村）级图书馆2 707个；农村数字影厅2 400个，覆盖60%的行政村，全年共完成下乡演出663场。全市的街道、乡镇、有条件的社区和行政村配建了全民健身设施。全国文化信息资源共享工程社区（村）级2 973个，新农村试点村及民族示范村文化室240个。加强乡镇成人学校的建设，开展乡镇成人学校示范校的评估工作，设立40个农村中小学教师研修工作站，保证1 000名农村骨干教师进站研修，着力提高农村特别是山区教师工作待遇水平。市农工委组织各区县开展评选“寻找北京最美的乡村”活动。市文物局向郊区拨付文保经费1 000万元，用于文物抢险修缮工作。市委宣传部加大对北京市新农村建设的报道力度，组织市属媒体开辟专栏，协调中央主要新闻单位报道新农村建设各项工作取得的新进展、新成就、新经验；加强农村公共文化服务体系建设，组织实施文化科技卫生“三下乡”活动，不断丰富农村文化生活。

2. 推进民生事业发展。市劳保局贯彻落实《北京市新型农村社会养老保险试行办法实施细则》，为全市6.4万人按时足额发放了养老金，全市新增参加养老保险人员65万人，累计参保114万人。加强农村劳动力转移培训与转移就业工作，及时提供各项转移就业服务，全年帮助10.45万农村劳动力实现向二、三产业转移就业，完成全年目标的149%。市卫生局会同市财政局起草了《北京市新型农村合作医疗基金财务管理实施办法》，规范新农合基金财务管理，新型农村合作医疗制度不断完善，全市参合人员总数达到272.5万人，农民参合率为92.9%。确定了全市农村低保标准为1 780元，提高了农村低保保障水平，建立和实施农村低保分类救助制度。完成了对农村优抚对象建房310户，投入建房补助经费930万元；为农村困难群众翻建危房1 279户、4 229间，投入资金2 687.6万元。实施农民安全饮水工程，解决郊区70万农民的安全饮水问题，使郊区全部农民实现安全饮水。山区采空区、强泥石流易发区农产搬迁任务顺利完成，搬迁了1 500户4 000余人。对10万户农民户厕进行了无害化改造，建设了104个市卫生村。

3. 提升农村社会建设水平和农民文明程度。进一步加强基层民主政治建设，推动村务公开和民主管理，推动新农村建设决策科学化、管理民主化。召开了全市农村党的建设“三级联创”工作会议，举办乡镇党委书记培训班，充分发挥农村基层党组织在筹办奥运会、残奥会和新农村建设中的组织保障作用。深入推进农村基层民主政治建设，以党内民主引导人民民主，深化乡镇政务公开和村务公开。市纪委、市监察局梳理了13个涉农区县农村基层党风廉政制度建设情况，通过农村信访专项排查活动，解决了一批群众反映强烈的问题，推进了农村基层党风廉政建设。市司法局启动2008年北京市“送法下乡”活动，开展“民主法治示范村”创建活动，加强农村的“五五”普法工作。市公安局紧密结合奥运安保工作实际，继续深化“整体防控、精确指导、精确打击”工作思路，精心组织，狠抓落实，大力强化了北京市农村社会治安工作，有力维护了北京市农村地区良好的社会治安环境，切实保障了社会主义新农村建设的顺利开展。市法制办汇总了10个区县的12个试点乡镇依法行政工作经验，筹备召开乡镇依法行政工作经验交流会。首都文明办深入开展首都“城乡携手迎奥运，共建文明京郊行”活动和“迎奥运讲文明树新风”志愿服务行动，发动京郊农村广大干部群众以志愿服务的形式参与奥运，支持奥运，奉献奥运，自觉践行文明礼仪、遵守公共秩序、提高服务质量、改善村镇环境、维护社会稳定，展示了首都社会主义新农村建设成果和广大农民的文明素质，为举办一届有特色、高水平的奥运会营造了良好氛围，做出了积极贡献。

【建设科技新农村，提高可持续发展能力】

1. 完善农业科技服务体系。贯彻落实《北京市人民政府关于推进基层农业技术推广体系改革工作实施意见》，基层农业技术推广体系改革取得初步进展。为加快科技成果转化，有效解决科技入户“最后一公里”问题，实施7项科技入户工程，筛选科技示范户3 292名，推广主推品种186个、主推技术168项，技术入户率达到95%，辐射带动农户22 609户，辐射面积2.86万公顷以上。按照《关于贯彻国务院关于推进兽医管理体制改革若干意见的实施意见》要求，加快推进兽医管理体制改革，全市18区县行政和执法机构已到位，公务员和执法编制人员过渡工作正在进行。

2. *着力培养新型农民*。市园林局培训林农、果农、花农、生态林管护员6万人。市农业局建成农民田间学校163所，培养5 000名农民，带动农户4万多户。市建委培训了2 300人农村劳动力向建筑业转移，完成了200个基础设施整体推进村的村干部、质量监督人员培训。市科委培训星级农村科技协调员1 000人，新发展调研员、信息员、技术员、营销员4类科技协调员1 492名，全市科技协调员总数达到7 028名。

3. *加大科技支农力度*。市科委完成首批创新型科普社区创建的验收与评估工作，确定了6个农村创新型科普社区。市科委完成了120户农村建筑保温改造、大型养鸡场沼气发电工程主体建设、沼气脱硫技术实验室小试。市质监局围绕奥运食品安全保障积极加强标准在线服务平台功能建设，组织召开第六批全国农业标准化示范区工作会，启动第六批国家级农业标准化示范区项目建设工作。农村信息化进一步发展，建成200个“数字家园”。市委组织部、市人事局选聘了3 095名大学生村官担任村党支部助理、村委会主任助理。

【建设绿色新农村，创建生态文明】

1. *调整农村产业结构*。制定了《关于促进设施农业发展的意见》，加快“两区两带多群落”设施农业发展，增加设施农业的规模，完成京承高速路、大兴区庞安路、民安路和房山区107国道等都市型现代农业走廊建设，全市2008年已建成0.24万公顷大棚、温室。全市0.3万公顷标准化农田开展了“农业高产创建活动”成效显著，充分调动了种粮农民积极性。乡镇企业健康发展，三次产业融合度进一步提高，新型集体经济实力不断加强。郊区乡村民俗旅游户已发展到13 570户，农业观光园为1 302个，五个乡村旅游产业区已经初步形成规模。扶持100个山区村，培育1 000户致富示范户，重点扶持特色种植、绿色养殖和环境友好型二、三产业。市工促局、市农委和市乡企局以带动农业结构调整和促进农民转移就业增收为目标，积极发展农产品加工业和都市型工业。京郊大型连锁商业企业集中采购平台建设项目进展顺利，网上订货功能初步实现，举办2008北京购物季“京郊秋色”和京郊农副产品超市对接活动。市国资委积极支持涉农企业应对经济危机，促进其抓住机遇做大做强。税务部门认真落实涉农企业所得税、增值税优惠政策，对北京市24家自产自销初级农产品的重点龙头企业免征增值税销售额34.3亿元，根据国家税务总局《关于企业所得税减免税管理问题的通知》要求，为企业办理减免税手续，帮助企业渡过难关。

2. *加强农村基础设施建设*。依据村庄规划，市农委、市发改委、市交通委等部门在200个村实施的“道路、垃圾、污水、安全饮水、改厕”五项工程建设。市规委和市农委完成了200个村庄规划编制任务，300平方公里村庄地形图测绘任务，进一步完善村庄规划建设地理信息系统。市国土局已确定了15个乡镇土地利用总体规划修编试点地区，已完成《朝阳区东三乡土地利用总体规划（2007—2020）》。市建委组织编制了《农村民居构造图集》和《农村民居户型图集》，供农民自建房和试点住宅建设参考使用。

3. *加强农村环境建设*。市发改委出台了《关于推动区县合作促进生态涵养发展区协调发展的意见》。小城镇绿化和新农村绿化工程进展顺利，完成了10个首都绿化美化园林小城镇、80个首都绿色村庄建设；新增生态林面积5.38万公顷，全市已纳入山区生态林补偿范围内的生态林总面积达67.4万公顷；投资78 369万元完成了19处郊野公园建设；第七届中国花卉博览会项筹备工作有序推进，花博会主展馆、室外展区和花卉物流中心展团的基础设施建设进展顺利。市环保局完成《北京市新农村环境保护规划》的编制工作，对生态评价体系的各项指标进行监测，获取遥感数据，10个环境优美乡镇和159个文明生态村通过考核验收。实施的山区流域综合治理，2008年治理了20条小流域共320平方公里。市政管委完成了1 011处非正规垃圾填埋场治理和垃圾密闭化建设工程。市农委、08环境办完成了剩余20%村庄的环境整治任务，召开了郊区村庄环境整治现场会，确保奥运期间环境干净、整洁。

4. *加大节能减排力度*。实施“亮起来、暖起来、循环起来”三项工程，安装太阳能灯3.6万盏，建成20个大中型生物质气化站、10个大中型沼气集中供气系统、10个整村推进户用沼气利用示范工程，完成规模化养殖场粪污治理工程60处。批准了10个区县1 947户农民住宅节能保温改造项目立项，评审通过2 730户农民住宅建筑节能墙改示范项目。编制完成了《北京市农村供热方式及应用技术研究》，提出在农村采用在节能改造基础上推行新型供热方式。市国土局完成12个土地开发整理项目，新增耕地633万公顷。

5. *加大金融支农力度*。人行管理部督促各商业银行完善涉农金融服务，推动村镇银行筹建工作，积极开展小额贷款公司试点调研，参与制定《关于鼓励邮政储蓄银行按照相关规定办理贷款业务的规定》，促进邮政强化支农服务，促进邮政储蓄资金回流农村。银监局选择了有服务小企业、服务“三农”成功经验的北京银行和汇丰银行作为发起人在北京密云、延庆地区设立村镇银行。2008 年 11 月 2 日，北京延庆村镇银行股份公司开业，成为北京地区第一家开业的新型农村金融机构。与市金融办一起积极开展调查，筛选专业经济合作社进行农村资金互助社试点。市农委进一步规范银农合作资金管理，推进三信工程建设，开展农家女小额信贷，市农商行累计向 3.3 万户信用户投放农产小额信用贷款 8 亿多元。

个别区县对农村公共设施管护方面，还存在着重建设、轻管理的倾向；农村主导产业培育方面，相对投入不足；受金融风暴和经济危机的影响，农民增收比较困难；农村文化市场管理难度加大；集体建设用地使用权流转工作在现有的体制框架下很难有大的突破。

（吴雁军）

社会力量参与

【“乡村基础设施建设”议案交由市政府办理】 在市十三届人大一次会议上，由平谷等 4 个代表团 70 位人大代表联名提出的 11 件关于新农村基础设施建设议案，经大会议案审查委员会审查，合并为一项关于“加强乡村基础设施建设，加快社会主义新农村建设进程”议案交市政府办理。议案重点分析了乡村规划、农村农业基础设施和公共服务设施建设、长效机制建设、公共财政投入等方面的问题，提出了解决问题的建议与对策。为做好议案办理工作，推进乡村基础设施建设，市政府建立了由办公厅督办，市农委主办，市发展改革委、市财政局、市市政管委等 32 个委办局以及房山等 2 个区政府协同办理的工作机制。

【召开新农村建设议案交办会】 4 月 15 日，“加强乡村基础设施建设，加快社会主义新农村建设进程”议案办理工作协调会召开。市政府副秘书长安钢出席会议，市农委、发改委等 32 家单位和房山、平谷区政府参加会议，会议将议案任务分解到各个责任单位。

【组织新农村建设代表委员视察活动】 为协助市人大常委会做好“加强乡村基础设施建设，加快社会主义新农村建设进程”议案审议工作，7 月 15 日，市人大常委会副主任赵凤山同志带队，部分市人大常委会委员、农村委员会委员和提议案代表就本市乡村基础设施建设情况到通州区于家务乡仇庄村和南瓜主题公园进行了视察，并分别听取了市农委和通州区政府关于北京市新农村基础设施和通州区新农村基础设施建设情况的汇报。委员和代表们认为，本市乡村基础设施建设取得了很大成绩，农民的生产生活条件有了明显改善，农村面貌发生了较大改变，但在能源利用、银农合作、设施建设标准及管理的体制机制等方面应加强研究。市政府副秘书长安钢和有关部门负责同志陪同视察。

【新农村建设议案通过市人大常委会审议】 9 月 25 日，在市第十三届人大常委会第六次会议上市政府副市长赵凤桐同志代表市政府向市人大常委会报告了《关于“加强乡村基础设施建设，加快社会主义新农村建设进程”议案办理暨本市乡村基础设施建设情况的报告》，通过了市人大常委会审议。

【组织首都高校参与北京市新农村建设座谈会】 1 月 12 日，市农委会同市委教工委、市教委组织召开了“首都高校参与北京市新农村建设座谈会”，全市 82 个高校代表参加，其中 10 个高校和区县进行了共建签约。

【首都高校与郊区签署新农村建设合作协议】 北京市昌平区农业委员会与北京农学院植物科技系签署了五彩甘薯栽培技术试验示范和克服草莓重茬问题的技术研究和示范两项合作协议，北京市通州区教育委员会与北京大学国内合作办公室签署了北京大学对口支援通州区教育提升计划合作协议，共青团北京市通州区委员会与共青团北京大学委员会签署了北京大学赴通州区学生社会实践活动合作协议，北京延庆县环境保护局与北京科技大学应用科学学院签署了高效降解微囊藻毒素微生物菌种的培养与应用研究合作协议，延庆县政府办公室、延庆县文化委员会与北京科技大学科技与文明研究中心签署了延庆县历史文化遗产资源的研究、保护与开发合作协议，北京市大兴区政府与北京师范大学签署了提升农村教师技能，促进教育均衡发展合作协议，北京市房山区张坊镇与中国农业大学签署了观光采摘果树新品种引进与示范合作协议，北京市房山区大石窝镇人民政府与清华大学（科技开发部）签署了携手共建房山区大石窝镇合作协议，北京市密云县林业局林业站与北京林业大学签署了北京水源保护区生态承载力研究合作协议。

（赵亚男）

都市型现代农业

概　述

2008年，北京郊区都市型现代农业实现了较快发展。粮食、花卉及园艺进一步发展，成为农业新的增长点；牧业收入增长快，年均增长率为6.7%；特色林果、绿色养殖、林下经济为主的生态农业发展迅速；观光休闲、采摘体验、设施农业为代表的都市型现代农业发展良好；奥运会的举办为第一产业的发展提供了契机，其中包括产业结构的调整以及无公害、绿色和有机食品的发展。籽种农业发展步伐加大，在全国处于领先地位。2008年农业收入达到215.8亿元，同比增长率为6.1%，高于上年5.6%的增长率。

【深入调查，研究提出加快农业发展的政策措施】 为加快都市型现代农业发展，着力开发农业的多种功能，我们注重发挥北京市科技、人才、信息、市场、资本等优势，积极协调，认真研究，提出加强农业和粮食生产、大力发展设施农业、加强农产品质量安全等方面的政策措施，有力地推动了北京市都市型现代农业的发展。

1. 研究提出十项惠农政策，促进农业和粮食生产。 按照全国农业和粮食生产电视电话会议精神，会同市相关部门研究提出加强本市农业和粮食生产的十条政策措施，安排资金13.82亿元，新增农业和粮食生产投入4.88亿元，其中2.36亿元通过粮食直补政策、生态补贴政策、农机补贴政策、农业保险政策等措施直接补贴到郊区农民。2008年，北京市小麦、玉米粮食补贴和生态补贴合计达到232元/亩。小麦补贴标准从2007年每亩128元提高到了150元（含生态补贴），极大地提高了农民种粮的积极性。全年粮食播种面积达到22.63万公顷，同比增长14.6%；平均亩产369.52千克，同比增长7.3%；粮食总产为125 450.9万千克，同比增长23%。

2. 研究提出设施农业发展意见，促进规模化、区域化发展。 为了推进设施农业发展，我们会同相关部门，由市政府名义印发了《关于促进设施农业发展的意见》（京政发［2008］30号），加大了扶持力度，提出了"两区两带多群落"空间规划布局和"百村万户一户一棚援助型设施农业工程"等工程，研究出台了《"百村万户一户一棚援助型设施农业工程"实施办法》。

3. 研究提出奶业规模化发展政策，进一步加强农产品质量安全。 为促进全市奶业规模化、标准化、产业化发展，提高奶业的整体素质和效益，进一步加强首都农产品质量安全，我们研究提出了《关于促进奶业规模化发展若干政策的意见》。鼓励规模化养殖小区吸纳散户养殖奶牛入驻，对规模化养殖小区和奶站的改造升级建设给予扶持。《意见》的出台，受到区县养殖小区、养殖户的极大欢迎。

【编写了《北京市农村产业发展报告（2008）》】 为展示农村产业建设成果，总结农村产业发展经验，探索创新农村产业发展新模式，我们组织市发改委、市农业局、北京大学、北京观光休闲农业行业协会等相关单位，共同编写了《北京市农村产业发展报告（2008）》、《关于加快北京市农村产业发展的若干意见》和《北京乡村农业品牌集锦》，正在编制《2009年市级扶持发展农村产业指南》。这些都是政府职能转变，加强宏观指导的有益尝试。

【编制了《2008年市级扶持发展农村产业指南》】 为进一步突出市级农村产业政策的基础性、方向性、创新性导向，更好地指导各区县和有关方面做好政府支农扶持项目的前期工作，充分调动生产建设主体的积极性，加强农村产业项目管理，根据有关规划布局和支农政策，编制了《2008年市级扶持发展农村产业指南》，提出了都市型现代农业发展产业点、产业区、产业带的发展重点和产业支撑服务体系的建设重点，明确了项目申报、组织和管理要求。

（聂　青）

【编辑出版《北京都市型现代农业发展10种典型模式》】 市委农工委、市农委、市委研究室、市政府研究室、市农研中心总结2008年郊区都市型现代农业发展模式，主要有十种：大兴设施农业发展模式、峪口籽种农业发展模式、怀柔公园式农业发展模式、樱桃沟精品农业发展模式、丰台会展农业发展模式、紫海香堤创意农业发展模式、德青源循环农业发展模式、三元奶业、以质量创名牌发展模式、顺鑫农业市场融资发展模式、种粮大户高产创建规模经济发展模式。

（王　东）

种　植　业

【总体情况】 2008年，北京市种植业生产取得历史性突破。粮食生产实现“三增”，即播种面积、单产和总产“三增”，一举扭转了前几年的下滑局面。全年粮食作物播种面积为22.63万公顷，单产达到369.5千克/亩，总产达到125.5万吨；分别比上年增长14.6%、7.2%和22.9%，粮食产值23.5亿元，比上一年增加5.5亿元（北京市统计局）。全市蔬菜播种面积为6.82万公顷，总产量321.3万吨（北京市统计局），以蔬菜种植为主的设施农业进入飞速发展时期。市政府出台了《关于促进设施农业发展的意见》（京政发［2008］30号），按照“两区两带多群落”的布局发展要求，加大建设力度，全年安排扶持资金6亿元，共新建设施2 414.12公顷，设施蔬菜总收入20亿元，占蔬菜总收入的40%（占蔬菜耕地21.4%）。蔬菜设施生产成为提高单位面积产值，带动农民增收致富的重要途径。全市果品产量为9.1亿千克，与2007年基本持平；果品收入28.0亿元，比2007年增长12.3%，已连续两年增长超过10个百分点，创历史新高。全市30万户果农户均果品收入达到9 333元。到2008年底，全市花卉生产面积达到0.382万公顷，其中：现代化智能温室93.6公顷，日光温室、大棚604公顷等。产值9.2亿元，比2007年的7.38亿元增加1.78亿元，增长24.1%，亩效益达到1.6万元。

【深入落实种粮直补政策】 2008年继续加大对种粮农民的直接补贴、良种补贴和农资综合补贴力度。全年共补贴粮食种植面积21.35万公顷，兑现粮食直补资金28 138.4万元，比2007年增加了近1.0亿元，其中：种植补贴9 278.1万元、良种补贴4 539.5万元、农资综合补贴14 320.8万元，补贴资金总量和水平超过往年，进一步提高了农民种粮积极性。

【建立生态作物补偿机制】 2008年，北京在全国率先建立冬季作物生态补偿机制。《北京市生态作物补贴的意见》（京农发［2007］18号）出台明确了冬季作物生态补贴标准和范围（小麦为40元/亩，牧草为35元/亩）。全年共发放生态补贴4 012.7万元，大大激发了农民种植生态粮经作物的热情，促进了裸露农田地有效治理，2007年冬小麦种植面积为6.39万公顷，比上一年大幅度增加了55%。

【推进标准化生产】 进一步加大了农业标准化生产示范基地建设力度，截至2008年底，全市已建成市级农业标准化基地1 128家，当年新制定各项生产标准126项，总数达1 600余项，本市种养业主导产品的标准覆盖率达90%以上，基本实现了主要品种标准化生产，有效地保证了产品的质量和安全。

【循环农业现场观摩暨促进农民增收座谈会召开】 8月28日召开，市委常委牛有成出席会议并讲话，副市长赵凤桐主持会议。会上，德青源公司总裁钟凯民介绍了德青源生态循环农业模式及带动农民增收情况，出席会议的领导为德青源生态循环农业启动仪式进行剪彩。市农委主任王孝东通报了2008年以来农民收入增长情况，分析了当前形势，部署了下一阶段工作任务和举措，市发改委主管领导介绍了促进循环经济发展的意见，延庆县、通州区、朝阳区分别作了典型发言。牛有成指出，要学习德青源发展的经验：一是树立了一个理念，即可持续发展理念，解决了发展方向问题；二是创新了一个模式，即循环农业发展模式，解决了发展方式问题；三是打造了一个品牌，即德青源品牌，解决了发展效益问题。他指出，在推动循环农业发展方面，政府部门要给予积极的政策引导和支持，加强循环农业服务体系建设，加强循环农业技术研发及推广，加强循环农业产业标准化建设。还要充分发挥奥运品牌效应，坚定信心，做好促进农民增收工作。

【三秋农业观摩活动展开】 市委常委牛有成、市政府安钢副秘书长、市相关部门和区县主管区县长、农委主任参加了观摩活动。牛有成一行先后观摩了顺义区设施农业产业带——北务镇庄子村北京福劳尔花卉有限公司生产基地、林上村鑫保罗投资集团设施农业建设现场、杨镇村草桥花卉种植基地、北小营镇小麦高产创建播种现场；怀柔区京承路农业走廊设施产业带——庙城镇三山设施产业带、杨宋镇花园村设施农业；密云县古北口镇紫海香提香草艺术庄园和河南寨团结村设施农业建设现场。听取了三个区县关于设施农业建设、三秋生产、农业产业发展规划等方面的情况汇报。牛有成在讲话中指出：①要深挖农业发展潜力，做到“脱俗不脱土”。②要处理好政府、企业和农民三者的关系，政府要做好产前、产中和产后的服务工作。③要抓住有利时机，创新产业发展模式，加快农业产业结构调整。市相关部门要继续支持“三农”工作，尤其是支持农业发展。

【加快推进籽种农业发展】 充分发挥首都资源优势，以提高农业产出率、促进农民增收为目标，大力发展种养业良种产业，产业优势比较明显，行业带动作用比较突出。北京种业已在全国占居重要地位，基本形成了“三个中心、一个平台”发展格局：科研水平全国领先，是全国种业科技创新中心；国内、国际贸易活跃，是全国籽种交易中心；信息资源优势明显，是全国籽种信息中心；示范作用突出，成为全国种业展示平台。目前，北京市已初步搭建完成以1个市级基地、9个区县级基地为主的农作物品种区试繁育网络，玉米品种“农大108”占全国播种面积超过10%。从1992年开始，已连续成功举办了16届北京种子（丰台）交易会，已经成为中国最具规模和影响力的种子交易会；畜禽良种上已经建成种猪、蛋鸡、肉禽、奶牛、种羊5大品种良种繁育体系，良种覆盖率达95%，到2008年底，全市共有原种、祖代、父母代畜禽良种场163个。建成了全国唯一的蛋鸡、肉鸡、北京鸭原种场，全国最大的种公牛站；水产部分苗种产业在全国处领先地位，在全国占有较高的市场占有率，虹鳟鱼苗种市场占有率为72%、鲟鱼苗种为50%以上，观赏鱼占全国产量达15%。

（聂　青）

【开展高产粮食创建活动】 2008年内，在9个区县落实了0.3万公顷标准化高产粮食示范区，其中小麦0.15万公顷、玉米13.47万公顷。经组织专家实收测产，示范区小麦最高单产达515.5千克/亩，平均单产452.7千克/亩，比全市平均单产高出33.1%，超出原定高产创建产量目标19.1%；春玉米示范区平均单产达到854.5千克/亩，比计划指标增加6.8%，比同区域前三年平均单产增23.6%；夏玉米示范区平均单产559.2千克，比计划指标增7.5%，比同区域前三年平均单产增16.5%。其中：延庆县部级春玉米高产创建示范区，实施了“十、百、千、万亩示范工程”，40亩“十亩”示范区平均单产达1 013.3千克，700亩“百亩”示范区平均单产达959.1千克，2 707亩“千亩”示范区平均单产达912.9千克，“万亩”示范区平均单产达892.1千克。

【开展季节性裸露农田治理】 通过遥感与地面调查结合的方法，2008年全市农田覆盖面积为20.89万公顷，覆盖度为90.05%。其中：麦类面积6.52万公顷，保护地面积1.57万公顷，其他生物面积为3.71万公顷，秸秆覆盖面积为9.22万公顷。

【实施测土配方施肥工程】 实施测土配方施肥工程，全年推广面积28.33万公顷，免费化验土样2.2万个、植株样0.4万个，培训新型农民10万户，发放测土配方施肥建议卡20万份，布置田间试验150个，建立示范基地35个，探索并初步建立了扶持企业、建立连锁、补贴农民的运行机制，补贴配方肥1.2万吨，补贴面积1.6万公顷。调查结果显示，测土配方施肥区与农民习惯施肥区相比：一是增产。小麦单产增加24.41千克，亩增产率为6.78%；玉米单产增加6.89千克，增产率为1.3%。二是节本。2008年亩减施氮肥2.61千克、磷肥1.28千克、钾肥2.36千克。三是增效。冬小麦亩收益增加32.91元；玉米亩收益增加56.79元。

【实施农田节水工程】 推广膜面集雨利用技术、雨养旱作、水肥一体化、膜下沟灌、交替灌溉、化学抗旱等12项农艺节水技术14.47万公顷，总节水6 350万立方米，节本增收5 240万元。项目中发挥农气联动机制，建立雨量监测点70个，发布天气预报与气候预测服务26期，农业气象条件监测服务，实时降雨量信息气象服务50期，土壤墒情监测预报服务22期，作物长势遥感监测4期。在全市建立雨养玉米墒情监测点340个，布置节水定位调查点60个，建立节水技术示范区（村）271个，培养了642户科技示范户，建立11个示范场，培训农民10 536人次。

（王以中）

【建设京承高速路两侧都市型现代农业走廊】 一是完成了京承农业走廊的整体规划设计以及各区县走廊规划，组织中国农业大学等单位专家，会同各区县对走廊标识标志系统进行了深入研究，提出了初步方案；二是建立走廊建设进度和台账制度，完成了11个节点建设内容，规定了具体建设完成时间。同时加强走廊建设工作的督导，组成了5个走廊建设督导服务组，分别对相关区县走廊建设情况进行督导；三是提出了2008年走廊建设项目资金奖励标准和方案，启动了走廊科技支撑工程，提升走廊农业科技含量，确立了15个课题进行专题研究与技术集成；四是启动了京承走廊三期规划的编制工作；五是其他走廊建设也在稳步进行，如大兴庞安路设施农业带，房山区107国道、大兴区刘礼路、延庆110国道、平谷区新平蓟路绿谷乡村风情大道、通州区张凤路分别打造不同特色的走廊。

（杨立国）

【京承高速路两侧“五园一区”建设】 2008年年内，通过对京承都市型现代农业走廊的自然要素、土地利用、产业发展、景观格局进行实地考察、调研及科学系统的分析基础上，投资2000万元全面开展京承走廊“五园一区”建设。一是建设奥运主题景观种植园：其中密云团结村“京印”景观，选择油菜为背景，向日葵、观赏谷子等6种作物造型“京印”景观；“奥运五环”景观以绿色苜蓿为背景、以矮化多头向日葵组成奥运五环主题图案。二是建设瓜菜观光采摘主题园：利用西（甜）瓜、南瓜、樱桃番茄、彩色甜椒、水果黄瓜等282个作物品种，采用树式、架式、长廊式等8项栽培工艺技术和刻字（画）、贴字（图）、果蔬拼图等5项工艺，指导建设了庞各庄“老宋瓜趣园”、顺义三高“农趣艺园”和顺义大孙各庄“绿奥锦绣园”。三是采用了种植46类、232种作物建设了密云33.33公顷玉米迷宫主题园，建设了花卉、南瓜、蔬菜和向日葵等4个迷宫。四是休闲、观赏水产农业主题园，引进了观赏金鱼、红白锦鲤等20多新品种共50多万尾，引进暹罗鳄新品种150多条，在朝阳区缤纷四季园林有限公司和顺义区顺丽鑫园林有限公司建设休闲渔业主题园。五是建设花卉产业园，引进番红花、风信子、葡萄风信子、洋水仙等特色球根花卉56个品种，筛选出露地越冬的品种55个，适宜盆栽、景观的品种共45个。六是建设农林牧耦合景观休闲区，完成土地平整，风景树的种植，50只梅花鹿的引种等工作。

（尹光红）

【种植业行政许可工作进展顺利】 2008年内，

共办理《肥料登记》202件（其中临时登记41件，正式登记69件，续展登记30件，审核申请农业部颁发的肥料临时/正式登记62件），同比增加56%；办理进出口牧草种子审核393批，同比增加42%。

（钱兴华）

畜牧业

2008年，畜牧生产克服了多种不利因素影响，取得较快发展，总产值达140.5亿元，比上一年增长了14.8%。在采取系列有效措施后，全市生猪生产出现恢复性增长。全年生猪、牛、羊、家禽存栏量分别为179.82万、23.02万、73.2万、2 724.26万头（只），生猪、牛、羊、家禽出栏量分别为292.69万、11.9万、90万、11 983万头（只）。至2008年底，主要畜禽规模化养殖程度已经超过50%，其中肉鸡为95.0%、奶牛为80.4%，共有存栏500只以上的规模猪场500个、存栏1 000只以上的规模蛋鸡场545个、年存栏3 000只以上的规模肉鸡场682个、年存栏3 000只以上的规模肉鸭场334个、存栏50头以上的规模奶牛场336个。

（聂　青）

【积极应对三鹿奶粉事件，促进奶业健康持续发展】 三鹿奶粉事件发生后，北京市农业局积极应对。按照农业部的要求，对奶站和饲料企业开展了为期一个月的专项整治行动，制定了多项应急措施，帮助奶农和乳品企业渡过难关。市农委、市农业局、市财政局联合印发了《关于促进奶业规模化发展的若干意见》，提出了扶持奶站和奶牛棚舍建设、完善冷链、挤奶设施等政策，促进奶牛散养向规模化、标准化转变，保障生鲜奶和乳制品质量安全。

【建设绿色北京，发展健康生态养殖】 2008年年内，新建肉禽生态家庭牧场1 000个，扶持山区农户发展肉禽养殖。推广生态型养猪模式，新建改扩建猪舍3万平方米。在大兴区推广发酵床技术发展生态型养猪新模式，效果明显，有效地提高了生猪的生长速度，提高了抗病能力，真正实现了粪污零排放。

【实施示范项目，发展畜禽良种产业】 2008年年内，改造三个种猪场。改造猪舍5 000平方米，更新产仔床、培育床600套。引进种猪300头。向社会提供1.2万头优质种猪，促进了地方猪种改良、提高了农民养猪收入。新建祖代种鸭场。新建种鸭舍4栋，引进祖代樱桃谷肉鸭，利用人工授精技术进行父母代选育。年出栏父母代种鸭500万套，提供商品代鸭苗8 000万只。带动农户600多户从事养殖，农民产均增加收入1.5万～3万元/年。扩建祖代肉种鸡场。新建祖代肉种鸡舍2栋，2 800平方米。购置自动化的饲养设备系统，漏粪地板及自动产蛋收集系统（400套），水线系统，自动供暖、降温系统，环境控制系统。配备了自动饮水、喂料、集蛋、喷雾消毒等设施设备。打造蛋种鸡龙头企业。通过推广北京华都峪口禽业有限公司生产的蛋种鸡品牌，打造本市的蛋种鸡龙头企业，提高了本市的蛋鸡的品质和鸡蛋生产能力。

【继续实施粪污治理工程，实现资源化利用】 实施畜禽养殖场粪污治理。对168个畜禽养殖场进行了粪污处理，建设了10个有机肥加工厂，有效地降低畜禽养殖对环境造成的影响，实现粪污资源化利用。生态养殖—果草畜一体化。在昌平、延庆、通州、大兴等4个区县建设果草畜生态养殖试点18个。形成种植、养殖的良性循环模式，有效的促进山区林果、畜牧业的共同发展，促进农民增收致富。

【落实各项补贴政策，促进畜牧产业健康发展】 一是落实能繁母猪补贴政策。2008年内，市农业局印发了《关于做好2008年北京市能繁母猪补贴工作的通知》（京农发［2008］231号）落实能繁母猪补贴政策。全市涉及能繁母猪补贴12个区县157个乡镇2 614个村的241 740头，按照申请、审查、公示、签订合同、发放等规定程序，已发放能繁母猪补贴款2 000万元，缺口417.4万元已在2009年的预算内安排；二是落实生猪规模养殖场进行标准化规模养殖场改扩建项目。2008年内，从房山、通州、顺义、大兴、昌平、平谷、怀柔、密云、延庆9个远郊区县筛选了27个生猪规模养殖场进行标准化规模养殖场改扩建。总投资3 321.49万元，其中中央投资支持1 410万元，地方配套705万元，企业自筹1 211.49万元。内容包括粪污处理、猪舍标准化改造以及水、电、路、防疫等存在问题和原因，提出建设性意见和建议，从而预测下一阶段走势，并形成《畜牧生产形势分析报告》，报送有关部门和领导，使统计监测数据真正发挥了指导生产的作用。

（张保延）

【落实动物强制免疫】 2008年内，向各区（县）累计调拨牲畜口蹄疫疫苗1 169.5万毫升；高致病性禽流感疫苗6 289.5万毫升；猪瘟疫苗650.6万头份；高致病性猪蓝耳病疫苗411.7万毫升。全市累计完成主要动物疫病22 538.949万头·只·条/次，其中免疫口蹄疫652.32万头/次，高致病性禽流感11 196.37万只/次，鸡新城疫9 829.249万只/次，高致病性猪蓝耳病免疫282.66万头，猪瘟免疫519.65万头/次，狂犬病免疫58.7万条。

（李珊珊）

【实施动物疫病监测】 2008年内，全市共完成了18个区县的3 025个次监测点的抽样检测工作，共采集各类样品71 690份，共开展了204 310份次的实验室监测，监测项目达到26个。与2007年相比，监测点数量增加28.22%，采样数量增加17.42%，开展实验室监测份次量增加26.03%，监测项目数增加13.04%。完成高致病性禽流感、口蹄疫、猪瘟、狂犬病、新城疫等5种重大动物疫病免疫抗体效果监测，共监测样品69 483份，均处于抗体保护范围。完成高致病性禽流感、口蹄疫、高致病性猪蓝耳病、狂犬病、猪瘟等5种重大动物疫病病原学监测，共监测样品46 698份，其中高致病性禽流感、口蹄疫监测结果全部为阴性。

【强化动物及动物产品检疫监督】 2008年内，全年共完成产地检疫、屠宰检疫动物38 611.6万头只，产地检疫动物产品1.3万吨；各公路、铁路、航空检疫监督站检疫监督动物4 449.94万头只，动物产品53.38万吨，查出各类不符规定的动物3.68万头只、动物产品5 900吨，全部按照规定进行了处理；各环节检出并无害化处理动物47.9万头只，动物产品410.61吨；组织执法检查9 820次，出动执法人员40 240人次，与相关部门联合执法490次。简易程序案件102起，一般程序案件444起，涉案金额545.63万元，罚没款80.68万元，同比2007年，案件数量涨幅达7.48%，罚没款涨幅达4.77%。

【强化动物疫病检疫净化】 2008年内，全市检疫动物布病68 193头/次，对124头只阳性动物淘汰处理，其中羊2只，牛122头，并按照规定进行了无害化处理；检疫奶牛结核病113 900头/次，马传贫9 224匹/次，马鼻疽7 749匹/次，均未检出阳性动物。

【部署实施马流感防控】 2008年内，组织进行马流感疫情风险评估，提出了奥运期间马流感防控工作方案。紧急进口马流感疫苗47 000头份，其中本市使用44 130头份，支援广东省（保障香港马术需要）2 000头份；对马属动物实行了健康免疫证管理制度，建立了养殖档案；免疫马属动物21 675匹，其中马5 945匹、驴11 938匹、骡3 792匹。

（张佳艳）

【积极开展重大动物疫病应急演练工作】 2008年内，全市18个区县共开展重大动物疫病及实验室生物安全应急演练21次。

【畜牧业保险政策与强制扑杀动物补偿经费有机结合】 2008年年内，将强制扑杀动物补偿经费由市、区、养殖场（产）按4∶2∶2原则负担，调整为市、区、保险公司、养殖场（户）按4∶2∶1∶1负担，进一步降低了养殖者的损失。

【完善应急预案体系，提高快速应对能力】 一是组织制定的《北京市突发重大动物疫情应急预案》于4月份由市应急委发布实施，成为指导全市重大动物疫情应急工作的纲领性和指导性文件；二是根据风险评估结果，组织专人就20种动物疫病和动物源性致病微生物恐怖袭击事件的应急处置等内容编写并印发了《北京市突发重大动物疫情应急实施方案》。

【全市动物防疫物资储备充足】 强化了市、区县两级防疫物资计划调拨的科学化管理工作，保证了物资有效供给和足量储备，既确保了动物防疫工作的需求，又防止了采购过量、供应无度、过期报废等现象的发生。截至2008年12月29日，全市防疫物资储备情况如下：消毒药303.073万吨，防护服26 670套，鞋套51 492双，口罩136 018只，手套39 839双，防护镜10 212副，消毒机1 170台，垃圾袋253 193只。

【完成2008年度动物防疫责任制考核奖励工作】 通过检查全市动物防疫责任制落实情况，全面评估本市动物防疫工作。同时，发掘各相关单位在2008年重大动物疫病防控和奥运保障工作中的创新做法和先进经验，评选出动物防疫先进集体30个、先进个人60名。

（李珊珊）

【强化兽药行政审批】 2008年内，共审核兽药产品批准文号申报材料508件；审核兽药生产许可证申报材料10件；审查兽药广告批准文号申报材料22件；审查兽药经营企业申报材料16件，全部核发了兽药经营许可证；审查新兽药临床试验申报材料5件；审核使用一类微生物菌（毒、虫）种申报材料20件。

【强化兽药生产、经营企业的监管】 2008年内，完成了5家新建企业的GMP验收和2家企业的复验工作。指导4家企业实施GMP认证前期准备工作。对本市兽药生产企业进行GMP指导20余次。同时组织成立了“北京市兽药行业协会”，共有66家单位118名会员参加。

【加大兽药生产企业质检员培训力度】 2008年内，共举办兽药生产企业质检员培训班10期，为企业培训化验员78人，全部取得了化验员职业资格证书，考核通过率达到100%。

【稳步推进兽药执法】 2008年内，共出动兽药执法人员8 527人次，检查各类兽药单位3 031个次，全市共查获假劣兽药413千克，计373桶401盒，货值约16.21万元。

【强化兽药检验和兽药残留监测】 2008年内，全市共完成农业部及有关部门下达的抽检任务4 461批，检测项目20 542项次。总体合格率为99.6%，各季度产品合格率明显高于上年同期水平，兽药产品整体质量有所提高，违禁添加禁用兽药的现象明显下降。

【开展区县级兽医工作机构改革】 东城、西城、崇文、宣武四个城区挂牌成立了动物卫生监督管理办公室，其他14个区县挂牌成立了动物卫生监督管理局，负责辖区动物防疫、检疫、兽医医政和药政、动物产品安全等兽医行政管理工作。各区县兽医行政管理机构均为行政管理机构，人员编制2～18名不等，其中东城、西城、崇文、宣武四个城区人员编制为2～4名，其他区县为15～18名。18个区县全部挂牌成立了动物卫生监督所，负责动物防疫、检疫、兽医医政、兽药药政以及动物产品安全监管的行政执法工作。区县动物卫生监督所为行政执法机构，人员编制10～77名，其中东城、西城、崇文、宣武、石景山五个区人员编制为10～13名，其他区县为21～77

名，人员为行政执法编制，参照公务员管理，工作经费能够足额到位。东城、西城、崇文、宣武、石景山五个区未设动物疫病预防控制机构，其他区县均成立了动物疫病预防控制中心，承担动物疫情诊断、监测、疫病净化、动物疫情预测和报告、强制免疫疫苗供应、应急防疫物资和技术储备等工作。区县动物疫病预防控制机构为全额拨款事业单位，人员编制19～90名不等，工作经费能够足额到位。

【完善养犬管理和无主动物收容条件】 2008年内，为全市18个区县各配备了1辆专用车辆和配套设备。在市财政支持下，对市级集中收容场进行了防疫分区改建，使之更适合于相关收容和处理工作。完善了无主猫绝育措施。在已实施的“收容—绝育—放归（TNR）”工作基础上，市财政安排资金用于绝育手术和动物标记，参与活动的兽医机构扩大到100家，计划绝育数量达到每年15 000只，并采取耳部标记法对绝育猫进行识别以避免重复捕捉。

（张佳艳）

水　产　业

【总体情况】 2008年内，全市渔业水域共计面积2万公顷，与2007年基本持平。其中，淡水养殖面积0.58万公顷（包括池塘养殖面积0.48万公顷，水库养殖面积0.093万公顷），湖泊养殖面积0.01万公顷；增殖放流面积1.42万公顷。全市水产品产量6.076万吨，均与2007年持平。其中，郊区淡水鱼产量5.361万吨，远洋捕捞产量0.715万吨，观赏鱼产量2.98亿尾。全年鱼苗产量5.81亿尾，鱼种产量1 177万千克。全年渔业产值18.5亿元。据市农业局抽样调查，渔民人均纯收入22 511元，比2007年的20 751元，增加1 760元，增长8.48%。

【渔业“增殖放流、生态净水”工作成效显著】 2008年年内，市、区县渔业行政主管部门在全市13个区县的72个水库、湖泊、河流和景观水域的近1.6万公顷渔业水域，累计投放鲢、鳙、草、鲂等鱼类共2 330.813万尾。从三个环节对增殖放流活动进行了规范。一是资金管理规范化；二是验收程序规范化；三是苗种供应渠道规范化。同时，全年共出动执法人员14 269余人次，查处渔业违法案件187起，没收非法捕捞船只12条，没收不合格网具6.71万米，罚款7.488万余元。

【落实支渔惠渔政策成效显著，渔业可持续发展能力有所增强】 2008年内，支持了四个水产养殖“一村一品”项目。支持建设观赏鱼、斑点叉尾鮰鱼和流水养鱼专业村建设项目；二是探索养殖用水净化方法，促进节水型渔业发展。在密云县等七个区县，建设15个排水净化处理设施示范点；三是支持顺义和延庆两个高效渔业示范点建设；四是支持昌平、朝阳和通州三个水产良种场建设；五是在丰台等三个区县建设水产绿色养殖区；六是开展渔机采购项目招标。全市共采购渔机51台（套），总投资65.4万元。

【水生动物防疫工作有序展开】 9月8日，市农业局召开了全市水产品专项整治大会，部署了水产品质量安全专项整治工作。农业部渔业局、北京市工商局有关同志应邀出席了会议，并作了指导。各区县成立了水产品专项整治行动领导小组，召开了动员大会，制订了本区县的整治工作计划，并立即予以实施。

【开展了渔业兽医制度试点工作】 2008年内，依据农业部渔业执业兽医制度试点范围，选定通州、房山两区，作为北京市渔业执业兽医制度试点区县。并制定了《北京市渔业执业兽医试点工作方案》、《北京市渔业执业兽医及助理兽医培训、考试大纲》和《北京市渔业执业兽医管理暂行办法》等文件，并组织专家进行论证。10月份组织开展了首批（第一期）北京市渔业执业兽医及助理兽医的培训和考试，并组织试点区县赴江苏、广西等地学习考察。

【练好内功，开展水产品质量安全监管和控制训练】 2008年内，市农业局邀请中国检验检疫科学研究院的技术人员，对市、区县两级水产技术推广人员和渔政检查人员进行了“孔雀石绿”残留快速检测方法的培训，共举办培训班2期、150人。市水产技术推广站举办了“水产品质量安全控制技术培训班”1期、81人。市渔政站举办了“水产品质量安全执法技能训练班”，14个区县的渔政业务骨干40余人参加了培训，提高了渔政执法人员办理水产品质量安全案件的能力，为开展专项整治行动做好了准备和铺垫。

【开展水生动物疫病防治站建设】 2008年内，完成了怀柔、密云和大兴三个区县水生动物疫病防疫站建设工作。利用市财政拨付资金共138.770 3万元，用于购买三区县水生动物疫病防治站实验的专项仪器设备，由三区县财政配套对实验室用房进行新建或装修，每个实验室建设面积200平方米以上。

【进一步加大水生动物疫病检测力度】 2008年内，共检测133个样品，其中SVC抽检样品95个；IHN抽检样品11个；KHV检测5个，霍乱样品18个。常规鱼病监测点84个，监测面积933.3公顷，临床诊断及寄生虫检测1 000余例。

【加强对引进水产苗种管理工作】 2008年内，8家进口鱼卵生产单位申领了苗种许可证。完成农业部水产原良种保种选育任务。开展了鲟鱼保种及选育工作，共培育1 000组7～10龄亲鱼和4 000尾3～7龄的后备亲鱼。

【渔业法制工作迈上新台阶】 2008年内，制定了《北京市实施〈中华人民共和国渔业法〉办法》配套规范性文件。保护和开发水生野生动物经营并举。共依法受理水生野生动物行政许可145件。共征收水生野生动物资源保护费65万元。

（杜英杰）

农 机 业

【提高农业机械化水平】 加大农机投入力度，落实各级发展资金 6 130 万元，同比增加45%，新增农机 9 700 余台，同比增加 10%；大田粮食作物机械化作业能力达到高水平，2008 年机耕、机播、机收水平分别达到 84.9%、92.6%、40.2%，其中小麦生产从种到收全部实现机械化作业；加大小型设施机械、新型植保机械、养殖业机械、节药节水机械、园艺机械等推广力度，农机装备结构进一步优化，适应都市型现代农业发展需要。

2008 年内，全市农机总动力达到 267.05 万千瓦；拥有各种拖拉机 20 444 台，其中大中型拖拉机 6 927台，小型拖拉机 13 517 台；机引犁 4 432 台，机引耙 1 586 台，旋耕机 5 323 台；小麦播种机 4 280台，玉米播种机 4 894 台；秸秆粉碎还田机 2 289台；农用排灌动力机械 47 182 台；植保机械 139 688 台，其中机动植保机 20 815 台；稻麦联合收割机 1 610 台，玉米联合收获机 191 台；农副产品加工作业机械 8 686 台；畜牧养殖业机械 11 507 台；渔业机械10 767台；林果业机械 2 642 台；农用运输车 71 485 辆。农业机械原值达 23.1 亿元。机械耕地面积占总耕地面积的 84.9%；机播面积占总播种面积的 92.6%；机收面积占总收获面积的 40.2%。

【推广机械化保护性耕作技术】 2008 年内，全市共完成玉米免耕（覆盖）播种 1.325 万公顷，占总播种面积的 93%，占机播面积的 96%；豆类免耕（覆盖）播种 0.4 万公顷，占总播种面积的 53%，占机播面积的 78%；冬小麦免少耕播种 5.65 万公顷，占总播种面积的 88%，占机播面积的 88%。

【有效解决柴油供应】 积极协调市发改委、商务局和石油石化部门，加强农用柴油供应和储备，落实农用柴油指标 5.6 万吨，租用了 6 辆流动加油车，启用了 13 处自备储油设施，确定了 160 个专供点，实行专人管理，凭卡加油，保证了农机加油及时、方便、快捷，解决了农机加油难的问题。

【加强农机科技普及和培训工作】 2008 年内，核准农机推广证 17 个，完成新产品鉴定 14 个。共组织农机化培训 40 062 人次，其中农机管理人员和农机监理人员 2 578 人次，农机技术人员 4 413 人次，农机操作人员 31 954 人次。开展了北京市村级农机推广员培训，举办了 9 次培训班，培训了 400 名村级农机推广员。加强职业技能培训，培养了 100 名高级农机操作人员，并以高带初、中级技能人才的培养方式，在 7 个区县开展了 30 期、1 500 多人参加的农机技能培训。

【落实农机购置补贴政策】 制定了《北京市 2008 年农业机械购置补贴产品目录》，继续实行了国补农机具全市统一编号、档案管理工作。共争取农机化发展资金 6 130 万元，其中购机补贴专项资金5 350 万元，带动区县、农机服务组织及农民投入购机资金 6 600 万元，补贴机具种类扩大到七大类 17 种，购置农机具 9 700 台套、新型保温被 19.6 万平方米，购机补贴政策覆盖全市所有农业区县。

【农作物秸秆连续 8 年实现全面禁烧】 加强机具配备和技术推广，“疏堵”结合，推进农作物秸秆综合利用；加强与周边省市沟通协调，与天津、河北、山西、内蒙古、山东等五省（自治区、直辖市）农机管理部门共同制定实施了“六省（自治区、直辖市）推进秸秆综合利用联合行动”；与市环保局、市农委、市城管局联合制订了《北京市 2008 年秸秆禁烧工作方案》，下发了《关于做好 2008 年秸秆禁烧工作的通知》，与区县农委签订了《2008 年农作物秸秆综合利用和全面禁烧工作责任书》，确保了农作物秸秆“不着一把火，不冒一股烟”，连续 8 年实现了全面禁烧，为“绿色奥运”做出了贡献。

【强化维修行业管理】 积极引导农机维修服务和维修技术创新，组织 11 个区县完成了 539 家维修企业的网上申报和建档工作，在全市推广了《农机维修合同》、《农机经销合同》、《农机配件买卖合同》，引导农机维修、经销行业规范化经营。

【农机安全监理工作进一步加强】 2008 年内，开展了农业机械安全生产隐患排查专项治理行动和农机行业安全生产百日督查专项行动，结合农时开展了执法检查。启动了农业机械驾驶操作人员安全教育培训工程，开展了多种形式的宣传教育活动。全年新发牌证 3 110 副，驾驶证 2 093 个，增驾等其他业务 3 106份，农机年检 14 246 台。农机事故起数、伤亡人数稳步下降，全市共发生一般农机田间作业事故 11 起，死亡 0 人，受伤 4 人，直接经济损失 24.58 万元。与 2007 年相比，事故起数减少了 50 起，下降 82%；死亡减少了 13 人，下降 100%；受伤人数减少了 80 人，下降了 95%；直接经济损失减少了 43.979 万元，下降了 64%。农机安全生产形势明显好于 2007 年。

（梁井林）

林 果 业

【2008 年首都园林绿化建设取得突破性进展】 2008 年是北京奥运举办之年，也是我国改革开放 30 周年。一年来，全市园林绿化系统坚持以科学发展观为指导，紧紧围绕“办绿色奥运、建生态城市”的目标，全面落实“绿色奥运、科技奥运、人文奥运”三大理念，大力推进高标准的生态体系、高效益的产业体系、高水平的安全体系、高品位的文化体系和高效率的服务体系建设，高标准、高质量完成了市委、市政府交办的为民办实事工程、各项折子工程和首都绿化委员会第 27 次全会部署的各项工作任务，全面兑现了绿色奥运 7 项绿化指标，完成了奥运绿化美化服

务保障任务，首都园林绿化事业实现了新的历史跨越。全市新增造林绿化面积 9 984.7 公顷，栽植各类苗木 3 850 万株，林木绿化率达到 52.1%，森林覆盖率达到 36.5%，城市绿化覆盖率达到 43.5%，人均绿地达到 49 平方米，人均公园绿地达到 13.6 平方米。

【奥运绿化保障出色完成】

1. 奥运绿化重点工程出色完成。2008 年，高标准、高质量完成了奥运场馆及相关配套的 150 项奥运绿化重点工程任务，完成绿化面积 1 026 公顷，栽植乔木 39 万余株，灌木 210 万株，地被 460 余公顷。首都机场飞机起降可视区域（航空走廊）绿化工程完成绿化面积1 500公顷，植树 75 万株，实现了以绿为底的建设目标。以奥林匹克森林公园、奥林匹克中心区、民族大道等为代表的一大批精品绿化工程成为新时期首都园林绿化建设的重要典范。

2. 奥运花卉布置取得重大突破。为营造和谐优美的城市环境，规划实施了“两区花港、三线花廊、五环花带、六类花境、百座花园”的赛时花卉布局。采用地栽花卉、摆放花钵、搭建立体花坛等多种方式，在天安门广场、奥林匹克公园中心区、奥运场馆周边、主要联络线和重要节点共栽摆 4 600 余万株（盆）鲜花扮靓京城，喜迎奥运。全市共安排 90 个公园布置了 144 个花坛及 4 万余平方米花带。其中 11 家市属公园推出了“中华文明、光彩奥运”大型主题花卉联展，以 500 万盆新优花卉诠释了中国养生、吉祥、书法、陶瓷等传统文化。北京植物园举办了“五环连五洲”世界花卉展，展出了国际奥委会成员的 109 种国树国花（区花区树）或代表性植物，开创了奥运大家庭成员以植物形式聚会的历史先河。此次花卉布置，历时三个多月，两次更换花卉 3 000 万株（盆），历经奥运会、残奥会、国庆、亚欧首脑会议等重大活动，成为首都历史上布置周期最长、使用品种最多、规模数量最大、设计施工质量最高和综合景观效果最好的一次。圆满完成了“十一”期间党和国家领导人向人民英雄纪念碑敬献花篮的制作及周边环境布置任务。

3. 奥运服务保障工作安全圆满。完成奥运颁奖用花配送、奥运村花店建设和主新闻中心插花花艺表演等工作，组建了奥运花卉配送中心，制作“红红火火”颁奖花束 5 475 束。制定了奥运果品质量标准，开展了奥运推荐果品评选活动，产生奥运推荐果品 50 多个种类 1 000 余个品种，共配送果品 32 大类 661 吨。组建了园林绿化应急抢险队伍，在应对 8 月初草地螟虫害大面积发生的突发事件中，反应及时，成效明显。首都森林公安承担了奥林匹克森林公园及北部场馆区域的安全保卫任务，以良好的警容风纪和过硬的队伍素质，出色完成奥运安保勤务。全市各公园、风景名胜区深入开展“迎奥运、讲文明、树新风”系列创建活动。市属公园作为奥运服务接待的重要窗口，实施了厕所文明行动、公园排队推动日等活动，引领了文明风尚；以天坛、八达岭为代表的公园、风景名胜区，精心组织，周密部署，圆满完成了奥运会残奥会开闭幕式、圣火采集、火炬传递、赛事保障、奥运文化广场等服务保障任务。奥运期间，各公园、风景名胜区共接待涉奥人员 4 万人次、外国政要 300 人次，接待游人 1 300 万人次，充分展示了北京厚重的文化底蕴和蓬勃向上的古都风貌。

4. 奥运生态环境水平全面提升。2008 年，全市大力推进规划建绿，新增城市绿地 518 公顷，建成城市公园绿地 30 余处；完成 150 条园林景观大街建设、100 个居民小区的绿化改造；建设绿荫停车场 20 处，实施屋顶绿化 10 万平方米，形成了一批新的靓丽景观。一道、二道城市绿化隔离地区完成绿化面积 3 400 公顷。郊野公园环建设取得重大突破，首批建成开放的 15 个郊野公园，受到社会的高度关注和市民的广泛赞誉；19 个新建的郊野公园已完成主体绿化工程，于 2008 年“五一”免费对外开放。郊区新增造林绿化面积 9 466.7 公顷，栽植各类苗木 3 850 万株。“三北”防护林建设、太行山绿化和京津风沙源治理工程全面推进；废弃矿山植被恢复工程完成核心区修复 800 公顷；京津高速、京平高速等 5 条重点绿色通道实现绿化 150 千米 1 400 公顷，营造出“绿不断线、景不断链”的生态景观。新农村绿化扎实推进，“城乡手拉手、共建新农村”和“创绿色家园，建富裕新村”等创建活动取得明显成效。45 个中央单位、226 个市属单位、629 个区属单位和 56 个驻京部队与 587 个村结成对子；对市政府确定的 200 个新农村建设示范村进行了全面绿化，共完成绿化面积 823.1 万平方米；创建园林小城镇 9 个、首都绿色村庄 80 个。

【坚持生态优先，森林资源安全保障能力显著增强】

1. 森林火灾防控水平明显提升。2008 年，加快实施了《北京市森林防火基础设施建设总体规划》，航空护林、省市联防、长效投入和生态管护“四个机制”进一步完善，预警监测、应急通讯和专业队伍、机具装备“四项建设”全面加强。投资近 5000 万元的西山林场防火公路进入实施阶段，投资 400 万元配备了性能优越的移动通信车，北京市航空护林站、森林防火物资储备库、重点火险区综合治理等重大建设项目取得了实质性进展。全市森林防火通讯覆盖率达到 80%，瞭望监测率达到 70%，视频监测覆盖率达到 43%，森林火灾综合防控能力显著增强。全年森林火情下降 79.7%，过火有林地面积下降 84.5%，特别是首次实现历史上全年无森林火灾发生的目标，确保了奥运期间首都森林资源安全。

2. 林木有害生物得到有效控制。以美国白蛾为重点的林木有害生物防治率达到了 99.48%，无公害防治率达到了 99.77%，种苗产地检疫率达到了 100%。成灾率 0.03‰，比国家下达控制指标降低了

1.47个千分点。大力推广林木病虫害无公害技术，全市实行飞防2 048架次，投放周氏啮小蜂30亿头。按照“防控无边界、无区域”的原则，进一步健全完善与首都周边地区的联防联治机制，在防治资金、物资上给予了支持，有效减轻了北京市的防控压力，全市未出现美国白蛾等危险性林木有害生物灾害，确保了绿色奥运的成功举办。

3. *森林资源保护管理全面加强*。结合奥运会的举办，在全市组织开展了以集中打击破坏野生动物资源、非法经营野生动物、净化野生动物市场为主要内容的“飞鹰行动”，确保了奥运期间首都野生动物市场的安全稳定。加强林政资源管理，树木伐移管理更加规范，通过优化各类重点工程方案，累计减少占用林地31公顷，减少移伐树木7万多株，有效保护了林地资源。加大林业行政执法力度，对乱砍滥伐、乱捕滥猎、乱垦滥占、乱挖滥采等违法行为进行了严厉打击，全市共受理查处各类案件2 620起。完成了北京市湿地资源和纪念林调查工作，古树名木的保护复壮工作全面加强。

【坚持兴绿富民，绿色产业发展水平明显提升】 ①果品产业持续发展。实施了新品种引进、有机果品栽培、低效果园改造等果品改良工程，策划了十大果品主题公园建设、“百万市民观光采摘”特色旅游文化、“奥运推荐果品评选”等活动，促进了产业提质增效和农民增收致富。2008年全市果品产量达到9.1亿千克，果品收入28亿元，比上年增长12.3%，创历史新高。全市果农户均果品收入达到7 789.3元，同比增长12.6%。②花卉种苗蜂产业发展迅速。全市建设花卉生产智能化温室47万多平方米、节能日光温室160公顷、普通大棚27公顷。建成重点花卉示范乡镇7个、优势产业区3个。第七届中国花卉博览会北京展区各项筹备工作进展顺利，北京国际花卉物流港建设扎实推进，市场开发有序开展。全市优质特色种苗和乡土植物大量繁育，重点工程苗木良种使用率达到90%以上。蜂产业快速发展，全市蜜蜂饲养量达20万群，蜂蜜总产量达到750万千克，蜂产品加工总产值突破7亿元。③森林旅游产业蓬勃发展。越来越多的市民走进郊野田园，享受自然风光，品味绿色文化，带动了郊区的经济发展，广大农民养山就业、兴绿致富的路子越走越宽。2008年新增了怀柔喇叭沟门国家级森林公园，以及门头沟南石洋大峡谷和妙峰山两个市级森林公园，使全市森林公园总面积达到7.8万公顷，到郊区森林公园旅游人数达2 000万人次。④林下经济种类增加。在充分尊重农民意愿、切实维护群众利益的基础上，针对不同的林地条件，确定了林菌、林禽、林药、林花、林桑、林草、林粮和林蔬等8种林下经济建设模式，完成示范点建设任务2 000公顷，涉及农户9 325户，带动就业人数4.2万人，户均增收8 400元。

【园林绿化综合管理能力显著增强】 ①园林绿化法制规划体系不断完善。2008年，《北京市绿化条例（草案）》修订通过市政府审议，已报市人大审议；《北京市林业植物检疫办法（草案）》已经市政府常务会审议通过实施；《北京市重点保护野生动物造成损失补偿办法》草案进入正式审议阶段；《北京市实施〈风景名胜区条例〉办法》的立法调研工作正在深入进行。充分发挥规划设计在绿化美化建设中的龙头作用，编制完成《北京市绿地系统规划》，已上报市政府；全市林地保护利用、公园事业发展、科技发展、郊野公园等园林绿化专项规划编制基本完成，第一批城市绿线已划定，即将向社会公布；园林绿化工程建设和养护管理机制进一步完善，制定了《园林绿化施工及验收规范》的地方标准，修订出台了绿地养护定额标准和绿地养护的长效监管机制。②集体林权制度改革工作稳步推进。在深入调查研究和广泛征求意见的基础上，北京市委、市政府正式出台了《关于推进集体林权制度改革的意见》（京发［2008］9号）。成立了北京市集体林权制度改革领导小组，组建了领导小组办公室，建立了部门联动工作机制，初步建立起市、区县林改工作组织管理体系。开展了集体林权制度改革专题调研，制订了改革工作实施方案，在13个郊区县确定了23个改革试点乡镇，为下一步林改工作全面推开打下了坚实基础。③林业碳汇工作扎实有效开展。全市林业资源生态服务价值研究取得重要成果，研究表明，北京市森林资源总价值为5 881.81亿元，生态服务价值为5 188亿元；碳储量达到1.1亿吨，每年吸收固定二氧化碳量约为972万吨，释放氧气量约为710万吨，基本摸清了全市林业碳汇的底数和价值量，为研究制定山区生态效益补偿机制、推进集体林权制度改革奠定了良好基础。市领导对林业碳汇工作高度重视，多次做出重要批示，市委书记刘淇、国家林业局局长贾治邦和市长郭金龙等领导同志，参加了八达岭碳汇造林项目启动暨中国绿色碳基金北京专项成立仪式；开展了“生态科普暨森林碳汇”大型公交宣传、“林业碳汇与生物质能源国际研讨会”等宣传培训活动，大力普及林业碳汇知识、碳中和理念；探索北京林业碳汇发展模式，启动了房山中石油林业碳汇和八达岭个人捐资等两个碳汇造林项目。④科技服务与交流合作成效明显。全年共组织实施基础研究、生态环境建设、产业发展等国家级和市级科技项目39项。开展了“北京宜居城市绿化体系”、“湿地生态系统保护与恢复关键技术”等重大课题的研究和示范，湿地恢复示范基地初步建成。制定完善了23项园林绿化建设北京市地方标准，推广应用科技成果60余项。全市建成具备中水浇灌条件的绿地600公顷。加快信息化建设步伐，建立了完善的园林绿化网格化管理技术标准体系、综合数据库和基础应用平台，在全系统形成信息精确采集、实时传输、协同工作、高效运行的网格化管理新模式和系统运行机制。与美国、英国、德国、日本等17个国家和国际组织开展了19个项目的合作交流，学习借鉴国际先进的发展理念和管理经验，不断提高了全市园林绿化建设水平。⑤市属国有林场和苗圃基础建设全面加强。2008年，市属各林场、苗圃按照“围绕一个中心，树立两大理念，做好三项服务，实现四个突破，为建设五大体系做贡献”的要求，在建设管理和改革发展上取得了显著成效。共青林场分场管理用房建设、京林大厦改扩建和松山科研综合楼建设工程全部竣工，并投入使用。双青林场完成奥运水上运动场馆周边绿化美化和环境治理工作，营造了优美的景观环境。北京市林业建筑工程公司改制脱钩工作进展顺利，前期工作基本结束。西山、十三陵、八达岭和温泉、黄垡、琅山、蚕种场、大东流等林场苗圃，都在基础设施建设和产业发展方面取得了新的突破。

【坚持全民参与义务植树共建水平明显提升】 4月5日，是首都全民义务植树日。当天，胡锦涛等党和国家领导人以身作则，率先垂范，与首都各界代表一起参加了义务植树劳动。全国人大、全国政协领导，驻京解放军、武警部队的100多位将军和广大指战员，中直机关、中央国家机关的100多位部长和机关干部，积极参加了首都义务植树劳动。市委、市人大、市政府、市政协领导带领各委办局机关干部参加了奥运绿化重点工程的植树活动。首都地区各单位一手抓庭院绿化，一手抓郊区义务植树，全市创建花园式单位361个。各区县组织330多万人次参加了义务植树劳动，植树530万株，抚育树木930万株。社会各界积极参加林木绿地认建认养活动，全市共认建认养绿地358公顷，认养树木4.5万株。中央、市属各新闻宣传部门开展了大量的宣传报道工作，为进一步提高全民的生态意识、环境意识、绿化意识发挥了重要作用。

【首都的园林绿化建设依然任重道远】 一是城市绿化美化发展水平还不够平衡，中心城绿地结构调整、老旧小区绿化改造和新城绿化建设步伐需要进一步加快；二是山区森林经营结构有待优化调整，新农村绿化需要进一步推进；三是体制机制改革的任务还十分艰巨，与全市财政转移支付改革相适应的园林绿化项目管理方式需要进一步创新；四是规划编制、政策法规、管理服务工作还相对滞后，园林绿化基础管理工作需要进一步加强。

（市园林绿化局　黄桂林）

【北京果树产业“三个转变”】 2008年对果品基地要逐步调整品种结构，引进市场需求的特色、优质品种；改良土壤，通过实施生物多样性建设果园区域生态平衡系统，调整高光效树体结构，有条件的要建成高标准的、不同类型的旅游观光休闲果园，使果品生产基地建设达到品种优良、土壤肥沃、环境优美、生态完善、节水高效的一流水平，继续坚持充分发挥北京的科技优势，针对北京果树产业的实际情况，参考国内外最先进的技术，研究、制定、推广北京精品、特色果品的生产关键技术，使北京果品生产技术达到国内外一流水平。

【抓住奥运契机，展示郊区果树产业水平】 百年奥运也为京郊果树产业闪亮登场提供了平台。从5月初到9月末，圆满完成奥运会及残奥会的果品供应任务，共配送661吨。

协会下属的百果神农公司是北京奥运果品的唯一间接供应商，从2008年5月1日启动了向2008北京奥运会餐饮总服务商——美国爱玛客集团和五个涉奥酒店配送果品的工作。奥运果品配送工作一直延续到9月22日，整个奥运期间果品配送共计661吨，是原始订单的2.3倍。配送果品种类包括苹果、梨、桃、葡萄、西瓜、澳洲青苹、蛇果、菲律宾香蕉、火龙果、猕猴桃、木瓜、树莓等32类南北方果品。其中国产果品为426吨，占64.4%，进口部分235吨，占35.6%；国产果品中北京自产的桃、李子、梨共计161吨，占国产果品的37.9 %，京外265吨，占62.1%。从2008年8月8日奥运会开幕到8月24日奥运会闭幕，共计配送南北方果品（包括国产和进口）237吨，平均每天配送量为13.3吨，最多一天配送25.2吨。从2008年9月6日残奥会开幕到9月17日残奥会闭幕，期间共计配送果品72.6吨。

【果树产业提质增效显著】 果树产业提质增效显著，果农户均果品收入连续两年增长近千元。2008年全市果品产量为9.1亿千克，与2007年基本持平；果品收入28.0亿元，比2007年增长12.3%，创历史新高。由于连续几年推广果树有机化栽培，努力实现果树产业的“三大转变”，再加上连年独具特色的“百万市民观光采摘等特色旅游文化工程”宣传活动，促进了产业提质增效，促进农民增收致富。全市果品收入连续两年增长超过10个百分点，2008年全市果农户均果品收入达到7 789.3元，同比增长12.6%。

2008年鲜果产量达到8.6亿千克，比2007年略有增加；收入达到22.5亿元，比2007年增长10%；核桃、板栗、仁用杏等干果产量4 914.9万千克，收入5.5亿元，在产量比2007年减少的情况下，产值同比增长23.3%。

从树种看，苹果、鲜杏、樱桃的收入都有较大幅度增长，同比增长1/3；板栗增幅最高达到53.6%。其中樱桃在产量增长8.9%的基础上，增收幅度达到33.3%。葡萄在减产7.8%的情况下，收入增长了10.6%。昌平的苹果，2008年的采摘价格一般为10元/千克，比2007年增长20%。

【郊区果树稳步发展】 2008年，京郊果树稳步发展，新植果树0.4万余公顷。2008年全市发展果树0.69万公顷、466.4万株。其中新发展果树0.41万公顷、289.3万株，面积比2007年增长55%，其中93.5%集中在山区县。更新老杂劣果树0.147万公顷、99.6万株，与2007年基本持平，其中山区县0.11万公顷、69.4万株。完成高接换优改良品种0.13万公顷、77.5万株，其中山区县0.12万公顷、

70.3万株。2008年春全市还完成了376.2万株的野生果树嫁接。其中，酸枣嫁接大枣356.8万株，主要集中在怀柔、平谷；山杏嫁接仁用杏19.4万株，昌平就完成了17.0万株。

【设施果树稳定发展】 设施果树稳定发展，设施果品收入达1.3亿元。2008年各区县共新发展设施果树88.87公顷、1 278个温室（大棚），分别比2007年增长63.5%、28.8%。其中，温室63.28公顷、964个；钢架大棚16.85公顷、212个，涉及农户321户。总投资8 254.8万元，其中农民自筹7 182.99万元、贷款20.0万元、市县乡补助1 051.81万元，农民自筹、贷款资金占总投资的87.3%。按树种分，2008年新建葡萄栽培设施27.8公顷，主要分布在顺义、延庆及房山；桃24.8公顷，以房山和平谷为主；草莓22.93公顷，以昌平、海淀、顺义为主；另外还新建5.6公顷的枣、4.6公顷的樱桃以及杏、梨、枇杷等其他树种3.13公顷。按区县分，房山新建25.75公顷、404个，顺义17.73公顷、161个，昌平9.05公顷、214个，大兴8.6公顷、88个，延庆6.67公顷、100个，上述5个区县占全市新发展设施果树面积的76.3%。

截至2008年底，全市共有设施果树面积0.08万公顷，其中结果面积339.59公顷、5 327个棚室。2008年全市设施果品产量达到704.6万千克，总收入在2007年突破亿元的基础上2008年达到1.3亿元，平均亩收入达到2.6万元。设施果品总产量比2007年增长48.2%、收入增长20.8%。

在全市的设施果品栽培中，大桃是发展最快的，现有结果面积166.97公顷，产量374.3万千克，产值7 332.1万元，占设施果品总收入的56.4%。草莓位居第二，结果面积104.83公顷，产量249.0万千克，产值4 480.0万元，占设施果品总收入的34.5%，产量、产值同比分别增长89.9%、98.9%。设施大桃以平谷为主，草莓以昌平、房山及通州为主。

【郊区果园观光采摘效益好】 京郊果园观光采摘效益持续攀升。2008年京郊果园共接待游客779.8万人次，采摘果品总量达4 572.6万千克，采摘直接收入达3.9亿元。京郊开放果园已由2007年的652个增加到837个，面积达到2.354万公顷，同比增长8.0%。通过观光采摘促销果品3 654.3万千克，促销收入1.9亿元。2008年“五一”假期缩短到3天，但去各区县果园观光采摘游的市民人数不少。仅通州、顺义、平谷、怀柔、房山、昌平、丰台7个区县接待游客25.2万人次，观光旅游收入1 093.2万元。京郊温室果园向游人提供了桃、杏、草莓、樱桃、桑葚等果品采摘，“五一”期间采摘果品量10.0万千克、采摘收入298.9万元。温室草莓的采摘量居果品首位，全市合计6.4万千克、收入171.7万元；桃位居第二，采摘量3.1万千克、收入101.7万元；其后是杏、樱桃、桑葚等。

【干鲜果品加工品出口】 2008年，完成干鲜果品及加工品出口3 080.1万千克。2008年全市已完成干鲜果品及加工品出口3 080.1万千克，收入1.85亿元。其中，桃、梨等鲜果1 850万千克、收入1.57亿元；板栗、仁用杏等干果350万千克、收入700万元；平谷出口鲜桃果汁、房山出口葡萄酒、怀柔出口栗仁等加工品共计880.1万千克、收入2 114万元。

【本市城市绿化隔离地区进展情况】 2007—2008年本市城市绿化隔离地区已建设郊野公园30个（续建4处），面积1 882.8公顷，拆除建筑46万平方米，市、区政府投资12.021 7亿元（市区按7∶3比例投资，市投资8.415 1亿元，区投资3.606 4亿元），平均每平方米投资64.2元。据专家测算，公园建成后可安排劳动力就业4 000余人，公园每天可瞬时容纳6.6万游人，年吸收二氧化碳13万余吨、释放氧气10万余吨。

1.2007年，建设的15处郊野公园已于2008年“五一”向社会免费开放。2007年实施郊野公园建设15处、面积722.8公顷，涉及朝阳、海淀、丰台、昌平、大兴5个区，拆除原有建筑腾退绿地11万平方米。据各区统计，15处郊野公园2008年“五一”免费向社会开放后，每天接待游人2.5万人，节假日接待游人3.5万人，使广大市民直接享受到了绿化建设成果。

2.2008年，建设的19处郊野公园于2009年“五一”向社会免费开放。确定了2008年建设19处郊野公园，面积为1 160公顷。其中朝阳区10处601.27公顷、海淀区2处147.4公顷、丰台区5处241.47公顷、大兴区1处90.8公顷、石景山区1处79.07公顷。经过评估，2008年19处郊野公园建设总投资为78 369万元，平均造价69.39元/平方米。按照市、区7∶3的投资比例，市投入54 913万元，区投入23 456万元。其中：调整林木结构，新植乔木、花灌木158万株，栽种地被及水生植物390万平方米，绿化投资36 470万元，占46.54%；建设道路、广场和绿荫停车场铺装面积76万平方米，公共配套服务设施建筑面积4.35万平方米，生态厕所27个，太阳能灯1 088套，投资41 899万元，占53.46%。拆除建筑35万平方米。

（市园林绿化局　黄桂林）

设施农业

【规划布局、政策引领】 设施农业是整合资金、土地、科技、市场等要素的高效农业，是发展都市型现代农业的有效途径，也是北京市推进农业结构调整的重要手段。设施农业发展对保障首都农产品供给、增加农民收入、促进可持续发展具有重要作用。

发展设施农业作为发展都市型现代农业、促进农民增收的一种有效形式，市有关领导都非常重视，刘淇书记、有成常委多次深入郊区调研，指出郊区应大力发展设施农业。2006年刘淇书记到大兴调研设施农业提出了新北京、新奥运、新农村、新设施。2008年刘淇书记七次谈到设施农业发展，市政府又拿出6亿元专项资金支持设施农业发展，掀起了设施农业建设的新高潮。十七届三中全会《关于推进农村改革发展若干重大问题的决定》提出了全国农民人均纯收入比2008年翻一番的基本目标，并提出发展现代农业，提高农业综合生产能力的战略措施，进一步推动了北京市设施农业的发展。

2008年6月市政府出台了《北京市人民政府关于促进设施农业发展的意见》(京政发［30］号)，明确了全市设施农业的规划和发展目标，提出“两区两带多群落”的空间发展格局和全市设施农业建设2008—2012年全市每年新建设施农业0.27万公顷的发展目标，到2012年，全市设施农业面积将达到2.33万公顷。“两区”是指包括大兴区和房山区的南部设施生产区，该区域以重点发展经济型设施农业为主；“两带”一是横贯昌平、密云、怀柔、平谷4个区县的山前特色设施产业带，重点发展高档日光温室，以生产花卉、果品、绿色有机蔬菜为主。二是指包括延庆、怀柔、密云3个区县的山区设施蔬菜产业带，重点以生产8、9月份淡季冷凉蔬菜为主，发展大棚生产；“多群落”是指分布于各区县的设施农业生产园区、生产基地。

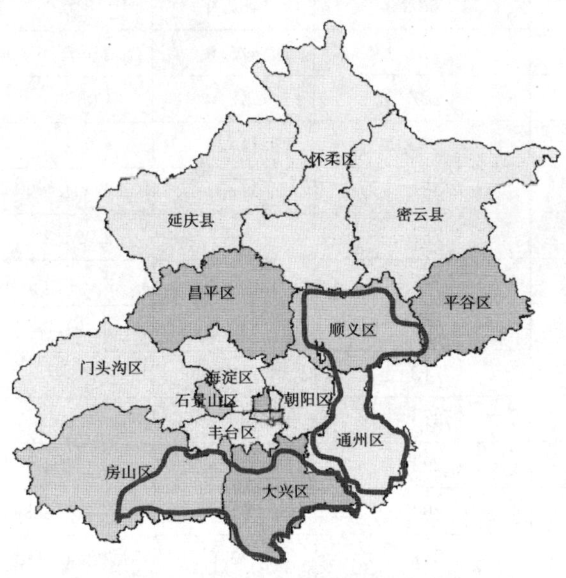

图1 设施农业两区规划图

为加大设施农业推进工作力度，市农委、市农业局、市园林绿化局、市发改委、市财政局、市水务局、市农村商业银行、市农科院等相关部门成立了市设施农业建设领导小组，下设办公室，具体负责协调

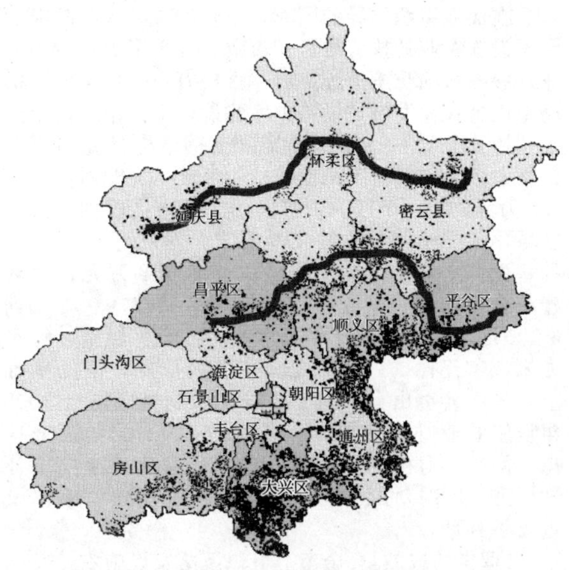

图2 设施农业两带规划图

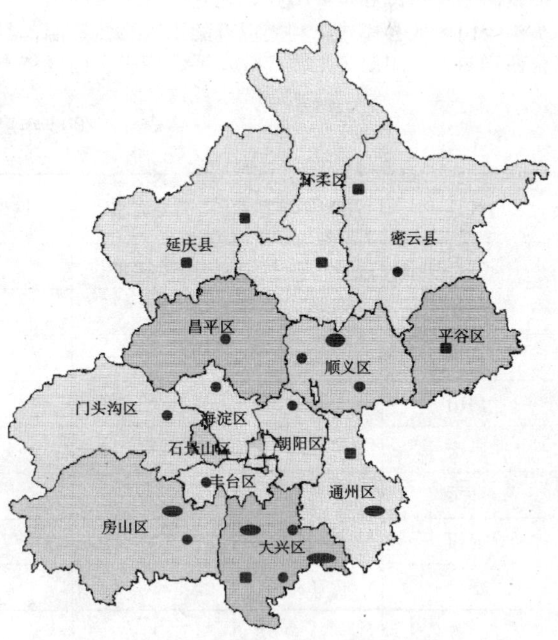

图3 设施农业多群落规划图

推进全市设施农业发展。各区县区委区政府也非常重视设施农业发展，由区县长或主管区县长牵头，相应成立了工作班子。如通州区区长邓乃平要求区相关各部门“要像抓城区和小城镇建设一样抓设施农业建设”，亲自牵头抓设施农业建设，建立每周三例会制度，专题听取设施农业进展情况汇报；房山区委、区政府正式挂牌成立了由区委副书记苗立峰担任组长，区政府副区长王忠海担任副组长，15个区相关部门组成的设施农业工作领导小组，并抽调专人组建办公室。

在加强组织领导的同时，市政府及各区县政府出台了设施农业的扶持政策。市政府提出了促进设施农业发展的八项政策措施，对“百村万户一户一棚”援助型设施农业发展，设施主体建设资金由市级资金给予扶持80%，扶持设施类型以土钢结构日光温室及钢架大棚为主，温室每亩扶持4万元、大棚每亩扶持1.5万元；对“两区两带多群落”规划区以内，按照区域化、规模化、集约化的要求，对新建符合要求的日光温室，每亩给予扶持1万元到2万元；对新建符合要求的钢架大棚，每亩给予扶持4 000元到6 000元；对新建符合要求的现代智能化温室，每平方米以奖代补扶持200元。在市级扶持政策的基础上，各区县也出台了配套政策，如顺义区出台2008年设施农业补贴政策，区级给予1∶1配套资金扶持。昌平区对生产草莓、百合的温室建设提高了补贴标准，同时对配套的水、电、路等基础设施建设也给予补贴。

【取得的成效】 全市上下积极落实设施农业发展政策，为完成建设任务，积极探索，加快土地流转，摸索出多种建设和生产模式，如延庆县110国道、门头沟等山区区县模式，利用现有的山区自然资源，结合西洋参、食用菌等主导产业发展，探索出山区特有的设施农业建设模式；怀柔区宝山镇通过组建合作社，采取统一建设、统一订单、统一生产、统一销售的方式，形成产销一条龙服务链条；顺义、通州等区县采取农民土地入股等方式加快土地流转，吸引企业投资，形成了如福莱尔、方圆平安等城市资本投资农业的企业参与型多元化投资的设施农业发展模式。“百村万户一户一棚”援助型工程的实施，政府补助80%的主体建设资金更是极大的调动了农民的积极性，受到低收入村农民的欢迎，全市确定的重点低收入点设施农业建设场面热火朝天。

据统计，2008年，北京市新发展设施面积0.24万公顷，其中建设日光温室0.127万公顷，钢架大棚0.104万公顷，连栋温室105.41公顷（表1）。初步形成了大兴庞安路、民安路、通州漷大路、顺义龙塘路中干渠、怀柔宝山寺、昌平麦辛路、五区县京承路、延庆110国道和平谷区崔杏路9条设施农业重点产业带（表2）；涉及9个区县的通州于家务东升方圆设施产业群、大兴庞各庄镇丁村西甜瓜甘薯设施产业群、房山窦店长阳设施产业群等13个设施农业产业群；房山良乡后石羊村、密云太师屯镇太师庄村、怀柔区怀柔镇孟庄等10个远郊区县的27个重点低收入村设施产业点。

表1 2008年度新建设施面积汇总表

单位：亩

区县	中高档温室	简易温室	钢架大棚	温室＋大棚小计	连栋温室	合计
大兴	1 496.8	1 839.1	6 347	9 682.9	157.9	9 840.8
顺义	2 953.6		2 167.8	5 121.4	475.6	5 597
昌平	3 820		167	3 987	81	4 068
房山	1 524.9	1 808.3	601.9	3 935.1	117.4	4 052.5
延庆	1 166		1 716	2 882	112.2	2 994.2
怀柔	403		2 384	2 787	7.2	2 794.2
通州	1 436	150	661	2 247	253.1	2 500.1
密云	763		1 309	2 072	19.8	2 091.8
平谷	712		0	712	0	712
门头沟	253	18	44	315	100.2	415.2
朝阳	42	165	90	297	75.4	372.4
海淀	236		24	260	51.8	311.8
丰台	120		81	201	43.6	244.6
三元集团	171			171	25	196
小汤山农业园					36	36
合　计	15 097.3	3 980.4	15 592.7	34 499.4	1 581.1	36 226.6

注：15亩=1公顷，下同。

表2 九条设施农业重点产业带情况

单位：亩

名　　称	面积
顺义区龙塘路—中干渠路	2 894
大兴民安路	2 195
京承路	2 130
大兴庞安路	1 166.5
通州漷大路	650
昌平区麦辛路	454
怀柔宝山镇设施产业带	372
延庆县110国道	292
平谷区崔杏路	50
合　　计	10 203.5

【设施农业发展特点】 近年来，随着北京都市型现代农业的发展，农村产业结构不断调整，产品结构逐渐升级，农产品生产逐渐向占领高端市场转变，因此设施农业的发展也出现了变化。

一是农民主体建设积极性高。设施农业政策的实施，尤其是“百村万户一户一棚”援助型工程的实施，对低收入村的农民建设设施农业给予80%的补贴，极大地提高了农民的建设积极性，如房山区、通州区、顺义等区县的一些低收入村召开村民代表大会纷纷要求将本村纳入“百村万户一户一棚”的扶持建设范围。顺义区聂庄村是顺义区的低收入村之一，全村现有农户185户，2008年投资建设了日光温室182栋，占地24.67公顷，基本达到了每户一个大棚，为村民提供了一个很好的致富平台。

二是生产品种多样化，效益提高。以生产蔬菜为主导，出现了设施花卉、设施食用菌、设施果树、种养联动等高效作物和多种生产模式，设施产值也因此增加。据统计，设施花卉的平均亩效益约为4.2万元左右，设施果品的效益为9 750元，设施蔬菜的亩效益为9 460元，而大田作物的平均亩效益为520元。昌平区麦辛路两侧设施产业带，结合本区主导产业的发展规划，积极发展草莓产业，温室内生产的草莓，亩平均在2.12万～2.28万元之间。效益最高的草莓亩产达到4 000千克，冬季的采摘价格可以达到100元/千克，高于市场价几倍，大大增加了农民收入，农民的脸上笑开了花。

三是设施农业建设呈现区域化、规模化发展趋势。根据全市“两区两带多群落”的总体规划布局，各区县设施农业建设相对集中，区域化、规模化发展的态势明显增强，出现了形成了大兴庞安路、民安路、通州漷大路、顺义龙塘路中干渠、怀柔宝山寺、昌平麦辛路、五区县京承路等9条设施农业重点产业带；通州于家务东升方圆设施产业群、大兴庞各庄镇丁村西甜瓜甘薯设施产业群、房山窦店长阳设施产业群等13个设施农业产业群；房山良乡后石羊村、密云太师屯镇太师庄村、怀柔区怀柔镇孟庄等10个远郊区县的27个重点低收入村设施产业点。同时，由于市区督导指导的加强，2008年在建温室或大棚的规范性有了很大提高，为标准化生产使用奠定了基础。

四是设施建设与生产服务同步推进，产业支撑体系建设提前启动。在设施建设的同时，市有关部门组织区县加强生产服务与技术培训，采取长期、短期相结合，集中授课与现场指导相结合等多种方式，加强了配套服务体系建设，推动了设施农业产业化发展。目前，全市形成了顺义、昌平高档花卉和草莓设施生产示范区，大兴西甜瓜大棚生产示范区，通州茄果类设施蔬菜生产示范区，房山设施食用菌生产示范区等一批集新品种展示、科技服务、市场信息指导、产销相对接的设施示范区。延庆县建设完成的设施90%以上已经投入生产，达到了当年建设、当年生产、当年见效，农民投入得到了回报，增加了收入，提高了积极性，受到郊区农民的好评。

五是设施建设类型和建设机制得到创新。各区县结合自身资源状况，围绕提高土地产出率、资源利用率、劳动生产率，积极创新设施农业生产类型和建设机制。怀柔区宝山寺镇农民通过组建合作组织，统一建设600余栋大棚，社员按统一订单和标准进行生产，合作社统一销售，建立了良好的利益分配机制。顺义区制定土地流转的具体奖励措施，吸引大企业、大投资建设高标准自控温室。

【存在的问题】

*1. 农民作为设施发展的主体，受城市化工业化的影响，部分农户发展设施农业的积极性不高。*在郊区调研过程中发现，部分区县尤其是近郊区，受到城市化的影响较大，大量的年轻农村劳动力到北京等周边地区就业，留在农村从事农业生产的农户年龄都相对比较大，从通州、大兴与房山等地区的69户调查情况来看，所调查的农户中50%都利用空闲时间外出打工。根据另一项调查，郊区约有15%的农民从事季节性、临时性工作，农民工与用工企业（不含个体）的合同签订率仅为34.7%，说明相当一部分农民处于城乡间游动的“两栖”状态。而设施农业是劳动密集型行业，需要大量的劳动投入，因此农户劳动力是本市特别是近郊区设施农业进一步发展的重要的障碍。

*2. 设施农业投入高，大部分农户发展设施农业存在资金不足问题。*设施农业虽然是提高农民增收的有效途径，但设施农业建设的投入成本更大，建设1亩高标准、永久性节能日光温室需资金12.82万元，土钢结构的低档日光温室每亩也需资金4.76万元，建设1亩钢架大棚每亩需资金1.86万元，1亩镀锌钢管结构大棚每亩需资金2.4万元。2008年上半年北京市郊区农民人均现金收入为6 357元。因此，对于相对偏远、基础薄弱地区，不论对农户还是对集体，均没有足够的经济实力完成前期的投入，因此资金短缺仍然是农民建设设施农业的主要限制因素之一。

*3. 土地流转存在制约，影响设施农业难以产生规模效益。*提高农业的劳动效率和土地产出率，加快设施农业产业化的步伐，一个重要的条件是实行适度的土地规模经营，同时优化结构，建立具有本地特色的农产品生产基地。但由于北京市在设施建设过程中以农民为主体，土地使用权被分割后，土地规模变小，并归属于各个农户，任何一个农户或龙头企业扩大土地经营规模的要求都会遇到其他农户土地使用权的限制。北京市部分地区土地流转问题，已经成为制约设施农业规模化发展的瓶颈问题，导致设施农业规模化基地较少，设施类型多样，建设标准不够规范，设施规格、材料、质量参差不齐，对新品种新技术的统一推广形成了人为的阻碍因素。

*4. 技术服务体系不完善、生产者生产技术水平不高，设施农业的增产增收潜力未能充分发挥。*近几年设施保护地的发展非常迅速，设施面积有所增加，但由于目前做为政府公益职能体现的农业科技服务网络并不健全、技术支撑能力不强、区、镇、乡级技术服务人员明显不足（据北京市第二次全国农业普查公布数据显示，2006 年，北京市初级以上农业技术人员 22 289 人，在农业生产经营单位中从业的 8 907 人，即使这 8 907 人全部投入设施农业生产技术指导工作，对 26 万户设施农业从业人员来讲也远远不能满足一线农户对科技服务的需求），致使农户在生产过程中，作业不规范，技术不到家，管理不完善，先进的新技术、新成果、新装备均不能得到应有的发展和应用，生产技术水平不能满足目前生产的总体需求，最终导致设施农业的增产潜力潜能未能充分发挥。

*5. 产前、产中、产后设施不配套，影响了产能的实现和产出效率。*近年来设施农业加速发展，很多设施主体建设完成后，由于产前育苗、产中设施专用机械的配备及产后储藏加工等硬件设施配套不完备，减缓了新品种更新和农产品产业链条延伸的速度。同时，由于设施生产中机械化程度低、劳动强度大，设施栽培的作业机具和配套设备尚不完善，生产仍以人力为主，劳动强度大，劳动生产率低，一定程度上也增加了劳动成本，成为设施农业发展的制约因素。

（聂　青）

食用农产品安全生产体系建设

【农业转基因生物安全管理工作】 2008 年年内，制定了 2008 年农业转基因生物安全监管工作方案，为了防止奥运期间发生转基因生物安全事件，确保奥运期间农业转基因生物安全，加大了对市场转基因生物产品标识检查的力度和密度，全市共组织农业转基因生物标识检查 135 次，出动执法人员 533 人次，标识率达到 100%，其中桶装油标识检查 100 次，出动执法人员 393 人次，检查 154 家销售单位、64 个生产企业生产的产品，共抽查 31 525 桶，代表 154 593 桶，标识率达到 100%；散装油标识检查 27 次，出动执法人员 116 人次，检查 39 个销售单位、5 个生产企业的产品，共抽查 656.088 吨，代表 1 817.54 吨，标识率达到 100%；棉花种子标识检查 8 次，出动执法人员 24 人次，检查 23 个销售单位、9 个生产单位生产的产品，共抽查 19 袋，代表 213 袋，标识率达 100%。全年审核并报批了北京林业大学和勃林格殷格翰国际贸易（上海）有限公司等 2 个申请项目，其中 1 个为环境释放，1 个申请安全证书；明确了监管期内农业转基因研发项目 32 项，包括奶牛、小麦、大白菜、油菜、高羊茅、毕赤酵母等 16 种转基因生物，涉及中国科学院、中国农业科学院、中国农业大学等 17 家研发单位。以“3.15 宣传周”、“农资打假宣传日”等为契机组织各类农业转基因生物安全宣传 31 次，累及参加 7 930 人次，电视、报刊、网络等媒体报道 13 次，发放各类宣传材料 35 180 份。全年共组织各类农业转基因生物相关知识、安全管理法规培训 20 次，参加执法人员达 437 人次。

（尹光红）

【强化农产品追溯服务与保障工作】 2008 年年内，在原有追溯系统建设工作基础上，进一步扩大了追溯试点范围，新增 43 家基地/企业参加追溯上试点工作，其中果蔬类基地或企业 15 家、水产类 15 家，畜禽类 10 家；截至 2008 年底，全市追溯试点企业已达到 126 家，其中：果蔬类 85 家、水产类 28 家、畜禽类 13 家。同时，增加可追溯超市 5 个，方便消费者查询食用农产品质量安全信息。全市可查询果蔬产品履历信息的超市已达到 45 家。

【深入开展“三品”认证和监管工作】 2008 年年内，继续开展无公害农产品和绿色食品的认证工作和“三品”的监督管理工作。全市共有 147 家企业的 310 个产品获得了无公害农产品认证，总数达到 562 家、1 023个产品；12 家企业的 63 个产品获得了绿色食品认证，总数达到 62 家、351 个产品；123 家企业的 529 个产品获得了有机食品认证和转换期认证，总数达到了 415 家、1 765 个产品。对 148 家 2008 年获得绿色食品、有机食品、GAP 证书的企业、获得中国名牌农产品及品牌农业称号的企业给予了奖励。

【实施农产品质量安全监督检测】 2008 年年内，积极协调各检测单位开展了日常监督抽检工作，全年完成定量检测样本 9 674 个，其中环境类 607 个、投入品类 1 356 个，产品类 7 711 个。配合食品质量监督检验测试中心（济南）完成了农业部对北京市蔬菜的 4 次例行监测工作，合格率分别为 98%、99%、95%和 95%，平均全年合格率 96.75%，较 2007、2006 年分别提高了 1.25、3.15 个百分点。

【实施《北京市农产品批发市场产品质量监控系统建设》项目】 为北京市 30 家主要食用农产品批发市场的检测室发放了农残速测仪 27 台、酶标仪 24

台、农残试剂盒、孔雀石绿试剂盒等试剂盒200余个，实现批发市场检测信息联网传输、交换。

（张立新）

农产品加工和农业产业化

【农产品加工业继续保持强劲发展态势】 截至2008年底，北京农产品加工企业共有492家，农业产业化龙头企业351家，销售收入1亿元以上的龙头企业61家，市级以上农业产业化重点龙头企业74家，国家级重点龙头企业23家。农产品加工企业从业人员82 072人，其中本市农民工43 358人；资产总额272.78亿元，其中固定资产净值113.12亿元；完成总产值320.29亿元，增加值62.43亿元，销售收入336.2亿元，利润总额11.85亿元，上缴税金14.87亿元，出口产品交货值22.46亿元。农产品加工增值率达到125%。

【北京市农业产业化龙头企业负责人座谈会召开】 8月27日，市委常委牛有成出席会议并讲话，14家农业产业化龙头企业负责人和市农业产业化领导小组成员单位相关领导参加会议。会上，龙头企业负责人围绕建设都市型现代农业，发挥企业对“三农”的帮扶、带动作用，促进农民就业增收等主题进行了交流，市农业产业化领导小组成员单位介绍了扶持农业产业化龙头企业发展的政策。

牛有成在分析本市农业产业化发展面临的背景后，提出了三项要求，一要围绕定位问题，立足一产、沟通二元、融入“三农”；二要围绕价值取向问题，做到取向一致性、利益共创性；三要围绕农产品安全问题，强化对农产品安全的认识，作为基础工作抓好监管。

参加会议重点龙头企业名单：北京华都集团有限责任公司、北京二商集团有限责任公司、北京东升方圆农业种植有限公司、北京德青源农业科技股份有限公司、北京新发地农副产品批发市场、北京普仁科技有限公司、北京三元集团有限责任公司、北京市大发畜产总公司、北京锦绣大地农业股份有限公司、北京顺鑫农业股份有限公司。

2008年销售收入排名前十名企业

企业名称	固定资产（万元）	职工人数（人）	销售收入（万元）	创汇（万美元）	带动农户数（户）
北京二商集团有限责任公司	375 985	13 057	906 364	1 114.9	450 000
北京三元集团有限责任公司	302 837	13 468	500 000		11 000
北京顺鑫农业股份有限公司	152 291	5 708	452 113	68	48 820
北京大北农科技集团股份有限公司	37 000	6 161	370 000		30 000
北京华都有限责任公司	34 375	5 100	186 911	2 632	12 000
北京大发正大有限公司	46 893	1 916	166 291	3.93	无
北京千喜鹤食品有限公司	24 458.77	745	99 196.36	0	13 000
北京资源亚太饲料科技有限公司	20 329	920	77 888	0	6 200
北京古船食品有限公司	3 581	680	77 250		40 000
北京汇源食品饮料有限公司	23 295	806	64 597.36	833.74	20 850

（林　然）

农业投入

【支农政策资金用于农村产业发展项目】 农村产业发展项目。一是都市型现代农业建设项目。重点发展设施农业0.27万公顷。已建成625.93公顷，列入在建计划0.224万公顷。计划建设循环精准农业示范区0.21万公顷、扶持“一村一品”专业村60个、高效农业示范点35个、标准化畜禽舍1 000栋、支持20个农业主题公园和5条特色乡村旅游带建设等项目。二是农村二、三产业项目。重点支持100家乡镇企业，实现节能增效、盘活闲置资产，新增农村劳动力就业1万人；支持10个市级农民就业产业基地、农产品加工区。三是山区建设项目。重点支持农户搬迁工程，搬迁2 173户、共5 165人；扶持31个特色产业项目；26条山区小流域综合治理项目；确定了“十百千”农民致富工程产业扶持项目82个。

（朱佩霞）

【集体经济组织资产投入】 近几年，北京郊区适应首都特殊的经济与社会环境，转变经济增长方式，稳步推进、协调控制郊区与城市的发展步伐。在郊区经济得到持续健康发展的同时，大力开展社会主义新农村建设，郊区农村的村容村貌得到根本改观，正在向“平原城市化、山区城镇化”的宏伟目标迈进。经济的发展，村容村貌的改观，靠的是强大的物质投入做后盾。截止到2008年底，乡村两级集体经济组织累计资产投资达 2 427.4 亿元，比 2007 年底的2 325.1亿元净增 102.4 亿元，同比增长 4.4%。其中用于企业的累计资产投资达 1 308 亿元，占 53.9%。

1. 固定资产投资。截至 2008 年底，北京郊区集体经济组织累计固定资产投资达 745.1 亿元，占累计资产投资总额的 30.7%，比 2007 年底的 688.9 亿元净增 56.2 亿元，同比增长 8.2%。其中：乡镇级累计固定资产投资 317.6 亿元，占固定资产投资总额的 42.6%，比 2007 年底的 310.6 亿元净增 7 亿元，增长 2.3%；村级累计固定资产投资 427.5 亿元，占 57.4%，比 2007 年底的 378.4 亿元净增 49.1 亿元，增长 13%。

2. 流动资产投资。截至 2008 年底，乡村两级集体经济组织各项非固定资产性投资总规模达到 1 429.8亿元，占累计资产投资总额的 58.9%，比 2007 年底的 1 418.6 亿元净增 11.2 亿元，增长 0.8%。其中：乡镇级 751.6 亿元，占 52.6%，与 2007 年基本持平；村级 678.2 亿元，占 47.4%，比 2007 年年底的 667.3 亿元净增 11 亿元，增长 1.6%。

3. 资产投资的区域分布。近郊集体经济组织累计资产投资达 1 136.1 亿元，占全郊区累计资产投资的 46.8%，人均 24.6 万元，是全市平均数 7.5 万元的 3.3 倍；平原地区集体经济组织累计资产投资 956.9 亿元，占全郊区累计资产投资的 39.4%，人均 6.2 万元，是全市平均水平的 81.2%，是近郊人均的 1/4；山区集体经济组织累计资产投资 334.4 亿元，占全郊区累计资产投资的 13.8%，人均 2.7 万元，是全市平均水平的 36.6%，仅为近郊人均的 1/10。这组数字表明，地区间的资产拥有量极不均衡，其经济实力相差悬殊。

【集体经济组织公益事业及基础设施投入】 北京郊区公益事业与基础设施规划与建设迈出新步伐。郊区农村统筹安排水、电、路、通讯等基础设施建设项目，优化农村环境整治工作，重点建立完善农村信息网络体系，为农村经济发展和农民增收致富创造良好的环境条件。2008 年，北京郊区乡镇级经济组织当年用于公益事业方面的支出为 6.1 亿元，比 2007 年的 5.2 亿元增加 0.9 亿元，同比增长 17.8%；用于村镇建设及基础设施方面的投入 5.4 亿元，比 2007 年的 3.8 亿元增加 1.6 亿元，同比增长 41.1%。

【农户投入】 据北京郊区 3 000 户农户家庭住户调查资料反映，2008 年农户人均生产性投资总额为 1 718元，比 2007 年的 1 483 元增加 235 元，同比增长 15.8%。其中：人均购置生产性固定资产支出 136 元，占人均生产性投资支出总额的 7.9%，比 2007 年的 124 元增加 12 元，同比增长 9.7%。其中购置运输工具的投入为 48 元，同比减少 25 元，同比下降 34.2%。人均家庭经营费用性支出依然是农户投入的主体，达到 1 582 元，占人均生产性投资支出总额的 92.1%，比 2007 年的 1 359 元增加 223 元，同比增长 16.4%。人均家庭经营费用性支出中，第一产业是主体，达 931 元，占到人均生产性投资总额的 54.2%，比 2007 年的 698 元增加 233 元，增长 33.4%。一产支出中，牧业达 596 元，占到一产支出总额的 64%，比上年增加 163 元，同比增长 37.6%；农业 274 元，占一产支出总额的 29.4%，同比增加 56 元，增长 25.7%。这组数字表明，北京郊区的农村家庭经营依然处在以第一产业为主状态，二、三产业则相对薄弱。第二产业支出 136 元，占人均生产性投资总额的 7.9%，比 2007 年的 124 元增加 12 元，同比增长 9.7%。其中工业 61 元，同比仅增加 7 元，增长 13%。第三产业 515 元，占人均生产性投资总额的 30%，比 2007 年的 537 元减少 22 元，同比下降了 4.1%。其中运输业 346 元，比上年减少 19 元，同比下降了 5.2%（见表 1)。

表 1　北京郊区 2008 年人均生产性支出统计表

单位：元

指标名称	2007 年	2008 年	±%
合计	1 483	1 718	15.8
一、购置生产性固定资产支出	124	136	9.7
其中：购置运输工具	73	48	−34.2
二、家庭经营费用支出	1 359	1 582	16.4
1. 第一产业支出	698	931	33.4
其中：农业	218	274	25.7
牧业	433	596	37.6
2. 第二产业支出	124	136	9.7
其中：工业	54	61	13.0
3. 第三产业支出	537	515	−4.1
其中：运输业	365	346	−5.2
批零贸易业、饮食业	142	145	2.1
社会服务业	24	23	−4.2

从不同类型地区农户投入情况看：2008 年农户人均生产性投入都呈现两位数以上增长，特别是近郊农户人均生产性投资增幅高达 106.7%。

平原地区农户人均生产性投资总额为 1 637 元，比 2007 年的 1 408 元增加 229 元，同比增长 16.3%。其中：人均购置固定资产性支出 101 元，占人均生产性投资支出总额的 6.2%，比 2007 年的 77 元增加 24 元，同比增长 31.2%。人均购置固定资产性支出中购置运输工具的支出 13 元，比上年减少 22 元，同比下降 62.9%。人均家庭经营费用性支出 1 536 元，占人均生产性投资支出总额的 93.8%，比 2007 年的 1 331元增加 205 元，同比增长 15.4%。人均家庭经营费用性支出中，第一产业支出 969 元，占人均家庭经营费用性支出的59.2%，比2007年的733元增加236元，同比增长32.2%。其中农业284元，比上年增加64元，同比增长29.1%。牧业630元，比上年增加155元，增长32.6%；第二产业人均支出73元，占人均家庭经营费用性支出的4.5%，比2007年的57元增加16元，同比增长28.1%。其中工业7元，比上年增加1元，同比增长16.7%；第三产业人均支出494元，占人均家庭经营费用性支出的30.2%，比2007年的541元减少47元，同比下降8.7%。其中运输业人均支出341元，比上年减少41元，同比下降10.7%（详见表2）。

表2　北京郊区平原地区2008年人均生产性支出统计表

单位：元

指标名称	2007年	2008年	±%
合　　计	1 408	1 637	16.3
一、购置生产性固定资产支出	77	101	31.2
其中：购置运输工具	35	13	−62.9
二、家庭经营费用支出	1 331	1 536	15.4
1. 第一产业支出	733	969	32.2
其中：农业	220	284	29.1
牧业	475	630	32.6
2. 第二产业支出	57	73	28.1
其中：工业	6	7	16.7
3. 第三产业支出	541	494	−8.7
其中：运输业	382	341	−10.7
批零贸易业、饮食业	134	133	−0.7
社会服务业	20	19	−5.0

2008年山区农户人均生产性投资总额为1 958元，比2007年的1 700元增加258元，同比增长15.2%。其中：人均购置生产性固定资产支出241元，占人均生产性投资总额的12.3%，比2007年的258元减少17元，同比下降6.6%。其中人均购置运输工具支出150元，比上年减少31元，同比下降17.1%。人均家庭经营费用性支出1 717元，占人均生产性投资总额的87.7%，比2007年的1 442元增加275元，同比增长19.1%。人均家庭经营费用性支出中，第一产业817元，占人均家庭经营费用性支出总额的41.7%，比2007年的599元增加218元，同比增长36.4%。其中农业244元，比上年增加34元，同比增长16.2%。牧业498元，比上年增加185元，同比增长59.1%；第二产业人均支出322元，占人均家庭经营费用性支出总额的16.4%，比2007年的316元增加6元，同比增长1.9%。其中工业219元，比上年增加27元，同比增长14.1%；第三产业人均支出578元，占人均家庭经营费用性支出总额的29.5%，比2007年的527元增加51元，同比增长9.7%。其中运输业361元，比上年增加45元，同比增长14.2%（详见表3）。

表3　北京郊区山区2008年人均生产性支出统计表

单位：元

指标名称	2007年	2008年	±%
合　　计	1 700	1 958	15.2
一、购置生产性固定资产支出	258	241	−6.6
其中：购置运输工具	181	150	−17.1
二、家庭经营费用支出	1 442	1 717	19.1
1. 第一产业支出	599	817	36.4
其中：农业	210	244	16.2
牧业	313	498	59.1
2. 第二产业支出	316	322	1.9
其中：工业	192	219	14.1
3. 第三产业支出	527	578	9.7
其中：运输业	316	361	14.2
批零贸易业、饮食业	164	180	9.8
社会服务业	33	34	3.0

区县间、远郊与近郊农户生产性投入水平相差悬殊，从区县情况看，2008年农民人均生产性支出总额超过2 000元的有6个区县，顺义达到2 999元，排在第一位，其余依次为怀柔、平谷、房山、大兴和延庆。不足百元的有两个区，分别是丰台人均27元，朝阳人均70元。从远近郊的情况看，2008年近郊区农民人均生产性支出总额为155元，比上年增加80元，尽管增幅高达106.7%，但其绝对值仅为全市平均水平的9%；而远郊区农民人均生产性支出总额则高达2 100元，比全市平均水平高出22.2%，更是近郊区的13.5倍。这与当地农民的收入构成、乡村企业的发达程度、农村劳动力的就业状况、地理位置及资源状况等密切相关。由于独特的地理位置，近郊乡村企业较发达，农民的人均工资性收入、财产性收入及转移性收入均远远高于远郊。2008年近郊农民人均工资性收入达9 704元，占农民人均纯收入总额的70.3%，比远郊区高出4 166元；人均财产性收入达2 101元，高出远郊区1.2倍；人均转移性收入达1 690元，高出远郊区712元，其中人均退休养老金达到1 199元，高出远郊区1.3倍。这是近郊区农村居民人均生产性投资相对较少、家庭经营相对薄弱的最直接原因（详见表4）。

表 4　各区县、近郊、远郊人均生产性投资支出情况表　　单位：元

区县	2007 年合计	2008 年合计	增长（%）	区县	2007 年合计	2008 年合计	增长（%）
全市	1 483	1 718	15.8	大兴	1 905	2 406	26.3
朝阳	66	70	6.1	房山	2 629	2 686	2.2
丰台	2	27	1 250.0	平谷	2 409	2 723	13.0
海淀	192	502	161.5	怀柔	2 035	2 863	40.7
门头沟	1 020	1 024	0.4	密云	1 364	1 364	0.0
昌平	1 187	1 297	9.3	延庆	1 585	2 089	31.8
顺义	2 568	2 999	16.8	近郊	75	155	106.7
通州	1 054	1 022	−3.0	远郊	1 826	2 100	15.0

（刘学军）

郊区二、三产业

概　　述

2008年，随着工业化和城市化的快速推进，北京农村工业化基础得到加强，工业进入企业集中布局、产业区域定位、积聚效益突出的集约化布局新阶段。都市型工业发展加快，规模企业贡献率加大，外向型经济快速增长。生态旅游民俗旅游等农村服务业发展迅速。郊区文化创意产业成为农村新的经济增长点。奥运会的召开为北京市农村工业和服务业提供了新的发展契机。2008年郊区农村经济利润总额达到128亿元，其中工业的利润总额最高，为50.1亿元，服务业、建筑业和餐饮业紧随其后。农村工业和服务业利润总额之和在北京市农村经济利润总额中所占比例高达74.3%。

乡镇企业

【基本情况】　2008年，京郊乡镇企业大力贯彻落实科学发展观，转变经济发展方式，认真贯彻中央农村工作会议和市农村工作会议精神，紧紧围绕社会主义新农村建设，以农民就业增收为工作主线，发展农村二、三产业，为新农村建设提供产业支撑，保持了稳定健康发展态势，促进了农民就业增收。

2008年虽然受奥运交通银行和金融危机的波及，使京郊乡镇企业下半年发展受到一定影响，但全年实现总收入、增加值、利润总额、工业增加值继续保持了增长。全年实现总收入3 248.8亿元，同比增长9.5%；增加值601.3亿元，同比增长7.5%；利润总额175.4亿元，同比增长6.6%；工业增加值321.9亿元，同比增长11.9%；出口产品交货值153.7亿元，同比下降2.4%。乡镇企业职工人均劳动者报酬13 899元，同比增长14.7%。

乡镇企业个数为15.9万家，同比减少7 717家。其中交通运输企业、批发零售企业、社会服务业、房地产业同比减少10 914家。15.9万家企业中规模企业3 935家，同比增加143家。职工人数139.9万人，同比增加3 080人。建筑业、批发零售业同比分别减少13 581人和13 848人。工业企业略有增加，但其中工业规模企业中纺织服装企业减少9 450人。

按照工商登记注册类型划分：京郊乡镇企业共有内资企业158 798家，港、澳、台商投资企业120家，外商投资企业276家。同比分别减少7 683家、18家和16家。内资企业中集体企业2 401家，占内资企业的1.5%；股份合作企业810家，占0.5%；联营企业43家，占0.02%；有限责任公司8 467家，占5.3%；股份有限公司271家，占0.18%；私营企业13 424家，占8.5%；个体工商户133 382家，占84.0%。

按国民经济行业划分：农业企业3 986家，占2.5%；工业企业24 244家，占15.2%；建筑业4 330家，占2.7%；交通运输仓储业42 989家，占27.0%；批发零售业44 004家，占27.7%；住宿及餐饮业16 546家，占10.4%；居民服务、其他服务和娱乐业21 823家，占13.7%；其他企业1 272家，占0.8%。

按产业划分：一产3 986家，占2.5%；二产28 574家，占18.0%，三产126 634家，占79.5%。一产增加0.1个百分点，二产增加1.6个百分点，三产下降1.7个百分点。

职工人数按一、二、三产业划分：一产35 268人，占2.5%；二产806 134人，占57.6%；三产558 280人，占39.9%。一产增加0.1个百分点，二产下降0.5个百分点，三产增加0.4个百分点。

乡镇企业实现营业收入3 248.8亿元，同比增长9.5%。其中私营以上企业实现营业收入2 778.1亿元，同比增加254.4亿元，增长10.1%；个体工商户470.8亿元，同比增加27.4亿元，增长6.2%。按产业划分：第一产业实现营业收入26.6亿元，同比增长20.4%，占全部企业的0.8%；第二产业实现营业收入1 942.4亿元，同比增长10.5%，占59.8%；第三产业实现营业收入1 279.8亿元，同比增长7.7%，占39.4%。实现增加值601.3亿元，同比增长7.5%；其中私营以上企业486.6亿元，同比增长6.9%；个体工商户114.7亿元，增长9.9%。实现工业企业增加值321.9亿元，同比增加34.2亿元，增长10.6%。其中私营以上企业299.6亿元，同比增长12.3%；个体工商户22.3亿元，同比增长6.7%。实现利润总额175.4亿元，同比增加10.9亿元，增长6.6%，其中私营以上企业121.3亿元，同比增加4.3亿元，增长3.7%；个体工商户54.1亿元，同比增加6.6亿元，增长13.9%。按产业划分：第一产业2.3亿元，同比增长15%，占全部企业的1.3%；第二产业97.7亿元，同比增长11.5%，占55.7%；第三产业75.4亿元，同比增长0.7%，占43%。出口企业数为595家，同比减少13家，下降2.1%；出口产品交货值153.4亿元，同比减少4.1亿元，下降2.6%。其中：年出口交货值500万元以上企业349家，同比减少29家，下降8.3%；出口交货值140.3亿元，同比增加0.3亿元，同比增长0.2%。

规模企业健康发展。京郊乡镇规模企业3 935家，比上年的3 792家增加143家，吸纳农村劳动力50万人。实现营业收入2 261亿元，同比增长13.6%，占全部乡镇企业的69.6%；利润总额90.6亿元，同比增长6.8%，占全部乡镇企业的51.7%；增加值363.4亿元，同比增长9.3%，占全部乡镇企业的60.4%。增长速度高于全市乡镇企业平均水平，占全部乡镇企业的比重分别提高2.6、0.1、1个百分点。

镇村经济总量规模扩大。乡镇企业营业收入超过5亿元（含）的乡镇数130个，同比增加5个，占全市的70.7%。超过10亿元（含）的乡镇数91个，同比增加3个，占全市的49.5%。超过50亿元（含）的乡镇数16个，同比增加6个，占全市的8.7%。

职工收入显著增长。乡镇企业总体规模实力增强，对社会贡献进一步加大。2008年京郊乡镇企业拥有资产总额3 304.7亿元，其中工业企业资产总额1 522.3亿元，分别比上年增长7.7%和9.0%。乡镇企业在自身规模实力不断增强的同时，对社会贡献也进一步加大。乡镇企业发展增加了农民收入。2008年京郊乡镇企业支付乡镇企业职工劳动者报酬194.5亿元，同比增长15.0%。人均年收入13 899元，同比增长14.7%，比全市农民人均10 747元的纯收入高3 152元。乡镇企业税收增长，增加了国家财政收入。2008年上交国家税金134亿元，同比增长9.6%。

乡镇企业职工素质继续稳步提高。当年，乡镇企业具有高中以上学历的职工达到84.8万人，同比增长5%，占乡镇企业职工总数的60.6%，同比提高2.8个百分点；其中具有大专以上学历的职工15.7万人，占11.2%，同比提高1.6个百分点；中专技校学历的职工37.3万人，占26.6%，同比提高2.8个百分点；高中学历的职工31.7万人，占22.6%，同比下降1.9个百分点；初中及以下职工55.1万人，占39.4%，同比下降2.8个百分点。乡镇企业拥有技术管理人员28.6万人，占乡镇企业职工总数的20.4%。乡镇企业拥有中级以上技术职称5.7万人，占职工总数的4.1%；初级职称7.7万人，占5.5%。

（吕晓梅）

【百强营业收入达735.3亿元】 2008年，京郊乡镇百强企业实现营业收入735.3亿元，与上年持平，占全市乡镇企业营业收入的22.8%。

（吕晓梅）

【农民就业产业基地建设】 2008年，农民就业产业基地采取了多种发展模式，促进了农村土地集约、产业集聚和农民就业增收。目前54个农民就业产业基地累计完成基础设施投资75亿元，累计入区企业1 800个，总投资509亿元，产业基地职工人数16万人。已实现销售收入472.8亿元、利润26.3亿元、税金20.8亿元，同比分别增长24.5%、16.8%和19.4%。

（范馥芳）

【盘活闲置资产】 2008年，通过政策引导、鼓励符合环保要求、有利于利用农村资源、促进就业的项目落地。到目前，乡镇企业盘活投资千万元以上的闲置资产项目共计261项，总投资186.9亿元，实际到位资金89.7亿元，盘活土地608.67公顷，盘活闲置资产12.6亿元，吸纳本地农民就业17 000人，已实现销售收入149.9亿元，利税44.7亿元。

（刘　杰）

【彩虹工程】 2008年，围绕新农村建设，深化“彩虹工程”，大力推进乡镇企业与首都各高校、科研院所的合作，进一步拓宽合作领域，加大合作力度，努力为促进郊区二、三产业发展和新农村建设提供科技支撑，取得了较好的成效。市乡镇企业局与北京石油化工学院、北京工商大学、北京科技大学、北京信息科技大学、北京农学院、北京印刷学院签订了新的协议。为乡镇企业开展技术咨询和服务。共签署“彩虹工程”合作项目50项。引进开发新产品225项，投入研发和成果转化资金11.9亿元，预计新增产值39.5亿元。

（彭其贵）

【农民转岗就业培训】 2008年，京郊乡镇企业职工教育培训工作重点围绕社会主义新农村建设和郊区经济社会发展的总体目标，立足于提高乡镇企业职工的整体素质，促进农民就业增收，开展了多种形式的培训。全年共培训乡镇企业职工141 942人，企业经营者4 289人，技术管理人员5 306人，职工技能培训7 003人，进一步提高了乡镇企业的职工素质，改善了人才结构，促进了京郊农民向二、三产业转移。

（彭其贵）

区 县 工 业

门头沟区工业 2008年，门头沟区工业企业实现销售收入75亿元，同比增长25%；实现工业总产值74.5亿元，同比增长21.7%；实现工业增加值30.7亿元，同比增长15.8%。其中，规模以上工业企业94家，实现销售收入、总产值、增加值分别为

71 亿元、66.9 亿元、28 亿元；分别同比增长 21.2%、24.5%、25%。规模以上工业企业中，销售收入超过亿元的 9 家企业累计实现完成工业总产值 46.6 亿元，占全区工业总产值的 62.6%；实现销售收入 49.2 亿元，占全区销售总收入的 65.6%。

2008 年内，门头沟区在深入调研的基础上，依据北京市生产性服务业发展规划，编制完成《关于门头沟区生产性服务业发展研究》和《门头沟区关于加快生产性服务业发展的意见》；围绕玫瑰花、黄芩等区域特色资源，完成《门头沟区玫瑰花资源产业化分析报告》和《门头沟区黄芩产业发展分析》；鼓励和扶持一批区内重点中小企业建设，搜集整理工业、乡镇企业项目 50 余项，其中入市工业促进局、市发改委、市乡镇企业局项目库 23 项，其中 14 个项累计获得各专项扶持资金近 800 万元；编纂和修订了《北京市门头沟区工业企业录》，该书收录了全区机电电子、都市工业、生物医药、特色工业等行业的 63 余家典型企业，全面系统地反映了改革开放以来，门头沟区深入贯彻中央和北京市的各项方针政策，坚持“落实新功能、培育新产业、建设新农村、打造新城市，努力建设现代化生态新区”的总体发展思路，加快产业结构优化调整、工业经济发展的面貌。

通州区工业　2008 年，通州区工业经济较快增长，经济总量进一步增强。完成现价工业总产值 423.9 亿元，同比增长 16.3%；工业增加值 91.5 亿元，同比增长 17.7%；销售收入 483.5 亿元，同比增长 22.6%；实现利润 16.2 亿元，同比增长 4%；上缴税金 27.9 亿元，同比增长 35.3%。从全年指标完成情况看，除利润指标增幅较小外，其他 4 项指标增速都在 15%以上。经济总量进一步增强。

规模企业在区域工业中的比重进一步增加。区域规模企业完成产值占区域工业总产值的 91.7%，同比增加 4.3 个百分点；规模企业比上年增加 75 家。产值超过 5 000 万元的企业有 160 家，占规模企业的 22.9%，比上年增加 10 家。完成产值 295.7 亿元，占规模企业产值的 76%，占区域工业产值的 69.7%；产值超过亿元的企业有 87 家，占规模企业的 12.4%，比上年增加 8 家。完成产值 243.9 亿元，占规模企业产值的 62.7%，占区域工业产值的 57.5%；产值超过 5 亿元的有 10 家，超过 10 亿元的有 4 家。税收千万元以上企业达到 32 家，比上年增加 7 家，上缴税金 7.8 亿元，占区域规模工业上缴税金的 49.8%。

乡镇工业经济总量不断增强。年初园区体制改革后，各园区划归乡镇管理，从而带动乡镇经济总量不断增强，11 个乡镇（含园区）完成产值 379.5 亿元，同比增长 19.1%，占区域工业产值的 89.5%，已经成为区域工业经济的主体，其他各项指标增速均高于全区增速。台湖镇全年完成产值 106.7 亿元，成为第一个产值突破百亿元的乡镇。乡镇出口企业全年完成出口供货额 28.1 亿元，同比下降 6.9%。

开发区发展迅速。5 个市级以上开发区全年完成产值 164.5 亿元，同比增长 22.9%，占区域工业产值的 38.8%，对区域工业产值增长的贡献率达到了 51.6%，税收指标增幅最大，共上缴税金 13.87 亿元，同比增长 53.9%，占区域工业上缴税金的 49.6%。5 个园区工业产值过亿元的企业有 32 家，占全区产值过亿元企业数的 36.8%，其中百纳威尔科技有限公司产值达到 20.2 亿元、京华客车有限公司、摩比斯变速器有限公司产值均超过 10 亿元。2 个开发区全年完成产值 121.3 亿元，同比增长 25.8%，占 5 个开发区产值的 73.7%。

三大主导产业和重点行业稳步发展。重点发展的光机电、都市、汽车零部件三大产业中规模企业完成的产值占区域规模工业产值的 69%，比上年底增加 7.5 个百分点。主要是汽车、专用设备和农副加工等行业增加较多带动。

在工业企业行业中交通运输设备制造业共有规模企业 36 家，完成产值约占区域规模工业产值的 19.2%，已成为第一大行业；化学原料及化学制品制造业处于第二位；农副食品加工业共有规模企业 24 家，完成产值约占区域规模工业产值的 7.4%，已经发展成为工业的主要行业之一。

金通公司企业经济指标处于持平状态，中央及市属企业指标下降。原区属金通公司全年完成产值 16.1 亿元，同比增长 1.4%，占区域工业产值的 3.8%。税收和增加值指标略有增长，利润和收入同比下降。中央及市属工业企业全年完成产值 28.3 亿元，同比下降 5.4 个百分点，占区域工业产值的 6.7%。

顺义区工业　2008 年，顺义工业进入平稳发展期，全区工业总量 1 223.9 亿元，其中规模以上工业完成总产值 1 160.1 亿元、同比增长 5.3%；销售收入 1 152.2 亿元，同比增长 5.4%；工业总产值和销售收入的绝对额位居全市 18 个区县首位。

重点行业经济带动作用明显。汽车及零部件企业、电子通讯设备制造业、都市工业三大重点行业共实现工业总产值 943.2 亿元，占全区工业总量的 77.1%。其中，全区规模以上汽车及零部件企业共实现产值 459.8 亿元，同比增长 16.3%，占全区工业总量的 37.6%；完成销售收入 446.7 亿元，同比增长 14%；上缴税收 32.23 亿元（国税 31 亿元，地税 1.23 亿元），同比增长 21.5%。电子通讯设备制造业企业累计完成工业总产值 319.0 亿元，同比下降 14.4%；完成销售产值 321.0 亿元，同比下降 12.9%；完成出口交货值 289.9 亿元，同比下降 9.0%。都市工业企业累计完成工业总产值 164.4 亿元，同比增长 12.3%；完成销售产值 165.4 亿元，同比增长 14.6%。

昌平区工业　2008 年，昌平区规模以上工业企业主要经济指标均保持两位数增长。全年完成工业总产值706亿元，同比增长11.6%；工业销售产值、主营业务收入、主营业务利润，同比增长均在15%左右；上缴税金同比增长20%。

经过几年的结构调整，昌平工业基本形成了以高新技术产业和现代制造产业为主体，都市产业为补充的整体格局。高新技术产业和现代制造业主要集中在能源、汽车、医药、电子、光机电一体化和新材料6个主导产业。其中：能源产业主要有国电燃料、神华配煤和神雾热能等25家企业，完成工业产值230亿元，占规模工业总量的33.4%，同比增长20.6%；汽车产业主要有福田车辆公司和福田环保动力公司等26家企业，完成产值184亿元，占规模工业总量的26.7%；光机电一体化产业主要有北京三一重机、复盛机械、利得华福电器公司等73家企业，完成产值46亿元，占规模工业总量的6.7%，同比增长39.2%；医药产业主要有诺华制药、乐普医疗器械、万泰生物公司等51家企业，完成工业产值44亿元，占规模工业总量的6.4%，同比增长29.8%；电子产业主要有中电智能卡、巴可利亚得公司等77家企业，完成工业产值39亿元，占规模工业总量的5.7%，同比增长0.9%；新材料产业主要有研亿金、利尔耐火、安泰钢研等41家企业，完成工业产值29亿元，占规模工业总量的4.2%，同比增长19.3%。

工业结构调整步伐加快。全区规模以上工业企业，以高新技术和现代制造业为主的工业特色日益突显。重点项目取得进展。回龙观镇的雪迪龙自控、简式国际汽车设计、望尔生物、航空非凡生产研发基地、百善镇的广灵精华，沙河镇的北汽福田研究院二期，阳坊镇的恒利铭等项目建成投产。南口镇的三一重工北京制造中心建设项目10月18日奠基。

企业优化升级工作取得新进展。共启动百万元投资以上的技改项目67项，计划总投资19.7亿元。小汤山镇的利尔耐火材料有限公司研发精炼钢包用长效环保节能型无碳刚玉尖晶石耐火材料、沙河镇的警盾京西厨房设备有限公司的不锈钢板材深加工、城北街道的英特莱科技有限公司新型火力发电环保除尘滤料生产线等50个项目竣工投产，累计完成投资14.5亿元。

按照扶优扶强的原则，以培育市级企业技术中心为主体，选择规模较大、技术创新能力强，在北京市和行业具有示范带头作用的14家企业申报市级技术中心，其中神雾热能等6家企业获得市级认定，使全区通过市级技术中心认定的企业达到16家。年内有北京探路者旅游用品有限公司的“探路者”、北京四季沐歌太阳能技术有限公司的“四季沐歌”、北京绿创环保集团有限公司的“绿创环保”获得中国驰名商标。北京稻香村集团的“稻香村”、北京鹿牌都市生活用品有限公司的“鹿牌”、北京世纪百强家具有限责任公司的“百强”和“绿创环保”获得北京市著名商标。使全区中国名牌、北京市名牌和驰名、著名商标达到30个。完成了对昌平燕山修造厂等5家“三高”企业的退出任务。全区规模工业企业万元产值能耗、水耗分别同比降低6.4%和5.3%。

镇级规划工业用地不断增强对入驻企业的服务功能，13个镇级规划工业聚集投产企业269家（入孵化器企业63家），实现年销售收入101.42亿元，比上年增长了16.4%。

房山区工业 2008年，房山区域工业实现产值837.8亿元，同比增长27.6%。其中区属工业实现产值130.2亿元，同比增长1%；上缴税金6.2亿元，同比增长5.6%。区域规模以上工业企业284家，同比增加14家；完成总产值814亿元，同比增长29.6%。非公工业完成总产值94.3亿元，同比下降1.9%，上缴税金3.3亿元，同比增长16.7%。三大产业基地和6个农民就业产业基地累计入驻企业1 819家，完成技工贸产值218.7亿元，实现税收10.1亿元，同比分别增长13.5%和9.5%。其中入驻生产型企业189家，实现产值53.8亿元，同比增长47%。

良乡经济开发区辐射带动作用增强，全年共实现技工贸收入176.7亿元，同比增长7%；税金8.7亿元，同比增长7.4%。房山工业园区共引进项目12个，已到位资金15.2亿元。新型建材产业基地随着房山新城规划和窦店镇域规划的正式批复，探索与亦庄开发区合作共建和与大集团的合作开发取得进展。与华洋投资公司共建节能环保产业基地项目开始运作。6个农民就业产业基地整合现有基础设施，按照产业和企业集群化发展的基本思路，建设特色产业园，促进了都市工业发展和农民就业增收。截止12月底，共入住生产企业107家，实现销售收入20.4亿元，同比增长17.5%。

大兴区工业 2008年，大兴区以“一个确保、七个加快、三个完善”为主要工作目标，加大工作力度，实现工业与全区经济社会的统一协调发展。全区工业保持平稳增长，全年实现工业总产值382.7亿元，同比增长16.3%。规模以上工业企业实现产值317.1亿元，同比增长14.7%，占全区工业总产值的82.9%。完成市工业促进局下达的产值计划315亿元的100.7%。

平谷区工业 2008年，平谷区工业企业累计完成工业总产值137.5亿元，同比增长11.4%；实现营业收入149.1亿元，同比增长14.3%；实现利润总额3.3亿元，同比下降6.5%。

规模工业企业共有167家，全年完成工业总产值124.7亿元，同比增长11.6%，占全区工业总量的比重为90.7%，比上年提高了0.1个百分点；实现营业收入136.6亿元，同比增长11.9%，占全区工业总量的比重为91.6%，比上年下降了2个百分点；实现利润总额3.8亿元，同比增长11.5%，占全区工业总量的比重为114.8%，比上年提高18.5个百分点。

在支柱产业中规模工业企业共88家，全年食品饮料及保健品业共完成工业总产值 27.2 亿元，同比增长 3.2%，占规模工业企业的比重为 21.8%，比上年降低了 1.8 个百分点；服装纺织业完成工业总产值 9.8 亿元，同比增长 0.6%，占规模工业企业的比重为 7.9%，比上年下降 0.8 个百分点；以汽车配件为主的现代制造业完成工业总产值 55.4 亿元，同比增长 26.2%，占规模工业企业的比重为 44%，比上年增长 5.2 个百分点。

怀柔区工业 2008 年，怀柔区工业经济运行平稳。完成工业总产值 327.5 亿元，同比增长 1.3%；工业销售收入 342.8 亿元，同比增长 8.4%；工业利润 15.8 亿元，同比减少 1.8%；工业增加值 54.6 亿元，同比减少 28.0%，出口交货值 17.0 亿元，同比增长 73.2%。乡镇企业完成总收入 176.5 亿元，同比增长 8.0%；企业总利润 14.9 亿元，同比增长 15.0%；企业增加值 30.5 亿元，同比减少 2.9%。

规模以上工业企业 227 家，其中 10 亿元以上企业 4 家，1 亿元至 10 亿元企业 41 家，5 000 万至 1 亿元企业 27 家，规模以上工业企业全年完成产值 310.7 亿元，同比分别增长 0.9%，占全区工业同口径比重的 94.8%；销售收入 327.4 亿元，同比增长 8.2%，占全区工业同口径比重为 95.5%；利润总额 14.6 亿元，同比减少 2.6%，占全区工业同口径比重为 92.4%。增加值 51.1 亿元，同比减少 29.1%；占全区工业同口径比重为 93.5%。

以都市型工业和先进制造业为主体的食品饮料、包装印刷、汽车及零配件三大主导行业全年完成产值 266.1 亿元，同比增长 1.4%，占全区工业同口径比重为 81.2%，同比增加 0.1 个百分点。销售收入 282.5 亿元，同比增长 10.7%，占全区工业同口径比重为 82.4%，同比增加 1.7 个百分点。实现利润 11.8 亿元，同比减少 4.6%，占全区工业同口径比重为 74.8%，同比减少 2.2 个百分点。增加值 41.2 亿元，同比减少 34.2%，占全区工业同口径比重为 75.5%，同比减少 7.1 个百分点。

密云县工业 2008 年，密云县工业收入 139 亿元，同比增长 17.6%；工业总产值 134.5 亿元，同比增长 9.9%。全年工业固定资产投入项目 106 个(含技改扩规项目)，完成投入 13.84 亿元。其中：设备投资 5.41 亿元，厂房投资 3.58 亿元，土地投资 0.35 亿元，其他投资 4.5 亿元。

规模以上企业 206 家，完成工业总产值 121.4 亿元，同比增长 8.2%，占全部工业总产值的 90.3%。其中：黑色金属矿采选、交通运输设备制造、食品饮料、纺织服装鞋帽制造业完成产值位居前 4 位。黑色金属矿采选业完成产值 29.2 亿元，同比增长 77.5%；交通运输设备制造业完成产值 26.8 亿元，同比下降 1.8%；食品饮料业完成产值 18.4 亿元，同比下降 8.1%；纺织服装鞋帽制造业完成产值 15.2 亿元，同比下降 3.5%。

延庆县工业 2008 年，延庆县工业经济总量保持平稳较快增长，工业结构继续优化。全县完成工业总产值 40.2 亿元，同比增长 15.8%；工业利润 7 850万元，同比增长 2%；上缴税金 1.74 亿元，同比增长 12.3%。规模以上工业企业 65 家，完成工业总产值 35.1 亿元，同比增长 26.1%，占全县工业总产值的 87.3%。乡镇企业完成总收入 66.5 亿元，同比增长 14%；完成利润总额 2.6 亿元，同比增长 13%；完成出口交货值 5.4 亿元，同比减少 13%；完成工业产值 23.8 亿元，同比增长 19%。规模以上工业企业中，销售收入超过亿元的 7 家，累计完成工业总产值 21.7 亿元，占全县工业总产值的 54%；实现销售收入 20.7 亿元，占全县销售收入的 48.1%。

重点行业支撑工业发展。规模以上企业中医药制造、服装纺织、食品加工、机械制造、建材装饰、新能源 6 个行业实现产值 31.2 亿元，同比增长 30%，占全县工业总产值的 77.6%。其中：新能源产业完成产值 5.3 亿元，同比增长 1 倍以上。医药制造业完成产值 7.6 亿元，同比增长 28%。

节能减排与发展循环经济和清洁生产并重。德青源农业科技发展有限公司在利用消纳鸡粪产生沼气的基础上，进一步实施利用沼气进行发电，已经完成并网发电前的准备工作。归原有机奶有限公司以及北京庆和食品有限责任公司沼气工程建设也相继完成，既能够满足企业内部需求还能为周边居民提供燃气。恒宇华康、双鹤高科、九龙制药、三吉利公司和广昊腐植酸厂等企业取得了清洁生产认证。

加大企业技术引进及技术改造能力。北京恒阳电缆厂引进国际先进水平的干法交联生产线，开发了环保、耐高温产品，参与鸟巢、水立方等奥运场馆建设，供货额 4 000 多万元。艾瑞机械厂热处理工艺技改项目达到国际先进水平，年生产能力 2 600 吨。光瑞机械公司投资 1 500 万元，建成医用 X 线机配套设备生产线。恒宇华康公司引进先进药材提纯设备，纯化水提取获得成功，并开始建设企业科研中心。雪莲时尚纺织有限公司注重品牌建设，已建成产品研发和检测中心。集味村公司引入广东嘉利好、香港汇丰行 2 家公司注资 3 000 万元，共同打造产品品牌，提升产品市场竞争力。三川纸业公司投资 2 600 万元进行技改扩建，新增 3 台纸机生产线及污水处理等配套设施。

重点项目建设稳步推进。北京中材汽车复合材料有限公司投资 9 000 万元，建成汽车复合材料配件生产线，已经投入生产。中材科技风电叶片股份有限公司在年产 1.5 兆瓦风电叶片 200 套的基础上，投资 4.5 亿元，开始建设占地 255.6 亩的二期 500 套叶片工程，主体框架正在建设中。中科院 1 兆瓦太阳能光热发电项目经市发改委批准完成立项，完成 6 面定试镜的安装，进行追踪太阳光源试验。

朝阳区工业 2008 年，朝阳区实现地区生产总值 1 906.2 亿元，同比增长 12.3%。其中，第一产业增加值1.4亿元，同比增长5.8%；第二产业增加值269.7亿元，同比增长10%，其中工业增加值192.7亿元，同比增长9.3%；第三产业增加值1 645.1亿元，同比增长12.7%。

2008年内，受全球经济危机、地区产业结构调整和原材料价格上涨等因素影响，该区工业产值和效益均出现不同程度的下滑。全区规模以上工业企业累计完成现价工业总产值664.5亿元，同比下降1.5%，其中，高技术制造业实现现价工业总产值202.4亿元，同比下降7.8%；1—11月规模以上工业企业实现主营业务收入614.4亿元，较上年同期减少96.8亿元，同比下降13.6%；实现利润总额24.7亿元，较上年同期减少10.0亿元，同比下降28.8%。全区实现出口交货值85.9亿元，较上年同期减少6.0亿元，同比下降6.5%。其中通信设备、计算机及其他电子设备制造业出口交货值下降幅度较大，实现出口交货值47.1亿元，同比减少9.5亿元。

海淀区工业 2008年是改革开放30周年，是中关村科技园区成立20周年。海淀区工业一手抓奥运服务保障，一手抓经济效益发展，呈现出稳中趋好的态势，企业自主创新能力日趋活跃，集群效应强劲显现，走出了一条以海淀园为依托、以高技术产业为主体、以技术创新为先导的"高端、低耗、轻型、优质"的工业发展道路。

综合经济平稳增长，各项经济增速处于正常区间，地区生产总值迈上新台阶，首次突破2 000亿元，达到2 109.7亿元，同比增长15.4%；社会消费品零售额885亿元，同比增长18.85%；全社会固定资产投资总额385.4亿元，与上年基本持平，整体结构趋于优化。

工业发展平稳。全区规模以上工业企业1 219家，累计实现（现价）工业总产值1 100.9亿元，同比增长0.5%，其中，海淀园企业实现工业总产值900.2亿元，同比下降7.7%；工业销售产值（现价）1 106.5亿元，同比增长3.2%，其中，海淀园企业实现工业销售产值905.1亿元，同比下降5.6%；工业出口交货额106.6亿元，同比下降9.3%，资产合计1 539.3亿元，同比增长0.3%；主营业务收入1 392.5亿元，同比增长4.9%；实现利润总额61.3亿元，同比下降15.8%。

特色行业产值增速稳中有降。工业产值排名前四位的行业是：电子计算机整机制造实现总产值247.2亿元，同比下降10.8%；原油加工及石油制品制造业实现总产值54.1亿元，同比增长61.5%；有机化学原料制造业实现总产值46.5亿元，同比下降1.5%；集成电器制造业实现总产值43亿元，同比增长33.5%。

高新技术企业自主创新能力持续增强。海淀园109个项目列入火炬计划，60个项目列入国家重点新产品计划，分别占全市的51.9%和65.2%。海淀园实现技术性收入2 208.43亿元，增长12.0%，占总收入的56.4%，企业科技活动经费支出351.55亿元，增长25.3%，其中研究与发展经费支出267.16亿元，占总经费支出的76.0%。园区出口结构促使海淀园在国际市场上取得良好表现。海淀园企业实际利用外资8.07亿元，增长19.7%，实现出口创汇总额39.52亿美元，增长70.9%。

丰台区工业 2008年，丰台区工业企业共计2 809家，其中规模以上工业企业549家，规模以上企业实现工业总产值362.3亿元，同比增长9.9%；其中新产品产值91.9亿元，增长18%，占全区工业总产值的比重为25.4%。外向型生产形势较好，实现出口交货值11.9亿元，同比增长13%。全员劳动生产率9.76万元/人，同比提高11.9%。

全区工业重点企业生产大幅增长。产值排名前10位的工业企业共完成工业总产值145.7亿元，同比增长47.2%，占全区规模以上工业总产值比重为40.2%。五大行业支撑全区工业生产。产值排名前五位的交通运输设备制造业、工艺品及其他制造业、专用设备制造业、电气机械及器材制造业、通用设备制造业，占全区工业总产值比重为57%。工艺品及其他制造业累计实现工业总产值44.4亿元，同比增长119.7%。现代制造业和高技术产业继续保持良好发展势头。现代制造业完成工业总产值153亿元，同比增长6%；高技术产业完成工业总产值50亿元，同比增长8.3%。全区出口形势较好。实现出口交货值16.3亿元，同比增长13.5%，增幅高于全区平均水平3.61个百分点。

科技园区企业是丰台区工业主导力量。丰台区科技园区企业完成工业总产值181.5亿元，同比增长20.1%，占全区比重为50.1%。其中新产品产值完成80.8亿元，同比增长11.9%，占全区比重87.9%。全年完成出口交货值6.3亿元，同比增长19.1%，高出全区平均增速5.61个百分点。

石景山工业 2008年，受首钢压产、奥运限产及金融危机影响，石景山区工业经济呈现出一定程度的下滑情况。全区工业企业实现总产值696.9亿元；实现出口交货值46.2亿元，；实现销售收入680.4亿元；应交税金29.9亿元；工业产销率98.3%；利润总额4.6亿元。其中，首钢总公司累计完成现价工业总产值557.1亿元，占全区比重79.9%。2008年，首钢累计钢材产量568.2万吨。全区完成工业固定资产投资17.7亿元，同比下降67.5%。黑色金属冶炼及压延加工业、电力热力的生产和供应业、电气机械及器材制造业累计完成现价工业总产值607.3亿元，占全区比重达89.1%。

（市经济和信息化委员会　杨秀珍）

工业园区

北京天竺出口加工区 2008年，开发区入区企业完成工业总产值9.3亿元，同比下降3%；完成工业销售产值9元，同比增长3%，其中完成出口交货值8.97亿元，同比增长3%；完成利润总额1.7亿元，同比增长55%；完成应缴各种税金855万元，同比增长49%。开发区招商项目7个，其中三资企业5个；全年累计总投资3.7万元，其中三资企业2.8万元；合同外资金额1 458万美元，同比下降77%。

北京天竺空港经济开发区 2008年，开发区入区企业完成工业总产值399.4亿元，同比下降13%；完成工业销售产值405.3亿元，同比下降11%，其中完成出口交货值303.4亿元，同比下降13%；完成利润总额49.8亿元，同比增长6%；完成应缴各种税金39.6亿元，同比增长19%。2008年开发区招商项目47个，同比下降25%，其中三资企业10个；全年累计总投资57.1亿元，同比增长90%，其中三资企业2.4亿元；合同外资金额1 107万美元，同比下降86%。

北京通州经济开发区 2008年，开发区入区企业完成工业总产值57.1亿元，同比增长4%；完成工业销售产值54.7亿元，同比下降11%，其中完成出口交货值7.3亿元，同比下降14%；完成利润总额2亿元；完成应缴各种税金3.4亿元，同比增长3%。2008年开发区招商项目3个，其中三资企业1个；全年累计总投资6.5亿元，同比下降31%；其中三资企业1亿元，同比下降38%；合同外资金额1 430万美元，同比下降85%。

北京兴谷经济开发区 2008年，开发区入区企业完成工业总产值92.4亿元，同比增长20%；完成工业销售产值84.5亿元，同比增长15%，其中完成出口交货值8.1亿元，同比增长16%；完成利润总额6.1亿元；完成应缴各种税金6.8亿元，同比下降9%。开发区招商项目5个，同比下降29%；全年累计总投资7 500亿元，同比下降83%，合同外资金额650万美元，同比下降82%。

北京雁栖经济开发区 2008年，开发区入区企业完成工业总产值119.5亿元，同比增长12%；完成工业销售产值119.88亿元，同比增长6%，其中完成出口交货值10.3亿元，同比增长30%；完成利润总额9.1亿元，同比增长10%；完成应缴各种税金9.5亿元，同比增长14%。开发区招商项目32个；全年累计总投资5.4亿元，同比增长63%。

北京密云经济开发区 2008年，开发区入区企业完成工业总产值54.4亿元；完成工业销售产值52.8亿元，同比下降3%，其中完成出口交货值1.6亿元；完成利润总额6 842万元，同比下降77%；完成应缴各种税金4.3亿元。开发区招商项目14个；全年累计总投资10.9亿元。

北京永乐经济开发区 2008年，开发区入区企业完成工业总产值1.8亿元，同比增长20%；完成工业销售产值1.8亿元，同比增长20%，其中完成出口交货值0万元；完成利润总额794万元，同比增长44%；完成应缴各种税金2 200万元，同比增长1%。

北京大兴经济开发区 2008年，开发区入区企业完成工业总产值25.3亿元，同比增长5%；完成工业销售产值22.5亿元，同比增长2%，其中完成出口交货值2.5亿元，同比下降24%；完成利润总额4 214万元，同比下降56%；完成应缴各种税金1.7亿元，同比下降19%。

北京八达岭经济开发区 2008年，开发区入区企业完成工业总产值8.7亿元，同比增长24%；完成工业销售产值10.3亿元，同比增长49%；完成利润总额1.8亿元，同比增长264%；完成应缴各种税金3.6亿元，同比增长5.9%。开发区招商项目31个；全年累计总投资1.3亿元，同比下降52%。

北京延庆经济开发区 2008年，开发区入区企业完成工业总产值14.1亿元，同比增长18%；完成工业销售产值14.6亿元，同比增长20%；完成利润总额—169万元，同比增长724.8%；完成应缴各种税金5.4亿元，同比下降23%。开发区招商项目25个，全年累计总投资5.6亿元，合同外资金额674万美元。

北京房山工业园区 2008年，开发区入区企业完成工业总产值5.8亿元，同比增长9%；完成工业销售产值5.9亿元，同比增长9%，其中完成出口交货值0万元；完成利润总额—921万元；完成应缴各种税金1 602万元，同比下降19%。开发区招商项目131个，同比下降13%。

北京林河经济开发区 2008年，开发区入区企业完成工业总产值312.5亿元，同比增长14%；完成工业销售产值305.8亿元，同比增长12%，其中完成出口交货值5.2亿元，同比下降36%；完成利润总额19.2亿元，同比增长21%；完成应缴各种税金27.3亿元，同比增长18%。开发区招商项目16个，同比上升78%；全年累计总投资9 395万元，同比下降80%；合同外资金额1.5亿美元，同比上升10583%。

北京石龙经济开发区 2008年，开发区入区企业完成工业总产值26.5亿元，同比增长31.9%；完成工业销售产值28.6亿元，同比增长22%，其中完成出口交货值1.8亿元，同比增长47.5%；完成利润1.9亿元，同比下降1.6%；完成应缴各种税金12.4亿元，同比增长32.2%。

北京良乡经济开发区 2008年，开发区入区企业完成工业总产值12.7亿元，同比增长11%；完成工业销售产值12.7亿元，同比增长17%，其中完成出口交货值5 177万元，同比增长19%；完成利润总额3.1亿元，同比增长3%；完成应缴各种税金8.7亿元，同比增长7%。开发区招商项目185个，同比下降6%，其中三资企业2个；全年累计总投资7.3亿元，同比下降11%。

北京采育经济开发区 2008年，开发区入区企业完成工业总产值 12.2 亿元，同比增长 16.3%；完成工业销售产值 8.5 亿元，同比增长 21%，其中完成出口交货值 4 072 万元，同比下降 9%；完成利润总额 3 100 万元，同比下降 8%；完成应缴各种税金 1 829 万元，同比下降 50%。开发区招商项目 2 个，同比下降 33%；其中三资企业 1 个；全年累计总投资 2.2 亿元，同比增长 780%。

北京昌平小汤山经济开发区 2008 年，开发区入区企业完成工业总产值 13.32 亿元，同比增长 18.1%；完成工业销售产值 13.2 亿元，同比增长 17%；完成利润总额 992 万元，同比增长 4%；完成应缴各种税金 2 575 万元，同比增长 44%。开发区招商项目 11 个，同比增加 10 倍；全年累计总投资 5 000万元，同比增长 400%。

北京马坊工业园区 2008 年，开发区入区企业完成工业总产值 7.89 亿元，同比增长 5.8%；完成工业销售产值 7.1 亿元，同比增长 3%；完成利润总额 2 597 万元，同比下降 2.3%；完成应缴各种税金 5 688 万元，同比增长 6.4%。

（市经济和信息化委员会 杨秀珍）

商业服务业与新兴产业

【农村现代流通网络实现“两个全面提升”】 在“连锁超市、便利店基本覆盖郊区乡镇和千人以上大村”的基础上，2008 年北京郊区现代流通网络的质量和水平又有了很大提升，拉动了农村消费的增长。2008 年，全市农村地区累计实现零售额 550.7 亿元，同比增长 17.6%。店铺规范化建设和改造逐步展开，网络质量和水平有一定提高。郊区现代流通网络 10 家试点企业完成规范化改造的 207 个店铺全部实现了与总部的信息联网；规范化店铺将关系消费安全的食品、洗化用品类重点商品的经营权纳入总部统一经营和管理，初步实现了全额配送。截至 2008 年底，京郊二级配送站点达到 51 个，初步实现了二级配送的网络布局，梯次配送的功能得到发挥。联合采购工作起步，企业间经营合作机制开始建立。2008 年郊区现代流通网络电子联合采购平台功能初步实现，大宗商品的联合采购已进入实施阶段。10 家试点企业联合采购的商品达到 27 个品牌，总采购规模 8 亿元，商品涉及食品和洗化用品两大类。联合采购的推出，有力地引导了采购向知名品牌和有较高信誉度的商品集中，也有效地保证了农民消费的实惠和安全。

【集贸市场改造建设】 2008 年，集贸市场改造工作被列为市政府“新农村建设”折子工程，要求完成 30 个集贸市场的改造建设。2008 年，全市十个郊区县完成改造集贸市场 40 个，超额完成折子工程指标。市场硬化地面近 33 万平方米，修建交易厅棚和商业用房达 12 万平方米。大兴区、密云县已实现改造后集贸市场覆盖率 100%。十个郊区县的“一乡一集市”总体覆盖率已达到 63%，以较少的投入改善了农村市场基础设施，市场的面貌和交易环境得到了明显改观。

【开展“商农联手、共促消费”活动】 北京市商务局与市农委联合组织顺鑫创新、裕农等供应奥运的蔬菜切配企业和生产基地与超市发、沃尔玛、全聚德、金钱豹等重点连锁超市企业和餐饮企业进行了对接、洽谈，搭建平台，建立商农有效链接，使商业餐饮企业与农业生产加工企业达成供货意向，建立产销合作关系，把优质、安全的农产品通过连锁超市和餐饮等多条渠道向全社会推广，进一步扩大内需，促进消费。

【农产品批发市场改造】 2008 年，农产品批发市场更加重视市场公共服务功能的完备和提升，并积极提高自身仓储能力、提高农产品中转和配送能力。城北回龙观市场和岳各庄市场通过实施鲜肉批发交易电子结算系统项目，具备了交易客户档案管理、现场称重刷卡结算、交易结算管理、结算查询统计等功能，实现了猪肉交易电子化、肉品质量可追溯，结合市场网站做到了交易信息即时发布，在北京市农批市场中技术领先的肉类电子交易系统，具有很强的示范作用。新发地农批市场建成的有机垃圾分拣处理场投入运行后，可对占每日 110 吨固体垃圾 50%的有机垃圾进行减量化和循环再利用处理，实现总体外运固体垃圾量为每日 70 吨，还可通过产出的有机肥销售，为企业每年增加收入约 20 万元，具有良好的经济效益和社会效益，成为农批市场废弃物处理中心建设的范例。各大型农批市场为了满足大商户扩大农产品配送能力的需求、增强高值农产品集散功能，产地批发市场为了延长本地特色农产品年交易时段，2008 年启动了一批低温和常温仓储设施的建设，预期 2009 年可完成建设，投入使用。

【完善农资流通网络体系建设】 为认真贯彻落实北京市委市政府关于新农村建设的精神，扎实推进农业生产资料（简称“农资”）连锁经营的发展，保障农民使用上放心的农资商品。北京市商务局从 2005 年已开始推进农资连锁企业发展，2008 年全市 11 家农资连锁企业拥有门店 997 个，其中：2008 年新增 146 家。实现销售收入 7.5 亿元，同比增长 5%。拥有农资配送中心 23 个，四种主要农资商品总销量达 35 万多吨，其中：化肥销售 34 万多吨、农药 2 250 吨、农膜 3 013 吨、种子4 310吨。重点农资连锁企业统一配送率达到 70%。

【加强流通领域食品安全的执法检查】 2008 年盐业执法累计接举报 56 件，处理 52 件，移送其他部门处理 4 件；出动执法人员 1 363 人次，检查农副产品批发市场 65 个，检查摊位 1 237 个，查处违法摊位（单位）224 个，查获涉嫌违法运输盐产品车皮 1 个，集装箱 2 个，查处私盐窝点 5 个，做出行政处罚 224 件，没收违法盐产品约 35 669.5 千克，罚款人民币 10 120 元。2008 年，累计检查生猪定点屠宰厂 33 家，出动执法人员 175 人次。联合区县取缔私屠滥宰窝点38个，出动执法人员158人次，查处违法屠宰的生猪及产品222头，没收违法屠宰的工具189件，查获并没收私刻假冒生猪定点屠宰厂肉品品质检验印章、动物产品检疫印章共计12枚。接生猪违法举报21件，处理举报21件，结案率100%。

【做好服务农村、服务农民的各项工作】 提前一个月完成了退耕还林补助粮食供应工作，共向北京市7个区县、91个乡、2 789个村、18.4万户退耕农民发放补助粮食4.69万吨，落实了政府惠农政策，保护了退耕农户的利益。各国有粮食购销企业按照小麦最低收购价政策，积极开展收购工作，共收购新小麦4.24万吨，稳定了农村粮食收购市场。

【小麦粉、玉米粉、大米粉实行出口配额许可证管理】 商务部、海关总署公告2007年第101号公布，自2008年1月1日起，对小麦粉、玉米粉、大米粉实行出口配额许可证管理。

【利用外资促进农业科技推广应用】 2008年新设农业外商投资企业7家，全部投资于绿色农业、生态农业、观光农业等领域，有助于北京市现代农业的发展。如：引进高经济作物试验种植并开设采摘、生态观光服务的北京龙邦永乐生态农业观光园有限公司；进行绿色有机花卉、果树、蔬菜等种植的北京熙隆麒种植有限公司。此外，全球领先的农业科技公司——瑞士先正达投资2 900万美元，在北京市新设专门从事农业生物技术领域研究的先正达生物科技（中国）有限公司；德国农业公司在北京市新设专门从事农业技术交流、咨询与培训的德宜农（北京）农业科技服务有限公司。这些企业将对北京市农业科技发展、推广与应用产生积极促进作用。

（市商务委　郭亚天）

旅　游　业

【基本情况】 2008年，北京市紧紧抓住奥运发展契机，以产业升级改造，大力扶持乡村旅游新型业态，打造现代新型乡村休闲度假娱乐项目为主导；通过充分挖掘郊区旅游资源潜力，对现有产品存量进行升级改造，丰富郊区旅游活动内容；通过一区（县）一色、一沟（村）一品建设，提升乡村旅游规模和品质，全面打造北京市乡村旅游精品，力争实现北京市乡村旅游产业质的飞跃。

北京市的乡村旅游产业自1998年开展以来，已经走过了10年的发展历程。到2008年，全市共有13个区县开展了乡村旅游工作，民俗旅游村达到344个，其中市级民俗旅游村167个；民俗旅游户发展到2万余户，其中市级民俗旅游户9 089户；从事乡村民俗旅游服务的人员达到6万余人。在2008年，全市乡村旅游接待游客2 700万人次，同比增长3.5%；乡村旅游收入达到18.9亿元，同比增长4.3%，实现了发展速度、发展规模的双增长。随着2008年我国休假制度的变化，尤其是元旦、“五一”、清明、端午、中秋5个3天小假日的出台，进一步推动了北京市乡村旅游的蓬勃发展。

【制订标准和规范】 2008年，北京市陆续推出了《北京市乡村旅游产业发展规划》、《北京市乡村旅游景观管理公约》和《乡村旅游特色业态标准及评定》等规划和标准，促进了全市乡村旅游产业的规范化、标准化发展。

作为乡村旅游的先行城市，北京的乡村民俗旅游接待市场已初具规模，并发展到需要进一步深入优化和完善的时期，市旅游局在2008年从环境、卫生、投诉、安全、硬件和服务水平等方面对乡村民俗旅游村（户）加大考核和监管力度，以《北京市乡村民俗旅游村等级划分与评定》、《北京市乡村民俗旅游户等级划分与评定》为标准，对市级民俗村（户）进行复核工作，考核范围包括全部市级乡村民俗旅游村和市级乡村民俗旅游户，其中市级乡村民俗旅游村全部通过复核，595户市级民俗旅游户未通过复核，被撤销市级乡村民俗旅游户的称号。考核工作严格执行准入和退出的流动性竞争机制，从而达到控制现有民俗接待规模，打造乡村旅游精品项目、引导服务质量升级的目标，促进全市乡村旅游产业的持续健康发展。

【探索发展新模式】 2008年北京市旅游局在对全市乡村旅游业态进行全面调研、总结和分析的基础上，正式推出了八种乡村旅游新业态产品：“国际驿站”、“采摘篱园”、“民俗风苑”、“养生山庄”、“休闲农庄”、“生态渔村”、“乡村酒店”、“山水人家”。这八种乡村旅游新业态产品的推出是北京市在民俗旅游业蓬勃发展的基础上，为打造第二代乡村旅游而提出的崭新概念，在国内乡村旅游领域中尚属首创，改变了京郊乡村旅游产品单一、特色不突出的现状，进一步提升乡村民俗旅游产业的规模和质量，促进乡村旅游产业的升级换代。

2008年，北京市旅游局提出“以点带面、打造精品、提升品牌”的发展目标，进一步促进乡村旅游精品项目和典型示范区的建设，以现有民俗村为基础，选择旅游要素丰富、特点鲜明的民俗村落，全力打造了5个乡村旅游示范沟域、3个乡村旅游新业态混合聚集区、13条乡村旅游沟带、30个“一村一品”民俗村，使各沟域、聚集区、民俗村的文化特色、地域特色、旅游特色能够得到充分的体现和发扬，从而促进乡村旅游的特色经营、品牌经营和规模经营，实现了北京市乡村旅游产业升级。

2008年4月，在北京市旅游局的主导下，酒店管理公司管理民俗村试点工作正式启动。是北京市旅游局积极探索乡村旅游新的发展模式的具体措施之一，通过引进酒店管理公司管理民俗村，改进和提升民俗旅游村的经营和管理，促进民俗村（户）的品牌经营、特色经营和规模经营。此外，为改变民俗村（户）现行的一户一式的经营模式，北京市还推出了“整体开发模式”、“委托经营模式”等乡村旅游的新的发展模式。

【提升乡村旅游从业人员素质】 2008 年，北京市旅游局会同市发改委、市财政局、市农委不断加大对各区县的市级民俗旅游村基础设施建设和改造的投入，帮助改善和提高民俗旅游接待的基本条件。同时，市旅游局还持续不断地深入开展乡村民俗旅游从业人员技能培训工作，以培训班等方式，对民俗户、村委会相关成员，重点在服务礼仪、食品卫生、接待技巧、专业技能和市场意识等方面培训。市旅游局先后编辑出版了《民俗旅游丛书》（包括《旅游安全与日常英语》、《食品营养与卫生知识》、《烹调原料加工须知》、《民俗菜肴制作》、《社交礼仪 50 问》、《北京民俗知识》）、《乡村民俗旅游从业人员迎奥运培训系列讲座》、《北京京郊旅游手册》、《北京郊区休闲度假手册》等乡村旅游书籍，作为培训和宣传资料免费发放给从业人员。通过培训，改变了民俗户的落后意识，提高了知识技能，造就一批高素质的乡村旅游从业人员和管理者，从而进一步提高从业人员的综合素质和乡村旅游服务质量。

【宣传促销提高乡村旅游品牌形象】 2008 年先后组织和参与了“乡村旅游进社区”、“寻找北京最美的乡村”、“最适宜自驾车游的乡村”、“乡村民俗旅游采摘节”等一系列活动，并在“2008 北京国际旅游博览会”中专门设置了“北京乡村旅游展区”展示和宣传北京市丰富多彩的乡村旅游资源和旅游特色。在各项活动中，北京市旅游局与各大主流报刊、杂志、广播、电视、网络等媒体和各大旅行社等紧密合作，通过多种渠道，采用各种方式，不断地推广宣传乡村旅游的精品线路、精品民俗村、精品采摘园，为北京市乡村旅游的发展创造了一个良好的社会舆论氛围。

【京郊乡村游推出 60 条精品线】 “十一”前夕，“收获金秋乡村游”和第三届“凤凰乡村游体验新农村”活动开幕式在怀柔区九渡河镇举行。主办单位精选了农业示范园 65 个，市级民俗旅游村 154 个，市级乡村民俗旅游接待户 8 261 个作为推介商户，并公布了全市 60 余条精品旅游线路，对采摘园、民俗游接待户进行了重点介绍。旅游节期间，游客每刷卡消费一笔，北京农村商业银行即捐出一角钱，资助北京籍的贫困农村孩子上大学。

【“爱祖国　爱北京　爱家乡”参观体验活动】 从 10 月份开始，市委宣传部、首都文明办、北京日报、北京晚报、北京青年报、北京晨报、北京电台、北京电视台联合举办“爱祖国　爱北京　爱家乡”主题活动，纪念改革开放 30 周年。此次主题活动以参观体验为主，包括：门头沟区的绿色京西游，风情走廊游；昌平区的绿色奥运游，金秋民俗游；大兴区的产业发展之旅，生态文明之旅；房山区的农民看新城，市民游新村；怀柔区的影视文化游，新型农业游；密云县的“生态密云，宜居城市”城市之旅，“生态密云，休闲之都”休闲之旅；延庆县的“享受生态文明　金秋延庆采光”，“体验新农村　京郊延庆游”；平谷区的京东文化游，“逛新村　话改革”——新农村建设体验游；朝阳区的奥运与绿色之旅，奥运与古典之旅，体育与休闲之旅，体验与发现之旅；顺义区的“魅力新城”之旅，最美丽的乡村之旅；通州区的文化神州——体味运河神韵，活力通州——领略时代风采；东城区的人文东城——时尚新姿，人文东城——胡同风情；西城区的“融金纳海　缤纷西城”；崇文区的“古都风貌　城垣文化”，“历史深蕴　文化遗产”；宣武区的“古韵宣南——宣南文化感受之旅”，“华彩新章——现代宣武体验之旅”等。

【北京新添特色农业旅游新基地】 9 月 28 日，在由全国高科技农业循环产业发展中心和央视网游频道共同主办的全国特色农业旅游推介会上，国务院扶贫办、农业部、中华工商联、北京乡镇企业局有关负责人出席推介会，授予北京市昌平区龙海生态园“全国特色农业旅游基地”和“全国高科技农业旅游示范基地”牌匾。

【北京五区建旅游联盟】 10 月 30 日，由丰台，石景山，门头沟，房山，大兴五区政协共同举办，石景山区政协承办的第二季首都西南区域经济发展论坛召开。五区旅游部门共同签署了旅游合作协议，成立五区旅游联盟。

【丰台首推科学发展之旅】 11 月 5 日，北京市丰台区率先推出“科学发展之旅”。主要包括两条路线：“鹰山公园—长辛店中华名枣园—御景山庄，沈家农家院，天平山庄—北宫国家森林公园—南宫旅游景区”，另一条是“卢沟桥文化旅游区—长辛店中华名枣园—泉怡园度假村—千灵山风景区—青龙湖公园—南宫旅游景区”。“科学发展之旅”让旅游者在考察过程中体验科学发展观给经济、社会、环境、生活带来的巨大变迁。并就旅游者需求，量身定制行程和参观内容，体验“八个一”的科学发展观教育模式。即看一部教育片，体验一次新农民生活，游览一次“温泉大道”，参观一次山体修复，留宿一夜村建五星级酒店，游览一次水系治理景观，赏析一次非物质文化遗产，倾听一位老村民的心声。

【海淀启动奥运游】 9 月 28 日，由市旅游局、海淀区政府联合主办的“奥运随我行——海淀奥运旅游启动仪式”在昆玉河畔开幕。此次推出的奥运冠军成长之路游将北京体育大学场馆设施与百望山红叶、龙徽葡萄酒博物馆组成旅游线路，奥运休闲游则将五棵松体育中心与昆玉河、中央电视塔等组成旅游线路。

【石景山游乐园举办冰雕艺术展】 9 月 28 日，石景山游乐园邀请了 20 位哈尔滨冰雕艺术家，现场雕刻 120 多件冰雕作品，其中包括“龙舟”、“链瓶”、“九龙壁”等六件在国际大赛中获得金奖的代表作。这是京城首次在秋季举办较大规模的冰雕艺术展，展览设在游乐园正门内，临近长安街延长线。冰雕展分迎宾园、国际金奖、北国风光、童话世界、快乐大耳猫、娱乐区等区域，其中，最大的一件冰雕作品为“古堡滑道”。本次艺术展共使用了 350 吨的制作用冰，其中，三成来自龙庆峡冰窖，是储藏的天然冰，其余人造冰和彩色冰来自北京、天津的三个制冰厂。

【顺义旅游推出多条线路】 休闲旅游在顺义，共享快乐庆“五一”，顺义旅游推出多条线路如下：

1. 瓜菜采摘园区。

(1) 2008“李桥甜瓜采摘月”

(2) 2008年夏季“绿中名”采摘文化节

(3) 北京田野食用菌公司

(4) 后陆马蔬菜合作社

(5) 前陆马村蔬菜基地

(6) 天地赢果蔬产销专业合作社

(7) 张镇贝斯特蔬菜标准化园区

(8) 康一品农产品产销合作社

(9) 顺义区三高农业示范区观光园

(10) 绿洲伟业生态园

(11) 东周丰源有机蔬菜基地

(12) 东焦各庄蔬菜标准化园区

(13) 安乐庄蔬菜标准化园区

(14) 万科艺园少儿农庄

(15) 赵全营北郎中农业观光园

2. 果品采摘。

(1) 北京市双河果园

(2) 北京顺丽鑫生态观光农业园有限责任公司

(3) 北京林美采摘园

(4) 龙湾屯镇山里辛庄樱桃谷采摘园

(5) 北京鑫泰丰农庄

(6) 北京彩虹庄园农业科技有限公司

(7) 北京市燕赵采摘园

(8) 北京顺意佳农业技术开发有限公司

(9) 永新源生态农庄

(10) 北京人之初农业发展有限公司

(11) 南彩桃园

(12) 北京顺彩果业种植中心

(13) 北京溢翠园农业有限公司

(14) 喜邦农业生态园

3. 垂钓园。

(1) 北京进忠水产养殖垂钓园

(2) 北京市海涛绿色生态种植园垂钓场

(3) 前鲁晋原达家业发展有限公司垂钓园

(4) 北京后鲁各庄工商总公司渔场

(5) 蓝天绿水垂钓园

(6) 北小营老谢渔场

【怀柔“十一”旅游收入破亿元】 奥运会后的第一个黄金周，怀柔区以“文化新都·影视怀柔美丽金秋游”为主题，推出一系列特色活动和多条精品路线，对游客产生了吸引力。节日7天怀柔区共接待乡村游客45.88万人次，实现旅游综合收入5 968.5万元。22个旅游景区共接待游客8万人次，实现旅游综合收入514.1万元。28家主要旅游星级宾馆接待住宿游客6.5万人次，实现旅游综合收入1 737.4万元。人均消费达到113元，比2007年增加8元。

【延庆旅游喷“金”】 奥运会后第一个黄金周，延庆旅游出现“井喷”，全县共接待游人113.9万人次，与2007年同期相比增29.2%，旅游收入6 122.59万元，与2007年同期相比增20.7%。八达岭景区“后奥运”辐射作用明显，仅10月2日一天接待游客908万人次，创历史新高。其中，“十一”黄金周，延庆乡村旅游接待游人24.9万人次，旅游收入1 152.4万元，与2007年同期相比分别增42%和87%。

【延安在京推广红色旅游】 9月28日，延安市在北京举行红色旅游推介暨经济合作项目洽谈会，推出11条红色旅游精品线路，包括：红色观光游，延安精神体验游，自驾车红色体验游，自驾车爱国主义教育游等红色旅游主题，壶口瀑布观光游，自驾车黄河文化体验游，沿黄河自驾车探险游等黄河文化主题，黄土风情文化体验游，陕北乡村体验游，自驾车黄土高原风光游等黄土风情游主题以及寻根祭祖旅游主题。同时推荐了38家对口合作旅行社，两地旅行社签署了4项旅游合作协议。

【怀柔卢庄村吃上旅游饭】 10月底，卢庄村已经接待游客150万人次，人均旅游收入突破1.4万元。卢庄村位于红螺山脚下，红螺寺景区开发给卢庄村带来了无限商机。全村民俗旅游户已经由20世纪90年代初的十余户增至现在的126户。

【延庆金秋旅游节】 9月10日，以赏红叶、采鲜果、品民俗、度金秋为主题的延庆金秋旅游节开幕，这标志着“延庆美丽金秋行”计划的正式实施。当日，延庆县旅游局负责人亲自来到北京北站迎接延庆金秋首个旅游团，与北京城区的30多名优秀教师代表、北京百强旅行社代表和游客，一起乘坐S2线市郊列车到达延庆，参加了延庆金秋旅游节启动仪式，并到张山营镇“全国优质葡萄生产基地”参与了金秋采摘活动。延庆是国家生态县，也是全国绿化模范县，旅游资源特别是秋季旅游资源十分丰富。其中，延庆的采摘资源非常丰富，全县果品种植面积1.6万公顷，年产果品5 000万千克。同时，其重要景区的升级改造工程也已全部完成。

【房山推出“十一”黄金周旅游活动】 “十一”期间，房山区旅游局推出系列重点旅游活动，活动内容包括：石花洞地质科普自驾游、张坊镇金秋采摘观光节、南窖乡水峪中幡节、上方山国家森林公园金秋红叶节、周口店遗址修学寻宝游、白草畔金秋红叶节、云居寺开展爱国主义教育“三学”活动、品少林弟子书画展览、看气功大师神辫拉车、富恒农业观光园温室采摘活动、琉璃河千树园观光采摘活动、蒲洼乡高山观光采摘活动、霞云岭乡御贡红宵梨采摘活动、“观国宝银狐、拜真武大帝”优惠活动、东湖港“观赏红叶、金鱼放生”活动、张坊古战道票价打折优惠活动。

【密云国际板栗文化节开幕】 9月25日，以“栗栗飘香世界共享”为主题的“2008中国·密云国际板栗文化节暨第四届国际板栗学术会”在密云县举行。

国家林业局、市委常委有关领导出席了开幕式。本届国际板栗文化节从9月25日开始至11月30日结束，除举行第四届国际板栗学术会和2008国际果品经贸洽谈会外，还举行了密云农产品包装及品牌设计大奖赛。

【怀柔虹鳟鱼美食节谢幕】 “十一”黄金周末，火爆了四个月的第四届中国怀柔虹鳟鱼美食节谢幕。闭幕式上，怀柔最佳景区、最美的旅游乡村、最受欢迎的民俗户、最具特色的美食点、最受欢迎的虹鳟鱼菜品评选活动结果揭晓，慕田峪长城、黄花城水长城、幽谷神潭、圣泉水、青龙峡、红螺寺六个景区获评怀柔最佳景区，九渡河镇西水峪村、雁栖湖镇官地村、汤河口镇东帽湾村等十个村庄获评怀柔最美的旅游乡村，渤海镇鑫双泉度假村、雁栖镇劳模山庄等十个餐饮点获评怀柔最具特色的美食点。同时，20个民俗户和长园渔场的栗蘑鳟鱼营养锅、顺通虹鳟鱼养殖中心的酥鱼头等十道菜品分别荣获怀柔最受欢迎的民俗户和最受欢迎的虹鳟鱼菜品。怀柔区17家景区、22个市级民俗村、46家美食点和28种虹鳟鱼菜品参与评选。

【密云启动工业旅游东线】 9月26日，北京密云生态工业旅游东线在张裕爱斐堡国际酒庄启动，这是继2007年5月推出“首云铁矿工业游”之后，密云县在工业旅游方面的又一重要举措。密云工业旅游东线为北京张裕爱斐堡国际酒庄—蔡家洼村工业观光园—北京首云铁矿—北京汇源公司。

【北宫国家森林公园彩叶节】 10月24日，北宫国家森林公园彩叶节开幕，200公顷彩叶进入最佳观赏期，其中红叶140公顷，其他树种60公顷。园内的彩叶颜色大致分为红、黄、绿、紫四种，红叶树种有火炬、黄栌、元宝枫等。仅24日上午即接待游人1.5万名。

【“中国印”刻上云蒙山云龙涧主峰】 经北京奥组委批准，由华夏文化纽带工程组委会和北京市密云县政府共同建设的“中国印”大型摩崖石刻，于7月13日在密云县云蒙山云龙涧主峰落成，成为北京市一处新的人文景观。

【周口店遗址新添手语讲解】 残奥会期间，周口店北京人遗址管理处首批手语讲解员正式上岗，为游客提供免费讲解。除此之外，还推出了免费中、英、日、法、韩等多语种的导览服务。为了保证游客参观安全，管理处制定了安全预案，每天有专人进行巡视，设有安全监控中心，做到24小时全天候监控。为了更好的为残奥会服务，周口店遗址专门建立了无障碍通道。残疾人除了可以无障碍游览博物馆，还可以在一名陪护的帮助下顺利饱览猿人洞等景区。

【周口店“北京人”赴港办展览】 11月19日，周口店“北京人”遗址在香港历史博物馆中环大会堂举办了大型文物史料图片展。展览面积690平方米，共计19组展区，分为发现周口店遗址、五十万年前的“北京人”、三万年左右的山顶洞人、“北京人”头盖骨化石丢失、寻找等内容。

【010－12301北京旅游服务热线开通】 8月1日，010－12301北京旅游服务热线开通。12301是一条社会公益性的旅游服务热线，它通过人工坐席对话服务的方式，为国内外旅游者提供24小时全天候中、英两种语言旅游信息服务。12301的主要服务内容有三项：一是人工解答旅游信息咨询，具体包括宾馆饭店、旅游景区、旅行社的基本信息和景点线路、门票价格以及如何到旅行社报名参团等情况；二是详实反映游客的意见和建议，并转有关部门研究处理；三是电话受理并及时转办各类旅游服务质量投诉。12301的正式开通取代了1990年4月1日北京率先在全国开通的010－65130828北京旅游热线电话。

【《北京京郊旅游手册》免费发放】 北京的郊区旅游快速发展，已经构筑了“城市—郊区—乡村—田野”的休闲空间体系和“观光、休闲、参与、体验”的内容与特色。在科学发展观的指导下，为推动北京郊区向“一区（县）一色，一沟（村）一品”的方向发展，由丁向阳副市长任编委会主任，张慧光、吴雨初任主编，北京市旅游局编写的《北京京郊旅游手册》，4月由北京出版社出版，80万册免费向市民发放。

（市旅游局　王文生　杨慧艳）

农村金融

概　述

2008年，认真贯彻落实十七届三中全会精神，在农业信贷、农业保险、农业投资、农业担保、农村信用以及促进涉农企业上市等方面进行了积极探索，初步建立了商业性金融、合作性金融、政策性金融相结合，多层次、广覆盖、可持续的农村金融体系。

农村信贷

【加大农村信贷供给力度】 2008年，北京市中资银行涉农贷款余额为689.7亿元，全市农户贷款余额为43.8亿元，同比增长29.2%。其中，北京农商行涉农贷款占全市涉农贷款的53%，农发行北京市分行占15%，农行北京市分行占4%。村镇银行设立工作进展顺利，2008年底，北京市首家村镇银行北京延庆村镇银行正式开业，第一家外资村镇银行北京密云汇丰村镇银行获准开业，村镇银行的设立对激活农村金融资源发挥了良好作用。小额贷款公司试点工作取得积极进展，研究制定了《北京市小额贷款公司试点实施办法》，引导社会资金通过金融渠道支持"三农"发展。农村资金互助社的筹建工作也在加紧进行。

（市金融工作局　路　漫）

【北京农商行加大支农信贷投放力度】 2008年，北京农村商业银行紧密结合首都社会主义新农村建设的新形势和新要求，着力开展支农产品和服务的全方位创新，不断加大支农信贷投放力度，首都金融主力军的地位得到进一步巩固。截至2008年末，北京农商行农业贷款余额437.66亿元，同比增长8.05%，其中农户贷款余额43.79亿元，同比增长28.99%，农户贷款在涉农贷款中的占比较年初上升1.62个百分点。为有效满足京郊农民在春耕备耕过程中购买种苗、化肥、农器具等资金需求，发放春耕备耕贷款2 000万元左右，并提高审批速度，做到贷款"早审批、早投放、早发挥作用"，确保不误农时。

【出台九项支农战略新举措】 为迅速贯彻落实十七届三中全会决定精神及国务院有关进一步扩大内需、促进经济增长的战略部署，北京农村商业银行迅速制定了《全力支持首都新农村建设的实施意见》，率先在全国农村金融机构中出台九项金融支农战略举措，实施全行涉农业务由"支持'三农'"向"支持首都城乡经济社会发展一体化"的战略转型，全面积极大力度地满足首都城乡经济社会一体化发展的资金需求和金融服务需求；确保郊区支行涉农贷款占全部贷款的比重持续保持在60%以上，千方百计做到"三个"满足：全面满足京郊农民经济活动中的资金需求，切实帮助农民解决生产经营和生活消费中的实际困难；有效满足涉农企业生产发展中的资金需求，支持涉农企业做强做大；积极满足郊区政府涉农项目的资金需求，全面关注和支持北京11个新城发展、新的城市职能中心形成、重点镇建设及其他新的城乡经济亮点，保障全市城乡统筹目标的实现。

【深入推进银政合作平台】 2008年，北京农村商业银行积极推进与9个郊区县政府签订的"新农村建设银政合作协议"，全年累计投放与银政合作相关项目的信贷资金达35亿元，重点支持了京郊道路、旧村改造和经济适用房等基础设施建设、都市型农业和民俗旅游业，有效发挥了京郊"银政"支农合作平台的资源整合和机制强化作用，有力助推了京郊经济社会发展。

【继续推进"三信"工程建设】 2008年，北京农村商业银行将"三信"工程评定任务纳入对支行的绩效考核，并通过召开联合推动会、信用宣传、举办信用户授牌仪式等多种形式，扩大"三信"工程影响力。截至2008年末，北京农商行信用户评定面达12.5万户，较年初增加2.3万户；其中，评定出信用户5.3万户、信用村310个，分别较年初增加1.7万户、57个，信用镇17个，全面完成市政府折子工程中所承担的任务。"信用建设"平台优化了京郊信用环境和投融资环境，增强了京郊农民"有信用贷款易、无信用贷款难"的守信意识，对突破新农村建设的信用瓶颈、有效推动京郊"三农"持续发展具有积极促进作用。

（市农商行　骆晓霞）

政策性农业保险

【政策性农业保险实施情况】 2008年1月10日市政策性农业保险工作协调小组第一次会议召开。1月10日上午9时，牛有成副市长在市政府北楼一会议室召开了市政策性农业保险工作协调小组会，市政府秘书长黎晓宏同志主持，王孝东副秘书长、各相关委办局及专家参加了会议。牛有成副市长在会上对2007年市政策性农业保险工作做出的成绩给予了肯定，指出“2007年北京市政策性农业保险工作迈出了成功的第一步，取得了可喜成绩，受到广大农民的欢迎，得到了中国保监会和国家发展研究中心等有关部门的重视”，在建立合理制度的基础上充分调动了农民和企业双方面的积极性。政策性农业保险顺应自然规律和市场规律，让农民有效规避自然风险的同时通过市场方式化解风险。有成同志还明确了今后工作的发展方向，即“明确目标、建立信心、稳步推进”，积极探索发展政策性农业保险工作新思路，探索再保险制度。不断完善政策制度设计，完善机构设置，由市编办开展调研，建立健全政策性农业保险工作队伍。完善工作机制，整合统计、信息及气象等部门资源，对从事政策性农业保险的公司进行培训，提高其业务水平和人员素质。

2008年1月23—25日召开政策性农业保险统颁条款修订会。为落实1月10日市政策性农业保险工作协调小组会议精神，按照市领导修订完善现行保险统颁条款的指示，1月23—25日市农委刘春广委员在蟹岛会议中心主持召开了修订市政策性农业保险统颁条款会议。在保监局、农业局、财政局、三家保险公司、有关专家、部分农产品行业协会等负责同志充分讨论酝酿的基础上，本着条款大稳定小调整、费率有升有降的原则，共同修改完善形成了《北京市2008年政策性农业保险统颁条款（试行）征求意见稿》，并下发郊区各区县农委征求意见。

2008年3月10日出台了《北京市2008年政策性农业保险统颁条款（试行）》，并下发各区县农委和有关保险公司按照新条款开始组织政策性农业保险投保工作。与2007年统颁条款相比，2008年新条款呈现以下特点：一是力求突出费率厘定的科学性，使之更加贴近农民，进一步满足其抗御风险的需求。下调了小麦、西瓜、豆类、葡萄、柿子和奶牛6个险种的费率，农民负担的保费进一步减少，同时，增加了养殖业险种的保险责任。二是力求突出政策的导向性。加强政策性农业保险与各项产业政策互相协调配合，确保政策导向的一致性。在条款中对保险对象的要求有所增加，比如，种植业中小麦、玉米的规模要在5亩以上，种猪、奶牛等投保要有耳标等等，就是向大家传达一个政策信号，旨在通过保险促进农民组织化程度提高、引导农业向经营规模化、集约化、标准化方向发展。三是力求突出政策的联动性。为了鼓励农民积极投保，在条款中把保险与疫病防治、政府扑杀结合起来，确定发生政府扑杀后，保险公司给予参保农户10%赔付，体现了保险政策与强制扑杀动物补偿政策的联动性。

2008年5月14日召开2008年政策性农业保险工作会议。为贯彻落实中央1号文件精神，认真总结2007年工作经验，安排部署2008年北京市政策性农业保险工作。按照市委市政府工作部署，“2008年北京市政策性农业保险工作会议”于2008年5月14日在北京会议中心召开。市政府副秘书长、市政策性农业保险工作协调小组副组长王晓明主持会议，市农委主任、市农业保险工作协调小组副组长、市农业保险工作协调小组办公室主任王孝东同志做了《2008年北京市政策性农业保险工作会议报告》，市农业保险工作协调小组办公室副主任、市农委委员刘春广同志宣读了表彰名单。会上，大兴、房山、昌平三个区县代表和中国人民财产保险股份有限公司北京市分公司、安华农业保险股份有限公司北京分公司、中华联合财产保险股份有限公司北京分公司三家保险公司代表分别作了发言，表示要本着“稳步推进，完善提高，协调发展，探索创新”的工作思路，继续推动北京市政策性农业保险事业稳步健康发展。

2008年6月27日召开市政策性农业保险理赔现场会。为更好地宣传市委市政府重大长效强农惠农政策、进一步推进政策性农业保险工作，6月27日上午市政策性农业保险理赔现场会在房山区长阳镇举行。市农委、市发改委、市财政局、北京保监局、市气象局等市政策性农业保险工作协调小组成员单位、各区县主管领导、房山区有关乡镇、房山区部分投保农户参加了理赔现场会。受灾农户代表领取了政策性农业保险理赔款，京郊农民看到了政策性农业保险的保障效果，促进了农民的投保热情。总体看，通过组织宣传、典型事例、示范引导，农民参保积极性进一步提高，市场意识、风险意识逐步增强。

2008年7月17日市政策性农业保险支付单次最大赔款。6月23日下午大兴区遭遇近50年来罕见的特大雹灾，造成8个镇158个村近0.93万公顷作物受损。其中庞各庄、北臧村镇很多农户面临绝收。所幸的是，此次雹灾中，近30%受灾作物投过保。投保面积为0.75万公顷，为历年投保之最。雹灾发生后，市各级政府和人保财险大兴支公司第一时间赶赴灾区，共同启动应急预案和绿色赔付通道。在短短十天的时间内，出动240人次、120台车辆次、行程数千公里，完成了对受灾西瓜、果树、蔬菜、大棚等13个投保品种的查勘定损工作，并以最快的速度审批赔案、拨付赔款，实现了对广大农民的服务承诺。7月17日中国人民财产保险股份有限公司北京市分公司向该区1.2万多农户一次性赔付了3 753.6多万元赔款，这是本市政策性农业保险制度建立以来最大的单次赔款。

2008年10月9日召开2008年上半年政策性农业保险工作座谈会。为做好上半年工作总结，安排部署明年工作，10月9日在北京蟹岛田禾源报告厅召开了2008年上半年政策性农业保险工作座谈会，市农委副主任、市政策性农业保险工作协调小组办公室主任刘春广同志通报了北京市政策性农业保险工作进展情况。各区县各保险公司就工作进展、创新等情况分别作了发言。截至会前，全市共收取保费2.3亿元，超额完成年初计划（1.7亿元）的35%，总保额58亿元，覆盖全市主要农业资源的30%；参保农户15.82万户，占全市农业生产经营户的25%；三家保险公司赔付支出14 492万元，总计赔付农户43 554户。

2008年10月13日市农委召开政策性农业再保险工作方案办公会。为完善北京市政策性农业保险制度建设，落实市委市政府《关于促进首都金融业发展的意见》文件精神，按照市政府《关于研究本市政策性农业保险有关问题的会议纪要》第16期和《关于研究落实促进首都金融业发展意见有关问题的会议纪要》第50期要求，10月13日市农委召开委办公会议，专门研究讨论政策性农业再保险工作方案。会议确定通过政府参与、市场运作的再保险方式转移分散政府承担的部分巨灾风险。

2008年11月12日出台了市政策性农业保险工作考核奖励办法（试行）。为充分调动和发挥各区县政策性农业保险工作的积极性，公平、公正、客观地考核评价各区县政策性农业保险工作，按照政策性农业保险有关政策和文件精神，11月12日出台了《北京市政策性农业保险工作考核奖励办法（试行）》。受益农户的多少和农户参保积极性是衡量工作的出发点和落脚点，保费收入是工作成果的重要体现，区县工作举措和态度是推进此项工作的重要保证，因此选择了农户参保率、保费收入、工作动态简报与信息报送、区县政策、保险覆盖面和宣传培训理赔等6项考核指标，并分别赋予了不同的权重进行综合评分，从高到低排序后取前五名进行奖励。

2008年11月27日房山区通过政策性农业保险推进农村金融制度创新。全年，房山区将政策性农业保险与小额贷款有机结合，通过推进政策性农业保险消除了金融机构进入农业领域的后顾之忧，提高了农业经营主体的资金融通能力，有效促进了金融资金投入都市型现代农业建设。主要做法是对参加政策性农业保险的农户在贷款时提供“一优先、一降低、一提高”：对参加政策性农业保险的龙头企业、合作组织及农户优先提供银农合作及小额农户贷款，对参加政策性农业保险的农户适当降低贷款利率，对参加政策性农业保险的农户小额贷款额度由原来最高3万元提高至5万元。截至目前，房山区农户小额贷款比2007年同期增加3 000万元，贷款总额超过1亿元。房山区琉璃河镇“三江宏利”及“天鸿顺”鸭业两家公司带动近2 500户养殖户，1 000多万只肉鸭全部参加了政策性农业保险，农商行给予参保农户小额贷款总额达1 400万元。

（赵　乐）

【推行政策性农业保险取得成效】 自2007年北京市着力推行政策性农业保险以来，重点开办了肉鸡、奶牛、露地蔬菜、小麦、玉米、果品（苹果、梨、桃、葡萄）等18类主要农作物。2008年政策性农业保险总保额达63.3亿元，承保范围占全市主要农业资源的30%，提前实现“十一五”规划目标。参保农户达16.4万户，占全市农业生产经营户的25%；7.9万户农民受灾后获得赔偿，赔付金额达1.9亿元，户均2 400元。政策性农业保险对帮助农民抗御灾害、稳定收入、保障都市型现代农业健康发展起到了积极促进作用。

（市金融工作局　路　漫）

农村金融创新

【搭建农业投融资平台，构建农业投资体系】 2008年，市政府出资10亿元于12月16日设立了市农业投资有限公司。政策性农业投资公司的建立，得到了中央的肯定，在全国起到了示范作用。全市首家区县级专业性农业担保公司——北京密云农业担保有限公司成立。12月10日，北京延庆村镇银行正式开业，是全市第一家村镇银行。

（市金融工作局　路　漫）

【推出农户助学贷款】 为切实解决京郊贫困农民家庭供养子女上大学的资金需求，2008年8月，北京农村商业银行推出生源地助学贷款，以受教育人及其父母或法定监护人作为共同借款人，用于支付受教育人全日制普通高等学校的学费、住宿费和基本生活费等费用，贷款金额每学年可达6 000元，执行农户贷款优惠利率。

【推出订单农业贷款】 随着农业现代化的不断发展，结合目前农业发展的新形势，北京农村商业银行专门为与农业产业化龙头企业签订农业订单的农户推出了订单农业贷款服务，用于满足其按照订单要求所组织的粮食作物、蔬菜水果的种植，畜产品、水产品的养殖及地方特色农产品加工及其物流生产过程中所产生的资金需求，由签订农业订单的龙头企业提供保证担保或由该行认可的担保公司提供担保，有效缓解了农户由于缺乏有效抵质押物而无法获得贷款的难题。订单农业贷款的推出，进一步扩大了农户贷款担保的范围，完善了北京农商行支农产品体系，对促进京郊农业产业化发展起到了积极作用。

【全面推广金凤凰自助商务银行】 金凤凰自助商务银行是北京农村商业银行针对批发市场上中小企业现金交易量大、交易风险高的特点，创新推出的一种非现金化电子交易模式，可以提供7×24小时移动式的转账、汇款、查询、缴费服务，是国内银行业首创的、真正意义上的移动银行。自2008年1月1日推出以来，金凤凰自助商务银行借助北京农商行网点众多的优势进行迅猛发展，已与112家农贸产品批发市场达成了整体合作协议，布放自助商务银行112台。截至12月末，累计发放凤凰惠商卡12 659张，卡内资金余额5.56亿元；实现自助商务银行交易4.5万笔，交易金额达15.31亿元，取得手续费收入13 653元。金凤凰自助商务银行将现代支付工具引入北京城乡的各类商业物流企业和批发市场，提高了批发市场行业和商业物流企业的整体金融服务水平，引导农民及批发市场中的各种商户，特别是涉农类产品的中小型企业使用方便、快捷的电子支付工具，对首都社会主义新农村建设和农民支付结算方式的改变起到了积极作用。

（市农商行　骆晓霞）

农产品流通

概　　述

2008年农产品流通尤为重要。北京这座消费城市，农产品需求很大，郊区农产品产量总体不能满足市场需求，供求矛盾突出。开拓农村市场，推进农村流通现代化，健全农产品市场体系，完善农业信息收集和发布制度，发展农产品现代流通方式，加快形成农产品营销网络，是其主要任务和奋斗目标。

种植业生产销售

根据北京市农村经济研究中心《2008—2009年郊区农村经济形势分析与预测》调查，郊区种植业生产销售情况呈现出如下情况。

【小规模农户的生产销售】

1. 生产情况。京郊小规模农户生产主要以粮食作物、蔬菜和果品为主。粮食生产中，玉米占68.42%；蔬菜中，西红柿、黄瓜、油菜、生菜、大白菜的比重较高，分别占总产量的25.3%、12.6%、12.6%、11.5%、9.2%，5种产品占到总产量的71.2%；果品产量中，苹果占25%、大桃占22.2%，两种产品占47.2%。

表1　小规模农户承包经营面积

平均面积（亩）	6.9
其中：	
大田粮食作物占（%）	47.4
蔬菜占（%）	36.2
其中：温室大棚蔬菜占（%）	14.1
果品占（%）	16.4

表2　小规模户均农产品产量

单位：千克/户

项目	数量
粮食作物	2 362.4
蔬菜	10 479.6
水果	2 349.1

2. 产品销售情况。将农产品卖给上门收购的流通商贩是北京郊区农户农产品流通的主要方式，其比重为45.5%。其次是自己零售方式，所占比重达到21.7%，农民专业合作社销售4.63%，地头销售4.2%，公司订单收购和观光采摘分别为2.6%和1.4%。留在家庭自用的比重为6.9%。以上结果显示，小规模农户农产品流通的渠道和方式多种多样，流通的主导方针是便捷，问题是农产品的定价权利被压挤。

表3　小规模户均农产品商品率

单位：%

项目	商品率
粮食作物	86
蔬菜	96.5
水果	97.8

表4　主要农产品各种销售方式比重

单位：%

	商贩上门收购	直接零售	批发市场	通过合作社销售	观光采摘	公司订单收购	合计
粮食	53.1	4.6	35.9	3.3		3.1	100
蔬菜	63.0	2.9	20.5	7.2	0.2	6.2	100
果品	21.5	20.4	43.4	8.2	3.2	3.3	100

表5　主要农产品各种销售方式平均价格

单位：元/千克

	商贩上门收购	直接零售	批发市场	通过合作社销售	观光采摘	公司订单收购	汇总
粮食	1.72	1.69	1.56	1.55		1.69	1.65
蔬菜	1.18	1.57	1.68	2.18	4.61	1.76	1.41
果品	3.26	3.74	1.97	11.90	12.85	18.00	4.30

（1）粮食销售。小规模农户粮食销售的主要方式

是商贩上门收购和在批发市场销售，所占比重分别为53.1%和35.9%，其他的几种销售方式的总销售量只占到全部的11%。其中直接零售占4.6%，通过专业合作社销售占3.3%，公司订单收购占3.1%。

从粮食销售价格上看，商贩上门收购的价格较高，其他几种销售方式的销售价格的差距不大。

(2) 蔬菜销售。小规模农户蔬菜销售的最重要方式是商贩上门收购，比重达到63%，占到总销售量的半数以上，其次是批发市场销售，比重为20.5%，通过专业合作社销售和公司订单收购的比重分别为7.2%和6.2%，此外，还有2.9%的直接零售，0.2%的观光采摘。

从价格上看，观光采摘和通过专业合作社销售的价格较高，而商贩上门收购的价格最低。

(3) 果品销售。农户水果流通的主要渠道是通过批发市场销售、商贩上门收购和自己直接零售，比重分别达到43.7%、21.5%和20.4%，三种渠道占总体的85.6%。

销售价格上，公司订单收购、观光采摘、通过合作社销售3种方式的价格较高，但销量有限；通过批发市场销售、商贩上门收购和自己直接零售的价格分别为1.97、3.26、3.74元/千克。

【专业农户的生产和销售】 从调查取得的12个样本分析，专业农户平均经营耕地（园地）面积228.3亩，以大田粮食作物、果品生产为主，两者各占一半。有2户只生产粮食，7户只生产果品，3户兼营粮食和果品。

1. 生产情况。调查样本户生产能力较高，户均生产粮食41 291.7千克，果品113 125千克，分别是小规模农户的17.5倍和48.2倍。

表6 小规模户均农产品产量

单位：千克/户

项目	数量
粮食作物	41 291.7
水果	113 125

2. 销售情况。专业农户的产品商品率高，粮食作物的商品率100%，果品超过98%。

与小规模农户相比，专业农户的产品销售方式有明显的区别，虽然将产品卖给上门收购的商贩依然是专业农户的最主要的销售方式，粮食产品的比重占49.1%，果品的比重占40.4%，但粮食产品的第二大销售方式是自己直接零售，比重为31.4%，第三大方式是订单销售，所占比重为18.9%。果品的第二大销售方式是观光采摘，比重为34.2%，第三大销售方式是订单销售，比重为14%。专业农户通过农民专业合作组织销售的份额比小规模农户小。在观光采摘和公司订单收购上的比重大于小规模农户。

从销售价格上看，商贩上门收购的平均价格是各种销售方式中最低的，粮食的平均收购价格是1.54元/千克，果品是1.58元/千克；直接零售的价格也不高，分别为1.59元/千克、2.37元/千克，均低于总平均价格。通过合作社销售、观光采摘、订单销售等新型销售方式的价格相对较高，且都高于总平均价格。

表7 专业农户农产品商品率

	产量（吨）	销售量（吨）	商品率（%）
粮食	495.5	495.5	100
水果	1 379	1 357.5	98.4

表8 专业农户各种产品销售方式比重

单位：%

	商贩上门收购	直接零售	批发市场	通过合作社销售	观光采摘	公司订单收购	合计
粮食	49.1	31.4			0.6	18.9	100.0
果品	40.4	2.4	8.5	0.6	34.2	14.0	100.0

表9 专业农户各种产品销售方式平均价格

单位：元/千克

	商贩上门收购	直接零售	批发市场	通过合作社销售	观光采摘	公司订单收购	汇总
粮食	1.54	1.59			4.00	1.70	1.60
果品	1.58	2.37	3.18	18.00	4.04	4.00	3.00

农产品市场运行

以新发地为首的10家①大型农产品批发市场批发价格和上市量在一定程度上反映了北京市农产品市场行情，在微观上反映了北京市农产品的供求态势，其市场行情变化也反映出北京市农产品市场供求趋势。

【2007—2008农产品消费形势回顾】 2007年5月开始，国内市场猪肉价格快速上涨，带动其他农产品价格明显提高，同时，国际市场石油、粮食期货价格也快速增长，食品价格指数带动居民消费价格指数居高不下。到2008年9月，美国次贷危机迅速演变成金融风暴波及全世界，虚拟经济泡沫破裂并影响到实体经济，食品价格开始走低，食品价格指数开始下挫，CPI回落。

① 10家批发市场包括：新发地、水屯、八里桥、石门、八达岭、大兴大庄、岳各庄、西沙窝、回龙观、大洋路。

北京食品价格指数

	2007	2008						
	食品价格指数	食品价格指数	其中：粮食	肉禽及其制品	蛋	水产品	菜	干鲜瓜果
1月	102.5	117	109	143.1	110.5	115	110.4	112
2月	102.9	120.7	109	145.9	110.5	117.8	135.8	110.9
3月	104.5	119.5	108.4	145.3	107.8	118.1	118.8	108.5
4月	103.2	121.6	109	146.8	107.7	119.9	111	124.4
5月	104.1	120.8	109.1	140.5	105.9	121.5	113.4	118.3
6月	106.1	119.1	109.6	130.6	103.6	121.3	106.9	126.3
7月	109.9	117.6	110	122.6	106.5	120.2	110.2	129.5
8月	113.8	114.6	109.7	116.2	105.4	119.5	100.8	120.5
9月	113.4	114.8	109.7	113.5	107.8	122.5	108	120.4
10月	116.2	112.5	109.9	110.3	105.8	122.4	100.3	110.6
11月	117.8	109.6	108.5	105.9	104	123.2	89.7	106.5

【2008 年主要农产品市场行情】 根据北京市农产品批发市场的价格数据，市农研调查组主要分析了与北京农产品生产销售直接相关的猪肉、牛羊肉、鸡肉、鸡蛋、蔬菜、水果 6 大类农产品，还分别分析了这些农产品的价格行情和上市量及部分品种的上市结构，并以此来分析北京市主要农产品的供求态势和供求趋势。

1. 猪肉市场行情。

（1）价格。2008 年猪肉平均价格 18.45 元/千克，与 2007 年的 15.40 元/千克相比，上涨了 13.8%。进入 2008 年，猪肉价格依然延续 2007 年的上涨趋势，在 2 月份达到最高，为 21.56 元/千克。在之后直到 8 月一直在高位运行，从 2007 年 12 月到 2008 年 5 月，连续 6 个月保持 20 元/千克以上的高价位。自从 2 月价格冲顶以后，一直保持价格回落的趋势，其中 5 月、7 月下降明显，环比降幅分别为 5.3%、5.4%，8 月份的价格回落也达到 4.1%。9 月的价格急剧下降，从 8 月份的 18.11 元/千克下降到 15.99 元/千克，下降了 2.12 元，降幅达到 11.7%。到 11 月份，价格已经降到 14.70 元/千克，与这一轮猪肉价格上涨之初的 2007 年 5 月（14.42 元/千克）接近。

（2）上市量。2008 年猪肉平均月上市量 1 600.4 万千克，比 2007 年的 1 408.9 万千克，增加了 13.6%。

（3）影响猪肉价格变化的因素。

①上市量对价格的影响。2007 年 5 月，猪肉上市量 1 293.1 万千克，突然比上月减少了 257.2 万千克，锐减 16.6%，导致这个月的猪肉平均价格窜升到 14.42 元/千克，环比增加了 21.3%。2008 年 2 月的上市量环比减少 40.9%，与 2007 年相比，2008 年 2 月的上市量多减少了 13.7 个百分点，相当于多减少了 222 万千克的上市量。这个月的平均价格达到 21.56 元/千克的历史最高点。2008 年 9 月的上市量环比增加 45.7%。与 2007 年相比，2008 年 9 月的上市量多增加了 34.7 个百分点，相当于多增加了 516.5 万千克的上市量。这个月的平均价格从 8 月份的 18.11 元/千克下降到 15.99 元/千克，下降了 2.12 元，环比降幅 11.7%。

②消费需求对价格的影响。自 2007 年以来，猪肉上市金额稳步增长，2007 年月均 22 143 万元，2007 年下半年 23 456.2 万元，2008 年上半年 28 747.6万元，2008 年下半年 30 450.2 万元。这些数值的变化不排除 CPI 增长的因素，但是对猪肉消费需求的刚性增长，对于消化上市量的增加，延缓猪肉价格过快回落起到一定的积极作用。

③成本增加对价格的影响。2008 年 2 月 26 日至 3 月 19 日，据农业部调查一头 100 千克重活猪的养殖成本约为 1 332 元，与上年同期相比，成本增加了 61.8%。2008 年 2 月猪肉价格 21.56 元/千克，同比增长 74.7%。国家统计局发布，2008 年上半年全国农产品生产价格指数 122.94，其中生猪的生产价格指数 154.88。2008 年上半年猪肉平均价格 20.89 元/千克，同比增长 60.2%。

除了生产成本增加外，屠宰加工成本、运输成本和劳动力成本都有不同程度的增加，对猪肉价格形成产生一定的影响。

2. 牛羊肉市场行情。

（1）价格。2008 年牛羊肉平均价格 25.07 元/千克，与 2007 年的 19.53 元/千克相比，上涨了 25.35%。2008 年牛羊肉批发价格延续 2007 年末的趋势，始终高位运行，季节性波动不明显。

（2）上市量。2008 年北京市场月均销售牛羊肉 524.37 万千克，超过 2007 年的 359.92 万千克，超过了 45.69%。2008 年 1—4 月牛羊肉上市量变化较大，总体呈上升趋势，5 月开始一直高位发展，均高于平均值。而且除 1 月份外，其余各月均高于 2007 年同期。

3. 鸡肉市场行情。

（1）价格。2008 年北京市鸡肉批发价格平均 11.46 元/千克，较 2007 年增加 0.43 元/千克，增长 4.29%。至 5 月份达到全年最高 12.41 元/千克，此后缓慢下降。

（2）上市量。2008 北京市鸡肉月均上市 411.43 万千克，比 2007 年增加 92.96 万千克，增长 29.19%。

4. 鸡蛋市场行情。

（1）价格。2008 年鸡蛋批发价格月均 6.06 元/千克，比 2007 年 6.01 元/千克，高 0.05 元，仅高 0.83%。其中 1—5 月和 11 月批发价格低于 2007 年同期，平均低 3.42%。

（2）上市量。2008年月均上市1 334.84万千克，比2007年的1 347.24万千克，减少了0.92%。2008年2月份上市量为1 036.6万千克，为全年最低。6月份达到最高，为1 582.6万千克。

5. 蔬菜市场行情。

（1）价格①。2008年1—11月，蔬菜平均价格为1.67元/千克，比2007年1.61元/千克，增长了0.06元，增长率为3.73%。全年只有1—4月高于平均价格，其余各月均低于平均价格。

（2）上市量②。2008年1—11月蔬菜上市量为564 365.8万千克，比2007年的601 550.53万千克，增长3.59%。2008年蔬菜上市量随着季节不同而变化较大。受南方冰雪影响，南方蔬菜难于进京，因此2月份较1月份下降，环比下降23.28%。此后开始上升，8月又迅速下跌，9月又开始上涨，10月、11月呈下降趋势。

从分品种的上市量来看，与2007年相比，全市9大批发市场的24个主要蔬菜品种中，有10种增长，平均涨幅24.04%，其中莴笋增长最大，为86.46%；有14个品种下降，其中韭菜下降最多，为51.46%。上市量最大的10个品种是土豆（22 463万千克）、洋白菜（19 935.5万千克）、葱头（19 929万千克）、大白菜（19 640.5万千克）、葱（17 202万千克）、黄瓜（13 070万千克）、冬瓜（12 447万千克）、番茄（12 010万千克）、蒜苗（11 829万千克）、蒜（11 397.4万千克），共上市159 923.4万千克，占到蔬菜总上市量的62%。

（3）影响蔬菜价格变化的因素。

①通货膨胀因素。由于通胀因素，带动整体价格指数上升，2008年4月份和5月份的居民消费价格分别同比上涨8.5%和7.7%。

②生产成本的上升，据国家统计局公布数据，2008年1季度蔬菜生产价格比2007年同期上涨25.5%，比2007年4季度上涨8.8%。

③春节前南方的雪灾对蔬菜供应产生了影响，春节期间蔬菜价格比较高，带动了上半年蔬菜价格的上升。

④8月份召开的奥运会，北京实行交通限行，使得外地车辆进京难度增大，很多车辆需要办理特殊通行证或者是雇佣本地车辆，造成成本上涨。

⑤人们消费习惯的改变，使得2008年与2007年不同蔬菜的需求不同，因此导致加权后的平均价格上涨。

6. 水果市场行情。

（1）价格③。2008年1—10月份，水果平均价格为3.25元/千克，比2007年2.84元/千克，增长了14.6%。除5月份与2007年同期持平外，其余各月均高于2007年同期水平。且水果批发价格季节性变化非常明显，1—4月和10月由于北京处于冬春两季，水果上市量较小，因此价格较高，而夏季和秋季水果上市量大，价格则较低。

（2）上市量。2008年1—10月北京水果上市量为351 051.3万千克，低于2007年同期的341 473万千克，减少2.7%。2008年水果上市量季节性变化特别明显，6月份上升幅度较大。

从分品种的上市量来看，与2007年相比，有10种水果上市量增加，分别为油桃（增幅89.87%）、库尔勒香梨（增幅53.78%）、橘子（增幅53.39%）、脐橙（增幅41.23%）、蟠桃（增幅41.13%）、蜜橘（增幅30.17%）、柚子（增幅27.19%）、巨峰葡萄（增幅25.84%）、鸭梨（增幅19.59%）和红富士苹果（增幅7.95%）；有10种水果下降，其中大桃减少最多，达48.51%，其余依次分别为，玫瑰香葡萄（下降28.08%）、国产香蕉（下降22.86%）、西瓜（下降22.08%）、雪花梨（下降21.82%）、国光苹果（下降21.26%）、芦柑（下降14.69%）、荔枝（下降13.76%）、哈密瓜（下降6.31%）、菠萝（下降1.23%）。

（3）影响水果价格变化的因素。

①生产成本增加推动了水果价格上涨。近年来，随着我国农资价格上涨，水果生产成本也呈增加趋势，在一定程度上推动了价格上涨。8月份北京召开奥运会，实行交通限行，使得外地车辆进京难度增大，很多车辆需要办理特殊通行证或者是雇佣本地车辆，造成成本上涨。

②通货膨胀因素。由于通胀因素，带动整体价格指数上升，2008年1—11月水果价格指数为116.3。

③春节前南方的雪灾对水果供应产生了影响，春节期间水果价格比较高，带动了上半年水果价格的居高不下。

④9月份出现的柑橘病虫灾害，给柑橘类市场造成致命的打击，波及到北京水果市场，造成柑橘类水果滞销，而其余水果销量增加，在整体上提高了水果的批发价格，是造成本年度水果批发价格上涨的一个因素。

（摘自北京市农研中心《2008年郊区农村经济形势分析与预测》）

流通服务体系建设

【培育发展农村经纪人】 市工商局积极鼓励和支持农村经纪人成立各类经济组织，尤其是农民专业合作组织，建立起“市场＋经纪人＋基地＋农户”的经营模式，进一步转变销售方式，完善运行机制，引导

① 根据新发地等十家主要批发市场主要的25种蔬菜的批发价格加权平均。

② 根据新发地等十家主要批发市场主要的25种蔬菜的批发量加总。

③ 根据新发地等十家主要批发市场主要的26种水果的批发价格加总平均而来。

农村经纪人队伍从松散型向紧密型、合作型经营模式发展。2008年年内，北京经纪人协会组织农村经纪人培训班9期，1 094名农村经纪从业人员取得经纪从业资格。北京市新增农村经纪人117户，经纪执业人员1 094人；累计农村经纪人176户，农村经纪执业人员1 775人。各涉农工商分局根据辖区特点，积极培育发展各类农村经纪人，如大兴工商分局对大兴区安定镇徐柏村的冬瓜经纪业务进行了重点指导和培育，并帮助该村注册成立了本市首家农产品经纪人——北京兴富徐农产品经纪合作社，极大地增强了买卖双方进一步合作的信心，使双方约定的冬瓜需求量增至10万箱，收购单价每千克增收0.2元。延庆工商分局引导“富代慧”经纪组织完成变更登记，顺利通过年检，并将新获得经纪资格证书的26人纳入到该企业经纪执业人员范围中来。通州工商分局主动协调区农委、经管站和镇政府，引导成立了辖区首家农村经纪组织——北京大务蔬菜经济合作社，从而带动了辖区14家各类种养殖经纪合作组织的成立。

【推行涉农合同示范文本】 2008年内，新制订《北京市农业机械作业服务合同》示范文本。发放纸质涉农合同文本25 510份，网络下载涉农合同17 439次。涉农分局指导农民签约各类合同23 510份，涉及合同金额117 694.25万元。

【规范农资市场】 2008年内，继续开展“红盾护农”行动，进一步完善了农资市场准入制度，建立台账和索证索票率均达到100%，加大了对种子、农用地膜等农资商品的监测力度，严厉打击坑农害农行为，有力保障了农村的生产和消费环境。全市工商行政管理机关共检查农资经营者10 024户次，检查各类农资市场596个次，依法立案查处各类违法案件16起，涉案金额20.79万元，为农民挽回经济损失6.88万元。

【农副产品市场奥运保障工作】 市工商局制订了《农副产品批发市场奥运食品安全保障工作方案》、《全市农副产品市场食品安全风险控制工作方案》、《助奥省（自治区、直辖市）农产品进入北京市场工作保障方案》等具体工作方案，强化农副产品批发市场源头监管，确保食品供应安全。奥运期间共对116个大型农副产品市场及批发市场实施了驻场监管，驻场干部达1 398人。开展错峰执法，加大市场夜间交易行为监管。对全市所有农副产品市场实行重点食品日检测制度及主要食品价格、供应情况日报告制度。严格落实市政府关于免收农副产品批发市场肉、菜、蛋等鲜活农产品运输车辆进场交易费和停车费的相关要求，切实做到“保供应、保奥运、保生活、保稳定”。全市八大批发市场和农产品中央批发市场累计免收鲜活农产品运输车126.963 2万辆次、进场交易费和停车费5 336.603 9万元。奥运期间，加强农副产品市场重点食品检测，共抽取样本23 338个，其中蔬菜8 641个，水果1 510个，猪肉3 966个，牛羊肉1 449个，水产品及水发产品1 344个，禽肉及其制品925个，蛋类760个，熟食1 425个，豆制品950个，粮油1 724个，奶及其制品644个。检测结果，除有4件水发产品、1件蔬菜样品、4件熟食制品和2件牛羊肉共计11件样品不合格外，其他样品全部合格，合格率99.95%。

【强化商标服务，推进商标富农工作】 延庆工商分局以“注册一个商标、带动一个产业、搞活一片经济，富裕一方百姓”为主题，加强涉农企业申请农产品商标注册的指导和培育，与县农委定期走访重点乡镇，为种植、养殖特色农户设立商标培育档案，并制订《帮扶农业商标计划》，2008年内，指导帮助珍珠泉乡崔富国规范使用7件农副产品系列商标，促其从个体工商户发展成为有限公司，年生产杏仁油40多吨。还向涉农企业发放“商标注册建议书”、“商标策略提示书”、“商标法律告知书”600多份，对99户企业提出商标注册建议，完善商标发展储备库，涉农注册商标已达230件。同时以典型带动其他企业共同发展。北京种鸭专业合作社通过注册、使用“晓忠”商标，带动132户农民养鸭，每只鸭附加值增加了0.5元，总收入增加40万元。

【经国家工商局认定的涉及市农口的中国驰名商标】

燕京　北京燕京啤酒集团公司

汇源　北京汇源食品饮料有限公司

鹏程PENGCHENG及图　北京顺鑫农业股份有限公司鹏程食品分公司

牛栏山　北京顺鑫农业股份有限公司牛栏山酒厂

牵手　北京顺鑫牵手果蔬饮品股份有限公司

百花　北京百花蜂产品科技发展有限公司

（市工商局　齐卫和）

【市农委编印《北京乡村农业品牌集锦》正式出版】

《集锦》分为三部分：一是北京乡村农业品牌发展概述。对近几年来郊区乡村农业品牌建设成果进行简要的归纳和总结，使之尽可能反映郊区农村产业发展的风貌，目的是给读者一个轮廓性的认识。二是北京乡村农业品牌集锦。根据郊区区县农委推荐和市有关部门筛选，本着“有影响、有潜力、有创新”的原则，对200余个有一定知名度、市场占有率较高、能够覆盖当地主导产业的乡村农业品牌进行了集中展示。三是北京乡村农业品牌开发案例分析。重点解剖了一个区域品牌（大兴农业）和一个企业品牌（德青源），对其品牌策划、开发、推广过程、产生的效果等进行了较为详细、系统的剖析，以期对今后的品牌开发有所借鉴。

（范子文）

郊区城镇建设

概　　述

在郊区新农村建设带动下，城镇建设迈出新步伐。乡镇规划编制完成得很好。旧村改造有新进展。

小城镇建设

【乡镇规划编制情况】 全市183个乡镇有68个乡镇纳入中心城市、新城或城市组团规划范围，需要编制乡镇总体规划有115个乡镇。截至2008年底，有70个乡镇总体规划已经通过市规划委审查，15个正在审查之中，另有30个正在编制。

【密云县古北口镇获得国家历史文化名镇称号】 密云县古北口镇通过专家评审，被命名为第四批全国历史文化名镇。全国历史文化名镇的申报认定工作以住房城乡建设部和国家文物局出台的《中国历史文化名镇（名村）评价指标体系》为基础，主要内容分为价值特色和保护措施两大类，其中价值特色方面包括申报地域的历史久远度、文物价值、重要职能特色或历史事件名人影响度、历史建筑与文物保护单位规模、历史建筑（群）典型性、历史环境要素、历史街巷（河道）规模、核心保护区风貌完整性、历史真实性、空间格局特色功能和生活延续性、非物质文化遗产等；保护措施方面包括保护规划、保护修复措施和保障机制。

【大兴采育、通州宋庄等镇被批准为第二批全国小城镇发展改革试点镇】 大兴区采育镇、通州区宋庄镇、丰台区王佐镇、平谷区马坊镇、大兴区魏善庄镇、丰台区长辛店镇等6个镇被国家发改委确定第二批全国小城镇发展改革试点镇。试点镇内容从2007年第一批以综合改革为主转变为以发展改革为主，主要包括：推进政府职能转变和管理体制改革；科学规划、合理分配公共资源，城乡一体化发展；培育经济基础、发展特色经济；加强对农民工管理和服务的探索；农村土地使用制度改革探索（农地流转与城乡建设用地增减挂钩试点）；开展节能减排和循环经济试验；不断提高小城镇的公共服务水平等七个方面。

【举办小城镇规划培训班】 12月2—5日，市农委、市规划委、市国土局共同组织举办了为期4天的北京市乡镇规划管理培训班，对郊区13个区县村镇建设主管部门负责人和183个乡镇主管乡镇长共200人进行了系统培训。培训过程中，邀请了国家住房和城乡建设部城乡规划司付殿起处长、市规划院城市设计所何苓所长、国家发改委小城镇中心李铁主任、中国建筑设计研究院城镇规划设计研究院赵辉副总规划师和市国土局规划中心陶志红主任，重点围绕《城乡规划法》解读、镇村总体规划与村庄整治规划相关问题、小城镇经济社会发展规划和市区、乡镇土地利用总体规划修编有关问题等方面进行了专题授课。市委农工委副书记高华做了开班动员。

（胡建华）

【重点镇建设全面启动】 2008年上半年，北京市首个重点镇垃圾密闭化收集转运系统建设启动仪式在门头沟区潭柘寺镇举行，标志着北京市重点镇建设序幕由此开启。同时，以此为开端，重点镇基础设施和公共服务设施的建设和完善步伐逐步加快，全市将照先重点镇、后一般镇的原则，率先在重点镇推进垃圾密闭化收集转运系统、集中供水厂、污水处理厂、镇中心区主干道路、集中供热中心、与高速路或主干道联络线、中小学学校操场、镇中心幼儿园、养老服务设施和文化体育活动场所等10项惠民工程，惠及149万农村居民。

【农民安全饮水问题提前2年解决】 2004年，市政府有关部门依据相关标准，对农民饮水进行了水质普查。结果显示，全市有199万农民存在不同程度的饮水困难问题。2005年，市政府全面启动农民安全饮水工程建设，截至2007年底，全市还有70万农民存在饮水困难问题。2007年底，按照市委市政府集中力量解决突出民生问题的要求，市发展改革委及时调整建设步伐，加大资金投入力度，安排10亿元市政府固定资产投资，一次性解决剩余70万农民安全饮水问题，提前2年实现“十一五”末全部解决农民安全饮水问题的规划目标。

（市发改委　赵云龙）

旧村改造

【召开旧村改造联合办公会】 8月14日，由市农委牵头，与市发改委、市规划委、市建委、市国土局、市财政局、市水务局、市园林绿化局、市路政局等九委办局及北京市电力公司共同召开了旧村改造联合办公会，研究北京市 13 个旧村改造试点村建设过程中存在的项目审批、基础设施建设及电力改造等相关问题。市农委副主任高华主持了会议。与会的市发改委、市规划委、市建委、市国土局等有关部门充分认可旧村改造的发展思路，并分别对旧村改造过程中出现的问题展开了讨论，达成以下共识：一是市发改委负责协调办理立项手续和基础设施建设投入；二是市国土局针对农民住宅用地使用方式核发相应产权证，如果是集体土地流转试点可优先试行；三是市规划委研究新农村规划审批办法，力争简化审批程序；四是市建委在办妥规划建设许可证和土地使用证基础上，尽快办理开工许可证，并拟由区县建委直接派发；五是市电力公司拟就住宅、企业供电问题研究解决方案。

（胡建华）

农村环境与基础设施

概　述

农村环境与基础设施建设是建设现代农业的主要物质条件和建设新农村的前提条件，加快农村环境治理和农村饮水安全工程建设，搞好水利基础设施建设和公路、电网邮政建设，加大财政投资力度，是其主要任务和重要工作。2008 年在这些方面，都有很大进展。

环 境 建 设

【组织本市郊区村庄环境整治大检查】 1 月 10—17 日，5 月 9—16 日，市农委、市 2008 环境指挥部办公室联合对郊区村庄环境整治进行第四次、第五次检查。随机抽查村庄 1 000 个，通过现场检查、查后点评、情况通报等方式督促村庄环境整治的深化和提升。

【组织郊区村庄整治培训班】 3 月 11—30 日，市农委在北京农业职业学院北校区分十期举办了北京郊区村庄环境建设培训班，通过专题讲座、典型发言、专家辅导相结合的形式，围绕郊区农村环境整治和建设的现状、问题分析、规划设计与实施、相关技术标准、垃圾密闭化管理和绿化美化以及长效机制建立等问题对郊区各区县的环境整治主管部门负责人、乡镇环境整治主管领导、村党支部书记进行培训，直接培训基层干部 1 800 人。

【组织召开郊区村庄环境整治现场会】 6 月 27 日，北京郊区村庄环境整治工作现场会在房山区窦店镇召开。会议由市委农工委书记杨德宏同志主持。会议参观了窦店镇辛庄户等 6 个村庄环境整治情况，交流了房山区、密云县、朝阳区等区县开展生态环境整治的经验做法，总结了本市郊区村庄环境整治工作，启动了“喜迎奥运盛会，30 天环境大决战活动”。同时，市农委主任王孝东同志对做好奥运期间环境整治提出了具体要求：一是各级党委、政府和每一位领导干部，要站在“当好东道主，干净迎奥运”的高度，提高对村庄环境整治紧迫性和必要性的认识，切实做到“强化认识、强化标准、强化领导”；二是区别轻重缓急，突出重点难点，严格落实责任制，继续完善落实现有的管护机制，不断创新摸索行之有效的新机制，迅速把郊区村庄环境整治工作推向新的高潮。市“2008 环境办”、市市政管委、市环保局、市园林绿化局及各郊区县相关单位的有关人员近 120 人出席了会议。

【郊区村庄环境整治任务基本完成】 按照《北京郊区村庄环境整治实施方案》的要求，三年来，郊区各区县围绕“一清、两治、三加强”，在清除积存垃圾、清理乱堆乱放、清理私搭乱建、治理边沟大坑、整理残墙断壁、开展绿化美化等方面做了大量工作，通过集中整治，郊区 3 900 多个村庄基本达到了干净、整洁、路畅、村绿、建制的标准。

【年内创建 10 个环境优美乡镇和 159 个文明生态村】 通过区县申报、专题培训、专家验收、社会公示等，有 10 个乡镇、159 个村通过专家验收和社会公示，分别被命名为北京郊区环境优美乡镇和文明生态村。截至 12 月底，全市累计创建北京郊区环境优美乡镇 97 个，北京郊区文明生态村 719 个，其中有 43 个乡镇获得国家级“环境优美乡镇”称号。怀柔、朝阳、海淀、大兴、门头沟、平谷等 6 个区已经创建成为国家级生态示范区。

2008 年北京郊区环境优美乡镇和文明生态村名单

环境优美乡镇（10 个）：通州区永顺镇、顺义区仁和镇、平谷区熊儿寨乡、怀柔区雁栖镇、怀柔区琉璃庙镇、怀柔区庙城镇、昌平区东小口镇、昌平区长陵镇、延庆县香营乡、延庆县井庄镇。

生态文明村（159 个）：朝阳区崔各庄乡草场地村、朝阳区孙河乡沙子营村、朝阳区金盏乡小店村；海淀区上庄镇河北村、海淀区上庄镇八家村、海淀区苏家坨镇台头村；丰台区卢沟桥乡小屯村、丰台区王佐镇魏各庄村；房山区大石窝镇下滩村、房山区十渡镇西关上村、房山区长沟镇沿村、房山区周口店镇长流水村、房山区阎村镇后十三里村；门头沟区斋堂镇龙门口村、门头沟区永定镇岢罗坨村、门头沟区雁翅镇碣石村、门头沟区妙峰山镇桃园村、门头沟区龙泉镇岳家坡村村、门头沟区永定镇白庄子村、门头沟区潭柘寺镇贾沟村、门头沟区清水镇台上村、门头沟区王平镇西石古岩村、门头沟区雁翅镇饮马鞍村、门头沟区龙泉镇东辛房村、门头沟区清水镇张家庄村；大兴区长子营镇罗三村、大兴区魏善庄镇穆园子村、大兴区庞各庄镇李窑村、大兴区采育镇哱啰庄村、大兴区黄村镇桂村；通州区宋庄镇吴各庄村、通州区永乐店镇西何各庄村、通州区于家务乡富各庄村、通州区潞城镇前疃村、通州区马驹桥镇杨秀店村、通州区台湖镇东下营村、通州区漷县镇南屯村；顺义区大孙各庄镇宗家店村、顺义区南彩镇东江头村、顺义区北务镇林上村、顺义区南法信镇东杜兰庄村、顺义区北石槽镇大柳树营村；昌平区长陵镇康陵村、昌平区长陵镇沙岭村、昌平区流村镇王家园村、昌平区流村镇新建村、昌平区南口镇七间房村、昌平区长陵镇石头园村、昌平区长陵镇锥石口村、昌平区长陵镇裕陵村、昌平区长陵镇分水岭村、昌平区长陵镇长陵村、昌平区长陵镇德陵村、昌平区长陵镇东水峪村、昌平区长陵镇燕子口村、昌平区长陵镇昭陵村、昌平区长陵镇麻峪房村、昌平区长陵镇泰陵村、昌平区长陵镇茂陵村、昌平区长陵镇下口村、昌平区南口镇龙虎台村、昌平区南口镇陈庄村、昌平区流村镇北庄村、昌平区流村镇瓦窑村、昌平区流村镇溜石港村、昌平区流村镇黑寨村、昌平区阳坊镇辛庄村、昌平区后白虎涧村、昌平区史家桥村、昌平区崔村镇真顺村、昌平区崔村镇西峪村、昌平区兴寿镇东营村、昌平区兴寿镇上庄村、昌平区兴寿镇下庄村、昌平区兴寿镇肖村、昌平区兴寿镇秦屯村、昌平区兴寿镇暴峪泉村、昌平区兴寿镇下苑村、昌平区百善镇泥洼村、昌平区百善镇钟家营村、昌平区百善镇半壁街村、昌平区小汤山镇官牛坊村、昌平区小汤山镇小汤山村、昌平区东小口镇陈营村、昌平区东小口镇兰各庄村、昌平区东小口镇太平庄村、昌平区东小口镇狮子营村、昌平区东小口镇白房村、昌平区沙河镇满井西队村、昌平区城北街道西关村、昌平区马池口镇东闸村、昌平区马池口镇北庄户村、昌平区马池口镇亭自庄村、昌平区马池口镇土城村；平谷区黄松峪乡梨树沟村、平谷区大华山镇梯子峪村、平谷区南独乐河镇新农村、平谷区马坊镇三条街村；怀柔区宝山镇超梁子村、怀柔区雁栖镇八道河村、怀柔区汤河口庄户沟门村、怀柔区渤海镇苇店村、怀柔区桥梓镇峪口村、怀柔区渤海镇田仙峪村；密云县石城镇红星村、密云县西田各庄镇西山村、密云县西田各庄镇建新村、密云县河南寨镇陈各庄村、密云县镇冯家峪镇西苍峪村、密云县新城子镇苏家峪村、密云县新城子镇塔沟村、密云县新城子镇大树洼村、密云县新城子镇坡头村、密云县西田各庄镇西田各庄村、密云县西田各庄镇疃里村、密云县西田各庄镇西智村、密云县西田各庄镇西康各庄村、密云县西田各庄镇西庄户村、密云县高岭镇下会村、密云县高岭镇放马峪村、密云县高岭镇白河涧村、密云县高岭镇四合村、密云县高岭镇小开岭村、密云县高岭镇遥亭村、密云县大城子镇碰河寺村、密云县大城子镇张泉村、密云县不老屯镇杨各庄村、密云县不老屯镇白土沟村、密云县不老屯镇丑山子村、密云县不老屯镇柳树沟村、密云县不老屯镇阳坡地村、密云县不老屯镇西坨古村、密云县冯家峪镇西口外村、密云县冯家峪镇北栅子村、密云县冯家峪镇南台子村、密云县太师屯镇前八家庄村、密云县太师屯镇后八家庄村、密云县太师屯镇上庄子村、密云县太师屯镇东田各庄村、密云县太师屯镇流河沟村、密云县太师屯镇太师屯村、密云县太师屯镇光明队村、密云县太师屯镇许庄子村、密云县巨各庄镇水树峪村、密云县巨各庄镇牛角峪村、密云县巨各庄镇海子村、密云县河南寨镇两河村、密云县河南寨镇南单家庄村、密云县河南寨镇东套里村、密云县溪翁庄镇溪翁庄村、密云县古北口镇北台村、密云县石城镇黄土梁村、密云县北庄镇干峪沟村、密云县北庄镇大岭村；延庆县井庄镇八家村、延庆县康庄镇大路村、延庆县八达岭镇石峡村、延庆县大榆树镇北红门村、延庆县四海镇菜食河村。

【密云县、延庆县分别获得国家生态县称号】 密云县、延庆县在持续创建的基础上，分别通过了国家环境保护部的验收，被命名为国家生态县，并在全市山区工作会上正式命名授牌。为鼓励密云、延庆两县生态建设工作，市政府对密云、延庆两县分别给予2 000万元的资金奖励。

【启动生态示范创建“三级联创”活动】 市农委、市环保局、市财政局联合制发了《关于开展生态示范创建工作进一步推进全市生态环境建设的指导意见》（京新农办函［2008］9号），明确了本市生态区（县）、环境优美乡镇、生态村“三级联创”的总体思路、目标任务以及创建指标体系、标准、程序，提出对获得国家级生态区县命名的给予2 000万元一次性资金补贴，并将“环境优美乡镇”、“生态村”创建资金纳入财政转移支付体制等。

（赵亚男）

水利建设与管理

【基本情况】 2008年北京市水务工作围绕“营造良好局面、办好一件大事”的部署，扎实工作，服务保障了平安奥运和城市运行。一是按照“专群结合、属地负责、部门联动”的工作方针，开展水源防护工作，形成以群防群控为特征的水源安全防控体系，确保了水源安全。二是各供水单位加强安全戒备和供水运行管理，满足了奥运会对水量、水质的要求，城乡供水安全达标。三是加大河湖水系治理保洁力度，增加生态用水量，城市中心区和奥运水系水质清洁优美，城乡水环境质量明显提高。四是采取预案管理、应急管理、责任管理相结合的方式，突出工作重点，有效应对极端天气，保障了奥运度汛安全。五是与涉奥场馆运行团队无缝对接，配备供水、排水、水环境、安全迎汛保障队伍和设备物资，及时处理运行中的各类问题，全面保证了奥运赛事安全。截至

2008 年底局属事业单位编制 31 个，正式职工 4 559人。

【水文水资源】 2008 年北京市平均降水量 638 毫米，比 2007 年降水量 499 毫米多 28%，比多年平均值 585 毫米多 9%，为平水偏丰年。全市地表水资源量为 12.79 亿立方米，地下水资源量为 21.42 亿立方米，水资源总量为 34.21 亿立方米，比多年平均 37.39 亿立方米少 9%。全市入境水量为 5.35 亿立方米，出境水量为 10.08 亿立方米。全市 18 座大、中型水库年末蓄水总量为 14.86 亿立方米，可利用来水量为 7.55 亿立方米。官厅、密云两大水库年末蓄水量为 12.93 亿立方米，可利用来水量为 5.48 亿立方米。密云水库蓄水 11.3 亿立方米，比年初增加 1.5 亿立方米，是 2003 年以来的最高蓄水量，水质保持Ⅱ类。官厅水库蓄水 1.63 亿立方米，比年初增加 3 300万立方米，水质Ⅲ到Ⅳ类。地下水埋深下降趋缓，全市平原区年末地下水平均埋深为 22.92 米，地下水位比 2007 年末下降 0.13 米，地下水储量减少 0.7 亿立方米。

【供水情况】 2008 年全市总供水量 35.1 亿立方米，比 2007 年的 34.8 亿立方米增加 0.3 亿立方米。全市用水中，生活用水 14.7 亿立方米，环境用水 3.2 亿立方米，工业用水 5.2 亿立方米，农业用水 12 亿立方米。全市供水中，地表水为 5.5 亿立方米，占总供水量的 16%；南水北调 0.7 亿立方米，占总供水量的 2%；地下水 22.9 亿立方米，占总供水量的 65%；再生水 6 亿立方米，占总供水量的 17%。全市用水总量中，工业、农业用水量呈现下降趋势，生活和环境用水呈现上升态势。

【水资源保护和管理】 密云、怀柔等 7 个山区县加大水源保护工作力度，建设 26 条生态清洁小流域，治理水土流失 320 平方公里，完成了水源区 60 个村的污水治理。探索生态清洁小流域建管经验，从“项目前期、工程实施、后期管护”三个环节入手，初步确立了农民参与的生态清洁小流域建管新机制。怀柔、张坊、平谷、昌平四处应急水源地稳定开采，全年累计供水 3 亿立方米。提高张坊应急水源供水能力，怀河—潮河应急水源试水运行，新增日供水能力 10 万立方米。实施境内外集中输水，境内白河堡、遥桥峪等水库向密云水库输水 1 亿立方米。境外册田、云州等水库向北京集中输水 7 000 万立方米，比计划增加 40%。加强京冀水资源合作，完成白河、潮河流域上游 0.67 万公顷“稻改旱”，退稻区无一复种，增加来水 5 000 万立方米。

【南水北调建设】 南水北调工程经过五年建设，京石段应急调水主体工程和北京市区“三厂一线”配套工程建设完成。6 月利用张坊水源向三厂供水 1 400万立方米。9 月河北省岗南、黄壁庄、王快三座水库开始向北京输水，已累计收水 7 000 万立方米。加强供水运行管理。对三环路内近 4 万座检查井开盖检查，3 800 个管线检漏仪实时监控市区供水管网运行状况。成立自备井监管中心，建立了自备井三级管理网络。提高了设施管理和水质管理水平，城市自来水和自备井稳定供水。完成郊区最后 70 万农民饮水安全改造，四年累计使 199 万农民喝上安全水，在全国率先完成农民安全饮水设施改造任务，初步形成以市场机制为主的农民饮水管理模式。

【污水资源化】 全年全市总用水量 35.3 亿立方米，万元 GDP 耗水下降到 35 立方米，完成万元 GDP 耗水年下降 5%的任务指标。再生水利用量首次超过地表水。市区和郊区城镇新建北小河、亦庄、温泉、永丰等再生水厂，全市已有中水厂 13 座，中水日生产能力 71 万立方米。明确再生水利用方向，推进再生水替代。完成郑常庄和太阳宫热电厂中水管道建设，9 座热电厂全部利用中水、再生水，工业年利用再生水 1.2 亿立方米；新建 0.67 万公顷再生水灌区，再生水灌区达到 3.87 万公顷，农业年利用再生水 3 亿立方米加大城市河湖再生水使用量，新建 15 处补水口，利用再生水 1.8 亿立方米；城市再生水灌溉绿地面积 1 000 万平方米，园林绿化、市政杂用年利用中水2 000万立方米。

【节水型社会建设】 加强社会单位用水定额管理，对 2.9 万个社会用水单位下达用水计划 24 亿立方米，比上年压缩 1.5%。实行超量用水预警制度，对 8 600 多户发出提示预警 3.8 万户次，督促用水单位查找原因，及时解决问题，确保用水总量控制。新建节水农田 0.67 万公顷，推进滴灌、微灌等先进节水措施，科学调整灌溉制度，农业用新水量由 2001 年的 17 亿立方米减少到 8.8 亿立方米。为 3 万城市低保户免费安装节水器具，共改造便器水箱 2 万套，水龙头 5 万支。新建雨水收集利用工程 350 处，新增蓄水能力 1 460 万立方米。全市已建成城乡雨水利用工程共 1 200 处，全年利用雨洪水 4 500 万立方米。推进节水社会化管理。开展年度节水先进单位评选，授予 20 个单位“北京市节约用水先进单位”称号。

【处理污水】 全市处理污水 10.5 亿立方米，其中市区处理 8.4 亿立方米，消减 COD27.6 万吨，实现国家年消减 COD5%的目标。市区完成北小河污水处理厂改扩建，9 座污水处理厂稳定运行，污水处理率 93%。郊区新建及改扩建昌平北七家、密云东邵渠等 10 处乡镇污水处理设施，污水处理率达到 48%。加强排水设施维护管理，对 4 000 公里雨污水管网和 81 座泵站进行隐患排查整改。奥运前完成 4 000余个井盖电焊封闭，对奥运场馆和重点地区安装有害气体监测装置，保证了排水设施运行安全。开展农村排污规律试验研究，研究了曝气生物滤池、膜生物反应器等工艺，建设 5 处示范工程。编制了《北京市农村污水治理技术应用指导手册》，探索了北京市农村污水处理设施建设与运行管理机制。

【水环境质量】 完成顺义水上运动场、十三陵水库、朝阳公园湖、奥运湖等涉奥水环境治理。清理奥运场馆周边 102 个村的排水沟渠，改善了城乡结合部水环境。建成西土城沟上段补水工程，卢沟晓月湖补水工程，建成北运河北关闸，增加了环境水面，改善了水环境。完成龙潭湖、朝阳公园湖水体循环工程，及时补充环境用水量，实施生物防治水华等措施，加强水面和岸肩绿地日常维护，水环境质量得到改善，中心区域水质保持Ⅲ类。在朝阳、海淀、丰台、石景山区加大水环境治理力度，完成二道沟、东北城角和金河等水环境整治工程。建立了蓟运河、拒马河和北运河水系31处省市和区县界水质断面COD达标考核内部公示制度。北运河榆林庄断面COD由上年的83毫克/升下降到70毫克/升，达到国家考核标准。

【城市安全迎汛管理】 安全迎汛工作建立了气象、汛情预警内部通报等六项联动机制和预案、应急、责任三大体系，做到了汛情报告快速准确，抢险排水及时高效。2004年以来累计消除积滞水点300多处，改造泵站32座，疏挖城市排水河道200公里，城区水系实现规划排水要求，雨水泵站双路供电，城市主要干道基本消除严重积滞水隐患，城市排水能力大幅度提高。围绕奥运保障部位和城市运行安全，建设三级防控区域，完善了以专业队伍为主、多部门联动、社会参与的防汛抢险应急体系。落实各项奥运保障，城市排水保障等专项预案，每个比赛场馆，每条河道和机闸，每座下凹式立交桥，每个排水泵站，都制定了预案，通过演练等方式完善预案。强化行政首长责任制和责任监督追究制。建立防汛重点部位安全责任制，签订“保障奥运安全迎汛责任书”。形成了一级抓一级、一级对一级负责的责任制体系。汛前精心准备，汛期全力排险，保障了奥林匹克公园公共区及周边排水安全，23座比赛场馆周边道路无一积水，200余公里奥运专用道路交通正常；十三陵水库铁人三项赛、公路自行车赛、马拉松等赛事顺利进行，实现了城市度汛和奥运赛事安全目标。山区泥石流险村实行“四包七落实”，做好“防、避、抢、救”的各项准备。8月10日，房山区张坊、十渡等14个乡镇应对突发强降雨，包村干部及时预警，及时转移群众359户1 000多人，无一人伤亡。

【水务公共服务水平提高】 加快工作思路和工作方式转变，不断强化水务公共服务管理职能，加大依法管水，依法行政力度。及时办理两会提案59件。认真听取人大、政协对水务工作的意见、建议。按市人大的要求，积极推进北运河综合治理，听取市政协关于水源地和管网安全评估建议，加强了水源区和管网安全防护工作。受理行政许可项目461件，被受理单位和个人满意率100%。联合市城管部门查禁水系周边排放污水，违章建筑，全市立案查处各种违法水事案件1 500起。加强督办督查，推进工作落实。下达2008年水务折子工程任务书，市政府挂账督办15项，局内折子工程32项。督办市委、市政府领导批示交办事项116件。办理155件“市长信箱”网上邮件，8 653个水务热线电话。办理其他渠道转来的上千件咨询、求助、举报、投诉、建议。广泛听取各方面对水务工作的民意民声，接受社会监督，办好涉及群众利益的实事。

【水务应急指挥平台建设】 对水环境保护、水源安全等水务事件进行信息化管理，提高涉水事件发现、响应、处理能力。理顺信息公开办理流程，初步建立信息公开管理制度。完成了《北京市流域综合规划修编》、《北京中心城污水再生回用近期规划》等重点规划的编制工作，为开展项目前期工作做好了准备。

【水务信息化建设】 建设了北京水务应急指挥平台，对水环境保护、水源安全等水务事件进行信息化管理。配发巡检PDA手机，实现了涉水事件的快速发现。全年系统处理涉水事件3 400余件。建成全市水情业务综合处理系统，水文137个自动化站点雨、水情信息实时、准确、可靠地传输至各级管理中心。城区供水自动监测系统，实现了城区主要供水水厂水质、水量的实时监测。城市防汛应急系统预报预警调度平台，建立了极端天气、雨情、汛情、险情、灾情信息实时播报机制。建立了覆盖全市平原区县、重点水库、河道的防汛通讯网，与18个区县和11个水管单位实现异地会商；完成城区立交桥积水自动监测系统二期建设，新增城区立交桥积水自动监测点26个，全市54个积水自动监测站，在奥运期间提供了实时积水情况；建设了城区河湖重点闸坝监测系统，为河湖汛期调度提供了直观、快捷地信息服务。

【水政执法工作】 起草了《北京市排水和污水再生利用管理办法》，对排水管理体制、排水设施的规划和建设、排水管网的运行和维护、污水收集和处理等方面进行了明确规定。开展行政规范性文件的清理工作，对全市涉水17部地方性政府规章、12部行政法规、63部部门规章、43部规范性文件提出了清理的意见或建议。共开展专项执法服务活动39次，出动执法人员1 165人次，处理违法案件52起，劝泳4 076人次，劝止垂钓16 888人次，清理各种渔网612块，清理地笼191条，清理非法洗刷车162人次，清理垃圾577立方米。有效地保障了城市水环境安全。全市水务系统因地制宜组织开展了120场次的水法律法规宣传教育活动。全市400余名水行政处罚执法人员全部通过公共法律知识与水务专业知识的培训与考试工作。

【生态清洁小流域】 2008年以水源保护为中心，构筑“生态修复、生态治理、生态保护”三道防线，建设生态清洁小流域。对小流域内污水、垃圾、厕所、河道环境同步治理，新建26条生态清洁小流域，治理面积320平方公里。完成了水源区内60个村的污水治理工程。截至2008年底，全市已完成小流域治理327条，治理面积4 543平方公里，治理率达68%。其中生态清洁小流域76条，面积1 067平方公里。水源地生态建设与新农村治污结合，对15个村进行了污水治理。

【国家水土保持重点建设工程】 以国家水土保持重点治理工程为依托，选择门头沟区韭园小流域作为试点，从“项目前期、工程实施、后期管护”三个环节入手，体现农民在生态清洁小流域建设中的“建设主体、管理主体，受益主体”地位，探索建立了农民参与式生态清洁小流域建管新机制。

【水库库滨带建设】 实施1项工程，建立2项机制，对官厅水库库滨带进行了治理。官厅水库库滨带生态建设与恢复工程治理总面积2.1万亩，分为湿地景观区，生态防护区、生态治理区、自然修复区四个功能区。完善了土地流转生态补偿机制。签订30年补偿合同，农民退出耕种，政府每年每亩补助资金500元，年补偿资金1 200万元。落实了生态管护机制。政府采用购买服务的方式，雇用当地农民作为生态管护员。库滨带建设有效减少了农业面源污染，每年减少流失总磷1.8吨、总氮10吨、COD48吨。促进了农民增收。改善了生态环境，扩大了旅游市场容量。

【农民安全饮水】 2008年北京市70万农民安全饮水工程涉及12个区县、123个乡镇、770个村，完成新建水源井265眼、铺设管道13 220千米。到2008年底，郊区329万农民在全国率先实现安全饮水，比原计划提前2年。在8个区县共实施56处抗旱水源工程，受益人口为5.5万人，为当地群众饮水及时解困。新建及扩建通州于家务、房山石楼、延庆井庄、康庄及八达岭地区、密云县穆家峪等5座集中供水工程，新增供水能力2.5万吨/日，45个村、8.8万人受益。村镇供水水厂全部实现了封闭管理，水源井周边实现“四无”，即：“无污水、无垃圾、无厕所、无养殖粪污”。

【村镇治污】 2008年北京市以城市水源地和生态涵养区为重点，完成新建及改扩建怀柔喇叭沟门、宝山寺、长哨营、怀北、琉璃庙，密云东邵渠、昌平北七家、顺义杨镇、大兴榆垡、通州漷县等10处乡镇污水处理工程，日新增污水处理能力5.5万立方米。完成怀柔、平谷2座新城再生水厂，日可提供再生水7.5万吨。启动门头沟和延庆2座新城再生水厂建设，日可提供再生水7.5万吨。4座新城再生水厂全部采用膜生物反应器（MBR）工艺，出水水质达到地表水Ⅳ类标准。

【农村治污】 北京市根据村庄所在地区不同水体功能区划要求，因地制宜采用建设污水处理站和改厕等形式，对北京市2008年200个新农村基础设施建设整体推进村的污水进行治理。截至2008年底，全市累计建成村级污水处理站373座，496个村实现了整村治污。2008年，北京市村镇地区污水处理率为32%，比2007年提高5个百分点。在推动新农村建设的同时，极大地改善了农村生活和经济发展环境。

【农业节水】 新建农业节水灌溉工程0.67万公顷，新建、更新水源井252眼，改造240眼，建成微灌0.51万公顷，喷灌0.075万公顷，低压管道灌溉0.12万公顷。建设再生水灌区0.67万公顷。建成通州、密云再生水灌区0.67万公顷，年新增利用再生水4 000万立方米。发展节水灌溉面积428.8公顷，更新农业灌溉机井179眼，新建泵房183座，铺设节水管线123.4公里，解决了应急水源地影响范围内农业灌溉问题。

【小型农田水利工程】 发展都市型现代农业高效节水灌溉300公顷，安装水表1 000块，年节水5万立方米。设施农业实现了高标准微灌。截至2007年底，已建设施农业滴灌1.27万公顷，集中连片设施农业实现了高标准微灌。再生水利用工程初具规模。截至2008年底，全市累计再生水灌溉面积达到3.87万公顷。2008年再生水利用量3亿立方米，比2007年的2.3亿立方米增长了7 000万立方米。农业用新水显著下降。农业利用新水量由2001年的17.4亿立方米，减少到2008年的8.8亿立方米。用水效率提高，用水结构优化。灌溉水利用系数由2001年的0.55提高到2008年的0.68，比全国平均水平0.45高23个百分点。截至2008年底，发展节水灌溉面积26.07万公顷，占总节水灌溉面积的85%。

【乡村水环境】 2008年北京市完成朝阳、丰台、海淀共102个奥运周边村的排水沟渠的摸底排查。针对存在的排水问题，完成朝阳、海淀和丰台102个村村内、外明沟修缮及暗沟新建任务，共修缮明沟87 405米，新建暗沟186 830米。改善了102个村的村容村貌，提高了村民居住环境，实现了村内水环境“不黑不臭无水华”。治理通州、大兴两区县200公里河道，清淤282万立方米，新建橡胶坝2座、泵站2座、拆建、改建、新建河道建筑物79座。实现蓄滞利用雨洪水2 000万立方米，为3.07万公顷农田提供灌溉水源，通州、大兴地下水位比2007年同期平均回升1.3米。北运河、凉水河、通惠河、凤港减河、新凤河等5条河道与通惠、东风、胜利、红旗、红凤等渠实现互联互通，促进水系循环，改善东南地区生态环境。围绕水源地、新城、卫星城、重点镇，完成中小河道治理50公里。山区保护型15公里；平原蓄水型25公里；城区治污型10公里。2008年，利用农村坑塘、砂石坑、老河湾，建成农村雨洪利用工程150处，增加蓄水能力980万立方米。2006年到2008年，全市共建成农村雨洪利用工程500处，增加蓄水能力2 000万立方米。2008年实现蓄水2 000万立方米，三年共利用雨洪水3 100万立方米。

【农村水务奥运保障工作】 组织农村管水员看护水库周边及上游保护区内320个村水源安全。看护郊区3 160处村级供水水源井。组织区县进行拉网式排查安全隐患，整治水源井周边污染源，保障了村镇供水安全保障。购买应急供水车33辆，提高了应急供水保障能力。建立了村镇供水热线，将热线电话宣传进村入户。建立了节日期间供水热线抽查制度。自“五一”以来，抽查区县村镇供水热线 42 人次、村镇供水厂 18 人次、村级管水员 29 人次。共清淤 119 万立方米，铺设截污管线 45 公里，清理垃圾 3 500 立方米、打捞漂浮物 1 400 立方米、投放药剂 5.4 吨。实现了奥运比赛场馆、训练场馆、签约酒店及开放路线周边水环境优美。

【农业用水管理】 逐级签订了安全责任书 1.5 万余份。明确了 3 160 个村级水厂的行政、管理和监管责任人。村镇供水建立了“属地管理，责任到人”制度。农业用水建立了计划用水、总量控制、定额管理的制度，年初向各区县下达用水指标，严格控制农业用清水量和生活用水量，农村用水向精细化管理转变。全年共审批水土保持方案 80 多个，落实开发建设项目水土保持总投资 2 亿元，减少水土流失约 12 万吨。同时，开展水土保持监督执法专项行动，对存在违法行为的建设单位发出整改通知 100 余份，督促建设单位落实水土保持责任。加强农民用水协会及管水员队伍建设。加强奥运安全培训。共培训基层水务人员 3.5 万人次，其中基层水务管理人员 0.5 万人次，农村管水人员共计 3 万人次。

【农村水务规划及标准】 编制完成了 50 个村的循环水务村规划。编制完成《北运河流域水系综合治理规划》。颁布了《村镇供水工程技术导则》、《低压管道输水灌溉工程运行管理规程》、《设施农业节水灌溉工程技术规程》、《节水灌溉工程施工质量验收规范》、《生态清洁小流域技术规范》等五项地方标准。

【水务法规建设】 起草了《北京市排水和污水再生利用管理办法》，对排水管理体制、排水设施的规划和建设、排水管网的运行和维护、污水收集和处理等方面进行了明确规定。开展行政规范性文件的清理工作，对全市涉水 17 部地方性政府规章、12 部行政法规、63 部部门规章、43 部规范性文件提出了清理的意见或建议。

【水务普法宣传】 开展行政处罚法、案卷标准、案卷评查细则、五五普法、水行政执法责任制等学习与培训。充分利用“世界水日”、“中国水周”、“节水宣传周”、“12·4 法制宣传日”等，全市水务系统因地制宜组织开展了 120 场次的水法律法规宣传教育活动。全市 400 余名水行政处罚执法人员全部通过公共法律知识与水务专业知识的培训与考试工作。

【政府信息公开工作】 清理 2003 年以来各类信息 2 000 余条，完成信息清理工作。编制了《政府信息公开工作办法》、《依申请公开政府信息工作实施细则》、《政府信息公开指南》，制作了《政府信息公开宣传手册》和便民服务手册。完善内部公开审核程序，完成主动公开和依申请公开目录编制。建立网上办理流程。水务服务共接到来电 8 600 个，办理“市长信箱”邮件 155 件，政风行风热线件 79 件。承办人大代表建议、政协委员提案总数 59 件，比 2007 年 71 件减少 12%，按期完成。共向市委、市政府和水利部、海委报送信息 170 余条，采用 130 余条，信息采用率 76%。

（市水务局　王民洲）

乡村公路建养管理

【基本情况】 截至 2008 年底，北京市公路里程达到 20 340 公里。其中，国道 1 188 公里，市道 2 129公里，县道 3 473 公里，乡道 7 897 公里，村道 5 183公里，专用公路 470 公里。全市公路网密度达到 124 公里/百平方公里，乡村公路里程占全市公路里程的 64%。

2008 年乡村公路市、区两级建养资金为 54 316 万元，具体完成情况如下。

完成乡村公路大修工程 841 公里/592 条，其中乡公路 422 公里，村公路 419 公里，桥梁改造 10 276 平方米/52 座，砌筑挡墙 75 542 立方米，共改造土路 492 公里。

完成 13 080 公里乡村公路日常养护工作。共计完成修补路面 5.37 万平方米、清土石方 6.72 万立方米、整修路基 7 756 公里、出动车辆 23 370 次。

【开展调研，摸清底数】 为准确掌握北京市乡村公路技术状况，摸清目前管理体制运行中存在的问题，完善体制和管理机制，制定有针对性的政策措施，提高管理水平，更好的发挥行业管理职能，4 月初组织开展了乡村公路现状和大修工程管理现状两个调研课题，编制完成了《北京市乡村公路现状及存在问题分析》和《北京市乡村公路大修过程管理及存在问题分析》两个调研报告。

5 月初，结合平安奥运工作的开展，根据市委市政府的统一部署，组织进行了全市乡村公路桥梁、隧道安全检测，全面掌握了北京市乡村公路桥梁隧道的技术状况，同时借此机会建立了全部桥梁的技术档案。

通过三个专项调查，基本摸清了全市乡村公路技术状况和管理现状，为加强和规范北京市乡村公路管理提供了详实的基础资料。

【开展质量年活动，完善质量保证体系，提升养护工程建设质量】 按照交通运输部统一部署，结合北京市实际情况，制定了《北京市乡村公路养护工程质量年活动实施方案》，提出进一步提升北京市乡村公路养护工程建设质量的要求，建立适合北京市实际情况的乡村公路养护工程质量保证体系，明确质量管理主体，落实质量责任，实现“五个明显”的目标。

同时，制定了《北京市乡村公路养护工程质量年宣传月活动方案》，于 5 月份开展了全市范围内的质量年宣传月活动。全市共悬挂宣传条幅 166 幅、展板 300 块，发放宣传材料近 2 万张，形成了关注农村公路建设养护质量的良好的舆论氛围，为推动质量年活动顺利开展并取得实效开了个好头。

按照北京市质量年活动总体安排，在通州和密云安排开展试点，通过一年的试点，两个区均根据各自的情况，完善了质量保证体系，建立了质量责任档案，规范了设计、招标等工作，为2009年全面开展质量年活动起到了较好的示范作用。

建立起市区两级质量抽查制度，较好的控制了养护工程质量。全市共抽检4 927点，合格点数4 830点，合格率98.03%。较2007年提高1.3个百分点。按照抽检项目统计结果，主要原材料（沥青、水泥、钢材、石料）合格率99%，混凝土强度（路面和桥梁工程）合格率99.7%，路面厚度合格率98%，路面基层厚度合格率98%；按照单位工程统计，路基工程合格率为96.3%，路面工程合格率98.4%。

【开展人员培训，巩固养护作业机制】 为继续提高各乡镇管理人员专业水平，2008年3月14—29日分四期对本市乡村公路主管领导及乡镇养护管理人员进行了培训。此次培训共有10个远郊区县406名人员参加，其中，乡镇主管领导101人，乡镇养护管理人员305人。

本次培训从结合北京市具体情况出发，精心安排授课内容，开设了《北京市公路条例》、《劳动合同法》、《农村公路安全保障技术》和《桥梁检查与危桥处置》四门课。通过培训提高了乡村公路养护管理人员的专业技术素质，增强了依法保护乡村公路的意识，学到了公路管理方面的专业知识，同时在培训中各区县乡村公路养护管理人员进行了经验交流，为建立长效稳定的乡村公路管理养护队伍打下了坚实的基础。

（市交通委　郭卫亮　蒋　丰）

邮政建设

【村邮站试点建设】 “在200个行政村建立村邮站，负责接转投递本村的邮件、报刊到户，实现户户通邮”被列入市政府2008年折子工程。北京市邮政管理局、北京市新农村建设办公室结合社会主义新农村村级社会公共服务中心的建设，共同精心组织，认真落实，继2007年完成200个村邮站建设试点的基础上，在13个区县的200个行政村按时完成了新型村邮站试点建设工作，收到了预期效果，为在全市进一步推广积累了经验，奠定了基础。新型村邮站的建设是新农村建设体制机制创新的新举措：体现了公共服务均等化，有效缩短了城乡邮政服务水平差距；畅通了新农村建设的微循环，探索了一个很好的模式；传递了文明，促进了农村地区发展。新型村邮站的建设工作符合党的十七大精神，满足了老百姓的需求，是城乡统筹的一个很好渠道，是实实在在的为农民办实事。新型村邮站在服务内涵上的三大功能，即广泛宣传党的方针政策、丰富京郊人民业余文化生活、推进农村精神文明建设，使之成为提供农村实用技术、致富信息的宣传站和服务站：积极参与农村现代流通业建设，为农民提供生产生活所需物资直销配送和特色农产品进城销售的新渠道、新途径，为农民搭建致富金桥；立足服务地方经济，努力为农村中小企业、农村专业户发展提供资金归集、小额信贷、小额质押、代理保险等多方面的金融服务，帮助农村中小企业、农村专业户解决融资难、经营风险大的问题，推动农村经济的健康快速发展。

（董艳华　黄　杰）

气候评价

2008年（2008年1—12月，下同）北京地区主要气候特点是：气温偏高；降水略偏多，为1999年以来最多；日照略偏少。

冬季（2007年12月—2008年2月，下同）气温偏高，降水偏少；春季气温显著偏高，降水异常偏多，沙尘天气偏少；夏季气温和降水均接近常年，多局地性强对流天气，6月下旬出现连阴雨天气，8月中旬初出现一次全市性暴雨；秋季气温偏高，降水显著偏多；10月下旬至年末出现了两次寒潮过程和一次局部暴雪。

【气温】 年平均气温偏高。本市平原地区平均气温为12.7℃，比常年偏高0.7℃，比近十年平均偏低0.2℃，比2007年偏低0.7℃。观象台平均气温为13.4℃，较常年偏高1.1℃。西部和北部山区气温在5.6～12.5℃之间，其他地区气温在11.5～1 3.6℃之间；大部分地区气温比常年偏高0.2～1.6℃不等，通州偏高幅度最大达1.6℃。

南郊观象台极端最高气温为36.3℃，出现在7月3日和12日；极端最低气温出现在12月22日，为－13.5℃，是1986年以来12月最低值。

冬季气温偏高。平原地区平均气温为－1.7℃，比常年同期偏高1.0℃，与近十年平均持平，比2007年同期偏低1.1℃。2007年12月至2008年1月上旬气温偏高，1月中旬至2月中旬气温偏低，2月下旬气温偏高。

春季气温显著偏高。平原地区平均气温为14.6℃，比常年同期（13.1℃）偏高1.5℃，比近十年平均和2007年同期分别偏高0.3℃和0.5℃。全市各测站平均气温均比常年同期偏高0.3～2℃不等。

夏季气温接近常年。平原地区平均气温为25.1℃，比常年同期偏高0.1℃，比近十年平均和2007年同期分别偏低0.7℃和1.1℃。季内，6月气温偏低，7月至8月上旬气温偏高，8月中下旬气温接近常年同期。

秋季气温偏高。平原地区平均气温为13.0℃，比常年同期偏高0.8℃，比近十年平均和2007年同期分别偏高0.2℃和0.1℃。季内气温变化较大，9月上中旬气温偏高，9月下旬至10月上旬气温偏低，后期气温以偏高为主。

【降水】 年降水量偏多。平原地区降水量为688.1毫米，比常年偏多18%，比近十年平均值和2007年分别偏多41%和33%，为1999年以来最多。各测站降水量在522～806毫米之间；其中昌平年降水量最多为806.1毫米，比常年偏多49%；延庆年降水量最少，为522.4毫米，比常年偏多18%。

南郊观象台降水日数76天，比常年偏多5天，较近十年平均值和2007年分别偏多10天和19天，为1999年以来最多。

冬季降水偏少。平原地区平均降水量为3.6毫米，比常年同期偏少63%。各测站降水量在1.0～7.9毫米之间，比常年同期偏少23%～86%。降水主要集中在2007年12月（3.3毫米）。南郊观象台降雪日数为5天，其中12月2天，1月3天，比常年同期明显偏少。

春季降水异常偏多。平原地区平均降水量为118.2毫米，比常年偏多91%，比近十年平均和2007年同期分别偏多66%和22%，为1991年以来同期最多。各地降水量在85～160毫米之间，测站降水均比常年同期偏多15%～143%。

夏季降水接近常年。平原地区降水量为446.2毫米，比常年同期偏多3%，比近十年平均和2007年同期分别偏多40%和57%，为1999年以来同期最多。大部分地区降水量在350～550毫米之间。其中6月降水量较常年同期偏多41%，7月偏少19%，8月偏多10%。

秋季降水显著偏多。平原地区降水量为122.1毫米，比常年同期偏多57%，比近十年平均偏多39%，但比2007年同期偏少8%，各测站降水量在80～165毫米之间，降水空间分布不均。

日照。平原地区年日照时数为2 179小时，比常年偏少431小时，比2007年偏少103小时，已连续19年低于气候观测值。冬季日照时数561小时，春季630小时，夏季482小时，秋季586小时。全市20个测站的日照时数在1 938～2 547小时之间，各测站年日照时数均比常年偏少，幅度在－22%～－7%之间。

【主要气候事件及其影响】 年内主要的气候事件为春季降水异常偏多、汛期暴雨、6月的连阴雨、夏季高温闷热天气、秋冬季的寒潮、初冬降雪、沙尘、大雾和雷暴。

春季降水异常偏多。春季本市降水较常年同期偏多9成，为1991年以来同期最多。有4次中雨以上降水过程，出现在3月28—29日、4月20—21日、5月3日和11日。降水明显改善了土壤墒情，为夏粮丰收打下了基础。

暴雨。年内共出现暴雨21站次。其中8月10—21日期间有5个暴雨日（11站次），8月11日出现了近3年来唯一的一次全市性暴雨，平原地区平均降水量为57.3毫米。7月31日昌平暴雨量最大为128毫米。暴雨天气带来了丰沛的水资源，同时也造成部分农作物受灾、城乡交通受阻，还导致首都机场部分航班延误和取消。

连阴雨。6月23日—7月1日本市出现连阴雨天气，造成该时段日照偏少、气温偏低，使蔬菜生长缓慢，并有不同程度的病害发生，但连日降水使农田墒情普遍较好。

高温闷热天气。夏季观象台高温日数为3天，比常年同期和近十年平均明显偏少。高温天气出现在7月3日（36.3℃）、4日（35.1℃）和12日（36.3℃）。观象台闷热日数为8天，比常年同期明显偏多。其中，7月4天，接近常年同期（3.4天）；8月4天，比常年同期（1.9天）偏多。7月28日15时本市朝阳、海淀、丰台、中心城区、亦庄5个地区用电量突破历史最大负荷。

秋、冬季寒潮。年内遭受多次强冷空气的侵袭。有两次过程达到寒潮标准，10月23—25日平原地区48小时内气温降幅10～14.7℃，12月4—5日平原地区48小时内气温降幅为10～12℃。持续的强降温导致生活用电大幅增加，电力负荷屡创新高。

降雪。年内观象台降雪日数5天，比常年（13.6天）明显偏少。1月份3天，出现在17日、21～22日；12月2天，出现在10日和21日。其中12月10日的降雪主要出现在北部地区，延庆佛爷顶降雪量最大为10.3毫米，达到暴雪量级，延庆、怀柔、密云等地为中到大雪，城区及南部地区只有微量降雪。12月21日降雪主要出现在东北部地区，平谷降雪量最大为3.3毫米。降雪使部分区县交通受到影响，京郊部分公交线路停驶。

沙尘天气。春季观象台出现沙尘天气6天，比常年同期（9.7天）偏少，但比2007年同期（3天）明显偏多，其表现形式均为外来浮尘。其中，3月份1天，出现在3月18日；5月份5天，多于常年同期（2.7天），分别出现在20—21日、27—29日。尤其是5月27—29日北京连续3天笼罩在沙尘之中，是近年来比较罕见的，使空气质量严重下降，给人们的日常生活带来不便。

大雾。全年观象台出现大雾日数4天，比常年（20.7天）明显偏少，分别出现在3月29日、4月7日、5月18日和11月15日。5月18日5时左右，由于大雾造成道路能见度较低，大兴区南六环外环路71.1公里处先后发生多起交通事故。

雷暴。观象台观测雷暴日数35天，接近常年（35.2天）。其中，夏季21天，春季8天，秋季6天。

【主要气象灾害及其影响】 2008年本市出现的气象灾害相对较少、较轻，主要为局地性暴雨引发的城市内涝和山体滑坡、大风冰雹造成的农业灾害和雷电造成的设施受损。

局地性暴雨。6月13日傍晚，城区出现局地暴雨，造成西四环沙窝桥下严重积水，城铁知春路、地铁积水潭和长椿街等站被迫暂时封站，知春路城铁桥下严重积水，最深处近两米，首都机场部分航班延误或取消。

7月4日傍晚到夜间，本市普降大雨，部分地区出现暴雨。受暴雨影响，崇文区草厂头条至十条、南北芦草园胡同等地多棵大树倾倒砸折电线杆，造成附近300余户居民停电；首都机场晚间起飞的航班延误达95%，部分航班取消；通向首都机场的机场高速公路严重积水并一度严重拥堵。此外7月14日，30日夜间到31日，8月14日，9月16日在京郊均出现局地性暴雨，给农业生产带来一定的损失。

大风冰雹。观象台观测大风日数8天，比常年同期（22.4天）偏少，未观测到冰雹天气，但各区县出现多次大风冰雹天气，从4月下旬到9月中旬，风雹天气涉及京郊的通州、门头沟、昌平、房山、大兴、怀柔、平谷、顺义、延庆等区县，给当地农业造成较大损失。

雷电。年内本市发生雷电灾害60次，造成直接经济损失310余万元。其中，单位电子设备等遭雷击36次，居民区电器设备等遭雷击11次；直击雷造成高压线、民居等受损7次。

5月3日雷雨天气造成本市供电系统10路10千伏线路掉闸停电，5 000余户居民的正常生活受到影响；首都机场因雷雨天气导致近50个进出港航班无法起降。

9月7日凌晨4时左右，北京遭遇年内最剧烈的雷暴天气，并伴有中到大雨，由于主要降雨出现在后半夜到早晨，对残奥会开幕式及赛事没造成影响，但造成大量住户电闸跳闸和电视机等电器损坏。

（施洪波　曹冀鲁）

山区建设

概　述

【工作回顾】 2007年、2008年两年来，按照市委、市政府的统一部署，全市上下加大了山区工作力度，山区建设取得明显进展，为实现“绿色奥运”奠定了重要基础。生态环境持续改善。山区小流域综合治理效益明显，完成小流域治理47条、治理面积630平方公里，开发整理土地1 260.33公顷，新增耕地524.47公顷。废弃矿山生态修复进展顺利，恢复矿山植被面积2 500公顷。积极开展水源地保护、示范性自然保护区建设，控制农业面源污染，推进裸露农田“生物覆盖”工程，山区生态环境明显改观，农民收入持续增加。特色种植、绿色养殖和乡村旅游等山区三大优势主导产业加快发展，“十百千产业致富工程”扎实推进，创造出沟域经济发展模式。山区果品生产、肉鸡出栏、蜜蜂饲养等实现规模发展；A级以上景区发展到115个，占全市的74.7%；市级民俗旅游接待村、民俗旅游接待户分别达到144个和8 183个，均占远郊区县总数的90%左右。人居环境大为改善。山区农村基础设施建设力度加大，通过实施新农村“五项基础设施”和“三起来”工程，共安装太阳能路灯4.8万盏、节能吊炕19.1万铺，建设雨洪利用工程273处，建成日8.97万立方米能力的污水处理设施。投资44.7亿元用于山区路网改造，自然村“村村通油路”工程稳步推进；投资4 500万元，改善了228个村、7.8万户的电视接收信号，有效缓解了山区农民出行难和看电视难的问题。加大了山区采空区、强泥石流易发区农户搬迁力度，各级财政共投入6亿多元，完成了1万余户、3万余人的搬迁任务。公共服务全面加强。实施“山区星光计划”，帮助山区新建、改扩建老年服务设施800处。对义务教育阶段山区学生实行了“三免一补”政策。稳定山区教师、医疗等人才队伍，提高了山区事业单位增资标准。完善新型农村合作医疗制度，确定未来3年人均筹资标准每年增加100元，特别增加了对山区的补助。山区农村养老保险覆盖率和新型农村合作医疗参合率不断提高，5.7万余名山区农村低收入对象纳入低保范围。实施了9字头公交车刷卡4折优惠、城乡无社会保障老年居民每月发放200元福利养老金、新型农村社会养老保险等一批惠及山区的政策。生态创建全面推进。山区垃圾、污水治理水平全面提高；镇村面貌、环境卫生明显改善；农民的思维和生产生活方式发生了积极变化。山区“环境优美乡镇”累计达到35个乡镇，“文明生态村”504个，分别占全市总数的36.1%和70.1%。密云、延庆通过国家环保部考核验收，荣获国家生态县称号，其中密云还被国家环保部确定为全国6个生态文明试点地区之一。

【经验及困难】 山区建设经验：必须坚持把生态建设作为山区工作的重中之重，毫不动摇地走生态文明发展道路；必须坚持富民养山，大力发展环境友好型产业，切实解决山区农民特别是低收入农民的增收问题；必须坚持建管并重，加强长效机制建设，充分调动农民主体积极性；必须依托首都优势，建立全社会参与的共建格局。山区建设和发展面临困难：生态建设、环境保护的任务仍然繁重，废弃矿山植被恢复、清洁型小流域建设、新一轮搬迁和提高污水处理率等任务非常紧迫；农民增收特别是低收入户农民增收难度仍然很大，农民工资性和财产性收入明显偏低，农产品竞争力需要进一步提高；山区基础设施和社会事业仍然滞后，道路交通还不完善，生产性基础设施薄弱。总体上看，城乡二元结构尚未从根本上破除，制约了资金、人才等生产要素向山区的自由流动。

【新功能定位】 加快现代化建设，必须重新审视山区功能定位和战略价值。从生态角度看，山区是首都宜居城市建设的生态屏障和水源涵养地，存量生态服务价值5 000多亿元，年增碳汇967万吨，能够计算的生态服务内容多达26项；城市用水的70%来源于山区，全市89个10万立方米以上的水库有80个位于山区。从产业角度看，山区是首都可持续发展的重要资源支撑，是城市的绿色农副产品基地，同时也是吸引高端要素、发展高端产业的理想腹地；随着都市现代化水平的提高，山区潜在的价值逐步显性化，同时，它也是农民的原始股，存在巨大的增值空间。从社会角度看，山区是全市人民共存的生活环境，是城市人口的疏散地，也是生物多样性、景观资源和文化保护的重点地区，森林文化、地质文化、湿地文化、野生动物文化等生态文化价值非常丰富，是市民亲近自然、回归自然的重要场所。坚持走生产发展、生活富裕、生态良好的持续发展道路。党的十七大提出了建设生态文明的重要任务。生态文明，是以生态意识强、生态产业发达、生态环境良好为主要内容的文明形态，其核心就是人与自然和谐相处。生态，就是人们对生命的态度、对生存的态度、对生活的态度。山区的发展，要坚持全面协调可持续的发展观，坚持以生态保护为前提、以资源优势为依托、以绿色产业为基础、以山区人民为主体，切实解决好人口、资源、环境之间的矛盾。

【北京市山区工作会议召开】 两年一度的北京市山区工作会议于 2008 年 12 月 12 日召开。参加会议的有：市政府专家顾问团有关专家；市有关部门；门头沟区、房山区、昌平区、平谷区、怀柔区、密云县、延庆县区县委书记、区县长、主管区县长，相关部门主要领导，83 个山区乡镇党委书记；各郊区区长，区农委主任、区环保局长，海淀区苏家坨镇、温泉镇、西北旺镇、四季青镇党委书记，丰台区王佐镇、长辛店镇党委书记，顺义区龙湾屯镇党委书记；城区区长；部分金融机构和涉农企业；新闻单位记者。市长郭金龙、市委常委牛有成、副市长赵凤桐、市人大副主任赵凤山、市政协副主席熊大新、市委副秘书长黎晓宏、市政府副秘书长安钢、市委农工委书记杨德宏、市农委主任王孝东、市环保局局长史捍民参加会议。会议由北京市副市长赵凤桐同志主持。会议播放山区建设成果宣传片；宣读《北京市社会主义新农村建设领导小组综合办公室北京市环境保护局北京市财政局关于对密云县延庆县创建成为国家生态县进行奖励的决定》并颁奖；密云县县长刘福志代表生态县发言，门头沟区区长刘云广代表山区区县发言；牛有成常委做山区工作报告；郭金龙市长讲话。

山区农民收支情况

2008 年山区农民人均现金收入达到 9 248 元，比上年增加 1 011 元，增长 12.3%，低于全市农民人均现金收入增速 0.1 个百分点。人均生活消费现金支出 6 554 元，比上年增加 723 元，增长 12.4%，高于全市农民人均生活消费现金支出增速 0.3 个百分点。人均生产费用现金支出 1 958 元，同比增加 258 元，增长 15.2%，低于全市农民人均生产费用现金支出增速 0.6 个百分点。

【基本情况】 2008 年山区平均每户 3.19 口人，每户劳动力 2.34 个；平均每一劳动力负担人口 1.36 人，平均每户在校学生人数 0.57 人（学龄前儿童人数 0.06 人）；劳动力二、三产业从业比重 71.1%；人均家庭经营土地面积 0.08 公顷，家庭经营山地面积 45.61 公顷；人均住房面积 30.48 平方米，其中楼房面积 2.53 平方米，人均住房价值 21 336 元；人均生产性固定资产原值 3 475 元，人均生产性固定资产折旧 232 元；人均年末金融资产余额 9 251 元；人均全年总收入 11 298 元，其中现金收入 10 965 元；人均全年纯收入 9 248 元，平均每个劳动力创造纯收入 11 404 元；人均全年可支配收入 8 691 元；人均全年生活消费支出 6 554 元，其中现金支出 6 482 元，恩格尔系数 34.1%；人均全年生产费用支出 1 958 元，其中家庭经营费用支出 1 717 元。

【人均粮食收支及消费】 2008 年山区人均年内粮食收入 368.6 千克，比上年增长 28.6%；其中家庭经营生产 218.8 千克、购入 121.5 千克、其他 28.3 千克。人均年内粮食支出 270.3 千克，比上年增长 11.4%；生活用粮 108.0 千克，其中小麦 44.1 千克、稻谷 47.1 千克；出售粮食 125.7 千克；其他 36.6 千克。人均消费粮食 108.0 千克，其中小麦 44.1 千克、稻谷 47.1 千克、玉米 6.0 千克；豆类及豆制品 5.1 千克，其中豆制品 3.8 千克；蔬菜及菜制品 94.4 千克；植物油 10.3 千克，动物油 0.1 千克；肉禽及其制品 20.8 千克，其中猪肉 12.0 千克、牛羊肉 2.6 千克、家禽 2.9 千克；蛋类及其制品 8.6 千克，奶和奶制品 8.5 千克，水产品 3.8 千克（其中鱼类 3.4 千克）；食糖 0.9 千克，白酒 5.4 千克，啤酒 13.1 千克，果酒 0.1 千克，茶叶 0.4 千克，干鲜瓜果类 30.3 千克，卷烟 47.9 盒，服装 3.1 件。

【百户拥有主要耐用品】 2008 年山区百户拥有洗衣机 97 台、电冰箱 100 台、空调机 45 台、抽油烟机 39 台、吸尘器 5 台、微波炉 31 台、热水器 78 台、自行车 135 辆、摩托车 32 辆、汽车（生活用）9 辆、固定电话 104 部、移动电话 196 部、彩色电视机 123 台、黑白电视机 1 台、摄像机 3 台、影碟机 54 台、照相机 21 架、家用计算机 34 台、中高档乐器 1 件。

【人均纯收入】 工资性现金收入增长较快。2008 年山区农民人均得到工资性收入 5 445 元，比上年增加 789 元，增长 16.9%。其中，在本地企业及其他劳务收入占比重较大，分别为 1 622 元和 1 680 元，贡献率分别为 29.8%和 30.9%；外出从业及其他劳务收入大幅增长，分别比上年增长 30.2%和 42.1%。家庭经营现金收入下降。为了保证奥运期间空气质量达标和交通畅通，部分工矿企业关闭，实行单双号限行和黄标车禁止上路行驶等交通管制措施。受此影响，山区农民农产品销售运输困难，当季的杏、李子、桃等鲜活农产品销售数量减少，价格下跌，农业观光园、采摘园的来客人数下降，部分山区农民家庭经营的工业、建筑业、交通运输业停业，造成家庭经营现金收入下降。2008 年山区农民人均家庭经营现金收入 2 562 元，比上年减少 210 元，下降 7.6%。家庭经营第一产业现金收入增长 2.9%。2008 年山区农民人均家庭经营第一产业现金收入 1 256 元，比上年增加 35 元，增长 2.9%。其中，人均农业收入 846 元，比上年增加 148 元，增长 21.2%；人均牧业收入 255 元，比上年减少 69 元，下降 21.3%。家庭经营第二产业现金收入146元，比上年减少155元，下降51.5%。其中，人均工业收入60元，比上年减少68元，下降53.1%。家庭经营第三产业现金收入1 160元，比上年减少90元，下降7.2%。其中，人均交通运输业收入552元，比上年减少53元，下降8.8%；人均批零贸易业、饮食业收入432元，比上年14元，增长3.3%；人均社会服务业收入145元，比上年减少10元，下降6.5%。财产性现金收入增长快速。2008年山区农民家庭人均财产性现金收入347元，比上年增加54元，增长18.4%。其中，租金收入64元，增长33.3%；土地征用补偿收入90元，增长20.0%。转移性现金收入大幅度增长。随着农村社会保障事业的发展，农村合作医疗的受惠面扩大，市政府发放的福利性养老金到位，山区农民的退休金、养老金水平提高，拉动山区农民转移性现金收入大幅度增长。2008年山区农民家庭人均转移性现金收入894元，比上年增加378元，增长73.3%。其中，退休金、养老金收入414元，增长89.9%；农村外部亲友赠送收入77元，增长63.8%。

【生活消费支出】 生活消费现金支出六升二降。2008年由于食品价格依然高位运行，山区农民生活消费现金支出继续增加，呈现六升二降态势。在全部生活消费现金支出中，2008年山区农民人均食品消费现金支出2 236元，比上年增加398元，增长21.7%。食品消费支出增加额占生活消费现金支出增加总额的55.0%。其中，购买谷物支出226元，增长13.6%；蔬菜及制品支出154元，增长23.2%；购买肉、禽、蛋、奶及制品支出568元，增长38.2%；在外饮食支出465元，增长5.9%。在非食品支出方面，2008年山区农民人均衣着支出435元，同比增长9.0%；人均居住支出1130元，增长18.1%；人均家庭设备、用品及服务支出401元，增长26.9%；人均交通和通讯支出723元，下降5.1%；人均文教娱乐用品及服务支出828元，下降3.8%；人均医疗保健支出690元，增长14.8%；人均其他商品和服务支出111元，增长14.4%。

【生产消费支出】 生产费用现金支出大幅度增长。虽然山区农民家庭经营现金收入下降，但由于受生产资料价格持续上涨的影响，山区农民家庭生产费用现金支出持续增长。2008年山区农民人均购买生产性固定资产现金支出241元，比上年减少17元，下降6.6%。其中，购买运输工具支出150元，下降17.1%。山区农民人均家庭经营费用现金支出1 717元，比上年增加275元，增长19.1%。其中，人均第一产业经营费用支出817元，增长36.4%。在第一产业现金支出中，农业经营费用支出244元，增长16.2%；牧业经营费用支出498元，增长59.1%。人均第二产业经营费用支出322元，增长1.9%。人均第三产业经营费用支出578元，增长9.7%。其中，交通运输业支出增长14.2%，批零贸易业、饮食业支出增长9.8%，社会服务业支出增长3.0%。

山区沟域经济

【发展沟域经济试点意见出台】 为落实北京生态涵养发展区功能定位，探索山区发展的有效模式，引导农民走出一条有利于生态和农民增收、发挥山区优势、参与市场竞争、实现可持续发展的循环经济道路，市新农办决定在7个山区区县具备条件的乡镇，开展山区沟域经济发展试点工作，北京市社会主义新农村建设领导小组综合办公室出台《关于推进山区沟域经济发展试点工作的指导意见》。以山区沟域为试点单元，以其范围内的自然景观、文化历史遗迹和产业资源为基础，以特色农业旅游观光、民俗文化、科普教育、养生休闲、健身娱乐等为内容，通过对沟域内部的环境、景观、村庄、产业统一规划，建成内容多样、形式不同、产业融合、特色鲜明的具有一定规模的沟域产业带，实现以点带面、多点成线、产业互动，促进区域经济发展，形成聚集规模，带动农民增收。试点沟域实现循环经济健康、快速发展，农民人均纯收入达到或超过所在地区农民的平均水平。

试点工作在区县和市两个层面进行，实行分级推进。区县级沟域试点。由区县在充分调研、摸清沟域基本情况和农民意愿的基础上，确定本区县的试点沟域。市级沟域试点。市新农办从区县沟域试点中逐年择优认定若干特色突出、条件成熟、带动性强、影响力大的沟域作为市级沟域试点。

沟域试点坚持“统一规划、政府扶持、集体搭台、农民主体和社会参与”的模式进行运作。统一规划就是试点所在乡镇要认真组织编制试点沟域特色产业发展的规划和年度实施计划，确定工作时序。政府扶持就是政府资金主要起基础性、导向性作用，投资一家一户需要而干不了的公共基础设施，扶持农民能干而有困难的符合方向的产业项目。集体搭台就是村集体要对农民参与沟域产业发展进行组织；有条件的集体要投入资金，启动引导试点沟域特色产业发展。农民主体就是发挥农民建设者和投资受益主体作用，使农民积极参与试点沟域建设，从中得到实惠。社会参与就是沟域的建设要面向社会，吸引社会上的资本、技术、信息等资源进入试点沟域，参与沟域的人居生态环境和产业项目建设。

【工作成效】 2008年62个山区乡镇已经对164条沟域的资源状进行了系统摸底统计，对具备一定发展条件的沟域开展了初步的发展规划设计，其中69条沟域已经完成了整体规划。共涉及739个行政村、17.3万户、46万农民。沟域中具有十分丰富的旅游资源和生态产业资源，共计241个旅游景点、318个旅游度假村、639个观光采摘园。2008年，在房山区、门头沟区和密云县各选择一条沟域作为市级试点沟域进行推动。经过一年的发展，房山区的蒲洼沟域打造成了以休闲度假为主的特色生态旅游区；门头沟区妙峰山镇的玫瑰谷则从玫瑰产业上做文章，通过实施矿山生态修复工程、小流域综合治理工程、新农村建设和特色产业园区建设，打造为生态农业观光沟域；密云县古北口镇汤河沟域则依托司马台长城、司马城堡、黄花山等旅游资源，建设具有现代文化艺术内涵的香草艺术公园，打造了远近闻名的“紫海香堤”生态文化区。7个山区县都以充分发挥山区资源的优势打造独具魅力的特色沟域经济。怀柔区2006年打造了雁栖镇的“雁栖不夜谷”和渤海镇的“夜渤海”，2008年开始打造四个新的生态农业公园，即喇叭沟门乡的“白桦谷”、琉璃庙镇的“溪水湾”、渤海镇的“栗花沟”、九渡河镇的“水长城”。平谷区黄松峪、将军关等沟域经济发展具备一定的规模。门头沟区根据资源特征和发展优势将全区划分为四大类18条沟域，对指导沟域经济发展具有一定的代表性。第一类是以灵山、百花山、龙门涧、珍珠湖、九龙山等旅游胜地为中心，依托现有自然风光和相应景点，推进沟峪内自然景观建设，提升景区档次，达到国家AAA级标准，加大安全设施建设，打造自然风光旅游沟域。第二类是以爨底下、妙峰山、赵家台、韭园、马栏等人文历史遗迹集中地为中心，充分挖掘沟域内的文化内涵，对物质及非物质文化遗产抢救和修缮，设计适于游客参与的体验项目，打造民俗文化展示沟域。第三类是东山京白梨、田庄红头香椿、大村薄皮核桃等特色种植基地为中心，通过推广标准化生产技术，实施节水灌溉和无公害生产，实现对地方特色产品的地理标志保护，与民俗旅游相结合，打造都市农业发展沟域。第四类是以北岭、苇甸、达摩、煤窝等生态建设薄弱区为中心，通过对裸露山体及矿山废弃地的植被恢复工程，水土流失地区得到综合治理工程的实施，以及关闭矿山及资源性企业，实现宜林荒山荒地基本实现绿化，打造生态治理示范沟域。

山区采空区泥石流易发区
农户搬迁工程

【上一轮搬迁工程回顾】 2003年底，市政府出台了《关于山区采空区泥石流易发区农户实施搬迁的意见》（京政办发［2003］56号），决定利用2004—2007年的4年时间对生活在山区采空区和强泥石流易发区的2.8万农民实施搬迁。搬迁工程的成效：一是搬迁解决了农民的居住安全问题。山区搬迁首要目的就是要解决山区农民的安全问题。4年的搬迁工程使全市3万余名生活在采空区、强泥石流易发区的农民搬离了危险区，生命财产安全得到了有效保障。二是搬迁改善了农民的生活条件。房山区农民从搬迁前人均住房面积不足20平方米，搬迁后达到了人均25平方米以上；砖混结构房屋从8.5%提高到75.5%，土木结构房屋从39.4%降低到零。延庆县千家店镇大石窑村通过搬迁79户、197名农民统一新建了237间砖瓦房，村中铺了17公里的水泥路，通了自来水，接了有线电视，建了移动通讯机站，建起了5栋肉鸡大棚，搞了一处3 000只规模的围栏柴鸡养殖，加上生态林管护，农民安居乐业，生活水平得到很大提高。三是搬迁带动了农民增收致富。随着一部分农民搬迁到城镇，逐步脱离了农业生产，实现了向二、三产业的就业转移；一部分村通过新村建设具备了民俗接待能力，民俗产业得到发展。据统计，昌平区搬迁农民中有42.1%的劳动力脱离农业生产，进入二、三产业就业。通过4年搬迁全市新建民俗旅游村14个、新发展民俗接待专业户949户。密云县北庄镇大岭村，将分散居住在山上泥石流险区的27户、100余名农民集中迁到村口安全地带建新房，与海华文景科技农业有限公司合作，在原来的旧宅基地上建起了花卉大棚，安置40名农民就业，每年全村可人均增收2 000元以上。四是搬迁改善了生态环境。搬迁工程与国家京津风沙源工程建设相结合，不但减少了人类活动对生态环境的不利影响，为生态环境的恢复、改善创造了条件，还通过对旧宅基地、旧院落的整理复垦增加了土地资源。以怀柔区为例，4年共搬迁1 982户、4 717名农民，腾退土地约113.33公顷，减少人为毁林、恢复生态面积2 093公顷。五是搬迁优化了村庄布局。搬迁走人口聚集、资金聚集的路子，使山区村布局更趋合理，提高了财政投资效率。据统计，全市搬迁的215个村庄中有109个建成了新村，4年共撤销行政村8个、减少自然村116个。怀柔区78个自然村搬迁后，可减少公路、通讯、排污等方面的基础设施投资1.04亿元。

【新一轮搬迁工程启动】 5月8日“新一轮山区搬迁启动大会”召开，山区新一轮搬迁工程正式启动。参加会议的有：市委常委牛有成、副市长赵凤桐、市政府副秘书长安钢，市人大农委主任、市农委、市发展改革委、市规划委、市建委、市政府法制办、市财政局、市国土局、市水务局、市园林绿化局等相关单位主管领导及处室负责人，七山区区（县）主管区县长、区县农委、发改委、规划委、建委、法制办、财政局、国土局、水务局、林业局、山区办主要领导或主管领导，涉及新一轮搬迁工程的乡镇书记或镇长，新闻单位，共约180人。会议由副市长赵凤桐主持。观看4年搬迁工程成果专题片，市农委主任王孝东部署新一轮搬迁工作，赵凤桐副市长与7个区县签责任书，市委常委牛有成同志讲话。

【新一轮搬迁的任务和范围】 根据2007年下半年的调查显示，山区还有13 966户、35 937名农民居住在泥石流易发区和生存条件极度恶劣地区，而这些地区的大部分农民也希望通过搬迁改善自己的生活和居住条件。2008年1月26日，市政府办公厅正式转发了市农委《关于实施新一轮山区泥石流易发区及生存条件恶劣地区农民搬迁工程的意见》（京政办发［2008］5号）。新一轮山区搬迁的范围主要是山区泥石流易发区和生存条件恶劣的地区，涉及7个山区区县59个乡镇、283个行政村、8 557户、20 972名农民。这一轮的搬迁工程时限是从2008—2012年，共

5年时间。新一轮搬迁范围和任务的确定，主要是基于两点考虑：首先是把仍然居住在泥石流易发区和缺水无电无路等生活条件极其恶劣的地区纳入搬迁范围考虑；其次是把上述范围内有强烈搬迁愿望且有搬迁条件的农民优先纳入计划。对于因资源条件限制不能搬迁的暂未列入本次计划，待条件成熟时追加任务。在搬迁时序的安排上，5年中的第一年主要是制定工程规划、实施细则、管理办法，打好基础；第二至四年适当多安排一部分搬迁任务；第五年是收尾工作。2008年共计划搬迁2 173户5 165人，涉及到6个区县25个乡镇63个行政村95个自然村。市财政共下拨补助资金1.5亿余元。

【新一轮搬迁政策】 新一轮搬迁政策比上一轮搬迁政策在资金方面更加优惠，在产业发展方面也有明确的规定，且更加照顾各区县的不同情况，不在指标上做硬性规定。一是增加直接补助。由于近年建材价格和人工费用上涨幅度较大，新一轮搬迁工程适当提高了补助标准。即对农民搬迁的直接补贴从上一轮的每人1万元增加到每人1.3万元。补助资金下拨到区县，由区县根据实际情况负责制定具体的补助办法。区县政府要按照上一轮要求，根据本地区实际情况制定配套资金政策。从实际出发，新政策还提出2008年以后，将根据物价指数变动等因素，在每人1.3万元基础上逐年进行调整，以应对物价因素对搬迁造成的影响。二是加大基础设施扶持力度。考虑到土地价格上涨和基建成本上涨等因素，上一轮搬迁工程在2005年开始由市财政增加对搬迁村的基础设施补贴，但并未在政策中明确。新一轮搬迁政策中明确规定对新建村和接收大村给与占地和基础设施方面的补贴。补助标准也从上一轮的每户1.25万元增加到每户3万元。这项资金不兑现到户，而是由区县政府统筹安排，重点对新建村和接收大村集中使用。三是明确产业扶持政策。相对于上一轮搬迁，新一轮搬迁工程更加注重对产业的扶持，明确提出要加强搬迁村的产业发展和搬迁农民的培训工作。考虑到产业培育和发展的时续性，因此政策规定对搬迁村产业扶持政策连续8年，即延长到2015年，以更好地巩固搬迁成果。四是对处于危险区、因受资源条件限制暂时无法搬迁的地区，明确提出由区县政府负责采取工程除险等措施，完善避险机制，切实消除安全隐患，保障这部分农民的生命财产安全。

京津风沙源治理工程

【京津风沙源工作会议召开】 2008年10月18日北京市京津风沙源工作会议召开。副市长赵凤桐、市政府副秘书长安钢，市发展改革委、农委、园林绿化局、水务局、农业局、财政局、国土资源局、环保局、审计局主管领导及相关处室负责人，平谷区、昌平区、怀柔区、门头沟区、房山区、密云县、延庆县主管区县长，七区县发展改革委、农委、林业局、水务局、种植业服务中心负责人，顺义区、丰台区发展改革委和林业局负责人参加会议。首先视察平谷区王辛庄镇东古村爆破造林工程、南独乐河镇北寨村退耕还林工程和南独乐河镇峨眉山小流域治理工程。会议期间平谷区主管区长闫维洪、房山区主管区长王忠海汇报京津风沙源治理工程情况；市农委、园林绿化局、水务局、农业局就生态移民、林业、水利、农业措施进展情况及下一步工作发言；市发展改革委传达全国京津风沙源治理工程省部联席会会议精神，总结全市京津风沙源治理工程完成情况，布置下阶段工作任务；赵凤桐副市长代表市政府与平谷、昌平、怀柔、门头沟、房山、密云、延庆七区县签订“京津风沙源治理工程建设目标责任书”；副市长赵凤桐讲话。会议目的：第一，传达7月14—15日，国家发展改革委在河北省承德市召开了第十次京津风沙源治理工程省部联席会暨现场会会议精神。第二，国家发展改革委根据投资和各省工程进展情况，决定把这项工程延期两年，原定到2010年结束的一期工程要延期到2012年。由于一期工程的总结表彰会议要在北京召开，根据北京市规划落实情况，计划把各项工程任务提前1年完成，即2011年基本完成一期工程建设，需要在会上明确各工程区县的建设任务。第三，从2000年试点开始，京津风沙源治理工程已经进行了9年，工程启动的主要目的是恢复北京周边的森林植被，减少北京的风沙危害，工程受益最大的是北京市。但是，经过多年建设，目前在实际工作存在几种不利于工程进一步开展的认识：一是对工程的重视程度比前几年有所降低，有松懈情绪；二是干好干坏一个样，干与不干一个样，对工程质量的重视程度不如以前了；三是存在畏难情绪。按照规划，好干和容易干的地方已经治理了，没有攻坚意识。因此，需要采取签订责任书的形式，明确责任，落实任务，把京津风沙源治理工程的剩余任务以及关停废弃矿山治理任务、平原治沙任务明确告知各工程区县。

【第十次省部联席会暨现场会会议精神】 在第十次京津风沙源治理工程省部联席会上，国家林业局、水利部、农业部、财政部、国土资源部、环保总局等部门主管领导发了言，国家发展改革委副主任杜鹰同志作了总结讲话。杜鹰副主任充分肯定了9年来京津风沙源治理工程的建设成就，分析了工程建设中存在的问题和不足：工程建设的投资进度滞后于规划；各项工程治理措施配备度不够；工程治理的措施跟不上形势变化的需要；工程建设和管护还不够严格。针对下一步的工作，杜鹰副主任指出，一是要加大中央投入力度，到2012年整个京津风沙源治理一期工程经延期后全部建成；二是要巩固成果，提前研究二期工程的政策建议，报国务院同意后实施；三是要加强监督检查，建立评估监测体系，做好总结表彰准备工作，2012年在北京召开工程总结大会；四是脚踏实地推进工程建设，安排好2009年工程建设任务，做好工程建设和管护工作；五是要落实好退耕还林政策，巩固生态建设成果；六是要加快林权制度改革；七是要认真研究生态补偿等一些具体政策。他要求在奥运会之后工程建设力度不能减、责任不能减，还是要强力推进工程建设。

【进展与成效】 2007年是实施京津风沙源治理工程的第八年，各有关部门密切协作、分工负责，各区县广大干部群众积极努力，京津风沙源治理工程进展顺利。2007年，北京市完成造林营林1.74万公顷、人工种草0.13万公顷、小流域综合治理150平方公里、生态移民1 000人和相应的科技支撑项目。截止到2007年底，全市共完成造林营林25.52万公顷、人工种草2.07万公顷、水源和节水工程4 562处、小流域综合治理1 225平方公里、生态移民7 490人，工程建设综合效益显著。京津风沙源治理工程是北京市生态建设和防沙治沙的重点工程。近年来，依托京津风沙源治理工程积累的成功经验，北京市先后实施了关停废弃矿山生态修复、平原治沙、小流域综合治理等重点工程。这些工程的主战场在生态涵养区，经过多年治理，项目区生态环境质量明显改善，产业发展明显加快。一是林木覆盖率大幅度提高。到2007年底，北京市山区林木绿化率达到70.49%，比工程启动初期提高10.6%，提前完成2001年申办奥运会时承诺的山区林木覆盖率达到70%的目标，为举办“绿色奥运”做出了重要贡献。二是优化了项目区水环境，蓄水保土能力持续增强，各项水土保持措施涵蓄水量3 120万立方米。密云水库水质继续保持在二类地表水质标准，永定河水质由四类提高到具有饮用水功能的三类标准。三是市域范围内的空气质量持续提高，2007年，全市二级和好于二级的天数增加到246天，比工程启动初期增加了69天。四是工程区经济社会可持续发展能力显著提高，农民就业增收渠道日益拓展，农民人均纯收入由2000年的4 283元提高到2007年8 237元，年均增长12%。仅2007年，工程区生态旅游接待人数和综合旅游收入分别达到了5 974.4万人次和82.14亿元。

【存在问题】 一是项目管理需进一步规范。通过有关部门开展的专项检查和稽查，发现北京市京津风沙源治理工程在项目管理、资金管理等方面存在着一些不可忽视的问题，如合同管理不规范、责任制落实不到位、招投标制度实行不到位、地块调整变更未按规定报批等现象仍然存在。二是项目功能需进一步拓展。山区是首都北京最重要的生态屏障和生态涵养区，也是当地居民赖以生存的基础。随着首都经济快速发展和人口规模不断增长，山区将集聚越来越多的生产要素，承担生产、生态、生活等更多的功能，如何解决生态建设与人口增长、经济发展的矛盾，实现城乡统筹共进的目标，需要拓展京津风沙源治理工程的基础功能，使这项工程的建设成为吸引就业、增加当地农民收入、促进社会进步的载体。三是项目管护力度需要进一步加强。通过8年来的建设，北京市京津风沙源治理工程已经完成造林营林20多万公顷，森林植被的大幅度增加了引发森林火灾、病虫害的隐患，同时大面积中幼林急需进行抚育管理，管护任务十分艰巨。个别地区存在管护措施不到位和放牧牲畜的现象，潜在威胁生态建设成果的巩固。工程建设中存在的这些问题，必须引起高度重视，在今后的工作中认真加以解决。强化生态意识，牢固树立建精品、创优质的观念，做到工作部署严密，管理措施到位，确保工程建设有特色、高水平。

山区小流域综合治理工程

【工程计划及完成情况】 2008年计划对26条小流域进行综合治理，分别是房山区黄山店、班各庄、中窖、上石堡、小流域，门头沟北沟、桃园、赵家台小流域，昌平区王家园、黄场、新建小流域，延庆县闫庄、香村营、罗家台、大榆树小流域，怀柔区杨树下、东辛店、大沟、四窝铺后沟小流域，密云县北白岩、张庄子、达峪、杨家堡小流域，平谷区熊儿寨、峪口、南山村、酸枣峪小流域。计划治理水土流失面积320平方公里，工程涉及23个山区乡镇88个行政村。小流域综合治理工程继续联席会制度，搭建平台，成效显著。市发改委当年增加了对房山40平方公里小流域综合治理的投资计划。因此小流域综合治理任务将超额12.5%完成，共完成投资2.19亿元。年底完成治理水土保持面积360平方公里，治理的小流域全部达到清洁小流域标准。土地开发整理项目建设规模88公顷，其中新增耕地16.67公顷。完成绿化造林项目275.73公顷，4个新能源建设项目全部完成，60个致富产业项目全部完成。2008年小流域综合治理工程突出了农民参与工程建设，凡农民能做的工程参与率达到88%。通过工程建设和致富产业带动，年底工程区农民实现人均增收15%。

【北京市生态清洁小流域规划出台】 北京市农村工作委员会、北京市发展和改革委员会、北京市财政局、北京市水务局、北京市国土资源局、北京市园林绿化局、北京市农业局7家单位联合制定了《北京市生态清洁小流域建设规划》。《北京城市总体规划(2004—2020年)》将山区定位为生态涵养发展区，把强化山区功能放在首位。山区作为首都的绿色屏障和主要的水源涵养及供给源地，对首都资源环境和经济社会的可持续发展具有重要的作用。根据国家第十次京津风沙源治理工程省部联席会精神和《制订生态涵养发展区产业发展政策，推进环境友好型城市建设议案》的要求，北京市决定加大生态清洁小流域建设力度。为此，编制了《北京市生态清洁小流域建设规划（2009—2011年）》（以下简称《规划》），以指导下一阶段北京市生态清洁小流域建设工作。《规划》总结了生态清洁小流域建设的现状，分析了当前存在的问题和生态清洁小流域建设的必要性，结合北京水土保持工作实际情况，提出了生态清洁小流域建设的指导思想、原则、总体布局和建设任务。计划利用3

年时间，建设生态清洁小流域135条、完成1 760平方公里水土流失治理任务。

【现状及问题】 截至2008年底，全市547条小流域、6 640平方公里水土流失面积，已有327条小流域、4 543平方公里水土流失面积得到基本治理，其中76条达到生态清洁小流域的标准。存在问题：一是全市治理任务依然繁重。全市547条小流域中，仅有76条达到生态清洁小流域标准。随着首都经济、社会的发展，人民群众对生产生活条件的需求不断提高，现有的流域生态环境与群众日益增长的环境需求之间的矛盾仍然存在，迫切需要加大生态清洁小流域治理建设力度。二是点、面源污染问题突出。北京全市年污水排放量约11亿立方米，其中郊区污水排放量约3亿立方米。北京境内密云和官厅水库上游地区年平均施用化肥量达9 600吨、农药180吨，密云、怀柔水库上游北京境内平均日产生垃圾约5 000多吨，其中60%以上堆放在河道或沟道附近，是河道和水库污染的主要来源。三是生态清洁小流域管护问题亟待解决。随着生态清洁小流域建设工作的开展，建成的生态清洁小流域的后期管护责任以及管护资金等都还没有完全落实，需要进一步完善。

（齐　智）

科 技 进 步

概 述

2008年，郊区农村科教工作按照新农村建设的总体要求，围绕都市型现代农业发展，以促进农民增收为主线，集成整合首都科技、教育和人才资源，通过采取科技农业、政府购买科技服务、科技入户、重大推广、试验示范等项目形式，不断加大农业科技创新和示范推广力度，取得了明显成效。主要工作有：一是围绕精准农业、循环农业、设施蔬菜、观光主题公园、京承走廊、富营养化水体生态修复等重点领域启动了一批科技农业项目，这些项目具有高端、高效、高辐射特征，有效发挥了科技的引领作用，加快了首都高新技术成果向郊区集聚和转化；二是在充分进行科技需求调研的基础上，围绕园艺作物连作障碍、大桃产业提升等5项影响产业发展关键问题，通过政府购买科技服务方式，集成了中国农科院、中国农大、北京市农科院等首都优势科技资源，开展协作攻关，为郊区主导产业发展提供了有力的科技支撑；三是本着“择需、择重、择优”的原则，组织有关部门通过试验示范方式开展新品种、新技术的综合配套集成示范推广工作；四是以有效提升农民的职业技能和就业增收能力为目标，深入分析农民需求，从实际出发，积极探索和推广应用对农民适应性强的培训模式，针对郊区农村劳动力就业创业和致富过程中面临的形势和问题，把握重点、突破难点，着力开展农村劳动力转移就业培训、农村“4050”人员培训、农民自主创业培训、一产专业农民培训等方面工作。

科技推广与科技成果

【政府购买科技服务，集成首都科技优势，为郊区主导产业提供科技支撑】 在充分进行科技需求调研的基础上，围绕园艺作物连作障碍、大桃产业提升等5项影响产业发展关键问题，通过政府购买科技服务方式，集成了中国农科院、中国农业大学、北京市农科院等首都优势科技资源，开展协作攻关，为郊区主导产业发展提供了有力的科技支撑。如在“精品草莓标准化生产与示范”和“草莓良种良法科技扶贫工程”项目，共筛选出枥乙女、红颜、卡姆罗莎等土推品种9个，在全市建立了示范基地30多个，带动农户120余户，发展草莓棚2 965栋，平均每亩产量高达3 000多千克，观光采摘地区亩产值可达3万～5万元，平谷马坊的农民每个棚获得2万～4万元的收益，房山窦店的70个观光采摘棚采用草莓与小西瓜间作，每个棚直接收益约7万元。

【通过新品种试验示范，为实用技术推广提供技术储备】 本着“择需、择重、择优”的原则，组织有关部门通过试验示范方式开展新品种、新技术的综合配套集成示范推广工作，2008年共筛选了“优质百合种球繁育与切花生产技术试验示范”、“北京鸭健康养殖新模式示范与推广”等80余项农业科技试验示范和示范推广项目，目前这些项目已取得初步成效，为下一步实用技术推广提供了技术储备。

（董艳华　黄　杰）

【深化科技入户工程】 年内，围绕生猪、肉鸡、食用菌、设施蔬菜、作物高效繁殖种及鲜食玉米、都市性渔业和高效节水共实施了7项科技入户工程。项目实施地点包括10个远郊区县的231个乡镇、950个行政村和260个规模种养殖示范场（科技园区），主推品种206个、主推技术168项。其中：种植业主推品种以抗病抗逆、高档优质、观光采摘、鲜食耐贮四种类型为主，水产业以观赏鱼、冷水鱼（鳟鱼、鲟鱼）、名优池塘鱼（青鱼、怀头鲶等）三类为主，畜牧业主要围绕生猪和肉鸡主推5大品种；技术以资源节约、安全无公害、优质高产高效为目标，重点推广了工厂化育苗、立体高效栽培、植保综合防治、高效繁殖种、平衡施肥、综合节水、猪和肉鸡人工授精、环境和饮水消毒、水产健康养殖等实用技术，建立项目核心示范区5 205.6公顷，主推品种和主推技术入户率分别达到97%和98%；共聘请中央、市级科研、推广单位专家93名，技术指导单位148个，技术指导员350人。组织开展了市、区县、乡镇三级技术培训，共遴选和培养科技示范户3 606名，辐射带动农户30 108户，辐射面积18 146.67公顷（猪72.8万头）以上，设施蔬菜示范入户面积同比增加770.93公顷。市级主要针对基层技术指导单位和技术指导员开展培训，共组织大型培训活动38期，发放各类技术资料124 896份，发放技术入户手册6 400册，编印各类技术信息简报86期，培训技术指导员1 963人次；区县、乡镇丰要针对科技示范户和周边农民技术需求开展培训，共开办培训班332期，接受培训的农民人数达到50 410人。技术指导员组织的田间指导、入户咨询、现场观摩等18 135人次，接受指导的农民人数达到57 125人。在培训方法上进一步丰富了"便民服务卡"、"1+1"行动、"蔬菜科技氧吧"、农事短信、农科热线等内容，创新了"示范户讲师团"、村级广播站等形式。

【开办农民田间学校300所】 年内，围绕郊区蔬菜、瓜果、草莓、食用菌、鲜食玉米、粮繁殖种、甘薯、生猪、奶牛、肉羊、肉禽、鱼等12个主导产业，共开办农民田间学校317所，主要分布在11个远郊区县，109个乡镇，其中：种植业180所，畜牧业106所，水产业31所。全年开展各类形式培训3 728次，举办活动日3 009次，田间试验操作1 689次，组织团队建设936次，开展农民专题讨论1 385次，举办观摩交流活动323次，培养村级示范户、农民技术带头人、乡土专家、种植养殖能手8 001人。农民学员生产方式明显转变，生态、安全、环保意识显著提高。据延庆县调查，农民学员的农药用量平均降低20%～40%，主要农产品合格率达到100%，一级品率达到95%以上，亩生产成本平均减少138.9元，亩纯收入最低增加242.6元。全年开办辅导员培训班16期，全市培养辅导员355人，其中：种植行业178人，畜牧行业159人，水产行业18人，确保了师资与学校建设同步发展、同步提高。农民田间学校的组织形式符合农民的要求，满足农民的愿望，得到农民的高度认可，已成为新型农民培养、农村新型科技服务体系构建、科技成果惠农的重要载体；联合国粮农组织8月在广西会议上也对北京农民田间学校的推动给予了高度评价，指出这是政府加强农村农民和技术人员能力建设的典范。

（尹光红）

【2008年农业技术推广奖评审结果揭晓】 2008年北京市农业技术推广奖共评定60项奖励成果，其中：一等奖7项，二等奖22项，三等奖31项，共有670名农业科技人员受到表彰奖励。

表1 2008年北京市农业技术推广奖获奖清单

序号	项目名称	获奖名称及等级	主持单位
1	无公害蔬菜综合配套技术集成与推广	北京市农业技术推广一等奖	北京市农业技术推广站
2	农业面源污染控制关键技术研制与示范推广	北京市农业技术推广一等奖	北京市农林科学院植物营养与资源研究所
3	北京奥运用花引种、生产应用综合技术研究与推广	北京市农业技术推广一等奖	北京市花木公司
4	林间草地建植技术在裸露地表植被覆盖中的应用与推广	北京市农业技术推广一等奖	北京草业与环境研究发展中心
5	几种重要猪病防治技术研究与应用	北京市农业技术推广一等奖	北京市畜牧兽医总站
6	利用连续超数排卵等生物技术实现优质奶、肉牛胚胎产业化	北京市农业技术推广一等奖	北京锦绣大地农业股份有限公司
7	温室节能技术与高效安全生产技术的集成与推广	北京市农业技术推广一等奖	北京市农业机械研究所
8	北京市土壤资源管理信息系统开发建设与推广	北京市农业技术推广二等奖	北京市土肥工作站
9	京郊春玉米保护性耕作技术体系研究与示范推广	北京市农业技术推广二等奖	北京市农业技术推广站
10	菜田、果园水肥一体化节水技术研究与推广	北京市农业技术推广二等奖	北京市农业技术推广站
11	3S技术在北京都市农业中的应用	北京市农业技术推广二等奖	北京农业信息技术研究中心
12	高产、优质、多抗玉米品种京科25的示范与推广	北京市农业技术推广二等奖	北京市农林科学院玉米研究中心
13	昌平区有机农业生产技术示范推广	北京市农业技术推广二等奖	北京昌平有机农业协会
14	北京农业信息进村入户工程	北京市农业技术推广二等奖	北京市农业局信息中心

（续）

序号	项目名称	获奖名称及等级	主持单位
15	早春小拱棚茄子嫁接栽培技术推广	北京市农业技术推广二等奖	北京市大兴区人民政府蔬菜办公室
16	顺义区大棚春西瓜、秋番茄高效种植技术推广	北京市农业技术推广二等奖	北京市顺义区种植业服务中心
17	果树有机化栽培关键技术研究与推广	北京市农业技术推广二等奖	北京市园林绿化局果树产业处
18	万箱蜂群授粉入户示范工程	北京市农业技术推广二等奖	北京市农林科学院农业科技信息研究所
19	城市绿地地被植物开发应用	北京市农业技术推广二等奖	北京市颐和园管理处
20	北京市果树生产技术标准化及其推广	北京市农业技术推广二等奖	北京农学院
21	房山区林业标准化技术推广	北京市农业技术推广二等奖	北京市房山区林业局
22	肉鸡无疫安全全程监控技术研究与推广	北京市农业技术推广二等奖	北京市农业局畜牧管理处
23	消除淡水养殖鱼类土腥异味技术推广应用	北京市农业技术推广二等奖	北京市水产技术推广站
24	安全蜂产品生产标准化示范区建设及技术推广	北京市农业技术推广二等奖	北京市蚕业蜂业管理站
25	日本锦鲤规模化繁育养殖产业化工程	北京市农业技术推广二等奖	北京市水产科学研究所
26	十种重大动物疫病规范化诊断程序在昌平区动物疫病防控中的推广	北京市农业技术推广二等奖	北京市昌平区动物疫病预防控制中心
27	房山区养殖业管理决策信息平台建设与应用	北京市农业技术推广二等奖	北京市房山区畜牧水产服务中心
28	延庆县生态肉鸡养殖标准舍建设与技术推广	北京市农业技术推广二等奖	延庆县畜牧服务中心
29	农业用水管理与高效节水技术在京郊推广应用	北京市农业技术推广二等奖	北京农业信息技术研究中心
30	香蕉穿孔线虫疫情普查与控制技术推广应用	北京市农业技术推广三等奖	北京市植物保护站
31	北京市通州区科技入户示范县建设工程	北京市农业技术推广三等奖	北京市通州区种植业服务中心
32	延庆县蔬菜安全保障体系建设和推广	北京市农业技术推广三等奖	延庆县种植业服务中心
33	奥运蔬菜品种展示基地建设	北京市农业技术推广三等奖	北京市农林科学院蔬菜研究中心
34	餐厨垃圾处理及资源化利用	北京市农业技术推广三等奖	北京市昌平区农业服务中心
35	大兴区甘薯专用品种及配套技术推广	北京市农业技术推广三等奖	北京市大兴区农业科学研究所
36	怀柔区蝗虫发生规律与防治	北京市农业技术推广三等奖	北京市怀柔区植物保护站
37	京单28玉米新品种推广	北京市农业技术推广三等奖	北京市通州区种业中心
38	延庆县防风固沙综合技术推广	北京市农业技术推广三等奖	延庆县林业局
39	京郊适宜牧草品种优选及其高效示范推广	北京市农业技术推广三等奖	北京草业与环境研究发展中心
40	几种沿阶草族耐荫地被植物的筛选与推广应用	北京市农业技术推广三等奖	北京天天绿园林绿化有限公司
41	密云水库集水区林下植被恢复综合技术推广	北京市农业技术推广三等奖	北京市水源保护林试验工作站
42	名优水产新品种及健康养殖技术推广	北京市农业技术推广三等奖	北京市水产技术推广站
43	澳洲宝石鲈繁养殖技术研究与应用	北京市农业技术推广三等奖	北京市水产科学研究所
44	绿色环保型新鱼药研究与产业化开发	北京市农业技术推广三等奖	北京市水产科学研究所
45	肉用种羊产业化关键技术研究与推广	北京市农业技术推广三等奖	北京市顺义区动物卫生监督管理局

（续）

序号	项目名称	获奖名称及等级	主持单位
46	顺义区生猪安全生产示范基地建设	北京市农业技术推广三等奖	北京市顺义区动物卫生监督管理局
47	奶牛青贮玉米一年两茬生产技术的研究与应用	北京市农业技术推广三等奖	北京市南郊农场
48	牛羊口蹄疫疫苗（亚洲Ⅰ型、O型）联合免疫技术的研究与推广	北京市农业技术推广三等奖	北京市兽医实验诊断所
49	通州区肉羊品种改良工程	北京市农业技术推广三等奖	北京市通州区种羊繁育推广中心
50	房山区种用绒山羊扩繁及应用技术推广	北京市农业技术推广三等奖	北京市房山区畜牧水产服务中心
51	肉羊健康养殖技术推广	北京市农业技术推广三等奖	北京市门头沟区种羊场
52	美国硬头鳟繁养殖技术研究与应用	北京市农业技术推广三等奖	北京市水产科学研究所
53	水产品质量安全追溯系统建设与推广	北京市农业技术推广三等奖	北京市水产技术推广站
54	北京地区鸭 H5 亚型禽流感免疫技术的研究与推广	北京市农业技术推广三等奖	北京市兽医实验诊断所
55	农大 3 号节粮小型蛋鸡示范与推广	北京市农业技术推广三等奖	中国农业大学
56	通州区联村供水厂 HSJK-G 供水管网监控管理系统建设与应用	北京市农业技术推广三等奖	北京市通州区水务局
57	延庆县乡村污水处理技术集成应用与推广	北京市农业技术推广三等奖	延庆县水务局
58	怀柔区百公里绿色生态谷延伸治理工程养殖污水处理工程	北京市农业技术推广三等奖	北京市怀柔区水土保持科学试验站
59	温室大棚三项关键机械化技术推广	北京市农业技术推广三等奖	北京市房山区种植业服务中心
60	农村生态雨洪利用示范工程	北京市农业技术推广三等奖	北京市昌平区水务局

【荣获 2008 年北京市农业技术推广奖一等奖、二等奖的农业技术推广项目介绍】

1. 无公害蔬菜综合配套技术集成与推广。该项目共取得 5 项植保关键技术成果、2 项氮素控制技术成果和 5 项农艺综合配套技术成果，获得专利 3 项，发表文章 15 篇，并完成了 22 项北京市无公害蔬菜生产的地方标准的制定。6 年来无公害蔬菜综合配套技术累计推广面积达到 308.9 万亩，培训菜农 72 180 人次，累计增加产值 9.9 亿元。技术成果的推广与应用，大大提升了北京市蔬菜质量安全水平，京郊自产蔬菜产品农残合格率从 2001 年底的 71.2%提高到 2007 年的 100%，全市有 265 个蔬菜基地通过北京市安全食用农产品认证，有 176 个基地获得北京市农业标准化生产基地称号，密云等 5 个区县成为全国"无公害农产品（蔬菜）生产基地示范县"，有 8 家核心示范基地成为北京 2008 奥运农产品备选基地。主要工作内容：第一，研发 3 种植保关键技术：①双光雷达自控诱虫灯及诱杀害虫技术；②小菜蛾性诱捕器与配套使用技术；③BT2000-Ⅲ自动转向微电脑自控常温烟雾施药技术。第二，京郊蔬菜氮肥调控施用技术开发与应用。第三，配套技术试验集成与生产标准制定：①从荷兰等 11 个国家或地区引进 611 个品种，开展了抗病性、品质、外观、产量等生物学特性比较试验，筛选出 174 个综合表现较好的品种；②露地蔬菜"两网"覆盖栽培技术试验；③不同耕作制度避免病虫栽培技术；④新型生物农药防治病虫害技术；⑤蔬菜安全生产关键控制技术相关标准与规程的制定，制定出 22 种蔬菜生产技术规程和质量标准、13 种蔬菜出口质量标准和栽培技术规程。第四，利用基地的示范作用，快速辐射和带动全市无公害生产发展。第五，培训了一批技术骨干与农民科技示范户。本项目被评为 2008 年北京市农业技术推广奖一等奖。

2. 农业面源污染控制关键技术研制与示范推广。本项目以北京市农业面源污染为对象，开展农业面源污染基础研究，重点研发农业面源污染控制关键技术，研制出系列农业面源污染控制关键技术，如缓控释环境友好施肥技术、生物质气化技术、作物病虫害物理防治技术等，以延庆县为重点，建设农业面源污染控制技术示范工程，形成源头控制、过程调节、末端治理三个层面的完整农业面源污染控制技术体系，建立有效控制农业面源污染基本模式。控制关键技术形成相关产业，具有良好的应用前景，在北京市及其郊区县和全国其他 10 多个省市得到推广应用。主要工作内容：第一，环境友好施肥技术的研发与示范推广，与测土配方施肥相结合，形成精准减量、简便高效环境友好施肥技术，开展田间试验示范。2002年起，在种植业合作组织基本粮田、菜地、果园确定试验示范点。在5个乡镇建设核心试验示范基地403.3公顷，玉米环境友好施肥技术示范区，投入成本平均减少17元/亩，下降19.8%，增产13.1%，效益增加53.5元/亩。蔬菜示范区投入成本平均下降23.9元/亩，新增纯收益164.7元/亩，蔬菜硝酸盐与对照相比平均降低21.1%。果树示范区肥料用量平均减少10千克/亩，氮素减少5.5千克/亩，新增纯收益721.8元/亩，葡萄硝酸盐与对照区相比下降12.1%。第二，作物病虫害综合防治技术的研发与示范推广：①建立病虫害预测预报网络体系；②杀虫灯物理防治技术产品的研发，2002年起，在延庆、大兴等地安装1 000余盏，防治面积达0.47万公顷。同时推广到北京市城市公园如天坛公园、玉渊潭公园等，并在新、黑、吉、辽、内蒙古、冀、鲁、沪、湘、贵、粤11个省市自治区应用，数量达2 500多台，年防治面积50多万亩。第三，秸秆生物质气化利用技术，成功研制多种生物质炊事、采暖、多功能气化炉，在延庆县9个乡镇推广8 239台，在门头沟、平谷等郊区县及河北、天津等地也得到推广应用。本项目被评为2008年北京市农业技术推广奖一等奖。

3. *北京奥运用花引种、生产应用综合技术研究与推广*。本项目的技术实用性强、推广面广、成效显著，丰富了北京奥运用花品种和应用形式，为2008年奥运花卉生产和应用提供了强大技术保障；从引种和品种选育、生产技术研究和应用示范推广三个方面进行了规模化、系统化研究，推动了北京地区花卉产业升级，促进了农业产业结构调整和新农村建设。主要工作内容：第一，根据北京8月份的气候特点，确立耐热、耐涝、抗病为适应性的基本要求。观赏性以具有良好观赏性状为基本目标，观赏期持续时间为20天以上为基本目标，广泛开始引种评估和品种选育工作，选育出适于奥运期间应用的草本花卉新品系38个、月季新品系5个、小菊新品系16个；筛选出适于奥运期间应用的一、二年生花卉274个品种、宿根花卉148个品种、木本观赏植物48个品种。第二，根据北京奥运期间的环境特点、奥运对花期和品质的要求和现存的生产问题，对以下关键技术环节进行了研究：以花期控制为核心的生产流程技术研究，这是关系到奥运用花生产栽培的关键；穴盘育苗阶段的以pH调节为核心的栽培基质管理和以生长调节剂为核心的品质管理；成品生产阶段以品质为核心的温光互作影响和栽培基质类型影响；抗热和抗旱生理研究。均得到的对应的结果与结论。第三，应用方面从示范和应用形式探索两条线入手，在2004—2006年连续进行大规模的研究内容和成果的展示示范，取得了良好的反响；在研究和示范过程中对夏季应用的关键环节进行总结，并在组合盆栽在园林中的应用以及穴盘开花苗应用方面得到了拓展和创新。本项目被评为2008年北京市农业技术推广奖一等奖。

4. *林间草地建植技术在裸露地表植被覆盖中的应用与推广*。该项目根据北京生态建设的主体思想，结合郊区县人工造林中存在的实际问题，因地制宜筛选生态草种，进行林下草地植被建植，形成了成熟的林间草地建植技术。在北京市密云、延庆、昌平、房山、怀柔、顺义、平谷等地7个区县进行了大面积的林间草地建植技术应用与推广，先后建立核心技术示范区37个，面积2 533.33公顷，辐射带动各郊区县林下生态草种植5 460公顷。截至2007年，北京市7个郊区县林下生态草种植面积达到7 993.33公顷，4年内累计增加饲草产量4 673.3万千克，新增纯收益2 508.5万元，总经济收益达到3 665.2万元，使人工幼林裸露地植被覆盖度达到75%～90%，增加生态草饲草产量3 473.5～26 200.0千克/公顷，与无草林地相比，林地土壤速效养分增加20%～50%，有机质含量提高5.0%～25.6%，林地保水固土能力达到92.3%～99.8%，土壤结构与养分状况得到明显改善，水土保持效益显著。同时降低地表土壤温度1℃以上，增加空气湿度5%左右，明显改善林下微环境小气候，生态景观效果显著提升。本项目被评为2008年北京市农业技术推广奖一等奖。

5. *几种重要猪病防治技术研究与应用*。该项目以防控猪瘟、口蹄疫、猪伪狂犬等主要猪病为核心，通过实验研究、田间指导等工作，建立了一套猪疫病综合防治措施并予以全面推广。形成的猪主要疫病综合防治措施在顺义、昌平、大兴、密云、平谷、怀柔等区县的260猪场（共计146.4万头猪）中进行了推广，使从仔猪出生到175日龄平均死淘率下降了5个百分点，共减少猪死亡7.32万只，新增总产值10 980万元，新增纯利润4 392万元。主要内容包括：第一，修订了猪瘟、口蹄疫及猪伪狂犬的免疫程序。通过抗体监测、动物攻毒、PCR检测等试验，重新修订了猪瘟、猪伪狂犬和口蹄疫的免疫程序，并在260个猪场进行了推广应用。第二，建立了猪瘟、猪伪狂犬病的净化方案。在种猪场推广修订后免疫程序的基础上，定期采用ELISA方法监测种猪群"两病"的野毒感染情况，逐步淘汰带毒猪，提高了种猪质量，使仔猪成活率平均提高了6个百分点。第三，制定了科学的药物防治和消毒程序。通过病原分离、药敏试验和环境消毒等试验，摸清了本市猪场主要病原微生物感染情况，筛选出高效低毒消毒药，制定了药物防治和消毒程序，降低了猪场用药成本和猪群死亡率。第四，推广了猪疫病综合防治措施。将系列研究成果整合成了一套猪疫病综合防治措施，在大兴、顺义等区县约260个猪场进行了推广应用。同时开展县乡两级培训21次，培训基层技术人员3 120人次。本项目被评为2008年北京市农业技术推广奖一等奖。

6. *利用连续超数排卵等生物技术实现优质奶、肉牛胚胎产业化*。本项目应用连续超数排卵生产胚胎技术平台，进行产业化生产优质奶牛胚胎，结合胚胎移植技术，较常规繁殖技术快30～40倍，扩繁高产奶牛，加快奶牛品种改良进程。项目累计生产优质奶牛胚胎24 133枚，经胚胎移植和自繁得到高产奶牛母牛903头、后备种公牛127头，并在山东、吉林、江西、西藏等地进行了推广和应用。同时，结合实际在北京、西藏等地开展了奶牛超数排卵技术（包括连续超排技术）、同期发情、胚胎移植技术、人工授精技术、奶牛疾病防治等方面的技术推广与培训工作，并取得良好效果。主要工作内容：①奶牛连续超数排卵技术开发，累计超排4 953头次，生产24 133枚优质奶牛胚胎；②奶牛性别控制技术的研究，应用奶牛的超数排卵技术结合分离精液（X-精子）进行体内性控胚胎生产试验，试验共对193头牛超排869头次，生产可用性控胚胎3 215枚，平均可用胚胎数3.7枚/头次，性控胚胎鲜胚移植104头次，受胎54头，受胎率52%；③胚胎移植技术的研发，建立胚胎质量鉴定标准、胚胎冷冻解冻方法、受体牛选择标准和胚胎移植操作规程；④奶牛体细胞克隆技术，利用克隆技术，累计得到3头克隆牛及4头再克隆牛；⑤小牛肉生产技术，已建立小牛肉标准化生产体系并已开始批量化生产，成为北京市特色高端农产品。本项目被评为2008年北京市农业技术推广奖一等奖。

7. 温室节能技术与高效安全生产技术的集成与推广。该项目以提高设施农业产品质量和经济效益为核心，以提高土地利用率、资源产出率、劳动生产率为目标，试验示范了蜂窝墙体日光温室、钢渣混凝土墙体材料、新型保温被、地源热泵技术、营养液循环再利用技术、温室环境与植物生长信息综合监控系统、温室结构优化设计CAD和智能控制施肥机8种新产品、新技术，同时对屋顶全开启温室和发芽室还进行了单一示范，技术含量高，技术水平先进，实现了设施农产品的高产、高效、优质的生产，并解决了农业生态环境污染问题。获得了具有10项自主知识产权的专利、2项标准并在国内核心期刊上发表了多篇论文。在北京及国内不同地区的50个设施农业试验示范基地推广应用，实现节能20%以上，改造和升级传统温室2 063公顷，建立了50个设施农业试验示范基地，总面积达14.2公顷，改进日光温室面积2 064.3公顷，实现销售收入2.5亿元。主要工作内容：第一，新技术、新产品的示范。集成或单一示范了8种新产品、新技术，主要包括蜂窝墙体、钢渣混凝土墙体材料、新型保温被、地源热泵技术、营养液循环再利用技术、温室环境与信息综合监控系统、温室结构优化设计CAD和智能控制施肥机等。第二，新型系列温室的试验示范，主要包括屋顶全开启式温室的示范推广、发芽室的示范推广。本项目被评为2008年北京市农业技术推广奖一等奖。

8. 北京市土壤资源管理信息系统开发建设与推广。该项目依托首都院所技术优势，运用最新计算机、网络和3S技术，以专家模型为核心，紧密结合土壤管理和技术推广实际需要，开发构建全市和各区县土壤资源管理信息化网络化服务系统，其具有强大的空间信息处理功能，极易与其他系统融合，利于加快促进全市土壤资源管理与信息服务的技术更新换代。成果已广泛应用到全市土壤资源管理和测土推荐施肥工作当中，连续几年来成果在全市6个区县16.37万公顷耕地上（包括果园）示范推广，实现节本增收12 227万元。同时由于节省了化学肥料纯氮投入12 283吨、P_2O_5投入3 765吨，取得了良好的社会经济和环境生态效益。主要技术成果：一是制作完成高精准数字土壤图和基本属性标准数据库，收集整理全市历年来包括第二次土壤普查在内共14个区县的数据成果资料；二是建设6个区县级土壤资源信息数据库，建设完成平谷、密云、顺义、房山、通州和大兴6个区县的土壤资源信息数据库，并已着手建设延庆、怀柔、昌平和海淀4个区县土壤资源信息数据库；三是完成6个区县级土壤资源管理信息专业版系统开发建设，该系统平台包括地图管理、土壤特性查询、土壤肥力评价、作物适宜性评价、肥力监测、统计分析、施肥决策、土壤环境和数据库管理等智能化管理与应用模块；四是开发建设完成市级土壤资源管理信息网络发布版系统；五是编辑出版《区县土壤资源及其高效利用》系列丛书。本项目被评为2008年北京市农业技术推广奖二等奖。

9. 京郊春玉米保护性耕作技术体系研究与示范推广。本项目针对京郊春玉米生产传统的翻耕技术致使农田冬春裸露扬尘，成为首都大气污染的重要尘源问题，通过玉米秸秆覆盖、保护性耕作机具及除草技术等配套技术的攻关，形成集科学性、实用性和可操作性于一体的京郊春玉米保护性耕作综合配套技术体系。新技术体系大幅提高土壤蓄水保墒能力，减少水蚀与风蚀，农田治裸防沙及培肥效果好；配套机具实现通畅无壅堵作业，确保了播种、深松土质量达到高标准要求；田间管理轻简高效，玉米稳产丰产。取得的主要成果：①秸秆覆盖、专用农机具、杂草控制及施肥技术等关键技术环节取得重要突破。筛选确立了整秆覆盖方式，引进国际先进免耕播种机，通过消化吸收，改进研制出国产免耕播种机和深松土机，集成完善了控制杂草和施肥等农艺技术，满足了春玉米保护性耕作稳产丰产的技术需求。②建立京郊春玉米保护性耕作综合技术体系。通过春玉米秸秆覆盖方式优化、农机具改进配套及农艺技术试验示范，形成了京郊春玉米保护性耕作综合配套技术体系，为控制农田裸露、减少沙尘、促进土壤保墒、培肥及春玉米稳产丰产提供了技术支撑。③制定了科学可行的京郊春玉米保护性耕作技术规范，指导技术推广。通过该规范指导技术应用，5年累计推广16.55万公顷，2007年达到近6万公顷，占当年春玉米总播种面积的69.51%。④实现京郊春玉米生产耕作制度的变革，生态、经济、社会效益显著。本技术应用农田土壤含水量年增加3.4个百分点，土壤有机质增加0.098个百分点，扬尘减少55%；亩均节支增收25.51元，累积增收 6 331.63 万元。本项目被评为 2008 年北京市农业技术推广奖二等奖。

10. 菜田、果园水肥一体化节水技术研究与推广。该项目针对北京市菜田和果园中水肥管理粗放、节水设施利用率低、水分生产效率低等问题，通过开展水肥一体化灌溉方法（滴灌精量控制方法、渗灌适宜埋置深度、负压灌溉和膜下沟灌等）、灌溉指标（合理灌溉频率、适宜灌溉起点等）、施肥技术（适宜氮肥种类、氮肥合理用量和氮钾合理配比等）及水肥综合调控等方面的研究，集成了水肥一体化省水灌溉方法、高效灌溉指标和精量施肥参数，研制出水肥一体化专用配方肥，改进了文丘里施肥器。在此基础上，总结提出了四种水肥一体化节水技术模式：微灌施肥技术、节水型地面灌溉施肥技术、重力滴灌施肥技术和膜面集雨水肥一体化技术。通过建设示范基地、开展科技入户、开办田间学校和建立物化服务体系，有力地促进了水肥一体化节水技术的推广应用。在京郊建立蔬菜、果树水肥一体化技术示范区 145 个，示范面积达 0.74 万公顷。示范区亩均增产 241 千克，总增产 2 688.1 万千克；亩均节本增收 434 元，总节本增收 4 837.4 万元；亩均节水 109 立方米，总节水 1 217.1 万立方米。在全市累计推广蔬菜、果树水肥一体化节水技术 9.03 万公顷，总增产 2.1 亿千克，总节本增收 3.1 亿元，总节水 9 978.2 万立方米，取得了显著的效益。蔬菜水肥一体化节水技术覆盖率从 2003 年的 5.8%提高到 2007 年的 53.2%，果树水肥一体化节水技术覆盖率从 2003 年的 6.4%提高到 2007 年的 51.1%。主要工作内容：一是水肥一体化节水技术集成研究，探索了省水灌溉方法、提出了高效灌溉指标、研究了精量施肥技术、集成了节水技术模式；二是集成蔬菜、果树四种水肥一体化节水技术模式：微灌施肥技术、节水型地面灌溉施肥技术、重力滴灌施肥技术、膜面集雨水肥一体化技术。该项目被评为 2008 年北京市农业技术推广奖二等奖。

11. 3S 技术在北京都市农业中的应用。该项目根据北京都市农业发展的需要，结合北京市 221 行动计划、涌泉行动、北京都市型现代农业走廊建设等计划和项目，将 3S 技术（遥感、地理信息系统和全球定位系统）应用到京承路农业走廊建设调研与规划、全市设施农业面积和分布监测与管理、全市季节性裸露农田监测与治理、可耕地资源监测与保护及平原区重金属含量空间分布情况监测与绿色农产品基地选址等，摸清资源底牌，实现了农业资源的科学规划、高效管理和合理布局。在朝阳、顺义、密云、房山、通州等 14 个区县 300 个乡镇进行了示范推广应用，面积覆盖全市，为北京都市农业建设的政策制订、决策、规划等提供了重要科技支撑。该成果显著降低了农业资源调查成本，完成了常规技术在特定时间内无法实现的农业资源调查和规划工作，提高了农业决策和农业管理的准确性、科学性和时效性。主要推广内容：①京承路农业走廊建设调研规划和建设监测；②全市设施农业面积和分布监测；③全市季节性裸露农田监测；④全市可耕地资源监测；⑤北京平原区重金属含量空间分布情况监测。该项目被评为 2008 年北京市农业技术推广奖二等奖。

12. 高产、优质、多抗玉米品种京科 25 的示范与推广。玉米品种京科 25 经国家和省市区多年多点试验证明早熟、丰产、优质、多抗，适用于北京、天津、河北、河南、山东等地大田玉米种植，春夏播均可。特别在土壤较瘠薄、干旱频发的旱地和丘陵玉米区具有更为显著的增产表现。先后通过国家和北京市审定、河南省认定、在政策支持、科企联合的情况下，形成集制种、示范、展示、种植、技术培训、后期服务为一体的试验、示范、推广、管理体系。累计在京、津、冀、豫等省地建立示范点 77 个，示范区面积近 2 000 公顷，推广面积 51.44 万公顷，增产粮食 3.6 亿多千克，增创产值 4.6 亿多元。其中在北京市累计推广 0.83 万公顷，2007 年在北京夏玉米区覆盖率达到 45%以上。京科 25 在山东、山西、广西等地示范。本项目被评为 2008 年北京市农业技术推广奖二等奖。

13. 昌平区有机农业生产技术示范推广。该项目围绕打造“都市精品，生态景观，休闲产业”的主题，坚持生产农业精品、保证食品安全、保护生态环境、促进农民增收、提升城市形象的原则，开展了大量卓有成效的工作，得到市领导、市业务主管部门的充分肯定，受到在京农业科研院所、认证机构和社会各界的广泛关注，对加快京郊都市型现代农业进程起到示范带动的作用。经过 3 年的发展，在有机农业组织管理、基地生产、技术支撑、市场开发建设上取得了显著进展，推广了一批有机生产技术和产品，形成有机农业示范基地 40 个，其中 25 个基地通过权威部门有机转换期认证，认证品种 75 个，认证总面积 333.33 公顷，全年农产品总产量 4 000 吨，有机生产方式推广面积 3000 公顷。设施农业面积不断扩大，无公害、绿色、有机产品产量大幅增加，经济效益明显提高，新增产值 1.26 亿万元。主要工作内容：一是制定有机农业规划，与农业部规划设计院共同制定《北京市昌平区有机农业可行性研究报告》，按照报告的总体设想和要求，全面开展工作，建立健全组织管理、技术支撑、基地生产、市场开发四个体系；二是积极实施育才引智，建立科技依托，聘请有机农业权威专家，组成专家顾问组，指导全区有机农业规划制定、措施落实、标准监督、信息咨询和技术培训；三是开展农业环境监测；四是发挥示范作用，有机农业示范区初步形成；五是推广有机生产技术，推广使用生物农药、植保设施设备，加速有机蔬菜、草莓生产基地新品种、新技术、新产品的推广和应用；六是实施有机肥行动，改良土壤条件，在规划范围内积极实施了优质有机肥料推广，采取每亩 150 元的标准实物补贴给予基地，推广面积从 1 400 公顷扩大到 4.5 万亩，涉及全区13个镇60余个基地，施用商品有机肥及堆沤有机肥50多万立方米；七是推广有机认证工作。本项目被评为2008年北京市农业技术推广奖二等奖。

14. 北京农业信息进村入户工程。本项目从整合农业信息资源入手，建立了包含农业政策、生产、科技与市场等信息资源的基础数据库群；利用现代信息技术，开发并完善信息管理系统，建成了卫星网、互联网、有线电视网、广播网、电话网、移动通讯网和报纸、期刊传统发行网等“七网”并用的多途径多渠道的农业信息传播体系；组建了农业科技专家、信息采集加工、区县信息员、网络技术支持等四支服务队伍；针对区县、乡镇、村、企业、大户和农民等六个层面提供了全方位的信息服务，使不同经济条件、不同文化素质、不同网络条件的农民、合作组织及企业等用户都能以适合自己的方式及时获取有效适用信息。项目在7个区县示范推广两年来，共发布农业信息400多万条次，培训农民3万多人，辐射受益人数达20多万人，直接或间接为区县累计增加效益1.5亿元。形成了农业信息进村入户良性运行机制，进一步提升了农村信息化应用水平，为北京奥运农产品安全生产及流通提供了坚实的信息与技术支撑，实现了“信息富农、信息惠农”。项目主要工作内容：一是构建了农业信息数据库群，收集科技信息数据10多万条、市场行情信息1 000多万条，形成了信息资源数据中心；二是创建了农业信息入户管理平台，平台开发的信息系统有电话语音信息咨询服务系统、农产品市场信息管理系统、农产品市场信息移动采集管理系统、农民合作组织网站发布系统、触摸屏农业信息查询服务系统、农业信息远程双向视频咨询诊断服务系统、农业信息手机短信系统；三是构建服务于信息入户全过程的农村信息化工作队伍；四是创建面向六个层次用户开展集成信息服务农业信息进村入户新模式。本项目被评为2008年北京市农业技术推广奖二等奖。

15. 早春小拱棚茄子嫁接栽培技术推广。本项目通过试验、示范与推广，成功引进了种子活化处理技术、适合北京地区栽培的茄子砧木品种、适合北京消费习惯的茄子品种，摸索出简洁实用的茄子嫁接方法；成功应用集中育苗模式；研究推广茄子嫁接两项关键技术，即嫁接茄子稀植技术、嫁接茄子换头整枝技术；总结形成《北京地区早春小拱棚茄子嫁接高产栽培技术》、《北京市大兴区地方标准——无公害蔬菜春茬小拱棚茄子生产技术规程》、《茄果类蔬菜保护地嫁接栽培配套技术100题》等专业技术集成。在大兴区早春小拱棚茄子的栽培面积达到673.3公顷，嫁接技术的覆盖率达到77.6%，农民累计增收1 124.8万元。主要工作内容：一是引进种子活化处理技术；二是引进筛选出少刺型的茄子砧木品种——托托斯加；三是引进适合北京消费习惯的茄子品种——早熟京茄1号；四是摸索出简洁实用的茄子嫁接方法——贴接法；五是成功应用集中育苗模式；六是研究推广茄子嫁接关键技术，即稀植技术、换头整枝技术。本项目被评为2008年北京市农业技术推广奖二等奖。

16. 顺义区大棚春西瓜、秋番茄高效种植技术推广。该项目以新品种引进示范推广、新技术集成应用为切入点破解生产难题，重点解决春西瓜优质早熟技术问题、解决夏秋番茄防病毒病育壮苗求丰产问题，取得很好成效。形成了以优新品种京欣二号等为主、应用大营养钵育苗、使用抗性砧木京欣砧王和京欣砧一号、多层覆盖等技术为核心的大棚春西瓜早熟技术体系；以优质抗病品种金棚一号、1857、硬粉8号等为主，采用遮阳网育苗、抗病毒剂等技术为主的秋棚番茄早熟技术体系。新技术推广使北务、杨镇、李遂、大孙各庄等镇西瓜、番茄平均亩增产11%以上，产品抽检100%达到无公害标准要求。2006—2007年应用新品种、新技术累计推广5 309.33公顷，技术覆盖率85%以上，增收3 688.7万元。本项目被评为2008年北京市农业技术推广奖二等奖。

17. 果树有机化栽培关键技术研究与推广。该项目从果园土壤肥力基本情况调查、土壤改良培肥地力方法和措施、果园树体结构光能利用与调节、果树植物营养液的研发、果园驱避植物的筛选与应用和果树有机栽培病虫害防控等关键技术方面进行了系统研究。摸清了北京果园的肥力水平和土壤生物种群数量及其与国外的差别；筛选出果园施用有机肥的最佳种类、自制有机肥配方和有机肥与生物菌肥的应用最佳组合方案；探明了有机果园最佳光能利用的群体结构、枝类组成和枝叶的空间分布参数，提出了不同类型果园树体结构改造的方案、具体措施与方法；筛选出果树营养液制作的不同材料、制备方法及其应用对树体补充营养和防病杀虫效果等；选择得到了有机果园主要应用的驱避植物种类（孔雀草、万寿菊、薄荷、罗勒）、繁育方法及驱避植物对土壤改良、主要病虫害的驱避效应；筛选出果树有机生产病虫草防治的主要植物源、矿物源等杀菌杀虫剂种类，制定了主要果树有机生产的病虫害防治历。这六项关健技术的研发，形成了北京果树有机化栽培的技术体系，为果树有机生产提供了有力的技术支撑。该项目把理论研究与田间应用相结合，在制定北京市果树有机化栽培标准及技术操作规程的基础上，通过试验示范基地建设、技术培训等方式，建设了115个有机肥生产场，年加工优质生物有机肥53万多吨；进行了3 132场培训，累计培训人员超过40万人次，编写出版10种5万册果树有机栽培方面的书籍；已颁证的有机果园数量为106家，面积7.46万亩；13个区县都有有机果园建成，其中平谷27个、726.67公顷，密云25个、2 893.33公顷，大兴13个、168.73公顷，昌平10个、99.4公顷，顺义9个、221.6公顷，房山6个、466.67公顷，怀柔5个、166.67公顷。在国内公开刊物发表论文56篇；通过有机栽培关键技术实施与带动，4年累计增值15.35亿元。本项目被评为

2008 年北京市农业技术推广奖二等奖。

18. *万箱蜂群授粉入户示范工程*。通过项目实施，应用系列授粉蜂种针对性、规模化示范推广，根据不同作物和应用的环境条件与季节，示范相应的蜂种，使技术的效果优势得到充分发挥。针对露地果树、西瓜、蔬菜制种及设施栽培草莓等作物，推广蜜蜂授粉蜂群 4 000 群；针对早春果树杏树、樱桃、梨树、苹果等作物，推广壁蜂 90 万头，约合 4 500 群；针对设施果蔬作物，推广熊蜂授粉蜂群 1 900 群。上述蜂群累计在 10 种（类）作物上应用 10 400 群，应用面积 950 公顷，应用单位与地区涉及 10 个地区（省）。通过授粉蜂资源整合，形成了科技人员直接到户、蜂授粉技术直接到田、技术要领直接到人的蜂授粉技术推广体系。组织瓜农、菜农、果农、蜂农进行有关方面技术培训和现场交流 6 次，培训技术指导员 40 人次，培训农民 300 人次，到户指导农民 350 人次。与顺义、大兴、平谷、昌平、海淀、丰台当地林业局、蔬菜办、乡镇蔬菜合作社、种植业中心、养蜂产业协会、专业合作社等部门合作，蜂授粉入户示范项目实施乡镇达 13 个，建立示范基地 7 个、示范户 95 户、示范场 10 个、示范村 23 个。在入户效果方面，示范户户均增收 500 元，授粉蜂用户每亩平均增加效益达到 300 元以上，另外带动蜂农培育授粉蜂群和开展租蜂授粉业务，每群蜂增加授粉收入 100 元以上。本项目被评为 2008 年北京市农业技术推广奖二等奖。

19. *城市绿地地被植物开发应用*。该项目以给 2008 北京奥运会提供丰富的地被植物材料，解决城市绿化发展中地被植物材料种类少的问题，在城市绿化中营造具有地方特色的景观为目的。课题组对北京及周遍省市地被植物资源及城市绿地中地被植物的应用情况进行广泛的调查和研究，以种子或营养体的形式引种了 115 种野生地被植物，通过对其在试验田的生物学特性、环境适应性和繁殖难易度的观测筛选出蛇莓、匍枝毛茛、匍枝委陵菜、甘野菊等 30 种景观效果好、适合在奥运会期间应用的优良地被种类作为重点研究对象进行了建植、养护、繁殖技术研究；对部分重点种类开展了耐荫性、抗旱性、抗热性、土壤适应性等生态适应性的研究；进行多种地被植物的混播应用研究，通过混播达到优势互补并建立最佳的混播模式；总结地被植物建植和养护技术规程，量化栽植和养护中播种、育苗、种植、修剪、水肥管理及病虫害防治等综合技术指标，规范地被植物园艺技术流程；建立地被植物苗木供应繁殖基地并将研究成果在奥运花卉展及北京各大公园绿地的展示。本项目被评为 2008 年北京市农业技术推广奖二等奖。

20. *北京市果树生产技术标准化及其推广*。该项目针对北京市果树产业发展的实际需要，对北京果树标准化生产基地的 6 个重金属元素、18 种有机磷、12 种氨基甲酸酯和有机氯农药及亚硝酸盐等有害残留物进行了追踪监测、分析与评价，并对残留超标和接近限量的园地依照标准进行技术矫正。以此基础上，集成关键技术，研究制定出北京地区苹果、梨、桃等 8 个树种 9 个北京市果树地方标准。标准的技术内容包括果树无公害生产基地环境质量要求、无公害生产技术规程（优质苗木生产、果园建立、果园土肥水管理、花果管理、修建技术、病虫害防治等）、果实质量等级标准（外观等级、理化要求、卫生要求和检验方法），同时以附录的形式推荐果树周年管理历、病虫害周年防治历及北京地区主栽品种果实特性。结合观光果业的发展需要，在北京地区观光果园设计和规划研究的基础上，制定了观光果园建设规范和木本观赏植物栽植与管理，其技术内容包括：观光果业生产基地环境质量与气候条件（产地选择、产地环境质量要求、产地气候条件要求），观光果园规划设计的基本原则、布局和内容（基本原则、基本布局、景观设施设计、休息设施、服务设施、管理设施、饰景设施），观光果园施工，观光果园生产技术规程，果品质量等级标准。在对设施桃和葡萄光环境调控研究和配套技术研发的基础上，制定了桃和葡萄设施栽培技术。在标准中不仅突出强调了果树基地环境质量、品种区域化、农药化肥施用限量、树体树形管理、果品质量等级等安全优质生产要求，而且突出了标准的综合性、技术的全面性、操作的实用性等特点。同时采用建立标准示范基地、进行技术指导、推行示范户制度和引导基地认证等推广手段，在全市建成果品标准化生产示范基地 278 个、面积 2.39 公顷，其中山区县 217 个、面积 2.07 万公顷。示范基地树种涉及苹果、桃、梨、葡萄、樱桃、枣、杏、李、柿子、树莓、板栗、仁用杏、核桃等。累计培训果农 30 余万人次。本项目被评为 2008 年北京市农业技术推广奖二等奖。

21. *房山区林业标准化技术推广*。该项目的技术成果推广应用于全区人工造林、林木良种繁育和磨盘柿产业化建设，到目前为止，项目新建和改造标准化示范面积累计达到 8 184 公顷，初步建立了房山区林业行业地方标准体系，提高了造林工程质量；推动了磨盘柿主导产业标准化进程；促进了种苗管理规范化和科学化，推动了房山区人工造林工程质量总体水平的提高。主要完成的工作：①人工造林标准化示范区面积达到 1 497.3 公顷；造林工程全部通过市级核查验收，达标率实现 100%；使用良种壮苗率达到 90%，造林成活率、保存率达到 90%以上；促进了全区城区、平原、山区三道绿色生态屏障形成。②林木种苗标准化示范区面积达到 466.67 公顷；良种繁育成苗率由 60%增加到 85%以上；选育抗逆性强的优良乡土树种 12 个；种苗亩收入 2 848.71 元；通过“五统一”的管理模式，进一步优化育苗面积、调整育苗结构，实现林木良种繁育的标准化和科学化。③新建和完善磨盘柿标准化示范区 1 533.33 公顷，其中，新建示范区面积 400 公顷，完善示范区面积 1 133.33 公顷；产量产值明显提高，平均亩产

1 039.8千克，每亩收入1 663.7元，共增收2 826.56万元；果品质量显著提高，以果实整齐、单果重250克、可溶性固形物达到指标为标准的优质果率达到60%以上。④组织制订了5项林业地方标准。即《林木育苗技术规程》、《主要造林树种苗木质量分级》、《无公害食品房山磨盘柿》、《无公害食品磨盘柿生产技术规程》、《造林技术规程》。在磨盘柿、种苗产业和人工造林工程中建立和完善标准化示范区8 184公顷。在林业标准化示范区建设实施过程中，实现了创新，取得了成果。房山磨盘柿获得了“国家地理标志产品保护”；研发了国内第一座多功能磨盘柿脱涩保鲜库，研究并推广了磨盘柿脱涩保鲜应用技术，延长了产业链条，开发了柿酒和柿醋等深加工产品，获得了较大的经济效益；通过房山区种苗产业协会运作，造林工程用苗政府采购，推动了房山区人工造林工程质量总体水平的提高。本项目被评为2008年北京市农业技术推广奖二等奖。

22. *肉鸡无疫安全全程监控技术研究与推广*。该项目重点在疫病控制、药残控制、环境控制、HACCP认证、官方兽医监管模式五方面研究出口肉鸡各环节关键点控制措施并制定相应监控技术模型，形成肉鸡无疫安全全程监控配套管理技术。成功应用于出口肉鸡养殖、屠宰、加工、运输等生产全过程，并进行广泛推广，以华都肉鸡3个种鸡场5个商品代鸡场1个屠宰场作为基础示范点，辐射带动建立技术示范基地60个，推广基地80个，实施科技入户结对子工程，示范和推广环境控制技术6 720户次；开展宣传和培训，普及和推广环境控制和疫病综合防治技术，报道科技新闻96篇，举办技术培训班28期，共3 810人次参加，取得了良好的经济和社会效益。主要完成的工作：①建立了肉鸡生产无疫安全综合配套管理技术；②建立完整的监测体系，对肉鸡全过程实施有效的监控；③研究结合了国际OIE官方兽医监督的理论和模式，针对我国兽医卫生监督机制及我市禽类养殖生产加工的现状和特点，建立起了从供出口肉鸡生产、疫病防治、屠宰、加工、贮存、运输的全程监控体系，形成了以官方兽医防疫监管、官方兽医产地/屠宰检疫、官方兽医动物卫生监督、官方兽医动物卫生监测和监管信息反馈为5个主要部分的，适应国内出口肉鸡生产加工过程的官方兽医监督控制管理模式；④建立起从出口肉鸡生产—疫病防治—屠宰—加工—贮存和运输的全程控制技术体系；⑤研究制定屠宰环节监控技术，制定《家禽屠宰检疫技术规程》；⑥构建疫病、药物残留监控技术模型。本项目被评为2008年北京市农业技术推广奖二等奖。

23. *消除淡水养殖鱼类土腥异味技术推广应用*。该项目已经在全市11个区县、累计60 460亩池塘应用，其中鲤鱼1 517.2公顷、草鱼1 234.87公顷、鲫鱼679.73公顷、罗非鱼102.33公顷、其他鱼类496.67公顷，项目区共增产1 404 375千克，总经济效益22 447万元，新增纯收益2 134.24万元。项目实施以来，在项目区4 030.67公顷池塘应用提高养殖鱼品质技术，养殖水体水质明显改善，养殖出的鱼品质明显提高，体色鲜亮，活力增加，无土腥异味，鱼体免疫力显著增强，大大降低了病害发生率、死亡率，大大减少了药品投入，平均亩减少用药约50%，渔民收入显著增加。达到了科技富渔的目的，同时提高了养殖鱼的安全性，累计为市民提供了6 953万千克安全无公害的高品质的鲜活鱼，社会效益非常显著。由于项目的实施，养殖水体水质明显提高，在大大减少换水量同时减少了富营养化水体的排放，大大减少了药品投入，在达到节水目的同时对环境的潜在威胁大大降低，达到生态环境保护目的，生态效益非常显著。同时通过项目技术的实施和大面积推广，渔民的节水环保意识大大提高，具有非常良好的示范性和发展前景，对于水产养殖业的健康可持续发展具有非常积极的促进作用。本项目被评为2008年北京市农业技术推广奖二等奖。

24. *安全蜂产品生产标准化示范区建设及技术推广*。该项目主要是依据农业部2002年颁布的系列标准，即NY/T5139—2002无公害食品蜜蜂饲养管理准则、NY5136—2002无公害食品蜂胶、NY5138—2002无公害食品蜜蜂饲养兽药使用准则，NY5134—2002无公害食品蜂蜜、NY5135—2002无公害食品蜂王浆与蜂王浆冻干粉、NY5137—2002无公害食品蜂花粉等标准。并结合北京实际，推广示范相应的无公害安全蜂产品生产、加工等技术，在此基础上制定出5个符合地方特点的蜂业生产市级地方标准（《蜜蜂饲养综合技术规范》、《蜂蜜生产技术规范》、《蜂王浆生产技术规范》、《蜂花粉生产技术规范》、《蜂胶生产技术规范》），是我国第一个有关蜜蜂饲养综合技术的省市级地方标准。在参考了大量书籍资料和国家、农业部相关标准的基础上，突出了地域性和可操作性，增加了蜂群四季管理内容，并制订了作为资料性规定的北京蜜粉源植物和养蜂月历，增加了相关术语和定义，对生产条件和操作规程加以细化，使内容可操作性强，便于推广，对指导北京市养蜂生产，提高蜜蜂饲养技术能起到积极作用。本项目被评为2008年北京市农业技术推广奖二等奖。

25. *日本锦鲤规模化繁育养殖产业化工程*。该项目在成功引进优质锦鲤亲鱼基础上，重点改进亲鱼培育及繁殖配组技术、苗种培育与养殖技术、品种选育技术、增色饲料配制技术、病害防治技术，形成较为完善的成鱼配套养殖技术模式；建立了“日本锦鲤养殖技术模式”、“日本锦鲤挑选标准”、“日本锦鲤分级标准”、“日本锦鲤的疾病防治技术”等技术体系。A、B级后备亲本的选留率为0.053%，成活率为71%；饵料系数为1.15，繁育D级以上锦鲤苗种250万尾，完成了项目各项经济指标，在此基础上有目的、有计划地进行养殖技术推广和苗种辐射，促进了锦鲤产业化发展。锦鲤作为水产养殖品种结构调优的优良品种，在北京各个郊区县均已得到广泛的推广，在顺义、朝阳、通州等地推广面积已达133公顷，并在多处建立养殖示范区，累计经济效益达到1 300余万元。主要推广的技术：第一，人工繁殖技术。第二，苗种培育及养殖技术，有效地提高了苗种培育过程中的成活率，形成了养殖技术规范及苗种筛选、分级标准，并在广大养殖渔农户中得到了应用，有效地改善了生产技术水平落后的现状。第三，疾病防治技术，通过对锦鲤常见疾病进行病理、病因及表现症状的分析，对锦鲤常见的真菌性、细菌性和寄生虫病进行了划分与总结，提出了各类型常见疾病的防治方法及常规的治疗药物。第四，增色剂、水质对锦鲤生长和体色研究。本项目被评为2008年北京市农业技术推广奖二等奖。

26. *10种重大动物疫病规范化诊断程序在昌平区动物疫病防控中的推广*。该项目通过建立禽流感、新城疫、口蹄疫、布病、结核、马传贫、马鼻疽等10种重大疫病12种规范化诊断程序，按照各地动物存栏情况，通过区、镇、村三级防疫监测网络，合理布局重大动物疫病6 273个监测点，监测样本234 215个。随机抽检取样，定期和不定期开展监测、检疫净化工作，动态监测动物疫病的免疫效果以及变化规律，评价防疫措施的效果，为适时免疫和制定合理的防疫措施提供依据。并将检测结果及时通知各养殖场和镇防疫人员，使畜禽群免疫不合格的场（户）查找原因，对畜禽群及时补针免疫，结合流行病学、免疫等情况的调查，采取密切观察、消毒、封锁等防疫措施。保证了昌平区饲养的300多万只活禽、20多万生猪、1.3万头牛、10万只羊、2 000多匹马属动物无一起重大疫情发生，新增纯收益17 114万元。建立了10种病的12种国家标准诊断方法：①禽流感，血凝（HA）和血凝抑制（HI）试验技术；②新城疫，诊断规程（GB16550/1996）；③口蹄疫，正向间接血凝试验（IHA）；④口蹄疫，液相阻断酶联免疫吸附试验（ELISA）；⑤猪瘟，直接免疫荧光抗体试验技术；⑥蓝耳病，间接酶联免疫吸附试验（间接ELISA）技术；⑦布氏杆菌病，血清、试管凝集反应（GB/T 18646—2002）；⑧结核病，PPD皮内变态反应试验；⑨马传染性贫血，血清、琼脂扩散反应试行操作方法；⑩马鼻疽，鼻疽菌素点眼操作办法；⑪马鼻疽，马鼻疽菌素皮下注射操作方法；⑫禽白血病，酶联免疫吸附试验（ELISA）技术。本项目被评为2008年北京市农业技术推广奖二等奖。

27. *房山区养殖业管理决策信息平台建设与应用*。该项目重点攻克了动物疫病防控决策系统、软硬件集成、畜牧生产业务系统等关键技术，建立了区域畜牧生产管理信息基础平台。该平台的研究全面推进了郊区畜牧业现代化，以地理信息系统（GIS）、遥感技术（RS）、全球定位系统（GPS）、数据库技术和计算机网络技术等为技术支撑，通过建设房山区畜牧生产信息平台，在整合了房山区基础地理数据库和房山区畜牧生产资源及相关专题数据库的基础上，充分利用RS、GIS、GPS各自的优势，在房山区动态监测和规划管理上，实现了“3S”的有机结合。结合房山畜牧生产和疫病防控的管理需要，采用WEB-GIS、Javabean组件技术和基于JSP Model架构的三层体系结构，在北京首次研制了养殖业管理决策信息平台，实现了畜牧生产、疫情预警预报、应急防控等功能和对养殖场、兽医站、公路检疫站等畜牧资源的空间定位和相关空间信息的提取。提出了畜牧生产、疫情预警与疫病防控的信息化管理体系框架，构建了疫病防控通道封闭路径搜索空间决策和疫情预警、疫病防控模型，建立了数据动态更新管理机制，实现了先进信息技术与畜牧生产管理及动物疫病预警防控的集成创新。截至目前，该平台已经在房山区462个行政村、25个乡镇、近600个养殖场、27个兽医站、1个监督所、6个检查站、20多个无害化处理点得到了应用，涉及22个养殖品种、60多套报表，覆盖房山区2 000多平方公里的养殖单位。本项目被评为2008年北京市农业技术推广奖二等奖。

28. *延庆县生态肉鸡养殖标准舍建设与技术推广*。该项目针对延庆县原有鸡舍因陋就简、设计不合理、饲养规模小、没有粪污处理设施、效益很差等问题，建设生态肉禽养殖标准舍165栋，增加养殖规模412.5万只，增加产值1.03亿元，带动农户403户，户均年增收2万元，有效地推动延庆县肉鸡产业的升级换代。项目的主要内容：一是鸡舍的建设标准：①每栋标准化肉鸡舍饲养存栏规模5 000只以上，长65米、宽10米、檐高2米，采用玻璃钢或砖瓦材料，鸡舍内地面硬化；②基础设施建设达到三通一平，即通水、通电、通路、平整土地，脏道与净道分开，修建防疫通道，配备单独的供水供电系统，有病死鸡无害化处理设施，有粪污收集处理设施；③肉鸡网上平养，配备供暖系统、通风系统，喂料、饮水系统，配备30千瓦柴油发电机，防止因忽然停电造成的损失。二是鸡舍的建设指标：①鸡场、鸡舍选址，交通方便，远离学校、村镇、交通干线、河流两岸和水源保护地及其他养殖场点，一般至少要在1 000米以上，距国道1 000米、市县公路500米，距村级及一般公路500米，有利于防疫；②小区的生产区和生活办公区要分开，生活办公区建在上风口，生产区门口设消毒池，鸡舍内地面设置地漏4个，连通舍外污水池的污水管道，设置在地下；③在鸡舍外排风口一端至少50米选址建储粪池；④鸡舍所有开口处都应用孔径2厘米的镀塑铁丝网加以封闭，防止野鸟及其他动物进入舍内，地基和地面最好采用混凝土结构，防止老鼠等啮齿动物打洞钻入鸡舍；⑤舍外用水泥打散水，宽30～50厘米，建40厘米排水沟（可与散水一体），道路要用水泥打地面便于消毒；⑥舍外用水泥打散水，宽30～50厘米，建40厘米排水沟（可与散水一体），道路要用水泥打地面便于消毒；⑦鸡舍材料（玻璃钢、砖木结构）；⑧地面为3～10厘米的混凝土地面，水泥见光；⑨纵向通风、安装水帘和网上平养。本项目被评为 2008 年北京市农业技术推广奖二等奖。

29. *农业用水管理与高效节水技术在京郊推广应用*。该项目针对北京市水资源紧张和目前农业生产水资源浪费严重的现状，以农业节水高新技术和产品应用为载体，将高效节水灌溉技术和用水管理技术组装配套后作为技术集成模式的示范基地，形成各具特色的现代农业节水技术综合体系，加大农业节水高科技成果的显示度。示范园区和展示基地的建设不仅将为同类地区的农业节水高新技术发展提供样板和典型经验，还将成为技术成果伞型辐射推广的中心，起到提高我国农业节水技术整体水平、推动农业高效用水发展的重要作用。在京郊顺义、怀柔、房山、大兴、海淀、昌平、密云、顺义等区县 17 个镇、47 个村设施农业区域示范推广应用，安装控制、采集和管理系统 200 多套，传感器 600 多套，应用核心区面积 1 万多亩，有 4 个区县应用了农业用水管理系统。节约用水 30%～50%，增产 30%，产生了良好的经济、社会和生态环境效益。主要推广技术内容：利用信息技术、微电子传感技术、3S 技术和专家系统技术的集成创新形成了具有自主知识产权的灌溉控制、墒情监测、用水管理 3 个系统、11 种产品，即低端灌溉控制器、高端控制器共 3 大种类 18 个系列、可扩展的灌溉控制器具有扩展控制模块、中央控制系统实时或定时采集田间的土壤水分、空气温湿度、风速、静辐射等信息、墒情监测产品系统、采集终端有移动式和固定式两种，具有多达 20 路的采集通道、用水计量管理产品等。本项目被评为 2008 年北京市农业技术推广奖二等奖。

（董艳华　黄　杰）

【市农林科学院研究成果丰硕】

——农业面源污染控制关键技术研制与示范。市农林科学院植物营养与资源研究所专家利用农业面源污染控制关键技术，研制出以户用生物质气化炉、新型太阳能杀虫灯、环境友好肥料为核心的新产品，获得实用新型专利 9 项，发明专利 1 项。在面源污染重点防治区域延庆县及其他郊区县示范推广该技术与产品，取得了良好效果：建设生物质集中气化站 23 处，年产气 561 万立方米；推广生物质气化炉 8 239 台；延庆县秸秆利用率达 75%。推广缓控释友好施肥技术 4.13 万公顷，作物病虫害生物物理防治技术 3.53 万公顷。2002—2004 年，延庆县 9 个乡镇累计创造经济效益 0.92 亿元，2005—2007 年增加经济收益 2.6 亿。社会和生态效益更大，实施区域环境质量持续改善，2006 年延庆县成为中国第一个、北京唯一一个以整个行政区域通过 ISO14001 环境管理体系认证的行政县，为我国农业面源污染治理工作的广泛开展起到示范、辐射、带动作用。

——林间草地建植技术在裸露地表植被覆盖中的应用与推广。林间草地建植技术是人工林地，尤其是幼林地，通过适宜生态草种筛选与林草配置，进行林间裸露地草地植被建植，改善土壤结构，培肥地力，达到水土流失防治与环境改善目标的生态治理技术。2004—2007 年间，依托北京郊区已有工程建设和生态治理项目，在密云、延庆等区县示范推广该技术近 8 000 公顷，实现经济效益 3 600 余万元，有效防止了人工林地水土流失，促进了生态治理向经济发展的科技转化。该项目由市农林科学院草业与环境研究发展中心完成。

——万箱蜂群授粉入户示范工程。蜂业专家根据不同蜂种对不同作物的访花应用特点，选择利用不同授粉蜂种对不同作物进行定向授粉示范，累计在 10 个省市近 1 333.33 公顷作物上推广示范蜂群 1 万多群。通过研究，整合了授粉蜂资源，形成了科技人员直接到户、授粉技术直接到田、技术要领直接到人的“三直接”蜂授粉技术推广体系。该项目由市农林科学院农业科技信息研究所完成。

——农业用水管理与高效节水技术研究。市农林科学院农业信息技术中心专家利用具有自主知识产权的灌溉控制、墒情监测、用水管理 3 个计算机系统、11 种信息技术产品，在京郊 10 个郊区县 17 个镇、47 个村的设施农业区域示范基地推广应用，安装控制、采集和管理系统 200 多套，传感器 600 多套，应用核心区面积 666.67 公顷，节约用水 30%～50%，增产 30%。与国外同类产品价格相比，降低了 30%～50%，解决了农业用水管理和高效节水中的灌溉精准控制、土壤墒情信息动态监测和水资源科学管理等关键问题，达到了节水、增效目的，成为北京农业用水、节水又一新亮点。

——日本锦鲤规模化繁育养殖产业初具规模。市农林科学院水产科学研究所专家针对广大锦鲤养殖农户的需求，改进亲鱼培育及繁殖配组、苗种培育与养殖等系列关键技术，形成完善的成鱼配套养殖技术模式；通过培训、编写技术资料和宣传手册等形式向观赏鱼养殖农渔户和爱好者传授锦鲤的养殖和挑选鉴别标准，提高从业者的鉴赏水平；充分发挥养殖户的现有优势，向其他养殖户及大众进行锦鲤的养殖、鉴赏标准的普及、示范与培训，社会对锦鲤有了全面、完整的认识，为推广优质锦鲤、发展新的养殖群体打下良好、坚实的基础。项目的实施，直接带动通州、朝阳、顺义等地农户 50 余户，推广面积 133.3 公顷，辐射带动养殖渔（农）户及养殖企业 200 余户、500 公顷，有力地促进了京郊观赏鱼产业的发展，对带动农（渔）民增收致富起到了推动作用。

——玉米新品种“京科 25”示范与推广。“京科 25”是市农林科学院玉米研究中心自主培育的又一新品种，通过了北京市和国家审定、河南省认定，获得品种权保护，具有早熟、丰产、优质、多抗等优点。该品种被北京、天津、河北等地列为良种补贴品种之一，科技部将该品种列入 2005 年度农业科技成果转化资金重点支持品种。该品种已在北京、天津等省市建立示范点 77 个，示范区面积近 2 000 公顷，累计辐射推广面积 51.44 万公顷，增产粮食 3.6 亿多千克，增创产值 4.6 亿元。

——京郊适宜牧草品种优选及高效示范推广。市农林科学院草业与环境研究发展中心专家以推进北京草产业机构优化升级和生态环境建设进程、促进农民增收为目标，融合应用基础、技术体系、软件系统研发及技术示范推广于一体，2005—2008 年间，在京郊 5 个区县的 16 个乡镇（场）累计成功示范推广 7 个高产优质苜蓿品种、8 个抗旱优质牧草和 7 个优良果园草品种及其节水、高产栽培管理技术，示范推广面积达 4 894.67 公顷。优质苜蓿品种干草产量较普通苜蓿提高 250 千克/亩以上，粗蛋白增加 2%～4%，节水 15%～20%；菊苣干果产量 1 400 千克/亩，节水 20%；抗旱牧草干草产量提高 210 千克/亩；果园生草节约成本 105 元/亩，果园覆盖度达 95%，改善了园区环境、土壤肥力和果品质量。自主研发的"北京地区苜蓿栽培管理专家系统"和"抗旱草灌植物资源信息管理与查询系统"在京郊区县生产推广应用中表现出良好的系统性能和运行效果。

——北京农业信息进村入户工程综合试验成功。市农科院农业科技信息研究所从整合农业信息资源入手，建立了含农业政策、生产、科技与市场等信息资源的基础数据库群；利用现代信息技术，开发并完善信息管理系统，建成了卫星网、互联网、有线电视网、广播网、电话网、移动通讯网和报纸、期刊传统发行网等"七网"并用的多途径多渠道的农业信息传播体系；组建了农业科技专家、信息采集加工、区县信息员、网络技术支持等四支服务队伍；针对区县、乡镇、村、企业、大户和农民等六个层面提供了全方位的信息服务，使不同经济条件、文化水平、网络条件的农民、合作组织及企业都能以适合自己的方式及时获取有效信息。该项目示范推广两年来累计发布农业信息 400 多万条，辐射受益 20 多万人，直接或间接为区县增加收入 1.5 万元，实现了"信息富农、信息惠农"。

——绿色环保型新鱼药研究与产业化开发。市农林科学院水产科学研究所专家通过采用微生物学、免疫学、药理学和毒理学等试验，研制出两种用于净化养殖水体的微生态制剂和两种用于预防鱼类疾病的天然中草药物，制定了相关的生产工艺流程和质量检测方法，建造了符合 GMP 规范的鱼药研发车间，建成了绿色环保型鱼药生产基地。2004—2007 年间，产品辐射到 20 多个省市养殖地区，推广应用面积达 1 600公顷以上，养殖推广示范户均获得了广泛的效益。

——澳洲宝石鲈繁养殖技术研究与应用。市农林科学院水产科学研究所专家通过开展人工繁殖、苗种培育、商品鱼养殖及鱼病防治等技术的研究，成功的实现了宝石鲈的大规模生产；筛选出了适于宝石鲈疾病预防与治疗的有效中草药药物；集成了实用的人工繁殖技术操作规程、苗种培育技术操作规程、商品鱼养殖技术操作规程、运输技术操作规程及鱼病防治技术操作规程。产品不仅辐射到北京市各个郊区县，而且还推广到河北、黑龙江、四川、广东、福建、新疆等近 20 个省市，带动农（渔）户 2 000 余户，农（渔）民养殖面积达 73.3 公顷以上，经济效益显著。

——西瓜新品种"京玲"选育成功。市农林科学院蔬菜研究中心专家历经过 7 年不懈努力，育成了可以与国外品种相媲美的优良小型无籽西瓜新品种"京玲"。它是继高品质早熟保护地西瓜品种"京欣"系列与小型西瓜品种"京秀"之后，获得的又一个能带动北京都市型现代农业发展、满足首都多元化市场需求的新品种。"京玲"克服了常规无籽西瓜晚熟皮厚等缺点，皮薄而耐裂，肉质硬而脆，耐储运，熟性比一般无籽西瓜提前，无籽性能优良，改进了目前国内小型无籽西瓜品种易出现着色瘪籽的缺点。2008 年"京玲"的示范种植面积超过 33.3 公顷，农户亩均收益近 3 万元，具有巨大的推广潜力与市场空间。

——积极开展航天育种工作。市农林科学院蔬菜研究中心利用"神州七号"飞船搭载番茄材料 14 份、甜椒材料 3 份，共计 36 克，开展航天育种工作。航天育种可以充分利用太空物理环境和地面的差异，利用作物的基因突变，缩短新品种选育周期，发现并培育在生产实际中有较大实用价值的优良农作物新品种。

——市农林科学院积极开展科技救灾。面对 2008 年突发的两灾，市农林科学院积极组织专家为受到冰冻灾害的贵阳市白云区都拉乡等 3 个近万亩蔬菜基地开展了现场技术咨询与指导，制定了蔬菜恢复生产的关键技术指导方案。共向贵州灾区捐赠了包括白菜、菠菜、青椒等 42 个优良品种的蔬菜种子；为汶川地震灾区设计出了应急的竹木结构大棚，与什邡市在蔬菜、食用菌、废弃物处理等方面，开展了为期 3 年的科技援助，为灾区捐赠价值 75 万余元的蔬菜良种。在科技部主持召开的四川省统筹城乡发展科技行动启动大会上，市农林科学院被授予"科技帮扶、重建家园、情系灾区、无私援建"的荣誉称号。

（张爱武　郭建强　欧阳仲明）

信息化建设

【召开农村信息化工作专题会议】 为落实 2008 年市政府折子工程"推进农村信息化"的工作任务，2008 年 6 月 5 日在市政府北楼第一会议室召开农村信息化工作专题会议，研究讨论 2008 年北京市农村信息化工作重点任务和责任分工。市委组织部、市委农工委、市科委、市教委、市广播电视局、市文化局、市卫生局、市劳动局、市旅游局、市商务局、市科协、市农业局、市水务局、市园林绿化局、市乡镇企业局、市农科院、中国网通北京分公司、中国移动北京分公司、歌华有线网络公司等主管领导参加参加了会议，并分别汇报了各自在农村信息化方面所承担工作的开展情况以及对今后工作的安排。

市委常委牛有成同志、副市长苟仲文同志出席会议并讲话。在肯定各单位在农村信息化工作中所取得成绩的基础上，对今后工作提出了明确要求。认为这两年形成的工作机制是成功的，效果是明显的，发挥了部门联动的作用，面对一些新的问题还要不断的完善。

为充分调动各部门积极性，发挥部门联动的作用，统筹推进北京农村信息化工作，从2007年开始，召开了首次由市委、市政府主管领导参加的农村信息化工作专题会议，研究讨论年度农村信息化工作重点任务和责任分工。

【开发221信息平台之市级农业资源管理决策系统】 221信息平台是2003年提出“221行动计划”重要组成部分。先后经历了农产品产销对接和区县为主推广三网统筹建设阶段。进入2008年以后，“221信息平台”建设进入了从区县分别建设农业资源管理决策系统到建设市级农业资源管理决策系统的新阶段。

市农委、市信息办联合印发了《关于印发〈2008年度“221信息平台”工作安排〉的函》（京政农函［2008］68号），就2008年市级“221信息平台”的功能定位、建设目标、建设原则、建设内容、组织实施进行了明确。“221信息平台”建设，从内涵和目标上有了新的拓展和加强。将在整合“资源底牌”、“市场底牌”、“资金支撑”、“科技支撑”等各方面信息的基础上，面向政府管理部门和基层生产基地、龙头企业、合作组织和农民，搭建一个全市范围的可查询、可分析、可决策的综合信息平台。到2008年底，15个市属委办局、13个郊区县向市级“221信息平台”提供了105个大类、490项，约100亿个汉字存贮空间的数据。并在此基础上，开发了综合性分析、三品基地、种植业结构、特色农产品等4个样板模块和27个专题225个图层的内容，具备查询、展示、统计等功能。

【开展移动农网应用示范】 2008年，北京移动农网在完成大范围覆盖的基础上，根据形式的发展，建设的工作重心向推进应用方面转变。重点开展基层移动信息服务试点建设，进一步加强乡镇、行政村以及重点农民专业合作组织的应用，促进将更多符合农事规律、满足农民个性化需求的实用信息向农民传送。

按照《关于北京移动农网应用示范工作的安排》意见，在各区县按照“2355”的比例（2个区县级机构、3个乡镇、5个村和5个农民专业合作组织）选择一批试点示范应用单位，充分发挥移动农网作用，深入开展移动信息服务。

通过移动农网应用示范，占移动农网设备安装总量5%的200家应用试点示范单位，发送信息5 411 266条次，占移动农网发送信息总量的40%。根据反馈的情况，多数单位取得了实际效果，发挥了试点示范的作用，为移动农网的广泛应用总结了经验。

【编印农村信息化发展报告】 按照市农委的工作部署，为全面系统总结和反映北京农村信息化的建设和应用情况，2008年，编印了《北京市农村信息化发展报告》。

《北京市农村信息化发展报告》的编印工作，由北京市城乡经济信息中心具体组织实施，市级相关涉农信息化工作部门配合，郊区各区县农委参加。《北京市农村信息化发展报告》，旨在通过工作总结、资源整合和有关调查研究，系统、迅速地反映我市在2008年农业和农村信息化的建设、应用和工作等各方面情况，并以此来交流信息、沟通情况、协调重点、促进发展。

本发展报告以农业产业和农村经济管理的信息化为重点，涉及农村教育、文化、卫生、劳动和社会保障等内容，共18万字，分为总报告和区县分报告两部分。总报告从农村信息基础设施建设、涉农公共信息服务、主要应用系统等方面对北京农村信息化发展现状进行了总体描述；从农村信息化取得的主要成效以及农村信息化发展过程中存在的问题等方面对北京农村信息化发展进行了深入分析；提出了瞄准基层和农民需求推进农村信息化、建立健全机构和队伍推进农村信息化、提升农民信息能力推进农村信息化等方面的对策建议。

（马俊强）

【建设北京市12316农业服务热线】 年内，深入开展12316农业服务热线的调研和协调沟通，制定整体方案，申请编制，设立专门的机构，成立专家队伍，建设完成了12316农业服务热线。一期“投诉举报”项目于2007年12月26日建成开通，二期“综合服务”项目于2008年3月16日建成开通，开展全方位服务。年内共接听电话34 780个，其中咨询电话27 281个、投诉举报电话145个，对投诉举报的案件，逐件予以核实处理并及时答复举报人。“热线”为农民挽回直接经济损失16 000元，使农民得到农资实物赔偿价值3 000余元。经过对“热线”使用人的反馈调查，拨打人对“热线”的满意率达到99.4%。

（钱兴华）

农民生活与农村社会保障

概　述

2008年，在南方遭受罕见冰雪灾害、5·12汶川特大地震、成功举办第29届北京奥运会及全球金融危机影响的特殊大背景下，北京市委、市政府及地方各级党委政府克服种种困难，继续坚持以人为本，把关心农民生活、促进农民就业、增加农民收入、提高农民生活质量作为全市农村工作的首要目标。各级党委政府采取更直接、更有力的措施，将中央的"多予、少取、放活"的方针进一步细化、实化、具体化。财政对远郊区投入的比例进一步提高，远郊区经济建设和社会建设得到进一步发展，农民收入稳步增长，农民人均纯收入达到10 747元，同比增长12.4%。与此同时，农民工养老保险、农村合作医疗、农民最低生活保障等农村各项社会保障工作也取得实质性进展。特别是自2008年1月1日起《北京市城乡无社会保障老年居民养老保障办法》的贯彻实施，真正实现了全市城乡居民的老有所养；全市65岁以上老年人在全市范围内免费乘坐公交车，以及家电下乡活动的开展，都从不同角度改善着农民生活，增加着农民收入，提高了农民的生活质量。

农村劳动力就业

北京郊区农村劳动力就业动态监测结果显示：2008年度北京市各级政府继续加大对农村劳动力就业安置工作力度，郊区非农就业人数继续增加，就业状况进一步改善。

【农村劳动力基本状况】 截至2008年底，全市共有农村劳动力186.5万人，比2007年底增加1.4万人。其中就业人数174.9万人，比2007年底增加1.5万人，就业率达到93.8%，比上年提高0.1个百分点。近郊区（丰台、海淀、朝阳、石景山）农村劳动力资源总数为27.5万人，就业劳动力25.6万人，与上年基本持平，占近郊劳动力资源总数的92.7%，就业劳动力所占比重与上年持平；平原地区（大兴、通州、顺义及山区县中29个平原乡镇）农村劳动力资源总数为89.9万人，就业劳动力84.9万人，比上年增加1.1万人，占平原劳动力资源总数的94.4%，比上年上升0.2个百分点；山区（山区县中的83个山区乡镇）农村劳动力资源总数为69.1万人，就业劳动力64.6万人，比上年增加0.6万人，占山区劳动力资源总数的93.5%，比上年下降0.1个百分点（表1）。

表1　2008年北京市农村劳动力就业区域分布状况表

单位：万人

	劳动力总数			就业人数		
	2007年	2008年	增减（%）	2007年	2008年	增减（%）
北京市	185.1	186.5	0.8	173.5	174.9	0.8
近郊	27.6	27.5	−0.4	25.6	25.6	0.0
平原	89	89.9	1.0	83.8	84.9	1.3
山区	68.4	69.1	1.0	64	64.6	0.9

【农村各行业的劳动力分布】 2008年北京郊区农村劳动力在各行业的分布特点是，一产就业比重进一步下降，非农产业就业比重进一步提高。农村劳动力实现非农就业121.7万人，同比增加1.1万人，增长0.9%，占就业人员总数的69.6%，比上年提高0.1个百分点；在各类企业就业40.7万人，比上年增加0.3万人。从三次产业情况看，第一产业从业人员53.2万人，比上年增加0.3万人；第二产业从业人员39.8万人，比上年减少0.5万人；第三产业从业人员81.9万人，比上年增加1.6万人。三次产业从业比由上年的30.5∶23.2∶46.3变为2008年的30.4∶22.8∶46.8，第一产业所占比重同比下降0.1个百分点，第二产业下降0.4个百分点，第三产业上升0.5个百分点。

2008年，北京市郊区伴随设施农业的大发展，农业从业劳动力达38万人，比上年增加0.5万人；林业从业人员7.2万人，与上年持平；畜牧业从业人员7.2万人，比上年减少0.2万人；渔业从业人员0.8万人，比上年减少0.1万人。农、林、牧、渔四业在就业人员总数中的比重分别为21.7%、4.1%、4.1%和0.5%，农业就业比重比上年上升0.1个百分点，林业比上年下降0.1个百分点，畜牧业比上年下降0.1个百分点，渔业与上年持平。

第二产业就业人数同比减少 0.5 万人。工业就业人员 25.9 万人，比上年减少 0.5 万人，占就业人员总数的 14.8%，比上年又下降了 0.4 个百分点；建筑业从业人员 13.9 万人，比上年增加 0.1 万人，占就业人员总数的 7.9%，比上年下降了 0.1 个百分点。

第三产业就业人数继续保持增加态势，但各业间发展亦不均衡。近几年北京市郊区城市化建设步伐进一步加快，加之政府对各项公益性事业的投入不断加大，在房地产业得到较快增长的同时，还催生了包括社区物业、卫生社保及公益福利事业的形成和发展，从而促进了相关产业的就业。另一方面，近几年民俗旅游业的进一步发展也带动了相关行业的发展，从而使第三产业就业人数进一步增加。交通运输业就业人员达到 15.3 万人，占就业人员总数的 8.7%，就业人数比上年增加 0.1 万人，但比重比上年下降 0.1 个百分点；商饮业就业人数 13.3 万人，比上年增加 0.4 万人，占就业人员总数的 7.6%，比上年上升 0.2 个百分点；服务业从业人员 40.9 万人，比上年增加 1.2 万人，占就业人员总数的 23.4%，比上年上升 0.5 个百分点；其他行业从业人员 12.4 万人，比上年减少 0.1 万人，占就业人员总数的 7.1%，比上年下降 0.1 个百分点（表 2、表 3）。

表 2　2008 年北京市农村劳动力三次产业就业结构表

产业类别	人数（万人）			占就业总人数的比重（%）		
	2007 年	2008 年	增减（%）	2007 年	2008 年	增减
合计	173.5	174.9	1.4	100	100.0	0.0
第一产业	52.9	53.2	0.3	30.5	30.4	−0.1
第二产业	40.3	39.8	−0.5	23.2	22.8	−0.4
第三产业	80.3	81.9	1.6	46.3	46.8	0.5

表 3　2008 年北京市农村劳动力各行业就业结构表

行业类别	人数（万人）			占就业总人数的比重（%）		
	2007 年	2008 年	增减（%）	2007 年	2008 年	增减
合计	173.5	174.9	1.4	100.0	100.0	0.0
农业	37.5	38	0.5	21.6	21.7	0.1
林业	7.2	7.2	0	4.2	4.1	−0.1
畜牧业	7.4	7.2	−0.2	4.2	4.1	−0.1
渔业	0.9	0.8	−0.1	0.5	0.5	0.0
工业	26.4	25.9	−0.5	15.2	14.8	−0.4
建筑业	13.8	13.9	0.1	8.0	7.9	−0.1
交运业	15.2	15.3	0.1	8.8	8.7	−0.1
商饮业	12.9	13.3	0.4	7.4	7.6	0.2
服务业	39.7	40.9	1.2	22.9	23.4	0.5
其他	12.5	12.4	−0.1	7.2	7.1	−0.1

【不同区位的就业结构特点】 从不同区位的就业结构特点看，近郊（丰台、海淀、朝阳、石景山）农村劳动力就业以第三产业为主，其第三产业就业比重达到 69.5%；平原地区（大兴、通州、顺义及山区县中 29 个平原乡镇）和山区（山区县中的 83 个山区乡镇）尽管也是第三产业就业比重最高，但其所占比重比近郊均低了 20 多个百分点，相比之下，第一产业就业比重则比近郊高出 2～3 倍。

随着近几年北京城市化建设步伐的加快，近郊第一产业的生存空间不断萎缩，从业人员呈现进一步下降趋势。2008 年近郊区第一产业就业人数为 3.2 万人，比上年减少 0.2 万人，占近郊就业人员总数的 12.6%，比上年下降 0.8 个百分点。其中：农业就业人数 1.8 万人，比上年减少 0.1 万人；林业 1.2 万人，比上年减少 0.1 万人；畜牧业和渔业均与上年持平，畜牧业就业 0.1 万人、渔业就业 0.1 万人。受城市化建设步伐加快和环境治理致使部分工业企业向外拆迁影响，近郊第二产业就业人数持续下降。2008 年近郊第二产业就业人数为 4.5 万人，比上年减少 0.3 万人，占近郊就业人员总数的 17.9%，比上年下降 1 个百分点，其中：工业就业人员 3.6 万人，同比减少 0.3 万人；建筑业就业人员 1 万人，与上年持平。在第一、二产业从业人员连年减少的同时，第三产业成了近郊农村劳动力从业的主要支柱，2008 年近郊第三产业从业人员达到 17.7 万人，同比增加 0.3 万人，占近郊就业人员总数的比重达到 69.5%，比上年又上升了 1.8 个百分点。

2008 年平原地区第一产业就业人数 25.7 万人，比上年减少 0.2 万人，占平原地区就业人员总数的 30.3%，比上年下降 0.5 个百分点。从各业来看，农业从业人员 19.7 万人，比上年增加 0.1 万人，占就业人员总数的 23.2%，比上年下降了 0.1 个百分点；林业就业人员 1.2 万人，比上年减少 0.1 万人；畜牧业从业人员 4.3 万人，比上年减少 0.2 万人，占就业人员总数的 5.1%，比上年下降 0.1 个百分点；渔业从业人员 0.5 万人，与上年基本持平。第二产业从业人员 22.4 万人，比上年增加 0.1 万人，占就业总人数的 26.7%，比上年下降 0.2 个百分点。从各业看，工业就业人数 14.9 万人，比上年增加 0.1 万人，占就业人员总数的 17.5%，比上年下降 0.1 个百分点；建筑业就业人数 7.6 万人，与上年持平，占就业人员总数的 8.9%，比上年下降 0.2 个百分点。第三产业从业人员达到 36.7 万人，比上年增加 1.1 万人，占就业人员总数的比重为 43.2%，比上年上升 0.8 个百分点。从各业看，服务业从业人员达到 16.4 万人，比上年增加 0.9 万人，占就业人员总数的 19.3%，比上年上升了 0.8 个百分点；交通运输业从业人员 7.9 万人，比上年增加 0.2 万人，占就业人员总数的比重为 9.3%，比上年上升了 0.1 个百分点；商饮业 6.3 万人，其他行业就业人数 6.1 万人，与上年基本持平。

2008年山区第一产业就业人数为24.3万人，比上年增加0.7万人，占就业人员总数的37.6%，比上年上升0.7个百分点。从第一产业内部看，农业16.5万人，同比增加0.5万人，占就业人员总数的25.6%，比上年上升0.5个百分点；林业就业4.8万人，同比增加0.2万人，占就业人员总数的7.5%，比上年上升0.3个百分点；畜牧业和渔业分别为2.7万和0.3万人，均与上年持平。第二产业从业人员12.7万人，比上年减少0.3万人，占就业人员总数的19.7%，比上年下降0.6个百分点。其中工业7.4万人，同比减少0.3万人，占就业人员总数的11.5%，同比下降了0.6个百分点；建筑业5.3万人，与上年持平，占就业总数的8.2%。第三产业从业人员27.6万人，比上年增加0.2万人，占就业人员总数的42.7%，比上年下降了0.1个百分点。其中：交运业从业人员6万人，同比减少0.2万人，占就业人员总数的9.4%，比上年下降了0.4个百分点；商饮业4.5万人，与上年持平，占就业人员总数的6.9%，比上年下降0.1个百分点；服务业14.8万人，同比增加0.4万人，占就业人员总数的22.9%，比上年上升0.4个百分点；其他2.2万人，与上年持平（表4）。

表4 不同地区农村劳动力各行业就业结构表

单位:%

行业类别		近郊			平原			山区		
		2007年	2008年	增减	2007年	2008年	增减	2007年	2008年	增减
合计		100.0	100.0	0.0	100.0	100.0	0.0	100.0	100.0	0.0
第一产业	小计	13.4	12.7	−0.7	30.8	30.3	−0.5	36.9	37.6	0.7
	农业	7.4	7.2	−0.2	23.3	23.2	−0.1	25.1	25.6	0.5
	林业	5.1	4.7	−0.4	1.5	1.4	−0.1	7.2	7.5	0.3
	畜牧业	0.5	0.5	0.0	5.4	5.1	−0.3	4.2	4.2	0.0
	渔业	0.5	0.3	−0.2	0.6	0.6	0.0	0.4	0.4	0.0
第二产业	小计	18.9	17.9	−1.0	26.7	26.5	−0.2	20.3	19.7	−0.6
	工业	15.2	14.0	−1.2	17.6	17.5	−0.1	12.1	11.5	−0.6
	建筑业	3.7	3.9	0.2	9.1	8.9	−0.2	8.2	8.2	0.0
第三产业	小计	67.7	69.5	1.8	42.4	43.2	0.8	42.8	42.7	−0.1
	交运业	5.0	5.3	0.3	9.2	9.3	0.1	9.8	9.4	−0.4
	商饮业	8.5	9.8	1.3	7.4	7.4	0.0	7.0	6.9	−0.1
	服务业	37.9	38.3	0.4	18.5	19.3	0.8	22.5	22.9	0.4
	其他	16.2	16.1	−0.1	7.3	7.2	−0.1	3.5	3.5	0.0

（刘学军）

【郊区乡镇企业从业人员情况及特点】 京郊乡镇企业从业人员总数136万人，其中吸纳本地农民就业84.4万人，占从业人员总数的62%，占本市农村劳动力资源总数的40.4%。从产业分布看：农业企业就业2.1万人，占2.5%；二产就业46.7万人，占55%；三产就业35.6万人，占42.5%。主要呈现以下几个特点：

1. *乡镇企业依然是农民就业增收的主渠道。*京郊乡镇企业吸纳本地农民就业84.4万人，占本地劳动力资源总数的40%以上；2007年乡镇企业职工劳动者报酬总额预计可达175.6亿元，同比增长13%；2008年前三季度，京郊农民人均现金收入8 305元，其中农民人均工资性收入4 445元，超过了50%。京郊乡镇企业依然是实现农民就近就地转移的主要途径。

2. *农民就业产业基地成为农民就近转移的有效平台。*按照区县功能定位，各区县以农民就业产业基地为平台，大力发展环境友好型、资源节约型产业，引进劳动密集型企业，拓展农民就业空间，并把吸纳本地劳动力就业作为必要条件写入合同，实现产业发展与促进劳动力就业增收的良性互动。目前，54个市级农民就业产业基地，累计入区企业1 934个，吸纳职工16.5万人，其中本地职工10.1万人，占61.2%。比如：通州区台湖镇在引进出版发行物流中心项目过程中，按照岗位需求同步开展培训，项目开业时，360名本地劳动力顺利上岗，实现就近就地转移。

3. *劳动密集型企业是农民就业的重要载体。*一批服装毛织、新型建材、农产品加工等劳动密集型产业，仍是吸纳大批本地农民就业，特别是当地“4050”人员就业的重要载体。比如：通州区奔驰服装集团吸纳 1 046 名本地农民就业，其中“4050”人员 450 人。还有大兴奥宇模板、通州的东亚铝业、平谷华阳服装厂等吸纳本地农民就业也在千人左右。

4. *一、二、三产业融合项目成为带动就业新亮点。*各区县在招商引资过程中，根据本地资源禀赋，着力培育三次产业融合项目，延伸产业链条，带动农民增收作用显著。比如：门头沟区玫瑰香露有限公司利用区域特有的玫瑰花资源，引导农民规模化种植，公司负责回收，目前，玫瑰花种植面积已达 40 多公顷，带动了周遍镇村的 250 户近 600 名农民就业，农民新增人均收入达到 2 000 余元。房山天鸿顺鸭业带动周边 700 户农民从事养鸭，工厂与养鸭户签订购销合同，全部按保护价收购。

5. *以厂带户促进“4050”人员就业效果显著。*企业把零部件加工或原料生产等生产加工环节放在农户，按照保护价收购，以厂带户，发展家庭手工业，已经成为农民特别是“4050”人员就业增收有效方式。2008 年扶持的 54 个以厂带户项目，带动本地农民11 548人就业，其中“4050”人员 8 473 人。比如：房山区琉璃河镇西地村红芷苑制包厂把制包用的皮条，发放到各家各户生产，带动本村 80%以上农户从事手工编织，村民每年从企业获得加工费 100 万元以上。类似这样的模式还有顺义的蓝生工艺品厂、通州的佳德箱包、大兴宝金龙食品、金和服装服饰，平谷的圣林干花等。

6. *农民自主创业能力进一步提高。*农民以市场为导向，发挥区域资源优势，发掘实用技术和民间传统工艺，发展旅游、商贸、手工加工业等“草根经济”，通过创业实现就业增收。比如：大兴区北臧村镇兴秀手工艺品产销协会，组织各村妇女从事灵活的手工业加工项目，目前，全镇已有 300 多名妇女加入协会，其中 40 岁以上的妇女 180 多人，实现了家中就业，庭院增收。

（市乡镇企业局　王惠民）

农 民 收 入

【总体概况】 2008 年，在南方遭受罕见冰雪灾害、“5·12”汶川特大地震、成功举办第 29 届北京奥运会及全球金融危机影响的特殊大背景下，北京市委、市政府及郊区各级党委政府采取了更直接、更有力的措施，将中央的“多予、少取、放活”的方针进一步细化、实化、具体化。《北京市城乡无社会保障老年居民养老保障办法》的一项措施的贯彻实施，惠及郊区 41.97 万 60 岁以上农村无社会保障老年人，共向农村无社会保障老年人发放福利养老金 10.24 亿元，仅此使农民人均增收 400 元，对农民收入增长的贡献率达到 33.7%。由于市委、市政府及各级党委的政策直接、措施有力，从而确保了郊区农民收入的平稳增长。据北京市农村经济收益分配汇总结果显示：2008 年全市农民人均劳动所得达到 10 068 元，比上年增加 753.1 元，同比增长 8.1%。

【产业构成情况】 在上述 10 068 元的农民人均劳动所得中，第一产业所得 1 942 元，占农民人均劳动所得总额的 19.3%，比上年增加 108.3 元，同比增长 5.9%，对农民收入增长的贡献率为 14.4%。其中：农业 961.2 元，占人均所得总额的 9.5%，比上年增加 73.4 元，同比增长 8.3%，对农民收入增长的贡献率为 9.7%；林业 158.2 元，占人均所得总额的 1.6%，比上年减少 3.1 元，同比下降 1.9%，对农民收入增长的贡献率为－0.4%；畜牧业 753.6 元，占人均所得总额的 7.5%，比上年增加 35.2 元，同比增长 4.9%，对农民收入增长的贡献率为 4.7%；渔业 69 元，占人均所得总额的 0.7%，比上年增加 2.9 元，增长 4.4%，对农民收入增长的贡献率为 0.4%。第二产业实现人均所得 2 193.1 元，占人均所得总额的 21.8%，比上年增加 59.4 元，增长 3.8%，对农民收入增长的贡献率为 7.9%，比上年下降 11.6 个百分点。其中：工业 1 364.2 元，占人均所得总额的 13.5%，比上年减少 1.3 元，同比下降 0.1%，对农民收入增长的贡献率为－0.2%；建筑业 828.9 元，占 8.2%，比上年增加 60.7 元，增长 7.9%，对农民收入增长的贡献率为 8.1%。第三产业 5 932.9 元，占人均所得总额的 58.9%，比上年增加 585.4 元，同比增长 11%，对农民收入增长的贡献率达到 77.7%。其中：交通运输业 1 189.7 元，占 11.8%，比上年增加 60.5 元，同比增长 5.4%，对农民收入增长的贡献率为 8%；商饮业 1 086.2 元，所占比重 10.8%，比上年增加 59.9 元，同比增长 5.8%，对农民收入增长的贡献率为 7.9%；服务业 2 386.9元，所占比重 23.7%，比上年增加 262.7 元，同比增长 12.4%，对农民收入增长的贡献率为 34.9%。其中人均劳务收入 779.6 元，所占比重 7.7%，比上年增加 101 元，同比增长 14.9%，对农民收入增长的贡献率为 13.4%。其他业 1 270.1 元，占 12.6%，比上年增加 202.2 元，增长 18.9%，对农民收入增长的贡献率为 26.8%。其中人均财产性净收入 376.5 元，占人均所得总额的 3.7%，比上年增加 126.8 元，同比增长 50.8%，对农民收入增长的贡献率为 16.8%（表 1）。

表 1　人均劳动所得行业构成分析表

指　标	金额（元）				占总额（%）		增长贡献率（%）
	2007 年	2008 年	增加额	增长率（%）	2007 年	2008 年	
合计	9 314.9	10 068	753.1	8.1	100.0	100.0	100.0
第一产业小计	1 833.7	1 942	108.3	5.9	19.7	19.3	14.4
农业	887.8	961.2	73.4	8.3	9.5	9.5	9.7
林业	161.3	158.2	−3.1	−1.9	1.7	1.6	−0.4
畜牧业	718.4	753.6	35.2	4.9	7.7	7.5	4.7
渔业	66.1	69	2.9	4.4	0.7	0.7	0.4
第二产业小计	2 133.7	2 193.1	59.4	2.8	22.9	21.8	7.9
工业	1 365.5	1 364.2	−1.3	−0.1	14.7	13.5	−0.2
建筑业	768.2	828.9	60.7	7.9	8.2	8.2	8.1
第三产业小计	5 347.5	5 932.9	585.4	10.9	57.4	58.9	77.7
交通运输业	1 129.2	1 189.7	60.5	5.4	12.1	11.8	8.0
商饮业	1 026.3	1 086.2	59.9	5.8	11	10.8	8.0
服务业	2 124.2	2 386.9	262.7	12.4	22.8	23.7	34.9
其中：劳务收入	678.6	779.6	101	14.9	7.3	7.7	13.4
其他产业	1 067.9	1 270.1	202.2	18.9	11.5	12.6	26.8
其中：财产性收入	249.7	376.5	126.8	50.8	2.7	3.7	16.8

【不同经济成分构成情况】　汇总结果显示：非公经济是北京郊区农民劳动所得的主体。2008 年北京郊区农民人均劳动所得中，从非公经济获取的所得为 8 127.4元，占到人均所得总额的 80.7%，比上年增加 585.2 元，同比增长 7.8%，对农民收入增长的贡献率达到 77.7%。其中：人均家庭经营净收入 7 818.7元，占人均所得总额的 77.7%，比上年增加 584.6 元，同比增长 8.1%，对农民收入增长的贡献率为 77.6%；私营企业主所得 308.6 元，占人均所得总额的 3.1%，比上年增加 0.5 元，同比增长 0.2%，对农民收入增长的贡献率为 0.1%。从公有经济获取的所得为 1 940.6 元，占人均所得总额的 19.3%，比上年增加 167.9 元，同比增长 9.5%，对农民收入增长的贡献率为 22.3%。其中：从乡镇公有经济获取的所得为 557.8 元，占人均所得总额的 5.2%，比上年增加 68.9 元，同比增长 14.1%，对农民收入增长的贡献率为 9.1%；从村公有经济中获取的所得为 1 382.9 元，占人均所得总额的 13.7%，比上年增加 99.1 元，同比增长 7.7%，对农民收入增长的贡献率为 13.2%。其中从村级集体经济组织获取的所得为 445.3 元，占人均所得总额的 4.4%，比上年增加 38.6 元，增长 9.5%，对农民收入增长的贡献率为 5.1%。从各类企业获取的所得为1 769.3 元，占人均所得总额的 17.6%，比上年增加 124 元，同比增长 7.5%，对农民收入增长的贡献率为 16.5%（表 2）。

表 2　农民人均劳动所得结构分析表

项　目	人均所得（元）				占人均所得总额（%）		增收贡献率（%）
	2007 年	2008 年	增加额	增长率（%）	上年	本年	
合计	9 314.9	10 068	753.1	8.1	100.0	100.0	100.0
一、从公有经济所得	1 772.7	1 940.6	167.9	9.5	19	19.3	22.3
1. 从乡镇公有经济中得到	488.9	557.8	68.9	14.1	5.2	5.5	9.1
2. 从村公有经济中得到	1 283.8	1 382.9	99.1	7.7	13.8	13.7	13.2
其中：从村合作经济组织中得到	406.7	445.3	38.6	9.5	4.4	4.4	5.1
二、从非公经济所得	7 542.2	8 127.4	585.2	7.8	81	80.7	77.7
1. 家庭经营净收入	7 234.1	7 818.7	584.6	8.1	77.7	77.7	77.6
2. 私营企业主所得	308.1	308.6	0.5	0.2	3.3	3.1	0.1

【农民收入水平与集体经济实力密切相关】 集体资产规模及经济实力的高低是地区产业发展水平的直接体现，而产业的发展规模是当地农民就业的基石，直接关系农民收入水平的高低。对2008年农民收入水平与村集体经济实力相关性分析结果表明，村集体经济实力越强，农民收入水平就越高，反之则越低，农民收入水平与集体经济实力呈现高度的正相关。2008年北京市农村经济收益分配报表汇总结果显示：北京郊区村级集体经济实力明显增强，薄弱村减少，强村增多。人均集体净资产在2 000元以下的村数比上年减少，特别是500元以下薄弱村比上年减少130个，资不抵债村比上年减少47个，而人均集体净资产在5 000元以上的村数明显增多，特别是人均10 000元以上的集体经济强村比上年增加86个（表3）。

表3 村集体经济实力与农民收入相关性分析表

村人均集体净资产	村数（个）			人均所得（元）	其中：人均集体所得（元）
	2007年	2008年	增加个数		
500元以下	615	485	−130	8 601.1	770
其中：资不抵债	299	252	−47	8 535.2	659.8
500～2 000元	970	885	−85	8 372.6	479.5
2 000～5 000元	933	948	15	8 874	672
5 000～10 000元	506	618	112	9 754.8	1 190.9
10 000～30 000元	519	550	31	11 074.4	2 624
30 000～50 000元	164	180	16	13 230.1	4 526.8
50 000～100 000元	146	178	32	13 541.4	5 720.3
100 000元以上	148	155	7	16 755.0	9 407.0

全市十强乡镇2008年人均集体所有者权益达30.9万元，农民人均劳动所得达到18 717.3元，分别比全市平均水平高出27.7万元和8 649.3元，是全市平均水平的9.7倍和1.9倍。十富乡镇人均劳动所得达22 553.1元，人均集体所有者权益也高达18.7万元，分别比全市平均水平高12 485.1元和15.6万元，是全市平均水平的2.2倍和5.9倍。2008年全市百强村人均集体所有者权益高达27.3万元，人均劳动所得达17 784.7元，分别比全市平均水平（村级人均所有者权益为19 421.9元）高出253 925.4元和7 716.7元，是全市平均水平的14.1倍和1.8倍。百富村人均集体所有者权益12.9万元，人均劳动所得25 261.9元，分别比全市平均水平高出10.9万元和15 193.9元，是全市平均水平的6.6倍和2.5倍。

分析结果还表明：不同地区间集体资产规模及集体经济实力相差悬殊，这是造成不同地域间农民收入相差悬殊的重要原因之一。2008年全市农村人均集体资产总额74 882.5元，而近郊达到24.6万元，高出全市平均水平17.1万元，是全市平均水平的3.3倍；高出平原地区18.4万元，是平原地区的4倍；高出山区21.8万元，是山区的9倍。全市农村人均集体净资产31 901.5元，而近郊达到90 449.1元，高出全市平均水平58 547.5元，是全市平均水平的2.8倍；高出平原地区61 561.9元，是平原地区的3.1倍；高出山区76 908.4元，是山区的6.7倍。山区人均集体资产总额仅为全市平均水平的36.7%，仅为近郊的11.1%；人均集体净资产仅为全市平均水平的42.4%，仅为近郊的15%（表4）。

表4 不同地区集体资产规模、集体经济实力表及人均所得一览表

区别	人均集体资产总额（元）	人均集体净资产（元）	人均所得（元）
合计	74 882.5	31 901.5	10 068
近郊	245 708.2	90 449.1	13 932.6
平原	61 296.4	28 887.2	10 270.6
山区	27 451.0	13 540.7	8 341.3
石景山区	490 087.8	293 410.4	17 106.6
海淀区	248 795.2	99 060.7	11 970.5
朝阳区	277 182.0	83 995.5	17 666.2
丰台区	197 801.9	78 577.2	11 795
昌平区	108 786.5	39 375.0	9 644.2
顺义区	64 120.3	37 118.0	9 542.8
大兴区	66 055.3	29 471.0	11 261.7
怀柔区	46 301.9	25 286.8	10 847.6
门头沟区	55 279.1	24 186.2	8 839.4
通州区	41 623.2	20 282.8	10 375.9
房山区	36 359.3	18 642.8	7 516.4
延庆县	27 895.4	13 471.5	9 082
平谷区	13 537.8	6 518.1	9 026.2
密云县	10 342.5	5 765.3	8 421.7

【城乡及不同地区间农民收入差距进一步拉大】 2008年北京市农民人均纯收入10 747元（市统计局数据），城镇居民人均可支配收入24 725元，二者相差13 978元，城乡居民收入差距比上年又拉大了1 548元，城镇居民人均可支配收入是农民人均收入的2.3倍。

郊区不同地区间农民收入差距也在拉大，2008年近郊农民人均劳动所得达到1 3932.6元，比平原地区的10 270.6元高出3 662元，平原与近郊的差距比上年又加大了326.3元，近郊比山区的8 341.3元高出5 591.3元，山区与近郊的差距比上年又加大了603.2元。

【近七成村农民收入低于全市平均水平】 2008年全市农民人均劳动所得在平均水平9 314.9元以下的村有2 616个，占全市总村数的65.4%，这表明平均数掩盖了农民收入的不均衡。全市还有25个村农民人均所得不足3 000元，占全市总村数的0.6%；农民人均劳动所得在3 000～5 000元的村148个，占全市总村数的3.7%；5 000～7 000元的村521个，占总村数的13%；7 000～10 068元的村1 921个，占48.0%。在平均数10 068元以上的村有1 384个，占34.6%，其中30 000元以上的村17个，占0.4%。从表5的数据可以看出：近郊77.1%的村农民人均劳动所得在全市平均数的10 068元以上，而山区则有85.8%的村农民人均劳动所得尚未达到全市平均数，可见，郊区农村中低收入村主要分布在远郊区的山区及偏远的平原地区（表5）。

表5 北京郊区2008年农民人均劳动所得按村分组表

地区类型	合计	3 000元以下		3 000～5 000元		5 000～7 000元		7 000～10 068元		10 068元以上		其中：30 000元以上	
		村数	占总村数（%）	村数	占总村数（%）	村数	占总村数（%）	村数	占总村数（%）	村数	占总村数（%）	村数	占总村数（%）
合计	3 999	25	0.6	148	3.7	521	13.0	1 921	48.0	1 384	34.6	17	0.4
近郊	332	1	0.3	4	1.2	17	5.1	54	16.3	256	77.1	13	3.9
平原	1 993	3	0.2	11	0.6	75	3.8	1 013	50.8	891	44.7		0.0
山区	1 674	21	1.3	133	7.9	429	25.6	854	51.0	237	14.2	4	0.2

【区县农民收入】 2008年农民人均劳动所得超过万元的区县有7个，比上年增加2个，7个万元以上区县其人均所得均超过了全市平均数。各区县农民人均劳动所得排名依次为：朝阳17 666.2元、石景山17 106.6元、海淀11 970.5元、丰台11 795元、大兴11 261.7元、怀柔10 847.6元、通州10 375.9元、昌平9 644.2元、顺义9 542.8元、延庆9 082元、平谷9 026.2元、门头沟8 839.4元、密云8 421.7元、房山7 516.4元（表6）。

表6 各区县人均劳动所得排名表

序号	区县	人均劳动所得（元）	序号	区县	人均劳动所得（元）
1	朝阳区	16 244.3	8	昌平区	8 920.1
2	石景山区	15 059.9	9	顺义区	8 806.3
3	海淀区	11 061.6	10	平谷区	8 733.7
4	丰台区	10 716.9	11	延庆县	8 258.7
5	大兴区	10 153.2	12	门头沟区	8 132.2
6	怀柔区	9 991.4	13	密云县	7 811.2
7	通州区	9 576.6	14	房山区	7 152.6

（刘学军）

农村消费

近年来，随着本市郊区经济的持续、快速和稳定发展，北京市郊区居民无论是在生活消费需求，还是在调整生产结构、提高科技水平、改善劳作条件的生产消费方面，都开始了由温饱向小康、由传统向现代渐进升级的转变，其间也蕴藏并释放了相当的消费潜能。通过对近年来本市农村消费相关数据进行分析，呈现以下主要特点。

【农村居民收支水平和消费能力提高】 据市农调队3 000户农民家计调查资料显示，2008年农村居民人均纯收入为10 747元，比上年增长12.4%，扣除物价因素，实际增长6.5%。其中，20%低收入户实现人均纯收入4 458元，同比增长17.8%；20%中低收入户实现人均纯收入7 186元，同比增长14.3%；20%中等收入户实现人均纯收入9 566元，同比增长13%；20%中高收入户实现人均纯收入12 790元，同比增长13.4%；20%高收入户实现人均纯收入21 629元，同比增长10.6%。收入水平的高低和前期收入积累的多少是决定消费能力高低的最直接因素。

从消费支出看，2008年农村居民人均生活费支出7 656元，比上年的6 828元增长12.1%。受食品价格上涨因素影响，北京城镇及农村居民恩格尔系数比上年同期均有增长，但农村居民恩格尔系数增速比城镇居民高 0.64 个百分点，其恩格尔系数绝对值也比城镇居民高出 0.54 个百分点。2008 年农村居民恩格尔系数为 34.34%，比 2007 年上升了 2.24 个百分点；城镇居民恩格系数为 33.80%，比上年上升了 1.6 个百分点（表 1）。

表 1 农村与城镇居民恩格尔系数对比

单位：元，%

年份	农村居民			城镇居民		
	总支出	食品支出	恩格尔系数	总支出	食品支出	恩格尔系数
2007 年	6 828	2 190	32.10	15 330	4 934	32.20
2008 年	7 656	2 629	34.34	16 460	5 563	33.80

受农村居民收入水平相对（城镇居民）增长缓慢和物价上涨因素影响，尽管农村居民人均消费支出较城镇居民低 8 804 元，但 2008 年北京农村居民消费倾向（即消费支出占人均纯收入的比重）却高出城镇居民 4.6 个百分点，这表明农村居民的收入积累无论是绝对数量还是相对数量都比城镇居民低，收入积累的多少是影响日后消费潜能高低的直接因素。2008 年郊区农民消费倾向为 0.712，同比下降 0.2 个百分点；而城市居民消费倾向为 0.666，同比下降 3.1 个百分点（见表 2）。

表 2 城镇、农村人均收支、消费倾向情况表

单位：元

年份	城镇居民			农村居民		
	可支配收入	消费支出	消费倾向	纯收入	消费支出	消费倾向
2007 年	21 989	15 330	0.697	9 559	6 828	0.714
2008 年	24 725	16 460	0.666	10 747	7 656	0.712

【农村居民工资性收入增加是农民消费水平的基础性因素之一】 农业经济结构调整，生产专业化程度的提高，促进了农民工资性收入的增长，而工资收入的货币特征是影响农民消费水平的基础性因素之一。据市农调队 3 000 户农民家计调查资料显示，2008 年本市农村居民人均工资性收入达到 6 354 元，比 2007 年的 5 676 元增加 678 元，同比增长 12%（表 3）。

表 3 农民人均工资性收入及比重

单位：元，%

项目	2000	2001	2002	2003	2004	2005	2006	2007	2008
农民人均工资性收入	2 937.7	3 356.5	3 672.5	3 909	4 358.3	4 774.3	5 225	5 676	6 354
占纯收入	62.7	65.8	62.5	60	60.8	60.7	60.6	59.4	59.1

【农村人口及家庭结构的新变化为农村消费品市场扩大提供了有力支撑】 近些年的城市化进程加快导致了农村人口的减少，在一定程度上促进了农村收入水平和消费能力的提高；农村大家庭生活习惯的逐渐隐退，以两代人为主的小家庭增加，增加了重复购买的可能性。北京市农村户均人口由 2007 年的 3.52 人下降到 2008 年的 3.29 人。在郊区土地开发中，进入本市郊区打工的外地务工人员数以百万计，成为拉动农村消费品市场的重要有生力量。由于种种原因，这些外地务工人员的购买力甚至比本地农民还要高。这些都为以家庭消费为主的农村消费品市场的扩大提供了有力支撑，从而有力地拉动了郊区的消费品市场。

【消费需求与城市居民日趋接近】 从近年来农村居民的消费结构看，吃、穿、住等生存性消费支出所占比重有所下降，而用于自身发展和享受生活的消费支出所占比重则逐步增加。主食消费比重下降，副食消费迅速增加。耐用消费品消费有较大幅度增长，现代家庭生活的许多耐用消费品，如电话，移动电话、空调、电脑、照相机、摄像机、汽车、中高档乐器等进入农民家庭，农民的精神生活日益充实（表 4、表 5、表 6）。

表 4 2008 年农民家庭人均生活消费支出情况表

单位：元，%

项目	2007 年	2008 年	增加额	增长率
合计	6 828	7 656	828	12.1
食品支出	2 190	2 629	439	20.0
衣着支出	529	597	68	12.9
居住支出	1 162	1 291	129	11.1
家庭设备、用品及服务	389	482	93	23.9
医疗保健	643	757	114	17.7
交通和通讯	872	887	15	1.7
文化教育娱乐用品及服务	902	877	−25	−2.8
其他商品及服务	141	136	−5	−3.5

从 2008 年农民家庭人均生活消费支出数据情况看，京郊农村八项农民家庭人均生活消费支出中，除文化教育娱乐用品及服务支出和其他商品及服务支出较 2007 年略有下降外，其余六项均呈现增长态势，

其中：食品支出、衣着支出、居住支出、家庭设备、用品及服务支出、医疗保健支出等五项增幅均超过两位数，其中家庭设备、用品及服务支出增速高达23.9%，增速位居首位。尽管2008年郊区农民家庭人均生活消费支出有了较快增长，且农村消费构成与城市居民正日趋接近，但与城市相比，农村居民不仅人均消费支出总量仍相对较低，2008年农民人均生活消费支出总量为7 656元，比城镇居民的16 460元仍低8 804元，仅是城镇居民的46.5%，且农村居民食品及居住生活必需品消费所占比重相对较高，使农民的生活质量相对于城镇居民大打折扣。2008年农村居民居住消费所占比重高出城市居民9.1个百分点，是城市居民的2.2倍。

表5　2008年北京城市、农村八大类人均消费支出对比表　单位：元，%

	城市居民		农村居民	
	消费支出	构成	消费支出	构成
食品	5 562	33.8	2 629	34.3
衣着	1 572	9.6	597	7.8
家庭设备用品及服务	1 097	6.7	482	6.3
医疗保健	1 563	9.5	757	9.9
交通和通讯	2 293	13.9	887	11.6
教育文化娱乐服务	2 383	14.5	877	11.5
居住	1 286	7.8	1 291	16.9
其他商品与服务	704	4.3	136	1.8

表6　2008年北京市农村居民每百户耐用消费品拥有量情况表

消费品名称	单位	2007年	2008年	增长率（%）
1. 洗衣机	台	99	101	2.0
2. 电冰箱	台	104	104	0.0
3. 空调机	台	78	89	14.1
4. 抽油烟机	台	58	62	6.9
5. 吸尘器	台	9	8	−11.1
6. 微波炉	台	42	46	9.5
7. 热水器	台	74	81	9.5
8. 自行车	辆	182	183	0.5
9. 摩托车	辆	31	29	−6.5
10. 汽车（生活用）	辆	11	12	9.1
11. 固定电话	部	114	113	−0.9
12. 移动电话	部	182	201	10.4
13. 彩色电视机	台	134	137	2.2
14. 黑白电视机	台	2	1	−50.0
15. 摄像机	台	4	4	0.0
16. 影碟机	台	47	49	4.3
17. 照相机	架	37	39	5.4
18. 家用计算机	台	46	52	13.0
19. 中高档乐器	件	3	2	−33.3

【农民消费倾向与其收入水平关系密切】 统计数据显示：不同收入群体其消费水平存在较大差异，其消费水平与其收入正相关，消费倾向与其收入水平负相关。20%低收入户人均消费水平为4 320元，同比增长8.1%，其消费倾向高达0.969，表明其生活状况较为艰难，几乎没有收入积累，抵御风险的能力极低；20%中低收入户人均消费水平为6 015元，同比增长18.3%，消费倾向为0.837；20%中等收入户人均消费水平为7 387元，同比增长13.4%，消费倾向为0.772；20%中高收入户人均消费水平为8 800元，同比增长11.7%，消费倾向为0.688；20%高收入户人均消费水平为12 685元，同比增长10.9%，消费倾向为0.586（表7）。

表7　2008年北京农村居民不同收入群体消费情况一览表

	人均纯收入（元）	人均消费（元）	消费倾向
合计	10 747	7 656	0.712
20%低收入户	4 458	4 320	0.969
20%中低收入户	7 186	6 015	0.837
20%中等收入户	9 566	7 387	0.772
20%中高收入户	12 790	8 800	0.688
20%高收入户	21 629	12 685	0.586

【不同类型地区消费水平差异明显】 近郊农村居民人均消费支出为10 702元，高出全市平均水平3 046元，消费倾向为0.775；远郊人均消费支出6 914元，比全市平均水平低472元，比近郊低3 788元，消费倾向为0.691。山区农村人均消费支出为6 554元，比全市平均水平低1 102元，比平原低1 479元，消费倾向为0.709；平原农民人均消费支出8 033元，高出全市平均水平377元，消费倾向为0.713。从不同功能区域看，城市功能拓展区（包括

丰台区、海淀区和朝阳区）农村居民人均消费支出为10 702元，高出全市平均水平3 046元，消费倾向为0.775；城市发展新区（包括昌平区、顺义区、通州区、大兴区和房山区）农村居民人均消费支出为7 156元，比全市平均水平低500元，消费倾向为0.703；生态涵养发展区（包括门头沟区、平谷区、怀柔区、密云县和延庆县）农村居民人均消费支出为6 561元，低于全市平均水平1 095元，消费倾向为0.674。从八大类人均消费数额看，除个别类别的个别其中项外，不同功能区农村居民人均消费支出额排序均是城市功能拓展区最高，城市发展新区次之，生态涵养发展区最低（表8）。

表8　2008年不同功能区农民人均生活消费支出情况一览表

单位：元

指标名称	全市	城市功能拓展区	城市发展新区	生态涵养发展区
合计	7 656	10 702	7 156	6 561
一、食品支出	2 629	3 634	2 523	2 181
其中：谷物	233	213	239	238
蔬菜及制品	193	289	180	154
肉、禽、蛋、奶及制品	697	992	677	549
在外饮食	516	672	487	464
二、衣着支出	597	1 038	512	459
其中：服装	369	681	303	280
三、居住支出	1 291	1 817	1 180	1 137
其中：生活用电	292	519	264	198
燃料	464	640	436	401
四、家庭设备用品及服务支出	482	640	463	415
其中：机电用品	210	244	198	208
日用品	131	195	129	94
五、交通和通讯支出	887	1 337	847	674
其中：交通工具	210	252	225	162
通讯工具	88	130	79	77
通讯费	340	536	305	273
六、文教娱乐用品及服务支出	877	1 136	775	870
其中：教育服务消费	535	569	507	554
机电用品	148	194	133	142
学杂费	377	284	384	421
文娱费	131	260	80	127
七、医疗保健支出	757	898	727	716
其中：药品	227	265	209	230
医疗费	487	556	487	443
八、其他商品及服务支出	136	202	129	109
附：服务性支出	2 708	3 678	2 536	2 377

不同功能区人均消费实物量除粮食、豆类及豆制品等个别品种外，其人均消费量次序也基本上是城市功能拓展区最高，城市发展新区次之，生态涵养发展区最低（表9）。不同功能区每百户拥有19种主要耐用品量特点规律也与上述雷同（表10），表10数据的规律特点及其数据的大小是制定北京市家电、汽车等下乡政策的重要考量依据。

表9　2008年不同功能区人均实物量消费情况一览表

指标名称	单位	全市	城市功能拓展区	城市发展新区	生态涵养发展区
1. 粮食	千克	107.0	80.9	114.3	112.1
其中：小麦	千克	47.2	29.7	56.5	44.3
稻谷	千克	40.9	35.3	35.8	51.7
玉米	千克	5.3	2.6	6.6	5.2
2. 豆类及豆制品	千克	5.3	5.2	5.5	5.0
其中：豆制品	千克	3.7	3.4	3.9	3.7
3. 蔬菜及菜制品	千克	99.1	122.8	92.5	94.6
4. 植物油	千克	9.8	10.0	9.6	10.1
5. 动物油	千克	0.0	0.0	0.0	0.0
6. 肉禽及其制品	千克	23.5	29.1	23.5	20.1
其中：猪肉	千克	12.4	14.1	12.2	11.9
牛羊肉	千克	3.9	7.0	3.8	2.2
家禽	千克	3.4	4.0	3.6	2.9
7. 蛋类及其制品	千克	10.3	12.0	10.5	8.9
8. 奶和奶制品	千克	11.5	20.8	10.4	7.5
9. 水产品	千克	4.9	6.2	5.5	3.3
其中：鱼类	千克	4.2	4.8	4.8	3.0
10. 食糖	千克	0.9	1.0	1.1	0.7
11. 白酒	千克	4.9	5.5	4.5	5.3
12. 啤酒	千克	12.0	11.3	11.2	13.5

（续）

指标名称	单位	全市	城市功能拓展区	城市发展新区	生态涵养发展区
13. 果酒	千克	0.1	0.2	0.1	0.0
14. 茶叶	千克	0.6	1.0	0.6	0.3
15. 干鲜瓜果类	千克	36.3	42.5	35.6	33.6
16. 卷烟	盒	41.9	43.2	40.8	42.7
17. 服装	件	3.7	4.7	3.5	3.3

表 10　不同功能区每百户主要耐用消费品拥有量情况一览表

指标名称	单位	全市	城市功能拓展区	城市发展新区	生态涵养发展区
1. 洗衣机	台	101	108	101	97
2. 电冰箱	台	104	114	107	95
3. 空调机	台	89	149	93	49
4. 抽油烟机	台	62	94	58	49
5. 吸尘器	台	8	22	4	5
6. 微波炉	台	46	82	40	32
7. 热水器	台	81	93	76	83
8. 自行车	辆	183	203	189	163
9. 摩托车	辆	29	22	32	30
10. 汽车(生活用)	辆	12	18	13	6
11. 固定电话	部	113	136	111	103
12. 移动电话	部	201	222	199	192
13. 彩色电视机	台	137	151	141	123
14. 黑白电视机	台	1	0	2	1
15. 摄像机	台	4	7	5	2
16. 影碟机	台	49	57	48	46
17. 照相机	架	39	68	36	27
18. 家用计算机	台	52	81	54	33
19. 中高档乐器	件	2	5	1	3

（刘学军）

农村社会保障

【新型农村社会养老保险取得成效】　2008 年，新型农村社会养老保险工作，全面贯彻落实科学发展观，以落实《北京市新型农村社会养老保险试行办法》制度为主线，以发展创新为动力，以完善配套制度、规范基金管理、信息系统建设和政策宣传为重点，以参保率达到 80%为目标，解放思想，科学决策，开拓进取，勤奋工作，精心组织，狠抓落实。截至 12 月底，新增参保人数 78 万人，累计参保人数 127.5 万人，参保率由 2007 年底的 36.6%大幅跃升到 85%。年内，领取待遇人员有 7.1 万人，其中有 6.7 万余人享受基础养老金，每人每月 280 元。人均养老金水平由 2007 年底的 100 元左右提高到 400 元左右，超额完成了新农村建设折子工程 80%的目标任务，农村养老保障发展实现了实质性的跨越。

2008 年，全市共将历史数据 49 条完整、顺利地导入新系统，新录入数据 80 余万条，建立起 130 余万条的农村养老保险基本信息库，13 个郊区县全部运用系统开展保险费收缴、养老金发放、财务计账等业务。

【实施新农保的主要工作措施】

1. *各级领导高度重视，将新农保列入重要工作目标。*全市动员大会后，各有关部门积极贯彻落实会议精神，各郊区县政府都召开了实施新农保动员大会，对完成新农保目标任务采取了有效措施。一是将新农保参保率力争达到 80%的目标，列入了本市新农村建设折子工程，同时市委组织部将新农保覆盖率列入对区县政府政绩考核目标。二是区县政府都建立了有关部门参加的领导小组，同时建立了新农保目标管理和考核责任制，大兴、房山、密云等区县政府还与各乡镇签订了工作目标责任书。

2. *利用各种形式广泛宣传，使新农保深入到户。*一是形成了以政府为主导、各部门紧密配合、群众积极参与的宣传氛围。为做好新农保的宣传工作，市劳动和社会保障局组织开展多种形式的宣传活动。通过新闻发布会、新闻座谈会、送春联、宣传月、专业报等主导宣传。通过致农村居民的一封信、宣传提纲、参保流程等宣传材料，统一宣传政策；通过电台城市零距离、电视台北京热线为群众答疑解惑。截止 4 月 30 日，中央及市属报刊媒体共刊登“新农保”制度相关报道 58 篇；各区县劳动保障局在市属及区县媒体共刊登“新农保”制度相关报道 53 篇；全市共组织与群众面对面宣传活动 27 次。二是区县劳动保障局利用“新农保”基础养老金首发仪式进行宣传。在基础养老金的发放过程中，有 9 个区县举行了首发仪式，市劳动保障局局领导和区县政府领导分别参加了发放仪式，为宣传新农保推波助澜。三是乡镇采取多种形式进行宣传。乡镇、村充分利用村级广播、板报、宣传栏等进行宣传，同时乡镇社保所工作人员积极深入乡村，走家串户，面对面地向村干部和村民发放“新农保”宣传材料，咨询、讲解、解答新农保政策。

3. *加大力度，层层培训。*为了将新农保政策落到实处，使基层工作人员和基层干部正确理解和把握政策，一是对全市区县农保中心经办人员进行了全员业务培训，为检验培训的效果组织了考试；二是各区县组织对乡镇主管乡镇长、社保所长和具体工作人员参加的新农保工作培训，使乡镇领导和农保工作人员理解和掌握了新农保政策，为乡镇深入各村开展宣传动员和组织发动工作奠定了良好基础；三是由乡镇组织各村支部书记或主任、财务、劳动协管员等有关人员参加的新农保政策动员培训，为“新农保”制度的顺利实施奠定良好的基础。

上年，北京市率先建立了“新型农村社会养老保险制度”（简称“新农保”）和“城乡无社会保障老年居民养老保障制度”（简称“老年保障”），解决了劳动年龄内的农民参加养老保险和60岁以上城乡无社会保障老年人的养老保障问题，填补了北京市养老保障制度的空白。城乡56.3万人享受了政府的福利养老金。但是由于城乡养老保险制度是逐步建立起来的，在有些政策的衔接方面还不够完善，仍然有两部分人群没有被制度覆盖：一是一部分劳动年龄内无固定收入的大龄城镇居民，没有参加企业职工基本养老保险，约10万人；二是超过劳动年龄的城乡女性居民（城镇51～59岁、农村56～59岁），新农保制度没有覆盖她们，享受老年保障制度也不够条件，约10万人。

为使养老保险制度实现全覆盖，市政府在新农保制度的基础上，下发了《北京市城乡居民养老保险办法》（京政发［2008］49），于2009年1月1日起实施。无论是农村居民还是城市居民，凡符合城乡居民参保条件的，都可以参加城乡居民养老保险制度。同时也完善了城乡老年保障制度。将已经参加新农保的127万人和上述两部分人员中女55岁以下、男60岁以下的人员纳入城乡居民养老保险制度；将女56～59岁人员一次性纳入老年保障制度，老年保障制度作为对特殊群体的特殊政策，不再扩大享受人群。今后劳动年龄范围内的人员，通过参加养老保险进行缴费，到达领取年龄时享受养老保险待遇。

城乡居民养老保险制度的建立，是市委市政府贯彻十七大和十七届三中全会精神，落实科学发展观，统筹城乡，以人为本，加快建立覆盖城乡居民养老保障体系的一项重大举措。城乡居民养老保险制度是北京市养老保障体系建设的重要组成部分，作为城乡居民养老的基本制度，将为北京市城乡居民今后养老提供基本的保障。从而使北京市的养老保障体系更加完善，真正实现了养老保障制度的全覆盖。至此，北京市形成企业职工基本养老保险、城乡居民养老保险、机关事业单位退休金制度和城乡无社会保障老年人养老保障的体系新格局。

【城乡居民养老保险制度内容】

1. 制度设计的基本思路。按照落实科学发展观和构建社会主义和谐社会的要求，立足当前，着力解决“新农保”和“老年保障”制度实施中出现的新问题，着眼长远，完善制度体系，构建城乡一体化养老保障的新格局，即打破二元障碍，建立城乡居民统一的养老保险制度，从而使北京市养老保障制度在全国率先形成基本养老保险、城乡居民养老保险和老年保障制度的新格局。

总的原则：打破户籍，体制创新，城乡统一。

总的目标：城乡养老保障全覆盖，实现人人享有养老保障。

2. 基本制度框架。实施个人账户和基础养老金相结合的制度模式。

个人账户养老金，由参保人在缴费期的缴费积累形成；基础养老金由财政提供，在参保人达到领取年龄时支付其基础养老金。

3. 个人缴费标准、实践和形式。城乡居民参加养老保险个人缴费实行按年缴费，每年的4月1日—12月10日为养老保险缴费期。缴费标准为本市农民上年人均纯收入的9%和城镇居民人均可支配收入的30%。

4. 待遇领取的条件和标准。参保人员男年满60周岁、女满55周岁时，累计缴费满15年的，按月享受城乡居民养老保险待遇；参保的大龄人员缴费年限不受15年的限制，从制度实施之日起，男已满45周岁、女已满40周岁，只要按年不间断缴费，达到领取年龄时，就可按月享受城乡居民养老保险待遇。领取待遇的标准，按照城镇企业职工个人账户的计发标准，即个人账户积累额除相应的月数（男性除139个月，女性除170个月）；基础养老金目前为每人每月280元。

5. 与其他养老保险的衔接。

（1）“新农保”与“居民养老保险”的衔接。《城乡居民养老保险办法》施行之日，已经按照新型农村社会养老保险制度规定领取养老金的人员，继续按照领取时确定的养老金标准领取养老金。如遇基础养老金待遇调整，按调整后的待遇标准计发基础养老金。

对已参加新型农村社会养老保险还未达到领取年龄的人员，应参加城乡居民养老保险并继续缴费，其新型农村社会养老保险个人账户资金并入城乡居民养老保险个人账户，新型农村社会养老保险缴费年限计为城乡居民养老保险缴费年限。

（2）“职工养老保险”和“居民养老保险”制度的衔接。在城乡居民养老保险和基本养老保险都有缴费记录的人员，达到退休年龄时，符合基本养老保险按月领取条件的，由本人到户籍所在地的社保所提出申请，将其在城乡居民保险的个人账户资金转入基本养老保险，并按规定将城乡居民保险费折算为基本养老保险的缴费年限，同时将折算的资金分别计入基本养老保险的个人账户和统筹基金。

在城乡居民养老保险和基本养老保险都有缴费记录的人员，达到退休年龄时，不符合基本养老保险按月领取条件的，由本人到参保地的社保经办机构提出申请，经区县经办机构核实后，可将其按照基本养老保险规定计发的待遇转入其户口所在地的城乡居民养老保险个人账户，其基本养老保险每满一年的缴费年限视同城乡居民养老保险一年的缴费年限。

同一年度在城乡居民养老保险和基本养老保险都

有缴费的，折算年限时不累计计算缴费年限。

6. 基金纳入财政专户管理。城乡居民养老保险基金纳入区（县）财政专户，以区（县）为单位核算和管理。区（县）财政部门、劳动保障部门应设立专门账户，对本区（县）城乡居民养老保险基金进行管理，专款专用。任何部门、单位或个人均不得转借、挪用和侵占。

区（县）财政部门应按经同级政府批准的城乡居民养老保险基金预算安排资金，确保城乡居民养老保险待遇的按时足额发放。

市、区（县）经办机构应建立健全城乡居民养老保险基金的财务、会计、统计等管理制度。区（县）财政部门对劳动保障部门报送的按年度编制城乡居民养老保险基金收支预决算报告进行审核，并报同级人民政府批准。

城乡居民养老保险基金应按照国家社会保险基金的有关规定保值增值，任何单位和个人均不得擅自改变其性质和用途。

【城乡居民养老保险制度特点】

1. 打破城乡户籍界限，实现体制创新。建立统一的居民养老保险制度，凡是本市户籍在劳动年龄内、没有纳入行政事业单位编制管理或不符合参加本市企业职工基本养老保险条件的城乡居民，都能参加城乡居民养老保险，从而在保险制度上没有遗漏人群。通过建立城乡居民养老保险制度，将城镇职工养老保险制度、老年保障制度、机关事业单位退休制度以外的所有城乡居民统一纳入该制度中，既实现了全覆盖，又体现了城乡一体化。

2. 城乡居民尽同样的义务，享受同样的待遇。城乡居民缴费采取按年缴纳的形式，最低缴费标准为农村居民上年人居纯收入的 9%；最高缴费标准为城镇居民上年可支配收入的 30%。城乡居民可在下线和上线之间选择。城乡居民养老保险待遇由个人账户养老金和基础养老金两部分组成。基础养老金是参保人在领取待遇时由政府补助的财政性资金，标准全市统一，为每人每月 280 元，所需资金由区县财政负担，基金纳入区县财政专户管理。城乡居民缴费和待遇的统一，既考虑了参保人的缴费能力，也考虑了缩小与企业职工基本养老保险的水平的差距。

3. 城乡居民养老保险和企业职工养老保险实现衔接。为有利于城乡劳动力流动，城乡居民养老保险制度规定，在城乡居民养老保险和企业职工基本养老保险都有缴费记录的人员，达到领取年龄时，符合基本养老保险按月领取条件的，按照基本养老保险的规定计发养老待遇，在城乡居民养老保险的缴费折算为基本养老保险的缴费和年限；不符合基本养老保险按月领取条件的，按照基本养老保险规定计发的相关待遇转入城乡居民养老保险，按居民养老保险的规定计发养老待遇。城乡居民养老保险和企业职工养老保险实现衔接，解除了劳动者城乡工作流动的后顾之忧。

4. 城乡居民养老保险费实行商业银行代收和社会化发放。城乡参保居民可到指定的商业银行开立存折存入应缴保险费，经办机构通过商业银行进行缴费扣款。养老金实行社会化发放，领取待遇人员可到相关商业银行或其他金融服务网点领取养老金。确保基金收缴安全和养老金发放及时。

（市人力资源和社会保障局　冯晓晴）

【农村低保】 截至 2008 年 12 月，北京市共有农村低保对象 4.65 万户、8.3 万人，当年累计支出资金 11 559 万元。为进一步保障困难群众的基本生活，北京市民政局会同有关部门测算公布了全市农村低保最低标准，研究出台了农村分类救助制度，进一步提高了农村低保救助的针对性和科学性。

1. 调整提高农村低保标准。2008 年 6 月，北京市政府批准了市民政局会同市统计局、国家统计局北京调查总队、市财政局制定的 2008 年全市农村低保标准调整方案。规定从 2008 年 7 月 1 日起，市民政局会同有关部门测算公布全市农村低保最低标准，各区县在此基础上制定落实方案。

2008 年全市农村低保最低标准为年人均 1 780 元。截至 2008 年 12 月，各区县农村标准年人均 1 780～4 680 元不等，其中朝阳、海淀、丰台区的农村低保标准参照城市低保标准执行，全市平均标准为 2 407元，较上一年得到较大幅度的提高。具体标准见表 1。

表 1　2008 年各区县农村低保标准统计表

单位：元/年

区县	农村低保标准
朝阳区	4 680
海淀区	4 680
丰台区	4 680
门头沟	2 040
房山区	1 920
通州区	1 920
顺义区	2 160
昌平区	1 920
大兴区	1 920
平谷区	1 800
怀柔区	1 780
密云县	1 800
延庆县	1 800

2. 研究建立农村低保分类救助制度。为进一步促进农村低保制度的规范化和科学化，加大对农村低保对象的救助力度，参照城市低保分类救助制度，北京市建立了农村低保分类救助制度，并于 2009 年 1 月起实施。按照分类救助的原则，根据低收入家庭赡养系数、人口结构等不同情况，对五保对象、重残

人、老年人、未成年人等特殊困难人员，分别按照15%、10%、10%、5%等不同系数实施救助，加大了对特殊困难人员的救助力度。农村低保和农村五保对象中没有劳动能力的重残人，其本人按照本市当年城市低保标准享受救助。同时，对法定抚养人达到退休年龄的重残人家庭，核定其家庭收入时，法定抚养人先扣除本区县当年农村低保标准的80%，再计算家庭收入，以提高抚养老人的生活水平。

【农村五保供养】 为进一步贯彻落实国务院新修订的《农村五保供养工作条例》，2008年3月，北京市出台了《北京市实施〈农村五保供养条例〉办法》（北京市人民政府令第202号），并于5月1日开始实施。2008年7月1日，北京市民政局会同市发展和改革委、市农委等9个部门，联合下发了《北京市实施〈农村五保供养条例〉办法实施细则》（京民救发［2008］270号）。上述文件的颁布和实施，进一步明确了北京市农村五保供养工作的管理体制、财政保障体制，全面规范了农村五保供养工作制度和提高了农村五保供养工作水平。按照农村五保供养工作办法，各区县农村五保供养标准主要根据统计部门公布的上年度本行政区域内农村居民家庭人均生活消费支出确定，区、县财政部门根据上年农村五保供养标准将农村五保供养资金列入财政预算，从而提高了北京市农村五保供养对象的保障水平。2008年各区县农村五保供养最低标准如表2：

表2　2008年各区县农村五保供养最低标准统计表

单位：元/年

区县	农村五保标准
朝阳区	9 872
海淀区	9 868
丰台区	8 400
门头沟	6 888
房山区	6 155
通州区	6 000
顺义区	6 266
昌平区	7 835
大兴区	6 086
平谷区	6 329
怀柔区	5 872
密云县	5 926
延庆县	5 003

【专项救助】

1. *农村医疗救助*。2008年，北京市城乡医疗救助（含贫困孕产妇医疗救助）共支出资金2 291万元，救助困难群众约10万人次。2008年12月，按照“先保险、后救助”的思路，北京市民政局会同市财政局、市劳动社会保障局、市卫生局联合下发了《关于规范和统筹本市城乡医疗救助制度的通知》，全面统筹了城乡医疗救助制度，取消了救助起付线，提高了医疗救助报销比例和报销额度，进一步促进医疗救助和医疗保险的有机衔接。按规定，门诊救助的报销比例由50%提高到60%，每年累计报销额度为2 000元；住院救助的报销比例由50%提高到60%，报销额度最高为3万元。

2. *农村低保对象危旧房翻建维修工作*。2008年，北京市各级民政部门共为1 279户农村困难家庭翻建维修住房4 168间，市、区县、乡镇三级财政共投入资金2 687万元，超额完成2008年为1 000户农村困难群众翻建维修住房的计划。

为提高农村基本住房救助的科学性，与有关单位专家学者合作进行了农村社会救助对象家庭危旧房认定标准的调研，初步提出了《北京市农村居民基本住房技术标准》，为下一步研究制定农村困难居民基本住房救助办法，不断完善农村困难群众的基本住房救助制度打下了良好的基础。

3. *高等教育新生入学救助*。全市共有1 665名城乡特困家庭的贫困学生得到了救助，市民政局共拨付各区县高等教育新生入学救助金663.23万元。

4. *燃煤自采暖救助*。将城乡低保和生活困难补助家庭的冬季燃煤自采暖救助金标准由每户200元提高到每户300元。

【临时救助】 2008年全市共有35.89万户次、68.4万人次享受临时救助，支出资金4829万元。同时，为进一步加大对城乡低保边缘群众的救助力度，北京市研究出台了城乡低收入家庭救助制度。

1. *延长临时生活补贴发放时间*。2008年2月，针对全市居民生活基本物价持续上涨的情况，市民政局下发《关于延长城乡低收入群众临时生活补贴发放期限的通知》（京民救发［2008］80号），将自2007年10月以来，对北京市城乡低保对象每月发放的20元临时性生活补贴的时间延长至6月份，切实保障城乡低保对象的基本生活不因物价上涨而受到影响。

2. *建立规范和统筹临时救助制度*。2008年12月，北京市民政局、市财政局、市教委等9部门联合印发了《关于规范和统筹临时救助制度的通知》（京民救发［2008］546号），并于2009年1月实施。通过规范临时救助制度，初步建立北京市城乡低收入家庭救助制度。2009年城乡低收入家庭认定标准定为本市（当地）当年城乡低保标准的170%。城乡低收入对象可根据家庭的实际生活困难，申请享受本市各专项救助待遇和一次性临时救助待遇。

【灾民救助】 2008年，北京市气候异常，自然灾害频繁，且覆盖面广，特别是雨汛期间，大风、冰雹、暴雨等强对流天气频发，造成部分农作物减产甚至绝收，灾情较重，对灾区群众的生产生活带来较为严重的影响。据统计，2008 年全市受灾人口 39.878 万人，损毁房屋 1 945 间，农作物受灾面积近 4.82 万公顷，其中绝收面积 0.78 万公顷，直接经济损失 8 亿余元，其中农业直接经济损失 7.3 亿元。2008 年，市、区县财政于分别于 7 月、9 月、10 月、12 月四次下拨汛期应急救灾资金、冬春救灾资金共 1 494万元，救助灾民 106 632 人次。

（市民政局　钱洁凡　项　虹　汪　扬）

农村改革与管理

概　述

2008年，按照市委部署，郊区大力推进改革创新，加强农村制度建设，激发农村经济社会发展内在活力。农村土地制度进一步完善稳定，乡村集体经济产权制度改革速度加快，农村综合改革稳步推进，非公有制经济呈现出活力。

减轻农民负担与农村综合改革

按照《北京市人民政府关于做好农村综合改革的意见》（京政发［2007］32号）的要求，2008年，北京市农民负担监督管理部门主要做了以下几项工作。

一、开展了2008年度农民负担监督管理春秋季两次执法检查

检查包括以下四项内容：一是财政对村级组织各项补贴资金的划拨、管理使用情况；二是市级新农村建设试点村负债情况；三是在市、区（县）政府事权范围之内的道路修建中，无偿占用村集体经济组织土地情况；四是村级集体经济组织承担城镇居民管理费用情况。

1. 财政对村级组织各项补贴资金的划拨、管理使用情况。2008年，市政府增加了对村级公益事业资金的补贴。享有15万元补贴的村，由上年的2 146个增加到2 791个，增加补贴资金4 515万元。经检查，全市2008年度的财政对村级的补贴资金包括：村级干部固定报酬及办公经费补贴12 084.85万元，农业税附加返还1 740.03万元、村级集体公益事业专项补贴资金52 601万元，共计66 425.88万元。其中，市级财政补贴59 336.08万元，区县财政补贴7 089.8万元。这些资金，除干部工资和办公经费市财政按月拨付以外，其他已经全部拨付到村。没有发现拨付不及时或者截留挪用情况。2007年全市村级组织共收到公益事业补助资金49 592.2万元，到2007年12月31日，实际支出43 544.6万元，使用率为86%。其中用于公益设施建设费用资金26 729.41万元，占支出资金总额的61.4%；用于公益事业维护费用资金7 189.47万元，占支出资金总额的16.5%；用于社会管理费用资金5 850.19万元，占支出资金总额的13.4%；用于社会事业费用资金2 509.78万元，占支出资金总额的5.8%；用于村务人员工资费用资金1 265.84万元，占支出资金总额的3%。

2. 市级新农村建设试点村负债情况。全市79个市级新农村建设试点村分布在13个区县。通过检查，除朝阳、海淀、丰台和房山4个区县的16个市级试点村没有因新农村建设导致集体债务负担增加。其他9个区县63个试点村中，有38个村因新农村建设集体负债有所增加。这38个村共增加集体负债8 664.3万元。其中，在集体账内核算反映的3 275万元，占37.8%；在集体账外记载的5 389.3占62.2%。造成集体债务增加的主要原因是超规划进行建设、超预算进行投资、扶持资金拨付不及时以及配套资金不足等。

3. 在市、区（县）政府事权范围之内的道路修建中，无偿占用村集体土地情况。通过检查发现海淀、丰台、通州、大兴、房山等区在属于市、区（县）政府事权范围内的道路修建中，共无偿占用村集体经济组织土地518.29公顷。村集体经济组织负担拆迁费26 376.51万元，负担修建费2 615.93万元。

4. 村级组织负担城市居民管理费用问题。村级集体组织承担城镇居民管理费用的问题，在城乡结合部地区比较普遍。本次检查中，海淀、朝阳、门头沟、昌平、平谷等5个区对这个问题进行了认真调查。发现2007年，这5个区有100个村在不同程度上负担了城市居民的管理费用，共计8 343.04万元。

针对检查出来的上述问题，农民负担监督管理部门提出了建议，得到市农委领导高度重视，责成有关区县和部门认真解决。

二、开展了农村教育债务清理工作

根据国务院农村综合改革办公室的部署和《北京市人民政府办公厅关于做好清理化解乡村债务工作的实施意见》，2008年全市开展了农村义务教育债务核实工作，11个郊区县共上报农村义务教育债务525笔、40 157.1万元，涉及25个乡镇、128个村、190

所学校、经审核确认，实际债务221笔、27 623.5万元。通过清理核实，摸清了债务底数，为市政府制定化解农村债务政策提供了准确依据。

三、发放了新一轮《北京市农民负担监督卡》

市农民负担监督管理办公室统一印制了新一轮《北京市农民负担监督卡》（2008—2010年）110万份，发放到全市每一个农户。监督卡明确了减轻农民负担“八不准”（不准设立专门面向农民的行政事业性收费和政府性集资项目；不准以任何理由擅自向农民摊派；不准开展要求农民出资、出劳、出物的达标升级活动；不准向农民收取已经明令取消的行政性事业性收费；不准将集体生产公益事业筹资筹劳变为固定收费项目；不准向农户收取献血费、学生取暖费和学杂费；不准超过国家公布的电价标准向农民和村级组织收取电费，不得要求村级组织承担总表与分表之间的损耗电费；不准非法剥夺农户土地承包经营权和收益权，强制或限制农户流转土地使用权）和减轻农民负担“八严禁”[严禁截留、挪用、拖欠应支付给村集体经济组织的集体土地征用、占用补偿费用；严禁村民委员会以任何名义举债，在社会主义新农村建设中决不能盲目举债搞建设，不得搞“形象工程”；严禁村级组织未经集体经济组织成员代表大会或者村民代表会议民主讨论，擅自动用集体财物进行捐资助学或者对教师发放补贴奖金；严禁以任何名目向农民和村级组织摊派农村基础教育经费，不得要求农民和村级组织承担农村中小学校正常运转经费和校舍建设、维修费用；严禁任何组织向村级组织摊派报刊订阅任务；严禁任何组织和个人以任何理由截留、挪用、挥霍财政对农民和村级组织的各项补贴资金；严禁村级组织收取入户费（村经济合作社向申请加入本社的非集体经济组织成员收取入社投资除外）；严禁村级组织动用土地补偿费购置公务用车、发放干部报酬、建设办公场所和支付招待费用]。

四、制定了北京市村民一事一议筹资筹劳办法

依据国务院转发的农业部关于村民一事一议筹资筹劳办法的规范性文件，市农委制定了《北京市村民村民一事一议筹资筹劳办法》，明确了开展村民一事一议筹资筹劳的范围、程序、使用办法；规定一事一议筹资筹劳上限标准由各区县政府根据本地实际制定，并报市农民负担监督管理部门备案。

（黄中廷）

农村土地承包管理

【开展农户土地承包经营权流转调查】 2008年4—7月，市农委、市经管站组织各区县对农户土地承包经营权确权和流转情况进行了调查。调查的重点：一是郊区农村土地确权和流转的现状；二是土地流转后的经营情况，包括流转土地的土地类型、经营方式、生产方式、效益情况等；三是土地流转后发展都市型现代农业的情况；四是土地流转的制约因素及管理中存在的不足等。市经管站设计完成了《郊区土地承包经营与流转情况调查表》，并组织召开了各区县主管站长、科长会议，布置农村土地流转情况调查工作。市农委、市经管站的有关人员先后到怀柔区、顺义区、延庆县和大兴区进行了实地调研，与当地的干部群众就土地流转的基本情况、存在问题进行了座谈，并根据调研情况、区县上报数据及典型材料，完成了《郊区土地承包经营与流转情况调查表》的汇总和《关于我市农户土地承包经营权流转情况的调查报告》。

调查结果表明，到2007年底，全市农村确权土地476.7万亩，流转214.6万亩，占45%。土地流转主要采取三种形式，其中确利流转11.77万公顷，占流转总面积的82.3%；确股流转3 466.67公顷，占11.7%；确地后流转8 533.33公顷，占6%。土地流转呈现出以下五个特点：一是粮食流转面积最大。从经营内容看，粮食流转面积达到4.63万公顷，占32.4%；经济作物2.53万公顷，占17.7%；果树流转2.22万公顷，占15.5%；养殖业流转4 866.67公顷，占3.4%；其他产业4.43万公顷，占31.0%。二是确利流转、确股流转后分别以经营粮食和其他产业为主。确利流转后，用于粮食生产的土地4.22万公顷，占35.8%；其次是其他产业，面积3.12万公顷，占26.5%。确股流转后，土地主要用于其他产业经营，面积1.11万公顷，占确股流转面积的65.9%，粮食、经济作物、果树、养殖业的经营面积都较小。三是确地后流转以对外出租为主，流转土地以经济作物田为主。确权确地后土地流转面积8 533.33公顷，占确地面积18.33万公顷的4.7%；流转形式中以对外出租为主，出租面积3 866.67公顷，占45.0%。确地后用于流转的土地除养殖业用地较少外，粮田、经济作物田、果树地、其他产业用地的比例大致相当，其中，经济作物田略多，占29.4%。四是村集体经济组织在土地流转中介服务中占重要地位。确利和确股流转基本上由乡、村两级集体负责组织。确地后流转的土地中，农户间自发流转1 933.33公顷，占确地流转面积的22.7%；由乡村组织提供信息的1 066.67公顷，占12.5%；委托乡村组织流转的3 000公顷，占35%。五是土地流转对促进农民增收作用显著。特别是流转后采取集体经营和对外租赁方式的，通过积极转变农业生产方式，大力发展设施农业，建设温室大棚，调整农业产业结构，实现了农业增效和农民增收，初步建立起了土地确权收益兑现长效机制，农民的土地承包经营权得到切实而有效的保障。通过调查，也发现了当前农村土地承包和流转中存在的一些问题，主要包括：农村土地流转优惠政策较少，缺乏重大利好吸引，农户流转

土地动力不足，有的地区土地流转进展缓慢，有的地方土地流转后经营效益不佳，农户流转收益兑现有困难，还有的村流转收益增长机制不合理，影响农民增收。

到2008年底，农户土地承包经营权流转进度与2007年相比，变化不大。

【认真完成农业部部署的各项专题调查】 一是农村土地经营及流转情况调查。根据农业部经管司《关于请提供有关农村土地经营及流转情况的通知》要求，市经管站对本市当前农民土地股份合作经营情况、当前农村土地流转情况、农村土地流转合同规范化管理情况、提供流转服务情况、支持流转的措施和做法进行了认真分析，完成了《关于北京市农村土地经营及流转情况的报告》。二是农村土地流转情况专题调研。根据农业部办公厅《关于组织开展农村土地流转情况专题调研工作的通知》(农办经［2008］5号）要求，市经管站组织各区县对北京市当前农村土地流转的规模、速度、特点和存在的问题进行了调查，并对顺义区、房山区、密云县进行了重点调查，完成了《关于北京市农村土地流转情况的调查报告》。报告分析了影响农村土地流转的因素，提出了进一步引导和规范农村土地流转、健全土地承包经营权流转市场的意见和建议。三是基本农田入户进证试点工作调查。根据农业部经管司关于开展基本农田入户进证试点工作的精神，市经管站下发了《关于开展基本农田入户进证试点工作的通知》（农经字［2008］33号)，在房山区、延庆县各选了一个村开展试点工作，组织人员将基本农田地块的位置和面积标注到《土地承包经营权证书》中，并对工作开展情况进行总结，为下一步在更大范围内推广此项工作提供了实践经验。四是外出务工农民返乡及土地承包纠纷情况调查。随着金融危机对实体经济的影响加深，外出务工农民返乡数量有所增加，一些地方土地承包和流转纠纷增多，根据农业部经管司《关于上报外出务工农民返乡及土地承包纠纷情况的函》的要求，市经管站组织各区县经管站分别在2008年12月25日、2009年2月10前上报《外出务工农民返乡情况表》，并经过认真汇总分析后上报农业部经管司。

【完成2007年农村管理信息化合同管理模块的数据检测和分析工作】 根据各区县上报的数据，市经管站完成了《2007年合同管理信息化数据分析表》和《2007年合同管理信息化数据的分析报告》，对土地确权面积、类型及确权结构情况、应确权村、已确权村、未确权村的分布情况、已确权土地的土地类型情况、确权确利、确权确股土地的经营形式、确利收益兑现情况、股金分红情况、确权合同签订情况、土地承包经营权证书发放情况等进行统计并分析。据2007年底信息化系统统计，确权确地、确权确利、确权确股三类合同签订率分别为97.9%、79%和88.7%，已签合同中，分别有50.5万份、50.9万份、2.6万份在系统中进行了登记。

【完成行政执法工作总结】 经管部门行政执法工作涉及农村土地承包和合同管理的内容共有5项，其中：行政确认1项，即农村集体所有荒山荒滩租赁合同鉴证和农业承包合同鉴证；其他行政执法职权4项，包括负责农业承包合同的管理工作、对农村土地承包经营权流转及合同管理的指导、对农村土地承包经营权流转服务中介组织备案和指导、对农村集体所有荒山荒滩租赁合同管理。2008年，市经管站进一步加大了土地承包和合同管理的行政执法力度，并指导各区县认真开展行政执法工作，年终对具体情况进行总结，完成了《2008年土地承包和合同管理行政执法工作总结》。

【指导区县开展农村土地承包纠纷仲裁试点工作】 2006年6月，房山、大兴、延庆3个区县被农业部列为全国农村土地承包纠纷仲裁试点，市经管站按照农业部试点工作方案的总体部署，指导三个区县积极开展试点工作，取得了一定成效：一是试点单位完善了仲裁机构，成立了由区县农委、区县经管站、区县司法局等部门联合组成的农村土地承包仲裁委员会，办公室设在区县经管站；二是完善了农村土地承包仲裁各项制度，制定了仲裁程序、仲裁庭庭审程序、仲裁员工作守则、仲裁庭纪律和档案管理制度等一系列的配套制度和措施；三是抓好基础设施建设，投资建设了仲裁庭庭审大厅、合议厅和档案室，配备了投影仪、电子显示屏、照相机、勘测工具等仪器设备，改善了仲裁工作条件，创造了良好的工作环境；四是加大仲裁培训力度，提高仲裁员业务素质。试点工作3年来，3个试点单位共受理仲裁申请204起（房山75起、大兴126起、延庆3起)，其中仲裁裁决52起、撤诉2起、调解解决150起，结案率达到了100%。

【推动农村土地流转信息平台建设工作】 为引导、推动农村土地流转，向土地流转供需双方提供更加有效、便捷、快速的流转渠道，市经管站积极指导各区县开展农村土地流转信息平台搭建工作。通州区、房山区、大兴区经管站分别在2006年9月、2007年6月、2008年底开通了土地流转信息平台。通过网站的形式向土地流转双方提供各种流转信息和免费中介服务，为提升农村土地流转的规模和质量，实现土地价值最大化创造了有利条件。

【做好农村土地承包和合同管理的相关工作】 一是接待农村土地承包纠纷上访。2008年北京奥运会以后，农村土地承包相关问题电话咨询、来信、来访的情况有所增加。对此，市经管站认真向来电、来信、来访群众解答有关土地承包、确权和流转的法律法规、政策规定，并向有关区县反映问题，努力缓解群众矛盾，化解群众纠纷。二是完成农业承包合同管理情况年度统计工作。按照农业部经管司的要求，对家庭承包经营情况、合同签订和颁发《土地承包经营权证书》情况进行了统计，完成了《2007年土地承包经营情况统计表》。三是按要求向有关上级部门提供土地承包的数据和报告。包括：向市农委提供全市低收入村的土地面积及土地构成情况，为市农委社管处更新《关于在农村土地确权中化解矛盾，维护社会稳定情况的调查报告》中土地确权和流转的相关数据，向市农委发展规划处提供郊区废旧场院、废旧学校的个数、面积等数据，向市农委体改处提供参加全国农村土地承包经营权流转座谈会的发言材料，等等。四是组织召开农村土地承包和管理制度座谈会。为了全面贯彻党的十七届三中全会精神，探索未来郊区农村土地承包和管理制度的目标和方向，为逐步实现郊区农业现代化提供政策建议，市农研中心和市经管站在朝阳区、房山区组织召开了农村土地承包和管理制度座谈会，听取了农村基层干部和农民群众对土地承包和流转的意见，对当前农村土地流转中存在的问题进行了总结，完成了《朝阳区、房山区农村土地承包和管理制度座谈会纪要》。

（任玉玲）

农民专业合作组织

【基本情况】 据市经管站统计，截止2008年底，全市已登记注册的各类农民专业合作组织达2 266个，比2007年增加657个，增长40.8%。带动农户数37万户，占郊区从事一产农户数的34.9%。专业合作组织资产总额达24.6亿元，年经营总收入29.1亿元。其中，山区、半山区比平原区发展快，远郊区比近郊区发展快。具体是：延庆县258个、密云县360个、平谷区277个、怀柔区382个、房山区188个、昌平区165个、大兴区257个、通州区130个、顺义区91个、门头沟区129个、海淀区22个、朝阳区2个、丰台区5个。

【农民专业合作组织发展的主要特点】 目前，本市农民专业合作组织的发展是多样化和多种形式并存，而且在组织形式、功能、性质方面相互渗透，呈现出千姿百态的发展趋势。不同形式的农民专业合作组织的发展，适应了广大农民对专业合作的不同要求。

1. 合作形式多样。从组织性质角度看，本市农民专业合作组织在发展过程中逐步形成了三种类型：一种是专业合作社型，有2 082个，占91.9%。这是一种管理比较规范，与社员联系比较紧密的合作经济组织形式。专业合作社在工商管理部门登记。其特点是上联农产品加工企业和市场，下联农户社员，形成“公司或市场＋专业合作社＋农户”的产业化经营模式。在这种模式下，专业合作社作为企业的原料生产基地，实现了产、加、销一体化经营。社员一般交纳一定数量的股金，年底合作社按照与社员的产品交易数量或交易额返还利润，还有的拿出少部分利润进行股金分红。另一种是专业协会型，有178个，占7.9%。这是一种比较松散的合作经济组织形式，一般在民政部门登记，注册为社团组织。专业协会每年向社员收取一定数量的会费，以提供技术、信息、运销服务为主。由于社团组织受到经营范围的限制，一些专业协会成立了销售公司，公司在工商管理部门注册为企业法人。销售业务由公司管理，公司收购社员的农产品，统一进行销售。大多数专业协会不直接为社员销售产品，没有销售收入，因此，没有利润分配。第三种是专业联合社型，有6个，占0.2%。随着规模化、专业化生产的逐步形成，多数农民专业合作组织打破了村、镇界限，以产业为依托，实行跨区域经济合作。密云、延庆、大兴等区县的一些专业合作组织为了在激烈的市场竞争中形成合力，做大做强，自发地成立了板栗、柴蛋鸡、奶牛等专业联合社。

从组织方式及培育途径角度看，主要有四种领办方式：一是由农民自己兴办的，有1 790个，占79%。牵头领办的多数是农村中的“能人”，即专业大户和农民经纪人。二是村集体经济组织领办的，有277个，占12.2%。多数是以一种或一类农产品形成主导产业或特色产品的专业村。三是依托涉农服务部门引导农民兴办或者联合兴办的，有94个，占4.2%。这是一种“官民结合”模式，特点是由政府或各种涉农服务部门牵头组织，围绕主导产业发展，主要为农民解决产前、产中、产后服务。四是由农产品加工龙头企业组织引导农民兴办的，有105个，占4.6%。其特点是农产品加工企业与农户共同组织成专业合作社或以合同契约形式连接农户，与农户签订购销合同，实行保护价格，保证农民有合理收入，同时也为农民提供生产技术指导。

2. 与发育主导产业、优势产品紧密结合。从行业分布来看，种植业比重最高，占48.9%；其次是养殖业，占30.2%；其他行业（包括渔业、仓储、运输、民俗旅游等）占20.9%。种植业比重最高，但已非传统种植业，主要集中于技术含量较高、商品率较高、市场风险较大的产品，呈现出都市型现代农业的特征。其中，本市多数农民专业合作组织是围绕当地已形成的主导产业和特色产品组织起来的，利用郊区传统资源和地域优势，发展特色农业，满足多样化的市场需求，目前已涌现出一批围绕大兴西瓜、平谷大桃、通州观赏鱼、昌平苹果以及板栗、奶牛、柴蛋鸡、民俗旅游等产业突出的专业合作组织。

3. 经营服务内容不断丰富。随着农业结构的不断优化，专业合作组织的合作领域不断拓宽，已经从种植、养殖领域扩展到民俗旅游以及农机、用水、运输、仓储、科技服务、资金互助等各个行业，其深度也从单纯的生产环节的合作，向加工、流通环节延伸，综合服务能力不断增强，大多数专业合作组织实行产供销一体化服务，有71个专业合作组织创办了自己的产品加工实体。从组织功能角度看主要有三种类型：一是产加销一体化经营型，有1 731个，占76.4%。这里面又包括两种形式，一种是农产品加工企业与农民结合起来进行生产、加工和销售；一种是农民组织的专业合作社兴办加工和运销企业。其功能主要是联结生产、加工和销售，实行一体化经营，保护农民利益，避免市场风险。二是农产品、农资销售型，有121个，占5.3%。这类专业合作组织主要是为成员提供农产品销售、农资供应及运输、仓储等服务。三是技术服务型，有414个，占18.3%。这类农民专业合作组织以专业协会形式的居多，主要由原来乡镇的农技服务组织即“七站八所”转制后组建的，重点对农民提供技术咨询、培训、引进新产品、新技术，进行技术试验、示范、展示、推广等服务，从而提高农民的技术水平，保证产品质量，提高农业经济效益。

4. *市场销售和服务能力提升*。农民专业合作组织市场意识、品牌意识不断增强，目前，全市有158个专业合作组织建立了自己的网站或网页；有233个专业合作组织注册了自己的产品商标；有394个专业合作组织通过了农产品质量认证，其中141个通过了有机食品认证。大兴的“乐平”牌西甜瓜、“圣泽林”牌梨、顺义的“绿奥”牌蔬菜、怀柔的“蓝天白鸽”系列农产品等在市场上都有很高的知名度。专业合作组织通过组织农民发展生产、开拓市场，实行统一销售，有效地解决了生产不规范、信息不灵、农产品难卖、受小商贩盘剥等一家一户分散经营的弊端。2008年，全市专业合作组织统一为成员购买各类生产资料9.2亿元，统一收购和销售成员农产品总值30.5亿元，其中有1 498个专业合作组织统一销售成员产品达80%以上。专业合作组织通过开设农民田间学校、举办农业实用技术培训班等方式，常年对成员进行合作社理念和农业技能培训，每年培训农民成员30万人次以上，2008年达到39.3万人次。

5. *运行管理逐步规范*。本市按照“重点突破，整体推进”的指导思想，以典型示范为切入点，以规范化建设为核心，推进专业合作组织健康快速发展。2008年，市财政先后安排近3 500万元专项资金，扶持、奖励农民专业合作组织发展，在全市培育和树立了100个市级和3个农业部专业合作组织示范典型，涌现出密云奥金达蜂产品专业合作社、大兴乐平西甜瓜产销专业合作社、顺义绿奥蔬菜产销专业合作社、延庆大柏老聚八方奶牛专业合作社等一批引领全市专业合作组织发展的排头兵。各区县也进一步加强了专业合作组织制度建设，如：房山区经管站制定下发了《农民专业合作社规范建设指南》、《房山区关于加强农民专业合作社财务管理工作的指导意见》和《房山区农民专业合作社管理制度（示范文本）》；密云县经管站制定下发了《密云县农民专业合作社规范文本》和《密云县农民专业合作社管理制度》；平谷区经管站制定了《设立农民专业合作社八步流程工作法》；通州区制定下发了《通州区农民专业合作社规范管理细则（试行）》。通过加强指导和规范，农民专业合作组织整体上逐步由松散型向紧密型发展，大多数专业合作组织成员以出资或合同方式与专业合作组织形成“利益共享、风险共担”的共同体，依法办社、规范运作成为专业合作组织的自觉行动。一些专业协会也自发地依法改制成专业合作社。目前，全市90%以上的专业合作组织都有比较规范的组织章程，建立了“三会”（成员大会、理事会、监事会）制度，制定了民主管理、财务管理、盈余返还等内部制度，成员出资额达8.3亿元，占专业合作组织自有资金的58.5%。

【推动农民专业合作组织发展的主要措施】 2008年，按照市农村工作会议精神，以贯彻实施《农民专业合作社法》，推进农民专业合作组织规范发展为重心，进一步完善措施，加强指导，加大扶持，推动农民专业合作组织健康发展。

1. *开展了农民专业合作社立法调研和论证工作*。根据上级领导的指示精神，在进行的农民专业合作社立法前期调研的基础上，市农委、市经管站开展了立法论证工作，起草完成了《北京市实施〈农民专业合作社法〉办法》论证报告和《北京市实施〈农民专业合作社法〉办法》（初稿），并会同北京市农民专业合作组织专家指导组、市人大农村工作委员会、市政府法制办、市律师协会及部分基层合作社负责人对论证报告和《办法》初稿进行了多次研讨和修改。《北京市实施〈农民专业合作社法〉办法》论证报告已获得通过，市人大已将《北京市实施〈农民专业合作社法〉办法》列入2009年的重点立法项目。

2. *加强了指导服务和规范化建设*。为更好地发挥专家指导组的作用，市经管站起草完成了《农民专业合作组织专家指导组工作制度》，进一步明确了专家的具体职责和工作任务。召开了专家指导组工作会议，听取了专家对各区县农民专业合作组织发展和建设情况的汇报。为进一步贯彻落实《农民专业合作社法》，加强农民专业合作社规范化建设，推进农民专业合作社发展，6月份，市农委、市经管站编辑印刷了《北京市农民专业合作社实用手册》，收录了农民专业合作社法律法规和相关政策，整理了各区县建设农民专业合作社好的经验做法，总结了部分农民专业合作社典型案例。共印5 000册，发放到全市农民专业合作社管理人员和基层组织以供学习和参考。

3. *举办了全市农民专业合作社培训班*。为进一步提高农民专业合作组织辅导员和基层合作社管理人员的业务素质和管理水平，加深对农民专业合作社建设内涵的理解和认识，10月下旬，市农委、市经管站在密云县举办了全市农民专业合作社培训班。参加培训的有13个区（县）农民专业合作组织辅导员以及100个列入2008年市级农民专业合作社示范项目单位的负责人，共计139人。培训班邀请中国农业大学、农业部等有关专家、教授就《农民专业合作社法》、农民专业合作社规范化建设、农民专业合作社财务会计制度以及农产品质量安全和市场营销等内容进行了专题讲座。通过培训，进一步增强了专业合作组织管理人员的指导和服务能力，提高了合作组织负责人的合作意识和办社能力。

4. *开展了农民专业合作组织统计监测工作。*按照农业部办公厅《关于做好农民专业合作组织统计监测分析工作的通知》要求，市经管站下发了《关于做好农民专业合作组织统计监测分析工作的通知》，组织各区县对2007年农民专业合作组织情况进行了三次网上统计，并组织完成了2008年农民专业合作组织统计汇总工作。监测的主要内容包括组织类型、成员总数、带动非成员农户数、组织机构构成情况、获得财政扶持及社会捐赠情况、产业结构情况、生产规模情况、经营服务情况、资产负债情况、收益分配情况等。截止2008年底，全市农民专业合作组织发展到2 266个，比2007年增加657个，增长40.8%，带动农户37万户。

5. *认真完成各项课题的调查研究任务。*一是根据农业部经管总站的要求，在北京市开展农民专业合作社与农业保险相关政策的调查研究，市经管站起草完成了"农民专业合作社与农业保险政策研究"课题总报告，于3月份上报农业部并获得通过。报告研究总结了国内外农业合作社参与农业保险的实践和有关支持政策，提出我国农民专业合作社参与农业保险的有效途径及政策建议。二是参加了北京市统计局组织的第二次全国农业普查招标课题——"农民专业合作组织现状、问题及发展研究"的调研工作，经专家组的评审、鉴定，课题成果获得三等奖。报告对本市农民专业合作组织的发展背景、历程、特点、政策、问题、作用等方面进行深入研究，提出了政策建议，探索了具有北京特色的农民专业合作组织的发展道路。三是完成了北京市农村经济研究中心组织开展的"2008—2009年郊区农村经济形势分析与预测——郊区农民专业合作组织发展情况"专题调研报告。对近两年来本市农民专业合作组织发展建设情况进行了定量和定性分析，指出了存在的问题，对今后农民专业合作组织的发展提出了思路和对策。

6. *及时完成农业部农民专业合作组织示范项目工作总结。*按照农业部经管总站《关于做好2008年农民专业合作组织示范项目总结工作的通知》要求，市经管站对2004年以来本市承担的农业部农民专业合作组织示范项目建设情况进行了全面总结，并及时完成了总结报告。

（任玉玲）

【工商登记机关积极推进农民专业合作社发展】年内，市工商局专门制定了《落实市政府农民专业合作社实事项目的工作方案》印发区县分局，全市工商登记机关认真贯彻落实《农民专业合作社法》和《农民专业合作社登记管理条例》，创造良好的准入环境，积极推进农民专业合作社健康发展。一是做好宣传、培训工作，提高广大农民对《农民专业合作社法》的认识。各涉农区县工商分局深入农村乡、镇发放宣传材料及相关示范文本，借助报刊、网站、电台、电视等媒体，积极宣传介绍农民专业合作社登记的法律、法规，向农民讲解《农民专业合作社法》制定的背景、出台的意义、登记事项及程序，提高广大农民群众对专业合作社这一新型组织的认识。同时与当地农业主管部门沟通，按照"分类指导，分级负责"的工作原则，制定培训规划，建立培训制度，加大培训力度，对乡镇主管乡镇长及部分专业合作组织负责人进行政策培训。二是做好服务工作，为农民专业合作社创造良好的准入环境。在登记注册大厅开辟"农民专业合作登记绿色通道"，设专人接待农民及合作组织的咨询，制定了《农民专业合作社一次性告知单》，为农民专业合作社登记注册提供便利条件；在全市153个工商所统一设置了"农民专业合作社登记服务窗口"和"农民专业合作社自助登记服务"台，配备了计算机、打印机和办公桌椅等设备，申请登记的农民在工商所工作人员的指导下，可以通过操作网上登记系统，完成申请表格的填写，现场打印登记表格及相关文件；实行工商所和登记科联动审批，提供高效、便捷的登记服务。推出了"就近预审、咨询指导、网上申报、快速服务"等措施，由工商所对申请登记材料进行预审，符合登记条件的，完成网上审核工作，并告知申请人到分局登记科递交材料，即时办理登记注册。三是做好协调工作，深入调研，积极探索适合本市农民专业合作社发展的政策措施，共同促进农民专业合作社的健康发展。针对合作社在登记中存在"合作社成员身份"、"经营范围"等方面与现行法律制度不衔接的实际问题，与市农业主管部门联手，深入基层调查研究，积极探索适合本市农民专业合作社发展的政策措施。年内，市工商局和市农委共同制定了《关于加强农民专业合作社登记工作有关问题的通知》，进一步明确了农民专业合作社入社成员的范围；因地制宜地合理确定农民专业合作社登记的业务范围；扩展了农民专业合作社成员出资方式，切实解决出资难问题。房山工商分局开展了以土地承包经营权的收益权作价出资成立农民专业合作社的试点工作，得到了广大农民的认可和欢迎。

（市工商局　齐卫和）

农村集体经济管理

2008年，北京市乡村集体经济进一步加强经营管理，集体经济实力进一步发展壮大。

截止2008年底，全市有乡（镇）级合作经济组织193个、村级合作经济组织3 999个。村集体经济组织成员（即参与集体收益分配人员）人口324.16万。乡村集体经济组织总资产（含所属乡村集体企业资产，下同）达到2 427.42亿元，比上一年度的2 325.06亿元增加了4.4%，集体经济组织成员人均7.49万元；乡村集体经济组织净资产达到1 034.13亿元，比上一年度的956.05亿元增加了8.2%，集体经济组织成员人均3.19万元。

2008年，全市乡村集体经济组织实收资本金

384.9亿元，比上一年度的371.30亿元增长3.7%。实收资本金中，乡集体资本金88.82亿元，占23.1%；村集体资本金127.2亿元，占33%；国家资本金10.78亿元，占2.8%；法人资本金84.99亿元，占22.1%；个人资本金62.33亿元，占16.2%；外商资本金10.78亿元，占2.8%。乡村集体经济组织实收资本结构的变化，反映了集体经济产权制度改革的成果。

为加强农村集体经济的管理，2008年主要采取了以下措施：

1. *开展农村集体经济合同清理工作*。针对本市农村集体资产经营的主要载体是各项经济合同，而这些经济合同不同程度地存在不规范的问题，2008年市农委发出《关于开展清理和规范农村集体经济合同工作的通知》（京政农发［2008］13号）。全市农经部门在各级党委、政府的领导下，将清理和规范农村集体经济合同作为落实科学发展观，发展农村经济，加强农村集体资产管理，提高农村集体资产经营效益，增加农民收入，促进农村基层党风廉政建设，维护农村稳定的重要任务，加强对基层清理和规范工作的指导与监督，清理和规范农村集体经济合同工作取得明显的成效。经过努力，全市共清理农村集体经济合同153 459份，合同总金额558.77亿元。清理出问题合同25 312份，问题金额19.66亿元；规范完善合同8 532份，处理问题金额6.64亿元；清理后订立书面合同1 426份，合同金额3 214万元。通过清理，摸清了郊区农村集体经济合同管理中存在的问题，健全了制度，完善了管理，每年可增加村集体经济组织收入2亿多元。

2. *加强财务管理规范化，进一步完善了“村账托管”制度*。在已有的4个全国农村集体财务管理规范化示范村基础上，组织各区县开展了全市农村集体财务管理规范化示范单位评选工作，在全市确定了100个农村集体财务管理规范化示范单位。组织各区县开展了以查托管手续、查账户设置、查预留印鉴管理、查托管机构经费来源、查财务公开、查民主理财为主要内容的六查活动。针对检查中发现的问题，各区县进行了整改，初步解决了一些地方存在的托管手续不健全、账户管理不规范和收取托管费的问题。全市已有12个区县164个乡镇对3 689个村实行了“村账托管”，占全市总村数的92.4%。其中，8个区县97个乡镇对2 050个村实行了“账款双托管”，占全市总村数的51.3%；通州区的11个乡镇对483个村实行了“专储账户”管理，占全市总村数的12.1%。

3. *进一步强化了农村集体经济审计监督工作*。认真贯彻落实市委农工委、市农委、市监察局、市纠风办《关于切实做好村干部任期和离任经济责任审计的通知》，全市共对7 843个单位进行了审计，审计总金额753.6亿元，重点对810个村干部进行了经济责任审计，并组织区县、乡镇开展村级公益事业专项补助资金的年度审计，将审计结果向市农委和市财政局进行了报告。经过审计，查出违法违纪单位43个，违法违纪金额791.4万元；查出损失浪费金额853.5万元，促进增收节支1 225.4万元；受到党政纪律处分3人，移送司法机关处理1人。

4. *继续推进农村管理信息化，农经信息平台建设取得新进展*。完成了北京农村在线审计试点工作，开发了农村经济审计平台软件系统，通过计算机网络对辖区内乡村集体经济组织及其企业的财务、合同、资产等状况实施远程、在线的数据化审计。于2008年11月中旬通过专家鉴定，在昌平区19个乡镇开始全面推广应用。进一步推进了村务公开信息化水平。2008年共完成了两批300个村务公开信息化试点项目，涉及13个区县的160个乡镇，为每个试点村配备了电脑触摸屏及相关软件。截止到目前，全市共建设了400个村务公开信息化试点。完成了地理图层与农经平台、北京农经管理平台、搭建自然资源系统与社会系统平台项目三项农经管理平台应用开发，目前正在进行整网调试，有6个区县完成了地块数据资料采集工作。完成了10个基础数据库的数据更新。

5. *继续开展了农村经营管理干部培训工作*。市、区县、乡镇共举办各类农村经营管理干部培训班200多期，培训乡村干部和财会人员3万多人次。

（黄中廷）

产权制度改革

在市委、市政府的领导下，2008年，北京市继续加大乡村集体经济产权制度改革推进力度，取得了明显成效。全市共启动产权制度改革乡村集体经济组织230个，实际完成163个，超额完成了市农委2008年折子工程计划100家的工作任务，成为自1993年启动产权制度改革以来，完成改革单位最多的年份。这163个单位的区域分布为：怀柔区62个，顺义区35个，通州区20个，大兴区20个，昌平区9个，平谷区6个，海淀区5个，丰台区、房山区和门头沟区各2个。

截止2008年底，全市累计完成产权制度改革的单位总数达到466个。这466个单位的区域分布为：朝阳区3个（含2个乡集体经济组织）、海淀区7个、丰台区68个（含2个乡集体经济组织）、石景山区6个、门头沟区6个、房山区7个、通州区62个、大兴区65个、顺义区91个、昌平区38个、怀柔区93个、平谷区10个、密云县2个、延庆县8个。

2008年，北京市乡村集体经济产权制度改革工作之所以能够取得突破性进展，主要是采取了以下几项有力措施：

一是切实加强了领导。年初，在市委、市政府召开的农村工作会议上，对进一步推进乡村集体经济产权制度改革进行了全面部署，提出了明确要求。通州、顺义、大兴、怀柔等区县重新调整了乡村集体经济产权制度改革领导机构，成立了由区县党委书记任组长、区县长任副组长的改革领导小组，制定了改革计划。

二是切实加大了宣传力度。为了帮助基层干部提高对改革工作重要性的认识，严格执行国家有关法规和党的相关政策，掌握改革工作的具体操作程序和方法，北京市经管站采取问答的形式，编印了《北京市乡村集体经济产权制度改革工作操作指南》6 000 多册，下发全市 4 000 多个乡村集体经济组织。该书详细阐述了乡村集体经济组织进行产权制度改革，从筹备阶段到实际操作阶段，再到成立及后续工作阶段的全过程中，应当遵守的法规和政策、应当经过的步骤、应当进行的工作、应当注意的问题及其解决办法。各区县也采取各种方式，加大了对改革工作的宣传力度。

三是切实加强了对干部的培训。市经管站从 4 月 16 日至 5 月 8 日，连续举办了五期全市乡村集体经济产权制度改革培训班，培训农村基层干部 530 人。其中，第一、二期，对正在进行产权制度改革的村党支部书记 220 人进行了培训；第三至五期，对已经基本完成改制工作的新型集体经济组织董事长 310 人进行了培训。在市级集中培训的基础上，各区县分别举办了干部培训班，共培训 1 万多人次。

四是切实加强了指导和督察。全市建立了集体经济产权制度改革台账制度，按照各区县上报的改制计划和改革各个阶段，设立明晰台账，各区县按月上报计划改革单位的工作进展情况，市农委体改处和市经管站对各区县对改制单位工作进度按月进行督察。市农委体改处和市经管站每个季度召开一次产权制度改革业务会议，研究指导解决改革中存在的问题。市、区县有关部门责成专人对各个改制单位进行巡视、指导，一些区县还向改革单位派出了工作组，帮助基层解决改革中遇到的难点问题。

五是开展了对新型集体经济组织运行情况的检查。市农委体改处与市经管站联合下发了《关于开展新型乡村集体经济组织经营管理工作情况检查的通知》，组织区县、乡镇经管干部，对 2007 年底之前完成产权制度改革、已经正常运营一年以上的 177 个新型集体经济组织进行检查。检查的内容包括新型集体经济组织章程以及各项规章制度建立与执行情况、民主管理情况、财务管理情况、资产运营情况、收益分配情况等。检查工作采取新型集体经济组织自查、乡镇检查、区县复查、市级抽查的方式进行。通过检查总结了经验、发现和解决了有的村没有及时进行换届选举、有的村在财务核算上没有及时反映股权变动等问题。

乡村集体经济产权制度改革，极大地促进了本市农村生产力和集体经济的发展。据北京市经管站 2008 年 6 月对 294 个运行一年以上的 294 个新型集体经济组织调查，截至 2007 年底，这 294 个新型集体经济组织总资产达到 304.6 亿元，比改制前的 158 亿元增长了 93%；集体净资产达到 139.2 亿元，比改制前的 84 亿元增长了 66%；2007 年实现营业收入 94.4 亿元，比改制前的 48.5 亿元增长了 95%；实现净利润 12 亿元，比改制前的 6.7 亿元增长了 79%。门头沟区冯村截止到 2008 年底，集体资产总额和净资产分别达到 110 亿元和 70 亿元，比 2003 年改革时的 3.78 亿元和 1.76 亿元，分别增长了 28 倍和 38 倍，成为本市乡村集体经济的一艘“航母”。

（黄中廷）

私营个体经济发展

【私营企业基本情况】 截至 2008 年底，本市 10 个郊区、县工商登记注册私营企业累计 118 666 户，比上年 105 482 户增加 12.50%；从业人员 901 224 人，比上年 821 752 人增加 9.67%；注册资本 13 741 701 万元，比上年 12 418 745 万元增加 10.65%。按区县分，如表 1。

表 1　2008 年北京市 10 个郊区县私营企业基本情况

区　县	户数（户）		从业人员（人）		注册资本（万元）	
	本期累计	上年同期	本期累计	上年同期	本期累计	上年同期
门头沟区	7 260	7 618	60 839	68 310	865 130	859 625
房山区	12 841	10 143	76 938	56 959	1 166 553	913 581
通州区	23 890	20 737	159 905	136 244	2 408 350	2 178 037
顺义区	9 066	7 792	100 765	90 258	1 145 076	1 025 035
昌平区	13 080	10 620	88 372	85 153	1 331 236	1 197 359
大兴区	27 302	24 355	186 868	166 261	3 034 047	2 459 367
平谷区	9 587	7 556	69 706	69 360	1 074 411	1 472 584
怀柔区	7 187	8 735	70 580	61 982	1 383 367	999 651
密云县	6 171	5 799	61 691	58 576	988 877	986 838
延庆县	2 282	2 127	25 560	28 649	344 654	326 668
合计	118 666	105 482	901 224	821 752	13 741 701	12 418 745

资料来源：国家统计局北京调查总队等五部门统计资料。

【个体工商户基本情况】 截至2008年底，本市10个郊区、县工商登记注册个体工商户累计370 020户，比上年322 686户增加14.67%；从业人员544 287人，比上年467 989人增加16.30%；注册资本841 537万元，比上年696 533万元增加20.82%。按区县分，如表2。

表2 2008年北京市10个郊区县个体工商户基本情况

区　县	户数（户）		从业人员（人）		注册资本（万元）	
	本期累计	上年同期	本期累计	上年同期	本期累计	上年同期
门头沟区	12 626	12 476	16 860	16 139	18 862	17 087
房山区	36 131	34 049	65 970	56 081	70 019	70 106
通州区	64 646	59 910	87 496	78 791	132 859	122 245
顺义区	44 848	41 943	89 260	82 757	141 617	120 058
昌平区	67 785	57 922	83 712	70 069	150 732	128 374
大兴区	69 195	46 585	95 545	66 773	92 388	40 794
平谷区	26 606	23 972	27 551	24 907	71 451	61 594
怀柔区	16 775	15 243	26 758	23 398	62 177	46 753
密云县	19 315	18 384	31 378	29 616	66 621	57 535
延庆县	12 093	12 202	19 757	19 458	34 811	31 987
合计	370 020	322 686	544 287	467 989	841 537	696 533

资料来源：国家统计局北京调查总队等五部门统计资料。

【私营企业税收情况】 截至2008年底，本市10个郊区、县私营企业本期累计入库税收626 332万元，比上年同期578 292万元增加8.30%，其中地税443 931万元，比上同期432 164万元增加2.72%；国税182 401万元，比上年同期146 128万元增加24.82%。入库税收按区县分，如表3。

表3 2008年北京市10个郊区县私营企业税收

单位：万元

区　县	地税税收		国税税收	
	本期累计	上年同期	本期累计	上年同期
门头沟区	45 237	39 332	49 425	43 823
房山区	39 112	35 754	26 592	19 600
通州区	62 408	78 593	2 801	2 331
顺义区	49 076	43 544	1 032	931
昌平区	38 332	50 941	1 200	647
大兴区	115 851	102 582	81 069	61 074
平谷区	1 193	896	836	951
怀柔区	38 607	33 864	99	150
密云县	29 005	23 017	19 161	16 376
延庆县	25 110	23 641	186	245
合计	443 931	432 164	182 401	146 128

资料来源：国家统计局北京调查总队等五部门统计资料。

【个体经营税收情况】 截至2008年底，本市10个郊区县个体经营本期累计入库税收97 832万元，比上年同期89 534万元增加9.27%，其中地税87 482万元，比上年同期80 612万元增加8.52%；国税10 350万元，比上年同期8 922万元增加16.01%。入库税收按区县分，如表4。

表4 2008年北京市10个郊区县个体经营税收

单位：万元

区　县	地税税收		国税税收	
	本期累计	上年同期	本期累计	上年同期
门头沟区	855	805	96	70
房山区	8 697	4 331	1 115	1 311
通州区	14 141	14 776	1 962	1 636
顺义区	13 361	11 807	2 431	2 354
昌平区	25 287	24 762	1 648	1 374
大兴区	8 603	11 628	1 362	1 007
平谷区	4 523	1 040	418	348
怀柔区	1 414	1 409	486	155
密云县	8 916	8 529	392	322
延庆县	1 685	1 525	440	345
合计	87 482	80 612	10 350	8 922

资料来源：国家统计局北京调查总队等五部门统计资料。

（市工商局　党仁先）

农村社会事业

概　述

2008年，农村社会事业全面进步。农村精神文明建设不断加强，农村形势政策教育和宣传思想工作形式多样，及时有效地宣传了市委市政府的决策、政策和举措，引导农村干部群众迅速统一了思想和行动。新农村建设新闻宣传多方开辟阵地、各种媒体广泛覆盖，为扎实推进新农村建设营造了良好舆论氛围。"寻找'北京最美的乡村'宣传评选活动"继续顺利开展，受到了社会各界的高度关注和广泛参与，逐步成为了新农村建设宣传工作的一项品牌活动。第19届农民艺术节为郊区广大农民营造了喜庆、文明、和谐的节日文化氛围，促进了乡风文明建设。新型农民培养工作进一步加强，10.5万名农村劳动力实现转移就业。义务教育"两免一补"政策不断完善，农村办学条件继续改善。新型农村合作医疗农民参合率达到92.9%。养老保障制度实现城乡一体化，农民参保率达到84%。农村低保、五保供养、计划生育家庭奖励扶助金进一步提高。农村文化室、数字影厅、益民书屋建设迈出新步伐。所有行政村配置了全民健身设施。广播电视村村通工程扎实推进。郊区文物保护修缮工作进一步加强。

宣传工作及精神文明建设

【强化新闻宣传为新农村建设营造良好的舆论氛围】 新闻宣传工作全面贯彻全市宣传思想工作会议和农村工作会议精神，紧紧围绕新农村建设的中心任务，从城乡的共同关注点入手，通过协调新闻媒体、创新宣传平台，努力展示了京郊新农村建设的新成果、有效促进了城乡之间的沟通交流、吸引了社会各界优质资源对新农村的关注和支持，营造了城乡共建新农村、共享新成果的良好舆论氛围。

适应举办奥运会所带来的新闻宣传新形势，紧密结合新农村建设的实际，主要通过阵地宣传、主题宣传、动态宣传、奥运宣传等形式，主动借助报纸、电视、电台、网络、杂志等新闻媒体，努力从多个角度、多个层次对新农村建设的经验和成就进行了重点宣传：

一是建设并充分利用长期稳定的宣传阵地。继续与北京电视台合办《京郊大地》栏目，努力用好这个电视台中的唯一一个"三农"宣传阵地，每周五晚黄金时间播出30分钟，全年播出50多期；继续与北京人民广播电台合办《生态北京》栏目，作为广播电台中的唯一一档"三农"栏目，每周六、日上午的黄金时段各播出30分钟，全面播出100多期；与《农民日报》合办了"都市型现代农业"专刊，作为在全国性报纸上开设的第一个常年宣传阵地，每周五刊发一个专版，全年刊发了52期，累计报道超过600篇次，面向全国很好地宣传了北京建设新农村的思路、经验和成就。

二是以新闻发布会的形式进行主题宣传。围绕新农村建设的重点工作，采取新闻发布会形式进行了主题突出的宣传：组织召开了农村工作会新闻发布会，邀请20多家中央及市属媒体参加，撰写提供了10篇系列新闻稿件，集中宣传报道近200篇次；组织召开了加强农业和粮食生产新闻发布会，邀请20多家中央及市属媒体集中宣传报道了北京的10项支农惠农政策，集中宣传报道100多篇次。

三是邀请新闻媒体进行及时的动态宣传。继续与《人民日报》、《农民日报》等中央媒体及《北京日报》、北京电视台等市属媒体共20多家保持了融洽合作关系，围绕城乡统筹、农村社会保障、山区生态建设、农业保险、新型农民培养、"三起来"工程等新农村建设的重点工作，全年组织40多次集体采访，动态报道400多篇次。

四是围绕奥运会进行郊区服务奥运的宣传。在奥运会举办前后，围绕新农村服务奥运会、奉献奥运会，制定了新闻宣传工作预案、涉外宣传工作预案，选择确定了涉外宣传采访点及采访线索，接待多家新闻媒体就奥运蔬菜基地、奥运鲜切菜供应、农村环境整治、郊区生态建设、乡村特色旅游等进行了深入采访，比较好地宣传了新农村建设及广大农民对奥运会的服务和奉献。

【组织开展了2008年度"寻找'北京最美的乡村'宣传评选活动"】 为纪念改革开放30周年，贯彻落实"绿色奥运"、"人文奥运"理念，总结、宣传本市社会主义新农村建设的典型经验，引导社会了解支持首都社会主义新农村建设，根据全市农村工作会议和宣传工作会议的要求，市委农工委、市农委和市旅游局继续联合主办了2008年度“寻找‘北京最美的乡村’宣传评选活动”。活动以“建设美丽乡村、弘扬奥运精神、共享美好生活”为主题，本着“可比可学、能品能赏、互动互促、共建共享”的理念，采取宣评联动、城乡互动的形式吸引城乡群众参与，对首都社会主义新农村建设进行了深入宣传。活动分为五个阶段扎实有序推进：在区县推荐阶段，各区县严格按照经济发展较快、农民收入较高、村庄环境优美、自然条件优越、资源综合开发、旅游产品丰富、人文特色突出、乡风文明和谐八个标准进行了自下而上的层层筛选，共推荐产生了31个候选村庄；在集中报道阶段，通过北京日报、北京晚报、北京电视台、京郊日报、新浪网等媒体进行了专题或专栏宣传；在综合评选阶段，采取了网络投票、市民代表评选、报纸投票、专家评选四种形式，按照10%、20%、30%、40%的权重综合评选出了10个“2008年度‘北京最美的乡村’”；在总结表彰阶段，在北京日报上对当选村庄进行了对开专版宣传，组织了隆重的颁奖典礼，并向获得“北京最美的乡村”称号的村庄赠送了大型的“北京最美的乡村”标志性雕塑；在品牌开发阶段，编写了《2008年度北京最美的乡村》图书面向全国公开发行并赠送郊区10 000册，同时制作了富有特色、精美实用的年历台历等，并与北京大学共同对“北京最美的乡村”文化品牌开发进行了研究探索。以下村庄荣获2008年度“北京最美的乡村”的称号。

1. *房山区窦店镇河口村——翠林花海映农居。*河口村位于房山区窦店镇，距良乡仅8公里，是一个人口只有510人的平原小村。该村以“翠林花海、生态宜居”为目标，实现了环境的硬化、绿化、美化、亮化，昔日的垃圾场变成了今日的小花园。同时，积极培育设施农业，新建温室大棚80栋，重点进行花卉、生菜订单生产，供应麦当劳、奥运场馆及首都主干路草花绿化，并开展月季、百合等高档花卉的生产和经营，使昔日贫穷脏乱的村庄变成了鲜花盛开、殷实富裕的村庄。2007年农民人均纯收入跃升到11 000元。

2. *怀柔区慕田峪办事处慕田峪村——国际文化汇山乡。*慕田峪村位于怀柔区慕田峪长城风景区内，村民188户、405人。村内生态环境优美，山场广阔、果品丰富，自然景观众多。在新农村建设中，村里确定了“国际文化村”的发展定位，现有9个国家（地区）的22户外籍友人在村内“安家”，并与美国麻州霄本村结成“国际姊妹村”，形成了“中外文化并存、世界人民相邻”的独特景观。民俗接待和旅游商品经营是村民增收致富的主要渠道，2007年人均纯收21 251元。

3. *门头沟区清水镇洪水口村——灵山古道新驿站。*洪水口村是一个81户的小山村，仅有耕地40多亩，位于灵山东麓，海拔940米，是“北京海拔最高村”。该村克服不利的生存条件，围绕旅游产业，先后搞起了运输合作社、养殖合作社、农家乐旅游合作社等股份制企业，成了远近闻名的“股份村”。修建了仿古式门楼，村民院落、大街小巷石板铺地，建公园、修塘坝，打造旅游休闲景观，还集资修复了灵山古道，游人步行12公里即可登顶海拔2 303米的灵山主峰。2007年，人均纯收入达到了9 100元。

4. *朝阳区十八里店镇吕家营村——京城东南“新簋街”。*吕家营村地处北京东南部，位于京津高速与四环交界处，是一个常住人口5 000多人、流动人1.4万人的大村。该村抓住建设绿化隔离带和新农村的机遇，十年艰苦奋斗，民俗餐饮、古旧家具两大产业得到迅猛发展。古典家具城云集数百家客商，中外宾客盈门；餐饮文化街汇集了川、鲁、粤、湘等各大菜系，引来食客无数。村内道路纵横，绿树成荫，花团锦簇。村民上楼，安居乐业。2007年实现经济总收入9.3亿元，人均纯收入21 000元。

5. *昌平区小汤山镇酸枣岭村——品枣赏莲生态游。*酸枣岭村位于昌平区小汤山镇，京承高速和六环高速穿村而过。村民140户、450人，2007年人均劳动所得10 300元。20年前帮助贷款引进的“金盛福”食品公司是村里的主导企业，在解决村民就业问题的同时惠及周边村庄；如今又确定了“生态民俗游”的发展方向，拥有枣林、采摘园、荷塘、古槐、古刹等景点。村内基础设施基本完善，公共服务逐步健全，有线宽带和数字电视“户户通”，被誉为“京郊数字第一村”。

6. *延庆县井庄镇柳沟村——一锅豆腐百里香。*柳沟村位于延庆县井庄镇，古称凤凰城。村民402户、1 110人，2007年人均纯收入10 000元。乡村旅游是村里的主导产业，特别是以火盆锅为核心的“豆腐宴”更是香飘京城，许多到周边景点游玩的市民都慕名来此，三年来已吸引游客100万人次，“凤凰城—火盆锅—豆腐宴”一跃成为京郊知名的民俗游品牌之一。“豆腐宴”不仅富裕了柳沟人，还带动周边农民共同致富，相关的豆腐制作、果品采摘等产业迅速发展。

7. *海淀区苏家坨镇车耳营村——翠屏环抱凤来仪。*车耳营村坐落在凤凰岭景区南线，自然景色优美，人文古迹众多。全村区域面积633.73公顷，户籍人口315人。这里绿色植被覆盖率达到95%以上，空气的纯度为市区的5倍，负氧离子的含量是市区的150倍，平均气温比市区低3～4℃，三季有花、四季有果，享有“京都绿肺自然大空调”之称。这里还有着最大的石上塔金刚石塔、最古老的独体造像北魏石佛、关帝庙千余年的古松、享誉京城的贡品玉八达杏。2007年，村域总收入1 175万元，人均收入12 070元。

8. *平谷区镇罗营镇玻璃台村——翠山环抱新居*

美。玻璃台村位于平谷区最高峰东指壶峰脚下，村民68户、220人。凭着旧村改造和新农村建设试点的机遇，实现了一次历史性飞跃，不仅建成67栋生态别墅式两层新居，而且借此走上了生态旅游的致富道路。如今，特色新居与环抱山峰自然构成山水画卷，村里拥有明长城等景观，民居全部实现了宽带上网及太阳能热循环，还利用特有的玻璃树叶子创造了独具特色的“四平八稳玻璃宴”。2007年人均纯收入达到10 000元。

9. 密云县石城镇石塘路村——山清水秀古城新。石塘路村位于密云水库西岸，村民206户、523人，2007年人均收入8 900元。村庄毗邻桃源仙谷、黑龙潭等景区，村内有民族英雄戚继光镇守遗迹、万历年间钟鼓楼等人文古迹，京通铁路又设站于村，因而催生了该村的主导产业——生态民俗旅游。村里民俗接待的历史超过15年，于2002年成立了全市第一家民俗旅游行业协会，对所有民俗户统一管理。如今，又开发了山珍果采摘、草编手工艺等旅游产品，发展动力更加强劲。

10. 密云县古北口镇古北口村——龙盘虎踞千年关。古北口村位于长城脚下、潮河之滨，是首都的东北大门。村民460户、1 060人，2007年人均纯收入8 300元。村域内有保存完好的原生态自然风光，同时还拥有丰富的人文景观，引人穿越古今、陶醉其中。新农村建设以来，更加注重对自然资源和人文资源的科学开发。如今，村容村貌整洁优美，村在林中、房在绿中、人在景中，自然构成了一幅和谐画卷，新近开发的民俗展览馆、满族小吃宴等，更是令人流连。

【组织开展了第十一届“郊区十大新闻人物”评选活动】 市委农工委和京郊日报继续共同举办第十一届“京郊十大新闻人物”评选活动，采取“百姓评、评百姓”的办法，评选出了本年度的“京郊十大新闻人物”，40 000多名读者踊跃投寄选票，3 000多人在网上点击，认真评选自己心中的楷模。在京郊百姓心中，那些能够带领农民共同致富的村官是永恒的英雄，房山区韩村河镇韩村河村党委书记田雄、顺义区赵全营镇东绛州营村党支书张亚军高票当选，而能够扎根农村，为农民传播知识和技术的“大学生村官”杜雯也成为农民心中的楷模。新闻人物的评选结果除了彰显新农村建设的主题，还突出了人们对创建和谐社会的支持，首都经贸大学密云分校教师宋丽平、通州区北苑街道居民张品正都是创建和谐家庭的典型，她们尊老敬老，为了家庭幸福和谐而倾注了全部真情。2007年度“郊区十大新闻人物”是：

田　雄　房山区韩村河镇韩村河村党支部书记
沈长瑞　昌平区纪律检查委员会常委
张品正　通州区北苑街道居民
徐　波　怀柔区徐波律师事务所律师
李振茹　大兴区林业局果树科科长
张亚军　顺义区赵全营镇东绛州营村党支部书记
邓秀梅　门头沟区龙泉镇龙泉务村村民
杜　雯　平谷区马坊镇李蔡街党支部书记助理
宋丽平　首都经贸大学密云分校教师
梅景田　延庆县八达岭镇石峡村村民

【组织开展了“盛世迎奥运、文明伴我行”宣传教育活动】 按照首都文明委《关于广泛开展首都迎奥运、讲文明树新风志愿服务行动的工作意见》的要求，在市委农工委、市农委系统开展了“盛世迎奥运、文明伴我行”宣传教育活动。组织实施了“迎奥运盛事、做文明市民”主题宣传、“我爱北京、寄语奥运”征言、“心系奥运、文明出行”承诺签名三项活动，共制作板报、墙报、展板近百期，收到征言千余篇，在全系统内营造了“建好新农村、喜迎奥运会”的浓郁舆论氛围。

【组织开展了“激情迎奥运、乡村大舞台”系列文化活动】 围绕“新北京、新奥运”的战略要求和全市“迎讲树”活动安排，在全郊区组织开展了“激情迎奥运、乡村大舞台”系列文化活动，以乡村、社区为单位，以文化广场、文化馆（站）、文化大院为阵地，以农民自娱自乐的形式，普及宣传奥运精神和奥运知识，提升农民的文明素质。据不完全统计，全郊区共举办农民自编自演的文艺晚会800多场，群众自编自演的迎奥运节目1 000多个，最后评选出30个优秀文化活动乡村和36个农民自编自演的优秀节目并给予了奖励。

（顾崇华）

农村文化工作

【组织开展了北京市第十九届农民艺术节】 2009年元旦春节期间，市委宣传部、市委农工委、市农委和市文化局联合举办了北京市第十九届农民艺术节。本届艺术节以“沿着改革开放路、奔向美好新生活”为主题，按照统分结合、重在基层的原则，在京郊开展了内容丰富多彩、形式多种多样的文化活动，丰富了农民群众的节日文化生活。全市集中开展了五项大型活动：一是举办了“乡村擂台——首届京郊民间技艺绝活大赛”，4大类、26个民间绝活项目进行了决赛，涵盖了剪纸、面食、脸谱绘画、高跷、举刀等京郊特色民间技艺。二是组织了“乡村礼赞——京郊农村纪念改革开放30周年大型文艺晚会暨北京市第十九届农民艺术节．开幕式”，晚会与“2008年度‘北京最美的乡村’颁奖盛典”有机结合，宣传和展示了京郊农村改革开放30年来所取得的辉煌成就，以及京郊新农村建设取得的重大进展，讴歌了党的农村政策，展示了农村发展的美好未来。三是举办了“乡村祝福——新农村、新生活楹联大赛”，以“新风报春贺三农”为主题，面向城乡作者广泛征集以新农村、新生活为题材的楹联作品，经过认真评选，150副楹联从602副参赛作品中脱颖而出，这些获奖作品真实表达了创作者热爱新农村、充满新希望的热切心情，展示了现代京郊农村的精神风貌；四是举办了“乡村放歌——北京市第八届乡村歌手大赛”，大赛推出了一批农民群众喜闻乐见、健康向上、充满时代气息的乡村题材原创歌曲，从各区县选送的26名参赛歌手中由群众与专家共同评选出了一等奖1名、二等奖2名、三等奖3名以及优秀奖12名。五是举办了“乡村贺岁——‘城市之声乡间行’演出活动”，进行了为期四个月的演出活动，丰富了农民群众的节日文化生活，促进了城乡文化交流，城市文化资源带动了乡村文化活动水平的提高。在这五项大型活动的带动下，各区县纷纷积极组织形式多样的农民文化艺术活动3 000多场，为300多万人次农民带来了喜庆、祥和的节日文化氛围。此外，还积极协调配合中央电视台《同一首歌》录制了“走进北京新农村——平谷挂甲峪”节目，在中央电视台多次播放，既总结宣传了新农村建设经验，又及时宣传了十七届三中全会精神，受到当地群众的热烈欢迎。

（顾崇华）

【周末场演出计划实施】 从2008年1月1日起，北京市文化局“周末场演出计划”开始执行由市财政局、市文化局联合下发的《北京市“周末场演出计划”专项资金管理暂行办法》，对演出票房、剧目等均分档次进行补贴，极大地激发了剧场和剧院团的积极性，演出质量和演出场次均有较大幅度提高，全年共计演出731场，售票数36.75万张，售票金额428.63万元，核拨资金2 174万元。为了让更多优秀艺术表演团体加入到“周末场演出计划”的演出中来，丰富演出品种，满足观众需求，同时也要确保周末场演出计划的专业性和高水平，北京市文化局会同北京市演出行业协会组织专家对20家院团申请参加“周末场演出计划”的演出团体进行了资质认证。经专家评审，共批准了16家院团加入到“周末场演出计划”中来，进一步满足了京郊观众的欣赏口味。

【农村“文艺演出星火工程”】 2008年“文艺演出星火工程”以区县自愿申报、自主安排为原则，在各区县的周密部署和积极安排下，2008年共计演出11 545场（其中专业团队演出2 511场、区县演出8 562场、跨区演出472场），核拨资金3 658.9万元。2008年，“文艺演出星火工程”演出补贴得到了财政资金的充分支持，使得一类演出可覆盖全市80%的行政村，更多的农村居民能够在本村欣赏到专业院团和市级品牌团队的高质量演出。在广泛开展专业演出的同时，各区县的二类团队也在本区的各个行政村积极开展演出。二类团队演出的节目有相当部分是团队自己创编的，在创编的过程中结合农村地区实际生活，将村里建设的新成果、村民的新生活和良好的精神面貌通过生动的节目展现给观众，使村民不仅能看到了外来的优质文艺节目，还欣赏到以自己身边发生的事进行的文艺表演，受到了广大农村干部群众的热烈欢迎，收到了很好的效果。

（市文化局　郭竹青）

农村教育工作

【加强郊区农村成人教育基础设施建设】 2008年，市教育系统加强郊区农村成人教育基础设施建设，努力改善办学条件，进一步加大对农村成人教育的财政扶持力度。各郊区县在“三教”统筹、整合教育资源的基础上，加强农村地区成人教育基地建设，使区县、乡（镇）、村三级成人教育基地办学条件得到显著改善。上半年在10个郊区县投入资金，重点支持10个农业实用技术实训基地建设工作，使之成为农民学习先进农业生产技术的基地、推广现代农业科学生产与管理技术的基地和农民致富的示范基地，为培养新型农民提供必要基础设施条件。全市共有23个乡镇申报市级示范性乡镇成人文化技术学校验收。各区县进一步完善区县、乡（镇）、村三级数字远程教育网络建设，利用信息技术手段，开展农民远程教育。

【积极发展农村成人教育】 2008年，市教育系统积极发展农村成人教育，实施新型农民培养行动计划。上半年全市各中等职业学校、成人学校和其他教育机构，面向郊区农民开展成人中等学历教育，共招收学员11 000人；开展实用技术和农村劳动力转移等各类教育培训，培养“有文化、懂技术、会经营”新型农民队伍，共培训农民（含农村居民）40万人次以上，其中，农村劳动力转移与就业培训4.5万人，1万人实现转移就业，有效地推进首都郊区新农村建设工作。

【加快农村学前教育发展】 2008年，市教育系统加快农村学前教育发展。全市学前教育工作得到进一步得到重视和加强，改造建设50所农村园的活动室和厨房；推进薄弱园发展，启动市级示范幼儿园与乡镇农村园“手拉手”支教帮扶活动；促进特殊学前教育，建设18个特殊教育基地。

【推动农村地区义务教育均衡发展】 2008年，市教委推动农村地区义务教育均衡发展。总计投入1.5亿元重点支持100所小学，在主要项目上达到新颁办学条件标准；集中改善农村寄宿制中小学生活条件，为180校次农村寄宿制中小学改造食堂、浴室和活动室，市级财政投入专项经费8 000万元，为140所学校配备寄宿生活用车，完成40所学校食堂、40所学校浴室、100所学校活动室的改造任务；为学校添置炊具、餐桌椅、太阳能集热设备、更衣柜、文体活动设施及音响和影像设备等，改善了农村寄宿制中小学生活条件。

【加强师资队伍建设】 2008年，市教委加强农村地区学校师资队伍建设，逐步提高山区教师待遇，改善教师工作生活条件。在城镇优质中小学共设立40个农村教师研修工作站，接收农村骨干教师1 000人进站研修；选派城镇优秀教师1 000人到农村中小学全职支教一年；开展“绿色耕耘”、“春风化雨”、

“金色种子”、英语教师专项培训等工程，全面提升中小学教师队伍整体素质。

【改造农村教师集体宿舍】 2008年，市教委继续贯彻落实胡锦涛总书记在优秀教师代表座谈会上讲话精神，完成对全市农村教师集体宿舍基本情况调查。经统计，全市共有610所农村学校建有教师集体宿舍14万平方米，在校住宿教师共计1.32万人，其中，共有590所学校教师集体宿舍需要进行改造，拟利用2009年、2010年两年时间进行，并按照有关标准配备基本生活设备，完成后可为1.4万名教师解决住宿问题。

（市教委　马志鹏）

【农村实用人才培养】 2008年，全市农村实用人才队伍建设坚持以科学发展观为统领，以“扩大规模、提高素质、发挥作用”为目标，以实施“1521培养计划”为重点，创新开发培养模式，队伍规模不断扩大；加大教育培训力度，队伍素质不断提高；健全完善激励机制，队伍作用充分发挥；注重强化基础工作，服务管理水平不断提高，有利于农村实用人才创业兴业的环境进一步优化。截至目前，全市农村实用人才总量达到1.8万名，在都市型现代农业发展和社会主义新农村建设中发挥了生力军作用，为首都农村经济社会发展提供了有力的人才保证和智力支持。

（满　欣）

农村卫生、农村新型合作医疗

【率先推进农村基本医疗卫生制度建设】 2008年3月12日印发市委市政府《关于推进北京市农村基本医疗卫生制度建设工作的若干意见》（京发[2008]5号，以下简称《意见》）。这是本市贯彻党的十七大精神，统筹城乡卫生事业发展和推进卫生改革的重大举措。《意见》立足于进一步规范和加强农村卫生工作，将有力推进覆盖城乡居民基本医疗卫生制度建设，将加快城乡卫生服务一体化新格局的发展进程。《意见》核心内容是：通过确定镇（乡）村两级基本医疗卫生服务项目、完善基本医疗卫生服务网络、改善基本医疗卫生服务装备、充实基本医疗卫生服务队伍、提高基本医疗卫生保障水平、建立基本健康管理制度、规范基本医疗卫生服务考核、强化农村基本医疗卫生管理责任八项具体工作措施，实现农村居民公平享有免费和廉价的镇村两级公共卫生与基本医疗服务，推进农村基本医疗卫生制度建设。

【加强农村卫生服务体系建设】 机构建设。以加强区（县）、镇（乡）、村三级卫生服务网络建设为基础，以落实初级卫生保健纲要为目标，按照市委市政府《关于推进农村基本医疗卫生制度建设工作的若干意见》精神，全面加强各郊区县区域医疗中心建设，按照全市远郊区县区域医疗中心建设规划，2008年完成大兴区人民医院急诊抢救中心及教学楼项目，房山区良乡医院门诊综合楼建设项目主体施工基本完成。2010年前完成总建筑面积约40万平方米，总投资约23.3亿元。

设备配置。以加强区（县）、镇（乡）、村三级卫生服务网络建设为基础，以落实初级卫生保健纲要为目标，一是全面加强各郊区县区域医疗中心建设。规划总建筑面积约40.8万平方米，总投资约23.3亿元。二是加大农村卫生三级网络中乡、村两级卫生机构基础设施建设投入。在大量调查论证基础上，投入1.8亿元，为农村187个乡镇卫生机构、1 391个村级卫生机构实施基本装备标准化配置，进一步缩小城乡卫生的差距。在市纪检、市监察部门全程监督下，在市卫生局政府采购领导小组的直接领导下，完成农村基层卫生设备采购评标工作。三是着手实施市三级医院与远郊区县区域医疗中心的协作共建工作。

人才培养。为7个山区、半山区乡镇卫生院以定向招生、定向培养、定向就业方式培养临床专业医学生，2008年共计招生72名。根据乡村医生岗位培训的总体规划，继续开展乡村医生岗位培训工作，通过机顶盒远程教学系统完成了60个学时的理论培训；配合实现“平安奥运”的目标，增强本市应对突发公共事件的能力，开展了传染病防治知识和急诊急救知识与技能的培训。完成240名农村卫生管理人员培训和360名农村基层医疗卫生机构业务骨干培训。

乡村医生管理。乡村医生执业管理。依据《乡村医生从业管理条例》每两年对乡村医生进行一次考核的规定，按照卫生部《乡村医生考核办法》的要求，完成了5 744名乡村医生的年度考核与注册工作。乡村医生基本待遇和养老保障。按照《北京市人民政府转发市卫生局等部门关于建立健全乡村医生社会养老保险制度与基本待遇保障机制的意见》要求，市、区县两级财政合计补贴趸缴资金27 645.41万元，使9 268名乡村医生纳入了北京市新型农村社会养老保险制度；4 379人享受乡村医生基本待遇，即每人每月领取800元乡村医生基本待遇补助金。乡村医生绩效管理。为加强农村卫生服务体系网底建设，严格乡村医生管理，充分调动广大乡村医生工作积极性，实现广大农村居民公平、方便享有村级基本医疗卫生服务，在《北京市人民政府办公厅转发市卫生局等部门关于建立健全乡村医生社会养老保险制度与基本待遇保障机制的意见》、《北京市卫生局关于进一步做好乡村医生基本待遇工作的通知》的基础上，印发了《北京市卫生局关于做好乡村医生绩效考核工作的通知》，从而进一步完善了政府购买基本医疗卫生服务与乡村医生岗位职责相衔接的管理制度。

【农村健康教育与管理】 2008年启动“农民防盲行动”，即对13个郊区县55岁以上农民进行白内障免费筛查。截至2008年底，完成10个远郊区县的筛查工作，目标人群52万，发现低视力患者2.2万，诊断白内障患者1.2万。

【新型农村合作医疗保障水平进一步提高】 全市参加新农合的人口达到272.5万人，农业人口参合率为92.9%；全市人均筹资水平320元，总筹资9.1亿元，其中三级财政补助资金占筹资额的82.9%；参合人员个人缴费1.2亿元，占筹资额的13.2%。

制度建设。2008年，全市13个郊区县新农合统筹模式从区县、乡镇及行政村三种情况，统一实现“区级统筹”，做到应保尽保，新农合基金抗风险能力进一步增强。在制度建设上全市统一实行“住院统筹”加“门诊统筹”的基本医疗保障模式，实现了“四统一”、“一衔接”和“三个转变”。13个区县已经不同程度实行门诊统筹补偿政策，10个区县开展普通门诊补偿结算，参合农民受益面扩大，农民医药费负担进一步减轻。

基金监管。认真落实卫生部、财政部下发的关于新农合基金财务制度、会计制度工作规范，会同市财政部门制定《北京市新型农村合作医疗基金财务管理办法》。全市13个郊区县在社保基金财政专户中全部设立新型农村合作医疗基金专用账户，并结合实际设立“收入户”和“支出户”，实施“收支两条线”管理。其中，门头沟区实行国库直接支付，参合农民医疗费用直接由区财政专户予以支付，规范了资金管理，初步实现封闭运行。

信息化建设。为提高本市新农合服务管理能力，进一步方便参合农民，2008年，各郊区县全面应用“北京市新农合计算机管理系统”。即时结算试点范围进一步扩大，部分区县实现新农合基金网上实时结算、网上审核，既方便参合农民医药费补偿，又实现了基金封闭式管理。与此同时，“新农合计算机管理系统”的应用，在规范新农合基金监管、预防职务犯罪方面也发挥了重要作用。此外，为强化风险防范意识，增强新农合信息系统对异常事件的应对能力，在市公共卫生信息中心建立了“灾备应急中心”，并及时开展新农合系统应急演练，取得成功。

省际合作。坚持以人为本的服务理念，围绕“全国人民建设首都，首都人民服务全国”的主题，创新新型农村合作医疗制度运行机制，积极探索新型农村合作医疗相关政策的异地衔接。与四川省卫生厅合作，联合制定《关于共同做好新型农村合作医疗在京定点医疗机构服务管理工作的意见（试行）》，在四川省务工人员相对集中的区域选择两家二级医院（北京市海淀区羊坊店医院、北京市朝阳区第二医院）为四川省在京务工参合农民定点医疗机构，确保四川省参合农民在京务工期间能够得到快捷、便利、优质的医疗服务。自3月底两省市合作以来，两家定点医院积极为农民提供健康宣传、咨询、免费体检和门诊住院等医疗保健服务，受到川籍农民工的欢迎。

保障水平。2008年，全市新农合基本统筹补偿受益274.8万人次，基本统筹补偿基金支出8.12亿元。其中，住院补偿受益16.72万人次，支出6.08亿元，占基金支出总额的74.98%，次均住院补偿金额3 639.31元，住院补偿率48.39%；普通门诊补偿受益252.62万人次，支出1.579亿元，占基金支出总额的19.34%，门诊补偿率33.16%。

（市卫生局　宗保国）

农民体育工作

【第六届全国农民运动会在福建省泉州市举行】 由农业部、国家体育总局、中国农民体协主办、福建省人民政府承办的第六届全国农民运动会于2008年10月26日至11月1日在福建省泉州市举行。北京市成立了以北京市委常委、市农民体协主席牛有成同志为团长，市政府副秘书长、市体育局局长孙康林、市农委主任王孝东、市农业局局长赵根武等领导同志为副团长的代表团参加了农运会，代表团共有158人组成，其中运动员113人、领队教练30人，团部领导和工作人员15人，参加运动会的田径、乒乓球、游泳、健身秧歌、自行车、风筝、象棋、花毽、摔跤、钓鱼、武术、民兵三项等12项目的比赛。北京代表团取得了22枚金牌、12枚银牌、12枚铜牌的优异成绩。金牌数创历届之最，居全国第二位，团体总分第三位，居四个直辖市之首。同时，摔跤、乒乓球、象棋、钓鱼等多项运动队和运动员获得体育道德风尚奖，受到了农运会大会组委会的表彰，实现了运动成绩和体育道德风尚双丰收的目标，为北京奥运会继续添彩，为首都京郊农民交了一份圆满的答卷。

北京参加全国第六届农运会的成绩表

区县	成绩	姓　名	项　　目
朝阳区	金牌	吴　珊	女子花毽规定套路
	金牌	吴　珊	女子花毽自编套路
	铜牌	朱海英	女子花毽规定套路
	铜牌	哈力丹	中国式摔跤100公斤级
海淀区	金牌	集　体	中老年组第三套健身秧歌规定套路
	金牌	集　体	男子乒乓球团体
	金牌	张思思	男子乒乓球单打
	铜牌	集　体	中老年组第二套健身秧歌规定套路
	铜牌	韩　雪	女子100米模拟救生
房山区	金牌	裴　乐	民兵三项武装越野
	银牌	集　体	民兵三项武装越野团体
顺义区	金牌	金　峥	运动风筝双线芭蕾（双人）
	金牌	朱彦生	风筝软翅类：小型
	金牌	金　峥	风筝硬翅类：小型
	金牌	冷世祥	风筝软板类：中型
	金牌	朱彦生	风筝软翅类：中型
	银牌	赵世明	风筝硬翅类：中型

（续）

区县	成绩	姓名	项　　目
顺义区	银牌	刚宝成	风筝硬板类：大型
	铜牌	蔺　华	风筝软板类：大型
	铜牌	蔺　华	风筝硬板类：小型
	铜牌	冷世祥	规定风筝
	铜牌	冷世祥	风筝软板类：小型
	铜牌	赵世明	风筝硬翅类：大型
昌平区	金牌	集　体	男子拔河（680公斤级）
	金牌	集　体	女子拔河（560公斤级）
	金牌	集　体	4×20公里混合接力
	金牌	刘云朋	男子65公斤30公里公路个人
	金牌	李艳玲	女子40公斤20公里公路个人
	金牌	李艳玲	女子40公斤30公里公路个人
	金牌	张　迪	女子30公斤30公里公路个人
	银牌	集　体	4×10公里混合接力
	银牌	张文莱	男子50公斤30公里公路个人
	银牌	张　迪	女子30公斤40公里公路个人
大兴区	金牌	许铭虎	武术男子自选长拳全能
	金牌	郭　京	武术男子传统拳术第一类
	金牌	高小晶	武术女子自选南拳全能
	金牌	付　洋	武术女子传统拳术第一类
	银牌	张海涛	武术男子软器械
	银牌	许铭虎	武术男子传统拳术第二类
	银牌	张海涛	武术男子传统拳术第二类
	银牌	高小晶	武术女子传统拳术第二类
	铜牌	王　凤	武术女子传统拳术第四类
密云县	银牌	团　体	男子象棋团体
	银牌	王天一	男子象棋
延庆县	铜牌	集　体	青年组第二套健身秧歌规定套路
	铜牌	集　体	青年组第三套健身秧歌规定套路

北京市参加全国第六届农民运动会金牌榜

区县	金牌	银牌	铜牌	总数
朝阳区	2		2	4
海淀区	3		2	5
房山区	1	1		2
顺义区	5	2	5	12
昌平区	7	3		10
大兴区	4	4	1	9
密云县		2		2
延庆县			2	2

（许胜卓）

农村计划生育

【2008年全市人口计生情况】 2008年，全市人口计生系统致力于稳定低生育水平，推动首都人口问题的统筹解决，开拓进取，扎实工作。据报表统计，常住人口出生数在15万以内，自然增长率3‰左右，计生率保持在95%以上。圆满完成国家和市政府组织的“十一五”规划中期评估的相关工作，国家人口计生委“十一五”规划中期评估组在抽查北京市大兴和密云基础上，对全市的人口计生给予了充分肯定。

【郊区低生育水平保持稳定】 依法行政，优质服务。全市低生育水平保持稳定，依法行政工作进一步加强，制定了《北京市人口计生委政府信息公开指南》等配套文件，开通了12 356阳光计生热线，计生全程办事代理制度更加科学规范。门头沟、房山、通州三个区经过全区上下的共同努力，跨入“国优”行列，至此，全市“国优”区县已达15个。连续5年开展了创建人口计生工作示范社区、示范村活动，每年评选示范社区和示范村各100个，这些示范居（村）发挥了很好的典型示范作用。市财政出资1 500万，对农村约21万名采取长效避孕节育措施的已婚育龄群众开展了免费健康体检。向待孕妇女免费发放叶酸工作顺利启动，“健康生育计划”顺利实施，出生缺陷一级预防工作稳步推进。市人口计生委出资为全市184个乡镇配备了计生宣传服务车，顺义、昌平、房山、怀柔和延庆等远郊区县利用服务车积极开展为育龄群众服务活动。对社区卫生服务站医师进行了业务技能培训，在1 587个社区卫生站实现了“六位一体”服务。进一步推进了计生药具工作改革，完善发放体系，拓宽发放渠道，扩大免费药具受益人群，启动了“避孕药具普惠易得”工程。市财政贴息1 400万元、贷款2亿元，扶持6 000户困难独生子女家庭发展生产的为民办实事工程顺利完成。7年来市财政共贴息5 040万元，贷款7.1亿元，约3.8万户（次）农村计生家庭享受到了此项优惠政策并提高了收入。农村部分计生家庭奖励扶助制度的市级标准逐年提高，2008年提高到1 200元，全市共有11 152人领到了奖励扶助金。从2008年起，对独生子女夭亡家庭每人每年发放2 400元的特别扶助金，全市约4 700户计生家庭直接受益。这两项扶助标准均比国家规定的最低标准高一倍。

【开展人口教育活动】 以“倡导婚育文明，构建和谐家庭”为核心。积极推进“农家书屋”建设，规范人口学校的教育活动，发挥了三级人口学校的网络作用，为“新农村新家庭”建设购买图书及补助人口学校资金180万元。市人口计生委补助区县人口文化园资金900万元，石景山、大兴、密云等9个区县在政府所在地大型公园建立了集知识性、观赏性于一体的人口文化园。

进一步完善了流出地和流入地协作网络机制建

设，区域合作、联合执法初显成效。对街乡流动人口协管员队伍进行了培训，提升了基层计生服务管理工作人员的素质，增强了管理者依法为流动人口服务的意识。着眼于提高流动人口文化素质，在全市流动人口聚集区建立了100个流动人口图书角。在提高基层专干补贴标准、为村居计生专干每两年免费健康体检的基础上，制定下发《北京市村居计划生育宣传员管理办法》，按照城市每100户一名、农村每50户一名的标准，市财政出资1 300万元，配齐6万多名村居计划生育宣传员并每人每年给予200元补贴。与市农委联合下发《关于加强北京市村级计划生育干部队伍职业化建设的意见》，对村级专干任职资格、工作职责、工作待遇、考核奖惩等进行统一规范，并由市财政出资，平均每人每年增加4 000元补贴。

【充分发挥计生协会作用】 全市现有1.1万个基层协会、14.17万人的协会会员和志愿者队伍。市计生协坚持以项目带动活动，促进协会各项工作的健康发展。北京市幸福工程办公室从1995年成立以来，在全市累计募捐总额达到了1 600万元。利用这些资金，市计生协在10个远郊区县全面展开了救助贫困母亲活动。

（市人口和计生委　刘　磊　李坤英）

【本市再次提高农村部分计生家庭奖励扶助金标准】 从2008年始，农村部分计生家庭奖励扶助金标准从上年每人每年的630元提高到每人每年1 200元。此标准是国家规定的每人每年600元的两倍，为全国各省市最高水平。全市将有近万名农民享受到这一惠民政策。

2005年，按照国家要求，全市建立了农村部分计生家庭奖励扶助制度，符合条件的农村计生家庭在60岁以后每人每年将得到600元奖励扶助金。2006年，市政府同意从2007年起，将农村计生家庭奖励扶助金标准在每人每年600元的基础上，每年递增5%，并由市财政全部负担。

（市人口和计生委　艳　侠）

【市人口计生委“三下乡”】 1月27日，市人口计生委在密云县古北口镇举办2008年文化科技卫生“三下乡”活动启动仪式。国家人口计生委宣教司司长张建，市政府副秘书长侯玉兰，市直机关工委副书记刘俊，市人口计生委党组书记、主任邓行舟以及县相关领导参加了启动仪式并讲话。

2008年，市人口计生系统的“三下乡”活动以服务奥运为契机，以“倡导婚育文明，构建和谐家庭”为核心，突出宣传新型的人口文化和生殖健康科普知识，重点做好三大工程，即人口文化建设工程、暖民心工程、新农村、新家庭建设工程。

市人口计生委向镇赠送价值10余万元的电脑、科普展版、书籍等设备和宣传品。“生殖健康伴你行”大型服务宣传车开进古北口镇，随行专家为现场育龄群众进行免费体检和健康咨询，发放宣传品和避孕药具。著名演员尹相杰等为观众表演了节目。

（市人口和计生委　凤　婷）

【启动“农村长效节育户籍已婚育龄群众免费健康体检项目”】 从4月1日始，全市人口计生系统在13个涉农区县启动“农村长效节育户籍已婚育龄群众免费健康体检项目”。并列入“北京市社会主义新农村建设折子工程”。项目对象为全市农村采取长效节育措施的户籍已婚育龄群众（包括男性、女性）。当年受益人群约21万。此项目得到市财政专项经费1 500万元支持。

市人口计生委统一制作了“农村长效节育户籍已婚育龄群众免费健康体检项目”二联卡，制定项目流程，便于群众知晓和顺利地到户籍所在区（县）计划生育生殖健康技术服务中心或指定医疗机构进行体检。项目后期，市、区（县）两级人口计生委还将对数据进行汇总、分析，为各级领导加强人口计生工作提供决策的科学依据。

（市人口和计生委　李晓沪）

【丰台区与南阳、温州三地举行联手签约】 3月13日，丰台区、河南南阳、浙江温州三地联手举行了主题为“和谐计生同发展、服务管理一盘棋”签约仪式。仪式上，三地负责人在《流动人口计划生育工作双向服务管理承诺书》上签名并互换文本。全国人大代表、丰台区副区长闫傲霜和全国人大代表、河南省南阳市委副书记、市长朱广平参加了仪式。两位代表认为：这是三地计生联手打造管理服务一盘棋的新举措，有助于难点热点问题的解决，也标志着国内计生系统首个面向“打工仔”、“打工妹”优质服务新模式的诞生。《承诺书》承诺为流动人口提供优质的计生技术服务，保证流动人口免费享受国家规定的基本项目技术服务，保证药具领取、发放渠道畅通，提供与本地人同等的计划生育服务等。并对加大流动人口计生协作管理力度达成一致：加强《流动人口婚育证明》和《流动人口避孕节育情况报告单》的管理和使用，共同做好行政执法工作，做好信息交换工作。

（林　平）

【顺义区落实计生家庭优惠政策】 根据2006年出台的《顺义区关于给农村低保独生子女家庭专项救助的通知》等文件，民政部门对享受低保的农村计生家庭每户比其他家庭每年增加300元专项救助金，2007年有923户享受。劳动部门对每招用1名计生家庭劳动力的用人单位，给予比一般家庭多350元的奖励。2007年共安排8 014名计生家庭成员就业。在农村养老保险工作中，区镇两级给予独生子女父母不低于当年缴费标准10%的补贴。教育部门对顺义籍低保家庭独生子女助学金的补助标准在原基础上上浮10%，2007年有196名独生子女学生享受该待遇。

顺义区推行四种流动人口管理服务模式。一是南法信镇南卷村村民自我管理模式，将流动人口计生工作纳入《村民自治章程》，明确规定村民对出租房屋中流动人口的管理情况与村福利待遇挂钩；二是南法信镇北法信村的“物业式”管理模式，采用小区物业封闭式管理，在村口设立岗亭，专人值班，对出入车辆人员进行管理；三是牛山镇相各庄村的村企联管式管理，村委会与驻村企业，将企业流动人口职工集中安排到村民的出租房中，将出租房建成“流动人口大院”，户主对大院人员进行统一服务和管理；四是天竺镇天竺村的网格式管理模式。

顺义区出台选择性别的终止妊娠手术干预措施。区人口计生委、区卫生局联合下发了《关于对非医学需要终止妊娠手术加强管理的通知》，加大对选择性别的终止妊娠行为进行干预。《通知》规定，农村户籍和婚嫁已婚育龄妇女实行怀孕14～26周终止妊娠手术时，必须持有镇计生办出具的介绍信。区医院和区妇幼保健院在为孕妇进行手术前要严格查验人口计生部门开具的介绍信，两部门共同干预，杜绝有性别选择目的的妊娠终止手术。区人口计生委将该项工作纳入对各镇出生人口性别比的目标管理考核，并加大考核比重。

（振　启）

【昌平区为村（居）计生干部送健康】 区出资11万余元，在区医院体检中心，为全区第一线457名计生干部提供免费健康体检服务。

（春　菊）

【房山区三措并举加强政务信息工作】 一是为政务信息工作人员提供良好条件。确定2名专职人员负责政务信息的采编上报工作，并配备了电脑、照相机、录音笔、U盘等相关设备，同时让信息员多参加班子会、多深入基层调研、多接触有关资料，从各个方面获取更多信息源。二是建立政务信息目标管理责任制。把政务信息工作纳入乡镇人口计生工作目标考核之中，要求各乡镇计生办要配备1～2名专职信息员，每月向办公室报送8条以上信息，并实行定期督查、季度通报、年度评比，对政务信息搞得好的乡镇给予考核加分。三是提高政务信息的数量、质量和效率。定期召开信息员例会，培训信息写作知识，安排信息采写的重点，进行信息写作交流。同时，组织信息员参加市、区举办的政务信息员培训班，不断提高信息写作水平，提高信息的数量、质量和采用率。

房山区开展“四大工程”助力新农村建设。一是“惠民工程”。对全区1 146名符合农村部分计生家庭奖励扶助制度者每人发放630元奖励，共计72.2万元。二是“致富工程”。在就业培训、宅基地划分、改水改厕、沼气应用、新技术推广等方面，完善了对计生家庭特别是农村独生子女和双女户家庭的优先优惠政策，帮助群众发展生产，增收致富，解决群众的后顾之忧。三是“健康工程”。抽调技术骨干，以流动服务车为平台，深入到全区25个乡镇和部分村人口学校开展免费义诊送健康优质服务活动。全年入村服务710余次，提供服务17.4万人次。四是“乐民工程”。全区各村均建立计划生育宣传“一条街”，利用群众自编自演的文艺节目，让群众受到新型生育文化的教育和熏陶。

房山区“四动”促进工程。一是项目启动。开展农村长效节育措施户籍已婚育龄群众免费健康体检项目，已服务22个乡镇、400多个村，体检23万人次。二是部门联动。与区教委联合，解决150名困难计生家庭子女入学并给予一定的物质帮助。三是利益驱动。落实独生子女父母奖励政策和农村部分计生家庭奖励扶助制度。已兑现独生子女父母奖励费840万元、农村计生家庭奖励扶助金77.6万元。四是典型带动。选出自愿放弃政策内二孩生育和少生快富等方面的典型家庭和代表人物，在电视台等新闻媒体进行集中宣传，发挥典型的示范带动作用。

（广　华）

【门头沟区出台独生子女家庭奖励】 该区制订《关于建立完善计划生育利益导向机制的意见》，加大对独生子女家庭的奖励力度。从2008年起，凡符合农村部分计生家庭奖励扶助政策的老人，在享受国家和北京市规定的奖励扶助金基础上，区财政给予每人每年300元奖励（其中独女户老人给予每人每年500元奖励）；对领取《独生子女父母光荣证》家庭的独生子女发生意外伤残、致使基本丧失劳动能力或者死亡，其父母不再生育或者不再收养子女，女方年满55周岁、男方年满60周岁的，除享受市《条例》规定的每人5 000元的一次性经济帮助外，再给予5 000元的一次性救助；对未满18周岁独生子女的父母发生意外伤残、致使基本丧失劳动能力或者死亡的，给予5 000元的一次性家庭救助；对参加农村合作医疗的独生子女家庭成员住院报销补偿比例在一般规定的基础上提高5%。

（淑　琴）

【怀柔区喇叭沟门乡创新“乡村双向互动”工作模式】 该乡结合自身实际，探索出一套双向互动的新型工作模式，即各村计生专干每月按规定的时间到乡计生办“工作”学习一天，主要学习处理乡计生办日常办证等计生业务。同时乡计生干部每月至少安排1～2天到所包村，检查督导村计生专干的日常工作，召开村计划生育工作例会，及时排查、消除工作隐患。这种村计生专干“走上来”、乡计生干部“走下去”的工作模式被称为“双向互动”工作模式。

（振　富）

【平谷区五项措施共推“大人口”研究】 一是在全区各乡镇及全委机关确定《农村人口素质现状及分析》、《计划生育利益导向扮靓新农村探析》等研究课题34个，并建立了课题立项、调研人员例会等制度。二是借用外脑，与北京大学人口所合作进行《平谷区人口状况与发展分析》的研究。三是与天津南开大学人口与经济发展研究所合作，进行《平谷区人口与经济发展》、《“婚育新风进万家”活动的实践与思考》等六个课题的研究。四是在搞好平谷区人口自然增长研究的同时，积极研究探索全区人口机械增长与经济社会发展等问题。五是积极筹备“平谷区人口论坛”，推动大人口研究的深入开展。

平谷区婚育培训学校采取四项措施深化培训。一是简化办证手续。取消培训时提供结婚证等相关证明，群众仅凭身份证就可参加培训。二是扩大培训、服务范围。拓宽受训群众范围，在继续做好新婚夫妇培训的基础上，拓展到18周岁以上的未婚青年和申请二孩生育服务证的夫妇，同时婚育学校提供免费避孕药具，并与婚检、康检和办理生育服务证结合起来，为群众提供一系列的服务。三是免费提供相关知识教材。免费向受训群众提供人口等相关知识教材。四是建立流动课堂，深入基层宣传相关知识。在做好定期培训的基础上，建立流动课堂，到城口单位、乡村，为育龄群众授课，讲解相关知识。

（月　莲）

【密云县计生宣传借台唱戏，三年行百村宣传过万户】 2005年，该县委宣传部围绕社会主义新农村建设，开展了“创生态县，建新农村百村行”活动，县人口计生委利用这一载体，全程参与组织计生文艺节目演出，开展政策法规和优生优育知识宣传咨询，把计生宣传书籍和计生用品直接送到群众手中。自2005年活动开始至2008年6月，百村行活动的足迹已经遍布全县18个乡镇100个村庄，行程5 000多公里，直接间接受教育群众达到15万人次。发放《婚育》等计生宣传材料5万余份，发放计生用品1万多件，接受咨询近1万人次，自编自演婚育新风进万家等文艺节目100场次。

密云县河南寨镇“利益导向”和“目标考核”两手抓。该镇通过奖励、优惠、扶持、补偿、补贴、救助和保障等形式，不断完善计生奖励机制，六项措施惠及计生户。一是完善计生“三结合”项目贷款政策。年度共落实贴息贷款170万元，扶持24户计生家庭，开展种植、养殖、加工和个体发展经济。受助户年均纯收入增加50%以上。二是制定《河南寨镇农村独生子女父母养老保险办法》。对符合条件入保的独生子女父母，镇政府给予20%的补贴，镇政府共补贴6.39万元，有些村级又在政府补贴的基础上给予10%～20%的补贴。三是制订独生子女家庭奖励扶助办法。对已领取《北京市部分计划生育家庭奖励扶助光荣证》的独生子女家庭，在市级1 200元奖励基础上，镇给予500元的一次性奖励，全镇共兑现奖励2.4万元。四是实行农村独生子女家庭参加新型合作医疗补贴制度。出台独生子女家庭入农村合作医疗补贴办法，即为农村子女家庭入农村合作医疗的每人每年补贴5元。并对独生子女报销药费进行政策倾斜，年度医药费报销总额达21万元。2008年度镇政府将为8 966人补贴4.5万元左右。五是对有实际困难的独生子女家庭实施临时救助。为3户独生子女家庭翻建房屋12间，为356户计生家庭解决临时困难补助2.6万元，其中独生子女户占80%，为经济条件困难的独生子女大学生解决学费3.6万元，为患重大疾病计生家庭申请补助款8.5万元。六是对采取计生长效措施的育龄妇女进行奖励。为提高避孕措施的有效率，镇政府出台了育龄妇女长效措施奖励办法，对每例采取放环、皮埋、绝育手术的育龄妇女，奖励50～200元不等的奖金，全年兑现奖励金1万余元。强化考核机制。①落实考核奖惩机制，增强干部责任感。镇内对不能完成计生工作指标的村，不得评优、评先进，并按照责任制规定扣除相应奖金、工资，即超生一例扣除村书记、主任和相关责任人工资20%，超生两例扣除责任人工资的30%。全年兑现计生责任制考核奖金9.4万元。②加强奖励机制，调动干部工作积极性。镇内对计生连续3年达到100%的村，奖励村书记、主任、计生专干每人500元；连续5年达100%的村，奖励村书记、主任、专干每人1 000元；连续10年达到100%的村，奖励村书记、主任、专干每人2 000元。据统计，全镇3年达标的村1个，连续5年的村15个，连续10年的村6个，镇政府将兑现奖金6.35万元。按照30～50户聘任一名宣传员的原则，对于完成年度工作任务的宣传员保证工资1 200元的基础上，发放200元年终奖，全年镇政府将兑现139名宣传员工资及奖金17.12万元，同时兑现企业宣传员奖金1.95万元。③完善监督机制，实行责任追究，强化干部责任意识。在与村干部签订计生目标责任制的基础上，实行责任追究制，对连续两年超生的村，由镇纪检书记对村书记进行诫勉谈话，连续3年超生的村，对村书记进行免职处理，深度强化干部责任意识。

（李素明）

少数民族乡村工作

【市民委召开全市民族乡村经济工作会】 3月18日，市民委组织召开了12个有民族乡村的区县民委（民宗办）主任、民族科科长参加的全市民族乡村经济工作会议。会议听取了怀柔、大兴、顺义、通州等区县民委关于整合各种资源促进民族乡村经济发展的工作体会以及今后的工作思路。市民委副主任马中璞在总结讲话中充分肯定了各区县民族工作部门在过去一年中对民族乡村经济发展所付出的努力和取得的成果，同时对促进民族乡村实现又好又快发展提出了具体要求：一是要落实好2008年的经济发展项目，确保扶持项目产生良好的经济效益；二是要继续加大培训力度，进一步提高民族乡村干部群众综合素质；三是要进行科学论证，选好、选准明年发展项目；四是要加大协调力度，进一步改善民族乡村生产生活条件。

【市民委帮助民族村落实产业规划内容】 在帮助延庆县大庄科乡3个民族村编制产业发展规划的基础上，3月7日，市民委协调市水务局、市科委、市农委等部门召开现场办公会，研究和解决3个民族村在落实规划和发展中遇到的农田灌溉、技术培训等实际问题。此外，市民委根据规划内容，针对3个民族村发展产业的具体需求，邀请了北京市农林科学院的有关专家深入民族村进行板栗种植方面的技术指导，获得了民族村干部群众的好评。

【市民委、市农委、市科委联合举办全市民族乡村基层干部培训班】 5月29日，由市民委、市农委和市科委联合举办，北京农学院承办的为期3天的“全市民族乡村基层干部培训班”在北京农学院科技交流中心圆满结束。全市民族乡主管乡长、民族村数量在3个以上的乡（镇）主管乡（镇）长和民族村村干部近200人参加了培训。市民委马中璞副主任、市农委王建中委员、市科委张光连处长和北京农学院王有年院长参加了开训动员，市民委申建军主任作了总结讲话。

此次培训，主要有以下四个特点：一是“三部门联合举办”。这是北京市民委、市农委和市科委近年来坚持“部门联动、政策集成”的具体体现。二是培训内容丰富实用。安排了新农村建设、都市型现代农业创新发展、农业科技政策、农民专业合作组织建设和农业产业发展规划等8个方面的内容，针对性较强。三是参训人员范围较广。参训人员涉及3个民族乡、46个乡镇，近100个民族村。四是参训人员学习风气浓厚。课上认真听讲，课下交流踊跃。

【市民委继续帮助11个民族村制定产业发展规划】 2008年，市民委按照“规划先行、项目推进、部门联动、政策集成、优先发展”的思路，依托农业部规划设计研究院、北京农科院等农业科研单位，以发展现代农业为着力点，帮助怀柔区喇叭沟门乡帽山村、长哨营乡八道河村、大兴区榆垡镇留士庄村、延庆县康庄镇大营村和东官坊村、密云县河南寨镇提辖庄村、房山区大石窝镇高庄村、韩村河镇二龙岗村、周口店镇新街村、门头沟区妙峰山镇陇驾庄村、通州区张家湾镇枣林庄村等11个民族村制定产业发展规划，指导确立主导产业。

【市民委领导调研民族乡村经济发展工作】 按照学习实践科学发展观活动的要求，为进一步增强学习实践的针对性和实效性，市民委副主任马中璞以“加快少数民族乡村经济发展”为专题，从11月4日起利用近20天时间，深入延庆县、大兴区、密云县调研民族乡村经济发展工作。此次调研采取听汇报、召开座谈会和实地考察等方式，了解目前民族乡村经济发展中存在的突出问题和困难，听取了民族乡村干部群众关于加快发展的意见和建议，并在此基础上形成了《按照科学发展观要求，加大扶持力度，努力促进少数民族乡村经济实现又好又快发展》的调研报告。市委第八指导检查组吴宏勇组长、尹双曼副组长参加11月6日赴大兴区民族村调研。

【市民委、市交通委考察民族村道路建设情况】 12月16日，市民委和市交通委联合对平谷区大华山镇东辛撞民族村道路建设情况进行实地考察。近年来，市民委充分发挥民委委员单位在促进民族乡村经济社会发展中的作用，市交通委连年加大对全市少数民族乡村道路建设。2008年，市交通委投入资金近300万元帮助东辛撞民族村修建6公里公路、硬化街坊路1.1万平方米。

【全市少数民族村农民人均纯收入首次突破万元】 据统计，2008年北京市少数民族村农民人均纯收入首次突破万元，达到10 006元，较2007年人均8 402元增长19.1%，与全市农民人均10 747元相比仍低741元。

北京市少数民族村经济实现较快发展，得益于以下几个方面：一是经济发展遇到了好的机遇。市委市政府高度重视，设立了少数民族经济发展专项资金，并不断加大专项资金扶持力度。二是专项资金使用效益得到了充分发挥。七年来，北京市民委在深入调研、充分论证的基础上，按照“以扶持低收入村为主、兼顾其他发展较快村”的原则，6 000万元专项资金扶持少数民族乡村改善了生产生活条件，促进了特色种植、绿色养殖和民俗旅游业的发展。三是各级政府和相关部门政策资源得到了有效整合。通过积极协调，市各相关部门加大了对少数民族乡村资金和政策支持力度，部分区县和乡镇政府为促进少数民族村经济发展也制定了相应的扶持政策和措施。四是依靠科技加快发展的能力有了一定提高。北京市民委积极开展科技下乡活动，通过多种形式组织少数民族乡村干部群众进行科技培训，并委托农业院校和科研机构先后帮助20个少数民族村制定产业发展规划，确立主导产业，实现科学发展。

【市交通委、市水务局充分发挥民委委员单位作用，积极解决民族乡村基础设施建设问题】 2008年，市交通委、市水务局继续加大对民族乡村基础设施建设力度。市交通委投入近700万元为民族乡村修建道路16.18公里，帮助3个民族村进行村内街坊路硬化近4万平方米。市水务局帮助延庆县大庄科乡3个民族村解决了在实施产业发展规划中存在的果树灌溉等突出问题。

（市民委　沙海涛）

农村法制建设

概　　述

2008年郊区新农村建设中的农村法制建设取得了很大进展。市和区县政府全面贯彻落实党的十七大精神，落实科学发展观，在社会主义新农村建设中，更加注重农村的法制环境建设。围绕办好奥运会这件大事，为构建社会主义和谐社会首善之区，营造农村经济发展、社会祥和的良好局面，以贯彻国务院《全面推进依法行政实施纲要》为主线，突出重点，依法开展各项农村工作，深入推进农村工作的依法行政。同时，紧紧围绕本市农村中心工作和重点工作，大力开展农村法制宣传教育工作，开展农村法律服务和法律援助各项工作，加强农村基础法制建设，不断促进农村法制建设水平的进一步提升。

立法与执法

【开展立法调研和参与间接立法】 按照市人大、市政府关于做好五年（2008—2012年）立法规划的意见要求，结合工作实际。2008年，市农委相关处室会同市经管站组织了对本市农民专业合作社发展现状、存在问题、立法必要性及可行性的调研工作，并在广泛征求基层、专家等意见的基础上，提出了拟制定《北京市实施〈中华人民共和国农民专业合作社法〉办法》的建议，同时提出了拟修改《北京市农民负担管理条例》和《北京市农村集体资产管理条例》的建议意见。2008年，市农委完成市人大、市政府有关部门交办的《防震减灾法（修订草案）》、《北京市城乡规划条例（草案）》、《北京市法律援助条例（草案）》、《北京市绿化条例（草案送审稿）》等法律、法规及规章草案征求意见8件。

【认真落实和执行行政执法责任制】 根据市编委正式批复市农委主要职责和内设机构进行调整之后，为进一步将国务院和市政府关于推行行政执法责任制的相关部署和要求落实到位，2008年市农委大力开展了进一步落实行政执法责任制的具体工作。依据调整后的各处室职责和所属有关单位职责，将本委21项行政执法职权分别分解到机关有关处室（9项）、市乡镇企业局有关处室（3项）、市经管站有关科室（8项）、市农建办（1项），确定了各职级人员及各有关处室（科室）相关职责及工作流程、办理时限。正式印发了《北京市农村工作委员会行政执法职权分解方案》（京政农发［2008］7号）、印发了《市农委行政执法责任制评议考核办法（试行）》（附《市农委行政执法责任制评议考核标准（试行）》）（京政农发［2008］8号）和《市农委行政执法责任追究实施办法（试行）》（京政农发［2008］9号）等配套制度，建立了权责明确、行为规范、监督有效、保障有力的行政执法工作机制，为进一步推进本委的依法行政工作，提升本委依法行政工作水平，奠定了基础。为方便今后执行行政执法责任制参考和学习有关行政法律、法规和规章，参考和学习国务院、北京市以及本委相关文件资料，2008年5月市农委又编印了《北京市农村工作委员会推行依法行政和行政执法责任制工作资料汇编》，将有关行政法律、法规和规章，国务院、北京市有关依法行政和行政执法责任制的文件，以及本委相关文件资料都收入其中，发到本委处室和所属有关单位。

年底，市农委开展了对机关处室、所属有关单位的行政执法责任制执行情况的考核。各有关处室和有关单位按照法定职责和责任制要求，对2008年度开展的行政执法工作认真进行了自查，市农委行政执法责任制考核工作小组结合各处室和所属单位的自查情况及结果报告，以及相关情况，按照行政执法责任制的要求，对照考核标准，对相关行政执法工作进行了评价和打分，总结经验、查找问题，将考核结果及考核情况报告报委领导审定后，在本委内部和向有关单位以文件形式进行了通报，并向市有关部门进行了备案。

【进一步规范有关事项的合法性审核】 为全面推进市农委的依法行政工作，在建立了有关重大决策事项和行政规范性文件合法性审核工作程序的基础上，2008年10月，市农委对相关处室进行了行政规范性文件认定暨合法性审核程序的工作培训，并将相关程序的执行情况纳入了农委行政执法责任制的考核项目中。2008年1月，市委农工委、市农委印发了《关于两委专项资金使用的管理规定》（京农发［2008］2

号），其中第三条“规范合同或委托协议文本”中规定：根据市农委向市财政局申请专项资金的函和市财政局批复文件内容，由主管业务处室与项目实施单位共同协商草拟项目实施合同，经主管委领导同意，交市农委法制处负责合法性审核后，报书记（主任）批准，主管委领导在合同文本上签字并加盖公章……根据该规定，市农委相关责任处室制定了两委专项资金项目合同（协议）合法性审核工作程序，制作了相关合法性审核意见表，在专项资金使用管理的具体工作中进一步规范了相关项目合同（协议）合法性审核的工作程序。

为进一步将依法行政工作落到实处，加快推进依法决策、科学决策、民主决策进程，更有效促进新农村建设工作的开展，针对在新农村建设工作中涉及的建设工程、产业项目扶持、推进农村金融体制改革以及农村产权制度改革等项指导工作开展过程中遇到的法律问题越来越多，以及政策文件制定的合法性审核需求越来越高等工作需求情况，并根据全市对推进依法行政工作的总体要求，经市农委领导办公会认真研究并做出决定后，市农委于 2008 年 7 月 1 日与北京信利律师事务所签订合同，正式聘用其首席合伙人阎建国律师担任本委依法行政和新农村建设工作的法律顾问，建立了农委的法律顾问制度。市农委与北京市信利律师事务所签订的法律顾问聘用合同期限为一年。所聘法律顾问在聘用期间，将会同其所在的北京信利律师事务所相关顾问团组一起，主要承担市农委法律咨询、法律文书审核、参加有关农村法律问题论证研讨及有关会议决策研究以及有关诉讼案件代理等，为指导区县新农村建设工程、产业项目扶持、推进农村金融体制改革以及农村产权制度改革等项工作提供法制保障。

2008 年，市农委相关处室会同农委法律顾问，对涉及市农委批复有关单位请示的决策事项，有关业务处室起草的市委农工委、市农委管理事项文件及市农委行政规范性文件合法性审核件 20 余件，审核专项资金项目合同（协议）共 16 批次，涉及合同（协议）125 份。对审核事项，按照规定程序，相关处室和法律顾问均逐件出具了合法性审核意见书。

【开展行政规范性文件的清理工作】 根据《北京市人民政府办公厅关于开展行政规范性文件清理工作的通知》（京政办函［2008］47 号）要求，市农委于 2008 年底组织开展了对本委行政规范性文件的清理工作。清理标准是：行政规范性文件的主要内容与法律、法规、规章相抵触或者已经被其后发布的文件所替代的，明令废止；行政规范性文件的适用期已过或者适用对象已经不存在的，宣布失效；行政规范性文件的个别条款与上位法不一致或者可操作性差的，予以修改；对于合法且符合实际工作需要的行政规范性文件，予以保留。首先由牵头责任处室负责，对 2007 年 12 月 31 日前，市农委在行使法定职权时，制定和公布的对公民、法人和其他组织具有普遍约束力的现行有效的所有行政规范性文件进行梳理，共认定行政规范性文件 85 份。接着由各有关业务处室根据职责分工及职能调整情况，对相应的行政规范性文件进行研究，按照“行政规范性文件的主要内容与法律、法规、规章相抵触或者已经被其后发布的文件所替代的，明令废止；行政规范性文件的适用期已过或者适用对象已经不存在的，宣布失效；行政规范性文件的个别条款与上位法不一致或者可操作性差的，予以修改；对于合法且符合实际工作需要的行政规范性文件，予以保留”的清理标准，提出初步清理意见报主管领导审定。其中，对于由市农委牵头，市农委与其他单位联合制发的 29 份文件，按照市政府办公厅关于主办机关为清理责任主体的要求，函请联合发文涉及的单位（或职能已并入该单位）协助研提意见进行清理。最终清理结果由市农委领导办公会研究审定。结果是：对合法且符合实际工作需要的 35 份行政规范性文件予以保留；对已经被其后发布的文件所替代或适用期已过、适用对象已不存在的 49 份行政规范性文件予以废止和宣布失效。对个别条款与现行政策不一致的 1 份行政规范性文件进行修改。2009 年 1 月市农委将本委行政规范性文件清理结果函报市政府法制办（《北京市农村工作委员会关于报送行政规范性文件清理结果的函》京政农函［2009］5 号），同时按照政府信息公开工作的要求，在首都之窗市农委网站公布并对现行行政规范性文件的有关公开内容进行了相应调整。

（江顺青）

【完善农业法律法规体系】 推动《北京市农业机械管理条例》的立法修订工作，积极开始调研，形成立法修订立项报告提交市人大和市政府法制办；加强立法规划，确定了 2009—2012 年立法重点项目；组织开展行政规范性文件清理，共对 2007 年 12 月 31 日前市农业局制定和公布的、现行有效的 51 件行政规范性文件进行清理。其中，对 22 件提出决定保留的意见，提出决定废止、宣布失效及决定修改的行政规范性文件分别为 25 件和 4 件，对 1 件市政府办公厅文件提出初步处理意见。

【加大执法力度】 年内，深入开展了农资打假专项整治活动、农产品质量安全执法、动植物防检疫执法、渔政和农机监督执法等，取得了明显的效果。2008 年以来，全市共计出动农业行政执法人员 75 407人次，组织执法活动 15 995 次，查处案件 1 014件，涉案 1 040 万元，涉案人员 676 人，作出行政处罚 979 起，罚款金额 110 万元，没收违法所得 11 万元，没收非法财物（货值）近 10 万元，挽回农民经济损失 1 000 多万元。

【开展行政执法监督】 年内，开展规范行政处罚自由裁量工作，在全面考虑违法事实、性质、情节及社会危害程度等相关因素基础上，初步完成行政处罚事项梳理和标准的规范，共涉及 6 个局属单位、8 个处室 13 类共计 240 余项行政处罚内容。规范农业系统行政处罚文书，设计28种格式文书并发放到全市农业执法部门使用。加强对规范性文件审核把关。2008年共审查文件50余份，其中明确为规范性文件的13份。积极开展案卷评查，参加市政府法制办组织的全市案卷评查的全部案卷继续获得了优秀成绩，名列第一，已连续5年在市政府案卷评查中获得优秀成绩。在农业部组织的行政处罚案卷评查工作中，报送的3个案卷全部被评为优秀，继续名列全国农业系统前茅。

【加强执法人员的培训管理】 年内，深入开展农业行政执法人员培训工作，完成对1 300余名执法人员的培训。开展执法人员资格考核，共有种植、畜牧、水产、农机等四个行业12个执法类别的518名新申请农业执法证件人员参加统一考试，在全市设立4个考场，异地同时组织进行，最终共有319名参试人员通过了考核并颁发了执法证件。组织对到期行政执法证件的审验工作，对于年培训时间未达到40学时的执法人员，不予注册通过。

（陆　洪）

市农委决定保留的行政规范性文件目录

序号	文件号	颁布日期	颁布单位	文件标题	清理结果
1	京政农［1995］151号	1995.11.14	市农办	关于颁布《北京市农业技术推广奖实施办法》的通知	保留
2	京政农［1995］175号	1995.12.22	市农办 市监察局	关于实施农民负担监督卡制度的通知	保留
3	京政农发［1997］044号	1997.08.15	市农办	关于实施农村集体经济审计人员持证上岗制度的通知	保留
4	京政农发［1997］051号	1997.09.17	市农办	关于印发《北京市畜禽产品检疫标志使用办法》的通知 附件《北京市畜禽产品检疫标志使用办法》	保留
5	京政农发［1999］005号	1999.02.19	市农办	关于印发《北京市农业机械安全操作规程》的通知	保留
6	京政农发［2001］42号	2001.08.24	市农委	关于印发北京市学生饮用奶计划暂行管理办法（试行）的通知	保留
7	京政农发［2002］8号	2002.02.07	市农委 市农业局	关于加强饲料和养殖企业管理依法查处非法使用盐酸克伦特罗行为的规定	保留
8	京政农发［2002］33号	2002.05.15	市农委	关于进一步加强农村集体经济审计工作的意见	保留
9	京政农发［2003］1号	2003.01.06	市农委	关于大力发展农村职业教育，全面实施农业现代化培训工程，加速农村人才培养，提高农村劳动者素质的意见	保留
10	京政农发［2003］47号	2003.06.02	市农委 市档案局	关于印发《关于加强小城镇档案管理工作的意见》的通知	保留
11	京政农发［2003］61号	2003.07.15	市农委	关于印发《北京市乡村集体经济组织登记办法》的通知	保留
12	京政农发［2003］77号	2003.09.01	市农委	关于做好《北京市农村合作经济组织登记证书》颁发工作的补充通知	保留
13	京政农发［2003］93号	2003.11.03	市农委	关于加快京郊乡镇企业技术创新和服务体系建设的意见	保留

（续）

序号	文 件 号	颁布日期	颁布单位	文件标题	清理结果
14	京政农发［2004］8号	2004.03.09	市农委 市规划委	关于加快郊区小城镇无障碍设施建设的通知	保留
15	京政农发［2004］15号	2004.03.31	市农委 市农业局	关于将开发区（园区）圈而未用的闲置土地撂荒地和废弃鱼池坑窑地迅速恢复耕种的通知	保留
16	京政农发［2004］18号	2004.04.20	市农委	关于印发《实施“三信”工程　加强信用户信用村信用镇（乡）建设的指导意见》的通知	保留
17	京政农发［2004］19号	2004.04.22	市农委	关于印发《北京市农业技术推广奖奖励办法》的通知	保留
18	京政农发［2004］41号	2004.07.05	市农委	关于印发北京市特需农产品质量安全监控体系实施办法（试行）的通知	保留
19	京政农发［2004］51号	2004.08.31	市农委	关于进一步加强农村富余劳动力转移培训的意见	保留
20	京政农发［2004］57号	2004.09.22	市农委	关于发放《农村土地承包经营权证书》和《农村土地经营权确权证书》的意见	保留
21	京政农发［2004］58号	2004.09.23	市农委 市林业局 市财政局	关于印发《北京市实施山区生态林补偿机制办法》的通知	保留
22	京政农发［2005］1号	2005.01.10	市农委 市农业局	关于进一步调整郊区养殖业产业结构和布局的意见	保留
23	京政农发［2005］6号	2005.02.05	市农委	关于实施山区小流域治理及土地整理工程的通知	保留
24	京政农发［2005］12号	2005.03.08	市农委 国家开发 银行营业部	关于贯彻落实中央一号文件精神加强北京农业开发性金融服务的意见	保留
25	京政农发［2005］19号	2005.04.11	市农委	北京市远郊区旧村改造试点指导意见	保留
26	京政农发［2005］21号	2005.04.18	市农委 市发改委等	关于实施山区流域综合治理的意见（试行）	保留
27	京政农发［2005］34号	2005.5.27	市农委	关于确定农民就业产业基地的通知	保留
28	京政农发［2005］44号	2005.07.01	市农委	关于进一步加强管理逐步减少郊区散养放牧养羊的意见	保留
29	京政农发［2005］51号	2005.08.16	市农委	关于印发《北京市农业科技项目管理办法（试行）》的通知	保留
30	京政农发［2005］66号	2005.11.03	市农委	关于加快发展都市型现代农业的指导意见	保留
31	京政农发［2006］7号	2006.03.14	市农委	关于发展都市型现代农业的政策意见	保留
32	京政农发［2006］8号	2006.03.16	市农委	关于推进北京市农村劳动力培训与就业工作的意见	保留

（续）

序号	文 件 号	颁布日期	颁布单位	文件标题	清理结果
33	京政农发［2006］24 号	2006.06.02	市农委	关于加快发展机械化保护性耕作的通知	保留
34	京政农发［2006］26 号	2006.06.05	市农委	关于加强农民科技教育培训中心建设推进本市农民教育培训和农村人才培训工作的意见	保留
35	京政农发［2007］5 号	2007.02.16	市农委	关于印发《山区“十百千”农民致富产业发展工程扶持办法》的通知	保留

市农委决定废止和宣布失效的行政规范性文件目录

序号	文 件 号	颁布日期	颁布单位	文件标题	清理结果
1	京政农［1994］070 号	1994.07.26	市农办	关于印发《北京市十小城镇户籍管理试行办法》的通知	失效
2	京政农［1995］050 号	1995.04.21	市农办	关于发布《北京市犬类防疫管理办法》的通知	废止
3	京政农发［1996］029 号	1996.04.24	市农办	北京市边远山区小康基金管理使用办法	废止
4	京政农发［1996］032 号	1996.04.30	市农办	关于颁布《北京市农机监理员管理办法》的通知	废止
5	京政农发［1996］046 号	1996.06.26	市农办	关于《北京市犬类防疫管理办法补充规定》的通知	废止
6	京政农发［1996］074 号	1996.09.25	市农办	关于颁发北京市地方煤矿安全管理工作若干规定	废止
7	京政农发［1997］010 号	1997.03.31	市农办	关于下发规模猪场规模鸡场升级定级考核管理办法（试行）的通知	废止
8	京政农发［1997］012 号	1997.04.08	市农办	关于印发《北京市农机安全监理巡查制度》的通知	废止
9	京政农发［1997］013 号	1997.04.08	市农办	关于印发《北京市农机安全监理人员着识别服装规定》的通知	废止
10	京政农发［1997］039 号	1997.07.16	市农办	关于印发郊区企业重组转制有关政策问题若干规定的通知	废止
11	京政农发［1998］034 号	1998.10.27	市农办	关于印发《北京市农办重点农业技术引进、试验示范和推广项目管理办法》的通知	废止
12	京政农发［1998］074 号	1998.08.14	市农办	关于印发《北京市农业机械维修行业管理办法》的通知	废止
13	京政农发［1998］075 号	1998.11.08	市农办	关于印发《北京市农业机械经销行业管理办法》的通知	废止
14	京政农发［1999］004 号	1999.01.18	市农办	关于印发《北京市农业机械及驾驶员管理办法》的通知	废止
15	京政农发［2000］90 号	2000.11.08	市农委	关于印发《北京市鼓励和吸引科技人才从事农业开发和服务若干规定》的通知	废止

（续）

序号	文 件 号	颁布日期	颁布单位	文件标题	清理结果
16	京政农发［2001］1号	2001.01.03	市农委	关于推进农业现代化加快农民致富步伐若干政策意见	废止
17	京政农发［2001］2号	2001.01.19	市农委	北京市安全食用农产品生产管理暂行办法	废止
18	京政农发［2001］16号	2001.03.30	市农委	关于印发北京市小城镇建设专项资金暂行管理办法的通知	废止
19	京政农发［2001］18号	2001.04.24	市农委	关于继续开展“六种农业”考核评比工作的通知	废止
20	京政农发［2001］29号	2001.06.06	市农委 市农村信用合作社联合社	关于开展农户小额信用贷款的实施意见	废止
21	京政农发［2001］57号	2001.10.30	市农委	关于发展舍饲养殖禁止放牧的通知	废止
22	京政农发［2002］3号	2002.01.17	市农委	关于推进农村经济结构调整加快农民致富步伐若干政策意见	废止
23	京政农发［2002］10号	2002.02.20	市农委 市农村信用合作社联合社	关于开展农户小额信用贷款的实施意见	废止
24	京政农发［2002］15号	2002.03.14	市农委	关于确定重点乡镇工业区的通知	废止
25	京政农发［2002］21号	2002.04.09	市农委 市农村信用合作社联合社	关于信贷支持农业产业化的实施意见	废止
26	京政农发［2002］41号	2002.06.20	市农委	关于养殖小区（场）实施规范化管理的意见	废止
27	京政农发［2002］44号	2002.06.26	市农委 市旅游局	关于开展郊区民俗旅游接待户评定工作的通知	废止
28	京政农发［2002］62号	2002.08.20	市农委	关于对北京市农业标准化生产示范基地进行考核验收的通知	废止
29	京政农发［2002］83号	2002.10.18	市农委	关于查处非法屠宰加工含有“盐酸克伦特罗”生猪屠宰加工企业的通知	废止
30	京政农发［2002］91号	2002.11.08	市农委 市农业局	关于开展饲料及畜产品中“瘦肉精”等违禁药品专项整治工作的通知	废止
31	京政农发［2003］41号	2003.05.19	市农委	关于促进农产品加工和营销的意见	废止
32	京政农发［2003］42号	2003.05.20	市农委	关于扶持郊区二、三产业经济发展促进农民就业的意见	废止
33	京政农发［2003］58号	2003.06.26	市农委 市旅游局	关于开展郊区民俗旅游村评定工作的通知	废止
34	京政农发［2003］70号	2003.08.15	市农委	关于进一步加强禁止放牧管理工作的通知	废止
35	京政农发［2003］84号	2003.09.26	市农委	关于印发《关于扶持北京市农业产业化重点龙头企业的意见》的通知	废止

（续）

序号	文件号	颁布日期	颁布单位	文件标题	清理结果
36	京政农发［2004］10号	2004.03.01	市农委 市财政局	关于印发《北京市山区采空区泥石流易发区农户搬迁工程管理办法》的通知	废止
37	京政农发［2004］16号	2004.04.05	市农委	关于本市实施粮食直补工作的意见	废止
38	京政农发［2004］49号	2004.08.23	市农委	关于印发北京市瘦肉精等违禁药品中毒事件应急预案的通知	废止
39	京政农发［2005］27号	2005.04.30	市农委 市财政局 市工商行政管理局	市财政局市工商行政管理局关于扶持农村二、三产业促进农民就业增收的意见	废止
40	京政农发［2005］32号	2005.05.23	市农委	关于鼓励饲料生产企业开展HACCP认证工作的通知	废止
41	京政农发［2005］41号	2005.06.07	市农委 市农业局	关于印发《北京市无公害农产品认证工作实施方案》的通知	废止
42	京政农发［2005］43号	2005.06.10	市农委	关于开展首批唯一性特色农产品及加工品评定工作的通知	废止
43	京政农发［2006］15号	2006.04.10	市农委	关于2006年银农合作工作的意见	废止
44	京政农发［2006］18号	2006.04.30	市农委	关于发展农村二、三产业　促进农民向非农产业转移的政策意见	废止
45	京政农发［2006］22号	2006.05.30	市农委 市旅游局	市旅游局关于开展“北京乡村旅游接待明星户”评选活动的通知	废止
46	京政农发［2007］3号	2007.02.06	市农委	关于组织申报2007年北京市农业技术推广奖的通知	废止
47	京政农发［2007］10号	2007.04.03	市农委	关于印发《关于2007年本市粮食综合直补的政策意见》的通知	废止
48	京政农函［2007］47号	2007.07.16	市农委	关于以市政府名义对2007年北京市农业技术推广奖进行表彰奖励的函	废止
49	京政农发［2007］24号	2007.09.18	市农委 市财政局	关于调整2007年本市粮食直补标准的通知	废止

市农委决定修改的行政规范性文件目录

文件号	颁布日期	颁布单位	文件标题	清理结果
京政农发［2006］3号	2006.02.20	市农委 市发改委等	关于扶持北京市农业产业化重点龙头企业发展的意见	修改

（江顺清）

法制宣传

【开展对本机关的法制宣传教育活动】 为进一步增强机关干部的法制意识，提高在推进社会主义新农村建设工作中的依法履职能力，2008年3月，市委农工委、市农委印发了《中共北京市委农村工作委员会北京市农村工作委员会关于进一步开展法制宣传教育活动的通知》（京农发［2008］7号），并结合两委工作实际需要，将涉及行政、监察以及与“三农”工作密切相关的《中华人民共和国公务员法》、《中华人民共和国行政许可法》、《中华人民共和国土地管理法》、《中华人民共和国农村土地承包法》等法律、法规和《中国共产党党内监督条例》等党纪条规进行摘选，编印了《法律法规规章选编》发到全体机关干部手中，方便两委领导干部和机关全体干部对相关法律法规知识以及依法行政工作文件的自学和查阅。并请专家给领导干部理论学习中心组现场讲座讲法，采取收听录音、收看录像等形式组织对机关处级及处级以下干部进行专项法律知识培训，使两委干部法律意识不断增强。

2008年6月，根据市法制宣传教育领导小组办公室印发的《关于组织参加〈北京支部生活〉奥运法律知识竞赛活动的通知》要求，市委农工委、市农委组织机关全体干部参加了由市法制宣传教育领导小组办公室和《北京支部生活》组织开展的“市民奥运法律知识有奖竞赛活动”，收到很好效果。

【配合市有关部门开展农村法制宣传教育活动】 根据中组部、中宣部、国土资源部、教育部、司法部、国家广电总局合发的《关于开展全国县（市）、乡（镇）、村级干部国土资源法律知识宣传教育培训活动的通知》（国土资发［2007］293号）精神，2008年3月，市委组织部、市委宣传部、市国土资源局、市教委、市农委、市司法局、市广播电视局七个部门联合下发了《关于开展全市乡（镇）、村级干部国土资源法律知识宣传教育培训活动的通知》（京国土人［2008］111号），印发了全市乡（镇）、村级干部国土资源法律知识“宣教培活动”的实施方案。七部门共同负责，于2008年上半年在全市组织开展了乡（镇）、村级干部国土资源法律知识“宣教培活动”。活动的主要重点内容是，宣讲党的十七大精神和党中央、国务院关于国土资源管理的大政方针，介绍和普及干部群众生产生活和实际工作密切相关的国土资源法律法规知识以及讲述经常发生在基层各种违反国土资源法律法规的行为及其法律责任，认清其危害性。市农委分工的主要职责，是负责本委工作涉及的土地使用方面的法律法规政策宣传教育培训，协助组织乡镇、村级干部的教育培训活动。

按照由市国土局牵头，包括市农委在内的七个相关部门联合组织开展的全市“乡（镇）、村级干部国土资源法律知识宣传教育培训活动”的工作部署，由市农委协调，于5月中旬在市委组织部、市委农工委组织举办的乡镇党委书记培训班上专门安排了一堂“农村土地规划和利用问题”法律知识讲座课程，结合具体案例系统介绍和讲解了什么是法定实施性土地规划，本市农村土地规划和利用的指导方针和战略，市、区县以及乡镇土地规划的重点等。其中重点结合新农村建设工作中乡镇土地规划和利用的实际问题，讲授的与城市规划衔接、保护和合理利用农用地，节约集约利用农村建设用地，以及从发展农村经济角度和长远考虑，认真研究、比较分析土地规划空间布局以及土地功能，用好国家及本市对保护耕地的支持和鼓励政策等问题，对乡镇领导干部依法开展好农村工作，依法行政和促进基层农村贯彻落实土地管理法，落实科学发展观，切实做好农村土地规划、利用和管理工作，促进社会主义新农村建设非常实用和有帮助。

【开展“五五”普法中期检查和奥运法制宣传工作总结】 根据《北京市法制宣传教育领导小组办公室关于组织开展“五五”普法中期检查的通知》（京法宣办［2008］5号）和市法制宣传教育领导小组办公室《关于报送“五五”普法中期检查自查报告的函》要求，市委农工委、市农委按照有关责任分工，于2008年下半年对两委机关“五五”普法工作及负责的协调配合有关部门开展农村“五五”法制宣传教育工作进行了自查，并按要求将有关自查报告报送给了市法制宣传教育领导小组办公室。根据《市政府法制办关于做好政府法制系统奥运工作总结的通知》（京政法制发［2008］35号）要求，2008年10月，市农委对本委奥运法制宣传工作认真进行了总结，并向市政府法制办报送了报告。

“五五”普法工作开展以来，市委农工委、市农委围绕实现“新北京、新奥运”战略构想和社会主义新农村建设“二十字”方针，多种形式、多种手段，重视和开展农村法制宣传教育工作。农村法制宣传教育与新农村建设工作紧密结合，积极配合有关部门开展农村法制宣传教育工作，提高农村广大农民法律意识和法律素质，提升农村的法制环境建设水平。“五五”法制宣传教育工作和奥运法制宣传教育工作取得了良好成效。

（江顺清）

【完成培养新型农民培训教材的编印发放工作】 年内，根据全市“五五”普法规划和新农村建设的要求，针对京郊村民的实际需求，市司法局编写了《农民常用法律知识100问》和《农村干部法律知识手册》，并在本年度北京市新型农民培养工作会议上进行了发放。120万册《农民常用法律知识100问》和40万册《农村干部法律知识手册》受到了各方面的欢迎。《新农村商报》全文转发了该书的内容，市委农工委党校也申请将本书作为大学生“村官”培训教材。海淀、顺义等区的农民拿着这本书前来咨询相关法律问题，并一致称赞本书的编写通俗易懂，解决了他们在生产生活中遇到的法律问题。原北京市副市长牛有成充分肯定了两本书的编写工作，认为两本书的编写充分体现了政府服务农民的意识，符合农村生活实际，体现了政府对培养新型农民的责任感。

【开展“送法下乡”活动】 1月21日，市司法局在顺义区后沙峪镇启动了本年度“送法下乡”活动。向顺义区赠送了包括《农民常用法律知识100问》、《农村干部法律知识手册》等总价值30余万元的法律图书资料，现场进行了法制文艺表演，举办了法律知识有奖竞猜和法律咨询服务等活动。此次活动拉开了北京市“送法下乡”工作的序幕。

【大学生村官担任普法宣传员】 全市5 016名大学生“村官”中，有4 143名担任普法宣传员，占大学生“村官”总数的82.6%，涉及12个区、170个乡镇、3 473个村。大学生“村官”担任普法宣传员，弥补了农村法律人才匮乏的现状，改变了农村普法队伍的结构，同时也为大学生“村官”锻炼成长提供了平台，受到基层干部群众的欢迎。

【畅通化解矛盾纠纷渠道，维护农民合法权益】 农村公益法律服务体系试点工作开展以来，为群众提供了综合性法律服务。年内，基层公益法律服务组织共解答群众咨询近6万人次，调解民间纠纷达25 000余件，协助办理法律援助案件、公证2 000余件，为当事人争取到因人身伤害引起的赔偿金250余万元，追讨拖欠工资百万余元，有效地维护了农民的合法权益。

【促进基层民主法制建设，提高农民法律意识和干部依法办事能力】 通过开办法律讲堂、协助修改制定村民自治章程和村规民约等形式引导农民用法律途径解决涉法问题。年内，全市公益法律服务组织为各类组织和各级政府部门提供司法建议和法律顾问数达到了2 500余次，涉及经济合同的事项约占60%，有力地促进和保障了农村地区经济的发展。

【整合司法行政资源和职能优势，为基层司法行政工作注入新的活力】 律师、司法助理员、人民调解员、基层法律工作者，是司法行政队伍的组成力量。通过建设公益法律服务体系，将司法行政工作的各项资源有效整合，把优势职能延伸到农村和社区、延伸到基层第一线，使司法行政工作更加充满活力，是基层司法行政工作的重要抓手。

【组织开展北京市大学生村官法律知识培训】 6—7月，市司法局与市信访办、市人事局联合，对近千名大学生村官骨干进行了法律知识的培训，培训内容为如何做好新时期法制宣传教育工作、人民调解工作、法律援助工作以及当前农村热点问题。市局相关处室领导、有实际工作经验的公职律师、人民调解员分别为大学生村官讲课。

【多措并举服务失地农民】 年内，大兴区通过开展法律知识讲座、发放法律知识宣传材料、送法进农家等活动，普及法律知识，引导农民依法处理农村土地征占中涉及自身权益的各种问题；开展矛盾纠纷排查，全面、准确掌握纠纷情况，妥善进行调处，防止矛盾纠纷激化；加强法律服务室建设，指派法律服务团律师和司法助理员定期在各村级法律服务室值班提供法律服务，保障农民合法权益；提供法律援助，开通“绿色通道”，对失地农民申请法律援助优先接待，简化程序，快速办理。

【帮助农民工维权】 大兴区定于每年的1月为全区农民工法律援助宣传月，深入农村、集市、企业开展法律现场咨询活动，宣传法援申请程序和维权事项。利用在农村设立的法律援助工作站（点）为困难群众提供快捷的法援服务。简化农民工法援维权申请程序，提高农民工法援案件办理质量。配合劳动保障部门，指导、督促拖欠农民工工资的用人单位与农民工签订还款协议。

【开展“农村乡风文明普法大讲堂活动”】 4月，平谷区司法局为推进农村普法教育，促进奥运期间社会和谐稳定，在全区开展了以“迎奥运，学法律，讲文明，促和谐”为主题的“农村乡风文明普法大讲堂活动”。制定了《关于开展乡风文明建设普法大讲堂活动的实施方案》，编印了《乡风文明建设普法大讲堂辅导材料》，统一教材、统一培训，逐村宣传。

【“民主法治示范村”工作蓬勃开展】 3月14日，昌平区依法治区领导小组办公室、区司法局、区民政局在百善镇上东廓村召开昌平区第三批“民主法治示范村”、“民主法治社区”经验交流暨命名表彰大会。全区17个镇（街道）主管法制工作领导及第三批受表彰“民主法治示范村”党支部书记参加了会议。区委常委、政法委书记潘建新，市司法局法宣处处长吴军及区司法局、民政局的主要领导出席了会议。会上，百善镇政府以及上东廓村的代表进行了典型发言。沙河镇老牛湾村等50个村、东小口镇北二区等30个社区被命名为昌平区第三批“民主法治示范村”、“民主法治社区”。目前，全区304个村已有167个被评为区级“民主法治示范村”，9个被评为市级“民主法治示范村”，北七家镇郑各庄、百善镇上东廓两个村被评为全国“民主法治示范村”，全区148个社区已有55个被评为“民主法治社区”。

（司法局　武寓文）

【开展普法宣传活动】 年内，市农业局继续开展“放心农资下乡进村宣传周”活动。全市共出动执法和科技人员1 470人次，印发宣传资料11.4万份，张贴标语、横幅和展板320条（张），举办各种形式的宣传培训活动1 316次，接待咨询群众40万人次，组织收看“3·15”电视专题40.2万人次，展销农资产品3.2万千克。坚持面向基层执法单位、面向管理相对人、面向社会的“三个面向”，组织开展“农业行政执法典型经验推广年活动”宣传行动。

（陆　洪）

农村社会稳定工作

概　述

2008年市委农工委市农委以奥运安保为中心，认真落实市委《关于深入开展“平安奥运行动”的意见》，从建立健全各项规章制度和工作预案入手，立足于从小处入手，从细处着想，认真组织奥运安保各项演练，确保了奥运之年农委系统的绝对安全。按照社会治安综合治理责任制的工作要求，在新农村建设中继续开展“平安创建工作试点”，有利促进了新农村建设的深入开展，促进了农村社会治安环境的有效改善。按照市联席会议奥运之年“大事不出、小事减少、管理严格、秩序良好”的工作要求，深入开展人民内部矛盾排查化解，认真开展重信重访专项治理，积极参与区县领导干部大接访活动，切实解决人民群众普遍关心的现实问题，着力维护广大农民的利益，保持了郊区社会的稳定，受到群众的一致好评。

人民内部矛盾排查化解

按照中央联席会议和市联席会议的统一部署，市委农工委、市农委按照全市“平安奥运行动”的整体部署，从围绕奥运之年维稳工作的实际出发，从解决群众反映的突出问题出发，着力化解有关“三农”和土地问题的矛盾纠纷及不稳定因素，坚决落实中央和市联席会议“人要回去、事要解决”的工作要求，从关注解决民生问题入手，围绕解决人民群众最关心、最直接、最现实的利益问题，积极开展矛盾纠纷排查化解工作，有针对性的修订和完善政策，推广郊区化解矛盾的典型经验，使一大批矛盾纠纷得到了有效化解和控制，有力维护了基层广大人民群众的利益。

【全市远郊区信访的基本情况】 2008年1—12月，远郊10区县到市级以上集体上访的共206批2 704人次，与上年同期303批7 229人次相比，批次下降32%，人次下降62.6%。其中，到国家信访局、中南海等重点地区的集体上访的有41批590人次，与2007年同期68批1 504人次相比，批次和人次分别下降39.7%和60.7%。重访15批157人次，与上年同期40批1 344人次相比，批次和人次分别下降62.5%和88.3%。反映的主要问题有：①农村管理（基层干部、集体资产管理、社员身份界定等）问题69批673人次，占33.5%；②土地征占及转非安置及由此产生的问题58批633人次，占28.2%；③企业改制及合同劳资纠纷问题37批793人次，占17.9%；④其他社会和经济管理类问题（军转待遇、安全饮水、物业纠纷、合同纠纷等）24批498人次，占11.7%；⑤土地承包问题14批83人次，占6.8%；⑥水库移民问题4批24人次，占1.9%。

【深入开展矛盾纠纷排查调处工作】 以化解人民内部矛盾为主线，全力化解社会矛盾。通过层层排查、定期不定期排查，不断加大排查力度，切实掌握可能激化的重点矛盾纠纷和不稳定因素。大力开展人民内部矛盾定期排查调处工作，坚持每季度在农委系统和郊区进行一次矛盾排查，对排查出各类重点矛盾纠纷，通过挂账督办、领导包案等措施，予以化解。坚决落实中央联席会议“诉求合理的解决问题到位，诉求无理的思想教育到位，行为违法的依法处理到位，生活困难的帮扶救助到位”的要求，农委系统各单位进一步加强对本系统各单位可能产生“个人极端行为”的人员排查力度，对这些人员建立工作台账，逐人明确化解和稳控责任。同时，坚持每季度对郊区信访情况进行分析，及时沟通了郊区内部矛盾发生的动态情况，实现处理信访问题底数清、针对性强、措施得力。

【召开全市郊区农村信访工作会议】 2008年3月份召开了全市郊区农村信访工作会议，学习贯彻中央领导和中央联席会议以及市委的指示精神，总结交流郊区农村在矛盾纠纷化解方面的成功经验和做法，对当前涉农的矛盾纠纷进行分析，并围绕当前奥运之年矛盾排查化解工作做出专门部署。其中把推广化解矛盾的经验作为会议的主题之一，制作了专题片供各区县学习借鉴。如门头沟区建立“连民心恳谈室”的经验、大兴区北臧村镇建立法律服务团制度、延庆县千家店镇信访“三日工作法”都为化解矛盾纠纷、维护地区和谐稳定发挥了重要作用。

【开展重信重访专项治理】 2008年郊区13个区县反映的涉农重信重访问题共116件，主要问题包括土地征占补偿、土地承包、集体资产分配、农村管理、搬迁移民待遇等。其中反映土地征占补偿、土地承包确权、集体资产分配三类问题的重信重访共78件，占总量的2/3以上，已成为郊区农村涉农重信重访主要问题。根据中央联席会议《关于集中开展重信重访问题专项治理工作的实施意见》（中信联发［2008］4号文件）和市处理信访突出问题及群体性事件联席会议《关于开展重信重访专项治理工作的实施意见》（京信联［2008］1号），制定了市委农工委具体实施意见。对市联席会议交办的涉及农村和土地问题的矛盾纠纷，积极会同有关部门和区县深入研究重信重访的具体问题，认真查找问题产生的原因和背景，有针对性地从政策层面提出解决意见。对区县反映的涉及农村和土地问题的矛盾纠纷，认真履行市处理信访突出问题及群体性事件联席会议农村土地小组的职责，研究并提出化解矛盾的具体建议，配合区县做好维稳工作。

【制定完善信访风险评估机制的指导意见】 按照市联席会议《关于推进建立重大决策信访风险评估机制的指导意见》的要求，制定了农委系统建立重大决策信访风险评估机制的具体办法。对涉及群众权益的重大决策广泛听取群众意见，从源头上倾听民声，从感情上贴近民众，从政策上反映民意，从制度上保障群众利益，特别是注意倾听农民群众对新农村建设的意见和建议，使决策更加科学、更加贴近民意。

【积极参与区县领导大接访活动】 为确保奥运期间的社会稳定，中央决定从2008年7月1日至年底开展全国县委书记大接访活动。按照市委统一要求，市委农工委由张新委员率队参与了全市大接访活动市督导组的工作，分赴密云县和大兴区蹲点，对区县基层大接访工作进行了督导检查。大兴督导组召开三次协调会和中央督查组一道，共同参与解决外地务工人员上访反映资产遗留问题，使这一问题基本得到解决，走访了8个的街道（乡镇）指导基层领导包案、下访、接访情况。密云县督导组先后4次召开协调会，共同参与研究解决土地征占补偿款分配等历史遗留疑难问题2件，先后到8个乡镇、一个街道、一个委办局（县劳动局）开展信访督导工作，深入6个村开展信访调研，受到了基层群众的一致好评，取得了明显效果。通过开展大接访活动集中解决了郊区农村一批容易引发信访突出问题和群体性事件的矛盾纠纷及苗头隐患，集中解决了一批长期积累的重信重访案件，集中解决了一批当前发生的信访突出问题，集中解决了一批群众反映强烈的热点难点问题。实现了把上访群众吸附在基层、把矛盾化解在萌芽状态、把重点人员稳控在当地的目标。

【认真做好信访答复和数据报送】 截止2008年12月底，共接待人民来访92批232人次，处理人民来信121封，参与处理信访复查12件。回复市长信箱、政风行风热线、农委领导信箱、投诉信箱、咨询信箱人民来信建议等共计268件（含重复件），做到了事事有回音、件件有答复。

【强化部门联动，形成处理信访问题和群体性事件工作的整体合力】 围绕为奥运创造安全、祥和的社会政治环境的总体要求，作为市联席会议土地专项小组办公室，对区县反映的涉及农村和土地问题的矛盾纠纷，会同市有关部门配合区县共同做好矛盾纠纷排查化解工作。在充分调研、认真分析的基础上，加大从政策层面研究解决信访突出问题的力度，积极配合有关部门对土地征用、集体资产处置等重点领域的政策进行完善，采取治本之策，从源头上推动问题的解决。奥运期间重申土地补偿费管理使用的相关政策，并要求区县农业行政管理部门在处理相关问题时，严格按照政策规定的原则操作，为基层处理矛盾提供政策依据。

【加强涉农信访工作培训】 2008年11月24—27日，组织了郊区农委、经管站及部分乡镇负责信访工作的主管领导和具体同志参加的信访综治培训班，请专家学者就“三农”工作和农村问题进行专题培训，交流区县基层在化解农村矛盾的成功经验，进一步加大对基层干部的培训力度，从源头上为化解矛盾提供必要的支持和帮助。

社会治安综合治理

【加强农村平安建设】 2006—2008年，由市财政每年安排专项资金300万元，在郊区13个区县新农村建设试点和整体推进村中选择了4个镇80个村开展了“农村平安创建活动试点”工作，通过示范试点乡村的典型带动，提高了郊区农村平安建设的能力，健全了治安防控工作机制和工作体系，探索出农村平安建设的新模式，取得了明显实效。

一是通过平安村试点示范，探索形成了具有首都特色的农村平安建设的新机制。三年来，各试点村结合社会主义新农村建设，积极探索和创新农村基层综治工作的新机制，形成了实现农村基层“平安村”创建的“五有”、“五无”工作新模式。“五有”：有长效工作的机制、有上下联动的工作网络、有合格的综治队伍、有完善的设备和技防设施、有严密的考核和信息台账制度。“五无”：无治安刑事案件、无重大恶性案件和安全事故、无信访和群体访事件、无黑社会组织、无“法轮功”邪教组织和宗派势力。通过平安村试点工作加强了农村综治工作的机制建立，进一步整合了农村群防群治力量，农村基层警务工作得到加强。明确镇村综治、治保、民调组织的职责、任务，并将其纳入镇村“六好党委”、“五好支部”创建考核标准之中。健全了示范村的社会矛盾纠纷预防、排查、调处工作机制加强了基层农村调处中心、站点等工作网络建设，建立和完善人民调解、行政调解和司法调解的工作机制。提高了乡镇、村治安巡防队伍的工作技术水平，加强乡村巡防队员的治安防范技术装备、治安员巡防技术能力和示范村治安信息网络建设。加强了示范村治安信息网络建设。提高农村治安防范信息化水平，示范村配置必要的计算机等设备，对农村地区外来流动人口加强了管理，形成区（县）、乡镇、村治安快速反应的信息平台，使郊区平安建设得到进一步加强，农村平安建设的能力进一步提高，为实现京郊农村社会平安稳定，农民家庭幸福安康，农村邻里和谐和睦，建设美好的社会主义新农村奠定了坚实基础。

二是通过平安村试点推广，加强了农村科技创安和技防、巡防的基础设施建设。为搞好农村平安村创建试点工作，三年来市农工委、农委共投入900万元专项资金重点支持试点村物防、技防等基础设施建设。同时，要求区县、乡镇也要落实好配套资金，调动基层村集体的积极性，不断加大投入。各郊区县党委和政府高度重视平安创建活动试点工作，统一了认识，制定了规划，统筹安排，周密部署，狠抓落实，保证试点工作顺利进行。各区县综治部门组织相关部门加强对试点村治安防范基础设施建设、巡防队伍建设和工作机制、工作体系建设的指导，郊区84个试点示范镇村的重点治安防范地区、重点路口要道都安装了电子监控设备，逐步推广科技含量高、适应农村特点的电子监控等技防设施，电子监控探头布防点达到1 000个；为提高了乡镇、村治安巡防队伍的工作技术水平，加强乡村巡防队员的治安防范技术装备和治安员巡防技术能力，通过平安试点村创建，重点支持了农村治安员巡防通讯、对讲设备、交通工具装备建设，全面提高了农村平安建设的能力，为实现“平安奥运”奠定了基础，取得了突出成效。

三是通过平安村试点，总结出农村综治工作先进典型和经验。近两年的农村平安村创建活动试点工作，郊区农村平安建设工作取得了新的进展，创新了农村综治工作的机制，涌现了一大批农村综治工作先进典型。如：奥运水上项目场馆所在地顺义区北小营镇，结合新农村建设加强奥运安保工作，实行“电子眼无缝隙监控”，建立了农村综治工作管理信息系统和综治工作的新模式；南法信镇南圈村加强了技防设施投入，农村科技创安达到较高水平；密云县古北口镇和大城子镇，在创新农村综治工作机制中组建和谐创安自治协会和建立农村综治工作中心，全面推进农村平安创建工程，为社会主义新农村建设奠定基础；通州区完善农村综治社会面治安防控体系，创建了农村基层社区“治安中心户”互联互保制度、农村基层街道“街长”制度和“农村警务直通车制度”，突破了如何调动农民参与基层农村综治工作的难点，推动了社会治安综合治理各项措施的落实。通过两年的试点工作，农村平安村创建活动试点工作已取得了一些先进的经验，涌现出一批值得推广的典型，得到了郊区各区县广大农民群众的积极拥护和广泛响应。

（王小东　王海龙　李旭辉）

领导班子建设与基层组织建设

概　述

2008年市委农工委、市农委重视自身建设，开展学习实践科学发展观活动，加深了对科学发展观的理解，努力突出实践性，把解决问题贯彻始终。在全年党的基层组织建设中“三级联创”活动有新的进展，农村基层民主政治建设取得成效。

领导班子建设

【学习实践科学发展观活动取得成效】 市委农工委、市农委学习实践活动从2008年10月中旬开始到现在历时近5个月的时间，完成了学习调研、分析检查、整改落实三个阶段，共11个环节。两委机关20个支部和所属7个系统单位近110名党员参加了这次学习实践活动。

这次学习实践活动取得了三个方面的主要成果：

第一，认识成果。通过开展学习实践活动，大家在以下四个方面对推动农村科学发展有了新的认识：一是在用科学发展观指导“三农”工作上有新的认识。大家一致认为，推动农村科学发展，必须始终坚持发展这个第一要务，切实把工作重心放在推动郊区经济发展和促进农民增收致富上；坚持以人为本，把实现、维护和发展农民群众的根本利益作为我们开展工作的出发点和落脚点；坚持全面协调可持续，统筹协调有关部门促进农村经济社会全面发展，在事关群众利益的突出问题上着力推进，重点突破。二是在两委工作职能上有新的认识。大家一致认为，实现农村科学发展，要充分发挥好两委的工作职能，统筹协调各方面力量共同推进社会主义新农村建设。要树立全局的观念，积极主动地承担责任，实现由过去注重生产过程向注重农业产业化的转变。要不断研究和探索履行职能的方式方法，实现由过去更多依靠资金和项目管理向制定规划、服务协调、宏观指导的转变。三是在转化奥运成果上有新的认识。大家一致认为，要切实把奥运成果转化好、运用好，必须继续大力发展都市型现代农业，培育农产品标准化生产基地，扶持农业产业化龙头企业建设，加强对农产品市场流通环节的管理，加强农村金融体系建设等。四是在推进改革创新上有新的认识。大家一致认为，推动农村科学发展，两委要真正在实现城乡一体化中找准位置，并创造性地开展工作。要加大城乡统筹力度，率先建立起以工促农、以城带乡长效机制。要通过创新体制机制，率先在统筹城乡规划、产业布局、基础设施建设、公共服务一体化等方面取得重大突破。要在构建新型的工农、城乡关系中发挥好应有的作用，促进城乡经济社会发展融合互动、优势互补、互利共赢。

第二，实践成果。在学习实践活动中，坚持把解决问题贯穿始终，对能够及时整改的问题及时进行了整改。据不完全统计，学习实践活动以来，沟通协调有关部门已经和正在研究制定的政策性制度、机制、措施共40余项。一是在农村改革方面：建立了“农投、农贷、农保、农担、农基、农信、农村金融综合改革试验区”等农村金融发展“七农”制度；大兴区农村金融综合改革试验区、密云和延庆县村镇银行、密云县农业担保公司已经建立；与市中小企业信用再担保有限责任公司签订了共同行动计划；市政府政策性农业投资公司已经成立；目前正抓紧研究制定《关于做好本市农户土地承包经营权流转工作的意见》、《北京市实施农民专业合作社法办法》等。二是在产业发展和生态建设方面：正着手研究制定现代农业基础建设工程实施规划（2009—2012年）、2009年市级扶持发展农村产业指南、沟域经济发展扶持政策、生态示范创建奖励机制、试行环境要素补贴机制；编制了《北京市生态清洁小流域建设规划》；制定了《关于开展生态示范创建工作，进一步推进全市生态环境建设的指导意见》等。三是在基础设施建设方面：制定了《北京市新农村建设重点村村庄规划编制工作方法和成果要求》以及《北京市一般村近期建设规划编制指导意见》；着手研究制定《“三起来”工程建设规划（2009—2012）》；提出了加快山区路网建设、山区村公共基础设施建设的目标任务等。四是在解决民生方面：从2009年起，解决农村56～59岁女性人员养老补助问题；农村就业困难人员向二、三产业转移就业享受城镇同等救助政策；新型农村合作医疗筹资水平达到420元；农村低保由1 780元要提高到2 040

元；对山区没有劳动能力的低保人员，要享受城镇低保待遇标准；开展了家电下乡工作。五是在基层党的建设方面：从2009年起，将乡镇党委书记、乡镇长和村党组织书记的培训纳入市委党校培训体系；着手研究制定村干部的基本报酬、养老保险补贴、正常离任补助等待遇保障机制；着手研究制定《关于加强农村党风廉政基本制度建设的意见》。

第三，自身建设成果。这次学习实践活动，把加强两委领导班子和机关自身建设作为一项重要内容，取得了阶段性成效。一是工作作风进一步改进。针对当前抗旱保春管工作形势，两委有关领导组织专家多次深入京郊查看苗情、墒情，并根据实际情况确定了旱情、苗情调查标准和方法，制定了全市抗旱保春管实施方案，成立了抗旱保春管和春耕备耕工作办公室，有效地指导全市抗旱保春管工作。积极参与了海淀区北坞村城乡结合部试点调研工作。对贯彻全市农村工作会议精神的情况进行调研了解，确保会议精神的贯彻落实。二是沟通协调的力度进一步加大。为落实市委、市政府2009年“保增长、保民生、保稳定”的目标，由两委牵头，以市新农村建设领导小组综合办公室的名义，建议市新农村建设领导小组成立六个专门工作组，重点加强审批服务和工作推进。这六个专门工作组分别是农民就业产业基地服务组、小城镇及旧村改造服务组、民俗旅游服务组、都市型现代农业工作推进组、农村基础设施和“三起来”建设工作推进组以及低收入农户增收致富工作推进组。六个专门工作组的成立，对加强组织协调、推进各项工作的落实将起到积极的促进作用。三是制度建设进一步加强。进一步规范了两委理论中心组学习制度，制定了学习计划。建立了每周一上午两委办公例会制度。制定了关于做好两委机关干部休假工作的规定。进一步健全完善了两委机关“三会一课”制度、党员活动日制度、支部民主生活会制度、发展党员工作制度、党员思想汇报和党性定期分析制度、党员教育培训制度、支部联系基层服务基层制度、支部党员“争先创优”工作制度、机关党委工作制度、党内民主监督制度、支部民主评议党员制度、党费收缴和使用管理制度、机关党委加强自身建设制度等13项制度，并将这13项有关制度汇编成册，使机关自身党的建设进一步制度化、规范化。

通过开展学习实践活动，取得以下五个方面的体会：第一，贯彻落实科学发展观必须在理论与实践的结合上加深对科学发展观的理解，坚持把武装头脑贯穿始终。第二，贯彻落实科学发展观必须突出实践性，坚持把解决问题贯穿始终。第三，贯彻落实科学发展观必须着眼于破解发展难题，坚持把建立体制机制贯穿始终。第四，贯彻落实科学发展观必须紧紧依靠广大群众，坚持把发扬民主贯穿始终。第五，贯彻落实科学发展观必须突出示范性，坚持把领导干部带头贯穿始终。

（王凤楼　组稿）

【直属事业单位情况】 到2008年底，市委农工委直接管理的相当正处级事业单位仍为两个：北京市农林系统老干部活动中心、中共北京市委农村工作委员会宣传教育中心。市农委直接管理的相当正处级的事业单位仍为3个：北京市农村建设办公室、北京市人工影响天气办公室、北京市特需农产品服务中心。

【首次举办社会主义新农村建设专题研讨班】 围绕全面贯彻党的十七大精神，高举中国特色社会主义伟大旗帜，深入贯彻落实科学发展观，按照形成城乡经济社会发展一体化新格局的要求，突出加强农业基础建设，积极促进农业稳定发展、农民持续增收，切实解决农村民生问题，扎实推进郊区社会主义新农村建设，市委组织部、市委农工委和市委党校于2008年4月下旬联合举办的“社会主义新农村建设专题研讨班”。此次研讨班为期5天，涉农区县的区县委、政府主管新农村建设工作领导，市新农村建设领导小组成员单位分管领导共53人参加了培训。研讨班聘请了市委领导、市新农村建设有关单位的领导、中国人民大学知名教授等就新农村建设政策、体制改革、村镇规划、公共卫生、社会保障、基层民主建设等方面进行授课，并进行研讨交流。通过市级各部门与各区县之间的交流、研讨、沟通，进一步推进社会主义新农村建设扎实有序健康发展。

（满　欣　魏　红）

【党建工作不断推进】 一年来，在市委领导下，市委农工委系统各级党组织认真围绕本单位的中心工作，紧扣新农村建设这个主题，党建工作不断推进。

一是大力加强基层党组织先进性长效机制建设，继续开展党员先进性教育月活动，进一步完善党代会制度和党建检查考评机制。二是进一步推进党员电化教育工作。大力加强电教播放网点建设，党员电化教育的覆盖面达到了100%。不断丰富完善电教教材片库，向市委组织部电教中心报送了2部自制电教片。三是落实组织系统信息化建设工作。安装了组工网非密区商用密码设备，完成了党员信息库建设和党内统计工作。四是做好组织交纳特殊党费工作。组织工委所属各单位党员交纳抗震救灾特殊党费，共有1 398名党员交纳588 179.9元，其中有159名党员交纳千元以上党费，金额212 519.5元。五是开展慰问帮扶工作。市委农工委组织处和所属各单位在进一步摸清生活困难党员有关情况的基础上，建立了生活困难党员台账。春节前和“七一”前两委领导分别到两委机关和农工委系统各单位对8名生活困难的党员和职工进行了走访慰问。六是做好农民劳模管理和服务工作。同市总工会一起向本市农村258名生活困难的北京市劳动模范发放生活困难帮扶资金206 400元，以帮助解决劳动模范生活中最迫切的实际困难和问题。

（李艳青）

【完成本年度政工职评工作】 远郊区县、农委系统各单位认真组织开展企、事业单位思想政治工作专业职务的评审工作。组织了高级政工师职称的初审工作，共有22人申报高级政工师职称，经高评组评审，推荐了12人参加全市高级政工师的评审，9人取得高级政工师职称。

（满 欣 魏 红）

农村基层民主政治建设和基层党组织建设

【健全和完善村级各项民主制度，提升村务公开民主管理水平】

1. *规范全市村级民主自治程序。*为进一步规范本市村务公开和民主管理工作，健全农村基层党组织领导的充满活力的村民自治机制，实现村级事务管理的法制化、制度化、规范化。市民政局协调有关部门研究制定了《北京市村务公开民主管理工作规程》，于12月下旬下发执行。《规程》全面系统规范了本市各级村务公开民主管理工作的领导体制和运行机制、村务公开的内容、程序、形式、时间等，为规范全市村级民主管理工作提供依据。

2. *指导涉农区县继续深入开展村务公开民主管理示范单位创建活动。*在市村务公开工作办公室的指导下，各区县积极推进村级各项民主制度建设，加强民主实践活动，继续深入开展村务公开民主管理示范单位创建活动，并不断总结示范活动中创造出的好经验、好做法。通过对各郊区县申报争创北京市村务公开和民主管理示范乡镇、村的创建单位进行实地抽查，2008年又有22个乡镇、413个村被命名北京市村务公开和民主管理示范乡镇和示范村，使全市35%的乡镇、村达到村务公开民主管理示范单位的标准。

【指导基层做好村民自治实践活动，提高广大村民群众民主法制意识】

1. *指导区县开展农村“民主日”活动。*在1月和7月的两次“民主日”实践活动中，市民政局指导各区县认真制定工作方案，明确“民主日”的主题和重点，确保活动的真实性和时效性。尤其在7月的民主日活动中，指导各区县融入“平安奥运”的主题，为奥运的圆满成功做出贡献。通过积极开展“民主日”等村级民主实践活动，切实保证了广大村民群众的知情权、参与权、表达权、监督权。

2. *做好《村委会组织法》颁布实施十周年纪念活动。*为指导各区县做好《村委会组织法》颁布实施十周年的纪念活动，并对近年全市村务公开和民主管理示范村镇进行命名，市民政局积极筹备在年底召开北京市纪念《村委会组织法》颁布十周年暨村务公开和民主管理工作大会。各区县也结合本地区实际，制定了切实可行的《村委会组织法》颁布实施十周年纪念活动方案，积极营造基层民主法制宣传教育氛围，并组织开展了座谈会、文艺汇演、知识竞赛等纪念活动。

2009年1月16日上午，市新农村建设领导小组村务公开工作办公室在京燕饭店召开了全市村务公开民主管理工作会议。会议由市新农村建设领导小组村务公开工作办公室副主任、市委农工委副书记白仙畔主持，市新农村建设领导小组村务公开工作办公室副主任、市民政局副局长聂志达同志作了工作报告，全面总结了本市村民自治工作取得的长足发展和显著成效，系统分析了村民自治工作的基本经验和存在问题，并提出了下一步全市村民自治工作的目标、任务和措施。会议交流了13个郊区县、13个乡镇、13个村的经验介绍材料。其中，大兴区、房山区阎村镇、密云县溪翁庄镇石马峪村等3个村务公开和民主管理示范单位代表做了典型发言。市新农村建设领导小组村务公开工作办公室副主任、市委农工委副书记白仙畔做了重要指示，要求各区县做好以下工作：一是认真学习、领会这次会议精神，系统总结2008年的工作经验和存在问题；二是认真规划好2009年村民自治工作；三是进一步增强创新意识，制定创新举措。市新农村建设领导小组村务公开工作办公室各成员单位领导、各区县村务公开工作协调机构和办公室主要负责人、各乡镇村务公开工作负责人等共260余人出席了会议。

（市民政局 刘燕芳）

【继续深入推进农村党的建设“三级联创”活动】

年初同市有关部门对13个郊区县2007年创建工作进行了检查考评，并组织召开了全市农村党的建设“三级联创”工作会议。同时加大指导推进的力度，总结了70多篇基层典型经验材料，并精选汇编48篇印发各乡镇，还编印了12期《北京农村基层组织组织建设情况通报》，较好地发挥了典型的示范、带动和辐射作用。党的十七届三中全会以后，认真总结改革开放以来特别是近年来农村基层党的建设“三级联创”活动的经验，对如何适应农村改革发展的新形势新任务，加强和改进农村基层组织建设，提出了工作意见。组织开展了村干部关爱激励保障机制问题研究，提出了解决这个问题的对策措施。郊区各区县委始终坚持围绕中心、服务大局，基层组织建设与农村经济社会发展的结合更加紧密；始终坚持齐抓共管，基层组织建设的联动机制更加完善，市、区县、乡镇、村四个层级全部建立健全了组织领导机构、责任体系和工作制度，形成了一级抓一级、一级带一级、层层抓落实的工作格局；始终坚持推动发展、服务群众，基层组织的领导方式和工作方式不断创新，认真落实市委制定的《关于推进基层党建工作创新的意见》，把服务群众作为党建工作创新的切入点，把基层党组织的工作重心放到凝聚群众共同奋斗上来，基层党组织的创造力、凝聚力和战斗力不断提高；始终坚持抓班子、带队伍，基层组织和党员干部的执政能力与先进性水平不断提升，在全市农村广泛开展“双培双带工程”，注重把青年农民、外出务工优秀人员、专业协会负责人、农村致富能手培养成入党积极分子、发展成党员，并注重把优秀党员培养成村级后备人才，为基层干部队伍建设提供人力支撑。加强选拔，采取从上级机关、企事业单位选派，动员外出务工或从事个体经营中的"能人"回村任职，面向社会公开选拔，异村交流或跨村兼职等措施，不断优化村"两委"班子结构。在农村党员中深入开展党员设岗定责、党员联系户、党员责任区、党员承诺制等活动发挥作用。在农村基层干部中普遍开展全城办事代理、记民情日记、包村联户等活动，拓展了党员干部发挥作用载体，使他们在新农村建设中有效发挥了骨干作用。大部分区县推行了村"两委"干部任期承诺制，实行了村级干部"双述双评"制度，农村干部管理工作进一步制度化、规范化；始终坚持加大投入、重点突破，基层组织建设的工作条件有效改善，一些区县、乡镇建立了村干部工作补贴机制，探索建立了村党支部书记养老保险、离退职补贴、困难救助基金、考核奖励资金等制度，较好地调动了基层干部工作的积极性。

【农村基层党组织和共产党员在举办奥运会中发挥先锋模范作用】 2008年是北京奥运会举办之年，认真贯彻落实市委《关于进一步发挥全市基层党组织和共产党员在举办2008年北京奥运会中的战斗堡垒作用与先锋模范作用的意见》精神，通过听汇报、下基层检查督导、总结典型经验等办法，切实抓好督促检查和组织推动工作。通过强化奥运知识宣传培训，开展以"迎奥运、讲文明、树新风"为主题的系列实践活动，强化广大党员群众服务奥运、保障奥运的大局观念和责任意识。努力践行"绿色奥运、科技奥运、人文奥运"理念，引导基层党组织以多种形式积极参与服务，促进和保障奥运会的筹办和举办工作，充分发挥了基层党组织的战斗堡垒作用和广大党员的先锋模范作用。把举办奥运与加强基层组织建设结合起来，紧密围绕筹办和举办奥运会这个大局谋划工作、部署任务，不断推动基层党建工作创新，使基层党组织的工作职责进一步明确，工作方式进一步转变，自身建设得到进一步加强。

（杨中杰）

【大力加强农村基层干部培训教育工作】 继续认真落实《2006—2010年全市农村基层干部培训教育规划》，对贯彻落实规划任务情况进行检查，对工作突出的区县进行了表扬奖励。以"乡镇党委书记如何更好地以科学发展观为指导，认真落实全市农村工作会议精神，扎实推进郊区社会主义新农村建设"为主题，举办了为期一周的全市乡镇党委书记培训班，市委、市政府有关领导及市有关部门的领导和专家围绕学习贯彻党的十七大精神、推进社会主义新农村建设及如何当好乡镇党委书记等问题进行了授课。帮助乡镇党委书记按照党的十七大的要求，进一步明确新农村建设的形势任务，把握工作重点和要求，不断提高推进新农村建设的能力和水平。重点围绕服务产业发展中心工作举办了两期"推进设施农业建设、发展都市型现代农业"村党组织书记专题培训班以及4期示范培训班，对1 100余名村党组织书记进行了培训，收到了比较好的效果。继续开展"百名村干部学历教育工程"，统一组织478名村党组织书记及其后备干部参加学历教育。郊区各区县、乡镇全年共举办各类农村基层干部培训班1 706期，培训农村基层干部达5.4万人次。

【农村党员干部现代远程教育工作有新进展】 在市农村党员干部现代远程教育领导协调小组的领导下，积极参加领导协调小组办公室工作，研究印发了全市农村党员干部现代远程教育实施意见，组织召开了全市农村党员干部现代远程教育工作会议，研究起草了全市远程教育教学大纲和教学资源建设实施意见。积极开展全市远程教育教学资源建设，收集整理了300多个小时的播出内容。2008年底全市远程教育前端播出平台基本建成开通，13个郊区县分支平台和80%的终端站点基本建成。

（丁　岩）

党风廉政建设

【组织召开市委农工委、市农委机关和系统单位反腐倡廉建设工作会议】对两委机关和系统单位反腐倡廉建设进行了全面部署，两委主要领导到会讲话，农委系统各单位党政一把手、纪委书记及两委机关各处处长参加了会议。按照责任制的要求，组织有关处室和部门，对两委机关、系统单位和所承担的全市党风廉政建设牵头任务，进行认真梳理细化，提出了《关于2008年两委机关和系统单位反腐倡廉建设工作的意见》，明确了包括加强机关作风建设和反腐倡廉建设、加强农村廉政文化建设、农村集体资产管理、基层民主政治建设等在内的9项年度工作和重点任务、目标和措施。

【提出了两委在构建惩防体系建设方面的牵头任务】 围绕贯彻落实《北京市惩防体系2008—2012的实施办法》，结合两委实际，进一步明确了两委在构建惩防体系建设，加强反腐倡廉教育、推进制度建设、加强权力运行监督、深化体制机制制度建设、纠正损害群众利益的不正之风、保持惩治腐败的力度等惩防体系建设方面的11项牵头和配合任务与责任。

【开展基层纪检干部培训】 为提高基层纪检干部培训工作的有效性和针对性，积极探索培训新形式。在5月份举办了"北京市农村纪检干部培训班"。采取领导、专家学者分专题授课与基层工作实践典型经验交流相结合的方式，突出工作重点、难点和热点的研讨，加大交流、互动，由工作在农村党风廉政建设一线的党政领导和纪检干部亲口讲述工作体会，介绍典型经验与做法，从而增强了培训班的实际效果。吸收了50余名新农村建设试点村纪检委员参培，扩大了培训面，增强了针对性。在这次培训中，郊区各乡镇纪委书记、部分试点村纪检委员共210人参加了培训。总结了近几年各区县在开展农村基层党风廉政建设工作成果，印制了《北京市农村基层党风廉政建设工作集萃》和《北京市农村基层党风廉政建设文件选编》，用以指导基层工作的开展。

【积极开展行政检查工作】 在对奥运农产品供应保障工作进行行政检查中，针对奥运筹办不同阶段的特点和实际情况，突出重点，分步开展行政检查，确保了奥运农产品安全、专供和鲜活农产品市场供应、运输保障工作的顺利进行。以奥运期间农产品的运输保障作为工作重点，按照奥运农产品供应保障和《市政府关于2008年奥运会残奥会期间鲜活农产品运输供应有关工作的通知》要求，纪工委、监察处全力投入工作，派员直接参加北京市鲜活农产品运输供应协调小组办公室工作。发挥综合协调作用，针对奥运期间道路交通管控对鲜活农产品运输和市场供应、农民生产生活带来的相应影响以及在办理运输证过程中存在的问题，迅速反应，超前预见，及时向委领导提出意见和建议，变被动为主动，积极主动协调配合两委和市有关部门采取措施，深入区县、农贸市场，及时了解需求动态，跟踪工作进展情况，针对发现的问题，及时提出工作建议，并督促整改落实。从而确保了奥运期间全市鲜活农产品市场流通、农产品市场价格稳定和农户利益的实现，协调小组办公室的工作得到了市委、市政府的肯定和表彰。

【开展了“做党的忠诚卫士、当群众的贴心人”主题实践活动】 根据市纪委“做党的忠诚卫士、当群众的贴心人”主题实践活动工作的部署，坚持“两促进、两不误”和“边查边改”，把开展“做党的忠诚卫士、当群众的贴心人”主题实践活动作为全面加强自身建设，扎实推进本系统反腐倡廉建设深入开展的有利契机，突出将开展活动与服务保障中心工作和日常工作紧密结合，做到了活动有方案、阶段有安排、工作有重点、整改有措施，使每一名党员干部加深了对“做与当”的理解，进一步增强了落实“四个对”要求的自觉性，提高了素质和履职能力，推动了自身建设长效机制建立。积极参加驻在部门的深入学习实践科学发展观活动。继续坚持把“做与当”、把学习与实践贯穿活动的始终，贯穿加强自身建设始终，在确立科学发展理念、理清工作思路、改进工作方式方法、找准存在问题方面制定措施，解决影响和制约贯彻落实科学发展观的突出问题，以促进忠实履职。

（才庆学）

老干部工作

【概述】 截止2008年底，10个远郊区县和农委系统5个局、事业单位离休干部总数为3 145人，平均年龄80.2岁，其中局级117人、处级1 715人、科级471人、科级以下959人，第一、二次国内革命战争时期参加革命的有1人，抗日战争时期参加革命的有664人，解放战争时期参加革命的有2 480人。

一年来，在市委、市政府正确领导下，市农口各级党委组织部门、老干部部门，坚持以邓小平理论、“三个代表”重要思想为指导，深入学习实践科学发展观，紧紧围绕首都改革发展大局，按照党的十七大提出的“全面做好离退休干部工作”的精神，认真贯彻落实中共中央组织部、人力资源和社会保障部《关于进一步加强新形势下离退休干部工作的意见》（中组发［2008］10号）文件精神和北京市第二十一次老干部座谈会提出的各项任务，积极推动老干部工作不断取得新的进展。

【认真组织学习党的十七大精神，老干部思想政治建设进一步加强】 各级党组织和老干部部门以“政治坚定、思想常新、理想永存”为目标，组织老同志认真学习党的十七大精神，进一步深化对科学发展观的认识和理解，使老同志在思想政治上与党中央保持一致。在开展学习活动中，各区县各单位充分发挥老干部活动中心、老干部（老年）大学、老干部党校及社区课堂等主阵地作用，通过举办知识讲座、报告会、读书班、辅导班、体会交流等多种形式的学习活动，宣传贯彻党的十七大精神，教育引导老干部深刻理解十七大提出的新思想、新观点和新举措。为使教育活动有效展开，各老干部部门积极为各单位提供学习资料，制作下发十七大辅导报告光盘；为出行不便老干部送学上门，一些社区志愿者还开展了为老干部上门送学读报活动，满足了老同志的政治精神需求。一年来，学习教育活动做到了有场地有制度有内容，学习方式丰富多彩，学习活动富有成效。

【落实京组发［2008］8号文件精神，离退休干部党支部建设取得新进展】 市委组织部、市老干部局《关于深入贯彻党的十七大精神全面加强离退休干部党支部建设的意见》（京组发［2008］8号）下发后，市委农工委进一步加强对离退休干部党支部建设的研究指导。一是适应离退休干部党员的健康、年龄状况和居住地分布情况，逐步调整老干部党支部。顺义、怀柔、房山等区县制定了《关于社区离退休干部党支部建设工作意见》，将离退休干部党支部建设纳入街道社区党建工作范围，在社区组建社区离退休干部党支部，有效解决了老同志在社区就近参加党组织活动的问题。二是离退休干部党支部各项制度进一步完善，使离退休干部党支部工作能够有效运转，也使老干部部门、老干部所在单位和街道社区等方面能够通力协作进一步做好服务。三是市委农工委与市老干部局组织两期共150名离退休干部党支部书记培训班，进一步加大对老干部党支部书记、党小组长和学习骨干的培训力度。各区县各单位也都举办了老干部党支部班子成员、理论骨干培训班，通过培训，使老干部党支部班子整体素质不断提高。

【围绕全市中心工作和改革发展大局，老干部主题实践活动深入开展】 按照市老干部局的部署，结合举办奥运会、纪念改革开放30周年，在农口系统开展了“高举旗帜促和谐，携手奥运乐晚年”主题实践活动。活动内容丰富、形式多样，广大老干部参与热情高、效果好。一是组织广大离退休干部在奥运前夕参加全市老干部“迎奥运、讲文明、树新风—我参与、我奉献、我快乐”知识竞赛，各区县代表队都取得了优异的成绩。在奥运期间，还组织农口12名老干部代表出席了北京奥运会、残奥会的开、闭幕式。更多的老同志通过“我看新北京”活动参观奥运会主场“鸟巢”和“水立方”、T3航站楼等重大工程项目，分享奥运快乐。气象局离退休干部还参加了首都老干部“高举旗帜，唱响奥运”大型演唱会。二是通过开展摄影比赛、征文、文艺汇演等方式，表达老同志对改革开放30年辉煌成就的赞美之情和对祖国的无限热爱。在“纪念改革开放30周年老干部征文”活动中，许多老干部用自己的亲身经历和生活体会讴歌改革开放30年来我们国家和民族取得的辉煌成就，记录了他们晚年的幸福生活。十一前夕，市委农工委在通州文化广场举办了以“纪念改革开放三十周年暨庆祝建国59周年”为主题的大型文艺演出。三是积极引导老同志参与和谐社会建设，发挥余热。在抗击冰雪、抗震救灾过程中，广大老干部踊跃参加，积极参加捐款捐物、交纳特殊党费，以实际行动支援灾区，涌现出许多感人的事迹。

【切实关心老干部的生活，老干部社区“四就近”服务工作取得新进展】 按照中央和市委的要求，各区县、各单位在落实好“三个机制”的基础上，着重为离休干部解决实际问题。一是进一步丰富了老干部医疗服务的内容，改进服务质量，特别为老干部看病、报销提供了方便、快捷、优质的服务。二是进一步完善帮扶机制，切实解决离休干部的特殊困难。对生活不能自理、身边无儿女、“空巢”等离休干部能够重点联系，给予特殊照顾。顺义区为居民户口无工作老干部配偶报销医药费近20万元。还建立了老干部特困基金，全年为家庭困难的离休干部及其家属、遗孀共补贴10万元。规定离休干部去世时，老干部局上门慰问，正处级以下500元、副区级以上1 000元。三是各区县积极推进无住房和住房未达标离休干部住房补贴工作。根据市委、市政府有关文件精神，各区县均对本单位离休干部住房情况作了深入的调查了解。并成立了由区委组织部、老干部局、区建委、区人事局等相关单位组成的领导小组，明确职责任务、制定落实住房补贴实施方案。年底前昌平、房山、大兴、门头沟、通州等区县，已将住房补贴发放到无房和住房未达标离休干部手中。

在切实解决好老干部实际问题的同时，各区县着重在完善“四就近”服务工作机制上下工夫，明确把老干部“四就近”服务工作纳入街道社区职责范围，建立健全区、街道、社区三级工作网络，形成了层层负责的责任体制。在服务内容上，围绕老同志居家生活、医疗保健、精神慰藉等个性需求，为老同志提供更加体贴周到的服务。在服务的制度保障上，多数区县制定了《“四就近”工作责任制》、《社区老干部工作考评标准》，许多社区建立了《老干部个人健康信息台账》、《联系老干部工作记录》、《老干部子女孝敬情况记录》、《社区课堂学习记录》、《老干部发挥作用登记册》等，建立健全了“四就近”的工作制度。在服务的物质保障上，各区县各单位及时把京组通［2008］4号文件规定的离休干部每人每年200元的服务管理经费拨付到位，多数区县还按照市委农工委要求下拨了每人每年500元的“四就近”服务经费，有力保证了“四就近”服务工作的开展。

【深入落实《责任制》，老干部工作水平进一步提高】 市委农工委以及各区县各单位以落实《责任制》为抓手，注重提高领导干部的自觉性，提升工作人员整体素质，促使老干部工作领导职责落到实处，老干部工作部门的效能建设得到加强。一是抓好检查考核，使《责任制》落实更加到位。市委农工委领导高度重视《责任制》的落实工作，一方面采取会议和文件的形式督促各区县各单位党政领导认真履行职责；一方面进一步完善《责任制考评办法》，于9月、10月份组织各区县各单位进行自查、汇报交流和打分考评。从检查结果看，各级领导高度重视老干部工作，建立了一套比较健全的层层负责的老干部工作机制，达到了老同志满意、领导满意、老干部部门满意的标准。二是加强调查研究力度，老干部工作的创新能力得到增强。为落实中组发［2008］10号文件精神，研究解决新形势新要求下老干部工作的矛盾和问题，2008年在农口老干部调研工作中确定了“加强老干部（老年）大学建设”、“退休干部服务管理问题研究”、“加强老干部党支部建设和老干部思想政治建设问题研究”、“关于建立离休干部解困机制”等课题，组织农口老干部部门深入开展调查研究。通过调研，形成了《远郊区县老年大学建设的实践与探索》、《关于正处级退休干部服务管理工作的调研》等调研成果，提出了好思路好方法，为进一步做好老干部工作提供了有力依据。大兴区老干部局在对本区老年大学充分调研的基础上，积极协调区委、区政府投资1 000万元，建设面积为3 000多平方米、可容纳3 800多名学员的老年大学新校舍。三是开展“讲党性、重品行、作表率，树组工干部新形象”活动，推进老干部工作部门的自身建设。市委农工委围绕国际金融形势、台湾问题、老干部政策、调研宣传等内容，采取听报告、看录像、参观、座谈交流等方式，对70多名老干部部门科长以上干部进行了为期一周的培训。各区县各单位采取多种形式，开展了一系列教育活动。通过教育培训，增强了工作人员的党性观念，提高了服务意识、大局意识、团结意识。

【召开市农口老干部工作座谈会】 为更好地贯彻落实全国老干部局长会和北京市第二十一次老干部座谈会精神，进一步推动农口老干部工作，市委农工委于2008年3月27日召开农口老干部工作座谈会。远郊区县委组织部长和农委系统主管老干部工作的领导参加了会议。市委农工委书记杨德宏、副书记白仙畔和市老干部局副局长张庆潮同志出席会议。会上区县委组织部长们分别介绍了贯彻落实北京市第二十一次老干部座谈会的情况，同时重点谈了开展老干部社区“四就近”服务工作情况和下一步的打算。市老干部局副局长张庆潮同志讲话中对农口老干部工作给予了充分肯定，并就进一步做好老干部工作提出几点希望。最后，市委农工委书记杨德宏同志对农口老干部工作提出明确要求：一是深刻认识和准确把握中央和市委对老干部工作的新要求；二是突出重点，努力推动老干部工作任务的全面落实；三是加强领导，强化队伍建设，为做好老干部工作提供保障。

（陈立玺）

区 域 合 作

概 述

【推动农产品流通工作开展】 与市商务局在华堂西直门店共同举办了2008北京购物季之“京郊秋色”活动启动仪式暨京郊特色农副产品“品尝宴”。组织专家开展了农产品市场调查工作。以社会力量支持新农村建设为切入点，组织超市、大型批发市场、农业产业化龙头企业与区县结对子，帮助郊区农民销售农产品。

与张家口市成功签订了《蔬菜产销合作（2008—2012）框架协议》。按照刘淇、郭金龙、牛有成等领导的指示，起草了北京市农村工作委员会与张家口市《蔬菜产销合作（2008—2012）框架协议》。协议明确将在蔬菜基地建设、信息共享、市场网络建设等方面开展互作，每年，投资2 000万元，以提高张家口市蔬菜生产能力，建立冷凉蔬菜基地确保北京夏淡季蔬菜供应稳定。

【对口支援地震灾区什邡市】 市委、市政府成立了对口支援地震灾区重建总指挥部，下设四办三指，市农委是人力资源办（设在市委组织部）和重建规划办（设在市发改区域经济处）的成员单位。按照市重建办的要求和市委农工委、市农委主要领导的指示，成立了两委对口支援地震灾区领导小组，下设综合办公室（设在协调督察处）和人力支援办公室（设在干部处）。市重建办要求，对口支援什邡市的资金和项目由市里统一安排、统筹解决；凡接到什邡市有关部门重建需求时，均应报市农委系统对口支援地震灾区领导小组，由领导小组研究后上报市指挥部处理（什邡市各类重建需求，已由什邡市统一汇总后向北京市提出）；凡组织赴什邡市进行考察和开展支援工作，要向市指挥部请示，履行有关审批程序。

【争取各方力量参与区县建设】 与北京市工商业联合会联合下发《关于评选参与首都社会主义新农村建设先进民营企业的通知》。积极协调相关协会、企业具体参与新农村建设，探索社会力量参与新农村建设模式。协调农产品中央批发市场与大兴区签订了《大兴区农产品市场流通合作意向书》，并正在协调将合作扩展到其他区县，争取在主要批发市场建设北京特色品牌农产品销售平台。协调北京花卉协会及其会员企业出资编写了以绿化美化家园、共建和谐乡村为主题的《京郊花卉植物种养指南》，共印制5 000册，在北京郊区环境建设培训班上向县乡村进行发放，受到热烈欢迎。《中国花卉园艺》杂志社与怀柔区杨宋镇及花园村结对子，取得积极进展，杂志社表示将发挥信息优势，利用杂志为杨宋镇及花园村的花卉产业发展服务，杂志社还为市农委、各区县新农村建设办公室赠阅一年的《中国花卉园艺》杂志。

（吴雁军）

【启动区县合作，促进城乡统筹协调发展】 2008年5月5日，北京市区县合作发展签约仪式举行，市长郭金龙、常务副市长吉林、市委常委牛有成、市政府秘书长黎晓宏出席仪式。东城与怀柔、西城与门头沟、朝阳与延庆、海淀与密云、顺义与平谷、亦庄与房山签署了五年的区县合作发展框架协议（2009—2013年），标志着“城乡区域合作、互助共赢发展”的区县合作正式启动。同时，市委、市政府《关于推动区县合作促进生态涵养发展区协调发展的意见》正式发布。这是北京市深入贯彻落实十七大精神、加快生态涵养发展区发展步伐、率先实现城乡发展一体化的又一重要举措。按照优势互补、合作共赢，政府引导、市场推进，遵循规划、落实功能，创新机制、利益共享的原则，山区与城区结成6对合作区县，将在公共服务领域、产业发展领域、生态建设领域和城市功能疏解领域四个重点合作领域深入开展合作。为使合作取得实效，北京市将建立区县合作发展联席会议制度，统筹协调区县合作发展工作。通过制定财政、土地、金融等扶持政策，建立利益共享机制等促进区县深化合作。

（市发改委　赵云龙）

区 县 农 情

朝 阳 区

概 述

朝阳区总面积470.8平方公里，农村地区面积369.8平方公里，占全区总面积的78.5%，辖20个乡（地区办事处），155个村，139个社区，现有农村户籍人口60.6万人，其中农民14.7万人，另有流动人口109万人。2008年，朝阳区农村地区围绕区委、区政府“全力服务奥运，统筹改善民生，推进科学发展”的中心任务，全力做好奥运服务保障工作，扎实推进环境建设、产业支撑、改善民生、制度创新、安全稳定和基层党建六大体系建设，经济社会实现了又好又快的发展，奥运保障安全有序，民生工作富有成就，农民收入水平明显提高。年末实现农村经济总收入627.9亿元，同比增长17.3%；实现利润总额42.2亿元，同比增长10.5%；实现辖区税收60亿元，同比增长20%；产业结构进一步优化，三次产业比率为0.7：30.6：68.7。农民人均劳动所得16 244.3元，同比增加1 527.5元，增长10.4%。

城乡一体化进程

全区按照统筹城乡发展的要求，以加快构建城乡一体化新格局为目标，形成了部门联动、政策集成、资源整合的工作体制，在破解城乡二元体制方面取得了突破。

【农村地区管理体制逐步向城市管理过渡】 农村地区按照统筹城乡发展的要求，在1993年为解决南磨房乡等五个城乡结合部城乡交叉、农居交叉、街乡行政管理交叉，街乡之间行政区域界限不明，治安管理与街乡行政管理不一，管理职责不明的突出矛盾，经市政府批准，完成了五个城乡结合部乡改建为地区办事处，（暂时保留乡政府），肩负街乡两种管理职能的基础上，从2002年开始，根据市政府《关于调整朝阳区部分街乡行政区划的批复》，年内，农村地区的二十个乡陆续全部完成改建地区办事处工作，地区办事处和乡政府共存，促进了农村管理和城市管理的有机结合，进一步推进城乡统一规划和区域经济发展、环境治理、社会管理和精神文明建设的顺利进行。

【积极探索村委会管理实现社区管理模式】 按照试点先行、稳步推进的原则，选择常营乡（地区办事处）的各村农民全部搬迁上楼进入常营民族家园的实际，制定了《常营地区民族家园社区管理体制的方案》，年内，初步完成了村委会管理向社区管理过渡，建立了常营民族家园社区管委、社区居委会。

【农村地区新建社区数量进一步增加】 随着农村绿化隔离地区绿化开发建设加快，新的居住小区不断增多，年内，农村地区新建社区11个，累计农村地区社区总数达到139个，分布在农村地区18个乡（地区办事处），社区居民总户数38万户，人口107万人，社区党员1.5万人。

都市型农业

【概述】 农村地区以京承高速都市型现代农业走廊为载体，以设施农业为重点，大力发展都市型现代农业，年内共建设农业项目21个，涉及精品蔬菜、果树、花卉种植，生产设施、农产品加工、景观绿化以及新技术、新品种引进等，总投资11.9亿元，实际已投资达5.7亿元，为农民提供就业岗位2 736个。养殖业全区各种禽类存栏23万只，牲畜类牛存栏3 457头，羊5 217只，猪385头，马504匹，渔业养殖总水面367公顷，其中食用鱼80公顷，观赏鱼287公顷。农村地区传统农业进一步萎缩，向都市型现代农业发展，全年完成农业总产值4.4亿元，同比增长4.8%，观光休闲农业是农业中的主导，年内实现收入2.7亿元。

【京承高速都市型现代农业走廊产业项目初具规模】 农村地区在京承高速公路沿线共规划了13个项目，总占地面积393公顷，计划总投资6.1亿元，来广营朝来农艺园鲜切花种植基地，孙河地区富通花卉，崔各庄地区金美樱桃园（一期）等6个项目已建成投产，其余项目正抓紧建设。

【农业龙头企业不断壮大】 一是推进北京永顺华蔬菜种植公司的基地建设，主要从事有机蔬菜设施农业生产、加工配送，供应华堂等80多家超市。公司采取基地加农户的发展模式，带动本地区40多户从事优质产品生产。二是支持蟹岛农业嘉年华项目建设，壮大蟹岛品牌，设施面积3.2万平方米，总投资1亿元，项目已建成开业，引领金盏地区生态旅游乡的发展。三是壮大“格林万德”公司，建设集蔬菜种植、加工、配餐食品供应为一体的现代化绿色食品科技园区，在2008年奥运期间，承担了奥运会8大场馆100万份的供餐工作，占奥运供餐总量的1/3，在奥组委各大食品供应商评比位居第二。四是加快黑庄户地区观赏鱼生态产业园建设，已完成1.1万平方米的观赏鱼养殖车间建设。

【设施农业建设】 以项目为依托，推进设施农业发展，开发拓展农业新功能。年内，农村地区设施农业占地面积达到280公顷，累计投资9 300万元，实现产值7 920万元，占全区种植业的62.3%；以设施农业为基础的观光休闲农业实现收入2.66亿元，同比增长27%。

【奥运蔬菜安全与供应监管及服务】 针对奥运蔬菜备选基地，强化奥运蔬菜生产全过程的监督与指导，要求蟹岛和格林万德2个奥运蔬菜供应基地制定具体的应急预案，对2个基地进行不定期抽查与督导。6月进驻蟹岛对奥运蔬菜的产地环境、投入品的管理与使用、采收加工、质量检测、产品追溯、出货审核等全部生产和供应环节进行了全程监管，建立了完整的监管台账，严格落实信息上报制度，保证了奥运蔬菜的安全及时供应。

【水域养殖与出口创汇】 全区渔业养殖总水面367公顷，食用鱼养殖面积80公顷，观赏鱼养殖面积287公顷。食用鱼成鱼产量为600吨；观赏鱼产量为1.06亿尾。渔业总产值为2 807.56万元。其中：观赏鱼产值2 589.3万元，食用鱼产值218.26万元。观赏鱼直接出口1 276万尾，出口创汇额达302.3万美元，间接出口1 042万尾，间接出口创汇额达1 492万元人民币。

【名优观赏鱼的推广与引进】 推广观赏鱼标准养殖、观赏鱼健康养殖、鱼病防治等技术，主要推广锦鲤、金鱼、草金鱼等品种。为养殖户无偿提供780万尾的锦鲤水花，40万尾的金鱼水花。引进匙吻鲟苗种1 000尾，推广名优金鱼水花40万尾，推广锦鲤水花780万尾。

【新品种新技术示范推广】 结合都市型现代农业服务体系建设与示范工程、百村千户品种更新工程项目的实施，以朝来、蟹岛、格林万德、永顺华等重点基地为示范点，引进了“京甜三号”、“京春花”、“京茄5号”、“国福308”、“紫龙”等示范推广新品种60余个，田间表现出优良特性：抗逆性强、品质佳、生长势强、高产稳产。引进示范相应配套技术10项。

非农产业

【乡镇企业发展】 区域内乡镇企业615家，全年实现营业收入322.1亿元，同比增长10%；实现利润9.1亿元，同比增长9.41%；上缴税金8.2亿元，同比增长22.22%；完成增加值32.6亿元，同比增长12.19%。其中：营业收入500万元以上的规模企业达到295家，比上年同期增加14家，实现营业收入290.8亿元，同比增长13.04%，占全区乡镇企业营业收入总额的90.30%；实现利润7.95亿元，同比增长10.83%，占全区乡镇企业增加总额的86.84%；上缴税金6.9亿元，同比增长25.92%，占全区乡镇企业上缴税金的84.99%。

【重点建设项目】 推进33个重点产业项目建设，总投资55.23亿元，建成后可实现收入105.2亿元，利润12.12亿元，税金6.3亿元。提供就业岗位12 036人，其中安置本地人员5 306人。已有金盏乡蟹岛农业嘉华、东风乡将台洼文化艺术园等17个项目基本建成，来广营乡朝来购物中心等13个项目正在建设，3个拟建。重点经济项目建设取得明显成效，成为农村地区新的经济增长点。

【彩虹工程】 农村地区、企业与北京工业大学、北京石油化工学院、首都经济贸易大学、北京农学院等13所院校签署了19个彩虹工程合作项目，其中发展乡、村规划项目4个，解决产品、技术和管理问题项目15个。小红门乡北京中亚九龙科技发展有限公司与北京工业大学合作的“多功能全自动节能洗菜机”项目和崔各庄乡北京今朝电子材料有限公司与北京工业开发研究院合作的“无铅焊料关键技术及产业化生产”等2个项目被市里列为重点扶持项目，获得市里扶持资金30万元。

【科技项目】 将台乡北京实宝来游乐设备有限公司、管庄乡燕京药业有限公司等5家企业自主开发和引进科研成果12项，其中2项达国际水平、5项国内领先、2项填补国内空白、3项达到国内先进水平。12项新产品共投入资金10 536万元，预计新产品全部投产后可实现收入1.32亿元，利税3 820万元。

【出口创汇】 农村出口企业11家，实现出口交货值3.64亿元，总收入6.89亿元，利润2 301万元，就业职工人数2 309人。来广营乡北京英超工贸公司等7家企业出口交货值超过1 000万元。

【第三产业发展】 农村非农产业进一步优化，以现代服务业为主导的第三产业不断加强。年内，农村第三产业现代服务业为主导，燕莎奥特莱斯、城外诚等知名品牌效益不断提升，大洋路商业街、高碑店古典家具街、平房汽车城、吕家营餐饮文化街、莱太花卉街等特色商业功能更趋完善。文化创意产业蓬勃发展，崔各庄乡旅游文化聚集区规模化不断完善，通惠河滨水文化景区带初步形成，南磨房乡北京欢乐谷、王四营乡观音堂文化大道等品牌文化创意产业辐射功能进一步增强，年底实现收入 9.5 亿元，利润 7 622 万元。农村第三产业实现收入 480.5 亿元，占农村经济总量 69.7%。

【非公经济发展】 全区农村非公经济实现收入 393.8 亿元，同比增加 71.6 亿元，增长 22%；实现利润 16.6 亿元，同比增长 32.1%；上缴税金 11.5 亿元，增长 27.9%；其比重分别占农村经济总量的 57.1%、49.6%和 52.8%。

新农村和基础设施环境建设

农村地区本着城市总体规划中朝阳区的功能定位，坚持以科学发展观为指导，新农村建设、环境整治、社会治安以及基础设施建设的民生工作成效显著。

【新农村建设】 根据市新农村建设办公室安排，朝阳区农村地区共确定崔各庄乡奶东村、黑桥村，金盏乡东窑村、金盏西村，孙河乡的李县坟村、下辛堡村，黑庄户乡的定辛庄村，管庄乡的重兴寺村共 8 个村为市级新农村整体推进村。新农村建设重点推进基础设施、公共服务设施、产业项目建设为重点，一是基础设施建设完成村主路、支路 48 万平方米，雨排水管道 9.64 万平方米；二是公共服务设施完成建设、改建公厕 2 100 平方米，太阳能路灯 1 900 盏，文化活动中心 8 200 平方米，卫生站 1 540 平方米，体育健身广场 1.1 万平方米，太阳能浴室 2 280 平方米，便民菜市场 4 600 平方米；三是推进产业项目发展，新农村产业项目包括绿色农业、文化创业、商贸服务等共计 36 项。

【加大对农村地区的资金投入】 区加大了对农村地区的投入力度。一是重点扶持产业项目，扶持一产业项目 9 个，二、三产业项目 11 个，拨付补助资金 1 888 万元；二是加大农村地区道路、奥运环境整治投放补助资金 7 328 万元；三是农村公益事业，新农村建设等补助资金 15 190 万元。

【新农村建设重点产业项目】 崔各庄乡奶东村、金盏东窑村等 5 个乡的 8 个村列入市级新农村建设重点村。崔各庄乡的葡萄示范体验园等 9 个项目被确定为新农村建设重点村产业项目。其中一产项目 4 个，二产项目 1 个，三产项目 4 个，预计投资总额 3.27 亿元，占地面积 98 公顷，建筑面积 10.44 万平方米，建成后，可实现收入 1.43 亿元，利润 2 763 万元，税金 488 万元，新增本地农民就业 786 人。

【“暖起来”工程建设】 全区农村能源主要实施市里“三起来”项目中“暖起来”工程中的太阳能公共浴室示范工程建设，共完成七处太阳能公共浴室示范工程，包括三处市级（金盏乡小店村、孙河乡下辛堡村和崔各庄乡奶东村）、四处区级（金盏乡东窑村及西村、孙河乡李县坟村和崔各庄乡黑桥村）。七个村浴室建筑面积 2 528 平方米，总费用 885.8 万元，惠及本地人口 8 639 人，流动人口 31 300 人，“工程”共获得市资金 135 万元，区资金 180 万元，村自筹资金 570.8 万元。部分浴室已投入使用，村民反映良好。

【农村地区道路建设】 为加强农村基础设施建设，完善道路网络，方便百姓出行，提升农村整体发展环境，依据年初规划，农村地区建设道路 20 条，总长 31.1 公里，总面积 49.7 万平方米，总投资达到 2.1 亿元，全部竣工投入使用。

【农民安全饮水工程】 本区实施完成 15 个乡 49 个村管网改造与一户一表安装工程。该工程共涉及 10.8 万户籍人口，46.6 万外来人口的安全饮用水问题，共建设供水管网 1 000 余公里，给水阀门井 400 余座，消火栓井 200 余座，水表井 11 000 余座，安装水表 4 万余块，节水龙头 4 万余个。农民安全饮水工程的实施实现了本区广大农村地区供水设施从水源、供水管网到计量各方面的完整配套，解决了农村地区长期存在的跑、冒、滴、漏问题，减少了管网漏失，提高了农民生活质量。同时“一户一表”工程的实施，为农村地区节约用水创造了条件，实现了资源节约和效益增收的双重效果。

【超额完成了绿化隔离地区绿化任务】 2008 年，农村地区第一道和第二道绿化隔离地区绿化任务共 77.3 公顷，年内实际完成 84 公顷，超额完成了全年的绿化任务。

【完成三条景观带建设】 结合道路交通系统，将特色产业、环境整治、新农村建设、郊野公园建设中的亮点进行有机串联，三条景观带覆盖农村地区 19 个乡，涉及亮点 46 个，年内，共实施道路两侧绿化 22.8 万平方米，拆除建筑 1 558 平方米，拆除道路 5 748平方米，外层面粉刷 3.5 万平方米，新建道路 7 589平方米，人行道铺装 8 258 平方米，整治沿街店面广告牌匾 1 915 平方米，促使环境与产业发展相互促进的格局正在形成。

【以拆除出租大院为结合点，提升农村地区环境建设水平】 针对出租大院是低素质流动人员生存和低级产业聚集的情况，2008 年，把拆除出租大院为结合点作为提升农村地区环境建设水平，确保平安奥运的工作目标。经调查，农村地区出租大院 603 处，占地面积 421 公顷，年内拆除出租大院 555 处，建筑面积 170.7 万平方米，清理整治出租大院 48 处，清理流动人口 16.9 万人。在拆除整治出租大院的工作中，一是政策保障，资金到位，按照拆多少补多少的原则，年内，拨付补助资金 1.1 亿元，另外专项补助维护地区稳定资金每乡 300 万元；二是措施得力，抓住有影响力的范中华大院、万资聚市场、环铁中兴废品回收市场和福万停车场 4 个出租大院难点，打开工作突破口，全面加快推进完成；三是巩固整治成果。对拆除整治后出租大院，采取发展产业、绿化、公益设施建设、砌围挡墙封闭等措施巩固成果。

【扎实进行村庄环境整治和老旧小区改造】 村庄和老旧小区建成 29 处广场公园和 38 条优美大街，形成一批新的景观亮点，村庄全部达到“干净、整洁、村绿、路畅、建创”标准。

【深入开展精神文明创建活动】 农村地区以学习贯彻十七大三中全会和区委十届七次会议精神契机，广泛开展“迎奥运、讲文明、树新风”等精神文明创建评选活动。农村地区累计争创首都文明单位标兵6个（次）、首都文明单位46个（次）、首都文明乡42个（次）、首都文明村224个（次）、首都文明社区39个（次）、首都绿色社区30个（次），同时，农村系统南磨房乡、高碑店乡高碑店村按照中央文明委创建文明村镇相关评选要求，连续3年获得全国级文明村镇评选先进称号，2008年底推荐南磨房乡争创全国文明村镇，推荐高碑店村争创全国创建文明先进村。

【开展丰富多彩的群众体育文化活动】 农村地区通过“社区一家亲”、“奥运文化广场”、“奥运大讲堂”等活动，广泛开展文艺演出、主题展览、民俗展示的文化活动。同时举办京剧票友大赛，街乡书画作品团体大赛，流动电影放映到基层乡村等文体活动，提升了农村地区群众文明素质。

【在全国农民运动会上取得好成绩】 全国第六界农民运动会在福建省泉州市召开，此次北京市参加了运动会15个大项中的12个大项，朝阳区农民运动员参加了3个大项中的8个小项，来自来广营、南磨房和十八里店乡运动员，共获得2枚金牌、2枚银牌、2个第四名、2个第六名的好成绩，展现了现代农民风采，为全区和北京市争得了荣誉。

民主政治与党的基础组织建设

【规范管理、深化农村基层组织建设】 认真落实了《朝阳区关于规范村级组织和干部队伍管理的意见》中的配套意见和办法，做到了明确村党支部的领导核心地位，深化了村民委员会的社会管理职能，保证了村经济合作社对经济的管理，从而进一步明晰三者之间的关系，明确职能定位，强化工作协调，提高了村级组织的执行力、凝聚力和战斗力。

【加强村级组织的功能建设】 围绕深入开展“三级联创”活动目标，根据村、社区、企业并存的实际，采取联合设立协会加支部，建立行业协会组织等形式，形成了村、社区、企业的联建机制，创新新形势下党组织服务群众的手段和方式，进一步发挥了基层党组织的政治功能、组织功能、服务功能和教育功能。有42个村、24个社区被评为“五个好”基层党组织。

【加强农村社区党建】 分布在农村除老居住小区外，农民新村，农民混合和新建商品房居住区快速增加，达到139个，成立了130个社区党组织，其中有9个农民新村暂时保留村级党组织。

【探索非公经济组织党建新路子】 针对非公经济组织在经济社会中发挥的重要作用，按照单独组建，联合组建、挂靠组建，村（社区）企业共建的方式，做到非公经济发展到哪里，党的组织就延伸到哪里。年内，农村地区226家规模以上非公经济组织全部按要求建立了党组织。同时，引导企业“围绕企业抓党建，抓好党建促发展，”发挥党组织在非公经济组织中政治核心作用，支撑企业经营者把企业做大做强，把非公经济中的党员培养成非公经济企业骨干，把10名非公企业骨干培养吸收入党，探索符合非公经济组织实际的党建新路子，促进党建与非公经济发展双赢。

【突出“五强”扎实推进农村地区基层组织建设】 一是强核心，抓好村级领导班子建设。围绕健全民主集中制和集体领导下的分工负责制，提高工作水平，促进班子团结干好各项工作；二是强素质，抓好基层干部队伍建设。实施村干部素质提升工程，认真做好“两委”成员的培训工作，鼓励村干部参加学历教育，提高基层干部的文化素质；三是加强管理，推进基层民主政治建设。以推行村务公开为基础，坚持实行民主选择、民主决策、民主管理和民主监督，实现村民民主和自我管理、教育和服务。四是强实力、促进农村地区协调发展。实施社会联动帮扶计划，帮助欠发达村落实产业项目，解决发展和启动资金。五是强服务、密切党群干部关系。健全为民服务机制，全面落实信访接待制度和领导干部下访制度，落实为群众办理全程代理、办理承诺等新机制，切实帮助群众解决生产、生活中存在的困难和问题。

【农村系统党员交纳“特殊党费”】 5·12汶川地震后，中组部发出《关于做好部分党员交纳“特殊党费”用于支援抗震救灾工作的通知》后，区农工委迅速发出通知，要求各级党组织尊重和鼓励党员表达支援灾区心愿，接受党员的“特殊党费”转送灾区。截至2008年5月30日下午5时，农村系统17 808名党员自愿交纳特殊党费共计374.7万元。

农村改革与管理

农村地区在产权制度改革、集体资产处理、集体资产管理等方面取得了积极进展。

【集体经济体制改革】 农村地区按照“资产变股权，农民当股东”的基本方向，奥运村乡成功完成集体经济产权制度改革，组建了新型集体经济组织，创新集体经济运行体制机制。崔各庄乡按照“明晰产权、统一发展、整合资源、专业管理”的目标，村级集体产权制度改革和乡级土地股份制试点全面启动。三间房乡梆子井村圆满完成集体资产处置工作，处置集体资产1 560万元，做到了群众满意，保持了社会稳定。农村集体企业改革稳步推进，金盏乡亚光油漆厂等6家企业圆满完成改制，盘活集体资产1 294.7万元，通过改制，集体企业转换经营机制，实现产权明细和投资主体多元化，促使企业市场竞争力得到显著提升。

【集体资产管理】 2月，根据市经管站有关要求，组织开展全区农村集体资产产权年检工作，对全区农村集体资产总量和结构进行核实。3月15日全面完成19个乡156个村的产权年检工作。以农经管理平台为依托，利用信息化方式，将产权年检数据上传至市农经管理信息平台，准确率达100%。产权年检结果显示，截止2008年底，朝阳区农村集体资产总额达379.8亿元，所有者权益127.0亿元，集体净资产总额108.5亿元，同比分别增长0.5、9和13个百分点，农村集体资产实现保值增值。

【清理和规范农村经济合同】 10月，清理和规范了全区19个乡的155个村农村经济合同6 869份，清理问题合同135份，涉及合同总金额4.1亿元。一是规范各类问题合同27份，(规范涉及金额453.1万元）已处理问题金额87万元。通过规范增加合同总金额430万元，其中当年增加合同金额223万元；二是因环境整治、乡村规划等原因终止经济合同19份，涉及合同金额858万元；三是清理合同欠款58份，拖欠总金额1 879.1万元，通过清理和规范合同工作已回收拖欠总金额490.5万元。

【农村财务管理】 继王四营、崔各庄、孙河3个乡35个村推行“村账托管”工作之后，金盏、将台、高碑店、管庄、平房和黑庄户6个乡43个村实行了“村账托管”，“村账托管”工作的覆盖面进一步扩大。

【农村集体财务管理规范化】 按照市有关农村集体财务管理规范化试点工作的要求，开展了农村集体财务管理规范化工作，取得明显成绩。王四营乡观音堂村被评为全国第二批农村集体财务管理规范化示范单位，王四营乡道口村、黑庄乡大三村和黑庄户村、崔各庄乡草场地村和奶东村5各村被评为北京市农村集体财务管理规范化试点单位。

【农村管理信息化建设】 全区完成161个村级市农村管理信息系统电脑的硬件升级工作，并为1个区级数据处理分中心、21个乡级数据处理站和161个村级北京市农村管理信息系统电脑统一配备了最新杀毒软件。完成全区农村人口、劳动力、家庭详细资料、农村合同与土地承包、农村统计资料、农村资产管理等10大基础数据库的数据更新工作。举办全区农村管理信息化村级工作人员业务培训班，全区共有190人参加培训，并全部通过考试，取得农村管理信息系统资格上岗证书。举办全区乡级信息化管理人员农经管理平台应用培训班，全区共有47人参加了培训。黑庄户乡黑庄户村和大三村、王四营乡观音堂村和道口村、崔各庄乡草场地村和奶东村、金盏乡马各庄村、孙河乡前苇沟村等8个村作为本区农村第三批村务公开触摸屏试点村，村务公开电脑触摸屏顺利安装并通过验收，正式投入使用，运转正常。

【农民负担监督管理】 按照市农村负担监督管理领导小组办公室部署，重点开展公益事业专项补助资金管理使用、市级新农村建设试点村、城市主干道修建无偿占用乡、村集体经济组织土地等农民负担监督管理执法检查。全区上年公益事业专项补贴资金拨付到位，在管理使用公益事业补助资金中，做到了使用有计划、管理有监督（村民理财小组）、大额支出走程序、账务处理按规范、定期张榜有公开，进一步维护了农民群众的知情权和参与权。结合农村地区的实际，采用送卡下乡、为基层服务的方式，将7万份农民负担监督卡发放到乡，切实将农民负担监督卡的发放工作落到实处。

【农民专业合作组织建设与管理】 全区共有在工商、民政、农业部门登记注册的农民专业合作协会2个、农民专业合作社1个，成员总数为235人，带动非成员农户964户，果树协会、金鱼协会和兴旺兴业专业合作社土地经营面积397.2公顷，果品年产量100吨，金鱼总产量28 942万尾；果树协会、金鱼协会的资产总额67万元，负债总额47万元，所有者权益近20万元。其中：2008年，黑庄户乡观赏鱼11 679万尾，销售产值5 682万元，直接出口8 233万尾，创汇352万美元，间接出口1 042万尾，产值1 492万元，带动农户627户。黑庄户乡兴旺兴业观赏鱼养殖专业合作社86户社员经营53.3公顷鱼坑养殖金鱼，观赏鱼销售收入1 032万元，销售利润达到344万元，平均每户获利4万元。为提高养殖技术，在乡政府的大力支持下，聘请专家讲课2次，300人次参加学习和交流，组织外出参观学习1次70人。

【集体经济审计】 农村地区累计开展常规审计项目676个，审计金额234.6亿元，提出审计建议250条，被采纳审计建议192条。查处损失浪费金额38.5万元，促进增收节支1 225.4万元。组织各乡开展村级组织正常运转专项补助资金年度审计，从审计结果看，全区1 256万元村级公益事业专项补助资金全部足额拨付到村，补助资金全部用于村内小型公益事业设施建设及维护以及社会管理与社会事业支出，未发现截留和挪用现象。全区411.45万元村级组织正常运转专项补助资金，全部用于村级干部固定补贴、办公经费等，做到专款专用。

农民生活

农村地区坚持产业与就业联动，培训与就业对接，促进农村劳动力就业增收，农村居民社会保障和新型合作医疗覆盖面不断扩大，民生工作成就显著。

【农民生活水平显著提高】 据区统计局抽样调查显示：2008年，农民人均收入15 090元，同比增收13.6%；农民人均消费支出11 260元，同比增加14.1%，但比城镇居民人均可支配收入25 535元仍有很大差距。农民百户拥有汽车14部，家用电脑81台，空调166台，手机209部，除拥有汽车和城镇居民相差14部外，其他与城镇居民差别不大。

【新农保确保参保农民老有所养】 新农保从2008年1月1日开始实施，《朝阳区落实北京市新型农村养老保险试行办法实施细则》明确，农民男年满

16岁未满60岁，女年满16岁未满55周岁的未纳入城镇社会保障体系人员，采取区财政、村集体、个人4∶4∶2的比例筹集资金，实现了农保和城镇保障对接，年内，农村地区参保人员达到6.6万人，覆盖率达到79.5%，比上年多44.5个百分点。

【农村地区无保障老年人得到基本生活保障】 年内，农村地区严格落实北京市城乡无保障老年人办法，区制定《规范农村老年人生活保障意见》，农村60周岁以上老年人领取福利养老金与城镇居民老年人同为每月200元，农村地区受益老年人达到2.4万人，保障了老年人的基本生活。

【新型农村合作医疗制度撑起农民健康保护伞】 从2004年开始推行农村合作医疗制度，农民看病难、看病贵问题得到有效缓解。年内，农村地区共筹集农村合作医疗资金4 560万元，其中基本医疗资金2 575万元，大病统筹资金1 985万元，参加新农合农业人口达到13.3万人，参合率达到97.7%以上。

【推进农民就业长效保障机制】 为促进农民就业增收，农村地区构建了3个方面就业长效保障机制：一是产业拉动就业。大力推进京承高速现代农业走廊13个配套项目建设，以及三间房动漫基地等6个规模大的产业建设，增加就业岗位；二是行业带动就业。采取政府扶持，建立“创业培训加项目推介加小额贷款”的联动机制，鼓励农民自主创业，自谋职业；三是培训推动就业。加强对农民免费就业职业培训，与市场要求、上岗、资格证书相结合，提高农民就业竞争能力。

【公交行业成为农村劳动力就业的重要渠道】 随着城市化建设的快速发展，公交行业职业需求不断增加，农村地区充分把握这一形势，通过引入公交线路、加强技能培训、出台劳务派遣优惠政策等措施，年内，公交行业安排农村地区劳动力达2 000余人。

【又一批农民喜迁新居】 绿化隔离地区绿化建设中，年内，实现3 282户，8 344户农民搬迁上楼喜迁新居。农村地区累计6万户，13万农村人口搬迁上楼。

【洼里乡村民杨德禄自费筹建乡土博物馆】 原洼里乡由于承办北京2008年奥运会征地已经不存在了，如今已成奥林匹克的森林公园，洼里乡村民杨德禄难舍一份乡情，用拆迁款在昌平经营一家“乡居楼”山庄，在昌平小汤山镇租用26.7公顷（400亩）土地建设“中国洼里乡乡土博物馆”，前期投资达500万元，复制故土家园，诠释奥运情怀，年内，已开馆迎接国内外游客前来参观。

区县乡镇领导体制和工作情况

区委、区政府、进一步加强对农村城市化工作的领导，把“全力服务奥运、统筹改善民生、推进科学发展”作为中心任务抓实抓好。

【召开农村城市化工作会议】 会上，区委常委、副区长刘希泉做了题为《全力服务奥运、统筹改善民生、推进科学发展、全面加快农村城市化进程》的工作报告，区委常委、组织部长刘宇辉宣读了《区委、区政府关于表彰2008年度朝阳区农村地区先进单位的决定》，区长程连元作了重要讲话，区委、区政府、区人大、区政协四套班子主要领导参加了会议，区委副书记张洋主持会议。区委、区政府相关部、委、办、局党政正职，各地区机关科级以上干部，村、社区书记、主任等共1 200人出席了大会。

【明确2008年农村城市化工作重点和目标】 农村城市化工作以环境建设、产业支撑、改善民生、制度创新、安全稳定、基层党建为重点，全力以赴推进农村城市化进程。奋斗目标是农村经济总收入、利润、税收按可比口径增长12%以上，农民人均所得增长8%；城乡统筹力度显著加大，城市化水平迈上新台阶；基础设施更加完善，社会事业全面进步；基层执政能力显著增强，农村地区保持和谐稳定。

【制定政策意见，进一步加快农村城市化进程】 区委、区政府研究制定了《关于加快朝阳区农村城市化进程，率先形成城乡经济社会发展一体化新格局的意见》，意见明确以区委书记陈刚、区长程连元为组长，有关委办局为成员的农村城市化领导小组，意见从实施农村产业水平提高工程、推进农民生活质量提高工程、深化城市管理水平提高工程为阶段性工作重点，明确各项政策向农村聚焦，资金投入向农村倾斜，努力在全市率先形成城乡经济社会发展一体化新格局。

【农村系统圆满完成北京奥运会交通服务任务】 农村系统91名奥运驾驶员志愿者（驾驶员89名，管理人员2名）通过系统培训，强化安全教育，从7月17日至9月20日为奥运会交通服务，在奥运会主要为中国、德国等20个国家和地区代表团官员，及工作人员提供专车服务，残奥会主要为布隆迪、卢森堡等13个国家代表团官员提供专用车服务，累计安全行驶31.5万公里，服务1.1万人次，工作累计40 260小时，得到各国奥运代表团和奥组委交通部高度好评，农村系统驾驶员志愿者用热情、真诚、优质的服务，展现了朝阳人的风采，为国家赢得尊严和国际友谊。

【开展专项整治，确保奥运安全稳定】 为确保奥运期间安全稳定，农村地区开展了专项整治。从清理整顿出租房屋为重点，打击非法行医，出动执法人员7 000余人次，累计取缔非法行医636户；维护了群众的生命安全，为奥运会营造良好的社会环境。

【全面启动奥运文明观众培训工作】 围绕“好运北京”系列测试赛，进行奥运文明观众培训，北京奥运会期间，农村地区组织文明观众7万余人次，涉及奥运会比赛所有项目，观看比赛中，观众组织有序、文明热情，彰显了我国人民的善良和责任感。

【大信访格局不断完善，“平安奥运”取得胜利】 按照“强化排查、狠抓调处、重在解决、及时稳控”的工作思路、农村地区 5 973 人参与矛盾调处、化解和稳控工作，奥运期间，投入资金 3 324 万元，化解纠纷 210 件，解决突出问题 88 个，实现了无重大越级群体访，无非正常群体访和无重大重复上访户三个“零指标”。

【众志成城、支援灾区】 2008 年 5 月 12 日，四川汶川县发生特大地震，为帮助灾区渡过难关，农村系统迅速行动起来，干部群众积极参加募捐活动，倾情支援灾区，截止 5 月 29 日农村系统向四川地震灾区捐款 3 352.99 万元，还向地震灾区捐赠衣物帐篷食品等折合现金 44.64 万元。

【农村综合执法】 检查各类涉农生产经营单位和个人 9 839 次；查处各类违法案件 491 件，罚没款总金额 277 284.14 元；出动执法人员 8 155 人次、执法车辆 3 122 台次；发放告知书 953 份、签订责任书 629 份、出具监督意见书 522 份；与有关单位联合执法 63 次，配合相关部门取缔私屠滥宰和注水窝点 27 个；白鹿和大羊坊两个公路动物卫生监督检查站共检查外埠进京动物及动物产品车辆 33 591 车次，其中活体动物 499.6 万头（只）、动物产品 26.9 万吨，劝返不符合规定的运输车辆 460 车次；严厉打击活禽交易，取缔交易点 32 处，处理活禽 1 346 只；处理动物收容举报 322 起，收容犬 63 只、猫 258 只、兔子 2 只。

朝阳区主要领导人

区委书记 陈刚
副书记 程连元
常委 刘宇辉 宋连娣（女） 吴桂英（女） 佟克克 肖兴国 刘希泉 李彦田 谢莹（女）
区长 程连元
常务副区长 吴桂英（女）
副区长 刘希泉 赵全保 李建海 阎军 张春秀（女）
区人大主任 王力军（女）
副主任 闫学锋 李国 于五一 孔德琴（女） 杨文良
区政协主席 辛燕琴（女）
副主席 刘乃晨 关三多 赵增华（女） 茅玉麟 邢念增 高向宇
秘书长 王苏华（女）

朝阳区各地区（办事处）党政正职领导

	工委（党委）书记	办事处（乡长）
高碑店	张富生	吴晓军
南磨房	张德亮	张奎
将台	刘新平	左景泉
太阳宫	董万立	张宏明
小红门	康志华	李贺清
十八里店	杨霆	张启顺
王四营	李世喆	高永荣
平房	吴学文	米振华
东坝	孙振东	安永存
金盏	张岩	于志刚
来广营	张克斌	马文虎
奥运村	张永红	胡杰华
东风	张仲凯	龙连柏
孙河	纪海义	刘大宏
崔各庄	张树宝	刘伯明
三间房	牟燕东	冯永忠
常营	吉广平	蔡淑敏（女）
豆各庄	李云飞	张士华
黑庄户	路军	马国勇
管庄	杨建海	周卫东

（佟庆）

海淀区

概述

海淀区农村地区辖 8 个乡镇，2 个地区办事处，84 个行政村，农业人口 99 545 人。2008 年，是全面贯彻落实十七大精神的关键一年、奥运举办之年，在区委、区政府的领导下，海淀区全面完成了奥运服务保障、改革发展和农民增收等各项任务。全区实现农村经济总收入 171.7 亿元，比上年增加 12 亿元，增长 7.7%；纯收入 35.7 亿元，比上年增加 3.1 亿元，增长 9.6%；农村居民人均纯收入 14 319.3 元，比上年增加 1 771 元，增长 14.1%。

农业

都市型农业发展

【综述】 新建农业标准化基地 9 个，提升有机化示范基地 4 个，实施土壤改良工程近 667 公顷（1 万亩），推广测土配方施肥面积 2 000 余公顷，“一河十园”产业带整体形象初步显现，“大西山”、“稻香湖”、“京包路”等产业带、产业区建设明显加快。目前，全区共有 57 个农业标准化生产示范基地，其中国家级标准化基地 3 个，市级标准化基地 14 个；果树基地 40 个、种植面积 475 公顷，水稻基地 4 个、种植面积 98 公顷，蔬菜基地 7 个、种植面积 38 公顷，畜牧基地 1 个，水产基地 2 个，其他基地 3 个。民俗旅游村 3 个，其中市级民俗旅游接待村 1 个，市级民俗旅游接待户 52 户；农业观光园 17 个，种植面积 588 公顷；农业采摘园 22 个，种植面积 336 公顷。

【制定农田保护长效机制】 海淀区制定了农田保护政策，对农民种植农田进行补贴，对土地向集体经济组织流转进行补贴。2008年落实农田种植与流转补贴资金近4 000万元，补贴农田面积5 300余公顷，补贴流转面积3 300余公顷。2009—2012年每年农田种植与流转补贴资金约为5 000万～6 000万元。

【优化农业结构，巩固农业主导产业】 每年投入约400余万元调整产量低、效益差的种植业结构，发展以樱桃为龙头的优质果品种植和观光采摘产业，促进了农村经济发展和农民增收致富。2009—2012计划年投入扶持资金500万元，深化农业产业结构调整。

【加强农产品质量安全建设，大力推广农业标准化生产基地建设】 海淀区已建设各级标准化农业生产示范基地50个，累计投入扶持资金近800万元。全面推广农业有机化生产技术，率先制定了樱桃有机生产地方标准，每年投入扶持资金近500万元实施增施有机堆肥的土壤改良工程和有机示范园建设工程，对通过“三品”认证的生产单位给予论证补贴。2009—2012逐步推进增施有机堆肥工程达2 000公顷，全面推广有机生产技术667公顷，年投入扶持资金1 000万元。

【加强农业基础设施建设】 加强农田水利设施，2007—2008年完成农田水利建设287公顷，累计投资1 399万元。2009年计划建设586公顷，计划投资2 804万元。

【加强农田路网建设】 2005—2008年全区累计修建农田路网100余万平方米，投入扶持资金7 700万元，农田路网建设有效地改善了农业生产条件，为发展农业旅游观光产业打下了基础。

【加强农业园基础设施建设】 通过扶持政策加快“一河十园”等五个都农业产业带、产业区的建设与完善，对投资巨大项目，制定鼓励多方融资的贷款贴息政策，加快建设步伐。海淀区2008—2009年实施的千万工程项目主要用于都市农业产业带建设，至2012年继续加大产业带的建设扶持力度，全面提升海淀区都市农业产业水平。

【稳步发展设施农业，提高农业综合生产能力，提高单位土地产出率，促进农民增收】 2007—2008年累计发展设施农业33公顷，累计投入扶持资金1 535万元（2007年区投入约500万元，2008年市、区投入1 000余万元）；2009年区政府计划投入5 000万元，用于66.7公顷（1 000亩）中高档日光温室建设、5万平方米连栋温室建设及设施农业新品种、新技术应用；2009—2012年计划年发展设施面积33公顷以上，投入扶持资金5 000万元以上。

【粮食直补】 2008年粮食直补总面积904公顷，其中小麦直补面积344公顷、玉米面积442公顷、水稻面积119公顷，补贴资金124.84万元，其中市级补贴资金106.99万元，区级补贴资金17.83万元。共涉及3个乡镇1 012户农户。

【支农项目管理】 签订大农业及基础设施建设支农项目合同65项，8个延期建设项目，联合区财政局完成了对57个支农项目的验收工作。

【推广有机栽培技术】 2008年加大果树有机生产技术的推广工作，对333公顷农作物土壤增施有机肥。重点对四季青果林所观光园、双新樱桃园、蓝波绿农食用菌基地、北京源霖种植中心等4个果园进行有机生产示范园建设，示范推广有机生产技术。

养殖业

【综述】 到2008年底，全区大农业总种植面积4 200公顷，其中：果树2 713公顷；粮食种植面积1 073公顷，蔬菜面积413公顷。

全区共有家禽养殖场9个、散养户535个，总存栏19.94万只；规模猪场6个、散养户80个，总存栏1.97万头；规模牛场4个、散养户48户，总存栏4 091头；养羊散养户110个，总存栏2 239只；水产养殖场、户60个，养殖面积70公顷。

全区共有57个农业标准化生产示范基地，其中国家级标准化基地3个，市级标准化基地14个；果树基地40个、种植面积475公顷，水稻基地4个、种植面积97.5公顷，蔬菜基地7个、种植面积38.2公顷，畜牧基地1个，水产基地2个，其他基地3个。

民俗旅游村3个，其中市级民俗旅游接待村1个，市级民俗旅游接待户52户；农业观光园17个，种植面积588公顷；农业采摘园22个，种植面积336公顷。

【加强重大动物疫病强制免疫和免疫监测】 2008年，全区禽类高致病性禽流感免疫184.7万只次、鸡新城疫免疫179.8万只次、偶蹄动物口蹄疫疫苗免疫14.2万头（只）次、猪高致病性蓝耳病免疫7.3万头次、猪瘟免疫8.5万头次；犬狂犬病免疫56 381条，其中注册犬44 523条，未注册犬11 858条。

【组织突发高致病性禽流感疫情和兽医实验室安全应急处理演练】 6月19日，区重大办组织了“海淀区突发高致病性禽流感疫情和兽医实验室安全应急处理演练”。演练通过桌面推演的方式对突发高致病性禽流感疫情的疫情报告、封锁、隔离、扑杀、销毁、消毒、无害化处理、紧急免疫接种等强制性措施的具体程序进行了详尽讲解；演练了兽医实验室突发病原微生物泄露事件的报告、应急人员集结、对污染的实验室或者可能造成病原微生物扩散场所的封锁、污染物的消毒和无害化处理等程序。区应急办、区禽流感应急处理预备队成员、9个兽医实验室设立单位和29个兽医实验室负责人、各乡镇主管乡镇长、动物防疫站站长及区、乡镇、村级动物防疫人员120余人参加演练。市农业局应急处领导参加演练并做点评。

【举行了“海淀区增殖渔业资源，养护水域环境”活动启动仪式】 10月22日，在圆明园公园举行了“海淀区增殖渔业资源，养护水域环境”活动启动仪式，将38万尾鲢鳙鱼、草鱼、兴国红鲤鱼种投放到了800公顷的圆明园和上庄水库，用以净化水质和美化景观。

【动物防疫“平安奥运”宣传活动】 3月15日区重大办组织区动物卫生监督所、区动物疫病预防控制中心、上庄镇政府等有关部门30余人分别在上庄镇、锦绣大地批发市场、超市发双榆树店和上地店开展了动物防疫“平安奥运”宣传活动。

【开展农资打假和放心农资下乡进村活动】 3月15日，区植保站、动物卫生监督所、农科所及农机等有关部门在上庄镇上庄村开展了农资打假和放心农资下乡进村活动。开展了兽药、农药、肥料展销活动。期间发放宣传资料1 000余份，制作横幅10条，接待咨询群众100余人。

【加强动物卫生监督及医药监管】 全年共出动执法车辆654台次，执法人员2 344人次，组织参加执法活动654次，其中联合执法78次，夜查行动9次。检查各类被监管单位1 211个次，建立各类档案卡656个，行政许可16起，梳理保存一、二类动物病原微生物238株，131 233支；巡查奥运场馆周边居民区流浪动物41个，走访养犬户350家，收缴无主犬397只，收容流浪动物377只，认领（养）21只；开展农资和畜产品安全监测24次，共抽检送检各类样本986份，从检测结果看，除一份动物产品磺胺检测超标外，其余全部合格；严格监督批发换证动物产品40 246吨；行政立案（销售假冒伪劣处罚35起，结案35起，其中一般程序处罚34起，简易程序处罚1起），上缴罚没款总计98 014.11元，查扣动物产品10.65吨，实施无害化处理的动物产品4.75吨，取缔非法活禽屠宰交易摊点7个，查扣活禽351只，销毁不合格药品6 477盒/瓶/袋。有效维护了正常的市场经济秩序，保证了海淀区畜牧业的健康发展和市民食肉安全。

林业

【综述】 海淀区土地面积43 080公顷，林地面积18 989公顷，森林覆盖率37.1%，林木绿化率47.5%。全年完成人工造林200.8公顷，种植苗木38.65万余株。其中：城市绿化隔离地区完成10公顷，植树1万株；第二道绿化隔离地区完成142.4公顷，种植各类苗木24万株；彩色树种造林工程完成46.7公顷，种植黄栌等苗木3.2万株；新农村绿化等其他工程完成1.7公顷。平原治沙工程完成残次林改造80公顷，种植柳树、桧柏等各类苗木2.45万株。播草盖沙工程完成100公顷，种植板蓝根等种子3 000余千克。废弃矿山植被恢复工程全面完成2007年绿化任务13.8公顷，种植各类苗木8万余株。公园环建设工程全面完成，四季青镇玉东郊野公园和丹青圃公园建设，并于5月1日正式对外开放；启动了玉泉和八家地郊野公园建设。

林业产业体系建设坚持兴绿富民，提升发展水平。重点发展果品、花卉种苗、林下经济、森林旅游等四大产业。果品产业通过实施新品种引进、有机果品栽培等工程，促进了产业提质增效和农民增收致富。2008年果品产量达到7 436吨，产值5 075万元；通过举办樱桃节、冬枣节、草莓节等活动，大力宣传了海淀区的特色果品，促进了观光采摘业的发展，全年采摘量达到1 854吨，收入达2 408万元。花卉种苗产业以海淀组培室为龙头，大力发展花卉产业，全区花卉生产面积已达29.3万平方米，产值达734.5万元。苗圃育苗面积835公顷，当年苗木产量1 623万株，重点工程苗木良种使用率达到90%以上。加大种苗执法力度，规范种苗生产许可证、经营许可证的办理。林下经济初步确定了林菌、林药、林花、林草等四种建设模式，种植板蓝根、二月蓝等156.3公顷，使全区板蓝根种植面积达到420公顷。完成林菌建设模式示范点任务5.2公顷，产量达到112.5吨，实现销售额58万元。森林旅游业完成了玉东公园和丹青圃公园建设，启动了玉泉公园和八家地郊野公园建设，初步形成了山区森林公园（风景名胜区）、城市绿化隔离地区郊野公园、村镇公园三级公园体系。全区3个森林公园和风景名胜区共接待游客70.11万余人，旅游收入达560.8万元。

【成功破获了新中国成立以来全国最大的一起收购出售珍贵濒危野生蝴蝶制品案】 2008年11月至2009年3月间，成功破获了新中国成立以来全国最大的一起收购出售珍贵濒危野生蝴蝶制品案，该案犯罪嫌疑人夏雯雯等非法收购国家一、二级保护野生动物243只，其中涉及国家以及保护野生动物金斑喙凤蝶2只、国家二级保护野生动物双尾褐凤蝶50只、三尾褐凤蝶东川亚种173只、阿波罗绢蝶13只、阳彩碧金龟5只，涉案金额达37.9万元。

【玉东、丹青圃郊野公园正式对外开放】 4月30日，海淀区举行了玉东郊野公园开园仪式。北京市园林绿化局副局长甘敬，海淀区副区长吴亚梅等市区领导为公园开园揭幕。玉东郊野公园位于海淀区玉泉山以东、颐和园以西。共栽植苗木12.7万株，铺设地被25.9万平方米，营造了翠林小筑等园林景点。还修建了足球场、篮球场、网球场等体育设施和儿童游乐区，使公园集休闲、娱乐、锻炼于一体，为周边百姓创造了优美的活动场所。丹青圃郊野公园，位于玉泉山西南部，规划面积69.8公顷，完成44绿化覆盖率92.04%，公园已于2008年“五一”建成开园。共种植乔木1.8万株，灌木13万株，铺设地被17.5万平方米。营造了一个清新和谐自然野趣的绿色空间，赢得了周边群众的好评。

【启动创建全国绿化模范城市工作】 5月12日，

海淀区召开了第59次区政府常务会，专题对创建全国绿化模范城市工作进行研究，通过了《海淀区创建全国绿化模范城市工作方案》、《海淀区创建全国绿化模范城市领导小组成员名单及部门职责》和《海淀区争创全国绿化模范城市任务分解及达标时限表》等相关文件，明确了创模工作指导思想、原则、目标、工作安排、保障措施以及各成员单位的职责、任务等内容。5月30日，召开了创建全国绿化模范城市动员会，对创建全国绿化模范城市工作进行了安排和部署。

【首届中国绿色发展高层论坛在海淀召开，海淀获首届中国十佳绿色城市奖】 11月15日，首届中国绿色发展高层论坛在海淀召开。论坛发布了《2008首届中国绿色发展高层国际论坛（海淀）宣言》，明确了以“绿色、和谐、发展”为宗旨，以“绿色责任与低碳经济”为主题，以“绿色就是生命”为口号。区委副书记关成启、副区长吴亚梅参加了此次活动，吴亚梅副区长还在论坛上作了题为《以创建全国绿化模范城市为载体，全面建设现代新型林业》的报告。在本次论坛上，海淀区荣获首届中国十佳绿色城市奖。

【举办《森林火灾扑救应急预案》演习】 1月5日上午，海淀区在苏家坨镇凤凰岭公园举办了森林火灾应急扑救预案演习。副区长吴亚梅同志任现场指挥。此次演习模拟发生森林火灾的实景，分三个阶段进行扑救。一是发现火情，启动森林火灾扑救3级预案。二是由于风力较大，火势难以控制，启动森林火灾扑救2级预案。三是在扑救中发现新的起火点，火势不减，总指挥吴亚梅同志同意后，启动火灾扑救1级预案。经过20分钟的扑救，大火终于被扑灭。本次演习共动用人员300余人、车辆12台、灭火弹2 500发、风力灭火机5台、二号工具150把、铁锹50把、灭火器20瓶。通过演习，锻炼了海淀区专业和半专业森林消防队伍及护林员队伍应对山火的扑救能力，也检验了海淀区制定的森林火灾扑救预案的可行性。

【举办防控危险性林木有害生物专家论坛】 7月9日，海淀区在中国林业科学研究院举办了“海淀区防控危险性林木有害生物专家论坛”，邀请了国家林业局造林营林司防治处王晓华处长，中国林业科学研究院杨忠岐教授、张永安研究员、赵文霞副研究员，北京市林业保护站陶万强站长等专家就全国和北京市危险性林木有害生物发生的形势与对策、有害生物风险评估、美国白蛾等危险性林木有害生物的生物防治方法等内容作了精彩的报告。此次论坛对构建海淀区林木有害生物的防控理念，指导林木有害生物防治，保护好林木绿地资源具有十分重要的意义。

【有害生物监测网络体系建设】 海淀区共设立林业有害生物预测预报监测点1 101个，其中美国白蛾监测点1 071个；设立实蝇监测点17个；另外，在奥运会期间，为加大了口岸植物疫情监测工作，特别在五棵松体育场馆、体育大学等绿地设置了6个口岸植物疫情监测点。各个测报点有专人负责监管，随时监控有害生物发生情况。通过普查、监测海淀区共在4个乡镇、11个街道、1个林场，发现美国白蛾疫点36个，红脂大小蠹、松墨天牛、实蝇未发现，其他常规病虫害杨扇舟蛾、春尺蠖等有少量发生。通过全方位立体式防控，全区没有出现林业有害生物灾情，兑现了“绿色奥运”的承诺。

农业科技

【培育蔬菜优新品种，促进籽种产业发展】 利用植物生物技术与常规育种相结合的办法，加强了甜辣椒、茄子、韭菜的新品种选育。在6月10日召开的“辣甜椒新优品种展示会”上，与会的100多位领导、专家及来自北京（大兴、顺义、昌平、怀柔、海淀）和全国各地（山西、辽宁、河北、山东、江苏、浙江）的菜农、经销商对所展示的105个甜辣椒新优品系所表现出来的丰产性、早熟性、抗病性和商品性给予了积极的评价，一些菜农和推广人员当场就圈定了他们下一步希望试种、示范、推广的新品种。在茄子新品种选育方面，针对北京市政府近年来对设施农业政策支持力度明显提高、北京设施农业大面积增加这一现状，加强了适合保护地、长季节栽培、市场需求反响大的绿萼片、长茄的新品种选育。今年选育出的新品种具有明显的早熟性、丰产性、连续坐果能力强等优点。这些新品种的进一步选育和应用不仅为北京市持续发展的设施农业针对性地提供茄子优良品种，也将打破价格昂贵的国外种子公司对这一类茄子种子的垄断，提高农民使用国产种子的使用率，从而降低农民的投入。在韭菜新品种选育方面，针对国内不同地区对深休眠和浅休眠韭菜的不同需要所选育出的韭菜新品种，经在大兴、河北、广东试种、示范所表现出的丰产性、耐热性和抗病性得到了菜农的欢迎，要求试种和扩大种植的农户不断增加。

【加大花卉科研力度，带动花卉产业化发展】 采取“技术＋农户＋市场”和“技术＋公司＋农户＋市场”模式，与上庄镇八家村刘淑华、苏家坨镇徐各庄村、延庆县四海镇马春贵合作生产奥运花卉。由于海淀提供的种苗品种新、质量优，技术指导到位、技术措施得力，已有100多万盆奥运花卉应用到奥运绿化工程建设中。

【开展了《新优地被花卉选育及其产业化开发研究》项目的论证】 争取在海淀区建成北京市第一个地被植物种苗基地，以期为北京宜居型、生态型、节约型城市的建设提供节水、耐旱、耐贫瘠的地被植物。2008年上半年我们已开始相关植物的引种工作，包括从美国引进一些植物材料。

【建立草莓脱毒苗生产技术，提高草莓采摘用苗

质量】 2008年海淀区开始建立优良草莓品种的组培快繁和脱毒技术，到现在为止，已使3个优良品种达到产业化生产的技术水平。利用该项技术从明年起就可以为海淀区草莓生产和观光采摘园提供优质草莓苗，保证果农生产草莓的质量和产量，实现较高的经济效益。

【推进创新型科普社区建设工作】 引导和支持优化配置及利用各类资源，以提升科普社区的内涵，进而推进全国科普示范城区建设工作。上庄镇6个创新型科普示范社区，东升乡马坊村宝盛里、北太平庄街道太月园社区等5个街道和乡镇的社区，通过了市科委科普专家的评审，入选“北京市创新型科普社区”。

非 农 产 业

【综述】 2008年海淀区规模企业145家，仅占企业总数的5.1%，吸纳就业人数15 290人，占总人数的24.1%；规模企业营业收入为41.69亿元，占营业收入总量的38.3%；增加值9.79亿元，占总量的35.3%；利润总额1.29亿元，占总量的18.4%；出口产品交货值1.46亿元，占83.7%。集体企业在乡镇企业中仍发挥着重要作用。海淀区现有集体企业367家，占总量的12.9%；吸纳就业人数25 752人，占总量的40.6%；资产总额为204.4亿元，占总量的71.6%；营业收入39.4亿元，占总量的36.2%；增加值1.6亿元，占总量的58.3%；利润总额4.1亿元，占总量的58.8%；上交税金2.5亿元，占总量的56.3%。私营企业和个体工商户在乡镇企业中，发挥了越来越重要的作用。海淀区乡镇企业现有私营企业和个体工商户2 293家，占海淀区乡镇企业总数的80.8%；年末从业人数30 264人，占乡镇企业从业总数的47.7%；营业收入为48亿元，占乡镇企业营业收入总量的44.1%；增加值7.5亿元，占总量的27.1%；利润总额2.2亿元，占总量的31.4%；上缴税金1.2亿元，占总量的27.3%。乡镇企业园区建设进展顺利。2008年海淀区园区建设进展顺利，永丰工业园区和小营工业园区入住企业9个，企业年末从业人数848人，完成总产值3.2亿元，随着企业园区建设的逐步推进，将会吸引越来越多的企业入住，园区的生产、研发、实验、综合服务等优势功能将进一步显现，将会有力地促进海淀区乡镇企业发展。

【“彩虹工程”继续深化】 通过加大宣传、组织项目申报等活动，积极促进校企合作，促进企业与大专院校及科研院所合作，整合了企业与大专院校和科研院所双方的优势资源，大大提高了企业的科技含量、产品附加值和市场竞争力。

【农民就业产业基地建设】 在产业基地建设中，坚持项目先导、统一规划、逐步开发原则，稳步推进基地建设。如永丰和小营基地分别已有4家和8家企业入住，全部为拆迁企业，解决1 500名本地职工就业。

【加大培训力度，提高职工素质和就业能力】 海淀区全年共完成各类引导性培训6 408人，其中企业在岗职工培训620人，职工技能鉴定87人，农民职业技能培训520人。通过培训进一步更新、理顺了管理关系，提高了企业职工的职业技能，取得了良好的社会效益和经济效益，企业总体水平有了普遍提高。

【加强乡村旅游的宣传力度】 组织召开近30家媒体参加的旅游产品推介会宣传海淀乡村旅游资源；开展凤凰岭杏花节、大觉寺银杏节等宣传节庆活动；7—10月，通过地铁、278条公交线路的1.1万辆公交车的移动电视对海淀乡村旅游资源进行视频宣传，通过不断增强海淀乡村旅游的知名度，着力打造海淀区乡村旅游品牌形象。

【举办海淀区第八届樱桃节】 5月24日，在海淀公园举办海淀区第八届樱桃节开幕式。北京市农委、北京市园林绿化局、北京市果品产业协会、北京市果树学会、北京市农业局主要领导、副区长刘长利和相关委办局主要领导、相关科室及各乡镇相关人员参加活动。通过樱桃节的各项宣传活动，2008年樱桃采摘人数达到30.7万余人次，比上年同期增加了30.7%，农产品滞销率比2007年下降67%。

【举办海淀区第七届冬枣节】 9月28日，在上庄翠湖旅游观光园举办海淀区第七届冬枣节开幕式。北京市农委、北京市园林绿化局、北京市果品产业协会、北京市果树学会、北京市农业局主要领导、副区长刘长利和相关委办局主要领导、相关科室及各乡镇相关人员参加活动。

新农村建设和基础设施建设

【综述】 海淀区新农村建设工作涉及农村经济、村庄规划、基础设施、环境建设、文化建设、公共服务、社会管理、财政保障、社会参与和党的建设10个方面，67个新农村建设折子工程项目均已完成。安排区级新农村建设资金4亿元，按照统筹兼顾、保障重点、合理使用的原则，落实新农村建设项目248个。为加强新农村建设项目资金管理，印发了《海淀区新农村建设项目管理意见》，对《海淀区新农村建设资金管理办法》进行了修订，项目的立项、实施和资金使用、检查验收程序更加规范。项目推进速度、建设质量明显提高。

【农村社会事业】 在教育方面，通过实施学校改进项目、建立手拉手对口协作机制、举办北部新区干部教师研修班、加大对农村地区教师的补贴等措施，农村地区学校的软硬件水平得到大幅度提升，农村义务教育阶段学校教学设备配置水平已经与城区大致相当，生均经费、教师培训经费都高于城区。在文化方面，海淀区已基本构筑起区、街乡镇、社区行政村三级基础文化设施网络，农村地区文化建设较往年有了明显改善。加快乡镇社区卫生服务中心、社区卫生服务站的建设速度，农村的公共卫生服务设施更加完善。开展科技创安工作、送法进农村活动，加强农村法律服务室工作，农村社会更加安全、稳定。

【农村基础环境建设】 开展了10个村的村庄规划编制工作。整体推进东玉河等6个村的道路硬化、安全饮水、污水和垃圾处理、厕所改造等“五项工程”建设，铺设供水管道44 961米、雨污水管道59 981米，新建小型污水处理站4座，硬化街坊路15万平方米，建设公厕8座，改造户厕500户。努力改善农村公共交通条件，编订了《海淀区农村公共交通客运网络规划》、《海淀区村村通公交建设标准》，4条拟建公交道路建设已列为区政府投资项目，完成了北部地区5个公交站点的勘查工作。全面整治村庄环境，研究制定村庄环境整治方案、计划和标准，层层落实责任，加强督导检查，23个环境整治重点村全部通过了市、区两级验收。完成9个新农村建设重点村绿化美化建设，创建国家级先进单位2个、市级先进单位25个。全区森林覆盖率达到37.1%，林木绿化率达到47.5%。移动农网建设初见成效，发送气象、应急、政务等各类信息61.7万条，初步建立了农村信息服务网络。农村的自然环境、生活环境和基础设施条件持续改善。

【“三起来”工程】 在6个乡镇和西山农场的村内道路及乡村旅游路，安装1 063盏太阳能路灯；在上庄镇前章村新建太阳能浴室1个。

【农村文化建设】 2008年投资130万元建设13个乡镇文化广场；投资乡镇“百米万册”图书室40万元，用于20个“百米万册”图书室购置新图书；投资130万元26个农村数字电影放映厅提供设备支持，为农民朋友免费放映电影3 000多场。积极开展“五月的鲜花”、“夏日文化广场”、“民间花会踩街”等大型群众性文化活动，组织群众性文化活动1 000余场；坚持开展“星火文艺演出工程”，邀请中国评剧院、北京歌舞团等专业团体及民营文艺团体和非专业文艺团体到农村进行慰问演出，全年累计演出140多场。

【农民安全饮水工程】 2008年海淀区农村安全饮水工程为北京市2008年农村安全饮水补助资金项目，为市、区两级财政投资。2008年海淀区农村安全饮水工程共涉及温泉、西北旺、四季青三个镇9个行政村的南河滩、东埠头等14个自然村安全饮水问题。工程包括建设更新水源井、铺设输水管道、安装一户一表等。

【海淀区新农村基础设施建设整体推进村污水治理工程】 本项目涉及西北旺镇屯佃村、温泉镇高里掌村和苏家坨镇七王坟村，共计住户1 632户，总人口10 139人。主要建设污水收集管网工程、污水处理站工程等。其中屯佃村及高里掌村的污水直接纳入温泉再生水厂，七王坟村采用就地建设小型污水处理站的方式。该项目主体基本完工。

【再生水厂建设】 2008年建设完成温泉再生水厂（一期）、永丰再生水厂（一期）、太舟坞再生水厂污泥综合利用工程。2009年拟建翠湖再生水厂正在申办手续，年内争取开工，上庄再生水厂和稻香湖再生水厂规划方案已编制完成并报市规委审批。

【雨洪利用工程】 海淀区2008年农村雨洪利用工程由前章村排水的河道治理工程和岸边生态绿化美化工程组成。工程设计水面面积11.17万平方米，蓄水能力20.33万立方米。

农村党的基层组织建设

【继续深入开展农村党的建设“三级联创”活动】 区委在认真落实《关于建立健全区委各工委（党委、党组）抓基层党建工作责任制的意见》、《关于实施“创新聚力”工程，加强和改进基层党的建设的意见》等文件的基础上，结合农村各阶段的中心工作，进一步明确责任，研究制定落实措施，完善了《海淀区2008年度农村党的建设“三级联创”活动考核评价评分标准》及实施方案，建立了区四套班子成员联系点制度，并深入农村开展调查研究，指导帮助所联系村解决热点难点问题。区农村基层组织建设领导小组定期对各基层单位的创建工作情况进行检查通报，并将创建工作列为乡镇领导班子和领导干部考核的一项重要内容，有力地保证了各项创建责任的明确和创建任务的落实。

【加大对农村基层干部的教育培训力度】 区委制定了《2008年海淀区农村基层干部教育培训工作要点》，广泛开展了创建学习型党组织活动，进一步加大对农村基层干部的教育培训力度。针对当前农村中心工作和党的方针政策举办乡镇领导干部十七大、十七届三中全会精神专题培训班，并选派部分优秀农村处级干部参加北大、清华公共管理研修班、学历班等。在抓好农村支部书记和村委会主任培训的基础上，举办了多期农村干部大讲堂，并针对部分基层组织建设比较薄弱的村党组织，举办了村级党务干部培训班。

【重视选拔农村后备干部】 2007年村两委换届以来，共有111名后备干部被选入村两委班子，其中15人走上了村级正职的岗位。各乡镇还按照区委要求，选拔了66名大学生充实到农村基层一线，担任村党组织书记、村委会主任助理，为农村各项事业的发展注入了新鲜血液。

【农村基层党组织和党员在奥运服务保障工作中发挥引领带动作用】 按照区委《关于在全区各级党组织和广大党员中开展“展党员风采、做奥运先锋”主题实践活动的方案》的要求，各乡镇在农村各级党组织和广大党员中广泛开展了“服务奥运我承诺、多做贡献争先锋”活动，高标准地完成了各项工作任务，切实将党组织和党员的先进性体现在奥运筹办的各项工作之中。同时进一步加大了党建带团建的工作力度，以奥运筹办为契机，组织农村青年积极参与志愿服务活动，广泛开展了"我与祖国共奋进"、"微笑北京、奥运先锋"等主题实践活动，吸引凝聚了大批农村青年服务奥运。

【开展"平安奥运维护稳定大会战"和"矛盾纠纷排查化解大接访活动"】 为维护社会和谐稳定，确保全面实现"平安奥运"的目标，在全区开展了"平安奥运维护稳定大会战"和"矛盾纠纷排查化解大接访活动"，各乡镇每月开展一次大排查、大调处工作，并坚持定期排查与重点时期专题性排查相结合，把不安全隐患及时纳入了工作视线，做到对突出矛盾特别是群体性问题底数清、情况明，确保了奥运期间"双零"指标的实现，为全区推进社会主义新农村建设提供了良好的社会环境。

【落实农村实用人才工作计划】 2008 年海淀区从基地建设入手，以基地为依托大力开发培养农村实用人才。在经过多次的实地考查和调研，2009 年计划为 4 个有基础比较好的基地挂牌，作为首批农村实用人才开发培养示范基地。以这些基地为主，预计培养农村实用人才 148 人。10 月 15 日市委农工委对 2007 年度农村实用人才工作进行了检查验收，主要包括一产种植业和社会文化类两种人才，市委农工委在进行了按百分之十的比例对所培养的实用人才进行随机电话调查、听取区县、乡镇汇报、进行实地入户调查后，对区农村实用人才工作给予了充分的肯定，综合得分排于三个近郊区之首。

【举办 2008 年农村干部培训班】 4 月 29 日举办了一年一度的农村干部培训班，有 140 余人参加了本次培训，包括乡镇党委副书记、组织部长和村党支部书记。本次培训班我们聘请了中央学校教授、"三农"问题研究专家曾业松、河北大学教授李昌平就如何解读中央 1 号文件统筹城乡发展和农村发展的三个阶段及政策改革进行了专题辅导讲座。培训班使大家进一步认清了形势，理清了思路，达到了预期效果。

农村改革与管理

【农村村务管理与经济体制改革】 全面开展农村集体经济合同清理工作，对农村集体经济合同进行全面梳理，对标的不清晰、程序不合规、履行不守约、文本不规范的合同进行了调整规范，有力地保证了集体经济健康发展和农民的经济权益，并着手制定海淀区集体经济合同管理办法，建立集体经济合同管理长效机制。深入开展村务公开民主管理示范单位创建活动，创建示范镇 4 个、示范村 60 个，荣获了"全国村务公开，民主管理示范区"称号。按照"资产变股权、农民当股东"的方向，乡村集体经济产权制度改革取得新的进展。东升乡村级集体经济组织全部改制成立了集体股份经济合作社；海淀乡完成了老股金、劳龄情况的初步登记，并对老股金、劳龄数据进行了三榜公布；西北旺镇、苏家坨镇的集体资产处置工作也都取得了新进展。农村集体经济体制改革和资产处置工作推进范围更广、推进步伐明显加快。

【农村集体经济合同清理和规范】 根据《北京市农村工作委员会关于开展清理和规范农村集体经济合同工作的通知》（京政农发［2008］13 号）的要求，针对在全区土地专项治理工作中发现的土地承包合同签订、鉴证、管理上不够规范，土地承包经营权流转合同签订、登记、备案制度不够健全等问题，集中进行了整改。海淀区共清理含玉渊潭农工商总公司共八个乡镇（单位）及所属各级公司、村级集体经济组织以经济合作社、股份经济合作社、农工商公司或者村民委员会名义，与自然人和法人以及其他组织订立的履约未到期的所有集体经济合同 12 388 份，清理合同总金额 170.6 亿元。其中问题合同 1 106 份，问题金额 8.7 亿元。已规范问题合同 802 份，其中：完善问题合同 252 份，终止合同 44 份，清理拖欠合同 253 份，口头合同经过清理后订立书面合同 253 份。

【落实《农民专业合作社法》，促进农民专业合作社健康发展】 进一步宣传落实《农民专业合作社法》，加大政府对农民专业合作组织扶持力度，推动全区农民专业合作组织发展，4 月 26 日，海淀区在上庄镇区组培室花卉基地，举行了"海淀区首批农民专业合作社揭牌暨 07 年财政扶持实物资金发放仪式"。仪式为海淀区首批农民专业合作社颁发了营业执照，为 11 家农民专业合作组织发放了农用运输车、农机具、电脑等物资及 70 万元专项扶持资金。截至 2008 年底，海淀区登记在册的农民专业合作组织 32 家，其中已颁发证书的 22 家。带动农户 4 650 户。按所在区域分：温泉镇 9 家，西北旺镇 5 个，上庄镇 6 家，苏家坨镇 7 家，四季青镇 1 家，东升乡 1 家，区行业协会等 3 家。按行业类型分：种植业 11 家，林果业 17 家，畜牧业 1 家，农机 1 家，民俗旅游 1 家，其他 1 家。按服务区域分：村内 15 家，乡镇内 14 家，跨区县 3 家。按组建方式分：农民自建 3 家，依托集体组织 14 家，依托龙头企业 5 家，依托农技单位 7 家，依托其他 3 家。

【农村集体财务管理规范化试点工作】 开展了创建北京市农村集体财务管理规范化示范活动。经农业部和北京市考评小组的考核，西北旺镇屯佃村获得第二批全国农村集体财务管理规范化示范单位称号；温泉镇白家疃村，东升乡清河村和四季青镇门头村获得北京市农村集体财务管理规范化示范单位称号。

【土地征地款的监管】 继续监督各乡镇按照相关文件精神管理好、使用好村集体征地补偿款，切实保障资金的安全。截至 2008 年底，全区村级组织土地征地款累计收入81.8亿元，累计支出33.3亿元，2008年发生征地补偿款10亿元，支付8.1亿元。

【农村集体经济产权制度改革工作】 海淀区农村集体经济产权制度改革工作继续沿着市委、市政府提出的"资产变股权，农民当股东"的改革方向向前推进，积极建立新型农村集体经济组织，实现集体经济产权制度由"共同共有"向"按份共有"的转变。截至2008年底，海淀区农村集体经济产权制度改革工作已在玉渊潭、东升、海淀、西北旺、苏家坨五个乡镇的39家单位展开，按其工作进度可分为四个不同层面。第一层面是产权制度改革工作已经基本完成的单位。包括东升乡的大钟寺、太平庄、塔院、八家、马坊、清河、小营七个村级单位。其中太平庄、清河、马坊已完成股份经济合作社的登记工作，另外四个单位正在登记过程中。第二层面是已经完成集体资产处置、正在筹备成立股份合作社的单位。包括玉渊潭经济合作社、西北旺的马连洼三队等。第三层面是资产处置工作正在进行中的单位，包括东升乡的直属企业和海淀乡的西苑、肖家河、树村、青龙桥、万柳和西北旺的西二旗、小辛店、安宁庄、唐家岭、土井、西北旺、韩家川、六里屯、屯佃、亮甲店、永丰屯、东玉河、西玉河、皇后店、大牛坊、小牛坊、马连洼三队、东北旺一至四队等。其中海淀乡六个改制单位在全面完成老股金和劳龄登记工作的基础上，又研究制定了老股金退偿实施方案和清产核资实施细则，并将于2008年底之前全面退偿老股金，清产核资也将进入实际操作阶段。第四层面是准备启动资产处置工作的单位，包括苏家坨的三星庄、西北旺的冷泉、马连洼五至六队等。截至2008年底，海淀区启动产权制度改革的乡镇、村将退偿老股金4 163万元，涉及的资产总额达166亿元，申请流转变现总额26亿元，涉及资产量化对象106 815人（次）。

农民生活

【农村民生】 制定了落实北京市新农保制度实施办法（海政发［2008］34号文件），增加了政府补助标准，降低了农民缴费负担，提高了养老金领取水平，调动了农民参保积极性，扩大了参保覆盖面。区政府对参保农民的财政补贴金额达到6 122万元，是2007年的4.57倍；参加新农保人数5.4万人，覆盖率达到95%。88 004人参加了新型农村合作医疗，参合率超过90%；3 400名农民工享受医疗保险待遇，2 000名16岁以下农业户籍学生儿童参加了学生儿童大病医疗保险，农村医疗保障惠及面不断加大。区财政投入资金3.29亿元，乡镇投入1.25亿元，为17 205名农转工人员补缴了社会保险，平均养老金水平为995元。农村居民1 468人享受城乡统一的最低生活保障，对特困人员实行了医疗救助制度和临时救助，困难群体的基本生活得到保障。更加重视农村劳动力就业促进和服务，落实公益性就业岗位安置农村就业困难人员、农村劳动力自谋职业、用人单位招用农村劳动力等鼓励政策，加大对零就业家庭就业帮扶，农村富余劳动力增加势头得到了抑制。

【农村社会保障范围进一步扩大】 深入落实城乡无保障老年居民养老保障办法、无业居民大病医疗保险、一老一小大病医疗保险等制度，使全区31 975名无社会保障老年人领到了每月200元的"福利养老金"；为2 983名农转非人员办理了补缴社会保险手续，补缴总金额达到17 493万元。

【加大投入力度，提高农村养老保障水平】 深入落实《北京市新型农村社会养老保险试行办法》，对山后的54个行政村逐村进行全覆盖的宣传。在此基础上，出台了《海淀区关于落实〈北京市新型农村社会养老保险试行办法〉的实施办法》，通过加大区财政补贴力度，大大提高了农民的养老保障水平。全年参保缴费人数达到58 172人，覆盖率达到96%，超额完成市局下达的80%的覆盖率任务指标，农村养老保障水平也由2007年的102元/月提高到492元/月。

【落实低保救助工作，依法保障基本生活】 提高了农村低保救助标准，2008年7月，由330元调整到390元。目前，全区农村低保7 679户1 428人，月保障金45万元，年累计发放531万余元。门诊医疗救助82人，1.3万元；住院救助6人，4.2万元。临时医疗救助133人，68.7万元；就学救助58人，资金13.3万元。

【出台农村劳动力定岗培训补助办法】 提高农村劳动力就业的稳定性。全年为5 790名失业人员和1 213名农村劳动力进行了免费职业技能培训，失业人员和农村劳动力培训后的就业率分别达到60%和79%。

【完善农村劳动力转移就业政策体系，实施城乡一体化就业工程】 为推进城乡一体化就业工作不断发展，调整完善了农村劳动力自谋职业补助政策和鼓励用人单位招用农村劳动力补助办法。简化了申请农村劳动力自谋职业补助的办事流程，增加了用人单位招用农村劳动力的医疗保险和工伤保险两项补贴。同时鼓励在村一级建立农村劳动力就业服务站，对有组织的实施农村劳动力转移就业的，给予经费补助等扶持；鼓励农村就业服务站开发创业项目，促进了创业带动就业。目前，本区所有的村委会均已建立了就业服务站，34个村成为了充分就业村。

涉农工作情况

【奥运服务保障任务】 以打击假冒农资为重点，开展农业投入品专项整治行动，加强生产过程的监管和农产品质量检测检验，严格执行市场准入制度，保证了农产品的食用安全。严格执行动植物检疫等管理制度和操作程序，确保了重大动植物疫情零发生。狠抓队伍建设、基础设施建设、科学管理和责任制落实，实现了全年无森林火警火灾的“双无”工作目标。强化流浪动物收容管理，保证了马拉松等奥运场外赛事的正常进行。积极做好“大接访”工作，及时化解、化小各类矛盾问题，保证了农村的和谐稳定。严格监管水源地，看护农村供水设施，整治涉奥地区水环境，保障了奥运水源安全、供水安全和水环境安全。抽调骨干森林公安民警参加奥林匹克森林公园等安保任务，成功破获了全国首例以蝴蝶为涉案物品的特大非法收购野生动物制品刑事案件。农口奥运安保任务的出色完成，为奥运会的成功举办，营造了良好的自然环境和人文环境。

【新农村建设办公室扩大会议】 年内，海淀区先后主持召开5次海淀区新农村建设办公室扩大会议，区发改委、农林委、市政管委、民政局等涉农部门参加了会议。会议研究确定2008年新农村建设项目248个，统筹安排新农村建设资金39 997.359 3万元，项目涉及农业、林业、畜牧、基础设施、社会事业、农经管理、环境整治、农村党建等方面，通过项目建设推动了海淀区新农村建设。

【新农村基础设施建设整体推进村工作会议】 3月18日，召开海淀区新农村基础设施建设整体推进村工作会议。传达学习北京市关于开展新农村基础设施建设整体推进村工作文件精神，研究安排我区6个市级新农村基础设施建设整体推进村工作。经区政府推荐，市新农办审批，东玉河村、柳林村、徐各庄村、双塔村、西辛力屯村、东马坊村被确定为2008年海淀区市级新农村基础设施建设整体推进村，通过开展街坊路硬化、安全饮水、污水处理、厕所改造和垃圾处理“五项基础设施”工程建设，村庄基础设施基本完善，环境建设明显改善，进一步提高了村庄生产生活条件。

海淀区主要领导人

区委书记		谭维克
	副书记	林抚生
	常委	周来升　彭兴业　刘建朝 周京生　关成启　贾沫微 张伟刚　刘　鸿　杨志强 于　军
区人大主任		王纪表
	副主任	蔡长敏（女）　李松波 王鲁豫
区长		林抚生
	副区长	孙宝启　于　军　刘长利 吴亚梅（女）　穆　鹏 臧桂武
区政协主席		王洪秀（女）
	副主席	刘　恪（女）
区长助理		傅首清　古红梅（女）

海淀区乡镇党政正职领导

	党委书记	乡（镇）长
玉渊潭乡	李　森	刘凤英（女）
四季青镇	刘万德	李万生
东升乡	肖熙之	范永红
海淀乡	李良轩	高念东
西北旺镇	马士起	祝的春
温泉镇	龚宗元	韩顺新
苏家坨镇	曹仲晞	方海强
上庄镇	李景奇	刘精明

（于鸿珊）

丰台区

概　述

2008年，全区共有乡镇5个、地区办事处1个，行政村68个。常住人口175.3万人，户籍人口103.6万人，其中农业人口12.2万人，非农业人口91.4万人。土地面积305.87平方公里，集体土地169.81平方公里，占全区总面积的55.56%。其中耕地31.48平方公里，基本农田13.33平方公里。农村劳动力9.3万人。其中就业人员85 907人，占劳动力总数的91.9%。在一产就业的13 318人，占15.5%；在二产就业的16 318人，占19%；在三产就业的56 217人，占65.5%（非公经济就业21 082人，占24.5%）。农村经济实行乡、村两级管理体制。丰台区全面贯彻党的十七大和十七届三中全会精神，坚持以科学发展观为指导，认真落实中央和市、区全面推进社会主义新农村建设战略部署，以改善农村民生为重点，加快推进城乡经济社会一体化发展；以促进农民就业增收为目标，推动农村经济又好又快发展；以成功举办奥运为契机，使农村环境面貌得到了明显改善。新农村基础设施建设扎实推进，社会事业全面进步，基层民主政治建设不断加强。农村经济总收入完成216亿元，比上年同期增加20亿元，同比增长10.2%，其中主营业务收入完成209亿元，比上年同期增加20.2亿元，同比增长10.7%。在总收入中，集体经济完成108.8亿元，增长0.6%；非公经济完成107.2亿元，同比增长22.1%。

城乡一体化

加大对农村人力、智力、财力投入力度，扎实推进农村各项建设，城乡经济社会一体化发展取得了积极进展。

【基本公共服务均等化有序推进】 坚持城乡统

筹，积极推进基本公共服务均等化。选派了29名城镇教师、25名大学生到农村地区支教。组织“文艺演出星火工程”272场、数字电影2 169场，建成了2个文化体育休闲广场和3个农村数字影院并投入使用，为五个乡镇文化站赠送价值5 000元的图书，更新全民健身工程器材45套。完成了38个农村社区卫生服务站标准化改造。

【新农村公共财政投入逐年增加】 全年累计投入新农村建设资金8.9亿元，同比增长9.9%，其中市财政投入资金3.1亿元。重点用于农村基层政权建设1.5亿元；农村教育1.3亿元；农村文化、科学、体育事业0.2亿元；农村社会保障0.6亿元；农村道路、人畜饮水、户厕改造以及非正规垃圾场治理等基础设施建设2.0亿元；农林水事务支出1.2亿元；农村绿化0.4亿元。

【农村管理信息化建设得到加强】 启动了区乡一体信息化建设，形成“移动农网”三级架构并得到创新应用。年内，共培训信息化人员80余名，对11个数据库的数据进行了核实、录入、上报，共录入数据700多万个，为加强农村管理积累了较为详细的资料。

农　　业

紧紧围绕百姓就业、农民增收目标，积极发展都市型现代农业，着力打造区域特色品牌，全区设施农业、粮菜、花卉、果品、种苗等产业稳步发展。

【基础产业保持平稳】 全区夏粮收获面积158公顷，秋粮收获面积878公顷。蔬菜播种面积862公顷。生猪出栏13 258头。奶牛存栏1 445头，产奶4 755吨。蛋鸡存栏15.25万只，产蛋1 397吨。肉鸡出栏5.84万只。水产养殖面积21.9公顷，成鱼捕捞量48万千克。

【都市型现代农业快速推进】 设施农业规模达到105.1万平方米。花乡花卉千亩基地规划实施方案进一步完善，市级重大科技项目盛芳园“草本花卉良种繁育基地建设与示范”项目顺利通过验收。河西地区确定了“一带两廊”产业发展格局，总体规划项目39个，其中已建项目6个，在建项目23个，太子峪采摘博览园温室主体全部完成，中华名枣园已种植长辛店白枣和冬枣等123个品种近53公顷，并建成相应的水利设施和观光长廊、餐厅、林区健身场地等设施。

【农产品质量安全得到有效保证】 采取分片包干、驻场监管、入户监督、送检样品等方式，对辖区内3个奶牛养殖场、36家养殖散户和8家奶牛饲料厂进行全面检查，确保饲料和牛奶不添加任何违禁物品，确保奶源质量安全。大力推广生物农药应用，严格甲胺磷等5种高毒农药的监管，对蔬菜生产基地、新发地等农产品批发市场配备检测设备，加大抽检力度。全年组织各种执法检查744次，农产品质量得到有效保证。

【农村科技服务体系建设持续加强】 五个乡镇农村科技协调员发展至100名。23名协调员成为星级协调员，11名协调员成为优秀农村科技协调员，花乡盛芳园花卉种植基地和长辛店镇农业服务中心成为农村科技协调员交流示范点。

【绿色产业发展迅速】 花卉市场达到11个、面积18万平方米，市场数量和面积居全市之首。花卉知识产权意识进一步增强，新买断火鹤新品种7个，较上年提高75%。完成中国花协委派的马来西亚技术人员培训任务，并与日本签订了草花新品种研发项目合作合同书。全区果树生产面积1 000公顷，果品产量265万千克，产值934万元。全区55个苗圃基地产苗141万株，绿化工程苗木自给率达到83%。

【森林防火实现“两个确保”】 投资300多万元，新建2座防火瞭望塔、6.3公里水泥防火公路，购置3辆扑火运兵车，升级了地理信息系统，使防火监测面积由原来的65%提高到75%。签订防火责任书2 100份，清理林地可燃物1 750公顷、防火隔离带13万延长米，清除7 600座散坟周边杂草，组织森林防火实战演练4次，更换森林防火宣传牌300多块，实现了“确保不发生重大森林火灾，确保不发生人员伤亡”工作目标，连续8年荣获北京市无森林火灾先进区县称号。

【植物检疫取得新进展】 全面加强了以美国白蛾为重点的林木有害生物防治工作，完善了《丰台区突发林木有害生物事件应急预案》，拓宽了1个国家级监测中心、55个市级测报点和103个区级测报点的功能，形成了城乡一体的监测体系。完成林木有害生物防治作业面积15 607公顷，施用药剂16.89吨，全年未发生林木有害生物灾害。

【林业资源管理再上新台阶】 严格林政资源管理，完成林地征占、林木采伐行政许可200件。加强古树名木管理，对太子峪古树群进行科技复壮，对全区193株古树名木进行GPS定位，建立档案，换发标牌，并签订了责任书。主动为六环路、京沪线等重点工程服务，审批采伐树木1.6万株，移植树木3.6万株，审核征、占用林地78公顷。

【林木绿化率进一步提高】 完成二道绿化271公顷，爆破造林67公顷，彩叶工程33公顷，林下经济100公顷、太行山绿化工程200公顷，绿色通道工程10公里。实施河西村庄绿化5万平方米，永定河两岸绿化4.5万平方米。组织全国人大常委会、中纪委、国家林业局机关等大型义务植树活动7次，2 000余人参加，栽植各类树木1万余株，全区林木绿化率由2007年的37.56%提高到38.08%，绿堤郊野公园建设全面展开。

【重大动物疫情实现“零发生”】 按照“免疫率、消毒面、监测面、监管率”四个100%的要求，坚持政府督导、部门联合、社会参与，实现了重大动物疫情“零发生”。全区存栏的畜禽实施牲畜口蹄疫、高致病性禽流感、高致病性猪蓝耳病、猪瘟、狂犬病、鸡新城疫的计划免疫，免疫率100%。全区所有养殖场（户）进行2次大消毒，发放消毒药品6.8吨。开展春秋防疫检验监测，共检测禽类样本1 290个，马属样本580个，奶牛样本1 794个，监测率100%。加强对流浪动物集中收容，对4 000多家经营动物产品的市场和单位进行全方位监管，有效防止了动物疫病发生和传播。

非农产业

【第三产业占主要地位】 农村一、二、三产比例达到3∶27∶70。第一产业逐步退出了传统种养业，主要发展以花卉、大枣等区域特色产业为基础，以设施农业、采摘观光、旅游休闲等功能为主的都市型现代农业。农村二、三产以房地产、商贸物流和旅游休闲等为主。一、二、三产业收入占主营业务收入的比重分别为2.8%、26.1%、71.1%，第三产业所占比重比上年增加3.4个百分点。商饮业和服务业分别比上年增加9.7亿元、18.3亿元，增幅分别达35.8%、23.8%。

【规模乡镇企业运转良好】 全区农村营业收入在500万元以上的集体企业有191家，比上年同期增加11家，营业总收入达77.6亿元，占全区集体企业营业收入的91.8%。除原老庄子乡总收入比上年同期减少371万元、下降17%外，其余五个乡镇的总收入均有较大增加，其中卢沟桥乡、长辛店镇、王佐镇增幅均超过10%，分别为12.6%、12%、12.4%。实现利润总额20.3亿元，同比增长了0.4%。

【重点项目建设有序推进】 成功举办了2008国际服装节；国际轻纺城、木樨园购物广场等重点工程建设有序推进；完成了西南物流中心无线局域网络系统和白盆窑物流中心办公大楼信息平台建设；新发地和岳各庄农副产品批发市场升级改造进展顺利。完成千灵山风景区一期工程、“北京千禧街”一期工程建设；万丰路餐饮街完成设计方案并组织了招商推介。

【重点功能区建设取得新进展】 大红门服装商贸区规划不断完善。3月，北京市文化创意产业领导小组批准并认定大红门服装商贸区为市级文化创意产业集聚区。河西生态休闲旅游区完成了旅游产业总体发展规划，基础设施和配套设施进一步完善，接待能力和服务功能得到提升。

【生态旅游蓬勃发展】 2月，国家旅游局正式命名世界花卉大观园为“全国工农业旅游示范点”，这是我区继南宫旅游区后的第二个“全国农业旅游示范点”。5月，北宫森林公园通过国家旅游局4A级景区评审和工作验收，正式被批准为国家4A级旅游景区。完成世界花卉大观园申报4A级景区评审工作。李家峪生态休闲旅游项目建设全面启动，李家峪村“农业观光体验园”列为丰台区重点支持项目。南宫民俗村、御景山庄民俗村被授牌为“北京市级民俗村”。

【首次举办“北宫彩叶节”】 北宫森林公园首次举办了“北宫彩叶节”，3天共接待游客9.6万人，近30家新闻单位进行了报道，各大网站点击率高达180万次。组织登山、摄影、笔会等各类文化活动130多场次。截至10月底，公园共接待游客80万人次，较2007年同期有较大幅度增加。

【北宫森林公园建设迈上新台阶】 新建仿古式商亭47间，凉亭、长廊1 000多平方米，更新各类标牌2 600多块。完成动物园建设，引进观赏动物20多种。改造小江南景区，新增小型瀑布4处。补种各种树木4万余株，更新优质果树300余株，栽植花灌7万余株，播种草花1万多平方米。先后获得农业部“首都绿化美化先进单位”、“北京市精品公园”等12个市级荣誉称号和“丰台区奥运会、残奥会先进集体”，“平安奥运先进集体”等荣誉称号。

【全国种子交易大会成功举办】 9月份成功举办了第16届全国种子交易大会，展会涵盖了蔬菜、大田作物种类800多个，上万个品种，同时举办了新品种田间展示观摩活动，展示当前具有代表性和较高推广价值品种400多个。展会完成交易额3亿多元，实现地方税收500余万元，为全国种业界提供了良好的交易、信息和展示平台。

新农村建设和基础设施建设

【基础设施建设取得新进展】 张仪村路建成通车，北宫路芦井路段提级为城市主干路已获市规划委同意，北宫南路方案设计基本完成。新农村“五项基础设施建设”工程有序推进，完成了赵辛店、庄户和西王佐3个村的新农村建设规划，启动了西王佐、庄户、怪村、赵辛店、李家峪等5个村的街坊路建设工程。辛庄、大灰厂、沙锅村的污水治理工程基本完成，铺装污水管线95公里。

【河道治理及绿化美化成效显著】 启动了马草河上段、丰草河治理前期工作，进入立项阶段。丰草河、旱河、水衙沟三条河道的污水口截留工程全部完成。小龙河上游长度为1 125米的河道由原来3米拓宽到7米，恢复了“一亩泉”湿地原貌。河道绿地由原来的19万平方米增加到30万平方米，水面由20万平方米增加到近90万平方米。7月1日卢沟晓月湖正式蓄水，到7月底蓄水达50万余立方米，形成水面40万平方米，卢沟晓月景观得以再现。

【生产生活环境明显改善】 拆除出租大院357个、100.2万平方米，流动人口自动流出约4.6万人。河西两镇累计拆违4.5万平方米，清运垃圾渣土11万吨，整理规范了户外、路边广告和标语牌。实现绿化美化75.3公顷。完成28处非正规垃圾场治理，生活垃圾无害化处理率达到100%，新发地农副产品批发市场“绿色垃圾处理厂”建成投入使用。全区农村地区339条道路自6月1日起移交区环卫中心保洁。完成长辛店镇大灰厂村、辛庄村、王佐镇沙锅村新农村街坊路40万平方米硬化工程。“亮起来”工程完成安装1 300盏太阳能灯，协助市路灯中心完成了五环路内51个行政村、181条无灯道路的勘察工作；完成河东51个行政村306条（90万平方米）道路修整和外立面粉刷工程，新建二类公厕9座、改建公厕136座。完成无害化户厕改造6 123座，超额完成123座。农村生产生活环境得到明显改善。

【生态建设成效显著】 完成农业污染源清查和入户普查工作，摸清了肥料、农药、秸秆使用和畜禽、水产粪便污染等情况，生态示范区七项指标全部达标。小麦和玉米秸秆实现全面禁烧。实施玉米保护性耕作838公顷。采取作物留茬、生物覆盖、种植冬小麦等方法，对984.8公顷秋粮和蔬菜种植面积进行了地表覆盖。平原防沙治沙85公顷，北宫森林公园周边裸露山体恢复、西庄店非煤矿山关停区生态恢复工程已完成项目初步设计概算、资金申请报告的批复；完成千灵山地质矿山环境治理项目主体土石方工程。卢沟桥乡小屯村、王佐镇魏各庄村创建“文明生态村”通过了市政府检查验收。

民主政治与党的基层组织建设

【“三级联创”活动取得实效】 全区各乡（镇）、村和涉农单位按照党的建设“三级联创”活动和创建“五个好”乡（镇）党委的目标要求，积极发挥基层党组织的领导核心、战斗堡垒作用和党员的先锋模范作用，大力推动社会主义新农村建设，卢沟桥乡、花乡、王佐镇党委评为“五个好”乡（镇）党委称号；三路居村等28个农村基层党组织评为“五个好”基层党组织；云岗派出所等21个涉农队（所）进入“五个好”行列，4个后进村党总支实现了转化。

【民主法治建设水平进一步提高】 全区共有3个全国民主法治示范村，8个北京市民主法治示范村，58个丰台区民主法治示范村，比例达到84%。推广“村民代表—联组组长—固定服务人员”的链条式工作机制，有效开展法制宣传教育，及时提供了法律服务与法律援助。全区20个农村法律服务工作站，开展法制讲座116场，解答法律咨询近1 280人次，调解矛盾纠纷721件，为促进农村民主法治建设，依法化解农村社会矛盾提供了有效的平台。

【开展多种形式的干部教育培训】 区、乡（镇）、村三级联训机制进一步完善，共举办农村基层干部各类培训班182期，培训农村基层干部9 000余人次，其中，村级党组织书记轮训68人，村委会主任轮训67人，村“两委”班子成员各类培训619人，村后备干部培训386人。同时，以集中授课、研讨、实地参观等形式对农村7 800余名农村党员进行了培训。

【农村党员实用人才培养工作全部达标】 按照全区农村实用人才培养五年规划安排，完成2008年培养实用人才100名、其中党员30名的工作目标。2007年农村实用人才培养工作通过市委农工委检查验收，全部达标。

【心系灾区支援抗震救灾】 在支援四川汶川特大地震行动中，全区农口广大党员踊跃捐款，以缴纳“特殊党费”的形式支援灾区抗震救灾工作。农口9 936名共产党员共缴纳“特殊党费”2 192 669.6元，其中缴纳1 000元以上党费的党员有659人。

【村务公开增加新方法】 开展村务公开触摸屏试点工作，全区共有12个村安装了触摸屏，通过触摸屏对村内基本情况、经济发展、重大事项、财务管理及便民服务措施等内容进行公开，进一步拓宽了村务公开渠道，维护了农民的知情权。

农村改革与管理

【农村经济体制改革进一步深化】 继续推进村级社区股份合作制改革，南苑村、张郭庄完成改制工作。截至年底，全区共有66个村完成村级社区股份合作制改革，占行政村总数的93%。完成乡（镇）级改革3个（卢沟桥乡、南苑乡、王佐镇），占乡（镇）总数的60%。花乡乡级集体经济产权制度改革全面启动，长辛店镇镇级集体经济产权制度改革完成前期调研。

【滞留资产处置工作扎实开展】 全区已累计完成了33个村4.89万人的资产处置工作，兑现给原集体经济组织成员资产达7.04亿元。万泉寺村成为我区第一个股份合作制深化完善试点村，注册了中阳创兴投资管理公司。对42个村级新型集体经济组织经营管理情况进行检查和指导，进一步完善了法人治理结构，规范运营。

【政策性农业保险进一步规范】 健全了区乡村三级政策性农业保险组织体系，制定下发了《丰台区关于建立政策性农业服务网点（站）的实施办法》、《丰台区政策性农业保险网络体系及工作职责》，规范了决策工作流程、承保工作流程、理赔工作流程，保障了政策性农业保险工作的规范开展。政策性农业保险覆盖面进一步扩大，完成投保面积5 133公顷，保费总额达799.031 6万元，分别比2007年增长3.1倍、1.62倍。

农民生活

【农民收入有了较大提高】 农民收入水平和社会保障水平有了较大提高，当年人均纯收入达到11 584.3元，同比增长11.9%。农民人均劳动所得实现较快增长，达到11 795元，较上年同期增加1 078元，同比增长10.1%，其中从集体所得7 392元，增加692元，从非公经济所得4 403元，增加385元。完善了生态林补偿机制，增加24名护林员，年内护林员总数达到1 024人，人均工资由每月500元提高到每月540元，并为每人投保人身意外保险100元。

【农民社会保障不断健全】 率先在全市推出普惠补贴、困难群体补贴和落后区域补贴三项新型农村养老保险补贴政策，参保人数61 829人，参保率92%。为17 796名农村无保障老年人发放养老待遇3 932万元。31 630名（男60岁女55岁以上）农民享受养老（退休）金。农村义务兵优待金标准提高到1万元，实现了城乡统一。建立了农村低保对象分类救助制度，完成了36户农村特困户危房改造。新型农村合作医疗实现区级统筹，参合人数127 059人，参合率达到94.8%。

【安全饮水节水工作快速推进】 实施自来水并网工程，解决了2.88万农民的安全饮水问题。年内，全区共有31个村的农民全部饮用上优质健康水。全区16个街道启动了低保户节水器具安装工程，为2 100户低保家庭安装节水马桶，并更换4 000余个水龙头。对太子峪、李家峪、北宫森林公园等小流域进行了综合治理，年节水300万立方米。

【新型农民培养和就业取得成效】 完善了区、乡镇、村三级联动的新型农民培养管理长效机制，年内完成职业技能培训10 099人次，引导性培训16 309人次；建立了农村实用人才库，入库人才107人。充分发挥区、乡镇、村三级就业服务网络的作用，实现转移就业6 317人，实现了农村无“零就业家庭”目标。接收了67名大学生“村官”，为农村建设提供智力、人力支持。

【率先在全市为农村计生家庭办理养老保险】 为符合条件的独生子女夭亡或意外伤残的农村和城市低收入家庭中的13人办理了养老保险，共投入约39万元，同时，出台了《丰台区计划生育养老保险使用与管理暂行办法》，使之成为关注独生子女家庭的长效机制。

区乡镇领导体制和工作情况

进一步加强了新农村建设的领导和指导，对新农村建设进行了认真部署和督察，新农村建设步伐加快，强农惠农政策得到较好的落实。

【新农村建设工作领导机构进一步加强】 对新农村建设领导小组进行了调整，成立了由闫满成副书记任组长、张建国副区长任副组长、53个委办局乡（镇）街道为成员的领导小组，调整加强了新农村建设办公室，进一步强化了全区新农村建设的组织协调工作。

【新农村建设工作机制更加完善】 完善了在政策、任务、考核、责任等方面的工作机制。一是制定政策，出台了《中共丰台区委　丰台区人民政府关于2008年统筹城乡发展进一步推进新农村建设的工作意见》、《关于进一步深化农村改革的意见》。二是完善机制，进一步完善部门联动、政策集成、资金聚焦、资源聚集机制，充分发挥新农村建设6个工作指导组的作用，不断强化新农村建设工作协调机制和重大问题研讨机制。三是明确任务，制定了促进农村产业发展项目方案、扶持河西产业支撑体系建设方案、新农村五项基础设施建设工程方案、推进农村环境建设方案、推进新型农民培养工作方案和推进农村党建工作信息化建设方案，进一步细化了具体工作目标和要求，增强了对新农村建设工作的指导性。四是强化考核，制定了《丰台区2008年新农村建设折子工程》和《折子工作效能考核办法》，明确了各成员单位的目标责任，并将《折子工程》列入政府督察和效能考核；制定了《丰台区乡镇经济建设与社会发展评价指标考核体系》和《乡镇效能考核立项表》，促进乡镇机关效能建设和农村经济社会又好又快发展。

【召开农村工作会】 4月18日，召开2008年丰台区农村工作会议。会议由区长李超钢主持。区委书记张大力与五个乡镇和宛平城地区党（工）委书记签订了2008年农村党建“三级联创”《责任书》。区委副书记闫满成宣读了表彰2007年度农村党建“三级联创”活动先进单位和丰台区新农村建设先进单位的决定，副区长王苏维作了题为《深入贯彻十七大精神，扎实推进新农村建设，努力开创城乡经济社会发展一体化新局面》的工作报告。区人大主任杜瑞琴，区政协主席初建华，区委常委、组织部长杨逸铮，区委常委、宣传部长李明圣，区委常委、区委办主任于鸷隆等领导参加了会议。丰台区新农村建设领导小组成员、乡镇、村有关领导约230人参加了会议。

【奥运服务保障圆满完成】 圆满完成了奥运礼仪和景观用花、奥运场馆施工以及奥运期间农副产品供应等各项任务。北京奥运花卉配送中心落户花乡草桥。配送中心严密组织，精心实施，完成了417次、6 020束颁奖礼仪用花制作配送任务。花乡盛芳园奥运草花优良品种示范和繁育基地为奥林匹克公园提供了6个品种100余万盆草花，满足了全市主要道路、奥运场馆、机场、饭店等公共场所60%的奥运花卉的保障任务。榆树庄构件厂完成了鸟巢工程等奥运场馆看台板、墙面装饰挂板的设计、生产和施工。高立庄华北铜铝排厂为奥运场所提供了高质量母线槽。绿山谷芽菜有限责任公司完成了奥运会境外媒体入驻酒店的蔬菜配送保障。新发地、岳各庄农副产品批发市场采取多项积极措施，确保了奥运会实行临时交通管理措施期间农副产品的市场供应，稳定了市场。

【依法行政工作取得新进展】 年内，共查处各类涉水事件43起。启动了“迎奥运保安全，水环境保护”专项执法行动，确保了奥运期间水环境安全。加大林业行政执法，严厉打击盗伐、滥伐、侵占林地等各种违法行为，接警41起，立案8起，结案8起；对经营野生动物违法行为进行全面检查，立案5起，结案5起。

丰台区主要领导人

区委书记 张大力
副书记 李超钢 闫满成
常委 杨逸铮（女） 王苏维
李明圣 孙钫 汪洪
于长辉 于鸷隆 郭兴斌
区人大常委会主任 杜瑞琴（女）
副主任 吕跃进 任光明 苗华(女)
郭振江 薛明
区政府区长 李超钢
副区长 汪洪 王苏维 吕仕杰
李丽萍（女） 李昌安
张建国
区政协主席 初建华
副主席 鲍顺新 胡燕（女）
周大春（女） 赵仑
刘占良
区纪委书记 杨逸铮（女）
副书记 胡春溪 毕永丰 李军

丰台区乡镇党政正职领导

	党委书记	乡镇长
卢沟桥乡	李杜	吴继东
花乡	李新民	肖文燕（女）
南苑乡	陈重才	李大维
长辛店镇	孙金来	彭虹
王佐镇	吴恒	陈学明
宛平城地区办事处	王京	杜平勋（主任）

（温淑华）

门头沟区

概　述

门头沟区辖区面积 1 455 平方公里，辖 9 个镇，177 个行政村；4 个街道办事处，99 个社区居委会。户籍人口总户数 110 405 户，总人数 241 400 人，其中居民人口 180 302 人，农业人口 61 098 人。2008 年，门头沟区农村广大干部群众按照建设现代化生态新区的要求，全面落实区域功能定位，以做好奥运服务保障工作为重点，大力推进生态建设，着力发展沟域经济，加快产业结构调整步伐，积极发展都市型现代农业，切实解决民生问题，加强农村基础设施建设，全面提高农民生活环境质量，全区农村经济社会保持了持续健康发展的良好势头。2008 年，实现农村经济总收入 81.1 亿元，比上年增长 4.4%。农民人均纯收入 10 282 元，比上年增长 11.8%。

都市型农业

【概述】 全区实现农林牧渔业总产值 3.1 亿元，同比增长 24.2%。其中，农业实现产值 0.65 亿元，比上年增长 11.4%；林业实现产值 1.02 亿元，比上年增长 37.8%；畜牧业实现产值 1.4 亿元，比上年增长 25.8%；渔业产值 92.6 万元，同比下降 58.8%。都市型现代农业产值达到 2.1 亿元，比上年增长 44.7%，其中休闲观光农业和设施农业由于受奥运车辆限制和六环占地等因素影响，分别比上年仅增长 0.3%和 0.2%，设施畜牧业 2008 年实现产值 9 767.4万元，比上年增长 54%。“一区六带”实现产值 3 833.7 万元，比上年增长 29.7%。

【观光园区建设】 全区共有农业观光园区 25 个，其中：市级农业观光园区 6 个。年累计接待游人 28 万人次，吸纳农业劳动力就业 917 人，带动农户 1 240户。园区的建设带动了周边民俗旅游的发展，激活了相关产业，成为山区生态农业的一个新亮点。年内在全区范围内首次开展了“创意走进农村系列——门头沟创意农业园区”活动，对 6 个观光园区进行了创意性文化包装。

【“一村一品”专业村建设】 发展种、养业专业村 10 个，制定了“一村一品”标准，按照标准对专业村进行了验收。

【雁翅食用菌基地建设开工】 4 月 28 日，门头沟区雁翅食用菌生态循环生产基地建设开工仪式在雁翅镇雁翅村举行。雁翅食用菌生态循环生产基地项目是联合国（UNDP）绿色扶贫项目在门头沟区的三个建设重点之一，设计年生产菌棒 800 万棒，可带动周边农户 1 000 户发展食用菌栽培。

【粮食生产喜获丰收】 全区粮食播种面积 2 307.1公顷，比上年减少 25.9 公顷，减少 1.1%。其中玉米 915.8 公顷，比上年增加 46.8 公顷，增长 5.4%；杂粮播种面积 1 320.2 公顷，比上年减少 129.1 公顷，减少 8.9%。全区粮食产量达到 384.9 万千克，同比增长 30.6%。其中秋粮 380.3 万千克，同比增长 31.0%，占全年粮食产量的 98.8%，创 2001 年以来的新高。小杂粮总产达到 110.2 万千克，同比增长 37.2%。全区粮食生产实现产值 1 136.9 万元，同比增长 20.1%，有效带动了农业产值的增长。

【经济作物种植面积猛增】 经济作物面积 567.9 公顷，比上年增加 438.5 公顷，增长 338.8%；其中药材种植面积达 543 公顷，比上年增加 434.1 公顷，增长 398.5%。

【谷物及其他作物产值大幅增长】 “谷物及其他作物”实现产值 1 136.9 万元，同比增长 20.1%。谷物、薯类、油料和豆类产量同比增幅为 28.1%、38.2%、15.4%和 37.6%，产值分别增长 28.9%、43.9%、23.0%和 30.1%。

【土壤改良工作】 投入有机肥300余吨，完成测土配方施肥333.3公顷，发放《测土配方施肥技术手册、技术指南》3 500多册、《肥料知识手册》1 000多册，举办培训班2期，惠农150人次。

【加强种业服务】 免费送种子到9个镇100多个村，送种2.45万千克，为王平镇韭园酱菜厂提供优质蔬菜品种1 500袋，接待咨询700人次，下乡技术指导20次，惠农2 000余人次。

【加强农药管理服务】 从市植保站购进杀虫剂、杀菌剂、除草剂各类农药共计6 200千克，对7个农药配送点实行统一送货、统一管理，为各农药连锁配送站运送农药12次，新建王平镇、军庄镇两个农药连锁配送站，服务覆盖面到9个镇，实现全区农药配送服务100%，服务农户达到8 000户。

【加强农机服务】 广泛开展拖拉机、联合收割机及驾驶员年检年审工作，到全区9个镇为机手提供零距离服务，接待群众咨询663名，办理驾驶证89人，驾驶员考试办证37人，新增拖拉机、变型拖拉机124台，上保险车辆526辆。

【林地经营及林权管理情况】 全区林业用地面积达135 262.7公顷，占全区土地面积的92.96%，国有林地面积19 963.7公顷，集体林地面积114 049.6公顷，现有生态林面积104 761.7公顷，生态林管护员5 662人。

【林业生产】 全区人工造林面积1 460.3公顷，同比增长3.1%，其中新增彩叶工程造林133.3公顷；新发展果树246公顷。全区造林产值实现0.47亿元，同比增长97.7%。

【生态环境综合治理】 实施关停废弃矿山植被恢复工程总面积401.9公顷，其中废弃矿山植被恢复面积241.9公顷，爆破造林面积160公顷，工程总投资10 145万元。

【京津风沙源治理工程】 完成封山育林1 000公顷，荒山造林1 066.7公顷，低效林改造200公顷，人工种草133.3公顷，草种基地66.7公顷，围栏封育1 333.3公顷。

【生态林管护】 加强林木抚育和管理，在原有5 190名护林员的基础上新增472名。全年实现林木抚育产值0.33亿元，同比增长19.3%。全区集体林地10.5万公顷纳入生态林管护范围。全年生态林管护员共制止违章用火139次，上报火情17次，清理林间可燃物面积0.38万公顷，打防火道142.55公里。上报破坏森林资源行为8次，制止破坏森林资源行为26次，有效保护了森林资源。

【南石洋大峡谷森林公园】 8月21日，雁翅镇南石洋大峡谷林区通过北京市园林局批准，正式成为市级森林公园。南石洋大峡谷森林公园位于京西雁翅镇马套村西北，公园总面积2 123.8公顷，林地面积1 939.2公顷，森林覆盖率达91.3%。公园内动植物资源丰富，现有植物70科400余种，陆生野生动物41科12种。

【妙峰山森林公园】 9月8日，北京市园林绿化局正式批准建立北京市妙峰山森林公园。妙峰山森林公园位于门头沟区妙峰山镇域内，紧邻109国道，距市区45公里。占地面积2 264.7公顷，森林覆盖率37.3%，林木覆盖率99.1%，分布天然次生林、山羊林、落叶松、油松等共计1 400公顷。木本植物600余种，优质药材20余类。

【果品生产】 全区果园面积1 425.8公顷，比上年增加30.3公顷。干鲜果品产量4 269.8吨，同比下降1.9%。其中：干果产量为587.9吨，同比增长4.8%；鲜果产量3 681.9吨，同比下降5.0%。全区干鲜果品实现产值4 706.4万元，同比增长24%。

【国道两侧果园改造】 国道两侧可视范围内改造果园127.3公顷。嫁接京白梨、核桃、枣等优良品种，进行果树复壮、施肥和病虫害防治等。

【果品产业化项目】 新发展核桃66.7公顷，改造老核桃树1万株，核桃基地进行标准化管理603.3公顷。新发展樱桃51.3公顷，提升樱桃基地标准化管理140公顷。新发展京白梨31.3公顷，标准化管理23.3公顷，推广林下经济13.3公顷，品种改良20公顷。军庄孟悟京白梨标准化基地建300立方米冷库一座。建设香椿幼树标准化种植基地100公顷。建冷库一座，成立了香椿种植专业合作社，制定香椿标准化生产规程。新发展红杏53.3公顷，建设斋堂镇龙门口红杏标准化基地20公顷。新发展苹果树10公顷，更新改造斋堂镇九龙头农场老果园33.3公顷。

【推广试验新品种】 开展老核桃树品种选优工作，在王平镇东马各庄村、清水镇小龙门村新建核桃种苗基地10公顷，培育核桃幼苗3万余株。品种包括礼品一号、中林等优质核桃营养钵苗。引进菌草13.3公顷，黑土豆33.3公顷，菊芋20公顷，葛根13.3公顷，发展黄粉虫2万盒。

【雁翅镇红富士苹果采摘节】 9月26日，以“开拓奥运后经济，打造生态友好产业”为主题的红富士苹果采摘节在雁翅镇太子墓村开幕。北京保安艺术团演出精彩节目，开展了“寻找雁翅苹果王”评选活动。区镇有关领导、企业代表及群众共400余人参加活动。

【有机转换产品认证证书】 雁翅镇太子墓村苹果专业种植合作社获得农业部颁发的《有机转换产品认证证书》，成为全区第一家获得苹果类有机转换产品认证证书的企业。

【畜牧业呈现良好发展态势】 畜牧业呈现出健康快速良好发展态势，更加符合城市建设及生态建设要求，生态友好型畜牧业品种——肉鸡、蜜蜂养殖规模扩大；环境污染型、依赖型畜牧品种——猪、牛、羊养殖规模逐渐缩小，品种结构得到进一步优化。畜牧业实现产值14 043万元，比上年同期增长25.8%，占农林牧渔业总产值的45.5%，是农林牧渔业的支柱产业。

【家禽养殖发展迅猛】 区委、区政府把扶植和发展养殖肉鸡作为全区新农村建设的重点工程，全年新建肉鸡养殖大棚135个。年出栏家禽365.29万只，同比增长40.8%；年末存栏家禽49.79万只，同比增长88.2%。其中肉鸡存栏36.96万只，同比增长145.6%；蛋鸡存栏12.83万只，同比增长19.8%；全年鸡蛋产量554.2吨，同比增长8.8%。家禽饲养实现产值10 579.3万元，同比增长48.4%。其中，实现肉禽产值9 767.4万元，同比增长54.0%；对全区农林牧渔业总产值的贡献率达54.8%。

【现代化肉鸡养殖大棚】 清水镇首个现代化肉鸡养殖大棚正式投入使用，该养殖大棚位于清水镇上清水村，投资130余万元，是北京市最先进的肉鸡养殖大棚，其设施完善，包括水帘、水线、风机、暖风炉、照明、清粪、化粪等一系列先进设备。该棚养殖规模是每批次1.2万只，其最大养殖规模可达每批次1.8万只，是清水镇最大的肉鸡养殖大棚。

【猪、牛、羊生产】 因新城地区建设需要，两年来对该地区生猪饲养产业的调减和劝退，使全区生猪出栏加速减少。全年生猪出栏5 374头，同比下降67.4%；实现产值865.4万元，同比下降40.2%。同时，山区农户及养殖场加大养殖规模，出现调整期回升的养殖态势，年末全区生猪存栏4 768头，同比增长42.8%。羊全年累计出栏6 951只，同比下降7.2%。年末羊存栏17 879只，同比增长32.5%。全区乳牛存栏1 172头，同比下降2%。牛奶产量3 130.3吨，同比下降12%。受“牛奶事件”的影响，9月以后全区农户牛奶无法销售，大部分被销毁，是牛奶产量下降的重要因素。

【加强奶牛饲养服务】 为养奶牛户发放兽药20余种，补贴2万元，全年共收奶929.6吨，返还奶农奶款216.5万元；奥运期间，积极解决牛奶运输和饲草短缺问题，有效保证了奶户的经济利益。

【维护奶业生产环境】 三鹿奶粉污染事件发生后，开展了维护奶业生产工作。9月16日，制定区奶品质量检查工作方案，成立专项检查组，对全区58个奶牛养殖场（户）及牛奶收购站、牛奶加工点进行拉网式排查，确保市民食用奶制品安全。9月18日，召开牛奶安全会议，要求奶牛养殖户严格控制牛奶卫生安全，禁止添加任何添加剂。9月19日，停止收奶工作。9月20日起，走访养奶牛户，统计奶牛存栏及牛奶产销数量，帮助平复奶农情绪，联系鲜奶收购渠道。9月23日，召开现场办公会和养奶牛户交流会，拟定奶牛养殖户补贴政策，解决奶农困难。

【蜜蜂养殖快速发展】 实施普惠政策，即原有蜂群每群补贴20元，新发展蜂群每群补贴40元，鼓励农户饲养蜜蜂，促进了蜜蜂养殖快速发展。全区新增蜜蜂5 020群，总规模2.5万群，养蜂户450户，养蜂业合作社8个。全年蜂蜜产量367.3吨，同比增长83.7%。蜂业总收入4 392.65万元，创下全区蜂业收入历史最高纪录。

【全国首届养蜂职业技能培训班】 6月10日，全国养蜂职业技能培训与鉴定启动仪式在区举行。门头沟区作为全国范围内首次对养蜂职业开展技能培训与鉴定的地区，开创了全国养蜂职业技能培训与鉴定的先河。全区145名蜂农参加职业技能培训及鉴定认证工作，有95人获得了农业部级职业技能证书。

【AAA第九届亚洲养蜂大会】 11月1日，北京绿纯有机生物科技开发中心分别获得了“AAA第九届亚洲养蜂大会优秀产品奖”和“AAA第九届亚洲养蜂大会优秀基地奖”。

【北京市蜂产品收购合同】 全市推广仪式6月10日在区启动。该合同由区工商分局配合市工商局起草，标明了收购方、养殖方权利义务，制定了收购蜂产品的验收标准，增加了可由第三方进行验收的约定条款，进一步保护蜂农的利益。

【围绕沟域经济发展设施农业】 制定了“一路五沟”的设施农业5年发展规划，明确了设施农业的建设标准和发展模式。龙泉镇门头口村与九龙驾校合作建起了九龙都市种植中心，建成2.6万平方米连栋温室。斋堂镇煤窝沟依山建起了100栋高档型日光温室，该设施产业建成后将缓解该地区关闭煤窑后的产业调整和劳动力就业压力。王平镇利用废弃巷道建设了7 000平方米的食用菌生产温室，为闲置废弃矿山资源的再利用找到了途径。妙峰山镇丁家滩北京康福来食用菌基地、军庄镇东杨坨食用菌基地以专业合作社为纽带，从菌棒生产到食用菌销售市场，初现了良性产业链条的发展，为设施农业发展奠定了良好的开端，设施农业建设模式受到市里的好评。

【黄花梨生态观光园试营业】 永定镇冯村投资3 000万元，建起的黄花梨生态观光园进入试营业。观光园占地26.7公顷，可容纳1 500人同时就餐，内设生态餐饮区、温泉休闲区、垂钓区、林木采摘区等不同区域，解决了600名劳动力就业问题。

【农田节水技术通过专家组验收】 5月26日，区“2007年水源保护地农田综合节水技术示范推广”项目各项指标全部完成，通过市专家组验收。该项目由区农科所负责实施，建立樱桃为主的果树综合节水技术示范区200公顷；大豆、花生等粮经作物综合节水技术示范区53.3公顷；全区共推广果树、粮经作物综合节水技术1 333.3公顷。

【“221行动计划”信息平台启动】 8月5日，门头沟区都市型现代农业“221行动计划”信息平台数据采集工作正式启动。成立了区“221信息平台”建设领导小组。副区长翟云峰任组长，区农委主任刘永强任副组长。

【热带火龙果引种成功】 9月，永定镇碧琨种植中心日光温室大棚里引进500余株优质南方水果——火龙果。在市农科院专家的指导下，火龙果大规模开花结果，在永定镇碧琨种植中心引种成功。

【养蜂论文首次出国门】 在11月杭州举行的“第九届亚洲养蜂大会”上报告论文中，区林业局高级农艺师杜宏业撰写的《北京地区荆条蜜源植物的研究开发利用及保护》在大会上进行了报告，被大会选入《论文摘要集》。

【张福泉荣获“优秀蜂农”称号】 妙峰山镇炭厂村蜂农张福泉在11月杭州召开的“第九届亚洲养蜂大会”上，被中国养蜂学会授予“中国优秀蜂农”称号，全国表彰十人，北京市的唯一。

【农村科普工作】 实施“科普惠农兴村计划”有两个集体3名个人受到市科协、市财政局表彰，获得奖励补助资金39万元；争取市级专项资金32万元，在潭柘寺镇珍禽养殖场、妙峰山镇水玉嘴村、斋堂镇东胡林村等村新建科普画廊7座，配展板70块；聘请市级专家35人次，举办种植、养殖内容培训班12期，培训480人；落实新型农民培养三年行动计划，完成农村科技人员培训100人次；开展“三下乡”活动，发放宣传材料2万余份，展出展板200余块，开展咨询活动10余场。

【举办农业技术培训】 举办种植、养殖、动物防疫等农业技术培训班50多期，惠农3 000多人次，发放宣传学习材料4万多份。

【种业凸显生态效益】 种业实现产值1 079.8万元，同比下降2.4%。其中，用于造林出售树苗实现产值889.4万元，同比增长8.0%，生态效益凸显；出售畜牧业种畜实现产值136.3万元，同比下降34.4%。

【保奥运农产品质量安全和供应】 采取措施保障奥运期间农产品质量安全和有效供应。对2家农药经营企业和5家农药配送连锁网点进行严格检查；对40余家种养业重点生产基地分别进行农药、兽药使用情况全面检查。为43辆货车发放通行证，确保了奥运期间农产品运输通畅。对9家重点超市、商场、农贸市场监测，每日做出价格分析。

非农产业

【乡镇企业】 全年累计实现收入63.4亿元，同比增长0.9%；实现利润5.7亿元，同比减少5.5%；实现增加值12亿元，同比增长3.2%。

【乡镇企业主要行业情况】 建材工业下滑明显，受产业转型、奥运停产等影响，全年实现销售收入5.7亿元，同比减少11%。服装企业困难较多，受金融危机、人民币升值等影响，全年实现销售收入9 977万元，同比减少1.4%。食品工业发展势头较好，全年实现销售收入1.3亿元，同比增长21.2%。年内，帮助天瑞祥食品加工中心、郑顺斋食品有限公司等食品加工企业争取市级产业促进扶持资金270万元，用于企业改进生产设备、提高生产能力以及开拓市场。

【玫瑰花加工项目】 对北京妙峰谷香园食品加工厂进行改扩建工程，改造厂房200平方米，购进部分加工设备，办下QS产品质量认证。该厂生产的保鲜玫瑰、糖玫瑰销售到全国各地。对北京玫瑰谷香露有限公司进行资金扶持，研制开发“玫瑰谷品牌系列化妆品”，自行提炼生产高纯度玫瑰精油，是国内首家依靠高纯度玫瑰精油100%纯天然化妆品生产企业。与北京航空航天大学材料学院国家重点实验室合作，共同对玫瑰精油进行精细化分析研究。

【黄芩深加工项目】 清水、斋堂、雁翅三镇均成立黄芩种植专业合作社，销售加工鲜黄芩20万千克，补助资金50万元。

【农产品品牌建设】 向国家工商总局申请注册了“门头沟京西白蜜”、“高铺红提”“斋堂镇法城蜂蜜”品牌商标，推出了“大村三宝”干果产品，5家企业获得了有机产品证书。

【扶持农产品深加工企业】 对农产品深加工企业进行扶持，为玫瑰花、黄芩、杂粮、酱菜、肉食等深加工企业，提供扶持资金240万元。区农产品加工企业在第六届中国国际农产品交易会上荣获北京参展团“最佳贸易奖”、区农委获得“最佳组织奖”。

【和谐玉海砚】 1月15日，龙泉镇潭柘紫石砚公司制作出全国最大的砚海——“和谐玉海砚”。此砚海长1.9米、宽1.6米、高1.6米，造型上圆下方，周围雕刻海浪以及五十六道文饰，中央雕有“民意大如天”5个大字，内壁刻有歌词，底座铺有五彩石。这台砚海是全国最大的砚海。

【农村连锁商业稳步发展】 山区农村连锁商业服务网络经营管理水平进一步提升，统一采购平台初步搭建，发展紧密型直营店15家，实现食品、日化用品连锁配送率100%，年销售额突破2 000万元，为农村地区食品安全提供有力保障。

【民俗村户创建工作】 新创建市级民俗旅游村2个和市级民俗户99户，全区市级民俗旅游村达到14个，市级民俗旅游户达到401户。新增民俗旅游村11个和民俗旅游户223户。乡村旅游年接待游客60多万人次，实现旅游收入5 200万元，吸纳劳动力2 154人。

【山旅驿站文化旅游产品连锁店】 完成山旅驿站文化旅游产品连锁店建设，建直销营业店6家，代销店6个。开发农产品、旅游纪念品、民间工艺品、旅游资讯品150余件套，带动生产农产品农户200户，安排农民就业30名，带动对外宣传景点10多个。

新农村建设和基础设施建设

【农村和生态建设投资】 农村投资达到8.9亿元，同比增长19.2%，占全区社会固定资产投资的比重33.1%。生态建设投资4.9亿元，开展了京津风沙源治理、大沙坑治理、农业综合开发等45项生态建设项目，投资额比上年增长22.9%，占全社会固定资产投资的比重达到18.3%。

【完成新农村村庄规划项目】 完成28个村村庄

规划，其中市级村庄规划村 12 个，即：潭柘寺镇南村、军庄镇军庄村、妙峰山镇担礼村、南庄村、桃园村、王平镇韭园村、西石古岩村、雁翅镇青白口、村田庄村、斋堂镇龙门口村、清水镇上清水村、齐家庄村；区级村庄规划村 16 个，即：潭柘寺镇北村、贾沟村、永定镇苛萝坨村、军庄镇东山村、东杨坨村、新村、妙峰山镇陈家庄村、陇驾庄村、水峪嘴村、王平镇色树坟村、南港村、雁翅镇雁翅村、房良村、斋堂镇向阳口村、清水镇杜家庄村、田寺村。

【首先提出发展沟域经济思路】 在全市首先提出发展沟域经济思路，沟域经济发展取得实质性突破。编制完成《门头沟区休闲观光农业走廊及沟域经济发展规划》，确立了重点发展 18 条沟域经济目标。完成妙峰山沟域、潭柘寺沟域、北岭沟域和军庄沟域基础设施建设可行性研究，启动妙峰山沟域环境综合整治、煤窝沟域设施农业建设，爨底下沟域文化包装、苛萝坨沟域灯光设计。妙峰山沟域被确定为市重点扶持沟域。

【整体推进村绿化美化成效显著】 按照市新农村建设五项工程整体推进村建设的要求，对下清水、西斋堂、孟悟等 11 个整体推进村进行绿化美化。新增绿化面积 70.21 万平方米，栽植各种乔木 12.54 万株，花灌木 11.95 万株，草坪 5.98 万平方米。

【街坊路工程】 投资 309 万元，完成孟悟村、马栏村、斜河涧村等 11 个村五项工程整体推进村街坊路工程，面积 19.48 万平方米，并通过验收；非推进村街坊路工程面积 41.68 万平方米。

【创建文明生态村 12 个】 清水镇张家庄村、台上村，斋堂镇龙门口村，雁翅镇碣石村、饮马鞍村，王平镇西石古岩村，妙峰山镇桃园村，龙泉镇岳家坡村、东辛房村，永定镇苛萝坨村、白庄子村和潭柘寺镇贾沟村共计 12 个村，通过了市农委和市环保局的检查验收，授予北京郊区文明生态村称号。

【获生态清洁小流域先进奖】 2 月 25 日，北京市人民政府授予门头沟区 2007 年度农村水务建设“生态清洁小流域先进奖”。

【流域治理工程】 完成治理面积 89 平方公里，其中：国家水土保持重点建设工程 34 平方公里、生态清洁小流域治理 45 平方公里、国家农业综合开发土地治理工程 10 平方公里。工程实施中本着工程下山、进村、入户的原则，以生态建设为平台，采取多种措施，挖掘生态经济基础，打造生态基础设施。

【节水灌溉工程】 发展节水灌溉面积 350.3 公顷。完成雨洪利用工程 21 处，其中城镇 10 处、农村 11 处。工程建成后总蓄水规模达到 12 万立方米，年可积蓄雨水 36 万立方米。

【污水处理工程】 本着“规划先行、源头治理、厂网并重、回用优先”的原则，对污水进行系统化管理。共建成污水处理站 78 座，年处理污水 96 万吨，村镇污水处理设施的运行对减少污水排放、改善村镇水环境、保护水源发挥了重要作用。

【农业综合开发土地治理工程】 治理潭柘寺镇赵家台沟、妙峰山镇苇甸沟 10 平方公里。实施水保、梯田整修、村庄绿化美化等项工程建设，改善项目区基础设施，减少水土流失，培育产业，增加林草覆盖率。

【山区小流域综合治理工程】 治理面积 45 平方公里。主要工程：完成整修梯田 86.2 公顷、经济林 3.2 公顷、土地整治 0.7 公顷、水源工程 2 处、节水灌溉 3.7 公顷、拦沙坝 5 座、护坡措施 2 100 米、绿化美化 1.5 万平方米、污水处理 2 处、垃圾设施 110 个、田间路 4 244 米、河滨带治理 7.3 万平方米、湿地恢复 1.6 万平方米、沟道清理 5.2 万立方米等工程。

【废弃矿山生态修复工程竣工】 妙峰山镇 2007—2008 年度废弃矿山生态修复工程竣工。工程总投资 1 570 万元，涉及全镇 6 个自然村、11 个采石场、修复面积 38.7 公顷。全部工程共修建浆砌拦渣墙 6 700 立方米、干砌拦渣坝 4 101 立方米、格宾拦渣墙 15 001 立方米、植生袋拦渣墙 4 321 平方米、生态袋 3 586 平方米、植生毯 7 700 平方米、土工格室 9 000 平方米、客土 87 400 立方米、弃渣平整 60 400 立方米、修排水沟 10 462 米，栽植了大量乔木、花灌木和攀援植物。

【新能源推广项目】 推广农村户用沼气池建设 450 户，开展了清水镇李家庄村、潭柘寺镇桑峪村户用沼气整体推进示范村试点。安装太阳能路灯 2 210 盏，建太阳能公共浴室 3 处。

【农村房屋节能改造工程】 共完成新民居建设 486 户，其中农民既有住房节能保温改造 419 户，新建节能保温住房 67 户。通过对房屋墙体、窗户、门楼等进行节能保温改造，增强了农宅保温性能，改善农民居住环境，为解决山区农民冬季采暖问题增添了活力。

【启动农舍改造增温节能工程】 对清水镇洪水口村、雁翅镇太子墓村和潭柘寺镇赵家台村 219 户进行了住宅节能保温改造。确定清水镇的西达摩村、燕家台村为区农民住宅建筑节能墙改新试点，共完成农民住宅建筑节能墙改示范项目 162 户。

【生态示范区通过部级验收】 11 月 9 日，清水河上游水土保持生态建设示范区通过部级验收。验收组认为：工程建设质量合格，管理机构健全，技术档案材料完备，资金管理严格，区域经济发展迅速，建设成绩显著，具有水土流失综合防治特点，探索出成功治理模式。

【完成村庄环境整治任务】 对 40 个村开展村庄环境整治，完成了环境整治任务，通过市验收。共清理乱堆乱放 650 处，拆除私搭乱建 0.6 万平方米，修砌边沟 1.4 万延长米，修缮残墙断壁 1.4 万平方米，清运垃圾渣土 3.1 万吨，平整硬化道路 6.7 万平方米，户厕改造 731 户，新改建清洁公厕 43 座，整治大坑 1.5 万立方米，绿化美化面积 3.5 万平方米。总投资1 482.3万元。

【农村公路工程】 投资2 133万元，完成乡村公路建设工程27项，总长58.31公里；桥梁3座，面积892.6平方米；挡墙4项，4 110立方米；乡村公路养护工程172项，444.15公里。实施农村公路安保工程建设，完成标志1 165套标线、10 762.8平方米，覆盖136条路。完成斋堂小区宁静交通改造试点。

【陈家庄大桥竣工】 6月，妙峰山镇陈家庄村大桥建设工程竣工投入使用。工程总投资470余万元，该桥连接陈家庄村和水担路，桥面总长100米、宽9米、承重15吨。该桥的建成彻底解决了1 000余名群众出行难的问题。

【农村信息化建设成效明显】 稳步推进农村信息化，搭建农村经济决策系统和农产品购销平台，农村信息网络基本实现村村通。实施“三电合一”工程、利用电脑网络系统采集发布“三农信息”，丰富农业信息资源数据库，为电话语音系统和电视节目制作提供信息资源。移动农网项目建设，以政策动态、农业科技、价格行情、供求信息、生活知识等为主题，向广大农民和特定专业户发送信息。开发建设农信机、信息机、12316热线等信息平台，为广大农民群众提供农产品交易价格、养殖信息、果树栽培技术、病虫害防治等信息，为农民信息致富架设金桥，让越来越多的农民走上信息致富道路。2008年区农委被评为北京市农村信息服务先进单位。

【村村通公交】 开通了苹果园—涧沟、苹果园—洪水峪、苹果园—百花山、苹果园—碳厂、苹果园—田寺、苹果园—马栏、苹果园—灵水、苹果园—岭角、苹果园—草甸水、苹果园—珠窝、苹果园—火村、苹果园—香峪12条山区客运线路，至此全区具备通公交条件的行政村，全部实现村村通公交目标，通达率100%。

【险村搬迁工程】 完成险村搬迁66人，涉及两镇三村。其中军庄镇灰峪村44人，雁翅镇雁翅村11人、苇子水村11人。

【雁翅旅游服务中心】 6月26日，雁翅旅游服务中心开业。该旅游服务中心位于雁翅镇雁翅村，由原雁翅汽车市场改建而成，总投资460万元，占地5 000余平方米，集餐饮、住宿、娱乐、购物和旅游咨询于一体，可同时容纳200人。

【农村文化建设】 全区共有社区卫生服务中心8个、村邮站22个、文化站13个、村级文化活动室177个、社区文化活动室96个，各村建设了全民健身体育器材设施。

【农民远程教育】 1月21日，区农民远程教育双向视频培训系统正式开通。此套培训系统投资170万元，具备实时播放、课堂互动和实时演示等功能，能方便深山区农民接受教育培训，降低培训成本。

【迎新春盛装巡游表演】 2月9日，在滨河世纪广场举行了“门头沟区2008年迎新春盛装巡游表演”活动，来自全区九个镇的装饰彩车各具特色，山水休闲观光游、特色农产品、特色产业极具本地特点。健身秧歌队、保安交响乐队、外国友人的精彩舞蹈、内蒙古民族盛装展示、民间太平鼓、威风锣鼓、龙泉务童子大鼓、小车会及舞龙舞狮会等1 000余名演员参加表演，干部群众近5 000人观看了花会表演。

【田香第一椿文化节】 4月28日，“田香第一椿”雁翅镇香椿文化节在雁翅镇苇子水村举行开幕式。来自田庄地区的民俗文化表演队伍向来宾们表演了民俗文化节目，区政协主席高连广代表区政协向村民及来宾赠送了田庄地区的民俗历史书籍。

【恢复平西情报交通联络站】 5月，妙峰山镇恢复平西情报交通联络站。该情报站遗址地处涧沟村域内，属宛平地区与中央社群部联系的一个重要枢纽，该情报站在1939年至1949年近10年的时间里，发挥着与“东北抗联”的联络工作、发挥接送出入敌占区过往人员、传递情报资料、运送军用物资、物色和派遣情报人员、领导和联系已有情报人员及电讯联络等作用，为抗日战争和解放战争的胜利曾做出重要贡献。

【民俗博物馆落成】 7月16日，门头沟区第一家村级民俗博物馆正式落成并对外开放。该博物馆位于妙峰山镇水峪嘴村南山脚下，展厅面积200平方米，分为古道历史沿革、历代对古道的修复、古道的功能及古道民俗风情四个部分。

【马致远故居挂牌】 9月26日，举行了马致远故居挂牌仪式。王平镇采取修旧如旧方式，重修马致远故居，其建筑面积253平方米。在故居四合院内分为西、北、南三个陈列馆室，西房为正房，内设元曲四大家雕像；北房为仿古家具陈列馆；南房为字画陈列馆。

【举办首届大学生村官越野赛】 11月14日，在潭柘寺镇天门山国家森林公园举办了全区首届大学生村官定向越野比赛。全区共有来自7个镇的18个代表队，共70多人参加了比赛。

【评估农民教育体系】 11月17日，北京市示范性镇成人学校评估验收小组对全区农民教育体系进行评估。全区教育系统坚持“三教统筹”，坚持“一校两牌”，各普、职成类学校均挂牌成人学校牌，并开放各种教育资源面向街道、镇村社区开展各种成人教育培训取得成绩。验收小组对斋堂等镇成人学校评估认为：全区乡镇级成人学校建设规范、管理科学，各级政府和职能部门大力支持，使各乡镇成人学校发挥了应有作用，为提高农民素质做出了贡献。

【获北京市农民艺术节多个奖项】 在北京市第十八届农民艺术节上，区参赛数量和获奖比例均处于全市前列，被组委会授予组织奖。其中：《漂泊的感动》等12篇文章，在“乡村新事儿——来自京郊农民的故事”征文活动中获奖；曲艺《京西旅游好风光》等7部作品，在“激情迎奥运、乡村大舞台”大型群众文化联欢活动中获“优秀创作节目奖”，永定镇、潭柘寺镇、大峪办事处峪园社区、南路二社区获“优秀文化活动乡村”称号；妙峰山镇樱桃沟村入选“2007年度北京最美的乡村”，爨底下村和灵水村并获提名奖；2名致富模范，在“活力乡村——2007年度京郊状元榜”活动中荣获“京郊十大金牌民俗户”称号，百花人家、妙灵农庄、苛萝坨的参赛菜品获“京郊十大金牌农家菜”称号。

【雁翅镇创建村级农家书屋】 雁翅镇太子墓村和苇子水村两个村级农家书屋正式建成投入使用。区文委为两村书屋赠送了3 400余册各类图书、电视机、DVD，以及科普教育、文化建设、实用技术等方面的光盘。

【王平镇农村数字电影工程】 年内全部完成，达到了全覆盖。各村在为群众播放精美影片的同时还穿插放映了普法知识、农业科技、安全常识等教育影片，使群众在欣赏影片的同时学到了许多知识。

民主政治与党的基层组织建设

【召开村务公开民主管理现场会】 1月14日，在妙峰山镇水峪嘴村召开深化村务公开民主管理工作现场会。区领导刘云广、郭光磊、张冰、贾文勤及有关单位领导参加会议。会议由区委常委、组织部长张冰主持。会上，妙峰山镇以党内民主带动基层民主为切入点，介绍了深化民主管理、推进地区建设的工作经验，副区长贾文勤就1月20日前全区开展农村民主日活动进行了部署。与会领导现场观摩了水峪嘴村民主日活动。

【第一个流动党员活动室成立】 5月27日，全区第一个流动党员活动室——斋堂镇马兰村流动党员活动室正式成立，在区博物馆举行了揭牌仪式。流动党员活动室成立后，将为在门城地区马兰村的13名流动党员进行服务，加强党员的管理和教育。

【开展第二次农村民主日活动】 7月20日止，全区176个行政村开展了“民主日”活动。共有村民代表3 195名参加村民代表会议，提出建议272条。审议会上提出议题254项，评议村干部912名。此次活动按照奥运服务保障工作的要求，结合矛盾排查化解等工作，把民主决策、民主管理和民主监督落到实处，达到了预期效果。

【农村干部离任和任期审计】 委托北京京佳信会计师事务所对永定镇、清水镇、斋堂镇、雁翅镇、妙峰山镇、王平镇及61个村（离任审计36个、任期审计25个）进行了村干部离任和任期审计，审计金额291 342万元。

【农村党建工作】 农村各级党组织和广大干部群众以学习贯彻党的路线方针政策为重点，深入开展“三级联创”活动，大力加强各级领导班子建设，积极推行任期承诺制，全面完成村党支部和村委会换届工作，实施“党建典型服务新农村建设项目”，农村党组织在推进三农工作中发挥了领导核心和战斗堡垒作用，为新农村建设提供了坚强的政治保障。

【农村“两委”承诺体现三个特点】 一是保障平安。各村普遍成立了村民议事性组织、义务巡逻队、义务安全岗、民调议事委员会等自发性组织，维护农村和谐稳定。二是关注民生。据统计，全区各村“两委”在承诺中，实事数量达44%以上，涉及民主、文化、服务等关系群众切身利益的各方面。三是改善环境。开展以“清洁家园　迎接奥运”为主题的环境卫生整治活动，将改善村民生产生活环境、营造温馨整洁的村容村貌等作为必诺内容。

【落实党风廉政建设责任制】 狠抓落实党风廉政建设责任制和廉洁自律工作，做到6个到位。即：建立健全党风廉政建设领导体系，促主体到位；贯彻落实区党风廉政建设工作会议精神，促认识到位；认真落实农村基层党风廉政建设牵头任务，促工作到位；开展农口项目资金专项检查工作，促源头治理到位；狠抓领导干部廉洁自律工作，促意识到位；落实党风廉政建设责任制检查反馈意见，促整改措施到位。

【开展农口资金专项检查】 开展了对农口专项资金进行专项检查工作。检查内容覆盖2008年新农村建设10大类87个农业项目，涉及资金10 490万元。在全面自查的基础上，检查小组还对区林业局发展核桃生产项目、区水务局防洪项目、区农发中心肉鸡发展项目和清水镇食用菌产业项目资金的来源、审批、使用和管理进行检查，实地查看工程项目的落实情况。

农村改革与管理

【农民专业合作社建设】 新建农民专业合作社76个，市级示范合作社9个。全区共有农民专业合作社143个，成员9 000多人，出资总额2 800多万元，全部在门头沟工商分局注册登记。

【首批农村经纪人培训开班】 6月25日，门头沟区首批农村经纪人培训班开班。114名从事种植、养殖、旅游、生态农业等专业的农民专业合作社组织的负责人参加了培训班。北京市经纪人协会副会长、秘书长等出席了开班仪式，并进行了授课。

【京郊十大新闻人物】 6月30日，区花露蝴蝶养殖专业合作社理事邓秀梅当选“2007年度京郊十大新闻人物”。

【诞生首批持证书“农村经纪人”】 10月下旬，来自各镇村、农民合作社的99名农村经纪人正式领到了执业资格证书，这是门头沟区首批获得证书的农村经纪人。

【农村改革发展专题研讨会】 9月11日，区委召开农村改革发展专题研讨会，区领导伊欣欣、刘云广、郭光磊、陈国才、翟云峰参加会议。会上，有关部门就林权制度、农民合作组织、沟域土地开发利用等七个方面工作进行了专题汇报，并围绕全区今后农村改革发展展开了讨论。

【农村经济体制改革】 继永定镇冯村、龙泉镇大峪村、妙峰山涧沟村、清水镇洪水口村四个试点先后完成改革后，军庄镇孟悟村、王平镇西马各庄村开展土地股份制改革。

【农村集体资产管理】 完成镇村两级集体资产产权证年检工作。全区镇、村两级农村集体资产为280 687.7 万元，较上年的 236 741.4 万元增加43 946.3万元，同比增长 18.6%；所有者权益总额为134 777.5 万元，较上年的 124 794.6 万元增加9 982.9万元，同比增长 8%；负债为 145 910.2 万元，较上年的 111 946.8 万元增加 33 963.4 万元，同比增长 30.3 %。

【加强农村“三资”管理】 加大对村集体经济组织“三资”（资产、资金、资源）管理力度，起草了关于加强农村“三资”管理的“四个办法”，即：《农村集体经济组织财务“账款双托管”管理办法》、《门头沟区农村集体资产管理办法》、《门头沟区农村经济合同管理办法》及《门头沟区村级重要经济事项招投标管理办法》；成立“三个中心”，即：会计服务中心、农村集体资产及经济合同监管中心和重要经济事项招投标委托服务中心。并在妙峰山、王平两镇进行了试点。

【冯村兑现 2007 年股金】 永定镇冯村共发放股金1 400万元，人均领取股金 5 000 元，与上年相比增长了 17%。其中，获取股金最多的村民分到了7 000多元的股金红利。

【农民减负执法检查】 开展了春、秋季农民负担执法检查工作。完成农民负担监督卡发放工作，共发放农民负担监督卡 30 596 份。

【土地确权】 全区应确权面积 4 999 公顷，已确权面积 4 941.1 公顷，占 98.8%。其中：确地面积2 364.9公顷，占 47.3%；确利面积 2 540.7 公顷，占 50.8%；确股面积 35.5 公顷，占 0.7%；未确权面积 57.9 公顷，占 1.2%。

【土地签订合同】 全区应签合同 38 649 份，已签合同 37 542 份占 97.1%；未签 1 107 份，占 2.9%。

【土地流转】 全区农户流转土地面积 82.7 公顷，应签流转合同 524 份，已签 523 份。

【个体私营经济】 全区有个体工商户 12 760 户，同比增加 1%；私营企业 297 户，同比增加 2%。

农民生活

【农民人均纯收入首次超过万元】 农民人均纯收入首次超过万元，达到 10 282 元，同比增长11.8%。其中，农民人均工资性纯收入 6 965 元，比上年同期增长 9.9%；农民人均非生产性纯收入1 212元，比上年同期增长 45.2%，农民人均家庭经营纯收入 2 105 元，比上年增长 4%。

【出台城乡统一促进就业政策】 制定了《门头沟区进一步扶持城乡劳动力就业再就业工作的暂行办法》，新政策的出台标志着门头沟区促进城乡劳动力就业实现了政策上的统一。政策规定：对被用人单位招用的城镇低保人员给予 3 年的就业补贴；对自谋职业、灵活就业的城镇低保人员给予 3 年的全额社会保险补贴。对用人单位招用农村劳动力给予岗位补贴和社会保险补贴；对实现灵活就业的农村劳动力给予 3 年的农村养老保险补贴。对实现跨区就业的城乡劳动力给予 3 年的就业补贴。对一次性招用城乡劳动力 10 个以上的用人单位给予 1 万～10 万元的岗位补贴。

【惠农政策直接拉动农民就业】 继续推进各项惠农政策，以政府购买劳务方式，增加就业岗位，解决农民就业。住户调查资料显示：全区住户调查网点中护林员、水管员、治安巡逻员等公益性岗位同比增长 10.2%。促进农民人均工资同比增加 89 元，对农民增收的贡献率达到 8.2%。

【新农村建设间接带动农民就业】 新农村建设稳步推进，产生了大量的就业岗位，增加了农民的就业机会。农村住户调查显示：在 500 人调查样本中，有 52 人次，212 个月在新农村建设中得到就业机会。直接反映这部分收入的“农民提供其他劳务收入”同比增长 37.9%，对农民增收的贡献率为 27.7%。

【农村劳动力外出工资收入增长】 农村住户调查显示：全区外出务工人数同比增长 22.2%，是近五年增长最快的一年；外出务工人员人均工资收入15 482 元，同比增长 17.1%，推动全区人均外出务工现金收入增加 375 元，同比增长 38.4%，对农民增收的贡献率为 34.5%，成为农民增收的最重要因素。

【产权改革拉动收入高速增长】 随着农村集体产权制度改革不断深入，与土地有关的各种形式收入明显增长，全区人均转让土地经营权所得收入同比增长 129%；人均集体分配的股息和红利收入同比增长 104%。农民人均财产性纯收入 500 元，同比增长 80%，对全区农民人均纯收入的贡献率为 20.1%。

【农村养老金促进农民收入增长】 推出了农村福利养老金政策，保障了农民增收。农村住户调查显示：农村福利养老金直接提高农民人均养老金、退休金收入增加 122 元，对农民增收的贡献率为 11.3%。

【运输业收入增长】 农村住户调查显示：在 150 户样本户中，有车户为 33 户，其中用于生产经营的 21 户。人均交通运输业纯收入 666 元，同比增长10.4%，对农民增收的贡献率为 6%。

【农民饮食业收入出现负增长】 奥运车辆限行以及安保措施使得游客人数比 2008 年略有减少，民俗旅游接待户的收入受到影响。农村住户调查显示：7—8 月份，全区人均餐饮业收入同比下降 30%，受此影响，农民人均饮食业收入 1 072 元，同比下降

1.2%，对农民增收的贡献率为－1.2%。

【农民消费双增长】 农民人均生活消费支出7 444元，比上年增长6.6%，其中食品支出增加较多，人均支出2 771.4元，比上年增长19.7%。

【新型农村合作医疗工作】 提高新农合保障水平，筹资总额1 797.09万元；全区参合农民56 098人，参合率达到了98%；共有参合村民3 224人次享受了住院报销，同比增长了54.18%。共支出合作医疗资金1 037.03万元用于村民报销，同比增长了53.6%。报销人员中，有32人次享受了门诊报销带来的实惠，有250人次享受分娩定额补助，补偿12.5万元；458人次享受门诊特病报销，补偿132.6万元；20人次享受学生儿童报销政策，补偿9.69万元；364人次享受独生子女报销政策，补偿117.69万元。对2007年2 036名住院病人进行了报销二次补偿，补偿金额118.43万元。

【调整新型农村合作医疗政策】 从五方面调整新型农村合作医疗政策。一是调整筹资标准。人均筹资达到320元，在全市率先推出参合一档制，村集体和村民出资合并，参合档次只设50元一档。二是调整报销项目。门诊药费纳入报销范围，报销额度为15%，报销起付线、封顶线均为500元；住院报销项目扩大到全部符合条件医疗费用。三是调整报销档次。本区二级医疗机构起付线500元，补偿比例45%；三级医疗机构及因急诊在辖区外医疗机构住院起付线1 300元，补偿比例35%；住院费用报销年累计最高限额为6万元。四是调整定点医院。全市的三级医院，全部列入定点医院范围。五是调整优惠政策。独生子女家庭住院报销补偿比例提高5%；对符合计划生育政策、在定点医院住院分娩者，每例补助500元。

【零差率药品覆盖行政村】 1月1日起，零差率药品100%覆盖全区177个行政村。已有153个村由社区卫生服务中心（站）覆盖，村民可在30分钟内买到零差率药品。对社区卫生服务中心（站）未能覆盖的24个村，采取由配送商直接配送方式，让村民不出村吃上零差率药品。

【完成乡村医生聘用工作】 全区有在岗乡村医生231人，经过考核考试后，聘用181人，聘用率78.4%。乡村医生由村委会聘用，聘期两年，将承担村级公共卫生和村级常见病防治两项职能，并为群众提供零差价药品，每人每月补助600元。由镇政府组织卫生院和村委会每半年对其进行综合考核，考核合格的，每人每月再补发200元。

【村民用水实现刷卡缴费】 龙泉镇岳家坡村在全村实施IC卡智能水表工程，村集体出资20万元免费为村民更换IC卡智能水表，村民拿卡到村委会充值购买自来水，实现先付钱再用水。

【国道两侧农用房改造】 完成国道两侧5镇12个村破旧农用房改造52处。

【完成农村生活饮用水普查工作】 水质检测合格率为78.52%，不合格项目主要是感官性状、一般化学指标及细菌学指标超标，浅井和山泉水是被污染的主要水源，农村生活饮用水自备水源的卫生管理问题较多，应引起相关部门重视。

【付家台片区集中供水工程】 该工程总投资716万元，其中市政府投资472万元，区补助资金244万元，建设规模为新增供水能力1 200吨/天，供配水管网8 866米，解决付家台、青白口、太子墓等地3 000多名居民饮用水的水质污染问题。

【农村改厕】 新建卫生村公厕45座，完成农村户厕改造4 000户，涉及9个镇61个村。

【创建市健康示范村】 创建北京市健康示范村16个。

【共建健康示范村】 6月3日，10家与开展共建北京市健康示范村活动的中直机关和国务院驻京爱国卫生红旗单位负责人，在妙峰山镇岭角村进行了现场交流，参观了岭角村的共建成果。12月12日，财政部向妙峰山镇黄台村捐赠共建资金10万元，用于该村安全饮水工程。

【创建市卫生村】 10月15日，市爱卫办主任刘泽军带队，对创建北京市卫生村工作进行检查验收，潭柘寺镇阳坡元、平原，永定镇白庄子、桥户营等14个村通过了检查，成为北京市卫生村。

【计划生育】 全区户籍人口出生1 766人，计划生育率97.73%，一孩率91.96%，晚育率87.99%。户籍人口出生率为7.35‰，同比下降了0.3个千分点。

【农村公益性岗位】 全区共有农村公益性岗位6 793个，其中：生态林管护员5 662人、农村管水员577人、乡村公路养护员142人、美国白蛾监测员352人、农村防疫员60人。

【新型农民培养】 举办各类培训班216期，培训人员20 167人。培养农村实用人才213人，取得相关资格证书的有946人，取得上岗证书347人，安排就业6 938人。

【解淑颖被评为全国优秀农民工】 11月16日，北京八方达客运有限责任公司河滩分公司苹果园车队乘务员，永定镇冯村农民解淑颖出席了在人民大会堂召开的“全国优秀农民工表彰大会”，被授予“全国优秀农民工”称号。

【农村养老保险】 全年参加农村养老保险24 937人，收缴保费3 643.5万元。累计发放养老金1 319人379.88万元。

【提高农村低保标准】 从7月起，全区将农村低保标准由年1 560元（月130元）调整到2 040元（月170元），增幅31%，高出全市最低标准1 780元的14.6%。调标后农村低保金继续由区、镇财政按照8：2的比例进行负担。

【完成农村五保对象认定工作】 全区重新认定的五保对象共有144户、149人，其中集中供养55户、55人，分散供养89户、94人。

区县乡镇领导体制和工作情况

【成立区动物卫生监督管理局】 6月2日，根据北京市机构编制委员会办公室《关于同意组建北京市门头沟区兽医行政管理机构和兽医行政执法机构的批复》（京编办行［2008］10号）的精神，组建门头沟区动物卫生监督管理局（以下简称区动物卫生监督管理局）。区动物卫生监督管理局是负责本区动物防疫、检疫、兽医医政和药政、动物产品安全等行政管理工作的区政府组成部门。内设办公室、动物疫病预防控制科、动物卫生管理科3个职能科室，行政编制10人。

【召开沟域经济发展研讨会】 1月6日，召开了门头沟区"沟域经济发展规划"研讨会。区农委主任刘永强介绍了全区沟域总体建设规划情况，各镇镇长分别对本镇的沟域规划思路提出意见和建议。提出规划山区18条沟域，沿沟域辐射带动相关产业发展。

【召开动物防疫工作会】 1月18日，区防治重大动物疫病指挥部召开2008年动物防疫工作会。会上，传达了市政府对动物防疫工作的指示精神，通报了国内外疫情形势，提出了2008年动物防疫工作意见。指挥部总指挥、副区长翟云峰与各镇镇长、各办事处主任签订门头沟区2008年度动物防疫工作责任书，并对全区动物防疫工作提出要求。

【召开农村工作会】 2月25日，召开门头沟区2008年农村工作会。区领导伊欣欣、李慷云、刘云广、高连广、郭光磊等参加会议，副区长翟云峰作了《培育新产业　建设新农村　打造新城镇　加快形成城乡经济社会发展一体化新格局》的工作报告。区长刘云广主持会议。区委书记伊欣欣做了重要讲话。会议对2007年度新农村建设先进集体和个人进行了表彰。

【农村"三资"管理工作现场会】 3月20日，区召开农村"三资"（资产、资金、资源）管理工作现场会。区领导伊欣欣、王智慧、陈国才参加会议。会上，听取了区农委、区财政局、区经管站、王平镇有关工作情况汇报，与各镇就加强农村集体"三资"管理，成立农村集体资产及经济合同监管中心、农村招投标委托中心、农村会计服务中心"三个中心"的有关事宜进行了研讨。

【召开蘑菇养殖座谈会】 3月24日，在雁翅镇召开了有清水镇、斋堂镇、雁翅镇主要领导及普仁国际生态有限公司相关人员参加的座谈会。落实在清水镇成立菌种繁育与菌棒生产基地，在斋堂镇成立菌种种植基地的相关事宜。副区长翟云峰对蘑菇养殖工作提出了要求。

【召开移动农网工作应用会】 4月10日，召开了2008年门头沟区移动农网应用工作会。区农委、中国移动北京公司西区分公司、区农口单位主管领导及9个镇的主管副镇长参加会议。区农委对2007年移动农网建设及应用情况进行了总结，对2008年移动农网应用工作做了介绍。

【召开推进"三个中心"建设现场会】 12月15日，在王平镇召开"加强农村'三资'管理、推进农村'三个中心'建设"现场会。区领导伊欣欣、王智慧、张冰、翟云峰参加会议。听取了区经管站、王平镇、妙峰山镇有关工作情况的汇报。区农委主任刘永强宣读了"加强农村'三资'管理、推进农村'三个中心'建设"的实施意见（讨论稿）。区有关委办局、各镇党委书记、镇长、财政所长、经管站长60余人参加会议。

【国务院九部委联合检查】 4月2日，以国土资源部教育司副司长李国继为组长组成的国务院九部委联合检查组，到清水镇检查整顿和规范矿产资源开发秩序工作，检查组在听取了清水镇政府《关于整顿和规范矿产资源开发秩序》、《清水镇打击私挖盗采工作》的情况汇报后，到清水镇执法队、清水西宝煤矿进行了实地检查，并对工作提出要求。

【农业部专家组到清水镇检查】 11月5日，农业部专家组到清水镇检查京津风沙源治理工程农业措施项目工作。专家组重点检查了工程项目计划执行、资金使用和管理、项目管理等情况。实地查看了清水镇田寺村、张家庄村暖棚建设项目、张家庄村及采丰缘农副产品中心饲料机械项目，对门头沟区和清水镇在京津风沙源治理工程农业措施项目工作上取得的成绩给予了肯定。

【举办食用菌培训班】 联合国绿色扶贫食用菌项目培训班在区开办了5个班次，参加培训班的农民750名，北京农业职业学院教授从食用菌的基础知识、栽培技术、常见病虫害的防治和贮藏管理技术等四方面为学员们进行了详细讲解。

【完成农业污染源普查】 全区农业污染源普查样本总数为379个。其中种植业分散农户普查样本为243户；养殖业规模化养殖小区普查样本为8个，养殖专业户118户；养殖场4个，水产养殖业养殖场普查样本为1个，养殖专业户为5户。

【农业防灾减灾体系建设】 年内，制定《门头沟区政策性保险实施方案》，开办苹果、桃、梨、葡萄、柿子、生猪、奶牛、肉鸡等11个险种的政策性保险。全年果品投保面积192.2公顷，生猪4 317头，承保507户，共计理赔84.2万元。

【植物防疫检疫体系建设】 制定农田灭鼠实施方案，4月初，统一时间，在全区开展灭鼠工作2 666.7公顷。制定《豚草灭除实施方案》，灭除豚草266.7公顷。制定《门头沟区防控美国白蛾应急预案》，培训232个测报员，出动员人员7 391人次，车辆1 486台次，开展了人工防治和飞防。下发《门头沟区关于进一步加强森林种苗检疫的通知》，完成产地检疫174.7公顷，检疫率99.3%。

【动物防疫体系建设】 制定了《门头沟区重大动物疫情应急预案》和《门头沟区重大动物疫情处理

方案》，对15种动物疫病进行免疫注射1 376万头、只，其中对高致病性禽流感、口蹄疫、高致病性猪蓝耳病、狂犬病、马流感进行强制免疫注射444万头、只、匹。免疫率达到100%。在奥运之年全区没有发生重大动物疫情。

【市区自然灾害救助资金下拨】 全区部分地区遭受不同程度的雪灾、雹灾等自然灾害，受灾面积共368.33公顷，造成经济损失1 832万元，涉及3 943人。按照灾民生活救助方案，将市区两级自然灾害救助资金70万元下拨至各镇，用于解决受灾困难群众的基本生活问题。

【粮食直补工作顺利完成】 全区玉米补贴面积808.5公顷，比上年增加52公顷，共补贴资金928 335.9元，其中面积补贴242 555.6元，良种补贴140 030.16元，综合补贴545 750.1元。种植地点主要集中在清水镇、斋堂镇、雁翅镇和潭柘寺镇，补贴涉及全区104个村，惠及农户7 215户。

【百名干部联系村、居委会活动】 区委开展了“百名干部联系农村和居委会”活动，选派了200名机关干部包村（社区）工作。

【编写农村平安奥运保障手册】 编写了《门头沟区农村平安奥运保障手册》。该《手册》包括奥运基本知识、奥运礼仪、奥运防灾避险等方面知识。《手册》图文并茂，通俗易懂，最适宜广大农村干部群众学习、应用和掌握。

【建立农村治安分类防控机制】 将全区177个村划分为四种类型，建立农村治安分类防控机制，推进“平安奥运”目标实现。全封闭型：共49个，占总数的27.7%。重点做好入口的值守，对进出非本村的车辆、陌生人进行检查、盘问和登记。半封闭型：共44个，占总数的24.9%。重点对周边没有封闭或无任何障碍物、行人易出入的部位进行巡逻看守。敞开型，共79个，占总数的44.6%。重点对出入口进行交替巡逻看管，并组织防控力量对村内主要街巷胡同进行看护。混合型：共5个，占总数的2.8%。重点协调产权、主管单位，共同组织防控力量开展辖区社会面防控工作。

【检疫监督执法工作】 根据全市推行的“风险分级、量化监督、档案管理”的监管模式，形成了1 037个主要监管对象的档案资料，实现了动物卫生监管能力和手段的升级。开展非法交易未经检疫动物产品、大型交易市场内及周边涉及非法活禽交易现场宰杀、收购、贩卖、加工、运输病死动物及动物产品等违法行为等专项整治。为确保“两会”和奥运期间门头沟区食品安全，开展多次突击检查，打掉非法猪肉批发窝点，保证了市民食用动物源性食品的安全。

【开展水产养殖业执法检查】 奥运期间，开展水产品质量安全宣传、检查及检测等执法活动，累计出动执法人员82人次，动用执法车辆20余车次，检查水产养殖户26户，速测样品52个，涉及青鱼、鳙鱼等9个品种。专项整治落坡岭、珍珠湖库区违法网具（地笼），共动用车辆6辆，船只8艘，出动执法人员30余人次，清除地笼150余条，总长度达4 500余米，放生各类鱼虾300多千克，发放各类宣传材料400余份。

【开展农药标签质量使用检查】 共检查登记农药品种40余个次，对不合格产品，当场责令下架。与农药经营单位和蔬菜基地的负责人签订《农药经营和蔬菜使用农药承诺书》16份，检查全区肥料市场12次，出动了执法人员48人次，整顿肥料市场6个。

【开展农作物种子检查】 检查企业数累计180多家，检查品种数累计3 000余种，对不合格产品及时进行处理。

【开展农机执法检查工作】 排查农用车辆580辆、卷帘机97台、农机具408台件，“三夏”“三秋”期间检查农机具1 327台，培训机手20余人次。专项整治“黑机非驾”现象，全年执法检查51次，出动执法人员177人次，检查车辆846辆，纠正违章108起，为被检车辆张贴反光条600余条。

【中国扶贫协会与冯村新春联谊会】 1月30日，永定镇冯村与中国扶贫协会在龙泉会堂举行新春联谊会。联谊会上，邀请了德德玛、刘和刚、赵炎、谢芳等艺术家为大家带来了《美丽的草原我的家》、《父亲》等他们的成名之作，献上了真诚的祝福。

【与三星公司结成爱心帮扶对子】 3月18日，中国三星公司社会公益团的20多名志愿者来到雁翅镇河南台村，与该村结成一加一帮扶对子，开展了“三星爱农工程，一村一心行动”。公益团向河南台村捐赠爱心资金，并与村民共同劳动，在村前空地上栽下树苗200多棵，绿化面积500多平方米。

【共和国部长为绿色奥运再添新绿】 3月22日，以“迎奥运，共建绿色家园”为主题的共和国部长义务植树活动在门头沟区举行，来自中央和国务院各部门的172名部级领导，来到永定镇卧龙岗村永定河西侧植树地点，挥锹铲土，栽下了白皮松、银杏、国槐、栾树等30多个树种共计2 000多株树木，为绿色奥运再添新绿。

门头沟区主要领导人

区委书记　伊欣欣
副书记　刘云广　郭光磊
常委　陈志强　陈清　王二安　罗斌　王智慧　张冰　韩生辉　陈国才
区人大常委会主任　李慷云
副主任　何震芳（女）　赵爱娟（女）　聂文玉　谭杰　王建昌
区长　刘云广
副区长　罗斌　陈清　闫永喜　翟云峰　李建军　贾文勤（女）

区政协主席　高连广
副主席　杲建忠　侯建华
安冬梅（女）　野京城
朱德友　孙善民
区纪委书记　王智慧

门头沟区乡镇党政正职领导

	党委书记	镇　长
潭柘寺镇	连春国	韩瑞昌
永定镇	刘建生	史雅林
龙泉镇	刘树军	王久中
军庄镇	王立宇	舒伯文
妙峰山镇	彭利锋	卢佳强
雁翅镇	李国庆	谢春雪（女）
斋堂镇	万　钦	刘　东
清水镇	张旋里	杨树国
王平镇	耿新民	奚秀月

（高万庚）

房　山　区

概　　述

房山区位于北京西南，全区面积 2 019 平方公里。西北部为山区，东南部为平原，以 100 米等高线为界，山区面积 1 327.2 平方公里，占全区总面积的 65.7%，平原面积 691.8 平方公里，占全区总面积的 34.3%。全区设 6 个乡、14 个镇、4 个街道办事处、1 个办事处。年末，全区户籍人口达到 76.5 万人，其中农业人口 37 万人。2008 年，全区以科学发展观为统领，认真贯彻市委十届三次、四次全会精神，坚持“两手抓、两不误、两促进”，在全力做好支援抗震救灾和服务奥运工作的同时，积极应对国内外经济形势变化带来的不利影响，真抓实干，经济社会发展取得了新成绩。积极采取措施，努力将宏观形势的不利影响降到最低程度，区域经济运行质量进一步提高。产业结构调整步伐加快。低端资源型产业有序退出。完成了一批重点基础设施，启动了轨道交通房山线建设工程拆迁工作，新城综合承载力不断提高。全年实现地区生产总值 223.09 亿元，比 2007 年增长 5.8%。其中第一、二、三产业增加值分别为 13.31 亿元、114.63 亿元、95.15 亿元。全社会固定资产投资完成 158.3 亿元，比上年下降 11.3%。城镇居民人均可支配收入为 20 328.9 元，农民人均纯收入为 10 073 元，分别比 2007 年增长 8.6%和 12.2%。

都市型农业

【农业技术服务团成立】　10 月，区种植中心作为农业技术服务职能部门，为整合科技资源，改进服务方法，为农民提供方便快捷的科技知识和实用技术，促进全区农业持续稳定的发展做好服务工作，抽调科技骨干及具有实践经验和专业技术的农村人才共 20 多名技术人员组成“房山区农业技术服务团”，全方位地为全区农民做好服务。农业技术服务团采取统一与分散相结合，定期统一组织到田间地头进行考察，提出各种农作物的管理措施。

【启动农业技术培训工程】　11 月 20 日，房山区农业技术培训工程启动。区种植业服务中心充分发挥自身服务职能，及时在全区全面开展农业技术培训工程，坚持系统性、长期性、整体性、可量化为原则，以增加农民收入为主要目标，走“专家带动大户、大户带小户、辐射千家万户”的技术路线，实现“十、百、千、万”的培训目标，即：十个农业技术驿站，培养一百名农业技术骨干，发展一千个农业示范户，培训一万名种植技术能手。

【测土配方施肥中面积 4.01 万公顷】　测土配方施肥中面积 4.01 万公顷，发放施肥建议卡 30 172 份，总增产 2.81 万吨，节省养分 0.096 万吨，增产节支 4 392.16 万元。

【开展小麦玉米风险互助保险工作】　区农科所在全区范围内开展“小麦玉米风险互助保险”工作，全年小麦参保面积为 287.14 公顷，保费 29 473.5 元，涉及 6 个乡镇 20 个村 43 户。全年共发生 5 次不同程度的大风倒伏，累计受灾面积为 103.57 公顷，涉及 5 个乡镇 14 个村 32 户，共计赔付128 537元。玉米参保面积为 185.73 公顷，比 2007 年略有降低，保费共计 17 804.8 元，涉及 8 个乡镇，12 个村，36 户。全年发生 4 次灾害，种类主要是雹灾和大风倒伏，其中有 18 户得到理赔金，受灾面积共计 50.53 公顷，共计赔付金额 4.27 万元。

【完成保护性耕作工作任务】　按照北京市 2006—2008 年保护性耕作项目要求，2008 年全区保护性耕作推广面积 2.78 万公顷，其中春玉米 0.73 万公顷，夏玉米 1.07 万公顷，小麦 0.87 万公顷，豆类 0.11 万公顷。小麦保护性耕作任务超额完成 3 年任务指标，超出计划数 0.2 万公顷，占全区小麦种植面积的 80%以上，超额实现北京市农业局提出的预期工作目标。

【首家农产品质量安全追溯查询系统启动】　12 月 26 日，在华冠购物中心店举行京郊首家农产品质量安全追溯查询系统启动仪式。“农产品质量安全追溯查询系统”是保障全区农产品质量安全和消费者知情权，实现明白消费和问题产品的全程可追溯而建立的管理系统。系统的主要功能是实现农产品生产、包装、储运和销售全过程的信息跟踪。消费者通过产品包装上的追溯标签，通过网站、超市触摸屏系统、手机短信、电话等方式查询生产履历信息，信息查询平台 24 小时提供服务。

【粮田高产创建工作】 3 月 12 日，为贯彻落实农业部和北京市政府粮食高产创建和标准化农田建设部署，区种植中心召开房山区“高产创建和标准化农田建设”工作会。根据房山区实际情况，按照成方连片、带动性强、辐射面广的原则，建设地点选择在平原粮食主产区且综合生产水平较高的石楼镇二站村、坨头村、夏村，琉璃河镇石村、洄城村、立教村、西南吕村，窦店镇窦店村、二街村、三街村 3 个镇的 10 个村，总面积 666.67 公顷。通过一年的建设，经市专家组现场测产验收，各个示范田均达到了验收标准，小麦平均亩产 435.2 千克，玉米平均亩产 531.4 千克，上下两茬合计为 966.6 千克，比验收标准 900 千克超出 66.6 千克。

【粮食总产量与单产均实现增产】 全区粮食播种总面积 3.02 万公顷（其中：夏粮面积 0.99 万公顷，秋粮 2.03 万公顷），同比增长 2.9%。全年粮食总产达到 15.6 万吨（其中夏粮 4.9 万吨，秋粮 10.6 万吨），同比增长 14.1%。全年粮食单产达到 340.6 千克，比 2007 年的 308.9 千克增长 10.3%。

【万亩豆类籽种基地建设工程启动】 落实 3 月 27 日全国农业和粮食生产工作电视电话会议精神和市相关部门关于在京郊建立 10 个“万亩籽种产业基地”的安排。3 月 29 日，房山区在全市首先启动万亩豆类籽种基地建设工程。万亩豆类籽种基地 2008 年主推的品种有“京黄 1 号”“中黄 35 号”大豆和“京农 8 号”优质红小豆品种。为确保此项工程取得实效，在区农委、区科委的协助下，北京凯达恒业技术开发有限公司与中国农业科学院、北京农林科学院等科研院所合作，聘请区内 10 名科技协调员，形成科技专家—科技协调员—农民层层相连的科技网络，解决科技落地问题。

【实施“4334”管理工程】 实施农产品“4334”管理工程，即：依托四级管理机构、三级技术队伍，按照三级质量结构标准和四级检测体系，切实加强农产品质量安全监管。组成四级管理机构：依托区、乡镇、基地、企业四级管理机构，制定农产品质量安全监管工作方案，对全区种植业无公害农产品生产基地进行现场督导检查，对投入品使用、技术规程、生产记录等质量安全措施进行监督管理。建立无公害农产品认证与田间督导三级检查员队伍。

【畜牧业农产品安全质量合格率位居全国第一位】 1 月 4 日，房山区代表北京市接受农业部 2008 年第一次农产品质量安全监测，农业部工作组对房山区市场、超市、屠宰厂进行样品采集，此次采样涉及良乡、琉璃河 2 个乡镇 3 个单位，抽取样品 24 份，其中猪肉 4 份、猪肝 7 份、鸡肉 4 份、猪尿 9 份。4 月 25 日，区畜牧水产服务中心接到农业部 2008 年第一次农产品质量安全监测信息反馈，“北京市房山区 1 月 4 日所检样品全部合格，合格率位居全国 36 个城市的第一位”。

【启动天然水域增殖放流工作】 按照市农业局要求，区畜牧水产中心制定渔业增殖放流实施方案和《2008 年渔业资源增殖放流工作日程表》。根据日程安排，5 月 9 日，房山区启动天然水域春季增殖放流工作。上半年分别为长沟镇龙泉湖、韩村河镇龙门口水库等地投放鲢鱼、鳙鱼、草鱼、鲤鱼优质苗种 19.8 万尾，观赏鱼锦鲤 2.1 万尾，并配合门头沟区渔政站放流各类苗种 4.5 万尾。截至 5 月底，全区春季增殖放流工作完成。10 月 21 日至 11 月 12 日，秋季增殖放流工作在霞云岭鸽子台水库、南窖水峪、韩村河龙门口水库、佛子庄石板房截流等乡镇近 120 公顷水面展开增殖放流工作，投放鲢鱼、鳙鱼、草鱼、鲤鱼优质苗种 21.7 万尾。

【开展畜牧业标准档案卡建卡工作】 5 月 13 日，经过两个月的工作，房山区兽医卫生监督所对全区饲养场、市场和兽医实验室等 9 类 27 种监管对象的基础数据进行摸底调查、分类统计，并分别建立档案卡，派专人负责纸质档案卡的填写和电子档案卡的信息统计工作。截至 5 月 10 日，全区完成 5 个孵化场、2 个实验动物生产场、407 个畜禽饲养场、11 个种畜禽饲养场、19 207个养殖户、9 个定点屠宰厂、3 个动物产品加工企业、2 604个餐饮单位、143 个市场、329 个超市、1 个冷库、14 个诊疗单位、21 个兽药饲料企业、2 个兽医实验室的建卡工作。

【启动水产科技入户工程】 5 月 21 日，区水产技术推广站启动 2008 年度水产科技入户工程。2008 年水产业科技入户工程选定 83 户作为科技入户示范户，涉及十渡镇、张坊镇、大石窝镇、青龙湖镇、琉璃河镇、窦店镇、城关街道、石楼镇 8 个养殖重点乡镇，养殖水面达到 166.67 公顷。样板示范户实际辐射将带动周边渔场 100 户，面积近 46.67 公顷。

【规模养殖场粪污治理项目治理通过验收】 5 月 27 日，市财政局、市环保局组织专家组对房山区取得市环保局资金支持的 9 家规模养殖场粪污治理项目进行验收，全面检查 2007 年粪污治理完成情况。市专家组听取了房山区 2007 年粪污治理项目汇报，实地检查了周口店镇南韩继村北京创发养殖有限公司规模猪场和窦店镇北京伟业奶牛场。重点对粪污治理项目排污质量、设备运转、监测报告、责任书签订等情况进行检查。

【房山动物卫生监督管理局成立】 根据《北京市人民政府贯彻落实国务院关于推进兽医管理体制改革若干意见的实施意见》（京政发［2006］19 号）和市编办《关于同意组建北京市房山区兽医行政管理机构和兽医行政执法机构的批复》（京编办行［2007］206 号），设置北京市房山区动物卫生监督管理局（以下简称区动物卫生监督局）。区动物卫生监督局是负责本区畜牧兽医行政管理工作的区政府工作部门。12 月 18 日，房山区动物卫生监督管理局、房山区养殖业服务中心成立，举行揭牌仪式。

【建设设施畜牧业】 开工建设设施畜禽舍784栋，其中开工建设窦店北柳子、良乡江村、大安山瞧麦涧等13个养殖小区，建设生态肉禽舍342栋。其中，肉鸭舍212栋、种鸭舍97栋、鸡舍22栋和肉鸽舍11栋；散养户畜禽舍442栋，其中肉鸭舍112栋、鸡舍76栋。韩村河孤山口肉鸭和长沟三座庵肉鸡现代化养殖示范工程的设施配备和生产管理工作不断加快，年内全部投产。山区发展柴鸡和肉禽替代产业，柴鸡养殖存栏达到65万只。在琉璃河镇祖村，青龙湖镇沙窝、马家沟、北泗位，韩村河镇上中院，城关街道八十亩地等地开工建设8个规模猪场，共计212栋。

【重大动物防控免疫密度100%】 加强禽流感等重大动物疫病的防控工作，完成市政府下达的禽流感、口蹄疫等重大疫病防控的指标任务，对禽流感、口蹄疫（O型、亚洲Ⅰ型）、狂犬病、猪高致病性蓝耳病等免疫情况进行检查，免疫率达100%，动物及动物产品的检疫率均达到100%。

【疫病监测密度100%】 为保证动物疫病免疫效果，加强疫病监测工作，完成疫病采血、监测工作任务，强制免疫对象免疫率100%，免疫合格率达标。开展动物标识及疫病可追溯体系建设工作，对二维码标识的使用进行培训。

【加强外埠进京动物及动物产品的监督】 区内6个公路动物检疫监督站，坚持24小时上岗，依法加强对外埠进京动物及其产品的检疫监管工作，严禁外埠未经检疫动物产品进入市场或餐饮环节，严禁外埠马属动物进入本区。截至9月底，公路站共消毒车辆29 863辆，检疫监督活畜禽704.834 8万头（只）、畜禽产品49 319吨。

【落实国策扶持奶业发展】 根据《农业部财政项目支出管理暂行办法》（农财发［2002］36号），农业部制定了《奶牛良种补贴试点项目资金管理暂行办法》，以规范项目管理，提高财政资金使用效益。2006年就完成项目调查和申报工作，2007年进入项目实施阶段。房山区奶牛良种补贴工作被列入农业部国家奶牛良种补贴项目，同时又被市农委、市奶牛中心列入奶牛人工授精及配套技术推广项目，项目期3年。两个项目合二为一，整体推进。按照房山区奶牛补贴标准，每头奶牛补贴2支冻精，价值60元，该项目涉及全区奶牛标准化养殖场和养殖户。2008年，发放良种精液13 880支。

【对奶牛养殖场（户）的泌乳牛实行补贴】 10月7日，受三鹿婴幼儿奶粉配方事件影响，为减少全区奶牛养殖企业和奶农的损失，避免出现倒奶、杀牛现象发生，结合房山区实际情况，由区农委、区财政局、区畜牧水产服务中心联合发文《关于对奶牛养殖场（户）的泌乳牛实行补贴的意见》。意见决定对全区奶牛养殖企业对与三元、蒙牛、伊利、光明等乳品加工企业没有签订销售合同的规模奶牛养殖企业和奶牛养殖户，按照成乳牛数量自9月20日至10月7日，每头成乳牛每天补贴15元。全区有成乳牛6 154头，共计补贴资金1 661 580元。

【做好奶源质量安全监管工作】 落实市农业局《关于做好原料奶质量安全监管的通知》，房山区开展生鲜牛奶质量专项检查。截至8月底，全区奶牛总存栏10 498头，其中成乳牛存栏7 364头，总产奶量29 160吨，牛奶收购站5个，饲料厂7个、乳品厂1个。按照市兽医卫生监督所统一部署，于9月15日启动日报告制度，在摸清底数的基础上，及时、准确报送《北京市奶源质量安全工作督察日报表》、《奶源质量安全工作相关企业调查表》，同时做好每日执法情况的汇总。

【蒲洼乡4种模式发展替代产业】 蒲洼乡在发展替代产业中采取4种模式。一是“协会＋农户”模式。在议合村成立中华蜂协会，分户养殖中华蜂7 000群，收入382余万元；在东村成立育龄妇女协会，培育林下食用菌20公顷，农户培育菌棒10万枚，收入567.8万元。二是“基地＋市场”模式。建山野菜繁育基地8.67公顷，干鲜果品种植基地53.33公顷、反季节草莓基地16.67公顷，在新发地等市场销售培育冷凉野菜、核桃等干果、草莓等，年收入1 600万元。三是“引进＋繁育＋订单”模式，在议合村引进野猪、梅花鹿等，发展柴鸡、野鸡等特种养殖并繁育，订单式销售，共收入320万元。四是“休闲＋观光＋采摘”模式。在东村建设综合观光园20公顷，观光走廊5 000米、小木屋21栋、亭子15个，发展休闲旅游年收入150余万元。

【引种甜柿栽培成功】 1月，房山区引种栽培甜柿获得成功。房山区自2004年开始从日本、韩国及中国陕西省等地引进甜柿“阳丰”、“禅寺丸”、“伊豆”、“新秋”、“西村早生”、“花御所”、“太秋”、“晚御所”8个品种，引进涩柿“刀根早生”、“西条”、“大核无”、“方柿”、“大峰玉”5个品种。首先选择在热量充足的河北镇半壁店果园进行品种试验，然后在十渡镇北石门村果园、张坊镇张坊村果园进行品种示范栽培及设施栽培，通过3年栽培试验，筛选出适宜房山栽培的甜柿新品种，同时，总结出北京地区甜柿丰产栽培技术，取得引种甜柿栽培试验的成功，填补北京市场空白，满足了采摘消费需求。

【防治病虫害】 2月19日，区林木病虫防治检疫站技术人员在窦店、良乡等5个乡镇设立监测点，观察春尺蠖出蛰情况，及时指导全区防治。窦店镇刘平庄村全面做好防治准备工作，为有效阻隔春尺蠖雌成虫和幼虫上树，在重点发生区域已缠胶带13.33公顷。

【春季飞防工作全面展开】 4月10日，全区飞机防治林木有害生物工作正式启动。由于2008年是奥运年，防止林木有害生物灾害和确保绿色景观安全最为去林业局2008年的重点工作，房山区针对林木有害生物发生种类、发生特点和发生时间，分3个阶段进行飞机防治工作，涉及16个乡镇，共飞行414架次，防治面积达1.38万公顷。着重对奥运圣火传递路线两侧的林带进行防治，使用药剂全部为环保型无公害药剂。

【举行养蜂人员培训班】 4月10日，区林业局组织对各乡镇的160多名养蜂大户进行养蜂技术培训。培训班上，邀请市蚕蜂站站长刘进组为广大蜂农讲解养蜂业的市场发展情况以及春季管理的方法，并且为广大蜂农发放蜂蜜、王浆的标准化生产手册，指导蜂农实施标准化生产。作为北京市重要的养蜂区县，全区拥有养蜂户1 000多户，养蜂数量达到2.7万箱。

【开展雨季造林工程】 7月3日，房山区开展雨季造林工程，各乡镇组织专业队伍施工，抓住天气和土壤墒情对造林的有利时机，全力投入雨季的整地和造林工作。2008年，全区雨季造林总面积300公顷，涉及霞云岭、张坊、十渡等8个扇区乡镇，计划栽植油松、侧柏等苗木40.5万株，实际完成300公顷。

【农田节水灌溉工程】 全区农田节水灌溉工程：一是在良乡、长阳、琉璃河等11个乡镇、20个村，发展节水灌溉面积1179.33公顷（其中：管灌191.73公顷，喷灌615.33公顷，微灌372.27公顷），新打机井35眼（其中：岩石井6眼，四系井29眼），建河道引水工程1处，建井房99座，配套水泵及机井首部设备99套，售电系统20套，铺设管道1 329.21公里。二是完成应急水源地抗旱工程，发展农业节水灌溉336.67公顷，喷灌316.67公顷，小管出流20公顷，新打机井23眼，更新机井8眼，新建井房31座，配套水泵及机井首部设备31台套，铺设管道39.48公里。

【雨洪利用工程】 按照“饮水安全、用水计量、节水高效、雨洪管理、中水回用”的治水方针，采取雨污分流、综合治理的方法，加强新农村的水环境建设，完成张谢、吴庄、刘李店、吉羊、白草洼等17处雨污利用工程，蓄水总量达到120万立方米，涵养地下水，改善脏、乱、差和污水、雨水漫流的村内生态环境。其中石楼的吉羊、二站，琉璃河的务兹、南白、南洛，窦店的刘平庄，韩村河的崇义等4个乡镇的7个坑塘雨洪利用工程已移交给各个村的农民用水协会负责管理。

【房山区获全国农田水利基本建设先进单位】 12月，房山区被财政部、水利部联合授予“全国农田水利基本建设县级先进单位”荣誉称号，此奖项全国共评审出100个县市为全国农田水利基本建设先进单位，房山区成为北京市唯一获此殊荣的区县。区水务局认真贯彻落实科学发展观，积极实践“向观念要水、向机制要水、向科技要水”的治水理念，在配合国家“南水北调”重点工程实施的同时，按照部门联动、规划先行、创新工艺、模式推进、规范管理的思路完成了20万农民安全饮水，2 666.67公顷农业节水灌溉、400平方米生态清洁小流域、26处农村治污、56处雨洪利用等工程建设，取得了明显的经济、生态、社会效益，为推进房山区经济社会发展起到了积极的促进作用。

非农产业

【房山区供销社发展农资连锁经营】 全区新发展农资连锁店16个，使连锁店总数达到112个，营业面积达到11 480平方米，仓储面积达到9 000平方米，经营人员338人。供应化肥、农药等农资1.2万吨，实现销售1 600万元。

【农资连锁项目承办企业新开店30家】 农资连锁项目承办企业新开店30家，累计达到200家，农产品主产区、生产基地连锁网点覆盖率达到80%，农资市场占有率达到85%。

【十渡景区建造五大精品旅游体系】 十渡风景区建造五大精品旅游体系，一是休闲度假体系，提升整体休闲度假接待能力。二是民俗文化体系，进一步完善15个民俗旅游专业村基础设施建设，新建全景图、服务引导牌、警戒忠告牌等双语（汉语、英语）标示牌1 411块，设立景区各职能机构、服务单位等导示说明牌46块，公布单位名称、服务电话等内容，进一步方便游客、服务游客。三是综合娱乐体系，不断丰富景区旅游内容。四是地质科考体系，让游客在休闲娱乐中学习到地质知识。五是农业观光体系，发展紫白薯、林地蘑菇等特色种植业、观光采摘业和绿色水产养殖业，提升农产品效益。

【首个清明小长假效益明显】 清明节小长假期间，全区主要旅游区（点）及星级饭店共接待游客9.46万人次，实现旅游综合收入684.94万元。其中旅游区（点）共接待游客8.97万人次，实现旅游综合收入609.02万元，分别占接待总量的94.82%和88.92%；星级饭店共接待游客0.49万人次，实现旅游综合收入75.92万元。

【孤山寨成为全国首批华北地区自驾游活动基地】 由中国汽车流通协会汽车俱乐部分会和协会汽车自驾游管理办公室发起的“全国首批自驾游活动基地”评选活动揭晓，十渡风景区孤山寨榜上有名，并于4月28日在密云召开的“全国首批华北地区自驾游活动基地”新闻发布会上向社会公布。首批获此殊荣的旅游区（点）共有12家，其中北京仅有2家，这标志着十渡风景区自驾游正式步入规范化、标准化的轨道。

【“端午节”假日旅游】 “端午节”假日旅游，全区共接待游客13.28万人次，实现旅游综合收入1 304.46万元，假日旅游实现“安全、秩序、质量、效益”四统一的工作目标。端午节期间，全区精心策划推出“观龙舟、登龙山、看‘龙骨’龙乡房山一日游”，“端午节来云居寺求取艾枝花环”，“大石窝民俗村端午节放河灯”，“游东湖港、品尝檀木皮粽子”，“探寻张坊古栈道、采摘大峪沟鲜杏”，“长阳果品采摘节”等 9 项重点旅游活动，共接待游客 5.3 万人次，实现综合收入 318 万元。

【琉璃河旅游咨询服务站开业】 7 月 8 日，北京旅游咨询服务中心房山琉璃河旅游咨询服务站暨京之源都市农业休闲驿站开业，这是在北京高速公路出口成立的首家旅游咨询服务站，其主要工作职能有：负责为游客提供与旅游有关的各项咨询服务，宣传、推介全市及房山区旅游资源、旅游线路、旅游产品及旅游活动；宣传、展示、销售房山区特色旅游产品。及时将附近区域的即时旅游信息提供给游客，在旅游高峰期起到疏导作用，提高旅游过程的舒适度和满意度，为游客打造更方便舒适的旅游环境。

【北京旅游咨询服务中心十渡站成立】 9 月 29 日，由市、区旅游局投资近 40 万元建设的北京旅游咨询服务中心——十渡站正式对游客进行旅游咨询服务。该中心能够为游客提供全方位的旅游咨询服务，为游客在景区吃的顺心、玩的开心、购的放心提供一切方便条件。不仅方便了游客，更重要的是通过游客的咨询和旅游宣传材料的发放，进一步提高了十渡景区乃至房山旅游的整体形象和知名度。9 月 29 日、30 日共接待直接来访 500 人次，电话咨询 1 020 人次，发放旅游宣传材料 3 000 余份。

【车厂村获京郊特色民俗村称号】 12 月 10 日，周口店镇车厂村在“和谐城乡游”评选活动中，荣获“京郊特色民俗村”称号。自 2005 年以来，该村紧紧围绕发展民俗旅游这个中心，打造一个集生产发展、文化韵味、休闲观光为一体的现代型支柱产业，形成“文化+旅游”全新的旅游产业发展模式，走出一条民俗旅游产业为主的具有该村特色的发展之路。全村实现所有街巷道路的硬化、亮化、美化；上下水管网全部入地；星级公厕建成 3 座；卫生室、商业网点、文化大院、健身广场、街心公园等配套设施齐全到位。恢复矿山造林 53.33 公顷；街巷道路美化美化 1.6 万平方米；修建金陵、十字寺旅游景区盘山道、观光亭等生态和旅游建设；修建集餐饮、娱乐、住宿于一体、面积 1 500 平方米的九龙煜泉旅游接待中心。2008 年，该村旅游接待人数达 5 万余人次，创收 200 余万元，发展民俗旅游接待户 12 户。

【北京多维联合轻钢板材有限公司被授予全国“抗震救灾重建家园‘工人先锋号’”】 6 月 24 日，北京多维联合轻钢板材有限公司被全国总工会授予全国“抗震救灾重建家园‘全国工人先锋号’”，该公司为灾区提供过渡安置活动房 6 010 套。

【引进北京得立青磨盘柿深加工企业】 9 月 26 日，北京得立青农业科技有限公司落户张坊。该企业自 3 月开始建设，工程投资 1 500 万元，占地 1 公顷，主要建设项目包括，建 2 000 平方米柿子冰淇淋加工厂一座，内置低温存贮库、保鲜气调库、无菌车间，并引进单体速冻机（日处理 10 吨）1 台，选果机 2 台（日处理 50 吨），清洗机 1 台，抽真空充气包装机 2 台，冷冻销售冰柜 1 000 台。该企业的建成，使张坊磨盘柿由粗放生产走向深加工模式，年加工磨盘柿 300 万千克，解决了磨盘柿销售难问题。

新农村建设

【做好新农村规划】 房山规划分局围绕新农村建设的任务和目标，坚持从实际出发，结合村庄发展实际，编制完成《房山区村庄体系规划方案》并经区政府审查通过；加强市级、区级试点村村庄规划的预审工作，审查村庄规划 46 个；完成 92 个市、区新农村建设试点村规划编制工作；推进阎村镇二合庄村节能示范项目。该项目是北京市农宅节能示范试点，通过节能改造建设，该项目于 6 月通过国家级专家组的验收。

【推进乡镇域规划】 房山规划分局完成十渡镇、良乡镇镇域总体规划编制；完成张坊、河北、石楼镇域规划修编；完成长阳、青龙湖、窦店、琉璃河、周口店、韩村河 6 个镇中心区控规并获原则通过。

【完善重点村基础设施和公共服务设施】 新农村重点村共硬化道路 1 155 公里；打机井 59 眼，新建供水厂 21 个，铺设供水管线 1 694 公里；铺设排污管线 697.4 公里；建污水处理站 18 个；建公厕 146 个，改造户厕 18 362 个；新建卫生服务站/卫生室 64 个，连锁超市 82 个，健身广场 149 个，文化图书室 98 个；发展有线电视入户 2.1 万户；国际互联网入户1 097户，建农村电教室 3 863 平方米。

【完善公交基础设施建设】 以“村村通公交”工程为切入点，完善公交基础设施，解决百姓乘车环境问题，推进社会主义新农村建设。在 2007 年投资 1 700余万元建成 5 个农村客运站，127 个公交候车亭的基础上，2008 年再投资 780 余万元建成 2 个农村客运站，100 个公交候车亭。全区共有农村客运场站 9 个，公交站亭 263 个，客运线路 37 条，运营车辆 336 台，通车里程 1 919 公里。

【房山区境内公交全面实现公车公营】 经过一年多的深入调查研究和科学分析，《房山区客运企业重组改制工作方案》正式出台，经区政府批准，客运企业重组改制工作正式启动，12 月 17 日，北京凯捷风公交客运有限责任公司的正式成立，结束了房山区名为股份、实为挂靠的经营时代，实现了政府公交、百姓公交、公车公营。北京凯捷风公交客运有限责任公司由北京房山国有资产经营有限责任公司经营，政府投资 4 880 万元购置公交车辆 160 台，对企业改制补偿 707 万元，对经营者补偿 7 229 万元，安置原从业人员和下岗失业人员 1 285 人，投资 497 万元对政府投资购买和改制中收回的符合运营标准的车辆安装一卡通设备。

【“宽带村”促进农村地区信息化建设】 9 月 16 日，大峪沟、蔡家口、穆家口 3 个宽带村同时挂牌成立，中国联通房山分公司新建 4 处宽带设备，解决 550 个用户的上网难题。2008 年房山地区共计开通宽带村27个，实增农村宽带客户2 562户，“宽带村”的优惠政策对农村地区信息化建设、当地经济发展、丰富农民生活起到积极的促进作用。

【新型能源惠及百姓】 投入资金3亿元，新增太阳能照明灯6 421盏，建设大型秸秆气化工程5处，大型沼气工程5处，涉及7个乡镇、10个村、5 500余户；在5个乡镇6个村建设小型沼气2 508个。安装太阳能热水器13 789台；搭建节能卫生吊炕1.5万铺；3 000户农民用上了生物质炉。

【36项农村改水工程项目全部竣工】 3月中旬，房山区36项农村改水工程相继开工，11月底全部竣工。总投资6 013.25万元，新建联村水厂2座、扩村水厂1座、单村更新改造水厂20座、单村水质处理水厂10座、单村扶贫水厂3座。砌清水池3座，建单村水厂水泵房20座，更新水泵15台，安装变频、臭氧消毒、水处理及化验设备42套，改造管线67万余米，改善46个村7万余人的饮水条件。12月15日，房山区农村改水工程通过市改水办公室验收。

【村庄整治名列郊区考核评价第一名】 5月，市农委组织全市村庄环境整治检查，房山区村庄环境整治工作在全市环境检查中名列郊区考核评价第一名。2007年至2008年上半年，累计完成拆除私搭乱建1 416处、治理乱堆乱放2.16万处、整治脏乱死角1.35万处、整修残墙断壁122.5万平方米，硬化主要街道221条，新建绿化带541条，新建公园、休闲健身广场227个，改建上水管线87条，下水管线174条，新建水冲公厕198座，改造农户厕所5.8万座。

【13个村被评为五星级新农村建设示范村】 11月，房山区社会主义新农村建设示范村星级评定工作基本完成，河口、阎仙垡、小紫草坞、张庄、后石羊、南上岗、务滋、北洛、坨头、水头、龙门口、北正、车厂13个村被评为五星级新农村建设示范村。

【蒲洼乡建立“乡土文化驿站”】 蒲洼乡在蒲洼村、宝水村、芦子水村建立以宣传精神文明为主的文化墙500平方米，宣传图画400余幅、宣传标语200余条，标志着蒲洼乡“乡土文化驿站”工程进入一个新的阶段，促进了文化创意产业发展。蒲洼乡“乡土文化驿站”包括议合村椅子圈画家写生基地，占地10公顷，这是“北京文联九州书画艺术研究会”在蒲洼乡的一个写生“驿站”；包括宝水村的“‘纳福’巧娘工作室”，把当地妇女的手艺充分发挥出来，刺绣出各式各样的花、草、树、木、兽、虫以及各种生活用品，展示当地群众喜闻乐见的风土人情；包括东村的山梆子戏团，把传统的山梆子戏同现代的声乐结合起来，演绎得妙趣横生，精彩绝伦；包括芦子水村的隗氏宗族文化，所谓“天下一个隗，老家芦子水”，生动翔实地记述天下隗姓家族的繁荣以及那些令人不知晓的历史故事，是当地百姓千年历史生活的一个缩影。

【宝水村被评选为“北京市健康促进示范村”】 蒲洼乡宝水村被北京市爱国卫生运动委员会、北京市疾病预防控制中心健康教育所评选为“北京市健康促进示范村”。宝水村通过组织两周一次的健康大讲堂、建立3日播放一次的健康广播平台、设立25块每月更新1次的健康教育宣传栏，以形式多样的宣传品，全方位、多角度、强力度的健康教育宣传，提高村民的健康水平。

【拱辰街道成功打造3种新农村建设新模式】 拱辰街道办事处在新农村建设中，打破“一刀切”“一贯制”的传统做法，结合实际，因地制宜，大胆创新农村建设的新模式，新格局。拱辰街道地处房山区城乡结合部，为推进城乡一体化建设进程，该街道因势利导，以梅花庄村、渔儿沟村为试点，采取整体拆迁改造，建设现代文明小区的做法，探索出一套社区型新农村的建设模式。拱辰街道按照既要体现现代生活方式，又要展现农村的田园风光的发展思路，在大南关等一些人文和乡土气息浓厚城市边缘村，建造特色的田园式新农村。大南关村打破“千村一面”的传统模式，集体购进万余株果树，樱桃、苹果、李子等十几个品种，并按照一街一品、一街一景的栽种方法，在全村所有街道、胡同和村民的家门口进行种植，所获收益全部由村民所得。村内所有街道、胡同及村民住宅四周也统一栽种上花草，绿化总面积5 000平方米。拱辰街道以改善村容村貌为目标，在吴店等村实施一系列绿化、美化工程，打造出花园式新村的典型。

【四马台村发展循环经济促新农村建设】 霞云岭乡四马台村发展林下经济、沟域经济、民俗经济、空中经济、加工经济、绿色养殖经济促进新农村建设。林下经济，利用白草畔广阔松林、仁用杏基地发展蘑菇266.67～333.33公顷，黄芩、桔梗等中草药33.33公顷；沟域经济，投资4 500万元进行鲲鹏大峡谷景区一期基础设施建设工程，完成13公里四级路建设任务，打造观光、采摘、休闲集聚区；民俗经济，提高民俗接待水平，新发展民俗户50户，最终形成家家搞民俗格局；空中经济，建立养蜂科普基地，发展中华蜂500群；加工经济，实施木本油加工项目，对本地特产核桃、杏核、花椒进行深加工，年加工70～100吨；同时加工杂粮50～60吨，实现农产品就地升值；绿色养殖经济，建万头猪场一个，可解决100人就业，为沼气场和仁用杏基地提供有效原料。

【安全饮水工程】 按照市、区政府对于安全饮水的批复，投资3.00亿元，在21个乡镇建设水厂扩户工程12处，联村供水工程17处，单村供水工程75处，共新打水源井98眼，新建蓄水池144座、井房117座，安装水泵117台、消毒设备98台（套）铺设管道3 624.6公里，安装水表66 542块，节水龙头133 084个，使全区154个村、14.11万人安全饮水得到保障，实现农村安全饮水零突破。

【城关污水处理厂正式建成】 11月18日，城关污水处理厂正式建成运行。新建成运行的城关污水处理厂位于城关街道田各庄村东，东邻大石河，北接规划污水厂北路，总流域面积约28.4平方公里，服务人口约18万人。城关污水处理厂（一期）处理规模达到每天处理2万立方米。工程总投资约2 500万元，处理工艺采用微孔曝气氧化沟脱氮除磷工艺。处理后的出水补充大石河下游水体，部分出水用于厂内再利用，污泥经浓缩脱水后外运。城关污水处理厂的建成运行，将使城关地区的城市生活污水得到净化，缓解东、西沙河的污染，为大石河补充清洁水源，改善燕房地区的生态环境。处理后的部分出水可作为厂内再利用，实现节能降耗。

【启动新一轮山区险户搬迁工程】 3月，房山区人民政府制定《关于山区泥石流易发区及生存条件恶劣地区农民搬迁实施意见》，确定2008年至2012年搬迁泥石流易发区、生活条件恶劣地区险户761户、2 152人。2008年完成96户、260人。

【举行百万话费惠百姓活动启动仪式】 10月16日，房山区举行"信息连你我、富裕新农民——百万话费惠百姓活动"启动仪式，区委副书记、区长祁红，市农委信息中心主任曹四发，中国移动北京公司副总经理范云军出席启动仪式并共同推动"神奇摇杆"，启动"百万支票"。本次活动由区农委和中国移动房山分公司共同举办，活动方式是以乡镇为单位组成一组，实现组内通话免费，预计用户数量将达到2.28万人。目的是让农民的通话成本更加节省，相互沟通更加方便，生活更加温馨快乐。

农村改革与管理

【农民专业合作社规范化建设工作】 2月15日，农民专业合作社规范化建设工作启动。规范化建设工作以《中华人民共和国农民专业合作社法》为依据，以《房山区农民专业合作社规范化建设指南》为参考，选取9家农民专业合作社为示范试点，以规范财务管理为核心，从组织机构、社务管理等10大项30个小项进行规范。据8月底调查数据显示：147家合作社中，80%的合作社社员办有入社手续，83%的合作社建有社员基本情况登记簿，40%的合作社颁发了《房山区农民专业合作社社员证》。96%的合作社设有会计人员，83%合作社实现了单独建账核算。86%的合作社建有财务公开制度，76%的合作社执行过财务公开程序，95%的合作社建有执行监事或监事会等民主监督机构。

【村级财务收支和专项补助资金审计工作】 2月29日，村级财务收支和专项补助资金审计工作全面展开。审计范围涉及23个乡镇466个村集体经济组织。审计重点为村级财务制度建立执行情况、财务收支情况、货币资金管理使用情况及财政专项补助资金管理使用情况4项内容。经审计，2007年全区实现收入总额59 511.64万元，支出总额56 553.39万元。有261个村出现收不抵支情况。现金和银行存款全部做到账实相符。村级专项补助资金已全部落实到村，专项资金使用，程序合法、用途合理。

【"2008年农村管理信息化数据更新工作会"召开】 3月5日，2008年农村管理信息化数据更新工作会召开，会议部署了2008年农村管理信息化数据更新工作。数据更新工作涉及23个乡级数据处理站、466个村级数据采集点。数据更新范围包括：人口信息数据库、劳动力信息数据库、农民家庭收支状况监测数据库、农村土地承包及承包合同数据库、专项补贴监测数据库、社会综合管理数据库、集体资产管理数据库、社区股份合作组织改革8个数据库。

【2008年春季农民负担执法检查】 4月24日至5月16日，区经管站开展了2008年春季农民负担执法检查工作。检查的重点内容主要包括：财政对村级组织各项补贴资金的划拨、管理使用情况；市级新农村建设试点村负债情况；1990—2007年，修建城市主干道无偿占用乡村集体经济组织土地和资金情况；2007年，村级集体经济组织承担居民委员会经费或者承担城镇居民管理费用情况。检查将采取乡镇自查、区级复查、市级抽查相结合的方式进行。公益事业专项补助资金已全部到村。村干部固定补贴以及办公费用部分资金未拨付到村。房山区9个市级新农村建设试点村均未发生因新农村建设举债现象。1990—2007年期间，修建城市主干道无偿占用房山区3个乡镇6个村集体经济组织土地共65.04公顷，村集体经济组织负担拆迁费用0.85万元。2007年度，未发现房山区村级集体经济组织承担居民委员会经费或者承担城镇居民管理费用情况。

【村级公益事业补助资金增至6 307万元】 5月8日，根据北京市农村工作委员会、北京市财政局关于印发《关于保证村级组织正常运转专项补助资金管理的使用办法》的通知（京政农发［2004］35号），2008年房山区村级公益事业补助资金享受新的补助标准，373个村享受每年15万元的经济薄弱村补助资金，89个村享受每年8万元的补助资金。全区村级公益事业专项补助资金总额达到6 307万元，比2007年增加781万元。

【开展农村义务教育债务核实工作】 7月2日，区农委、区财政局、区教委、区审计局、区经管站联合部署了农村义务教育债务清理核实工作。针对2005年12月31日以前发生的农村义务教育债务情况进行清查。经市级复核，房山区共有4 271.77万元被确认为农村义务教育债务。

【搭建"房山农村集体资产管理平台"】 7月2日，"房山农村集体资产管理平台"建设工作全面启动。平台将以资产管理、资产经管为核心，通过资产管理、投资房山、产品中心等11个栏目对乡村集体经济组织及下属企业的资产、资源、产品进行集中展示、推介。同时，还将免费为23个乡镇和466个村集体经济组织分别建设独立的宣传网站（网页）。

【集体土地流转面积达到8 266.66公顷】 10月29日，据调查结果显示：全区流转土地面积为8 266.66公顷，占确权总面积的27.8%。其中：农户间流转600公顷，占流转面积的7.3%；村集体流转给大户承包经营4 133.33公顷，占50%；流转给集体经济组织以外租赁经营的3 533.33公顷，占42.7%。

【全市首家“网上联合社”成立】 10月30日，依托“房山农合网”，北京市首家网上联合社——“房山区农民专业合作社网上联合社”正式成立，第一期入社会员9家。网上联合社作为农民专业合作社的网上家园，为社员提供政策法规、内部管理、科技应用、市场信息等多方面、多层次的综合服务，在促进合作社进行网上联合的同时，还为社员提供自我推介功能，为社员提供个性化展示平台，即合作社独立网站，以发布各类动态信息、介绍合作社产品、展示合作社成绩。提供交流互动功能，开通互动专区，会员就相互关心的话题展开讨论，在管理、经营、技术上遇到问题可发贴求教。

【“农村财务在线监督系统”试点工作启动】 11月3日，区经管站与区纪委联合启动“房山区农村财务在线监督系统”试点工作。选取长阳、城关、窦店3个乡镇为试点，以探索经验逐步推广。试点工作分两步实施：一是规范村级财务基础工作，统一记账规则、统一记账凭证摘要填写，统一业务核算，确保相同经济业务具有一致性、可比性。二是配备软硬件设备，建设乡镇数据处理机房。

【“房山农合网”升级为全国首家地方级合作社门户网站】 11月6日，“房山农合网”改版升级工作完成，成为全国首家地方级合作社门户网站。新版“房山农合网”在强化原有“供求热线”、“产品展厅”、“科技服务”等7个版块功能的基础上，新增“农合直通车”、“互动专区”、“农合统计”3个版块。截至2008年底，点击率达2万余次。

【12个村被评为北京市农村集体财务管理规范化示范单位】 12月29日，经北京市经管站考核，大石窝镇南河村、窦店镇窦店村、拱辰街道大南关村等12个村被评为北京市农村集体财务管理规范化示范单位。

【史家营2个村完成乡村集体经济产权制度改革】 史家营乡莲花庵村、秋林铺村的社区股份合作制企业改革工作基本完成。两村共量化集体资产2 500万元，明确集体经济组织成员股东2 865个。2008年，股东分红金额达到2 263元，人均分红7 898.78元。截至2008年，全区已有7个村完成乡村集体经济产权制度改革工作。

【“村账乡审”成效显著】 全区累计“村账乡审”825村次，审计金额20.75亿，查出违法违纪单位6个，违法违纪金额69.6万元，纠正69.6万元，受党纪政纪处分2人，促进增收节支53万元。

【土地纠纷化解呈现两减一增】 区经管站累计接待群众来电来访108起，237人次，同比分别减少36%、37%；累计受理农村承包合同纠纷83起，同比增加9%。其中调解81起，仲裁2起。

【农户公顷均土地权益费4 935元】 据调查结果显示：全区292个村12 466.7公顷土地应向10.2万户农户兑现权益费6 138万元，同比增长4.3%；公顷均权益费4 935元，同比增加495元，增长10%。

【农民负担零举报】 据农民负担执法检查结果显示：全区农村教育收费、农村用电、公款订阅报刊等涉农收费管理规范化水平不断提高，农民负担举报首次归零，农民负担监管工作步入常态化管理新阶段。

【集体财务规范化水平提高】 全区有381个村制定财务收支预决算，占总村数的82.5%；455个村实行“村账托管”，占98.4%，超额完成年初制定的托管率97%的计划；362个村实行“村级账款双托管”，占78.4%；90个村实行工程项目招投标制度；46个实现村务公开“电子化”。

农民生活

【农村居民消费水平稳步提升】 农村居民人均纯收入达到10 073元，同比增长12.2%，农村居民生活消费支出人均达6 888.9元，同比增长11.9%，主要呈现以下特点：食品消费人均支出2 153.3元，同比增长9.3%。其中：人均主食消费225.5元，同比下降12%；蔬菜消费149.4元，同比增长16.2%；肉禽蛋奶消费560.7元，同比增长23.4%。衣着消费人均为562.7元，同比增长6.7%。其中：服装支出346.6元，同比增长5.8%；鞋类支出178.8元，同比增长13.4%。区农村居民人均住房面积达到37.1平方米，同比增长0.3%。人均居住支出1 166元，同比增长33.2%。区农村居民家庭设备、用品及服务人均支出529.9元，同比增长35.4%，其中：机电设备人均支出211.9元，同比增长38.5%。农村居民百户拥有移动电话212部，同比增长6.5%。通讯费支出人均达到326.9元。区农村居民百户拥有家用汽车达到14辆。人均购买交通工具及用品支出303.9元，同比增长3.2倍。

【农村居民高低收入群体收入差距有所缩小但差距仍大】 调查资料显示：区农村居民20%低收入户人均纯收入为3 758.8元，同比增长21.2%，收入水平仅为全区农村居民纯收入平均水平的37.3%；20%高收入户人均纯收入为22 108.7元，同比增长1%，收入水平是全区农村居民纯收入平均水平的2.2倍。高、低收入群体收入比为5.9：1，比2007年的7.1：1有所缩小。2008年，区农村居民20%低收入群体收入实现较快增长，增长率达到两成，不过与高收入群体相比，尽管收入差距有所减小，但收入差距仍很大，从某种程度上表明农村居民低收入群体收入仍存在较大增长空间，增长潜力仍有待挖掘。

【农村劳动力就业率达80.4%】 区农村劳动力

339 955人，乡村从业人员273 208人，占全部劳动力80.4%。其中：累计从业3个月以上的人数243 912人，占全部农村劳动力人数的71.7%，解决农村剩余劳动力就业问题仍有潜力。

【农村居民生活消费支出同比增长11.9%】 据农村住户抽样调查资料显示：区农村居民人均生活消费总支出达到6 889元，同比增长11.9%，增幅比上年提高6个百分点。人均生产经营费用支出2 705.7元，同比增长2.7%，其中，人均家庭经营费用支出2 604.8元，同比增长6.7%。

【农村居民转移性纯收入增长60%】 据农村住户抽样调查资料显示：区农村居民转移性收入实现快速增长，人均转移性纯收入达到949.8元，同比增长67.5%。福利养老制度使60岁以上老人直接受益。农村居民离退休金、养老金人均达到437.2元，比2007年同期增加208.8元，增长91.4%。农村居民报销医疗费人均达到69.5元，比2007年同期增加39.8元，增长1.34倍。农村居民粮食直接补贴收入人均达到58.9元，同比增长68.9%。

【农村居民家电需求趋于高端化】 区统计局12月15日至12月18日对抽样的300户农村居民家庭及时进行家电下乡需求意向调查。此次调查采用村级调查员直接入户询问户主的调查方式，涉及17个家电品种，家电需求意向划分为最需求、第二位需求、第三位需求和第四位需求四个档次。液晶电视需求意向显著，需求户数比例达到调查户的14.3%；空调机、太阳能热水器、洗衣机、电冰箱、微波炉需求户数分别为11%、9%、7.3%、6.7%和6.3%，表明区农村居民的家电消费需求开始趋向高端化，消费理念趋向城市化。

【启动20所新型农民田间学校】 2008年，房山区20所畜牧、水产业新型农民田间学校正式启动，其中，畜牧业15所，新建12所、续建3所；水产业5所，新建4所，续建1所。学校覆盖辖区城关街道、琉璃河镇、长阳镇、长沟镇、窦店镇、石楼镇、十渡等11个乡镇401名学员，涉及奶牛、肉鸭、生猪、柴鸡4个畜种和10个水产鱼种生产技术知识，共有32名辅导员参加教学辅导任务。教学模式采取"自下而上"的理念，采用参与、启发、互动等多种途径、多种手段、方法的教学方式，体现对养殖农民培训的针对性和实效性。全年按时开展田间学校的各项课程和活动共计246次，培训学员6 252人次。

【启动"艺人下乡、农民学艺"培训活动】 12月22日，房山区举行"艺人下乡、农民学艺"启动仪式。本次培训的目的是充分激发农民的创作意识，通过政府搭台的形式，实现民俗艺术大师与乡村民俗旅游村的农户对接，打造民俗旅游产品，形成"一镇一品，一村一品"。培训为期一周，利用冬季农闲季节，采用集中授课和分散辅导两种方式，重点在烙画、灯笼制作两方面培养66名农民代表。

民主政治与党的基层组织建设

【基层党组织和党员"双承诺"活动】 4月，制定并下发了《关于认真组织开展2008年基层党组织和党员"双承诺"活动的通知》，明确了基层党组织和党员承诺事项要突出"奥运承诺、帮扶承诺、'5+2'承诺"重点，并通过强化监督、严格考评和典型带动等多种措施，确保基层党组织和党员顺利兑现承诺事项。据统计，全区2 042个基层党组织向党员和群众承诺58 326个事项，其中奥运承诺事项21 527个，帮扶承诺事项10 534个，其他事项26 265个；全区53 846名党员承诺91 072个事项，其中奥运承诺事项11 428个，帮扶承诺事项32 674个，"5+2"承诺事项678个，其他事项46 292个。

【推进农村民主政治建设】 6月，区委组织部与区民政局组织召开了"房山区村务公开民主管理工作会"，印发了《关于表彰"村务公开民主管理示范乡镇、示范村"及先进村委会、先进村委会主任的决定》，评选出6个市级村务公开民主管理示范乡镇，122个市级村务公开民主管理示范村，262个区级村务公开民主管理示范村，以及2007年度市级先进村委会和先进村委会主任。10月，区委组织部、区民政局对各乡镇拟上报的2008年度市级示范乡镇、示范村进行了检查验收，确定了青龙湖镇、周口店镇、十渡镇为2008年度市级示范乡镇，城关街道田各庄村等46个村为市级示范村。在此基础上，为进一步规范村政事务管理，区委组织部及时调整和规范了村务公开内容，调整后的村务公开内容达到了6大项，85小项。

【52 799名党员交纳"特殊党费"】 5月12日，四川省汶川县发生特大地震灾害。按照中组部、市委组织部要求，区委组织部号召广大党员以交纳特殊党费的形式支援灾区建设。截至6月10日，全区共有52 799名党员交纳"特殊党费"，累计收纳金额达9 504 768.61元，党员参与率达到了96%。其中，交纳1 000元以上的党员984人，交纳10 000元以上的7人。同时，区委组织部及时总结在抗震救灾过程中的先进党员典型，撰写8篇事迹材料上报市委组织部。

【组织开展"干部定责、党员承诺"主题实践活动】 为充分发挥全区党组织和党员干部服务保障奥运的积极作用，7月8日，召开全区"干部定责、党员承诺"主题实践活动誓师大会，动员全区各级干部党员积极投身平安奥运创建工作。活动的主要内容是，通过各级干部与所在单位签订责任书、党员向居住地党组织作出承诺的形式，明确和落实干部、党员在平安奥运建设中的各项责任和义务。为确保主题实践活动取得实效，组织开展了"围绕'一优四零'找差距"大讨论活动。全区各部门、各单位按照要求认真开展大讨论活动，并通过大讨论，进一步建立健全干部管理、干部激励和干部监督的各项机制，进一步提升了自身工作和管理水平。据统计，奥运期间，全区共有27 750名干部与本单位签订了《平安奥运建设责任书》，签订率100%；44 411名党员向居住地党组织递交《平安奥运建设党员志愿服务承诺书》，报名参加社区志愿活动，占应签订党员人数的98%；全区党员到社区认领志愿服务岗位19 967个。

【开展村政事务点题公开试点工作】 8月，区委组织部在阎村镇、河北镇、周口店镇、蒲洼乡、南窖乡五个乡镇的12个村开展了村务点题公开试点工作，制定了《关于推行村务点题公开的实施意见（试行）》（征求意见稿），明确了点题公开的原则、范围、组织领导机构、步骤、形式、保障措施等。据统计，各试点村已点题55个，答复55个，有效缓解了村务工作不透明的问题，得到了广大群众的一致认可和好评。

【全国大学生村官示范性培训班在韩村河举行】 10月，由国家农业部组织的2008年第二期全国大学生村官示范性培训班在韩村河山庄举办，来自全国各省（区、市）优秀大学生村官代表90余人参加了培训，培训为期5天，农业部、住房和城乡建设部、中国大豆产业协会、山东西王集团、黑龙江省兴十四村等单位的领导和专家进行了讲座，并组织学员参观了北京三江宏利牧业有限公司和韩村河村。

【民主评议农村"两委"班子和村级干部】 自11月下旬开始，全区普遍开展民主评议村"两委"班子和村级干部工作。全区共有429个村、2 330名村干部参加民主评议，分别占应参加评议的村"两委"班子和村干部数的99.77%和99.91%，除青龙湖镇因在全镇范围内开展届中考察工作未参与评议外，仅有河北镇磁家务村由于特殊原因未能参与评议。参评的429个村"两委"班子里，满意率在75%以上的有419个，占97.67%。参评的2 330名村级干部中，被评为"称职"以上等级的有2 015人，其中有1 583人被评为"优秀"等级，占参评干部总数的67.94%。有73人被评为"不称职"等级，占应评干部总数的3.13%。

【落实农村实用人才队伍建设"十百千万工程"】 2008年，农村实用人才开发培养工作围绕实施农村实用人才队伍建设"十百千万工程"，积极构建"12345"农村实用人才开发培养体系，充实完善农村实用人才信息库，入库农村实用人才达到6 000人；新建19个农村实用人才示范实训基地；依托市高等院校、区直部门、乡镇构建高、中、初三级培训体系，年培训农村实用人才2万余人次；遴选了448名优秀农村实用人才人选，纳入高层次人才培养对象信息库；加大区级人才工作专项经费的倾斜力度，向农村实用人才开发培养投入200余万元；按照"帮带对象全面化、帮带主体多元化、帮带模式多样化、帮带管理契约化、帮带机制市场化"的"五化"要求，组织9个区直部门和23个乡镇，聘请405名帮带指导教师对3 969名农村实用人才培养对象进行了重点帮带。10月，经市委农工委检查评估，2008年房山区农村实用人才开发培养工作综合评比列全市第一，获奖励资金100万元。

【建立"发展青年党员服务站"】 区委组织部在总结2007年青龙湖镇发展党员"双向接收、双向管理"试点工作的基础上，与团区委共同在城关街道建立"发展青年党员服务站"。截至年底，入党积极分子咨询服务站已接待各类咨询1 850人次，共有455名农村青年向党组织递交了入党申请书，210名优秀青年被确定为入党积极分子，142名被确定为发展对象。

【深化基层党建创新"项目式"管理工作】 2008年，全区各党（工）委积极开展基层党建工作创新，共上报2008年第一、二批基层党建创新项目146项。经审核，32项被纳入区级项目库。通过下乡检查、召开汇报会等形式，加强对基层创新项目组织实施工作的督促指导，并重点做好对窦店镇、佛子庄乡、史家营乡等重点创新项目的跟踪指导，确保工作实效。年内，对全区各基层党（工）委申报的51个创新项目进行了认真评审，初步确定31个项目作为全区2008年度优秀基层党建和基层民主政治建设创新项目进行表彰，其中一类项目5个，二类项目9个，三类项目17个。

区县乡镇领导体制和工作情况

【全面实施"百村帮扶工程"】 3月，区委、区政府以扶持产业、壮大集体经济，提高村级基层组织引领发展的能力为切入点，实施"百村帮扶工程"。采用倒排方式在全区确定了100个经济薄弱村，安排108个区直机关、企事业单位帮助这些村确立项目，发展产业。从区财政拿出2 000余万元，作为经济薄弱村产业发展项目的启动资金，用于重点培育扶持经济薄弱村的主导产业。截至2008年底，全区100个产业帮扶项目，累计投入1.22亿元，95个产业项目已取得实质性进展，42个产业项目已获得初步收益，累计实现集体净增收557余万元，解决劳动力就业830余人。

【做好奥运蔬菜供应工作】 经市、区两级蔬菜生产技术部门实地考察、精心筛选，确定房山区奥运备选无公害蔬菜、食用菌生产基地7个。为全力保障供应奥运蔬菜基地农产品质量安全，主要采取四项措施：一是成立专门的监管机构。落实管理部门领导负责制，建立内部管理制度，实行责任制和责任追究制。二是选派专人进驻基地。驻点人员依据供应奥运基地标准对企业的产地环境、技术规程、生产全程记录、包装标识、产品运输等方面进行严格监管，并建立田间记录档案。三是加强产品检测。在做好专项抽检的同时，用专用检测仪器对基地产品100%进行检测，同时还对运往北京的蔬菜进行从生产到流通全程的质量控制。四是及时沟通反馈信息。保持主管领导、相关工作负责人在内的所有人员手机 24 小时联络畅通，同时设立第一责任联系人，发现问题立即上报相关管理部门。截至 8 月 14 日，奥运会指定供应蔬菜品种供货 10 批次，累计供应量 4 117 千克。

【农机补贴工作】 7 月，按照京财农［2005］1718 号文件精神，全区完成发放国补农机具共计 267 台套，其中：配套卷帘机 100 台，微耕机 100 台，大中型拖拉机、冷藏运输车、农残速测仪等各类农机具 67 台（套）。

【2008 年粮食直补工作完成】 2008 年，全区小麦补贴面积为 1.03 万公顷，补贴资金 2 320 万元，涉及 50 201 户农户；玉米补贴面积 1.79 万公顷，补贴资金 2 066 万元，涉及 91 712 户农户；水稻补贴面积 44.73 公顷，补贴资金 1.1 万元，涉及 674 户农户。落实区豆类直补政策，补贴面积为 393.33 公顷，为 16 个乡镇 2 589 户农户发放补贴资金 23.6 万元。

【建立农产品应急销售免费广告机制】 从 4 月开始，房山区采取农产品应急销售免费广告的形式解决农产品销售难和销售不畅的问题。农产品应急销售免费广告由区农委牵头，协调房山电视台、房山报社、区信息中心、中国移动房山分公司、区邮政局、喇叭花广告公司等单位参与，农口和工商、质量监督等相关部门配合共同完成。主要是针对房山区境内生产的农业主导产业的农产品和区域特色农产品在出现销售不畅时启用。食用农产品必须通过相关部门质量认证。区内的农产品一旦出现销售难、销售不畅问题时，首先由生产单位、合作组织、农户将相关信息上报区农委市场科，并填写《房山区农产品应急销售免费广告申请表》。区农委市场科协调工商、质量监督、植保等部门调查核实后，征求所在乡镇和相关部门意见，同意后由农委协调各新闻单位加以实施。

【确定 9 家企业为无公害蔬菜质量安全追溯试点】 3 月，北京房山韩村河农业技术开发中心、北京长水园艺农场、北京格瑞拓普生物技术有限公司等 9 家企业成为无公害蔬菜质量安全追溯试点企业。在规范使用标识、实行市场准入制度的同时，推广“源头控制，过程管理，档案追溯”的质量管理模式，建立网络信息平台，对农产品产地环境、生产过程、产品检测、包装标识等关键环节进行全程监督管理，提高农产品质量安全诚信度，切实保障奥运之年农产品质量安全。

【成立农村和教育专业代表小组】 6 月 18 日，区人大首批农村和教育代表小组成立，明确了专业代表小组试行规则、农村和教育代表小组成员名单和职责任务。专业代表小组要有效发挥代表小组作用，更深刻反映民意，落实民意；要勇于创新，加强服务。不断研究发挥代表小组作用的新途径、新方法，善于总结新经验，研究新情况、新问题，探索新路子。

【审议区政府发展设施农业加快农民增收情况的报告】 10 月 24 日，区六届人大常委会第十二次会议审议区政府发展设施农业加快农民增收情况的报告，会议建议：完善规划，明确发展方向，抓好区域布局的落实，真正形成“一村一品”、“一乡一品”的设施农业战略格局。加大宣传力度，紧抓主体强市场，促进房山区设施农业的长效发展。加大政策和资金扶持力度，促进设施农业深度发展，采取有效措施降低农民对设施农业的投资风险和经营中的风险。加强服务体系建设，力求跟进保障到位，促进农业增效、农民增收。

【视察新农村建设】 10 月 31 日，区政协常委、农村委委员实地视察了窦店镇河口村、兴隆庄村等新能源建设、农业设施建设和新农村组群式发展情况，听取了区新农村办关于一年来全区新农村建设总体情况的汇报。委员们提出深入研究农村土地流转和土地建设市场问题、农村公共基础设施日常维护管理应引起重视等 5 方面的意见和建议。

房山区主要领导人

区委书记	聂玉藻（11 月免）
	刘　伟（11 月任）
副书记	祁　红　苗立峰
常　委	陈　永（12 月免）
	史全富　唐淑荣（女）
	刘欣国　王锁群　张祝华
	高言杰　赵佳琛(女,11 月任)
区人大常委会主任	郭先英（女）
副主任	李福田　梁　顺　刘顺林
	田　雄　王淑红（女）
区　长	祁　红
副区长	陈　永（12 月免）
	高言杰　王忠海　卢国懿
	马丽英（回族，女）　吴会杰
区政协主席	范文彦
副主席	王晓芝（女）
	李惠英（彝族，女）
	高维魁　万金峰　赵润东
	肖　武（女）
区纪委书记	史全富
副书记	马俊怀　杨玉香(女)
	李　学

房山区办事处、乡镇正职领导人

	党委书记	乡(镇)长、主任
燕山办事处		史全富
城关街道办事处	陆大勇	李爱军
西潞街道办事处	曹　磊	胡淑苹（女）
拱辰街道办事处	吕守军	李光明
新镇街道办事处	孟祥友	孟祥友
良乡镇	赵东升	胡玉富
周口店地区办事处、周口店镇	张海生	陈　水
琉璃河地区办事处、	刘宝忠	豆宝才

琉璃河镇		
窦店镇	徐宗军	于英虎
石楼镇	王春菊（女）	钱新宇
长沟镇	王占勇	李　仲
张坊镇	高海军	慈建民
十渡镇	杨建坡	刘永玘
河北镇	陈剑波	王红英（女）
大石窝镇	任正宽	李中华
阎村镇	柳铁良	安保良
韩村河镇	康宝和	杨生军
青龙湖镇	吴宝祥	樊会来
长阳镇	李　军	齐文东
佛子庄乡	于瑞林	赵书国
大安山乡	苏秀春	胡建光
南窖乡	王永年	孙建华
史家营乡	董凤山	齐树水
霞云岭乡	孟凡兴	陈兴柱
蒲洼乡	穆建山	王学峰

（贾　昉）

通　州　区

概　述

通州区位于北京东南部，面积912.34平方公里。辖10个镇、1个乡、4个街道、480个村民委员会。年末户籍人口64.93万人，其中非农业人口30.81万人，农业人口34.12万人。2008年，通州区全面贯彻党的十七大、市委十届三次全会和区委四届五次全会精神，深入贯彻落实科学发展观，解放思想，改革创新，全力服务奥运，加快推动产业发展和城乡建设，更加注重社会和谐和生态文明，不断开创全区经济、政治、文化和社会建设新局面。全区经济社会发展在以下几方面展开：第一，服务奥运，全面完成各项工作任务。确保奥运之年的安全稳定、完成奥运环境建设任务、开展好奥运系列活动；第二，大力调整产业结构，促进经济又好又快发展。大力发展主导产业、开创新城功能区和园区工作新局面、切实转变经济发展方式；第三，坚持政府主导，有序推进新城建设。加强规划的调控指导作用、加快基础设施建设、加强滨水生态环境建设、启动新城重点地区开发建设、统筹谋划奥运会后新城重大设施建设；第四，坚持城乡统筹，全面推进新农村建设。促进农村产业发展，带动农民增收致富、着力改善农村生产生活条件，提高农民生活质量、深化农村综合体制改革，增强农村发展活力；第五，着力改善民生，加强社会建设。促进城乡教育统筹发展、推进公共卫生事业发展、大力发展文化体育事业、提高就业和社会保障水平、全面加强社会管理和服务。

通州区全年实现地区生产总值213亿元，比上年增长14%。其中第一产业实现增加值13.7亿元，比上年增长13.2%；第二产业实现增加值105.9亿元，比上年增长12.1%；第三产业实现增加值93.3亿元，比上年增长16.3%；三次产业结构为6.5：49.7：43.8，比较上年第一产业持平，第二产业下降0.9个百分点，第三产业提高0.9个百分点。按常住人口计算，全区人均GDP突破两万元，达到21 257元，比上年增长5.9%。税收总额实现74.5亿元，比上年增长17.9%；全区完成地方财政收入33.92亿元，比上年增长39.6%；全年完成全社会固定资产投资138亿元，比上年增长4.1%；全社会消费品零售额实现146.4亿元，比上年增长20.1%；实现出口创汇总额10.4亿美元，比上年增长31.6%；城镇居民人均可支配收入、农民人均纯收入分别达到20 708元和10 212.9元，比上年分别增长9.6%和12%。城乡居民储蓄余额365.5亿元，比上年增长32.7%。

都市型农业

【概述】 2008年，加大政策扶持力度，全年新发展设施农业面积666公顷，累计达到3 666公顷，覆盖全区9个乡镇110个村，带动农户3万户，户均增收近万元。探索出“花菜轮作”、“食用菌立体种植”等投资少、见效快、宜推广的致富新模式。重点实施了全长5.5公里的漷大路都市型现代农业走廊建设工程，完善了张凤路、西集运河左堤、京津二通道都市型现代农业走廊建设工程。建成花卉、南瓜、观赏鱼等一批农业主题公园。

【种植业】 全年粮食播种面积4.1万公顷，比上年增加5 840公顷，总产2.29亿千克，比上年增加3033.8万千克。夏粮小麦面积1.67万公顷，比上年增加5 153公顷。夏粮总产8 992.6万千克，比上年增加3 000.5万千克。秋粮播种面积2.4万公顷，比上年增加687公顷，总产1.40亿千克，比上年增加53.9万千克。其中玉米播种面积23 400公顷，比上年增加650公顷，总产1.38亿千克，比上年减少45.2万千克；豆类播种面积428.5公顷，比上年增加14.4公顷，总产99.9万千克；花生种植面积72.9公顷，亩产220.29千克；棉花种植面积207.5公顷，亩产93.16千克；药材5.7公顷，亩产46.51千克；薯类43公顷；西瓜种植面积368.9公顷。

【林业】 全区造林1 950公顷，栽植各类绿化苗木453万株。林木绿化率和森林覆盖率分别达到26%和28%，城市绿化覆盖率达到39.1%。13.6万人次参加义务植树活动，植树70万株。

【果品产业】 全年新种植果树面积143.3公顷，园林水果产量5.63万吨。一是完成“水蜜桃主题公园”一期建设工程4.7公顷，引进桃树品种12个，定植5 000株。二是启动建设永乐通主题公园等4个集观光采摘、休闲娱乐、科普示范为一体的设施型观光果园，占地面积130余公顷。三是成功举办通州区第二届樱桃评比活动和第四届樱桃节，樱桃销售单价提高20%～30%。四是发展唯一性果品。新植金硕油桃2公顷，高接布拉樱桃2公顷，高接垛子桃4公顷，并对部分葡萄品种实施土壤改良。五是加强有机果品生产及认证工作。张家湾葡萄大观园、台湖第五生产队、西集镇明太阳有限责任公司经认证，进入有机果品转化期。六是积极开展果树风险互助活动。全区413户农民参加互助保险面积达268.6公顷，互助金额30.5万元，灾后获理赔50.5万元。

【林下产业】 年内，以林菌、林桑栽培为主的林下产业总面积1 666.7公顷，年产量3.2万吨。永乐店地区发展林下经济1 666.7公顷，其中林菌1 000公顷，林桑666.7公顷。林菌产业涉及20个村，从业农户1 132户，品种包括香菇、木耳、双孢菇、平菇等，产量达3.2万吨，销售额1.2亿元。产桑叶茶50吨、饲料桑2 000吨、桑叶粉100吨，销售额1 500万元。

【花卉苗木产业】 花卉总面积360公顷，苗木总面积1 290.7公顷。以蕨类、鲜切花和苗木生产为支撑点，借助吉鼎立达科贸公司、一品园花卉基地和华源发苗木生产基地近年来的成功发展经验，以点带面，推进全区花卉苗木产业健康发展。一是搭建花农信息化平台，建立花木协会网站，拓宽信息交流渠道。二是搭建龙头企业示范平台，推广先进生产技术，扩大优质品种种植面积。三是协助花卉企业引进郁金香、唐菖蒲、非洲菊等新品种40余个。四是与区旅游局、漷县镇政府联合，成功举办通州区第二届花卉节。五是认真做好苗木种子生产许可证（5件）和苗木种子经营许可证（2件）发放工作，规范生产经营市场。

【养殖业】 全区有各类规模化畜禽养殖场220个，农民养殖专业户1.26万户。畜牧生产继续保持着良好运行态势。生猪生产仍在较高价位运行。在生猪生产良好的拉动作用下，禽类生产也正在逐步走出低谷趋于平稳。奶牛养殖生产受“三鹿”问题奶粉事件的影响，进入调整期。渔业生产继续保持良好势头，养殖业的发展，重点向优质籽种产业发展，加强养殖业良种繁育体系建设。生猪良种体系建设。东方种猪场和东方科奥种猪场，累计生产种猪9 700头，实际销售种猪3 200余头。全区56个规模养猪场以及“金展旺”、“万泉”、“万源”等生猪专业合作社，共计更新种母猪2 800余头。金展旺、手牵手、万全及东方种猪场等五个生猪人工授精点，共计调配优质种猪精液8 500瓶，开展人工授精配种4 200头。同时，完成“金展旺”和“万全”2个商品猪场升级改造为种猪扩繁场建设，累计改建、扩建种猪舍16栋，面积达4 880平方米。引进法系大白，美系杜洛克、长白种猪共350头。肉羊良种体系建设。全区开展肉羊人工授精配种800余只。积极开展诱导发情、同期发情以及羔羊肥育等现代肉羊生产技术，并在全区范围内确定舍养羊试验示范户20个，为其中13户无偿配备优良肉用种羊13只。同时完成对20户试验示范户的基础设施、存栏数量、羊群质量以及饲养方式等方面的调查，制定建设方案。观赏鱼良种体系建设。以北京鑫森水产总公司国家级良种场建设为龙头，加强唐大庄、桂家坟等苗种繁育场建设力度，完善“鑫森良种场—苗种场—农户”三级良种繁育体系，经过提纯复壮，形成既适应市场需求，又极具自身特色的高档优质观赏鱼品种，提高良种覆盖率。继续发挥观赏鱼协会和合作社的作用，抓好观赏鱼“一村一品”建设项目，引进优良品种，推广先进的养殖模式，提高苗种孵化率。苗种场为养殖户提供优质观赏鱼苗种8 500万尾。

【设施蔬菜保护地】 全区新建蔬菜日光温室、塑料大棚等保护地设施总面积689.3公顷，建设的重点是漷县镇、张家湾镇、宋庄镇、台湖镇、于家务乡、永乐店镇等。漷大路设施农业产业带建设项目，沿线全长5.5公里，涉及9个村，原有设施167.8公顷，新建设施113.3公顷，对71.3公顷现有设施进行改建。

【农业科技】 2008年，针对通州区农情的基础性研究工作，推广一大批适合本区的新品种、新技术。全年累计完成各类基础性研究课题129个，展示应用高效节水综合技术、蔬菜高产高效栽培配套技术、测土配方施肥技术等45项农业新技术，对45个新型肥料进行筛选和研究，引进粮经、蔬菜、花卉等各类新品种326个。

【农业收益状况】 全区农、林、牧、渔业总产值38亿元，比上年增长14.3%。其中农业19.4亿元、林业1.1亿元、牧业14.5亿元、渔业2.3亿元、涉农服务业0.7亿元。全年粮食总产量22.95万吨，蔬菜产量66.44万吨，比上年分别增长15.2%和1.3%。

【农业投入】 加大新农村建设投入，扩大公共财政覆盖范围。投入资金1.35亿元，推进农业产业化建设，支持漷大路都市型现代农业走廊以及南瓜园、观赏鱼等项目建设，大力发展都市型现代农业。支持设施农业建设，投入资金8 500万元，实施中低产田改造，新建设施农业666.7公顷。加大新农村基础设施建设投入，投入资金3.3亿元，加快实施农村改水改厕、道路硬化、垃圾密闭化管理等工作，农民生产生活环境得到改善。落实各项惠农支农政策。针对婴幼儿奶粉突发事件，安排资金210万元，对部分奶牛养殖户实行临时性补贴，减少奶农经济损失。继续做好粮食直补工作，发放粮食直补资金5 580万元，使种粮农民得到更大实惠。着力推进农业生态化发展。安排资金1.3亿元，保障绿色通道工程、城市防汛、乡村水环境保护、农林业病虫害防治等工作的顺利开展。投入资金6 073万元，支持农村公益事业发展，和谐村、镇建设得到加强。

【农副产品流通】 全区有各类规模化畜禽养殖场220个。年内，出栏生猪34.6万头、羊10.9万只、肉牛1.28万头、鸭426万只，产鲜蛋7 429吨、水产品9 600吨。全区有蔬菜加工配送企业7个，加工厂库24 000平方米，保鲜库10 380平方米，年配送量25万吨，配送品种257个。全年蔬菜产量7.62亿千克，产值8.61亿元。产品除销往各大批发市场、宾馆、饭店、超市外，部分蔬菜远销荷兰、法国、美国、东南亚等国家和地区。

非农产业

【乡镇企业】 2008年，全区乡镇工业企业完成现价工业总产值379.53亿元，同比增长19.1%，占区域工业总产值的89.5%；完成销售收入435.67亿元，同比增长26.5%，占区域工业销售收入的90.1%；实现利润15.52亿元，同比增长8.7%，占区域工业实现利润的95.6%；完成工业增加值82.98亿元，同比增长19.7%，占区域工业增加值的90.6%；上缴税金25.67亿元，同比增长39.5%，占区域工业上缴税金的91.9%。在2008年度北京市乡镇企业百强排序中，通州区蒙牛乳业（北京）有限公司、北京京裕大红门肉类食品有限公司等7家企业进入市乡镇企业营业收入百强；北京博格华纳汽车传动器有限公司、福耀集团北京福通安全玻璃有限公司、北京通州宋庄铸造厂、北京菲美得机械有限公司等7家企业进入市乡镇企业利税总额百强；北京菲美得机械有限公司、北京北欧管道制造有限公司、北京美采机电设备有限公司等20家企业进入市乡镇企业出口产品交货值百强。

【农村商业】 扶持民营企业福兰德集团发展农村连锁超市、便利店，2008年，发展中心店18家，加盟店117家。超额完成全年新建60家便利店的“折子工程”任务。初步形成以乡镇店为骨干、村级店为基础的农村流通网络。在管理上，福兰德总部对加盟店加大培训力度，根据市场需求及时调整商品种类，使其更加注重商品质量，购物环境和服务水平的提升，在保持加盟店数量快速增长的同时，不断提高商品统一配送率。

【民俗旅游业】 推进观光休闲农业与乡村旅游，举办通州区第四届樱桃节、第二届花卉节、第十届葡萄采摘节、第三届梨园观光采摘节等节庆活动。争取市支持资金，强化基础设施建设，改善观光园区整体环境，2008年组织申报乡村旅游与观光农业项目6个，有4个获得市支持资金250万元。组织市民俗旅游村和市级民俗旅游户的申报工作。2008年宋庄镇大邓村和20个民俗旅游户通过市农委和市旅游局验收。

新农村建设和基础设施建设

【新农村建设12项全覆盖工程】 2008年完成48个村的农村垃圾密闭化管理，实现全区480个村100%覆盖的目标；完成50个村全民体育健身场所建设，累计完成494处，覆盖率达100%；完成111个农村社区卫生服务站建设任务，累计完成540个卫生站、室建设，覆盖率达100%；完成40个村的安全饮水改造工程，全区458个应改水村庄全部完成改造，覆盖率达100%；完成37个村的主干路建设，全区村级主干路全部实现硬化，覆盖率达100%；搭建农村信息服务站建设56个，覆盖率达80%；完成1.5万座农村户厕改造工程，覆盖率达74.5%；完成42个村的有线电视入户，入户覆盖率达68.5%；发展80家农村便民连锁超市，累计发展535家，覆盖达88.8%；村域林木绿化率达标工程完成19个村，累计完成329个村，覆盖率为68.12%；新建农村文化活动中心18个，覆盖率达95.8%；完成50个村“亮起来”工程，“亮起来”村庄达到461个，覆盖率达95.4%。

【新农村资金投入】 年初及时拨付农村公益事业补助经费，每年拿出当年税收形成的财政收入未列入预算增长部分的50%，作为新农村建设资金。各乡镇将乡镇财政收入的50%用于新农村建设。各级财政投入优先用于农村基础设施建设和优先解决子女就学、农民就医、文化生活、农民技术培训等重点问题。对农民自主投资投劳建设的项目和新技术、新能源、新材料、新产业等鼓励推广的项目，采取“以奖代补”、“项目补助”、“购买服务”的办法给予财政支持。鼓励社会资金参与新农村建设，实现投资主体多元化。

【基础设施建设】 为2007年14个新农村基础设施建设整体推进村铺设污水收集管网19万延米，建污水收集检查井7 600座，建设22座污水处理站，完成街坊路硬化工程；对2008年23个新农村基础设施建设整体推进村的街坊路进行硬化；修建乡村公路100公里；新建农村公厕36座；加快建设新农村林业生态体系，全区实施重点绿化工程45项，完成造林面积1 400公顷，栽植各类树木及花卉灌木24.8万株；建设村邮站47个；区新农办联合区种植中心、区安监局、区燃气办、区气象局、区消防局、区质监局等相关部门对已建的沼气和生物质气化集中供气工程，开展安全检查、规范安全操作行为、配备安全设施、设置安全标志等工作，保障农民用气安全；完成50个村的村庄规划编制工作，累计完成123个村的规划编制工作；对潞城镇武疃村、兴各庄村和永乐店镇小务村的200户农宅进行节能改造，其中采用金属压花复合板内衬挤塑聚苯板保温材料对潞城镇武疃村69户农宅进行保温墙体改造7 870平方米、采用中空双玻塑钢窗更换潞城镇兴各庄村51户和永乐店镇小务村80户农宅旧窗4 357平方米，夏季能起到隔热作用、冬季提高室内温度3～5℃。

【新农村街坊路硬化工程】 该工程于2007年4月20日得到区发改委批复，属跨年度工程。涉及台湖镇窑上，宋庄镇翟里，西集镇黄东仪、侯东仪、前东仪、史东仪，漷县镇东定安、西定安、黄厂铺，张家湾镇北仪阁，于家务乡枣林，潞城镇太子府，永乐店镇应寺，马驹桥镇六郎庄等9个乡镇14个村。修建道路总长度147 329米，总面积655 025平方米。其中主路总长度63 485米，面积332 172平方米；支路总长度83 844米，面积322 853平方米。工程于5月开工，年底完工，总投资7 222万元。

【农民安全饮水工程】 2008年农民安全饮水工程于9月下旬开工，于12月31日完工。工程涉及8个乡镇，40个村，解决了4万农民的安全饮水问题。建设内容包括：新建联村供水工程1处，单村供水工程5处，原水厂扩户供水工程14处；新打水源井12眼，新建井房12座，新建600立方米清水池1座，安装消毒设备10台套；铺设主管道51.3公里、村内管网668.5公里；安装水表15 983块、节水龙头31 966个。建设总投资7 387万元，市政府固定资产投资5 171万元，其余资金由区筹措解决。

【户厕改造工程】 完成1.5万座农村户厕改造工程，覆盖率达74.5%，经检查改造后的无害化厕所均达到标准。永乐店镇利用3年时间在全区第一个完成全镇38个村14 309户农村户厕改造任务，2008年获得北京市改厕先进镇。

【"三起来"工程】 实施"三起来"工程，投资700万元完成于家务乡22个村和永乐店镇8个村的电气化工程，按城市居民用电标准统一配置、更换低压接户线157.6公里，满足村民今后8至10年的用电需求；在9个乡镇新建67处太阳能公共浴室、3个沼气站和5个生物质集中供气工程，安装太阳能路灯5 000盏。

【农村文化教育体育】 新建村级文化活动室63个，19 100平方米；新建村级文化广场23个，34 900平方米。群众文化活动更加丰富多彩，通州区第18届农民艺术节举办各类文艺演出17场，4 600人参加了演出，吸引观众8万余人；文艺演出"星火工程"共演出1 800场次，实现300人以上的行政村每季度安排1场文艺演出的目标；周末场演出54场次，吸引观众15 800多人次；组织"我家住在运河旁"公共文化赛事活动，共设置歌曲、戏剧、合唱、艺术家庭、书法、摄影、美术、舞蹈八项比赛。进一步加强文化团队建设，"运河之声"农民艺术团、梨园大众艺术团、宋庄明星艺术团等一批民间职业剧团和业余艺术团队逐渐发展壮大。改扩建的柴厂屯小学、新建的龙旺庄学校、于家务中学相继落成并投入使用。完成28座旱厕所、12块土操场和5所农村乡镇中心幼儿园活动室和厨房的改造任务。撤并3所农村小学和1所农村中学。加强新农村体育设施建设，配建50处全民健身工程，全区11个乡镇、480个行政村村村都建有体育设施，覆盖率达到100%。

民主政治与党的基层组织建设

【基层组织建设】 继续深化农村党的建设"三级联创"活动。大力推进农村基层党建工作创新，全区先后涌现出村级党支部"六服务"、"五星级党支部"、"村级党务公开"等一批新的党建工作亮点；加强村级干部队伍建设，通过组织开展村级两委主要干部集中培训，实施《村级组织工作手册》管理，全面推行"双述双评"考核制度，进一步提高了村级干部的履职能力和水平；完善"三荐两考"村级后备干部选拔机制，全区共储备村级后备干部1 496名，实岗锻炼292名，为新农村建设储备了充足的后备人才力量。在推进村级组织工作的制度化、规范化建设中，永乐店镇被评为北京市村务公开民主管理示范镇；永顺镇小潞邑村等48个村被评为北京市村务公开民主管理示范村。

【农村社区建设】 2008年，通州区农村社区建设先后开展小杜社、史东仪等15个农村试点社区。通州区农村社区建设作为北京市唯一农村社区建设的实验区县得到民政部、市民政局的充分肯定，并作为典型参加全国农村社区建设实验工作交流会。

农村改革与管理

【农民专业合作组织】 全区规范建立的农民专业合作组织144家。其中在民政部门注册的农业协会有22家，在工商部门注册的农民专业合作社有122家，2008年新发展合作社42家。按产业划分，涉及种植业68家、养殖业38家、林果花木业35家、手工编织业1家、其他2家。122家合作社全部按照农民专业合作社法的规定组建成立，在工商部门登记注册、在经管站备案，取得农民专业合作社法人营业执照。加入合作社的社员有6 500余户，占全区从事一产农户的8.7%（一产户7.8万户），每个合作社平均入社社员53户。144家合作组织全部设立了规范的章程，建立了民主决策管理制度、财务统计和公开制度。

【资金互助服务合作社试点】 年内，积极开展农民专业合作社资金互助服务试点，采取先行试点、总结经验、典型引路的方法，培育北京果村蔬菜专业合作社、北京手牵手养殖专业合作社等7家资金互助服务试点合作社，参加资金互助的社员360户，筹集互助金120万元，发生借款业务73笔，借款金额41.8万元，解决社员生产过程中流动资金不足的困难，帮助社员增收致富。对开展资金互助服务的农民专业合作社，区财政给予其融集资金总额10%的本金支持，并按照银行一年期存款利率给予贴息支持，2008年兑现扶持资金14万元。年底资金互助服务工作获得北京市农民专业合作社工作创新奖。

【产权制度改革】 农村集体经济产权制度改革试点工作推进顺利。全区11个乡镇83个村开展改革试点，车里坟等57个村完成集体经济产权制度改革工作，成立57家新型经济组织，其中，2008年新启动改革村41个、完成改革村15个，11个乡镇全都启动改革试点。57个完成改革的村，量化集体资产总额13.52亿元，人均持股总额10.01亿元、集体持股3.51亿元，分别占量化资产总额的74%和26%，农民股东人数达到30 027人，人均持股3.3万元。梨园镇车里坟和西总屯村、宋庄镇后夏村等15个村累计兑现股份分红3 982万元，股东人均分红3 940元，个人最高年股金分红2.2万元。

【土地承包与有偿转让】 2008年，在推进全区土地流转工作中，加强对"农村土地流转信息平台"的宣传，并就其使用方法进行培训，让全区广大农民群众知道平台的作用，学会平台的使用，把握信息的应用。广泛地宣传与培训取得很好的成果，全年上传土地流转信息2 432条，涉及土地面积2 867公顷，达成流转协议的近2 000公顷。土地流转信息平台成为农民进行土地流转的主渠道，在活跃农村市场、增加农民收入方面发挥着巨大作用，此项工作得到市、区各级领导的认可和表彰，并在全市郊区县推广。

【个体私营经济】 8月份，全市工商系统重新调整企业类别归属，将原内资企业中自然人出资的公司制企业纳入私营企业范畴。调整后，截至年底，全区内资企业累计达6 300户，注册资本（金）147.7亿元。其中国有企业532户，集体企业842户，股份合作制企业2 067户，公司制企业（法人出资）2 836户，其他企业23户。私营企业累计达23 890户；个体工商户累计达64 646户，从业人员87 496人。年内，内资企业开业登记2 460户；私营企业开业登记1 425户；个体工商户开业登记10 723户，从业人员15 414人。年内，通州区私营个体经济协会所属汇利源、明伟通、八角楼三家商品配送站围绕"食品放心工程"搭建商品配送服务平台，解决边远农村商店进货渠道不畅、商品质量无保障难题。全年共为14家连锁店，300余户会员配送食品、饮料、酒类、水果、蔬菜等各类商品金额达1 740.5万元。

农民生活

【农民生活质量不断提高】 据农村住户抽样调查资料显示，2008年农村居民人均纯收入10 212元，比上年增长12%。农民消费水平有所提高，农民人均消费性支出6 766.2元，比上年增长13.4%。恩格尔系数为36.7%。农村居民人均年末住房面积45平方米，比上年增加0.4平方米。现代化生活用品的大量拥有，显示了农民生活质量和水平在不断提高。2008年，农村每百户农民人均用于食品类消费支出达到2486元，同比增长16.1%。其中：主食增长7.4%；副食增长19.6%，副食中的肉、禽、蛋、奶消费支出增长23.3%；家庭设备用品支出416.6元，同比增长21.2%；农民家庭平均每百户拥有洗衣机99台、电冰箱103台、彩色电视机134台、摩托车31辆、照相机29架、空调99台、影碟机31台、家用电脑52台、手机179部、抽油烟机63台、微波炉43台、淋浴热水器79台。

【新型农村合作医疗】 全区参加合作医疗人员共计322 188人（包括低保人员7 287人），占符合参合条件人口的95%，人均筹资320元，筹资总额为103 10万元。本参合年度一次报销的有95 695人次报销医药费6 965万元，其中领到5 000元以上报销款的3 386人次、达到7万元封顶金额的11人；二次补偿报销的23 062人次，发放报销款2 590.17万元，达到2万元封顶金额的39人。

【计划生育】 全区出生人口5 760人，人口出生率为8.84‰，计划生育率为97.27%，人口自然增长率为2.48‰。全区2 075名独生子女享受到旧村改造优惠政策，人均享受住房奖励资金13 251元，600户农村计生家庭利用市财政2 000万元贴息贷款发展生产，实现脱贫致富。年内，全区用于计划生育家庭的各项扶持和救助资金7 300万元，436个村建立利益导向机制，落实面积90%以上，切实维护了独生子女家庭的利益。

【劳动力转移和农民就业】 年内，全区城镇新增就业人员22 089人，完成任务的113.3%；有10 655名农村劳动力实现二、三产业转移就业，完成任务的106.6%。16家公共职介机构推荐失业人员就业9 240人，完成任务的170.6%。

【农民社会保障】 年内，落实《北京市人民政府关于印发〈北京市新型农村社会养老保险试行办法〉的通知》（京政发［2007］34号），全年参保14.6万人，是2007年参保人数的3.5倍，是2003年参保人数的5倍。2008年底，新农保覆盖率达到91%，位居全市前列，全年累计收取保费1.5亿元，累计发放各项待遇0.9亿元。全区有7 809人按政策享受农保待遇，比上年增长119%，人均待遇领取水平401元/月。

区乡镇领导体制和工作情况

【三农工作会议和工作部署】 3月11日，通州区召开全区农村工作会议。区委、区人大、区政府、区政协的主要领导参加会议。副区长于世疆代表区委、区政府做题为《统筹城乡发展　扎实推进新农村建设　努力形成城乡经济社会发展一体化新格局》的工作报告。会议总结2007年农业农村工作，部署2008年和今后一个时期通州区新农村建设任务。报告要求：通州区新农村建设要按照"形成全区经济社会发展一体化新格局”理念和目标，统筹新城和新农村建设，突出加强农业农村基础设施和生态环境建设，积极促进都市型现代农业和农村经济又好又快发展，实现农民持续增收。努力改善农村生产生活条件，切实解决民生问题。全面深化农村各项改革，增强农村发展活力，确保全区新农村建设健康快速发展。着重抓好五方面工作：一是坚持以规划为指导，促进新农村建设有序推进。二是培育以都市型现代农业为基础的新产业，提高农民收入，拓宽农民致富渠道。三是坚持以解决农民群众最关心、最直接、最现实的利益问题为切入点，着力改善农村生活环境，提高农民生活质量。四是坚持以深化改革为动力，创新体制机制，不断增强农村发展的活力。五是强化政策支撑，加强组织领导，努力开创新农村建设工作新局面。

【主要工作情况】 一是完善公共财政对资金重点领域倾斜的资金投入机制。2008 年在新农村建设资金安排上重点做到向新农村产业发展领域倾斜、向农村环境建设整治领域倾斜、向农村社会事业发展领域倾斜、向农村社会保障和就业领域倾斜、向农村基层组织建设领域倾斜。二是建立完善的部门联动、多方筹资的资金投入机制。合理安排预算内资金、调剂增量设立新农村建设专项资金、引导乡镇财政资金投入新农村建设、区委、区政府提出“各乡镇要将财政留成基本需求外的 50%用于新农村建设”的要求。积极争取上级新农村建设的资金支持、建立财政支持新农村建设的其他筹资方式、引导农民将自有资金、村集体资金、社会资金参与到新农村建设当中。三是建立新农村公共基础设施的管护机制。制定《通州区新农村公共设施管理办法（暂行）》。通过各项制度的落实，确保新农村公共设施管护措施的到位和项目效益的发挥。四是进一步完善社会各界力量支持新农村建设的广泛参与机制。建立区级四大家领导联系乡镇结对共建机制。区属各职能部门年初确定的 186 项新农村建的折子工程顺利推进。建立各种社会力量参与新农村建设的激励机制，引导机关、企事业单位、社会团体组建 121 支农村帮扶工作队结对帮扶新农村，取得显著效果。

【新农村建设工作机构】 区新农村建设指挥部制定新农村建设规划、年度计划和实施方案，统筹协调全区新农村建设工作。各乡镇党委、政府是新农村建设的直接组织者、责任者，并成立相应的领导和工作机构，制定本乡镇新农村建设规划，统筹协调本地的新农村建设。各职能部门围绕新农村建设年度任务和重点主动开展工作，全力支持新农村建设。各村级组织切实发挥新农村建设的实施主体作用，积极引导广大农民群众投身新农村建设，确保新农村建设工作扎实推进。

【落实粮食直补政策】 全区小麦补贴面积 16 847公顷，综合直补资金 3 790.63 万元。共有 9 个乡镇 346 个村 4.09 万户农民享受到小麦直补。全区玉米种植总面积 23 160 公顷，补贴资金总额2 675.70 万元。其中面积补贴金额 694.87 万元，良种补贴金额 415.48 万元，综合补贴金额 1 563.47 万元，水稻补贴金额 1.87 万元。全区 386 个村，5.49 万户农民享受玉米综合直补。

【奥运农产品供应基地】 奥运会期间通州区有 8 家单位被确定为奥运农产品供应基地。其中养殖 3 家：北京金星鸭业中心梁家务养殖场、北京金星鸭业中心中辛庄养殖场、北京三元食品股份有限公司三元绿荷奶牛养殖中心第一牧场；种植业 3 家：北京东升方圆农业种植开发有限公司果村基地、北京市西集胜红种植园、北京金信食用菌有限公司。鲜切菜企业 1 家：大运河配送中心。批发市场 1 家：北京八里桥农产品中心批发市场。北京奥运会和残奥会期间，区农委系统全面完成供奥农产品保障工作，实现三个 100%：一是供奥农产品质量安全合格率 100%；二是奥运会、残奥会期间鲜切叶类菜品项和数量双 100%供应。奥运期间通州区为北京奥运会供应鲜切菜、绿豆芽、食用菌、鸭坯子、肉鸭、鲜奶等农产品 50 种 143.91 万千克。其中大运河鲜切菜 11.06 万千克、东升绿豆芽 8 580 千克、金信食用菌 7 521 千克、三元鲜奶 106.2 万千克、金星鸭 25.04 万千克；三是外围农产品质量安全合格率达到 100%。

【执法检查状况】 加大奥运农产品抽检力度，市级每 10 天抽检 1 次，区植保站、兽医站和水产检测每周抽检 1 次，企业对供奥产品批批进行自检。6 至 9 月份，抽检种植和养殖基地、屠宰场、批发市场等样品 1 477 个，其中蔬菜抽检 227 个品种、496 个样品，畜禽抽检 411 个样品，水产抽检 570 个样品，合格率 100%。加强农业投入品的执法检查。区农委组织农药、兽药等执法单位对辖区内 130 个种子、农药经营部门、8 家兽药生产企业、35 家兽药经营门市部、25 家动物诊疗单位进行专项检查，农药、兽药的合格率显著提高，未发现违禁药物。为整顿农村经营未经检疫生鲜猪肉现象，通州区农委、养殖中心、商务局、工商局、卫生局等单位联合执法，区兽医卫生监督所执法人员参加 8 次联合行动，没收销毁未经检疫猪肉 1 165.35 千克，病死猪产品 130 千克。加强动物检疫监督工作。严格动物及动物产品的检疫出证。严把进京关。5 个进京公路动物防疫监督检查站，检疫监督执法人员 24 小时上岗。区动物执法巡逻队对 14 个非指定路口进行重点巡查。

【三农提案办理情况】 区政协四届二次会议以来，提案委员会收到提案 216 件，在立案的 191 件提案中，涉及新农村建设方面的 23 件，占 12.1%。各界委员和各民主党派就“三农”问题提出了很多针对性较强的建议，被区委、区政府采纳。针对关于优化农业产业结构，促进农民增收的建议，区委、区政府高度重视，区农委等各职能部门采取多项措施，大力扶持农民专业合作组织，着力打造名优农产品品牌，组织农民实用专业技术培训，有效促进了农民增收。

【社会力量参与】 全面启动新一轮帮扶农村工作，百支驻村工作队在协助村级党组织发展村级经济、推进基层民主、培育文明乡风等方面进行重点帮扶，累计投入帮扶资金达 1 594.6 万元，有力地推进了新农村建设。

通州区主要领导人

区委书记 王云峰
副书记 邓乃平 杨 林（女，4月免）
张文山（7月任）
常委 王云峰 邓乃平
杨 林（女，4月免）
张文山
王春元 李玉君 张秀余
邵明星（4月免） 张永明
尹双曼（女，11月任）
尹燕京 张 勇
储怀森（4月任）
区人大常委会主任 石进贤
副主任 蒋洪昉 王 平 韩振福
仇春利 张晓燕（女）
区长 邓乃平
副区长 张永明 张 勇 赵玉影
于世疆 刘淑华（女）
张 华
区政协主席 王玉辉
副主席 高志禄 杜宏谋
李淑华（女，回族）
金建华 杜少勋 王子江

通州区乡镇党政正职领导

	书记	镇长
永顺镇	董维毅	张玉和
梨园镇	王岩石	于立东
宋庄镇	胡介报	裴志刚
张家湾镇	尚祖国	孙奎亮
漷县镇	杨连元	闽国常
马驹桥镇	薄立军（11月免）	房亚军（12月免）
	房亚军（11月任）	鲁新洪（12月任）
西集镇	刘雪峰	张德启
潞城镇	苏雅文（女）	甄 宇
台湖镇	贾君刚	刘贵明（3月任）
永乐店镇	张振泉	禹学河
于家务回族乡	陈 宇	何志强

（陈宏毅 张亚昆）

顺义区

概述

顺义区位于北京市东北郊，城区距北京市区 30 公里，面积1 021平方公里。户籍人口 57.4 万人，农业人口 31.8 万人，居民人口 25.6 万人，外来人口 34 万人。区辖 19 个镇（地区办事处）、6 个街道办事处、426 个行政村。年内，在市委、市政府和区委的坚强领导下，在区人大和区政协的监督支持下，围绕“办好一件大事，营造良好局面”的工作目标，紧紧依靠全区人民，认真落实科学发展观，成功举办新奥运，加快建设新顺义，区三届人大二次会议确定的主要目标任务基本完成，成功实现了奥运筹办和经济社会发展的双丰收。年内，完成地区生产总值 400 亿元，完成固定资产投资 220 亿元，完成出口交贷额 350 亿元，实现社会消费品零售额 130 亿元，实际利用外资 3.8 亿美元。属地财税收预计完成 189 亿元，同比增长 33.7%；一般预算收入预计完成 40.5 亿元，同比增长 22.5%。城镇居民人均可支配收入达到22 000元，农民人均纯收入达到 10 300 元，同比分别增长 10.9%和 11.2%。

都市型农业

2008 年顺义区农林牧渔产值完成 54.5 亿元，同比增长 8.6%；农业增加值实现 20 亿元，同比增长 7.5%。

【“四个中心”建设步伐加快】 巩固农产品加工中心地位。顺义区 54 家农产品加工企业实现销售收入 80 亿元，同比增长 30%。继续推进优质籽种生产中心建设。实现种猪出栏 27.5 万头。利用花博会资源优势，积极发展花卉籽种产业。强化农业观光休闲中心建设，接待采摘、垂钓人数 111 万人次，实现采摘、垂钓收入 1.38 亿元，分别增长 4%、7%。农产品物流配送中心稳步发展，全区 69 家农产品配送企业完成配送总量 26 775.9 万千克，实现销售收入 21.5 亿元。

【大力发展设施农业】 按照“设施是条件，品种是重点，市场是关键，效益是核心”的设施农业建设原则，加快设施农业建设。全年建成日光温室 197 公顷、智能温室 33.8 公顷、钢架大棚 144 公顷。三项合计 375 公顷。

【三高农业】 北京顺义三高科技农业试验示范区是 1995 年 1 月建立的科技农业示范区，核心区占地 187 公顷。逐渐形成了精品花卉、观光采摘、林木种苗、农产品加工、畜牧籽种、科普培训、餐饮住宿为主的产业，并依托科研院所成为科技成果孵化转化、示范推广的重要平台。年内主要任务围绕服务奥运和筹办一届“高水平、有特点”的花博会开展工作。

【三高示范区接待参观考察人员】 三高示范区调整种植结构，增加了空中甘薯树式栽培区，蔬菜墙式、柱式栽培区，引进了香蕉、莲雾等热带水果。全年共接待考察参观、休闲体验7.52万人，其中中小学生6.8万人，考察参观0.2万人，外省市游客0.5万人，外宾0.12万人。

【种植业】 年内，顺义区共种植夏粮小麦14 133公顷，亩产348.8千克，总产7 381万千克，总产值1.2亿元；秋粮玉米种植面积22 533公顷，亩产428.1千克，总产1.4亿千克，总产值2.2亿元；豆类1 533公顷，亩产175.5千克，总产405.6万千克，总产值1 777万元；薯类200公顷，亩产399.3千克，总产133.6万千克，总产值1 361.5万元；花生600公顷，亩产241.2千克，总产215.7万千克，总产值1 078.5万元；苜蓿980公顷，亩产干草950千克，总产1 396.5万千克，总产值1 396.5万元。蔬菜播种面积11 167公顷，总产量55 800万千克，总产值104 592万元；西瓜、甜瓜总播种面积1 800公顷，总产量8 769.5万千克，总产值23 945.5万元；全区蔬菜保护地占地面积3 104公顷，其中温室1 095公顷，大棚1 607公顷，中小棚403公顷。2008年全区农产品加工、配送企业共69家，蔬菜配送为主企业34家，全年配送总量6 648万千克，实现销售收入38 965万元。

【实施农业项目和工程】 建立“小麦—夏玉米”模式集中成方连片高产示范方267公顷。通过实施高产栽培技术，示范方小麦平均亩产407.1千克，比全区平均亩产增16.3%；示范方夏玉米平均亩产545千克，比全区平均亩产增27%。推广玉米雨养旱作技术19 333公顷。推广测土配方施肥面积4万公顷。建立15家配方肥供应点，共计配肥1 146.1吨，每吨补助400元，直接为农民减少投入45.844万元。共配送有机肥8 000吨左右，按照每吨补助250元计算，共节约资金2 000万元左右。建设蔬菜科技示范村15个，规模220公顷；建设水源保护地农田节水示范区300公顷，全区推广应用2 133公顷。顺义区植保站成为北京市远郊区县植保系统首家获得计量认证单位。引进蔬菜瓜类新品种53个，其中国外品种10个。为农户推介与补贴新品种6类39个品种，包括甜瓜、西瓜、黄瓜、特色番茄、南瓜、彩椒等作物，落实生产面积147公顷，涉及农户500多户。建成四处新品种、新技术展示基地。发展林间食用菌36公顷，推广典型户20户栽培品种有香菇、平菇、木耳（架式），杏鲍菇、鸡腿菇、白灵菇（覆埋），共计130万袋。开办各类农民田间学校35家，发展科技示范户0.2万户，培养农民土专家0.1万名，辐射带动2万名农民科技致富。

【举办顺义区品牌农产品包装评比大赛】 举办顺义区品牌农产品包装评比大赛。全区50家农产品加工、配送企业、生产园区的粮菜、果品、畜牧水产、加工四大类共计152个产品包装参赛。

【林业生态】 全区林地面积36 535公顷，全区林木覆盖率36%。“百村万户”绿化工程完成村庄绿化98个，庭院绿化1.2万户，植树137.8万株。航空走廊绿化工程完成造林面积518.21公顷，植树76.8万株。京平、机场南线绿色通道建设工程绿化长度37.9公里，完成造林面积266.97公顷，植树22万株。左右堤路绿化工程绿化道路总长21.4公里，道路两侧绿化宽度各50米，栽植各类苗木7.5万株。播草盖沙工程完成播草盖沙面积200公顷。平原治沙工程完成工程建设总面积616.13公顷。彩叶工程完成造林面积33.33公顷，植树4万株。京津风沙源治理爆破造林完成造林面积40公顷，植树4.9万株。废弃矿山植被恢复工程完成治理核心区面积70.33公顷，栽植侧柏、黄栌等苗木16.2万余株。30.5万人参加义务植树活动，植树面积356.7公顷，栽植树木52.4万株，抚育管护林木65万株。

【林业产业】 实现果品产量7 100万千克，比2007年增长2.9%，实现果品产值2.08亿元，比2007年减少9.57%（原因为奥运期间部分应季果品价格受到严重影响）。推广果品有机化栽培综合配套技术2 000公顷。开展了奥运果品安全生产等实用技术的培训。全区投保果农580户，投保面积602.51公顷，投保金额704 041元。果品采摘全年计60万人次，收入6 000万元。全区花卉种植面积1 045.33公顷，产值1.5亿元。引进了20多家大中型花卉企业，面积合计466.67公顷，总投资超过10亿元。现有苗圃108个，育苗面积1 773.07公顷。在圃苗木4 780万株。年出圃各类绿化美化苗木663万株，实现销售产值6 600万元。蜂业生产总收入4 558万元。总蜂群数为4 900群，现有养蜂合作社2家，蜂产品加工企业3家，蜂疗所1家，推广蜜蜂授粉西瓜500棚，草莓500棚，果树333.33公顷。

【森林资源安全保障】 全年办理林木采伐许可证884件，采伐林木14.49万株，总蓄积3.55万立方米。防火戒严期和奥运会期间，每日出动护林员、巡查员470人，巡查车28辆。防火期内，共制止野外违章用火82起（93人），全区共清除各种火灾隐患189处，清除林下可燃物5 000公顷。在奥运场馆周边200公顷林地内先后两次喷洒了森林防火阻燃剂。对区域内的300余家饭店、药店等商户进行了野生动物保护宣传检查和登记。森林病虫害防治投入专项资金2 000万元。完成飞机防治365架次，地面防治作业面积累计7万公顷。现有专业管护队12支，从事林木绿地专业管护人员800人，管护林地总面积2 133.33公顷。山区生态林管护共涉及5个镇、37个村，生态林总面积4 066.67公顷。组织了三期山区生态林管护员的业务培训，两次护林员水资源保护培训，培训人员达600余人次。

【农机服务】 年内农机装备结构得到明显优化，机械化水平保持高位运行。全区农机保有量、农机总动力和农机资产原值分别达到2.9万台（件）、33万千瓦和3.5亿元；完成小麦、玉米机械化播种37 733公顷，机播水平达到98.65%；完成小麦机收14 733公顷，机收水平继续保持100%，玉米机收（包括青饲收获）水平也有较大增长；设施农业机械化水平实现了大的飞跃。各级政府和农民投入农机化化资金2 000万元；农机化经营完成总收入10 032万元，实现利润4 405万元；农机化从业人员6 800人。

【举行北京市农机技术科技入户启动仪式】 对张镇、杨镇、龙湾屯等农业重点镇共7个村近百名植保机械示范户进行了理论培训，并对机具的安装、使用和保养进行了演示。共发放植保防护器具30余套以及书籍、光盘等宣传材料1 000余份。

【农机科技培训取得新进展】 开展了“金蓝领”农机高级操作工、农机社会化服务组织、小型打药机田间使用、基层农机推广、小麦收割机技术和补贴机具的使用保养等培训活动。并以送培训到基层的方式共为9个镇培训汽车等级驾驶员2 359人。

【社会化农机服务组织不断壮大】 建成区、镇、村、社、户五级农机服务组织524家。其中机械资产在20万～50万元的服务组织153家，占29.2%；机械资产在50万元以上的服务组织99家，占18.9%；农机维修和经销网点100家，占19.1%。农机合作社初步建立起了“一个联合、两项统一、三种服务”管理模式。

【推广机械化保护性耕作技术】 全区春、夏、秋三季粮食作物基本实现保护性耕作，小麦、玉米平均亩增产5%左右。分别通过秸秆粉碎直接还田、秸秆收作青贮饲料、秸秆用作覆盖物等方式使秸秆得到充分利用，有效杜绝了秸秆焚烧。保护性耕作地块比传统翻耕地块提高有机质20%左右。保护性耕作比传统耕作减少了耕地、轻耙整地、施底肥和播后镇压四道农机工序。每亩平均降低农机作业成本60元左右。完成春夏秋三季保护性耕作34 600公顷。其中春播玉米完成7 733公顷，占播种面积的96.7%；夏玉米14 200公顷继续保持全部免耕播种；冬小麦完成12 667公顷，占播种面积的91.3%。共节约农机作业成本约2 400万元。全区春播玉米及豆类作物基本实现保护性耕作，小麦秸秆继续保持全面禁烧，夏玉米及豆类作物仍保持全部免耕播种，冬小麦实施保护性耕作面积已占到总面积的85%以上。

【水产服务】 发展休闲垂钓渔业，促进农民增效致富。划拨专项资金140万元，引导、鼓励养殖户发展休闲渔业。全区开展垂钓业务的养殖户由202家增加到420家，占全部水产养殖户的79.8%，垂钓示范园发展到12家，垂钓收入年递增8个百分点，已占渔业经济的42%。通过开展垂钓业务，从事渔业人口年人均增加1 200元。

【种猪产业稳步发展】 全区种猪出栏24.5万头，与上年持平，实现销售收入5.4亿元，纯收入2.6亿元。从美国引进优质种猪500头，完成10商品猪场改造升级为种猪场，具备新增种猪3万头的生产能力，正规种猪生产经营企业已达到28家。

【农村科技】 农村科技协调员队伍建设取得新进展。加强培训，提高协调员的科技素质。累计发展科技协调员967名，组织农村科技协调员专项培训8次，培训协调员3 000人次。协助市科委编辑完成《北京市农村科技协调员队伍建设工作汇编》，发放到各协调员工作站，为全区协调员交流经验、提高素质提供支持。农民实用技术培训扎实开展。充分发挥基层科技组织、农民专业合作社、农村科技协调员的作用，通过集中授课、播放课件、邀请农业专家深入田间地头实地指导等多种形式，扎实开展农民实用技术培训，年内培训农民11 160人次。积极运作涉农科技项目。累计发展爱农信息驿站26家，发布农业科技信息3 000条。申报农业高成长企业专项等农业科技项目19个，其中“糯玉米产业化及深加工”、“都市型现代果业建设”等一批涉农项目取得了市科委的资金支持。

新农村建设

顺义区委、区政府坚持以城市（产业）带动型为引领，全面推进“四种类型”新农村建设和“三个起来”工程建设。市、区、镇、村四级全年累计投入资金10.4亿元。其中在城市（产业）带动型新农村建设中，完成了军营等3个村、823户的拆迁工作；北郎中村作为顺义区唯一的升级改造型村庄，继续进行新型农民住宅小区的供暖、供电等市政基础设施和公共服务设施建设；23个基础设施建设整体推进村的“五项工程”全面开工；高标准完成了14个环境整治型村庄的整治任务。“三个起来”工程方面，累计总投资6 200万元，完成了包括太阳能路灯在内的17项工程建设，解决了农民生活中的实际困难，提升了农村生产、生活和生态质量。

【城市（产业）带动型新农村建设】 新城组团（空港区、中心区、河东新区）和四个重点镇（杨镇、李遂、高丽营、赵全营）中心范围内的村庄，依托新城建设、重点工程建设及产业带动，利用市场机制推进新农村建设。建设标准：村民居民化，就业园区化，生活社区化，农村城市化。年内完成了军营、杜各庄、赵庄3个村的拆迁工作，拆除建筑面积26.89万平方米，涉及823户，2 798人。

【升级改造型新农村建设】 赵全营镇北郎中村作为顺义区唯一的升级改造型村庄，年内继续进行新型农民住宅小区的供暖、供电等市政基础设施建设。同时，建设完成了建筑面积达300平方米的太阳能公共浴池，对村内环境进行整治，绿化面积10 000平方米。

【整理推进型新农村建设】 2008年23个新农村基础设施建设整体推进村的“五项工程”全面开工，铺设安全饮用水管道14.13万米，完成户厕改造6 004户。

【环境整治型新农村建设】 村集体经济基础较弱，农民收入较低，村庄基础设施建设和环境面貌较差的村庄，重点进行村内道路硬化、垃圾处理设施建设、饮水安全及厕所改造，清理乱堆乱放、村内道路绿化美化等，使农民生产生活环境有明显改善。建设标准：干净，整洁，路畅，村绿，建制。年内，完成了2007年146个环境整治型村庄的环境整治“扫尾”工程，高标准完成了2008年14个环境整治型村庄的环境整治任务，给广大农民的生产生活环境带来了历史性变化。全区投资6 000多万元，实施了“百村万户”绿化美化工程和道路美化工程，完成村庄绿化103个，庭院绿化14 183户，形成了“一镇一色、一村一品、一片一景”，处处见绿见新的农村新景观。

【新农村“三起来”工程建设】 年内，累计总投资6 200万元，其中市级支持资金5 168万元，区级配套资金1 032万元。安装太阳能路灯3 750盏，安排建设大型沼气和生物质气化工程5处，建成雨洪工程13处、规模猪场粪污处理工程11处、有机肥生产线4条，新建太阳能公共浴池6处，既有农民住宅节能保温改造项目67户，新建节能示范型农民住宅3户，整体推进户用沼气池50个。

【顺义区新农村建设工作会议召开】 2月26日，顺义区召开2008年新农村建设工作会议，区建委主任、区新农村建设办公室主任刘永发作了题为《坚持城乡统筹，立足服务奥运，继续推进全区社会主义新农村建设》工作报告，全面总结了2007年新农村建设情况，具体部署了2008年新农村建设工作任务。赵全营镇等3个单位作了典型发言，区政府副区长李友生同志强调从四个方面保障新农村建设的顺利进行：一是切实把全区干部群众的思想统一到中央和市委、市政府关于新农村建设的决策部署上来；二是紧紧围绕办好奥运这件大事，加强农村环境整治，营造优美环境和优良秩序；三是适应新阶段、新形势，不断创新新农村建设的思路和模式；四是切实加强领导，完善新农村建设和管理的体制机制。市农委副主任刘春广到会并作了重要讲话，从基本精神、基本判断、基本实践、基本方式等“四个基本”方面，深入细致地分析了中央支农、惠农、富农的文件精神，从政策机制、长效机制、创新机制等方面，解读了今后新农村建设的发展方向、奋斗目标和工作重点。

【9个市级试点村通过市级综合评估】 5月19日，市新农办评估小组按照关于《社会主义新农村建设试点村管理办法》的通知要求，采取实地走访、问卷调查、现场座谈等形式，从主导产业、经济增长、农民就业等32个方面，对试点村的新农村建设进行了多角度、全方位的综合评估。按照评估标准，将全市79个试点村分为六类，其中第一类为成效突出村，全市共7个，顺义区占3个；第二类为成效明显村，顺义区有4个；第三类为进展平稳村，顺义区有2个；第四、五、六类分别是未完善、急需努力和工作较差。

【强化基础设施 改善生产环境】 年内，加大基础设施投入力度，改造池塘及治理美化生产环境共投入1 370余万元，新增绿地面积69.6万平方米，植树3.9万株，池塘堤路硬化改造42万平方米，电缆线路技术改造5万余米，消除安全隐患四类，有力地促进了新农村建设。

【奥林匹克公园南侧绿地改造】 工程面积36 000平方米，由市发改委直接投资710万元建设。建设绿地面积35 650平方米，铺装面积350平方米，主要建设内容有地形整理、种植、景亭、置石、电气、灌溉系统等。栽植油松、栾树等乔木10个品种1 168株，迎春、紫薇等灌木6个品种4 719株，播种金鸡菊、波斯菊等草本花卉9 520平方米，铺草卷23 950平方米，种植孔雀草、万寿菊、红花酢浆草、小白日草等8个品种30 000盆花；道路铺装522平方米；景亭1座，景观置石1 300吨；变压器（80KVA）1座；灌溉系统35 650平方米。

【平原景观游憩林】 项目实施面积50公顷，建设内容主要包括高效节水灌溉技术示范、土壤健康经营培肥试验示范、防风固沙型平原沙地人工游憩林定向改造试验示范、游憩体系建设，包括游憩道路建设、游憩节点建设、森林火险管理、森林有害生物可持续控制。

【汉石桥湿地】 汉石桥湿地自然保护区于2005年4月4日经市政府批准为市级自然保护区，同年6月成立顺义区汉石桥湿地自然保护区管理办公室（简称湿地办），为区政府直属正处级全额拨款事业单位。负责保护区的保护、管理与湿地资源的开发利用，组织开展科学研究、科普旅游等。汉石桥湿地自然保护区位于顺义杨镇地区，距北京城区约35公里，总面积19平方公里，是北京市唯一现存的大型芦苇沼泽湿地以及多种珍稀水禽的栖息地，其中国家Ⅰ级重点保护野生动物2种，国家Ⅱ级重点野生动物17种，具有极大的保护和科研价值，对于区域经济社会可持续发展具有重要意义。保护区划分为核心区、缓冲区和实验区。核心区面积163.5公顷，是保护区的核心和精华，实行全封闭保护，控制人员进入；缓冲区面积12.1公顷；实验区面积1 724.4公顷，保护区未来主要针对这一区开发利用，开展生态旅游、科研科普等方面工作。

【植被恢复及环境整治工程顺利完工】 湿地办共种植乔木30种，22 500余棵；种植灌木25种，25 000余棵；种植水生植物22种，3万多平方米；在核心区四周设置了7.3公里的围栏；对蔡家河和6条排水沟进行了治理，建成了6.67公顷（100亩）垂钓区、20公顷（300亩）游船区及53.3公顷人工森林。

【新建节能保温农宅3户】 11月28日，北务镇珠宝屯村3户新建节能保温农宅竣工。新建节能保温农宅采用新型节能保温砌块材料和外墙外保温工艺，在取暖方式上采用太阳能热水室内地盘管管线工艺；在投资方面，采取农民自筹50%，市、区、镇、村补贴50%的方式。新型节能保温农宅集中体现“四大特点”：在外观设计上体现了“造型各异”，在设计理念上体现“节能环保”，在居室设计上体现“人性化”，在结构设计上体现“坚固抗震”。

【太阳能公共浴室工程竣工】 12月15日，已列入市政府折子工程的太阳能公共浴室工程竣工，工程涉及顺义区4个镇6个村，总面积1 400平方米，总投资270万元。太阳能公共浴室使用节能保温新型材料，能够抵御6级地震、8级裂度。同时，浴室采用地源热泵室内供暖系统、插卡式淋浴设备等先进工艺，建成后，解决了2 000户农民冬季洗浴问题。

【基本建设】 完成杨镇蔡家河上游河道整治工程，疏挖清理河道3.2公里，动土方15.9万立方米。完成Ⅱ线排水沟清淤工程，清淤长度2 230米，清除淤泥9 400余立方米，坡面垃圾2 000余立方米，基本满足汛期排水要求。完成轨道交通机场线车辆段外部雨水工程，对李天路以南楼台东排水沟和岗山南排水沟进行治理，疏挖排水渠2 518米，建设巡堤路2 950米，改建桥、涵、闸19座，提高了渠道泄流能力。

【农民安全饮水】 投资3.42亿元，解决了16个镇136个村12.67万人饮水问题。其中水厂扩户3处，建设单村供水工程117处，新打饮水井30眼，建井房132座，安装水质净化设备274台（套），铺设配水管线2 419公里，安装水表、配发节水龙头55 258套。

【农田水利】 完成了全区16个镇686.7公顷农田节水灌溉面积，更新、新打机井62眼，建井房40座。新建坑塘雨洪利用工程17处。

【供水工程】 对6个村1 428户的供水管网进行了改造。全区集中供水厂达到了12座，设计日供水能力17万立方米。利用引温入潮跨流域调水工程为2009年第七届中国花卉博览会供水。由引温入潮1号分水口引接供水钢管至花博会园区，安装管道全长249.97米。设计日引水能力7 200立方米，年可节约地下水43万立方米。

【节水用水】 全区4个居民小区，10家用水单位达到了市级节水创建先进标准；1个居民小区、3家用水单位达到了区级节水创建先进标准。免费为低收入居民家庭安装节水器具1 112套，居民小区节水器具普及率达到了100%。

【航空走廊建设】 工程建设长度22.65公里，完成总面积165.6公顷。其中一般区37.5公顷，核心区31.8公顷，改造96.3公顷；组织施工队伍246人，动用机械台班2 280个，新打机井11眼，铺设地下管道1 056米，移动管道4 520米，园路1 240米；栽植杨、柳、火炬、桧柏等20多种乔木5万多株，丁香、连翘、木槿等10多种花灌木68万余株，播种紫花苜蓿地被40公顷，更新复壮、抹头修剪树木1 126株。

【加强移动农网工作】 顺义区29台信息机、559台农信机共计发布各类信息309.1万条次。顺利开展移动农网试点单位建设工作。按照《2008年农村信息化工作方案》的要求，我们确定了4个区级机构、5个镇、5个村、5个合作社共19家单位开展顺义区08年移动农网示范应用工作。

【农村教育】 教育投入约12亿元，较2007年增长19.1%。争取市级专项资金3.35亿元，用于改善农村学校办学条件，其中投入资金1.1亿元；投入1.5亿元，完成学校修缮近7万平方米。培养农村骨干教师122人。规范教育教学管理，各类教育全面协调发展。学前教育，一级一类园达到了18所，有早教基地24所。成人教育，完成社会化培训100万人次、学历教育6 300余人、引导性培训4万余人、技能培训1.8万余人，农民学员就业率达90%以上。特殊教育，在北京市特教研究论文评比表彰会上，该区论文获奖率居全市第一；承办了“北京市随班就读课堂教学评价研究”现场会。幼儿园30所，教职工837名。市级骨干教师2名，区级学科带头人4名，区级骨干教师80名，区级园丁新星13名，各级各类骨干教师占专任教师总数的14.7 %。学前三年教育普及率100 %，0～3岁幼儿受教育率90%以上。一级一类幼儿园17所，北京市示范园2所，市级早教基地19所。小学35所；教学班885个，在校生31 790人，教职工2 928人。中学39所，其中，初中24所，完中6所，高中4所，九年一贯制学校4所。特殊教育学校1所，开设班15个，在校生140人。校外教育单位2个，教职工62人。中小学市级特级教师9人。中小学教师具有高级专业技术职务875人。全区中小学图书馆藏书200.53万册，电子图书81 257片。校舍总占地面积3 724 700平方米，总建筑面积114 176 0平方米。固定资产总值145 331万元。全年教育经费投入91 329万元。职业教育学校6所，在校生7 402人。全部职业学校占地178 699 6平方米、建筑面积168 690平方米，固定资产总值10 218.58万元。全年教育经费投入5 263万元。各类成人学校440所。首都高校在顺义办学点数量达到20所。全部成人学校占地面积218 784平方米，建筑面积67 575平方米；固定资产总值13 41 4.168万元；全年教育经费投入1 808.6万元，其中，国家拨款539.5万元，自筹经费1 269.1万元。共有各级各类民办教育机构89所，其中：幼儿园9所，小学1所，普通中学8所，职业高中2所，培训机构69所。固定资产4 270万元，教学实习仪器设备资产值达到2 792万元，教学用计算机472台，多媒体教室座位数1 131个，占地面积72 415平方米，教学行政用房建筑面积 24 008 平方米，图书藏量 39 220 册。举行北京农村地区 0～3 岁看护者教育工程项目开班典礼。农业广播电视学校开办农民花卉中专班。成人文化学校建设成绩显著。截止 2008 年底，顺义区累计投入资金约 1.1 亿余元，采购各类教育教学设备 200 余万件（套）。

【农村文化】 顺义区现有文化设施：文化馆 1 个、图书馆 1 个、影剧院 10 个、镇文化中心 22 个、国有新华书店 1 家、焦庄户地道站遗址纪念馆 1 个和 19 个镇级文化站，424 个行政村级文化大院；6 个街道办事处有 34 个居委会文化室。现已建成镇级文化中心达标单位 6 个，村级达标文化大院 308 个。全区镇、村文化设施建筑面积 14 411 平方米，室外活动场地面积 168 170 平方米。共修建文化广场 187 个，总面积达 129 755 0 平方米，投资 2.73 亿元。有区级广场 7 个，镇级文化广场 12 个，村级文化广场较好的 200 多个。举办百场演出庆佳节活动。举办千场电影献基层活动。从腊月二十三至正月十六，全区农村 112 个数字化电影厅，无偿为广大农村群众放映 3 000余场。举办万幅春联迎新春活动。从正月初一到十五，区文委组织了中国评剧院、天津评剧院、北京梆子剧团等艺术团来顺义进行演出。与此同时，新华书店和图书馆向广大群众发放信息及图书近万册。举办了顺义区“北京 2008 奥林匹克文化节开幕式”和“顺义区北京 2008 奥运文化广场活动启动仪式”等 30 场大型重要文艺演出。全区共登记注册文艺演出团体 9 家。图书馆利用“图书网上预约检索系统”为全区基层图书室服务，全年解答网上预约咨询 230 余条，送书下乡 121 次、配送图书 34 285 册。放映电影 157 17 场，占全年总任务量的 102.9%，观众人数达 180 万多人次。市文化局共给予放映场次补贴 86.28 万元。

【农村卫生】 辖区内医疗机构 444 个，其中营利性医疗机构 134 个，非营利性医疗机构 310 个。卫技人员 3 802 人，其中执业（助理）医师（包括西医、中医、中西医结合）1 594 人，注册护士 1 213 人，其他卫技人员 484 人。实有床位 3 113 张。平均每千常住人口拥有卫技人员 5.24 人，执业（助理）医师 2.2 人，注册护士 1.67 人，实有床位 4.29 张。全年无甲类法定传染病报告，乙、丙类传染病共报告 17 种 5 980 例，报告发病率 746.08/10 万。年内，完成 1 个社区卫生服务中心和 58 个社区卫生服务站的标准化建设。启动居民健康建档管理工作，建立各种档案 70 余万份。深入推进健康促进工作，培训健康教育二级网工作人员 231 次 1.5 万余人，发放宣传品 48 万份，出版《健康促进报》2 期，完成健康知识讲座 98 场次。新型农村合作医疗定点医疗机构由 62 家增加到 71 家。全区参加新型农村合作医疗 31.82 万人，参合率 96.77%；筹集统筹资金 1.04 亿元，同比增加 45.24%；报销 35.28 万人次，支付报销金额 9 459.71 万元，同比增长 40.71%。开展城市清洁日和爱国卫生月活动。全区各镇、街道共组织人员 5.2 万人次，出动车辆 467 台次，清除垃圾 1 500 余吨、卫生死角 160 处，开设宣传专栏 835 个（含标语和条幅），发放卫生健康知识宣传品 4.3 万张。以奥运场馆及其周边为重点，在全区范围内开展病媒生物防治工作，病媒生物密度全部达到北京市爱卫会和有害生物协会规定标准。发放卫生许可证 4 601 户。

【农村体育】 举办全民健身与奥运同行主题活动。迎奥运倒计时 200 天“春节体育大拜年”活动，吸引了 13 万农民参与。迎奥运后沙峪杯万人长跑活动；迎奥运倒计时 100 天和谐杯乒乓球比赛；迎奥运倒计时 50 天龙湾屯杯登山比赛；李桥杯百队农民健身操舞大赛；赵全营、天竺、北小营等镇级综合运动会和李遂镇象棋比赛、仁和镇拔河比赛等，近 35 万人次参与。组织农民群众在奥运圣火传递沿途以李遂鼓乐、曾庄大鼓、北务狮舞、红绸腰鼓等形式，迎接圣火的到来。为全区 1 000 余名农民群众进行了体质测试，并为其开具运动处方，加强对科学健身的指导干预。举办两期技能型和体育生活化社区培训班，培训区文明标兵村、环境优美村的社会体育指导员 600 余名。完成了全区农村近百套全民健身工程的到期器材更新工作。在杨镇田营村、李桥镇王家场村等配建了篮球、足球、乒乓球专项场地，在马坡庙卷村、仁和镇林河村等行政村创建了体育生活化社区和社区体育健身俱乐部。区体育局组织镇、村代表队参加了北京市和谐社区杯乒乓球比赛，获得二个一等奖和优秀组织奖。组队参加了 6 月 14 日北京市第六届全民健身体育节开幕式，演员们精湛的表演受到与会领导和观众的好评。9 月 7—13 日顺义区代表北京市组队参加了全国第六届农民运动会风筝比赛，获得 5 金、2 银、5 铜的好成绩并获得大会优秀组织奖。

【农村精神文明建设】 顺义区农村精神文明建设以践行“人文奥运、科技奥运、绿色奥运”理念为核心，以举办“有特色、高水平”奥运会为目标，以整治道路和村庄环境为重点，广泛开展了首都文明镇、首都文明村、京郊环境优美镇、京郊文明生态村、区级文明标兵村、区级环境优美村、环境整治先进村、区级绿色家庭、区级和谐家庭等基层创建活动，为把创建活动引向深入，区文明办出台了《文明村镇考核办法（暂行）》。一年来，各镇村参与创建的积极性空前高涨，年初有 60 个村申报环境整治先进村，25 个村申报文明标兵村，52 个村申报环境优美村，申报绿色家庭达到 1 237 户，大多数镇村结合本地区实际，广泛开展了“文明大街”、“文明胡同”、“卫生示范户”、“十星级文明户”、“五好文明家庭”、“绿色家庭”等特色创评活动。全区共有全国文明镇 2 个，全国创建文明村镇先进镇 2 个，全国环境优美镇 3 个，全国文明村 1 个；首都文明镇 11 个，京郊环境优美镇 10 个，首都文明村 68 个，京郊文明生态村 39 个；区级文明标兵村 30 个，区级环境优美村 58 个，区级环境整治先进村 54 个，区级绿色文明家庭 453 户，区级和谐家庭101户。文明村镇创建，有效推动了农村精神文明建设和农村环境整治工作向纵深发展，农村文明程度不断提高，为奥运会的成功举办创造了良好的环境。

非农产业发展

顺义区共有镇村企业25 532家，其中规模企业452家，职工总人数21.4万人，企业资产总额643.4亿元。到2008年底，镇村企业资产总额643.4亿元，负债总额418亿元，资产负债率65%。镇村企业资本金余额达184.8亿元，其中法人、个人、外商三项资本金170.9亿元，占资本金总额的92.5%。

【主要经济指标保持高位增长】 镇村二、三产业完成总收入686.6亿元，增加值121.6亿元，税金53.3亿元，分别同比增长16.2%、13.6%和25%，在全市郊区县排位中不论是增长速度还是经济总量都名列前茅。镇村二、三产业从业人员已达21.4万人，其中本地劳动力14.7万人，占全区镇村劳动力总人数的82%以上。镇村二、三产业为职工提供的劳动者报酬达33.4亿元，同比增长18%，人均月收入1 297元，同比增加收入198元。镇村农产品加工业的发展也带动和促进了农业产业化的深入推进。2全区镇村农产品加工企业发展到46家，带动种养殖农户5.5万户，年内实现收入45.6亿元。

【规模企业支撑作用明显】 全区镇村二、三产业中收入500万元以上的规模企业达到452家，其中收入5 000万元以上企业158家，利税500万元以上企业127家，出口交货值1 000万元以上企业53家。2008年，规模企业完成总收入532.1亿元，占到镇村二、三产业总收入的77.5%。其中328家工业企业完成收入320.3亿元，增加值56.9亿元，利润19.8亿元，分别占镇村工业总体的76.4%、72.5%和69.5%。

【集中集聚集群效应初步显现】 全区规划工业用地面积3 667公顷，累计入驻企业473家，累计完成投资196亿元，解决本地劳动力就业4万人，入驻企业实现销售收入252亿元，利润15.8亿元，税金14亿元，分别同比增长22%、18%和22%。19家基地新增基础设施投入3.8亿元，新增劳动力就业2 170人，新增入驻企业31家，占地36公顷，计划投资14.5亿元，已完成投资7.7亿元。

【推进项目建设增加发展后劲】 镇村共实施在建项目148个，计划总投资210亿元，已累计完成投资97.3亿元。新开工项目83个，已完成投资19.6亿元。新开工项目中投资5 000万元以上的重点项目14个，其中投资1亿元以上项目8个。35家企业实施了技术改造，计划总投资8.6亿元，完成投资4.2亿元，其中当年完成投资3.7亿元。共盘活闲置项目82个，盘活资产总额5.69亿元，盘活场地276公顷，盘活厂房面积34.3万平方米。

【科技创新步伐不断加快】 镇村4家企业开发新产品4种，4种新产品全部是企业自主研发，具有知识产权。镇村企业新组建科研生产联合体15家，累计引进各类技术人才850人。北京牵手果蔬食品公司的“牵手”商标获得中国驰名商标。升华电梯、绿友机械、百强家具和恒慧通食品4家企业的商标获得北京市著名商标。年内，镇村企业中已经拥有中国驰名商标5件，北京市著名商标21件，中国名牌产品3件，北京市名牌产品10件。镇村企业中具有大专以上学历的人员2.9万人，高中（中专）学历的人员10.2万人，初中文化程度的人员8.2万人，分别占职工总数的13.6%、47.7%和38.3%。

【生态旅游发展势头良好】 加大投入力度，旅游基础设施初步完善。建设完成了大门、道路、标本室、游客中心等，制作安装了标识系统，新购置游船40艘。管理队伍完成组建，服务水平显著提高。招聘了旅游专业的大学生20余名，管理服务队伍得到加强，接待能力显著提高。完善项目内容，接待人数增长迅猛。初步形成了观鸟、自行车观光、湿地植物园、垂钓和游船等项目系列，全年接待游客近5万人。

民主政治与党的基层组织建设

【村民自治】 顺义区农村基层政权建设以“村务公开民主管理示范单位创建”工作为契机，创新机制，拓宽途径，加强指导，牛栏山、南彩、后沙峪3个镇和牛栏山镇龙王头、金牛等49个村获得了“北京市村务公开民主管理示范单位”荣誉称号，顺义区北京市村务公开民主管理示范镇达到8个、示范村达到168个，并顺利通过了全国村务公开协调小组的考核验收，再次获得了“全国村务公开民主管理示范区”荣誉称号。经过征求多家单位的意见，制定出台了《顺义区村务公开目录》，保障了村务公开民主管理工作真正落到实处。组织全区19个镇下辖的426个村依法开展《村民自治章程》和部分村规民约的重新修订工作，结合地区实际，在村民代表决定后贯彻实行。以组织开展《村委会组织法》颁布实施十周年纪念工作为重点，深入开展座谈会、法制宣传等纪念活动，11月5日，全国人大内司委调研组来顺义区调研，对村务公开民主管理工作给予充分肯定。

【农村党政建设】 全区有行政村426个，村级党组织中有党支部420个，党总支6个，农村党员18 877人。村“两委”成员共1 802人，其中支部委员1 364人，村委委员1 389人，支部委员兼任村委委员人数951人，兼职比例69.7%。村党组织书记、村委会主任共519人，其中村党组织书记、村委会主任各426人，书记兼任主任人数为333人，兼职比例

78.2%。服务保障奥运，充分发挥农村党组织和党员作用。深入开展“奉献奥运见行动，我为党旗添光彩”主题实践活动，通过开展党员奥运知识培训、无职党员设岗定责、矛盾纠纷化解等活动，为农村党组织和广大党员在筹办奥运水上项目中发挥作用搭建了平台。农村党组织和广大党员深入开展主题实践活动，积极投身奥运安保工作，促进了顺义区奥运水上项目筹办工作的顺利进行。继续抓好“四个民主”，推动村级各项民主制度规范化、程序化。依托《农村基层组织建设规范化手册》，采取调研、座谈、走访等多种形式对各村“两委”班子联席会议、民主决策、民主监督、民主理财、村务公开等各项民主制度的落实情况进行检查，总结经验，查找问题并及时督促解决，不断提升全区村级民主制度规范化建设水平。继续抓好村级班子、队伍建设。通过组织多种形式的培训，不断提高农村基层干部履职能力。开展第六期“科班”培养村级后备干部，对39名学员进行分阶段、分层次培训；组织2007年换届以来任职不足1年的79名新任村党支部书记进行封闭培训；开展第四期“一村一名大学生”学历教育，对79名45岁以下的村党支部书记和优秀村干部进行大专学历教育。此外，不断加强村级干部管理，强化监督约束，狠抓农村基层组织信访排查工作，及时发现农村基层组织建设工作中的薄弱环节，有针对性地强化村级干部教育管理，进一步规范工作程序，从源头上解决涉及农村基层组织的信访问题，维护了农村社会稳定。继续深化农村党的建设“三级联创”活动。通过村级党组织自查、镇党委普查、区委组织部抽查的形式，督促检查促进“三级联创”活动的开展，全面提升农村基层党建工作的整体水平。认真总结、宣传全区各镇、村10年来“三级联创”活动好的经验做法，充分发挥典型带动作用。紧抓农村党员干部现代远程教育工作契机，推进农村党员电化教育。整合农村各项硬件资源，依托顺义区电子政务外网，按照场所固定、设备齐全、网络畅通、专人负责的总体要求，协调区信息中心完成了现代远程教育区级管理平台和镇、村两级接收站点建设，创新了方式，丰富了内容，提升了农村党员教育管理工作信息化水平。

农民生活

【农民收入与消费、农民衣食住行情况】 据顺义区农民家庭（270户）抽样调查资料显示：2008年农民人均纯收入达到10 402元，比上年增加1 136元，增长12.3%，生活消费方面的支出达到6 906元，比上年增加640元，增长10.2%。顺义区农民人均工资性收入达到6 365元，比上年增长10.6%。工资性收入在农民增收中的贡献率达到了53.6%，是农民增收的主体。工资性收入占全部收入的比重为61.2%。家庭经营收入下降11.6%。农民家庭经营人均纯收入1 788元，比上年下降11.6%。占纯收入总额的17.2%。其中：第一产业生产得到收入749元，比上年下降11.2%；第二产业生产得到收入192元，比上年下降32.8%；第三产业生产得到收入847元，比上年下降4.9%。财产性收入增长66.2%。农民人均得到财产性收入1 082元，比上年增长66.2%。转移性收入增长39.6%。农民人均转移性纯收入达到1 167元，比上年增加331元，增长39.6%。顺义区农民用于生活消费方面的支出达到6 906元，比上年增长10.2%。其中人均用于食品方面的支出达到2 561元，比上年增长16.7%，占生活消费支出的比重（恩格尔系数）为37.1%，比上年增长2.1个百分点；人均衣着消费支出491元，比上年增长10.6%；人均居住支出1 064元，比上年增长7.6%；人均购置家庭设备、用品服务的支出413元，比上年增长1.7%；医疗保健的支出人均759元，比上年增长3.8%；用于交通和通讯支出684元，比上年增长8.4%；用于文化教育、娱乐用品及服务人均支出833元，比上年增长6.6%；用于购买其他商品和服务消费支出101元，比上年增长13.5%。

【农村劳动力就业和农民社会保障】 累计实现农村劳动力就业7 850人，完成既定指标6 000人的131%。累计培训农村劳动力15 445人，完成既定指标10 000人的154%。全区农村劳动力二、三产业就业率达到87%。共帮扶908户“零就业家庭”中的1 244名劳动力实现就业。就业的区域性矛盾进一步突出，全区农村一产劳动力及富余人员共有2.3万人，而经济欠发达地区的农村一产劳动力及富余人员就达1.3万人。对有转移就业要求的农村劳动力按无业求职、转移就业、阶段务农三种就业状态实施分类动态管理。指导农村基层就业服务组织建立健全定期联系制度、就业状况变更报告制度和就业服务信息传递制度，确保全面及时准确有效的掌握农村劳动力的就业状态。按照统筹城乡就业的要求和农村劳动力转移就业的特点，研究建立农村就业统计指标体系，做实城乡就业基础工作。帮助210户零就业家庭的328名劳动力实现就业，基本实现了阶段性“归零”。开展了“充分就业镇（街道）”的创建活动，促进更多的劳动者实现就业。现在第一阶段的评选活动已经结束，马坡镇、天竺镇被评为首批“充分就业镇”。累计为5.4万名无保障老年人发放福利养老金9 845万元。新农保参保人数达到12.2万，参保率达到89%。收缴农保基金8 187万元，并为14 192名农民发放了养老金4 192万元。

【开展科技培训　培育新型农民】 年内，举办8期培训班，培训从业人员812人次，针对优新品种养殖技术、渔药安全使用，发展休闲渔业、企业经营管理等内容进行了详细讲解，并现场交流，答疑解惑，发放养殖技术资料、企业管理、渔业法律法规等各种宣传材料4200份。收到了较好培训效果。

【开办畜牧业农民田间学校】 开办畜牧业农民田间学校14所，其中新建12所，续建2所，开办农民田间学校，培养农民学员350人。

农村改革与管理

顺义区经管站围绕社会主义新农村建设，按照“推进三项改革、强化三项管理、打造一个平台”的总体思路，认真落实党在农村的各项基本政策，积极创新农村经济体制机制，努力加强自身建设。妥善处理国家、集体和农民利益关系，突出工作重点，转变工作作风，创新体制机制，着重突出落实党在农村的基本政策，稳定完善以家庭承包经营为基础，统分结合的双层经营体制。全面贯彻落实《农民专业合作社法》，不断提升农民进入市场的组织化程度，努力为新农村建设奠定制度基础和体制保障。

【稳步推进农村集体经济产权制度改革】 全区共有34个村完成了农村集体经济产权制度改革试点工作，统一注册为股份合作社。通过产权制度改革，建立起与市场经济接轨的产权清晰、权责明确、政企分开、管理科学的新型集体经济组织。截至2008年底，全区共有90个村完成了产权制度改革试点工作。

【加强农村土地承包经营权流转】 农村土地确权面积42 923.4公顷，采取流转的28 199公顷，占确权地的66%，确权确地14 706.4公顷，占确权地34%。农村土地收益应兑现金额14 917万元，已兑现金额14 917万元，兑现率为100%，每亩兑现金额352元。为了充分发挥村集体经济组织在农村土地承包、流转过程中管理、监督、服务的职能，推进土地规模化流转，带动农民增收致富，通过确立村集体经济组织作为中介组织的合法地位，进一步强化村集体组织流转中介服务职能，在符合法律、法规、政策的前提下，大胆创新土地承包经营权流转形式。农户统一委托村集体进行土地承包经营权流转是全市率先采用的流转形式，是一项工作创新，既实现了规模化流转又大幅增加了农户流转收益。以赵全营镇为例，全镇确权土地面积3 938公顷，其中土地流转面积3 028公顷，占确权总面积的76.9%。几年来，全镇经过大力招商引资，全镇农民从土地流转中获得收益3 389万元，人均流转收益由2004年的520元提高到2007年的818元。

【推进农民专业合作组织规范发展】 全区共有农民专业合作社100家，其中在工商注册的有69家，社员6 503户，占全区一产农户（3万户）的22%。合作社数量较去年新增36家，社员数量增加1 304户。

【农民专业合作社建设】 顺义区加强农民专业合作社建设领导小组成立。农民专业合作社新登记注册48家，新增加3 608社员户。共有108家农民专业合作社，入社社员9 000余户，占全区一产农户总数的41%。全区合作社注册资金总额2 680万元，年交易总额3.68亿元，社员户均增收5 089.4元。

【农村集体资产和财务管理】 农村集体资产与财务管理是经管工作的基础，做好农村集体资产与财务管理工作是解决当前农村矛盾的需要，也是搞好农村基层民主的需要。为了更好的在基层开展工作，提高工作质量，举办农村财会培训班2期，对500余名镇村两级财会人员进行了业务培训。完善“村账镇管”制度，全区426个村全部实行“村账镇管”。所有镇都实行了“村账镇审、集中办公、两级审核、民主监督”的农村财务管理机制，堵塞了各种财务漏洞。全区全部实行了财务公开，通过公示栏张贴，让群众明白，还干部清白。同时加强监督检查，严格考核奖励制度，建立了工作责任制和责任追究制，确保了财务常公开，真公开，推进了基层民主管理的进程。

【清理和规范农村集体经济合同】 全区清理经济合同15 351份，合同总金额430 029.1万元，实际清理经济合同15 351份，合同总金额430 029.1万元。存在问题合同1 315份，占总合同份数的8.57%，涉及合同金额47 880.5万元，其中问题金额1 482.9万元，占问题合同总金额的3.10%。已规范问题合同923份，合同总金额36 551.6万元，其中已处理问题金额1 157.6万元，占应处理问题金额的78.06%。规范完后增加合同金额220.8万元，其中当年增加合同金额18.6万元。终止合同3份，涉及合同总金额377.8万元。清理合同拖欠605份，拖欠总金额903万元，经清理后已回收480.4万元。清理口头合同83份，涉及金额179.3万元。

【全面加强农民负担监督管理】 全区426个村应收专项补助资金7 342.96万元，实收专项补助资金7 342.96万元。其中干部固定补贴1 062.5万元、干部办公经费补贴318.75万元（享受干部补贴人数2 125人）；五保供养补贴27.57万元；农业税附加补助202.14万元；公益事业补助款5 732万元。均已及时、足额拨付到村。

【打造农村信息平台，提升农经管理水平】 全区426个村全部配备了计算机，19个镇配备了服务器；二是加强农村管理信息化工作的队伍建设。2008年5月和11月区经管站对镇级信息化师资进行了培训，共计6天，共培训镇级师资160余人次。

新城建设与开发

2005年1月27日，国务院批复了《北京城市总体规划》，确定了“两轴—两带—多中心”的北京城市空间结构。顺义新城是北京东部发展带上的重要节点和重点发展的新城之一。2007年1月5日，北京市人民政府批复了《顺义新城规划》，明确了顺义新城是北京面向国际的首都枢纽空港，是带动区域发展的临空产业中心和先进制造业基地。顺义新城马坡组团位于顺义新城南北向城镇组团的中间位置，是顺义新城中心区三个组团之一，位于牛栏山组团和中心组团之间，是顺义新城重要组成部分和启动区，承担的主要城市职能为商业金融、文化娱乐和行政办公。马坡组团的主导产业是以总部经济为引领的高端第三产业。2004 年 3 月，北京市规划委员会批复了《顺义新城马坡组团控制性详细规划》，城市规划用地规模为 9.77 平方公里，规划总人口规模约为 8.5 万人。

【整体发展思路】 以产业为引擎，驱动人口、服务体系、基础设施等其他城市构成要素的全面升级和有机融合，构建顺义新城乃至北京东北部地区的商务文化核心区域，提升顺义新城的活力和竞争力。

【远期发展目标】 培育以总部经济为引领、以高端第三产业为主导的产业集群，通过占据产业制高点，打造有亲和力和竞争力的、具有 CBD 特征的商务盆地；通过占据产业制高点，达到“以业引人”的目的。通过健全城市服务体系、提升服务水平，将购物、休闲、度假、娱乐、观光、商务、文化等多种功能融为一体，提升城市综合服务能力，实现新增产业人群所熟悉和依赖的生活方式，达到“以城留人”的目的。将顺义新城马坡组团建设成为“相对独立”的城市典范，即：城市内部产业协调发展，能够提供数量充足、类型丰富的就业岗位和住宅供应，从而实现城市居住人群和工作人群相对统一；同时，城市能够为这些人群提供相应质量和水平的服务功能，形成完整、丰富的社会结构。

【近期发展目标】 整合现有城市建成区，加快土地腾退工作，做好农民的转非安置工作。按照“统一规划、分步实施、适度超前、整体推进”的原则，加强城市基础设施建设，不断增强城市的综合承载能力，形成安全高效的现代化市政基础设施体系。提高新城综合服务功能与水平，加强城市教育、医疗、文化、交通等公共服务设施建设，提升城市综合服务功能，带动城市功能布局优化完善，推进经济社会协调发展。加大宣传力度，积极储备、引进一批符合马坡组团产业定位的优质项目。把吸引总部型、结算型、创意型企业入驻作为突破口，发挥民生银行、金蝶软件等已有总部型项目的示范效应和辐射作用，以商招商，典型推动，尽快构建产业新平台、培育经济新亮点、打造新城新形象。

“三农”工作情况

【成功举办第六届农博会暨第四届旅游文化节】 由北京市农业局、北京市园林绿化局、顺义区人民政府主办的“北京顺义第六届农业博览会暨第四届旅游文化节”于 9 月 27 日至 10 月 3 日在顺鑫石门农副产品批发市场隆重举行。农博会历时一个月，集中展示 7 天。期间共有供奥农产品展示等 16 项活动和 3 场大型文艺演出。有 273 家企业参展，参展产品种类 3 200个，直接销售收入达 3 912.3 万元，同比增加 70.6%；吸引 22.66 万游客来顺义参观、度假、采摘，同比增加 7.5%；签约项目 18 个，协议投资总额 13.47 亿元。

【顺利完成奥运会、残奥会农产品供应任务】 农委在奥运会、残奥会期间承担了奥运核心区鲜切菜、猪肉、果品供应工作，承担了 7 家农产品原料奥运供应基地监管协调任务。完成向奥运核心区供应 100% 果品、100%猪肉、65%鲜切菜的保障工作，向奥运供应商提供生猪 5 500 头，鲜奶 680 吨，受到了各级领导和合作公司好评。

【奥运水安全保障】 水务系统紧紧围绕服务奥运和奥运水安全保障两条主线，全面加强水务工作，保证了水源安全、供水安全、水环境安全和汛期安全。解决了 16 个镇 136 个村 12.67 万人饮水安全问题。制定并实施奥运水安全保障预案、方案 11 个。引潮入城工程沿线 254 个井盖焊死并加筑混凝土。动员 1 000名农村管水员，抽调 655 名志愿者，全区 723 眼农村饮水井、850 眼单位自备井实现了“一人一井”，专人管护。组建了 21 支自备井抢修队，装备 22 辆供水车，用于处置突发性供水事件。动用 300 人，完成了市水源八厂裸露管线和京密引水渠顺义段安全保护工作，累计投入 4 200 余人次。

【加大使用水产品监管工作力度】 年内，大力开展食用水产品安全建设，制定了顺义区水产品质量安全突发事件应急方案预案和顺义区奥运会期间水产品质量安全实施方案；开展“奥运期间水产品质量安全特别行动”，建立水产品质量安全防控体系；开展对池塘投入品、重点养殖基地的鱼品、水质的抽查检测工作，共检测水质样品 320 个，鱼品 30 个，检测结果全部合格。

【取水许可审批与水行政执法】 全年核发、更新取水许可证 220 份，办理凿井许可审批 398 眼。5 座污水处理厂、90 多座污水处理站运转正常，再生水得到了利用。受理行政许可项目 139 件，咨询1 448 人次，服务对象满意率 100%。

【开展农业执法检查工作】 2008 年共进行各类农业执法检查 851 次、出动执法人员 8 600 余人次，出动执法车辆 2 800 余辆次。结办农业违法、违规案件 102 起，共处罚款 4 939.5 元，并下发限期整改通知书 106 份。发放宣传材料 26 000 余份；发放“便民卡”3 500 余份；签订责任书 500 余份；开展农村集贸市场法律宣传 2 次，解答农民咨询 3 000 余人次。奥运期间，从 6 月份开始实行农业投入品监管情况报表制度。共出动执法人员 500 余人次，检查基地、经营门店 3 000 余个次，抽样 100 余次，通过全体农业执法人员的共同努力，未出现农业投入品事故，确保了食用农产品质量安全。

【强化农资执法】 共组织开展种子、肥料、农药执法检查活动309次，联合执法检查16次，出动执法人员1 185人次，发放宣传材料共计9 670份，宣传挂图2 000余份。

【继续实施百名专家兴顺工程】 继续组织农口单位与中国农科院、中国农大、市农林科学院、市农学院等科研单位的有关专家、教授与农业种植基地、养殖基地、农业企业进行对接。全区农口安排与百名农业专家合作项目80项，涉及各方面专家80名。通过实施，有力地推动了种猪产业化工程的进展，实现了林果、花卉产业的快速发展，提高了顺义区农产品的竞争力，促进了食用农产品安全体系建设、标准化工作，大力发展绿色无公害农产品，加强了对农民和基层技术人员的培训。

【政策性农业保险工作取得实效】 2008年顺义区政策性农业保险结合实际有所调整，如奥运场馆周边地区以及城市功能拓展区等禁养区开办的生猪等险种区政府不给予财政补贴。全年总保额14.46亿元。参保农户20 762户。出险理赔总额3 006.96万元，出险农户9 896户。通过农业保险工作地开展，农民的传统风险观念有了明显转变和提高。

【北京市补贴农机具发放仪式】 收到大型拖拉机80台，小麦收割机5台，冷藏车5台，小型耕作机400台及免耕播种机50余台。

【开展渔业增值放流　建设生态文明】 年内，由北京市农业局、北京市顺义区人民政府主办，区农委、区水产服务中心、区水务局承办的“再现潮白碧水、喜迎绿色奥运”大型增殖放流活动在顺义区潮白河畔成功举行，本次活动共向潮白河放流草鱼、鲢鱼、鳙鱼、锦鲤等苗种31万尾，丰富了水域物种资源，有利于生态环境的健康发展。这是我市首次平原地区大规模放流活动。

【渔政监督执法成效显著】 年内，联合水务、公安、城管开展对被列入北京市重要渔业水域并被有关部门划定为禁止垂钓水域内出现的垂钓捕捞现象进行联合执法治理。共出动执法检查426次，出动执法人员6 471人次，出动执法车1 438台次，教育、劝阻垂钓人员7 900余人次，暂扣钓具1 800只，清理网具、地笼128个。拘留、阻碍执法人员执行职务4人，处罚18人，罚款金额2 880元整。

【继续落实北京市能繁母猪补贴政策】 对顺义区70 561头能繁母猪进行政策性补贴，每头补贴资金100元，共计705.61万元。

【完成第一次全国污染源普查工作】 完成全区19个乡镇、6个街道办事处入户普查工作，全区共有畜禽养殖业污染源普查对象1 299个。

【深化监管模式、完善监督机制】 完成了8种标准档案卡建卡工作，建立了6 160个标准档案卡。

【强化兽药、违禁药品监管】 区动监局先后配合农业部、市兽药监察所、市兽医卫生监督检验所抽取区内动物产品样品1 386份进行监测，检测合格率达100%，无“瘦肉精”等违禁药品及兽用药品残留超标现象。同时监督定点屠宰企业自检猪尿84 320份、猪肉84 320份，“瘦肉精”及磺胺类药物检测合格率100%。

【开展奶站和饲料质量安全专项整治】 年内，区动监局对全区奶站、饲料生产企业逐一登记造册，建立档案。抽取牛奶样品30个，饲料样品193个，全部送交北京市饲料监察所检验，并监督企业对不合格的蛋白原料和成品饲料进行销毁，共销毁原料及饲料2.1吨。向辖区内5个奶站各派出一名质量监督员，实行驻点监管。

【加强重大动物疫病的免疫】 对全区所有重点动物疫病实行了强制免疫，并创造性地开展了免疫确认制度，有效确保了免疫的密度及质量。其中，禽流感疫苗免疫禽类1 772万只；鸡新城疫免疫1 223万只；口蹄疫疫苗免疫偶蹄动物302万头只；狂犬病疫苗免疫犬12.3万条等，畜禽重点疫病免疫密度全部达到100%。

【强化对供奥畜禽养殖基地、屠宰企业的驻点监管】 派14名专门检疫人员直接进驻供奥动物养殖基地，实行24小时监管，实现养殖、生产、屠宰环节的全程监控，有效的保障了供应奥运会核心区的165吨猪肉产品、590吨鲜奶的安全。

【水库移民后期扶持工作】 组建了移民后期扶持中心，落实移民政策，完成了农转非移民登记工作，按时发放了农业户口移民扶持款、农转非移民技能培训补贴款。确定并实施了移民安置村基础设施建设项目110项。

【“委区共建”工程】 “委区共建”二期工程顺利通过市科委验收。完成了优质肉用羊品种改良及加工和幼畜高效人工初乳的开发，通过项目实施，推广了高新技术，发展壮大了园区科技型产业，带动了农民增收。通过对优质蔬菜籽种工程、果树新品种与新技术引进示范、草莓产业化开发、观赏草新品种试验示范、熊蜂授粉技术推广、设施园艺综合展示6个项目进行系统研究，建立了科教资源集成链接和技术成果孵化转化平台，实现了科技成果向郊区县迅速扩散。创建了三高示范区和农民合作组织相结合的科技服务平台，实现了农业技术推广、农合组织建设、农民技术培训三维一体的服务组合创新，为都市型现代农业发展探索了提高综合服务能力的新模式。

【北京国际鲜花港建设】 鲜花港总体规划方案获市筹委会通过。共建温室基础12万平方米，主体钢结构6.5万平方米；供暖方面，完成换热孔1322眼，占换热孔总量的77%；园林工程方面，集雨工程已完成土方开挖工作，湖底第二层防水毯已完成总量的95%，微地形工程已完成总量的73%，乔木已栽植总量的18%；市政管线方面，雨污管线分别完成铺设总量的98%、77%，燃气管线完成铺设总量的50%，自来水管线完成铺设总量的12%；路网工程方面，园区西路、园区北路、园区西门路已完成下面层沥青铺筑工作。

顺义区主要领导人

区委书记 夏占义
副书记 张延昆 李长友（2月免）
胡尚云（5月任）
闫立刚（11月任）
常委 王敬东（女）
雷显武 王国增 林兆波
杨宝华 周颖博（1月任）
王海臣
区人大常委会主任 马庚良
副主任 周庆禄 贾春林 冯庆森
李福成 周淑伶（女）
区长 张延昆
副区长 胡尚云（6月免） 王海臣
王振江（11月免）
陈卫东 李友生
杨培丽（女，白族）
林向阳（6月任）
陈光浩（11月任）
区政协主席 陶宝金
副主席 赵荣山 王玉奇
刘享文（女） 田家玉
蒋世林

顺义区镇（地区）党政正职领导

	党委书记	镇长
仁和镇	周颖博（1月免）	徐晓武（10月免）
	吴耀新（1月任）	陈汉松（10月任）
马坡镇	吴耀新（1月免）	朱家亮（1月免）
	朱家亮（1月任）	姜蒙（1月任）
南法信镇	周霆钧（9月免）	郭振江（10月免）
	郭振江（9月任）	李衍（10月任）
李桥镇	李丙春	张爱东
天竺镇	闻广平（9月免）	单增友
	韩凤桐（9月任）	
后沙峪镇	赵英杰	韩凤桐（10月免）
		赵洪涛（10月任）
高丽营镇	赵殿江（9月免）	单晓梅
	肖承继（9月任）	
杨镇	李建东	张友生
赵全营镇	李守义	苏东海（10月免）
		史长生（10月任）
牛栏山镇	赵振英	王文荣
南彩镇	张晓峰	胡小兵（10月免）
		张香东（10月任）
北小营镇	张尚强	马万林
李遂镇	陈长旺	张志海
木林镇	解长春（9月免）	姚颖
	胡小兵（9月任）	
龙湾屯镇	李宝东	张希德
张镇	洪全	史长生（10月免）
		苏东海（10月任）
大孙各庄镇	肖承继（9月免）	宋鹏
	徐晓武（9月任）	
北石槽镇	秦士友	李衍（10月免）
		王江（10月任）
北务镇	王泽	李长勇

（刘秀娟 张然）

昌平区

概述

昌平位于北京市西北部，区域面积1 343.5平方公里，是首都五个城市发展新区之一。全区总人口约163.8万人，其中户籍人口51.2万人，常住人口94.2万人，流动人口约69.6万人。其中农业人口21.4万人，占全区户籍人口的41.9%；非农业人口29.8万，占全区户籍人口的58.1%。辖15个镇、2个街道，共有177个社区、304个行政村。全区根据首都产业分布特点和发展大势，统筹规划产业布局的整体框架。大力推进“金十字”高科技产业走廊空间布局，稳步推进中关村国家工程技术创新基地、沙河高教园区等重点功能区建设，进一步拓展了产业发展空间。深入落实“强二兴三优一”的产业发展思路，形成了以能源科技、生物医药、现代制造业为主导的产业体系，三次产业结构进一步优化。持续推进社会主义新农村建设，进一步巩固农业增效、农民增收、农村和谐的良好局面。实现农村经济总收入202.5亿元，比上年增长12.1%。同比增长8.0%。全区农林牧渔总产值实现14.69亿元，其中农业产值5.45亿元，林业产值1.46亿元，牧业产值6.97亿元，渔业产值0.28亿元，农林牧渔服务业产值0.53亿元。农林牧渔总产值中，农业产值占37.1%，林业产值占9.9%，牧业产值占47.5%，渔业产值占1.9%，服务业产值占3.6%。全区农民年人均纯收入10 120元，同比增长10.4%。

都市型农业

【概述】 充分发挥区位资源优势，按照“强二兴三优一”的总体要求，坚持“生态景观、休闲产业、都市精品”的功能定位，提出了发展以“一花三果”为主导产业、以设施农业为建设重点的都市型现代农业发展思路。加大政策引导和资金扶持力度，投入资金4.12亿元，实施各类富民现代农业产业项目341项，初步形成了一批以“一花三果”特色产业为主导的都市型现代农业集群。以“一花三果”为主导的农村产业发展思路已深入人心，得到农民欢迎和各方面认可，在此基础之上又形成了以“六园三带三区”为载体的都市型现代农业发展新格局。

【“一花三果”优势产业发展形势喜人】 “一花三果”即指以百合花为代表的花卉产业，以苹果为代表的精品林果业，以草莓为代表的设施果蔬业和以柿子为代表的传统林果业。2008年，全区用于支持“一花三果”特色产业发展的投入资金达到1.67亿元，占到农业总支出的25%。在北部百里山前暖带沿线建成苹果产业带，新发展以苹果为代表的果树面积627公顷（苹果207公顷）。在西部四镇及水南路两侧正积极建设占地66.7公顷百合产业聚集区。已建成百合温室808栋，其中已种植266栋。在东部六镇规划建设面积2 000公顷草莓产业基地，草莓种植面积达到4 000公顷。启动了柿子深加工项目，已建成3 200平方米厂房及冷库，年加工规模达到375万盒。以“一花三果”为主导的特色优势产业发展势头强劲。

【“六园三带三区”产业发展布局更加明确】 “六园”即现有的小汤山、金六环两个农业科技示范园、正在规划建设的昌平苹果主题公园以及在2008年启动建设的水蜜桃主题公园、香味葡萄主题公园、中外著名果树专家品种栽培示范园；“三带”即百里山前暖带沿线的精品苹果产业带、麦辛路两侧的精品草莓产业带和京承路都市型现代农业走廊；“三区”即长陵、十三陵民俗旅游功能区、流村生态旅游产业功能区以及覆盖南口、流村、阳坊、马池口4个镇的百合花产业聚集区。

【成功申办了2012年第七届世界草莓大会】 2008年3月，昌平区组成代表团与中国园艺学会草莓分会共同赴西班牙韦尔瓦市参加第六届世界草莓大会，学习发达国家草莓生产管理先进经验。通过不懈努力，击败美国、日本两个强劲竞争对手，成功获得了2012年第七届世界草莓大会的举办权。中国园艺学会草莓分会已与国际园艺学会签订了正式协议，决定将大会放在北京昌平举办，这为我区草莓产业发展将带来前所未有的机遇，目前各项前期筹备工作已开始启动。

【设施农业、观光农业发展迅速】 初步完成了《昌平区设施农业发展规划（2008—2012年）》的编制工作。区政府制定优惠的补贴政策，充分调动农民和社会力量发展设施农业，启动了“百村万户”一户一棚工程。一季度，区农委组织阳坊、小汤山等9个镇对今年发展设施农业的地块、面积进行了确定，其中部分镇在春节后已经开始动工。阳坊镇马坊、小汤山镇土沟、崔村镇大辛峰、兴寿镇肖村等村动手早、行动快，相继动工兴建日光温室1 000余栋，面积达100公顷。目前全区设施面积达767公顷，日光温室4 220栋，春秋大棚3 457栋。全区建成食用菌日光温室和食用菌春秋大棚251栋。全区设施农业占地面积523公顷，同比增加84公顷，增长19.1%；收入1.5亿元，增长26.8%。全区现有日光温室、春秋大棚、连栋温室10 432栋，总面积达到1 333公顷。2008年全区新发展设施占地面积达到600公顷，新建日光温室、钢架大棚和食用菌棚共计4 350栋，目前还有近千栋温室正在建设中。全区现有观光园201个，全年总收入达到148亿元，增长7.4%。

【“三夏”麦收工作圆满结束】 6月27日，昌平区1 060公顷小麦收割任务已全面完成，夏播工作已进行扫尾阶段，小麦秸秆综合利用取得较大突破，共实施小麦秸秆打捆3.5万捆。自6月12日起，全区共投入各类农业机械137台，又快又好地完成了全区农机作业任务，期间没有发生死人、伤人等农机安全事故。全区小麦秸秆禁烧工作在各级政府的高度重视和正确领导下，通过全区监理人员的共同努力，实现了“没着一把火，没冒一处烟”的目标，为北京举办一届“有特色，高水平”的奥运会做出了积极的贡献。

【粮食种植与农业补贴】 继续推广测土配方施肥、缓式施肥等农业技术，稳定粮食种植面积，提高良种面积，2008年全区粮食种植面积9 027公顷，其中小麦种植面积987公顷，玉米71.4公顷，其他1 347公顷，总产为4 344.1万千克，其中小麦407.3万千克，玉米3 754.9万千克，其他181.9万千克。为提高农民种粮的积极性，保证粮食生产，提高粮食产量，年内，进一步加大了小麦、玉米的粮食补贴和生态补贴力度，并增加了牧草生态补贴，其中小麦粮食补和生态补贴每亩155元，玉米每亩补贴77元，牧草生态补贴每亩35元。全年发放补贴资金1 051万元。小麦面积956公顷，牧草437公顷，发放粮补资金157.2万元，生态补贴资金80.2万元，玉米面积7 051公顷，补贴资金813.6万元，对保护农业生态环境，治理冬春季裸露农田起到了重要作用。年内，区政府与北京市农业局签订了《2008年裸露农田治理责任书》，投入玉米免耕播种机、秸秆粉碎机等130余台，顺利完成全年治理任务。发展有机农业建设，扩大有机示范基地规模，定期开展检测，保证产品质量安全，2008年全区蔬菜种植面积1 733公顷，产量达到5 223万千克。全区粮食播种面积9 029公顷，总产4 344.1万千克，其中夏粮面积985公顷，总产407.3万千克；秋粮面积为8 044公顷，总产3 936.8万千克。年出栏牛2 994头，出栏山绵羊32 662只，出栏猪104 093头，家禽出栏138.17万只；蔬菜产量达到52 214吨，水果产量48 736.7吨。

【示范推广有机农业生产技术】 围绕打造“都市精品、生态景观、休闲产业”的发展定位，昌平坚持生产农业精品，保证食品安全，保护生态环境，促进农民增收，三年来，市区财政直接用于支持有机农业的资金达到4 600余万元，吸引企业、农民投资6 000

余万元。在环境评价的基础上，示范推广了土壤培肥、病虫害综合防治、果园生草、蔬菜的双网覆盖等生产技术，制定了相应的生产技术规程。积极推广使用生物农药、植保设施、设备，其中推广应用防虫网、杀虫灯、黄板等1 333余公顷，发放生物农药8 000千克。推广使用土壤高温消毒技术、熏蒸罐、蜜蜂授粉、双网覆盖等技术200公顷。在全区4万亩农产品基地示范、推广应用了多项有机农产品生产技术。昌平有机农业协会聘请了科研院所的专家作为顾问，吸收了88家企业、基地、农户作为会员，通过科技示范、产品展示、参观考察、学习培训、信息交流等活动推广有机生产技术。结合田间学校，开展大量有机农业生产技术培训，累计培训农户8 000余人。在全面示范推广的基础上，昌平逐步推进全区生产基地认证工作。南地绿都种植场、美佳兴业贸易公司等基地已经成为有机产品基地，金六环农业园、财会之家蔬菜基地、果树研究所、大辛峰果园等基地已成为有机转化期产品基地。到2007年底，全区有25家生产基地通过权威部门有机转化期认证，认证品种75个，认证面积达到200余公顷，年产农产品4 000余吨。2008年，"三品"认证基地达到120家，无公害认证基地67家，绿色认证基地1家，有机农业示范面积367公顷，推广有机栽培2 667公顷。

【获四项农业科技推广奖】 全区有四个项目获北京市农业科技推广奖，其中，"昌平区有机农业生产技术示范推广项目"和"十种重大动物疫病规范化诊断程序在昌平区动物疫控防控中的推广项目"获二等奖，"餐厨垃圾处理及资源化利用项目"和"农村生态雨洪利用示范工程项目"获三等奖。

【加强乳品质量管理】 认真做好了针对"三鹿"事件引发的一系列工作，稳定了奶牛事业发展。为进一步加强乳品质量安全监督管理，保证鲜乳生产、收购环节质量安全，2008年10月24日，昌平区动物卫生监督管理局结合《乳品质量安全监督管理条例》对昌平区鲜乳收购站及部分奶牛养殖场负责人进行了法规培训，发放宣传材料，同时根据本条例有关规定研究讨论了今后鲜乳收购站的发展方向。昌平区动物卫生监督管理局还开展了奶站专项整治活动。区动监局于9月26日至10月25日开展为期一个月的奶站专项整治活动。通过专项整治，摸清奶站现状，将奶站100%纳入监督管理范围，杜绝各种掺杂使假的违法行为，建立奶站监管的长效机制制定扶持和鼓励规模养殖场与乳品加工企业对接，建立非赢利性奶站，减少收奶中间环节。

【畜禽防疫检疫监督工作加强】 区重大动物防病指挥部坚持24小时值守，各类疫病免疫密度均达到了应免疫数的100%。加强无主动物的收容和散养动物管理，清理泔水猪566户4万多头。奥运农产品供应备选基地实施全面监控，检测合格率100%。12月26日，由北京市防治重大动物疫病指挥部、北京市农业局、北京市人事局等有关单位组成的"2008年度动物防疫责任制考核"检查组，对本区动物防疫责任制落实情况进行了考核。市检查组充分肯定我区2008年动物防疫工作思路清晰、工作机制完善健全、整体工作扎实、有很强的工作责任感和使命感，全区全年无重大动物疫情，并对动物防疫科技推广等多项特色创新工作给予了好评。

【加大基本农田整理力度】 继续加大基本农田整理力度，提高了土地利用率和产出率。完成了阳坊镇基本农田整理项目；流村镇马刨泉等5个村基本农田整理项目和黑山寨村、溜石岗村等4个村的农业生产条件改善项目立项已获得市局批准，目前正在准备招投标工作；完成了南口镇前洼村等9个村基本农田整理项目和流村镇马刨泉村土地开发项目的可行性研究并已通过专家评审，已报市局申请立项。基于集体土地地籍调查成果，圆满完成了昌平区第二次全国土地调查工作（农村部分）。

非农产业

【经济保持平稳较快发展，综合实力进一步增强】 2008年，为深化完善以"金十字"高科技产业走廊为重点的产业布局，启动了七北路改扩建工程。坚持做大做强能源科技产业、生物医药产业和现代装备制造业，三大主导产业占工业总量的比重达到78%。中国石油科技创新基地和三一北京制造中心启动建设，福田康明斯发动机生产基地主厂房已竣工，北京新能源汽车设计制造产业基地挂牌成立，美国健赞医药、迈瑞医疗仪器等企业签约入驻中关村生命科学园。大力发展生产性服务业和文化创意产业，重点开展了生物医药研发外包示范区、文化创意产业集聚区和十三陵户外休闲运动集聚区的规划编制、项目申报等工作，咨询产业集聚区入驻企业突破70家。先后与中国人保、北京银行、泰康人寿、华安保险、中国移动等企业签订了战略合作框架协议。继续推动商贸流通服务业和旅游会展业优化升级，京北铁路集装箱中心站项目正式签约，永旺国际商城购物中心、沃尔玛购物广场相继开业，九华国际会展中心、温都水城会展中心等项目开工建设。制定《加快推进国有资本调整和企业重组的指导意见》，完成了华都公司等企业的划转重组工作。积极扩大对外开放，加强友城交流与合作，进出口总额和直接利用外资额预计达到14.5亿美元和8 000万美元。与中国农科院、华北电力大学建立了全面合作关系。落实节能降耗减排责任制，全面关闭"五小"企业，万元地区生产总值能耗预计下降5%左右。

【二、三产业发展】 2008年，全区规模以上工业企业完成总产值688.6亿元，同比增长8.6%；完成销售产值690.7亿元，同比增长11.1%，实现产销率100.3%。昌平园工业运行质量较高，累计增幅始终高于同期全区规模以上工业产值增幅。1～12月，昌平园完成工业总产值444.3亿元，同比增长

15.3%，占全区规模以上工业总量的 64.5%。2008 年，全区完成建筑业总产值 122.1 亿元，同比增长 33.7%，全区建筑企业施工面积 468.5 万平方米，同比下降 15.2%；完成房屋建筑竣工面积 97.1 万平方米，同比下降 40%。全区房地产开发企业完成房屋施工面积 603.1 万平方米，同比下降 14.3%，共销售商品房 113.3 万平方米，同比下降 18.2%，实现商品房销售额 84.9 亿元。

新农村建设

【新农村建设工作扎实推进】 2008 年实施了 15 个市级整体推进村的基础设施建设项目，完成了 52 个村、5 万农民安全饮水，实现了农民安全饮水全覆盖。大修乡村公路 84.71 公里，硬化农村街坊路 51 万平方米，农村改厕 1 万户。启动了国家生态区、环境优美镇、生态文明村“三级联创”工作，成功创建环境优美乡镇 2 个、文明生态村 52 个。在北京市农工委组织的“寻找北京最美的乡村”宣传评选活动中，昌平区小汤山镇酸枣岭村凭借其优美的乡村环境、殷实的农民生活、突出的特色产业，荣获了“2008 年北京市最优美乡村”称号，长陵镇康陵村和南口镇李庄村获得北京市最优美乡村提名。完成了 7 个镇、10 个市级示范村绿化美化近 11 万平方米，6 个村被评为首都绿色村庄。

【村庄规划编制工作】 在《昌平区村庄体系规划》及《昌平区村庄产业规划》的指导下，顺利完成了 2007—2008 年度 20 个村庄的规划编制工作。目前 20 个村庄规划已通过各委办局联合预审，并已公示完成，待报区政府审批。

【实施“两气一室”工程，让新农村循环起来】 围绕社会主义新农村建设“农村亮起来、农民暖起来、农业资源循环起来”三项工程，大力开发节约资源和保护环境的实用技术，重点推广废弃物综合利用技术、相关产业链接技术和可再生能源开发利用技术。安装太阳能路灯 2 979 盏，实施增温节能房屋改造 120 户、建设雨洪利用工程 10 处。建设秸秆气化、沼气和太阳能公共浴室“两气一室”工程共 7 处，在南口镇建设了 2 座容量为 400 立方米的大型沼气集中供气工程和 3 处太阳能公共浴室，解决了三个村 600 多户 1 860 人的洗浴问题；在南口镇、百善镇建设了 2 座容量为 500 立方米的大型秸秆气化集中供气工程。集中供气工程设计建设总规模 1 400 立方米，土建工程 1 050 平方米，累计铺设管道 46 200 米，年生产可燃气约 56 万立方米，总投资 680 万元，可解决 4 个村 1 200 户村民用气。集中洗浴充分利用太阳能，污水处理设计与村已经建成的污水处理系统相连接，达到了节能、环保的要求。浴室总建筑面积为 600 平方米，总投资 133 万元。

【提升农村居民抗震防灾能力】 进一步推进农村居民地震安全工程建设。在开展农村防震减灾调查及收集、汇总、分析全区地震活动断层资料的基础上，确定南口和小汤山镇为农居抗震设防安全管理试点镇，找出了开展工作的问题和插入口。印发了《关于实施昌平区农村居民地震安全工作的意见》和《农村居民抗震设防指导手册》，开展农居防震抗震宣传，使农民了解房屋基本的防震抗震知识。开展了村镇规划的抗震安全审核。地震局与区新农办、规划局等单位共同举办“昌平区新农村规划初步方案预审会”。对全区 61 个村规划项目从抗震设防要求、活动断层影响程度、设置应急避难场所、地震监测设施及观测环境保护等多个方面提出了相应预审意见，保证了规划更科学，布局更合理。开展了增温节能抗震房屋改造工程。联合区建委、区新农办，按照区政府昌政发[2008] 1 号折子工程的要求，深入推进“亮起来、暖起来、循环起来”工程，完成了 200 户农居的增温节能抗震房屋改造。此外，还开展了地震安全示范村创建活动，拟用两年时间在全区创建 6 个地震安全示范村。

【村庄环境整治】 为做好奥运会前的环境保障工作，昌平区村庄环境整治办公室组织市政管委、卫生局等部门对各镇（街道）的春季村庄环境整治工作情况进行了检查。此次检查采取现场抽签的方式，共检查了 42 个村庄，占全区总村庄数的 14%。检查重点：一是 2008 年 20%的环境整治村庄；二是奥运场馆（火炬传递沿线）周边、旅游景点周边、主要道路沿线可视范围村庄；三是村与村结合部、进出村路和村周边；四是成片积存的暴露垃圾，长久乱堆乱放的物料，乱排乱放的污水，村内残墙断壁，侵街占道等情况。昌平区村庄环境整治办公室汇总此次检查情况，对发现的突出问题及时下发整治通知单，协调各镇（街道）和相关部门认真研究解决方案。年内共完成 140 个奥运指定乡村——旅游接待村环境整治任务。

【生态建设工作】 实施了废弃矿山修复、京津风沙源治理、生态治河等一系列重点生态建设项目。完成关停废弃矿山植被恢复工程；东小口郊野公园对外开放；小城镇绿化工程全部完成。严防森林火灾和美国白蛾等有害生物，强化生态林管护和林政资源保护。连续 8 年未发生森林火灾。科学水务管理，投资 4.67 亿元，实施各类水务工程 28 项。做好奥运水务保障服务，开展农业节水灌溉和雨水利用，扎实推进节水工程，实施果园及设施农业节水面积 640 公顷；完成南口污水处理厂主体工程，全区污水处理能力达到 19.4 万吨/日；着力改善全区水环境，重点对南北沙河、温榆河及河道周边环境进行整治清理，共治理河道 7 条，长 17 公里。加强防汛工作，确保奥运期间防洪安全。着力改善山区生态环境。启动实施了黄杨村、王家园、新建 3 条生态清洁小流域工程，治理水土流失面积 40 平方公里。山区险村险户搬迁、生态移民等惠民工程顺利推进。5 月 24 日，区人大副主任张文祥带领农村委全体委员跟踪检查山区生态环境建设。重点视察了兴寿镇上西市村的大型沼气集中供气工程、牛蹄岭小流域沟道治理工程、下庄村泥石流易发区农户搬迁，长陵镇北庄村的燕山红栗种苗圃建设项目、康陵村的太阳能路灯、吊炕等新农村建设工程和乡村旅游发展情况。

【对口支山工作力度加强】 启动了新一轮对口支山工作，下发了《2008—2010年对口支援山区新农村建设的意见》，落实扶持资金417万元。新一轮支山工作呈现四个特点：一是支援单位由158个增加到218个，增强了支援力量；二是低收入村由30个增加到54个，扩大了扶持范围，；三是继续坚持区委、区人大、区政府、区政协主要领导牵头包村的成功经验；四是各镇明确一名支山工作负责领导，帮助低收入村理清发展思路，制定三年工作计划。山区农民人均劳动所得预计实现7 500元，同比增长8%。

【扎实推进新农村水务建设】 进一步加强了全区11个农民用水协会、305个村分会建设，完善了农村管水员各项制度，组织开展农村管水员专业知识培训、演讲、摄影以及学习交流等活动，切实提高了农村水务管理水平。实施了2008年农民安全饮水改造工程，解决了52个村5万农民的安全饮水问题。2008年已累计铺设村级饮水管网450公里。完成了2008年度全区大中型水库农村移民的人口核定工作；开展了水库农转非移民培训补贴人口核定登记工作，共核定登记1 459人；推进了水库移民村基础设施建设。实施15处农村雨洪利用工程，8处农村污水处理站工程。制定出台了昌平区村级供水工程、污水治理工程、雨洪利用工程管理办法，加强了农村水务设施的监管。

【小流域综合治理】 完成流村镇王家园、黄场、新建三条小流域治理工作，治理总面积40平方公里。一是由区水务局实施的清洁小流域治理工程，总投资2 000.27万元；二是完成流域内流村镇新建村百合种植基地建设产业项目，新建日光温室5栋，园内道路硬化4 000平方米，围栏1 000延米。

【泥石流搬迁和生态移民工程】 区政府下发《2008—2012年山区泥石流易发区和生存条件恶劣地区农户搬迁工作意见》，启动新一轮搬迁工作，完成搬迁62户、221人，涉及3个镇、4个行政村，安排资金419.9万元。为确保搬迁户“搬的出、稳的住、能致富”，同时配套三项政策：一是安排搬迁基础设施建设资金每户3万元；二是安排搬迁后续产业建设项目资金80万元，完成了流村镇北照台村景区步道建设等2项工程；三是安排生态移民工程资金。

【农村信息化工作迅速推进】 年末，全区共有信息机19台、农信机361台，发展终端用户36 000余个，移动农网共发布涉农信息150多万条，为城乡联系、生产发展、奥运服务保障作出了贡献。《农民课堂》栏目为农民发布各种农业经济信息300余条，各类供应信息促销总量将近250万千克，促销额上千万元，全年播出《农民课堂》栏目300余期。改版《农民课堂》综合农业经济信息发布、农业技术知识传播、农业政策法规宣传、农业行业动态等，让农民成为了电视“主角”。初步完成了网络村村通工程。6月5日，昌平区正式开通“12316”全国农业公益服务热线，“12316”服务热线与原有电话语音系统的有机结合，打通了又一条服务农民的快捷通道。6月26日，首批6个农村信息化建设示范镇、50个示范村正式挂牌，标志了我区在空间上将“四电合一”的各种信息手段整合到一起，面向农民提供最直接的服务。年内，全区农村信息员队伍达到了720人，结合工作实际开展各类信息员培训1 000人次。

农村改革与管理

【农村产权制度改革】 区委、区政府将推进农村集体经济产权制度改革作为全区农业和农村工作的重中之重，进一步加大力度，加快进度。制定并下发了《关于加快推进农村集体经济产权制度改革工作的意见》，新一轮农村集体经济产权制度改革工作全面启动。9月26日，区委、区政府召开全区农村集体经济产权制度改革工作会，会议对过去五年的改革工作进行了全面回顾和总结，明确了用五年左右的时间完成120个村改革的总体目标，并在会后立即启动了18个村的改革工作，采取干部包村的方式，从区属各单位和部门抽调18名领导干部组成包村工作队深入改革村督促指导改革工作。2008年推进改革的18个村中，有13个村顺利完成改革任务，全区产权制度改革完成村累计达到39个，占全区行政村总数的12.5%。

【农民专业合作组织工作】 我区已登记注册的专业合作社已有165个，社员达到19 524户，占全区农户总数的21.8%。合作社注册资金总额为3 559万元，其中现金入资128万元。2007年，合作社统一购买农业生产物资1 334万元，实现销售收入6 393万元，盈余返还总额669万元。通过农产品质量认证的合作社38个，其中：无公害农产品25个、绿色食品认证6个、有机食品认证7个。目前共有9家合作社被列为“北京市100家示范项目单位”，其中，北京麦庄草莓种植专业合作社、北京真顺红苹果专业合作社两家还被市农委评为“京郊先进农民专业合作社”。发展规模较大的还有温榆园香白杏合作社、下庄燕昌板栗专业合作社等。目前这些农民专业合作组织在推动农业现代化进程、带动广大农民共同致富方面起到了积极的作用。

【农村集体经济合同管理】 全区312个农村完成了清产核资，共清查14 470份经济合同，各镇（街道）农村会计服务所建立了农村集体合同管理台账，并对全部农村集体经济合同进行了梳理。截至2008年6月底，全区村级集体共签有各类经济合同14 470份，涉及土地类出租合同12 283份，占全部合同的84.89%，其中对外租赁合同43 88份、大户承包合同 6 374 份、四荒合同 1 521 份；涉及资产类合同 2 187份，占全部合同的 15.11%。清理结果显示，14 470份合同总金额 105.94 亿元，每年合同应收租金 3.68 亿元。

【土地承包经营和流转收益情况】 截至 2007 年 12 月底，全区家庭承包经营为 24 325 户，涉及耕地面积 5 521 公顷，颁发土地经营权证书 24 325 份。据区农村合作经济经营管理站调查结果显示：截至 2007 年底，我区农村土地确权面积为 29 138 公顷，其中：确地面积 5 521 公顷，确利面积 17 529 公顷，确股面积 6 088 公顷。全区平原地区农村土地确权后流转面积为 23 617 公顷，涉及村数 199 个、农户 88 172户。其中：采用确权确利的形式进行土地流转的面积为 17 529 公顷，涉及村数 141 个，农户 62 306 户；采用确权确股的形式进行土地流转的面积为 6 088公顷，涉及 58 个村、25 866 户农户。山区农村第二轮土地延包实行确地的村土地流转面积为 253 公顷，涉及 9 个村，农户 1 312 户。其中：采用转包形式进行流转的 91.6 公顷，采用出租形式进行流转的 161.4 公顷。主要涉及我区的小汤山、马池口、流村、崔村四个镇。全区 2007 年当年取得承包、租赁（征占）收益总额 76 821 万元，已兑现收益总额 43 263 万元，人均兑现收益 2 194 元。

农民生活

【农民人均纯收入稳步提升】 2008 年，全区农民年人均纯收入 10 120 元，同比增长 10.4%；其中，工资性收入 6 577 元，占总收入的 65.0%；家庭性收入 746 元，占总收入的 7.4%；财产性收入 1 644 元，占总收入的 16.2%；转移性收入 1 154 元，占总收入的 11.4%。

【新型农村合作医疗】 2008 年，全区 17 个镇、街道办事处、305 个行政村全部实行了新型农村合作医疗制度，全区在户农业人口 21.82 万人，参加农民共 19.48 万人，占全区应参合农业人口的 98%。全年筹集资金 6 232 万元，报销资金 4 177.68 万元，全年共有 11 459 人次享受新型农村合作医疗补偿。

【农民培训工作】 制定并下发了《关于加强培训促进农民就业工作的意见》。全区完成农村劳动力培训 18 647 人次，其中转移就业（职业技能）培训 7 232人，农业实用技术培训 11 415 人次。全年实现转移就业 7 068 人。5 月 14 日，区农委组织区劳动保障局、财政局、工业局、林业局、农业服务中心等单位，各镇（街）及委托培训学校，召开了“2008 年昌平区农村劳动力培训就业工作会”。此次会议总结分析了农村劳动力培训就业工作的当前形势，明确了“产业拉动就业、创业带动就业、培训推动就业，促进农民充分稳定就业”的指导思想，提出了“以推进发展农业产业、民俗旅游产业、乡镇二、三产业及农民自主创业为主要途径，以职业技能和农业实用技术为主要培训内容，严格规范培训项目资金补助标准和拨发程序，重实效、有针对的开展农村劳动力培训就业工作”的具体部署，同时强调了 2008 年工作的三项保障措施，即：加强组织领导，成立主管副区长牵头抓总的农村劳动力培训就业工作协调领导小组，各成员单位明确分工、各司其职；保证资金投入，全年安排 500 万元农村劳动力培训专项资金；严格监督考核，制定月报、季报及日常信息报送制度，全年开展两次全区范围的农村劳动力培训就业工作考核验收活动。

【积极推进农民教育工作】 教委在 66 个新农村试点村和 9 个北京市整体推进村的农民成人学校建成以 10 台计算机和 1 台多媒体为基本条件的计算机教室，配置 2440 套桌椅，建设 3 个镇 50 个村农民学校教室；承担全区 16 个镇（街道）66 个新农村试点村“农民教育大讲堂”，实际参加 7 200 人次；利用农民远程教育资源加强农民学历教育，目前有本科 132 人、专科 120 人，中专 95 人；根据农民特点，增开“技能＋基础”中专学历教育试点，目前在读 90 人。

【农民田间学校建设】 全区在办农民田间学校 19 所（新建 15 所，续建 4 所），组织田间学校农民活动日 223 次，开展培训工作 466 小时，培训农民学员 479 人，辐射带动农户 1 485 户，发现解决生产技术问题 40 余项，毕业学员实现户均年增收 2 130 元。

【农民体育工作取得显著成绩】 由苏卫东副区长为团长的昌平区代表团共计 52 人，赴泉州参加了全国第六届农运会。昌平区 38 名运动员、领队、教练员代表北京参加了田径、拔河、自行车载重三大项目、22 小项的比赛。共取得男女拔河、自行车等 7 块金牌，3 块银牌、1 块铜牌，奖牌总数 16 块的好成绩，为北京代表队以优异成绩位居全国奖牌榜第二名做出了贡献。

【开展“春入万户、福至农家”活动】 1 月 23 日，由区委宣传部、区文明办、文化委、文联主办，长陵镇和区新闻中心协办的迎奥运、讲文明、树新风“春入万户、福至农家”活动启动仪式在长陵镇康陵村的广场上举行。本次活动始于 2007 年底。区文明办、区文联联合开展了“迎奥运、讲文明、树新风”新春联征集活动，吸引了全区广大春联爱好者的积极参与，共征集春联 1300 多条，区文明办与区文联组织专家，对上报的春联进行了初评、复评，共评选出 48 幅春联作品，最后对其中五幅春联各印制了 1 万份，对全区城乡居民进行了统一发放。戴维、王双武、张文良等区领导出席启动仪式，并为村民们赠送了春联、“福”字帖和奥运台历，他们还来到村民赵凤友家，粘贴“国泰民安”春联和大红的“福”字。活动中，区文联的书法家们挥毫泼墨，为村民现场写春联、送春联，受到了村民的热烈欢迎和喜爱。

【参加京郊民间技艺绝活大赛】 12 月，区农委组织 4 支农民代表队参加了“乡村擂台——首届京郊民间技艺绝活大赛”暨北京市第十九届农民艺术节开幕式。经过与来自海淀、朝阳、顺义、房山、延庆等12个郊区县的24支参赛队的现场较量，我区崔村镇南庄村农民齐文兰的五谷画作品荣获铜奖；沙河镇路庄村王淑兰的剪纸、兴寿镇胡门村刘卫红的农家面食制作、南口镇羊台子村的团体压花分获优秀奖。

【推进农村青年增收成才行动】 立足京郊农村实际，面向广大团员青年，全面推进农村青年增收成才行动。注重搭建青年成才平台，进一步做好农村青年现代化素质培训工程。各镇、街道团组织共开展“农村青年公益讲堂”、“新农民大讲堂”、“农民教育大讲堂”20余期，举办讲座40余讲，开展厨师、剪纸等专业技能集中培训班20余次，不断加强农村青年就业技能；同时加大农村创业致富带头人辐射带动作用，全年共推荐5名“北京市优秀青年创业致富带头人”，不断树立农村建功成才的青年榜样。

【拓宽农村妇女增收渠道】 为进一步提高民俗旅游户的餐饮接待水平，增强民俗旅游的竞争能力，2008年10月10日至11月30日，区“双学双比”协调领导小组在全区开展“巧妇杯”农家特色饭菜和“明厨亮灶”农家院评选活动。整合了全区12家“巧妇工作室”资源，与区乡镇企业合作，帮助“巧妇”工作室销售产品，进一步拓宽了农村妇女增收的渠道，激发了她们参与昌平经济发展的热情。

民主法制与党的基层组织建设

【农村民主管理“148”制度体系形成】 在农村集体经济民主管理“1＋4”创新体系基础上，制定了《昌平区村级事务重大事项民主决策暂行规定》，形成了昌平区农村集体经济民主管理“148”创新体系。2007年6月，昌平区委下发了以《关于加强农村民主管理严格执行村务公开制度的意见》为核心，以加强农村集体财务、资产、合同和村级干部报酬管理为主要内容的“1＋4”文件。2008年4月，在“1＋4”文件取得初步成效的基础上，又制定下发了《昌平区村级事务重大事项民主决策暂行规定》，对农村集体资产发包出租、农村集体土地征收、农村集体土地征收补偿费使用、农村集体借贷、农村集体资金年度支出、农村管理和劳务人员设置及报酬发放、农村规划建设方案、农村体制机制改革等八项村级重大事项的民主决策方法和程序做出了严格的规定。进一步提高了“1＋4”文件的可操作性，形成了保障农村经济发展、维护农村社会稳定、突出农村管理民主的“148”制度体系。为保障这个制度体系在全区农村的贯彻落实，由区财政每年列支320万元，在全区各镇（街道）成立了17个农村会计服务所，面向社会公开招聘了160名具有会计专业资质的高素质人才，组建起农村会计的专业化社会性服务机构，充实了农村经管队伍，使农村经管工作在制度和队伍上得到了保障。“148”制度体系发布实施以来，全区干部群众热情支持、广泛参与，特别是全区各级农村经管部门以及各镇（街道）会计服务所做了大量细致的工作，发挥了重要作用，得到了各级领导的高度重视和充分肯定。

【为社会主义新农村建设创造良好司法环境】 为更好地方便农民群众诉讼，昌平区人民法院各人民法庭进一步加大了巡回审判力度。各派出法庭开展巡回审判40余次，努力实现“当地审”、“当场调”和“当庭结”，力争使纠纷不出村，为社会主义新农村建设创造良好的社会环境。南口法庭、小汤山法庭针对辖区山区多、群众诉讼不便的特点，在离法庭较远的农村设立了固定巡回审判点，定期上门立案，巡回审理。小汤山法庭还针对60岁以上的老人、工作日上班的人、残疾人、农忙的农业承包经营户等四类人推出了预约上门立案、上门审理的举措，积极满足了人民群众不断增长的诉讼需求。

【建立涉农纠纷联动处理机制】 经区人民法院建议，由区委牵头，法院、农委及相关政府部门共同参与的涉农纠纷联动处理机制初步形成：在审查立案阶段，积极邀请农村基层组织、人民调解委员会或当地政府先开展矛盾疏导和调解工作，尽量在立案前及时化解矛盾；及时将涉农案件的新情况、新问题向区委汇报，在区委的支持下，争取得到政府、农村基层组织等各界的配合、协作；在审判阶段，每推进一步，都认真研究，做好预案，审慎对待，既灵活运用政治策略，又充分发挥审判智慧，把握大局，抓好时机，适时展开程序。十七届三中全会召开后，区人民法院进一步要求各支部组织干警认真学习，深刻领会十七届三中全会精神，切实把中央精神融入到审判工作中去，稳妥处理涉农案件，把实现好、维护好、发展好广大农民根本利益作为审判工作的出发点和落脚点。

【农村基层党建工作】 有基层党组织1 940个，党员5.2万名。农村基层建设领导小组成员单位充分发挥职能作用，按照年初区委制定的《昌平区2008年农村基层组织建设领导小组工作重点及职责分工》的要求，认真履行职责，落实工作责任，形成了各负其责、齐抓共管的良好局面，进一步增强了开展农村基层组织建设工作的合力。如在开展农村党员干部现代远程教育建设方面，由区委组织部牵头，整合农委、教委、文化委等部门的资源，仅投入556万元就按照市委要求完成了镇村322个终端站点建设任务。2008年区委投入146万元，用于走访、慰问、帮扶困难党员和建国前老党员；表彰了400名优秀共产党员、200个先进基层党组织和140个“五个好”基层党组织；投入496万元用于基层党组织工作和活动经费；投入1 788万元用于全区村“两委”班子成员的工作补贴；为43名符合条件的农村党支部书记和村委会主任上了新型农村社会养老保险；投入近350万元专项资金，扶持农民专业合作组织发展；投资500万元用于农民技能培训，为培育新型农民奠定了基础。

【深入推进农村基层党风廉政建设】 区纪委围绕加强农村基层民主管理、村务公开，继续建立和完善基层民主决策、民主监督等相关制度体系，加强监督检查，有序推进了农村党风廉政建设。区纪委坚持将"148"农村民主管理制度体系作为推进农村基层党风廉政建设的主线，充分发挥组织协调作用，确保"148"制度体系贯彻落实，取得了显著成效：2008年1月至11月，全区涉及农村党员干部的信访件113件，与上年同期125件相比下降了10%；村干部职务违纪案件数量也明显下降，在农村党员干部违纪违法案件中所占比重由44%下降到20%。"148"制度体系得到了中纪委、市纪委的肯定，区纪委被中纪委定为农村基层党风廉政建设联系点，在2008年市纪委全会上作了典型发言。百善镇作为全国唯一的乡镇代表在7月份召开的全国农村基层党风廉政建设工作经验交流会议上介绍了经验。

领导体制和工作情况

【召开2008年新农村建设工作会议】 2月21日，区委、区政府召开新农村建设工作会议，区领导关成华、李福忠、金树东、王振华等出席会议。会议全面总结了上年新农村建设工作成就，对作出突出贡献的单位和个人进行了表彰，并对全年工作进行了部署。区委书记关成华强调：发展农村经济，寻找产业支撑是根本；维护和谐稳定，加强民主管理是基础；提高农民素质，转变思想观念是突破口；夯实基层基础工作，为立足长远发展是基本态度和方法。

【区农委办理人大建议和政协提案工作情况】 2008年区农委系统共承办区人大代表建议和政协委员提案48件，其中，人大代表建议20件，政协委员提案28件。以农民培训就业、观光道路建设，都市型现代农业发展等为主的农业工作20件；污水治理、生活用水等为主的水务建设16件；危桥改造、新建跨河桥等为主的桥梁建设7件；环境治理3件；绿化占地补偿2件。在区政府督察室的直接领导下，区农委及所属水务、林业、农业服务中心等农委系统各单位，以对人民负责的工作态度和高度的政治责任感，开拓创新，求真务实，48件人大建议和委员提案按期办复。按类型划分，A类件25件，占52%；B类件19件，占40%；C类件4件，占8%。代表及委员们对农委系统所承办的人大建议和政协提案满意，满意率为100%。

【市农委领导调研昌平新农村建设】 3月22日，市农委主任王孝东等领导调研昌平新农村建设工作。考察组先后到南口镇李庄村、百善镇狮子营村、兴寿镇天翼草莓园等对"三起来"工程、村庄环境整治、餐厨垃圾处理和农业特色优势产业发展进行了调研。区委书记关成华、区长金树东等陪同调研。

【中国农科院领导考察昌平现代农业发展新模式】 4月10日，中国农业技术科学院翟虎渠院长，雷茂良、屈冬玉副院长等到昌平考察现代农业发展模式，先后到南口镇李庄村、天翼草莓园、常兴庄渔场和小汤山农业园考察以"一花三果"为主的现代农业发展情况。牛有成副市长、金树东区长及相关部门陪同考察。

【区政府与中国农科院签订科技合作框架协议】 4月27日，在北京昌平国家农业科技园区发展研讨会开幕式上，区长金树东与中国农科院院长翟虎渠签署了科技合作框架协议。双方将积极探索院区合作的有效途径和模式，共同构建产、学、研一体化的现代农业科技创新体系。

【市人大领导调研昌平乡村基础设施建设】 5月22日，市人大常委会农村办公室副巡视员吕淑英，市人大代表、市人大农村委员会委员李清云等到昌平调研社会主义新农村建设进程中乡村基础设施建设情况。区人大、区农委、区新农办有关领导陪同调研。

【奥运会、残奥会期间农产品运输保障和销售工作】 为全面落实北京奥运会残奥会期间农产品运输保障工作，昌平区农委专门召开了昌平区2008年北京奥运会残奥会期间农产品运输保障工作会议，广泛征求各相关单位意见和建议，制定了《昌平区2008年北京奥运会残奥会期间农产品运输保障工作方案》并于7月8日上午召集全区相关部门、各镇（街道）主管领导安排部署此项工作。区农委提出五点意见明确了工作重点：一是区农委负责总体协调工作，各相关单位全力予以配合，二是加强宣传，对此项工作的进展、先进经验进行追踪报道，同时作好对群众教育和指导工作。三是各镇加强调研，摸清底数，及时把农产品相关数据上报到区农委。四是要充分调动社会各界力量，特别是发挥农民专业合作社的作用，多方开通农产品销售渠道，帮助农民解决实际问题。五是各相关部门各负其责，加强管理，保障北京奥运会残奥会期间农产品运输和销售渠道的畅通。奥运期间，昌平区共办理农产品货运通行证400余张，累计出行3.6万台次，运输鲜活农产品物资6万余吨，有效保证了农产品销售和市场供应正常有序。

【奥运期间农业投入品专项整治】 7月1日，区农委制定下发了《昌平区奥运期间农业投入品专项整治工作方案》，开展了昌平区奥运期间农业投入品专项整治工作，规范农业投入品生产经营行为，从源头上保障农产品质量安全，确保奥运会的成功举办。

【农业行政执法、检查、监督工作】 实施农资、水务、林业、畜禽、渔政等行政执法500余场次，有效地维护了社会的安定团结。5月15日，由区人大常委会副主任张文祥代队，对区植保站、动物疫病预防控制中心和兽医卫生监督检验所、天汇园、北阳樱桃园、欧格有机农庄及金六环农业园等六个农药经销点和生产基地进行了实地检查，并在金六环听取了农委系统贯彻执行法规情况的汇报。会议上，区人大常委对全区农产品质量安全工作表示了肯定，并高度评价我区开展的空药瓶回收工作和产品可追溯标签制度为平安奥运提供了可靠保障。

【银农合作取得重大成效】 4月7日，区农委、北京农村商业银行昌平支行和中诚保泰担保有限责任公司针对小额信贷贴息的三方合作事宜达成了一致意见，并共同签订了《合作框架协议》，力争在合作中求发展，在发展中求"多赢"，扎实有效地推进全区新农村建设和都市型现代农业的发展。6月24日，区农委组织召开了"昌平区涉农专项贷款担保贴息工作会"，并下发了《昌平区涉农专项贷款担保贴息试行办法》，该《办法》的颁布，标志着一种新型银农合作模式的诞生，建立了农民小额贷款贴息担保体系，有望成为农村产业发展新的转折点。8月20日、26日，区涉农专项贷款领导小组分别组织了东部五镇和西部四镇召开了"涉农专项贷款座谈会"，听取了基层意见，制定了下一步工作方案。通过对《涉农专项贷款担保贴息试行办法》三个月左右时间的试行，在深入基层调研，听取基层意见后，涉农专项贷款领导小组进一步完善了涉农专项贷款，出台了《涉农专项贷款担保贴息办法》，提高了贷款人的贷款额度，增加了对农民、下岗创业人员一定比例的担保费补贴。年内，全区共发放涉农专项贷款3 120.35万元，支持了全区274个产业项目，有效地促进了优势主导产业的发展、环境的改变和农民就业增收。

【政策性农业保险工作稳步推进】 2008年，全区政策性农业保险险种增加到12个，包括小麦、玉米、苹果、柿子、梨、桃、葡萄、露地蔬菜、奶牛、种猪、生猪、肉鸡等，保险范围涉及崔村、兴寿等13个镇，122个村，4 321户，总保额达到1.82亿元。具体投保情况为：苹果625.4公顷、桃112.8公顷、梨51.5公顷、葡萄18.3公顷、柿子134.4公顷、小麦109.2公顷、玉米796.9公顷、种猪（能繁母猪）14 159头、生猪110 980头、奶牛2 982头。总保费约1 154万元，其中，区财政补贴约262万元，农户自缴保费约315万元，总保额达到1.82亿元。共支付理赔款约602万元，涉及长陵、十三陵、流村等8个镇，63个村，2 075户，具体受灾理赔情况如下：苹果281公顷，柿子90.7公顷，桃62.7公顷，梨23.7公顷，玉米460.4公顷，小麦7.2公顷，奶牛215头，种猪444头，生猪3627头。此外，我区粮食直补工作共发放补贴资金1 057.9万元。

【参加第六届中国国际农产品交易会】 10月19日，第六届中国国际农产品交易会在全国农业展览馆圆满闭幕。会展期间，北京鲜绿安果业公司作为昌平果品行业的龙头企业，在北京团龙头企业展区参展，北京卓越果品专业合作社、北京燕昌红板栗专业合作社和北京盛斯通百合专业合作社作为我区发展势头良好的农民专业合作组织，参加北京团销售展区的展销，展示新兴产业的发展成效和发展前景。展会结束后，昌平区农委获得北京团优秀组织奖，北京鲜绿安果业公司获得北京团突出贸易奖。

【审计新型农村合作医疗资金】 昌平区审计局对新型农村合作医疗资金开展专项审计调查。调查涉及区财政局、区农村合作医疗管理中心和乡镇社会事物科等单位，并延伸调查了5个镇10个村。核实了新农合政府补贴资金拨入区财政社保专户、基金管理、落实门诊、住院补偿政策等情况，并有针对性地提出了审计建议，以促进本区新农合资金的规范使用。

【抓好农业服务工作，提高农民增收能力】 区农业服务中心全年实施京津风沙源治理人工种草333公顷；围栏封育1 000公顷；建畜禽暖棚8 000平方米；增加保护性耕作867公顷；推广雨养旱作玉米6 867公顷；指导粮食生产9 060公顷；治理裸露农田7 600公顷；实施有机农业技术推广、科技入户、测土配方施肥、渔业资源增殖、奥运蔬菜示范等项目。落实农机补贴，资金总额312万元；建立了12个农用柴油专供点。承担农业部、北京市多项科技项目，累计试验、示范、推广、应用春季鲜蒜种植、太阳能杀虫灯、气动果枝剪等200余项新品种、新技术、新机具，引导农民依靠科技发展生产，提高效益。组织科技下乡入村，开展科普宣传，接待农民咨询2.6万人次。

【开展农业监督执法，规范农业生产经营秩序】 农业服务中心承担着种子、农药、植保、土肥、动检、渔政、农机监理等7项执法职能。全年配合区农委、工商、质监、卫生、城管等部门严格农业行业监督管理，出动执法人员3 600多人次，积极开展农资打假以及种子管理、农药管理、转基因产品等专项检查工作；开展产地植物检疫，建立美国白蛾、豚草等有害生物监测预警机制；开展春季农田统一灭鼠工作，灭鼠范围涉及10 200公顷农田、2 313个养殖场、饲料加工厂和养殖户、287.8公顷鱼塘，有效控制了鼠害；渔政部门重点对十三陵水库、沙河水库、温榆河等水域开展清查，打击非法捕捞活动，对宾馆、饭店检查，规范依法利用鲟鱼等受国家保护的水生动物资源；农机安全监理重点开展创建平安农机和"三秋"、"三夏"农机安全专项检查，监督秸秆禁烧。各部门对发现的问题依法给予纠正和处理，有力地维护了正常的农业生产和农资、农产品市场经营秩序，保护了广大农民的利益。各部门积极宣传贯彻国家有关法律、法规，累计发放宣传材料10余万份，制作展板100余块。

【搭建服务平台，保护农民经济利益】 由于受奥运交通及城管管制影响，6、7、8三个月成熟的1 000余万千克鲜果出现销售不畅。为最大限度地保护农民利益，昌平区林业局采取了收购、销售及储藏加工等一系列措施积极应对，想方设法拓宽渠道，搭建服务平台，帮助果农销售苹果。一方面与卫生、交通等部门进行协调，一方面抽调13名干部、职工和14辆货运汽车，组成五支绿色服务队，购买苫布180延长米、专用绳1 000多米、塑料袋10万个、果筐1 400个，帮助果农进行社区销售和市场销售，累计出动394车次，销售鲜桃400多万千克、李子30多万千克。

【放心农资下乡进村宣传活动】 3月28日，区农委系统会同区工商、质监、气象等部门，共同启动了“放心农资下乡进村宣传周”活动。在阳坊镇大都饭店广场上，农业、工商、质监等10余个单位出动57名工作人员开展了宣传咨询活动，宣传农业生产知识、科普知识、涉农法律法规知识、农资打假常识等。共展示宣传横幅10条、展版40块，发放农业生产知识、科普知识、农资打假常识等宣传材料65种17 900份，千余农民到现场学习和咨询。

【农资诚信体系一期建设】 12月，全区启动农资诚信体系建设工作，一期工作是对农资生产经营企业进行了摸底。经调查，全区共有种子生产经营单位49家，农药生产经营单位50家，肥料生产经营单位40家，农机维修经营单位14家，兽药生产经营单位37家，饲料生产经营单位31家。

【流村镇溜石岗和小水峪村对口支援座谈会】 10月21日上午，区委副书记王书合在流村镇政府主持召开了流村镇溜石岗和小水峪村对口支援座谈会。区农委、区工商联、区科委、一建公司、沙河镇、天运通房地产公司、亚都加湿器科技公司、光华荣昌配件公司以及流村镇的领导参加了会议。会上，溜石岗和小水峪两个村汇报了2008年工程完成情况和2009年工作计划。会议对这两个村的工作给予了充分肯定，对发展思路提出了合理化建议，决定对这两个村2008年完成的蓄水池建设、核桃、仁用杏种植、街道硬化、垃圾池建设等项工程给予扶持，安排资金79万元，11月底前到位。

【企业参与新农村建设】 美佳兴业贸易有限公司和天翼生物工程公司作为我区一产的龙头企业，采取“公司＋农户＋合作社”的发展模式，使企业和农民得到双赢。带动近1 500多户农民种上了蘑菇、草莓，免费为困难村建日光温棚，举办培训班，带动了我区食用菌和草莓产业的发展。法政集团与长陵镇大岭沟村建立了帮扶对子，出资10万元为村里打了一口水井，解决了村民饮水困难。新龙集团为兴寿镇暴峪泉村捐款5万元，新龙集团、银桥集团分别为流村镇溜石岗村捐款10万元，用于支持新农村建设。昌平一建、美佳兴业、法政集团、新龙集团、天翼生物等5家企业被市工商联和市新农办联合评为“参与首都社会主义新农村建设先进民营企业”。

【第八届全国“村长”论坛在郑各庄举行】 2008年9月27—28日，第八届全国“村长”论坛开幕式在北京昌平郑各庄（温都水城）宏福大厦会议厅隆重举行。来自全国各地农村的数百名村官代表，包括55个少数民族以及汶川地震灾区村庄的村官代表欢聚一堂，围绕“科学发展、创新为民”的主题，就村庄30年来改革、创新、发展的成功实践和宝贵经验，以及新的历史时期的目标任务进行交流和探讨。

昌平区主要领导人

区委书记　关成华
副书记　金树东　王书合
常委　冯维利　朱光彤　戴维（女）　尚延华　潘建新　王双武　陈秋生
区人大常委会主任　李福忠
副主任　武宁（女）　张文祥　张文良　杨国昌　郑国柱
区长　金树东
副区长　朱光彤　陈秋生　金晖（女）　方炎　苏卫东　洪波
区政协主席　王振华（女）
副主席　沈玉宝　张国良　张荣禄　李富和　陈勉
区纪委书记　冯维利

昌平区各镇（街道）党政正职领导

	党（工）委书记	镇长（办事处主任）
城南街道	金秀清（女）	王学剑
城北街道	杨玉宝	石东琨（女）
回龙观镇	贺军	齐炳瑞
东小口镇	李志杰（蒙古族）	刘长永
沙河镇	武子一	瓮民
小汤山镇	孙启	张新亮
崔村镇	金东彪	宗江
兴寿镇	韩续昌	许正锋
阳坊镇	于波（满族）	闫殿忠
南邵镇	白向军	徐强
百善镇	郭向东	秦建柱
北七家镇	刘学亮	黄建军
十三陵镇	靳增立	蒋文云
长陵镇	云富勇	石彩红（女）
南口镇	张伟	张建强
流村镇	张勇	王建
马池口镇	刘向东	王力

（张国峰）

大兴区

概述

大兴区地处北京南郊，素有“京南门户”、“绿海甜园”之称。辖区总面积1 036平方公里，辖14个镇，527个行政村，总人口58.1万人，其中农业人口31.9万人，农户10.8万户。现有耕地面积38 400公顷，2008年全区农业总产值实现44亿元，同比增长12.9%；农民人均纯收入首次突破万元，实现10 103元，同比增长11.8%。依托自然资源优势，发展了蔬菜、西甜瓜、果品、甘薯、花卉、奶牛、生猪、肉羊、禽类九大主导产业，是北京市重要的农产品生产和供应基地。根据市场定位，调整主导产业布局，发展特色精品农业，形成了庞各庄万亩西瓜、采育万亩葡萄、安定御林古桑园、长子营有机蔬菜等一批规模化、品牌化农产品生产基地。

都市型农业

【概述】 全区设施农业面积达到 6 333 公顷，重点进行“两带、两区、两村”建设，即庞安路都市型现代农业产业带、民安路设施农业产业带、礼贤镇天禾农业园、庞各庄镇丁村设施产业群和榆垡镇求贤村、长子营镇朱庄村设施产业村。建成集产业发展、科技示范、精品销售、观光休闲、新农村建设于一体的 13.5 公里庞安路都市型现代农业产业带。产业带周围连片设施保护地面积达到 1 333 公顷，蔬菜生产面积 14 667 公顷，其中设施面积 6 333 公顷，全区蔬菜累计上市量 11.68 亿千克，收入额 10.14 亿元。甘薯种植面积 2 400 公顷。发展林菌、林禽、林桑等林下经济 893 公顷。建成生物环保养猪舍 7 万平方米，出栏生猪 60 万头，肉羊 20 万只，鲜蛋 2.8 万吨，家禽 1 355 万只，鲜奶 12.6 万吨。畜牧业产值完成 19.1 亿元。

【加强设施农业建设】 共拨付设施农业建设资金 6 164.8 万元，其中：区级资金 1 225.3 万元；市级资金 4 939.5 万元。全区新建并通过市级验收的保护地面积为 778 公顷（其中日光温室 244.6 公顷、钢架大棚 533.5 公顷）、连栋温室 141 554 平方米。

【精品农业比重逐年增加】 以黄金梨、丰水梨、西洋梨为重点的精品梨产量占全区梨生产总量的 70%；被国家质监总局批准实施地理标志产品保护的“大兴西瓜”产量占西瓜总产量的 60%。相继开发了造型瓜、多用甘薯以及桑系列产品等特色唯一性产品；研发了富 CLA 奶、富硒果品等功能性产品；种植了食用菊花、五彩花生、番木瓜等一些特色品种。

【发展科技农业】 重点实施了“科技助农”工程。引进外部智力资源，与中国农科院、中国农大、北京农科院等合作实施了“院区合作”和“校区合作”，围绕全区主导产业提升，引进、示范和推广新品种 273 个、新技术 140 项。已建成标准化基地 144 个，无公害、绿色和有机农产品基地 141 个，建成了西瓜、葡萄、精品梨、奶牛 4 个国家级标准化示范区，正在建设蔬菜和甘薯两个国家级标准化示范区。

【农业主导产业有效提升】 新建和改建保护地设施 780 公顷，庞各庄镇丁村、榆垡镇求贤村、长子营镇朱庄村等都建成了规模庞大的设施农业产业群；借着北京市的政策，乘势发展了都市型现代农业走廊，高标准建成了集产业发展、科技示范、精品销售、观光休闲、新农村建设于一体的庞安路都市型现代农业产业带建设，全长 13.5 公里，产业带周围连片保护地设施面积达到了 1 333 公顷，成为全区都市型现代农业发展成果的集中展示窗口。在畜牧产业发展上，大力发展了畜牧种业，畜牧种业产值达到了 6 730 万元，同比增长 4.6%；建设了 10 万头安全猪生产基地，并结合安全猪生产基地的建设，在 23 个规模养殖场改建和扩建“零排放”生物环保养猪舍 7 万平方米，节约了资源，保护了环境，建立了循环经济发展的新模式。

【农业生产条件不断改善】 实施了绿化隔离地区、平原治沙、新农村绿化等 10 余项工程，完成绿化面积 1 800 公顷，栽植树木 306 余万株（墩）。加强水务工程建设，完成了 12.6 公里新凤河水环境治理工程，形成了风景靓丽的水景观；建设了南红门灌区农业利用再生水工程，日引用再生水 30 万立方米灌溉东部地区农田，区域内地下水位出现回升，缓解了水资源紧缺的形势；完成了 20 处雨洪利用工程；建设了东南郊水网工程；继续实施农村安全饮水工程，解决了 2 万农民饮水问题。提高农田现代化作业水平，推广农机具 1 924 台，完成保护性耕作面积 38 933公顷，开展玉米和甘薯农机规模化服务和经营 1 600公顷。建设农业观光园基础设施，提升 15 个农业观光园区建设水平。

【发展观光休闲农业】 充分利用全区的产业资源优势，发展了以体验、科普教育、精品采摘、认养为主要内容的旅游观光休闲农业。以节庆活动为平台，每年举办梨花观赏节、西瓜节、桑椹文化节、葡萄文化节、“春华秋实”等系列活动，打造“绿海甜园，都市庭院”的旅游品牌形象。以中国西瓜博物馆、葡萄博物馆为代表，形成了文化、素质教育观光旅游，将农业文化展示融于寓教于乐之中。依托全区名优特农产品，发展体验式乡村民俗旅游。建设了庞安路、刘礼路等一批观光休闲旅游带，正在规划建设永定河观光旅游休闲产业带。发展了市级民俗接待村 9 个，市级民俗旅游接待户 548 户、市级观光园 6 个。依托农村文化能人，积极进行黑陶制作、秸秆编织、绘画作品等农村手工艺品、旅游纪念品的开发制作，进一步丰富了乡村旅游内容和提高了经济效益。

【引进推广新品种】 引进并试验、示范西甜瓜、蔬菜、甘薯新优品种 126 个，其中甘薯新品系 30 余个、西甜瓜新品种 53 个、蔬菜品种 43 个。重点推广蔬菜、西瓜、甘薯等优良新品种 45 个，推广面积达 3 933 公顷。

【农业科技培训】 围绕本区西甜瓜、蔬菜、甘薯三大主导产业开展了栽培技术、病虫害防治技术等方面的技术培训，全年，本区共举办区级培训 12 次，镇级培训 36 次，入村培训 1 994 次，培训 61 605 人次，发放材料 25 938 份，发送西甜瓜、甘薯、蔬菜、农业节水等农业技术短信 17 517 条。

【科技入户工程】 完成“设施蔬菜无公害生产技术推广”、“新建保护地西瓜栽培综合技术示范推广”、“大兴区农业高效节水技术示范推广”以及甘薯等 4 个科技入户工程，共确定科技示范户 1 006 户，技术指导员46名，主推新品种55个，主推新技术33项，实现物化补贴金额30.3万元。全年累计举办培训班160期，培训示范户7 840人次，入户指导11 700人次。

【西甜瓜产业发展】 全区西甜瓜总面积为6 667公顷（西瓜6 000公顷、甜瓜667公顷），其中棚室面积2 667公顷、中小拱棚面积2 667公顷、地膜面积1 333公顷。主要分布在庞各庄、北臧村、安定、礼贤、魏善庄、榆垡六个镇，种植农户2.6万户。栽培品种100多个，主栽品种包括中果型品种京欣一号、京欣二号、京欣三号、航兴一号、航兴三号，小果型品种京秀、新秀、黄小凤、红小玉、春小玉，无籽品种黑密二号、暑宝。

【西瓜院区合作进展】 全区共引进高番茄红素西瓜品种5个，富含瓜氨酸西瓜品种3个。在前两年的工作基础上继续开展槽式无土栽培技术示范，在基质中添加了适量有机肥，种植的结果比较好。在上年试验的基础上继续进行了西瓜有机生态无土栽培试验，在基质配比和水肥管理等方面做进一步摸索和完善，确定了西瓜袋式和槽式无土栽培基质的配方比例以及肥料用量，总结出了西瓜生长各阶段肥水需求规律。

【唯一性特色产品研发】 制作玻璃艺术西瓜1 000个，为了提升玻璃西瓜的档次，水晶底座艺术瓜在原有特色的基础上又对底座进行了创新，增加了旋转、发光等方面的功能，获得北京大兴西甜瓜擂台生产艺术奖。在玻璃艺术西瓜的基础上研发鲜藏工艺的西红柿、花卉等系列产品。共选用30多个品种，经试验筛选，郁金香、菊花、月季等黄白色的花卉保鲜处理后效果较好，水果中桃、苹果效果较好，蔬菜中青色的小西红柿、彩椒效果较好。

【大兴西瓜申报地理标志产品】 西甜瓜产销协会为14家首批获得大兴西瓜国家地理标志保护产品资格的企业召开了授牌仪式，为14家企业发放了地理保护标志10万枚、保护规定展板14张、宣传画1200张。

【槽式无土栽培草莓试种成功】 区蔬菜办在大东高科种植中心进行了草莓槽式无土栽培试验，并获得成功。无土栽培与常规方法种植比较，不但果实颜色鲜亮、口感好，而且洁净卫生。

【粮食高产创建】 在本区魏善庄镇、青云店镇和榆垡镇开展了粮食高产创建活动，共建设200公顷标准化高产粮田示范区。小麦平均亩产419.8千克，玉米平均亩产574千克。

【测土配方施肥】 作为农业部测土配方施肥项目示范区的第二年，完成测土配方施肥面积4万公顷，完成西瓜、甘薯、甘蓝、萝卜四种主要作物10个“氮、磷、钾”肥料田间试验和甘蓝、西瓜、甘薯、萝卜等4种作物10个反馈试验。

【万亩老瓜田土壤改造升级验收】 6月13日，区农委组织相关专家对区种植中心农科所承担的2007年“大兴区万亩老瓜田土壤升级改造”科技入户项目进行了验收。验收专家组听取了农科所土肥研究室技术人员的项目汇报，并审查了相关资料，经质询和讨论，验收专家组认为该项目完成了各项考核指标，经费使用合理，一致同意通过验收。

【南果北种生产示范】 在农业科技成果转化基地日光温室中定植火龙果700株，进行“南果北种”试验。

【推广农业保护性耕作技术】 新增保护性耕作面积2 200公顷。其中春玉米新增333公顷，冬小麦新增1 867公顷。完成保护性耕作实施面积39 133公顷。其中春玉米6 533公顷（其中新增2 533公顷），夏玉米17 933公顷，冬小麦14 667公顷（其中新增6 667公顷）。实现了主要粮食作物全面实现保护性耕作，由此，2006—2008年保护性耕作项目结题。

【规范奶牛管理确保奶源质量安全】 9月，三鹿奶粉三聚氰胺事件对大兴奶业产生巨大冲击，为应对危机成立大兴区奶源质量安全工作领导小组，对此次三聚氰胺事件应对措施进行了紧急部署，出台了大兴区《关于对奶牛养殖场养殖户实行补贴的意见》，制定了《北京市大兴区人民政府关于保障奶源质量安全的意见》和《北京市大兴区人民政府关于保障奶源质量安全的意见实施细则》，引导散养户入区，率先在全市实现了无散养奶牛的新格局。

【动物防疫基础设施建设完善】 共投入防疫经费、疫苗经费和防疫监测经费1 533.5万元。全年共计投入1 400万元用于基础设施建设。其中区政府投资400万元新建了礼贤公路动物检疫监督站和礼贤派出机构的建设，已正式投入使用。

【种业场建设工程速度加快】 新增种业场6个，总数达到37家；为奶农提供优质冻精4.8万支，实施DHI测定奶样近8万头份，推广使用奶牛性控胶囊8 000枚，推广猪人工授精2.5万头份。

【十万头安全猪生产基地项目】 全区扩建十万头安全猪生产基地。该项目总占地面积近29.3公顷，总投资近4 400万元，在长子营、安定、榆垡、采育、庞各庄、魏善庄镇六个镇新建11个安全猪生产基地，总建设规模47个，年出栏安全猪和种猪10万头。总建筑面积约7.9万平方米，其中产房、仔培舍2.56万平方米。

【九牧生态环保养猪模式通过专家评审】 11月28日，北京市农业局组织有关专家对“大兴区九牧生态环保养猪模式”进行了评审。专家组通过认真考察，给予该模式高度评价，认为该模式成果处于国内领先水平，为城市郊区养猪开创一种新的模式。消除了猪舍废水、废气、恶臭、粪便对周围环境的污染，达到了零排放。年内，全区23个规模养殖场和部分农民散养户自发建设发酵床7万余平方米，新建和改建新型猪舍10万余平方米。

【推广玉米收获机械】 通过选型，采购推广15台拔挂式天津富康4YW - Q型玉米收获机，完成玉米机械化收获面积1 433公顷，玉米机收率达到5.8%。

【平原治沙工程】 平原治沙工程总面积1 060公顷。其中：灌草覆盖267公顷，残次林改造520公顷，治沙示范区267公顷。工程涉及采育、青云店、长子营、安定、礼贤、魏善庄、榆垡、黄村、庞庄、北臧村等十个镇和大兴区林场。

【果品基地建设】 新建标准化基地6个，提升3个。大力推广标准化、精品化栽培技术，推广人工授粉4 133公顷，完成果实套袋1.22亿个，推广病虫害综合防治技术3 400公顷，疏花定果技术8 200公顷，节水灌溉技术733公顷，花期喷硼、喷钙技术147公顷，推广愈合剂1 500千克；在有机果品基地建设中，推广果园生草220公顷，种植香草类驱避植物140公顷，节水覆膜技术133公顷，病虫害综合防控技术867公顷，枝条秸秆粉碎还田200公顷，推广应用生物有机肥料4.3万吨，制作营养液10吨；在果园和片林行间种植饲料桑373公顷，1 012.95万株。

【花卉产业】 全区花卉种植面积达417公顷，产值9 370万元，共有重点花卉企业25个。形成火鹤、菊花、兰花等拳头产品。销往全国14个省市区。本区花卉重点企业安海花卉有限公司生产的“蝴蝶兰火腿面包”荣获2008年第四届北京兰花大展暨北京蝴蝶兰评比展览中荣获金奖、铜奖各一个。

【香草种植】 引进香草新品种25个，露地种植面积扩展到7.3公顷，种植数量约40万株。推广应用于景观生态园、新农村绿化美化建设、街道小区绿化、果园驱避。推广到山东、河北、吉林三省，及北京市密云县、怀柔区、昌平区、延庆县四个郊区县。

非农产业

【二、三产业发展】 乡镇二、三产业实现总收入512.13亿元，同比增长10%，实现利润26.71亿元，同比增长16.5%。根据《2008年市级扶持发展农村产业指南》确定的有关扶持原则，筛选上报农业产业化龙头企业发展项目、农产品加工区建设项目、一村一品建设项目、农村市场体系建设项目等23个项目，通过审核获资金扶持项目10项，获扶持资金760万元。瀛海镇基础设施建设项目和采育奥宇模板有限公司带动农民就业项目，分别获得市乡镇企业局250万元和80万元的资金支持。依托本区特色产品、规模产业、科技园区、都市庭院、农业文化等农业产业资源优势，发展符合实际的平原观光休闲农业模式；不断丰富农业观光旅游产品，建设和提升一批观光休闲园区，进一步打造“绿海甜园”旅游品牌形象，全年，全区实现乡村旅游收入1.6亿元。

【发展农产品加工及配送业】 积极发展农业的二、三产业，推动产品与市场的有效对接。主要搭建了“四个平台”：企业、合作社发展平台。从项目、资金、技术、信息等方面对龙头企业和农民专业合作组织实施政策扶持，有效提高了农业组织化程度。目前区内拥有榆垡、青云店两个国家级农产品加工基地和农产品加工企业近百家，其中，国家级农业产业化龙头企业1家、市级龙头企业8家。全区农民专业合作组织发展到282家。产销对接平台。积极组织合作社、农产品经纪人与各大批发市场以及沃尔玛、超市发等超市进行产销对接，建立了大兴农产品专卖区和柜台，同时积极组织合作社参加各种农产品展销会，销售和推介大兴农产品。培育了一支800余人的农产品经纪人队伍，帮助农民与市场有效对接，延长了农产品销售半径。全区的农产品已从路边、地头交易逐渐进入了超市、市区和海外市场。农产品网上销售平台。积极搭建农业信息平台，利用网上发布供求信息，实现农产品网上销售，为农产品销售开辟了新渠道。品牌推介平台。运用市场营销学的理念，统一策划并推广了“大兴农业”区域品牌和“大兴西瓜”、“大兴梨”、“大兴甘薯”等农产品品牌，有效提高了大兴农业市场知名度和整体竞争力。

【农村流通网络建设】 “万村千乡”市场工程共争取建设资金182万元，发展全额配送店25家。全区共开设连锁便民店418家，其中直营店5家、加盟连锁便利店413家。在全区526个行政村，连锁店覆盖率已达到80%，千人以上村覆盖率达到100%。

【连锁超市农贸市场升级改造】 对全区25家农村商业连锁超市进行升级改造；对全区8家农贸市场进行了升级改造，累计硬化路面83 000平方米；新建及改造交易厅棚31个、厕所16个；增设垃圾箱26个。获得政府资金扶持210万元。“一乡一集市”的升级改造覆盖率已达100%，率先在远郊区县实现预定目标。

新农村建设

【加大新农村建设的投资力度】 共投入7 801.44万元，完成了村庄规划、“亮起来”工程、沼气和秸秆气化及太阳能公共浴室等工程，逐步改变了农村传统的生活模式，充分利用废弃料和天然能源，在节约能源的同时减少污染。

【新农村建设整体推进村】 区财政确定本区新建27个新农村基础设施建设整体推进村。

【村庄规划编制】 完成64个村庄规划编制任务。累计完成村庄规划128个，占全区526个村的24.3%（按248个规划保留村计算，完成50%）。

【“三起来”工程】 继续推进“亮起来、暖起来、循环起来”工程，安装太阳能路灯3 000余盏，建设农村集中供气工程2处，农民生产生活条件不断改善。

【安全饮水工程】 完成10个镇、31个村、2万农民的安全饮水任务。截至年底，全区农村饮用水改造任务基本完成，全区35万农村人口的安全饮水问题得到解决。

【环境整治和垃圾处理】 投入资金1.2亿元，集中清除乱堆乱放10.4万立方米、清除积存垃圾渣土36.8万吨、清除私搭乱建34.5万平方米、修葺残墙断壁2.1万平方米、整修街道边沟22.6万米、种花种草91.2万平方米、整治坑塘47.2万平方米、规范户外广告牌匾9 321块、修建健身广场217个，累计出动车辆7.6万次、出动人员31.3万人次。全区各镇生活垃圾集中运往指定垃圾场处理，无害化处理量23.5万吨，无害化处理率达到87.5%。为使农村环境建设逐渐规范化、程序化、制度化，区政府抽调专人成立三个环境整治督察组，深入各镇村进行巡查。

【水环境治理工程】 5月28日至6月10日，本区对六环路以内河道水环境进行了大规模治理。被治理的有新凤河、老凤河、凉凤灌渠、北小龙河、大龙河、小龙河六条河道。治理方式采用人、机相结合，将垃圾外运消纳，防止二次污染，共清理垃圾18 500立方米。对区域东南部21条沟渠也进行了清理，涉及瀛海、青云店、长子营、采育四个镇，清淤总长度约114.7公里，开挖土方70万立方米，投资6 500万元。

【供排水工程亮点多】 新建蓄水池4座，新打水源井9眼，铺设管网316公里，解决了10个镇31个村2万多农民生活饮用水问题；实现安全供水1 454万吨，水质综合合格率达99.6%，管网压力合格率100%；处理污水2 336万吨，全部实现二级达标排放；南水北调南干渠已确定路由，完成了一期拆迁量调查。

【节水型社会建设又添新成员】 通过水利部专家评审。本区创建市级节水型单位10个，节水型居民小区4个。区级节水型单位10个、小区2个。完成节水器具换装马桶650套，节水龙头1 979个。征收全年水资源费3 194万元，污水费1 662万元。引入再生水9 300万立方米，大大缓解了水资源短缺的形势。

【农村基本医疗服务状况】 建有农村社区卫生服务中心19个、社区卫生服务站134个，村级卫生室240个；对431名乡村医生进行年度考核、为852名乡村医生办理养老保险个人趸缴资金的缴纳工作。已形成覆盖全区农村的卫生服务网络，农民基本医疗服务得到有效保障。

【农村新型能源建设工程】 新建村内太阳能路灯3 183盏、建设雨洪利用工程20处、建设沼气集中供气工程2处、建设4个整村推进户用沼气综合利用示范工程。完成农民既有住宅节能保温改造185户、新建农民节能住宅146户。新建5处太阳能公共浴室，本年全部投入使用。

【公共服务场所建设】 27个整体推进村新建公共服务场所2.65万平方米，健身广场2.08万平方米。

【村庄绿化美化工作】 区新农村建设指挥部办公室、林业局、市政管委和财政局联合出台了《关于推进新农村绿化美化建设实施意见》，财政投入1 000万元用于农村绿化美化奖励。绿化规模较大、效果较好的村庄达到317个，完成农村绿化美化面积480.5万平方米，植树60.4万株。完成了14个市级新农村基础设施建设整体推进村的绿化美化建设，新增绿化面积95.28万平方米，栽植乔木5万株，花灌木8万株，草坪地被22.03万平方米。其中庭院绿化面积2.92万平方米，植树1万株，街道绿化53.65万平方米，植树6.6万株；集中公共绿地4.63万平方米，植树2万株；河渠绿化0.3万平方米，植树100株；环村林带32.5万平方米，植树3.6万株；大环境片林1.28万平方米，植树545株。

【户厕改造工作】 完成农户厕所改造10 532座。户厕改造累计完成7.9万余座，改造率达到75.3%。

【有线电视户户通工程】 由区财政出资5 624万元建设农村有线电视“户户通”工程。按照“政府适当补贴、企业让利和逐步培养农民自行缴费意识”的原则，执行6年惠民政策。其中2 624万元用于支付8.2万农户有线电视初装费，3 000万元分6年用于补贴全区10.7万农户有线电视收视费。

【农村义务教育】 加大农村基础教育投入，全面落实义务教育阶段“两免一补”政策。在14个镇设立18所镇中心幼儿园，并将其列为全额拨款科级事业单位，理顺农村中心幼儿园的管理体制；出台《北京市大兴区人民政府关于提高农村教师待遇的意见》，投入3 000万元，提高全区农村教师待遇；为59所农村中小学安装或改造防雷设施，消除安全隐患。完成长子营中学和魏善庄中学操场建设；加强成人教育，确立14个镇成人学校的编制，投入175万元为成人学校配备农民教育流动课堂车和相应的设备。投入140万元，为新农村整体推进村成人学校配备电脑机房。建立4个农民培训基地，2个土肥测控实验室。免费提供成人“技能＋基础”中专学历教育招生1 502人。开展各类成人教育、农民实用技术培训、社区教育宣传活动35万人次。

【镇文体中心建设】 区委、区政府将镇、街道文体中心建设列入折子工程。重点扶植了清源、兴丰、林校三个街道文体中心和西红门镇、采育镇、青云店镇、庞各庄镇、黄村镇文化中心硬件设施建设。年内，区文委为全区14个镇文体活动中心配发编辑机和数码照相机。

【农村文化和精神文明建设】 举办“美丽大兴我的家”北京市大兴区第十八届农民艺术节。投资995.5万元，完成200个农业特色书库图书及设备的购置，送书下乡达105次，送各类图书13.5万册；完成近200个全国文化信息资源共享工程基层服务点的建设。投资800万元对5个镇级文体中心和58个村进行数字电影放映内部设施改善。建立起区大剧院电影管理中心和各镇文体中心两级管理体系。组织奥运讲文明知识和礼仪知识读报竞赛，普及奥运知识，强化文明礼仪教育；开展有规模，有特色，有创新，有现代生活气息的庆祝改革开放30周年大兴“乡风文明”创新节目大赛，为群众搭建一个广泛参与，共建文明，共享快乐的大舞台。开展“建设新农村，培养新农民，创造新生活，树立新形象—大兴乡风文明主题教育系列活动”和“建设新农村，富裕大兴人—乡风文明主题教育创新奖评选”。为激发农民建设新农村、创造新生活的积极性和创造性，各镇结合自身工作实际，确定主题活动重点，突出自身特色。北京站地区管理处、北京市南区邮政局、区城管监察大队等145个文明单位与留民营、西黄垡、东赵村等126个村结为共建对子，开展送科技、送文化、送资金项目下乡等活动150多次，参与人数18万余人次。通过活动，涌现出老干部局与瀛海镇姜场村、北京老舍茶馆与巴园子村等一大批区城乡共建特色“对子”。

【农业特色书库建设】 全年，全区新建“农业特色书库”53个。

【街坊路建设】 列入本年计划的27个整体推进村的街坊路建设（其中区级配套建设4个村），建设面积94万平方米，年内，完成立项、设计、监理、施工招投标等前期准备工作。

【农村交通状况】 在全区农村地区落实低票价政策，改善农民出行条件。全年新建候车亭70座。

农村改革与管理

【农村集体经济产权制度改革】 从扩大改革试点、创新改革模式入手，通过派驻专业人员深入改制重点镇进行业务指导、出台奖励政策、推广集体资产经营多种有效实现形式等措施，推进全区20多个整建制撤制村、留地安置村的产权制度改革。

【农村法律服务室建设】 新建法律服务室143家，使法律服务室总数达到362家。通过有效整合法律服务资源，为群众开通依法解决问题的渠道，使防止矛盾激化的防线下移，缓解区、镇的信访工作压力，达到维护地区稳定的目的。

【建立镇村级科技示范队伍】 建立了一支区、镇、村级科技示范队伍，新办和续办农民田间学校46所，建立了科技示范户1 210户，实施科技入户2 409户，开展农民实用技术培训8.3万人次，培养了一批新型农民。

【体制机制创新得到深化】 加强农村管理规范化运行，提高民主管理水平。完成了农村土地流转平台建设，已开始运行。从扩大改革试点、创新改革模式入手，通过派驻专业人员深入改制重点镇进行业务指导、出台奖励政策、推广集体资产经营多种有效实现形式等措施，积极推进了全区20个整建制撤制村、留地安置村的产权制度改革工作。加强农村集体经济合同清理规范工作力度，完善和规范问题合同2 976份，增加集体收入6 118.9万元。全区实行“村账托管”的村社达到523个，占总村数的99.8%。进一步完善了村公章管理制度，525个村、1135枚公章由镇政府统一保管，加强了农村经济行为规范化管理。

【农村种养业利润监测】 对有收入的22个品种、150个种养业监测点进行了经济效益监测。与上年同期数据相比：育肥猪、肉羊、奶牛、黄鸡、肉鸭、白薯、葡萄、梨、玉米、西瓜、甜瓜、桃等12个品种的平均利润都有所上升，其中白薯较去年同期增长94.51%，上升幅度最大。而蛋鸡、童子鸡、肉牛等品种平均利润有所下降，其他品种与去年同期基本持平。

【农村财务审计工作】 农村累计完成集体经济审计项目625个，其中财务收支审计510个，财经法规（农村信访）审计2个，干部任期及离任审计113个。审计金额共计25.278 68亿元。

【减轻农民负担监督专项检查】 未发现有加重农民负担的现象发生。春季执法检查增加了针对新农村建设账内、账外债务情况和修建城市主干道无偿占用乡村集体经济组织土地和资金的检查。秋季农民负担执法检查主要是对春季检查的因修建公路无偿占用村集体土地、资金情况和新农村试点村的负债情况进行核实，确定秋季检查的结果和春季检查一致性。年内对教育收费、农村用电、公款订阅报刊等其他涉及农民负担的事项进行了检查，并在各镇自查的基础上进行了有重点、有针对的抽查。从检查的结果来看，本区农民负担进一步减轻。

【村集体经济合同规范管理工作】 本区加大了集体经济合同的清理和规范的工作力度，实行拉网式排查，逐村逐份审查合同并备案，加强了对合同履行情况的监管，使村集体的资金收入来源置于上级和群众共同监督之下。采取重新丈量土地、沟通协商、补充协议、司法诉讼等方式，加强了遗留问题合同的处置完善工作。全区14个镇实际清理合同份数12 658份，涉及合同总金额1 082 432.4万元。其中，问题合同3 454份，金额239 531.9万元，问题合同份数占总合同份数27.3%。通过深入开展合同清理工作，年内完成2 976份问题合同的完善和规范，完成问题合同处理率的86%，增加集体收入6 118.9万元。

【规范农村土地经营权有序流转】 共有土地经营面积45 755.9公顷，其中土地承包经营权流转面积已达7 789.5公顷，占全区土地经营面积的17%，涉及281个村。为了促进农村土地有序规范的流转，区经管站搭建起了本区农村土地流转信息平台，该平台设有供求中心、操作规程、政策咨询、资源查询、短信平台五大模块，分别从不同角度为供求双方提供咨询和服务。同时为进一步规范农村土地流转行为，区经管站加强了对农村土地承包经营权流转的监督管理。通过政策引导，农户自愿开展了土地流转，农业适度规模经营得到发展，增加了农民和承租方的收入，加快了农民向二、三产业转移步伐。

【推进农村集体经济产权改革】 启动产权制度改

革的集体经济组织数量有32个，亦庄镇20个村，黄村镇6个村，北臧村镇5个村，青云店镇1个村。全年完成产权制度改革的集体经济组织有20个。

【推行完善村级财务预决算制度】 要求各镇都成立由主管领导牵头、经管站人员组成的“财务预决算”领导小组。截至年底，全区已有13个镇的523个村执行了预决算制度。绝大多数村社都能按照要求编制村级预算草案，并且上报“农村财务管理服务中心”备案。

【完成“账款双托管”工作】 帮助指导农村经济合作社推行“账款双托管”制度。截至年底，全区14个镇528个村，已有13个镇成立了“农村财务管理服务中心”。实行“村账托管”的村数为520个，占总村数的98.5%，其中有494个村实行“账款双托管”制度，占总村数的93.5%；有523个村签订了委托协议书，占总村数的99%；已全部实行计算机记账。

【完善村章管理制度】 526个村的1 135枚公章实现由镇政府统一保管。其中魏善庄镇、安定镇将党支部章也由镇政府统一保管。自实行村级公章统一管理后，村干部的执政行为得到了监督，杜绝了个别村干部随意私盖公章的行为，赢得了群众的广泛支持和拥护。

【深化推行农村管理信息化】 将14台路由器和视频会议设备全部安装完毕，方便了数据上传工作。完成了全区电脑升级和杀毒软件的安装工作，对全区535台电脑全部进行了升级，给镇级安装了网络版杀毒软件，村级安装了单机版杀毒软件。并对全区37台触摸屏进行升级，以确保触摸屏试点村的村务和财务公开工作的顺利开展。

【村级重要经济事项招投标制度】 截至年底，全区已有422个村开展了448项村级重要经济事项招投标，招标后金额总计6 284.8万元，总收益比标的增加了2 151.1万元。

【完成种植业保险承保工作】 全区共有12个镇参加了种植业保险承保工作，保险产品也比往年更加丰富，其中西瓜承保2 620公顷，桃175.2公顷，梨117公顷，葡萄24公顷，苹果4公顷，露地蔬菜239公顷，小麦2 413公顷，玉米1 893公顷，合计承保面积7 488公顷，承保金额达8 231万元，收取保费609万元，创历史新高。

农民生活

【农村卫生】 全区有村卫生室244家，其中村办244家，执业乡村医生397名；完成852名乡村医生社会养老保险参保工作，市、区两级财政分别补贴1 281.32万元；落实397名乡村医生基本待遇；对431名在岗执业注册乡村医生进行了考核。

【新型农村合作医疗】 新型农村合作医疗资金实行全区统筹管理，将参合农民缴纳的参合费用及政府配套资金纳入区财政社保专户统一管理。对新型农村合作医疗政策进行了调整，提高筹资标准至每人320元，其中农民每人筹资30元不变；按筹资总额的10%提取风险调剂资金；提取50元，作为二次补偿资金，周期结束后制定二次补偿办法；延续原门诊补偿办法；调整住院补偿办法，住院补偿率提高到45%左右，以提高卫生院补偿水平为主，引导参合农民合理就医。在旧宫、西红门、采育和榆垡4个医疗机构开展新型农村合作医疗住院费用直报试点，探索便民、高效的出院即付模式。全区应参合313 111人，实际参合296 596人，参合率94.7%；共筹集资金9 491.1万元。其中市财政出资3 114.2万元，区财政出资5 508.6万元。对53 949人次进行了医药费补偿，其中住院补偿17 500人次，门诊特殊病补偿383人次，普通门诊补偿36 066人次。共发生医药费14 031万元，补偿金额6 941.5万元，住院补偿率50%。

【开展“精品培训”提高培训水平】 本区深入推进“农村劳动力素质提升工程”，针对不同群体开展“精品培训”。实施“千名农村劳动力精品培训工程”，选取1 000名在年龄结构、文化层次、就业能力上占优势的农村劳动力，为其量身定做培训计划，精心设置培训课程，提高培训标准和质量。全年共培训农村劳动力1 005人，实现就业901人，培训后就业率达到89.7%。

【就业服务体系向基层延伸】 投入资金近250万元为82个村级就业服务工作站开通就业信息网络并配备相应办公设备。截至年底，全区已累计投入资金近400万元，为全区60个社区、113个市、区新农村重点村开通就业信息网络并配备所需办公设备，初步实现所在地农民不出村、居民不出社区就能在网上得到求职、就业信息等一条龙服务。通过制定《大兴区村级就业服务工作站专职就业指导员管理办法（试行）》，实现全区村村配备一名专职就业指导员的目标。

【农村劳动力就业情况】 与北京经济技术开发区签订提供5 000个就业岗位的农村劳动力就业合作协议；与宣武、崇文、东城、西城等城区建立城乡“手拉手”就业协作机制；区内联合人事局、财政局等8家政府职能部门，建立“百家重点企业联席会制度”。形成“东有开发区、北有城四区、区有百家重点企业”的岗位开发新格局；为82个村级就业服务工作站开通就业信息网络。累计投入近400万元资金为全区60个社区、113个村开通就业信息网络并配备相应的办公设备，使农民不出村、居民不出社区就能在网上得到求职、就业的一条龙服务；实施“千名农村劳动力精品培训工程”、“千名巧娘致富工程”和“新成长劳动力培训工程”，着力实施“精品培训”，提高培训层次，满足农民培训需求。

【农村社会保险参保工作】 落实《北京市新型农村社会养老保险试行办法》及《实施细则》。为增强效果，采取入村入户宣传、政策赶集、开办“政策大讲堂”、在全区开展“新农保宣传月”活动等形式。通过制订对低保、残疾人等弱势群体参保补贴等政策，推动农保工作的发展。截至年底，全区累计参保15.2万人，基金积累5亿元，参保覆盖率达到85.8%，超额完成全年任务指标。

【无保障老年居民养老保障工作】 近4.7万人享受到城乡无保障老年居民福利养老金待遇。

【落实“一老一小”大病医疗保险】 为本区66 299名学生儿童办理了参保手续。为2 151人次的“一老一小”人员审核医药费1 566万元，支付735万元。

【人口和计划生育数据】 全区户籍人口为58.09万人，全年出生5 183人，计划生育率为97.28%，晚育率为77.35%，人口出生率为8.96‰，死亡率为4.79‰，自然增长率4.17‰。全区现有户籍育龄妇女14.94万人，已婚育龄妇女10.72万人，一孩育龄妇女7.19万余人。一孩独生子女父母领证率逐年上升，年内，独生子女父母领证率为81.05%。

【村级计生专干队伍职业化建设】 根据市计生委、市农委［2008］35号文件精神，结合全区实际情况出台了《大兴区村级计生专干职业化建设的具体实施意见》。该意见就全区村级计生专干的任职资格、聘用及待遇、考核与奖惩等问题进行了明确的规定。各镇、街道计生办按照文件规定，结合本地区实际情况，制定了村（居）级计生专干考核管理办法。

民主政治与党的基层组织建设

【建立农村党员活动日制度】 4月，本区制定下发了《中共北京市大兴区委组织部关于在全区农村推行“党员活动日”的实施意见》，从5月份开始，确定每月10号为全区农村党员活动日。党员参与率基本保持在80%以上。7月初，下发关于围绕服务保障奥运做好农村党员活动日的通知，对各镇提出了“五个紧紧围绕”的明确要求，即紧紧围绕平安奥运、环境整治、加强学习、重点工作和农村民主日开展活动。各镇按照要求认真组织各村开展了签订党员奥运安保责任书、发放党员手册、为党员家庭挂牌、认领党员先锋岗等相关活动，取得了良好效果。

【“两定三评”村级主要干部考核】 4月，本区制定下发了《中共北京市大兴区委组织部关于完善村级主要干部考核措施建立“两定三评”考核机制的实施意见》，采取定指标、定奖惩，自我评价、群众评议、组织考评的方式考核村级主要干部，在坚持共性工作基础上增加了个性考核指标。

【建立基层党建分类考评体系】 出台了“农村基层党组织建设奖励和保障经费的管理办法”，建立了农村基层党建工作基金；社区党建方面，重点对10个社区党建示范点进行了检查验收，总结出创新工作4大类19项，编印了社区党建创新材料汇编，下发各社区，广泛推广；非公和国企党建方面，分别制定下发了国企和非公五好党组织创建意见，初步建立了国企和非公党建工作考评体系。召开基层党建工作会，对农村、社区、非公、国企、机关五个层面的党建工作进行了部署。

【新农村党组织远教阵地建设】 5—10月，区委组织部协调区文委、区信息办等六个部门，对14个镇机关、527个行政村的电脑等设备配置及是否需要铺设光纤等情况，进行了全面调查摸底，建立了详细的工作台账，明确完成时限。委托区信息办选择庞各庄镇梨花村、定福庄、西义堂3个村，先期进行了施工试点。

【加强农村民主管理】 采取措施，创新管理方式，加强管理规范化运行，提高民主管理水平。健全和完善村级重大事项民主决策制度，深化各镇政务公开和村务公开工作，配合落实财务逐项逐笔公开、重大事项一事一议、村级班子民主听证会制度。理顺和规范村党支部和村民委员会关系，健全农村基层党组织，完善村民自治机制。提出将流动人口服务管理工作纳入《村民自治章程》，明确村民的责任与义务，使流动人口服务管理工作逐步“法”治化、规范化。通过遏制“瓦片经济”的无序发展，控制流动人口的规模与素质。抓好“村账托管”工作。全区实行“村账托管”的村社达到523个，占总村数的99.8%。做好农户土地承包经营权流转、农村财务审计、村级财务预决算、村级债务债权清查、农村承包合同管理、农民负担执法检查等工作。

区县乡镇领导体制和工作情况

【加大“三农”工作投入】 年内，本区对“三农”工作坚持“多予少取放活”的原则，公共财政进一步向农村倾斜，全年支农专项总支出60 458.1万元，其中：区级支农专项资金13 072.62万元；市级支农专项资金47 385.48万元，同比增长9%。落实各项惠农政策，加大农业结构调整力度，重点支持设施农业建设、农业保险、动物防疫体系的建设、新农村建设、林业有害生物防治、水利工程建设、农业综合开发等，保证了全区农业事业的顺利开展。

【探索农民培训经费投入新方式】 采取多项措施加强农民教育培训，提高农民综合素质，健全培训机构，批准了14个乡镇14所成人学校的独立法人编制；保障培训经费，将乡镇成人学校经费由乡镇管理改为区财政管理并纳入2009年部门预算；加强培训调研，到基层走访，探索和完善农民培训经费投入方式。

【扩大农业保险范围】 在市级财政补贴之外，区级财政又投资570.75万元用于开展农业保险工作，瓜、菜、果、粮食、温室、大棚等种植业投保面积7 753公顷，入保农户达22 142户。养殖业投保11.9万头，入保养殖场142家。

【保证农业政策性资金投入】 在加大新农村建设投资力度的同时保证农业政策性资金的投入，全年农业政策性资金的投入共计 2 890 万元，其中：市级资金 890 万元；区级资金 2 000 万元。启动了“科技助农”工程，选拔和培养了 1 210 名村级科技示范户，开办农民田间学校 46 所，实施新型农民科技培训 50 个村、培养农民 2 000 人，专业型农民培养整村推进 50 个村、培养农民 2 000 人，实用技术培训 8.3 万人次，农产品经纪人培训 200 人。加强了农业生产基地建设，新建标准化基地 20 家，提升 10 家；发展了农民专业合作组织，完成了 11 家市级和 9 家区级合作组织规范化试点建设。

【粮食档案和粮食直补】 小麦生产面积 13 953 公顷，享受粮食直补的面积为 13 907 公顷，良种面积为 13 820 公顷，良种率达到 99.4%，比上年提高了 2 个百分点。小麦补贴共涉及全区 11 个镇，408 个村，38 654 户，补贴金额约 2 300 万元。玉米种植面积 24 447 公顷，享受粮食直补的面积为 24 433 公顷，良种面积为 24 287 公顷，良种率达到 99.3%，比上年提高了 1 个百分点。玉米补贴共涉及全区 12 个镇，449 个村，58 903 户，补贴金额约 2 820 万元。

【生态补贴】 根据市农委、市农业局、市财政局等单位联合下发的《关于 2008 年度北京市生态作物补贴的意见》（京农发［2007］18 号）文件要求，对本区上年秋播小麦和牧草进行补贴，经统计核算补贴面积为 16 233.42 公顷，补贴金额为 9 719 552 元。

【奶牛入区补贴】 “三鹿奶粉”事件后，本区共投入 1 821.15 万元对奶牛养殖场（养殖户）及奶牛入区进行了补贴，共入区 4 384 头奶牛，有效的推动了奶牛的规模化养殖、降低奶牛养殖户的市场风险、促进了本区奶牛养殖业的发展。

【购机补贴工作稳步落实】 推广补贴机具 805 台。小型拖拉机 30 台，大中型拖拉机 55 台（120 马力 5 台，65 马力 50 台），玉米免耕播种机 18 台，小麦收割机 3 台，玉米收获机 17 台（自走式 2 台，披挂式 15 台），秸秆粉碎机 30 台，青贮车运斗 12 台，冷藏运输车 8 辆，农产品运输车 9 辆，微耕机 182 台，安装温室卷帘机 600 台，杀虫灯 12 台，农残速测仪 8 台。保温被 7 万平方米。

【农村教师工作津贴发放到位】 为落实《北京市大兴区人民政府关于提高农村教师待遇的意见》（京兴政发［2008］34 号），区财政积极筹措资金，10 月底将农村教师工作津贴全部发放到位。

【加大林业绿化补助资金投入】 拨付资金 5 007 万元，用于本区绿化美化工程。其中，京开路、京津塘路、六环路、五环路、京九铁路、永定河等沿路河两侧绿化带养护资金 3 707 万元，绿化隔离地区补助 970 万元，绿化美化园林小城镇补助资金 100 万元，新农村村庄绿化补助 230 万元，主要用于榆垡、长子营等九个镇 23 个村的街道绿化、庭院绿化、环村林等绿化美化。

【发放大中型水库移民补助资金】 10 月，全额、按时发放大中型水库移民补助资金。全区在册登记大中型水库移民 198 人，累计发放移民补助款 13 万元。

【加大美国白蛾防治资金投入】 为进一步加强美国白蛾防治，本区拨付专项资金 448.74 万元，主要用于美国白蛾专项防治工作会议、培训费；购置防控药剂，其中灭幼脲 1 号 10 吨、灭幼脲 3 号 30 吨、高效氯氢菊酯 3 吨、苦参碱 4 吨；购置幼虫灯 500 盏、购周氏啮小蜂、赤眼蜂等美国白蛾天敌各 1 亿头；租用飞机对美国白蛾进行防治，飞防 108 架次；组成区级防控专业队查防美国白蛾，进行动态监测防治。

【常规林业有害生物防治资金】 拨付资金 80 万元，用于加强对常规林业有害生物防治。资金主要用于购置防控药剂，其中灭幼脲 1 号 2 吨、灭幼脲 3 号 13 吨、高效氯氢菊酯 6 吨、苦参碱 4 吨；对早春食叶害虫进行越冬蛹调查监测；购置粘虫胶 300 桶、粘虫带 600 件；对全区重点地段进行了飞防、地防，其中，飞防 50 架次，利用人工进行地面防治 10 万亩次。

【林业果品“产储销”项目投入】 拨付资金 346 万元，用于本区有机果品项目建设。其中，建设果品小型冷库 30 座，总投资 305.5 万元，其中区财政补助 150 万元；果品配送中心建设 196 万元。

【加大林下经济补助扶持投入】 拨付资金 473.92 万元，用于林下经济补贴工作，其中补贴林菌 168.5 公顷、林禽 156 公顷、林桑 370 公顷、林薯林瓜 66.7 公顷，完成果园种植香草 134 公顷。

【加大农业综合开发资金投入】 农业综合开发项目投入财政资金 11 511 万元，同比增长 30.72%，其中：中央立项农业综合开发土地治理项目支出 7 611万元，同比增长 194.77%；中央立项农业综合开发产业化经营项目支出 2 550 万元，同比增长 5.2%；地方立项农业综合开发项目支出 1 350 万元，同比减少 64.47%。项目更新机井 220 眼，输变电线路配套 126.87 公里，开挖疏浚渠道 83.3 公里，埋设管道 555.32 公里，修建渠系建筑物 224 座，铺设机耕路 85.56 公里。农业综合开发资金的投入，使大兴区农业基本生产条件得到极大改善，提高了农业综合生产能力。共新增灌溉面积 3 427 公顷，改善除涝面积1 713公顷，基本实现了农田由渠灌到管灌的升级，向节能、节水、低耗、增效的目标迈出了可喜的一步；新增农田林网防护面积 80 公顷，所治理土地农田林网化达到 100%，林网完好率达到 95%以上，极大地提高了农田防护能力；项目区新增节水灌溉面积达 2 593 公顷，年节水量 166 万立方米；项目区直接受益农民 8 074 户，增加收入总额 1 001 万元。

【大兴农业三网建设】 先后建设了大兴农业资源管理决策系统、北京农村管理信息系统和大兴农业信息网，并称为“大兴农业三网”，通过农业资源管理决策系统，农业管理部门可以及时、快捷地掌握农村工作运行情况，准确实施生产管理和决策分析。北京农村管理信息系统全面收集了农村村级信息，通过与农业资源管理决策系统的整合，实现了空间可视化表达。通过建设大兴农业信息网，为全区农民建立了一个集产前信息引导、产中技术服务和产后农产品销售为一体的平台。积极探索数字农业向全程化、精准化延伸，在5个镇（6个村）、15家企业和合作组织中，实施了精准农业技术应用示范工程，实现了农产品生产、农业企业经营和管理的全过程精准控制管理。

【启动基层林业工作站改革工作】 5月14日，本区启动基层林业工作站改革工作，成立大兴区基层林业工作站改革工作领导小组。

【集体林权制度改革】 6月24日，本区启动集体林权制度改革工作。区委、区政府责成由区林业局牵头负责本区集体林权制度改革工作，林业局成立由局长董玉峰任组长，副书记王洪才任副组长的区林业局集体林权制度改革工作领导小组，领导小组下设办公室。

【农产品质量安全监管】 对本区已建立的39个种植业标准化基地和3个奥运备选基地开展安全监管工作，并组织相关单位派出8人到奥运备选基地进行实时监控。

【召开农资打假专项治理工作会】 3月20日，本区召开农资打假专项治理工作会议，全区200余家农资生产经营单位负责人参加了会议。

【农资市场监管检查】 共出动执法车辆350余车次，执法人员1 000余人次，作出行政警告17起，查处违法案件4起（当场处罚2起，立案2起），没收非法所得108元，罚款424元。

【执法队伍建设】 组织新申请农业行政执法人员参加有关培训、考试，共有24名人员参加，其中21人取得农业执法资格，本区具有执法资格的人员达到56人，占中心干部职工总数的1/3以上。

【完成水务基础专项规划编制】 7月10日，通过专家评审，本区相继完成了《大兴新城水系统规划》、《大兴区水系统总体规划》、《大兴区节水型社会建设规划》、《大兴区村、镇集约化供水规划》、《大兴区村镇集约化排水规划》和《大兴区村、镇水源地保护规划》。

【防控队伍增强】 已基本建立起527人的区、镇、村三级动物防疫体系防控队伍，人员编制和待遇全部得到了解决。其中209名村级防疫员的补贴标准为每人每月500元，由区、镇两级财政按照6∶4的比例承担。

【区动监局成立】 5月30日正式批复成立大兴区动物卫生监督管理局。饲料、兽药以及执法等职能由区农委划转到区动监局，完成主要领导任命。改制后的大兴区动物卫生监督管理局为主管全区动物卫生监督管理工作的区政府工作部门，为正处级行政单位。区动物卫生监督所为正科级行政执法机构，年内，区动物疫病预防控制中心三定方案正在批复进程中。安定、礼贤、榆垡等14个基层动物防疫站改革工作与技术推广体系改革正在同步进行之中。12月25日，大兴区动物卫生监督管理局揭牌仪式正式举行，农业部兽医局副局长、国家动物疫病预防控制中心主任张仲秋、大兴区副区长李春亭共同为大兴区动物卫生监督管理局揭牌。农业部、全国畜牧兽医总站、北京市农业局、大兴区主要领导、科研院校、三元集团共计180余人参加了揭牌仪式。

【奥运动物产品养殖基地监管】 成立涉奥企业领导小组，明确涉奥企业派驻人员的职责。对涉奥企业实行24小时驻点监管。

【奥运西瓜生产】 在沈阳、大连、内蒙古分别安排13.3公顷（200亩）外埠西瓜生产基地，品种采用中果型西瓜品种航兴一号和小型西瓜品种，并于7月底至8月初顺利完成采收。

【平安奥运水务保障工程】 在安定武警训练基地和魏善庄靶场民兵训练基地建设供水泵房2座；污水处理站2座；在大龙河河堤两侧绿化植树4.8万平方米，并重点对六环路以内河道进行集中整治，共清理垃圾2万立方米。同时制定了《大兴区供水安全应急预案》，组建了应急队伍，落实了应急物资。

大兴区主要领导人

区委书记 沈宝昌（2月免）
林克庆（2月任）
副书记 林克庆（2月免）
李长友（2月任） 孟令华
常委 林克庆 李长友 孟令华
李艳萍（女） 马武英
王新 郭宝东 戴明超
朱家林 张晓林
金树东（1月免）
区人大常委会主任 张书领
副主任 李永贵 周树慧 周静溪
陈晓英（女）
邓景全（不驻会）
区长 林克庆（3月免）
代区长 李长友（3月任）
副区长 金树东（1月免） 张晓林
潘新胜
李春亭 常红岩（女）
曲凤宏 邵恒（5月任）
区政协主席 高树旺
副主席 刘志茹（女） 彭喜忠
路志权 刘月娥（不驻会）
郭耕（不驻会）
秦天刚（不驻会）
区纪委书记 李艳萍（女）

副书记　魏文元　石连瑛（女）
　　　　李广成

大兴区各镇党政正职领导

	党委书记	镇长
黄村镇	邵　恒（6月免） 白立成（6月任）	李延国
庞各庄镇	左东明	张　伟（女）
北臧村镇	梁建青	王志敏（女）
榆垡镇	金卫东	杨彦光
礼贤镇	王少权	王文斌
魏善庄镇	张德广	张　帆
青云店镇	闫德强	冯　波
采育镇	贺　锐	孟宪金
长子营镇	孙洪伟	张　辉
安定镇	张　明	张新跃
旧宫镇	张　岭	刘景瑞
西红门镇	王　健	马士刚（回族）
亦庄镇	赵显鹏	石国钧（6月免） 刘素然（6月任）
瀛海镇	白立成（6月免） 石国钧（6月任）	沈永刚

（宋朝辉）

怀　柔　区

概　　述

怀柔区地处北京市东北部，全区总面积2 122.6平方公里，其中山区面积占88.7%。全区共辖12个镇、2个乡、2个街道办事处，284个行政村。年末户籍常住人口277 080人，其中农业人口160 626人。2008年，怀柔区深入贯彻党的十七大和十七届三中全会精神，全面落实科学发展观，以全面提升区域核心竞争力，加快建设“文化新都、宜居名城、和谐怀柔”为目标，在全力做好北京奥运会、残奥会服务保障的同时，求真务实，积极进取，开拓创新，狠抓发展，保持了经济社会持续健康发展的良好势头。全年共完成地区生产总值130.2亿元，同比增长7.2%。其中第一产业实现增加值6.3亿元，同比增长5.2%；第二产业实现增加值76.0亿元，同比增长4.5%；第三产业实现增加值47.8亿元，同比增长12.0%。三次产业结构转变为4.9：58.4：36.8；实现地方财政收入14.8亿元，同比增长15.2%；城镇居民人均可支配收入达到20 142.5元，同比增长8.1%，农民人均纯收入达到9 871元，同比增长12.1%，全区共有142个行政村农民人均纯收入超过万元，“万元村”比上年增加32个。

城乡一体化进程

【区委召开全会部署推进城乡一体化】　12月17～18日，怀柔区委召开了三届六次全会，会议深入贯彻科学发展观，认真落实党的十七届三中全会精神和中央经济工作会议精神，研究了新形势下怀柔区加快形成城乡经济社会发展一体化新格局的相关问题，提出了认清形势，明确任务，坚定信心，促进发展，在加快形成城乡经济社会发展一体化新格局的实践中提升区域核心竞争力，建设京郊经济强区。会议明确了怀柔推进城乡经济社会发展一体化的指导思想、主要目标、工作原则和推进重点。

【加快建设城乡一体化的公共财政体系】　通过加强对镇乡财政工作的指导和管理，引导试点镇乡理清并明确了镇乡政府正常运转经费数额、公共产品收入和支出数额、吸收社会资金数额等，强化了对镇乡财源建设的考核，严格规范了镇乡账户管理，促进了公共财政体系不断发展与完善，公共财政支农力度不断加大。2008年，全区财政支出40.9亿元中，用于新农村建设和城乡一体化建设的占54.3%，重点支持了城乡路网建设、环境整治、节能减排和农业园区、设施农业的发展，用于社会事业发展的占32%。

【多措并举促进城乡教育均衡发展】　一是调整教育布局。加强山区寄宿制学校建设，加大对农村中心校的投入力度；优化整合城区教育资源，把职业技术学校合并到职业学校，将职业技术学校改建为第六小学，解决职业学校规模不够、城区小学班容量过大的问题。二是建立教师交流制度。制定了《怀柔区城镇、平原教师支援山区教育暂行办法》，每年组织本区城镇学校的教师70人到山区学校支教，解决山区学校骨干教师缺乏的问题。三是建立新毕业生锻炼后到山区服务制度。从2007年起，每年新分配的毕业生暂不进山服务，全部分配到直属和平原学校工作，经培养锻炼2年后，轮流到山区学校服务，改善山区学校高水平师资缺乏的状况。四是城乡学校“捆绑式”管理、初中层次化管理及小学分科教学管理，促进山区教育质量的提高。

【城乡一体化推动雁栖高新技术创新基地建设】　5月30日，中关村科技园区管委会与怀柔区共建雁栖高新技术创新基地签约仪式隆重举行，区委书记王海平和中关村科技园区管委会主任戴卫共同为雁栖高新技术创新基地揭牌，区长池维生代表怀柔区与中关村科技园区管委会签署共建雁栖高新技术创新基地协议。共建雁栖高新技术产业创新基地是贯彻落实科学发展观，调整产业布局，推进“城乡一体化”发展的积极尝试，基地的建设将坚持以创新为特色，积极发展高新技术产业，努力打造国家级创新基地。

【创意产业快速发展】　近年来，怀柔区紧紧围绕生态涵养发展区功能定位，深入分析经济发展趋势和产业基础、资源条件，充分把握北京市加快推进经济结构战略调整的重大机遇，大力发展以文化创意产业、生产性服务业等为主的新兴产业，全力打造以国家中影数字制作基地为龙头，相关影视产业集聚发展的影视产业新城；以中科院项目为龙头，相关科研产业集聚发展的科教产业新城；以环境优势为依托，特色会展产业集聚发展的会展产业新城，加快产业结构优化升级，刺进城乡产业发展一体化。2006 年，中国（怀柔）影视基地被认定为北京市首批十大文化创意产业集聚之一，标志着怀柔影视文化产业进入一个飞速发展阶段。2008 年 7 月 31 日，一期投资 20 亿元、占地 3 467 公顷的国家中影数字制作基地隆重落成，成为怀柔影视产业的“内核”和原动力。目前，怀柔已形成以国家中影数字制作基地、红楼梦古都文化园、西游记文化创意产业园、飞腾影视城等龙头项目带动，相关影视企业集聚发展的良好态势。

【开展院区合作】 2006 年底，中科院研究生院项目迁址怀柔，拉开了院区全面合作的序幕，为怀柔提供了发展科教研发产业、打造科教新城的难得机遇。按照怀柔区与中科院达成的协议，怀柔将建设中科院北京怀柔科教产业园区。园区规划占地 3 800 亩，由教育基地、科研转化基地和基础科学基地三部分组成，其中，教育基地主要建设中科院研究生院怀柔校区，未来将有 1 万多名博士、硕士和大批专家教授，在怀柔学习、研究和生活，形成高科技人才集聚区；科研转化基地拟由中科院部分研究所的科研转化中心、中试生产线、技术转移转化项目组成，主要培育科技型中小企业，建设国家级一流科技孵化器；基础科学基地拟由国家“十二五”部分大科学工程项目组成。年内，中科院自动化所、理化所、力学所和电子所项目已正式落户怀柔科教产业新城。

【会展经济彰显潜力】 近年来，第三届世界养生大会、东亚商务论坛等商务会展活动先后在怀柔举办，让更多人看到了怀柔山水的魅力和会展业发展的潜力。怀柔区依托特有的资源优势，定位于积极承办高层次、中小规模的专业会议、赛事和展览活动，重点发展精品、时尚、艺术、会议四类会展，正在全力打造区域性会展新城。

都市型农业

【概况】 怀柔区认真落实中央、市、区一系列强农惠农政策措施，以整体推进新农村建设总揽农业农村工作全局，稳步推进农村综合改革，着力发展生态富民产业，重点培育“三果一带”，打造“四条沟”，充实完善农业公园功能、提升都市型农业水平，农村经济保持了良好发展态势，为全区社会经济又好又快发展作出了贡献。2008 年，全区实现农业总产值 16.3 亿元，同比增长 5.5%。

【种植业】 种植业实现总产值 4 亿元，占全区农业总产值的 24.5%。其中鲜果产值 14 466.7 万元，占种植业总产值的 36.2%；蔬菜产值 4 742.8 万元，占种植业总产值的 11.9%；出圃西洋参 42.9 万千克、总产值 2 371.9 万元，占种植业总产值的 5.9%。全区粮食播种面积 8 829.2 公顷，总产量 61 656 吨，同比增长 29.9%。

【夏粮实际总产量大幅增长】 全区实现夏粮亩产 307.3 千克，比上年增加 11.9 千克，增长 4%；总产量 1 028.4 万千克，比去年增加 383.3 万千克，增长 59.4%。

【林业】 林业实现总产值 2.7 亿元，占全区农业总产值的 16.3%。其中板栗产量 10 395.1 吨、产值 10 395.1 万元，占林业总产值的 39.1%。

【食用菌产业发展势头良好】 累计已有 10 个镇乡发展起食用菌产业，发展面积达到 32.33 公顷，总产 448 万千克，实现产值 1 555 万元。一是发展特色食用菌。利用板栗产业资源优势，采取林下种植等方式，重点在九渡河、渤海两沟发展栗树蘑，最终与板栗、冷水鱼共同形成地区特色产品；二是发展大众食用菌。主要包括香菇、双孢菇、平菇、木耳等大众化食用菌，满足市场大众化需求；三是发展珍稀食用菌。主要以白灵菇、杏鲍菇等珍稀食用菌为主。

【大力发展果树产业】 在市区两级惠农政策的扶持下，结合“三果”（红果、太平果、大枣）生态富民工程、北台路七彩樱桃主题公园、怀北红梨基地二期等工程建设，发展果树 0.1 万公顷、73.5 万株，其中 96%集中在山区镇乡。全区果树面积已经突破 2.67 万公顷，产量超过 4 600 万千克，创收 2.5 亿元。

【桥梓镇大枣获得有机产品标识】 桥梓镇大枣被中国质检认证中心正式批准为“中国有机产品”。有机果品的成功获批，为桥梓镇大枣产业加快发展和促进果农增收致富带来了新契机，注入了新活力。

【板栗产业加快升级】 自 2002 年开始实施退耕还林大力发展板栗主导产业以来，怀柔区板栗产业迅速发展，目前全区已有板栗 2 万公顷，从事板栗生产农户 1.6 万户。年产量在 1 000 万千克以上。为促进传统农业向都市型现代农业转变，实现板栗产业的可持续发展，2008 年，采取四项措施推进板栗产业升级，取得明显实效。一是全面提升板栗标准化、有机化栽培水平，增强市场竞争力。全区建成板栗标准化生产基地 8 个，面积 454.67 公顷，建立有机板栗生产基地 3 个，面积 536 公顷，其中 269.33 公顷获得了有机果品生产证书。二是加强板栗新品种选育，实施良种化、集约化栽培，树立怀柔板栗品牌。建设板栗种质资源基地 6.67 公顷，现保存种质资源 70 余个。三是依托旅游产业，建设板栗生态观光休闲主题公园，带动板栗消费需求，建设栗花沟、白云川等板栗主题公园 11 个。四是加强板栗产业协会、板栗专业服务队建设，加强科技型农民培训。全区建设 2 个板栗专业协会，30 余支板栗专业服务队。

【林下经济助推农村产业发展】 实施了林花、林粮、林药、林蔬、林禽、林菌等六种模式，在七个镇乡发展林下经济试点290公顷。未来五年，全区计划投资6 331万元，扶持林下经济发展，重点倾向产业基础好、果树资源、旅游资源丰富的镇乡。预计年创产值2.5亿元，实现16.56万农业人口人均增收1 500元。

【养殖业】 养殖业实现总产值9.7亿元，占全区农业总产值的59.2%。其中家禽1 305.15万只，产值53 165.8万元，占养殖业总产值的55%（肉鸡1 220.4万只，产值41 114.4万元，占养殖业总产值42.5%）；冷水鱼养殖面积42.07公顷，产值11 385.7万元，占养殖业总产值的11.7%。

【稳步发展茸鹿产业】 近年来，依托龙头企业，充分利用自然资源优势和人才、技术优势，培育发展起了茸鹿产业。2008年，全区优良茸鹿存栏新增2 000只，总规模达到8 000只。未来五年，以组建茸鹿养殖专业合作社、公司加农户等多种方式，继续发展茸鹿1.5万头，力争实现年产值1亿元，利润1 500万元；带动1 500户农民年均纯收入万元以上，解决农村劳动力就业3 000人，建成华北地区最大的茸鹿良种繁育、鹿茸生产、加工和销售基地。

【完善农业特色产业体系】 板栗、冷水鱼、肉鸡等传统优势主导产业内涵不断丰富，效益稳步提升。顺利完成了“白云川”板栗主题公园建设，带动了板栗生态旅游的发展。全区板栗产量897.5万千克，实现销售收入7 180万元。新发展山区截流坝反季节养鱼35.33公顷。新发展林下西洋参55.2公顷，出圃西洋参90公顷、68.5万千克，实现销售收入4 930万元。出栏肉鸡1 300万只，获纯收入2 300万元。“三果”和茸鹿产业发展取得新进展，新嫁接大枣948.67公顷，栽植太平果358.67公顷、红果268.33公顷，新发展养鹿户143户，引进茸鹿3 938头。同时，柴鸡、蛋鸭、特菜等原有大众产业的富民效应不断增强。

【设施农业发展】 区政府将设施农业发展作为产业发展的重要扶持内容，投资1.86亿元，新发展各类设施大棚4 300栋，新建成了庙城三山设施农业公园、京承设施农业园和宝山设施农业产业带。同时，重点实施了四季花卉等已建成产业园区的提升工程，完善了基础设施，扩大了园区规模。设施农业的大规模发展，挖掘并展示了怀柔都市型现代农业的内涵，充分体现了都市型现代农业的视觉效果、展示效果和富民效果，园林化、公园化的都市型农业发展格局基本形成。

【沟域经济发展】 坚持“资源用起来、山沟美起来、农民富裕起来”的理念，以“不夜谷”和“夜渤海”两条沟为样板，投资7 830万元，新打造了水长城、栗花沟、溪水湾和白桦谷等4条沟域经济发展产业带，扩大了新农村建设的规模效应，在更大范围实践了沟域经济发展模式。6月5日，四条沟域经济发展带隆重开园，促进了各区域内以乡村旅游为主的特色产业发展，沿线各村民俗接待户和餐饮点增加到近500户。全年接待游客和实现旅游综合收入同比分别增长了25.1%和41.7%，为当地农民提供了更加广阔的增收致富渠道。生态沟谷全面展示了怀柔区农业的产业形态，拓展了农业的多样性功能，进一步树立起园林化和公园化的都市型农业品牌，让广大市民更深层次的了解农业、参与农业、享受农业。

【启动白河湾治理工程】 工程总投资2 646万元，总长9.5公里，总面积21.5平方公里，涉及农民395户，860人。计划进行环境整治建设、产业建设、基础设施建设、河道治理、搬迁工程等五个方面的建设，把白河打造成集休闲、养生、度假等为一体的景观河，带动当地民俗旅游业发展。工程预计2009年4月完工，5月开沟。

【启动银河谷建设工程】 工程涉及7个行政村，1 138户，2 569人，耕地面积108.58公顷，总长30公里。银河谷建设将以现有资源优势和产业特点为基础，通过基础设施改造，发展特色农业，全面打造一条集旅游、观光、休闲、养生为一体的银河谷经济沟。计划安装标识牌128个，绿化美化1.4万平方米，水面景观2处，修建西洋参公园1处、垂钓园1处，种植林下参66.67公顷，建观光农业园区7个166.67公顷，建温室50栋，购进菌棒25万棒，农产品展卖港湾20个等。预计2009年5月底正式亮相。

【加强农业科技示范园区建设】 科技观光果园总面积累计达到0.07万公顷，科技观光果园70余家，其中21家被评为“北京市观光采摘定点果园”。观光果园年接待游人100万人次，采摘果品400万千克，收入3 560万元，占全区鲜果总收入的47.21%。近年来，怀柔区采取了以下措施推进农业科技示范园区建设。一是加强基础设施建设，打造园区品牌；二是挖掘产业内涵，促进产业融合；三是壮大龙头企业，完善协会建设；四是建立健全一套高效的科技服务体系，营造良好的发展环境；五是推行标准化生产，全面提升经营管理水平。

【着力打造农业品牌】 全区累计注册农副产品商标147件。2008年重点向社会推介了大北农、不夜谷、夜渤海、怀柔板栗、峪河红肖梨、金宏英、和合局漆雕、绿神鹿业、顺通虹鳟鱼、滕氏布糊画、颐园蜂产品、御食园等20件农业品牌。全区已有25家企业获得有机食品认证证书，3家企业获得绿色食品认证证书，22家企业获得无公害农产品认证证书。

【雁栖镇农产品加工基地被评为全国农产品加工业示范基地】 在农业部组织开展的全国农产品加工业示范基地创建活动中，雁栖镇农产品加工基地获得第三批全国农产品加工业示范基地称号。雁栖镇农产品加工基地占地面积66.67公顷，建筑面积8万平方米，固定资产投资10亿元，以大北农集团、万泉渔业为龙头，共有企业30家，2008年销售收入14.6亿，其中农产品加工企业收入10.2亿，从事农产品加工企业人数1 000人，解决本地农民就业500人。

【电子商务助推农副产品销售】 怀柔区农业电子

商务平台即怀柔区农副产品交易网上线运行。农业电子商务平台立足于为建设社会主义新农村，以信息化服务“三农”为出发点，充分利用现代化农业信息技术，支持多店铺系统，实现消费者的网上购物，商户之间的网上交易和在线电子支付，支持丰富的资讯发布形式。该平台设专人日常管理和维护，认真分析市场行情，及时更新企业的产品信息，疏通农产品流通渠道，推进农产品网上交易，最终实现农业增效、农民增收。

非农产业

【乡镇企业】 2008年，全区共有乡镇企业9 429家，其中个体企业8 887家。收入完成176.6亿元，同比增长8.0%；利润总额完成14.9亿元，同比增长15.0%；增加值完成30.5亿元，同比减少2.8%；出口交货值7.6亿元，同比增长14.2%。

【稳步发展农产品加工业】 全区农产品加工企业累计达到80余家，累计资产总额75.5亿元。2008年总产值91.4亿元，同比增长24.7%；销售收入95.9亿元，同比增长24.4%；利润5.5亿元，同比增长48.6%。加工主要原料价值36.3亿元。出口供货额4.23亿元，占总产值的4.73%。49家销售收入500万元以上规模企业实现工业总产值89.4亿元，销售收入94亿元，增加值23.1亿元，利润5.4亿元，出口供货额4.13亿元，同比分别增长26.3%、25.7%、31.3%、34.3%和35.8%，分别占全部农产品加工业同口径比重的97.8%、98%、97.9%、98.2%和98.8%。列入国家级和市级农业产业化重点龙头企业4家。

【民俗旅游稳步发展】 2008年，根据《北京市乡村民俗旅游村等级划分与评定》和《北京市乡村民俗旅游户等级划分与评定》标准，雁栖镇神堂峪村、桥梓镇上王峪村、怀北镇河防口村3个村被北京市旅游局新评定为市级乡村民俗旅游村。同时，雁栖镇、渤海镇、九渡河镇等乡镇的89户民俗户获评市级乡村民俗旅游户。近年来，随着乡村民俗旅游迅速发展，规模不断扩大，乡村民俗旅游村和乡村民俗旅游户的服务质量、档次不断提高。全区已有32个民俗旅游村，3 200多民俗旅游户，其中市级民俗旅游户1 276家。2008年实现民俗旅游收入27 308万元，同比增长14.6%。

【乡村旅游渐成怀柔假日旅游经济主体】 以观赏乡村美景、品尝乡村美食、体验乡村文化为主的乡村特色游已经成为怀柔区假日旅游经济的主体。2008年“十一”黄金周，共接待乡村游客45.88万人次，实现旅游综合收入5 968.5万元，分别占全区接待总人次和总收入的50.7%和58.4%。旅游特色活动围绕“文化新都·影视怀柔美丽金秋游”主题，组织推出了怀柔区以第三届大枣文化节、桥梓凤山百果园、怀北红梨产业园为主的旅游观光采摘游等特色活动，增强了参与性和娱乐性，对假日旅游市场产生了较强的吸引力。

【举办板栗文化节】 9月21日，怀柔区首届板栗文化节在渤海镇栗花沟开幕。此次文化节的举办，目的在于推动京郊果业又快又好的发展，积极探索生态友好型产业发展之路。板栗节的举行，将达到弘扬板栗文化，普及板栗知识，果农得实惠，市民得享受目的，从而把京郊板栗产业发展提升到一个新的水平，为加快城乡一体化进程，建设首都生态文明做出贡献。

【喇叭沟门满族乡被评为京郊发展乡村（观光）旅游先进单位】 1月31日，在北京市农村工作会上，喇叭沟门满族乡被评为京郊发展乡村（观光）旅游先进单位。

【雁栖“不夜谷”风筝会暨怀柔旅游产品推介会成功举办】 4月4—5日，怀柔区举办以“迎接奥运——放飞心愿”为主题的2008年怀柔雁栖“不夜谷”风筝会暨怀柔旅游产品推介会。风筝会由雁栖镇人民政府、区旅游局主办，山东潍坊风筝协会协办。活动包括现场放飞表演、风筝文化展览、2008只风筝免费发送、风筝放飞比赛等。活动的开展不仅为北京奥运祝福，更彰显了中国传统文化的魅力，形成了怀柔春季旅游新热点，树立了“不夜谷”节庆主题旅游的品牌。

【第四届中国怀柔“中弘”杯虹鳟鱼美食节成功举办】 6月3日，第四届中国怀柔“中弘”杯虹鳟鱼美食节开幕式暨渤海镇“栗花沟”剪彩仪式隆重举行。活动以“生态怀柔，寻香之旅，绿色奥运”为主题，推出了虹鳟鱼餐饮大赛，怀柔最佳景区景点、最美丽乡村、最受欢迎的民俗户、最具特色的美食点、最受欢迎的虹鳟鱼菜品网络评选以及邀约影视明星、百家旅行社代表走进怀柔等活动。

【北京灯笼第一村举办庆奥运暨开村仪式】 8月8日，九渡河镇红庙村举办北京灯笼第一村庆奥运暨开村仪式。红庙村自2006年底发展灯笼产业以来，经济一年迈出一大步，人均收入一年翻一番。目前，村内灯笼种类已经从简单的红灯笼发展至宫灯、生肖灯、瓜果灯、蔬菜灯、异形灯彩等上百个品种。在制作工艺上正在探索加入声、光、电等科技元素，进一步提高灯笼品质。红庙灯笼专业村已成为怀柔区九渡河镇成功发展二、三产业的典型。

【城市彩灯征集怀柔农民获佳绩】 9月11日，九渡河镇红庙村农民自制的25盏6组彩灯在“点亮奥运·北京2008”城市彩灯征集展示活动中获得2金4银8铜的好成绩，其中“五谷丰登”、“十二生肖”组灯夺得金奖。

【国家中影数字制作基地落成】 7月31日，国家中影数字制作基地落成仪式在怀柔隆重举行。中共中央政治局委员、书记处书记、中宣部部长刘云山，中共中央政治局委员、国务委员刘延东发来贺电；中宣部副部长、国家广电总局局长王太华宣布基地落成。国家中影数字制作基地由中国电影集团于2005年开始投资修建。一期工程投资20亿，占地34.67公顷，包括剧本中心、16个摄影棚、后期制作中心和光盘生产中心等。这是亚洲最大的专业影视制作（非拍摄）中心，16个摄影棚是全世界最大最集中的专业摄影棚，其中最大的面积达5 000平方米。投入使用后，怀柔影都的制作规模将占目前全国影视生产能力的60%，另外还可承担全国50%以上的影视后期制作。落成仪式后，领导和嘉宾在工作人员的带领下参观了国家中影数字制作基地。

【碧水源膜产业基地怀柔投产】 11月22日，北京雁栖经济开发区碧水源膜产业基地投产仪式举行。该基地专业从事膜生物反应器膜组器和膜片的研发与生产，具备年产200万平方米的PVDF中空纤维膜制造能力，是世界最大的高品质PVDF膜生产基地之一。基地投产后，将实现销售收入20亿元，创造利税近6亿元，增加就业2 500人，同时将有效带动化工原料、配套设备制造、工程建设、自控技术、污水再生等上下游产业链的发展。

【中科院电子所入驻怀柔】 11月22日，中国科学院电子学研究所怀柔园区奠基仪式隆重举行。建成后的电子所怀柔园区将集教育、科研、技术转移及规模产业化、企业孵化于一体，聚集一批高水平的科技人才队伍，汇集创新价值链各要素，以自主创新带动产业升级，形成极具创新活力的产业集群，为促进怀柔区产业结构升级，带动区域经济可持续发展发挥积极的作用。

【“文化新都 魅力怀柔”2008怀柔招商新闻推介会隆重举行】 4月22日，为期一个月的“文化新都、魅力怀柔”2008怀柔招商新闻推介会举行。本次推介会推出了涉及影视文化、科教研发、会展物流三大投资品种的“创业板”47个项目，来自国内外的200多名客商参加了推介会并实地参观考察了怀柔雁栖经济开发区、国家中影数字制作基地，山水天地酒文化主题公园。

【李长春视察第三届中国北京国际文博会并莅临“中国影都·北京怀柔”展区】 12月19日，中共中央政治局常委李长春在中共中央政治局委员、北京市委书记刘淇，北京市委副书记、市长郭金龙及市有关领导的陪同下，视察了第三届中国北京国际文化创意产业博览会并莅临“中国影都·北京怀柔”展区，并听取了怀柔区对怀柔影视产业发展情况的介绍。

新农村建设

【扎实推进新农村基础设施建设】 新批复的18个整体推进村，污水、饮水、道路、厕所和垃圾五项基础设施建设工程有序推进；完成了“不夜谷”、“夜渤海”两沟升级改造工程；新完成26个村的村庄规划；新安装太阳能灯3 125盏；新建3个太阳能公共浴室；284个村的环境整治工作全部完成，极大地改善了农村的生产生活环境。

【“三起来”工程稳步发展】 全区在12个镇乡的37个村、8条乡村旅游道路和3个产业园区安装太阳能路灯3 125盏；建设1个沼气工程和3个生物质气化工程；建设太阳能公共浴室4处。

【新农村绿化美化工作成效显著】 近年来，结合“首都绿色村庄”的评选，怀柔区按照“村庄周围森林化，村内主干道林荫化，村民庭院花园化”的标准，加大了新农村绿化美化工作力度。截止2008年，全区已完成45个新农村绿化美化，对于改善村庄生态环境，提高村民生活环境质量都发挥了重要作用。

【渤海镇、桥梓镇被授予“全国环境优美乡镇”称号】 2008年，在全国环境优美乡镇评选中，怀柔区渤海镇、桥梓镇被国家环保部授予“全国环境优美乡镇”称号，全区“全国环境优美乡镇”达到5个。近年来，怀柔区不断加大生态有机绿色农业、有机林果基地建设，减少农药化肥施用量，加大农村生活污水和生活垃圾治理力度，加强河道生态修复和新农村环境建设，地区生态涵养能力进一步加强，农村整体环境得到有效改善。

【慕田峪村荣获“2008年度‘北京最美的乡村’”称号】 在由北京市委农工委、北京市农委、北京市旅游局联合主办的2008年度寻找“北京最美的乡村”评选活动中，根据“经济发展较快、农民收入较高、村庄环境优美、自然条件优越、资源综合开发、旅游产品丰富、人文特色突出、乡风文明和谐”的标准，慕田峪办事处慕田峪村荣获“2008年度‘北京最美的乡村’”称号。

【京承公路（二期）怀柔段绿化工程被评为全市优质工程】 在京承高速公路绿化美化工程验收评比中，怀柔段绿化美化工程被评为全市优质工程。京承公路（二期）怀柔段绿化美化工程造林面积143.37公顷，栽植各种苗木12.3万株，符合多树种、多层次、多色彩、易管理的标准。

【千余名村级保洁员上岗】 1 549名村级保洁员上岗，分别负责对主要公路沿线、铁路沿线环境保洁看护；对村容村貌整治、垃圾收集设施的保护、垃圾收集管理、村内及周边环境的清扫保洁环境监督与管理；对村级公厕管护保洁；对河道内垃圾渣土乱倒及两侧环境卫生看护保洁等，加大农村环境整治力度，切实改善农村的生产生活环境，全面提升农村环境卫生管理水平，建设首都生态涵养发展区。

【四项农村信息化工程助推新农村发展】 一是搭建农业电子商务平台。搭建农业生产者、农副产品经销者、消费者三者间进行信息交流沟通的信息平台，促进农产品网上交易。二是农业“三网”合一建设。整合农业信息资源，实现资源共享，为领导和农业部门掌握农村经济和社会管理等方面提供决策服务，为农民提供科技、市场、供求等信息服务。三是北京移动农网建设。拓宽了农民获取有效信息的来源渠道，促进现代农业服务体系的建立，使农业产、供、销全过程的信息获取及时、准确、规范，推动农业结构调整，促进农民增收。四是农村"数字家园"建设，为农村居民提供一个信息服务、技能培训和学习娱乐的公共服务平台，为农民的生产生活以及各项经营活动提供信息支持。

【文化建设投资创新高】 继续加大文化建设投资力度，全年累计完成投资 6 161 万元，其中 3 200 万元用于农村数字影厅建设，新建农村数字影厅 175 家，行政村覆盖率达到 62%；2 400 万元用于农村文化活动室建设，新建独立文化活动室 39 个。农村基层文化设施建设进一步夯实了群众文化基础，丰富了群众文化生活。

【举办第十八届群众艺术节】 1 月 30 日至 2 月 1 日，举办第十八届群众艺术节暨第七届"赶文化大集，展怀柔精品"活动。活动以"弘扬先进文化，服务经济发展，喜迎北京奥运，丰富广大群众节日文化生活"为宗旨，每天上午 9 点开始至下午 4 点结束，内容主要包括了民间花会大赛、新秧歌大赛，非物质文化遗产保护项目展示，新农村建设、文化创意产业、文化艺术作品展览，农产品、图书展卖等活动。

【"文艺演出星火工程"丰富农民生活】 全区"文艺演出星火工程"演出 1 111 场，其中边远地区演出 115 场，非职业团队演出 892 场，有偿演出 568 场，无偿演出 284 场，跨区县演出 40 场。遍及全区每个行政村。"文艺演出星火工程"得到了农民群众高度赞扬，为繁荣农村的文化生活、促进农村社会和谐起到了积极促进作用。

【举办第二届全民运动会】 5 月 15—16 日，怀柔区第二届全民运动会成功举办。此次运动会由区委、区政府主办，区体育局、区文委承办，在赛事安排上充分体现了"全民健身与奥运同行"和"我参与、我奉献、我快乐"的活动宗旨。共有 98 个单位、7 362 人参加了 7 个大项，81 个子项的比赛。

【怀柔独轮车运动员扬名全国第十二届独轮车锦标赛】 9 月 30 日至 10 月 3 日，怀柔区北京奥宇可鑫独轮车俱乐部、慕田峪长城队 22 名运动员参加了在内蒙古自治区包头市举办的第十二届全国独轮车锦标赛，荣获 8 金、2 银、6 铜、团体总分第三名。为进一步发展独轮车运动，打造特色体育品牌，怀柔区研究制定了独轮车运动发展规划，加快在中小学中推广独轮车运动。

山区建设

【概述】 围绕"搬得出、稳得住、能致富"的目标，坚持"政策引导、自愿搬迁、发展产业、资助就业、资源置换"的原则，采取自然村向主村集中整合和散户搬迁相结合的方式，2006 年以来，累计完成山区险村险户搬迁 2 185 户、4 880 人，减少合并自然村 86 个。通过实施搬迁工程，不仅使山区部分群众彻底摆脱了泥石流的威胁，生产生活条件得到了改善，而且整合了资源，拓展了发展空间，大大推进了新农村建设的步伐。累计投资 1 205 万元在 34 个行政村实施了"十百千"工程，有效促进了示范村的经济发展。按期完成了汤河口镇庄户沟等七条共 120 平方公里山区小流域内的山、水、林、田、路、污等的综合治理工程，增强了区域生态功能。持续开展联乡帮村工作，有效推动了农村经济社会发展、农民增收致富。良好的生态环境为首都提供了丰富的公益产品，充当了首都的造氧机、过滤器、挡沙墙、背景幕，真正发挥了"北京后花园"的作用。

【生态清洁小流域建设成效显著】 在 2008 年全市水务工作大会上，怀柔区被市政府评为生态清洁小流域建设先进区县。2007 年，怀柔区立足"生态涵养发展区"的功能定位，按照构筑"生态修复、生态治理和生态保护"水土保持三道防线的理念，实施了北宅、神堂峪等清洁小流域建设工程，治理水土流失面积 60 平方公里，形成了具有山区特色的碧水田园式的艺术精品型水保工程模式，促进了旅游休闲等相关产业的发展，有效保护了密云水库、怀柔水库、北台上水库的入库水质。

【怀河水务站被评为优秀水务站】 在 2008 年全市水务工作大会上，怀柔区怀河水务站获市人事局、市水务局、市农委优秀水务站奖。2007 年，怀河水务站紧紧围绕"构建和谐水务　服务怀柔发展"的工作目标，按照"饮水安全、用水计量、节水高效、雨洪管理、中水回用"的 20 字方针，积极开展了各项水务建设工作。

【喇叭沟门国家森林公园项目获批复】 年内，怀柔区喇叭沟门国家森林公园建设项目通过国家林业局批复，喇叭沟门国家森林公园规划面积 11 171.5 公顷，计划建成集生态保护、教育科研、休闲度假、体验满族文化为一体的生态经济示范区。喇叭沟门满族乡有原始次生林 0.47 万公顷，保存着北京地区面积最大的蒙古栎林、白桦林、山场林等天然林，多种动物和植物种群形成了典型的森林生态系统。

【山区搬迁村后续产业进展顺利】 为加快山区小康社会建设步伐，实现"搬得出，稳得住，能致富"的目标，年内，全区启动 6 个山区整建制搬迁接收村致富产业建设项目。其中 3 个村发展肉牛、野猪驯化特色养殖，1 个村发展特色果品基地，2 个村发展特色果品观光采摘园，使山区生态搬迁村形成各具特色的村庄产业。

【培育村级主导产业，完成消除"产业空壳村"工作】 年内，累计投资 1 550 万元，积极发展村级产业。各乡镇坚持因村制宜、市场导向、造血与输血相结合的原则，通过龙头企业拉动、服务组织带动、联乡帮村助动和扶持政策推动等方式，培育发展了葡萄、蘑菇、花卉、晚秋黄梨、大枣、榛子等村级主导产业。2007 年调查摸底时的 95 个"空壳村"已全部完成产业填充，基本实现了村村有产业的目标。

【2008年京津风沙源造林533.33公顷】 年内，怀柔区京津风沙源工程完成人工荒山造林工程任务333.33公顷、水源保护林建设工程200公顷，植树37万株。

【0.53万公顷封山育林工程完成】 年内，怀柔区完成0.53万公顷封山育林，范围涉及9个镇乡17个村。工程共立封山牌38块，建围栏37 970延米，完成补植33.33公顷，修枝抚育53.33公顷，配备专职护林员159人。工程从2008年开始，将连续封育5年，采取封山禁牧、补植补造、修枝抚育、病虫害防治、护林防火等各种封育措施。5年后，林地的林分林相将得到较大改善，植被更加稠密，生态更加优美，对当地的水源涵养、水土保持、生态环境改善将起到极大的促进作用。

【空气质量创历史新高】 年内，怀柔区认真落实北京市政府第十四阶段大气污染防治措施，多项措施严格控制大气环境污染，辖区内空气质量明显提升，截至12月31日全区空气质量良好天数达302天，良好天数占82.5%，超过市政府下达的任务指标16天，同比2007年良好天数增加18天，指标上升4.5%。

【长效机制促进空气质量继续改善】 奥运会后，怀柔区采取以下措施，促进空气环境质量继续改善。一是以淘汰高污染排放黄标车为主防治机动车污染；二是以推行“绿色施工”为主防治工地扬尘污染；三是以深化产业结构调整为主防治工业污染；四是搞好优化能源结构为主的燃煤污染整治。

【牛有成来怀调研山区生态搬迁及产业发展情况】 10月16日，市委常委牛有成带领市有关部门领导及部分区县主管区县长60余人，就山区生态搬迁和产业发展情况到怀柔区考察调研。牛有成一行实地考察了琉璃庙镇八宝堂村生态搬迁后的基础设施建设情况和二台子村欧榛特色产业发展情况。牛有成强调指出要重新认识山与产业、山与人的发展关系，认真贯彻落实科学发展观，并根据市委提出的“人文北京、科技北京、绿色北京”理念，充分发挥山在绿色北京中的地位和作用。通过对山的重新认识，进一步挖掘山区特有的潜在优势，从而形成加快推进山区建设和发展的动力。

民主政治与党的基层组织建设

【农村法律服务工作部不断增强】 新建100个村、社区法律服务室，使全区村、社区法律服务室达到213个，全区覆盖率达到70%，区、镇乡（街道）、村（社区）三级公益性法律服务网络初步形成。法律服务室是依托村、社区人民调解委员会设立，由当地司法所负责指导管理，工作人员分为固定服务人员和流动服务人员两种。固定服务人员为村专职人民调解员，流动服务人员由律师、离退休法官、法律志愿者和司法助理员组成。这种集人民调解、法制宣传、法律援助为一体的法律服务机构，满足了基层广大农民对法律知识的需求，能够方便快捷地提供法律咨询和法律援助服务，已成为新农村建设发展规划的法律助手、民俗旅游接待的法律援手、村民矛盾纠纷调解的好手和农村法制宣传的舵手。

【广泛开展农村“民主日”活动】 根据区委统一安排，全区284个行政村开展了农村“民主日”活动，区级领导和区直联乡帮村单位的领导深入镇乡、村分别参加各村的“民主日”活动；各镇乡采取主要领导包片，一般干部包村的方法，深入指导检查各村活动开展情况。区委组织部、区委农工委和区民政局对各村“民主日”活动进行全面检查，确保了活动扎实有效。

【庙城镇李两河村获国家级民主法治示范村称号】 庙城镇李两河村获得“国家级民主法治示范村”称号。在全国民主法治示范村创建过程中，该村充分发挥基层党组织的领导核心作用，通过深入开展法制教育，增强了农村广大干部群众的民主法治观念，村民法律素质明显提高；通过落实民主公开程序，村民自治得到保障；依法建章立制，村务管理规范有序；及时调处矛盾纠纷，村民和睦，社会稳定，促进了农村社会稳定和经济发展。

农村改革与管理

【大力培育农民专业合作组织】 全区依法登记注册的农民专业合作社达到316家，注册资金3.2亿元，注册成员4 670户，章程在册成员达3万多户，占总农户的43%左右。

在现有的农民专业合作组织中，按产业划分主要有农业类、服务业类、手工艺类等；按运营模式划分主要有加工带动型、能人带动型、组织带动型、自发联合型等；按内部机制划分主要有利益统一体、紧密型、松散型等。农民专业合作组织的快速发展，提高了农民组织化程度，增强了农业抵御市场风险的能力；拓展了农产品增值的空间，促进了农民收入的增加；加快了农村主导产业的培育，推动了农业产业化经营；促进了农业标准化建设，提高了农产品品质，增强了农产品市场竞争力。农民专业合作组织已经成为我区农民促生产、扩规模、闯市场、实现就业增收的重要途径之一。

【稳步推进农村集体经济产权制度改革】 按照“资产变股权、农民当股东”的改革方向，新完成农村集体经济产权制度改革试点村60个，全区累计完成社区股份制改革的村数达到93个，占行政村总数的32.7%。通过改革，明晰了农村集体资产产权及相应的收益权、决策权等所有者权益，使集体资产的支配权真正掌握在按股拥有集体资产产权的成员手中，从根本上破除制约农村生产力发展的体制性障碍，激发了农民发展生产的积极性。

在农村集体经济产权制度改革中，采取了三项举措，确保改革顺利进行。一是加强组织领导，健全工作机制，健全完善了由区主要领导、相关部门参加的农村综合改革工作领导小组办公室。二是深入调查研究，完善政策措施，区委、区政府多次召开专题会议，研究讨论怀柔区农村综合改革工作；区委农工委及时研究制定工作方案，就股份设置、集体资产处置等问题提出了指导性意见。三是强化业务指导，把握关键环节，举办农村综合改革工作培训班，确保每一个参与改革工作的人员都能正确运用相关政策法规，熟练掌握工作标准和改革程序，稳步推进全区农村集体经济产权制度改革工作。

【乡镇行政管理体制改革在全市产生示范效应】 2007年以来，怀柔区积极探索和实践新形势下的乡镇行政管理体制改革，走出了一条有特色的改革之路。按照整体部署、分步实施的方法，对试点镇如何建立公共服务主导、社会管理高效、内设机构简洁、工作运转透明的行政管理体制入手，经过深入调研，制定了《关于深化镇乡行政管理体制改革的实施意见》，根据《意见》安排，4个试点镇从如何建立“公共服务主导、社会管理高效、内设机构简洁、工作运转透明”的行政管理体制入手，分别制定了本镇深化行政管理体制改革实施方案。按照“身份职级备案、岗位职责调整”的原则，整合镇乡行政资源，形成了“一办六中心”（即党政办公室、财经管理服务中心、产业发展服务中心、社会管理服务中心、党群事务服务中心和社会矛盾调处中心）的工作格局，做到了办公场所集中挂牌到位，机构人员到位，监督岗与座位指示牌到位，工作制度、职责、流程等公示到位等“四到位”，实现了“扁平化、协调型、联动式”的网络运行管理机制。在试点成功的基础上，“一办六中心”工作机制在全区推广，到2008年底，全区14个镇乡全部完成了“一办六中心”的组建。在全市乡镇机构改革交流会上，怀柔介绍了试点经验，并被市编委列为全市乡镇管理体制改革试点区。

【全面推行农村社区化管理】 10月16日，京郊第一家社会工委、社会办——怀柔区委社会工作委员会、怀柔区社会建设工作办公室正式揭牌成立，标志着农村实行社区化管理服务与建设在怀柔全面推行，农民将享受到与城镇居民同等的公共服务。2007年1月29日，怀柔区成立了全市首家社会管理服务中心，对统筹城乡公共服务进行了有益探索和尝试。2008年，针对山区面积广大、农民居住分散等特点，怀柔区全力构建了区、镇乡（街道）、村（社区）三级社会管理服务网络，在镇乡、街道组建社会管理服务中心，下设相应服务窗口、开通便民热线、设立驻村工作站，村、社区在党支部领导下，组建村级社会管理服务中心。全区累计建立区、镇乡和街道社会管理服务中心17个、村级社会管理服务中心284个、街道社区服务站24个，实现了城乡基本公共服务全覆盖。

农民生活

【农民收入保持快速增长】 2008年，怀柔区实现农民人均纯收入9 871元，同比增长12.1%。其中，工资性收入5 828.7元，同比增长28%；经营性收入2 094.6元，同比下降23.7%；财产性收入1 313.2元，同比增长4.8%；转移性收入634.6元，同比增长150%，各项收入分别占全区农民人均纯收入的59.05%、21.22%、13.3%和6.43%。

【完成10 000座农村户厕改造任务】 农村无害化户厕改造是提高农民居住环境质量，改善农村环境面貌，提高农民健康意识，推进新农村建设的重要手段。年内，怀柔区把推进10 000座农村无害化户厕改造任务列入了政府为民办实事工程，11月底全部完成，其中市级新农村户厕改造完成2 874座。

【加快发展农村社会保障】 两年来，将3.6万名城镇无医疗保障的老年人、中小学生和婴幼儿全部纳入了保障范围，安置农村富余劳动力就业16 977人，全区养老、失业、医疗、工伤、生育五项社保基金征缴率达到98%以上，新增社保基金9 000余万元，养老保险覆盖面达到93.9%。

【新农合基金纳入财政专户管理】 3月5日，通过清产核资、结余清理等工作，怀柔区将新农合基金18 337 953.66元纳入社会保障基金财政专户管理。其中合作医疗基金15 037 953.66元、合作医疗风险基金3 300 000元。

【新型农民培养工作成效显著】 怀柔区进一步明确了新型农民培养的目标和任务，全年培养新型农民29 000人。分为技能型、专业型、创业型、带动型、储备型、管理经营型、公益服务型等。

【举办“首届十大道德模范人物”评选活动】 3月14日，怀柔区举行“首届十大道德模范人物”颁奖典礼。道德模范人物的评选坚持了贴近实际、贴近生活、贴近群众的原则，旨在践行社会主义荣辱观，弘扬社会公德，宣传倡导社会文明新风，通过评选表彰，充分发挥公德楷模的示范引领作用，在全区形成知荣辱、讲正气、树新风、促和谐的良好风尚。

【琉璃庙镇“敛巧饭”列入国家级非物质文化遗产】 怀柔区琉璃庙镇民俗“敛巧饭”经过审核后，被正式列入其中国务院第二批国家级非物质文化遗产名录，成为怀柔区首个入选的国家级“非遗”项目。“敛巧饭”是琉璃庙镇杨树底下村流传下来的古老风俗，即在每年正月十六日，全村及周边村民共同参加的一个欢聚庆祝活动。“敛巧饭”风俗自清代嘉庆、道光年间建村起，至今已有180多年历史。通过弘扬“敛巧饭”民俗，使传统民俗文化得到保留和延续，有利于发展农村经济，提高农民收入，促进农村社会和谐。

区县乡镇领导体制和工作情况

【不断完善“三农”工作机制】 近年来，怀柔区坚持统筹城乡发展方向，认真落实“多予、少取、放活”和“以工补农、以城带乡”方针，紧紧围绕农业的“富民就业”和“生态涵养”两大功能目标，以市场需求为导向，以促进农民就业增收为主线，完善了“一二三四”的工作机制。

“一”是强化一个优势。即认真落实生态涵养发展区的功能定位，努力把生态资源优势转化为产业优势，实现生态效应与富民效应的有机统一。

“二”是巩固两个平台。一是巩固农村基础设施建设平台，有计划、有组织地实施一大批事关农村经济发展全局的重点建设工程，从根本上改变农村的生产生活条件；二是巩固农村产业发展服务平台，适应农村经济转型和发展的迫切要求，加强对农民的科技、信息、金融、法律、农产品安全等方面的服务，从根本上缓解农村产业发展的“瓶颈”制约。

“三”是健全三个体系。一是健全镇乡村落体系，按照有利于人口集中、有利于生活条件改善、有利于区域经济发展的原则，加强农村村落布局规划，加大中心镇、中心村、重点村的建设力度，推进新农村建设再上新水平、再出新经验；二是健全都市型现代农业体系，依托首都和怀柔新城功能，以市场需求为导向，以现代发展理念为指导，以现代物质装备和科学技术为支撑，以现代产业体系和经营形式为手段，以现代新型农民为主体，以培育“优良生态、优美景观、优势产业、优质产品”为着力点，加快农业生产由传统方式向现代方式转变，农业功能由生产型向服务型转变，实现繁荣农村、富裕农民的目标；三是健全农村公共服务体系，以构建和谐农村为主题，着力解决农村社会发展滞后问题，培育就业比较充实、基本社保均衡、生活环境舒适、文化生活活跃、邻里互助友爱的新型农村社区。

“四”是实施四大举措。一是深化改革，坚持从怀柔实际出发，按照“普遍要求、重点突出，分类指导、渐进推进”的原则，有的放矢地推进农村改革，破解农村经济社会发展的体制性难题，增强农村发展的活力；二是加大投入，进一步完善支持农村发展的相关政策，拓宽筹资渠道，加大投入力度，把“两个反哺”落到实处；三是完善机制，逐步完善推进新农村建设的组织领导机制，政府、集体、农民和社会共建的协作机制，社会力量支持新农村建设的参与机制和新农村建设的各项后续管理机制；四是健全制度，加强村级党组织建设，完善村民自治制度，团结和凝聚广大村民共建新农村。

【2008年农口工作会召开】 2月3日，区农委召开2008年农口工作会，总结2007年“三农”工作，部署2008年“三农”工作。2007年农口各单位认真贯彻落实区三次党代会和市区农村工作会精神，各项工作取得了较好成绩，得到了市区领导的重视和好评。新的一年，各单位将围绕区农村工作会确定的“三农”工作重点确定自身工作重点，围绕政策做项目，围绕创优定亮点，围绕正气抓管理，全面开创全区“三农”工作新局面。

【迎奥运环境建设动员大会召开】 2月26日，怀柔区迎奥运环境建设（电视电话）动员大会召开。会议以加强环境整治，建设优美怀柔，以干净整洁的环境迎接奥运会为主题，播放了“怀柔区迎奥运环境美与丑”专题片，部署了《怀柔区2008年环境建设任务书》。

【纪念改革开放30周年农业与农村改革座谈会召开】 4月9日，怀柔区召开纪念改革开放30周年农业与农村改革座谈会。会议总结回顾了改革开放30年来怀柔的农业和农村改革取得的成果，针对下一阶段农业发展和农村改革提出了结合自身特点制定具体规划方案，全面推进农村的产业结构调整，完成产业布局；发展现代都市型农业，让农村产业布局与城市体系相结合；要认真研究政策，积极推进体制改革创新工作模式，解决农村产业和城市化进程中遇到的问题。

【开办《今日三农》专题栏目】 年内，随着农业产业发展、新农村建设和农村综合改革等重点工作的稳步推进，基于让全社会更加了解、关注和支持“三农”工作的目的，区农委与区广电中心联合开办了《今日三农》专题栏目。该栏目以推动三农工作、增加农民收入为宗旨，分析市场动态，传递种养信息，推广农业科技，宣传致富典型，把种养业的新信息、新项目、名特优新品种、农业实用技术、农产品供求信息、农民致富的典型经验，生动直观地传播给农民，起到“科技快餐”的效果，为农民增收发挥积极的引导和促进作用。

【落实各项惠农政策】 全区农民免缴农业税及附加325万元，获得市、区两级粮食及生态补贴1 419.3万元。1 702户农民获得种养业担保贷款78 079.88万元。政策性农业保险险种增加到16种，5 297户农民投保总额达2.3亿元；当年有585户农民获得赔付金额316.4万元。完成山区险村险户搬迁753户、1 672口人，减少合并自然村29个。深入实施“十百千”工程，有效促进了示范村的经济发展。完成了4条山区小流域综合治理工程。持续开展联乡帮村工作，有效推动了农村经济社会发展。

【政策性农业保险稳步发展】 自2007年7月开办以来，怀柔区政策性农业保险已涵盖了温室大棚、肉鸭、小麦、玉米、葡萄、西瓜、柿子、露地蔬菜、奶牛、肉鸡、生猪、种猪等16个险种，得到了农民的普遍支持。年内，全区已有5 560余户农民参加政策性保险，总保额达到2.5亿元。

【“绚丽北京　多彩奥运”2008来京务工人员才艺大赛新闻发布会举行】 4月28日，庆祝奥运会倒计时100天暨“绚丽北京　多彩奥运”2008来京务工人员才艺大赛新闻发布会在怀柔举行。活动为参加北京城市建设的来京务工人员提供了一个展现自我才华，讴歌不同劳动行业特点的平台，使来京务工人员进一步提高办好奥运人人有责，办好奥运有我一份的意识，参与奥运，享受奥运快乐。

【举办百场奥运法律知识讲座】 6月13日，怀柔区“百场奥运法律知识讲座”活动圆满结束，讲座在全区284个行政村、24个社区各举办一场，内容以《治安管理处罚法》、《道路交通安全法》、《体育法》、奥林匹克知识产权保护、城市管理等相关法律法规和奥运会等相关法律法规知识为主。通过此项活动，在全区形成了参与奥运、奉献奥运的浓厚氛围，提高了市民法律素质，为奥运会的圆满成功营造了和谐稳定的法制环境。

【国际体育电影论坛在怀柔举办】 6月30日，作为第六届“北京2008”奥林匹克文化节和第四届北京国际体育电影周重要活动之一的国际体育电影论坛在怀柔隆重举办。论坛由国家广播电影电视总局、国家体育总局和奥组委共同主办。国内外数十名电影创作者、发行商、投资人及专家学者围绕“体育电影：人文与科技共进”的主题，对体育电影的历史、市场、发行等问题进行了探讨，共同体会体育电影对奥林匹克精神的精彩诠释，并展望了体育电影的创作前景。

【举办奥运文化广场】 7月14日至9月17日，怀柔区举办“北京2008”奥运会城市欢乐庆典暨怀柔区奥运文化广场活动。活动由区委、区政府主办，区委宣传部、区文委、区广电中心和相关单位承办。先后举办演出35场次，为城乡群众带来了400余个精彩节目，31个团体400余人次参与了演出，吸引了近9万人次的观众。活动宣传了奥运精神，展现了人文奥运的理念，营造了良好的奥运文化氛围，展现了怀柔悠久的历史文化、反映了新时期怀柔的文化成就、昂扬向善的精神风貌和“文化新都、宜居名城、和谐怀柔”的崭新形象。

【举办奥运彩灯展】 7月20—31日，怀柔区举办“激情奥运，魅力怀柔”彩灯展。活动期间共接待观众6万人次，为广大市民提供了“参与奥运”、“分享奥运”的平台，宣传奥林匹克精神，营造了奥运会赛前怀柔区浓郁、热烈的体育文化氛围。

【奥运圣火在“山水怀柔　中国影都”传递】 8月7日，北京奥运圣火在“山水怀柔　中国影都”传递，“祥云”点燃了30万怀柔儿女的奥运激情。国家中影数字制作基地和飞腾影视城作为怀柔区火炬传递点，传递路线总长2 200米，共有40名火炬手参与传递。

【泉河花毽亮相鸟巢】 8月17—24日，怀柔区泉河街道花毽表演队作为远郊区县首支健身队，分别在奥运场馆鸟巢女子马拉松和男子马拉松比赛现场演出。

【积极推进奥运志愿者成果转化】 奥运之后，怀柔区采取三方面措施，积极推进奥运志愿者工作成果的转化。一是建立城市志愿者资源库，保留转化城市志愿者队伍；二是保留城市志愿服务站点，建立志愿者实践基地；三是建立城市志愿服务长效运行机制，培育志愿者文化。

【加大农业行政执法监管力度】 采取集中专项整治和日常监管相结合的方法，加大了对全区农资市场的监管整治力度；强化区内水务监察管理工作，认真巡查排除隐患；加强动物防疫、免疫工作，确保实现“三个不能、五个零指标”；认真落实食品安全监管责任制，采取日常监管与夜查、抽查相结合的方式，从农田到餐桌多环节进行有效监管，消除食品安全隐患，有效地防范了重特大食品安全事故的发生，确保了农业生产的安全，为“平安奥运”做出了积极贡献。

怀柔区主要领导人

区委书记	王海平
副书记	池维生　蔡淑敏（女）
常委	王海平　池维生　蔡淑敏（女） 付兆庚　王仕龙　李树江 田一农　王贵平　田文杰 赵文广　彭丽霞（女，满族）
区人大常委会主任	吴德增
副主任	吕延发　徐占明　焦振华 李凤仙（女）
区长	池维生
副区长	王仕龙　赵文广　何春禄 祝自河　周东金　朱淑霞（女）
区政协主席	武占刚
副主席	董林　佘建国　钟建忠 闫振佳（女）　尹永利
区纪委书记	王贵平
副书记	王宠　冯天祥　赵子长

怀柔区街道、镇（乡）党政正职领导

	党委书记	主任、镇（乡）长
泉河街道	乔玉龙	刘国利
龙山街道	杨素平	温瑞杰
怀柔镇	谢尚河	董路加
杨宋镇	焦宝军	王国栋
北房镇	赵海军	李俊娥（女）
庙城镇	张书远	武贵军
桥梓镇	任武军	孙建杰
雁栖镇	郭小卫	田志兵
渤海镇	高永革	马宝良
怀北镇	魏海涛	石全田
宝山镇	王洪利	刘兴旺
九渡河镇	夏占利	鲁颖彤（女）
汤河口镇	王永利	周福刚
琉璃庙镇	李树才	喻永刚

长哨营乡　　　　李春月　　　　彭明祥
喇叭沟门乡　　　王志昌　　　　彭明生

（鲍晓健　董少波　苏永昕）

平谷区

概　　述

平谷区位于北京市东北部，总面积950.13平方公里，其中山区面积占59.7%。辖14镇2乡2个街道办事处。全区共有272个行政村和30个居委会，户籍总人口39.7万人，其中农业人口20.9万人。2008年，平谷区落实中央、市农村工作会议和区"两会"会议精神，深入贯彻落实科学发展观，以农民增收为目标，以建设都市型现代农业为发展方向，狠抓各项重点工作的推进和落实，农业结构调整、农业产业化、农业信息化建设、农产品质量安全等各项工作均取得阶段性成果，农村环境得到较大改善，农民生活稳步提高。年内，全区实现地区生产总值72.1亿元，同比增长12.3%。其中：第一产业增加值为9.2亿元，同比增长16.0%；第二产业增加值为32.1亿元，同比增长16.6%；第三产业增加值为30.8亿元，同比增长7.2%；完成地方财政收入9.1亿元，同比增长28.7%；全年完成社会消费品零售额30.8亿元，比上年同期增长9.1%。

农　　业

2008年，完成农林牧渔业总产值21.7亿元，同比增长16.4%。其中：农业产值11.4亿元，同比增长17.0%；畜牧业产值7.5亿元，同比增长22.4%；年末耕地总面积1.25万公顷，农作物播种总面积1.72万公顷。粮食产量6.7万吨，同比增长4.8%；蔬菜总产量27.9万吨，同比增长4.6%；干鲜果总产量34.5万吨，同比增长22.3%；出栏家禽631万只，同比降低1.0%；出栏生猪30.9万头，同比下降1.3%；鲜蛋产量2.6万吨，同比增长3.7%；成鱼捕捞量1.7万吨，同比增长0.1%

【设施农业规模发展】 本着"因地制宜，突出重点，培育特色，打造亮点"的原则，在全区范围内推动设施农业发展。建设完成日光温室395栋。

【蔬菜生产规模发展】 新发展菜田240公顷，主要分布在东高村、马昌营、夏各庄等7个乡镇，发展设施园区5处，新建砖钢结构高标准日光温室33.33公顷。全区菜田面积0.37万公顷，其中设施面积0.1万公顷。全年蔬菜总产量4.97亿千克，总产值5.41亿元。其中设施蔬菜总产量1.37亿千克，总产值2.98亿元。设施蔬菜亩产值19 910元，是露地蔬菜亩产值6 058元的3.3倍。

【推广玉米雨养旱作节水技术】 在全区0.96万公顷春播玉米和夏玉米中，推广玉米雨养旱作节水技术，平均亩产427.67千克。

【百里都市型现代果业带建设】 在西烟路百里都市型现代果业带新发展和更新果园428.33公顷，其中桃树172.2公顷，核桃107.47公顷，苹果5.33公顷，葡萄36.13公顷，大枣44公顷，梨29.33公顷，柿子11.33公顷，樱桃19.2公顷，榛子3.33公顷。建成了南独乐河镇千亩晚桃基地，金海湖镇黑水湾北京名枣展示园，峪口镇百亩樱桃基地，杨家会20公顷水蜜桃基地、金海湖宴庄千亩优质薄皮核桃等基地。

【主导产业得到调整和优化升级】 组织实施了北京市重大农业科技项目"平谷区桃产业优化升级关键技术研究"，经过四年的努力，全面完成了任务指标，年初通过了市科委组织的验收，通过该项目的实施，引进培育了一批优质桃品种，推广了组装配套的高产技术，培养了一大批懂技术会经营的新型农民，延长了桃产业链条，为桃产业持续健康发展奠定了基础，促进了农业产业结构调整。

【大桃增甜提质工作取得成效】 研究制定了桃树绞缢技术，桃树环割技术，桃树刻伤技术，施用南国春叶面肥，施用南国春改土肥，追施发酵饼肥，喷施、土施自制营养液，叶面喷施磷酸二氢钾，及时夏剪，倒拉枝，采前控水，采前摘叶，喷施自制速效增甜剂等13项技术措施，提升了大桃的甜度和品质。

【大桃冰温保鲜技术进一步发展】 整合中国农业大学、复旦大学、中科院植保所科研力量，开展桃贮藏保鲜研究，总结出了桃生物冰点贮藏保鲜综合配套技术，建成了国内首座生物冰点贮藏保鲜库。该库精度高，库内温差控制在±0.5℃；造价低，建库成本相当于同等吨位气调库的2/3，运行成本略低于气调库；效果好，中晚熟桃可贮藏保鲜3个月，贮藏后的桃风味和口感均好于刚入库；效益高，贮藏后的桃价格提高了一倍以上。

【北寨红杏采摘节首次在景山公园举办】 北寨红杏采摘节首次在北京景山公园举行，北寨村65户果农参加了评比和展卖活动，展卖活动吸引了大量的游客，不仅提高了北寨红杏的知名度，还为果品销售工作开辟了一条新途径。

【完成北京奥运会精品桃特供任务】 南独乐河镇新立村和镇罗营镇东四岭村被确定为奥运会精品大桃供应基地后，区农委、区果品办、区工商局、公安局等多部门派相关人员驻村，严把各个生产环节关，严格按照有机大桃生产技术规程组织生产，认真组织做好生产及生产资料来源记录。生产的大桃安全性、甜度、单果重、果形、外观等各项指标均达到了奥组委要求。奥运会期间，我区共向奥运会提供桃果70 280千克，占北京市果品总配送量的86%，占国内果品配送量的23%，占奥运会配送总量的13%。

【酸枣接大枣富民工程大面积铺开】 酸枣接大枣总面积达 1 210.32 公顷，167.5 万株，超额完成 67%。主要分布在大华山镇、南独乐河镇、金海湖镇、山东庄镇、镇罗营镇等 13 个乡镇，品种有：冬枣、脆枣、蜜枣、鸡心枣、马牙枣、苏子峪枣、金丝枣、早脆王、短枝冬枣、大白玲等。

【果园自然生草覆盖技术推广工作】 平谷区果树面积 2.67 万公顷，其中大桃面积 1.47 万公顷。在透光率低于 30%的成年果园（以桃园为主）推广实施果园自然生草覆盖技术，在 2007 年小面积试验示范的基础上，2008 年推广 0.07 万公顷，建立核心示范区 333.33 公顷。

【举办大桃标准化生产科技知识大奖赛】 在全区范围内广泛开展了大桃标准化生产科技挂历知识大奖赛活动，共计举办了 128 场村级初赛、16 场乡镇级复赛，最后在区级决赛中，产生出一名冠军队、一名亚军队、一名季军队。

【退耕还林工作突出】 国家林业局对全区退耕还林工作进行了抽查，抽查比率为 50%，检查了经济林的保存率、经济效益、郁闭度、生长状况，了解了退耕还林工程的后续发展情况，并对相关的档案资料进行了检查。检查结果符合国家林业局的要求，满意度达 100%。

【圆满完成大桃销售工作】 在奥运期间交通管制的不利影响下，采取多种措施做好大桃销售工作。一是办理和发放 28 000 张外埠进京通行证，办理市内通行证 128 张，最大限度地确保奥运期间大桃销售进出通畅。二是为果品运输组织和农户统一购买了 130 辆适合果品运输的绿色达标车，政府出资 300 多万元用于补助农民购买车辆。三是与北京电视台气象服务栏目、北京交通台、邮政局合作宣传平谷大桃，为 13 家定点大桃采摘园安装广告宣传牌。四是集中人力建设信息平台。对全区大桃信息资源进行整合，建立了大桃营销平台网站，使果农和销售商及时了解到大桃供求状况，引导产销有效对接。五是在外埠搭建平谷大桃销售平台。在天津、西安、鞍山、昆明建立 4 个平谷大桃专卖区。六是大桃市场服务水平提高，市场环境改善，果农和收购商绝大部分进入市场交易。全区共销售大桃约 2.6 亿千克，比上年增长 4%。

【京津风沙源治理工程】 完成爆破造林 106.67 公顷，荒山造林 133.33 公顷，栽植侧柏、元宝枫、核桃等苗木 26.41 万株。封山育林 0.33 万公顷，其中定株修枝 0.27 万公顷、割灌补种 200 公顷，共计补种栓皮栎、山杏等种子 1.65 万千克，割灌补植 466.67 公顷，栽植侧柏营养袋苗 35 万株。

【京平高速路（平谷段）绿化工程】 京平高速路平谷段总长 26.6 公里，两侧绿化带宽度 50 米，总计绿化面积 322.47 公顷，栽植毛白杨等各类乔灌木 15.8 万株，宿根花卉 60 万株，种草 40 公顷，工程质量和苗木规格符合设计要求，苗木成活率达 98% 以上。

【彩叶造林工程】 完成造林 166.67 公顷，栽植侧柏、山桃（毛桃）及各类花灌木 12.57 万株，涉及金海湖、黄松峪、南独乐河、王辛庄、峪口五个乡镇。

【发展生态型养猪业】 积极引进了发酵床养猪技术。组织部分养猪场、户赴山东临沂考察学习该养猪技术，在区内的北京绿都种猪育种有限公司开展试点示范工作。该项技术的试点示范工作已取得明显成效，并在大兴庄韩屯英美养猪场建成发酵床猪舍 1 栋 520 平方米。

【示范推广现代化养猪新工艺、新品种、新技术】 在王辛庄镇后罗庄村新建生猪养殖示范基地一座，目前工程已建成投产。该工程为区新农村建设折子工程，总投资 512.7 万元，存栏基础母猪 300 头，年可出栏商品猪 5 000 头。示范基地采用产房小单元式生产、原地培育、水帘降温、畜禽空调、清洁生产、粪污处理等现代养猪新工艺、新技术，向全区示范推广现代化养猪新工艺、新品种、新技术。

【打造家禽产业基地】 依托峪口禽业建设蛋种鸡基地，年底，已经投产的有东洼、小曹庄和鲍家庄村 3 个基地，2 个基地在建，4 个村镇已签署合同，投入资金 2 998 万元，吸纳农民就业 580 人；与正大集团合作建设 300 万只蛋鸡项目，项目选址、环评、水评、立项等工作已全部完成，所需土地已从承包者流转至西樊各庄村委员会。

【启动实施了“蛋种鸡大规模产业化生产关键技术研究”】 2008 年“蛋种鸡大规模产业化生产关键技术研究”被列入北京市科技计划项目，市科委投资 1 000 万元，项目已经全面展开，研究出了种鸡饲养工艺；研究制定出不同周龄鸡只的占笼面积、饲槽面积标准，鸡舍内外环境、饲料、饮水、种蛋中的微生物标准，种公鸡的饲养环境参数标准，精液稀释液配方标准，精液的保存标准等系列标准；收集 4～5 个优秀柴蛋鸡育种素材，对其主要生产性能进行全面评估，以确定适合在北京郊区开发利用的柴蛋鸡育种素材；建设东洼、鲍庄子等 5 个蛋种鸡养殖基地，占地 22.2 公顷，饲养规模达 75 万套。

【实施规模畜禽场粪污综合治理工程】 制定了《平谷区 2008 年规模化畜禽场粪污治理项目实施方案》和《平谷区 2008 年规模畜禽场粪污治理项目技术方案》。对 29 家粪污治理单位进行分类，确定了相应的治理工艺方式，与各实施单位签订了《2008 年规模畜禽场粪污治理项目合同书》。

非农产业

【乡镇企业投资旺盛】 全年组织落实新上工业项目 26 个，其中投资额 3 000 万元以上的项目 7 个，总投资 8.13 亿元，完成 2.14 亿元，累计完成 6.25 亿元，占计划投资的 76.9%，平谷镇森沃（北京）

电工设备有限公司等15个项目竣工投产。年内新开工的新上工业项目15个，计划总投资1.34亿元，完成1亿元；结转2007年续建项目11个，计划投资6.79亿元，累计完成5.25亿元。安排技改扩规（含2007年结转）项目19个，其中投资额2 000万元以上重点技改扩规项目6个，计划总投资3.42亿元，完成2.03亿元，比2007年下降28.5%，累计完成3.29亿元，占计划总投资的96.2%，普析通用等10个技改项目竣工投产。年内新开工的技改扩规项目12个，计划总投资1.72亿元，完成1.62亿元；结转2007年续建项目7个，计划投资1.69亿元，累计完成1.66亿元。

【创建多个乡镇工业品牌】 认真开展北京市著名商标申报工作和原有北京市著名商标复审工作。“科蕊”、“皇宫食品”、“碧波长青”三个商标被北京市工商局新认定为北京市著名商标。“燕兴隆”、“老才臣”、“QQ”、“杰恩”四个原北京市著名商标，已经通过复审，再次成为北京市著名商标。

【“三高”企业退出成效显著】 山东庄电镀厂、顺平路达炉具制造厂、平乐复合材料厂等11家计划退出企业全部实现退出。11家退出企业退出后，年可节约标准煤1.3万吨，节水76.6万吨，减少废水排放55万吨，减少废气排放138.4万立方米，减少固体废弃物3 470吨。

【乡镇企业科技创新不断】 千喜鹤、龙基电力的研发中心建设有序进行，老才臣的食品研究所建设进入实质阶段。普析、华东乐器、鼎瑞医疗、同鹤药业等企业共完成科研资金投入2 500万元。同鹤药业年内研发出7个新药品。

【发展农村全额连锁配送店取得新进展】 完成20家加盟店的改造，配备信息系统、冷藏保鲜设备，实行进口、洗化商品全部统一配送。同时，为提高配送能力，将官庄路口1.5万平方米保税仓库进行改造，作为商品储备库，进一步提高了商品周转数量和品种。

【农资连锁经营稳步推进】 完成32家规范店改造，建设维修仓储库2 000平方米，同时为22家加盟店配备了电脑及配套设施，实施连锁网络信息化管理。

【民俗旅游进一步发展】 培育生日礼品桃50万个；举办“千户农家学手艺”乡村旅游商品制作技艺培训活动，使每个民俗旅游村都能够制作生产自己的乡村旅游商品，培训活动在王辛庄、金海湖等6个乡镇分设培训课堂，培训了剪纸、灯笼、布贴画、烙画等七项制作技能。熊儿寨乡的东沟、王辛庄镇的太后两寸分别成立了葫芦烙画、剪纸手工艺品合作社，吸引社员120余人。

新农村建设和基础设施建设

【农村规划进一步完善】 《平谷区村庄体系规划》、《平谷区村镇集约化污水治理规划》、《平谷区田间道路规划》、《平谷区“三起来”建设规划》、2008年15个村村庄规划和马坊、大华山、金海湖、夏各庄、东高村镇镇域规划编制完成，其中马坊镇、夏各庄镇镇域规划已经得到市规划委审批。

【农村水务管理进一步加强】 出台《平谷区水务工程设施管理办法》，对河道、湖泊、防洪排涝工程，水库、蓄水、引水、提水工程，农田排灌、水土保持、人畜饮水等工程实行四级管理，进一步加强水务工程设施的保护和管理，充分发挥工程效益。

【农村道路建设步伐加快】 97个村的村内道路建设项目和5个整体推进村道路建设项目已批复，目前正在进行初步设计招标；新建桥梁5条，改扩建道路60条，实现硬化72.2公里。

【农村公交设施和网络进一步完善】 建成挂甲峪农村客运站1座、候车亭48个，调整客运线路26条，基本实现了“村村通公交”。城乡公交“一卡通”和票价5折优惠制度全面实行，农民出行难问题得到了较好的解决。

【“三起来”工程取得新进展】 安装太阳能路灯3 900余盏、太阳能公共浴室示范工程4处、生物质气化集中供气工程2处、坑塘雨洪利用工程29处、规模猪场粪污治理工程30座。

【农民天然气使用户数增加】 完成两处工程建设任务，并按照市新建办新农村“三起来”工程建设管理和验收要求，为使验收有理可依，有据可查，督促用户单位今后加强管理，确保国有资产安全稳定运行，区新农村建设办公室和农村能源服务中心组织相关镇、村、公司组成验收小组，对以上2处工程进行区级验收，并向相关村转交了固定资产。目前运行正常，年新增优质燃气70万立方米，供气户数802户，相当于561吨标准煤，减排二氧化碳2 058吨，减排二氧化硫1 122吨，减排烟尘17吨。

【生物质气化集中供气2处工程竣工调试】 年可新增生物质燃气124万立方米，相当于992吨标煤，年可减排二氧化碳3 640吨，减排二氧化硫1 984吨，减排烟尘301吨。新增优质燃气用户1 501户。北辛庄村生物质气化集中供气工程站内院墙已建成，循环水池、储气罐基础已完工，管网正在施工当中。后北宫村生物质气化集中供气工程土建基本完工，进入装修和设备安装阶段，管网铺设工程随本村改水工程一并进行。

【为四个村新建太阳能公共浴池】 寅洞村、大北关村、陈太务村、翟各庄村4处太阳能浴室工程全部完工，进行试运行。每年开发可再生能源43吨标准煤，年可减排二氧化碳158吨，减排二氧化硫85吨，减排烟尘1吨。

【农村集中供气工程实现一期、二期联供】 刘家店镇李家峪村沼气集中供气一期工程于2007年11月完工，投入使用，满足4个小队140户农民用气。二期工程于2008年5月开工建设7月完工，投入使用，供气户数 64 户。李家峪村沼气站由一期供 4 个小队到二期增加 2 个小队，实现了圆满对接，使整体供气户数达到了 204 户。

【农村信息化水平进一步提高】 新建村级网站 70 个、村级独立网站 27 个，全区 273 个行政村全部建立了自己的网页。农村综合管理信息平台、E 农服务平台和 E 农管理平台建设不断完善。"三农综合服务网"、《希望田野》及《农贸快讯》电视专栏发挥作用良好，移动"农信通"试点建设取得成效，"12316"农业信息服务热线正式开通，数字农业网数据采集完成。

【在农村试行垃圾分类处理】 在马昌营镇、熊儿寨乡开展农村生活垃圾分类试点工作。通过科学分类的方式，将绝大部分垃圾转化成了资源进行再利用，剩下一小部分不可回收利用的垃圾进入垃圾收运系统，进行填埋处理，大大降低垃圾填埋量。

【农村环境质量进一步提高】 大力开展"全区动员，美化家园"行动，制定实施了《平谷区农村环境整治考评标准》。在熊儿寨乡、马昌营镇实施垃圾分类试点并取得良好成效。生态环境建设，泥石流易发区搬迁任务、14 个市级十百千项目得到落实；废弃矿山生态修复及熊儿寨、南山村、酸枣峪、峪口小流域综合治理工程全部完成；15 个村绿化美化得到重点支持，新增绿化面积 20 公顷；40 公里公路河道绿化及京平高速路绿化主体已完成；启动山区绿化提质增效工程，新栽观赏树木 34 万株。熊儿寨乡被评为市级环境优美乡镇，玻璃台村被评为 2008 年度北京最美乡村。

【推进新一轮搬迁工作】 重点对地质灾害地区，新农村建设地区和生产生活条件恶劣的地区实施搬迁，2008 年全区落实搬迁任务 135 户、494 人。

【山区流域综合治理继续推进】 重点对熊儿寨、南山村、酸枣峪及峪口四条小流域实施治理，治理面积 40 平方公里。在生态修复区内树立封禁标牌 29 块；在生态治理区内整修梯田 70 公顷、水保造林 90 公顷、节水灌溉 36.7 公顷、护坡 500 米、垒砌挡土墙 2 280 米、村庄美化 31 700 平方米、污水处理站 3 处、农路建设 7 850 米；在生态保护区内修建防护坝 965 米、沟道清理 16 370 立方米。

【十百千项目得到落实】 共有 14 个市级"十百千"项目，投入资金 1 045 万元，累计新建、改造果园 417.07 公顷，栽植、嫁接各类果树苗木 40.54 万株，配套节水灌溉面积 136.67 公顷，铺设田间路 1.68 万米。

【加强新型农民培育】 共有 330 名农村干部、骨干青年接受了大专学历教育；505 名农民参加了中专课程学习；绿色证书培训 2 000 人；实用技术培训 10 万人次；引导性培训 6 712 人；创业培训 210 人；计算机培训 1 600 人；民俗旅游培训 4 200 人。

【农村公共文化服务设施体系建设跃上新台阶】 争取市级设施补助资金 2 418 万元，新建农村数字化电影厅 100 个，总数达到 205 个，为 155 个村配置了放映设备；为 24 支区级绿谷艺术团、乡镇级桃花艺术团配置音响 24 套、乐器 1 333 件（套），投入资金约 373 万元。至此，区政府折子工程第 46 项的任务已经全部完成。为区、村级桃花大舞台配置灯光、音响、升降灯架、观众座位和监控系统等设备，投入资金 700 万元；完成 20 家图书馆分馆建设。在全区 18 个街道、乡镇和 2 家企业、学校建成 20 家，共配送书架 600 个，图书 23 万册；完成 1 000 平方米的大众健身舞场建设。在影剧院建成了灯、光、电和音响等设备齐全、环境舒适的冬季舞场，为广大群众提供了室内健身娱乐的好去处；广播电视村村通增频工程顺利完工。通过技术升级改造，对黄松峪、镇罗营、熊耳寨、夏各庄四乡镇六个村卫星设施增加体育频道。确保山区村村通 102 户农民收看体育节目享受奥运快乐。

【第十八届农民艺术节活动推陈出新】 以"美丽乡村迎奥运、美好生活向文明"为主题，全区举办各类文化艺术活动总计 500 余场，约计 3 万人登场表演，吸引各届观众 40 余万人次。新春团拜会异彩纷呈，专业演员与业余演员交相呼应；民间花会秧歌进城大拜年活动群情高涨、热烈喜庆；"火树银花靓平谷"灯展活动营造祥和氛围、扮靓平谷；元旦晚会暨"活力周末"首场演出等活动备受关注、突出主题。全区 16 个乡镇都不同程度地举办了具有本地区特色的艺术节活动。其中，大华山、刘店、峪口、大兴庄等镇举办了规模大、水平高、群众参与率高的秧歌花会大赛活动。

【全民健身工程得到扎实推进、实现工程村村有】 为进一步发挥健身工程在推动全民健身方面的作用，年初平谷区确立了"全民健身工程村村有"的目标，计划在农村新建工程 100 家。体育局认真开展调研，组织召开乡镇、街道体育干部会议，对健身工程的配建和健身器材更新进行统一安排，工作组织周密、措施得力，得到了基层单位的积极响应。截至目前，工程配建任务已全部完成，面向社会开放，实现了全民健身工程村村有。目前，全区有健身工程 369 处，其中市级工程 1 处、标准工程 6 处、青少年工程 2 处、居家工程 360 处，形成了一个完整的健身工程体系，每天到健身场所锻炼的群众超过万人，逐步成为广大群众开展体育活动的主要阵地。

【"星火工程"、"周末场演出计划"、"专业院团赴边少地区"演出活动加快乡风文明和新农村建设步伐】 农村"文艺演出星火工程"继续实施，全区演出场次达 1 030 场，其中补贴演出 819 场次，包括市级、国家级专业院团演出 273 场次，市级审核通过的业余团队演出 546 场次。全区 273 个行政村每村都能看到 1 场专业演出和 3 场业余演出。市级"星火工程"补贴资金投入达 268.9 万元。周末剧场演出 50 场，观看人数 3.5 万余人。另外，"边少"演出涉及金海湖、熊儿寨、黄松峪、镇罗营四个乡镇，演出了

40场。

【实施“农村电影放映”工程】 共放映电影1.4万余场，观影人数达150余万人次；影剧院开展了奥运宣传电影放映月、“青少年公益电影节电影展映”等活动，努力寻求影企联姻之路，取得了社会效益和经济效益的双丰收。

【乡风文明程度大幅提升】 新建农村数字影院100个，完成了20家图书馆分馆建设。为155个村配置了电影放映设备。为区、村级桃花大舞台、区级绿谷艺术团、乡镇级桃花艺术团和109支重点业余团队配备了音响设施。举办各种文艺活动3 000余场，放映电影1.4万场次，送戏下乡120场，送书下乡3万余册。新建全民健身工程100个，培训社会体育指导员320名。举办各种镇、村级赛事300余次，参与农民11万人次。

民主政治与党的基层组织建设

【发动基层党员做好服务奥运工作】 印发了《致全区基层党组织和共产党员的一封信》，通过京东绿谷信息网、区电视台、区广播电台等多方媒体展开全方位宣传，号召全区基层党组织和广大党员在奥运期间维护稳定、倡导文明、美化环境，为奥运会创造安全的社会环境、祥和的人文环境和优美的生态环境。

【基层工作机制不断得到创新和发展】 在7个乡镇9个3 500人以上的人口大村推行了社区化管理，共建立了49个农村管理社区，有效提高了管理水平和服务质量。借鉴外地成功经验，选择马坊镇西大街村、镇罗营镇大庙峪村和夏各庄镇张各庄村作为试点，在村治管理模式方面进行了初步探索。在坚持执行区级领导干部和区直单位联系镇乡、村制度，以及镇乡干部包村制度的基础上，继续完善城乡组织互动机制，制定实施《关于开展“城乡组织手拉手，互补共赢促发展”结对共建活动实施方案》，开展社区党组织、行政事业单位党组织和“两新”组织党组织与农村党组织结对联谊活动，实现资源共享，优势互补，推动城乡经济社会共同发展。

【村两委班子建设进一步加强】 将平谷区275个村级班子分为先进、中等和后进三类，采取不同措施，实行分类管理，重点加强后进村级班子整顿。对25个后进村班子逐一分析诊断，制定工作方案，落实整顿措施，明确责任到人。区委区政府和各镇乡先后成立专项整顿工作组29个，目前已完成阶段性工作目标，有效保证了农村各项工作的开展和农村社会的稳定。实施农村“两委”班子承诺制，使村干部增强了服务意识，提高了履职能力。在继续坚持村级“三重一大”事项民主决策的基础上，推行村级重大事项票决制，形成一套行之有效、规范有序的民主决策机制，确保村级重大事项让党员群众把关、让上级组织审核，提高了村级重大事项决策的科学性、合理性和可行性。

【注重改善农村党员队伍结构】 集中培训939名党员发展对象，发展新党员850人，目前，全区农村党员总数达到21 550人。在新发展的党员中，生产、工作一线的占80%多，女性占40%左右，35岁以下的占67%左右，大专以上学历的占52%左右，党员队伍结构结构不断改善。为保证党员发展质量，在继续推行发展党员公示制、票决制和发展党员责任追究制的基础上，建立了发展党员预审制，试行了新党员发展工作随机抽查和档案调审制度，使全区农村党员发展工作更加规范。

【党员先进性体现日益突出】 继续在农村党员中推行的“农村无职务党员设岗定责”、“党员信贷担保致富”、“党员一助一”、“党员承诺制”等活动。据统计，全区共9 000余名党员参与了设岗定责，并作出承诺。2005年以来全区共有4 000多名党员参与了贷款担保，农村商业银行为农民放贷3 510户，贷款总金额近一亿元，涌现出党员带头致富和党组织、党员带领群众共同致富的“双带”典型500多人，2 800户贷款农民已完成阶段致富目标，335户贷款农民顺利实现脱贫。

【推行了党员议事会制度】 凡是与农村经济和社会发展相关的重大事项，要先由村党组织召开党员议事会民主征询党员意见，通过后再提交村民代表会讨论决定。这样，在充分保障农村党员的民主权利的基础上，提高了科学决策水平，进一步促进了农村社会稳定。

【为多年农村工作老干部发放补贴】 为351名连续任职9年以上正常离退职村干部给予发放补贴资金85.6万元；对20名家庭特别困难的村干部发放救济金10.9万元；为25名生活困难党员解决帮扶资金12.5万元；为建国前老党员发放困补2万元。投资近10万元对全区431名农村“两委”主要干部进行免费体检，并建立了健康档案，形成长效机制。

农村改革与管理

【农民专业合作社规范发展】 全区已累计登记274家，其中种植业185家，养殖业59家，农机服务业6家，其他24家。成员出资总额2.25亿元；带动入社成员总数7 792人，其中农民成员7 295人。全年新规范农民专业合作社185家，其中洙水村百合土地信用合作实行土地流转工作创新，成为北京市第一家土地信用合作社。

【搭建促进和壮大规范化合作社发展的政策平台】 一是打造信贷担保平台，解决流动资金困难；二是建立扶持专业合作社保鲜仓储设施、培训基地等公共基础设施建设的制度化政策支持平台；三是选择产业、社员集中度高的合作社进行支农项目实施。银农合作机制不断完善，农户小额贷款贴息政策适用期限由一年延长至两年。

【集体企业改制工作顺利推进】 农村集体经济产

权制度改革继续展开，10个试点村改革全面启动，其中5个村基本完成。峪口镇10家集体企业全部改制成为股份制企业，化解债务1.6亿元。

【就业机制改革迈上新台阶】 出台了《关于加强全区就业再就业工作的扶持办法》，为19家促进就业先进单位发放奖励150万元，区政府开发各类公益性岗位安置困难人员5 000余人。

【新民居建设试点全面展开】 在山区、半山区、平原地区探索了八种建设模式，其中金海湖镇黑水湾新村，成为北京市第一家实施民俗旅游接待与农户住宅适度分离试点村。

【依法加强地籍管理及登记工作】 积极推进征（占）地手续的办理和宅基地的审批工作。在办理常规性工作中努力优化服务环境，在法律、法规允许的前提下并联推进，提高工作效率。共完成土地登记264宗，办理出让、转让、抵押、名称变更业务手续34宗，办理建设用地预审31宗，转发市政府批复11件，审批宅基地97户。

【进行土地开发整理】 为农村、农业的发展和“占补平衡”提供了条件。2005—2008年基本农田整理、土地开发9个项目建设规模1 592.75公顷，总投资额8 252.76万元，可新增耕地286.9公顷。按照法人制、公告制、监理制、审计制、招投标制和合同制的要求扎实推进，使项目区农村、农业的发展条件得到改善，为保持耕地总量平衡提供了充足的用地指标。

农民生活

【农民科学素质得到普及】 建成了北寨、五里庙两个北京市创新型科普社区和一批科普基地，为广大中小学生、科技协调员、果农和前来观光者提供了一个农业科普教育场所。这些社区和基地不仅展示了乡土文化，培养了乡土专家、普及了科学知识、丰富了农民生活，也带动了本地旅游观光采摘业的发展；举办实用技术、网络营销、劳动力转移就业等各类培训班累计10万余人次，大幅度提高了农民的科学文化素质。

【大力发展农村科技协调员队伍】 召开了平谷区农村科技协调员工作会议，市科委主任马林、副主任杨伟光、平谷区委、人大、政府、政协四大门主要领导及各委办局、乡镇一把手、部分科技协调员代表千余人参加。会议总结了2007年我区农村科技协调员工作，并对先进农村科技协调员工作站和优秀协调员给予表彰奖励；部署2008年科技协调员建设工作任务；进行《乡村科技旗手》首发仪式。截至目前，平谷区已建成农村科技协调员工作站60个，农村科技协调员发展到925名。引进和推广新品种、新技术、新成果100个，为平谷区的重点工程、主导产业、民俗旅游等方面起到了强有力的科技引领和支撑作用，为平谷区域经济发展做出了很大贡献。

【农民“四运会”举办成功】 3月5日，第二届“和谐社区杯”乒乓球比赛正式启动。全区所村庄都举办了比赛，共有2.6万人报名参赛，参赛运动员最大年龄71岁，最小年龄7岁。3支代表队参加市总决赛，取得3个二等奖的优异成绩。举办了400余人参赛的拔河比赛。随之，“北京网通杯”平谷区第四届全民运动会篮球赛拉开帷幕，区长邱水平同志亲自为比赛开球，比赛历时一个月，分为预赛、决赛两个阶段，共举办比赛近千场次，参赛总人数超过2万人。组织开展了“迎奥运倒计时100天全民健身展示”活动，举办了平谷区迎奥运全民健身科普知识进万家赠书活动，发放全民健身科普知识手册3 000册，为广大市民了解奥林匹克知识，树立健康、科学、文明、时尚的健身理念提供了条件。围绕落实“八个一”工程，基层体育活动更加活跃，2个街道和16个乡镇举办了比赛活动，273个行政村，21个社区开展了比赛活动。全区参加体育比赛的群众达到10万人，参与群众超过25万人次，全民健身活动成为推进文明城市建设和社会主义新农村建设的有效载体。

【农民竞技体育水平稳步提升】 竞技体育是衡量一个地区体育发展水平的重要标志。全年进一步密切合作，加大“联合办竞技”的力度，努力办好业余体校，加强教练员队伍和运动员队伍建设，组织完成了近百人的小、初中运动员招生工作；全面发展运动员的综合素质，积极提高竞技水平。在北京市青少年室内田径比赛等系列市级比赛中，取得了金牌11枚、银牌5枚、铜牌6枚的较好成绩。

【着力解决“农民公交”问题】 1月15日起，正式实行了公交票价过渡期内的5折优惠政策，农民得到了实惠；安装市政交通一卡通设备工作已提交购置安装资金申请，并已安装调试实施。

【新型农村合作医疗在院实时报销结账系统正式投入使用】 2008年是新型农村合作医疗制度在我区推行的第五年，也是巩固基础、调整改革的关键一年，为方便农民就医和报销，对新农合政策进行了调整。一是提高了2008年筹资标准，人均320元，较2004年递增四倍，全年总筹资额达到6 389万元；二是扩大了报销补偿范围、提高了补偿比例和补偿封顶线；三是扩大了市属定点医疗机构，原30家市属定点医疗机构改为60家；四是提高农村学生儿童保障水平，二三级医院住院报销起付线均降为650元，报销比例70%，封顶线为17万元；五是2008年按照人均50元提取二次补偿资金，在保证基础补偿的基础上，二次补偿资金用于年内住院和门诊特殊病的再次补偿；六是强化“新农合”资金监管，建立专款账户和个人储蓄账户，全面实行收支分离、统一管理、管用分开。

全年全区共有199 667人参加合作医疗，参合率达到90.77%，较2007年增加7.5个百分点，比2004年增加了近18个百分点。17个乡镇（街道）的参合率均达到 85%以上，10 个乡镇达到 90%以上。全区共报销 43 853 人次，医疗支出 8 931.57 万元，补偿 2 732.77 万元，总补偿率 34.72%。

【加强乡村医生管理】 对区内的乡村医生进行了第二次统计，没到达养老保险领取年龄的 403 人，到达领取年龄的 250 人，参加基本待遇的 228 人，9 月，对缴纳养老保险的乡村医生进行了统计，共 598 人参加了养老保险，达到养老保险领取年龄的 244 人，未达到领取年龄的 354 人，参加基本待遇的 225 人。根据《乡村医生从业管理条例》规定，每两年对乡村医生进行一次年度考核，此项工作已全部完成。

【改厕工程进展顺利】 在平谷镇等 16 个乡镇 65 个行政村改造户厕 17 739 座。全区 1 400 座农村改厕设备已于 2008 年 5 月配送到各改厕村，各镇乡已大部分完成样板间制作。截止到 2008 年 10 月 20 日全区 16 个镇乡已完成改造 12 286 座，占全年计划 69.3%。

【改水工作完成任务】 根据市改水办 2008 年批复平谷区农村改水 18 个项目，现已全部完成任务。受益人口 17 705 人，工程造价 2 144.38 万元。

【农民就业稳步增长】 安置城乡劳动力就业 9 215人，其中农村富余劳动力就业 6 044 人。培训各类人员 8 372 人次，其中培训失业人员 620 人次、在职职工 738 人、农村劳动力 7 014 人次；职业技能鉴定 1 036 人。为 3 818 名企业退休人员提供了社会化管理服务；为退休人员提供社区服务 14 509 个次。为失业人员发放《再就业优惠证》1 961 个；认定零就业家庭 35 户，有 36 名零就业家庭劳动力实现了就业；认定充分就业社区（村）100 个。提供就业岗位 26 110 个，接待用工单位 2 869 家，向用工单位推荐求职人员 15 202 人次，推荐成功 8 997人。

【农村社会养老保险取得长足进展】 以《北京市新型农村社会养老保险办法》颁布实施为契机，通过对局内业务经办人员，社保所所长及具体工作人员，各乡镇村主任、村官、协管员进行分层次培训、在各乡镇及较大的村悬挂条幅、张贴海报、现场宣讲等措施，使农民对新农保有了新的认识，参保积极性不断提高。年底，全区参保率已达到 82.27%。

【社保运行高效】 养老、失业、工伤、医疗、生育保险基金收缴率达到 95%，收缴各项基金 3.81 亿元，发放各项保险金 3.05 亿元；追缴社会保险欠费 436.42 万元。共有 8.61 万人参加了农村养老保险，共收取保费 8 618.87 万元；为 3 088 人支付了农村养老保险金，发放资金 897.94 万元，农保覆盖率达到 82.27%。“一老一小”参保 35 656 人，参保率达到 99%；收缴基金 58.74 万元，为 2 932 人报销药费 737 万元。“城镇无业居民大病医疗保险”参保 1 566 人，收缴基金 15.46 万元。为 45 958 名城乡无保障老年人发放福利养老金 8 290.76 万元。

区县乡镇领导体制和工作情况

【召开 2008 年新农村建设暨环境整治工作动员会议】 会议由区长邱水平主持。会上，副区长、区新农村建设领导小组常务副组长闫维洪分别作了《加快城乡一体化步伐　全面推进社会主义新农村建设》和《全区动员　美化家园　树立平谷农村生态宜居新形象》的报告；副区长李继合综合评价了平谷区 2007 年的环境工作，部署了 2008 年城市环境建设的主要任务；副区长王晓光围绕“奥运环境　整洁行动”宣传动员工作提出三点意见。会上，区委书记秦刚在充分肯定近年来平谷区新农村建设取得成绩的同时，围绕如何深化新农村建设、由重硬件建设向重软件建设方向转化讲了具体意见：一是从村容整洁方面进行深化。充分发动群众参与环境整治，形成政府主导，农民主体的格局。二是从管理民主方面进行深化。尊重群众的民主权利，支持群众当家作主，优化干群关系。三是从乡风文明角度进行深化。制定村规民约提高群众文明程度，从不文明的具体事情入手，一件一件的抓，扎扎实实的做，逐步提高农民文明水准。四是依靠改革创新进行深化。继续抓好试点村建设，积极探索产权制度改革等新农村建设新模式。

【召开关于黑水湾旅游接待会议中心和挂甲峪村委会办公楼建设问题的会议】 5 月 16 日，区新农村建设领导小组在区政府东楼三层会议室召开会议，听取了金海湖镇黑水湾旅游接待会议中心、华山镇挂甲峪村委会办公楼情况汇报。会上对设计方案、资金等具体问题进行了讨论。会议原则通过了会议中心的设计方案，其建筑面积 612 平方米，功能定位为会客、接待和服务，工程资金总额 159.16 万元，决定由区财政支持资金 100 万元，其余资金由村自筹；会议原则通过了办公楼的设计方案，办公楼集办公、会议功能为一体，建筑面积 1 213 平方米，工程资金总预算 251.8 万元，决定由区财政支持资金 120 万元，其余资金由村自筹。办公楼建筑风格要与周边环境和谐统一，建筑规模要与人口数量、旅游接待能力相结合；要制定自筹资金的还款计划。

【召开关于南独乐河镇北独乐河村污水处理工程的会议】 9 月 24 日，区新农村办公室常务副主任陈富彬同志主持召开北独乐河村污水工程协调会，会上听取了区水务局关于北独乐河村污水工程进展情况的汇报，会上就施工中存在的问题进行了讨论并提出解决意见。对个别村民干扰施工问题由镇、村做好村民的工作，协调解决；村书记、主任要亲临施工现场，派人到每个作业点协助施工，随时协助解决施工中存在的问题；镇、村要做好道路工程与污水工程的衔接工作，污水工程完成一条街路基也要跟着整理一条街，确保入冬前两项工程全部完成；区水务局要加强与镇政府的沟通，及时向主管镇长反映施工中的问题，以便问题及时解决。

【金海湖镇新农村建设成绩喜人】 将军关新农村二期建设工程。在将军关一期工程取得了良好旅游接待效益的基础上，加紧二期工程建设。总占地面积为13.33公顷，投资5 215.91万元，建二层别墅式住宅，共建170个单元。室内外装修将于2009年六月底完工。黑水湾农户居住区与旅游接待区分体式接待区建设工程。项目位于黑水湾村东非耕地浅山地带，距旧村300米，总占地面积6.67公顷，投资2 122.4万元，建设82个单元，每个单元占地266.7平方米，建筑面积92平方米。2007年8月中旬进场施工，现房屋主体工程、内外装修已全部完工。基础设施中的给排水已经完成，工程累计投入1 600万元。该项目将着力打造黑水湾独自的特色，通过推介吸引游客。

【玩水库区内旅游接待区建设工程稳步推进】 以金海湖景区为依托，着力打造以罗汉石村为中心的库区内旅游接待工程。罗汉石新农村建设由利维斯凯湖投资集团投资，总占地面积4公顷，建设86个单元43栋，每个单元占地266.7平方米。前期准备工作已经完成，已建样板间，于2009年3月份主体完工。

【食用菌生产促进农民增收】 马昌营镇接种香菇49万棒，平菇接种15万棒。加强银农合作，为养殖大户、运销合作社等申报贷款6份共60万元。全镇完成春播保护性耕作任务540公顷，小麦秸秆禁烧任务513.33公顷。

【峪口镇建立了都市型农业专项扶持资金】 对每栋温室除市区补贴外，又给予10 000元共计140余万元的资金补助；对设施园区水电路基础设施建设除市区补贴外，镇政府又投入资金200多万元，其他如韭黄种植、林下食用菌栽培、生态休闲园、采摘园建设等投入资金达110余万元，全镇累计为支持产业结构调整投资达450余万元，调动了广大农民群众自主创业的积极性，真正使农民成为创业的主体。

【大兴庄镇完成农业污染源普查工作】 全镇调查畜牧养殖户189户，水产养殖户177户，种植户37户。所有报表填写规范、整洁，得到区农委的表扬，并把工作中的创新方法向全区进行了推广。

【刘家店镇实施五大节能工程推进新农村建设】 一是寅洞村大型沼气工程于今年5月正式投入使用，年消纳粪便750吨，每年可减少用柴600吨、减少燃煤400吨，平均每户比用煤气罐节省开支40%。二是在寅洞村建占地200多平方米、投资50多万元中型太阳能浴室已竣工，目前可以投入使用。三是安装太阳能路灯378盏，减少公共用电消耗；四是发展节水灌溉44.67公顷，安装管灌10 000米。五是节能型新民居开工建设16户，其中9户已通过竣工验收，6户进入室内装修阶段，1户进行主体施工。

【黄松峪乡旅游资源开发又有新进展】 已有2个项目达成合作开发意向。一是梨树沟度村与天润集团合作开发项目，总投资1 450万元，资金已到位。二是黄松峪村与华凯公司合作开发文化创意产业项目。此项目占地56.67公顷，租赁土地费3 000万元，该公司计划5年内投入资金10亿元。

平谷区主要领导人

区委书记	秦　刚
副书记	邱水平　刘　军
常　委	王春辉　王晓光（女） 费宝岐　李恩军　闫维洪 侯志光　刘占山　白长河
区人大常委会主任	王振林
副主任	赵凤兰（女）　王　珍 曹来成　邢彦峰　贾喜庚
区　长	邱水平
副区长	王春辉　王晓光　闫维洪 李继合　李宝峰　魏玉瑞
区政协主席	韩凤武
副主席	李永来　景国忠　刘廷海 张丽平　刘建增
区纪委书记	侯志光
副书记	陈凤友　张月春　谢宝德

平谷区乡镇正职领导干部

	乡镇党委书记	乡（镇）长
平谷镇	周　民	付湘生
金海湖	王振国	唐庆育
王辛庄镇	王文忠	崔　莅
夏各庄镇	常　宇	于海山
东高村镇	张宝利	李　臣
马坊镇	石来福	李　平
马昌营镇	牛福生	景国平
山东庄镇	景国良	崔曙光
独乐河镇	闫国明	张显荣
刘家店镇	李福芝	张振江
大兴庄镇	郭明山	戴建民
峪口镇	李　正	张春祥
镇罗营镇	石　越	李所印
大华山镇	金永来	胡东升
黄松峪乡	马海山	安　青
熊儿寨乡	陈梦慧	杨宝刚

（任剑义　梁自山）

密　云　县

概　　述

密云县辖17个镇、1个民族乡（地区）、2个街道办事处，有行政村334个。年末全县常住人口45.7万人；户籍人口431 032人，其中农业人口264 882人，非农业人口166 150人。2008年，在市委、市政府的正确领导和市有关各部门的支持下，全县上下深入贯彻落实科学发展观，紧紧围绕“立足好，突出快，集中精力抓发展”的要求，团结一致，奋力拼搏，圆满完成了市委、市政府确定的各项任务，开创了经济社会又好又快发展的新局面。2008年，全县实现地区生产总值106.9亿元，同比增长12.5%；城镇居民人均可支配收入20 135元，同比增长12.1%；农民人均纯收入9 529元，同比增长12.25%。

都市型现代农业

【概述】 按照北京市都市型现代农业发展总体要求，本县立足区域功能定位，结合发展实际，坚持政策聚焦、项目整合、突出重点、注重实效的原则，不断夯实发展基础，突出特色产业优势，拓展农业多种功能，加快农业产业化经营，着力打造生态、有机、现代、高效为特色的密云都市型现代农业。2008年，全县农村经济总收入达到133亿元，同比增长7%；实现农业总产值（现价）35.3亿元，同比增长15%。

【农业影响力明显提升】 深化“221行动计划”，在全市率先编制完成《都市型现代农业发展规划》，圆满举办第四届国际板栗学术会、密云国际板栗文化节和鱼王美食节，顺利开展农产品品牌及包装大奖赛、果品经贸洽谈会等系列专题活动，成功举办都市型现代农业新闻发布会，广泛推出密云农业标志。通过搭建国际国内经济合作平台，整体提升了密云农业的影响力和品牌知名度。

【设施农业取得突破性进展】 抓住设施农业发展新机遇，编制落实《密云县设施农业发展规划》《京承高速都市型现代农业走廊景观提升规划》，出台《加快设施农业建设的实施意见》和《密云县设施农业建设指南》，建立统一领导、分工负责、部门联动的设施农业发展机制和县、镇、村、企、合作社共同参与建设的设施农业投入机制，按照“两带多群落”发展布局，大力发展设施农业。12个镇新发展日光温室、钢架大棚169.67公顷，建成连栋温室1.26万平方米，全县设施农业总面积达到424.27公顷。

【基地建设持续加快】 推进“三品”基地建设，新发展绿色食品基地0.39万公顷，总面积达到0.42万公顷；新建有机食品基地0.11万公顷，总面积达到0.49万公顷；推进优势产业基地建设，发展甘薯基地0.12万公顷、芦笋基地333.33公顷，新建食用菌生产设施4万平方米，年生产和配送食用菌520万棒。柴蛋鸡养殖存栏规模达到200万只；蜜蜂存栏达到8万群；推进循环农业基地建设，采取生物治理模式，完成养殖场粪污治理15个，累计达到60个，完成渔业园区治理20处，累计达到85处。

【种植业生产增产增收】 全年完成农作物播种面积2.5万公顷，比上年增加0.15万公顷，其中玉米1.46万公顷、比上年增加0.06万公顷，冬小麦0.21万公顷、与上年基本持平；完成蔬菜播种面积0.33万公顷，蔬菜上市244 916.3吨。种植业总产值1.12亿元。

【林果业生产发展加快】 2008年，全县新植果树419.07公顷，266 790株；果树更新栽植112.6公顷，86 170株；高接换优515.67公顷，248 300株；引进果树新品种170个，干鲜果品总产量达到85 759.8吨，精品产量4 444万千克，总产值3.4亿元。果品总产量比2007年增产5%，总产值比2007年增收18%。

【畜牧业生产稳步发展】 全年生猪出栏20.16万头；鲜蛋总产21 792吨；鲜奶总产75 537.4吨；蜂蜜总产1 276.9吨。实现牧业产值19.55亿元。

【生产设施条件进一步改善】 新建和改扩建标准化肉鸡大棚150栋，新增肉鸡养殖225万只。新建有机果园6个，总量达到31个；提升百杏园、365日梨园等观光采摘园10处；新发展果树413.33公顷。新发展设施花卉20公顷，花卉种植总面积达到120公顷，年产花卉800万株（盆），实现产值7 500万元。围绕设施农业和精品果园建设，新发展节水灌溉2 050公顷。新建雨洪利用工程5处，新增蓄水7.98万立方米。开展测土配方4万公顷，推广配方肥1 200吨，减少化肥施用1.8万吨，节本增效3 754.9万元。

【农业机械化水平进一步提升】 购置各类农机具524台件，落实各项农机补贴资金488.9万元。其中，板栗、甘薯等新机型的研制推广300台。全县已拥有各类农业机械63 311台件，农机总动力达到了32.9千瓦，农机作业总量达到了2.8万公顷，全县农机作业总收入达到了3.81万元，农机队伍发展到1 230人。以河南寨农机合作社为代表的大型农机化服务网络建设2家。推广农机保护性耕作0.1万公顷。

【观光休闲农业扎实推进】 围绕京承高速都市型现代农业走廊、云蒙风情大道、101农耕文化休闲产业带建设，完成千亩向日葵景观带、奥运标志种植园等农业景观建设工程，完成迷宫种植园、汤河香草园等创意农业园改造提升工程，完成聚陇生态农业庄园采摘基地和百年栗园北京油鸡养殖体验基地建设，农业综合功能得到深度拓展。

【农民专业合作社建设显著加强】 完善体制机制、强化规范发展、完善服务措施、增强服务效果，在全国率先成立了县级农民专业合作社服务中心，探索出“大学生村官”入社服务新模式。新发展专业合作社81个，累计达到360个，入社社员占从事一产农户的60%，全县70%以上的农产品通过合作社组织销售，预计合作社年销售收入4亿元，社员人均纯收入4 500元。

【金融保险服务体系得到有效发展】 全面启动政策性农业保险，制定落实《关于实施政策性农业保险制度的工作方案》，与保险公司合作，强化监督检查，政策性农业保险实现快速发展。目前，全县奶牛、苹果等14个品种实现投保，参保农户7 674户，总保费13 034万元，累计发放理赔款378万元。

【银农合作信贷担保机制实现新突破】 正式成立北京密云农业担保有限公司，汇丰银行在密云县成立村镇银行，拓宽了农村融资渠道。年内新发放银农合作信贷资金3 000万元。

【农业安全保障体系得到进一步强化】 圆满完成年度动物防疫工作，口蹄疫、高致病性禽流感等6种重大动物疫病免疫率100%，免疫抗体监测覆盖率100%。蔬菜生产基地病虫害监测预警与指导防治体系得到加强，蔬菜病虫害综合防治技术得到全面推广，新建10个病虫害观测监测网点，有效控制了蝗虫、草地螟的扩散蔓延及危害。完成446个林木有害生物测报点整合，形成国家、市、县三级测报网络；人工地面预防性防治和重点地区飞机防治相结合，防治美国白蛾1.38万公顷。

【农产品质量安全体系得到进一步完善】 完善县级农药连锁配送中心和7个服务站建设，全县20个标准化基地、5个市质量安全追溯试点企业实现定期蔬菜农药残留检测；产地检疫报检制度得到全面落实，产地、屠宰检疫率100%；动物免疫标识和疫病可追溯体系建设得到加强；对全县133个养殖单位和华远市场水产品进行检查，各项检测指标全部合格；完成农业部全国26个城市4次互检，检测结果全部合格。

【农业科技服务体系得到进一步加强】 精量播种、测土配方施肥、精准施药等实用技术得到全面推广。引进粮油、蔬菜等农作物新品种试验52套，497个品种，引进果树品种170个。试验研制甘薯起垅、花生收获、板栗脱蓬、多功能清运等机械获得成功。云科农业新技术展示基地被确定为农业部科技示范场、市农业局区域试验站和市县新技术展示基地；十里堡镇国家循环经济试点工作进展顺利。

【举办都市型现代农业新闻发布会】 8月13日，密云县都市型现代农业新闻发布会在北京世豪国际酒店二层多功能厅举行，此次新闻发布会由县政府主办，县农委承办。在新闻发布会上，重点介绍了《密云县都市型现代农业发展规划》、2008中国·密云国际板栗文化节以及都市型现代农业主题公园——玉米迷宫的相关情况，推出了密云农业标志。通过此次新闻发布会，展示了密云都市型现代农业的发展成果，进一步提升了密云都市型现代农业的品牌影响力。

【举办板栗文化节暨第四届国际板栗学术会】 9月25日，以“栗栗飘香　世界共享”为主题的2008中国·密云国际板栗文化节暨第四届国际板栗学术会开幕式在北京世豪国际酒店举行，本届板栗节暨国际板栗学术会由国际园艺学会、中国林业产业协会、国家林业局林产工业规划设计院、北京市农村工作委员会、北京园林绿化局主办，中国园艺学会、北京农学院、密云县人民政府承办。本届板栗节自9月24日开始至11月30日结束，以9月25—28日举办的第四届国际板栗学术会为核心，举行果品经贸洽谈会、飘香物美—密云农产品品牌推介活动、密云农产品品牌及包装大奖赛等一系列活动，搭建国际板栗产业交流平台，提升密云板栗品牌形象，促进板栗产业发展。13个国家近百名学术专家，上百家企业代表出席了本次大会。

社会主义新农村建设

【概况】 按照“生产发展、生活宽裕、乡风文明、村容整洁、管理民主”的社会主义新农村建设方针和市委、市政府关于率先形成城乡经济社会发展一体化新格局的总体部署，密云县以加快农民增收为着眼点，以推进产业发展为着力点，以强化基础设施建设为切入点，因地制宜，统筹兼顾，不断加大新农村建设力度，加快推进城乡统筹发展。

【文明生态村和环境优美乡镇建设取得成果】 巩固环境优美乡镇和文明生态村创建成果，新启动创建文明生态村65个，其中60个村通过市级文明生态村验收。全县17个镇成为市级环境优美乡镇，其中14个镇成为国家级环境优美乡镇；全县319个行政村成为市级文明生态村。

【农村环境综合整治任务圆满完成】 77个市定环境整治村庄建设任务全部完成，全部达到“干净、整洁、路畅、村绿、建制”标准。334个行政村新增地埋式垃圾大箱73个，累计达到263个。投入环境整治资金6 879万元，栽植各种树木25.2万株，硬化路面30.2万平方米，垒护村坝2.9万延米，清理乱堆乱放8 476处，拆除私搭乱建4.92万平方米，清理卫生死角2 276处，更换广告牌匾534块。

【新农村推进村建设取得新进展】 重点实施2007年度9个新农村推进村建设，硬化道路66.6万平方米，供水、污水工程全面竣工，完成农民住宅节能保温改造200户、无害化户厕改造4 400户，配备垃圾大箱7个、垃圾桶257个。强化新农村村庄规划编制工作，编制完成了96个村庄规划。加强新农村建设与管理制度建设，实现了工程招投标、党员和村民代表包户监督、农村保洁、指导员联系村、公共服务设施日常管理维护等制度创新；设立专门环卫队、绿化管护队，将垃圾、污水、自来水、村庄卫生维护工作落实到人，形成了新农村建设与管理长效机制。

【旧村改造与小城镇建设扎实推进】 蔡家洼村旧村改造完成村民住宅楼一期建设工程，部分农民已经上楼，二期12栋完成主体结构建设；完成村民搬迁住宅楼和工业园区集中供气工程管网铺设；特色农业园栽植中草药66.67公顷，建设温室大棚14.33公顷，完成6 000平方米采摘接待大厅建设；农产品深加工观光工业园区入驻投资企业4家；完成观光园区内的道路、绿化、供电、供水、供气等基础设施建设。作为农村集体经济产权制度改革示范点，产权制度改革进入资产评估和实际量化股份阶段。通过改革，将共同共有的集体资产进行股份量化，建立“归属清晰、权责明确、利益共享、保护严格、流转规范、监管有力”的农村集体经济组织产权制度，实现“资产变股权、农民当股东”的改革目标。太师屯、溪翁庄、十里堡三个小城镇建设稳步推进，完成太师屯镇沣泉水厂改建工程、溪翁庄镇中心区道路联络线工程、十里堡镇社区卫生服务中心主楼改造装修工程。

【农民住宅建筑节能墙改示范项目全面完成】 全面完成农民住宅建筑节能墙改示范项目申报工作，共计265户，已通过专家论证评审。本年已完成了170户。全面完成了县内既有农民住宅节能保温改造示范项目申报工作，共200户，总建筑面积1 9913.47平方米，申请市财政补助资金220万元。

【非公企业支持新农村建设取得新成效】 56家非公有制企业与56个行政村建立了多种形式的帮扶或合作关系，帮扶资金496.1万元，惠及农村劳动力3 985人，农民直接增收2 491万元，扶助贫困生资金87.6万元。

【村村通公交车全面完成】 2008年，宝城、鑫新通达、八方达三家客运公司在县内共开通、调整客运线路29条，投入运力32辆，解决未通车乡镇4个，未通车行政村96个，惠及人口69 000余人。全县已开通公交车的乡镇18个，开通公交车的行政村319个。实现了乡镇、行政村公交通达率100%。

【农村公路建设进一步加强】 2008年底，密云农村公路总里程1 266.797公里/805条，其中：乡公路668.85公里/228条、村公路597.947公里/577条，大小桥梁178座，密云县共有乡村公路1 266.797公里，大小桥梁243座，养护补助资金510.26万元。乡村公路建设工程有路面工程54项/75.9公里，(乡公路36.5公里，村公路39.4公里)，桥梁工程1 288平方米/10座，档墙4 0660立方米，涵洞4道。

【农村公厕、户厕建设工作稳步推进】 2008年全县完成农村公厕建设100座，涉及全县16个乡镇，主要分布在先进村、卫生村及旅游沿线。继续开展农村户厕改造工作，改造农村户厕6000个。

【农村安全饮水工作取得实效】 解决全县16个镇、152个行政村、343个自然村，12.6万人的安全饮水困难。工程共新打水源井38眼，建设泵房290座、建设蓄水池23座，安装水泵278台、消毒设备284台（套），铺设主管道14.5千米、村内管道2 271.3千米，安装入户水表45 058块、节水龙头90 116个。

【农村节水灌溉工程取得新进展】 坚持以节水增效为重点，以提高农民收入为目标，以设施农业和精品果园为主，发展管灌、滴灌、微喷等节水灌溉面积683.33公顷。共新打井3眼，更新井10眼，改造井10眼，恢复利用旧井21眼，建设井房44间，安装水表44块，水泵44台。新建成集雨坑塘5处，新增蓄水能力7.98万立方米；城镇机关事业单位建成雨、洪利用工程10处，新增蓄水能力2.22万立方米，预计年收集雨水9.78万立方米。

【潮河二期综合治理工程全面实施】 全面实施了潮河综合治理二期工程。该工程包括密云县潮河路工程和密云潮河（万岭漫水桥—东白岩桥）综合治理工程。其中密云潮河（万岭漫水桥—东白岩桥）综合治理工程运用生态治河的理念，在治理河段内打造“一带三区八景”，治理河道总长15公里，工程建设区286.6万平方米，形成湿地186.4万平方米，边坡绿化82.2万平方米。密云县潮河路工程完成筑堤铺路30公里，铺设输水管线12.3公里，实施照明工程15公里，建设桥涵等建筑物36座。

【“暖起来、亮起来、循环起来”工程顺利完成】 新安装太阳能灯3 472盏，累计达到11 641盏；新安装太阳能热水器22 075台，累计达到82 644台；新搭建节能吊炕18 653铺，累计达到80 211铺。完成穆家峪后栗园沼气工程，供气农户412户；完成生物能气化工程3处，总供气农户1 137户；新建完成农村户用沼气池建设300个；新建农村太阳能公共浴室5处。

【新农村信息化建设取得新成效】 新建农村数字家园223个，累计达到297个；完成密云农业网升级工作；“移动农网”不断完善，实现镇村全覆盖，信息服务功能进一步提升，年发送为农服务信息147.2万条；“2355”示范工程建设全面推进，“12316”农业信息服务热线全线开通；已经形成覆盖全县的农业和农村信息服务网络。

非农产业

【农产品加工业稳步发展】 新引进北京果美食品有限公司，全县农产品加工企业发展到56家，其中重点加工企业21家，累计投资18.1亿元，同比增长9.7%，销售收入19.7亿元，同比增长19.4%，出口创汇2 256.26万美元，安排劳动力就业6 583人。

【乡村民俗旅游业稳健发展】 完成10个民俗村、100个民俗户提升和改造工程，民俗村发展到40个、民俗户发展到1 583户，其中市级民俗村18个，市级民俗户1 184户，年乡村民俗旅游综合收入1.91亿元。

【森林旅游业持续稳定】 云蒙山国家森林公园接待游游11万人次，门票收入205万元，比2007年增加20万元，实现旅游综合收入405万元，森林旅游业得到了持续稳定的发展。

【农民就业产业基地稳步发展】 “七基地”已完成基础设施投入4.9亿元，其中2008年完成7 200万元。入驻企业217家，完成投入28.8亿元。实现销售收入31亿元，安置本市就业18 713人。新开发的十里堡镇王各庄村、西田各庄镇畜牧场、东邵渠镇水果加工基地和蔡家洼休闲工业观光园四个农民自主创业产业基地，已完成基础设施投入4亿元，入驻企业31家，投产企业13家，实现销售收入2.1亿元，安置本市就业1 032人。

【一村一品特色产业实现新发展】 2008年重点发展5个一村一品项目，除北京华园太师屯家纺服装服饰城外，北京市庆岭农业种植有限公司完成投入700万元，建设芦笋生产加工储藏车间，年可实现收入3 000万元，直接增加就业160人；十里堡镇庄禾屯村印刷产业基地一期投资1 500万元，用于修建道路、排水、排污、通电等配套设施，达到"六通一平"，入驻企业11家；汽车配件城完成投入8 000万元，入驻大型汽车销售、维修及配套服务企业8家，实现综合收入8 000万元；巨各庄康达农副产品交易中心投入1 500万元，完成基础设施和交易大厅建设，建筑面积6 500平方米，吸纳劳动力就业106人，全年可实现交易量300万千克，收入5 500万元。

【呼叫中心产业基地建设扎实推进】 组建了密之云（北京）呼叫产业基地有限公司，完成基地3平方公里的总体规划设计和33.33公顷起步区的控制性详规设计工作，3.98万平方米呼叫综合大厦于10月份破土动工。中国网通集团、中国人寿保险等企业入区意向明确，其中中国网通（集团）有限公司与密云县人民政府签订共建基地的战略合作协议。目前已有中融信息服务有限公司等5家公司入驻，协议签约坐席6 300个。

【农村商业发展的活力进一步增强】 到2008年底，全县共发展农村连锁加盟店铺343家，在超市下乡工作中做到了两个覆盖和两个提升，即：乡镇百分之百地覆盖和千人以上大村百分之百地覆盖；2008年新发展生产资料连锁超市20家，总数达到75家；完成荆栗园、西田各庄等4家集贸市场的改造工作，累计完成21家集贸市场的升级改造。

山区建设

【推进流域综合治理】 以小流域为单元，大力推进山区流域综合治理，改善生态涵养功能，构筑山区"生态修复、生态治理、生态保护"三道防线。治理杨家堡、达峪、聂家峪、北白岩4条小流域，涉及4个乡镇13个村3 460户，流域面积73.56平方公里、水土保持总治理面积55平方公里、绿化造林46.67公顷。

【大力发展沟域经济】 深度开发农业综合功能，加快发展融合一、二、三产的乡村民俗旅游特色产业，重点打造古北口汤河特色产业沟、新城子曹家路乡村旅游经济沟、北庄清水河休闲产业经济沟。完成3条沟域经济发展规划和观光产业建设规划。新城子镇完成观光园改造和围栏及6.67公顷设施蔬菜大棚建设。北庄镇完成清水河部分河道治理及产业基础设施建设。古北口镇汤河特色产业沟成为全市沟域经济试点工程，种植香草80公顷，建设主题观光采摘园6个，完成7个农庄、120户民俗户、9个休闲渔业小区提升改造工程。

【启动新一轮山区泥石流易发区搬迁工程】 年内计划安排山区泥石流易发区搬迁429户、1 000人，采取建设新村和散户搬迁相结合方式，新建搬迁新村6个，已完成搬迁441户、1 014人，涉及山区9个镇19个村，超额完成年度搬迁任务。

【加快推进山区新产业培育工程】 深入实施山区农民增收致富工程项目。重点实施和完成了"十百千"农民增收致富工程，生态富民、优势产业发展、低收入村增收、山区小流域综合治理、搬迁后续村产业扶持等五类32个重点工程。涉及11个镇、34个村，惠及农民11 607户、30 316人。

【公路绿化、彩叶工程全面完成】 全年公路绿化任务20公里，主要分布在新城子镇新坡路、曹花路、东邵渠镇木邵路，栽植国槐、白蜡及花灌木等各类苗木1.8万株，全部完成栽植任务，平均成活率90%以上。彩叶树种造林140公顷，安排在石城、太师屯、古北口三镇全部完成造林任务，栽植五角枫、黄栌等11.55万株，平均成活率90%以上。

【山区生态林管护补偿机制健康有序】 按照《密云县山区生态林管护补偿机制实施办法》的要求，指导各镇做好山区生态林（公益林）管护员管理、技术管理等工作，促进山区生态林管护补偿机制健康有序开展。2008年落实密云县生态林管护总面积为12.07万公顷（中幼林7.46万公顷，成林0.67万公顷，灌木林地3.94万公顷），较2004年10.94万公顷新增面积1.13万公顷，新增管护员690人，2008年管护资金共3 884.2万元，全县涉及生态林任务的乡镇增加至16个。完成2008年山区集体生态林管护员轮岗工作，全县16个镇、270个行政村上岗管护员7 760人（其中新上岗4 470人）成立管护队（组）415个。

农村改革与管理

【农村财务管理规范化程度进一步提高】 全县17个镇全部建立了"乡镇农村财务托管中心"，全面推开了"村级资金委托乡镇管理"工作。已全部实行资金托管的有321个村，占全县总村数的96%。编制完成了《密云县农村财务托管中心工作手册》，出台了《关于严格村级资金管理强化责任追究的有关规定（试行）》（密办发［2008］44号），完成了穆家峪镇大石岭、河南寨镇台上和芦古庄、十里堡镇庄禾屯、巨各庄镇赵家庄、东邵渠镇界牌、冯家峪镇下营、石城镇西湾子8个村的农村集体财务管理规范化试点村制度建设工作。

【农村集体经济产权制度改革稳步推进】 在巨各庄镇蔡家洼村在旧村改造工程已初具规模的基础上，县委县政府决定在蔡家洼村实施农村集体经济产权制度改革。在清产核资摸清家底基础上，该村产权制度改革设置集体股、耕地股和自然资源股，通过改革，将共同共有的集体资产科学合理地进行股份量化，实现“资产变股权、农民当股东”，建立“归属清晰、权责明确、利益共享、保护严格、流转规范、监管有力”的农村集体经济组织产权制度，明确农村集体经济组织的管理决策机制、收益分配机制，健全保护农村集体经济组织和成员利益的长效机制。该村产权制度改革工作已进入资产评估和实际量化股份阶段。

【农村土地流转经营新机制探索形成】 强化农村土地承包合同管理，引导农户依法、自愿、有偿流转土地承包经营权。完成全县农村土地承包经营权流转调查，全县流转土地农户 5 771 户，土地流转面积 0.08 万公顷。流转形式有转包、出租、转让和入股四种，探索出以合作社、村集体、公司等为载体的土地流转新模式。

【土地资源信息采集全面结束】 按照全市工作要求，配合市农科院和昭明海图公司，运用遥感（RS）、地理信息系统（GIS）、全球定位系统（GPS）技术，对全县的土地经营现状等详细信息进行了采集，全县 91 301 份确权确地合同信息全部纳入了本市农村管理信息化空间地理系统，将为今后利用信息化手段对农业结构调整、农村经济管理提供科学有效的服务，对促进农村土地资源使用，提高管理效率和管理决策水平将发挥重要作用。

【加强农村经济审计监督】 对 2007 年度村级组织正常运转资金、2008 年粮食直补和生态林补偿资金等财政补贴专项资金进行了全面审计。对《密云县村级财务公开内容及操作办法》进行了完善与修改。修改后的村级财务公开内容将收入分为 26 项，支出分为 39 项，新的公开内容表的使用，将进一步增强村级财务公开的透明度。出台了《关于切实做好村干部任期和离任经济责任审计的实施意见》，及时部署了干部任期和离任经济责任审计工作，完成了 31 个村的干部任期和离任经济责任审计。县镇两级共完成 1 132 个核算单位审计，其中：财务收支审计 1 082 个、干部离任审计 31 个、农民负担任审计 15 个，专项审计 3 个，经济效益审计 1 个。

【做好农业承包合同管理】 在做好农村土地承包合同签订指导、合同规范化管理的同时，积极开展农业承包合同鉴证、纠纷调解、仲裁工作。鉴证外部租赁合同 7 份；调解合同纠纷 4 件；合同纠纷仲裁立案 39 件，并已全部审理结案。

【强化农民负担监督管理】 根据农业部对农民负担监测工作新的通知要求，对 2008 年度穆家峪、东邵渠 2 镇 6 村 30 个农民负担监测户进行了调查走访、并按要求进行建账，对监测户进行了记账培训。对全县 17 个镇 330 个行政村 11.2 万户发放了新的《北京市农民负担监督卡》。对 12 项重点检查内容开展了农民负担春秋两季执法检查工作，在检查中随时发现问题随时处理，切实保护了农民的合法权益。

【私营企业蓬勃发展】 全县私营企业已发展到 8 332家，同期比增长 1.9%；私营企业总数已占密云企业数的 88.7 %；个体工商户已发展到 19 252 户；同期比增长 4.3%；私企个体从业人员已达 96 850 人，占全县企业就业人数的 89.7%。

民主政治与党的基层组织建设

【基层组织建设不断加强】 继续开展村务公开民主管理示范村镇建设，2008 年创建 3 个示范镇，34 个示范村，累计村务公开民主管理示范村将达到 130 个，占全县村委会总数的 39%。

【大学生“村官”的管理与服务工作得到加强】 本着“公平、公正、公开”的原则，通过面试、体检等环节顺利完成了 260 名“村官”选聘任务。选聘人员结构为：男生 129 人，女生 131 人；北京生源 190 人，京外生源 70 人；硕士研究生 10 人，本科生 113 人，大专生 137 人。其中党员 52 人。所学专业涉及法律、电子信息、工商管理、农村经济管理等 70 多个专业。完成了密云县优秀大学生“村官”和大学生“村官”工作先进个人的评选和上报工作，共评出优秀大学生“村官”32 名，大学生“村官”工作先进个人 16 名。

【加强农村法制宣传教育】 编印了《2008 年奥运法制宣传连环画册》、宣传彩页 20 万册，下发全县各村（居）委会，重点地区做到每户一份。以“创生态县，建新农村”百村行活动为平台，在 18 个乡镇开展了奥运法律知识图片展、奥运法制讲座、奥运法制文艺演出等多种多样的宣传活动。共发放各类奥运法制宣传资料 30 多万份、张贴海报 2 000 张、解答群众法律咨询 3 000 余人次，举办奥运法制讲座 403 场，重点地区奥运法制宣传覆盖率达到 100%。奥运法制宣传小分队以群众喜闻乐见的形式宣传奥运法律知识，使奥运法律知识得到了广泛普及，全民法律素质在不断提高，也为北京奥运会的成功举办创造了良好的法治环境。

【基层法律服务工作不断加强】 各乡镇（街道）法律服务中心及基层法律服务室，紧紧围绕“平安奥运”这一工作主线，及时主动了解当地政府工作要求，制定“平安奥运”法律服务工作预案，通过落实宣传、排查、调处工作措施，奥运期间，从服务农民、服务社会稳定出发，共利用广播宣传奥运法律知识 5 000 余次，出墙报宣传 1 500 余版，发放奥运宣传品 10 万余份。全县已建立基层法律服务室 94 家，占全县基层村（社区）的 63%。共调解民间矛盾纠纷 1 580 件，防止群体上访 8 件 160 人次，促进了社会的和谐与稳定。

【基层综治维稳工作机制创新】 由乡镇（街道）综治办牵头，维稳办、610 办、信访办、司法局、派出所、法庭、民政科、经管统计站等部门为成员。采取设立固定办公场所，抽调人员合署办公的方式，统一受理、研判、处理辖区维稳信访问题，每天召开情况会商会，随时向一级平台汇报情况，并通过信息员实现与第三级平台的沟通衔接。具体工作中，通过建立并实施“五联”（联调、联防、联勤、联治、联创）机制和五项工作制度（议事制度、例会制度、通报制度、考核制度、大事记制度），进一步整合方方面面的资源，有效排查化解各类矛盾纠纷。

【继续推进基层党组织创建活动】 完善充实了《2008年“五好”乡镇党委创建重点工作目标责任书》及考核办法，制定了《2008年度县直单位创建“五好”基层党组织重点工作目标责任书》，进一步提升了创建工作考核体系的科学化水平。

【积极推进党建工作创新】 大力推进基层党建特色镇建设，指导各乡镇党委选择了1～2项工作重点推进，力争形成本镇特色。积极推进基层党建示范点建设，全县各基层党组织共申报党建工作示范点65个，形成了一批领导班子坚强有力、党员教育管理规范、保障促进作用明显、运行机制科学完善、党群干群关系密切的党建示范点。

【稳步推进农村基层民主政治建设】 制定了《关于推行村级重大事项民主决策票决制的实施意见》，进一步规范了村级民主决策程序。继续坚持村务十公开，推行点题公开，实行了村级财务账目资金双托管，实现了镇村政务公开的有效衔接，进一步强化了村级民主监督。结合奥运筹办，增加了重点路口排查岗、流动人口摸排岗、重点人员监控岗等岗位，进一步深化了村民代表设岗定责活动。

【加大农村基层干部队伍建设力度】 健全机制、丰富内涵，引导乡镇机关干部认真履行指导发展、协调关系、宣传政策、民情调研等职责，进一步深化了乡镇机关干部“三进村”活动。实行了村级干部述职备案制度，由村干部定期向党员和村民代表进行履职汇报，形成了职责明确、监督到位、考核比较科学准确的村级干部管理新机制。举办了农村党支部书记培训班和村级后备干部培训示范班，有效提高了农村基层干部贯彻落实科学发展观的能力和水平。

【扎实做好农村党员电教工作】 抓好农村党员干部现代远程教育工作，在对全县17个镇和330个行政村电教活动室、数字家园、数字影院和爱农信息驿站软硬件进行调查摸底的基础上，制定了科学合理的实施方案；为78个总人口800人以上、党员人数40人以上、远程教育站点面积40平方米以上的村配备了投影设备，为132个规模较小的村配备了液晶电视，全面解决了各远教站点的设备问题。积极加强协调，做好北京党建数字机顶盒的安装工作，安装机顶盒527个。

【深入推进农村实用人才队伍建设】 继续将农村实用人才工作纳入到了农村党的建设“三级联创”考核体系，与各乡镇、县直涉农部门第一责任人签订了人才培养责任书，细化了考核内容及标准。将农村实用人才工作触角延伸到村级，要求各镇整合资源，逐步建立由村党支部书记任组长、村两委干部为成员、专人具体负责的农村实用人才工作机构及工作制度。指导大龙门、石塘路、套里等县级农村实用人才开发培养示范村，建立健全工作机制，鼓励发挥大学生村官在农村实用人才开发培养中的积极作用。创新开发培养模式，采取“专家＋合作社＋农村实用人才”等模式，进一步扩大了农村实用人才建设规模。

【深入开展文明村镇创建工作】 制定下发了《关于申报2008年各类文明称号工作的通知》，指导基层开展文明称号创建工作。文明村镇创建依托环境优美乡镇、生态文明村、平安村镇创建和“迎讲树”活动，建立了农村文明监督员队伍，开展公益性环境卫生治理，以培育有文化、懂技术、会经营的新型农民为目标，扎实开展“10万农民进课堂”活动，引导农民学科技、学文化，养成保护环境、讲究卫生的良好习惯。

新型农民

【农户收入持续增加】 2008年，密云县农民人均纯收入9 529元，同比增长12.25%。其中，工资性收入5 605元，占58.82%；家庭经营性收入2 274元，占23.86%；财产性收入543元，占5.7%；转移性收入1 107元，占11.62%。农民人均消费支出7 008元。

【新型农民培养工作继续走在郊区前列】 一是实施职业技能教育，完成农村劳动力转移就业技能培训6 546人，超额完成年计划63.7%，其中5 283人实现转移就业，就业率80.7%；完成引导性培训7 119人；完成在岗农民工培训5 941人，超额完成年计划18.8%。二是抓好成人学历教育，全县17个镇开办了农民大、中专学历班，909人经考试合格后入学，完成年招生计划的181.8%；其中本科学员43人、大专学员279人、中专学员587人。三是开展产业技能培训，举办农民实用技术培训607期、培训农民30 360人，完成年计划129.2%；举办绿色证书培训9期，281人考试合格，完成年计划140.5%。四是抓好农村实用人才培养，“百户千人”培训44期、落实新培养对象1 105人、科技示范户85户，完成年培养计划126.5%。在全县17个镇推广农民技术职称评定工作，806人获得农民技术职称证书。举办创业培训班8期，360人取得《北京市创业培训合格证书》。

【严密做好社会稳定维护工作】 水库移民政策落实工作涉及面广、情况复杂，极易引发群众上访等社会矛盾。通过制定各项维稳工作预案，指派专人到县信访办矛盾调处中心定期接访办公，主动到各乡镇排查信访苗头，使各种矛盾化解在了最初阶段和基层，为水库移民政策落实工作顺利开展提供了有力保障，在保护群众利益的同时维护了社会的稳定。

【新型农村合作医疗工作扎实推进】 新型农村合作医疗门诊减免报销金额 726.95 万元，院报销金额 4 062.44 万元，二次补偿 769.90 万元，总支出 5 559.29万元，结余 5 218.38 万元。2008 年参合率达到 92.64%，

【“农村基础教育现代化实验区”建设项目扎实推进】 全年组织安排培训、调研等各类活动 100 余次，教师培训、讲座等 60 余场，下校听课 200 余节；组织召开“农村基础教育现代化实验区”项目表彰总结会，对在实验工作中取得突出成绩的 48 个优秀项目团队和 138 个先进个人进行了表彰。

【广播电视“村村通”工程取得实效】 按照市广电局工作部署，全县 27 个浅山区信号弱村的广播电视覆盖工程全部竣工，10 年以上 25 个自然村旧网改造已全部完成。9 月 3 日，在东邵渠镇举办了全县 104 个行政村有线电视联网工程竣工典礼。104 个行政村、行政村所在地 0.9 万户、2.5 万人已经看上了清晰的 51 套电视节目，提前实现了全县 334 个行政村有线联网的规划目标。

【农村电影放映工程丰富农村文化生活】 以“数字电影送乡村”、“密云县 2008 年科技生态、科技奥运电影节”、“安全为天、平安是福”安全生产影片集中展映、“纪念建党 87 周年”影片展映、“奥运法律知识宣传影片展映”、“全国同日万场迎奥运专题放映活动”、“纪念改革开放 30 周年优秀影片展映活动”等为主题，共放映农村电影 8 950 场，完成密云县农村电影放映任务的 106%，其中农村固定影厅放映 5 293场，各乡镇流动放映 3 657 场，观众达 819 600 人次，为农民放映科技电影达 1 050 场。

【送书下乡活动深入开展】 新华书店积极开展服务“三农”送书下乡售书活动，到不老屯、高岭、古北口、太师屯等边远山区村镇流动售书 28 次，销售图书、音像制品 2 600 多册；进一步加强农村图书代销点建设，定期为代销点更新图书，扶持农家书屋 1 个，送书架 4 个、图书 600 多册，受到农民读者的欢迎。

【农村体育活动异彩纷呈】 农村体育以举办乡镇运动会为重点，加强体育设施的扶持力度，逐步推进农村体育生活化。全县共有 16 个镇举办了每两年一届的全镇运动会，占全县乡镇总数的 94%。大力开展适合农民参与的小型多样的全民健身活动，不断提高农民体育健身意识和农民体质健康水平。实施农村体育器材扶持工程，积极争取市体育局资金支持，对体育先进乡镇和部分行政村给予 113 万元的体育器材扶持，用于乡镇和农村体育事业的发展，确保了资金的使用效果。10 月，密云县象棋选手代表北京市参加了第六届全国农民运动会，取得了象棋团体和个人两项银牌，并获得体育道德风尚奖，完成了北京市下达的奖牌指标任务。

【“山区老年星光计划”稳步落实】 认真落实“山区星光计划”折子工程，2008 年，全县确定了 15 个乡镇 163 个村为“山区星光计划”建设村，总建设面积 45 640 平方米。山区村老年福利服务设施建设工作已按进度基本完成并投入使用。

【农民就业取得新进展】 开展农村富余劳动力培训 6 162 人，其中创业培训 294 人，完成全年任务指标的 147%。技能培训 5 868 人，完成指标的 146.7%，培训后就业率达到 72.76%。输出农村富余劳动力 2 808 人。

【农村社会保险覆盖范围全面扩大】 大力推进“老年保障”和“新农保”制度。全县有 46 748 名城乡无保障老年人领取了每月 200 元的福利性养老金。农村社会养老保险新增参保人数达到 6 893.7 万人，覆盖率达 80%。

“三农”工作情况

【农口改革工作圆满完成】 坚持精简、统一、效能原则，种植、畜牧、水产、农机等单位实施机构改革，对机构和人员进行调整，优化整体结构，形成工作合力，构建适应新形势、新任务对农业和农村工作的新要求的新体制，自 6 月 10 日农口改革动员大会召开后，至 8 月 8 日县农业服务中心成功挂牌，农口改革工作平稳顺利完成。农委机关更名为密云县农村工作委员会，内部机构设置实现新的调整。撤销县种植业服务中心、水产服务中心、农机服务中心，组建县农业服务中心、农民专业合作社服务中心；县畜牧服务中心更名为县动物卫生监督管理局。

【种粮补贴惠农政策落实良好】 全面落实中央对农民实施种粮补贴的惠农政策。2008 年粮食直补和综合补贴 2 163 万元，其中玉米 14 354.67 公顷，补助资金 1 658 万元，小麦 2 173.67 公顷，补助资金 505 万元，进一步促进了粮食生产。

【落实密云水库一级保护区内群众生产生活困难补助】 完成 2007 年度密云水库一级保护区内群众生产生活困难补助发放工作，发放生活补助资金 2 179.608万元，惠及 35 981 人，发放生产发展资金 966.563 1 万元，惠及一级保护区内 7 个镇、42 个行政村。完成 2008 年度密云水库一级保护区内群众生活困难补助发放工作，发放生活补助资金 2 177.97 万元，惠及 35 951 人。

【落实大中型水库移民后期扶持相关政策】 完成 2008 年度大中型水库移民后期扶持资金的发放工作，发放扶持资金 3 963.48 万元，惠及 65 403 人。完成大中型水库库区和移民安置区扶持政策落实工作，282 个移民村和移民接收村淹没或划拨土地面积核定为 6 672.4 公顷，落实扶持政策资金 7 000 万元。大中型水库农转非移民扶持政策落实工作也在稳步推进中。

【人大代表建议全部办复】 县十四届人大三次会议会上交由县政府研究办理的代表建议共计171件。建议内容涉及农业农村旅游方面22件，占13%；城乡建设与管理方面41件，占24%；道路交通电信方面56件，占33%；水利建设方面31件，占18%；劳动和社会保障方面4件，占2%；文化教育体育卫生方面10件，占6%；工业及其他方面7件，占4%。这些建议分别交由41个单位研究办理，已全部办复，办复率100%、采纳率63%。

【奥运安保工作取得明显成效】 一是科学决策、周密部署，进一步完善了高效畅通的组织指挥体系，制定了一系列方案预案，层层分解任务，狠抓责任制的落实，形成了全县“一盘棋”的局面。二是认真落实“一把手”大接访工程，有力化解人民内部矛盾。采取超常防控措施，有效遏制了“法轮功”邪教组织和国保重点人的捣乱破坏活动，确保了全县政治稳定。三是加强领导协调，分区划片、专群结合、人技结合、专人防控，提前开展基础防控工作，确保了密云水库、司马台景区、全县水电气热等重点敏感部位的绝对安全。四是精心组织、周密部署，采取定方案、定人员、定岗位、定责任，落实岗位实名制等措施，确保了“中国印”摩崖石刻揭幕仪式、奥运火炬在密传递活动、奥运文化广场密云庆典活动、奥运会闭幕式焰火燃放等涉奥运活动的安全开展。五是深入开展了流动人口和出租房屋清理整治等“十大专项行动”、严密了社会面控制，进一步净化了社会治安环境，社会面保持平稳有序。七是探索建立了条块结合、村和谐创安自治协会、社区商管协会、党员和机关公务员认岗领责等一系列有效工作机制，创新了群众力量组织模式，广泛发动人民群众，实行村自为战、单位为战，全县参与奥运安保工作的群众力量达3万余人，开创了群防群治工作的新局面。八是切实加强了执法办案协调工作。组织召开案件专项会议20次，对19件中央、市挂账涉法涉诉案件和“大学生村官”出走未归等社会高度关注的案件进行逐案研究、逐案确定对策措施，及时妥善化解。创造了承办法官直接参与涉法涉诉案件化解等新鲜经验。有力推动了全县政法维稳工作的开展。

【加大种子市场执法检查力度】 全年共抽检种子生产企业种子样品207份，涉及14类作物77个品种，避免了不合格种子流入市场；整治乡镇期集市场27个，检查经营网点470家次，开具责令限期改正通知书30份，责令退回不合格种子3 000余千克，立案查处1起。通过市场检查，规范了密云县种业市场。做好密云县200公顷玉米、白菜等杂交种生产管理工作，严格田间质量监管，生产田种子质量合格率100%。

【农药化肥执法检查进一步加强】 对全县170余个农药、肥料、鱼饲料等经销店开展联合执法15次；对销售、使用五种禁用高毒有机磷农药行为实施四区县农药联合检查执法1次；对10起生产、经营假冒伪劣农药行为进行立案调查与处罚；配合市药检所对全县农药市场农药产品质量抽查4次，共抽取36个农药样品，抽查标签53个，对存在的问题及时查处，有效规范了我县农药市场。对销售商培训2次，108人次。

【做好渔业执法检查工作】 加强禁渔期捕捞和网具的管理，查处各类渔业违法案件118件。加强禁渔期、禁渔区的管理，实行24小时巡逻，查处、打击各类渔业违法行为，确保了渔业资源在休渔期间得到充分的自然增殖。开展了秋季打电鱼专项行动，查处电鱼案10件。打击禁钓区垂钓违法行为，查处、纠正违法人员及钓鱼行为21人次。完成重大疫病抽检监测和外来有害生物人侵监测等工作。积极开展了水生野生动物保护、水库周边安保等工作。

【动物卫生执法工作扎实推进】 坚持定期检查和不定期检查相结合，对饲养场、屠宰场、经营肉食品的超市、门店、摊位、肉食品贮藏等场所进行监督检查。执法检查315次，出动执勤人员1 365人次，出具监督笔录意见书947份，其中检查市场超市186次，摊位1 870个，冷库30次，检查饲养场514次，种畜禽、孵化场102次，宾馆饭店219次，兽药经营、动物诊疗场所124次，会同工商等部门联合执法31次。市场、超市、冷库、动物诊所、养殖场均建立了各项官方登记记录，种畜禽、孵化场、动物诊疗机构动物防疫条件审核受理率100%；市场、超市、冷库动物产品持证率100%，动物产品检疫标志粘贴率100%；宾馆、饭店、餐厅均按规定留存检疫证明的原件或复印件，索证登记记录规范。

密云县主要领导人

县委书记 汪先永（12月任）
夏　强（12月免）
副书记 刘福志　李和平
常委 王玉江　李文起　向德春　肖荣华　范　惠　王春林（女）　张玉鲲

县人大常委会主任 陈天立
副主任 王成绵　赵利亚（女）　吴志强　孔令昌　何继玲（女）

县长 刘福志
副县长 王广双　王春林（女）　钱福生　吴成全　程文华　王稳东　徐　芳（女）

县政协主席 杜雨田
副主席 张文伶　孙　奇　齐瑞岳　王森林（回族）　祁树国　杨伟兰（女）

县纪委书记 肖荣华
副书记 刘荣藻　周广文　席成坡

密云县乡镇（街道办事处）正职领导干部

	党委书记	乡、镇长（街道办主任）
密云镇	周庆国	曹洪利
河南寨镇	李洪山	张承武
十里堡镇	李元生	张　强
西田各庄镇	孙绍志	陈启兵
溪翁庄镇	王建忠	张天杰
穆家峪镇	赵　宏	陈孝如
太师屯镇	郝加瑞	李广文
北庄镇	王振国	董向东
巨各庄镇	李长春	王德云
大城子镇	翟家明	任建华
东邵渠镇	孙全春	王如新
高岭镇	张艳生	郭生海
不老屯镇	张志华	宋淑文（女）
新城子镇	郭春友	任小凤（女）
古北口镇	朱锡才	何立娟（女）
冯家峪镇	李连柱	王贺虎
石城镇	李长全	耿智慧
檀营乡	贾海江	付振秋
鼓楼街道	胡文顺	侯春明
果园街道	许宝生	付全利

（钱长春　薛云波）

延　庆　县

概　　述

延庆地处北京市西北部，距北京市区74公里，是首都的北大门。三面环山一面临水，生态环境优良，是首都西北重要的生态屏障。平均海拔500米以上，气候独特，冬冷夏凉，有着北京“夏都”之美誉。全县辖11镇4乡，376个行政村，户籍总人口28.01万人，农业人口16.752万人，非农业人口11.258万人，农业人口占全县的59.8%，总面积1 993.75平方公里。平原面积522.33平方公里，山区面积1 451.41平方公里。耕地面积2.97万公顷(2007年)，农民人均耕地近0.18公顷。2008年，认真贯彻落实十七大和中央农村工作会议、市县党代会和人代会议精神，坚持科学发展观、以就业富民为中心、以建设社会主义新农村为方向，紧紧把握“生态文明”发展方略，不断创新机制、体制，加快结构调整，提升产业水平，切实转变经济发展方式，促进了县域农村经济社会全面、协调、可持续发展。年内，农业总产值完成18.29亿元，同上年相比增长15%；农村经济总收入达到96.72亿元，与上年同比增长11.5%，农民人均劳动所得9 082元，与上年同比增长9.7%，农民人均纯收入实现9 385元，同比增长12.9%。

都市型农业

【“三品”基地建设】 全县“三品”认证企业和基地达到51家，认证产品99个。其中，有机农产品方面，有12家企业和基地的35个品种获得有机农产品认证，产地面积18 274.34公顷（其中蜂蜜1.8万公顷），年产1 2279.5吨（其中青贮饲料6 000吨），7家企业和基地的18个品种获得有机农产品转换认证，产地面积295.04公顷，年产3 194吨。已培育出了前庙有机葡萄、归原有机奶、绿富隆奥运蔬菜、大庄科有机蜂产品和千家店、珍珠泉柴鸡蛋鸭等知名品牌；德青源鸡蛋获得绿色食品认证；31家企业获得无公害农产品认证，45个品种，其中：种植业21家27个品种，养殖业15家18个品种

【设施农业】 新建设施农业160.23公顷，累计面积达到191公顷。其中日光温室61.27公顷、钢架大棚116公顷、连栋温室3.87公顷，中小棚8.07公顷，其他1.8公顷。产品涉及到蔬菜152.73公顷，设施花卉32.4公顷，设施果树5.87公顷。主要分布在延庆镇、旧县镇、大榆树镇、康庄镇、四海镇等。

【循环农业发展步伐加快】 德青源养殖场鸡粪沼气发电循环利用项目完工。工程总投资4 980万元，建设各类沼气设施20 880立方米及配套设施和设备，安装800千瓦发电机组3台。项目利用养殖场每天产生的200多吨鸡粪生产沼气并用于发电。每年可发电1 400万千瓦时，为周边200多公顷果园提供有机复合肥料7.66万吨，同时可为附近2 000户农民提供沼气，解决清洁能源供应问题。食用菌循环经济模式日渐成效。全县现有10个乡镇发展食用菌种植业，占地35.33公顷，建有大棚920栋，建筑面积24.73万平方米。带动农户262户。牛粪养殖蚯蚓示范试验项目积极推进。该项目在养殖环节已取得成功，正在推进企业引进工作。12月30日，北京市第一批以林业废弃物为主要原料的生物质固体成型燃料在本县林业生物质能源生产加工示范基地正式下线，标志着北京市林业生物质能源开发利用工作正式进入试生产阶段。实现了林业废弃物资源化和无害化利用。

【控制农村面源污染工程】 安装太阳能杀虫灯100盏，推广生物防治、物理防治14万亩次、环境友好型肥料15万亩次。

【生态观光果园建设】 共计投资320.65万元，对观光园进行了改造和完善。重点对白羊峪苹果观光园、黄峪口观光园、康庄观光园、双金草观光园、小浮坨观光园、帮水峪观光园等6个观光园基础设施实施改造完善建设。共计修建大门3个，道路硬化31 000平方米，铺设管道3 000米；整修树盘20公顷；停车场建设3处；修建接待室2处；建设卫生间2处；树形改造110公顷；安装杀虫灯60盏；施有

机肥 700 吨；垒坝墙 5 000 立方米；铺地膜 23.33 公顷；高接换优 13.33 公顷；修围栏 2 800 米；国光幼树丰产栽培技术推广 20 公顷。

【粮食生产】 全县粮食播种面积 2.31 万公顷，其中玉米 2.1 万公顷，大豆 0.14 万公顷，谷子 0.03 万公顷。全县粮食总产 1.60 亿千克，其中玉米 1.55 亿千克。全县粮食平均亩产 461.25 千克，比 2007 年的 259.96 千克增长 77%，其中玉米亩产 492.81 千克。

【雨养旱作玉米】 雨养旱作玉米项目推广区面积新增 0.93 万公顷，总实施面积达到 1.27 万公顷。样板田 300 公顷，全部设在灌溉区，主要分布在大榆树、井庄、延庆、旧县、康庄、永宁、沈家营等乡镇，使用"京单 28"、"郑单 958"、"农大 108"等抗旱品种。采取抢墒播种、应用抗旱品种、实施土壤保水剂、叶面喷施抗旱剂、秸秆还田培肥蓄水保墒、缓效肥底深施六项抗旱技术措施，达到节水、增产、增收效果。实现了项目区平均单产达到 547.9 千克，较非项目区亩增产 17%，亩效益增加 7.5%。样板田平均单产达到 618.5 千克，较非项目区亩增产 32%，亩效益增加 33%。

【蔬菜生产】 共完成蔬菜播种面积 0.4 万公顷，同比增长 19.5%。其中春播 2 076.88 公顷，夏播 1 223.87公顷，秋播 668.47 公顷，冬季生产面积 29.49 公顷，同比减少 15.3%。

【中草药种植】 全县药材种植总面积达到 4 135.25公顷，带动 1.8 万农户，其中 2008 年新增药材种植面积 1 530.03 公顷。药材品种也增加到了 21 个，形成了大榆树、井庄、千家店、旧县、永宁、四海、珍珠泉、刘斌堡八个药材种植重点乡镇，确立了黄芩、西洋参和柴胡等主栽药材品种。重点乡镇药材种植面积占到了全县药材总面积的 66.0%，黄芩、菊花、柴胡和西洋参的种植面积占到了全县总种植面积的 89.0%。

【试验示范】 共组织各类试验、示范项目 30 个，其中作物类 50 余项，涉及品种 300 余个，涵盖粮、经、饲、园艺等各大类作物；肥料类试验 21 项；农药类试验 48 项。其中近几年着力引进的五彩甘薯已经在沈家营镇西王化等村大力发展，并进行了有机认证。

【林业产业发展】 林业产业持续快速发展，林业经济实力逐渐显现。①种苗生产。新育苗 66.67 公顷，播种树种 1 250 千克，培育容器苗 252 万个，引繁针阔叶苗木和花灌木 82 万株，播种灌草种子 12 350千克。②蜂业。新发展蜂群 3 000 群，蜂群总群数达到 22 643 群，养蜂户 356 户。年产蜂蜜 905.7 吨、蜂王浆 24.9 吨、蜂花粉 17.7 吨、蜂胶 2.3 吨，总产值 1 044.07 万元，解决农民就业 712 人。③花卉。花卉总面积达到 433.33 公顷。年内为北京提供草盆花 1 050 万盆。④林下经济。2008 年是林下经济项目建设的第二年，共发展林下经济 236.67 公顷，主要分布在千家店、四海、大榆树、永宁四个乡镇，林下经济主要形式为林菌、林药、林花和林禽。其中四海镇林菌 66.67 公顷、千家店镇林药 133.33 公顷、大榆树镇林花 33.33 公顷和永宁镇林禽 3.33 公顷。实现总产值 1 025 万元，人均增收 2 000 元，解决农民就业 1 420 人。完成林业重点工程十项，总面积 0.82 万公顷，共栽植苗木 276 万株。

【绿化美化评比创建】 创建达标首都绿化美化园林小城镇 1 个，首都绿化美化花园式单位 18 个，首都绿色村庄 9 个，评选出席首都全民义务植树先进单位 2 个，首都绿化美化先进单位 2 个、首都绿化美化积极分子 30 名。评选延庆县绿化美化先进单位 16 个，延庆县绿色村庄 20 个和延庆县绿化美化积极分子 79 名。

【果树产业发展】 以北山产业带建设为重点，加大果品基地建设，新发展果树 486.33 公顷，86.1 万株。

【果品宣传】 2008 年 10 月 16 日，在中国林业产业协会、中国果品流通协会等相关部门联合主办的"2008 中国·昌平苹果擂台赛"活动中，延庆县选送的 7 个参赛品种获得 4 个国家级一等奖，其中"富士一系"苹果和"张山营镇葡萄"获得中华名果称号。"国光苹果"在中国国际林业产业博览会上获得金奖。在"2008 北京奥运安全优质果品评选推荐"会上，延庆县 17 个品种果品先后获奖。北京夏都果业专业合作社获得突出贸易奖。"延庆葡萄"和"延庆国光苹果"地理标志申报工作进入审批阶段。

【成功应对"三鹿奶粉事件"】 2008 年 9 月，"三鹿奶粉事件"发生后，县政府迅速成立奶站和饲料质量安全专项整治领导小组。县农委、动监局、公安局、工商局、卫生局、质监局组成联合执法队，自 9 月中旬至 10 月中旬集中开展了为期一个月的奶站和饲料质量安全专项整治行动。对全县 17 个奶站的布局设施、环境卫生、记录与质量控制以及规章制度等 7 大类 27 个小项进行重点检查，并派驻了 19 名执法人员驻厂监督，全天候派驻，全过程监管，严把鲜奶质量关。对全县 32 家饲料生产、经销企业进行拉网式检查，重点查验相关证照、生产资质、生产记录、原料渠道、检测报告等情况。

【禽蛋产业】 以千家店、井庄、永宁等镇为重点的肉鸡和蛋鸡生产发展快速。全县累计新建标准化肉鸡舍 351 栋、改建 60 栋，养殖规模达到 1 010 万只，肉鸡出栏 670 万只，同比增长 21.4%。蛋鸡存栏 322.86 万只，鲜蛋总产量 3 522.46 万千克。其中，德青源二期扩建工程完工，存栏规模突破 200 万只。新建标准化肉鸡舍 137 栋，到年底全部投产。

【奶牛产业】 实现存栏达到 31 100 头，鲜奶总产量达到 1.01 亿千克。全年推广优质冻精 4.52 万支，性控冻精 1 024 支，完成奶牛谱系 2.8 万头，积极开展奶牛 DHI 生产性能测定，完成 5 000 头次。奶农品种改良意识和单产水平明显提高。

【渔业生产】 全县渔业产量完成249.17万千克，产值2 442万元。广泛开展了增殖放流活动，向官厅水库增殖放流花白鲢鱼种、河虾等，预计年可消耗水中浮游动植物近亿千克。渔业养殖逐步向生态资源渔业迈进。

【养殖业产值完成情况】 全县养殖业产值完成83 219.4万元，其中：畜牧业产值80 041.2万元，与上年同期的87 000万元相比增长了14 373万元，增长16.5%，完成年计划85 560万元的118.48%，占全县农业总产值18.29亿元的55.2%。

【农村科技协调员工作站挂牌和培训】 延庆县畜牧科技协调员工作站、延庆循环农业科技协调员工作站、延庆县有机蔬菜东龙湾生产基地，延庆蔬菜产业科技协调员工作站挂牌成立，并开展工作。相继开展了仁用杏相关知识和防冻技术、奶牛常见病、多发病及饲养管理、奥运蔬菜生产技术等方面的知识培训。

【三项科研课题被列为市级科技项目】 蔬菜废弃物与秸秆混合发酵饲料研发与示范、有机犊牛肉生产技术体系的建立、新型农村科技服务体系促进延庆县生态奶牛业发展3项目被列为市级科研项目。

【七项市级科研课题通过验收】 完成了“延庆农村安全饮水及污水资源化工程技术示范工程”、“采用高新技术建立蔬菜安全保障体系”、“马铃薯脱毒微型种薯雾培技术应用研究（Ⅰ期）”、“延庆县生态安全综合管理指挥系统应用研究”、“沈家营镇蔬菜产业科技服务能力建设”、“延庆县前庙村有机葡萄示范基地建设”、“犊牛代乳品应用技术示范与推广”等7个市级科研课题的验收。

【粮食生产加大科技投入】 2008年全县大力推广各种玉米高产新技术、新品种。玉米高产、优质品种面积占总面积的90%，共推广测土配方施肥技术1.33余万公顷，推广雨养旱作玉米综合技术1.27万公顷，玉米种子包衣综合防治0.37万公顷，玉米药剂拌种1.67万公顷，长效化肥一次性底施0.29万公顷，对提高玉米产量起到关键作用。其中在康庄镇建立的玉米万亩高产示范工程平均亩产达到892.1千克。

【脱毒马铃薯良种繁育体系建设】 开展了无性系或品种观察与繁种、彩色马铃薯观察和繁种、杂交育种、组培生产脱毒苗、微型薯生产、原种生产和一级种薯生产等项工作。与内蒙古自治区四子王旗合作开发马铃薯一级种薯克新8公顷。在沈家营乡下花园村、新合营村、香营乡聂庄村、祁家堡村等地开展了马铃薯商品薯生产示范。马铃薯种薯繁育规模增加，良种繁育体系建设日趋完善。

【推广保护性耕作技术】 县农委与各乡镇签订了《春玉米保护性耕作责任书》，并实施奖励政策，加大示范基地建设，全面完成了市政府下达给延庆的1.87万公顷农田保护性耕作任务，涉及到全县11个乡镇，主要以110国道、八达岭高速路、延康路、康张路、延永路、延庆—旧县—香营公路等公路两侧为重点。

【研制推广LBFW-250型复式联合作业机】 由农机研究所人员共同攻关，重点研制推广了低耗能低排放的LBFW-250型复式联合作业机。它一次进地可以完成深松、整地、播种、施药、施肥五个作业环节，比传统工艺减少了作业工序和拖拉机进地次数，充分发挥了农业机械效率。2008年4月，北京市农业局在延庆县老白庙村召开了全市各区（县）农机中心领导和农机专家、农业技术专家参加的作业现场会。通过现场演示，该机具得到了农业部农机鉴定总站、市农机鉴定站和农大专家教授的充分肯定，LBFW-250型复式联合作业机的研制，成功填补了国内深松整地机的空白。

【新机具的引进推广】 引进了红薯起垅机械和收获机械，通过在沈家营镇有机红薯基地试验获得成功。沈家营镇从浙江湖州引进了一台全自动式菜籽收获机，应用效果较好。引进了工厂化穴盘育苗气力式精密播种机，该机械每小时可育秧苗1万株，作业效率相当于人工的40～50倍。

【蔬菜销售】 全县蔬菜上市总量1.41亿千克，较上年同期1.51亿千克，减少0.1亿千克，减少6.6%；上市收入1.50亿元，较上年同期1.86亿元，减少0.36亿元，减少19.4%。全年市场累计成交量36 219.0万千克，较上年同期32 500.45万千克，成交量增加3 718.55万千克，增加11.4%；累计成交金额29 055.84万元，较上年同期34 639.77万元，成交金额减少5 583.93万元，减少16.1%。

【果品销售】 果品总产量4 219.76万千克，其中鲜果3 570.6万千克，与上年相比增加了8.9%；干果649.2万千克，与上年相比增加了42%。果品产业总收入15 860.4万元。其中果品销售收入14 917.4万元；政策性收入943万元。与上年相比果品产业收入增加了43%。2007年果品销售价格平均为2.93元/千克，2008年果品销售价格平均为3.53元/千克，同比增长20.5%。

【畜产品销售】 鲜奶总产量达到9 263.6万千克，比上年同期的8 438.5万千克，增加825.1万千克，同比增长9.8%。肉牛出栏34 702头，比上年同期的34 516头，增加186头，同比增长0.5%。肉羊出栏9.47万只，比去年同期的9.71万只，减少0.24万只，同比下降2.5%。肉鸡出栏711.94万只，比去年同期的664.67万只，增加47.27万只，同比增长7.1%。禽蛋总产量2305.8万千克，比去年同期的2 104.3万千克，增加201.5万千克，同比增长9.6%。生猪出栏161 716头，比去年同期的157 618头，增加4 098头，同比增长2.6%。

非农产业

【农加工企业】 全县农副产品加工企业发展到39家，与上年同比增长18%；从业人员4 500人，与上年同比增长10%；资产总额累计达到15.2亿元，与上年同比增长26.5%；全年实现总产值17.4亿元，与上年同比增长38%；销售收入13.7亿元，与上年同比增长22.1%；利润总额4 937.3万元，同比增长－9.7%；上缴税金2 692万元，同比增长10%；出口产品交货值达到4.11亿元。

【新能源产业】 延庆县与中关村达成共建“新能源和环保产业基地”合作协议，启动八达岭开发区新能源产业园建设。官厅100兆瓦风电场一期并网发电，中科院太阳能示范电站项目稳步实施，大唐风力发电、天威英利光伏发电等项目成功签约。中材科技风电叶片（一期）项目正式投产，完成产值2.8亿元、利润3 300万元；三吉利稀土扩规增产，完成股份公司改制。全年规模以上新能源企业完成产值5.3亿元，利润8 207万元，分别增幅达1倍和4倍以上。

【自主创新和品牌建设】 卓欧制衣“玫而美”牌、恒阳电缆“跃京”牌、绿美商贸“夏都”牌等商标，被评为“北京市著名商标”。“德青源”鸡蛋，被世界蛋品协会评为“全球水晶鸡蛋奖”。金果园“果园老农”、马氏庄园“阿芙罗”、雪莲时尚“斯诺夫德”等品牌正在积极培育。艾瑞机械、金都冶金通过市科委认定，成为北京市高新技术企业。中材科技风电叶片通过德国GL国际标准认证，其模具制造技术荣获部级科技进步一等奖。阔利达自主研制出第一台移动式挤奶设备之后，又开发第二代、第三代产品，并获得“新型生物饲料”发明专利。

【农村便民服务网络建设】 新发展社区连锁便民菜店10家，总数已达44个，遍及县城22个居民社区。自2004年以来，惠百公司在县内15个乡镇的260个行政村，发展乡村便利连锁店共373家，覆盖率达69.1%，总营业面积达23 700平方米，解决农民就业1 401人。

【农村集贸、集期市场改造升级】 总投资904.1万元（其中争取市商务局补贴90万元），对康庄、张山营、井庄柳沟、千家店、香营等5家乡镇集贸、集期市场进行了升级改造 。对市场地面进行了硬化，增设了上下水、摊棚、公厕等设施，极大地促进了农村经济发展。

【农资服务网建设】 建立健全农资连锁配送服务体系，在2007年33家农资网点的基础上，新发展10家，总数达到43家，覆盖到8个乡镇，本年服务农户8 000～10 000户。

【乡村旅游业】 全年实现乡村旅游总收入8 873.9万元，与上年同比增长8.3%。接待游人223万人次，与上年同比增长1.4%。实现全县农民人均旅游收入712.94元，占全县农民人均收入的16.97%。直接从业人员5 000余人，间接从业人员10 000余人。新增市级民俗村1个，总数达到48个，其中市级民俗村21个；新发展市级民俗户129户，总数达到1 400余户。策划包装了西王化营、古家窑、柳沟、大柏老、上磨等一批特色主题民俗村，古家窑村被评为市级民俗旅游村；岔道、柳沟、里炮三个A级民俗村改造升级，岔道村、古家窑村引入酒店式管理。井庄镇柳沟村被评为最美丽的乡村。县旅游局民俗旅游业管理服务中心获得全国旅游系统“巾帼文明岗”称号。

【标识系统建设】 为15个乡镇民俗村以及景区景点制作安装500余块绿色环保的安全警示标志，完成妫河风情带三个大型标识牌建设；对香屯、柳沟、上磨等重点民俗村，以及九眼楼、莲花山、旺龙潭等山区景点和周边安全警示标志、围栏等安全设施进行了全面升级。

【旅游商品、纪念品研发】 完成农产品旅游市场开发项目调研报告，珍珠泉咸鸭蛋、杏仁油等产品进入旅游市场，使延庆县乡村旅游产品总规模达到10大类22个品种，包括豆画、芦苇画、根雕、手工艺等。在北京市农村实用人才手工艺展活动中，妫川风情系列豆画作品获得一等奖，芦苇画分别获得二等奖和三等奖。

【乡村旅游进社区】 举办“城乡手拉手·合作办旅游”主题活动，以此为契机，千家店镇与西城金融街街道办事处、沈家营镇与德外街道办事处、大庄科乡与中关村街道办事处、张山营镇与西城区展览路街道办事处，通过手拉手等多种形式广泛交流，吸引大批市民前来旅游观光。

新农村建设

【市级整体推进村建设】 全县共15个村庄列入市级基础设施整体推进村，其中完成户厕改造4 331套，15个村垃圾处理设施全部达到密闭化管理的标准和要求，并通过验收，新建县级垃圾房153个，投资1 224万元；新建垃圾中转站3个，投资450万元。69.3万平方米村庄街道开始硬化，15个推进村邮站建设全部完成，共投资5.25万元。

【“三起来”工程】 年内，总投资1 540万元，安装太阳能灯3 429盏，“亮起来”工程总长度达到119公里，惠及15个乡镇、37个村，7 897户、23 592名村民，分别占全县农村总户数与总人口的10.9%和11.6%。安装范围主要是2008年15个市级整体推进村和县级重点村。大榆树镇和旧县镇自筹资金安装太阳能灯297盏，使今年全县安装总数达到了3 726盏。投资198万元，完成农舍改造增温节能示范工程，涉及到延庆、旧县、大榆树等3个乡镇5个村的205户，完成外墙保温改造7 479平方米。投资160万元，建太阳能公共浴室示范工程共5处，其中王泉营和小丰营浴室工程于年底建设完成。投资293万元，规划建设大型沼气集中供气工程2处。市投资539万元，秸秆气化工程4处。市投资210万元，规模猪场粪污治理工程共7处。市投资220万元，雨水收集利用工程共5处。投资19万元，整村推进户用沼气示范工程共1个村（永宁镇新华营村）100户。

【生态环境建设】 82个环境整治村验收达标，共清除杂物2.9万立方米、垃圾4.6万立方米，318个行政村开展了绿化植树活动，共栽植乔灌木116.7万株，新增绿化面积370万平方米；新增街道、进村路、道路1 698条，完成集中绿地或街头绿地108个。新建公厕40座，共投入资金300万元。全县新增保洁员482人，总人数达到1 727人，增幅为40%。积极创建市级环境优美乡镇2个（井庄镇、香营乡）；创建"延庆县绿色村庄"20个；环境建设优美村30个；环境卫生文明户4 000户；市级生态文明村30个。

【安全饮水工程】 按照因地制宜、优先集中的原则，在平原区主要以联村、联片集中供水为主，在偏远山区实施单村供水工程改造，改善饮水卫生条件，完善农村供水系统。本年计划解决111个村57 387人的安全饮水问题。工程内容包括新打机井、岩石井50眼，配套水泵87台，加装消毒设施87套，安装管道总长880千米，修建蓄水池39座。截至年末共完成80个村，完成水源井21眼，井房10座，铺设管道201 285米，完成入户4 634户。康庄镇八达岭地区联村供水工程设计供水能力1万吨/天，新打水源井8眼，建加压泵站1座，铺设管网56.1公里及其他附属配套设施建设等。至年末完成清水池、综合楼、净水厂主体结构工程。此外，根据饮水突发困难情况，按照县政府的要求，临时安排完成永宁南七村水源配套工程、水峪新村配水工程和米家堡村供水工程。

【农村治污工程】 完成八达岭镇东曹营联片集中污水处理工程，每年可以有效处理周边部队、景区及8个村的生活污水70万立方米。完成小浮坨、石峡、帮水峪单村污水处理工程3处，每年可以处理污水4万立方米。9个村级治污工程正在进行招投标工作。

【节约用水工作】 完成节水灌溉471.33公顷，新打机井2眼，建井房15座；建成农村雨洪利用工程5处，工程总蓄水能力6.6万立方米。改善了项目区村庄水环境。企事业单位集雨工程计划完成5处，实际完成7处，完成中水回用工程1处。建设上磨及黄柏寺部队污水处理厂，解决水源地生活污水直接排放污染水源问题。对古城河道新旧小路至常家营段2 630米河道进行疏浚治理。完成13个村的新农村建设污水治理工程，年节水约500吨。

【乡村公路】 乡村公路养护总里程为975.128公里，其中，乡级公路养护里程为582.925公里，村级公路养护里程为392.203公里。农村公路建设及养护总计投资2 946万元。

【广播电视"村村通"建设工程】 完成张山营镇域内9个浅山区自然村"村村通"新建工程，共涉及1 600户、3 896人；完成四海、珍珠泉、千家店等5个山区乡镇中24个山区自然村"村村通"升级改造工程，共涉及2 292户、5 260人；完成全县176个"村村通"卫星加闭路系统增加央视第5套节目工程，使山区群众顺利收看到奥运体育赛事和其他体育节目；完成绛蓬山广播电视转播塔建设工程的土建工程和设备安装调试工作，使全县90%以上村户都能通过无线转播站无偿收听和观看3套广播节目和3套电视节目。

【村邮站建设】 共建村邮站30个，由市政府与市邮政公司联合为村邮站配备邮政工作台及邮运工具，其余的346个村邮站计划2009年内建成。

【改厕改水】 完成农村户厕改造11 321套。完成改水20个村，其中更新改造项目村15个、扶贫项目村2个、水处理村3个，总受益人口1.3万人。

【新型农民培养工作】 规划建成了县职业技术学校、县农民科学技术学校等6个培训基地和旧县镇东龙湾有机蔬菜、大柏老奶牛等5个实训基地。积极拓宽培养思路，以五种模式培养"五型农民"，即以主导产业领动模式，培养农技型农民；以市场需求引动模式，培养技能型农民；以扶助骨干带动模式，培养管理型农民；以学历教育促动模式，培养知识型农民；以文化素养驱动模式，培养文明型农民。年内，全县投入资金2 300多万元，开展农业实用技术、农村劳动力转移就业等各类培训1 105期次，培训79 200多人次。促进农村劳动力转移就业10 529人。

【驻村服务指导暨结对帮扶工作】 2008年3月27日，县委、县政府组织召开新农村建设驻村服务指导暨结对帮扶工作会，制定下发了《中共延庆县委延庆县人民政府关于做好2008年新农村建设驻村服务指导和结对帮扶工作的意见》，印发了《延庆县新农村建设驻村服务指导队员管理考核办法》，加强对驻村服务指导队员的管理。年内，各驻村服务指导队和县直结对帮扶单位共投入资金1 877万元，引进项目32个，提供致富信息148条，开展各类培训1 105期，为群众办实事350件，推动了延庆县社会主义新农村建设步伐。

【文化基础设施建设】 为10个乡镇的10个新农村试点村配备了价值90万元的文化设备，并进行了相关培训；扶持建设乡镇图书室5个、基层图书配送点3个、益民书屋21家；建设农村数字影厅120家，完成文化信息共享工程基层点建设301个村。

【延庆首届乡村欢乐节】 举办首届乡村欢乐节活动。本次活动历时4个月，2月底结束，期间开展了"唱响和谐主旋律"农民卡拉OK大赛、"激情迎奥运，乡村大舞台"自编自演文艺节目大赛、"家乡美"原创文艺作品征集等活动，342个行政村参与其中，受益农民21.9万人次，创作文艺作品100余个，基本形成了"镇镇有活动，村村有笑声"、全县农民踊跃参与的良好局面。4—6月，举办首届农民合唱节，张山营镇的合唱之乡、延庆镇的舞龙之乡、大榆树镇的舞狮之乡等特色文化乡镇建设粗具雏形。

【农村体育设施建设】 为15个乡镇共安装健身工程30套。投资200万元安装村级健身设施185套，使全县376个行政村的健身工程全部安装完毕，农村健身设施安装率100%，同时，更新健身工程43套。

【农业和农村信息化】 投资43万元建立了“北京市农村管理纵向业务系统”，实现了市、县、乡镇三级农经业务纵向管理；完成了村管系统“十大数据库”数据资料的更新工作，上传数据58.9万条；启动了“农经网”建设，150名乡镇、村级信息管理员参加了系统培训；10个基础设施建设重点村配备了村务公开触摸屏电脑；“延庆苹果网”建设初见成效，网上实现交易14笔。为10个乡镇16个村的“农村数字家园”配备计算机设备80台、桌椅80套，农村“数字家园”试点村达到37个。全面启动“2356”移动农网工程，安装了370台农信机，终端用户达到14 974人，发布信息数量39.4万条。安装信息机16台，用户数量7 874人，发布信息43 167条。农村信息化基本实现了行政村全覆盖，日益满足农村居民对信息化的需求。

山区农村发展

【山区搬迁】 启动2008—2012年新一轮山区泥石流易发区及生存条件恶劣地区农民搬迁工程。全县2008年山区搬迁工程任务281户772人，涉及四海、张山营、永宁、千家店、八达岭5个乡镇的12个村片。工程重点对千家店镇大楝树、河南、永宁镇偏坡峪三个村实施整村搬迁工程，涉及220户643人。到年底，全县共签订搬迁协议书119户280人，占全年任务36.3%。动迁62户126人，占全年任务16.3%。永宁镇偏坡峪村19户43人新村建设工程已全部竣工，新建房屋75间；千家店镇大楝树、河南两村正在进行施工设计。

【小流域综合治理】 完成罗家台、闫庄、香村营和大榆树4条小流域综合治理45平方公里，栽植经济林共计83.33公顷，建成钢架蔬菜大棚40栋。截至年底，延庆县已完成治理小流域49条，治理面积855.85平方公里，新增耕地、经济林0.07万公顷，切实改善了农民生活、培育了致富产业。

【山区生态林补偿工作】 继续实施生态林补偿机制。顺利完成本年度生态林护林员轮岗工作，上岗护林员8 507人，其中新上岗护林员3 947人。涉及山区农民7 978户。8 421名护林员交纳了人身意外伤害保险，保险金额432 700元。推行岗位化管理，5个乡镇362个行政村共设生态林管护责任区1 339个，设置岗位总个数2 335个，其中固定岗1 305个，流动岗1 030个；制定了《生态林护林员管理制度》、《生态林管理站房使用管理制度》、《生态林护林员职责》等项规章制度，实行制度上墙，加强管理。

【“十百”千工程】 总投资1 233万元，其中县、乡镇自筹660万元，申请市政府扶持573万元。全县有11个村被列入“十百千”工程扶持对象，涉及永宁、刘斌堡等8个边远山区乡镇。项目以特色种植、绿色养殖及民俗旅游为主。

民主政治与党的基层组织建设

【村级民主政治建设】 继续加大“六议工作法”的推行力度，探索社会中介机构管理村级财务新模式，全县15个乡镇实行“双托管”，促进了以财务为重点的村级事务的规范化管理。推进村务公开，把政务公开和村务公开工作相结合，按照“五规范一满意”要求，进一步规范公开内容、明确公开重点，拓展公开形式、落实公开制度，全县有38个村通过电脑触摸屏方式进行了村务公开工作。制定下发了《在农村基层党组织中建立和推行党员议事会的实施意见》，全县68%以上的农村基层党支部建立并推行了党员议事会制度，其中，八达岭镇、康庄镇、永宁镇等5个乡镇已经实现了全覆盖，强化了村级党组织在村民自治中的领导核心地位，畅通了党内民主带动人民民主的渠道。

【农村主要干部培训工作】 6月18—19日，举办了延庆县农村党支部书记培训班，15个乡镇政工副书记、组织委员、新农村建设驻村服务指导队员以及全县的村级党支部书记共约500人接受了新农村建设相关政策、农村基层组织建设、基层应急管理等方面的知识培训。

【基层党建工作创新】 探索建立了推进基层组织建设工作的创新机制，提出了18个创新项目，内容涉及村级党组织自身建设、村级民主政治建设、发挥党员作用、发展农民专业合作经济组织等方面。顺应城乡发展一体化的深刻变化，建立了双向联系、双管互动的跟进式党员教育管理模式；城乡联合、资源共享的互助式党组织共建模式；校村结队、活动联谊的红色1+1帮扶模式。创新统筹城乡党建模式，构筑了以城带乡、城乡联动、共促互补的党建工作新格局。

【解决村干部待遇】 进一步健全了村级干部保障、激励、约束机制。研究制定了《村级干部工作报酬管理办法》，将村“两委”主要干部的工作报酬分为固定工作报酬和绩效工作报酬两部分，在兼顾村庄人口规模、村级工作难度和人均工作报酬普遍增长的基础上，突出绩效管理，对村“两委”主要干部在促进农村发展、加强基层组织建设、维护村级稳定、廉洁勤政等方面的职责完成进行绩效考核，使村干部的工作报酬提高了30%左右。对税费改革前历年拖欠的村干部工作报酬，进行了认真调查摸底、核定账目后，由县级财政一次性解决。

【大学生村官工作】 县委组织部、县人事局结合延庆县大学生“村官”工作实际，研究制定了《延庆县大学生“村官”工作职责》。规定了大学生“村官”要履行好农村政策宣传员、村情民意调查员、档案资料管理员等五项共性职责，和履行好经济发展助推员、农村高校联络员、文化建设促进员等三项个性职责，强化了对大学生村官的服务和管理。

【农村党员干部现代远程教育工作】 根据中央和市委的统一部署安排，启动了延庆县农村党员干部现代远程教育工作，依托延庆县“村村通”工程进行建设，与县文委“文化共享工程”共建，因地制宜，整合资源，节约设备资金744万元，全年全县完成了304个村农村远程教育站点建设。

【提升农村实用人才开发培养1+1+X工程水平】 7月3日，召开了“1+1+X工程农村实用人才培养提升行动计划启动大会”，全面启动农村实用人才开发培养系列培训、专业进修、结对帮扶和考察交流四个专项行动计划。7—10月，专项行动计划——农村实用人才开发培养系列培训行动计划全面实施，围绕农村实用人才开发培养管理服务培训、新农村建设和产业发展政策培训、都市农业与现代种养新技术培训三个层次，举办培训班34期，培训农村实用人才工作人员、农技服务团成员和农村实用人才3 000余人次。选派优秀农村实用人才随市委农工委赴荷兰参加都市型现代农村实用人才专题培训学习。

【农村实用人才实训示范基地建设】 加强了阳光果园示范实训基地的基础设施建设，提高培训档次和承载能力。选拔确定了四海镇花卉产业、张山营镇葡萄栽培、大榆树镇设施农业、沈家营镇和康庄镇养殖基地等5个特色明显、经济效益好的产业基地，作为二期县级示范实训基地，进行扶持建设。

农村改革与管理

【农民专业合作组织发展】 新增合作组织164个，累计达336个（包括在工商、民政或农业部门登记备案的）。其中按照《农民专业合作和登记管理条例》登记的专业合作社为271个，占全市的近40%。成员入社总数达到24 885户，带动非成员农户数68 920户。合作社资产总额达到28 104万元，实现总收入10 134万元。

【农民专业合作组织规范化管理】 农民专业合作社达到359家，成员总数达到10 595户，带动非成员户35 921户，占农户总数的51%，成员出资总额1.86亿元，实现收入31 765万元，比上年增长2.1倍。年内，在原有26家规范试点的基础上又对10个合作社从组织体系、管理体系、制度体系、服务体系、市场体系五个方面进行了全面规范。12个合作组织获得了市有关项目资金支持。年内，围绕我县生态涵养区功能定位和主导产业创新了办社范围，探索建立生态管护劳动力就业合作社，解决农村“40、50”人员就业问题；新建了13家西洋参合作社，创新西洋参产业发展管理新机制；建立了农民专业合作社网，选择20家农民专业合作社，通过网络平台加强产品宣传，拓宽宣传渠道。

【农村集体经济产权制度改革】 积极探索山区农村集体经济组织产权制度改革工作，确定四海镇黑汉岭村为本县改革试点单位，并予以推广。到年底，共有4个乡镇9个村完成了产权制度改革。

【土地承包与有偿转让】 在376个村实行了土地台账管理制度，台账显示：全县农业用地总面积3.7万公顷，其中家庭承包总面积2.76万公顷，共涉及农户64 532户，人口19.7万人。全县土地流转面积0.27万公顷。本年实现流转收益350万元。

【农村集体经济管理】 对农村集体经济合同进行了清理和规范。全县共清理各类集体经济合同6 210份，合同标的总金额12.7亿元，其中发现内容不完整、程序不完备等问题合同2 373份，涉及金额1.76亿元；共规范集体经济合同217份，处理问题收回拖欠金额41.42万元，终止合同40份，涉及金额195.98万元。

【农村集体经济审计工作】 开展376个村的村干部职务消费审计；尝试对新农村建设投资效益进行试点审计；对149个村、240名村干部，进行村干部任期和离任经济责任审计，共审计金额达69.7亿元。

【农村集体资产与财务管理】 进一步规范农村财务公开，在10个村开展农村集体财务管理规范化试点工作，其中石佛寺村被确立为全国示范村，利用触摸屏进行财务公开的试点继续扩大到38个村。村账托管工作取得新突破，在进一步完善村级财务管理制度的同时，成功推广引入社会中介机构对农村财务进行管理的模式，全县8个乡镇实现由会计师事务所记账。

农民生活

【农民收入】 农村居民人均纯收入达到9 385元，比上年同期增长12.9%。其中，工资性收入4 634元，家庭性经营收入3 551元，财产性收入230元，转移性收入969元。

【农民消费】 农村居民人均总支出8 128元，比上年同期增长17%，其中：家庭性经营收入1 874元，购置生产性固定资产支出215元，生活消费支出5 536元，财产性支出2元，转移性支出501元。

【新型农村合作医疗】 全县有17.36万农民参加新型合作医疗，参合率93.9%。筹集统筹资金5 553.8万元，每人每年320元。为44 878人次报销医药费用5 413.07万元，合管中心为2008年报销过的农民进行二次补偿22 327人次1 685.27万元，乡镇卫生院为18.95万人次农民减免医药费108.34万元，报销封顶线12万元。

【农村卫生基础设施建设】 新建延庆镇、井庄、刘斌堡三个社区卫生服务中心，建筑面积6 099平方米；改扩建康庄、张山营、八达岭社区卫生服务中心，改扩建面积6 006平方米。全县非营利性集体所有制村级卫生室达到221个；非营利性全民所有制农村社区卫生服务站达到55个。注册乡村医生304人。全年共下乡巡诊1 500人次，服务群众8万人次。

【农村危房修缮】 农村优抚社救对象危房翻修工

作市分配县55户，其中维修的是15户，落实资金9万元，市、县各负担50%；翻建是40户，落实资金56万元，市、县各负担50%，两项总计市、县财政补助65万元。此次危房修缮涉及到全县15个乡（镇）48个村委会。

【人口和计划生育】 全县户籍人口共27.8万人，户籍人口上报出生2 171人，计划生育率96.55%。户籍人口总量与往年基本持平，人口出生逐步有所回升，自然增长有上升趋势。目前全县人口再生产还稳定在低出生、低死亡、低增长的生育模式。

【计划生育服务工作】 围绕“关注育龄群众健康—共建和谐家庭”主题，在全县深入开展计划生育生殖健康优质服务活动。为近10万名育龄妇女进行了健康检查。为405位计生专干和105名计生干部进行了15项的健康体检。指导基层开展对新婚、正孕、新入户、术后人群“四上门服务”近4 000例。

【劳动力转移和农民就业】 加大新型农民培养力度，广开渠道，加速农村富裕劳动力向二、三产业转移。全年实现促进城乡劳动力就业19 491人，其中城镇新增就业6 800人，农村劳动力转移就业10 529人，外来劳动力就业2 162人。

【城乡低保】 全县享受城市低保的共有861户、1 821人，月享受保障金43.13万元，年累计支出保障金487.87万元。全县享受农村低保的有5 178户、8 242人，月保障金61.73万元。年累计支出保障金680.11万元。为城乡低保对象从10月份开始每人每月增发20元生活补贴，三个月共计支出58.96万元。

【新型农村养老保险】《北京市新型农村社会养老保险试行办法》自本年1月1日起实施。新农保制度实行弹性缴费标准，降低了大龄农民的参保门槛，实现了城乡养老保险制度的衔接，对参加新型农村养老保险并达到制度规定条件的农民，人均月增加280元基础性养老金，农民的参保积极性有所提高。全年累计共有8.92万人（含0.8万农民工）农民参保，占全县劳动力（9.05万人）人数的98.56%，其中新增参保3.42万人，收缴保费金额6 044万元，农民享受养老金总人数达到2 802人，累计发放养老金782万元。

【爱心超市】 在康庄镇、大榆树镇、香营乡等乡镇建立6家镇级“爱心家园”，共投入资金近35万多元。目前，共有县级“爱心家园”1家，镇级的“爱心家园”10家。“爱心家园”的救助范围是县低保边缘家庭、特困残疾人、因病因灾以及突发事件致贫的人员等。

“三农”工作情况

【“三农”管理与工作机构】 延庆县农业委员会、延庆县绿化委员会办公室、延庆县林业局（简称办局）、延庆县水务局、延庆县动物卫生监督管理局、延庆县农村合作经济经营管理站、延庆县种植业服务中心、延庆县农机服务中心、延庆县水产服务中心、国家马铃薯产业高科技园区管理委员会、农业发展办公室和农业服务中心、延庆县社会主义新农村建设工作领导小组及办公室。

【农村工作会召开】 2月22日，召开县农村工作会。市农委副主任张贵忠，县四套班子领导出席，县长孙文锴主持会议。副县长徐凤翔总结2007年全县农业农村工作，部署2008年新农村建设任务。确立2008年延庆县农村工作的总体思路和目标是：以就业富民为中心、以建设社会主义新农村为方向，牢牢把握“生态文明”发展方略，创新机制、体制，坚持点、带、区相结合的原则，加快结构调整，切实转变经济发展方式，促进县域农村经济社会全面、协调、可持续发展。实现农业总产值16.8亿元，同比增长5%；农村经济总收入实现95亿元，同比增长10%；农民人均纯收入达到9 060元，同比增长9%。

【乡村旅游工作会】 3月19日召开。副县长李满出席，各乡镇主管乡村旅游工作的领导参加。会议听取各乡镇2008年乡村旅游工作设想、乡村旅游进社区后续工作以及2008重点工程项目情况，通报了2008年乡村旅游奖励资金扶持政策。李满副县长要求：①各乡镇要高度重视乡村旅游工作，为乡村旅游发展创造良好环境。②继续深入推进乡村旅游进社区活动。③整合资源，做好重点工程项目策划工作。

【新农村建设驻村服务指导暨结对帮扶工作会】 3月27日，召开2008年新农村建设驻村服务指导暨结对帮扶工作会。县领导侯君舒、孙文锴、郭振清、孙强、徐凤翔出席会议。会议对两年来驻村服务指导和结对帮扶工作情况进行总结，对2008年工作进行部署。

【中国马铃薯大会】 4月6—8日，2008年中国马铃薯大会在延庆县召开。农业部副部长危朝安，中国作物协会理事长路明，农业部总经济师、市场与经济信息司司长张玉香，市政府副秘书长安钢，科技部农村科技司司长杜占元，中国马铃薯专业委员会主任委员、中国农业科学院副院长屈冬玉，市农委主任王孝东，农业部科技教育司副司长石燕泉，农业部种植业管理司副司长王守聪等领导和联合国粮农组织驻中国代表塞克特勒克，国际马铃薯中心总主任安德森，县领导侯君舒、孙文锴、胡耀刚、徐凤翔出席开幕式。县长孙文锴致欢迎辞。

【防汛工作会】 6月12日，召开重点水利工程防汛工作会。县防汛抗旱指挥部执行总指挥、副县长徐凤翔出席。会议传达了全国、北京市水库安全度汛工作精神，对2008年水库防汛工作进行部署。

【粮补工作】 全年小麦补贴资金32 025元；生态作物补贴资金404 740元，涉及全县109个村1 621户；玉米直补全县补贴面积20 069.99公顷，良种补贴面积18 351.25公顷，补贴资金22 871 466.72元，其中面积补贴6 020 997.6元，良种补贴3 303 224.52元，综合补贴13 547 244.6元，涉及全县15个乡镇，357个村，49 954户；水稻良种补贴面积62.26公顷，补贴资金14 008.5元，涉及1个乡镇，8个村，1 269户。

【农机具补贴】 积极争取市政府支持，拓宽农机补贴范围，增加补贴数量，使延庆县的机械补贴资金达到395万元，比上年的257万元，增加了142万元。7月3日，召开了2008年国补机具购置现场会，引进国补机械218台件，涉及保护性耕作机具、设施农业及奥运农产品运输、检测设备等（其中：65马力拖拉机50台，120马力拖拉机10台，田园管理机150台，冷藏车6台，农残检测仪2台，保温被5 000平方米）。继续落实留茬免耕政策，对1.33公顷以上且成方连片的地块，每亩给予20元的作业补贴。

【农业保险】 全县玉米投保面积5 341.09公顷（比去年增加3倍多），参保农户13 229户，涉及全县15个乡镇，其中受灾面积1 646.67公顷，受灾农户8 500户次，累计赔付金额441万元。

【奥运蔬菜供应】 全县共有奥运农产品生产基地（场区）18个，分布在6个镇。奥运前期及期间，顺利实现农产品生产基地和供奥加工企业点对点的无缝衔接，万无一失地完成奥运农产品安全保障工作。两个奥运会总供应牛奶412.8吨、肉鸡259 528只、壳蛋56.8吨、蔬菜257吨，其中蔬菜供应量占奥运总需求的41%，实现供应品种、质量、数量“三个100%”，接受上百家媒体专访，得到农业部、国务院好评。

【供奥养殖企业监管】 延庆县有德青源基地等4个供奥产品生产企业，主要供应鸡蛋、牛奶、鸡肉等动物产品。按照市政府的要求，县动监局采取有效监管措施，抽调政治合格、技术过硬的6名执法人员进驻供奥企业，实行全方位监管，严把动物产品生产关，保障了供奥动物源性产品安全。

【生态县创建】 按照北京市第十四阶段控制大气污染措施关于要积极推进生态县创建工作的要求，县委、县政府做出提前完成生态县创建目标的决定，全县上下积极开展生态县创建工作，5月14—15日，顺利通过环境保护部对延庆县创建国家生态县的考核验收，8月1日正式命名延庆县为国家生态县，10月环境保护部在安徽正式授牌，生态县创建工作圆满成功，为绿色奥运献上了一份厚礼。

【控制大气污染】 认真落实北京市大气污染防治十四阶段的各项措施，完成了第七中学、白河堡水库、公路延庆分局、原乡镇企业大楼的清洁能源改造工程；对全县130余家重点餐饮单位油烟排放进行检查，对不合格的11家单位下达限期整改通知书，并全部整改达标排放；全县47家加油站完成治理并通过验收；推广保护性耕作1.74万公顷，减少了农田扬尘污染；完成了全县绿化任务。全年空气质量二级及好于二级天数累计达到315天，占全年总天数的86.2%。是延庆县空气质量有检测数据以来历史最高水平。

【农产品质量安全生产体系建设】 制定了《延庆县农产品质量安全专项整治方案》和农药管理、水产品、动物产品质量安全专项整治方案。在全县形成了细化分工，明确责任的工作机制和横到边、竖到底的工作局面。动植物防控保障体系不断加强。动物免疫密度100%。农药残留检测工作共检测果蔬5 763个样品，合格率均达到100%。对标准化基地、无公害生产基地、养殖小区、鱼塘、农药、兽药经营网点100%的进行了拉网式摸底调查，进一步规范经营档案、工作记录。农产品质量安全生产体系建设作为民心工程不断完善。

【延庆县统筹城乡就业信息系统上线运行】 年内开发建立了延庆县统筹城乡就业信息系统。该系统集数据录入、信息查询、统计分析于一体，从求职、培训、就业、劳动工资、劳动关系等多方面对延庆县劳动力的就业保障情况实施动态跟踪管理服务。

【农业行政执法】 组织各类检查活动351次，执法车辆1 177辆次，执法人员2 630人次；检查标准化基地47个、无公害生产基地37个、养殖场（小区）41家、鱼塘130余户、农药经营网点79个，市场、超市、餐饮单位等各种场所670个次；依法查获私屠乱宰窝点3个，取缔活禽交易摊点4个，没收某超市非法持有的“动物产品检疫合格标志”865枚，无害化处理病死畜禽1 478头（只）；没收销毁渔船网具420条，地笼200个，电鱼设备5套，立案处理5起，全年未发生重大动物疫情、食用动物源性农产品染疫事件、中毒事件。

【人大建议办理情况】 人大共收到代表提出的涉农建议16件，于5月20日全部办结。办理结果：A类10件，B类1件，C类5件。

【政协提案办理情况】 政协共收到委员提出的涉农提案8件，于5月20日全部办结，办理结果：A类7件，C类3件。

延庆县主要领导人

县委书记　侯君舒
副书记　孙文锴　郭振清
常委　侯君舒　孙文锴　郭振清　胡耀刚　于少东　包喜全　孙强　龚善　武克　盛桂荣（女）　陈合安
县人大常委会主任　赵淑君（女）
副主任　赵振山　侯林兴　王新民（12月免）　白元玺　郭同林
县长　孙文锴
常务副县长　胡耀刚
副县长　于少东　徐凤翔　李满　赵志萍（女）　刘玉民（9月免）
县政协主席　赵双利

副主席　宋献坤　谷艳兰（女）
贾晓明　赵淑娟（女）
杨书海

县纪检委书记　武　克
副书记　朱保安　王永军（女）　韩　策

延庆县乡镇党政正职领导

	党委书记	乡（镇）长
延庆镇	鲁世宽	胡玉民
永宁镇	陈　杰（9月免）	耿秋雨（1月免）
	季东升（9月任）	丁立民（1月任）
康庄镇	武　岗	闫承发
张山营镇	王建元	李明海
八达岭镇	赵建军（9月免）	张双锁（9月免）
	张双所（9月任）	齐　虎（9月任）
旧县镇	郝晨东（9月免）	张书亭（9月免）
	张书亭（9月任）	常迎六（9月任）
千家店镇	周尚平（9月免）	纪文选（9月免）
	纪文选（9月任）	黄金龙（9月任）
四海镇	刘明利	卢元亮（9月免）
		郑玉伶（女，9月任）
大榆树镇	刘瑞成	梁志杰
沈家营镇	杜义忠	张绍芬(女)
井庄镇	焦万智（9月免）	刘永强（9月免）
	刘永强（9月任）	赵琳峰（9月任）
香营乡	谢　强	张　鑫（9月免）
		朱万富（9月任）
大庄科乡	李东升（9月免）	田全升（9月免）
	田全升（9月任）	胡树森（9月任）
刘斌堡乡	刘占亮	张合林
珍珠泉乡	刘世记	孙　平

（王秋凤）

市农业系统行政、事业单位

中共北京市委农村工作委员会
北京市农村工作委员会

2008年是全面贯彻十七大精神的第一年，是北京奥运决战之年，也是推进新农村建设关键之年。市委农工委、市农委机关，立足本职、服务中心、服务大局，在实现“两个提高”、促进各项工作上狠下工夫。

1. 开展“我为奥运做贡献”活动，圆满完成服务保障奥运工作。在奥运会、残奥会筹办期间，两委机关广大党员干部紧紧围绕奥运农产品专供、市场农产品运输供应、农村环境整治和大气污染治理、动植物病虫害防控、农村社会稳定和生产安全以及外事接待等有关涉奥服务保障重点工作，立足本职、恪尽职守、无私奉献，充分发挥先锋模范作用，为两委争得了荣誉，圆满完成任务。同时，积极开展“我为奥运做贡献”活动：一是组织推荐2名火炬手参与了奥运火炬传递，组织部分机关干部参加宣武区奥运火炬传递活动；组织推荐4名奥运驾驶员志愿者直接参与奥运交通服务保障工作，都出色完成任务，其中一名志愿者被评为市级奥运先进个人、一名被评为市直系统优秀党员；二是响应市委号召，组织参与“平安奥运”工作，两委全体干部积极报名争当社区志愿者，根据社区需要，共有57人在业余时间参加社区巡逻值班460多小时。三是为奥运造势，参加了以“唱响主旋律、激情迎奥运、和谐铸辉煌”为主题的市直机关第二届文化节暨合唱比赛，取得较好成绩。四是组织近百名党员干部到奥运会、残奥会赛场观看比赛，参观奥运村等。

2. 积极响应党中央和市委号召，为抗击特大灾害做贡献。南方冰雪灾害、四川汶川发生特大地震灾害后，按照市委号召，我们及时向两委全体党员发出倡议，两委党员干部积极响应党中央和市委号召，发扬“一方有难、八方支援”的精神，纷纷伸出援助之手，先后捐款20多万元，捐献的衣物101件，自愿认购“爱心脐橙”，充分发挥党员无私奉献先锋模范作用。危机时刻，表现出很强的政治意识和大局意识。机关党委主动承担了市农口系统支援灾区情况的统计和日报工作，为抗击特大灾害贡献自己的一份力量。

3. 抓好理论学习和思想建设，深入开展学习实践科学发展观活动。2008年上半年配合理论中心组学习活动，组织全体党员收看贯彻党的十七大精神辅导讲座、和谐领导力、风风雨雨话奥运、抗震救灾英模事迹报告等6个专题讲座活动。深入学习实践科学发展观活动开始后。机关党委作为领导小组成员，重点组织各支部学习实践活动。组织各支部认真学习深入学习实践科学发展观必读书目，开展解放思想大讨论、“我为农村改革发展献一策”征文活动和优秀征文评比活动，不断提高党员干部运用科学发展观分析解决实际问题的能力。

4. 继续开展党风廉政教育活动和“联系两村”实践活动，切实转变工作作风。一是配合纪工委开展讲党性、重品行，做表率，开展党风廉政教育活动。以理想信念教育和权力观教育为重点，深入开展党风廉政宣传教育，以撰写廉政励志格言的形式，进行自我教育。结合深入学习实践科学发展观，以支部为单位召开民主生活会，及时查摆问题，制定整改措施，抓好落实。二是立足党员干部受教育、农民群众得实惠，以“一个支部一件事，全体党员下基层”为重点，开展“联系两村”实践活动。通过“联系两村”活动，使机关干部识民情，解民意，进一步增强宗旨意识，改进工作作风。

5. 完善了工作制度，健全了工作机制。按照市委直属机关工委关于进一步健全和完善机关党建制度的通知精神，为贯彻落实科学发展观，进一步加强机关党的先进性建设，使之经常化、制度化，根据《中国共产党章程》、《中国共产党党和国家机关基层组织工作条例》的有关规定，结合两委机关党的制度建设实际，制定和完善了《“三会一课”制度》、《党员活动日制度》等。

6. 以人为本、服务党员，建设和谐机关。一是积极参与市直系统合唱比赛、书画比赛、体育比赛。二是精心策划活动项目和活动内容，寓教于乐，组织好“三八”妇女节、“五四”青年节、“春节”等节庆活动，举办第二届“四季摄影”——京郊新农村映象摄影比赛。三是制定鼓励机关干部成立文体活动兴趣小组的办法，成立了两委乒乓球活动兴趣小组。四是坚持关心党员干部、服务党员干部传统，“以人为本、真情关爱”，积极营造团结和谐的工作氛围。完成了“市直机关公务员健康需求调研”，组织女干部参加中环组织的妇女健康与保健知识讲座。三年来，坚持每年为机关女干部和干部家属送去三八节问候卡、为每一位过生日同志送生日卡，春节为大家送去新春贺卡。坚持走访慰问和全方位送温暖工作，全年共走访慰问机关干部10余人。两节期间机关党委工会还慰问结婚、生小孩等机关干部3人，送上慰问补助金1 500元整。奥运会期间，走访慰问驾驶员志愿者等一线人员，一起为于大涌过生日。两节期间，重点走访慰问了支援四川什邡地震灾区的刘继峰同志家属，慰问对口支援安徽省大别山革命老区金寨县的任志刚同志。五是加强工会协作，积极承担中环工会片组活动，今年承接工会片组工作会组织工作，组织成员单位参观怀柔新农村建设示范村。

7. *抓好组织建设、表彰先进，进一步增强凝聚力和战斗力。*为激励党员干部保持党的先进性，充分发挥党支部的战斗堡垒作用和党员的先锋模范作用，2008年组织了优秀党员、先进支部评比表彰活动。有4个党支部、18名党员获得两委机关先进党支部、优秀共产党员荣誉称号。另外经济发展处支部、王小冬、苏棣棠、李东伟分别被市委直属机关工委评为先进党支部、优秀共产党员。2008年新发展党员3人，批准按期转正党员1人。

市委农工委、市农委领导班子成员

市委农工委书记　杨德宏（2008年11月免）
　　　　　　　　王孝东（2008年11月任）
副书记　李进山（2008年2月免）
　　　　白仙畔
　　　　雷德才（2008年2月免）
　　　　安　钢（2008年3月免）
　　　　高　华（2008年8月任）
委　员　张凤福（2008年2月免）
　　　　赵根武　张贵忠
　　　　朱二宏　张　新
　　　　刘春广（2008年8月任）
　　　　陈　涛（2008年8月任）
　　　　康　森（2008年8月任）
　　　　张宏图
农村纪工委书记　朱二宏
市农委主任　李进山（2008年2月免）
　　　　　　王孝东（2008年2月任）
副主任　雷德才（2008年2月免）
　　　　张凤福（2008年2月免）
　　　　赵根武　张贵忠
　　　　高　华（2008年9月免）
　　　　刘春广（2008年9月任）
　　　　陈　涛（2008年9月任）
　　　　康　森（2008年9月任）
委　员　王建中

（王凤楼　李　黎　满　欣　魏　红）

北京市农业局

概　　况

北京市农业局是北京市农村工作委员会管理的专门负责本市农业生产管理和执法监督工作的行政机构。机关内设13个职能处室和机关党委、老干部处、监察处，机关行政编制93人。局属单位29家，按照单位经费形式划分：行政执法机构1个，参照公务员法管理单位3个，纳入工资规范单位1个，全额拨款事业单位17个，差额拨款事业单位4个，经费自理事业单位3个。内部管理实际为24家。

机 构 设 置

单位名称	地址	邮编	电话
北京市农业局	西城区裕民中路6号	100029	82031800
北京市农业技术推广站	朝阳区惠新里高原街4号	100029	84638460
北京市土肥工作站	西城区裕民中路6号	100029	82078454
北京市种子管理站	海淀区北太平庄路15号	100088	62051552
北京市植物保护站	西城区北三环中路9号	100029	62016348
北京市优质农产品产销服务站	朝阳区安外北苑路88号	100101	64965639
北京市农业物资供应站	海淀区西直门外高梁桥斜街28号	100081	62218570
北京市农业环境监测站（北京市农业绿色食品办公室）	西城区裕民中路6号	100029	82031875

（续）

单位名称	地址	邮编	电话
北京市农业局信息中心	西城区裕民中路6号	100029	82031894
北京市畜牧兽医总站	朝阳区安外北苑路甲15号	100107	84929018
北京市动物卫生监督所	西外上园村甲3号	100044	62248621
北京市兽医实验诊断所	朝阳区慧忠寺96号	100101	64891950
北京市兽药饲料监察所	朝阳区安定门外北苑畜牧服务中心院内	100012	84932317
北京市畜牧业环境监测站（北京市牧草技术推广站）	昌平区府学路19号	102200	69709640
北京市水产技术推广站	朝阳区潘家园华威西里甲48号南楼	100021	87702636
北京市渔政监督管理站	丰台区永外西罗园二区23楼二层	100077	67274269
北京市农业机械试验鉴定推广站	丰台区南方庄甲60号	100078	67631575
北京市农业机械监理总站	海淀区复兴路2号	100038	63312505
北京市农业干部培训中心	通州区北大街甲124号	101100	69543168
北京市农业局后勤服务中心	西城区裕民中路6号	100029	82078481
北京市农民体育工作办公室	西城区裕民中路6号	100029	62024158
北京农业杂志社	西城区裕民中路6号	100029	62044255
北京市农业局财务服务中心	西城区裕民中路6号	100029	82085018
北京市农业局老干部活动站	西城区裕民中路6号	100029	82078496

主要工作

年内，市农业局在市委、市政府的领导下，深入贯彻落实党的十七大和十七届三中全会精神，在坚持全面建设、整体提高的基础上，一手抓奥运服务保障工作，一手抓都市型现代农业发展，较好地完成了全年各项工作任务并取得显著成绩。

1. 奥运服务保障工作取得巨大成功，实现了“十个确保”。“百年奥运，中华圆梦”。在奥运服务保障工作中，全局上下服从大局、甘于奉献，齐心协力、知难而进，严谨务实、精益求精，锐意进取、勇于创新，为奥运的成功付出了辛劳与汗水。

动植物疫病有效防控，实现了“四个确保”。一是落实综合防控措施，确保了未发生禽流感等重大动物疫情；积极协调国际间疫苗供应，紧急开展马流感免疫工作，确保了未发生因马流感疫情影响奥运现代五项马术比赛的事件。二是全面实施兽医微生物实验室监管，确保未发生生物安全事件。三是大力开展无主动物收容工作，确保未发生因无主动物影响比赛的事件。四是紧急开展草地螟防控，成功阻截了草地螟的侵袭，确保了未对奥运会造成不良影响。

奥运农产品质量安全和供应保障有力，实现了“三个确保”。一是狠抓监管、控制、监测、装备和组织保障“五个结点”，京郊23家奥运农产品专供企业累计供应农产品107个品种、252个品项1 172吨，确保了供奥农产品质量安全，受到了普遍赞誉；二是核实产供情况，摸清底数；充分发挥重点基地和龙头企业作用，广辟货源渠道；积极组织生产，协调外埠蔬菜进京，确保了奥运蔬菜数量供应和本市农产品有效供应，保证了蔬菜市场价格平稳。三是紧急实施供奥动物产品兴奋剂类物质检测，确保了未因动物源性产品质量造成兴奋剂问题的发生。

农业生态环境建设稳步推进，实现了“三个确保”。一是在全国率先实现了全面实施保护性耕作的目标，实施季节性裸露农田治理工程，全市农田覆盖面积21.39万公顷，覆盖率92%，同比增加53个百分点，确保了季节性裸露农田绿色覆盖度，基本实现了“无裸露、无撂荒、无闲置”的目标，有效抑制了农田浮尘的发生。二是加大农作物秸秆禁烧工作力度，确保我市连续10年实现全面禁烧。三是实施生态养殖，向涉奥水域投放126万尾滤食性鱼类、16万尾观赏鱼，有效控制了水域富营养化、净化了水质，确保了奥运水上项目的顺利进行，也为奥运期间首都的蓝天、绿地、净水作出了积极贡献。

农业奥运服务保障工作受到了国际友人和社会各界的普遍赞誉，得到奥组委和市委市政府的高度评价。农业局多个单位和个人被评为国家级和市级先进典型。这展示了北京都市型现代农业发展水平，彰显了首都农业不可或缺的地位作用，检验了农业局科学管理的能力，展现了全局干部职工奋力拼搏、无私奉献的精神风貌，也树立了现代农业的良好形象。农业奥运服务保障工作的成功，必将促进都市型现代农业迈上一个新的台阶。

2. *都市型现代农业加快发展，取得了新突破。*在抓好奥运服务保障工作的同时，认真履行职能，坚持力度不减、标准不降、进度不缓，大力推进都市型现代农业发展，有力促进了农业增效和农民增收。

一是坚持把加强农业基础建设放在首位，努力提高农业综合生产能力。加大设施农业建设力度，全年新建设施农业面积 0.23 万公顷。推进都市型现代农业走廊建设，科技支撑项目全面启动，重要节点品质得到提升，涌现出了大兴区庞安路等一批农业走廊建设的典型。加大农业节水力度，推广 12 项节水技术措施，建立节水技术示范区 253 个，推广面积 14.47 万公顷，总计节水 6 350 万立方米。深入实施测土配方施肥工程，建立示范基地 35 个，推广面积达 28.33 万公顷，单产明显增加，亩收益大大增加。实施标准化规模养殖场改扩建工程，标准化养殖水平明显提高。强化动物防疫基础设施建设，动物疫病防控能力和应急能力得到增强。兽医管理体制改革和农技推广体系改革稳步推进，渔业执业兽医制度试点工作进展顺利。

二是加快产业发展，促进农业增效和农民增收。粮食生产实现“三增”。播种面积 22.63 万公顷、亩产 369.5 千克、总产 125.5 万吨，同比增长 14.6%、7.3%和 23%；“农业高产创建活动”成效显著，为粮食生产实现“三增”起到了积极的示范带动作用。农副产品供应充足。蔬菜播种面积 6.82 万公顷，总产 40 亿千克，上市收入 43 亿元；生猪出栏 292.69 万头，家禽 1.2 亿只，牛奶 66.56 万吨，禽蛋 15.24 万吨；渔业水域面积 30.12 万公顷，水产品产量 6 076万千克。农业机械化加快发展。农机投入力度加大，落实资金 6 130 万元，同比增加 45%；新增农机 9 700 余台，同比增加 10%；机械化水平进一步提高，农机装备结构进一步优化；大型农机服务组织发展壮大。种业发展增势强劲。畜禽良种作为支柱产业，对促进农民增收发挥了巨大作用；水产种业基地建设步伐加快，良种特色产业向纵深发展。

三是加强循环农业建设，促进首都农业可持续发展。深化“三起来”工程。新建“两气”工程 51 处，全市 5 万农户用上了管道化燃气；完成户用沼气池建设 2 060 个，指导搭建节能卫生吊炕 4.4 万铺，建设太阳能公共浴室 53 座，推广太阳能热水器 4.3 万台，安装太阳能路灯 3 万盏，农民生活用能结构得到明显改善。积极探索循环农业新模式，昌平、延庆、通州、大兴 4 个区县的 18 个果草畜生态养殖试点建设取得很好的示范效果。加快发展“绿色、生态”养殖业，以德清源为代表的生态循环养殖业日具规模；适应矿区、山区特点，建成肉禽生态家庭牧场 1 000 个，其中肉鸽已逐渐成为肉禽产业中新的一族；粪污治理和资源化再利用继续推进，以大兴区为试点，积极推广生态型养猪新模式，全市 168 个规模化养殖场粪污得到了有效治理。全国第一次农业污染源普查工作取得阶段性成果，受到了国务院污普办核查组的高度评价，同时也将为本市农业产业结构调整提供可靠的基础数据。

四是有效应对突发事件，着力化解对社会稳定和农业发展的影响。在“三鹿奶粉事件”中，对奶站和饲料企业开展了为期一个月的专项整治行动，摸清了底数，规范了养殖场和饲料企业生产行为，保证了原料奶的质量安全；制定了政府补贴、快速检测、饲养补贴等多项应急措施，帮助奶农和乳品企业渡过难关；出台了鼓励规模化养殖小区吸纳散户养殖奶牛入驻、改造更新棚舍建设及奶站建设三项政策，促进了奶牛散养向规模化、标准化转变，保障生鲜奶和乳制品质量安全，促进奶业健康持续发展。应对柴油供应紧张的情况，主动协调农用柴油指标 5.6 万吨，开辟“农用柴油绿色通道”、设立专供点、实行卡式管理，保证了农业正常生产。

五是加快农业科技进步，扎实推进农业生产方式转变。2008 年围绕“六大科技示范工程”，组织实施科技项目 65 项，现代农业产业技术体系稳步推进。创新科技推广新机制，围绕地区优势主导产业，以村为单位，以产品为主线，以农民为中心，以生产问题为切入点，通过实施 7 项科技入户工程、开办 317 所农民田间学校，培训农民 2.3 万人次，培养村级示范户、农民技术带头人、乡土专家 8 001 名，辐射带动农户 4 万多户，推广主推品种 206 个、主推技术 168 项，品种和技术入户率达 97%和 98%。

六是强化依法行政，为首都农业发展提供法制保证。开展了《北京市农业机械管理条例》的调研起草工作，制定出台了 15 个规范性文件，法律法规体系进一步完善。组织开展“绿剑护农”活动，全市共出动农业行政执法人员 7.5 万人次，组织执法活动 1.6 万次，查处案件 1 014 件，维护了农业生产秩序，保护了农民合法权益。加强农业法律法规宣传，深入开展“农业行政执法典型经验推广年”等活动，收到好的成效。加强依法行政能力建设，通过全方位、多层次、创新型教育培训，执法人员能力素质得到加强，执法行为得到规范，农业局执法案卷连续三年被农业部和市政府评为优秀案卷。“12316”农业服务热线作为维护农民利益的投诉举报平台、帮助农民致富的信息技术咨询平台、发展都市农业的决策支持平台的作用已经显现，深受广大农民的欢迎。农资市场信用体系建设全面启动，初步探索建立了农资市场监管的长效机制。信息化建设整体推进。管理、决策、服务三大信息平台作用明显，信息资源、网络与业务系统整合初见成效，分行业、分部门、分层次开展信息技术培训，应用能力进一步提升。

3. *深入开展学习实践科学发展观活动，思想政治建设和党风廉政建设成效显著。*按照市委的统一部署，深入开展学习实践科学发展观活动，以解放思想学习讨论活动为先导，抓学习教育、强化理论武装；

抓调查研究、探求发展对策；抓考察交流、学习先进经验；抓对照检查，查摆存在问题；学习实践活动扎实推进。通过加强学习培训，广大党员干部进一步夯实了思想基础，深化了对科学发展观的理解，增强了贯彻落实科学发展观的自觉性和坚定性。广泛开展调查研究，组织实施调研课题64项，认真查找了影响和制约本单位、本行业科学发展的突出问题，各级领导干部对目前制约北京农业科学发展的问题有了更加明确的认识。充分发扬民主，广开言路，广泛征求了各方面意见和建议。积极开展解放思想讨论，广大党员干部进一步开阔了视野，解放了思想，深化了认识，转变了观念，进一步明确了都市型现代农业“开发‘四种功能’，发展‘四种农业’”的科学发展方向，形成了推动本单位、本行业科学发展的共识和合力。基层组织建设和干部队伍建设进一步强化，先锋模范作用得到充分发挥。在抗击冰雪灾害和汶川特大地震的斗争中，全局广大干部职工发扬爱国主义精神，积极捐款捐物，开展业务协作，为灾区恢复生产贡献了力量。

党风廉政建设不断加强。组织领导体制和工作机制得到落实，责任逐级分解，任务更加明确，考核不断强化。惩治和预防腐败体系建设不断深化，反腐倡廉教育深入开展，行政效能监察成效显著。深入推进行政审批制度、财政管理体制和干部人事制度改革，强化管理和监督，源头治理腐败工作纵深推进。

与此同时，各项综合管理、后勤保障以及工会、老干部、共青团等工作均取得了新的成果。特别是第六届全国农民运动会取得了优异成绩，第六届中国国际农产品交易会获得了圆满成功。

市农业局党政领导班子成员

局　　长　雷德才（2008年2月免）
副 局 长　刘亚清　沙松平　吴宝新　王振邦　尹幼奇
总农艺师　郑　渝
副巡视员　黄灿然
局长助理　任宗刚
党组书记　赵根武（2008年3月任）
副 书 记　刘亚清
成　　员　沙松平　吴宝新　王振邦　金兴利
纪检组组长　金兴利

（黄生斌）

北京市气象局

概　　况

年内市气象局领导班子无变动。市气象局机关和直属事业单位机构设置较上年无变动。

全市气象部门在编职工567人，其中参照公务员管理55人，事业单位管理人员和专业技术人员471人，工人41人；学历结构：博士27人，硕士84人，本科生171人，大专生152人，中专以下133人。职称结构：高级职称112人（其中正研级职称11人），中级职称183人，初级职称186人。

主要工作

2008年全市气象工作的总体思路和要求是：深入学习贯彻落实党的十七大精神，以邓小平理论和“三个代表”思想为指导，深入贯彻落实科学发展观。以提高预报预测准确率和服务效益为中心，全力以赴做好北京奥运气象服务工作。继续加快现代气象业务体系建设，继续深化气象业务技术体制改革，努力提高科技创新能力、不断提升公共气象服务和管理水平，用奥运精神推动首都气象事业科学发展。

1. 北京奥运会、残奥会气象服务保障圆满成功。2008年奥运会和残奥会期间，北京地区降水异常偏多，局地特征明显，奥运会期间有4次明显降水过程，有5天的降水量达到或超过中雨标准，残奥会期间也有5次明显降水过程。面对严峻复杂的天气形势，努力把握市委市政府提出的气象预报服务“准”和“早”的要求，为有特色、高水平的奥运会、残奥会提供了优质气象服务。社会效益评估表明，奥运气象服务达到了预期目标，即：开闭幕式预报准确，高影响天气应急保障有力，奥运大家庭感受到气象服务及时有效，奥运会和残奥会气象服务的公众满意度分别高达93.2%和96.8%。

成功地为奥运会和残奥会开闭幕式、体育赛事、公众出行观赛等提供了定点、定时、定量精细化预报服务；成功实施了奥运史上首次人工消（减）雨作业，人工影响天气保障成功化解了奥运会开闭幕式“鸟巢”上空可能出现的降雨；进行奥运现场应急保障服务，固化并检验了部门联动机制；完成涉奥场馆建筑物防雷许可、检测；创建了奥运期间超常规应急响应工作机制、实施规范有效的运行管理；开展了务实有效的FDP国际项目合作和统一组织、重点突出的新闻宣传，确保了“有特色、高水平”的北京奥运会、残奥会闪亮登场、精彩谢幕。奥运会期间北京市委书记、北京奥组委主席刘淇，市长郭金龙等还专程到市气象局慰问职工。北京奥运气象服务中心、北京市人工影响天气办公室被党中央、国务院授予“北京奥运会、残奥会先进集体”称号。

创建了国内举办大型活动气象保障合作机制；具有中国特色的合作机制确保了上下之间、军地之间、各部门之间、同行之间通力协作、国内外专家共同围绕奥运的气象服务保障各环节高效安全运转。在奥运会和残奥会开闭幕式当日，针对大片移向“鸟巢”的强降雨云团，发挥举国体制和特色合作机制优势，实施人工消减雨工作预案。驻守在3个机场的10架作业飞机和340人的作业保障队伍以及北京、河北、天津地面124个火箭作业点、683人集结到位。累计飞机作业17架次，共播撒吸湿性催化剂40.5吨，地面火箭作业发射人工消雨火箭1 355枚，空军、公安、武警、市治安监管部门在人工消减雨作业保障过程中密切配合，成功保障了奥运会和残奥会开闭幕式不受降雨影响并顺利进行。

此外为奥运会残奥会开闭式合练、彩排、预演以及奥运圣火传递、残奥圣火采集及传递等几十个大型活动提供了准确精细的气象服务保障。为几十场奥运会及残奥会文化广场活动提供了优质气象服务，前后10余次派出专家组和应急保障队为奥运会残奥会开闭幕式活动提供现场气象保障。与开闭幕式指挥系统进行互动，主动跟进的预报信息、及时到位的气象服务，确保了各项大型活动的顺利进行和预期效果。

奥运期间，在全局的气象业务服务量高出常规业务量40倍的情况下，为奥运会和残奥会各项体育赛事提供了优质高效的精细预报气象服务。从7月25日到9月17日，向主协办城市及赛事相关部门发送中、英、法文气象服务专报18种计29 108期、Info2008系统XML格式文件58 985个，向奥运会主运行中心（MOC）大屏提供气象图像信息7 211个，向BOB提供卫星和雷达图片9 240张，奥运气象服务网站总点击量15 126 795次。比赛期间每30分钟给竞赛部报告一次天气实况，提供全程现场服务，还结合实际不定时制作决策专报或精细预报，北京奥运会竞赛日程变更委员会根据气象服务决策信息，及时召开了6次电话会议，确保了各项赛事顺利进行。

根据奥运期间道路交通、空气质量、电力以及突发事件应急响应等城市安全运行保障需要，向专业专项决策部门及时提供重要时段的天气气候分析报告、高影响天气的专题分析报告、连续滚动天气预报和重要工作报告。提供了特定区域道路能见度、大气灰霾程度、火险等级、强降水、雷电、强风、供电、紫外线、中暑等气象指数预报和有关监测信息。向北京城市运行平台提供了包括奥运场馆、立交桥、城市重要保障地点等23个自动站逐时气象观测信息，未来5天逐12小时天气预报，未来36小时逐6小时天气预报和不定时发布的天气预警信息。派出专家组进行现场服务或通过决策服务值班热线进行远程咨询。气象信息被列入“城市运行体征指数”，成为奥运期间城市运行最高决策信息之一。

奥运期间的公众气象服务是北京气象服务有史以来受众数量最多的服务。从7月5日开始全面启动奥运公众气象服务，每天开通3条热线电话向奥运大家庭提供气象信息和咨询。截至8月24日，仅12121气象热线电话拨打量为56 021人次，其中中文43 655人次，英文服务12 366人次。为北京市12580求助电话提供气象信息，奥运期间日拨打量达到10万人次，总计达到160万次。分布于主要街区的气象信息显示屏、电视、报纸、广播、手机小区短信等媒体向公众提供预报预警实况和提示信息。向北京奥林匹克转播有限公司提供气象信息，将奥运气象服务信息及时传送给国际公众。

奥运期间，顺义、昌平、朝阳、海淀、丰台、石景山等奥运场馆所在地气象局，也为当地政府和相关部门开展奥运场馆外围保障工作提供了优质的气象保障。

2. 其他气象服务工作。年内以提高预报准确率为核心，密切跟踪天气变化，按照预报预测“一年四季不放松，每个过程不放过”和气象服务“以人为本、无微不至、无所不在”的要求，牢固树立首都气象服务的首位意识，全力做好预报服务工作。全年重要天气过程无漏报，准确预报全市首场雨、寒潮降温等关键性、灾害性天气并做好及时服务，向各级决策部门报送各种气象决策服务材料734期，全年及时发布各类气象灾害预警信号67次。2月起向社会发布防范非职业性一氧化碳中毒气象指数预报。准确的预报预警和及时跟进的服务为城市运行管理部门及时采取应对措施提供了有力的支持，确保了城市安全运行。除奥运会、残奥会外，还为北京市十三届人大一次会议、全国“两会”、中国网球公开赛、亚欧峰会等重大活动提供了优质气象服务保障。年内提供农业服务信息85期，为农业高产创建和雨养玉米工程提供服务，为北京草地螟防控工作提供气象保障，为社会主义新农村建设服务。市避雷装置安全检测中心加大了雷电防护气象服务力度，全年累计防雷检测2 285个单位，并对全市600余所中小学校实施防雷工程和安全检测。气象服务社会公众满意率为94.1%。

3. 人工增雨缓解水资源短缺。3—7月间北京市人工影响天气办公室与河北省人工影响天气部门共同开展对密云和官厅两大水库流域联合火箭增雨作业10日次45点次，发射增雨火箭152枚。5—10月在延庆、昌平、密云、平谷、海淀5个区县开展火箭增雨作业38日197点次，发射增雨火箭421枚；高炮增雨作业12日32点次，发射增雨炮弹512发。冬春季节在京郊密云、平谷等8个区县开展高山地基增雨（雪）作业34日次696点次，燃烧碘化银烟条3 563根。租调3架不同型号增雨作业飞机共实施飞机增雨13架次，合计35小时15分，其中运-12型飞机作业5架次，作业用烟条60根，夏延-ⅢA型增雨作业5架次，燃烧烟条43根，安-26型作业3架次，液氮用量约800升。据与水利部门共同进行水库增水的评估，汛期（5—9月）人工增雨作业平均相对增雨率15%，密云水库流域累计增加降水量39.2毫米，官厅水库流域增加降水量26.7毫米。密云、官厅、白河堡三座水库因人工增雨增加入库水量2 396万立方米，为首都抗旱增蓄水和改善生态环境等发挥了积极作用。开展人工防雹作业17日，发射防雹炮弹3 549发、防雹火箭弹9枚，防雹作业保护区未出现灾情。

4. 气象业务与现代化建设。按照中国气象局现代业务体系和首都防灾减灾体系建设的要求，以提高预报准确率和精细化程度为核心，以奥运气象服务需求为牵引，加紧实施气象现代化建设，积极构建具有首都特色的公共气象服务系统、气象预报预测系统和气象综合探测系统以及信息网络通信系统的现代气象业务体系，着力推进“十一五”规划重点项目落实。

年内以“北京城市气象灾害监测预警及奥运气象服务系统”为代表的共45个系统建设项目全部完成并投入使用；其中包括高分辨率中尺度探测数据预处理系统（Hi-MAPS）、临近天气预报业务系统（BJ-ANC）、3km分辨率3h快速循环同化预报系统（BJ-RUC）、奥运气象服务信息发布系统（OMIS）和奥运场馆精细预报交互平台（OFIS）、短时临近预报预警交互平台（VIPS）“四个系统、两个平台”，基本满足了奥运气象服务的精细化预报服务保障需求；搭建的支撑奥运精细化预报服务的本地/区域探测资料综合分析显示系统（LDAD/RDAD），包括高性能计算机群、多用户视频系统、综合探测系统显示平台、信息海量存储，以及直接到达北京奥组委竞赛指挥中心、北京奥组委INFO2008系统、顺义水上运动赛场、开闭幕式现场的4条通讯专线和各协办城市气象部门的6条通讯专线组成的快速通信网络系统，为实现气象预报预测和精细化服务的“早”、“准”、“快”提供了有效技术支持。

初步建立起的具有大城市特征的高时空分辨率综合立体气象探测系统，形成了间距城区平均5千米、郊区10～15千米较高密度地面自动观测网，实现了北京地区200多个和河北省50多个地面自动站5分钟间隔实时传输与处理；年内有18套道面能见度自动观测系统，形成具有测降雪功能的北京道面观测网；4部风廓线雷达形成风垂直探测网；28个地基GPS形成水汽观测网；北京及周边省市有4部雷达同步观测，可提供每6分钟更新的基数据立体拼图。气象指挥服务车、X波段移动雷达车、边界层观测移动车、环境观测车组成移动综合观测系统，具有快速追踪监测和应急保障服务等功能。

建成首都气象影视中心，实现了中国气象频道率先在北京实施插播，在全国省级气象部门中发挥了重要的示范作用。在全国率先建成全市突发公共事件区域短信预警发布平台，实现北京市区域短信发布系统向31个奥运场馆，18个涉奥重点区域和8个涉奥重点区县在特定区域、定向人群发送手机短信息提示和疏导现场密集人群，在奥运期间成功应用，对城市安全运行、预防出现意外突发事件发挥了重要作用。建立了“北京地区突发公共事件应急气象服务系统”，并投入业务化运行，为气象应急反恐保障提供了科技支撑。

5月市局引进的10万亿次/秒浮点运算的新一代高性能计算机系统建设项目通过中国气象局监测网络司的业务验收，投入北京奥运精细数值预报运行。市局在南京对CLC-12型车载X波段双通道双线偏振全相参多普勒天气雷达系统进行了出厂验收测试，并投入人工影响天气作业应用。年底前上甸子风廓线雷达通过了中国气象局监测网络司的业务验收。

年内“北京市人工影响天气工程（第一期）”立项并进行建设。怀柔、顺义、平谷、石景山、通州、大兴等区县基层台站综合改造工程实施取得不同程度进展。

5. 科研教育。年内积极申报气象科技创新课题，《华北地区极端气温、降水的时空变化规律》、《京津冀城市群发展对区域本底大气成分的影响预估》、《京津冀业务预报模式系统中雷达和GPS资料的同化技术研发》、《城市群高影响天气的特征和成因分析》等17项国家自然科学基金、北京市自然科学基金、科技部、中国气象局等科研课题项目立项并实施。

年内《北京奥运短时临近预报实时业务系统研发》、《城市规划气候可行性论证业务系统》、《2007年奥运演练精细化预报业务系统》等8项省部级科研课题结题，一些课题成果在奥运会、残奥会气象服务中得到很好的应用，短时临近预报系统推广应用到青岛市气象局和北京区域及各省（区、市）气象台。“自动临近预报系统”通过了中国软件评测中心的软件产品鉴定测试，“短时临近交互预报预警平台”被国家软件版权局批准软件著作权登记。

科技人员在核心期刊上发表论文27篇；非核心期刊发表论文29篇。被SCI/SCIE/EI收录8篇。1名科技人员获得市委组织部优秀人才培养个人项目经费资助，1人获北京市科技新星B类项目资助。

发挥市气象局多媒体教室和远程教育系统平台的作用，分四期集中对77名处级干部进行了学习十七大精神政治理论培训。加大对业务骨干的培训，组织了MICAPS3.0普及性培训班，对预报服务业务人员分期进行了MICAPS3.0应用轮训。在职职工参加20学时以上的各种业务培训2 102人次，其中：送中国气象局培训中心和有关职能司培训86人次、研究生课程进修班6人、有1人出国学习、外送非气象部门相关培训22人次、各职能处室和直属单位自行组织培训569人次、区县气象局自行组织培训1 418人次。

年内，学历教育送学17人，其中博士生4人、本科生12人、专科生1人；研究生毕业取得硕士学位2人，本科毕业13人，4人取得学士学位，专科毕业4人。

6. 外事工作。年内成功实施世界天气研究计划B08FDP项目在奥运期间的示范运行，来自国内外8个临近预报系统和检验工作组的专家和预报员16人先后在市局值班，与4名本地预报技术支持人员共同保障系统运行，发布FDP预报产品，参加预报业务会商，为北京奥运会气象服务保障提供直接的技术支持，并提供了一个国际短时临近预报系统/技术相互交流的平台，为促进今后国际短时临近预报的技术发展获得了宝贵经验，也推进了世界气象组织成员国之间的国际合作。俄罗斯国家水文气象局2名人工影响天气专家参加了北京奥运会开幕式的人工消（减）雨技术指导工作。

接待了世界气象组织（WMO）主席和秘书长以及美国、法国、英国、德国、南非、印度等国家天气（气象）局局长参观访问，接待了各个国家和地区重要团组来访51批次累计162人次，外派出访5人次进行学术交流，成为外事接待工作最多的一年。

7. 气象法制建设与依法行政。针对2008年首都重大活动多的特点，加强气象社会管理职能，认真履行雷电防护安全和施放气球安全等社会管理职能。主动向市政府、全国人大环资委汇报奥运防雷工作，开辟了奥运防雷行政许可绿色通道，严把行政审批质量关，积极协调奥组委等单位，完成了558件防雷行政许可与审批。联合公安部门与施放气球公司签订安全责任书，确保了重大活动施放气球安全。年内全市共审批施放气球活动1 735次，批准施放系留气球10 388个、无人驾驶自由气球20 000个。执法人员对全市施放气球活动、防雷安全、气象探测环境等开展气象行政执法检查721次，受理行政许可3 000多件，依法严肃查处各类违反气象法律法规行为5起，结案3起。

继续对各区县气象局的行政许可及行政处罚卷宗进行抽样检查，开展了气象行政执法责任制考核评比，促进全市气象行政执法行为得到进一步规范。

8. 气象宣传工作。以北京奥运气象服务宣传为中心，发挥中国气象报北京记者站和市气象局声像中心为奥运气象服务新闻信息采集和宣传的龙头单位作用，建立了新闻宣传内外工作机制，完善新闻口径库，与奥组委宣传部和奥运新闻中心主动沟通联系，参加相关例会，在奥运新闻宣传舆论方面及时掌握相关政策、把握奥运气象服务舆论导向，制定了《北京2008年奥运会残奥会气象服务宣传工作细化方案》及《宣传工作手册》，细化新闻宣传工作任务分工，市局领导、专家接受中央电视台、气象频道、北京城市管理广播、北京电视台、奥组委官方网站等主流媒体专访50余人次。组织新闻发布会12次，参加奥运新闻主新闻中心、2008国际新闻中心新闻发布会7次。接待中外媒体采访300余家，记者800余人次，各种媒体累计报道奥运气象新闻千余篇，创北京市气象部门媒体采访与接待最高记录。

气象宣传工作在深度和广度上拓展，荣获全国气象宣传工作先进单位称号。

9. 气象行业精神文明建设工作。年内安排局理论中心组学习19次，通过集中培训学习，把学习贯彻落实十七大精神与做好奥运会服务工作相结合，积极开展"迎奥运、讲文明、树新风"为核心的精神文明创建活动。组织"奥运文明大讲堂"，开设《现代职业礼仪》课程培训，在党员中开展"我为奥运做奉献"主题实践活动。结合实际工作，在奥运气象服务保障的16个主要岗位设立"党员奥运先锋岗"，搭建党员发挥作用平台，135名气象服务一线党员参加了奥运先锋岗活动。按照市总工会要求，组建了100人的文明职工拉拉队，在奥运会、残奥会期间，完成市总工会下达的800多人次的文明观赛任务，为营造良好的赛场氛围做出贡献。被奥组委、市总工会等部门评为"北京奥运会、残奥会志愿者工作优秀组织单位"、"北京奥运会、残奥会文明观众、拉拉队工作优秀组织单位"。

年内继续细化了党风廉政建设工作任务和考核办法，开展了党风廉政建设宣传教育月活动；开展创建学习型组织、争做知识型职工活动，组织纪念改革开放30周年文艺汇演、征文活动，举办春、秋季职工运动会，组织合唱队参加市直机关系统的第二届文化艺术界合唱比赛，开展多种形式职工文化体育活动。在支援抗灾救灾中，全局党员职工奉献爱心，踊跃向南方遭受冰雪灾害群众捐款2万余元；为四川地震灾区捐款8.7万余元，缴纳抗震救灾"特殊党费"28.4万多元。还向四川省气象局灾区捐款60万元，赠送价值21万元3套自动气象站，支援兄弟单位抗震救灾。向青海省海晏县气象局和祁连县野牛沟气象站对口支援30万元，向西藏气象局支援12.5万元。10月份后开展了深入学习实践科学发展观活动，进度和效果得到市委检查指导组充分肯定。

市气象局机关自2005年获得全国文明单位称号后，年内经过申报第二批创建全国文明单位活动，通过市直机关工委和市文明办的考核与推荐，再次获得全国文明单位称号；并继续被评为首都文明单位标兵、首都平安示范单位、市国家安全先进单位。全市14个区县气象局中有12个建成首都文明单位，2个区级文明单位。气象台预报室被评为"全国学习型标兵班组"和北京市学习型单位标兵称号，市人工影响天气办公室被评为北京市学习型组织先进单位。专业气象台、密云县气象局被评为全国气象部门局务公开示范单位，密云县气象局还被授予全国气象部门廉政文化示范单位。张朝林获得2008年"首都劳动奖章"；丁德平获首都女职工"三八红旗奖章"。

10. 开展气象科普工作。年内在气象科普宣传中，编制了《奥运气象服务手册》、《雷电防护知识》、《气象谚语集锦》等多种气象科普读物和一批科普宣传展板，利用世界气象日、科技周、黄金周等时间推进气象科普进学校、进社区、进山区、进企业的气象科普"四进"活动，大力提高社会公众正确使用气象科技信息和应对气象灾害等防灾减灾意识。

3月23日世界气象日期间，继续开放观象台接待1 300名市民参观，朝阳区气象局和其他区县气象局也开展多项活动，并组织打工子弟学校师生参观气象台和气象科普馆，积极宣传普及气象科普知识。5月中旬的北京科技周期间，市气象局和北京气象学会举办了"奥运气象科普行"活动，被市科协列入2008年北京科技周的重点活动项目。其中气象人员参加了科技周主会场展览和咨询，以专家讲座、气象知识竞赛、气象科普展览等活动形式开展了一系列的气象科普活动。继续举办“北京市中小学生奥运气象知识竞赛”，“奥运气象科普行”进学校、进社区、进农村，使广大市民学习与了解气象防灾减灾知识，暑期组织开展了“情系灾区、防灾减灾——奥运气象科普走进海淀区实验二小”的科普活动。10月8日“国际减灾日”期间，市气象局联合北京减灾协会、中国灾害防御协会等单位，在海淀区紫竹院街道车南里社区举办防灾减灾科普咨询活动，向紫竹院街道办事处和所属8个社区赠送部分减灾科普图书，向市民发放防御自然灾害图书、科普资料17种5 000余份。

市气象局党政领导班子成员

党组书记　谢　璞
成　　员　王建捷　胡　荷　邓北胜　王迎春
局　　长　谢　璞
副 局 长　王建捷　邓北胜　王迎春
局纪检组长　胡　荷

（曹冀鲁）

北京市乡镇企业局

2008年，郊区乡镇企业认真贯彻中央农村工作会和市农村工作会议精神，紧紧围绕社会主义新农村建设，以农民就业增收为工作主线，开展乡镇企业工作，努力为新农村建设提供产业支撑。大力贯彻落实科学发展观，转变经济发展方式，乡镇企业保持了稳定健康发展态势，农民就业特别是“4050”人员就业取得新进展。

主要工作

1. *乡镇企业保持稳定健康增长态势，推动农民就业增收。*2008年乡镇企业局围绕自身职能，狠抓农村二、三产业和乡镇企业，乡镇企业保持了稳定健康发展态势，乡镇企业在繁荣农村经济、转移农民就业、促进农民增收方面继续发挥不可替代的重要作用。

当年完成总收入3 248.8亿元，同比增长9.5%；增加值601.3亿元，同比增长7.5%；利润总额175.4亿元，同比增长6.6%；工业增加值321.9亿元，同比增长11.9%；出口产品交货值153.7亿元，同比下降2.4%。乡镇企业职工人均劳动者报酬13 899元，同比增长14.7%。

农委公布的市经管站统计数据显示，郊区4 001个村，有超过一半的村，二、三产业收入占全村经济总量的80%以上，这些村80%的劳动力分布在二、三产业。

目前，郊区有140万农民在京郊乡镇企业就业。当年全市共培训农村“4050”人员20 071人，其中14 490人实现了就业。

在工作中，乡镇企业局注意发挥乡镇企业作为郊区农民就业主渠道的作用，千方百计多为农民创造新的就业岗位。与市科协、市妇联共同启动了农村“4050”培训就业工程。在农民就业产业基地建设中，突出基地吸纳农民就业的载体作用；抓一村一品二、三产业专业村建设，使村级特色经济成为农民就业的新途径；强化了和突出强调了农加工龙头企业在融合农村一、二、三产业、带动农民增收方面的功能。对这些典型企业在政策资金上给予了支持。

2. *乡镇企业为成功举办奥运做贡献。*奥运期间，为做好鲜活农产品供应，组建成立了“市奥运会、残奥会期间鲜活农产品运输供应协调小组应急保障组”。乡镇企业局在农委指导下，从505家农加工企业中，挑选了24家奥运农产品备选供应企业为奥运绿色安全食品提供服务。并深入企业调研解决生产加工运输安全等问题，保证了奥运食品安全供应。按照上级统一部署，建立了一支奥运安保志愿者队伍，在奥运会期间参加社会防控工作。全体党员还积极参加所在社区的奥运志愿者服务。全系统参加社会防控工作共计42人，值勤、站岗、巡查计210小时。

乡镇企业积极参与奥运场馆和奥运经济建设，为“绿色奥运、科技奥运、人文奥运”贡献力量。据不完全统计，郊区共有60家乡镇企业直接参与了奥运场馆建设，建安产值及销售收入37亿元；35家企业作为食品与蔬菜基地参与了奥运供应后勤保障工作，提供食品与蔬菜6 732吨，创销售收入8 050万元。200余家乡镇企业通过机场建设、城市基础设施建设等间接参与了奥运经济。

北京星光影视集团承接了“鸟巢”“水立方”等奥运场馆的灯光照明及吊装，3 000台电脑灯安全运行，保证了奥运会开闭幕式成功。

3. *高标准完成所承担市政府重点工作。*乡镇企业局当年共主办完成了4项新农村建设折子工程，分别是第14、15、16和19项。涉及农民就业产业基地建设、盘活存量、推进农产品加工业发展和推进农产品进入流通领域等工作内容。①基地建设：对10个农民就业产业基地和企业给予了扶持；重点抓了规划和手续健全工作。现在规划和手续健全的“基地”28个，新增7个。新建标准化厂房20万平方米，带动了7个山区乡镇和薄弱村共同发展。列入2008年折子工程的10个项目共吸纳本地农民就业3 560人。②盘活重组：列入2008年折子工程的项目总投资12.7亿元，实际到位资金9.4亿元，盘活闲置土地49.33公顷，盘活闲置资产2.8亿元；吸纳当地农民就业5 900人，其中“4050”人员1 200人。③农产品加工业：扶持了北京久润等7个农产品加工区和格林万德等20家龙头企业。2008年新增职工8 810人，年采购本市农产品16亿元，实现销售收入31.3亿元。④鼓励农民进入流通领域的50个项目：共计扶持50个农村与城市紧密联系的物流配送、连锁经营、农产品交易市场建设以及产品形象、包装设计项目，安置当地农民就业6 135人。

4. 郊区乡镇企业重点工作展现六“新”。2008年，乡镇企业局制订的乡镇企业具体工作思路概括为“1323”，即围绕一条农民就业增收主线；推动乡镇企业实现发展方式、产业融合、促进“4050”人员就业等三个转变；实现乡镇企业经济增长和10 000名“4050”农民就业两个指标；推动乡镇企业产业结构调整、农村4 050人员培训就业、加强服务体系建设等三方面重点工作并取得新的成果：

（1）农民就业产业基地建设取得新成效。在工作中，乡镇企业局始终坚持把农民就业产业基地建设当作一项重要工作抓，并探讨提出了农民就业产业基地带周边经济薄弱村共同发展的模式，农民就业产业基地促进了农村土地集约、产业集聚和农民就业增收。目前54个农民就业产业基地累计完成基础设施投资75亿元，累计入区企业1 800个，总投资509亿元，产业基地职工人数16万人。已实现销售收入472.8亿元、利润26.3亿元、税金20.8亿元，同比分别增长24.5%、16.8%和19.4%。

（2）盘活闲置资产取得新成果。盘活农村闲置资产，使之发挥最大效益是乡镇企业局推进落实科学发展观的重要工作措施。乡镇企业局通过政策引导、鼓励符合环保要求、有利于利用农村资源、促进就业的项目落地。到目前，乡镇企业盘活投资千万元以上的闲置资产项目共计261项，总投资186.9亿元，实际到位资金89.7亿元，盘活土地608.67公顷，盘活闲置资产12.6亿元，吸纳本地农民就业17 000人，已实现销售收入149.9亿元，利税44.7亿元。

（3）乡镇企业创新能力有新提高。首都科技优势引到郊区的“彩虹工程”已开展五年，社会影响力逐步扩大。当年乡镇企业局与北京石油化工学院、北京工商大学、北京科技大学、北京信息科技大学、北京农学院、北京印刷学院签订了新的合作协议，为乡镇企业开展技术咨询和服务。共签署“彩虹工程”合作项目50项。引进开发新产品225项，投入研发和成果转化资金11.9亿元，预计新增产值39.5亿元。

（4）农产品加工业取得新进展。农产品加工业是连接农村一、二、三产业的纽带，是农民增收的重要渠道。乡镇企业局通过抓农产品加工业示范基地和龙头企业建设，全面推动了农产品加工业发展。当年，农业部新命名北京市顺义区牛栏山等4个镇为全国农产品加工业示范基地，命名北京红螺食品有限公司等2家乡镇企业为国家级农产品重点龙头企业，命名顺义大三环食品有限公司等2家乡镇企业为国家农产品加工技术研发分中心。北京市目前有50家拥有国家级称号的农加工基地、企业和研发分中心，增强了郊区农产品加工业的整体形象和竞争力。到年底京郊乡镇农产品加工企业492家，同比减少1家。从业人员82 072人，同比增加6 198人，其中：本地工43 358人。实现销售收入336.2亿元、增加值62.4亿元、利润总额11.8亿元，比上年分别增长26.6%、26.7%和36.8%。占乡镇企业总量分别为10.3%、10.4%和6.7%。目前有50家拥有国家级称号的农加工基地、企业和研发分中心，提升了郊区农产品加工业的整体形象，增强了竞争力。

（5）工作方式创新意。一是突出强调帮助农村特困弱势群体就业。在北京市乡镇企业局的倡导和组织下，与市科协、市妇联共同召开了“京郊农村‘4050’人员培训就业工程启动”大会，会议对农村“4050”人员培训就业工作进行了部署。会议确定用三年的时间培训“4050”人员6万人，实现就业3万人。这是北京市乡镇企业局贯彻市委市政府“部门联动”推进新农村建设的重要举措。乡镇企业局与中国职工教育和职业培训协会共同组织举办了京郊乡镇企业首期企业培训师职业资格培训班，39人取得劳动部统一颁发的职业资格证书。当年，乡镇企业局推出了海淀旗舰公司、怀柔汤河川手工艺品展示中心等一批带动农民就业的龙头企业和农民合作组织，全市“4050”人员培训就业工程已初见成效，超额完成了年度培训农村“4050”人员20 000人，实现“4050”人员就业10 000人的工作目标。二是大力推进一村一品建设，鼓励农民自主创业，培育壮大“草根经济”。2008年郊区20个二、三产业一村一品特色产业村的建设项目，预计主导产业总产值47.8亿元，安置当地农民就业13 121人。

（6）调查研究有新收获。努力发挥政府职能，做好调查研究和政策扶持，为领导决策和发展生产服务。领导班子带头，深入区县、乡镇、企业，到一线了解情况，发现发展中的问题，提出合理建议。撰写和完成了向市委汇报的《农村经济发展调查报告》中的农村二、三产业发展问题分报告、《2008年京郊农产品加工业的发展报告》和《推动郊区地产农产品进入首都中高端市场》等专题调研报告。

5. 认真做好依法行政和党建各项工作。2008年北京市乡镇企业局的依法行政主要开展了以下3项工作：一是深入贯彻落实行政执法责任制；二是认真开展行政规范性文件的清理和备案工作；三是认真开展了乡镇企业治乱减负工作。

按照市委的统一部署，乡镇企业局深入开展了学习实践科学发展观活动。经过组织动员、学习讨论、建言献策、调查研究、最终形成了落实整改方案，提高了机关干部在发展乡镇企业工作中贯彻实践科学发展观的自觉性。

党风廉政建设工作得到进一步加强。一是强化宣传教育，构筑思想道德防线。二是贯彻落实各项规定，确保权力运行。三是推进改革创新，不断深化源头治理。四是加强制约监督，确保反腐倡廉任务落实。五是完善责任体系，严格执行党风廉政建设责任制。认真履行了“一岗双责”制，全局系统未发现违法违纪问题。

"5.12"大地震发生后，乡镇企业局领导班子认真研究做好对地震灾区的对口支援工作。两次组织本单位及直属事业单位干部职工进行爱心捐款活动；向京郊乡镇企业发出抗震救灾倡议后，京郊乡镇企业共为灾区捐赠款物2 768万元。

*6. 局属事业单位围绕局中心工作积极开展活动。*2008年，乡镇企业局农民就业指导中心先后在通州区、朝阳区举办了四场招聘会，累计参会求职农民3 000余人，推荐就业岗位1 000余个，帮助700余名农民实现了就业。积极开展了职业技能培训与鉴定工作。当年13个郊区县共7 003名乡镇企业职工参加了乡镇企业职业技能培训与鉴定，经考核，有6 213人取得了各级国家职业资格证书，比上年增加1 040人。2008年11月，在市劳动和社会保障局的总体协调下，乡镇企业协会组织了6家京郊乡镇企业，与京城17家工商企业在对口支援的什邡市共同举办了"北京市对口支援什邡冬季第一场劳务输出招聘会"。帮助部分灾区群众实现了在京郊就业。

在乡镇企业局机关各处室共同努力配合下，信息中心进一步加强了局网站政务动态信息发布工作，当年共发布工作动态类信息15 862条，比上年增加2 820条，增长21.6%，受到广大农民欢迎，农民的点击率和为农民服务率排在委办局信息前列。

当年，乡镇企业局后勤服务中心面临奥运会期间确保一方平安和中石化搬出局办公楼两个考验。认真研究应对措施，保证了全年工作的顺利进行。开展了"平安奥运行动"，成立"综合治理领导小组"认真做好办公楼和宿舍区、锅炉房的安全保卫、防火防盗、环境卫生、电力通讯维护以及突发事件的处理。为保平安奥运和机关正常办公做出了贡献。

乡镇企业大厦在奥运之年对监控设备和消防设施进行了升级改造，消除隐患，确保奥运期间安全生产无重大责任事故。

市乡镇企业局党政领导班子成员

局　　长　王惠民
党组书记　杨旭明
副 局 长　汪进军　陈志峰　王颖光
党组成员　贾小玲　辛　欣

（吕晓梅）

北京市农林科学院

概　　况

北京市农林科学院（以下简称市农林科学院）是一所承担农业应用基础、应用及开发性研究、农业高新技术研究、农业科技成果转化等任务，学科齐全、设备先进、学术水平较高、产业能力较强，为北京农业发展提供强有力科技支撑的地方综合性农业研究机构。现占地近91.33公顷，各类建筑物30多万平方米，资产总值10亿多元。下设蔬菜研究中心、林业果树研究所、畜牧兽医研究所、植物保护环境保护研究所、植物营养与资源研究所、农业科技信息研究所、农业综合发展研究所、农业信息技术研究中心、农业生物技术研究中心、杂交小麦研究中心、玉米研究中心、草业与环境研究发展中心、水产科学研究所和农产品质量检测与农田环境监测技术研究中心等14个科学研究机构；拥有3个国家级工程技术研究中心、4个农业部原种基地及资源圃、5个农业部高技术实验室及中心、8个北京市高技术实验室和专业研究中心。目前全院有从业人员1 633人，其中专业技术人员1 010人，拥有高级技术人员264名，博士（后）158名，硕士239名；院内建有博士后工作站1个，博士生培养点5个，硕士生培养点7个。

机 构 设 置

北京市农林科学院直属单位

单位名称	办公地点	邮编	联系电话
蔬菜研究中心	海淀区曙光花园中路9号	100097	51503032
畜牧兽医研究所	海淀区曙光花园中路9号	100097	51503351
林业果树研究所	海淀区香山瑞王坟甲12号	100093	62591506
植物保护环境保护研究所	海淀区曙光花园中路9号	100097	51503330
植物营养与资源研究所	海淀区曙光花园中路9号	100097	51503325
农业科技信息研究所	海淀区曙光花园中路9号	100097	51503304
农业综合发展研究所	海淀区曙光花园中路9号	100097	51503310
玉米研究中心	海淀区曙光花园中路9号	100097	51503404
农业信息技术研究中心	海淀区曙光花园中路9号	100097	51503423

（续）

单位名称	办公地点	邮编	联系电话
农业生物技术研究中心	海淀区曙光花园中路 9 号	100097	51503293
杂交小麦研究中心	海淀区曙光花园中路 9 号	100097	51503402
草业与环境发展研究中心	海淀区曙光花园中路 9 号	100097	51503297
水产科学研究所	丰台区永外角门路 18 号	100068	67586098

主 要 工 作

1. 科研工作取得新成绩。年内，市农林科学院共获得市级以上奖励 26 项。其中，国家科技进步二等奖 1 项，北京市农业技术推广奖 17 项；审定（认定、鉴定）品种 45 个；取得专利授权 30 项，软件著作权登记 61 项，植物新品种权 7 项；基因登记数 19 个；在核心期刊以上发表论文 503 篇，其中 SCI 和 EI55 篇；出版专著 47 部。

2. 科技竞争实力大幅增强。年内，市农林科学院落实项目 170 个。在国家农作物转基因重大专项方面，承担了“营养品质改良转基因小麦选育”、“抗病虫转基因玉米新品种选育”等 5 项任务；承担国家 863 和支撑计划重大项目 4 项，其中，由林业果树研究所主持的国家支撑项目“主要果树新品种选育与高效标准化生产技术研究”，联合国内优势单位，围绕主要果树种质创新、新品种选育、高效栽培等领域开展联合攻关；国家级项目经费占到了 61%。在国家农业产业技术体系建设中，市农林科学院获得首席科学家 1 人，科学家岗位 8 人，综合试验站 10 个。在国际合作方面，争取到国际合作项目 9 项，留学基金项目 7 项，与 4 个国家和地区签署了合作协议。数据表明，市农林科学院已开始全面参与国家层面的科技创新，总体的科技竞争实力有了质的飞跃。

3. 科技发展思路更加明确。围绕都市型现代农业和新农村建设的科技需求、学科和创新团队建设等问题，开展了科技发展战略研讨活动。先后邀请到科技部、农业部及市委领导来市农林科学院做报告，讲解国内外现代农业及农业科技发展动态。全院上下进一步达成共识：以实施重大项目为核心，锻炼一支队伍，培养领军人才，培育优势学科。在大讨论和广泛调研的基础上，制定出市农林科学院科技改革与发展三年规划，确定了发展目标和重点任务，为下一步的科技发展奠定了思想基础。

4. 科技服务工作成效显著。年内，市农林科学院的科技服务工作在满足三农需求的基础上，围绕政府需求，在完成折子工程、示范项目、协调员队伍建设、抗震救灾、服务奥运等工作中发挥了重大作用：一是全面完成市农委折子工程。市农林科学院共承担 9 项市农委折子工程。全年推广、示范蔬菜、瓜果等新品种 100 多个；林地食用菌 166.67 公顷，日光温室草莓 3 000 余栋；示范推广果树优质高效农艺节水保肥技术 0.25 万公顷；开展锦鲤养殖科技示范，繁育籽鱼 2 500 万尾，推广 153.33 余公顷；二是一批重点示范推广项目成绩突出。以“新农村建设科技涌泉能力提升”为标志的涌泉二期项目，在通州永乐店大规模开展了林地食用菌示范推广，平均亩收益达 2 万元；在大兴安定镇，采用农业专家双向视频诊断、农业语音 110 系统等一系列灵活多样的服务手段，使农业科技知识的普及更加形象化、智能化；“京承高速公路都市农业走廊科技支撑”项目，针对密云河南寨农田冬春裸露问题，大面积示范了依托北京育种平台选育的“京冬 20”等 4 个新品种，带动全镇冬小麦种植由 133.33 公顷，发展到近1 333.33公顷。获得 2008 年度市技术推广一等奖的“农业面源污染控制关键技术研制与示范推广”项目，在延庆示范区累计推广缓释施肥技术 4.13 万公顷，生物防治技术 3.53 万公顷，为我国农业面源污染治理工作的广泛开展起到示范、辐射、带动作用；“林间草地建植技术在裸露地表植被覆盖中的应用与推广”项目，在密云等区县推广 0.8 万公顷，防止了人工林地的水土流失；在大兴成功示范的基础上，市农林科学院承担的市政府“221 信息平台”建设项目又取得阶段性成果，为都市型现代农业发展探索出一套先进、实用、科学的管理方法，得到了市领导的充分肯定；三是全面参与农村科技协调员队伍建设。制定了搭建平台、推广技术、着眼京郊、辐射京外四位一体的市农林科学院科技协调员建设工作体系。以技术为纽带，以构建创新型乡镇、都市型现代农业走廊和库区生态农业的农村科技协调员工作体系为重点，全院联系的协调员人数达 800 人，培养明星协调员 100 名，有力地促进了市农林科学院科技成果的推广应用；四是进一步深化院区科技合作内容。与大兴长子营镇的科技合作已有十年之久，从制定农业科技发展规划入手，以项目实施为载体，在新品种新技术试验、示范的基础上，重点开展了有机农业、农业信息化技术的应用示范，使长子营镇成为京南生态第一镇、北京市科技创新镇和全国科技示范镇。市农林科学院又与延庆在面源污染防治等方面签署了科技合作协议，使市农林科学院提供全面技术支撑的区县达到 8 个。年初召开的全国农科院院长现代农业研讨会，促使北京郊区和全国农科院之间达成 30 余项先进技术和新品种引进意向，为院区科技合作持续开展注入了新的发展内涵。

5. *为科技救灾与奥运会提供科技服务*。面对2008年突发的两灾，市农林科学院积极组织专家为受到冰冻灾害的贵阳市，制定了蔬菜恢复生产的关键技术指导方案；为汶川地震灾区设计出了应急的竹木结构大棚，与什邡市在蔬菜、食用菌、废弃物处理等方面，开展了为期3年的科技援助。先后为灾区捐赠价值75万余元的蔬菜良种。为更好地服务北京奥运，从2003年开始，市农林科学院在延庆建立了奥运蔬菜资源圃，引进并筛选出蔬菜名优品种77种，建立了与之配套的反季节蔬菜栽培技术体系和一批奥运蔬菜生产示范基地。为保证奥运会鲜切菜供应，组织专家和技术人员制定出50多种蔬菜鲜切加工的工艺流程，帮助5个鲜切菜加工企业建立品质控制体系，并给予全程技术指导。此项工作受到市政府的大力表彰。

6. *科技产业平稳发展*。年内，通过优化产业结构、密切产业与科研的关系、强化企业管理，市农林科学院科技产业稳步发展。一是科技产业结构进一步优化。通过继续实行"抓大放小"战略，对北京博纳双利牧业科技有限公司和北京永安信生物授粉有限公司整体资产进行了转让，进一步调整了产业结构，提高了全院科技产业整体竞争力；二是科技产业的管理制度进一步完善。通过全面实施企业负责人绩效考核制度，强化了市农林科学院属国有及控股企业负责人对企业的管理，协调了院所与企业的关系。为了规范企业负责人管理机制，进一步明确企业负责人的聘任和薪酬，制定了《国有及控股企业负责人管理补充办法》。完善了企业内部管理制度，确保了国有经营性资产的保值增殖。

7. *人才队伍建设步伐加快*。一是人事制度改革进一步深化。根据《事业单位岗位设置管理试行办法》，结合市农林科学院"十一五"期间事业发展规划、学科建设和人才队伍建设规划，在充分调研的基础上，制定出的《岗位设置方案》和《岗位管理实施细则》，已获得市人事局批准；二是全面启动优秀科技创新团队建设工作。市农林科学院党委组织召开了院优秀科技创新团队建设工作动员会，制定了《优秀科技创新团队建设管理办法及实施细则》。围绕国家农业科技创新体系建设和都市型现代农业建设的科技需求，在各所创新团队建设的基础上，以学科带头人为核心，以重大项目为依托，开展了"优秀科技创新团队"建设工作；三是人才队伍建设进一步加强。本年度有49人次获得市委组织部优秀人才、新世纪百千万人才工程、北京市高层次人才等专项资助；有4人享受政府特殊津贴；引进高层次人才1名，接收毕业生40名，其中博士生23名，硕士生17名。

8. *党建与精神文明建设迈上新台阶*。①围绕组织领导、责任追究、长效机制建设，院党委严格执行党风廉政建设责任制，强化各级党组织的责任意识，强化"两手抓、两手都要硬"和"一岗双责"意识。加强反腐倡廉宣传教育与监督，健全了纪检、监察、审计工作联动机制；深化院务所务公开，明确公开责任、内容、程序。坚持对院所建设项目、大项目按市相关部门有关规定进行。年内对22项政府采购、财政项目的招投标进行了全程监督，对院属8个企业、29个科研项目进行了审计；②院党委紧紧抓住筹办院庆这一契机，调动全院职工的积极性、主动性，激发爱党、爱国、爱院的政治热情，扎实推进精神文明建设。为了展示市农林科学院50年的科研成就，展示市农林科学院50年为"服务首都、富裕农民"所做出的贡献，挖掘市农林科学院50年的优秀文化内涵，提炼院50年形成的文化底蕴和价值观念，举办了院庆庆典大会、"都市型现代农业高级论坛"、系列科技成就展示、老照片征集、"我心目中的农科精神"征文等丰富多彩的系列活动；并通过报刊、电视、网络等宣传媒体，加大宣传力度，让社会各界更多地了解了市农林科学院50年来在科技创新、京郊服务等方面取得的成就。充分展示了市农林科学院50年不断壮大的科研实力，不断显现的科研成果，蓬勃向上的精神面貌，进一步弘扬了农科精神，增强了凝聚力，提升了显示度和社会影响力。③结合北京奥运会、残奥会，在全院职工中广泛开展了"迎奥运、讲文明、树新风"活动；组织1 000多人次学习奥运礼仪知识和奥运知识竞赛；举办了以"庆七一、迎院庆、为奥运做贡献"为主题的"七一"大合唱。1 400多人参与9场奥运赛事活动，圆满完成了奥运会、残奥会拉拉队助威任务。奥运期间涌现出一大批服务奥运的优秀工作者和先进集体。

市农林科学院党政领导班子成员

党委书记　秦树福
党委副书记　李云伏　王　丽(女)
纪委书记　肖　兰(女)
院　　长　李云伏
副 院 长　程贤禄(正局)　王金洛　唐桂均
　　　　　苏建通
党委委员　喻　京(女，正处)　赵春江(正处)

(张爱武　郭建强)

北京市农村经济研究中心

主 要 工 作

一、以新农村建设和农村改革为研究重点，取得了一批重要的研究成果

1. *实施完成了重点研究课题*。《京郊农村改革30年研究》，系统分析总结了农村改革30年的经验和发展规律，针对目前城乡统筹发展面临的突出矛盾和问题提出了政策建议。该项研究的主要观点被写入市委领导的工作报告。《社会主义新农村建设投资方式和机制体制研究》等4项市农委安排的折子工程任务也按计划完成。

2. 如期完成承担的课题。如期完成中心承担的国家、市政府有关部门委托课题和市委农工委、市农委委托的《北京郊区新农村建设中如何发挥农民主体作用》等5项课题。承担的《当代中国城市发展（北京卷）》“关于城乡统筹协调发展研究”一章完成写作统稿，通过编委会审核并获得一致好评。

3. 围绕总结30年农村改革经验，中心与区县联合开展了大规模调研工作。中心领导分头带领业务骨干，深入到区县，追踪农村改革的发展历程，总结改革的成绩与经验。在奥运会前后克服高温酷暑、车辆停驶等困难，共完成典型调查39篇，典型事件调查19篇。中心离退休人员也发挥积极作用，为破解新农村建设的难点问题做出了贡献。2008年，是中心完成调研成果最多的一年，共完成调研成果32项，初步统计获各种奖励20项，正式刊物发表调研文章和各种学术会议交流论文50篇，出版专著9部，组织或参加国内外各种学术交流活动11次。

二、参与推动农村改革取得重要进展

1. 积极推进农村经济体制改革，为新农村建设奠定体制基础。加大推进农村集体经济产权制度改革力度。2008年全市启动产权制度改革的乡村集体经济组织达到230个，完成产权制度改革单位163个，超额完成年初任务63个；积极推进农民专业合作组织规范化发展。到2008年底，全市已登记注册各类农民专业合作组织2 266个，比上年增加657个，增长40.8%。带动农户37万户，占郊区从事一产农户总数的34.9%。进一步完善土地承包制度，推进土地承包经营权流转。部分区县建设开通了农村土地流转信息平台，向流转双方提供信息和免费中介服务。编印《土地流转实用手册》，指导区县开展了农村土地承包纠纷仲裁的试点工作。

2. 加强农村集体资产和财务管理。开展农村集体经济合同清理工作，健全了制度，完善了管理。全市共清理农村集体经济合同153 459份，合同总金额558.77亿元。清理出问题合同25 312份，问题金额19.66亿元，规范合同8 532份，处理问题金额6.64亿元。“村账托管”工作进一步规范完善，农村集体经济审计监督进一步加强。对全市7 843个单位进行审计，审计总金额753.6亿元。查出违法违纪单位43个，违法违纪金额791.4万元；查出损失浪费金额853.5万元，促进增收节支1 225.4万元。网上在线审计系统开发成功，并在昌平区推广应用。

3. 继续做好减轻农民负担工作。开展了春秋两季村级组织各项补贴资金管理使用情况检查、市级新农村建设试点村负债情况检查等7项专项检查。针对检查中发现的问题，进一步健全制度，规范管理，加大了农民减负工作的力度。

4. 加强统计分析，为领导决策提供科学依据。完成了2007年和2008年上半年农村收益分配汇总分析工作，全年为上级有关部门提供报表、数据资料数十次，分析报告10余篇。完成了为“市长桌面”提供的数据整理和分析报告撰写及农业部布置的农村固定观察点调查分析，为中央政策研究室、农业部等部门制定政策提供了第一手资料。恢复了中断多年的农产品成本监测工作。

三、以“221”信息平台建设为重点，推进郊区信息化工作取得新发展

1. “221”信息平台建设取得重要进展。“221信息平台”建设把资源整合作为重要任务，认真制定数据需求方案，协调各单位、郊区县落实具体任务，有效支持了平台的功能开发。通过市级平台建设，实现了15个市属委办局、13个郊区县的涉农信息资源共建共享，第一次全面、系统地采集了99个大类、490个小类，20多G的数据资源。

2. 安全、稳定地运行了两个公共服务网站。有效运行市农委网站，全年新增信息发布17 665条，在市政府信息公开工作平台上公开市农委政务信息620条，领导信箱、咨询信箱和农村法律咨询信箱共收到郊区农民、农村基层组织各类来信267封，回复率达100%。代表市农口向中国农业信息网和首都之窗报送信息5 126条。北京现代农业信息网，现有农民专业合作社等会员组织1 886个，全年会员利用平台发布蔬菜、果品、肉蛋、畜禽等各类供求信息30 375条，共享信息5 555条，有效服务了京郊农产品的销售。

3. 为中心和农委提供信息技术服务。管理维护农研中心局域网，完成纪念农村改革30年论坛等重大活动的技术支持服务。管理维护市委农工委、市农委局域网。为市领导和两委有关处室制作专题演示片30次。确保奥运会残奥会期间农委系统信息网络和网站的安全运行。坚持开展农产品市场行情监测分析与市场需求调研。合作摸清了2008年北京城市居民农产品消费结构与特点，对郊区农产品市场走向进行了专门的调研分析。新办公楼综合机房投入使用，为农村管理信息平台、“221信息平台”、新农村规划管理信息平台等为农服务的信息系统，提供了不间断的网络化、数字化、智能化办公与运行支持。

4. 积极推进农业和农村信息化应用。推动郊区各区县移动农网建设和农村综合信息服务成效显著，共向39万农民用户发送实用短信1 340万条，主要为农服务网站年点击量超过2 000万人次。网上销售信息助农、富民的实例不断涌现。

四、区划与观光休闲农业取得新进展

1. 围绕区划工作的基本职能做好工作。参与完成全国区划办委托的“全国主体功能区规划”相关调研工作，开展了《北京都市型现代农业建设模式及发展对策研究》，为全国农业现代化发展提供借鉴。发展循环经济，抓好农村生活垃圾源头分类、资源化利用试点和扩大试点工作，得到市委主要领导的支持和肯定。

2. *发挥观光休闲农业行业协会的作用，提升北京观光休闲农业的规模和水平*。完成全市农村 140 家观光园的申报评审工作，遴选出 40 家符合支持条件的项目。组织开展“艺人下乡传手艺，农民在家学技能”系列活动，举办了北京乡村特色手工艺品推介会，启动了“艺人与农民手拉手”活动。成功举办“艺人下乡、农民学艺”成果展，得到了原全国人大常委会副委员长何鲁丽、市委领导的充分肯定和农民的广泛欢迎。组织承办第二届“凤凰乡村游，体验新农村”活动，累计发展特约商户 2 500 家，吸引 570 万人次到京郊乡村刷卡旅游消费，消费金额达 9.4 亿元。成功举办了“2008·收获金秋乡村游”活动，隆重推出 60 条精品乡村旅游路线和系列优惠活动，以满足不同需求的消费者自由选择。此项继奥运会后、“十一”国庆黄金周来临之际，吸引更多市民到郊区休闲度假、促进城乡交流和农民增收的新举措，受到郊区广大群众的热烈欢迎。开展观光农业与乡村旅游培训工作，加强“北京乡村旅游网”建设，扩大了对基层的全方位服务，进一步丰富了信息采集和网络使用知识，对丰富网站内容，扩大网站影响力起到了基础作用。

五、发挥北京的人才优势和中心的组织优势，学术交流活动取得新成果

成功承办了“北京农村改革开放 30 年理论研讨会”。第一次采取市委农工委、市农委与市委研究室、市政府研究室联合主办的方式。中国农经学会段应碧会长作了主题报告，市委领导到会讲话，市委市政府和区县有关领导及研究部门的专家学者近 200 人参会。此次研讨，对于系统地总结 30 年改革的成功经验，进一步明确今后改革发展的总体战略和发展思路起到了重要推动作用。第 11 届京台科技论坛·农业分论坛今年首次由在京举办改为在台湾举办，加大了台湾业界的参与度，与台湾农训会建立了合作关系，推动了双边培训的常态化发展。参加中国农经学会年会、全国区划办工作会议，提交 5 篇课题研究论文，受到了好评。参加由联合国工业发展组织、中国合作经济学会等联合举办的“生态农村工程建设和可持续发展国际专家组会议”，交流了信息，开阔了眼界。

六、编刊、史志、培训工作取得新进展

《北京农村经济》圆满完成了出刊任务，受到农工委领导的好评。与中央、市委刊物合作完成了《郊区党建》、《新农村建设》有奖征文评比活动，提升了中心的宣传层次，汇编出版了《我为新农村建设建言》及《北京新农村建设村庄典型 100 例》两本新书，全方位、多视角反映了北京新农村建设的经验和成就，在利用刊物平台组织郊区开展较大规模的调研活动方面积累了经验。完成了 2008 年《北京农村年鉴》的组稿和《北京农村经济综合志》第一轮成果的出版印刷工作。在全市经管系统开展了会计培训和农民专业技术职称评审工作，全年市、区县、乡镇共举办会计培训班 73 期，培训 12 109 人次。通过培训评审，有 263 人取得了技术职称。参与市委农工委基层干部培训工作，建成北京市农村实用人才信息管理平台。

七、新农村建设联系村工作取得新进展

中心从 2005 年开展新农村建设联系点工作以来，已在郊区建立了 5 个村级联系点，工作取得了较大突破和显著成效。已经初步成为中心了解农村情况、开展调查研究、总结点上经验，培养干部的基地。

市农研中心党政领导班子成员

党组书记　焦守田（2008 年 3 月任）
成　　员　贺东升　张秋锦　王瑞华
　　　　　席承奉　曹四发(2008 年 5 月任)
纪检组长、机关党委书记　王瑞华
主　　任　焦守田
副 主 任　贺东升　张秋锦　席承奉

（*农研办*）

北京农业职业学院

概　况

2008 年，北京农业职业学院设有 9 个教学系部及北苑、清河两所分院（社区管理系更名为现代服务管理系），设普通高职专业 36 个，成人高等教育专业 10 个，普通中职专业 22 个；在校生 7 248 人（毕业 2 990 人，招生 2 364 人），高职毕业生初次就业率为 99.91%，一次签约率为 92.89%。下属北京市农村广播电视学校开设 14 个专业，学生总数 9 426 人（毕业 5 943 人，招生 1 508 人），开展各类农民培训 67 000 余人次。

教职工总数 896 人，其中，专任教师 407 人，“双师型” 172 人；兼职教师 115 人，“双师型” 25 人；教职工中具有副高以上职称的 165 人，中级职称 348 人；专任教师中具有研究生学历或硕士及以上学位的 120 人。

学院总占地面积 84.6 万平方米，总建筑面积 26.8 万平方米，绿化用地面积 19.7 万平方米。固定资产总值 3.87 亿元，其中，教科仪器设备资产 6 659 万元。图书馆建筑面积 6 631 平方米，藏书 94.8 万册。全年教育经费投入 22 627.05 万元，其中，国拨 18 635.22 万元，自筹 3 991.83 万元。

机构设置

单位名称	办公地点	邮编	联系电话
北京市农村实用技术服务中心	北京市房山区长阳镇稻田南里5号	102442	80358899－221/217
北京市农业广播电视学校（北京市农民科技教育培训中心）	北京市房山区长阳镇稻田南里5号	102442	80358899－543/661
北京市委农工委党校	北京市海淀区香山普安店29号	100093	82595027
北京市职业教育研究所	北京市房山区长阳镇稻田南里5号	102442	80358899－326

主要工作

2008年，北京农职院党政领导带领全院干部职工团结一致，扬帆急进，创出骄人业绩：学院成功跨入国家百所示范性高等职业院校立项建设单位行列；圆满完成奥运会、残奥会志愿服务任务；喜迎学院五十华诞；并圆满完成第二轮人事制度改革。

一系列成绩的取得，使得2008年成为北京农职院发展史上极不平凡的一年。全年的主要工作有：

1. 突破瓶颈，成功申办全国示范校，并启动建设引擎。2008年7月18日，学院顺利通过教育部、财政部联合组织的专家评审，成为第三批30所国家示范性高等职业立项建设院校。

在历时一年半的申办过程中，学院党政领导班子多次召开专门会议进行研究；示范校建设办公室和项目组有关同志讨论修改院长汇报稿和建设方案更达100余次；学院还多次聘请专家，充分论证了北京农业应从传统农业向都市型现代农业转变，破解了示范校建设方案编写的难题。最终，学院于7月10日顺利通过答辩，实现了发展史上的新跨越。

进入示范校建设行列后，学院党委审时度势，果断决策，要求全院职工迅速完成从申报到实施阶段的转变，努力克服自满和畏难两种情绪，同时提出“三不三要”的要求，为实现全方位、高水平、有特色的示范校建设目标打下坚实的思想基础。

为保证国家示范性高职院校建设的顺利进行，学院成立了由书记和院长任组长的示范校建设领导小组；下设示范校建设项目实施组，由5个项目的负责人组成，确保建设任务落实。在示范校建设过程中，学院积极参加国家示范性高等职业院校论坛和会议，不断总结经验，并及时将会议精神化为开展示范校建设的指导思想和具体行动，为学院的示范校建设明确了方向，开拓了新的局面。

2. 教育教学改革取得新的成果。

（1）教学管理有新举措。在抓好平时教学检查工作的同时，注重听取师生意见。2008年，学院开展了教学观摩活动，建立了教学仪器网络管理系统，搞好教学设备的管理维护；评选年度院级教育教学成果奖25项，并在此基础上，推荐其中7项申报市教育教学成果奖。

（2）实践教学有新尝试。结合近几个学期集中实训管理的经验，学院制定了《集中实训实施细则》。针对各系、各专业在院外实践教学过程中的经费使用问题，制定了《院外实践教学专项经费管理办法》。

（3）专业建设上新台阶。申报并获批实验动物技术、植物保护2个高职新专业；建筑工程技术、物流管理、旅游管理3个专业学制由两年备案为三年。同时，学院积极做好8个院级重点专业建设工作，努力在人才培养模式、课程体系、师资队伍、实训基地建设等方面出特色、出亮点。

（4）精品课程建设有新成果。2008年，学院第一批立项的23个院级精品课程，有4门成为北京市精品课程，有6门获得学院2008年教育教学成果奖。至此，学院已有1门国家级、6门北京市级精品课程。在北京高等教育精品教材申报工作中，学院有5部教材获批。至此，学院共有10部教材被评为北京高等教育精品教材。

（5）教学改革立项有新进展。学院2006—2007教改年度共立项51项，2008年结题40项。2009—2010年全院共有123个教改项目提出了立项申请，保证了学院的教改立项工作每两年一个周期良性有序地开展。

（6）对外合作办学有新突破。2008年，学院合作办学项目在校生达到263人。中加合作办学首届36名学生顺利毕业，其中有16名学生顺利赴加拿大圣力嘉学院留学。

3. 科研与“三农”服务工作成果明显。2008年，学院领导班子更加重视科研与“三农”服务工作。项目争取实现较快增长，全年共获院外项目16项，院外经费支持387万元。专利申请取得阶段性好成绩，截至年底，共取得专利证书14项。专家调研工作有了新起点，向市农委等部门推荐新农村建设调研参评成果17篇、获奖5篇。专题培训工作成效显著，全年举办各种农民培训班近500期、6万余人次。专业技术服务有了新亮点，以奶牛专家门诊服务、生态养猪技术两个示范项目为重点，初步探索出适合职教特点的以实践需求为导向，带动项目团队建设、专业合作、科研与服务互促、服务与教学互动的“产学研服”一体化科研发展新模式。社会评价和影响有了新高度，年底召开了科研与三农服务工作大会，为下一步科研和服务“三农”工作明确了目标，理清了思路。

4. 创新形式，全面提升学生素质。从2005年起，学院高职毕业生就业率已连续四年超过99%。2008年，又有65名毕业生被批准担任了北京基层村支部书记、村委会主任助理职务；1名同学被批准为支援西部志愿者，到内蒙古地区参加经济建设。

2008年，学院组织了为期10个月的第三届科技文化艺术节。活动以“微笑北京　魅力青春　和谐校园”为主题，以25项活动为载体，1.5万人次直接参与活动，充分展示了师生们朝气蓬勃，开拓创新，奋发向上的精神面貌。心理健康教育工作实现了跨越式发展。起草完成《大学生心理健康教育实施意见(试行)》，并开始实施。举办家长开放日，全年累计接待家长来访400余人。既使家长全面了解学院，掌握学生学习生活状态，又听取了家长的意见和建议，宣传了学院，促进了社会、家庭和学院联动育人模式的形成。

5. 积极推进干部人事制度改革，抓好队伍建设。2008年共引进教职工18人，其中应届毕业生8人，一线引进人才6人，接收军转干部4人。学院教师(含专任、兼职、双肩挑)全年共计完成教学总课时数达14.53万学时。

全年选派20人进行了社会实践锻炼，选派21人报考攻读硕士或博士学位；有200余人次参加各种短期培训，29人取得高校教师资格。截至年底，学院拥有北京市职业院校专业创新团队3个，优秀教学团队2个，北京市中青年骨干教师17人。

同时，学院积极推进干部人事制度改革，明确提出了改革的指导思想、目标和原则，并多次召开会议，进行思想动员，统一认识。在形成改革方案过程中，广泛征求了意见并提交教职工大会审议通过，保证了教职工的知情权、参与权和监督权。历经半年多，学院人事制度改革圆满完成，并成为北京市20几所高职院校中，推行全员聘用制和教师职务聘任制改革率先完成，并取得成功的两所高职院校之一。通过改革，学院的机构设置和岗位设置更加合理，形成了以岗位管理为中心，工作业绩和贡献为依据的管理分配制度，初步建立了职务能上能下，人员能进能出，待遇能高能低的用人机制，实现了人事制度改革和申办示范院建设的双丰收。

6. 基本建设全面推进，产业创收成效喜人。2008年，学院四校区共完成实训基地和实验室建设项目11个，房屋修缮，基础设施改造项目10个，投入经费累计达5 227万元。其中，新建南校区学生餐厅等6 000平方米；修缮报告厅、北区培训中心等1.9万平方米；改造扩建科技园6栋日光温室，5 000平方米生物技术实验室和花卉实训室开始建设；完成校园文化广场、学子大道建设。北苑分院完成学生东公寓楼室外装修工程；清河分院投入600余万元进行了一号教学楼、实验室的装修改造等基础设施建设。

2008年，学院相关部门克服不利因素，充分利用现有条件和资源获利创收。全年，学院产业及各项创收实现利润达733.4余万元。

7. 精心筹划，广泛宣传，成功举办五十年院庆。2008年10月，以“弘扬农职传统，总结育人经验，展示办学成果，扩大社会影响，凝聚激励人心，促进学院发展”为主题的建院50周年庆祝活动成功举办。市领导杜德印、赵凤山、牛有成、赵凤桐等先后亲临学院表示祝贺。四校区共接待校友4 087人，庆典大会接待嘉宾358人。

院庆活动，总结了历史，传承了文化，凝聚了人心，鼓舞了士气，激发了热情，有力地扩大了学院的人文资源，增强了学院的社会知名度和影响力。

8. 全力以赴，做好奥运志愿服务工作。在北京奥运会、残奥会期间，学院师生员工全力以赴、团结协作，圆满完成了280人的绿色家园媒体村住宿服务任务；北苑分院7所高校1 342名奥运会住宿服务人员接待任务；30名赛会志愿者、55名城市志愿者服务工作以及1 300人次的文明观众、拉拉队组织工作。学院的服务工作得到了市农委、市教委等上级部门的一致好评，先后荣获集体奖8项，个人奖20项，获奖33人次，充分展示了师生们的爱国情怀和良好道德风貌。

9. 创新工作机制，确保校园和谐稳定。为牢牢把握发展机遇，学院努力创新工作机制，借助党、团、工会组织等，积极组织开展各项活动，营造和谐的校园氛围，确保学院工作的有序推进。一是组织开展了“迎、讲、树”及为灾区捐款等活动，极大地提高了师生的文明程度，并取得了一系列荣誉。3月，学院荣获“首都精神文明标兵十连冠”；5月，荣获“城乡携手迎奥运，共建文明京郊行活动先进单位”；10月，又获“首都‘迎奥运、讲文明、树新风’活动先进集体”称号。二是依托教职工文体协会，开展了形式多样的文体活动，营造了浓厚的和谐氛围。三是离退休工作成效显著。对424名离退休人员，学院努力落实老干部的生活待遇，精心做好各项服务工作。四是重视校园的安全稳定工作。主要领导直接参与，各部门强化管理，认真落实，确保全年治安、交通、防火等工作平安无事故，得到上级的肯定和表彰。

北京农业职业学院党政领导班子成员

党委书记　崔砚青
院　　长　王振如
副 书 记　党　明(兼纪委书记)　刘福田
副 院 长　李俊英　周广和　杜保德

(肖　兵)

北京农产品中央批发市场管理委员会

2008年，管委会在市委市政府的正确领导和市有关部门的大力支持与关怀下，按照年初工作会议要求，认真贯彻党的十七大和十七届三中全会精神，坚定方向，扎实工作，进一步加大公益职能建设，加强企业经营管理，努力为奥运服务，确保了食品安全，确保了全系统安全稳定，为奥运会的成功举办贡献了力量，全系统的工作取得了新的成就。

主要工作

一、主要运转形势

截止到2008年12月底，全系统实现营业收入4 674万元，实现利税639万元，资产总额5.8亿元，资产负债率44%。2008年市委农工委市农委新农村建设折子工程中，管委会除农产品展示展销服务中心因规划和设计需要延期外，其余各项都较好完成。与市委农工委、市农委签定的安全稳定责任书得到圆满落实。总体看，全系统工作运转平稳、健康。

全年工作主要运转特点，一是全系统各单位努力为奥运服务，把安全稳定第一贯穿到全年工作的始终，做了大量富有成效的工作，确保了全系统的和谐稳定。二是公益服务职能建设进一步加大，服务京郊农产品流通工作的能力进一步增强，管委会可持续发展的业务结构进一步确立。三是企业的经营有新的发展和变化，批发市场的效益持续增长；银地公司加强可持续发展的能力储备，物业公司经营管理水平提高，业务扩张能力增强；小灵通公司改变经营机制获得新的生机；万柳商城改造加层的前期基础工作基本完成。总体看，全系统的正常业务开展稳定，服务“三农”的能力增强，进一步奠定了全系统可持续发展的业务基础。

二、努力为奥运服务，把安全稳定第一贯穿全系统工作的始终

2008年是奥运年，全系统干部员工增强大局意识、政治意识，以对党和政府、对人民群众生命财产高度负责的精神，切实抓好安全稳定工作。按照“平安奥运行动”指挥协调领导小组和市委农工委市农委的总体要求和部署，坚持“安全第一，预防为主”的方针，以“大事不出、小事减少、管理严格、秩序良好”为目标，认真贯彻每次“平安奥运行动”安保工作会议精神，全面落实《农委系统维护社会稳定加强社会治安综合治理和安全生产责任书》、《维护首都安全稳定实现平安奥运目标责任书》和领导责任制度，以最强的组织领导、最高的工作标准、最严密的工作措施，广泛动员，全力以赴，圆满地完成了奥运期间的安保工作任务，确保了奥运期间农产品和食品安全健康，确保了一方平安，确保了安全稳定“零”指标。一是深刻理解、大力宣传、广泛动员，努力提高对“平安奥运行动”安保工作重要性的认识，做到思想认识到位、排查摸底到位、工作措施到位、领导责任到位、昼夜值班到位，从思想上确保了本系统、本单位的安全稳定和一方平安。二是加强领导，健全机构，完善制度。管委会成立了“平安奥运行动”指挥协调领导小组，各公司成立了相应的机构，全面负责本系统、本单位在奥运期间的安保工作，在领导和制度上形成了完备的条块结合、齐抓共管的责任体系和工作格局。三是深入开展定期不定期的排查和安全检查工作，把可能出现的不安定因素和潜在的矛盾及隐患化解在基层，消除在萌芽状态。四是突出重点方面和重点部位，狠抓落实工作。在对本系统安保工作分析检查的基础上，提出了必须引起高度重视的事项，确定了重点方面和部位，全方位消除各种不稳定因素和安全隐患。五是强化对干部员工的安全教育，从思想上、组织上、行动上强化员工的法律、责任、安全、防范意识和自我保护意识，做到防微杜渐、警钟长鸣。

三、进一步推进公益服务建设，为社会主义新农村和都市型现代农业建设作出新的贡献

1. *以市场为导向，采取多种形式，深化产销合作。*利用北京郊区的生产优势和市场的渠道优势，通过各种方式探索实践与京郊农业生产的对接，实现对接规模0.53万公顷，收到了积极成效：一是组织经销商在京郊租赁土地种植，种植面积达万余亩。二是组织经销商采取收购、定购、代理等方式与密云、顺义、房山、怀柔、通州等地的郊区合作组织进行产销对接。三是与京郊农业龙头企业合作开发种植基地，农户与龙头企业签订种植合同。四是融入京郊合作组织，促进建立产销协作一体的关系。五是与大兴区农委等区的政府主管部门合作，发挥渠道优势、信息优势和政府的职能优势，引导农民种植、销售。

2. *推进建设京郊优质农产品展示展销中心。*召开各区县农委分管农产品流通工作的负责人会议，对项目的功能设置等进行论证，并把意见和建议吸纳到规划设计之中。该项目原计划建筑面积3万平方米，但因规划的原因，现在只能建设2 000平方米。设计等前期工作已准备完成，即将开工建设。

3. *开展多种形式不同的工作与活动，服务于京郊“三农”和首都市场农产品安全供应。*积极参与市农委对京郊基层的培训工作，多批次完成对农村党支部书记、农村合作社社长的农产品流通培训。承办了由市委农工委市农委主办的北京草莓季活动。利用各种渠道就首都农产品供应问题向上级和有关部门建言献策，有些意见已引起上级领导的重视和关注。通过多种形式的工作，既体现了我们为郊区服务、为城市供应服务的职责，也进一步树立了形象，突出了品牌，加强了宣传和影响。

四、努力提高企业经营水平，为更好地服务“三

农”提供强有力的基础

1. 批发市场持续稳定经营，为保障奥运供应作出贡献。2008 年，市场实现全年租金收入 2 350 万元，同比增加 171 万元，增长了 7.8%，实现利润总额 515 万元。一年来，批发市场在做好服务郊区农产品流通工作的同时，还积极做好以下工作：一是为奥运服务。强化商品质量安全管理工作，保障奥运期间市场上市商品的质量；为鲜活农产品开辟绿色通道，确保市场正常的农产品供应；积极为奥运蔬菜供应提供货源和技术支持；定时报送农产品信息，为上级有关部门提供重要数据资料。二是建设及改造市场内部特菜食用菌配套设施。三是积极开发风格与林公建 6 号楼。四是进一步完善市场信息系统建设。

2. 积极做好银地家园项目关联工作和物业管理工作。面对银地家园收尾没有新项目开发、公司实力有限以及世界金融危机对房地产市场的影响等形势，银地公司本着实事求是的原则，改变思路，积极寻求公司发展。一是组织员工技能培训，提高了员工的业务素质，为今后的开发打下了良好基础。二是积极做好房屋小产权证的办理、小区的维修和绿化、大市政雨污水的竣工验收和档案移交、幼儿园和小学的移交、欠款追缴等与银地家园开发、建设和收尾相关联的工作。三是协助做好京沪高速、动车组两条经过中央批发市场、银地家园铁路的拆迁工作，保证国家重点工程顺利施工，也维护了我系统自身的利益。物业公司坚持“服务第一，业主至上”的服务方针，加强管理力度，提高服务质量，争创优质社区，银地家园 B 区被北京市评为优秀小区。积极开拓市场，接管了未来几年有百万平方米的朝阳“金棉新城”小区物业管理工作，为物业公司的规模经营迈出了坚实的一步。

3. 小灵通公司改变经营和管理机制焕发新的生机。由前几年的聘任制改变为承包制，将利益、风险及管理集于一体；由原来两处生产加工点改为一处，集中管理，饱和生产，节省开支。由于先后实行的这两大变革，公司重新焕发了生机，公司全年送餐 150 万份，实现营业收入 824 万元。

4. 积极推进万柳商城改造加层工作。积极协调、主动配合有关方面，完成了商城加层改造的前期工作；精心安排，认真组织，完成了商城后院涉及多家的违章建筑拆除工作；开展了“我为公司发展献一计”的合理化建议活动。以上这些工作，为商城的改造和发展奠定了良好的基础。

五、进一步推进精神文明和党的建设，为全系统的发展提供强大的思想和组织保障

以邓小平理论和“三个代表”重要思想为指导，深入落实科学发展观，全面贯彻党的十七大精神，为实现全系统经济又好又快发展提供了思想和组织保障。加强和创新党的组织建设，提高了党建工作实效。发展 3 名积极分子入党，为党的组织注入了新鲜血液，加强了党员队伍建设。加强领导班子建设，按照党员领导干部联系点的有关规定，经常深入各自联系的公司调查研究。工会、共青团组织，紧紧围绕管委会的工作大局和中心任务，加强组织建设，提高整体素质，积极开展了健康有益的活动。在南方冰雪灾害、四川“5·12”汶川特大地震等重大事件发生后，组织全系统干部员工和广大商户踊跃捐款，党员还自觉捐献了特殊党费，充分调动全系统干部员工为灾区人民献爱心、共克时艰的热情。面对过去的 2008 年，我们有着深刻体会，那就是必须坚持科学发展观的理论与工作实践相结合。要实现全系统的发展，必须把科学发展观的理论与全系统的实际结合起来，要以长远眼光谋划发展，以全局意识统筹发展，以科学态度抓好发展。综观 2008 年全系统的工作，坚持科学发展观的理论与实践的结合主要体现在：坚持经济建设与精神文明建设相结合，坚持职能发挥与发展壮大相结合，坚持重点工作与日常工作相结合。采取有效措施，解决万柳商城职工特别是困难职工的实际生活问题，正是以人为本核心的具体体现；推进建设展示展销服务中心、韩村河现代农业园区项目的调研、与京郊农产品的对接、收购万柳商城实施改造等工作无一不是实现全面协调可持续的具体措施；在做好奥运会安全稳定工作的同时，抓好全系统的经济发展和“三农”服务，在促进农产品流通、保证安全优质的同时，做好万柳商城的改造和营养配餐的业务开拓等工作，就是实践统筹兼顾的根本方法。今后，我们要通过抓好“结合”，把学习贯彻科学发展观的成果转化为促进全系统发展的科学思路，转化为运用科学理论分析和解决全系统存在问题的实际能力，转化为推动全系统发展、促进全系统和谐的方针政策，转化为全系统干部员工的自觉行动，转化为满足全系统干部员工需求的物质财富和精神财富。

北京农产品中央批发市场管理委员会
党政领导班子成员

主　任　李福珍

书　记　赵黎明

副主任　王和平　吴守荣　吴宝琴

（田　纯）

社 会 团 体

学会、协会

序号	登记证号	社团名称	业务主管单位	会长	电话	地址	邮编
1	0010325	北京市城郊经济研究会	农研中心	赵树枫	64866072	朝阳区北沙滩7号院3号楼	100192
2	0011244	北京市农产品产销信息协会	农研中心	冯乐平	89288556	大兴区庞各庄镇西四各庄村	100085
3	0011364	北京观光休闲农业行业协会	农研中心	贺东开	64866037	朝阳区北沙滩7号院3号楼	100192
4	0011424	北京农史研究会	农研中心	焦守田	64866077	朝阳区北沙滩7号院3号楼	100192
5	0010022	北京艾维茵肉鸡协会	农业局	尹彦勋	62029651 60431003	朝阳区马甸桥北华严北里甲1号	100029
6	0010027	北京市农机流通协会	农业局	王祖南	63260787	宣武区广外红居南街1号	100055
7	0011041	北京市新能源与再生能源协会	农业局	高振南	82078421	西城区德外裕民中路6号	100029
8	0011282	北京外贸菜蔬协会	农业局	闫洪泉	69102441 69102051	延庆东外大街25号	102100
9	0011283	北京谷物协会	农业局	李继扬	84635681	朝阳区市农业技术推广站内	100029
10	0011324	北京设施农业协会	农业局	沈　瀚	67697320 67634525	丰台区南方庄甲60号	100078
11	0011370	北京种子协会	农业局	刘　杭	62365472	海淀区北太平庄路15号	100088
12	0011369	北京市中药材种植业协会	农业局	周春江	84635681 61786343	朝阳区高原街4号	100029
13	0011394	中国农业大学北京校友会	农业局	江树人	62373203 62376382	海淀区清华东路17号	100083
14	0011402	北京畜牧业协会	农业局	尹彦勋	62211790	海淀区西直门外上园村甲3号	100044
15	0011431	北京市渔业协会	农业局	穆晓萍	87702636	朝阳区潘家园华威西里甲48号南楼	100021
16	0011530	北京小动物诊疗行业协会	农业局	刘　朗	84929032	北京市朝阳区安外北苑路甲15号	100107
17	0011532	北京兽药行业协会	农业局	江厚生	84929023/24	朝阳区安外北苑路甲15号	100107
18	0010019	北京郊区对外经济贸易促进会	乡镇企业局	王作升	84623813 84631188—617	朝阳区惠新东街6号	100029

（续）

序号	登记证号	社团名称	业务主管单位	会长	电话	地址	邮编
19	0010778	北京乡镇企业协会	乡镇企业局	夏连声	84638322	朝阳区惠新东街 6 号	100029
20	0010020	北京市盆景艺术研究会	园林绿化局	周国梁	66763796 62450687	海淀区温泉杨庄村空军三工区	100035
21	0010023	北京爱鸟养鸟协会	园林绿化局	王增录	62031253	西城区德外裕民中路 8 号	100029
22	0010052	北京林学会	园林绿化局	尹伟伦	62381455 62052244—6401	西城区德外裕民中路 8 号	100029
23	0010253	北京果树学会	园林绿化局	闪崇辉	62052244—6210 82081524	西城区德外裕民中路 8 号	100029
24	0010358	北京野生动物保护协会	园林绿化局	李永芳	62047833 62386848	西城区德外裕民中路 8 号	100029
25	0011294	北京市果树产业协会	园林绿化局	姜永洲	62052244 62103720	西城区德外裕民中路 8 号	100029
26	0011323	北京市园林绿化企业协会	园林绿化局	张顺喜	88653916	海淀区西三环中路 10 号	100036
27	0011477	北京沙产业协会	园林绿化局	任荣荣	82011880 82031231	西城区德外裕民中路 8 号	100029
28	0011438	北京屋顶绿化协会	园林绿化局	谭天鹰	85971978	北京市朝阳区团结湖路 15 号	100062
29	0011529	北京林业工程建设协会	园林绿化局	李树旺	62036875	西城区德外裕民中路 8 号	100029
30	0010801	北京花卉协会	首绿委	宋希友	62352891	西城区德外裕民中路 8 号	100029
31	0010834	北京减灾协会	北京市科学技术协会	恽耀南	68400821	海淀区紫竹院路 44 号	100081
32	0010192	北京食用菌协会	北京市科学技术协会	王贺祥	51503437	海淀区板井村市农林科学院植保环保所	100089
33	0010257	北京农学会	北京市科学技术协会	陶铁男	51503204 51503241	海淀区板井村市农林科学院办公楼 307、411 室	100089
34	0010265	北京作物学会	北京市科学技术协会	李云伏	51503341	海淀区农林科学院作物所	100089
35	0010277	北京昆虫学会	北京市科学技术协会	张青文	51503431 51503688	海淀区板井村市农林科学院植保环保研究所植保楼 311 室	100089
36	0010262	北京气象学会	北京市科学技术协会	李泽椿	68400820 68400804	海淀区气象局办公楼 412、海淀区紫竹院路 44 号	100081
37	0010738	北京土壤学会	北京市科学技术协会	李保国	68463917 51505739 51503583 51503329	海淀区板井村市农林科学院植物营养与资源研究所	100089
38	0010591	北京蔬菜学会	北京市科学技术协会	许　勇	51503200	海淀区板井村市农林科学院蔬菜研究中心	100089
39	0010272	北京植物病理学会	北京市科学技术协会	李怀方	67235026 67237754 62732771	崇文区永外西革新里 98 号	100077
40	0011456	北京农业信息化学会	北京市科学技术协会	赵春江	88443458	北京市海淀区西郊板井村	100097

（续）

序号	登记证号	社团名称	业务主管单位	会长	电话	地址	邮编
41	0010074	北京水利学会	北京市科学技术协会	刘　宁	88613202	海淀区翠微路甲 3 号、海淀区普惠北里北京市水务局老干部活动站三楼	100036
42	0010077	北京市农民体育协会	市体委	王树华	62024158	西城区德外裕民中路 6 号	100029
43	0010026	北京市饲料工业协会	农工委	谢仲权	63543914	北京市宣武区南菜园 49 号	100054
44	0010029	北京市奶业协会	农工委	范学珊	64019112 64015912	西城区鼓楼西大街 75 号	100085
45	0011380	北京养鸡业协会	农工委	徐继光	51095173 51095363	朝阳区北苑路 13 号院 A 座—708	100107
46	0011416	北京市风景名胜区协会	公园管理中心	王凤江	68421776	西城区西外大街 143 号	100044

（市社会团体管理办公室提供）

北京市社会主义新农村建设先进集体、先进个人

中共北京市委农村工作委员会 北京市农村工作委员会 北京市人事局 关于表彰2008年度北京市社会主义新农村建设先进集体和先进个人的决定

（2009年2月6日）

2008年，在市委、市政府的正确领导下，农村广大干部群众坚持以邓小平理论和“三个代表”重要思想为指导，深入学习实践科学发展观，按照“生产发展、生活宽裕、乡风文明、村容整洁、管理民主”的要求，全面加强农村经济建设、政治建设、文化建设、社会建设和党的建设，农村经济健康发展，农民收入稳步提高，农村环境面貌明显改观，农村改革逐步深化，农村社会和谐稳定，社会主义新农村建设扎实稳步推进。这些成绩的取得，是市委、市政府正确领导的结果，是农村广大干部群众顽强拼搏、锐意进取的结果，也是各部门、各单位和社会各界大力支持的结果。

为进一步推进社会主义新农村建设，加大统筹城乡发展力度，率先形成城乡经济社会发展一体化新格局，中共北京市委农村工作委员会、北京市农村工作委员会、北京市人事局决定，对2008年度北京市社会主义新农村建设先进集体和先进个人予以表彰，授予朝阳区南磨房乡等260个单位为北京市社会主义新农村建设先进集体荣誉称号；授予王大林等20名同志为北京市社会主义新农村建设先进个人荣誉称号。希望受到表彰的先进集体和先进个人，发扬成绩，再接再厉，不断取得新的进步，努力为社会主义新农村建设做出新的贡献。

农村广大干部群众要以先进集体和先进个人为榜样，学习他们埋头苦干、扎实工作的敬业精神；学习他们情系群众、一心一意带领农民增收致富的奉献精神；学习他们与时俱进、勇于开拓的创新精神；学习他们互帮互助、众志成城的团队精神，通过坚持不懈的努力，扎实稳步推进社会主义新农村建设，努力实现农村经济社会又好又快发展。

在新的一年里，农村广大干部群众要深入贯彻落实党的十七届三中全会和市委十届五次会议精神，按照中央和市委、市政府关于新农村建设的部署，进一步解放思想，加大改革创新力度，加快都市型现代农业和农村经济社会发展，促进农民持续增收，努力在统筹城乡发展、率先形成城乡经济社会发展一体化新格局方面取得新的突破，为推动农村经济社会协调发展、不断开创社会主义新农村建设的新局面而努力奋斗。

一、社会主义新农村建设先进个人

（一）京郊农村经济发展“十大”杰出典型

王大林　密云县巨各庄镇蔡家洼村党支部书记

冯巨元　北京华都集团有限责任公司党委书记、董事长

刘宝平　北京东升方圆农业种植开发有限公司总经理（通州区）

李效华　北京红螺食品有限公司董事长、总经理（怀柔区）

刘德新　房山区霞店镇河口村党支部书记

王衍生　北京旗舰食品有限公司董事长（海淀区）

刘路军　门头沟区王平镇东马各庄村党支部书记、村委会主任
周建忠　北京天翼生物工程有限公司总经理（昌平区）
张会臣　北京绿富隆农业股份有限公司党委书记、董事长、总经理（延庆县）
许　勇　大兴区青云店镇东店村党总支书记

（二）京郊农村经济发展“十佳”科技工作者

李胜利　中国农业大学动物科技学院教授、博导（延庆县）
姜淑苓（女）　中国农业科学院果树研究所副研究员
李　华　北京农学院经济管理学院总支书记、教授
丁福臣　北京石油化工学院科学技术处处长、教授
郭秀山　北京市农业职业学院高级畜牧师、副教授
魏钦平　北京市农林科学院北京林业果树研究所副所长、教授
王丽娜（女）　平谷区马坊镇二条街村村委会主任助理、大学生村官
张福良　大兴区礼贤镇东安村村主任
肖长坤　北京市植物保护站副科长、农艺师
陆　洲　北京市农林科学院副研究员

二、社会主义新农村建设先进集体

（三）京郊新农村建设先进乡镇

朝阳区南磨房乡
海淀区温泉镇
丰台区王佐镇
门头沟区斋堂镇
房山区长沟镇
通州区台湖镇
顺义区后沙峪镇
顺义区高丽营镇
大兴区采育镇
大兴区榆垡镇
昌平区阳坊镇
平谷区峪口镇
怀柔区渤海镇
密云县溪翁庄镇
延庆县八达岭镇

（四）京郊发展都市型现代农业先进乡镇

大兴区长子营镇
大兴区礼贤镇
通州区于家务乡
房山区琉璃河镇
房山区良乡镇
顺义区北务镇
丰台区长辛店镇
密云县河南寨镇
昌平区马池口镇
延庆县延庆镇
朝阳区孙河乡
平谷区南独乐河镇
怀柔区庙城镇
海淀区四季青镇
门头沟区雁翅镇

（五）京郊发展二三产业先进乡镇

大兴区黄村镇
顺义区仁和镇
通州区张家湾镇
怀柔区北房镇
房山区长阳镇
密云县巨各庄镇
平谷区东高村镇
门头沟区永定镇
朝阳区十八里店乡
延庆县沈家营镇

（六）京郊山区发展先进乡镇

房山区蒲洼乡
房山区周口店镇
密云县古北口镇
密云县石城镇
昌平区十三陵镇
延庆县四海镇
平谷区镇罗营镇
怀柔区琉璃庙镇
怀柔区宝山镇
门头沟区清水镇

（七）京郊基层党组织建设先进乡镇

通州区永乐店镇
大兴区瀛海镇
房山区窦店镇
怀柔区雁栖镇
朝阳区高碑店乡
顺义区南彩镇
昌平区回龙观镇
密云县高岭镇
丰台区花乡
平谷区马坊镇

（八）京郊农村改革先进乡镇

怀柔区怀北镇
大兴区亦庄镇
通州区宋庄镇
密云县冯家峪镇
延庆县旧县镇
顺义区赵全营镇
昌平区城南街道办事处
朝阳区崔各庄乡

海淀区东升乡
丰台区南苑乡

（九）京郊环境建设先进村

朝阳区东坝乡焦庄村
海淀区苏家坨镇台头村
丰台区花乡黄土岗村
门头沟区潭柘寺镇桑峪村
房山区大石窝镇下滩村
房山区十渡镇九渡村
通州区永乐店镇西河庄村
通州区于家务乡富各庄村
顺义区南法信镇东杜兰村
顺义区大孙各庄镇宗家店村
大兴区长子营镇罗庄三村
大兴区采育镇哱罗庄村
昌平区流村镇王家园村
昌平区南口镇七间房村
平谷区熊儿寨乡老泉口村
平谷区峪口镇厂门口村
怀柔区渤海镇庄户村
密云县不老屯镇学艺厂村
密云县西田各庄镇西山村
延庆县永宁镇上磨村

（十）京郊山区发展先进村

房山区南窖乡花港村
房山区大安山乡瞧煤涧村
房山区长沟镇三座庵村
密云县大城子镇大龙门村
密云县新城子镇蔡家店村
密云县北庄镇大岭村
昌平区兴寿镇花果山村
昌平区长陵镇北庄村
昌平区流村镇瓦窑村
延庆县大榆树镇杨户庄村
延庆县四海镇楼梁村
延庆县千家店镇水泉沟村
门头沟区斋堂镇黄岭西村
门头沟区雁翅镇芹峪村
平谷区大华山镇西牛峪村
平谷区大华山镇泉水峪村
平谷区王辛庄镇太后村
怀柔区琉璃庙镇二台子村
怀柔区喇叭沟门满族乡东岔村
怀柔区长哨营满族乡项栅子村

（十一）京郊管理民主先进村

怀柔区渤海镇北沟村
顺义区仁和镇平各庄村
通州区马驹桥镇小周易村
延庆县张山营镇西五里营村
房山区城关街道瓜市村
大兴区黄村镇狼垡二村
密云县不老屯镇兵马营村
昌平区马池口镇横桥村
门头沟区王平镇西王平村
平谷区峪口镇西樊各庄村

（十二）京郊新型农民培养先进单位

房山区琉璃河镇农村实用人才工作领导小组
大兴区安定镇农村实用人才工作领导小组
密云县石城镇农村实用人才工作领导小组
怀柔区琉璃庙镇农村实用人才工作领导小组
延庆县大榆树镇农村实用人才工作领导小组
北京市农民科技教育培训中心（农职院）
北京市朝阳区职业技术学校
丰台区农村劳动力就业指导中心
北京市房山区职业技术学校
北京市房山区房山职业学校
北京市大兴区职业技术学校
北京市大兴区农业机械化学校
北京市顺义区现代职业技能培训学校
顺义区劳动和社会保障局技工学校
北京市昌平区职业学校
北京市怀柔区职业学校
密云县职业技术学校
密云县农业技术推广站
延庆县第一职业学校
北京市农业广播电视学校延庆分校

（十三）京郊农村劳动力就业安置先进单位

北京星光影视设备科技股份有限公司（大兴区）
首都机场集团公司（顺义区）
河南寨镇农民就业基地（密云县）
北京恒宇华康药业有限公司（延庆县）
北京八方达客运有限责任公司怀柔分公司
北京博源包装制品有限公司（房山区）
北京烟草物流中心（通州区）
北京市海淀区汽车驾驶学校
昌平区东小口镇
平谷区黄松峪乡

（十四）京郊发展乡村（观光）旅游先进单位

平谷区金海湖镇
昌平区长陵镇
怀柔区喇叭沟门乡
房山区大石窝镇
大兴区庞各庄镇
海淀区苏家坨镇
门头沟区王平镇
北京观光南瓜园（通州区）
北京紫海香堤艺术庄园（密云县）
大兴区安定御林古桑园
房山区窦店镇富恒农业观光园
海淀区四季青镇御香观光采摘园
北京华坤农业科技生态园（延庆县）
张裕爱斐堡葡萄酒文化主题公园（密云县）

怀柔区喇叭沟门满族乡孙栅子村

（十五）京郊农民专业合作社先进单位

密云县河南寨镇下屯芦笋合作社
北京奥金达蜂产品专业合作社（密云县）
密云县石城镇西湾子村板栗合作社
北京百合兴盛土地专业合作社（平谷区）
北京京东绿谷果蔬专业合作社（平谷区）
北京联众通达养猪专业合作社（平谷区）
北京鹏宇奶牛专业合作社（大兴区）
北京大营宏光肉鸭专业合作社（大兴区）
北京兴富徐冬瓜专业合作社（大兴区）
北京果村蔬菜专业合作社（通州区）
北京大邓犬业专业合作社（通州区）
北京手牵手养殖专业合作社（通州区）
北京绿绮花卉专业合作社（房山区）
北京营坊昆利果品专业合作社（昌平区）
北京兴寿麦庄草莓种植专业合作社（昌平区）
北京蓝天白鸽农产品专业合作社（怀柔区）
北京万家兴业奶牛养殖专业合作社（怀柔区）
北京百果惠民果品产销合作社（顺义区）
北京绿奥蔬菜合作社（顺义区）
门头沟区潭柘寺镇鲁五养殖专业合作社
门头沟区斋堂镇法城蜜蜂养殖专业合作社
北京阔利达养殖专业合作社（延庆县）
北京百物生中药材产销专业合作社（延庆县）
北京黑桥永顺华蔬菜种植专业合作社（朝阳区）
北京市东农京升专业合作社（海淀区）

（十六）京郊农村信息工作先进单位

北京百旺种植专业合作社（海淀区）
朝阳区金盏乡北马房村
通州区漷县镇草厂村
怀柔区信息中心
大兴区信息中心
顺义区信息中心
延庆县农业和农村管理信息中心
房山区阎村镇
密云县大城子镇
门头沟区潭柘寺镇

（十七）社会力量参与社会主义新农村建设先进单位

北京农村商业银行
中国邮政储蓄银行北京分行
中国人民财产保险股份有限公司北京分公司
北京玩具协会
中国移动通信集团北京有限公司
中国农业大学
北京农学院
北京市农林科学院
北京农业职业学院
北京市给排水集团
北京二商集团有限责任公司
中国人民解放军总后军需装备研究所中试基地（顺义区）
三河汇福粮油集团（顺义区）
北京路桥瑞通养护中心（顺义区）
北京宝金龙食品厂（大兴区）
北京申安投资集团有限公司（大兴区）
北京金维福仁清真食品有限公司（大兴区）
北京金鑫木业公司（通州区）
北京金恒通达投资集团有限公司（房山区）
北京太行前景水泥有限公司（房山区）
北京家田食品有限公司（密云县）
北京奥克斯特服饰有限公司（密云县）
北京裕发嘉瑞置业有限公司（平谷区）
北京中坤灵川旅游开发有限公司（门头沟区）
北京市基础设施投资有限公司（门头沟区）
昌平供电公司
北京振宇集团承天新能源开发有限公司（昌平区）
北京清美同创文化发展有限公司（怀柔区）
北京蓝波绿农科技有限公司（海淀区）
北京朝来田阳环境艺术有限公司（朝阳区）

（十八）北京最美的乡村

朝阳区高碑店乡高碑店村
朝阳区十八里店乡吕家营村
海淀区苏家坨镇车耳营村
丰台区花乡草桥村
丰台区王佐镇南宫村
门头沟区妙峰山镇樱桃沟村
门头沟区清水镇洪水口村
房山区大石窝镇南河村
房山区霞云岭乡四马台村
房山区窦店镇河口村
通州区张家湾镇皇木厂村
顺义区赵全营镇北郎中村
顺义区南法信镇南卷村
顺义区北小营镇榆林村
昌平区北七家镇郑各庄村
昌平区长陵镇麻峪房村
昌平区崔村镇香堂村
昌平区小汤山镇酸枣岭村
大兴区榆垡镇西黄垡村
平谷区金海湖镇将军关村
平谷区大华山镇挂甲峪村
平谷区镇罗营镇玻璃台村
怀柔区汤河口镇东帽湾村
怀柔区慕田峪办事处慕田峪村
密云县石城镇石塘路村
密云县古北口镇古北口村
延庆县张山营镇龙聚山庄
延庆县八达岭镇岔道村
延庆县大庄科乡香屯村
延庆县井庄镇柳沟村

大 事 记

2008 年农口大事记

1 月 3 日 市农委组织召开农业外经外贸工作座谈会。市农委、市农业局、市园林绿化局、市乡镇企业局、市农科院以及部分农业出口企业交流了农业外经贸工作经验，研究分析了外经贸工作对发展都市型现代农业和促进乡村产业发展的意义和作用，提出了下一步工作措施。

1 月 15 日 市农委、市人事局、市科委联合召开“2007 年北京市农业技术推广奖座谈会”。会上表彰了获得 2007 年北京市农业技术推广奖的科技工作者。获奖代表就农业科技推广的典型经验和先进做法进行了交流，各部门就下一步科技推广工作思路进行了沟通。

1 月 31 日 北京市农村工作会议召开。会议认真贯彻落实党的十七大和中央经济工作会议、中央农村工作会议精神，总结 2007 年及过去 5 年来本市“三农”工作，表彰先进集体和个人，动员部署 2008 年和今后一个时期本市社会主义新农村建设任务。市委书记刘淇，市委副书记、市长郭金龙出席会议并讲话。市人大常委会主任杜德印、市政协主席阳安江、市委副书记王安顺出席会议。会上，副市长牛有成作了题为《深入贯彻党的十七大精神 扎实推进社会主义新农村建设 努力形成城乡经济社会发展一体化新格局》的工作报告。会议对 2007 年度本市社会主义新农村建设先进集体和先进个人进行了表彰。市领导吉林、李士祥、赵凤山、吴世雄、沈宝昌和市政府秘书长黎晓宏出席会议。

2 月 18 日 副市长牛有成到市农研中心进行调研。牛有成在肯定市农研中心 2007 年工作成绩的同时，对下步工作提出了新的要求。他指出，2008 年是我国改革开放 30 周年，市农研中心要认真总结我市 30 年来农村改革的经验教训，总结出一些有规律性的实践经验，为今后我市农村地区的发展提供依据。市农研中心要站在新的历史起点上来认识当前“三农”工作的问题和挑战，牢固树立城乡统筹的意识，重点研究农村集体经济的实现形式、现阶段农村地区生产力和生产关系的矛盾以及农村土地流转等亟待解决的问题。市农研中心要搞好定位，理顺关系，抓好自身建设，充分发挥首都智力资源集中的优势，真正成为为市委、市政府提供决策支持的智囊。市政府副秘书长王孝东陪同调研。

3 月 11 日 副市长牛有成到通州区调研新农村建设工作。先后视察了于家务乡南瓜主题公园，以及台湖镇次二村设施农业园和太阳能浴室。牛有成在讲话中要求：一要理清思路，树立新的理念，以科学发展观为指导，通过产业发展带动新农村建设，增强发展后劲。二要充分调动农民作为新农村建设主体的积极性，使之成为建设者和受益者。三要集中和集约利用新农村建设资金，提高资金的使用效率。市委农工委书记杨德宏、市农委主任王孝东、通州区区长邓乃平等陪同调研。

3 月 11 日 第七届中国花卉博览会主场馆奠基仪式在顺义举行。副市长牛有成、中国花卉协会秘书长姜伟贤出席仪式并为奠基石培土。主场馆位于顺义区后沙峪镇东北部，总占地面积 24.6 万平方米，由主展馆、物流中心、交易中心三部分组成，可提供展览面积约 4.78 万平方米，预计总投资 7 亿元。目前已完成地上物拆迁腾退任务，全部建设将于 2009 年 5 月 1 日前完成。

3 月 27 日 市农委组织召开参加全国第六届农民运动会首次预备会。市政府副秘书长、市体育局局长孙康林、市政府副秘书长安刚出席会议，相关郊区县的主管领导和体育局长及有关领导参加会议，市农委主任王孝东主持会议。全国第六届农民运动会定于 2008 年 10 月 26 日—11 月 3 日在福建省泉州市举行，届时本市将参加田径（拔河）、自行车、乒乓球、风筝、武术、花毽、象棋、健身秧歌、民兵三项、钓鱼、游泳、摔跤等十二项目的比赛。

4月9日 2008年北京市新型农民培养工作会议召开。会议由市政府副秘书长安钢主持，副市长牛有成出席会议并讲话。会上，市农委主任、市新型农民培养工作协调小组组长王孝东作了题为《进一步提高认识统一思想，扎实推进全市新型农民培养工作》的报告。牛有成在讲话中指出，培养新型农民，是“三农”工作的重要组成部分，是全面建设小康社会的重要内容；农民是新农村建设的主体，农民的素质决定了新农村建设的水平高低，决定了新农村建设成果能否巩固；新型农民是“新北京、新奥运”的重要组成部分。新型农民应该具有开放的思维方式、现代化的生产方式和文明的生活方式。他要求，各级政府在新型农民培养工作中，要尊重广大农民的意愿，加强农村基层民主建设，使农民真正参与到新农村建设的决策中来；要注重培养提高农民的劳动技能，通过各种实用技能培训，增加农民的谋生手段，提高农民的收入水平；要注意提高农民的组织程度，通过大力发展农民专业合作组织，提高农民抵御自然风险和市场风险的能力；要在统筹城乡发展的思路指导下，不断创新新型农民培养工作的统筹体制，不断创新和完善部门联动的工作机制。各区县要从自身实际出发，继续探索创新新型农民的培养模式。

4月23日 举办全国农科院院长现代农业研讨暨全国农业科研院所服务首都都市型现代农业交流对接活动。此次活动的主旨是建立交流对接机制、集成优势科技资源、搭建科技支撑平台、促进现代农业发展。来自全国35家农业科研院所的领导专家带来近900项农业新品种、新技术、新产品，与我市相关部门及各区县的领导专家和相关企业代表进行了面对面深入交流对接。农业部总农艺师薛亮、中共北京市委常委牛有成等领导出席活动。

4月29日 2008年北京市农村信息化工作会议召开。会议听取了《关于2007年农村信息化工作总结及2008年工作安排》的报告。会上，宣布了市信息办和市农委关于授予“2007年北京市农村综合信息服务数字家园”称号的通知，以及2007年度北京移动农网工作先进集体的表彰通知。市农委、市信息办、中国移动集团北京公司的相关领导为农村数字家园授牌、为获奖单位颁奖。

4月30日 “艺人下乡传手艺，农民在家学技能”成果展开幕仪式隆重举行。全国人大常委会原副委员长何鲁丽、市委常委牛有成等领导出席并剪彩。市各有关委、办、局的负责人，远郊区县的主管区县长、有关部门的负责人，观光休闲农业与乡村旅游发展集中的乡镇和村的负责人，部分观光农业园的负责人，农民和市民代表，共300多人参加了开幕仪式，并饶有兴趣地参观了成果展。

5月8日 本市新一轮山区农民搬迁工程启动会议召开。市委常委牛有成、副市长赵凤桐、市政府副秘书长安钢等领导同志出席会议。会议由副市长赵凤桐主持。市农委主任王孝东作了《以解决民生问题为重点，认真做好新一轮山区搬迁工作》的报告，总结了上一轮搬迁工作的经验，分析研究了搬迁中遇到的问题，并对2008年的搬迁工作作出部署。2008年共计划搬迁2 173户5 165人，涉及到六个区县25个乡镇63个行政村95个自然村。赵凤桐代表市政府与七个山区区县政府签订了山区农民搬迁责任书。

5月14日 2008年北京市政策性农业保险工作会议召开。市政府副秘书长、市政策性农业保险工作协调小组副组长王晓明主持会议，市农委主任、市农业保险工作协调小组副组长、市农业保险工作协调小组办公室主任王孝东作了《2008年北京市政策性农业保险工作报告》。会议宣读了2007年政策性农业保险工作的先进单位和先进个人名单，大兴、房山、昌平三个区县代表和中国人民财产保险股份有限公司北京分公司、安华农业保险股份有限公司北京分公司、中华联合财产保险股份有限公司北京分公司三家保险公司代表分别作了发言，表示要本着“稳步推进，完善提高，协调发展，探索创新”的工作思路，继续推动我市政策性农业保险事业稳步健康发展。

5月23日 市委常委牛有成组织本市农委系统专门研究支援灾区工作。要求：一是要研究制定帮助灾区恢复农业生产的方案和措施，积极提供农业科技支持，帮助灾区尽快恢复农业生产。二是要尽快对本市乡镇企业中生产帐篷的企业以及能够转产帐篷的服装企业进行摸底，研究提出扩大帐篷生产规模、支援灾区的方案和举措。三是进一步组织机关各处室及系统各单位，研究支持灾区灾后重建的有效举措，并积极开展对口支援的准备工作。

6月5日 本市召开农村信息化工作专题会议。会议研究讨论了2008年我市农村信息化工作的重点任务和责任分工情况。市委常委牛有成、副市长苟仲文出席会议并讲话，市委农工委书记杨德宏主持会议，市信息办汇报了《农村信息化工作进展及2008年重点工作安排》。

6月16日 市委常委牛有成到密云县北庄镇调研都市型现代农业发展情况。察看了北庄镇暖泉会百合花卉基地、朱家湾清水河河道治理工程、南山观光采摘园，听取了相关负责人关于都市型现代农业发展情况的汇报。牛有成在讲话中指出，在推进都市型现代农业过程中要做好五方面工作：一是要进一步摸清镇域资源分布，分析市场消费需求，使二者找到最佳结合点，进一步完善发展规划。二是要树立新理念，以可持续发展观和生态理念为核心，在大力开发农业生产功能的基础上，加快拓展生态、生活、示范等功能，谋求其综合效益的提升，为新农村建设提供坚实的产业支撑。三是要培育新产业，以都市型观光农业为切入点，实现一、二、三产的有机融合，富裕一方百姓。四是要形成新机制，大力加强农民专业合作组织建设，努力打造“政府主导、农民主体、社会参与”的运行机制。五是要培育新农民，造就大批有文化、懂技术、会经营的新型农民，充分发挥农民在社会主义新农村建设中的主力军作用，全面推进都市型现代农业发展速度，加快全镇的新农村建设步伐。市农委主任王孝东同志参加调研。

6月17日　本市设施农业工作会议在大兴区召开。会议由副市长赵凤桐主持，市委常委牛有成出席会议并讲话，市政府副秘书长安钢等出席会议。会上，大兴区介绍了设施农业发展情况及经验。市农业局局长赵根武介绍了全市设施农业发展情况。市农委主任王孝东介绍了本市下一步促进设施农业发展的工作意见。据介绍，今后一段时期，设施农业发展的主要目标是：争取利用五年时间，显著扩大全市设施农业生产规模。2008—2012年全市每年新建设施农业4万亩以上。到2012年，全市温室、大棚设施农业面积达到35万亩，建成一批区域化、规模化、标准化的设施农业生产基地。

6月20日　市农委支持安徽金寨县现代农业发展座谈会暨（2008—2010）框架协议签约仪式举行。市委常委牛有成、安徽省委常委、副省长赵树丛出席了座谈会。座谈会由市农委主任王孝东主持。座谈会上，北京市农委与金寨县人民政府签署了《北京市农委支持金寨县现代农业（2008—2010）框架协议》。按照“发挥优势、项目推动、互惠双赢、共同发展”的原则，北京市将在未来三年里重点在六安瓜片茶叶、乡村旅游、有机米等金寨特色优势产业发展、新农村建设、农村实用人才培训、干部交流等方面与金寨方面开展合作。

6月26日　市政协、市委统战部联合召开议政会，市各民主党派、工商联、无党派人士就构建城乡统筹协调发展新格局的议题发表意见。议政会由市政协主席阳安江主持。市委常委、统战部长尤兰田出席会议。副市长赵凤桐通报了有关情况。与会者提出，在新农村建设中，提高农民的收入固然重要，但从政府职能来说，“以工促农、以城带乡”应当更主要地体现在建立城乡统一的公共产品和服务供给制度上，使农民拥有与城市居民一样的享受公共福利的机会和权利。要进一步加强地方性法规建设，将“以工促农、以城带乡”长效机制纳入法制化轨道。要加大对农民的观念教育和技术教育，促进农村人力资源向人力资本转化。要加快农民专业合作组织培育和发展步伐，搭建便捷的农产品销售平台，使农民得到真正的实惠。阳安江在讲话中说，建设经济发达、农民富裕、环境优美的京郊农村，是建设繁荣、文明、和谐、宜居的首善之区的重要前提。市各民主党派、工商联、无党派人士一直高度关注新农村建设，开展了大量富有成效的调研，提出了许多针对性和可操作性很强的建议。真正实现首都城乡经济社会协调发展还有很长的路要走，希望大家继续以高度的热情关注北京的新农村建设，为切实构建起以工促农、以城带乡的长效机制积极献计出力。市政协副主席沈宝昌、唐晓青、傅惠民、葛剑平、马大龙、蔡国雄和秘书长阎仲秋出席会议。

6月27日　本市召开农村党的建设“三级联创”工作会议。市委常委、组织部部长吕锡文主持会议，市委常委牛有成出席会议。会上，怀柔区委、顺义区委、大兴区采育镇党委、通州区永乐店镇党委做了典型发言，房山区委、昌平区委、门头沟区王平镇党委进行了书面交流。市农村基层党建工作领导小组办公室主任、市委农工委书记杨德宏对全市2007年度创建工作进行了总结，对进一步深化2008年度创建工作、推进农村基层党建工作创新进行了全面部署。

6月27日　北京郊区村庄环境整治工作现场会召开。会议由市委农工委书记杨德宏主持。会上，房山区、密云县、朝阳区政府介绍了经验。市农委主管领导对郊区村庄环境整治工作进行了总结，并对下一步开展“喜迎奥运盛会，30天环境大决战活动”进行了部署。

6月27日　市农村综合改革协调会议办公室召开北京市清理核实农村义务教育债务工作会。会议全面部署了本市清理农村义务教育债务工作，并对清理核实农村义务教育债务工作的方法和步骤进行了培训。要求各区县进一步统一思想，提高认识，认真落实党和国家政策，以区县为责任主体，全面开展清理核实。在此基础上，市里组织相关部门进行抽查，为下一步化解债务工作打下基础。市农委、财政局、教委、审计局、监察局的有关负责同志分别提出了工作要求。十三个郊区县及石景山区的财政、教育、农业、审计及监察部门的主管领导及相关工作人员参加了会议。

7月2日　本市召开市新农村建设领导小组成员会议。市委常委牛有成主持会议并讲话，市政府副秘书长安钢出席会议。会上，市农委通报了新农村建设“三起来”工程进展情况，国家统计局北京调查总队汇报了北京市第二次全国农业普查成果及资料开发工作情况。会议讨论了市农委汇报的新农村“五项基础设施”建设规划。牛有成强调，市新农村建设领导小组成员单位要丰富工作内容，创新工作方式方法，扎实做好各项工作。要重点研究三方面问题：一是新农村建设中的全局性问题，各成员单位要始终坚持城乡统筹原则，通过共同讨论和研究，为市委、市政府决策服务；二是新农村建设中的方向性问题，要按照首都新农村建设走在全国前列的要求，发挥集体智慧，在方向性问题上多研究多探索；三是体制机制创新，推进新农村建设是城乡统筹的过程，是实现城乡一体化发展的综合性、系统性工程，要不断完善和创新体制机制。各成员单位都是新农村建设的主人，都有责任来共同研究解决问题。

7月15日 市人大常委会副主任赵凤山带队视察本市乡村基础设施建设情况。市十三届人大常委会第六次会议将听取并审议市政府关于“加强乡村基础设施建设，加快社会主义新农村建设进程议案办理暨本市乡村基础设施建设情况的报告”，为协助常委会做好议案审议工作，赵凤山副主任带队，部分市人大常委会委员、农村委员会委员和提议案代表就本市乡村基础设施建设情况到通州区于家务乡仇庄村和南瓜主题公园进行了视察，并分别听取了市农委和通州区政府关于北京市新农村基础设施和通州区新农村基础设施建设情况的汇报。

7月16日 市委常委牛有成到延庆县调研奥运农产品生产供应和设施农业发展情况。实地察看了绿富隆公司蔬菜基地蔬菜生长情况，听取了基地负责人的汇报；视察了永宁镇孔化营村和大榆树镇杨户庄村的蔬菜长势和生产包装情况，听取了镇村负责人的汇报；听取了延庆县设施农业发展规划的汇报。市农委主任王孝东，市农业局局长赵根武等陪同调研。

7月22日 市委常委牛有成听取“221信息平台”建设工作进展情况汇报。市农委主任王孝东主持汇报会，“221信息平台”工作小组汇报了“221信息平台”建设的设计方案及进展情况等。牛有成在听取汇报后，肯定了“221信息平台”建设取得的实质性进展，对参与信息平台建设的同志表示感谢。他指出，要以“221信息平台”的建设，带动思维方式、领导方式和工作方式的转变。在转变思维方式方面，要跳出农业看农业，采取定性分析与定量分析相结合的方法研究农业，在遵循市场规律和自然规律的基础上发展农业。在转变领导方式方面，信息平台建设要为领导科学决策提供依据，市级部门要通过信息平台的运用，出政策、出标准，采取有效的激励措施和监督措施开展工作；信息既要服务于生产者，也要服务于经营者和消费者。在转变工作方式方面，部门之间要学会合作、互帮互助，要整合现有资源、信息共享，共同推动“三农”工作。

7月26日 本市与张家口市签订《蔬菜产销合作（2008—2012）框架协议》。副市长程红出席签约仪式，市农委主任王孝东与张家口市市长郑雪碧代表双方签约。主要内容：①加强张家口市冷凉蔬菜基地的田间节水设施、道路、仓储、批发市场（产地）等基础设施建设。搭建北京企业到张家口市投资蔬菜基地建设服务平台。开展蔬菜栽培技术、新品种推广与交流。②按照北京市农产品市场准入的要求，加强蔬菜质量安全检测认证合作，协调建立两地蔬菜联合检测机制，形成产地准出、市场准入的蔬菜检测认证互认制度。③在北京大型农产品批发市场和超市建设张家口市蔬菜批发中心和直销专柜。开展张家口市“坝上”蔬菜品牌宣传推介活动。依托两地蔬菜市场信息平台，加强信息交流共享。改进蔬菜运输证章制度，建设高效便捷的蔬菜运输“绿色通道”。④两地分别成立有关部门参加的蔬菜产销工作协调小组，建立蔬菜产销协调机制。

7月28日 市委常委牛有成、副市长程红到顺义区、通州区检查奥运蔬菜切配供应工作。实地考察了北京顺鑫农业股份有限公司创新食品分公司和北京京东大运河农产品配送中心蔬菜加工现场，听取了市农委、顺义区政府、各相关部门和鲜切企业的汇报。市农委主任王孝东、市商务局局长卢彦，以及市食品安全办、市农业局、市卫生局等部门主管领导陪同检查。

7月31日 本市召开“221信息平台”工作部署会议。会上，市农科院信息中心介绍了“221信息平台”建设方案，市农委信息中心部署了“221信息平台”工作安排，与会人员对信息平台建设与数据实现情况进行了讨论。

8月13日 市委常委牛有成到市农林科学院作“对都市型现代农业的几点认识”的主题报告。他指出，发展都市型现代农业是社会生产力发展到一定阶段的必然要求；都市型现代农业的出发点是满足市场消费需求，落脚点是农民增收；都市型现代农业具有基础性、融合性和创意性等特点，要发展籽种农业、循环农业、休闲农业和科技农业，开发农业的生产、生态、生活和示范功能。

8月27日 北京市农业产业化龙头企业负责人座谈会召开。市委常委牛有成出席会议并讲话，14家农业产业化龙头企业负责人和市农业产业化领导小组成员单位相关领导参加会议。会上，龙头企业负责人围绕建设都市型现代农业，发挥企业对“三农”的帮扶、带动作用，促进农民就业增收等主题进行了交流，市农业产业化领导小组成员单位介绍了扶持农业产业化龙头企业发展的政策。

8月28日 本市召开循环农业现场观摩暨促进农民增收座谈会。市委常委牛有成出席会议并讲话，副市长赵凤桐主持会议。会上，德青源公司总裁钟凯民介绍了德青源生态循环农业模式及带动农民增收情况，出席会议的领导为德青源生态循环农业启动仪式进行剪彩。市农委主任王孝东通报了今年以来农民收入增长情况，分析了当前形势，部署了下一阶段工作任务和举措，市发改委主管领导介绍了促进循环经济发展的意见，延庆县、通州区、朝阳区分别作了典型发言。

9月3日 本市召开三秋农业工作会议。市委常委牛有成出席会议并讲话，市农委主任王孝东主持会议。会上，市农业局局长赵根武对上半年都市型现代农业工作进行了总结，对三秋农业工作形势和主要任务进行了分析，并就下一步促进农民增收工作进行了部署，顺义区、密云县分别作了典型发言，市农业局代表市政府与区县代表签订了2008年季节性裸露农田治理责任书。

9月23日 市委常委牛有成带领市农委、市农业局主要负责人到密云县检查原料奶安全监管工作。在与奶品生产企业和奶站负责人座谈后，牛有成指出：①树立信心。奶品生产企业面对危机要坚定信心，只要企业对消费者负责，严格依法合规经营管理，确保产品安全，就会获得消费者认可。②共渡难关。一是市场问题。市政府已召开专题会议，决定由商务部门牵头，激活市场，引导消费者健康、合理消费。二是检测问题。政府要大力支持、企业要想办法、奶农要积极配合，缩短原料奶检测时间，提高检测效率。③升级奶业。一是严查饲料进货关，依法加大监管力度。二是加强农民专业合作社建设，推动奶牛养殖业向规模化、规范化发展。三是加强奶站标准化建设，完善、规范各项经营管理措施，保护好奶农的生产积极性。

9月25日 “2008中国密云国际板栗文化节暨第四届国际板栗学术会”在密云县开幕。本届板栗文化节以“栗栗飘香 世界共享”为主题，从9月25日开始至11月30日结束。期间，还将举办第四届国际板栗学术会、2008国际果品经贸洽谈会、飘香物美—密云农产品品牌推介、农产品品牌及包装设计大奖赛等系列活动，从学术研讨、经贸洽谈、渠道促销、品牌推广等各方面提高中国林果种植和经销行业的竞争力，搭建中国林果种植和经销企业与海外销售网络系统的桥梁。开幕式上，国家质量监督检验检疫总局为密云县进行“燕山板栗”地理标志保护授牌。

9月27日 第八届“全国村长论坛”在昌平区郑各庄村举行。此次论坛由中国村社发展促进会、市农委和昌平区主办，主题为“科学发展，创新为民”，会期3天。来自全国各地的300多个村党组织书记及有关专家、学者共600余人参加论坛。论坛期间，将举行主题报告会、主论坛、分论坛、特色产业村交流互动等活动。中共中央政治局委员、全国政协副主席王刚、副市长赵凤桐、市政协副主席熊大新出席开幕式。

9月27日 北京顺义第六届农业博览会暨第四届旅游文化节开幕。本届农博会为期7天，参展参销企业达250家，不仅有来自全区范围内的优质农产品参展，还有来自全市13个郊区县及浙江等国内4个省市获得“三品”认证的精品，参展产品种类超过3 000种。共签订项目18个，超亿元项目2个，协议投资总额13.47亿元人民币。

10月16—17日 市农委组织开展山区建设观摩活动。市委常委牛有成参加活动，与市相关部门主管领导、业务处室负责人，山区县主管区县长、农委主任、山区办主任等，对七个山区县在山区生态建设、产业发展、小流域综合治理、农户搬迁等重点工程的建设进展情况和各区县在工作机制、体制以及工作模式上的成功探索典型进行了观摩。

10月21—23日 市委农工委、市农委进行深入学习科学发展观活动集中培训。召开了动员大会，市委常委牛有成出席并讲话，市委指导检查组组长石进贤参加，市委农工委书记杨德宏作动员报告。市农委主任王孝东结合贯彻落实十七届三中全会精神做主题报告。另外，还邀请了中央政策研究室常务副主任郑新立解读十七届三中全会《决定》，观看了中央党校教授秦刚、阮青所作的科学发展观讲课视频，开展了讨论交流。

11月3—4日 本市举办纪念农村改革开放30周年理论研讨会。市委常委牛有成、副市长赵凤桐出席会议。研讨会邀请全国政协经济委员会副主任、中国农业经济学会会长段应碧作了“学习十七届三中全会决定，深化农村改革开放”的主题报告，另外通过专题研讨、互动交流等多种形式，全面回顾了郊区农村改革三十年来的基本历程，深入探讨了农村改革发展过程中在组织与体制变革、农业产业发展演变、城乡一体化推进以及土地、金融、财政等各项基本制度建设方面取得的经验、面临的紧迫问题和今后发展的重大方略，以进一步推动郊区农村深化改革和加快发展。

11月11日 本市召开小企业、“三农”银政合作座谈会。市委常委、组织部长吕锡文、市委常委牛有成出席会议并讲话。会上，北京银监局局长刘宝凤介绍了北京银行机构支农和为小企业服务的情况，市农委汇报了本市农村金融现状和下步发展思路，大兴区汇报了银政合作及金融支农需求情况，其他远郊区县和部分银行负责同志也进行了座谈发言。

11月25日 北京代表团举行参加全国第六届农民运动会总结表彰会。市委常委牛有成出席会议并讲话。会议由市农委主任王孝东主持，市农业局局长赵根武宣布获奖名单。市体育局、市财政局、市农业局、市农民体协、各郊区县主管领导以及部分运动员、教练员参加会议。北京代表团在福建省泉州市举行的第六届全国农民运动会上，取得了22枚金牌、12枚银牌、12枚铜牌的优异成绩。金牌数创历届之最，居全国第二位，团体总分第三位，两项均居四个直辖市之首。同时，多个运动队和运动员获得体育道德风尚奖，受到了大会组委会的表彰，实现了运动成绩和精神风貌双丰收的目标。昌平、顺义、大兴、海淀、朝阳、房山等六个区获突出贡献奖，密云、延庆两县获贡献奖。王树华、李德栋、吕志旺、呼文斌、年晓波、田巨清、路建华等被评为突出贡献奖先进个人，宋少伟、孟令迪、李德海、王淑敏、蔺华、王国林、李振军、党强、许胜卓、刘桂平等被评为贡献奖先进个人。

12 月 12 日 北京市山区工作会召开。会议由副市长赵凤桐主持，市委副书记、市长郭金龙，市委常委牛有成，市人大副主任赵凤山，市政协副主席熊大新等领导出席了会议。牛有成同志代表市委、市政府作了山区工作报告，对 2006 年首次召开市山区工作会以来的工作进行了认真总结，对山区生态建设和经济社会发展面临的困难和问题进行了深入分析，并部署了下一步工作任务。郭金龙在讲话中对山区工作取得的成绩给予了充分肯定。他指出，要充分认识新形势下做好山区工作的重大意义，始终把生态建设放在山区工作首位。要大力发展符合功能定位的山区产业，加强基础设施和公共服务设施建设，有序推进山区城镇化，全面提升山区建设的水平。要不断创新山区建设的体制机制，通过确保财政体制改革取得实效、完善生态补偿机制、创新存量土地利用机制、健全山区建设金融支持平台、积极推进集体林权制度改革等工作措施，为山区建设发展注入新的活力。

12 月 26 日 北京市农业投资有限公司成立。市委副书记、市长郭金龙出席揭牌仪式。市委常委、常务副市长吉林主持揭牌仪式，市委常委牛有成对公司成立的重要意义和主要任务发表讲话，市国资委主任王东简要介绍了农投公司组建背景、方案及今后运作思路。仪式上，农投公司分别与大兴区政府和中信证券股份有限公司、农村商业银行等五家银行及两家企业签署了合作协议。北京市农业投资有限公司是经市政府批准成立的政策性公司，注册资本 10 亿元。公司以“服务三农、创造价值、强农惠农、回报社会”为宗旨，按市场化运作、法人化管理的原则，重点投资都市型现代农业项目。

（崔国胜）

统 计 资 料

农林牧渔业总产值

单位：万元

区 县	农林牧渔业总产值			农 业			林 业		
	2008	2007	2008年比2007年增长速度(%)	2008	2007	2008年比2007年增长速度(%)	2008	2007	2008年比2007年增长速度(%)
全 市	3 038 996.0	2 722 952.3	11.6	1 281 045.6	1 154 790.0	10.9	204 891.4	177 783.3	15.2
朝阳区	43 574.3	41 737.2	4.4	13 373.6	13 325.6	0.4	6 599.1	6 448.3	2.3
丰台区	29 138.5	27 430.9	6.2	18 513.1	18 540.7	−0.1	3 847.0	3 342.9	15.1
海淀区	41 292.7	38 608.2	7.0	14 459.9	15 681.6	−7.8	11 482.8	9 799.3	17.2
门头沟区	31 330.5	25 222.4	24.2	6 524.6	5 858.9	11.4	10 170.3	7 380.2	37.8
房山区	397 409.2	370 864.9	7.2	147 952.5	138 985.4	6.5	16 987.3	15 670.2	8.4
通州区	379 552.0	332 019.7	14.3	194 342.0	174 774.7	11.2	10 526.7	8 549.8	23.1
顺义区	544 938.8	502 016.5	8.5	246 358.7	216 509.6	13.8	25 829.5	25 179.4	2.6
昌平区	146 938.7	124 867.6	17.7	54 533.6	51 963.9	4.9	14 554.4	14 280.9	1.9
大兴区	474 398.0	422 421.9	12.3	253 279.2	220 179.5	15.0	3 144.4	3 153.5	−0.3
怀柔区	163 804.4	154 452.8	6.1	39 949.6	35 318.9	13.1	26 552.6	28 703.6	−7.5
平谷区	250 842.4	217 446.8	15.4	122 501.6	113 656.1	7.8	22 273.2	10 567.2	110.8
密云县	352 906.8	306 885.4	15.0	112 432.0	101 365.3	10.9	33 984.5	30 056.2	13.1
延庆县	182 869.6	158 978.0	15.0	56 825.2	48 629.8	16.9	18 939.6	14 651.8	29.3

（续）

区 县	牧 业			渔 业			农林牧渔服务业		
	2008	2007	2008年比2007年增长速度(%)	2008	2007	2008年比2007年增长速度(%)	2008	2007	2008年比2007年增长速度(%)
全 市	1 405 204.8	1 223 780.5	14.8	97 854.2	101 598.5	−3.7	50 000.0	65 000.0	−23.1
朝阳区	12 186.4	8 689.0	40.3	7 261.4	7 874.3	−7.8	4 153.8	5 400.0	−23.1
丰台区	4 591.0	2 988.1	53.6	1 725.9	1 959.2	−11.9	461.5	600.0	−23.1
海淀区	12 547.0	9 693.1	29.4	418.4	334.2	25.2	2 384.6	3 100.0	−23.1
门头沟区	14 043.0	11 163.4	25.8	92.6	169.9	−45.5	500.0	650.0	−23.1
房山区	217 378.2	198 795.1	9.3	7 014.3	6 914.2	1.4	8 076.9	10 500.0	−23.1
通州区	145 449.2	117 102.6	24.2	22 695.6	23 092.6	−1.7	6 538.5	8 500.0	−23.1
顺义区	246 473.0	231 141.5	6.6	15 893.0	15 686.0	1.3	10 384.6	13 500.0	−23.1
昌平区	69 727.2	48 696.5	43.2	2 815.8	3 026.3	−7.0	5 307.7	6 900.0	−23.1
大兴区	211 182.5	190 363.1	10.9	2 291.9	2 875.8	−20.3	4 500.0	5 850.0	−23.1
怀柔区	85 378.0	76 987.9	10.9	11 385.7	12 742.4	−10.6	538.5	700.0	−23.1
平谷区	89 341.3	75 201.9	18.8	15 649.4	16 621.6	−5.8	1 076.9	1 400.0	−23.1
密云县	195 534.8	163 768.9	19.4	7 494.0	7 195.0	4.2	3 461.5	4 500.0	−23.1
延庆县	101 373.2	89 189.4	13.7	3 116.2	3 107.0	0.3	2 615.4	3 400.0	−23.1

主要农产品产量

单位：吨

区 县	粮 食			蔬 菜			干鲜果品		
	2008	2007	2008年比2007年增长速度(%)	2008	2007	2008年比2007年增长速度(%)	2008	2007	2008年比2007年增长速度(%)
全 市	1 254 509	1 020 686	22.9	3 213 119.0	3 401 037.0	−5.5	897 560.0	911 403.9	−1.5
朝阳区	4 902	2 826	73.5	32 163.0	42 822.0	−24.9	1 492.0	1 489.6	0.2
丰台区	2 564	2 698	−5.0	24 898.0	28 435.0	−12.4	1 935.0	2 470.6	−21.7
海淀区	7 054	4 527	55.8	28 515.0	29 664.0	−3.9	7 534.0	6 882.0	9.5
门头沟区	3 849	2 948	30.6	6 927.0	9 269.0	−25.3	4 270.0	4 353.9	−1.9
房山区	155 651	136 734	13.8	209 804.0	222 291.0	−5.6	64 579.0	85 645.9	−24.6
通州区	229 465	199 127	15.2	664 363.0	655 842.0	1.3	56 340.0	52 049.3	8.2
顺义区	224 473	155 970	43.9	558 354.0	665 935.0	−16.2	70 771.0	74 936.6	−5.6
昌平区	43 441	38 531	12.7	52 230.0	49 745.0	5.0	51 347.0	47 365.4	8.4
大兴区	236 664	208 281	13.6	934 936.0	973 395.0	−4.0	116 362.0	123 678.3	−5.9
怀柔区	61 656	47 477	29.9	31 048.0	29 189.0	6.4	43 423.0	47 130.8	−7.9
平谷区	80 701	67 226	20.0	279 037.0	278 884.0	0.1	355 495.0	345 356.2	2.9
密云县	83 734	62 306	34.4	244 916.0	281 204.0	−12.9	85 760.0	82 137.9	4.4
延庆县	159 770	85 988	85.8	145 928.0	134 362.0	8.6	38 252.0	37 907.4	0.9

注：全市粮食产量为抽样调查推算数据，故与区县合计数不等。

（续）

区县	肉类			#猪牛羊肉		
	2008	2007	2008年比2007年增长速度（%）	2008	2007	2008年比2007年增长速度（%）
全市	451 113.0	478 508.0	−5.7	258 894.0	270 877.0	−4.4
朝阳区	64.0	81.0	−21.0	64.0	81.0	−21.0
丰台区	1 157.0	1 185.0	−2.4	1 016.0	1 017.0	−0.1
海淀区	2 339.0	2 343.0	−0.2	1 559.0	2 050.0	−24.0
门头沟区	6 543.0	5 732.0	14.1	562.0	1 445.0	−61.1
房山区	53 585.0	56 852.0	−5.7	29 593.0	30 656.0	−3.5
通州区	45 877.0	39 038.0	17.5	31 965.0	29 477.0	8.4
顺义区	94 176.0	108 993.0	−13.6	70 208.0	77 673.0	−9.6
昌平区	13 114.0	13 203.0	−0.7	10 222.0	11 099.0	−7.9
大兴区	71 661.0	80 994.0	−11.5	48 114.0	50 916.0	−5.5
怀柔区	28 764.0	29 774.0	−3.4	7 760.0	8 195.0	−5.3
平谷区	37 417.0	38 154.0	−1.9	27 500.0	27 979.0	−1.7
密云县	68 256.0	77 548.0	−12.0	20 495.0	20 080.0	2.1
延庆县	28 160.0	24 611.0	14.4	9 836.0	10 209.0	−3.7

区县	奶类			#牛奶			鲜蛋		
	2008	2007	2008年比2007年增长速度（%）	2008	2007	2008年比2007年增长速度（%）	2008	2007	2008年比2007年增长速度（%）
全市	665 551.8	622 423.1	6.9	664 007.2	622 409.4	6.7	152 409.0	155 568.0	−2.0
朝阳区	22 693.5	16 503.5	37.5	22 693.5	16 503.5	37.5			
丰台区	5 221.0	3 265.6	59.9	5 221.0	3 265.6	59.9	1 564.0	1 210.0	29.3
海淀区	15 529.7	15 475.8	0.3	15 529.7	15 475.8	0.3	756.0	656.0	15.2
门头沟区	3 130.3	3 558.4	−12.0	3 130.3	3 558.4	−12.0	554.0	509.0	8.8
房山区	40 610.7	46 282.2	−12.3	40 604.7	46 276.9	−12.3	9 114.0	7 435.0	22.6
通州区	86 768.4	87 772.0	−1.1	86 768.4	87 772.0	−1.1	7 429.0	8 737.0	−15.0
顺义区	46 769.0	43 159.6	8.4	46 746.0	43 159.6	8.3	11 964.0	11 722.0	2.1
昌平区	47 280.5	46 800.4	1.0	47 280.5	46 799.7	1.0	7 282.0	6 698.0	8.7
大兴区	156 183.8	126 399.1	23.6	156 168.8	126 399.1	23.6	26 458.0	28 294.0	−6.5
怀柔区	45 852.1	46 242.7	−0.8	45 851.5	46 237.0	−0.8	5 194.0	5 164.0	0.6
平谷区	5 044.3	3 460.0	45.8	3 544.3	3 460.0	2.4	25 077.0	25 885.0	−3.1
密云县	75 537.4	74 986.0	0.7	75 537.4	74 984.0	0.7	21 792.0	25 635.0	−15.0
延庆县	114 931.1	108 517.8	5.9	114 931.1	108 517.7	5.9	35 225.0	33 623.0	4.8

农作物播种面积

单位：亩

区 县	农作物播种面积			＃粮食作物			＃蔬菜面积		
	2008	2007	2008年比2007年增长速度(%)	2008	2007	2008年比2007年增长速度(%)	2008	2007	2008年比2007年增长速度(%)
全　市	4 830 297	4 425 195	9.2	3 394 934	2 962 370	14.6	1 022 834	1 051 496	−2.7
朝阳区	43 522	48 262	−9.8	15 228	7 302	108.5	23 280	33 358	−30.2
丰台区	32 704	36 182	−9.6	11 349	12 158	−6.7	14 404	18 777	−23.3
石景山		14							
海淀区	40 891	31 483	29.9	21 135	11 824	78.7	12481	13 897	−10.2
门头沟区	54 975	48 927	12.4	34 830	34 996	−0.5	4 890	6 332	−22.8
房山区	556 613	539 154	3.2	456 949	442 555	3.3	67 294	69 080	−2.6
通州区	849 855	762 862	11.4	610 059	522 474	16.8	211 805	210 515	0.6
顺义区	821 257	667 680	23.0	577 166	403 596	43.0	167 504	186 462	−10.2
昌平区	183 693	188 413	−2.5	135 432	135 917	−0.4	26 186	24 312	7.7
大兴区	1 003 419	952 087	5.4	581 917	513 292	13.4	287 710	292 430	−1.6
怀柔区	199 135	182 957	8.8	165 907	154 446	7.4	16 623	13 564	22.6
平谷区	293 580	258 290	13.7	205 219	169 986	20.7	79 422	80 068	−0.8
密云县	320 863	286 983	11.8	233 363	202 935	15.0	57 064	57 362	−0.5
延庆县	429 790	421 901	1.9	346 380	350 889	−1.3	54 171	45 339	19.5

注：15亩=1公顷。

设施农业

指标名称	面积（亩）			销售收入（万元）		
	2008年	2007年	增减（%）	2008年	2007年	增减（%）
合计	255 767	270 326	−5.4	281 654.3	281 238.7	0.1
一、温室	65 972	62 424	5.7	103 521.9	98 862.8	4.7
1. 蔬菜	47 881	44 528	7.5	71 584	68 355.3	4.7
2. 花卉				23 526.6	21 291.1	10.5
3. 瓜果类				5 159.4	5 505.9	−6.3
4. 水果				3 047.7	2 984.6	2.1
5. 其他				203.3	725.9	−72.0
二、大棚	101 179	105 171	−3.8	121 296.3	112 104.5	8.2
1. 蔬菜	67 264	67 210	0.1	91 575.7	78 171.6	17.1
2. 花卉				9 730	8 209.2	18.5
3. 瓜果类				18 798	19 140.5	−1.8
4. 水果				585.4	2 211.9	−73.5
5. 其他				607.2	4 371.3	−86.1
三、中小棚	88 616	102 731	−13.7	56 837	70 271.4	−19.1
1. 蔬菜	49 859	54 289	−8.2	37 649.1	43 064.8	−12.6
2. 花卉				3 735.6	2 644.9	41.2
3. 瓜果类				12 983.3	19 808.9	−34.5
4. 水果				153.9	64.1	140.1
5. 其他				2 315.1	4 688.7	−50.6

家禽生产

区　县	存栏（万只）			出栏（万只）		
	2008	2007	幅度（%）	2008	2007	幅度（%）
北京市	2 724.26	2 950.36	−7.7	11 982.98	12 946.73	−7.4
朝阳区						
丰台区	15.08	12.71	18.6	8.80	10.59	−16.9
海淀区	19.94	12.15	64.1	50.96	17.44	192.2
门头沟	49.8	26.46	88.2	365.29	259.43	40.8
房山区	330.33	329.25	0.3	1 656.47	1 621.89	2.1
通州区	131.15	109.19	20.1	685.78	600.49	14.2
顺义区	318.3	325.93	−2.3	1 490.11	1 967.58	−24.3
昌平区	130.51	107.62	21.3	323.37	128.78	151.1
大兴区	310.86	443.68	−29.9	1 362.69	1 880.31	−27.5
怀柔区	202.37	270.85	−25.3	1 305.15	1 343.72	−2.9
平谷区	301.01	298.77	0.7	614.04	630.67	−2.6
密云县	486.39	566.98	−14.2	2 977.53	3 589.13	−17.0
延庆县	428.52	446.77	−4.1	1 142.79	896.70	27.4

生猪生产

区　县	存栏（头）			出栏（头）		
	2008	2007	幅度（%）	2008	2007	幅度（%）
北京市	1 798 198	1 681 786	6.9	2 926 934	2 885 648	1.4
朝阳区						
丰台区	12 140	11 526	5.3	12 922	12 384	4.3
海淀区	19 740	21 046	−6.2	20 594	24 547	−16.1
门头沟	4 768	3 339	42.8	5 374	16 463	−67.4
房山区	213 523	189 148	12.9	330 061	334 019	−1.2
通州区	188 748	190 676	−1.0	345 737	326 731	5.8
顺义区	517 582	475 741	8.8	813 304	838 828	−3.0
昌平区	82 776	93 116	−11.1	119 461	126 364	−5.5
大兴区	310 323	270 811	14.6	571 842	538 138	6.3
怀柔区	66 654	56 798	17.4	90 107	86 840	3.8
平谷区	211 726	193 370	9.5	332 845	308 609	7.9
密云县	124 867	131 073	−4.7	201 554	199 199	1.2
延庆县	45 351	45 142	0.5	83 133	73 526	13.1

羊的生产

区　县	存栏（只）			出栏（只）		
	2008	2007	幅度（%）	2008	2007	幅度（%）
北京市	731 960	788 810	−7.2	899 830	1 173 909	−23.3
朝阳区	3 392	5 070	−33.1	3 782	4 484	−15.7
丰台区	2 295	2 132	7.6	1 940	2 385	−18.7
海淀区	2 239	2 203	1.6	1 827	3 724	−50.9
门头沟	17 879	13 494	32.5	6 951	7 492	−7.2
房山区	156 423	156 374	0.0	115 755	145 424	−20.4
通州区	70 035	74 993	−6.6	108 779	111 958	−2.8
顺义区	108 661	120 308	−9.7	159 583	222 323	−28.2
昌平区	26 552	29 602	−10.3	32 662	47 065	−30.6
大兴区	144 158	138 959	3.7	214 323	336 795	−36.4
怀柔区	24 577	25 192	−2.4	17 627	24 464	−27.9
平谷区	78 057	76 077	2.6	107 708	108 060	−0.3
密云县	74 778	110 635	−32.4	96 427	106 735	−9.7
延庆县	22 914	33 771	−32.1	32 466	53 000	−38.7

牛的生产

区　县	存栏（头）			出栏（头）		
	2008	2007	幅度（%）	2008	2007	幅度（%）
北京市	230 195	231 229	−0.4	118 991	156 395	−23.9
朝阳区	5 407	4 543	19.0	22	54	−59.3
丰台区	1 471	1 023	43.8	89	89	0.0
海淀区	4 091	4 515	−9.4	413	455	−9.2
门头沟	1 316	1 281	2.7	233	257	−9.3
房山区	13 414	13 627	−1.6	11 934	13 313	−10.4
通州区	24 820	25 950	−4.4	12 762	12 864	−0.8
顺义区	39 512	39 706	−0.5	36 942	50 072	−26.2
昌平区	12 871	13 347	−3.6	2 994	2 939	1.9
大兴区	40 457	36 795	10.0	10 619	20 890	−49.2
怀柔区	15 053	14 978	0.5	3 514	5 923	−40.7
平谷区	10 179	8 706	16.9	11 258	12 711	−11.4
密云县	26 334	31 091	−15.3	13 123	16 279	−19.4
延庆县	35 270	35 667	−1.1	15 088	20 549	−26.6

农业观光园

区县	农业观光园个数（个）		从业人员（人）		接待人次（人次）		经营总收入（万元）	
	2008	2007	2008	2007	2008	2007	2008	2007
全　市	1 332	1 302	49 366	51 392	14 982 287	14 468 297	135 807.8	131 492
朝阳区	15	15	2 615	2 678	1 035 278	1 258 126	26 575.8	25 881
丰台区	11	11	987	1 012	644 967	420 900	2 325.1	1 679
石景山区	1	1	55	78	4 800	5 000	22	24
海淀区	136	138	2 969	2 932	808 694	579 954	5 532.9	5 416
门头沟区	48	50	1 219	1 591	303 915	318 823	3 129.2	3 210
房山区	101	103	3 741	5 134	1 120 973	1 607 575	12 668.2	16 511
通州区	28	34	1 612	1 868	426 251	302 684	5 835.6	5 069
顺义区	71	64	2 826	2 977	611 774	531 813	8 099.1	7 219
昌平区	201	200	4 598	4 704	981 116	983 072	14 897.1	13 831
大兴区	113	94	10 736	10 788	1 819 169	2 163 360	15 204.7	17 426
怀柔区	233	227	2 468	2 309	2 417 585	1 994 364	14 684	12 161
平谷区	201	195	11 023	11 125	2 357 477	2 311 139	13 305.2	12 139
密云县	145	141	3 079	2 740	2 201 418	1 796 747	11 364.7	9 083
延庆县	28	29	1 438	1 456	248 870	194 740	2 164.2	1 843

民俗旅游

区县	民俗旅游接待户数（户）		从业人员（人）		民俗旅游接待人次(人次)		民俗旅游总收入（万元）	
	2008	2007	2008	2007	2008	2007	2008	2007
全　市	9 151	10 323	19 421	20 750	12 056 136	11 675 546	52 914.4	49 550
朝阳区	30	23	30	40	2 549	1 280	15.2	9
丰台区								
石景山区								
海淀区	45	24	90	46	54 209	15 959	237.3	58
门头沟区	541	505	1 119	1 068	577 652	608 641	2 516.3	2 419
房山区	1 807	1 580	2 159	2 574	966 855	821 494	5 777.5	5 670
通州区	61	80	112	149	6 500	7 962	21.5	34
顺义区	35	38	72	76	19 266	36 136	63.9	81
昌平区	407	675	1 373	1 669	798 977	1 041 744	3 759.7	4 131
大兴区	198	241	714	669	223 750	233 730	723.8	674
怀柔区	1 716	1 654	2 733	3 253	1 806 167	1 637 981	12 624.2	11 664
平谷区	2 089	3 216	6 040	6 333	3 441 966	2 939 217	10 930.3	8 817
密云县	1 372	1 400	2 682	2 541	2 177 000	2 323 819	9 545	9 645
延庆县	850	887	2 297	2 332	1 981 245	2 007 583	6 709.7	6 348

地方财政收入

单位：万元

区 县	地方财政收入			一般预算财政收入		
	2008	2007	2008年比2007年增长速度（%）	2008	2007	2008年比2007年增长速度（%）
朝 阳 区	1 683 197	1 415 476	18.9	1 660 912	1 396 603	18.9
丰 台 区	348 092	303 305	14.8	342 496	296 905	15.4
石景山区	151 267	137 627	9.9	149 782	136 210	10.0
海 淀 区	1 362 180	1 156 792	17.8	1 343 272	1 139 346	17.9
门头沟区	158 976	75 974	109.3	88 824	70 370	26.2
房 山 区	210 281	232 226	−9.4	159 774	145 716	9.6
通 州 区	340 433	242 971	40.1	204 523	181 769	12.5
顺 义 区	737 441	440 860	67.3	401 701	330 743	21.5
昌 平 区	425 952	327 283	30.1	241 628	212 430	13.7
大 兴 区	338 944	277 557	22.1	195 903	167 768	16.8
怀 柔 区	203 366	139 676	45.6	148 070	128 548	15.2
平 谷 区	89 620	90 600	−1.1	87 424	84 895	3.0
密 云 县	119 089	98 430	21.0	102 064	87 438	16.7
延 庆 县	60 123	68 521	−12.3	55 278	61 349	−9.9

注：分区县财政收入为区县级财政收入。

资料来源：北京市财政局。

郊区（县）人民生活

单位：万元

	城镇居民人均可支配收入	农民人均纯收入	城镇居民人均生活消费支出	农民人均生活消费支出
全市	24 725	10 747	16 460	7 656
城市功能拓展区	25 517	13 812	17 132	10 702
朝阳	25 535	15 090	18 410	11 260
海淀	28 418	14 319	16 801	11 391
丰台	23 006	11 584	16 095	9 385
城市发展新区	20 800	10 179	13 121	7 156
房山	20 329	10 773	12 664	6 889
通州	20 708	10 213	12 741	6 766
顺义	21 470	10 402	12 701	6 906
昌平	20 834	10 120	14 108	8 615
大兴	20 707	10 103	12 872	6 541
生态涵养发展区	20 537	9 738	13 051	6 561
门头沟	21 613	14 881	10 282	7 444
怀柔	20 143	9 871	12 457	6 960
平谷	20 148	9 790	12 360	6 329
密云	20 135	9 529	12 765	7 008
延庆	20 120	9 385	11 296	5 536

图书在版编目（CIP）数据

北京农村年鉴.2009/《北京农村年鉴》编委会编.
北京：中国农业出版社，2009.10
ISBN 978-7-109-13559-8

Ⅰ.北… Ⅱ.北… Ⅲ.农业统计—统计资料—北京市—2009—年鉴 Ⅳ.F327.1-66

中国版本图书馆CIP数据核字（2009）第177648号

中国农业出版社出版
（北京市朝阳区农展馆北路2号）
（邮政编码100125）

责任编辑 姚 红 闫保荣 刘明昌 白洪信 张 欣

北京印刷一厂印刷 新华书店北京发行所发行
2009年11月第1版 2009年11月北京第1次印刷

开本：787mm×1092mm 1/16 印张：25.25 插页：18
字数：950千字 印数：1~1 800册
定价：200.00元